U0529461

中国社会科学院创新工程学术出版资助项目

中国哲学社会科学学科发展报告·当代中国学术史系列

物权法学的新发展

NEW DEVELOPMENT OF PROPERTY LAW

渠涛　刘保玉　高圣平●著

中国社会科学出版社

中国社会科学院创新工程学术出版资助项目

中国哲学社会科学学科发展报告·当代中国学术史系列

物权法学的新发展

NEW DEVELOPMENT OF PROPERTY LAW

渠涛　刘保玉　高圣平　著

中国社会科学出版社

图书在版编目(CIP)数据

物权法学的新发展 / 渠涛, 刘保玉, 高圣平著. —北京: 中国社会科学出版社, 2021.9

(中国法学新发展系列丛书)

ISBN 978-7-5203-8855-9

Ⅰ.①物… Ⅱ.①渠…②刘…③高… Ⅲ.①物权法—法的理论—研究—中国 Ⅳ.①D923.21

中国版本图书馆 CIP 数据核字(2021)第 154834 号

出 版 人	赵剑英
责任编辑	任 明　郭如玥
责任校对	王 龙
责任印制	李寡寡

出　　版	中国社会科学出版社
社　　址	北京鼓楼西大街甲 158 号
邮　　编	100720
网　　址	http://www.csspw.cn
发 行 部	010-84083685
门 市 部	010-84029450
经　　销	新华书店及其他书店

印刷装订	北京君升印刷有限公司
版　　次	2021 年 9 月第 1 版
印　　次	2021 年 9 月第 1 次印刷

开　　本	710×1000　1/16
印　　张	54.5
插　　页	2
字　　数	921 千字
定　　价	258.00 元

凡购买中国社会科学出版社图书, 如有质量问题请与本社营销中心联系调换
电话: 010-84083683
版权所有　侵权必究

《中国哲学社会科学学科发展报告》
编辑委员会

主　任　王伟光

副主任　李培林　蔡　昉（常务）　李　扬

编　委　（以姓氏笔画为序）

卜宪群	马　援	王国刚	王建朗	王　巍	邢广程
刘丹青	杨　光	李　平	李汉林	李向阳	李　林
李　周	李培林	李　薇	吴恩远	张宇燕	张顺洪
陆建德	陈众议	陈泽宪	卓新平	周　弘	郑秉文
房　宁	赵剑英	郝时远	唐绪军	黄　平	黄群慧
朝戈金	程恩富	谢地坤	蔡　昉	裴长洪	潘家华

总策划　赵剑英

中国法学新发展系列丛书
编委会

总主编 陈甦

编　委 王家福　梁慧星　李　林　陈　甦
　　　　　陈泽宪　孙宪忠　刘作翔　莫纪宏
　　　　　李明德　王敏远　周汉华　邹海林
　　　　　张广兴　熊秋红　田　禾　冀祥德
　　　　　沈　涓　赵建文　朱晓青　柳华文

学术秘书 席月民

总　序

　　当今世界正处于前所未有的激烈的变动之中，我国正处于中国特色社会主义发展的重要战略机遇期，正处于全面建设小康社会的关键期和改革开放的攻坚期。这一切为哲学社会科学的大繁荣大发展提供了难得的机遇。哲学社会科学发展目前面对三大有利条件：一是中国特色社会主义建设的伟大实践，为哲学社会科学界提供了大有作为的广阔舞台，为哲学社会科学研究提供了源源不断的资源、素材。二是党和国家的高度重视和大力支持，为哲学社会科学的繁荣发展提供了有力保证。三是"百花齐放、百家争鸣"方针的贯彻实施，为哲学社会科学界的思想创造和理论创新营造了良好环境。

　　国家"十二五"发展规划纲要明确提出："大力推进哲学社会科学创新体系建设，实施哲学社会科学创新工程，繁荣发展哲学社会科学。"中国社会科学院响应这一号召，启动哲学社会科学创新工程。哲学社会科学创新工程，旨在努力实现以马克思主义为指导，以学术观点与理论创新、学科体系创新、科研组织与管理创新、科研方法与手段创新、用人制度创新为主要内容的哲学社会科学体系创新。实施创新工程的目的是构建哲学社会科学创新体系，不断加强哲学社会科学研究，多出经得起实践检验的精品成果，多出政治方向正确、学术导向明确、科研成果突出的高层次人才，为人民服务，为繁荣发展社会主义先进文明服务，为中国特色社会主义服务。

　　实施创新工程的一项重要内容是遵循哲学社会科学学科发展规律，完善学科建设机制，优化学科结构，形成具有中国特色、结构合理、优势突出、适应国家需要的学科布局。作为创新工程精品成果的展示平台，哲学社会科学各学科发展报告的撰写，对于准确把握学科前沿发展状况、积极推进学科建设和创新来说，是一项兼具基础性和长远性的重要工作。

　　中华人民共和国成立以来，伴随中国社会主义革命、建设和改革发展的历史，中国特色哲学社会科学体系也处在形成和发展之中。特别是改革开放以来，随着我国经济社会的发展，哲学社会科学各学科的研究不断拓展与深化，成就显著、举世瞩目。为了促进中国特色、中国风格、中国气派的哲学社会科学观念、方法和体系的进一步发展，推动我国哲学社会科学优秀成果和优秀人才走向世界，更主动地参与国际学术对话，扩大中国哲学社会科学话语权，增强中华文化的软实力，我们亟待梳理当代中国哲学社会科学各学科学术思想的发展轨迹，不断总结各学科积累的优秀成果，包括重大学术观点的提出及影响、重要学术流派的形成与演变、重要学术著作与文献的撰著与出版、重要学术代表人物的涌现与成长等。为此，中国社会科学出版社组织编撰"中国哲学社会科学学科发展报告"大型连续出版丛书，既是学术界和出版界的盛事，也是哲学社会科学创新工程的重要组成部分。

"中国哲学社会科学学科发展报告"分为三个子系列："当代中国学术史""学科前沿研究报告"和"学科年度综述"。"当代中国学术史"涉及哲学、历史学、考古学、文学、宗教学、社会学、法学、教育学、民族学、经济学、政治学、国际关系学、语言学等不同的学科和研究领域，内容丰富，能够比较全面地反映当代中国哲学社会科学领域的研究状况。"学科前沿研究报告"按一级学科分类，每三年发布，"学科年度综述"为内部出版物。"学科前沿研究报告"内容包括学科发展的总体状况，三年来国内外学科前沿动态、最新理论观点与方法、重大理论创新与热点问题，国内外学科前沿的主要代表人物和代表作；"学科年度综述"内容包括本年度国内外学科发展最新动态、重要理论观点与方法、热点问题，代表性学者及代表作。每部学科发展报告都应当是反映当代重要学科学术思想发展、演变脉络的高水平、高质量的研究性成果；都应当是作者长期以来对学科跟踪研究的辛勤结晶；都应当反映学科最新发展动态，准确把握学科前沿，引领学科发展方向。我们相信，该出版工程的实施必将对我国哲学社会科学诸学科的建设与发展起到重要的促进作用，该系列丛书也将成为哲学社会科学学术研究领域重要的史料文献和教学材料，为我国哲学社会科学研究、教学事业以及人才培养作出重要贡献。

王伟光

"中国法学新发展系列"序

历史给了中国机会,而我们在场。历史正在给中国法治进步和法学繁荣以机会,而我们正好在场。回首历史,恐怕没有哪个时代会像当今那样,给了法学研究者这样多的可以有所作为也必须有所作为的机会与责任。社会发展需要法治进步,法治进步需要法学繁荣。我们真的看到,在社会发展和法治进步的期望与现实的交织作用下,在以改革、发展、创新为时代价值的理论生成机制中,中国法学的理论建树与学科建设均呈现出前所未有的成就,其具体表现是那样的明显以至于任何法学研究者均可随意列举一二。因此,在中国法学理论形成与学科发展的场域中,我们有足够的与我们学术努力与事业贡献相关的过程与结果事例作为在场证明。

但是,我们作为法学研究者,是否对我们的理论创造过程以及这一过程的结果,特别是这一过程中的自己,有着十分清醒与充分准确的认识,这恐怕不是单靠态度端正或者经验丰富就能简洁回答的问题。在当前的学术习惯中,对法学研究成果的认识与评价缺乏总体性和系统性,往往满足于某项单一指标的概括标识和简要评述。对于法学研究成果,通常依赖著述发表载体、他引次数、获奖等级等指标进行衡量;对于法学研究过程,通常要在教科书的理论沿革叙述、项目申报书的研究现状描述中获得了解;对于法学研究主体,通常要靠荣誉称号、学术职务甚至行政职务予以评价。(当然,这种学术习惯并不为法学专业所专有,其他学科亦然。)这些指标都是有用的,作为一定范围或一定用途的评价依据也是有效的。但是,这些指标也都是有局限的,都是在有目标限定、范围限定和方法限定的体系中发挥着有限的评价功能。由于这些指标及其所在评价体系的分散运作,其运作的结果不足以使我们在更宏大的视野中掌握中国法学的理论成就和学科发展的整体状况,更不足以作为我们在更深入的层次上把握法学研究与学科建设规律性的分析依据。然而,这种对法学理论与学科现状的整体掌握，对法学研究与学科规律性的深入把握，都是十分重要的，因为这是法学研究者得以自主而有效地进行学术研究的重要前提。因对法学理论与学科现状的整体掌握和对法学研究与学科建设规律性的深入把握，法学研究者才能在法学的理论形成与学科发展的过程中，明晰其理论生长点的坐标、学术努力的方向和能动创造的维度，从而作出有效的学术贡献，而不是兴之所至地投入理论形成机制中，被法学繁荣的学术洪流裹挟前行。为有效的法学研究助力，这就是我们为什么要撰写中国法学的学科新发展系列丛书的初衷。

在规划和撰写本系列丛书时，我们对"学术研究的有效性"予以特别的关注和深入的思考。什么是"有效的"学术研究，"有效的"学术研究有何意义，如何实现"有效的"学术研究，如此等等，是始终萦绕本系列丛书整个撰写过程的思维精灵。探求学术研究的有效性，不是我们意图为当今的学术活动及其成果产出设置标准，实在是为了本系列丛书选粹内容而设置依据，即究竟什么才是理论与学科"新发展"的判断依据。

首先，有效的法学研究是产生创新性成果的研究，而不是只有重复性效果的研究。学术研究的生命在于创新，法学研究的过程及其成果要能使法学理论得以丰富，使法治实践得以深入，确能实现在既有学术成果基础上的新发展。但由于读者、编辑甚而作者的阅读范围有限或者学术记忆耗损，许多只能算作更新而非创新的法学著述仍能持续获得展示机会，甚而旧作的迅速遗忘与新作的迅速更新交替并行。法学作为一门应用性很强的学科，观点或主张的反复阐释固然能加深世人印象并有助于激发政策回应，但低水平重复研究只能浪费学术资源并耗减学术创新能力，进而会降低法学研究者群体的学术品格。通过与最新的法学研究既有成果进行再交流与再利用，有助于识别与判定法学理论创新的生长点，从而提高法学知识再生产的创新效能。

其次，有效的法学研究是有真实意义的研究，而不是只有新奇效应的研究。法学应是经世致用之学，法学研究应当追求研究成果的实效性，其选题确为实际生活中所存在而为研究者所发掘，其内容确能丰富法学理论以健全人们的法治理念、法治思维与法治能力，其对策建议确有引起政策回应、制度改善的可能或者至少具有激发思考的价值。当然，法学研究不断取得发展的另外一个结果就是选题愈加困难，法学研究者必须不断提高寻找选题的学术敏感性和判断力以应对这种局面，而不是在选题的闭门虚设与故作新奇上下功夫。谁也不希望在法学研究领域也出现"标题党"与"大头军",无论是著述标题亮丽而内涵无着的"标题党",还是题目宏大而内容单薄的"大头军",都不可能成为理论创新的指望。力求真实选题与充实内容的质朴努力,才是推进有效的法学研究的主要力量。

再次,有效的法学研究是有逻辑力量的研究,而不是只有论断效用的研究。法学研究的创新并不止步于一个新理论观点的提出或者一个新制度措施的提倡,而是要通过严格的论据、严谨的论证构成严密的论点支撑体系,由此满足理论创新的逻辑自洽要素。法学创新的判断标准实质上不在于观点新不新,也不在于制度建议是不是先人一步提出,而是在于新观点、新建议是否有充分的逻辑支撑和清晰的阐发论述。因为缺乏论证的新观点只能归属于学术武断,而学术武断只能引起注意却不能激发共鸣。法学研究者常常以其学术观点或制度建议被立法采纳作为其学术创新及其价值的证明,其实在理论观点或制度建议与立法采纳之间,很难确立以特定学者为连接点的联系,即使能够建立这种联系,导致立法采纳的缘由也并不在于观点或建议的新颖性,而在于观点或建议的论证充分与表述清晰。

最后,有效的法学研究是有利他效应的研究,而不是只有自我彰显效能的研究。在法学研究的运作机制中,学术成果固然是学者个人学术创造力的结晶,其学术影响力是作品的学术质量与作者的学术声誉的综合评判,但学术成果的正向价值却是其学术影响力的本质构成要素。法学研究成果必须有益于法治进步、社会发展和人民福祉,也就是具有超越彰显个人能力与成就的利他效应。如果法学研究成果的形成目的只是在于作者的自我满足,或者其表达效果只有作者自己能够心领神会,其作用结果无益于甚至有损于法治进步、社会发展和人民福祉,那就绝不能视为有效的法学研究。所以,坚守学术成果的正向价值,提高具有正向价值的学术成果的可接受性,是实现法学研究有效性的根本要件。

本系列丛书最为主要的撰写目的,就是通过对一定时期我国法学研究成果的梳理与选粹,在整体上重构我国法学研究既有成果的表述体系,从中析出确属"新发展"的内容成分并再行彰显,以有助于对中国法学研究现状的整体掌握与重点检索,从而促使当今的法学研究能够实现如上所述的有效性。在此主要目的之外,还有一些期望通过本系列丛书达到的目的。其一,有助于提高法学专业学生的学习效率与研读效果。本系列丛书将法学二级或三级学科在近期的知识积累和学术发展予以综合、梳理和评价，从而构成一般法学教科书之外并超越一般法学教科书的知识文本体系。通过阅读本系列丛书，可以更为系统准确地掌握中国法学某一领域的知识体系、学术重点、研究动态、理论沿革、实践效果以及重要学者。其二，有助于强化法学研究人员的学术素质养成。一个学者能够完成法学某个二级学科或三级学科新发展的撰写，就一定会成为这个法学二级学科或三级学科的真正专家。因为他或她要近乎被强迫地对该学科领域学术著述进行普遍阅读，由此才能谈得上对该学科领域新发展的基本把握；要深下功夫对该学科领域的各种学术事件和各家理论观点进行比较分析，由此才能作出是否确属法学新发展的准确判断。通过对法学某个二级学科或三级学科新发展的撰写，可以提高作者对法学研究成果的学术判断力和法学科研规律的认识能力。其三，有助于加强科研人才队伍建设。本系列丛书的主要作者或主编均为中国社会科学院法学研究所（以下简称法学所）和中国社会科学院国际法研究所（以下简称国际法所）的科研人员，通过本系列丛书的撰写，不仅使法学所和国际法所科研人员的个人科研能力获得大幅度提升，也使得法学所和国际法所的科研人员学科布局获得质量上的均衡，从而使法学所和国际法所的整体科研能力获得大幅度提高。说来有些自利，这也是法学所和国际法所何以举两所之力打造本系列丛书的重要原因之一。

  本系列丛书以法学某个二级或三级学科作为单本书的撰写范围，基本上以《××学的新发展》作为书名，如《法理学的新发展》《保险法学的新发展》等。如果不便称为"××学的新发展"，便以《××研究的新发展》作为书名，如《商法基础理论研究的新发展》。本系列丛书的规划初衷是尽可能地涵括所有的法学二级学科或三级学科，但由于法学所和国际法所现有科研人员的学科布局并不完整，尤其是从事不同法学二级或三级学科研究的科研人员的素质能力并不均衡，即使联合外单位的一二学界同道助力，最终也未能实现本系列丛书涵括范围的完整性。这种规划上的遗憾再次提醒我们，加强科研队伍建设，既要重视科研人员个体科研能力的提高，也要重视一个机构整体科研能力的提高。我们希望，如果五年或十年之后再行撰写中国法学新发展系列丛书时，其所涵括的法学二级或三级学科将会更多更周延。

  本系列丛书对各个法学二级或三级学科研究成果的汇集范围，限于2000年至2012年已发表的专业著述。既然阐释学科新发展，总得有一个适当的标定期间范围。期间太短，则不足以看清楚学科新发展的内容、要点、意义与轨迹；期间太长，则不便称为学科的"新发展"。本系列丛书选粹材料的发表期间截至 2012 年，这是本系列丛书的撰写规划年份，也是能够从容汇集材料并析出其中"新发展"要素的最近年份；本系列丛书选粹材料的发表期间起始为 2000 年，倒不是因为 2000 年在法学研究的学术历史中有什么特别意义，只是因为前至 2000 年能够确立一个易于阐释学科新发展的适当期间。当然，人们通常认为 2000 年是新世纪的起点，以 2000 年为起始年份，多少有些借助万象更新好兆头的意思。

本系列丛书中每本书的具体内容由其作者自行把握，在丛书规划上只是简略地作出一些要求。其一，每本书要从"史、评、论"三方面阐释一个法学二级或三级学科的新发展。所谓"史"，是指要清晰地描述一个学科的发展脉络与重要节点，其中有意义的学术事件的起始缘由与延续过程，重点理论或实践问题研究的阶段性结果，以及各种理论观点的主要内容与论证体系，特别是各种观点之间的起承转合、因应兴替。所谓"评"，是指对一个学科的学术事件和各家观点予以评述，分析其在学术价值上的轻重，在理论创新上的得失，在实践应用上的可否。所谓"论"，是指作者要对撰写所及的该学科重要理论或实践问题阐释自己的看法，提出自己的观点并加以简明论证。"史、评、论"三者的有机结合，可以使本系列丛书摆脱"综述大全"的单调，提升其作为学术史研究的理论价值。这里特别需要说明的是，因本书撰写目的与方法上的限定，"论必有据"中"据"的比重较大，肯定在重复率检测上会获得一个较高的数值。对属于学术史研究的著述而言，大量而准确地引用学界既有论述是符合学术规范的必要而重要之举。可见，重复率检测也是很有局限性的原创性判定方法，本系列丛书的重复率较高并不能降低其原创性。其二，每本书要做一个本学科的关键词索引，方便读者对本书的检索使用。现在的大多数学术著作欠缺关键词索引，不方便读者尤其是认真研究的读者对学术著作的使用。本系列丛书把关键词索引作为每本书的必要构成，意在完备学术规范，提高本系列丛书在学术活动中的利用价值。其三，每本书在其书后要附上参考资料目录。由于 2000 年至 2012 年的法学著述洋洋洒洒、蔚为大观，在确定参考资料目录上只得有数量限制，一般是每本书所列参考资料中的学术论文限 100 篇，学术专著限 100 本，只能少列而不能多列。这种撰写要求的结果，难免有对该学科学术成果进行重要性评价的色彩。但因作者的阅读范围及学术判断力难以周全，若有"挂百漏万"之处，万望本系列丛书的读者海涵。

中国社会科学院正在深入推进的哲学社会科学创新工程，是哲学社会科学研究机制的重大改革。其中一项重要的机制性功能，就是要不断提高科研人员和科研机构的科研效能、科研效率与科研效果。深入系统地掌握具体学科的发展过程与当前状况，不仅是技术层面的学术能力建设，更是理念层面的学术能力建设。因为对既有科研过程和学术成果的审视与省察，可以强化科研人员的学术自省精神和学者的社会责任，从而提高理论创新的动力与能力。中国社会科学出版社以其专业敏锐的学术判断力，倾力打造学科新发展系列图书，不仅是"中国法学新发展系列丛书"的创意者，更是本系列丛书的规划者、资助者和督导者。正因法学所、国际法所与中国社会科学出版社之间的良性互动，本系列丛书才得以撰写完成并出版面世。可见，科研机构与出版机构之间的良性互动与真诚合作，确是学术创新机制的重要构成。

陈 甦

2013年7月1日于北京

前　　言

　　物权法规范的是人与人之间就物的归属与利用的法律关系；它是大陆法系民法的重要组成部分，更是构建近代至现代市民社会财产秩序的重要基石。

　　中华人民共和国成立后，由于长期实行社会主义计划经济体制，民法本身没有可供需要和存在的空间，尤其"物权"概念本身更是被看作资本主义社会特有的洪水猛兽……

　　改革开放以来，正是由于受这种传统意识形态等方面的影响，我国民事立法包括《民法通则》都回避了"物权"概念。因此，民法学界对物权法学的研究也只能是敬而远之，甚至"物权""物权法"的概念也曾一度成为法学研究的禁忌。

　　1992年，中国提出建立社会主义市场经济体系，民事立法因此逐步驶入快车道。为建设社会主义市场经济体系的制度需要，同时为了尽快融入经济全球化进程，立法机关广泛吸收借鉴国外发达国家和地区的立法经验和成果，包括《公司法》《担保法》《合同法》等在内的大批民商事法律被先后制定出来。但是，因为各方面的原因，作为规范财产归属利用关系的物权法却迟迟没能出台。直至2007年3月16日，《中华人民共和国物权法》（以下简称《物权法》）才经第十届全国人大第五次全体会议审议通过，并于同年10月1日正式实施。此时距离1994年《物权法》列入第八届全国人大常委会立法规划已逾13年。《物权法》立法创造了中国民事单行法立法时间跨度最长的纪录。

　　《物权法》的颁布实施，在中国法治进程中具有里程碑意义。它不仅构筑了社会主义市场经济条件下财产的归属、利用秩序，更在保障个人自由、提升公民权利意识、全面建设现代法治国家方面迈出了坚实的一步。《物权法》颁行后，民法学界基于《物权法》文本，运用法解释学方法，对其规定的相关制度进行了全面的解读和研究，取得了丰硕的研究成果，使《物权法》逐步由"纸面上的法律"变为"行动中的法律"。

法律的制定和实施离不开法学研究这个基础，物权法当然也不例外。中国民法学界对物权法学的研究在进入21世纪后可以比较清晰地划分为三个阶段。

第一个阶段为《物权法》颁布实施以前，其重点在于立法论方面的研究；其研究目的在于服务《物权法》立法；其研究文献多集中在对各国物权法立法例的介绍和分析、民法学者的物权法建议稿及各个阶段的《物权法（草案）》；其表达形式主要为立法建议。

第二个阶段为《物权法》颁布实施以后，其重点在于解释论方面的研究；其目的在于，基于《物权法》文本构筑中国的物权法理论体系，确保法律适用顺畅有序；其研究材料主要集中于《物权法》具体条文；其表达形式多为具有浓厚法教义学色彩的解释论成果。

第三个阶段为民法典编纂阶段对解释论的回归。2014年10月，党的十八届四中全会召开，全会提出"加强市场法律制度建设，编纂民法典"。沉寂十多年的民法典编纂工作再次启动，学界对于物权法学的研究，呈现解释论和立法论并行的研究态势。因本次民法典编纂整体上最大程度体现了对已有规则的承继，而《物权法》颁行时间又不长，故历次民法典草案物权编部分仅对《物权法》进行了小修小补。立法论方面的成果主要集中在农村土地承包经营权"三权分置"的立法表达上和新增用益物权居住权的立法取舍上。另外，建筑物区分所有权部分关于业主大会规定的变化，在立法过程中也颇受关注。

当然，我们并不否定在此期间也有交叉学科研究以及历史学角度的研究等成果的出现，但从总体而言，这些研究并非民法物权法这一部门法学研究的主流。基于上述问题意识，本书试图尽可能全面地回顾进入21世纪后（2000—2019年）国内在物权法方面的研究成果，以作为对民法中一个特定领域的历史阶段总结。本书整体主要采用文献比较和归纳的方法，即基于研究阶段和研究方法，将研究成果划分为立法论与解释论两大范畴，以此勾勒进入21世纪以后中国物权法学研究的历程和现状。

关于本书内容谨作如下说明。

第一，中国当代的法学学术研究成果已远非汗牛充栋可以形容，作为本书研究对象不可能穷尽民法学界现有成果的全部，对其进行的归纳和总结可能不尽全面。因此,并不说明未列入本书研究对象的成果不具价值,更没有以作者主观意思给成果重要度排序的意思。之所以如此,一方面限于篇幅,只能对所掌握成果进行退而求其次的取舍;另一方面因能力有限,对所掌握成果的分析和研究无法做到一览无余深入剖析。但是,可以肯定地说,我们的初衷是,通过比较全面的介绍和分析研究,将这一时段中国民法学界对于物权法研究的基本状况和主要脉络展现给读者,以为未来学术研究和立法提供相对完整的资料参考索引。综上,本书疏漏和不足之处在所难免,诚请学界前辈、同人以及后学批评指正。

第二,本书的科研项目立项于2012年,本计划在一两年内完成。但是,因统稿人的懈怠,初稿在2017年才完成。当时,怀着对两位共同执笔人和立项负责人深感愧疚的心情,还曾期待过本书的内容能为现行物权法"入典"的研究和立法提供些许参考,但此后又因各种原因至今才得以付梓。但是,我们认为,本书在我国《民法典》已经成立并即将实施的今天,作为对我国学者在《民法典》立法中于物权法领域研究所作贡献的总结,仍有其重要的学术意义;而且,在《民法典》实施后展开的解释论中自然离不开对法典成立前的立法论的追溯,本书如能在其中发挥一点作用,更是幸莫大焉!

第三,此稿在初稿的基础上作相当规模的修改,主要是增加了在初稿形成后学界新近研究的一些内容。此外,考虑该项研究成果成书的时间比较长,为保留其研究轨迹,没有刻意对诸如"在未来民法典立法时……"等表述作修改。

第四,本书中将"教授""先生"等后缀尊称一概省略,其目的仅在于删繁就简节省资源,绝无对学者大家不敬之意,正所谓心中有佛不在嘴上。这一点期待得到各位学界前辈、同人和读者的理解。

第五,介绍本书撰写的分工。

本书第一章至第三章由渠涛撰写,第四章、第五章、第十章由刘保玉撰写,第六章至第九章由高圣平撰写,最后由渠涛统稿。

在本书资料收集方面感谢中国社会科学院法学研究所金玉珍助理研究员;在资料整理方面感谢周玉辉(原北京航空航天大学法学院2010级博士研究生,现为山东政法学院民商法学院讲师)、蔡斌(原北京航空航天大学法学院2011级博士研究生,现为青岛农业大学马克思主义学院副教授)、李运杨(原北京航空航天大学法学院2013级博士研究生、德国波鸿鲁尔大学2014级博士研究生,现为华东政法大学法律学院特聘研究员)、孔得建(原为北京航空航天大学法学院2011级硕士研究生、荷兰莱顿大学法学院2013级博士研究生,现为中国政法大学国际法学院讲师)、王琪(原为清华大学法学院博士后,现为国浩律师〈北京〉事务所律师)、罗帅(原为中国人民大学法学院民商法学博士生,现为中南财经政法大学法学院讲师)等各位的帮助;在注释统一方面感谢秦静云(原中国社会科学院研究生院硕士研究生、北京大学法学院博士,现为农业农村部管理干部学院农业农村法治研究中心助理研究员);在统稿过程中的文字整理、第十章《占有》的后期内容更新方面感谢李元元(原中国社会科学院研究生院硕士生、现为北京云亭律师事务所律师)。在统稿过程中整体调整格式、检索错别字方面感谢李凯莉女士(澳门大学民法专业博士生)。

统稿人

2020年11月吉日

于天白河畔书斋

目　　录

第一章　绪论
　　——进入 21 世纪后的中国物权法学 ………………………（1）
　　一　立法论方面的重大成就 ………………………………（1）
　　二　解释论方面的重大成就 ………………………………（8）
　　三　进入 21 世纪中国物权法学急速发展的原因 ………（13）
　　四　进入 21 世纪后中国物权法学研究存在的缺憾 ……（14）

第二章　物权立法中的重大问题 ……………………………（17）
　第一节　物权立法的意识形态之争 …………………………（17）
　　一　主要争议问题 …………………………………………（17）
　　二　主要观点 ………………………………………………（18）
　　三　简要总结 ………………………………………………（29）
　第二节　"物权法"与"财产法"的立法范式之争 …………（31）
　　一　主要争议问题 …………………………………………（31）
　　二　主要观点 ………………………………………………（32）
　第三节　物权法的基本原则之争 ……………………………（40）
　　一　立法论 …………………………………………………（40）
　　二　解释论 …………………………………………………（50）
　第四节　物权的类型体系之争 ………………………………（57）
　　一　立法论 …………………………………………………（57）
　　二　解释论 …………………………………………………（69）
　第五节　物权行为理论之争 …………………………………（69）
　　一　立法论 …………………………………………………（69）
　　二　解释论 …………………………………………………（83）

第三章　物权法总则 (87)

第一节　物权通则 (87)
　　一　立法论 (87)
　　二　解释论 (103)

第二节　物权变动模式的选择 (108)
　　一　立法论 (108)
　　二　解释论 (117)

第三节　不动产的登记 (122)
　　一　立法论 (122)
　　二　解释论 (131)

第四节　动产的交付 (142)
　　一　立法论 (142)
　　二　解释论 (153)

第五节　物权保护 (159)
　　一　立法论 (159)
　　二　解释论 (175)

第四章　所有权 (180)

第一节　所有权概论 (180)
　　一　立法论 (180)
　　二　解释论 (184)

第二节　所有权的类型 (189)
　　一　立法论 (189)
　　二　解释论 (227)

第三节　业主的建筑物区分所有权 (247)
　　一　立法论 (247)
　　二　解释论 (260)

第四节　相邻关系 (287)
　　一　立法论 (287)
　　二　解释论 (293)

第五节　共有 (297)
　　一　立法论 (297)

二　解释论 …………………………………………………… (305)

第六节　善意取得 ………………………………………………… (311)
　　一　立法论 …………………………………………………… (311)
　　二　解释论 …………………………………………………… (323)

第七节　取得时效 ………………………………………………… (334)
　　一　主要争议问题 …………………………………………… (334)
　　二　各种观点 ………………………………………………… (334)
　　三　简要总结 ………………………………………………… (341)

第八节　所有权的其他取得方式 ………………………………… (342)
　　一　立法论 …………………………………………………… (342)
　　二　解释论 …………………………………………………… (371)

第五章　用益物权 ………………………………………………… (387)

第一节　用益物权基本理论 ……………………………………… (387)
　　一　立法论 …………………………………………………… (387)
　　二　解释论 …………………………………………………… (407)

第二节　建设用地使用权 ………………………………………… (422)
　　一　立法论 …………………………………………………… (422)
　　二　解释论 …………………………………………………… (426)

第三节　土地承包经营权 ………………………………………… (442)
　　一　立法论 …………………………………………………… (442)
　　二　解释论 …………………………………………………… (463)

第四节　宅基地使用权 …………………………………………… (485)
　　一　立法论 …………………………………………………… (485)
　　二　解释论 …………………………………………………… (490)

第五节　地役权 …………………………………………………… (506)
　　一　立法论 …………………………………………………… (506)
　　二　解释论 …………………………………………………… (516)

第六节　其他用益物权 …………………………………………… (529)
　　一　立法论 …………………………………………………… (529)
　　二　解释论 …………………………………………………… (583)

第六章　担保物权总论

第一节　担保物权的性质 (597)
　　一　立法论 (597)
　　二　解释论 (602)
　　三　民法典编纂中的立法论 (602)

第二节　担保物权的体系与分类 (603)
　　一　担保体系立法论 (603)
　　二　让与担保立法论 (606)
　　三　优先权立法论 (621)
　　四　所有权保留立法论 (628)
　　五　反担保立法论 (634)

第三节　担保物权的竞存 (637)
　　一　立法论 (637)
　　二　解释论 (642)
　　三　民法典编纂中的立法论 (645)

第四节　混合共同担保 (646)
　　一　主要争议问题 (647)
　　二　各种解释观点 (647)
　　三　民法典编纂中的立法论 (654)
　　四　简要总结 (657)

第五节　担保物权的行使期间 (662)
　　一　解释论 (663)
　　二　民法典编纂中的立法论 (673)

第七章　不动产担保物权

第一节　不动产担保物权的体系 (679)
　　一　立法论 (680)
　　二　民法典编纂中的立法论 (684)

第二节　不动产抵押权的设立 (686)
　　一　立法论 (686)
　　二　解释论 (693)
　　三　民法典编纂中的立法论 (698)

第三节　不动产抵押权的效力
　　——以"房地单独抵押、房地分别抵押"为例 ……… (701)
　　一　解释论 ………………………………………… (701)
　　二　对该制度立法论的总结 ……………………… (707)
第四节　不动产抵押权的优先受偿范围 ……………… (709)
　　一　解释论 ………………………………………… (709)
　　二　民法典编纂中的立法论 ……………………… (718)
第五节　最高额抵押权 ………………………………… (720)
　　解释论 ……………………………………………… (721)

第八章　动产担保物权 …………………………………… (730)
第一节　动产抵押权 …………………………………… (730)
　　一　立法论 ………………………………………… (731)
　　二　解释论 ………………………………………… (735)
　　三　民法典编纂中的立法论 ……………………… (739)
第二节　浮动抵押权 …………………………………… (741)
　　一　立法论 ………………………………………… (742)
　　二　解释论 ………………………………………… (746)
　　三　民法典编纂中的立法论 ……………………… (753)
第三节　动产质权 ……………………………………… (754)
　　一　立法论 ………………………………………… (755)
　　二　解释论 ………………………………………… (757)
　　三　民法典编纂中的立法论 ……………………… (759)
第四节　留置权 ………………………………………… (762)
　　一　立法论 ………………………………………… (764)
　　二　解释论 ………………………………………… (766)
　　三　民法典编纂中的立法论 ……………………… (770)

第九章　权利担保物权 …………………………………… (773)
第一节　权利担保物权概述 …………………………… (773)
　　一　立法论 ………………………………………… (773)
　　二　解释论 ………………………………………… (781)

三　民法典编纂中的立法论 …………………………………（784）
第二节　应收账款质权 ………………………………………………（786）
　　一　立法论 ……………………………………………………（786）
　　二　解释论 ……………………………………………………（789）
　　三　民法典编纂中的立法论 …………………………………（793）

第十章　占有 …………………………………………………………（795）

第一节　占有的概述 …………………………………………………（795）
　　一　立法论 ……………………………………………………（796）
　　二　解释论 ……………………………………………………（809）
第二节　占有的分类 …………………………………………………（810）
　　一　立法论 ……………………………………………………（810）
　　二　解释论 ……………………………………………………（818）
第三节　占有的状态推定 ……………………………………………（820）
　　一　主要争议问题 ……………………………………………（820）
　　二　主要观点 …………………………………………………（821）
　　三　简要总结 …………………………………………………（822）
第四节　占有的权利推定 ……………………………………………（822）
　　一　主要争议问题 ……………………………………………（822）
　　二　各种观点 …………………………………………………（823）
　　三　简要总结 …………………………………………………（827）
第五节　占有的保护 …………………………………………………（827）
　　一　立法论 ……………………………………………………（828）
　　二　解释论 ……………………………………………………（830）

参考文献 ………………………………………………………………（837）

后记 ……………………………………………………………………（847）

第一章

绪　论
——进入 21 世纪后的中国物权法学

一　立法论方面的重大成就

在《物权法》成立之前，中国的物权法学研究主要集中在立法论方面，最为重大的成就体现于数个物权法草案学者建议稿和基于这些建议稿而形成的立法机关的历次"审议稿"。就其具体内容而言，其一，学界对物权法的研究更多的是从学者建议稿与历次审议稿之间的对比出发，经分析研究而提出最终立法选择的取舍建议。其二，不论是关于物权法宏观体系安排，还是关于物权变动模式选择、所有权类型划分、用益物权体系建构、担保物权制度涉及范围等具体制度方面的争论，抑或关于具体概念用语的选择等立法细节，无不围绕学者建议稿和历次审议稿以及它们之间的比较展开。其三，即便是围绕物权法立法的意识形态方面的争论，其笔锋所指也是审议稿和学者建议稿。

在《物权法》成立之后，中国的物权法研究主要是围绕《物权法》在司法实践中遇到的问题，从解释论的角度展开的研究。

在《民法典》制定期间，关于物权编立法论方面的讨论可以分为两个层面。第一个层面是新创制度的规则设置问题，主要集中在农村土地三权分置的立法表达、居住权制度、添附制度等方面。第二个层面是已有规则的优化调整，主要包括业主大会议事规则、物业合同规则、建设用地使用权续期、抵押权的追及效力等。但以上两个层面的讨论，不论是立法机关还是学界都保持了极大的克制，没有大开大合的讨论。这一阶段关于物权编立法论方面的讨论，相较于《物权法》制定期间的讨论而言，稍显冷清。

在物权法研究整体上，不容忽视、更是为《物权法》立法作出重要贡献的是，围绕物权法立法展开的中外制度比较研究的大量成果。

(一) 学者建议稿

中国采用学者起草建议稿的方式辅助民事立法工作，起始于1999年合同法的立法。鉴于合同法起草过程中学者建议稿发挥的重大作用，1998年1月，第八届全国人大常委会王汉斌副委员长委托九位学者专家[1]组成民法起草工作小组，负责起草民法典草案和物权法草案。同年3月，民法起草工作小组召开第一次会议，提出用四年到五年时间完成物权法的制定工作。此后，物权法起草工作正式开始。[2]

学者起草的建议稿主要见之于：1999年3月，梁慧星主持的物权法立法研究课题组完成的中国物权法草案建议稿（以下简称"梁稿"）；[3] 2000年12月王利明主持的人民大学课题组完成中国物权法草案建议稿（以下简称"王稿"）；[4] 2002年10月，孟勤国的中国物权法草案建议稿（以下简称"孟稿"）；[5] 2004年1月，徐国栋主持起草的《绿色民法典草案》中第二编第五分编为"物权法"（以下简称"徐稿"）。[6]

其中，梁慧星及王利明分别起草的物权法学者建议稿（草案），不仅在学界产生了重大影响，而且直接对物权法立法产生了较大的影响。孟勤国和徐国栋起草的物权法建议稿，因采用的体系与传统潘德克顿体例下的物权法体系存在较大的差异，因此影响相对较小，对物权法立法工作的影响也相对有限。

---

[1] 民法起草工作小组的九位成员是：江平（中国政法大学）、王家福（中国社会科学院法学研究所）、王保树（清华大学）、魏振瀛（北京大学）、梁慧星（中国社会科学院法学研究所）、王利明（中国人民大学）、费宗祎（最高人民法院退休法官）、肖峋（法制工作委员会退休干部）、魏耀荣（法制工作委员会退休干部）。参见中国物权法研究课题组（负责人：梁慧星）《中国物权法草案建议稿：条文、说明、理由及参考法例》，社会科学文献出版社2000年版，第1页。

[2] 中国物权法研究课题组（负责人：梁慧星）：《中国物权法草案建议稿：条文、说明、理由及参考法例》，社会科学文献出版社2000年版。

[3] 中国物权法研究课题组（负责人：梁慧星）：《中国物权法草案建议稿：条文、说明、理由及参考法例》，社会科学文献出版社2000年版。

[4] 王利明主编：《中国物权法草案建议稿及说明》，中国法制出版社2001年版。

[5] 孟勤国：《中国物权法草案建议稿》，《法学评论》2001年第5期。

[6] 徐国栋主编：《绿色民法典草案》，社会科学文献出版社2004年版。

"梁稿"共十二章435个条文。该草案没有按所有权、用益物权、担保物权、占有的编排划分，而是将各种具体物权，如宅基地使用权、质权等作单章规定。其主要特色见之于以下几点：①在所有权制度方面，坚持了传统的所有权理论体系，将所有权划分为不动产所有权与动产所有权，未按照不同的所有制形式将所有权制度类型化，对不同主体享有的所有权奉行了"一体承认，平等保护"的原则；②在用益物权制度方面，既有对传统的坚守，也有对传统的突破。例如，既规定了颇具中国特色的"典权"制度，但也对传统的用益物权体系进行了适当改造，即将地上权制度改造为"基地使用权"，将永佃权制度改造为"农地使用权"，将地役权制度改造为"邻地使用权"制度；③在担保物权制度方面，顺应新的经济社会发展需求，除规定传统的抵押权、质权、留置权制度外，还将传统习惯法意义上的让与担保制度做了成文化处理，同时在抵押权部分特别规定了企业财产集合抵押及企业担保制度。值得特别一提的是，《物权法》颁布实施以后，梁慧星领导的课题组并未终止对该建议稿的补充完善工作，该建议稿作为《中国民法草案建议稿附理由书（物权编）》已由法律出版社于2013年出版，近70万字。①

"王稿"共计六章575个条文，各章分别为总则、所有权、用益物权、担保物权、占有及附则，章节划分较为简明。相较于"梁稿"，其主要特色见之于以下几点：①在所有权制度方面，坚持《民法通则》确定的按照所有制类型化财产权的理念，将所有权划分为国家、集体、个人、社团和宗教组织的所有权，单独规定优先购买权；②在用益物权制度方面，沿用我国民事立法已采用的用益物权名称及相关制度，规定了土地使用权、农村土地承包经营权、宅基地使用权，补充规定了此前立法并未规定的地役权；为回应不动产立体化利用的社会现实及自然资源利用的特殊要求，分别专门规定空间利用权及特许物权；③在担保物权制度方面，将优先权（先取特权）规定为一种独立的担保物权。

"孟稿"共计四章200个条文，分别为总则、所有权、占有权及附则。充分体现了其所倡导的"所有权—占有权"二元结构，颇具特色。

---

① 梁慧星主编：《中国民法典草案建议稿附理由书（物权编）》，法律出版社2013年版。

其主要特点是，将用益物权体系构筑在占有权之下，将担保物权制度从传统的物权法中刈除，将法人财产权定位为以占有权为基础的经营权。该建议稿对传统物权体系改造极大，可谓一种全新的创造。

"徐稿"共计三题667个条文。规定在"财产关系法"的第一分编，分为通则题、自物权题和他物权题。该草案建议稿有很多值得关注的地方，如在第二题的第六章单独规定不完全所有权，解决信托所有权及设定他物权后的所有权性质问题；将继承纳入所有权部分，作为所有权取得的方式之一；在第三题用益物权部分规定颇具罗马法特色的人役权和有关水利用的特别役权；在第四题最后一章规定不动产典质等。"徐稿"极为突出的特色在于它与现行民法制度所采潘德克顿体系截然不同，尤其是在制度之间的逻辑关系设计上与国内民法学界主流学术思维之间有相当大的差距。

与在《民法总则》制定时专家建议稿迭出的情形不同，在2017年《民法总则》审议通过后，民法典各分编的起草除人格权编外，鲜见专家建议稿的身影。王明锁发表了《中华人民共和国民商法典物权编草案建议稿（黄河版）》，该建议稿将中国市场经济社会生活中民商事主体对物进行支配的客观现实关系，按其权能特性分别归属自物权和他物权，并从所有权权能与所有权分离的角度，将他物权依次区分为控占权、占用权、用益权和经营权四种基本类型。目次为总则、所有权（自物权）、所有权取得、控占权、占用权、用益权、经营权、获益权、相邻关系、物权证书，共十章398条。①

（二）历次审议稿

1.《物权法》立法阶段

中国物权法的立法前后历经13年，即使从1998年开始算起，前后亦有近十年的时间，个中分歧之大，意见统一之难可见一斑。从2002年12月第九届全国人大常委会第三十一次会议第一次在审议《中华人民共和国民法（草案）》（含"物权编"）时起，到2007年3月第十届全国人大第五次会议审议通过《物权法》时止，物权法前后经历七次审议，

---

① 王明锁：《中国民商法典编纂中对物权制度的修正整合与创新完善——附〈中华人民共和国民商法典物权编草案建议稿〉（黄河版）》，《私法》2019年第2期。

出现了七个审议稿。① 其中影响最大的为 2005 年 6 月 26 日第十届全国人大常委会第十六次会议第三次审议物权法草案后向社会公布的《中华人民共和国物权法草案（征求意见稿）》。

该稿公布后，引起了学界热议及社会各界的广泛关注，仅 2006 年发表在核心期刊上的讨论该草案的文章即达 68 篇（其中 CSSCI 48 篇），内容涉及从宏观的体系安排到具体的制度设计的方方面面。其中，最为引人注目的就是 2005 年 8 月 12 日北京大学法理学巩献田发表的题为《一部违背宪法和背离社会主义基本原则的物权法草案》的公开信。因为该文指责物权法草案规定平等保护原则违反宪法，遂将物权法制定的讨论引入意识形态领域（详见本书第二章第一节），由此导致立法机关对物权法的制定更为审慎，最终使《物权法》审议通过的时间被推迟至 2007 年。关于"物权法草案违宪"的诘问，民法学界予以了有力的回应，这些争论使物权法制定过程背负了沉重的意识形态包袱，也直接影响了相关制度的构造。但值得庆幸的是，最后立法机关秉持了立法的科学原则，并将平等保护原则从所有权编提前至总则编作为物权法的基本原则。实可谓，理不辩不明。

从具体的编章安排与制度设计看，2005 年 7 月公布的《物权法（草案）》共计二十章 268 条。编章结构与现行《物权法》基本相同，其中所不同之处，有以下几点值得特别关注。

第一，在总则编规定明确占有及登记的权利推定效力，规定排除妨碍和消除危险的请求权不适用于诉讼时效；

第二，在所有权编，简略规定了添附制度；

第三，在用益物权编部分单章规定了"居住权"制度；

第四，在占有编规定了占有权利推定制度；

第五，在附则部分对包括用益物权、地役权、担保物权等术语进行了定义。这些被刈除的制度及附则规定，大多因为争议过大，在立法过程中无法达成一致意见，最终被删除。

---

① 各次审议的时间分别为 2002 年 12 月 23 日（一审）、2004 年 10 月 22 日（二审）、2005 年 6 月 26 日（三审）、2005 年 10 月 22 日（四审）、2006 年 8 月 22 日（五审）、2006 年 9 月 27 日（六审）、2006 年 12 月 26 日（七审）。

2. 民法典物权编制定阶段

2017年11月8日，全国人大法工委民法室在有限范围内公布的其起草的《民法典物权编（室内稿）》，将涉及农村土地承包经营权三权分置的问题予以"悬置"，以作"进一步研究"，并首次在用益物权部分新增"居住权"。2018年3月15日，全国人大发布《民法典各分编草案（征求意见稿）》，在征求意见期间，法工委提出"征求意见稿中有关土地承包经营权、宅基地使用权和住宅建设用地使用权续期的问题，将结合相关法律修改、相关改革试点等工作的进展情况，继续研究，统筹考虑。请各地区各部门提出具体意见和建议"。

2018年8月，全国人大常委会首次审议民法典草案物权编，随后公布了《民法典物权编草案（一审稿）》。该草案相较于《物权法》而言，有以下变化值得关注。

在所有权制度方面：在所有权取得方面，新增添附制度；对需业主共同决定的事项及部分重大事项的表决比例做了调整，区分不同情况分别规定了三个不同层级的表决权比例；吸收了物权法司法解释一的若干内容，丰富了共有人行使优先购买权的方式和期限。

在用益物权制度方面：第一次在立法上对农村土地承包经营权"三权分置"问题作出表达，规定土地承包经营权人可出让土地经营权，土地经营权人有权根据合同约定在一定期限内占有农村土地，自主开展农业生产经营并取得收益；明确住宅建设用地使用权自动续期费用缴纳和减免问题由法律、法规另行规定；新增居住权制度，对居住权的设立、转让、消灭等事项做了规定。

在担保物权制度方面：优化抵押物转让规则，承认抵押权人追及效力；完善了不同担保物权类型在同一担保物上竞存时的权利顺位规则。

2019年4月，全国人大法工委公布《民法典物权编草案（二审稿）》，相较于一审稿，二审稿主要有以下变化：①新增征收集体所有的土地，应当依法及时足额支付农村村民住宅的补偿费用。②进一步明确土地经营权的设立、登记及效力，规定土地承包经营权可采取出租、入股或者其他方式向他人流转土地经营权；流转期限为五年以上的土地经营权，自流转合同生效时设立，当事人可以向登记机构申请土地经营权登记，未经登记，不得对抗善意第三人。③为配合农村土地承包经营权"三权分置"制度改革，在抵押权部分删除耕地不得抵押的规定。

2019年12月，全国人大常委会第一次审议《民法典草案》全文，其中物权编为第二编，共计258个条文（第205条至第462条），相较于二审稿，《民法典草案》主要有以下变化：与二审稿确立的居住权无偿设立不同，《民法典草案》全文规定居住权既可以通过无偿的方式设立，也可以通过有偿方式设立。同时，对居住权的期限问题作出相应规定。进一步完善禁止流质、流押条款，在规定流质、流押约定无效的同时，进一步明确担保权人仍可享有优先受偿权。

（三）学界的讨论

学界关于物权法立法论方面的讨论，多是围绕以上的学者建议稿及历次审议稿展开的。

在宏观的体系安排方面有，关于是制定物权法还是财产法的争论；关于是否应当规定物权法定原则的争论；关于所有权类型的"一元论"与"三分法"争论；关于用益物权体系的争论；关于是否规定让与担保的争论，等等。

在微观的具体制度方面有，关于我国应采纳何种物权变动模式的争论；关于善意取得制度适用范围的争论；关于农村土地承包经营权、宅基地使用权是否允许流转的争论；关于权利质权制度争论；关于应否承认间接占有制度的争论，等等。

作为以上列举争论的结论，最终均程度不同地体现在了2007年通过的《物权法》的相关条文之上。

例如，在所有权类型的设定上，最终采纳了王利明提出的"三分法"，以不同的所有制形式构筑了国家所有权、集体所有权及私人所有权三项所有权类型。

在用益物权体系构建上，采取了相对保守的立场，以现行法中可归类于用益物权内容为基础体系规定了建设用地使用权、宅基地使用权、土地承包经营权等制度，抛弃了存在争议的居住权制度和典权制度，改造并简化规定了空间利用权，原则性地规定了特许物权。在民法典立法阶段，为顺应农村土地承包经营权"三权分置"改革的需要，在农村土地承包经营权内部嵌入了农村土地经营权制度。同时，新增用益物权的种类，再次规定了《物权法》立法阶段争议颇大的居住权。

在物权变动模式的取舍上，为平衡各方面的意见，在条文设计上采取了相对模糊的态度。如在第9条对不动产的物权变动采纳了登记生效主义，而在第 15 条承认了物权变动的原因与物权变动的结果的区分，但对于物权变动的独立意思却讳莫如深，导致坚持物权形式主义物权变动模式的学者及坚持债权形式主义物权变动模式的学者均基于以上两条的规定，展开自己的理论。

在应否承认间接占有制度方面，《物权法》没有采纳学界部分学者强烈呼吁直接规定间接占有制度的意见，而是将间接占有可能涉及的问题在《物权法》第 241 条以委由"合同约定"或"法律规定"的形式作出了处理。

以上揭示的关于物权法立法论方面的争论在最终颁行的《物权法》中的体现，只是诸多争论中的冰山一角，更多更细的争论及其相关细节，将在本书相关章节中详述。

二 解释论方面的重大成就

2007 年 3 月，全国人大审议通过《物权法》以后，学界对于物权法的大方向研究转入解释论。一般认为，在立法完成后，解释论应为法学研究的常态，立足于现行法的解释很好地体现了法学学科的保守性及科学性。此处所言的法学学科的保守性并无贬低法学之意，而是强调法学研究对于既有社会秩序基于法治原则的维护。解释论的成果既有成体系的物权法学教科书，也有针对具体制度进行研究阐释的专著，而更多的则体现为某一具体条文、制度研究的学术论文。所谓的解释论，是指运用一定的解释学方法对相关立法进行综合评释，形成相关法学理论体系并以此指导司法实践。因此，笔者认为，法学研究中的解释论目标主要有二：一为根据现行法构建完整且逻辑自洽的理论体系，二为以现行法为基础为相关纠纷的解决提供可行的方案。前者可称为"理论意义上的解释论"，后者可称为"实践意义上的解释论"。中国民法学界对于《物权法》的解释论研究，在以上两个方面均取得了一定的成就。本部分在总结进入 21 世纪后中国物权法学研究解释论方面的成果时，期望对相关研究成果作出"理论"与"实践"两个不同意义上的划分，来总体描画物权法学研究解释论方面的各项新发展。

（一）理论意义上的解释论

理论意义上的解释论其目标是构建逻辑自洽的法学理论体系，虽然立法完成了《物权法》规范体系的构建，形成了五编十九章共计 247 条的规范体系，但《物权法》规定的相关制度之间如何勾连，其所追求的内在法的价值及制度目的为何，却无法通过直观的规范体系观察得出。揭示以上内容，是解释论应当完成的任务。解释论的体系构建分为两个部分：一个为内在体系，乃部门法学追求的相关价值构筑的价值观体系；一个为外在体系，乃部门法相关制度构筑的制度规范体系。从某种意义上讲，《物权法》确立的规范体系是物权法学理论体系中外在体系的一个组成部门，但其仅仅构成了物权法学外在体系的骨架，其血肉及灵魂则需要解释论进一步的填补。

1. 体系性研究

在体系性的理论研究方面，以《物权法》为整体研究对象的专著不在少数（详见本书所列参考书目）。但有以下三本专著赢得了学界的普遍认可，成为国内研究《物权法》引用率颇高的著作：一为王利明所著的《物权法研究》一书；二为孙宪忠所著的《中国物权法总论》一书；三为崔建远所著的《物权：规范与学说——以中国物权法的解释论为中心》一书。

王利明的《物权法研究》一书初版于2002年，2007年《物权法》颁行以后，进行了修订，共上下两卷，其总体的体系架构与《物权法》基本一致，不仅全面完整地反映了物权法学的体系，而且对国内外的相关学说观点进行了相对完整的评介，是国内研究物权法学不可或缺的参考资料。同时，该书还对《物权法》确立的体系进行了适当的补充，如对添附制度、货币所有权的特殊问题、空间权等进行了论述阐释。

孙宪忠的《中国物权法总论》一书初版于2003年，最新版本为2013年第三版。该书以纯正的德国物权法理论对中国《物权法》的相关制度进行了解读分析，颇为值得关注。该书虽以"中国物权法总论"为题，但书中用了大量的篇幅介绍德国民法中关于支配权与请求权、绝对权与相对权的区分及其对民法体系的影响。孙宪忠极力倡导的物权行为理论及与之相关的法思想、法技术在该书中有了相对全面的展现。书中关于第三人交易安全保护问题的专门研究，更是其他相关著作中所未见。

崔建远的《物权：规范与学说——以中国物权法的解释论为中心》一书于2011年出版，共上下两卷。该书的编章安排与《物权法》确定的编章结构略有不同，主要体现在以下几个方面：第一，将占有制度的研究安排在各项具体物权制度的研究之前，与《德国民法典》的编章安排相一致，强调占有制度在物权法学中的基础性作用；第二，用相当大的篇幅全面、完整、系统地论述准物权制度，实现了《物权法》第 123 条的体系化；第三，在总论部分着力论述了物权法所采纳的债权形式主义的物权变动模式，并对相关反对质疑的观点进行了全面反驳。同时，该书除了介绍论述《物权法》规定的相关制度以外，还对存在争议的若干理论问题进行了特别说明。

2. 具体制度研究

在相关具体制度研究方面，《物权法》颁布以后的研究成果更是灿若星河，试图对此做具体全面的综述研究几乎成为不可能。但我们在撰写本书梳理相关研究成果的过程中，以下专门性的研究成果引起了我们极大的兴趣。在总论方面，程啸的《不动产登记法研究》一书对不动产登记的基础理论、不动产登记簿、登记程序、登记类型、赔偿责任等问题进行了全面的研究。该研究成果对中国不动产登记制度的规范设计产生了重要影响。在所有权研究方面，高飞博士的《集体土地所有权主体制度研究》一书，直面中国特有的现实问题，通过大量的田野调查资料，对中国农村集体土地的权利配置尤其是集体土地所有权主体"虚位"存在的现实难题进行了全面的研究分析，并提出了自己的解决方案。在用益物权研究方面，崔建远的《准物权研究》一书填补了中国准物权研究的空白，实现了中国准物权制度的体系化。在担保物权研究方面，高圣平所著的《担保法论》，对担保物权的基本理论及相关制度，运用娴熟的解释学方法进行了全面的剖析，不仅在理论界产生了重大影响，而且受到了实务界的广泛关注。该书中关于动产抵押及权利质权制度方面的尤为值得关注。在占有制度研究方面，刘智慧的《占有制度原理》一书，是《物权法》颁布实施以后颇具影响力的研究占有制度的理论专著，向中国国内全面、完整、成体系地介绍了占有理论，同时也对《物权法》的相关规定进行了评析。

以上研究成果的列举仅限于专著，其中还有大量优秀的研究论文，因其数量过多，恕不一一列举。

(二) 实践意义上的解释论

实践意义上的解释论研究的目的，是以现行法为基础为相关纠纷妥当的解决提供可行的方案。法学研究不在于建立一套可以形成"学科隔离"的行话暗语及抽象理论，其最终的目的是服务于司法实践。从法学的发展轨迹来看，法学脱胎于"决疑术"，是以具体纠纷的解决为出发点和落脚点。因此，从实用主义的角度来讲，似乎可以给法学作出这样一种定位：法学首先是一门解决具体纠纷的技艺，其次才是一门专门性知识。这一门解决具体纠纷的知识供给，即来自法解释学，我们亦可称为法学方法论。实践意义上的解释论也是在此基础上展开的，所谓的"法律非经解释不得适用"的法彦，也植根于此。实践意义上的解释论为理论与实践的互动提供了路径与平台，也回归了法学研究的根本目的。《物权法》的颁行，使社会中众多物权纠纷有法可依，但也给理论研究提出了新的课题，即如何将《物权法》的相关规定运用到具体的司法裁判中？理论研究能够为现实的纠纷提供哪些可供选择的解决方案？

在实践意义上解释论研究方面，最高人民法院由于指导各级人民法院具体裁判案件的需要，做了诸多相当卓有成效的工作。一是吸纳了理论意义上的法解释学的研究成果，紧贴相关司法实际，制定发布相关司法解释，对《物权法》具体适用过程中出现的若干问题予以了细化，一定程度上实现了理论与实践的互动。如2009年10月发布的《关于审理建筑物区分所有权纠纷案件具体应用法律若干问题的解释》，为专有部分与共有部分的认定、车位所有权归属、业主的相关权利与义务等作出了更为细致的规定，回应了《物权法》颁布实施后相关司法实践的具体需求。二是编辑出版相关案例集，对人民法院审理的相关典型案例进行分析总结，为理论研究提供现实素材。如按年度连续编辑出版的"中国法院年度案例丛书"，其中包括"物权纠纷""土地纠纷"等分卷。该丛书采用统一的编写体例对各级人民法院当年裁判的相关典型案例进行了分析研究，值得学界给予必要的重视。三是针对《物权法》编写出版的《〈中华人民共和国物权法〉条文理解与适用》一书，该书以指导司法实践为直接目的，对《物权法》相关条文在具体案件中的适用作出了相对细致的解释，成为一线办案法官必不可少的参考资料。

颇为遗憾的是，理论界对于司法实务的回应热情似乎并不太高，相关案例评释类的研究成果并未大规模的出现。常鹏翱所著的《物权法典型判例研究》一书，虽出版于《物权法》颁布实施之前，但亦颇为值得重视。该书选取了22个典型案例，结合物权法理论研究成果，对相关案例进行研究分析。通过实例揭示了物权法中的一些基础理论及其在实务中的具体体现，为物权法案例研究提供了一个可供借鉴的范本。

(三) 解释论与立法论的互动

虽然解释论与立法论在研究方法、研究目的等方面有诸多不同，但二者并非泾渭分明，而是彼此在广泛的领域内存在互动交融的关系。因为，立法论研究需要解释论的方法辨别相关规定的优劣；反过来，解释论研究又需要立法论提供相关制度设计初衷才能为其注入"活水"而有的放矢。因此，虽然进入21世纪以后，中国物权法学的研究可明显地按照解释论与立法论划分为两个阶段和层面，但二者之间的互动关系也十分明显。在以立法论为研究主流的前一阶段，解释论服务于立法论，为立法的选择和修正立法方案提供了方法论支撑；在以解释论为研究主流的后一阶段，立法论又为解释论提供了原始依据，并通过两者结合的产物——司法解释等方式使该法在具体适用的实践方面日臻完善。

关于解释论与立法论之间的互动，最为明显的体现为中国物权法物权变动模式的解释与选择。在《物权法》制定过程中，对于我国物权变动应采形式主义，即以交付和登记为物权变动的生效要件，学界几无争议。但是，对于是采物权形式主义还是债权形式主义则争议颇大。《物权法》最终采取了相对模糊的立法方式，即虽然承认物权变动的原因与物权变动的结果的区分，肯定物权变动非经公示不生效力的规则，但并未明确承认独立的物权变动的意思表示。特别值得注意的是，在不动产物权变动制度上，以登记生效为原则，以登记对抗为例外的立法模式。由此便导致了学界对关于《物权法》究竟采纳何种物权变动模式存在着不同理解，而且，学界分歧及各方代表人物的观点并未因为《物权法》的颁行而有所缓解。其中最大的分歧莫过于关于无权处分合同效力的争议与特殊动产物权变动模式的争议。随着各方解释论的展开，相关的研究成果最终又通过立法论的形式表现了出来。这就是，2012年颁布实施的《关于审理买卖合同纠纷案件适用法律问题的解释》对以上问题作出的回应。

首先，该司法解释第3条吸收解释论研究成果后所作出的结论是，彻底贯彻《物权法》第9条规定的物权变动的原因与物权变动的结果相区分的原则，修正了《合同法》第51条关于无权处分合同效力的不合理规定，将无权处分的债权合同确认为有效。

其次，该解释第10条在特殊动产物权变动方面，贯彻了"动产交付即转移所有权"的基本法理，终结了特殊动产中关于登记与交付效力冲突的争论。

但是，不可忽视的是，虽然该司法解释对以上问题看似作出了一锤定音式的规定，但学界的分歧并未就此弥合。例如，关于无权处分的合同效力问题，梁慧星在该解释发布以后将其解释为买卖合同效力的特别规定，主要用以解决将来物的买卖、连环买卖中的特殊问题；关于特殊动产物权变动的问题，程啸也表达了与司法解释确定的"交付即转移所有权"规则不同的意见。在此过程中，解释论与立法论的互动得以充分展现。

三　进入21世纪中国物权法学急速发展的原因

进入21世纪后，中国物权法学得以急速发展，其原因和理由源自法律之外和法律之内两个方面。在法律之外，物权法学的发展得益于社会现实的客观需要；在法律之内则得益于长达13年之久的物权立法工作及物权法颁布实施以后司法实践的需要。关于法律之内的原因，上文已多有叙述，兹不赘述。以下主要探讨法律之外，即客观上促进中国物权法学研究发展的原因。

首先，物权法学的发展得益于民众对保护私有财产的客观需求。进入21世纪以后，随着国民经济的发展及市场经济体制逐步完善，普通民众对财产拥有的状况已经发生了根本性的变化，人们已不再是改革开放以前那种只靠计划供给维持日常生活而对财产的拥有可谓一贫如洗的状态。根据国家统计部门公布的数据，截至2015年，中国居民人均可支配收入已达21966元人民币。西南财经大学中国家庭金融调查与研究中心2015年最新调查结果显示，中国家庭户均资产总额已接近92万元，是2002年国家统计局公布的户均22万元的4倍多。随着个人及家庭财产数额的高速增长，普通民众对于个人私有财产保护的要求日益高涨，权利意识也随着人均受教育水平的提高及社会信息提供扁平化程度的提升而得到不断伸张，而由此变化带来的财产关系方面的纠纷也与日俱增。在这样的背景下，民事立法及相关法学研究必须对民众保护私有财产的需求予以必要的回应。

其次，物权法学的发展得益于社会主义市场经济改革的不断深化。自1992年中国提出建设有中国特色社会主义市场经济秩序以来，中国的民事立法得到迅速推进。《合同法》的颁布实施，构建了中国与国际市场相接轨的市场交易规则，但市场交易的前提是产权的界定，市场交易的目的是产权的归属，与此相对，作为规范"前提"和"目的"规则的《物权法》却受制于各方面原因迟迟未能制定出来。作为前提的产权界定规则和作为目的的产权归属规则缺位，不仅会导致实践中产生大量纠纷，而且会诱使交易主体为避免纠纷而不得不在交易过程中为确定产权而承担大量的交易成本，从而最终阻碍财货流通，抑制社会财富的创造。

正是因为有上述市场经济秩序内在规律的客观需求，自然会要求中国制定物权法，同时也必然地促进了对物权法学的研究，以此为市场经济社会提供产权的界定和归属的相关规则，并落实于司法实践。进言之，如果说市场经济的基本秩序是顺畅的财货流通秩序，那么，构建这种秩序不可或缺的就是产权的界定和归属，而界定产权的法律正是物权法。

正是基于以上原因，对中国物权法学的研究在进入 21 世纪以后取得了长足发展。它不仅完成了中国《物权法》的立法，而且产生了大量的解释论的优秀成果，初步建立了中国的物权法理论体系。

四　进入 21 世纪后中国物权法学研究存在的缺憾

进入 21 世纪以后，虽然中国物权法学研究在立法论和解释论两个方面都取得了可人的成就，但也要看到其中存在的不足。

（一）理论与实务之间的联系

学界对于物权法学的研究，相对侧重于抽象理论的研究，案例评释类的研究成果略显不足，在一定程度上造成了理论研究与司法实践的脱节。例如，关于物权变动模式、占有权利推定效力、不动产登记簿公信力及是否承认间接占有等问题，学界长期争论不休。不可否认的是，一方面，确实有大量的司法判决对以上问题予以了阐释。但相关解释论的研究成果却少有引述相关判决进行论述的情形，解释论的研究大多仍旧停留在比较法的层面，对具体条文文义、目的的解释之上；另一方面，依民法学界内的信息，法院等实务部门邀请学者参加的物权相关的案件处理及其具体制度解析的研讨会似乎不少，但这些研讨会的内容却很难在公开发表的学术刊物以及报刊上见到其全貌。

（二）学界观点之间的融合与升华

学术研究的目的在于指导实践，法学研究也概莫能外。具体就法学研究而言，需要通过研究论证相对正确的价值判断来指导司法实践。但是，如果学界对于特定的概念、制度等具体乃至宏观的问题在基础理论研究上长期争论不休，且无法形成所谓通说，便很有可能造成立法过程中和司法实践上的混乱。同时，如果学界内不能就通说、多数说、有力说、少数说的判断形成相对科学的共识平台，必将会影响学界整体研究的深入，使学术观点之间难以通过碰撞而升华，最终导致学者之间的讨论只能流于两条平行线上的自说自话。因此，学界研究整体的"共识平台"不仅是司法实践的需要，也是学术研究本身深化进步的需要。

但遗憾的是，当前中国的物权法学研究，往往是学者各执己见，互不相让，在相当多的问题上，一是难以形成通说，二是旌旗林立权威（有力说）下多有弟子跟进，三是对少数说不够重视。诸如关于土地承包经营权的定位、宅基地使用权的流转、小产权房的交易等问题都是司法实践中必须面对的大量现实问题，但目前理论界却对此莫衷一是，最终不同程度地导致了司法实践的困惑。

（三）重复性研究过多与研究的死角

进入 21 世纪后的物权法研究实实在在地出现过热点，如物权变动、善意取得等。但是，也可能是因为这些热点过热造成了较多的重复性研究，而这些研究对于相关理论的深化拓展增益却不大。例如，关于物权变动模式的研究，相关著作及学术论文可谓汗牛充栋，但关于物权变动模式观点的对立却仍旧没有消弭，后续的相关研究大多显示出的"价值"似乎也仅仅是在"选边站队"。与此相对，有相当一部分重要问题却并未引起学界研究的重视。如关于占有媒介关系的研究，其在构建物的"所有"与"利用"关系中具有基础性地位，但却几乎看不到相关专论，现有的也不过是在论述间接占有制度时一笔带过；再如添附制度，虽然我国物权法并未对此予以规定，但如何填补相关法律空白，学界也少有关注，本次民法典立法新增添附制度，如何与现有制度相协调也有待进一步观察；还有不动产登记错误问题，大量的研究仅停留在登记错误应如何救济及其救济性质的层面上，而对于登记错误的内涵为何，具体类型有哪些，如何认定等却研究甚少。

（四）简要总结

中国物权法学研究存在的缺憾，其原因是多方面的。一方面，由于中国物权法学研究起步较晚，学术研究积累尚浅，作为历史阶段，应对其视为由立法继受向学说继受转型，基础理论性研究向针对司法实践性研究转型的节点，所谓"学术自觉"尚未形成；另一方面，《物权法》立法本身不无缺憾，对于一些重要问题语焉不详而多存歧义，导致学界缺乏可供统一理解的立法文本，进而造成学术研究歧见纷呈。

展望未来中国的物权法学研究，似有以下几点应该引起学界的注意和思考。

首先，在重视理论研究的同时，注重司法实践的研究，将案例评释的研究方法作为物权法学研究的一个重要方法对待，实现学术研究与司法实践的良性互动以促进彼此的进步发展。

其次，在确保百家争鸣、各抒己见的前提下，促进学界对制度价值取向等方面的共识，特别是要对于涉及物权法学的基础性理论问题努力形成通说，至少更多地形成多数说，以此为后续研究对话搭建必要的理论平台，也为司法实践提供相对确定的理论指导意见。

最后，在对传统热点问题研究的同时，对其他此前研究中忽视的"研究死角"给予必要关注，以全面推进中国物权法学的研究。

第二章

物权立法中的重大问题

第一节 物权立法的意识形态之争

一 主要争议问题

中国《物权法》从 1993 年列入立法计划至 2007 年最终审议通过，历时 14 年之久，全国人大常委会就《物权法（草案）》审议达七次之多，并召开了 100 多场座谈会，还有民法学、宪法学、法理学以及经济学等领域的众多专家学者参与过讨论。围绕《物权法》立法，不仅有技术层面上的争论，更有意识形态，即价值取向层面上的论争。

2005 年 8 月 12 日，北京大学法学院法理学巩献田在网上发表了一封上书吴邦国委员长及全国人大常委会的公开信——《一部违背宪法和背离社会主义基本原则的〈物权法〉草案——为〈宪法〉第 12 条和 1986 年〈民法通则〉第 73 条的废除写的公开信》（以下简称《公开信》），[①] 随之引发了物权立法的意识形态之争，并将物权法是否应该立法这一根本性的问题推上了风口浪尖。

[①] 该《公开信》在网络上广为传播，读者可以通过关键词检索，而其纸质文本可以查阅巩献田《一部违背宪法和背离社会主义基本原则的〈物权法〉草案——为〈宪法〉第 12 条和 1986 年〈民法通则〉第 73 条的废除写的公开信》，载刘贻清、张勤德主编《"巩献田旋风"实录——关于〈物权法（草案）〉的大讨论》，中国财政经济出版社 2007 年版，第 25—32 页。

物权法的意识形态之争的核心关涉 1979 年以后的中国是否以及如何从计划支配经济的极端社会主义向释放自治、经济市场化转变的转型问题。《公开信》显然是围绕"《物权法（草案）》是否违宪"提出了一种在意识形态层面讨论的要求，而认真回应《公开信》的质疑，则可以在观念层面上深化对物权法定位的认识。物权法的意识形态之争主要集中于两点：一是《物权法》立法在意识形态上的定位；二是《物权法（草案）》的合宪性问题。

二 主要观点

（一）《物权法》应秉持的意识形态

所谓意识形态，本属于哲学范畴，一般可理解为对事物的理解、认知，是一种对事物的感观思想，即观念、观点、概念、思想、价值观等要素的总和。意识形态并非人脑中固有，而是源于人自身的社会存在。因为人的意识受思维能力、环境、信息（教育、宣传）、价值取向等因素影响，所以，人的意识形态不同，对同一种事物的理解、认知也会不同。

对此，有民法学者认为，意识形态是对某种社会形态的追求或者主张。[1] 具体到物权法立法与意识形态之间发生的问题，有学者认为，我国物权立法遭遇了两种极端思潮的阻碍：其一，"新自由主义"，其强烈主张自由可以自然地产生公平，而在经济领域则体现为经济效率优先而社会均衡则可迟后考虑；其二，与"新自由主义"相对抗的"新左派"思潮，比较注重中国自身的民生问题，主张社会均衡优先，在经济发展与社会均衡发生矛盾时，甚至提出了"重返毛泽东"时代的要求。有学者进而指出：中央近年提出的"以人为本"科学发展观，是对"新自由主义"与"新左派"这两种极端思潮的否定，使得长期被忽视的社会均衡发展与弱势群体保护问题有了解决的可能，构成物权法制定的道德与伦理基础。[2] 此外，该学者还认为，那种动不动就要杀富济贫的"革命观"，是本次制定物权法的最大障碍，而承认和保护个人对财富的进取心理应成为物权立

---

[1] 龙卫球：《物权立法的合宪性问题》，载龙卫球《民法基础与超越》，北京大学出版社 2010 年版，第 264 页。

[2] 孙宪忠：《物权立法涉及意识形态的争议评价》，载孙宪忠《争议与思考——物权立法笔记》，中国人民大学出版社 2006 年版，第 308—309 页。

法的思想基础。①

关于这个问题，另有学者认为，我国在过去好长一段时期里固守一种"非物权论"的意识形态，即不能用物权的方式去安排财产支配秩序，而应用国家权力的方式去安排财产支配秩序，构成绝对意义上的国有和集体所有的国家财货体制。这种绝对排斥物权方式的财货安排导致集体生产的无效率，从而导致了人民生活的极度贫困和国家的经济困难。而物权法在我国得到正名，则标志着我国已经接受了由这个法律名词所代表的财产领域的一种有关的社会治理观念，即对一国内的人和物的支配关系用划定权利的方式作出基本安排，将财产支配关系纳入平等者之间的关系轨道，避免财产享有和运营的权力化，从而维护市场经济运行的基本条件。因此，物权立法面临的三项主要任务是：①国有、集体所有权应当成为一种真正的民事权利，遵循民事权利享有和行使的原则，不能采取权力化的运作方式或者类似方式；②必须建立市场中财产充分运营必需的物的支配性利用体制，尤其在国有、集体所有垄断土地和重要资源的体制下，应该根据中国国情确立充足有效的他物权体系，使得这些特殊物可以借助这些他物权形式从所有人手中分离，根据市场需求通过市场规则配置到位；③在国家所有、集体和个人多种所有权的前提下，诸种财产主体应该在地位上平等，因为只有这样才能培育真正的市场主体，市场竞争才能形成。②

《公开信》中主要阐述了如下四个观点。

第一，《物权法（草案）》对《宪法》第12条和《民法通则》第73条关于"社会主义的公共财产神圣不可侵犯"这一核心条款的废除是违宪的。

第二，草案在形式上是平等保护全国每个公民的物权，核心却是在保护极少数人的物权，是将富人的汽车洋房与乞丐的讨饭棍作平等地保护。

第三，认为该草案背离社会主义原则，开历史倒车。

---

① 孙宪忠：《物权立法涉及意识形态的争议评价》，载孙宪忠《争议与思考——物权立法笔记》，中国人民大学出版社2006年版，第312—316页。

② 龙卫球：《物权法政策之辩：市场经济体的法权基础》，载龙卫球《民法基础与超越》，北京大学出版社2010年版，第250—253页。

第四，认为"草案将会导致国有资产进一步流失"①。质言之，巩献田《物权法（草案）》违宪的主要论断的核心问题，在于物权领域到底要不要实行平等保护原则。

《公开信》发表后，尤其是当《物权法（草案）》未能如期进入下一步审议程序之后，学界和媒体对此问题在全国范围内展开了激烈的讨论，并迅速形成"拥护《物权法（草案）》"和"支持《公开信》"两大阵营。在学界，发文支持《公开信》的主要有中国人民大学法学院的杨晓青②以及中国社会科学院经济研究所的左大培。③ 而"拥护《物权法（草案）》"的主要集中在空前团结的民法学界。民法学者除发表文章和接受采访外，还先后多次组织诸如"中国物权法疑难问题研讨会"等学术研讨，通过对《公开信》的批驳强调《物权法（草案）》中的平等保护不仅是合宪的，更符合中国特色。一些宪法学者和法理学者也从不同视角对《公开信》中提出自己的见解，将《公开信》高呼的原本缺乏学理论据支撑的违宪口号带回了学术讨论领域。

学者们围绕《公开信》的讨论集中体现在以下几个方面。

1. 《物权法（草案）》未写"公共财产神圣不可侵犯"是否构成违宪

我国《宪法》第12条和《民法通则》第73条均规定了"公共财产神圣不可侵犯"，而《物权法（草案）》并未直接予以确认。对此，《公开信》认为，《物权法（草案）》拿掉了"神圣"，废除了宪法和民法通则中调整财产关系的最核心条款"社会主义的公共财产神圣不可侵犯"，实质上妄图用"私有财产神圣不可侵犯"的精神和原则取而代之，这是违宪行为。对此，有很多学者表达了不同看法或据理予以猛烈抨击。

---

① 巩献田：《一部违背宪法和背离社会主义基本原则的〈物权法〉草案——为〈宪法〉第12条和1986年〈民法通则〉第73条的废除写的公开信》，载刘怡清、张勤德主编《"巩献田旋风"实录——关于〈物权法（草案）〉的大讨论》，中国财政经济出版社2007年版，第25—29页。

② 杨晓青：《对〈物权法（草案）〉的意见》，http：//www.wyzxsx.com/Article/Class16/200509/3165.html，访问时间2012年8月26日。

③ 左大培：《对于〈物权法（草案）〉的修改意见》，载刘怡清、张勤德主编《"巩献田旋风"实录——关于〈物权法（草案）〉的大讨论》，中国财政经济出版社2007年版，第408—412页。

首先,关于《物权法(草案)》是否违宪问题。有学者通过对中华人民共和国社会变迁的历史以及对现行宪法的沿革进行深入细致的解读,从法学理论上实实在在地论证了"究竟是谁在曲解宪法"①。而对于宪法上的"神圣"二字的理解应为"绝对"。因为西方的民法理论(虽然不是法典表述)曾如是解释,近代之始有过"私有权神圣"的说法,而中国现行宪法的"公共财产的神圣"的表达应该也可以理解为是在这种绝对的意义上作出的。因此,我们应该可以断定中国宪法中的"神圣"二字,绝对不能采用神话式的语义解释。② 从政治学和哲学的发展轨迹看,"神圣"二字已经从政治学中被勾掉。而遗憾的是,当代中国很多人还迷恋于这种神话生活,不仅乐于神化现实中的人物故事,而且乐于神化现实中的国家,以及国家权力甚至国家财产。实际上,这些年神化的、政治意义的公有实践导致了巨大的灾难。③ 另有宪法学者对"公共财产神圣不可侵犯"作出界定,认为社会主义公共财产是不可侵犯的,它对人民民主专政制度的发展具有重要的意义;国家既保护公共财产,同时也保护私人财产;在社会主义制度下,公共财产和私人财产并不存在根本的利益冲突,两者是互相促进、共同发展的。宪法文本上的"神圣"并不是严格的法律术语,是一种政治宣示和指导性的原则表述。这里的"神圣"并不是指公共财产在法律上具有绝对性地位,也不意味着私有财产与公共财产平起平坐。④

其次,关于我国《物权法》应否坚持"公共财产神圣不可侵犯"的问题,学界呈现出两种不同认识。

一种认为,在我国强调"公共财产神圣不可侵犯"不仅具有深刻的历史和现实原因,而且具有重大的现实意义和深远的历史意义。《物权法(草案)》已经涉及对公共财产的规范,故应坚持"公共财产神圣不可侵

---

① 梁慧星:《谁在曲解宪法、违反宪法?——正确理解宪法第十一条》(2006年),北大法宝引证码 CLLA032896。
② 龙卫球:《物权立法的合宪性问题》,载龙卫球《民法基础与超越》,北京大学出版社2010年版,第270—271页。
③ 龙卫球:《物权立法的合宪性问题》,载龙卫球《民法基础与超越》,北京大学出版社2010年版,第271页。
④ 韩大元:《由〈物权法(草案)〉的争论想到的若干宪法问题》,《法学》2006年第3期。

犯"的宪法原则;① 另一种认为,国家所有权或者由宪法或其他公法直接创设,或者关涉公共利益,故其性质为公权而非私权,不具备私权特征且基本不适用物权法的具体规则。民法为私法,重在保护私的利益,公法领域的国家财产应由公法加以规定和保护,"国家财产神圣不可侵犯"不应成为物权法的基本原则。②

最后,《物权法(草案)》第46条"国家、集体和私人所有权受法律保护"的表述没有体现《宪法》上的"社会主义公有财产神圣不可侵犯"能否构成违宪?对此,有民法学者认为,在《物权法(草案)》中,公共财产在保护上几乎没有受到其他限制,所以财产的绝对保护原则没有松动,而私有财产由于受到征收征用等限制,导致这一权利的"绝对"被相对化了。因此,《物权法(草案)》对公共财产的保护仍然优于私人财产的保护,故其不构成违宪。③ 另有学者认为,我国宪法有关"社会主义公共财产神圣不可侵犯"的规定,毫无疑问表达了国家对公有财产的侧重保护,但这一原则,却不应写进《物权法》,并作为物权法的基本原则;物权法乃至民法的基本原则只能是"私权神圣不可侵犯",这一原则和理念的宪法依据,是我国《宪法》第13条关于"公民的合法的私有财产不受侵犯"的明文规定以及其他相关规定。④ 还有学者认为,《物权法(草案)》应坚持"公共财产神圣不可侵犯"的宪法原则,但是基于立法技术层面的考虑,认为《物权法(草案)》应如我国《刑法》一样,不必重复规定"公共财产神圣不可侵犯"的字样,可以节省笔墨。⑤

对于这个问题,宪法学者提出了一种"违宪"的判断标准。也就是说,一部法律是否与宪法相抵触,主要看三种因素:法律内容是否与宪法

---

① 季秀平:《论物权的平等保护与公共财产神圣不可侵犯——兼论〈物权法草案〉在"核心"问题上是否违宪》,《求索》2006年第5期。
② 尹田:《论国家财产的物权法地位——"国家财产神圣不可侵犯"不写入物权法的法理依据》,《法学杂志》2006年第3期。
③ 龙卫球:《物权立法的合宪性问题》,载龙卫球《民法基础与超越》,北京大学出版社2010年版,第271页。
④ 尹田:《论国家财产的物权法地位——"国家财产神圣不可侵犯"不写入物权法的法理依据》,《法学杂志》2006年第3期。
⑤ 季秀平:《论物权的平等保护与公共财产神圣不可侵犯——兼论〈物权法草案〉在"核心"问题上是否违宪》,《求索》2006年第5期。

明文规定内容相一致;法律内容是否与宪法的基本原则相抵触;法律内容是否与宪法精神相抵触。从宪法与《物权法(草案)》的对比看,尽管存在原理或条文的规定上不衔接的一些问题,但从它的基本规定和价值趋向看,体现了人权保障的基本原则和要求,是我国宪法保护的财产权的具体化,有利于使公民具体享受宪法所赋予的财产权。①

2. 物权平等保护原则是否背离"公共财产神圣不可侵犯"的宪法原则

首先,学界对"物权平等保护原则"的界定并不一致。一种观点认为,该原则可概括为"一体承认、平等保护",即物权法必须对我国目前存在的各种类型的财产所有权在法律上给予平等的承认和保护的原则。②另一种观点认为,物权法上的平等原则指的是物权主体在法律地位上是平等的,依法享有相同的权利,遵守相同的规定;当物权受到侵害以后,应当受到物权法的平等保护。概言之,物权平等保护原则包括法律地位平等、适用规则平等以及保护的平等性。③还有一种观点认为,将其称为"物权一体保护原则",即所有物权不论权利人为何人,均受到法律的平等保护。④ 此外,另有学者对上述诸种观点进行了归纳总结,认为其本质在于:①平等保护的对象是合法财产;②平等保护是法律上的;③提出平等保护在于否定对国有或者公有财产的特殊保护,或者说对不同主体物权的保护应当是无差别的。⑤

其次,对于《物权法(草案)》应否确立物权平等保护原则,学者之间也有不同见解。其中,民法学者认为,《物权法(草案)》确立物权平等保护原则有充分的理由:①我国《宪法》第6条将"以公有制为主体、多种所有制并存"确立为我国的基本经济制度,而《宪法》第13条

---

① 韩大元:《由〈物权法(草案)〉的争论想到的若干宪法问题》,《法学》2006年第3期。

② 梁慧星:《"三分法"或者"一元论"——物权法指导思想之争》,http://www.civillaw.com.cn/article/default.asp?id=19050,访问时间2012年7月15日;孙宪忠:《物权法应采纳"一体承认、平等保护"的原则》,《法律科学》(西北政法学院学报)2006年第4期。

③ 王利明:《物权法研究》(修订版上卷),中国人民大学出版社2007年版,第147—150页。

④ 江平主编:《物权法》,法律出版社2009年版,第80页。

⑤ 王明成:《拷问"物权平等保护"学说》,《求索》2006年第11期。

则强调了私人合法财产的法律保护,故物权平等保护原则是这种基本经济制度的固有内容和具体化;②物权的平等保护,是建立和完善社会主义市场经济体制的必然要求,是保障所有参与市场经济活动的主体的平等地位及建立基本的产权制度框架的必然要求;③物权法确立平等保护原则,第一次以基本法的形式在法律上宣告把个人的财产置于和国家财产同等的地位,是依法治国需要;④物权平等保护原则在法律上对私人财产与国家财产平等对待,更是关注民生和保护老百姓切身利益的需要;⑤物权平等保护是民法平等原则的体现,商品经济的客观要求。① 另有法理学者从法哲学的层面认为,物权法上平等保护原则只能是严格的形式平等,物权法确立和贯彻形式平等原则有利于打破以政策、命令等形式对社会成员间的财产流通和资源配置所设置的不平等障碍,并通过对"法律上之平等预期"这一重要功能的维护,构建起有利于市场经济发展和社会和谐进步的重要基石。② 还有宪法学者认为,主张《物权法(草案)》对公有财产(包括国家和集体的财产)和私有财产的平等保护的原则与我国宪法的公共财产和私有财产的差别对待具有本质区别,故《物权法(草案)》确立和贯彻平等保护原则并不违宪。③ 与上述肯定的观点相对,以《公开信》为代表的否定观点坚决反对《物权法(草案)》上的确立平等保护原则。这种观点认为,我国现行宪法对不同主体的财产是区别对待的,主张物权平等原则违背了宪法的区别保护原则;物权平等保护原则没有合理的法理支撑。④

再次,关于物权平等保护原则与"公共财产神圣不可侵犯"是否冲突,学界存有争议。肯定的观点认为,物权平等原则违背了"公共财产

---

① 王利明:《试论物权法的平等保护原则》,《河南省政法干部管理学院学报》2006年第3期;尹田:《论物权法平等保护合法财产的法理依据》,《河南省政法干部管理学院学报》2006年第6期;赵万一:《冷静而理智地看待物权法当中的争议》,《河南省政法干部管理学院学报》2006年第6期;郭明瑞:《从构建和谐社会的需求看我国物权立法的必要性》,《河南省政法干部管理学院学报》2006年第6期;孙宪忠:《物权法应采纳"一体承认、平等保护"的原则》,《法律科学》(西北政法学院学报)2006年第4期。

② 付子堂、李为颖:《部门法功能界限论略——关于物权平等保护原则的法哲学探讨》,《政治与法律》2007年第6期。

③ 焦洪昌:《〈物权法(草案)〉的合宪性分析》,《法学》2006年第3期。

④ 王明成:《拷问"物权平等保护"学说》,《求索》2006年第11期。

神圣不可侵犯"的宪法原则。更有学者用原意解释、历史解释、文本解释等七种宪法解释方法进一步论证了物权平等保护原则的违宪性。① 与此相对，否定的观点认为，物权平等保护原则与"公共财产神圣不可侵犯"并不存在冲突。例如，有学者通过对公有财产特殊保护论的反驳来对平等保护原则进行立论，强调保护公有财产与私有财产是并举关系，绝不能割裂二者之间的密切联系而对宪法断章取义，因此认为，物权平等保护原则与"公共财产神圣不可侵犯"二者并不相悖。② 还有学者承认物权的平等保护原则与"公共财产神圣不可侵犯"之间存在一定矛盾和摩擦，但物权的平等保护原则在根本上并不违反"公共财产神圣不可侵犯"的宪法原则，确立物权的平等保护原则并不必然导致"进一步加速私有化进程，促使两极分化"的结果。③ 但是，也有民法学者认识到物权平等保护原则与"公共财产神圣不可侵犯"的宪法原则的冲突关系，一方面，出于对公权力防范的意识主张不宜将该原则写入物权法；④ 另一方面，宪法学者回答了公共财产与私人财产在什么意义上是平等的。⑤ 还有学者从物权法的私法属性出发，认为物权法调整平等主体之间的财产法律关系，适用于民事领域，而在该领域中，不存在公共利益的问题，也就是不存在对公共财产和私有财产实行差别对待的条件。⑥ 总而言之，学界主流意见认为，《物权法（草案）》所确立物权平等保护原则，可以明确对各类市场经济主体的平等地位和发展权利的保护，并不违背"公共财产神圣不可侵犯"

---

① 童之伟：《〈物权法（草案）〉该如何通过宪法之门——评一封公开信引起的违宪与合宪之争》，《法学》2006年第3期。

② 王利明：《试论物权法的平等保护原则》，《河南省政法干部管理学院学报》2006年第3期。此外，赵万一、郭明瑞也都在其文章中表达了相近的观点，参见赵万一《冷静而理智地看待物权法当中的争议》，《河南省政法干部管理学院学报》2006年第6期；郭明瑞《从构建和谐社会的需求看我国物权立法的必要性》，《河南省政法干部管理学院学报》2006年第6期。

③ 季秀平：《论物权的平等保护与公共财产神圣不可侵犯——兼论〈物权法草案〉在"核心"问题上是否违宪》，《求索》2006年第5期。

④ 尹田：《论国家财产的物权法地位——"国家财产神圣不可侵犯"不写入物权法的法理依据》，《法学杂志》2006年第3期；龙卫球：《物权立法的合宪性问题》，载龙卫球《民法基础与超越》，北京大学出版社2010年版，第270—272页。

⑤ 韩大元：《由〈物权法（草案）〉的争论想到的若干宪法问题》，《法学》2006年第3期。

⑥ 焦洪昌：《〈物权法（草案）〉的合宪性分析》，《法学》2006年第3期。

的宪法原则,更未背离社会主义公有制。①

最后,面对《公开信》对"物权平等保护原则在保护极少数人的物权及将会导致国有资产进一步流失"的指责,民法学界也作出了回应。其中,多名学者在论述中都涉及对穷人与富人平等保护的问题,认为保护私有财产与财富分配本身以及目前存在的财富分配不公没有必然的联系。物权法通过保护财产来鼓励民众爱护财产,创造财富,物权法保护私有财产不仅仅保护富人,也不仅仅保护穷人,它对于富人和穷人是平等保护。对于社会上实际出现的财富分配不公,则是国家税收和社会保障制度的范畴,不是物权法所能解决的问题。② 另有民法学者指出,尽管调解社会公平不是物权法的根本使命,但《物权法(草案)》在确立平等保护原则的同时也有保护国有财产、农村土地承包经营权等具体制度设计,这些都体现了平等的正义。③ 此外,还有学者从法哲学层面指出,物权法在维护形式平等原则的同时,不具备追究财产来源的合法化和重新设立新的分配制度的功能,因此,从私人财产原始起点的正当性立场以及贫富悬殊的社会现实角度,对物权法提出的责难,是对物权法功能的误读。④ 总而言之,对于国有资产流失的问题,学者们大多认为不属于物权法能解决的范畴,是"物权法不能承受之重"⑤。相反,国有资产的流失愈演愈烈,正是我国长期没有物权法律制度的必然结果,并强调坚持物权法科学是保护

---

① 王利明:《为什么说平等保护是完全符合宪法的》,《光明日报》2007年2月2日;梁慧星:《谁在曲解宪法、违反宪法?——正确理解宪法第十一条》,《社会科学报》2006年5月25日。

② 王利明:《试论物权法的平等保护原则》,《河南省政法干部管理学院学报》2006年第3期;孙宪忠:《物权法应采纳"一体承认、平等保护"的原则》,《法律科学》2006年第4期。

③ 郭明瑞:《从构建和谐社会的需求看我国物权立法的必要性》,《河南省政法干部管理学院学报》2006年第6期;尹田:《论国家财产的物权法地位——"国家财产神圣不可侵犯"不写入物权法的法理依据》,《法学杂志》2006年第3期。

④ 付子堂、李为颖:《部门法功能界限论略——关于物权平等保护原则的法哲学探讨》,《政治与法律》2007年第6期。

⑤ 王利明:《试论物权法的平等保护原则》,《河南省政法干部管理学院学报》2006年第3期;孙宪忠:《物权法应采纳"一体承认、平等保护"的原则》,《法律科学》(西北政法学院学报)2006年第4期。

公共财产的必由之路。①

3. 《物权法（草案）》未规定"依据宪法，制定本法"是否违宪

对于《公开信》中此项质疑，民法学者的正面反驳极少，反而宪法学者首先对此作出了回应。有学者认为并不能因为《物权法（草案）》未写入"根据宪法，制定本法"就是违宪，但是，从物权法在我国社会主义法律体系中的地位、性质、功能与社会效果来看，在《物权法》第 1 条明确写入"根据宪法"是必要的。其理由在于：①作为基本法律，在立法目的上明确"根据宪法"是其法律性质的要求；②有利于全面表述物权法的基本价值，有利于从整个法律体系的角度理解物权法的性质；③有利于从宪法秩序的角度评价物权法存在的社会价值与功能；④有利于揭示宪法变迁与民法发展之间的关系。② 另有学者在前述观点的基础上认为，依据宪法制定法律是不言而喻的事情，法律中写不写"依据宪法，制定本法"之类的文字，无关宏旨，但我国已经形成了在法律中写入此类文字以说明其自身在根本法上依据这种惯例，而且越是重要的法律越是如此。③

也许是考虑到《公开信》和宪法学者的意见，《物权法（草案）》从第五次审议稿开始增加了"依据宪法，制定本法"。但是，这一点又遭到了民法学者的反对。其中，最为激烈的反驳是，全国人大拥有包括"立法权"在内的全部国家权力，其立法权并非来自"宪法"的授权，当然不需规定所谓的"立法权源"条款，只需在第一条明示立法目的，即"为什么制定本法"足矣。质言之，《物权法（草案）》（第五次审议稿）第 1 条规定："依照宪法，制定本法"，将人民代表大会制度混淆了西方"三权分立"的政治制度，直接抵触和违背人民代表大会制度。④ 另有学者指出，判断一部法律是否违反宪法，不是因为有无写进"根据宪

---

① 孙宪忠：《物权立法涉及意识形态的争议评价》，载孙宪忠《争议与思考——物权立法笔记》，中国人民大学出版社 2006 年版，第 316—327 页；赵万一：《冷静而理智地看待物权法当中的争议》，《河南省政法干部管理学院学报》2006 年第 6 期。

② 韩大元：《由〈物权法（草案）〉的争论想到的若干宪法问题》，《法学》2006 年第 3 期。

③ 童之伟：《〈物权法（草案）〉该如何通过宪法之门——评一封公开信引起的违宪与合宪之争》，《法学》2006 年第 3 期。

④ 梁慧星：《不宜规定"根据宪法，制定本法"》，《社会科学报》2006 年 11 月 16 日。

法，制定本法"，而是根据法律内容有无违背宪法的原则。从法律部门划分的理论看，民法与宪法各有自己的发展历史，不宜强调民法的宪法依据。①

(二)《物权法》对意识形态之争的回答及其解读

2007年3月16日全国人大五次会议高票通过《物权法》，对声势浩大的物权立法意识形态之争作出了回答。《物权法》第3条、第4条确认了物权平等保护原则，承认了对国家、集体和私人物权的"平等保护"；此外，整部《物权法》中未曾出现"社会主义公共财产神圣不可侵犯"等类似字样。由此可见，《物权法》最终仍然坚持了物权平等保护原则，纵使有人认为这一原则在我国现行宪法框架内存在违宪之嫌……

社会媒体对出台后的《物权法》给予了高度评价，民法学界对此有两种反应，一种是全面肯定，另一种是审慎判断。

于前者，有人认为，《物权法》的制定与颁行在我国法治进程中具有里程碑的意义，奠定了依法治国、保护人权的基础。② 更有人表示，制定和实施物权法是实行社会主义市场经济的必然要求，对进一步改革开放、保护公民私有财产，全面实行依法行政都具有重大意义。③ 还有人认为，中国《物权法》关于平等保护原则和私人所有权的规定，说明中国已经纠正了过去那种极端主义的旧意识形态，也说明我们已经摆脱了发展问题上的乌托邦观念。④

于后者，有人认为，《物权法》的制定显示多种重大理念的冲突，其立法思维明显滞后于现实实践，故对其成就不宜过分乐观。⑤ 还有人认为，《物权法》得以确立"平等保护"，在我国物权立法观念上是一个重大突破，但却也恰好凸显出这部《物权法》依旧保留了转型时期的明显痕迹，它在观念上只是走出了一小步。首先，"平等保护"本身是一种中

---

① 柳经纬：《〈物权法（草案）〉怎样彰显宪法精神》，《社会科学报》2007年1月4日。
② 王利明：《物权法研究》（修订版上卷），中国人民大学出版社2007年版，"序言"第1页。
③ 梁慧星：《制定和实施物权法的重要意义》，《理论前沿》2007年第7期。
④ 孙宪忠：《中国物权法总论》，法律出版社2009年版，第6页。
⑤ 袁飞、江平：《物权法现实四大理念冲突》，《第一财经日报》2007年4月12日。

国特色,其推行的前提是在物权法中继续维护国有、集体所有及私人所有这种体现社会主义基本经济制度色彩的主体区分,从而在根本方面得以继续维护对物的管制;其次,"平等保护"不等于"平等对待",国有、集体所有在保护上可以平等,但是在其基本地位对待上则不能平等,依旧要求保持其特殊主体地位。[1]

此外,还可以看到宪法学者在《物权法》立法前后的变化。例如,在立法前认为,在未经修宪,也没有作出宪法解释的情况下,《物权法》确立的平等保护原则,无异于又一次让他们品尝了"良性违宪"的无奈。即基于我国宪法上的这种社会主义概念的经济内涵与市场经济的客观要求之间的抵牾,无论《物权法》确立的平等保护原则还是区别保护原则都将陷于违宪之境地。因此,建议最好由全国人大常委会作出正式的宪法解释消除这种抵牾。[2] 而在《物权法》出台后,却没有再见到这种对《物权法》"良性违宪"的叹息,而是通过对《物权法》相关条文的分析解读,得出了《物权法》整体上并不违宪的论断。[3]

三 简要总结

关于物权法立法上的意识形态之争,似有以下几个问题需要认真思考。

第一,必须清醒认识的是,公法与私法的区分是原则,但两者之间并不是没有位阶、影响乃至制约等关系。以潘德克顿体系的民法为例,首先,其基本原则当然独立于公法,但它并不是离开公法也可以完全贯彻和实现的;其次,物权法、亲族法、继承法,无不要求反映所在国的传统和习惯,而传统和习惯——如前述对意识形态的一般定义看——又与意识形态有着紧密的联系;最后,我们能够看到最能体现民法私的自治这一最基本原则的只有契约法领域,尽管如此,还是有公序良俗予以限制。从这个角度看,物权法立法过程中发生了与意识形态相关的争论也并不奇怪。但

---

[1] 龙卫球:《中国物权法制的变迁与展望——以立法检讨为视角》,载龙卫球《民法基础与超越》,北京大学出版社2010年版,第283页。

[2] 童之伟:《再论物权法草案中的宪法问题及解决路径》,《法学》2006年第7期。

[3] 童之伟:《物权立法过程该如何做恰当评说——兼答赵万一教授等学者》,《法学》2007年第4期。

问题是，中国物权法立法过程中发生的意识形态之争被提高到了"违宪"，甚至关涉社会主义社会这一政治体制存废这种高度，就远远超出一般在立法中正常讨论所能容纳的程度。《公开信》这种讨论物权法立法的方式，有两点令人难以理解。其一，它大有"文革"中惯用的"上纲上线""扣帽子""打棍子"的阴影；其二，既然是法律专业的学者，理应清楚部门法只有各司其职相互配合连动才能更好地构筑相对科学、合理、实用的法律体系，而《公开信》的作者身为国内顶尖级大学的法理学者却无视这种一般法理，反而彻底混淆公法与私法在整体法律制度体系中的作用分工。这样的观点的形成和提出，其原因无外乎有两种可能，一是理论基础太差，二是别有用心。

第二，在《物权法》的制定过程中，《公开信》所助推的这场意识形态之争，其影响和意义远大于规则层面上的争论。物权法的意识形态论争的实质在于要不要改革开放，这是"保守派"与"改革派"在改革开放40余年来所进行的大型争论之一。其背后的真正焦点，在于改革开放走到今天到底是成功了还是失败了，要不要肯定改革，要不要继续坚持改革。此外，物权法的意识形态之争，还牵涉计划经济时代国家高度管制财货的观念与市场经济时代市场资源配置观念之间的碰撞。

第三，《物权法（草案）》的"违宪"之争，警醒人们要注意对公法与私法、宪法与其他基本法律之间的关系的研究。宪法属于公法，重在设置公权的范围、保障私权的享有。物权法隶属私法，是规范平等主体之间财产关系的法律。因此，物权法上的平等保护所能达到的程度，不过是形式意义上的平等，即不能因权利主体的身份而划分受保护的等级。

第四，《物权法》作为私法，不宜夹带过多的宪法或者其他公法规范。因为，一是法律自应有分工，没有必要重复规定；二是重复规定是一种立法资源浪费，没有实质意义（只有宣示性意义）；三是会给适用解释论带来混乱甚至障碍。

第五，在这场《物权法》意识形态之争背景中不可忽视的是现今社会中存在的财富分配不公和公有资产流失问题。尽管这些问题不是"物权法所能承受之重"，但《物权法》仍有能力通过公共财产的享有利用的物权化和物权立法进一步科学化，为这些问题寻找解决之道。

第六，对上述"违宪"论争的评价是出自法学者、特别是民法学者的认知，但从社会存在的角度，更应该看到这种"违宪"论背后并非不存在其社会基础。因为，现今社会中的确存在对过去完全公有制和计划经济体制下社会中的平均乃至所谓"平等"的怀念。

总而言之，现行《物权法》尚处于转型期思维之下，无论是财产自由、市场化程度，还是经济效率以及物权类型丰富性方面，都存在观念瓶颈。从这层意义上说，类似于《物权法》立法中出现的意识形态之争，很可能会在中国民法典制定过程中再次出现。

第二节 "物权法"与"财产法"的立法范式之争

一 主要争议问题

我国《物权法》制定过程中，不仅出现了前节所述的物权法的意识形态之争，还曾出现究竟是制定"物权法"还是"财产法"的立法范式争论。这一争论涉及的不是财产是否需要法律保护的问题，而是采取何种法律编纂形式更为允妥的问题。在这个问题上，主要有两种观点。其一是以已故学者郑成思为代表的学者认为，我国立法不应当采纳物权概念，而应采纳财产权的概念，物权法应当改为财产法；① 其二是以梁慧星为代表的学者主张，我国应当采纳物权的概念，不应当用财产法代替物权法。②

本论题主要涉及两个问题：一是"物"与"财产"的概念外延不重合所带来的立法问题；二是"物权法"模式与"财产法"模式之间优劣之争。

---

① 郑成思：《再谈应当制定财产法而不制定物权法》，《中国社会科学院要报》（信息专版）2001年第62期；周江洪：《"财产法"抑或"物权法"之辨析》，《法学》2002年第4期。

② 梁慧星：《是制定"物权法"还是制定"财产法"？——郑成思教授的建议引发的思考》，http://www.civillaw.com.cn/article/default.asp?id=7696，访问时间2012年6月28日；王利明：《物权立法：采纳物权还是财产权》，《人民法院报》2001年8月27日；孙宪忠：《中国只能制定物权法而不能制定财产法》，载孙宪忠《争议与思考——物权立法笔记》，中国人民大学出版社2006年版，第174—179页；马俊驹、刘阅春：《物权法的定位及基本体系分析》，《法学杂志》2004年第5期；张平华：《中国应制定物权法而不是财产法》，《烟台大学学报》（哲学社会科学版）2004年第4期。

二 主要观点

(一)"物"与"财产"的概念外延不重合所带来的立法问题

郑成思建议制定财产法而不制定物权法的根本理由是,"物"在财产中的比重已经很小,"物"又是一个缺乏弹性和延伸性的概念;如果以"物权"为起点立法,就会造成调整社会财富关系的基本法律制度将社会财富的主要部分排除在外的结果。因此,物的概念已经不适应社会发展需要,应当以财产概念予以替代。[①] 郑成思建议制定财产法而非物权法的主要意图似乎在于,将知识产权整合到民法中,以立法的整合为基础铸造新的财产概念。[②]

1. 民法上的物的界定

关于民法上的"物",学者对其所作出的界定颇多,大致可总结为如下几种:

(1) 能够为人力所控制并具有经济价值的有体物,自然人和组织于不违反公序良俗时,可以作为物。[③]

(2) 将物界定为相对于人体而存在且为人所直接支配的财产利益,包括物质形态的物(如电、气、光等)、非物质形态的物、法律拟制物。非物质物包括知识产品、网络产品等信息物;法律拟制物包括环境容量以及可以成为客体的财产权利——制度产品,这些物上的权利称为"对物权",具体表现为物权、知识产权、环境资源权以及其他财产权利。[④]

(3) 需要对物的观念作扩张解释,但没有必要将无体物的范围延及智力成果。[⑤]

[①] 郑成思:《再谈应当制定财产法而不制定物权法》,《中国社会科学院要报》(信息专版)2001年第62期。

[②] 郑成思:《再谈应当制定财产法而不制定物权法》,《中国社会科学院要报》(信息专版)2001年第62期。

[③] 王利明:《中国民法典草案建议稿及说明》,中国法制出版社2004年版,第21页;梁慧星:《中国民法典草案建议稿附理由(物权编)》,法律出版社2004年版,第7页以下。

[④] 吴清旺、何丹青:《物的概念与财产权立法构造》,《现代法学》2003年第6期。

[⑤] 吴汉东、胡开忠:《无形财产权制度研究》,法律出版社2001年版,第33页。

（4）物普遍限定为有体物，即人身之外能够为人力所控制、支配并具有经济价值的有体物。①

2. 物的概念之争的实质

有学者认为，物的概念之争的实质是坚持物为有体物，还是应当扩张到无体物。②

在古罗马法上，"物"的概念大致相当于哲学上的"物质"的概念，指人以外的一切客体。③ 而物可以分为有体物和无体物。所谓有体物，指"按其性质能被触觉到的东西"，而"不能被触觉到的东西是无体物"，这些无体物是由"权利组成"的。④

有学者通过对以罗马法为基础的大陆法系主要立法分析认为，物是否包含无体物不是立法的可能性问题，而是立法的恰当性问题。为此，我们首先应当探讨"无体物"的含义，进而探讨不同立法形式的利弊，才能得出相对合理的制度设计。⑤ 我国民法学界一般认为，无体物，又称无形财产，主要是指有体物之外的其他权利和利益，如对股票、债券、智力成果等的权利。⑥ 我国《物权法》将物限定为有体物，即动产与不动产；而将法律特别规定的权利纳入物权的客体范围。并且人们对于物的观念有向无形自然力、人力上不能支配的物、特定空间以及人体器官扩张的趋势。⑦

3. "物"与"财产"的界分

中国现行法以及许多物权法著述中常常使用"财产所有权""财产使用权"等概念，这会给人一种将"财产"当作"物"的误解。而这两个概念有本质的区分，涉及物权与债权等权利的精确划分，涉及精确的物权变动与债权变动的建设，故这两个名词在法律和法学上不可以混用。⑧

---

① 刘保玉：《物权法学》，中国法制出版社2007年版，第20页。
② 侯水平、黄果天：《物权法争点详析》，法律出版社2007年版，第30页。
③ 徐国栋：《对郑成思教授的论战论文的观察》，《法学》2002年第4期。
④ 查士丁尼：《法学总论》，商务印书馆1997年版，第59页。
⑤ 侯水平、黄果天：《物权法争点详析》，法律出版社2007年版，第30页。
⑥ 王利明：《物权法研究》（修订版上卷），中国人民大学出版社2007年版，第59页。
⑦ 刘保玉：《物权法学》，中国法制出版社2007年版，第27—29页。
⑧ 孙宪忠：《中国物权法总论》（第二版），法律出版社2009年版，第209页。

财产的概念在法学中有如下完全不同的意义：

（1）财产是指民事主体所享有的具有经济内容的权利和所承担的具有经济内容的义务的综合，可分为积极财产和消极财产；

（2）财产只有具有经济意义的权利，即积极财产；

（3）财产并不是指权利，而是指权利的客体即具体的物；

（4）财产在以上权利的基础上，又包括商业经营者特殊意义的人身权；

（5）商业联系、商业培训资格等在法律上难以从正面界定的权利，在经济实践上和司法上被当作企业的"无形财产"[1]。德国民法学通说将"财产"界定为，"一个人所拥有的经济价值的意义上的利益与权利的总称。它首先包括不动产与动产的所有权以及债权和其他权利，只要它们具有货币上的价值"[2]。

（6）在英美法中，财产主要是指民事权利主体所拥有的财产权利，而不是义务。[3] 对此，有学者认为，我国只能按照大陆法系的传统制定物权法而不是按照英美法系制定财产法的原因，在于"财产"一词不论在大陆法系中还是在英美法系中的含义均非常广泛，难以用准确的法律词汇界定。[4]

（二）有关"物权法"模式与"财产法"模式的优劣之争

1. 支持"财产法"模式的观点

郑成思主张我国应当制定"财产法"的主要基于如下理由：[5]

（1）法律应当研究人与人的关系，而不是人与物的关系。物权法须开宗明义地界定什么是"物"，但并非所有的物都属于法律规范对象。物权法调整人对物的关系，"见物不见人"是不恰当的。因此，称"物权

---

[1] 孙宪忠：《中国只能制定物权法而不能制定财产法》，载孙宪忠《争议与思考——物权立法笔记》，中国人民大学出版社2006年版，第176—177页。

[2] 孙宪忠：《中国只能制定物权法而不能制定财产法》，载孙宪忠《争议与思考——物权立法笔记》，中国人民大学出版社2006年版，第177页。

[3] 张平华：《中国应制定物权法而不是财产法》，《烟台大学学报》（哲学社会科学版）2004年第4期。

[4] 孙宪忠：《中国只能制定物权法而不能制定财产法》，载孙宪忠《争议与思考——物权立法笔记》，中国人民大学出版社2006年版，第176页。

[5] 本部分参见郑成思《再谈应当制定财产法而不制定物权法》，《中国社会科学院要报》（信息专版）2001年第62期。

法"而不称"财产法"是不恰当的。

（2）民法典的始祖法国民法典并不使用"物权"。20世纪90年代两个曾经与我国制度相同的国家俄罗斯与越南的新制定民法典，也不使用"物权"概念。使用"物权"的国家在物的分类时，也暂时放弃了"物"的概念，而使用"财产"的概念。

（3）物在财产中的比重已经很小，而"物"又是一个缺乏弹性和延伸性的概念。如果以"物权"为起点立法，就会造成调整社会财富关系的基本法律制度将社会财富的主要部分排除在外的结果。这种结果是完全不能被接受的。各种行业快速发展，社会财富构成中所占比例越来越大。但是"服务"与"物"或"物权"没有直接关系，"物"或"物权"并不能容纳以知识产权为代表的无形财产，而"财产"和"财产权"的概念完全能够包括无形财产和服务的内容。我国如果真要制定一部调整社会财产关系的基本法律，就应当认真考虑法国法中"财产权"的概念，不要把有形的"物"作为主要的、甚至唯一的财产形式来对待。

（4）从历史上看，人们对财产的关注主要集中在不动产，但随着历史的发展，动产的地位开始上升，开始出现以股权、给付债权乃至确定的服务为客体的无体动产，而且近两百年来的财产客体进一步扩展到人类抽象的劳动成果，出现了知识产权。但不论财产的客体如何变化，也不论管这些不同客体的规制如何有别，一个最基本的事实仍然不会改变，那就是，它们仍然是作为与人无关的客体而存在，对于这种权利最好的概括仍然是财产权。

对此，有学者在评析了"财产法"和"物权法"的范式后，建议我国可以考虑在民法典中采用荷兰新民法典的立法体例，以物权、债权二分的财产法体系为基础设立财产法总则，以此对适用于有体物和无体物的共同规则进行抽象，并按照"总则与分则"的法典体系统领继承、债权、物权、智力成果各编；采纳广义财产概念，将"财产"定义为"包括一切物和一切财产性权利"，从而将有体物之外的财产包括在"财产"这一种概念之下，使得"人法"相对称的"物法"可以通过"财产"这一种概念，克服物权、债权二分造成的"财产"概念的外延不周延的问题，并以明确的"财产"定义和"种，属"的逻辑方法克服法国民法典财产体系混乱的缺陷，从而使"财产法"的体系得以完善，并为今后财产法的发展保持了法典式的开放结构。①

在民法典编纂过程中，苏永钦认为，考虑到全球化社会经济发展和信息社会公示便利，债权交易与物权交易分编处理的做法在体系上不利于找法与用法，传统的五编制也面临挑战。因此，他建议物权编中用了最多条文的限制物权规定，应该都依条系规则和合同法的规定放在一起，形成意定财产关系或大合同法，以彰显私法自治。同时，画出自治界线的各种法定财产关系，如无因管理、不当得利、侵权行为、所有人占有人关系等，乃至所有权的法定变动、相邻关系等彰显私法自治消极面的各种制度，则可以放在大合同法的后面，形成原则例外关系。② 但对于苏永钦的这一观点，不论是在立法上还是在学术研究上，中国大陆鲜有回应。

还有学者提出，应将民法典物权编定位为"财产归属一般法地位"，规定"知识产权、人格权相关财产归属规则，可以参照适用物权编的有关规定"③。最高人民法院杜万华法官也提出，民法典物权编应当明确规定知识产权对物权的参照适用，以明确知识产权的民事权利性质和特征，调动我国科技工作者的创造积极性，进而推动国家层面的科技创新。④ 以上建议，虽然与制定财产法的思路有别，但实质上是让民法典物权编承担了财产法的一般法的重任。

2. 反对"财产法"范式的观点

第一，尽管物权的概念本身强调了权利人对物的支配，但物权概念的使用并不会导致物权关系完全成为人与物之间的关系，更不会使物权法陷入"见物不见人"的状况。问题的关键在于如何解释物权的概念。从历史上看，物权的性质经历了从"人对物的支配关系说"到"人与人之间的关系说"的演变。无论是债权关系还是物权关系，实际上都是人与人

---

① 周江洪：《"财产法"抑或"物权法"之辨析》，《法学》2002年第4期。
② 苏永钦：《中国民法典编纂的理由、最佳模式与基本功能》，《北京航空航天大学学报》（社会科学版）2018年第1期。
③ 袁雪石：《民法典物权编的公私法治理问题思考》，《中州学刊》2019年第7期。
④ 杜万华：《〈民法典物权编草案〉（二审稿）的体例与条文评述》，《中州学刊》2019年第7期。

之间的关系,这在20世纪初为大多数民法学者所接受。①

第二,法国式三编指并不等于国外民法典的成例,大量实证表明这种体例只是少数。法国没有采用物权的概念,其原因是采用了罗马法上的广义的物的概念,并非也不可能采取历史唯物主义的立场,就认为物的形式下掩盖的仍然是人与人的关系,进而认为应当以财产法代替物权法。而且法国民法典事实上是采"对物关系说"②。

第三,中国现行民事法律与其他大陆法系国家一样,采用广义的财产概念、财产权概念和财产法概念。财产可以包括物权,还包含债权。因此,物权立法并不会导致财产、物权与债权的术语混乱。③

第四,认为"有体物"不重要、"有形财产"不重要,也就是认为物质生活资料的生产不重要,认为物质生活资料即"有体物""有形财产"的生产已经不再是人类社会赖以生存的前提条件,这显然是是违背了历史唯物主义的基本原理!高科技等无形财产如果不与"有体物"结合、不能物化于"有形财产",也就丧失了其存在的目的和价值。④

第五,想制定"一部调整社会财产关系的基本法律"是不可能的,任何国家都没有这样做,也不可能这样做!此外,制定物权法并不能造成将"社会财富的主要部分排除在外"的结果。有形财产在社会生活中仍占有十分重要的地位,这是无形财产所不能取代的。即使制定财产法也不可能包括所有的无形财产和服务。⑤

第六,如果采纳财产法立法将导致一系列困难:其一,制定的"财产法"中的权利类型无法确定,需要对整个民法理论体系进行根本的变

---

① 王利明:《物权立法:采纳物权还是财产权》,《人民法院报》2001年8月27日。

② 梁慧星:《是制定"物权法"还是制定"财产法"?——郑成思教授的建议引发的思考》,http://www.civillaw.com.cn/article/default.asp?id=7696,访问时间2012年6月28日。

③ 张平华:《中国应制定物权法而不是财产法》,《烟台大学学报》(哲学社会科学版)2004年第4期。

④ 梁慧星:《是制定"物权法"还是制定"财产法"?——郑成思教授的建议引发的思考》,http://www.civillaw.com.cn/article/default.asp?id=7696,访问时间2012年6月28日。

⑤ 房绍坤:《民商法问题研究与适用》,北京大学出版社2002年版,第35—37页。

动,其困难和代价之大可想而知;① 其二,在立法技术上存在问题,物权法难以与知识产权法整合;其三,知识产权中的程序规范和公法规范势必破坏民法典的形式美;其四,知识产权是极为开放与变动的,纳入财产法而置于民法典之中将破坏民法典必要的稳定性。②

3. "物权法"范式的证成理由

学界支持"物权法"立法范式主要基于如下几个理由。

(1) 有利于对所有权与其他物权作出准确的概括。

(2) "物权"一词的采用准确地区分了对有体物的支配和对无形财产的权利,而使用"财产权"一词则不能对此作出区分。

(3) 物权的概念使物权和其他财产权如债权、知识产权等能够得以区分开。③

(4) 物权法的存在基础在于物权关系。人们在物质资料的生产、分配、交换和消费过程中,必然要发生一定的关系,经过法律的调整它就形成了一定的法律关系,即"物权关系"。

(5) 物权法具有严谨的逻辑结构,只有正确选择逻辑起点,才能在立法中形成科学的法律规范,才能在司法过程中形成较为简洁的逻辑推理过程。但是,"财产"一词不能作为立法的逻辑起点,"财产"概念具有不确定性,导致其不适合作为法律的逻辑起点。④

(三) 简要总结

第一,"物权法"与"财产法"范式之争的直接指向是,我国制定一部物权法是否有其必要性和合理性。亦即,我国是应该构建一部统一的财产法,还是将各种财产权利拆分,简单地铺陈在民法典中。从法理角度看,这种讨论要解决的是,究竟是应该制定一部"调整社会财产关系的基本法律",还是应该制定一部"调整有形财产归属关系的基本法律,即

---

① 王利明:《物权立法:采纳物权还是财产权》,《人民法院报》2001年8月27日。

② 马俊驹、刘阅春:《物权法的定位及基本体系分析》,《法学杂志》2004年第5期。

③ 王利明:《物权立法:采纳物权还是财产权》,《人民法院报》2001年8月27日。

④ 房绍坤:《民商法问题研究与适用》,北京大学出版社2002年版,第35—37页。

物权法"①。但是，究其实质，无外乎是源于学者自身学术背景而导致的认识不同而已。进言之，它是源于大陆法体系背景与英美法体系背景之间的根本分歧。而这种分歧应该并不是拿到同一平台上讨论可以解决的问题。因此，物权立法的范式之争属于立法技术问题，各种方案之间本没有对错与优劣之别，而在对其取舍上更应该将讨论的角度从体系的匹配方面切入和展开。

《物权法》的颁行，为"财产法"与"物权法"的范式之争作出了明确的结论，但"物"的观念的扩张以及无形财产的保护，仍将成为立法和学术研究的热点问题。

值得注意的是，在《物权法》颁行后，有学者从对英美财产法的剖析入手，将其与大陆物权法之间的关系进行了梳理，应属这一研究领域的力作。② 依此研究，英美法中也存在一个边界清晰的物权法部门。它同大陆法系一样存在以所有权为基础的种类丰富的物权体系，也存在清晰的物权与债权之区分以及物权法定原则和公示公信原则；两者的区别仅在于术语表达和少数具体制度的内容上，而这种差异并不足以影响两者在体系构架上的同质性。

但是，对于这一点，更应该清晰认识的是，英美与大陆两大法系之间的趋同背景。

第二，所谓"物"的概念扩张问题，需要讨论的主要内容是如何看待和处理"无体物"。在我国民法学界，往往会就"物"论"物"，将有体物与无体物彻底分隔开来讨论。这种研究方法，似乎应该加入一些新的思路予以修改了。

其实，除了"光"和"空气"等纯自然的无体物外，只要是经过人工加工的无体物都应该从有体物的角度予以界定。

例如，同样是一幢 200 平方米的建筑物——不动产，难道不是会因为各自所使用的建筑材料以及设计的不同而价值不同吗？这与同为一部纸质著作会因作者和出版社的不同而价值不同又有什么区别？再如，同样一根

---

① 梁慧星：《是制定"物权法"还是制定"财产法"？——郑成思教授的建议引发的思考》，http://www.civillaw.com.cn/article/default.asp?id=7696，访问时间 2012 年 6 月 28 日。

② 吴一鸣：《英美物权法——一个体系的发现》，上海人民出版社 2012 年版。

电线通过电表计量而可以确定其运载和输送的电伏和电量,因此有负荷的电线和电表将不再是一般的动产,而是可以界定"电"这种看似"无体物"的不同意义的有体物。另如,计算机软件似乎只是用"0"和"1"的排列组合,但是,它必须通过一定的程序放到计算机上显示出来方能展现价值。因此,"0"和"1"的媒介必须是有体物,而这样的有体物与由建筑材料和设计等最终组成的不动产这一有体物之间又应该是什么样的关系?①

第三节 物权法的基本原则之争

一 立法论

(一) 主要争议问题

物权法的基本原则是贯穿于物权法始终,反映物权的本质、规律和立法指导思想的根本准则,也是制定、解释、适用、研究物权法的基本准则。在物权法制定中,对于物权法基本原则的种类存在争议,主要有二原则说、三原则说、四原则说及五原则说。此外,对于物权法定原则的含义及其缓和适用、一物一权原则的含义及其取舍等亦不无争议。

(二) 主要观点

1. 关于基本原则的种类

二原则说认为,各国物权立法共同遵循、我国物权法中也应肯定的基本原则应该仅有两项,即物权法定和公示公信原则。②

三原则说认为,我国物权法应确定物权法定、一物一权和公示公信原则。③

四原则说认为,除了上述三项原则外,还应包括第四项原则;但对于第四项原则谓何,有不同的观点,有的认为应承认物权的效力优

---

① 渠涛:《计算机网络时代的信息与民法》,《环球法律评论》2001年春季号。
② 温世扬:《物权法要论》,武汉大学出版社1997年版,第21页。
③ 张俊浩主编:《民法学原理》(上),中国政法大学出版社2000年版,第388页;郭明瑞等:《民商法原理》(二),中国人民大学出版社2000年版,第9页以下;王利明:《物权法论》(修订版),中国政法大学出版社2003年版,第77页以下。

先原则;① 有的认为效率或效益原则也应当坚持;② 有的认为应增加区分原则。③

五原则说中,也存在观点分歧。有人认为物权法的五项基本原则为物权法定、一物一权、公示公信、物权的效力优先、物权行为独立。④ 还有人主张借鉴德国物权法的理念,确认物权法定原则、物权绝对原则、区分原则、物权公示原则和物权特定原则五项基本原则。⑤

2. 民法典制定期间关于物权编基本原则的讨论

本次民法典立法过程中,在总则部分第九条新规定了"绿色原则",要求"民事主体从事民事活动,应当有利于节约资源、保护生态环境"。这一原则虽然规定在总则部分,但在民法典物权编中亦有所体现。有学者建议,绿色原则应贯穿于物权编,在物权编部分增加物权行使的环保原则,具体而言,即物权的取得和行使,应当遵守法律,尊重社会公德,不得损害公共利益和他人合法权益,不得损害生态环境。⑥ 但2019年12月审议的民法典草案并未采纳这一立法建议。

有学者建议,《民法典》"物权编"对《物权法》中关于自然资源所有权、自然资源用益物权、相邻关系、不可称量物质侵害之救济等已蕴含"绿色原则"法律理念的规则,应予甄别、承继并进一步细化;对物权取得和行使需遵循"绿色原则"的一般性条款、所有权行使之环保因素考量、自然资源用益物权的细化、环境容量用益物权、取得时效等《物权法》存在缺失或不够规范的制度设计,应予补阙、修正和具化。⑦

有学者认为,民法典物权编"绿色化"是时代使命,与其私法属性并不违背,应从内、外两个层次进行。在内部规则方面,应实现物权法基

---

① 崔建远:《我国物权法应选取的结构原则》,《法制与社会发展》1995年第3期。
② 王利明:《物权法研究》,中国人民大学出版社2002年版,第68、73页。
③ 屈茂辉:《物权法·总则》,中国法制出版社2005年版,第79页。
④ 钱明星:《论我国物权法的基本原则》,《北京大学学报》(哲学社会科学版)1998年第1期。
⑤ 孙宪忠:《中国物权法总论》,法律出版社2003年版,第147页以下。
⑥ 吕忠梅课题组(吕忠梅、竺效、巩固、刘长兴、刘超):《"绿色原则"在民法典中的贯彻论纲》,《中国法学》2018年第1期。
⑦ 单平基:《"绿色原则"对〈民法典〉"物权编"的辐射效应》,《苏州大学学报》(哲学社会科学版)2018年第6期。

本规定的绿色化、所有权制度的绿色化和用益物权制度的绿色化。在外部规则方面，应增加有关动物保护的特殊条款，分别规定公共所有权与个体所有权，创建资源利用权，明确生态环境的公共财产地位及其适用规则。①

还有学者建议，民法典物权编应规定"物尽其用原则"，并向立法机关提出了相应议案。该学者提出，国家治理者应爱惜民力物力，认识到社会物质财富不论是自然资源的还是人工造物，都是非常宝贵的，在立法、执法和司法的过程中都应该尽可能地保持物的经济效能，做到物尽其用，不随意毁灭已经存在的物品，以免造成糟蹋浪费。② 该原则是基于"秦岭拆违"③ 这一特定的社会历史事件所作的冷静反思，有其积极意义。

3. 关于一物一权原则的含义及其取舍

（1）关于一物一权原则的含义

关于一物一权主义的要旨如何，学说理论上主要有三种认识。

一是物权客体特定论。该观点认为一物一权主义又称为物权客体特定主义，是关于物权客体的原则或者说是关于物权客体的基本要求，强调的是一项物权的客体应限于一个独立的物。④

二是物权效力排他论。该观点认为一物一权是对物权的绝对效力或者排他效力的形象表述，"意指同一标的物之上不得设立内容和效力互不相容的两个以上物权，尤指一物之上只能存在一个所有权"⑤。

三是客体特定与效力排他论（或称综合论）。此说为多数学者所主张。其认为一物一权"是指一个物权的客体原则上应为一物，在一物之

---

① 巩固：《民法典物权编"绿色化"构想》，《法律科学》2018年第6期。

② 孙宪忠：《关于在〈民法典物权编〉增加"物尽其用"原则的议案》，《中国法学网》，http://iolaw.cssn.cn/jyxc/201908/t20190810_4955124.shtml，访问时间2020年2月11日。

③ 2019年5月13日，中央生态环保督察组向陕西反馈"回头看"情况时指出，陕西省、西安市在秦岭北麓西安境内违规建别墅问题上严重违反政治纪律、政治规矩，教训深刻，令人警醒。2019年7月15日开始，秦岭南麓400亩山地上建起名为"益丰国际·汉山郡"的别墅群62栋违法建筑，将全部拆除。

④ 中国社科院法学所物权法研究课题组：《制定中国物权法的基本思路》，《法学研究》1995年第3期。

⑤ 温世扬：《物权法要论》，武汉大学出版社1997年版，第25页。

上只能存在一个所有权,并且不能同时设定两个内容相互抵触的他物权"①;"一物一权原则实际上包括物权的排他性原则与物权客体特定性原则两个方面的内容",单纯以物权的排他性原则或者物权的客体特定原则来代替一物一权原则,均有不妥;② 一物一权主义的准确含义,应是指"一物上仅能设定一个所有权,一个所有权之客体,仅以一物为限"③。

(2) 关于一物一权原则的取舍

在物权法理论和物权制度中,对于应当如何对待一物一权主义,目前有坚持论、修正论与舍弃论(或称取代论)三种不同的主张。坚持论与修正论者,均主张仍应将一物一权主义奉为物权法的一项基本原则。坚持论者中,采"严格意义上的一物一权主义"观点的学者,认为多物一权、一物多权现象与一物一权主义并不冲突,根本不构成对一物一权原则的挑战,因而原本意义上的一物一权原则应当坚持;而采用"宽泛意义上的一物一权主义"的学者,则大多主张将多物一权、一物多权等现象作为一物一权原则的"例外情况"来认识(或谓一物一权原则的缓和、相对化)。持修正论的学者,则主张应现实发展的需要,在理论上对一物一权的含义作出新的解释以求自圆其说。舍弃论者则主张废弃一物一权主义,至少不能继续使其高居物权法基本原则的地位,其中仍有价值的一些内容,可由物权客体特定原则及物权效力排他原则取而代之。舍弃论学者孙宪忠认为,一物一权原则,归根结底,不过是物权绝对效力或者排他效力的体现而已,此原则的存在有画蛇添足的弊病,且此原则历史上只能适用于所有权制度,而不能适用于整个物权制度。此外,即使在当代所有权制度中,由于公寓化住宅的兴起,法律上产生了建筑物区分所有权这种特殊所有权,这样,一物一权的原则就彻底过时了。④

虽然我国最后通过的《物权法》中没有将一物一权作为一个原则规定下来,但这并非意味着物权立法已经排斥了一物一权原则。王利明认为,无论我国物权法是否明确规定一物一权原则,它都应该作为一项物权

---

① 郭明瑞等:《民商法原理》(二),中国人民大学出版社2000年版,第11页以下。

② 王利明:《物权法研究》,中国人民大学出版社2002年版,第79页。

③ 尹田:《论一物一权原则及其与"双重所有权"理论的冲突》,《中国法学》2002年第3期。

④ 孙宪忠:《中国物权法总论》(第二版),法律出版社2009年版,第232页。

法的基本原则而被确认。主要理由是：第一，一物一权反映了物权的基本属性；第二，一物一权原则也是物权请求权制度适用的前提；第三，一物一权是构建整个物权法体系的基础；第四，一物一权原则是一项重要的裁判依据。① 当然，一物一权作为一项原则，与具体的裁判规则是有区别的，法院不能动辄援引一物一权原则进行裁判，否则就有向一般条款逃逸的嫌疑，但在法律没有规定具体的规则之时，该原则可以作为裁判的依据。②

4. 关于物权法定原则的内容及其取舍

（1）关于物权法定原则的内容

王利明认为物权法定有四个方面的内容：一是物权必须由法律设定，不得由当事人随意创设；二是物权的内容只能由法律规定，不能由当事人通过协议设定；三是物权的效力必须由法律规定，不能由当事人通过协议确定；四是物权的公示方法必须由法律规定，不得由当事人随意确定。③ 刘凯湘则认为物权法定原则仅指物权的种类和物权的内容（权能）应由法律直接规定，不得由当事人基于自由意志而协商创设或者确定。至于物权的取得方法、变动方法、效力、保护方法等，不属于物权法定原则的内容，它们本身是可以通过协商约定的。④ 尹田亦认为物权法定原则仅指法律对物权设定之当事人意志自由的剥夺，法律对物权设定方式的限制、法律对物权变动形式的限制、物权行使的法律限制、物权效力的法定性质、公示方法的法定性都与物权法定原则无关。⑤

（2）关于物权法定原则的取舍

在我国物权法制定过程中，关于是否要规定物权法定原则存在较大争议。

---

① 王利明：《物权法研究》（第三版上卷），中国人民大学出版社2012年版，第186页。
② 王利明：《一物一权原则探讨》，《法律科学》（西北政法大学学报）2009年第1期。
③ 王利明：《物权法论》（修订本），中国政法大学出版社2003年版，第77—79页。
④ 刘凯湘：《物权法原则的重新审视》，《中外法学》2005年第4期。
⑤ 尹田：《物权法理论评析与思考》，中国人民大学出版社2004年版，第114—116页。

舍弃论者认为物权法定原则作为物权法的基本原则之一，其僵化性缺陷尽显，阻碍了物权法的发展和社会的进步。有学者从哲学、历史学等角度对此项原则的来龙去脉进行了分析，发现其并非立法的产物，而是概念法学的产物，并实证地认为我国立法不应采用此项原则。① 还有学者则看到法定物权所带来的社会成本，认为法定物权固然有诸多合理的经济与非经济方面的价值，如提高资源利用效率、实现分配的公平等，但是也会制造未必能够内化于交易本身的显著社会成本，如确认物权状态的成本，以及因不合特定交易需求而发生的排除、补充与防止法定物权的成本，并会扭曲竞争机制。② 因此，该学者认为应舍弃物权法定原则，采物权自由原则。不过也有学者认为对此原则的某些批判，缺少实证分析上的支持。有关物权之外的权利根本无法进行有效的公示进而获得物权的绝对对抗力，有关物权得因习惯而创设等各种方案，殊无法律技术操作上的任何可能。因此该学者认为物权法定原则限制了当事人的某些权限，但未限制其行为自由，故其非为私法自治的对立物。物权法定原则的产生有其历史根源和保护交易安全的现实价值。③

不仅在物权法制定过程中有学者主张不宜规定物权法定原则，而且在物权法颁布之后，也有学者从立法论的角度主张废除物权法第 5 条关于该原则的规定。其认为我国《物权法》第 5 条明确规定了物权法定原则，这是一个不明智的立法选择，将来应当予以废弃，代之以实行物权自由创设主义，以公示性作为物权与债权的区分标准，使物权体系由封闭走向开放。原因是物权法定原则下的物权体系是封闭性的，不能及时吸纳经济生活实践中涌现出来的新型物权。物权法定原则限制了民事主体的财产自由，违背了私法自治原则，而且没有充分、正当的立法理由。④

除舍弃论者外，多数学者主张对物权法定原则进行缓和适用。如杨立新在坚持物权法定的原则下，实行物权法定的缓和也是物权立法的趋势，否则，严格固守物权法定原则，物权法就会脱离市场经济发展的需求，可

---

① 刘雪斌：《质疑物权法定原则》，《求是学刊》2003 年第 6 期。
② 苏永钦：《法定物权的社会成本——两岸立法政策的比较与建议》，《中国社会科学》2005 年第 6 期。
③ 尹田：《物权法定原则批判之思考》，《法学杂志》2004 年第 6 期。
④ 杨代雄：《物权法定原则批判——兼评〈中华人民共和国物权法〉第五条》，《法制与社会发展》2007 年第 4 期。

能会扼杀新兴的物权，阻碍市场经济的发展。① 因此，其认为《物权法》在奉行物权法定原则的同时，也应当实行物权法定的缓和。

为了缓和物权法定原则的适用，学者们提出了不同的方案。有学者提出了基础性物权和功能性物权共生方案。② 该方案认为不同物权类型的性质不同，在法律体系和社会生活中的地位和作用也不相同，可以把物权分为基础性物权与功能性物权。前者主要包括所有权、基地使用权等用益物权、典权和自然资源使用权；后者主要包括抵押权、质权、让与担保和留置权等。当事人设定功能性物权的根本目的是利用物的基础性权利（如所有权）来担保债权的实现。在法律上，对于基础性物权应当坚持物权法定主义，而功能性物权则可由当事人自由创设。

另有学者则提出有名物权与无名物权并存模式。③ 该模式认为对世性、交易成本的有效降低以及为物权交易所提供的安全与便捷等制度价值实质是物权标准化与物权公示的制度优势，并非是物权法定原则的制度优势。制约富有经济绩效的无名物权的创新与发展是物权法定原则的主要制度缺陷。无名物权的确认既有必要，也有可能，物权立法应努力加强物权标准化，同时为无名物权的创新预留制度空间，并作必要的制度安排，以建立以公示制度为基础的有名物权与无名物权并存的开放性的他物权体系。

本次民法典制定过程中，有学者提出，已经实行物权类型封闭原则的国家并无改采物权自由创设的必要，同时物权自由创设本身包含的制度风险也削弱了其可行性。我国的民法体系、登记制度现状以及特殊国情决定了未来民法典应当维持物权法定原则，但物权法律渊源应当与民法法律渊源保持一致。④ 即肯定习惯法具有创设物权的效力。

有学者提出，如果将物权的客体以是否适合在登记簿上进行相应的记载进行分类，并以此为基础安排物权编的法律规则，则物权法定主要对适

---

① 杨立新：《物权法定原则缓和与非法定物权》，《法学论坛》2007 年第 1 期。
② 梁上上：《物权法定主义：在自由与强制之间》，《法学研究》2003 年第 3 期。
③ 刘正峰：《论无名物权的物权法保护——从对物权法定原则的检讨展开》，《法商研究》2006 年第 2 期。
④ 黄泷一：《"物权法定原则"的理论反思与制度完善》，《交大法学》2020 年第 1 期。

合在登记簿上进行登记的财产起到限制作用。就对民事主体交往自由实施法律限制的正当性基础而言，物权法定原则这一严格的限定，其正当性基础值得探寻。有鉴于此，该学者建议，对于当事人设立的要求进行登记的权利，可先行要求法院进行审查确认，获得认可后再行登记。①

5. 关于物权法基本原则的其他主张

在物权法制定过程中，有学者从立法论的角度主张确立物权平等保护原则，确立该原则的意义在于确认所有权类型之间的平等。物权平等保护原则与所有权类型化规定在本质上是一致的。我国物权立法确立国家所有权、集体所有权、私人所有权平等地受法律保护，对国家所有权、集体所有权和私人所有权作出类型化规定，是由我国的社会主义基本经济制度和社会主义市场经济体制决定的，是有宪法依据的，是符合我国现阶段改革开放的社会实际的。② 有的学者主张确立物权变动的便捷与安全原则。物权法的财产法性质和物权的支配性特征决定了应将物权变动的便捷与安全原则确立为物权法的一项基本原则。该原则在物权变动中具有独特的功能，而不能为物权法的其他原则所代替。物权变动的便捷原则要求立法应为没有按照法定形式转让物权的交易者赋予取得该权利及有权得到救济的可能；物权变动安全原则要求立法在物权变动中应周全地保护第三人的利益，维护第三人取得物权的安全。我国物权立法应坚持和贯彻物权变动的便捷与安全原则。③ 还有学者主张确立物权法的和谐原则。该原则为崔建远所主张，其提出的和谐原则要求各类物权之间协调一致，每种定限物权要么不并存于同一个标的物上，即使并存于同一标的物上，也基于一定的规则确定出效力顺序，使得每种定限物权的行使有序进行。该原则还要求物权从产生、变更、消灭都有明确的界限和变动要件，且各种变动之间都必须衔接配合得当。④

---

① 王轶：《民法典如何对待物权法的结构原则》，《中州学刊》2019 年第 7 期。
② 韩松：《论物权平等保护原则与所有权类型化之关系》，《法商研究》2006 年第 6 期。
③ 李建华、许中缘：《论物权变动的便捷与安全原则——兼评〈中华人民共和国民法（草案）〉的相关规定》，《吉林大学社会科学学报》2005 年第 1 期。
④ 崔建远：《物权：规范与学说》（上册），清华大学出版社 2011 年版，第 11 页。

6. 民法典制定过程中物权法基本原则内涵的探讨

从 2019 年 12 月公布的《民法典草案》来看，物权编确定的基本原则基本沿袭了《物权法》的规定，关于物权法基本原则立法论的讨论并不多。

关于物权法定原则。2017 年 3 月审议通过的《民法总则》，在民事权利一章规定了物权法定原则，将原本属于物权法内容的物权法定原则移至总则编部分。就这一立法上的变化，学界部分学者给予了关注。

针对总则编规定物权法定原则的问题，立法机关的解释是，民法总则专章规定民事权利，"为民法典各分编和民商事特别法律具体规定民事权利提供依据"①，因此需要在总则部分就物权的基本原则作出规定。"物权法定是物权法的一项基本原则，应在总则中作出明确规定，以表达物权由法律规定而不能由当事人自由创设，同时表达违背物权法定原则创设的'物权'没有法定效力之意思。"②

有学者非常尖锐地指出，物权法定原则是物权法必不可少的根本原则，且对物权法整体具有结构性影响，所以将其从物权法中剥离出去，则无异于使物权法身首分离，精神与肉体错位。将物权法定原则由《民法总则》第 116 条还原到民法典物权编之中，并作为首要原则予以规定，比较合理。③ 也有学者认同物权法定应回归法典物权编的观点。同时，该学者还建议，为贯彻限制私人形成自由的规范意旨，应表达为针对私人的禁止规范，而非针对公权力的授权规范。就其具体表述上，"法"之外延，应作宽泛界定，但凡有权为私人设置强制规范者，皆在其列。④

杨立新认为，物权法定和物权法定缓和是同一事物的两个方面，我国立法只规定物权法定而未规定物权法定原则的缓和，使物权法定原则过于僵固并绝对化，限制了物权领域的私法自治，对社会经济发

---

① 石宏主编：《〈中华人民共和国民法总则〉条文说明、立法理由及相关规定》，北京大学出版社 2017 年版，第 255 页。
② 扈纪华编：《民法总则起草历程》，法律出版社 2017 年版，第 84 页。
③ 朱广新：《民法典物权编总则的三重体系透视》，《河南师范大学学报》（哲学社会科学版）2019 年第 1 期。
④ 朱庆育：《物权法定的立法表达》，《华东政法大学学报》2019 年第 5 期。

展造成了一定的障碍。因此,他建议在物权编规定物权法定缓和原则。①

关于物权公示原则。有学者对《物权法》关于公示原则叠床架屋的立法表达形式提出了批评,并提出了相应的改进建议。该学者认为,《物权法》在表达公示原则上采取了"原则规定——一般规定—特别规定或者具体规定"的三层规范结构体系。民法典物权编在表达公示原则时,不应沿袭《物权法》叠床架屋的烦琐规范模式,以"一般规定—特别规定"的规范模式即可充分将公示原则表达清楚。②

(三) 简要总结

物权法基本原则的种类之争所体现的是学者之间价值判断的不同。所谓"基本原则",按数学用语表述就是以提取公因式的方法找出最大公约数,同时为该领域当前未知并难以预测的新生事物预留一定的可对应空间。

物权的核心是"归属",为"归属"服务的是"变动",而"变动"的方式要因"物"的性质而有所不同,还需要"类别"。因此应该说,调整物权的法律应该以"归属""变动""种类"为基础,而这个基础究竟应该由几项基本原则来构筑,则会见仁见智。

在基本原则的设置上最需要考虑的是与时俱进,而"与时俱进"又必须以历史、社会等多角度进行科学合理论证为起点,进而作出存废或修改的取舍判断。

例如,关于物权法定原则,学界想来多遇到质疑,各种观点莫衷一是。本次民法典立法过程中,学界对于物权法定原则是否应当缓和,物权法定原则相应规定的体系安排和立法表述是否应当作出调整等提出了建议,但立法上仍坚持了立法上的延续性,未作相应回应。笔者认为,关于物权法定原则放弃的问题,兹事体大,不宜操之过急,盲目改弦更张,可能付出高昂的制度成本。另外,关于物权法定原则缓和的问题,如仅考虑习惯物权的问题,则在习惯尤其是商业习惯已被纳入民法正式法源的背景下,并太多无讨论的必要。对此原则的存废抑或修改的研究

---

① 杨立新:《民法分则物权编应当规定物权法定缓和原则》,《清华法学》2017年第2期。
② 朱广新:《物权公示原则的立法表达》,《法学杂志》2019年第10期。

将会持续下去,并将会随着研究的深入而得出相对的共识。而作为当下的权宜之计,最好的办法是以解释论为修改工具调整物权法适用中遇到的具体问题。①

2017年3月审议通过的《民法总则》规定绿色原则作为民法典的基本原则,引起了学界的关注,部分学者对绿色原则应当如何在民法典物权编中贯彻落实的问题进行了探讨,并提出了相应的立法建议。但2019年12月的民法典草案未对此予以回应,物权编相较于《物权法》的变化并未见绿色原则的身影。未来民法典物权编如何具体贯彻绿色原则及其具体的解释路径,仍待学界从解释论的角度进一步探讨。

二 解释论

(一) 主要争议问题

《物权法》成立后,围绕基本原则问题的研究,与其说是"争议",毋宁以"解读"来定义更为恰当。在解释论上对基本原则的主要解读见之于以下几点。

第一,基本原则的种类;第二,物权法定原则在具体适用上如何解释并做到缓解;第三,平等保护原则的具体内涵与其外延的界定;第四,物权公示原则与公信力的关系;第五,物权效力与债权效力区分原则的实在意义。

(二) 主要观点

1. 关于物权法基本原则的种类

关于物权法基本原则种类讨论中出现的分歧,并没有因物权法的颁布而消除,民法学者之间仍然各持己见。

例如,以平等保护、物权法定、公示公信为内容的三原则说;② 以物权法定、物权绝对、区分原则、物权公共原则、物权特定原则为内容的五原则说;③ 以社会政治原则、结构原则、效率原则、和谐原则为内容的四

---

① 实际上,"在特定情况下可以对物权法定主义进行目的性扩张的解释"已经成为学界和司法实践中的共识(通说、判例)。

② 王利明:《物权法研究》(第四版上卷),中国人民大学出版社2016年版,第134页。

③ 孙宪忠:《中国物权法总论》,法律出版社2009年版,第231—292页。

原则说;① 以物权法定、一物一权、公示公信为内容的四原则说。②

2. 关于物权法定原则

关于《物权法》第 5 条规定的物权法定原则的具体内涵，学界存在一定的争议。王利明认为该原则包括种类法定、内容法定和效力法定、公示方法法定；效力法定的内容具体为物权的优先效力、对抗效力只能由法律明确规定；公示方法法定，但该原则已被公示原则所涵盖，在物权法定内容中不再特别突出。③ 还有学者认为，所称物权法定仅包括内容法定和种类法定，④ 不包括效力法定、物权变动法定、公示法定。有学者统计发现，关于物权法定的内容，除种类与内容法定外为学界所公认外，其他关于公示方法、物权变动、效力法定等内容是否属于物权法定的内容，远未达成共识。⑤

关于物权法定的缓和问题，学界普遍认为，物权法定原则有其积极意义，但也存在问题，需要修改。⑥ 修改论通过考察日本、韩国及中国台湾地区民事立法指出：其他国家和地区的立法都是从禁止任意创设物权的角度加以规定，而我国《物权法》仅从正面宣示了物权法定之"法"的范围和"定"的对象，并没有从反面作出规定。物权之所以要法定，不仅仅是告诉人们物权的来源或法律依据，而且要禁止人们任意创设对第三人产生排他效力的权利。这一点，从第 5 条的规定中是难以解读出来。因此认为，《物权法》应该更加充分地体现物权法定的深刻内涵，将其条款修正为"物权的种类和内容由法律规定，当事人不得自由创设"。

为了缓和物权法定的僵化程度，避免物权法成为一个相对封闭的体系，有学者主张有必要将意定性较大的、且是法定的地役权作为兜底制度

---

① 崔建远:《物权:规范与学说》(上册)，清华大学出版社 2011 年版，第 7—11 页。

② 杨立新:《物权法》(第三版)，中国人民大学出版社 2009 年版，第 10 页。

③ 王利明:《物权法研究》(第四版上卷)，中国人民大学出版社 2016 年版，第 143—147 页。

④ 崔建远:《物权:规范与学说》(上册)，清华大学出版社 2011 年版，第 24 页；常鹏翱:《物权法定原则的适用对象》，《法学》2014 年第 3 期。

⑤ 对于以上观点的总结，可参见郑云瑞《物权法论》，北京大学出版社 2011 年版，第 52 页。

⑥ 陈本寒、陈英:《也论物权法定原则——兼评我国〈物权法〉第 5 条之规定》，《法学评论》2009 年第 4 期。

来协调支配利益多样性与物权法定之冲突，实现宏观法定与微观意定之融合。① 因为，地役权是物权体系下法定的物权，其意定性可以满足人们的不同类型、不同层次的要求，其便宜的类型化可以将那些无法归入传统用益物权种类的新型的权利类型纳入其之名下，并予以登记，即除去其债权形式，还其本来的物权面目，从而获得物权法的保护。另外，在物权法颁布之前已有学者提出地役权对物权法定原则起到的补充作用。②

也有学者主张以司法解释方法为补救物权法定弊端的缓冲机制，是正确贯彻执行我国《物权法》所确立的物权法定原则的明智选择。但值得注意的是，最高人民法院通过司法解释路径从宽解释物权法定内容，将符合物权立法旨趣、具有一定公示方法的权利，纳入物权法范围以适应社会需求的做法，仅是目前的权宜之计。而且，强调以一定缓和手段弥补物权法定的不足，并不排斥通过及时修改法律来规定有关新类型的物权。③

另外关于物权法定主义中"法"的范围，我国通说认为是指全国人民代表大会及其常委会颁布的法律，而不包括国务院制定的行政法规和发布的决定、命令，以及国务院各个部委发布的规章、地方人民代表大会及其常委会制定的地方性法规、地方政府颁布的地方规章。④ 但是崔建远指出，按照《立法法》第9条的规定，未排除全国人民代表大会及其常委会授权国务院制定有关民事制度方面的行政法规。这给行政法规创设物权种类或物权效力留下了空间。⑤ 且其认为适当扩大物权法定主义中"法"的范围，具有现实意义。

鉴于《民法总则》第10条将习惯纳入民法法源，因此未来习惯特别是商事习惯有望成为新的物权类型的增长点。2019年11月，最高人民法院发布《全国法院民商事审判工作会议纪要》（法〔2019〕254号），该

---

① 张鹤：《我国物权法定原则与地役权：宏观法定与微观意定之融合》，《法学杂志》2007年第6期。

② 李益民、刘涛、梁娟娟：《论地役权对物权法定原则之补充》，《河北法学》2006年第2期。

③ 张驰、董东：《我国〈物权法〉中物权法定原则之探究》，《法学》2007年第10期。

④ 梁慧星主编：《中国物权法研究》（上），法律出版社1998年版，第67页；房绍坤、吴兆祥：《论物权法定原则》，《法律科学》1996年第6期。

⑤ 崔建远：《物权法》，中国人民大学出版社2009年版，第23页。

纪要第 71 条肯定了让与担保权人的优先受偿权，即肯定了立法上尚未肯认的让与担保的物权效力。其实质是对商事习惯中广泛存在的让与担保物权效力的肯定，有其制定法依据。

3. 关于平等保护原则

物权法上的平等保护原则，一般被定义为，物权的主体在法律地位上是平等的，依法享有相同的权利，遵守相同的规定。这一点，在学界基本没有异议，但关于该原则的含义，学者之间存在一些分歧，比如，该原则是否适用并服务于公共利益的财产。

一种观点认为，平等保护原则是物权法的首要原则，也是我国物权法的社会主义属性的充分体现。它鲜明地体现了我国物权法的中国特色。平等保护原则完全符合我国宪法，是建立和完善社会主义市场经济体制的必然要求。物权法的平等保护原则适用于所有类型的国有财产，它是对所有民事主体的一体保护。① 但是，平等保护真正的含义是在剔出满足用于公共利益的那部分财产后，其余财产不管谁拥有都是平等的，而且平等保护对于国家所有权保护和私人所有权保护的含义也不尽相同。平等保护对国有财产意味着国有财产保护纳入物权法，适用《物权法》第三章的规定。明确侵害国有财产应当承担民事责任是物权法将平等保护原则贯彻到国有财产中应尽的"义务"。对于私有财产而言，平等保护的含义不仅仅是保护财产所有权人对抗第三人的侵害（侵占、哄抢、破坏），更重要的是对抗国家行政机关的侵害。②

另一种观点认为，平等保护原则实施的核心是充分尊重和严格保护私人财产的所有权，其关键是规范政府的各类涉及公民财产的公权行为。平等保护原则不但与我国宪法的规定保持了高度的一致性，而且与所有权主体的区别立法并不发生实质性矛盾，其实质并非是为了保护少数人的权利，而是为了保护全体社会公众的共同利益。③

4. 关于公示公信原则

关于公示原则所公示的内容，理论上存在一定的争议，主要有三种学

---

① 王利明：《平等保护原则：中国物权法的鲜明特色》，《法学家》2007 年第 1 期。
② 高富平：《平等保护原则和私人物权制度检讨》，《法学》2007 年第 5 期。
③ 赵万一：《论我国物权立法中的平等保护原则》，《上海大学学报》（社会科学版）2007 年第 5 期。

说。一为权利说,认为公示只是对权利的公示,物权变动的公示仅为权利公示的变更而已。[1] 公示原则要求所公示的是物权,而不是其他。[2] 二为物权变动说,该说认为,物权公示是物权变动的公示,公示的对象为物权变动行为。[3] 崔建远虽未直接论述公示原则所公示的内容,但其在论述公示原则时仅就物权变动的公示做了说明,似采相同见解。[4] 三为权利及物权变动说。该说认为,公示原则不仅公示物权静态上的存在,亦公示物权变动的过程。如王利明认为,公示是将物权设立和变动的事实对外公开。[5] 梁慧星、陈华彬亦认为,凡物权的享有与变动均需公示。[6]

虽然大多数学者对于民法典物权编应规定公示原则不持异议,但亦有学者认为,公示原则只是对物权编各部分的相关规则根据其家族相似性的理论总结和概括,这样的总结和概括也是不够周延的。从这个意义上讲,是否仍有必要在民法典物权编中保留物权变动公示原则这一物权法的结构原则,是值得进一步考虑的。[7]

关于是否规定了公信原则的问题。物权法理论上通常所讲的公信原则又称公信力原则,是指依法定方式进行公示的物权,具有使社会一般人信赖其正确的效力,即使公示的物权状况与真实的权利状态不符,法律对信赖公示的善意第三人从公示的物权人处所取得的权利仍予以保护。《物权法》第 16 条第 1 款规定:"不动产登记簿是物权归属和内容的根据。"据此,我国多数学者认为我国物权法承认了登记公信力。[8]

---

[1] 梅夏英:《民法上公示制度的法律意义及其后果》,《法学家》2004 年第 2 期。
[2] 郭明瑞:《关于物权法公示公信原则诸问题的思考》,《清华法学》2017 年第 2 期。
[3] 史尚宽:《物权法论》,中国政法大学出版社 2000 年版。
[4] 崔建远:《物权:规范与学说》,清华大学出版社 2011 年版,第 172—173 页。
[5] 王利明:《物权法研究》(上卷),中国人民大学出版社 2013 年版,第 168 页。
[6] 梁慧星、陈华彬:《物权法》,法律出版社 2010 年版,第 85 页。
[7] 王轶:《民法典如何对待物权法的结构原则》,《中州学刊》2019 年第 7 期。
[8] 梁慧星、陈华彬:《物权法》(第四版),法律出版社 2007 年版,第 104 页;崔建远:《物权:规范与学说——以中国物权法的解释论为中心》(上册),清华大学出版社 2011 年版,第 176 页。

但有学者认为该款的规定反映的是登记推定力,即当事人是否享有物权、享有什么样的物权,以不动产登记簿上的记载为准,并不是登记公信力。① 其认为登记公信力与登记推定力是相互独立的两个问题,不是包含与被包含的关系。登记推定力属于程序法上的证明责任规范,只是推定登记物权与真实物权相一致,确立了举证责任倒置规则。而登记公信力属于实体法上的权利外观规范,强调信赖登记簿的交易第三人可以优先于真实权利人得到保护。登记公信力是在登记推定力基础上产生的,但登记公信力并不是登记推定力的逻辑结果,承认登记推定力不一定承认登记公信力。

关于公信原则的适用范围问题。在讨论公信原则作为物权法基本原则时,似乎当然地认为公信原则不仅适用于不动产登记,也适用于动产占有。但有学者认为,动产的占有是否具有公信力是值得怀疑的,至少动产占有的公信力与不动产登记的公信力不可等量齐观。② 有学者在讨论公信力原则时,仅讨论不动产登记的问题,并不涉及动产占有的问题,也从另一个层面反映公信力原则仅涉及不动产登记,而不包括动产占有。③ 还有学者认为,对动产的占有并不具有公信力,理由在于:"对物的事实管领力在绝大多数情况下与本权重合的说法,在当今社会已不能成立。对物具有事实控制的人,也并不一定是就是占有人,从而该事实状态也不能表征该人享有物权。"④

关于公示原则和公信原则的关系问题。郭明瑞认为,公示原则与公信原则是联系在一起的,公示的目的使一般人能够从外观上确定何人享有何物权,公信原则是对第三人信赖公示的物权状态的利益保护。公信原则具有权利正确性推定和善意保护的效力。⑤ 由此可见,公示原则是公信原则

---

① 孟勤国、申惠文:《我国〈物权法〉没有承认登记公信力》,《东方法学》2009 年第 5 期。

② 尹田:《物权法理论评析与思考》,中国人民大学出版社 2008 年版,第 305—306 页。

③ 崔建远:《物权:规范与学说》(上册),清华大学出版社 2011 年版,第 173 页;王利明:《物权法研究》(第四版上卷),中国人民大学出版社 2016 年版,第 162—163 页。

④ 纪海龙:《解构动产公示、公信原则》,《中外法学》2013 年第 3 期。

⑤ 郭明瑞:《关于物权法公示公信原则诸问题的思考》,《清华法学》2017 年第 2 期。

的前提，法律通过物权公示的强制性要求，最大限度地实现公示物权与实际物权享有相一致，进而达到登记具有公信力的目的。

5. 关于区分原则

我国《物权法》第 15 条规定："当事人之间订立有关设立、变更、转让和消灭不动产物权的合同，除法律另有规定或者合同另有约定外，自合同成立时生效；未办理物权登记的，不影响合同效力。"该条规定了合同效力与物权效力的区分，在民法学中又称为区分原则。所谓区分原则，是指在发生物权变动时，物权变动的原因与物权变动的结果作为两个法律事实，它们的成立生效依据不同的法律根据的原则。

合同效力与物权效力的区分为我国民法学者普遍赞同，但是学界对其法理基础存在争议。孙宪忠认为区分原则的法理基础是负担行为与处分行为的区分。① 另有学者认为我国学者设计的物权区分原则是在借鉴德国区分原则的基础上建立的，其理论背景是物权行为理论与负担行为、处分行为的划分理论。但这种理论背景与我国民法传统理论、立法与实践并不一致，也与我国债权形式主义的物权变动模式不相协调。其认为，理论上，应当以法律行为与事实行为的区分作为物权区分原则的理论依据，并且认为物权区分原则的含义应当是多层面的，主要包括：物权变动的原因与结果的区分；原因行为与结果行为的区分；原因行为效力与结果行为效力的区分。② 另有学者则认为，区分原则的法理基础，是请求权与支配权的区分、负担行为与处分行为的区分、债权关系变动与物权关系变动的区分。其中，负担行为与处分行为的区分占据了核心基础地位。③

(三) 简要总结

物权法的基本原则有社会政治原则和结构技术原则之分。前者是体现物权法与社会经济、政治制度的关系原则，后者则是在物权法的具体制度考量与规则设计中应遵循的基本准则。这里归纳总结的物权法基本原则，主要指结构技术原则。物权法的基本原则与物权法中的其他规则相比，具有纲领性的作用，对其他规则具有整体的约束力。

---

① 孙宪忠：《中国物权法总论》，法律出版社 2009 年版，第 251 页。
② 应秀良：《我国物权区分原则的理论与适用》，《人民司法》2009 年第 7 期。
③ 崔文星：《论区分原则在我国物权法中的体现》，《社会科学》2008 年第 8 期。

《物权法》中虽然以专章的形式规定了物权法的基本原则,但关于物权基本原则种类,以及对某一原则的含义、法理基础等的解释和归纳,学者之间不尽相同。

如同立法论部分所述,笔者认为物权制度最基本、最重要、最具特点的制度,莫过于物权的性质、物权的类别、物权变动三个方面,因此,物权法的基本原则可归纳为三项,即关于物权性质的"物权绝对原则",关于物权类型的"物权法定原则"和关于物权变动的"物权公示原则"。对于平等原则,笔者认为其属于物权法的社会政治原则,属于宪法中的平等原则在物权法领域的体现。对于公信原则,可以将其纳入到公示原则当中,因为依法公示的物权若不能产生公信力,则公示的效力难谓完整,交易的安全仍难以维护,或将导致征信成本过高,影响交易的发展。不过,如何解决不动产善意取得制度与不动产登记簿公信力的关系值得进一步探讨。

第四节 物权的类型体系之争

一 立法论

(一) 主要争议问题

从立法论的角度讲,关于物权类型的争议是指我国物权法中应规定哪些物权种类,有别于物权的学理的分类。关于在立法层面上围绕物权类型的争议主要见之于五个方面。一是关于物权的宏观类型如何设计;二是关于所有权的具体类型设计的一元论和三分法;三是关于用益物权的具体类型设计是否规定典权和居住权;四是关于担保物权的具体类型,主要有应否规定优先权及让与担保;五是占有制度的体系定位。

(二) 主要观点

1. 关于物权的宏观类型

关于物权的宏观类型,在两部主要的学者建议稿中可以看到不尽相同的排列组合。

首先,在梁慧星主导的社科院建议稿中做了如下排列组合。

第一章总则(一般规定、物、物权变动);第二章所有权(一般规定、土地所有权、建筑物区分所有权、不动产相邻关系、动产所有权、共有);第三章基地使用权;第四章农地使用权;第五章邻地利用权;第六章典权;第七章抵押权(一般规定、最高额抵押、企业财产集合抵押、企业担保);第八章质权(一般规定、动产质权、权利质权);第九章留置权;第十章让与担保;第十一章占有;第十二章附则。①

其次,在王利明主导的人民大学建议稿中做了如下排列组合。

第一章总则(一般规定、物、物权的公示、物权请求权);第二章所有权(所有权通则、国家所有权、集体所有权、公民个人所有权、社团和宗教组织的所有权、共有、建筑物区分所有权、优先购买权、相邻关系);第三章用益物权(土地使用权、农村土地承包经营权、宅基地使用权、地益权、典权、空间利用权、特许物权);第四章担保物权(抵押权〈一般规定/共同抵押/最高额抵押/集合抵押/浮动抵押〉、质权〈一般规定/动产质权/权利质权〉、留置权、优先权〈一般规定/一般优先权/特别动产优先权/特定不动产优先权/知识产权优先权/优先权与其他担保权的关系〉);第五章占有;第六章附则。②

对此,有学者提出中国物权体系的应然结构应包括以下五个系统构成:所有权系统;使用权或者用益物权系统;担保物权系统;准物权系统;占有系统。③

还有学者认为,我国物权法应当吸取德国及瑞士民法典的先进立法经验,与我国的实际情况相结合,建立以所有权为核心,以用益物权和担保物权为两翼、将占有和登记单列出来的物权法体系。④

更有学者提出了与众不同的意见,即以所有权表述财产归属、以占有权表述财产利用的二元物权理论,并主张担保物权实质上并非物权,应从物权体系中剔除。⑤ 与之相类似的观点是,主张对他物权体系进行全新构建和重新整合,以控占权、占用权、用益权和经营权构成他物权

---

① 中国物权法研究课题组(负责人:梁慧星):《中国物权法草案建议稿:条文、说明、理由及参考法例》,社会科学文献出版社 2000 年版。
② 王利明主编:《中国物权法草案建议稿及说明》,中国法制出版社 2001 年版。
③ 孙宪忠:《中国物权法总论》,法律出版社 2003 年版,第 72 页以下。
④ 唐烈英:《论我国物权法体系的构建》,《四川大学学报》(哲学社会科学版)2002 年第 2 期。
⑤ 孟勤国:《物权二元结构论——中国物权制度的理论构建》,人民法院出版社 2004 年版,第 78 页以下。

的基本类型和科学体系,并认为传统民法理论中所谓的担保物权并非单纯的物权,应将其从传统他物权体系中移离到其本应所处的地方,即债的担保制度。①

此外,还有学者主张以调整对象为标准来分配物权法与债法的内容,将作用于商品交换领域的抵押、质押、留置及让与担保等担保制度纳入债法规定,而不照搬德国法系国家的做法纳入物权法规定。对物权法内部的体系结构主张除总则外,分所有权、用益物权、相邻权、占有与登记四个组成部分,以分别调整物的归属关系、物的用益关系、不动产相邻关系及无本权的动产占有人、不动产物权登记名义人与物之本权人之间的关系。②

2. 关于所有权的具体类型

关于所有权的类型,主要有三分法和一元论两种观点。

(1) 三分法

其一,各国物权法都具有很强的固有法性质,而这种性质首先要求反映该国的社会经济制度,如果不从中国的多种所有制结构出发考虑,而完全照搬国外物权法的制度,将使物权法严重脱离中国国情。其二,西方国家物权法中的单一所有权是建立在私人财产所有权基础上的,对国家所有权则是通过单行法来调整,一般不在民法典中加以规定。但是,如果我国物权法也照搬这一模式,则完全与中国的现实不相符合。其三,如果物权法不对公有财产加以规定,也难以体现出对各类所有权平等保护的原则。因为,这必将意味着对公有财产要通过特别法保护,对私有财产则通过民法加以保护,这样实际上对公有财产进行了特别保护。其四,公有财产所有权确实有其特殊性。从客体上看,有些财产如土地只能由国家或集体所有;这表明国家所有权和集体所有权具有其特殊性。其五,如果不在同一物权法中分别进行规定,若干他物权制度则无从规定。例如,国有土地使用权是建立在国家土地所有权基础上的,农村土地承包经营权是建立在集体土地所有权上的,如果不对公有财产的所有权加以规定,则无法说明其来源。从这个意义上说,如果不能将所有权类型化,在物权法中详细规定国家所有权和集体所有权,根本不

---

① 王明锁:《论我国他物权体系的整合与重构》,《政法论坛》2005 年第 2 期。
② 李开国:《关于我国物权法体系结构的思考》,《现代法学》2002 年第 4 期。

可能建立我国物权法中的物权体系。①

(2) 一元论

其一,"三分法"的所有权分类方式,混淆了所有制与所有权的关系。以所有权来定义所有制,不仅观念笨拙,而且本末倒置:所有制属于经济基础,所有权属于上层建筑;所有权只能反映所有制而不能决定所有制。其二,公有财产的特殊保护,是我国计划经济时代的产物。现今民法学界一致认为,"公有财产神圣不可侵犯"或"国家财产神圣不可侵犯",这是改革开放前的单一公有制和计划经济体制的本质和要求在法律上的反映,与我国现在的经济生活已经严重脱节,不符合社会主义市场经济的本质和要求。其三,"合法财产一体保护原则"符合现行宪法的精神。"公有财产神圣不可侵犯"也好,"私有财产神圣不可侵犯"也罢,其共同点是按照生产资料所有制对财产权进行区分,并对某种所有制的财产特殊对待、特殊保护,这些都不能反映我国社会主义市场经济的本质和要求。其四,区分不同的所有权,势必导致不平等保护问题。其五,按照所有制来"区分"财产权,会对司法实践产生误导。经验已经告诉我们,只要按照所有制"区分"财产权,就必定会对我们的执法者和司法者产生"某种影响"。因此,我们制定物权法,一定要放弃按照所有制区分财产权的做法,切实贯彻"合法财产一体保护"原则,放弃"三分法",代之以"一元论"②。

针对"三分法"与"一元论"的分歧,有学者分析认为,解决三分法与一元论争议的关键在于是否有效区分宪法意义上的所有权与民法意义上的所有权。宪法上的所有权首先是一种公权利,注重的是取得所有权的资格,是一种获得财产利益的可能性,它不明确地指向具体的客体,一个人并不因暂时没有财产而失去宪法上取得、占有和使用财产的资格;民法上的所有权则是以具体的物为中介的人和人的关系的表现,有明确、具体指向的权利客体。三分法论者是将宪法意义上的所有权引入私法,一元论

---

① 王利明主编:《中国物权法草案建议稿及说明》,中国法制出版社2001年版,第255页以下;王利明:《物权立法若干问题新思考》,《法学》2004年第7期。

② 中国物权法研究课题组(负责人:梁慧星):《中国物权法草案建议稿:条文、说明、理由及参考法例》,社会科学文献出版社2000年版,第212页以下;梁慧星:《"三分法"或者"一元论"——物权法指导思想之争》,http://www.civillaw.com.cn/article/default.asp?id=19050,访问时间2013年10月3日。

者虽在民事立法中坚持民法所有权的概念，但一味非难依据权利主体的标准区分国家所有权、集体所有权和个人所有权的正当性，殊不知此种区分在宪法层面是完全可能的。①

3. 关于用益物权的具体类型

关于用益物权的具体类型，在两部主要的学者建议稿中可以看到不尽相同的设计。如前列举，在中国社会科学院建议稿中为：基地使用权、农地使用权、邻地利用权和典权；② 在中国人民大学建议稿中为：土地使用权、农村土地承包经营权、宅基地使用权、地役权、典权、空间利用权和特许物权；③ 而在全国人大法工委拟定的草案中曾出现过的是：土地承包经营权、建设用地使用权、宅基地使用权、邻地利用权（地役权）、典权、居住权以及探矿权与采矿权、取水权、渔业权、驯养权和狩猎权、海域使用权等。

其中，争议比较大的有如下几个制度的取舍。

一是典权，存在废除和保留两种观点。两部学者建议稿以及法工委征求意见稿中均对此作出过规定，可见是因为保留论在当时学界占据了主导地位。④

二是居住权，也存在截然相反的两种观点。有学者认为，居住权与中国的国情和实际是违背的，属于无的放矢、闭门造车！⑤ 类似的观点认为，尽管许多国家的民法都规定了居住权，但在我国物权法中设置居住权缺乏可行性，从居住权的功能来看，其功能与物权法的功能相违背，且可以为其他制度所取代；从居住权的存在价值来看，我国没有设置居住权的

---

① 徐涤宇：《所有权的类型及其立法结构〈物权法草案〉所有权立法之批评》，《中外法学》2006年第1期。

② 中国物权法研究课题组（负责人：梁慧星）：《中国物权法草案建议稿：条文、说明、理由及参考法例》，社会科学文献出版社2000年版，第42—60页。

③ 王利明主编：《中国物权法草案建议稿及说明》，中国法制出版社2001年版，第63—92页。

④ 对于保留论和废除论的主要观点整理参见渠涛《中国民法典立法中习惯法应有的位置——以物权法立法为中心》，载渠涛主编《中日民商法研究》（第一卷），法律出版社2003年版，第54—55页。

⑤ 梁慧星：《不赞成规定"居住权"》，http://www.civillaw.com.cn/article/default.asp?id=22753，访问时间2013年10月4日。

现实需要。①

但是，另有学者认为，应该规定居住权。这种观点不是单一地从保护弱者的角度来探讨居住权，而是在视野拓展的基础上进行社会居住权的功能转换，将社会性居住权转换成社会性居住权与投资性居住权并存的模式。具体说就是，需要通过考察罗马法、欧陆、东亚以及英美国家关于居住权的规定，重新审视居住权的社会角色和功能；继而拓展视野，对居住权的现代功能进行转换，在保留其社会性功能的前提下，更关注其投资性功能，使得居住权由伦理性转向技术性，从而大大拓展其适用领域。②

此外，还有学者主张，除应当规定建设用地使用权、农村土地承包经营权以及宅基地使用权等独立性用益物权外，还应当规定各种特许物权，并引入地役权和人役权。③

另有学者认为应当建立以基地权、农地权、邻地权以及空间权为框架的用益物权体系。④

本次民法典立法过程中，自民法典物权编室内稿起即新增新的用益物权类型居住权。王利明认为，民法典草案物权编规定的居住权，具有用益物权和人役权的双重性质。居住权的制度功能无法为租赁制度所替代，设立居住权能够完善住房保障体系，提升房屋的利用效率，顺应社会需求，解决社会现实问题，实现"住有所屋"的目标。⑤ 还有学者认为，《民法典》应确立居住权以回应由"居者有其屋"到"住有所居"的时代需求。居住权入典可运用私法手段缓解特定群体的居住困境，助力房屋所有权实现形式的多元化，缓和僵硬的物权法定主义。⑥

---

① 房绍坤：《居住权立法不具有可行性》，《中州学刊》2005 年第 4 期。
② 申卫星：《视野拓展与功能转换：我国设立居住权制度必要性的多重视角——"民商法前沿"系列讲座现场实录第 232 期》，http://www.civillaw.com.cn/article/default.asp?id=24797，访问时间 2013 年 10 月 4 日。
③ 尹飞：《时代需求与物权法之回应——兼论我国本土化用益物权体系之建构》，《法学家》2006 年第 4 期。
④ 王利民：《我国用益物权体系基本概念研究——兼评〈物权法征求意见稿〉规定之不足》，《法学论坛》2005 年第 2 期。
⑤ 王利明：《论民法典物权编中居住权的若干问题》，《学术月刊》2019 年第 7 期。
⑥ 单平基：《〈民法典〉草案之居住权规范的检讨和完善》，《当代法学》2019 年第 1 期。

但梁慧星对于规定居住权的做法提出了严厉的批评,物权法立法期间关于是否应当规定居住权的问题,第十届全国人大法律委员会、第十届全国人大常委会已经明确作出了否定回答,居住权在实践中又应用极少,没有实际意义。如果民法典物权编再次重新规定居住权,实质是"新一届全国人民代表大会任意推翻、任意否定前一届、前几届全国人民代表大会的立法和立法决定的'自我打脸'!""起草人并未认识到全国人民代表大会的'同一性',把全国人民代表大会与西方国家(多党或两党轮流执政)的议会,混为一谈了!"① 陈华彬也认为,居住权制度可与立基于租赁权、借用权乃至建筑物区分所有权而对他人房屋的使用权,并无大的差异。规定居住权,使我国用益物权的体系构成未尽谐配,甚至造成解释与适用上的水土不服的问题。②

关于居住权的体系位置问题,有学者认为,将居住权纳入物权法仍易导致与本部分立法价值、立法体系之间存在冲突和矛盾。因此建议未来的民法典在婚姻家庭法编的立法中,规定居住权。③ 有学者对于仅在物权编内部规定居住权的做法提出质疑,认为此举忽视了居住权立法与继承编的衔接与呼应,忽视二者之间诸多的联系,物权编很可能走回《物权法》的老路,甚至使继承编的制度创新难以落实。同时,该学者还建议在物权编中可以设计条文"准用继承编条文的规定",在继承编中可以设计条文"准用物权编条文的规定",物权编与继承编的合理衔接应当成为架构居住权制度必要的立法技术手段。④ 还有学者认为,民法典在面对居住权用益性与人役性之关系时,应首选多编协同立法,由"物权编"对居住权作出一般规定,"继承编"作出特殊性与补充性规定。⑤

陈华彬建议,本次民法典制定应规定典权。理由在于,典权制度为我国传统的用益物权制度。更为重要的是,我国现今经济生活中尚存在典当铺等与典权密切相关的经济、法律现象,尤其是立基于为人民多提供一种

---

① 梁慧星:《关于民法典分则编纂中的重大分歧》,《中国法学网》,http://iolaw.cssn.cn/bwsf/201912/t20191223_5063778.shtml,访问时间 2020 年 3 月 1 日。
② 陈华彬:《论我国民法典〈物权编(草案)〉的构造、创新与完善》,《比较法研究》2018 年第 2 期。
③ 冯源:《论民法典对居住权的立法干预方法》,《学术论坛》2019 年第 4 期。
④ 马新彦:《居住权立法与继承编的制度创新》,《清华法学》2018 年第 2 期。
⑤ 鲁晓明:《"居住权"之定位与规则设计》,《中国法学》2019 年第 3 期。

融资渠道或途径的考量,将典权规定下来以备而用之,应系妥当、正确。故此,建议我国未来民法典物权编中应认可典权及设立其规则。① 王利明也认为,在物权编中设立典权制度具有弘扬传统法律文化的意义。在我国,可以借助典权制度推进不动产制度改革,促进农村宅基地和房屋的有效利用。抵押权与不动产质等担保物权虽然与典权具有相似性,但是其并不能完全替代典权的功能。通过租赁和买回等债权手段,也不能实现典权的全部功能。因而在物权编中有必要规定典权制度。②

还有学者提出,民法典物权编应当新增填海造地权作为用益物权,该学者认为,现行法将填海造地作为海域使用权的一种类型纳入用益物权的范畴,将填海造地的基础权利定位为海域使用权,将其母权定位为海域所有权,在理论上存在瑕疵,在实践上产生"换证难"等问题。但填海造地权在权利来源、权利内容、权利客体等方面都具有复合性,宜将其在未来的《民法典物权编》中确立为一种新型的用益物权。③

4. 关于担保物权的具体类型

关于担保物权的类型,比较有争议的是我国物权法是否应该规定优先权、让与担保制度。

在两个主要的学者建议稿中,前者被人民大学的建议稿肯定;④ 而后者被社科院建议稿肯定。⑤ 在人大法工委的诸多草案中,将让与担保纳入其中的比较多(2020年1月稿、2002年12月稿、2004年10月稿),而优先权只有一稿可谓"准纳入"(2004年8月稿中在左后部分未作章数列举)。

作为学者意见,比较有代表性的有如下两种。

对于优先权,有学者认为优先权制度的价值取向和我国社会生活实际

---

① 陈华彬:《论我国民法典〈物权编(草案)〉的构造、创新与完善》,《比较法研究》2018年第2期。

② 王利明:《物权编设立典权的必要性》,《法治研究》2019年第6期。

③ 唐俐:《填海造地权:一个民法典物权编应当新增的用益物权》,《云南社会科学》2019年第2期。

④ 王利明主编:《中国民法典学者建议稿及立法理由·物权编》,法律出版社2005年版,第541页。

⑤ 中国物权法研究课题组(负责人:梁慧星):《中国物权法草案建议稿:条文、说明、理由及参考法例》,法律出版社2013年版,第776页以下。

之需要以及现有担保物权的特点，决定我国《物权法》应确立优先权制度。① 还有学者认为，我国的社会生活中优先权制度对于有效地保护国家利益、公共利益和有关弱势群体的利益及构建和谐社会具有重要的作用，我国的社会生活对优先权制度同样具有不可或缺的社会需求，因此在我国的物权立法中应设立完善的优先权法定担保物权制度。②

对于让与担保，有学者认为我国有必要在担保法或民法典债的担保方式部分，以"让与担保"的名称统一规定让与担保和按揭制度，而不宜将让与担保作为一种担保物权规定在物权法中。其理由是，让与担保既有物权性质又有债权性质；作为物权规定，其公示方式问题无法解决。③

5. 占有制度体系的定位

关于占有制度体系定位，主要涉及两个方面的问题：一是占有的性质为何？二是占有制度与其他物权制度之间的关系如何？

对于第一个问题，虽然学界多数观点认为，占有仅是一种事实，而非一种权利。④ 但在国外，如日本，占有权同所有权一样，均是本权，占有可以成为一种权利。同时，在物权法立法过程中，孟勤国的建议稿更是将占有权与所有权相提并论，并以此为基础重构物权法的体系结构。⑤ 因此，对于占有的性质为何，并非没有争议。但最终审议通过的《物权法》采纳了学界的通说，将占有定位为一种事实，而非权利。

但需特别说明的是，即使将占有定位为一种事实，也仍需要对占有制度与其他物权制度之间的关系作出定位。关于此点，学界分歧较大，主要有三种学说：辅助地位说、平等地位说和基础地位说。

持辅助地位说的学者认为，我国物权制度的设立，没有必要也不应该

---

① 温世扬、丁文：《优先权制度与中国物权法》，《法学评论》2004年第6期。
② 姜志远、周玉文：《我国物权立法应设立优先权制度》，《法学杂志》2006年第4期。
③ 季秀平：《物权法确认让与担保制度的几个疑难问题》，《烟台大学学报》（哲学社会科学版）2002年第3期。
④ 梁慧星主编：《中国物权法研究》，法律出版社1998年版，第1091页；王利明：《物权法研究》（下），中国人民大学出版社2013年版，第1449页；温世扬：《占有制度与中国民法》，《法学评论》1997年第5期；崔建远：《物权法》，中国人民大学出版社2010年版，第132页。
⑤ 孟勤国：《中国物权法草案建议稿》，《法学评论》2002年第5期；孟勤国：《物权二元结构论——中国物权制度的理论重构》，人民法院出版社2004年版。

突破传统物权体系中占有制度的框架。占有制度应作为物权的辅助制度。[①] 平等地位说认为，传统物权法将占有问题纳入财产归属从本质上说是一个错位，中国民法应该使占有问题回到其应有的位置上，以占有、占有权表述财产利用，以所有、所有权表述财产归属，即形成所有权和占有权的物权。[②] 基础地位说认为，占有是物权的起点。虽然物权法以理性的权利设计，取代了占有的事实要求，而成为支配方式的核心，但是占有在物权法中的重要角色并未因此丧失。相反，占有构成物权实现其支配性和排他性的基础二元结构。[③]

（三）简要总结

第一，从整体上说，所谓"物权类型体系之争"的核心问题在于，廓清中国物权法究竟应该承认哪些权利为"物权"或称"可受物权法保护"，而解决这一问题的基础则是，对物权与债权相区别的意义的深度解读。

一般认为，在私法制度中，物权的保护相对于债权更为厚重和坚实，故有"物权优先于债权"之论。物权与债权的区分乃至严格区分，以及物权保护在程度上强于债权等理念的形成及其制度化，在特定的历史阶段有其积极的意义，因此它已经成为近代法上的传统理念和制度。

但是，随着经济发展而带来的社会变化，这种对物权的特殊性保护理念及其所能发挥的作用也已经发生了变化。也就是说，对物权特殊保护的需要再不像以往那样强烈。关于这一点，从日本学者的研究中即可得到清晰的印证，这就是所谓"债权在近代法上的优越地位"[④]。反观中国物权法立法中围绕物权类型，尤其是提议增加各种物权类型以及准物权的观点，其初衷似乎还在固守更为传统的"物权优先论"。

第二，在所有权类型的设计上，"三分法"与"一元论"之间看似对

[①] 张晓军：《论占有制度在物权法上的定位》，《中国人民大学学报》1998年第4期。

[②] 孟勤国：《物权二元结构论——中国物权制度的理论重构》，人民法院出版社2004年版，第77页。

[③] 张翔：《从占有到物权——论占有在物权法中的基础地位》，《法律科学》2001年第4期。

[④] ［日］我妻荣：《债权在近代法中的优越地位》，王书江等译，中国大百科出版社1999年版。

立，但实际上都是以基于中国现行经济体制为前提、以贯彻物权平等保护原则作为出发点展开的法技术性讨论。应该说，"三分法"更易于同现行体制接轨，而"一元论"更重视的是从根本上解决现行体制中需要进一步改革的问题。换言之，两者都是以"平等保护"为基本立足点，前者是分两步走解决问题，而后者是一步走解决问题。

第三，在用益物权类型设计中，争议较大的似集中于三个问题，即典权究竟是用益物权还是担保物权；居住权是否应该作为一种物权规定；准物权的概念是否可以成立。

首先，典权作为一种中国传统法中的权利，其性质应该界定于用益物权与担保物权之间，因此，他不可能完全按照西方传统民法上的分类将其具体界定为用益物权或担保物权。当然，对于这种兼具用益性和担保性的物权制度，如果社会果真有需要，立法上不妨参考韩国的传贳权，通过当事人约定并经登记设立，并准用不动产抵押权的规定。

其次，居住权尽管在一些国家（如法国）的立法中，将其作为用益权之一种，确认特定人对房屋的居住有物权之效力，而且规定此项权利为物权在我国现实社会生活中似乎也有其必要性。但是，其一，该项权利的设定涉及与继承法上遗嘱的效力以及特留份扣除请求权等相关制度之间的协调，而这一点在相关讨论中没有得到应有的重视；其二，居住权本身不一定必须以物权来设定才能解决。因此，如果以严格区分债权与物权为基础的体系为前提则应该将其排除在物权之外，而如果以不严格区分债权与物权为基础的体系为前提则可以考虑将其解释为物权性的权利。民法典草案物权编规定居住权制度，与此说是回应社会需求，毋宁是回应国家治理者关于"居者有其屋"的政治号召。其在以后的社会生活中是否会被广泛应用，真正发挥其制度功能，还有待进一步观察。

第四，在担保物权类型设计上，主要争议集中于两点，一是优先权是否应该纳入担保物权，二是让与担保是否应该从非典型担保转入典型担保。中国物权法对此二者如何选择，主要涉及立法政策上的决断。

首先，优先权在其性质上可以同留置权并列定位为法定担保物权。后者是通过对标的物的整体留置而优先满足自己的债权，而前者则是通过标的物整体之一部实现自己的债权的优先受偿。优先权在立法例上，法国将其作为物权性担保解释，而日本法将其直接作为担保物权规定。

其次，让与担保在很多国家都被视为非典型担保之首，其最大的优点在于实现担保权上的便捷性，其最大的缺点在于有可能被心怀叵测的人乘人之危恶用。中国当下的情况是，因为现实社会中融资难与担保物权之间存在着极其紧张的关系，如何解决两者之间的矛盾已经成为当今社会问题的一个急所。因此，在所谓典型担保与非典型担保这对概念体系中，如何将非典型担保中业已成熟的制度转入典型担保体系是立法政策上需要作出的选择。

但是，必须看到的是，典型担保与非典型担保以及担保物权与债权性质的担保之间在社会生活中实际发挥作用的不同。其一，"非典型担保"概念之所以成立，一方面源于对某些担保方式付与物权性可以加强其受保护的程度这样的要求，而另一方面则同时可以思考将已经具备"担保物权"形态的担保方式归类于物权体系更为合理。其二，之所以有大量的非典型担保以及尚未被归纳到非典型担保的新型债权性担保方式大量出现，是因为在金融产品设计上对多样性和灵活性的需要。对于这一点，直接涉及作为间接金融体制中包括银行在内的各种金融机构的运营机制和策略，同时还会间接受到本国乃至世界金融形势的影响。其三，作为债的担保方式，不仅需要民法予以调整，更需要民法以外的——例如，与行政法、刑法、经济法、民法等部门均有程度不同的关系的金融法——予以规制和调整。因此，作为担保方式在民法制度中的定位，具体到担保物权体系的设计，需要结合金融相关法律体系的构建进行综合性的考量。

第五，关于占有的性质，笔者认为，将占有定位事实而非权利更为妥当。同时不可忽视的是占有虽事实，但也表现有一定程度上的权利的特征，尤其是占有保护制度，完全是对应物权保护制度设计出来的。在占有制度体系定位上，笔者认为，占有制度是以保护所有权为核心的制度，同时也是他物权制度的支撑基础。占有制度的作用，并不仅仅及于对其他物权权能的宣示，而是有其独立的制度价值，并且在物权法律体系中发挥着基础性作用。因此笔者认为基础说较为准确地反映了占有制度在物权法律体系中的地位。平等说虽然对占有制度给予了足够的重视，但其立论基础与传统的物权法律体系存在较大龃龉，无法很好地嵌入当前的民法体系，因此并不足取。辅助说缺陷较为明显，因为其没有准确地认识到占有制度的功能，对其重要性存在着不合理的低估。

二 解释论

我国通过的物权法规定类型体系包括所有权、用益物权、担保物权及占有。其中，所有权包括国家所有权、集体所有权、私人所有权和业主的建筑物区分所有权；用益物权包括土地承包经营权、建设用地使用权、宅基地使用权、地役权；担保物权包括抵押权、质权、留置权。

在物权法颁行后，关于物权类型的解释论多见于学者在教科书中的具体解读，这方面的内容比较多，而且在通过具体解读的解释论上并没有更大的争议性讨论。因此，该部分不再赘述。

第五节 物权行为理论之争

一 立法论

（一）主要争议问题

所谓物权行为，是指以物权的设立、变更和消灭为目的，而独立于债权行为的法律行为。换言之，物权行为是潘德克顿理论和其立法体系中最有代表性的概念之一，是否采"物权行为"直接关系到物权变动模式的选择，即物权行为理论要求的物权变动模式是物权形式主义或物权意思主义。而在此之外，作为物权变动模式还有债权形式主义或债权意思主义，以及债权意思主义+物权形式主义等可供选择。

我国大陆民法学界涉及物权行为研究的成果最早出现在 1989 年，[①] 关于物权行为的专题研讨会，规模最大的应该是 1998 年 5 月 16 日，由中国政法大学研究生院民商法学专业博士生导师组邀请北京地区民商法学专业导师及有关学者参加，在中国政法大学研究生院举行的"物权行为理论研讨会"。出席本次会议的民法学者约 60 人，会议由中国政法大学江平和杨振山两位主持，谢怀栻、王保树、魏振瀛、梁慧星、王利明等著名学者也到会参加了讨论。

大陆民法学者中最坚决，甚至可以说最执着地主张中国物权法立法

[①] 牛振亚：《物权行为初探》，《法学研究》1989 年第 6 期；梁慧星：《我国是否承认物权行为》，《法学研究》1989 年第 6 期。

应该采纳"物权行为"的是孙宪忠。据他介绍，19世纪初萨维尼在讲学中创造了一种思想，这就是，以履行买卖合同或其他以所有权转移的合同为目的的交付，并不仅仅是一个纯粹的事实的履行行为，而是一个特别的以所有权转移为目的的"物的契约"，而交付是一个独立的契约。交付中的意思表示是独立的意思表示，必须具备外在的形式。买卖过程可分解为三个法律行为：①债的买卖合同的债权行为，所约定的是出卖人承担交付标的而买受人承担交付买卖价款的义务；②双方当事人达成合意并为不动产登记或者动产交付，完成所有权的移转的行为；③最终由买受人向出卖人支付价款。于后两者的行为是所有权的移转，它不同于订立买卖合同的"处分行为"，是物权行为。依此理论的德国民法典所体现的是四个原则：①分离原则，或称区分原则，即物权变动的原因与物权变动的结果相分离；②抽象原则，即移转物权时当事人有移转物权的特别的意思表示；③形式主义原则，即抽象的意思表示必须借助一个外在形式表现出来，除不动产登记和动产交付外，依《德国民法典》第873条第2款，还有公证、移转权利证书等形式；④无因性原则，即作为原因行为的债权行为无效或者被撤销并不必然导致物权行为无效或者被撤销。①

实际上，自物权行为理论出现后就有对此是否可以成立的讨论，即物权行为是客观存在还是人为拟制，物权行为是否必然具有无因性等。与此相对，我国《物权法》立法是否应该采纳物权行为理论，则是被我国学界广泛关注和讨论的焦点，并形成了否定说、肯定说、折衷说。

（二）主要观点

1. 关于物权行为的独立性

物权行为的独立性，又称为物权行为的分离原则，是指物权变动的原因与物权变动的结果相分离。

（1）肯定说

对物权行为理论的根本性批评是物权的独立意思并非客观存在，而只是人为的拟制。对此，肯定论者认为，物权行为是客观存在，包括单方行为和双方行为。

单方行为包含纯粹的物权法上的意思。如对物的抛弃就不是事实行

---

① 孙宪忠：《物权行为理论探源及其意义》，《法学研究》1996年第3期。

为，而是典型的法律行为。因为，当事人行为能否生效，完全取决于当事人自己的意思，所以当事人的意思能力成为该行为能否成立的关键因素；而事实行为则不问当事人的意思能力而成立、生效。

双方行为主要有以地上权、抵押权、质权为代表的物权设立行为。在这些行为中，当事人所表现出来的纯粹的物权变动的意思，是无法否认的。按照形式主义的原则，当事人在设立物权、移转物权、变更物权和废止物权时，所提交的不动产登记申请或公证证明申请、移转不动产物权证书或者移转动产的占有，以及其他各种情况下为发生物权变动所作的意思表示，就是物权"合意"①。

另有学者认为，法律行为的目的各不相同，既然有特定人与特定人之间以发生、变动、消灭债权债务关系为目的的债权行为，就应该顺理成章地有以设定、变动和消灭物权为目的的物权行为。任何国家的民法理论，只要存在债权、物权等基本民事权利体系的划分，它在法律行为的分类中就必然有债权行为与物权行为的区别。物权行为是对法律行为依其法律效果进行分类的逻辑上的必然结果。如果否认我国民法理论中存在物权行为，那么我们就无法对法律行为按照人们意思表示中希冀引起法律效果的不同加以分类，整个民法的逻辑体系将可能因此而发生混乱。事实上，物权行为不仅存在于民法理论中，更切切实实地存在于我们的日常生活之中。某人将其所有物抛弃的行为，第三人以自己的财产为债务人向债权人设定抵押的行为，公民的遗嘱行为等都是现实生活中大量存在的物权行为。至于物权行为的独立性和无因性问题，只是整个物权行为理论中的一小部分，不能把部分物权行为的无因性问题等同于物权行为理论问题。……因此不能把否定买卖中物权行为的无因性的观点发展成为否定整个物权行为的观点。②

还有学者从实际功能的角度，通过分析采用物权行为理论与否的差别认为，要承认物权与债权的区别，承认物权人对其权利的处分权不因为债权的负担而有所减损，那么就必须承认物权的变动必须以物权合意为要件，进而确认这种物权合意是一种法律行为。所以，既然我国法律上承认

---

① 孙宪忠：《再谈物权行为理论》，《中国社会科学》2001年第5期。
② 谢怀栻、程啸：《物权行为理论辨析》，《法学研究》2002年第4期。

物权和债权的区分，那么物权行为的独立性就是法律解释上唯一正确的选择。①

（2）否定说

如前所述，该说认为物权独立意思并非客观存在，而只是人为的拟制。针对上述肯定说中的主张，有学者提出如下异议。

首先，针对"抛弃物权的行为是典型的物权行为"这一观点，认为抛弃物权的确是客观存在，但抛弃物权构成物权行为，是客观存在吗？如果承认物权行为是人造的产物，是一种理论，是一种法律制度，结论就未必如此简单。因为，立法者可以将抛弃物权等抽象设计为物权行为法律制度，也可以不作如此抽象，仅仅把此类现象设计为法律行为，不再区分是"物权行为"还是"债权行为"。在采取后一种方案的情况下，就不能说"抛弃物权系物权行为乃客观存在"。其实，在立法论上，法律及其理论是把抛弃物权定性为法律行为，还是在此基础上进一步将它界定为物权行为，这是一个法律行为理论是否更加细化的问题，而非是非问题。只有在民法已经采取了物权行为理论的背景下，是否承认抛弃物权构成物权行为，才成为一个对错问题。②

其次，针对"物权行为的承认在于物权法与债权法、物权和债权的二分"这一观点，认为物权与债权的二分，只不过为确立物权行为制度提供了前提，并非必然引导出物权行为。如果所有的物权变动都以物权行为作为法律事实，那么，这个理由与逻辑是非常有说服力的。事实是，存在那么多的非物权行为的法律事实引发物权变动，就表明物权变动可以不以物权行为作为法律事实。总之，物权与债权的二分，是个理由，但不是一个非常坚强有力的理由。③

再次，在不采纳物权行为制度及其理论的背景下，当事人欲通过买卖等合同实现物权变动，由于不存在引发该物权变动的另外的一个物权合同，于是买卖等合同就肩负起引发物权变动的重任。这就是，将买卖等合

---

① 葛云松：《物权行为理论研究》，《中外法学》2004年第6期。
② 崔建远：《从立法论看物权行为与中国民法》，《政治与法律》2004年第2期。
③ 崔建远：《从立法论看物权行为与中国民法》，《政治与法律》2004年第2期。

同中的意思表示解释为含有物权变动的效果意思。①

另有学者认为，物权行为独立性的观点不能成立，因为所谓转移物权的合意实际上是学者虚构的产物，在现实的交易生活中不可能存在独立于债权合意之外的移转物权的合意。转移物权的合意无疑是包含在债权合同之中的，它本身不可能超出债权合同之外而存在。在许多情况下，买卖双方当事人在订立买卖合同后便不再直接接触，从而也就没有另行作出意思表示的机会，根本不可能达成所谓的物权合意。② 陈华彬也认为，我国《物权法》没有承认物权行为的独立性，《物权法》并未规定交付或登记发生物权变动需要当事人的"物权合意"③。在立法论上，陈华彬还认为，我国立法上可只承认物权行为的概念，而不承认物权行为独立性或无因性。物权行为仅是同债权行为相对应的一个概念。至于物权行为的独立性，可以从理论上承认它，在立法上没有必要承认。④

还有学者认为，物权行为是否具有独立性问题，仅仅是一个解释选择问题，而不是事实判断或者价值判断问题。⑤

2. 关于物权行为的无因性

物权行为的无因性，是指作为原因行为的债权行为无效或者被撤销并不必然导致物权行为无效或者被撤销。关于物权行为的无因性，有人否定物权行为的客观存在，因此对无因性更是持否定态度。有人则坚称物权行为无因性具有理论优点，应予肯定。

（1）否定说

否定无因性原则的观点大致可以作如下总结。⑥

第一，在买受人将物出卖给第三人，而第三人为恶意时，出卖人无法

---

① 崔建远：《从立法论看物权行为与中国民法》，《政治与法律》2004年第2期。
② 王利明：《物权法研究》（修订版上卷），中国人民大学出版社2007年版，第260—261页。
③ 陈华彬：《民法物权论》，中国法制出版社2010年版，第136—151页。
④ 陈华彬：《对我国物权立法的若干思考——兼评2005年7月10日〈中华人民共和国物权法（草案）〉》，《浙江社会科学》2005年第6期。
⑤ 王轶：《物权变动论》，中国人民大学出版社2001年版，第49—73页。
⑥ 王利明：《物权法研究》（修订版上卷），中国人民大学出版社2007年版，第266页。

要求第三人返还原物，而只能要求返还不当得利，这一点违背公正原则。

第二，买受人如果以此物为其债权人设置担保物权，按照物权优先于债权的原理，出卖人无权取回原物，而只能要求买受人赔偿损失，这对出卖人不利。

第三，法院如果对该物提出强制执行，出卖人也不能提出执行异议。如果买受人被宣告破产，那么出卖人无法主张别除权。

第四，如果继承人为上述处分，第三人取得物权，根据无因性理论，在继承有错误的情况下，财产无法从第三人处追回。

第五，如果物品在第三人处灭失，买受人也可以不负责任。

针对物权行为无因性可以充分保障当事人利益和交易安全的问题，有学者认为，无因性理论虽然有利于维护买受人和第三人的利益，但这种保护是以违背民法的公平和诚信原则为代价的。尤其应当看到，依据无因性理论，第三人在恶意的情况下，也能取得标的物所有权，这本身与法律的公平理念是相违背的，而且不符合所有权取得的合法原则。

（2）肯定说

支持物权行为无因性的学者则认为，从物权变动的基本规则上看，上述否定说的观点是不能成立的。

第一，这些观点违背了物权公示原则，它们均企图绕过物权公示原则，将债权变动当作物权变动的直接原因。从其内容看，没有脱离被大陆法系国家、包括法国和日本民法学界已经放弃的债权意思主义的思维模式。

第二，这些批评忽略了对无过错的第三人的保护，看不到第三人常常没有过错，而原权利人常常有过错的客观事实，对第三人的保护提出了违背交易常规的要求。因为从法理以及法律所追求的目标看，第三人比原所有权人更值得保护。在这一点上，否定的观点放弃了法律普遍认可、同时也是他们声称所追求的公平原则。

第三，否定无因性理论的观点对物权行为理论关于善意取得制度的积极改良缺乏了解。因为，无因性原则并不排除物权变动中当事人意思表示的作用，恰恰相反，它正是根据当事人物权变动的意思，重新建立了善意的确定标准，即第三人对不动产登记和动产占有的知情与否。这一点我们可以从《德国民法典》第891条、第1006条的规定及立法理由中看出来。不动产登记与动产的占有是一个客观的事实，故无因性原则下的善意确定是一种客观的标准，是一种容易为外界认识的权利推定标准，也是一种在司法上比较简单易行的推定标准。①

有学者针对否定无因性观点中的一个理由——动产的善意取得制度、不动产的公信力制度可以取代物权行为，起到保障交易安全的作用，认为这实际上是误解了物权行为无因性的适用范围。因为物权行为作为一种处分行为，必须以具有处分权为要件；而善意取得制度和公信力制度中，处分人都没有处分权，因此其中的物权行为效力待定，但法律为了保护交易安全，用强制性规范补正了其权源上的瑕疵。可见，物权行为无因性与善意取得、公信力制度的适用不同：物权行为保障的主要是连环交易中的交易安全，它以有处分权为要件；而善意取得和物权公信力保护出卖人无处分权的交易，不需要处分权。②

还有学者认为，承认物权行为及其无因性原则，符合当代社会侧重保护动的安全之法政策目标，因而在目的论上具有先进性。并且，我们应该充分理解德国法为维系无因性原则和不当得利、善意取得制度在体系上的意义关联而坚持该原则的真正目的。③

（3）关于"物权行为理论中无因性的相对化趋势"

在关于物权行为理论的讨论中还可以看到"物权行为理论中无因性的相对化趋势"的看法。就此，有学者介绍说，鉴于物权行为无因性理论和立法有缺点，德国判例学说通过解释方法对物权行为无因性理论之适用予以限制，使物权行为的效力受债权行为之影响，此即所谓物权行为无因性的相对化理论。该理论主要有三种学说：第一，共同瑕疵说。认为物权行为与债权行为得因共同的瑕疵而无效或被撤销。例如，物权行为与债权行为均存在当事人的行为能力有欠缺、意思表示有瑕疵，或者均有对诚实信用、公序良俗原则的违反等问题时，会导致物权行为与债权行为均为无效或一并撤销。第二，条件关联说。认为债权行为与物权行为虽为两个行为，但可解释为当事人的意思系使物权行为的效力与债权行为的效力联

---

① 孙宪忠：《再谈物权行为理论》，《中国社会科学》2001年第5期。
② 谢鸿飞：《物权行为中的三重问题：概念体系与语词还原》，《法商研究》2002年第5期。
③ 徐涤宇：《物权行为无因性理论之目的论解释》，《中国法学》2005年第2期。

系在一起,即债权行为有效存在,物权行为始能生效。并认为当事人的这种意思可以是明示,也可以是默示,在很多情况下可以解释当事人有默示意思。第三,法律行为一体性说。即将物权行为与债权行为合为一个不可分割的整体法律行为,适用民法关于法律行为一部无效而导致整个法律行为无效的规定。因此,当债权行为无效时,物权行为也归于无效。①

与此相对,另有学者介绍说,当代一些德国学者提出的对物权行为理论具体的限制方法共有四种,即附加条件、行为统一、瑕疵一致(瑕疵同一)以及司法裁判。进而通过分析认为,所谓对物权行为理论的限制,尤其是对无因性原则的限制,只有"所有权保留"一种情况。其他的几种所谓限制,在法理上不成立,在司法实践中也没有被认可。用这些论据来宣布无因性原则的"相对化趋势",宣布该理论走向式微甚至消亡,是没有根据的。另外应该说明的是,所有权保留的意思表示,从其本质上说,是一种典型的物权意思表示,即当事人移转所有权的意思表示。这种意思表示不能用债的意思或者其他意思来理解。②

另有学者认为讨论物权行为无因性的相对化,须以法律行为理论为基础,以物权行为的独立性和无因性为立论前提。共同瑕疵说、条件关联说和法律行为一体性说均不成立。在物权行为有因还是无因这一问题上,相对的无因说难以证成。物权行为理论并不深奥,就是抽象法律行为之具体一种类型,物权行为之无因性是一项法律政策,以交易第三人之交易安全保护为立法目的。法律行为效力分析之外的所谓物权行为无因性之否定理论,其实是在一定的主观目的唆使下的法律杜撰。③

还有学者则指出,某种行为为无因行为,必须有法律的明文规定。法律行为的有因与无因的区分与单方法律行为、双方法律行为的区分有所不同。法律行为中哪些行为是单方行为,哪些是双方行为,是从法律行为本身可以加以认定的,是显而易见的,不需要法律作出规定。至于无因行为则必须由法律作出规定。法律可以规定某些物权行为是无因行为,也可以

---

① 梁慧星、陈华彬:《物权法》(第三版),法律出版社 2005 年版,第 71—72 页。
② 孙宪忠:《再谈物权行为理论》,《中国社会科学》2001 年第 5 期。
③ 董学立:《物权行为无因性相对化理论之否定》,《法学》2007 年第 1 期。

规定某些债权行为是无因行为,德国民法就是如此。①

3. 关于我国民法应否采纳物权行为理论的讨论

我国学者对这一问题进行广泛的讨论,并形成非常鲜明的三种观点,即否定说、肯定说、折衷说。

(1) 否定说

在物权法立法过程中,应该说,否定物权行为理论的学者占多数。综合否定的理由,大致有如下几点②。

第一,物权行为系臆造拟制,实际上并不存在独立于债权意思表示的物权意思表示。

第二,物权行为理论过于复杂玄妙,难以为公众理解掌握,法官队伍整体水平偏低,难以适用该理论。

第三,物权行为理论把生活中简单的财产转让分解为数个完全独立的法律行为,使现实法律生活复杂化,对法律适用不利;特别是物权行为无因性理论使出卖人的所有权返还请求权转化为不当得利返还请求权,对出卖人极为不利,有失公平。

第四,物权行为无因性理论使买卖人虽有过失仍能取得标的物所有权,有违民法对公平的追求,也不符合公众的公平观念。

第五,我国现行法并不承认物权行为理论,该理论也不符合我国的实际情况。

第六,物权行为理论并非中华法系的传统,也非 1949 年以后中华人民共和国成立后的法律传统,不符合法治本土化的要求。

第七,物权行为理论所具有的保障交易安全的功能,可由善意取得制度予以替代。

第八,法国、日本等国不承认行为独立性及无因性理论,却也无妨,经济生活仍顺畅有序。

另有学者分析了物权行为与不当得利的关系,认为物权行为理论将出卖人的所有权请求权转化为不当得利请求权,无可争议地损害了出卖人利益,牺牲了交易公正。同时,该理论不当扩大了不当得利的范围,不承认

---

① 谢怀栻、程啸:《物权行为理论辨析》,《法学研究》2002 年第 4 期。
② 田士永、王萍:《物权行为理论研讨会综述》,《中国法学》1998 年第 4 期。

该理论，并不影响不当得利制度的构建。①

（2）肯定说

肯定说主要见之于以下几种观点。

针对物权行为理论违背交易常识和惯例，不易为人理解的观点，有学者认为：物权行为理论将债权变动与物权变动相区分，并按照这一区分来厘清交易中不同权利变动的时间界限，区分物上支配权的归属，分清当事人不同范围内的责任，并解决对第三人的保护问题，是高度发达的市场经济的要求。民法规则的制定，首先应该考虑的是具有职业训练背景的法官、律师对复杂案件进行处理的能力和交易事务的实际需要，而不是所谓一般人朴素的"法感情"。买卖波音飞机的法律规则，肯定能够解决买卖黄瓜的法律问题。但是反过来则绝对不行。②

另有学者认为，对物权行为理论的理解和实务中的适用并不复杂。物权行为理论只不过首先意味着在法律上处分物权时要以物权意思表示作为要件之一。通俗地说，在当事人试图依其意思使物权变动时，要把当事人具有使物权变动的意思作为物权变动的要件进行考察。这难道不是天经地义吗？至于物权行为的无因性，不过是说，不论原因存在与否，不影响物权变动的效力。它在法律技术上的构造其实相当简单。而且，由于其极广的适用性，只要掌握了它，就可以解决极大范围内的法律问题。③

还有学者以专著探讨了物权行为理论，所得出结论是，中国物权立法涉及对物权行为理论的评价，不同立法建议中，以肯定说较为合理。④

（3）折衷说

折衷说认为，可以承认物权行为的独立性，但是对物权行为的无因性应予以否定。理由是，其一，不承认物权行为概念，就不能使法律行为的概念成立，而现实中确实存在诸如所有权抛弃等无法纳入债权行为的法律行为；其二，立法是否承认物权行为无因性是立法政策问题，承认物权行为的概念并不必然承认物权行为无因性；其三，如果可以其他制度解决物

---

① 孙鹏：《物权行为理论与不当得利》，《现代法学》2003年第3期。
② 孙宪忠：《再谈物权行为理论》，《中国社会科学》2001年第5期。
③ 葛云松：《物权行为理论研究》，《中外法学》2004年第6期。
④ 田士永：《物权行为理论研究》，中国政法大学出版社2002年版，内容摘要第3页。

权行为无因性所带来的不公平的问题，物权立法就不必采纳物权行为无因性。①

随着时间的推移，持"部分承认物权行为理论"（承认物权行为的独立性但不采纳无因性）的"折衷观点"的学者日渐增多。这种观点一般认为，瑞士、荷兰、智利等国的民法上即是采用的这种模式；从理论上讲，承认物权行为的无因性当然也就意味着承认了其独立性及物权行为的概念本身，但反过来并不如此；承认物权行为概念本身，并不一定必须承认物权行为的独立性和无因性，抑或虽然承认物权行为的概念及其独立性，但并不一定必须承认其无因性。

此外，还有学者认为，在物权变动的模式上，采纳物权行为的独立性但否认其无因性，具有以下优点：其一，采纳物权行为的独立性与有因性，具有承认物权行为理论所具有的优点，却又克服了物权行为无因性所导致的弊端。其二，承认物权行为的独立性，有助于物权法、债权法上诸制度的相互配套，并有利于保持民法体系的和谐。②

4. 民法典制定期间关于物权行为理论的讨论

在民法典物权编立法过程中，物权行为理论所涉及问题，学界鲜有论及。对于这一理论界存在重大分歧的问题，多数学者似乎认识到了说服彼此的难度。仅孙宪忠在民法总则立法的过程中，提出民法总则应规定区分原则。③ 但物权行为理论问题不仅涉及物权编，也涉及合同编。果不其然，在对于民法典草案合同编中原《合同法》第 51 条（无权处分的合同效力）的去留问题上，再次引起了学界争议。

2019 年 12 月 16 日公布的民法典草案，直接删除了《合同法》第

---

① 韩世远：《合同法总论》，法律出版社 2011 年版，第 224—225 页；常鹏翱：《另一种物权行为理论——以瑞士法为考察对象》，《环球法律评论》2010 年第 2 期；宁红丽：《建立物权变动的新模式的思考——以有因的物权行为制度为中心》，《政治与法律》2006 年第 5 期。

② 李永军：《我国民法上真的不存在物权行为吗？》，《法律科学》1998 年第 4 期；陈小君等：《物权法制定的若干问题研究》，载王利明主编《物权法专题研究》（上），吉林人民出版社 2002 年版，第 153 页以下。

③ 孙宪忠：《关于民法总则草案的修改建议》，中国法学网，http：//iolaw.cssn.cn/zxzp/201607/t20160706_4642567.shtml，最后访问时间 2020 年 2 月 13 日。

51条的规定。这一做法引起了梁慧星的强烈质疑，其在《关于民法典分则编纂中的重大分歧》一文中，指出删除该条文将架空善意取得制度，纵容诈骗，甚至上升到可能危及钓鱼岛领土和主权完整的高度。该文内容不仅引起了理论界和实务界的广泛关注，立法机关也为此征求了各方意见。[1]

为此，孙宪忠应全国人大常委会法工委主管主任之邀，发表《关于无权处分问题的几点看法》一文，该文从法理与实践两个方面对该问题进行了阐述，并指出该问题的关键在于"认识不到'契约应该履行'不等于'契约绝对履行'这个道理"。同时，还提出区分原则，即区分物权变动的原因和物权变动的结果的原则，可有效地解决和应对这一问题。[2]

在此基础上，浙江大学张谷发表《必须系统规定无权处分的效力》一文，认为应系统地解决处分行为与负担行为的效力关系问题，而不能只规定这一制度的某一个片段，头痛医头脚痛医脚。[3] 张家勇在《也谈〈民法典草案〉删除无权处分规定》一文中认为，民法典对《合同法》第51条妥当的做法不应是一删了之，而是应对其进行改写。因为删除第51条没有解决直接发生权利变动效果的"处分他人财产"行为的效力问题，即处分行为的效力问题。此点与张谷关于系统规定无权处分问题的提议，不谋而合。[4]

随后，王利明发表《关于无权处分的一点看法》，一改此前其坚持认为无权处分的合同效力待定的观点，认为无权处分合同应采取有效说。主要理由是采取有效说有利于保护买受人、保护善意买受人的利益、鼓励对未来获得的财产进行买卖、是我国司法实践经验的总结以及符合合同法发展的趋势。同时他还指出，《民法典》的规则只适用于买卖合同，但是在

---

[1] 梁慧星：《关于民法典分则编纂中的重大分歧》，中国法学网，http://iolaw.cssn.cn/bwsf/201912/t20191223_5063778.shtml，最后访问时间2020年2月13日。

[2] 孙宪忠：《关于无权处分问题的几点看法》，中国法学网，http://iolaw.cssn.cn/bwsf/201912/t20191223_5063741.shtml，最后访问时间2020年2月13日。

[3] 张谷：《必须系统规定无权处分的效力》，微信公众号平台"大块录"，https://mp.weixin.qq.com/s/oCqzpFLCHsR1Bu5zdEDzFw，最后访问时间2020年2月13日。

[4] 张家勇：《也谈〈民法典草案〉删除无权处分规定》，微信公众号平台"法学教室"，https://mp.weixin.qq.com/s/9_3-jp1AcltrfXkUKrpg6A，最后访问时间2020年2月13日。

其他合同中也可能出现无权处分中,如无权处分他人债权、无权赠与他人财产等。因而,是否有必要在物权条款中增加准用条款,值得考虑。①

以上关于无权处分合同效力问题的探讨,虽然表面上不涉及物权行为理论问题,但背后都涉及"负担行为"与"处分行为"的区分,即物权行为理论中的"区分原则"。2019年12月公布的《民法典草案》,对于无权处分的合同效力采用"一删了之"的方式而不作任何解释,确实可能会给未来的司法实践造成一定的困扰。毕竟无权处分的合同效力问题,涉及物权编和债权编的协调,更涉及民法典物权变动模式的选择,兹事体大,有必要讲清楚。单纯删除《合同法》第51条,而在其他制度层面不与之相协调,可能为未来解释论的展开留了过大的空间,影响未来司法实践的统一,造成新的不必要的困扰。

(三) 简要总结

在我国物权法立法过程中,围绕物权行为理论的争论是最为激烈的。其焦点集中于,我国民法是否承认或在物权立法应否承认物权行为理论;物权行为的性质究竟是法律行为还是事实行为,抑或两者兼有;我国物权法立法中应否承认物权行为的独立性以及无因性。

在我国,围绕物权行为理论的争论始于1989年,其后的展开可谓如火如荼。②

---

① 王利明:《关于无权处分的一点看法》,中国民商法律网,https://mp.weixin.qq.com/s/LiZ8JwKwvrWvgpnkpQd_gQ,最后访问时间2020年2月13日。

② 至2007年中国物权法实施为止围绕物权行为的争论展开研究的论文文献主要有,牛振亚:《物权行为初探》,《法学研究》1989年第6期;梁慧星:《我国是否承认物权行为》,《法学研究》1989年第6期;孙宪忠:《不动产物权取得研究》,载梁慧星主编《民商法论丛》(第3卷),第37页以下(1995年);孙宪忠:《物权行为理论探源及其意义》,《法学研究》1996年第3期;陈华彬:《论基于法律行为的物权变动》,载梁慧星主编《民商法论丛》(第6卷),第75页以下(1997年);梁慧星主编:《中国物权法研究》(上),第6章;崔建远:《我国物权法应选取的结构原则》,《法制与社会发展》1995年第3期;王利明:《关于我国物权法制定中的若干疑难问题的探讨》(上),《政法论坛》1995年第5期;孙宪忠:《物权行为理论探源及其意义》,《法学研究》1996年第3期;王利明:《物权行为若干问题探讨》,《中国法学》1997年第3期;蒋怀来:《对我国是否承认物权行为的重新认识》,《法学》1997年第10期;赵勇山:《论物权行为》,《现代法学》1998年第4期;李永军:《我国民法上真的不存在物权行为吗?》,《法律科学》1998年第4期;李庆海:《论物权行为的"二象性"》,《法律科学》1999年第1期;刘兴旺:《我国物权立法应采纳(转下页)

在这一争论的开始阶段，对物权行为理论持否定观点的学者颇多，可谓形成了多数说，而持肯定观点的学者应属少数说；尤其值得注意的是，在这一阶段，否定与肯定之间的观点似乎没有对话，即让人感觉是在两条平行线上自说自话，没有交叉与交流。但是，随着民法学界整体对物权行为理论研究的深入，交叉对话型的研究逐渐展开，特别是我国台湾地区学者以往和新近的相关研究被加入研究对象之中以后，① 这种研究态势更加明显地表现出来，民法学界整体对物权行为理论的认识开始有所转变，而这种"转变"所表现出来的正是对物权行为理论的正确认识。在这一点

（接上页）物权行为制度》，《重庆师范大学学报》（哲学社会科学版）1999 年第 1 期；孙宪忠：《原因与结果区分原则》，《法学研究》1999 年第 5 期；渠涛：《不动产物权变动制度研究与中国的选择》，《法学研究》1999 年第 5 期；李保甫：《我国物权立法应否采纳物权行为理论》，《河南政法管理干部学院学报》2000 年第 1 期；毛玮、刘蕾菁：《物权行为理论质疑》，《河南政法管理干部学院学报》2000 年第 3 期；杨垠红：《我国物权立法不宜采用物权行为理论》，《引进咨询》2001 年第 2 期；孙宪忠：《再谈物权行为理论》，《中国社会科学》2001 年第 5 期；谢怀栻、程啸：《物权行为理论辨析》，《法学研究》2002 年第 4 期；谢鸿飞：《物权行为中的三重问题：概念体系与语词还原》，《法商研究》2002 年第 5 期；孙鹏：《物权行为理论与不当得利》，《现代法学》2003 年第 3 期；崔建远：《从立法论看物权行为与中国民法》，《政治与法律》2004 年第 2 期；葛云松：《物权行为理论研究》，《中外法学》2004 年第 6 期；徐涤宇：《物权行为无因性理论之目的论解释》，《中国法学》2005 年第 2 期；董学立：《物权行为无因性相对化理论之否定》，《法学》2007 年第 1 期。

另外，涉及此问题的著作类文献主要有，孙宪忠：《国有土地使用权财产法论》，中国社会科学出版社 1993 年版，第 82—85 页；钱明星：《物权法原理》，北京大学出版社 1997 年四印版，第 48 页以下；王卫国：《中国土地权利研究》，中国政法大学出版社 1997 年版，第 15 页以下；田士永：《物权行为理论研究》，中国政法大学出版社 2002 年版，内容摘要第 3 页以下；王利明：《物权法研究》（修订版上卷），中国人民大学出版社 2007 年版，第 260—261 页；王轶：《物权变动论》，中国人民大学出版社 2001 年版，第 49—73 页；王利明：《物权法研究》（修订版上卷），中国人民大学出版社 2007 年版，第 266 页以下；刘保玉：《物权法学》，中国法制出版社 2007 年版，第 87 页以下。

① 例如，刘得宽：《民法诸问题与新展望》，台北作者自版（1980 年再版）；郑玉波：《民法物权》，台湾：三民书局 1982 年再版，第 36 页以下；王泽鉴：《物权行为无因性理论之检讨》，《民法学说与判例研究》（第一册），中国政法大学出版社 1997 年版，第 257 页以下；史尚宽：《物权法论》，中国政法大学出版社 2000 年版，第 24 页以下；苏永钦：《物权行为独立性与相关问题》，载苏永钦主编《民法物权争议问题研究》，台湾：五南图书出版公司 1999 年版。

上，应该说，谢怀栻与程啸的联名论文起到了重要的作用。①

物权行为是潘德克顿法学中法律行为体系下不可或缺的组成部分，它与债权行为并肩扛起一个法律行为的概念体系。诚如各位学者研究中所见，传统的物权行为理论和制度主要由其独立性与无因性构成，而这两种特性虽然是递进关系，但绝不是缺一不可且不可分割的关系。特别值得考虑的是，以瑞士不动产变动制度为代表的所谓新型制度，从不承认物权变动的无因性。这一角度看似完全没有采用德国的物权行为理论，但其实质并不应看作它完全摒弃了德国的物权，而是应该看作其仅以摒弃无因性为前提，在一定程度上承认了物权行为的独立性。

实际上，理论和制度本身并没有先进与落后之分，只是将其放在一定的时间和空间中才可以评价它的有用性。因为一种理论和制度之所以能够形成自然有它得以存在的环境和道理，在本国立法中是否选择某一种理论或制度，当然要依学者乃至立法者的价值判断，但绝不可以因为不对其选择而贬谪其本来应有的价值。这一点也是中国民法学界今后在研究态度上应该引以为戒的。

二 解释论

（一）主要争议问题

《物权法》颁行之后，学界就物权行为的讨论并没有因此而终止，相反，《物权法》制定中主张应该承认物权行为理论的学者在法律颁布后仍然从解释论的角度，认为我国物权法已经承认了物权行为理论；当然多数学者仍持否定意见。针对同样的条文表述，解释却大相径庭。

（二）主要观点

1.《物权法》已承认物权行为理论的观点

有学者认为，《物权法》不但没有宣告物权行为理论在中国的终结，恰恰相反，它的很多条文恰恰体现了物权行为理论。即便是被认为否定了物权行为的那些条文，在解释上，不依靠物权行为理论也根本无法理解。具体而言，尽管形式主义模式是物权变动的主要模式，但是从文义来看，《物权法》的具体条文既没有明确采纳债权形式主义，也没有明确采纳物

---

① 谢怀栻、程啸：《物权行为理论辨析》，《法学研究》2002 年第 4 期。

权形式主义，因此需要进行艰苦的法律解释工作才能够得出结论。从文义解释的立场来看，债权形式主义和物权形式主义完全处于相同的起跑线上。在解释上，主流学者的见解固然值得重视，但是这些见解并不能取得"法意解释"（或者说"立法解释"）的地位。法工委的见解固然也值得重视，但是法工委并非立法机关，其见解也没有体现为立法理由书或者法律草案说明等具有半官方性质的文件，所以也不算是"法意解释"的依据。采意思主义模式的物权变动，只有解释为物权意思主义，才能够圆满地说明其构成要件，才能体现出对物权人处分其权利之自由的尊重以及意思自治原则的贯彻。债权意思主义会导致巨大的法律漏洞，有时则相当于强迫当事人必须先行负担债务才能够进而导致物权的变动，违反了意思自治原则，有时则必须通过高度的拟制才能够求得逻辑贯彻，舍简求繁，殊不可取。①

另有学者认为，《物权法》第142条但书是物权行为理论在中国《物权法》中得到应用的一个例子。该条规定："建设用地使用权人建造的建筑物、构筑物及其附属设施的所有权属于建设用地使用权人，但有相反证据证明的除外。"具体而言，如果物权独立意思在符合公示原则的前提下，也应该许可其发生物权确认的效果。比如，购买人已经获得标的物的实际占有，这就是符合公示原则的；而开发商或者出卖人向购买人交付占有，也肯定是其交付房屋所有权的意思表示推动的；当然购买人接受这一交付同样是取得所有权的意思表示推动的结果。交付房屋的客观要件完全可以证明物权转移的意思表示，交付也有公开性的效果，所以应该获得法律的认可。依据这一原则来解决已经占有房屋而尚未登记过户的购买人的所有权保护问题，在诉讼上也没有太大的困难。所以，正因有所争议，《物权法》第142条才写上了这样一个"但书"②。

还有学者认为，从法律解释的角度看，考虑到《物权法》的制定过程，可以认为《物权法》中基于法律行为的不动产物权变动中承认了物

---

① 葛云松：《物权行为：传说中的不死鸟——〈物权法〉上的物权变动模式研究》，《华东政法大学学报》2007年第6期。

② 孙宪忠：《中国〈物权法〉中的物权变动规则概要》，载渠涛主编《中日民商法研究》（第七卷），法律出版社2009年版，第43页。

权变动的独立性和抽象性。①

2.《物权法》未承认物权行为理论的观点

在《物权法》立法过程中就有学者通过对《民法通则》和《合同法》的解释探讨我国现行制度与物权行为理论之间的关系。

首先，法律制度并不是由各个具体的法律规范相加而成的总和，而是一个内容连贯的规则体系，其中的每一项规范都有其特别的意义。因此，我们不仅要正确理解各个用语或句子的意义，同时还必须正确理解某些规则的意义以及各项规则之间的关系。

其次，法律的"适用"不仅仅是个别的法律文句，而是法律的整体规则，有时甚至同时适用若干项法律规则。从体系解释的角度看，我国制定法基本没有承认物权行为理论的余地。例如，《民法通则》第 72 条第 2 款的规定和《合同法》第 133 条的规定就无法与物权行为的独立性和无因性衔接和配合。②

《物权法》通过后，我国多数学者认为我国《物权法》并未承认物权行为理论。比较有代表性的解释主要从如下四方面进行了论证。③

第一，我国《物权法》没有承认所谓的物权合同，即没有区分所谓债权合同和物权合同。《物权法》第 15 条规定："当事人之间订立有关设立、变更、转让和消灭不动产物权的合同，除法律另有规定或者合同另有约定外，自合同成立时生效；未办理物权登记的，不影响合同效力。"尽管该条常常被称为"区分原则"，即区分了合同和登记的效力，但是，此处所说的合同就是指发生债权债务关系的合同，也是设立、变更、转让和消灭不动产物权的合同。在房屋买卖、抵押、建设用地使用权出让等合同中，当事人同时表达的是发生合同债权和变动物权的意思。在《物权法》和《合同法》中都不存在根据合同发生的后果不同而对其性质进行的不同分类。

第二，我国《物权法》并没有承认所谓无因性理论，而是认为设定

---

① 田士永：《〈物权法〉中物权行为理论之辨析》，《法学》2008 年第 12 期。

② 崔建远：《从解释论看物权行为与中国民法》，《比较法研究》2004 年第 2 期。

③ 王利明：《物权法研究》（修订版上卷），中国人民大学出版社 2007 年版，第 269—271 页；崔建远：《物权法》，中国人民大学出版社 2009 年版，第 52 页；梁慧星、陈华彬：《物权法》，法律出版社 2007 年版，第 84—85 页。

或转让物权的合同效力直接影响物权设定或转移的效力。

第三,我国《物权法》采取了合意加公示方法的模式。

第四,《物权法》第106条规定,"无处分权人将不动产或者动产转让给受让人的,所有权人有权追回;除法律另有规定外,符合下列情形的,受让人取得该不动产或者动产的所有权",这就是在法律上确定了善意取得制度,它为交易安全的维护提供了基本的保证。

(三) 简要总结

如何认识现行《物权法》中是否采纳或者说承认了"物权行为"这一问题,是一个比较重要的理论问题。关于这一点,有一种观点非常值得重视。这就是,在民法理论中,只要承认物权与债权的区分就必须承认物权行为。物权行为作为法律行为的一种,是客观存在的。它可以分为三种情形:一是单独存在的物权行为;二是与一定的债权行为有关系的物权行为;三是存在于买卖、赠与和互易这些交易行为中的物权行为。学者争论激烈的"物权行为的独立性和无因性"的问题只是涉及买卖等行为,只是"物权行为理论"中的一部分问题。不能把否定"买卖中物权行为的无因性"的观点发展成为否定整个"物权行为"的观点。①

进言之,如何认识瑞士法中的所谓"债权形式主义"与"物权行为"之间的关系,也是正确理解"物权行为"本身内容的关键所在。质言之,瑞士法上的所谓"债权形式主义"并不是以否定"物权行为"为前提,而不过是否定了物权行为的无因性。

---

① 谢怀栻、程啸:《物权行为理论辨析》,《法学研究》2002年第4期。

第三章

物权法总则

第一节 物权通则

一 立法论

(一) 主要争议问题

1. 关于物权概念

何谓物权,是物权法中最基本的问题,盖其定义关涉物权法中重要制度的设计。因此,对物权概念的讨论,作为我国物权立法的最基本的课题之一,具有十分重要的意义。在物权法起草过程中,对物权概念的争论主要集中在:物权所体现的法律关系之争,物权的内容和要素之争,物权的主体之争,物权的客体之争等方面。其中,关于物权所体现的法律关系,学者之间存在着对物关系说、对人关系说和折衷说之间的争论;关于物权内容与要素,主要体现于物权的支配、享受利益、排他等内容和要素是否均需在物权定义中予以明示;关于物权主体,主要是物权主体的范围,它是否需要在物权定义中予以明示;关于物权客体,一是物权客体界定模式的取舍;二是无形财产能否作为物权的客体;三是物的分类。

2. 关于物权效力

物权的效力,是指法律赋予物权的强制性作用力与保障力,为物权法中的一个重要而基本的问题。物权的效力反映着物权的权能和特性,界定法律保障物权人对标的物支配并排除他人干涉的程度和范围,集中体现物权依法成立后所发生的法律效果。

首先，物权的内容与性质，与物权的效力问题密切相关。非明确物权的效力，无以明确物权的属性及其与债权等其他民事权利的区别。其次，物权的效力，关乎物权人相互之间、物权人与债权人及其他人之间的利益关系，既反映着静态的物之归属秩序，也影响着动态的物之交易秩序。再次，物权法上的其他基本问题，或由此衍生和展开，或与其相辅相成，非明确物权的效力，物权法的整个体系和具体规则无以构成。

各国的物权立法上，虽对物权的支配力、优先力、对抗力或排他力、物权请求权等作出了具体规定，但对物权的一般效力并无系统、完整的规定。学者之间对物权一般效力的认识与归纳，因其观察、分析的角度不同而形成多种观点。主要争议问题是，关于物权基本效力的二效力说、三效力说、四效力说；关于物权优先效力的含义，即物权的追及效力是否为一项独立的物权效力等。

(二) 各种观点

1. 关于物权概念

(1) 物权所体现的法律关系之争

从法律关系上着眼来阐释物权的含义，有对物关系说、对人关系说及两方面关系说（折衷说）三种学说。对物关系说认为物权乃人与物的关系，是"支配物的财产权"；对人关系说认为物权是人与人之间的关系，是"得对抗一般人的财产权"；折衷说认为，前两种观点均有偏颇，物权同时反映着人与物、人与人之间的关系，它是直接支配物且得对抗一般人的财产权。现今学界的主流观点，系采折衷说或两方面关系说，认为物权关系是以对物的占有、支配为媒介而发生的人与人的关系。其中，法律规定的权利人支配物的方法及范围，是权利人与物之间的关系；法律赋予物权以对抗一般人的效力，禁止一般人的侵害，体现的是人与人之间的关系。权利人直接支配标的物与得对抗一般人，皆为物权的要素，二者相辅相成，不可偏执其一。[1]

近年来，国内也有学者对似已成为"通说"的折衷说提出了颇为尖锐的质疑和批评，认为："对物关系说"与"对人关系说"是在不同的

---

[1] 钱明星：《物权法原理》，北京大学出版社 1994 年版，第 9—10 页；杨振山主编：《中国民法教程》，中国政法大学出版社 1995 年版，第 175 页；郭明瑞、唐广良、房绍坤：《民商法原理》（二），中国人民大学出版社 1999 年版，第 26 页。

"位阶"上对物权所作的描述,所谓人与物的"关系"和人与人的"关系",其含义是完全不同的;与其说"对人关系说"是对"对物关系说"的批判和否定,毋宁说前者是对后者的发展和补充,由于二者并非基于同一角度、同一目的而对同一事物的本质特征所作的揭示,故二者间非为对立、冲突的关系,亦不存在"折衷"的前提。物权的定义也应从物权的主要内容(对物的占有及利用)着手,重点揭示其为一种"对物的直接支配权"之本质特征,即为已足。①

(2)物权内容和要素之争

我国立法过程中,关于物权概念的条文表述,各个草案均给出了自己的定义。"梁稿"第2条 [物权的定义] 规定:"物权是指直接支配特定的物并排除他人干涉的权利。""依照法律的特别规定,权利也可以作为物权的标的。"其说明中提到此概念的主要特点时将其归纳为两点:其一,强调物权的标的为特定的物。该物当然是指有体物,将无体财产排除在外,以此达到法律体系清晰明确的目的。其二,把物权人排除他人干涉的特点,限制在就物的支配权利范围内,即物权人只能在其享有的物权的范围内有排他力(此为物权的本质属性),而不是广泛的、不加限制的排他力。至于权利成为物权标的的现象,并不是对物权概念的否定,而只是其例外,为立法的精确性考虑,特设第2款明确指出其存在。②

王利明主持拟定的物权法草案建议稿(以下简称为"王稿")第2条(物权的定义)规定:"物权,是指权利人直接支配物并排除他人干涉的权利。""除法律、法规另有规定以外,无体物准用本法关于物权的规定。"③ 此一概念规定,强调的是:第一,物权的权利人享有对物的直接支配并排除他人干涉的权利。第二,所谓排除他人干涉,是指物权具有排他性。这种排他性,一方面是指物权具有不容他人侵犯的性质;另一方面是指同一物上不得同时成立两个内容不相容的物权。第三,物权的客体主要是指有体物。鉴于一些重要的无体物已受到知识产权法的调整,但也

---

① 尹田:《论物权的定义与本质》,《中外法学》2002年第3期。
② 中国物权法研究课题组(负责人:梁慧星):《中国物权法草案建议稿:条文、说明、理由及参考法例》,社会科学文献出版社2000年版,第98—99页。
③ 王利明主编:《中国物权法草案建议稿及说明》,中国法制出版社2001年版,第148页以下。

有一些无体物上的权利尚无法律上的规定，故而作出上述第 2 款的规定。其与"梁稿"中条文设计的差异，主要在于第 2 款中关于物权的客体为有体物的例外情况之规定，是强调"权利"，还是可以扩及于其他"无体物"；此外，在第 2 款的表述方式上，二者也有微妙的不同。

孟勤国提出的物权法草案建议稿（以下简称为"孟稿"）第 2 条对物权所下的定义是："物权为民事主体直接支配物并有排他效力的权利。物权人依据物权自主选择或决定在物上实施一定的行为并约束非物权人。""物权包括所有权和占有权。"[①] 徐国栋主持拟定的《绿色民法典草案》物权法分编（以下简称为"徐稿"）中对物权所下的定义是："物权是本民法典规定的、由民事主体直接支配特定的物并排他性地享受本民法典规定的各项权能的权利。""在法律无特别规定的情况下，对财产性权利的支配权准用关于物权的规定。"[②] 此两个建议稿中对物权的定义，虽有明显的缺陷，[③] 但也具有一定的参考价值。

以上条文表述上之差异源于理论认识上的分歧。基于物权的内容和要素的不同侧重，学者们的见解有很大不同。在民法理论上，对物权的概念应如何认识也有着诸多不同的学说主张，有学者将物权的各种定义归并为下列四类：[④]

第一类，为着重于对物的直接支配性的定义。其关于物权概念的表述大同小异，大抵可以归纳为：物权者，直接支配物之权利。

[①] 孟勤国：《中国物权法草案建议稿》，《法学评论》2002 年第 5 期。

[②] 徐国栋主编：《绿色民法典草案》，社会科学文献出版社 2004 年版，第 304 页。

[③] 依笔者之见，"孟稿"中的定义之问题主要在于：其一，在已言明物权为支配权的情况下，无必要再赘加第 1 款后句的内容；其二，物权的排他效力中之"他"，应包括其他物权人在内，故第 1 款后句中的"约束非物权人"之表述，存在明显问题（他物权人依其权利的内容而实施的行为不约束所有权人吗?）；其三，"物权包括所有权和占有权"的物权基本类别划分，据笔者观察，主要系作者个人意见，难以形成学界共识并被立法所接受。"徐稿"中的所下定义之问题主要在于表述上：第一，依法条表述之惯例，此处只言明"本法典"即可，无须多次强调"本民法典"；第二，民法典之外的其他法律上关于物权问题的规定，似被排除在外，应属不妥；第三，条文中"享受……各项权能""对财产性权利的支配权"之表述，应属病句。

[④] 梁慧星、陈华彬：《物权法》（第二版），法律出版社 2003 年版，第 12—13 页。

第二类，是着重于对物直接支配与享受利益的定义。此类定义强调：物权为直接支配特定物而享受其利益的权利。

第三类，乃着重于对物直接支配与排他性的定义。称物权为直接支配、管领特定物而具有排他性之财产权。

第四类，系一并着重直接支配、享受利益与排他性三个方面的定义。属于此类的定义，虽在三方面要素的排列顺序和具体表述方式上有所不同，但无质的差异，可将其要旨归纳为：物权者，直接支配其标的物并享受其利益的排他性权利。

从以上的主张中，我们可以发现，在物权内容和要素方面，争议的焦点在于物权人的"支配性""排他性"和"享受利益"之内容与要素是否均需在物权法的定义中予以明确表述，有人认为应全部予以明示，有的则认为仅需明示其一或其二。

尽管多数学者均主张在物权的定义中明确排他性之效力要素，但对于物权排他性的含义如何，学界的认识亦并不完全相同。许多学者认为，物权的排他性是指同一标的物上不容许性质互不两立的两种以上物权同时存在；也有不少学者认为物权的排他性即指"排除他人干涉"的效力，包括排除他人侵犯和妨碍及不得同时成立两个内容不相容的物权两个方面；还有的学者指出物权的排他性中尚包含有得对任何第三人主张权利的意思。另有学者认为，"排他"应当理解为"排斥"之意，即某人支配某物，即排除他人支配之可能性；而物权对"任何人"的对抗，则表现的是物权效力的绝对性。

（3）物权主体之争

除了对物权内容和要素存在不同侧重外，学界在物权主体方面亦存在分歧。第一种观点认为，应当将物权的主体具体表述为公民与法人两大类，以与民事主体的规定相对应。物权法草案修改稿、二次审议稿采用了此种观点。此种观点可称为物权主体二元论。

第二种观点认为，物权的主体应当表述为"个人、组织与国家"，因为公民与法人的概念无法涵盖国家这一主体，而在我国，国家所有权是最为重要的一类所有权。此外，社会生活中享有物权的组织中并非全部都是法人，有相当数量的不是法人。物权法草案征求意见稿第1条、第2条规定了此种观点。尽管我国《民法通则》没有赋予非法人组织主体资格，但是在《合同法》《著作权法》以及《国家赔偿法》等法中已经确认了非法人组织的主体资格。所以,我国物权法应该对非法人组织的主体资格进行确认。①

第三种观点认为,物权法上的物权主体应为自然人与法人,国家作为具有公权性质的国家所有权的主体,在物权法上具有不同于自然人与法人的特殊主体地位,而集体与非法人组织,均非物权主体。其认为法律意义上的"集体所有权"并不真实存在也不可能存在;非法人组织能够以自己名义签订合同或者参加诉讼,但并不等于其具有民事权利主体的地位,非法人组织不具有权利能力,非为实质意义上的民事主体。②

第四种观点认为,物权的主体应当采用"权利人"的表述。认为,在各种物权关系中,物权的主体是有区别的。在表述"物权"概念时,不必具体列举物权主体的具体类型,而应在物权法分则规定各种具体物权关系时,规定具体的物权主体类型,不能把这个问题交给民法总则来解决。考虑到物权的概念具有抽象性与普适性,难以对各种物权主体一一列举,因此建议物权的主体应当采用权利人的表述。理由在于:首先,"权利人"的概念具有高度的概括性,可以将各种主体纳入其中。其次,权利人的概念具有开放性,能够为未来出现的新型物权及其主体的确定留下足够的空间,避免因此产生法律上的模糊与漏洞。最后,采取"权利人"的表述,也符合我国公有制为主体多种所有制并存的经济形态。③

第五种观点认为,物权法只是民法典的一个组成部分,民事权利的主体无须由物权法加以规定,而应当由民法总则加以解决,所以在物权法中不必界定物权的主体。这种观点实乃搁置争议,待以后探讨。

本次民法典制定过程中,有学者提出物权编草案第3条仅规定了国家、集体、私人的物权,未规定法人物权。物权立法都应该规定法人物权,将其作为物权类型中最为重要的一种。同时,建议结合《民法总则》关于特别法人的规定,在物权编第一章中体现为对于公共法人或者公法法人物权的原则性规定,以此推动整体物权制度的重要更新,并进而推动对

---

① 屈茂辉:《物权法·总则》,中国法制出版社2005年版,第51页。
② 尹田:《物权主体论纲》,《现代法学》2006年第2期。
③ 王利明:《再论物权的概念》,《社会科学研究》2006年第5期。

于国家整体的公共财产秩序的科学化更新。①

2. 关于物权客体

（1）关于物权客体的界定方式之争

关于物权客体的界定方式，存在"统一模式"和"1+1模式"。所谓的"统一模式"是指用"财产"概念代替"物"的概念来指称物权客体。如有学者主张以"财产"概念代替"物"的概念来指称物权客体，以使物权客体具有更强的时代包容性，符合物权客体价值化的趋势。② 同时指出，在现代物权法上界定物权客体，不仅需要把握物的自然属性，更重要的是能够使价值化、观念化和虚拟化的新类型"财产"能够进入物权客体的内涵之中。以"财产"概念代替"物"的概念来指称物权客体，以使物权客体具有更强的时代包容性，这实际上是对《物权法》第2条规定的理论概括，将"物"与"权利"用一个统一的概念予以界定。

在此之前，我国理论界就存在以"财产法"取代"物权法"的主张，笔者认为这种主张认识到了传统的物之外新型财产的存在，具有重要意义。但是将物权的概念扩展至财产权会动摇传统民法体系上物权、债权固有的结构划分，技术上和规则上都难以达成。

所谓物权客体的"1+1模式"是指物权的客体包括物和权利。根据该模式，物权客体根据其是否具有自然属性而划分为两类，即兼具自然属性与社会属性的物权客体（物）和仅具法律属性的物权客体（法律规定的权利）。③ 针对第一种类型的客体，有必要构建一个统一物的概念。其认为，"物"是指那些具有自然属性的物权客体，物的存在基础源于其自然属性，民法不过是赋予了其法律属性而已。在权利方面，法无明文规定时权利不能作为物权客体，这是法律对权利成为物权客体的外在限制性。更重要的是，权利只有具备了类似于物的可排他支配性时，才可能成为物

---

① 孙宪忠：《对2018年8月公布的民法典物权编前三章的修改意见》，中国法学网，http://iolaw.cssn.cn/zxzp/201905/t20190522_4904143.shtml，最后访问时间2020年2月13日。

② 李国强：《时代变迁与物权客体的重新界定》，《北京师范大学学报》（社会科学版）2011年第1期。

③ 杨立新、王竹：《论物权法规定的物权客体中统一物的概念》，《法学家》2008年第5期。

权的客体，这是权利自身对其成为物权客体的内在限制性。① 在对统一物的概念的内涵进行界定之后，该学者针对人有人格对应提出了"物格"概念，其建议将物分为伦理物格的物、特殊物格的物和一般物格的物，并对各自的具体类型做了界定。

另外，多数学者主张将对"物"进行单独规定，不应并入对于"物权"的定义中。如有学者认为将"物"的问题之规定并入物权的定义一条中且仅设一款来规定的方式，显有不足，从立法技术角度而言也不可取。学者建议稿中将"物"单设一节规定于总则部分"一般规定"之后，这种方案无论是从必要性上还是立法技术上讲，均属妥当，应当肯定。② 有学者亦持该种观点，主张关于物的概念，需要更加详细的规定，显然不能通过在一个条文中加入某款规定所能完成，而"物"本身与在物上的权利（"物权"）又是属于两个不同层次的范畴。③

（2）关于无形财产能否作为物权的客体

关于无形财产的调整模式，主要有如下几种观点：一是物权法调整说。该观点认为应当由物权法调整所有的有体物和无形财产。二是特别法主要调整说。该种观点认为，物权法主要调整有形财产，而无形财产主要应当通过特别法加以调整。对于确实需要物权法调整的无形财产，可以准用物权法的有关规定。④ 三是专门法调整说。该观点认为无形财产应该通过专门的法律来规制，从而形成完整的有关无形财产的立法体系。⑤ 笔者认为，无形财产种类繁多，包括多种类型的权利以及其他无形之财产，很难全部均由物权法来调整。但是，如果物权法完全"袖手旁观"，对需要提供物权法保护的无形财产不作为物权之客体，不提供物权法上的保护，也不符合充分保护合法财产的理念。因此，我们赞同第二种观点，即物权

---

① 杨立新、王竹：《论物权法规定的物权客体中统一物的概念》，《法学家》2008年第5期。

② 刘保玉：《物权体系论》，人民法院出版社2004年版，第94页。

③ 杜颖、易继明：《中国物权法草案的修改意见：物权定义》，《法学》2005年第9期。

④ 宁红丽：《私法上"物"的概念的扩张》，《北方法学》2007年第3期。

⑤ 马俊驹、梅夏英：《无形财产的理论和立法问题》，《中国法学》2001年第2期；胡开忠：《论无形财产权的体系及其在民法典中的地位和归属》，《法商研究》2001年第1期。

法主要调整有形财产，而无形财产主要应当通过特别法加以调整。对于确实需要物权法调整的无形财产，可以准用物权法的有关规定。

关于无形财产能否作为物权客体的问题，学者们已经普遍认为，传统物权理论关于物权客体是有体物的观念过于陈旧，必须采取某些措施扩大物权客体范围。孟勤国主张作为物权客体的物是能为特定主体所直接支配的财产利益，只要能够特定化、能被识别、独立于其他客体，进而能被直接支配的财产利益都是物，且其主张废弃有体物无体物这一种不当而且无用的分类。① 其还认为有体物、无体物仅仅反映物的外部特征，不能揭示物的内在本质。物之所以具有物权客体的价值和意义，在于其拥有的价值和使用价值，即财产利益，无论具体财产的形状、种类、位置如何，对于物权人，都意味着财产上的利益。② 这种认识其实是在不断地扩大物的范围。

学界对于物权客体范围的讨论不仅限于此。如学者认为，应该承认自然力的物权客体属性。③ 其认为自然力一个开放性的概念，随着科技的进步，自然力的概念必然将包括电力、热力以外的其他类型。我国《物权法》上的物没有限于有体物，学说上也不应该坚持"物必有体"的理论。基于自然力的可直接利用性、可排他支配性和可确定性特征，应该明确地承认自然力的物权客体属性，并在未来《民法总则》的权利客体章予以明确。亦有学者认为特定空间能成为物。只要能够确定其范围，并能够进行排他性的支配，空间是可以作为物来处理，并可以成为空间地上权的客体的。④

本次民法典立法，关于物的定义立法论方面的讨论较少。孟勤国认为，"将物定义为有体物是《德国民法典》时代的产物，不能适应现代中国的现实需要，《物权编》的物应是具有可支配性的财产，包括有体物和无体物。理解无体物不应停留于盖尤斯的本意，应依据无体物的学理定义

---

① 孟勤国：《中国物权法理论研讨会观点综述》，《中国社会科学院研究生院学报》2004年第5期。

② 孟勤国：《物权二元结构论——中国物权制度的理论重构》，人民法院出版社2009年版，第81—82页。

③ 杨立新、王竹：《论自然力的物权客体属性及法律规则》，《法学家》2007年第6期。

④ 陈祥健：《空间地上权与传统物权理论》，《东南学术》2008年第2期。

扩大无体物的外延,用以容纳和反映现代社会的货币价值形态的财产"①。孟勤国认为,所有能够用货币价值进行衡量的财产形态,都应纳入物权编规定的物的范围。

但2019年12月公布的民法典草案物权编沿袭了《物权法》的相关规定,在民法典中并未对"物"作出新的定义,仍坚持"1+1"模式。

(3) 关于物的分类问题

物权是对物的支配权,物权的种类设计、物权的行使以及物权的变动规则等,都取决于物的种类及其形态。② 因此,物的分类问题在物权法体系中具有重要意义。作为物权之客体,物可以分为不同的种类。其中,动产与不动产的划分对整个《德国民法典》尤其是对德国民法物权体系有着根本性的意义。③ 我国《物权法》(第2条第2款)亦是采用了这样一种分类方式。这种分类方式也是《德国民法典》一以贯之的分类方式,对物权法体系的构建发挥着重要作用。

但是有学者对传统的不动产和动产的区分提出异议,主张物应区分为登记物与非登记物。④ 其认为不动产、动产之划分的基础性地位,因登记动产的出现而发生动摇。登记物、非登记物之划分,可以作为最基本的物的分类,成为物权体系展开的新基础。立法论上,可采取嫁接模式,规定登记动产适用不动产规则,以实现登记物内部规则的基本统一。登记动产之外的普通动产作为非登记物,仍适用原有的动产规则。

也有学者主张建立物格制度,然后根据物的不同格,将物进行类型化。具体而言,建议物分为伦理物格的物、特殊物格的物和一般物格的物。伦理物格的物包括人体变异物、动物尤其是野生动物和宠物、植物尤其是珍稀植物等。特殊物格的物包括传统民法的特殊无体物,如自然力、网络虚拟物、无线电等;适用特殊规则的有体物,例如海域、空间、货币和有价证券等。一般物格的物,包括传统的不动产和动产。⑤ 根据物格制

---

① 孟勤国:《物的定义与〈物权编〉》,《法学论坛》2019年第3期。
② 孙宪忠:《中国物权法总论》,法律出版社2003年版,第124页。
③ 孙宪忠:《德国当代物权法》,法律出版社1997年版,第9页。
④ 叶金强:《登记物与非登记物之区分的法律意义》,《现代法学》2010年第4期。
⑤ 杨立新、朱呈义:《论动物法律人格之否定——兼论动物之民法物格》,《法学研究》2004年第5期。

度，作为物权客体的物分为不同的物格，根据物的不同物格，确定不同的物在法律上的不同地位，以及人对其不同的支配力和不同的法律保护方法。① 物格制度可以比较有效地回应德国民法典"动物不是物"的规定对物权法学界带来的巨大冲击。还有人认为，客观世界的迅速发展，使物的种类呈现井喷式的增长。打破局限于有体物范畴之内的"动产和不动产"的物的种类"二分法"，已成现实之趋。建议在立法上，将物的种类重新界定为生命伦理物、狭义特殊物和一般物，并通过物权法司法解释的形式加以确定。②

有学者主张放弃有体物和无体物的划分。其认为，有体物和无体物的分类方式既对权利人所有利用客体没有影响，又容易造成将权利作为物权客体的困惑，应该摒弃。随着科学技术的发展，无体物已经远远超出了权利的范围，出现一些兼具有体物和无体物特征的物质，如网络技术形成的"网络虚拟财产"就是由有形的传输设备器材和无形的电子信息构成的物质，将这种物质归入有体物或无体物均不合适。③

3. 关于物权效力

（1）物权基本效力之争

关于物权的基本效力是什么，学者之间存在分歧，主要有二效力说、三效力说、四效力说。具体而言：

其一，二效力说。认为物权的效力有优先效力与物上请求权效力两种，而物权的排他效力与追及效力，应包含于该两种效力之中。④ 还有学者认为，物权具有支配效力和绝对效力，并由此派生出排他效力、优先效力、追及效力及请求权效力。⑤

其二，三效力说。此说中又有不同的归纳，如有的认为物权具有排他

---

① 杨立新、朱呈义：《论动物法律人格之否定——兼论动物之民法物格》，《法学研究》2004 年第 5 期。
② 霍原：《对物权客体——物的种类的重新界定》，《学术交流》2011 年第 2 期。
③ 夏杰：《论物权的客体》，《广东社会科学》2009 年第 6 期。
④ 史尚宽：《物权法论》，中国政法大学出版社 2000 年版，第 10 页；钱明星：《论物权的效力》，《政法论坛》1998 年第 3 期。
⑤ 尹田：《论物权对抗效力规则的立法完善与法律适用》，《清华法学》2017 年第 2 期。

效力、优先效力与物上请求权效力;① 有的认为物权的效力有对物的支配力、对债权的优先力、对妨害的排除力（物上请求权）;② 还有的认为各种物权共通之效力为排他效力、优先效力与追及效力。③

其三，四效力说。认为物权的效力有排他效力、优先效力、追及效力和物权请求权效力四种。④ 此说在国内学界被广为接受，为目前较为流行的所谓"集大成"之学说。⑤

以上诸说，所列举的物权的效力方面或种类共计有五，即支配效力、排他效力、优先效力、追及效力、物上请求权效力，以上三种学说实乃对这五种效力的不同组合。

（2）物权优先效力的含义之争

物权的优先效力，又称物权的优先权，其虽为各说所共同主张，但对其含义如何，学说见解有所不同。有的学者认为仅限于物权优先于债权的效力；也有的认为仅指先成立的物权优先于后成立的物权的效力；而多数的学者则认为，此二者均为物权优先效力的范围。⑥ 不过，此种"多数说"也遭到了有力的质疑，异议理由是：第一，"先设立的物权优先于后设立的物权"的观点，在逻辑上有错误，将推导出后设立的物权无优先性或某些物权无优先性的错误结论；第二，该命题没有普遍性，只是个别

---

① 谢在全：《民法物权论》（上），中国政法大学出版社1999年版，第31页以下。

② 张俊浩主编：《民法学原理》（上），中国政法大学出版社2000年版，第400页。

③ 姚瑞光：《民法物权论》，台湾：海宇文化事业有限公司1995年版，第4页以下。

④ 陈华彬：《物权法原理》，国家行政学院出版社2000年版，第91页以下；王利明：《物权法论》（修订二版），中国政法大学出版社2008年版，第6—9页；郭明瑞、唐广良、詹绍坤：《民商法原理》（二），中国人民大学出版社1999年版，第41页。

⑤ 陈华彬：《物权法原理》，国家行政学院出版社2000年版，第91页以下；王利明：《物权法论》（修订二版），中国政法大学出版社2008年版，第6—9页；郭明瑞、唐广良、詹绍坤：《民商法原理》（二），中国人民大学出版社1999年版，第41页。

⑥ 谢在全：《民法物权论》（上），第33页；梁慧星、陈华彬：《物权法》（第三版），法律出版社2005年版，第49页；王利明：《物权法论》，中国政法大学出版社2008年版，第27页以下；魏振瀛主编：《民法》，北京大学出版社2000年版，第207页以下。

担保物权特有的现象，不能以偏概全；第三，所有权与定限物权可以并存，用益物权与担保物权之间以及担保物权相互之间，有的也可以并存于同一标的物上，但它们之间均是物权之位序或者说物权效力的强弱问题，而非何种物权优先行使的问题。① 可见，在物权的优先效力应如何界定的问题上，学说观点尚有分歧。

因此，有学者认为，物权的优先效力限指物权优先于债权的效力，即当特定的物既是物权的支配物又是债权中的给付标的物时，无论物权与债权成立的先后，物权均具有优先于债权的效力（唯法律另有特别规定者除外）。所谓的物权相互之间的优先效力解释为物权排他效力的一个方面，即实现上的排他效力。物权优先于债权的效力与物权相互之间的排他效力问题，均属于物权的对抗力之表现，故将其合并而称物权具有对抗效力，将物权之对抗效力分解为物权相互间之排他效力与物权对债权之优先效力两个方面来认识与解释，更为明了。②

另外，亦有学者直截了当地指出该理论在逻辑上是不能成立的，更不应在《物权法》中加以规定。如孟勤国主张关于物权优先效力含义的三种不同观点本身就说明优先权没有能够统一认识的客观基础，即使其中的任何一种，也经不起具体的分析。③ 还有学者支持这种观点，即认为"物权优先于债权"理论，是把复杂问题简单化的结果，在逻辑上难以证成，在实践中也没有意义。《物权法》也没有承认"物权优先于债权"理论，在实践中也不宜援引该理论作为判案依据，并进而认为"物权优先于债权"在理论上不能成立，立法上没有必要。④

学界认识上之分歧，亦对我国物权法的规定产生了重要的影响。在我国物权法制定中，对于物权优先效力的含义、物权优先于债权应否设为一般规则，有不同意见。"梁稿"第8条为："一物之上既有物权又有债权

---

① 张俊浩主编：《民法学原理》（上），中国政法大学出版社2000年版，第401—402页；郭明瑞、唐广良、詹绍坤：《民商法原理》（二），中国人民大学出版社1999年版，第43页；马俊驹、余延满：《民法原论》（上），第366页；史尚宽：《物权法论》，第10页注。
② 刘保玉：《物权法学》，中国法制出版社2007年版，第36—37页。
③ 孟勤国：《物权二元结构论——中国物权制度的理论重构》（第三版），人民法院出版社2009年版，第88—90页。
④ 戴孟勇：《"物权优先于债权"理论之质疑》，《政治与法律》2010年第7期。

时，物权优先。但法律另有规定的除外。""王稿"第7条为："在同一标的物之上同时存在物权和债权时，物权优先，但法律另有规定的除外。""同一物上多项其他物权并存时，应当根据物权设立的时间先后确立优先的效力，但法律另有规定的除外。""具有物权性质的权利优先于具有债权性质的权利。"法工委拟定的物权法草案自征求意见稿到二次审议稿，其第8条的规定为："特定的不动产或者动产，既是物权的支配物，又是债权的标的物时，优先保护物权，但法律另有规定的除外。""在特定的不动产或者动产设立两个以上物权时，优先保护先设立的物权，但法律另有规定的除外。"但鉴于对此问题有较大的争议，三审稿之后该条规定被删除，最终通过的《物权法》中对此问题也未作明文规定。

（3）物权的追及效力是否为一项独立的物权效力

物权所具有的追及效力，虽为学界所公认，但对于是否应将其作为物权之一项独立效力来认识，则有肯定与否定两种主张。

肯定说认为，追及效力不能为物权请求权或物权优先效力所完全包括，考虑到使物权得到周到保护之需要及更彻底认识物权之本质，有必要将追及效力作为一项独立的效力来认识。肯定说的理由一是物权具有追及的效力是相对于债权而言的，它是在与债权的比较中所确定的独有的效力。理由二物权请求权是由物权的追及效力所决定的，追及的效力是物权请求权中返还原物请求权产生的基础，但并不能说它应当包括在返还原物请求权之中。[①]

否定说认为，物权的追及效力"只不过是物权请求权之一侧面"，物权的追及效力实质已为物权的优先效力所包含，因此不应将其作为一种独立的物权效力对待。[②] 还有学者认为，学界主张的追及效力之表现，莫不能由物权实现上的排他效力、对债权的优先效力及物之返还请求权所解决。因此不宜将追及力概括为物权的独立效力之一种。[③]

在民法典制定过程中，关于物权追及效力立法论问题讨论主要集中在

[①] 王利明：《物权法论》（修订二版），中国政法大学出版社2008年版，第9页。

[②] 梁慧星、陈华彬：《物权法》（第三版），第51页以下；郭明瑞等：《民商法原理》（二），第45页。

[③] 刘保玉：《物权的效力问题之我见》，《山东大学学报》（哲学社会科学版）2000年第2期。

是否承认抵押权追及效力上。具体而言，即集中在对于《物权法》第191条的立法改造上。有学者认为，《物权法》第191条在立法选择上，采取了通过限制抵押物转让的方式来限制抵押权的追及效力，目的在于保护抵押权人的利益，但客观上造成了抵押人和抵押物受让人境遇恶化的情况。同时，在理论和制度结构上，也难以寻找到限制抵押物的转让和抵押权的追及效力之缓和相互连接的平衡点。因此该学者建议："中国民法典应以抵押物的自由转让和抵押权的追及效力为基础，通过创设抵押人的除去抵押请求权、抵押权人的代价清偿请求权和抵押物取得人的代价清偿除去抵押请求权，以实现抵押权的追及效力的缓和。"①

(三) 简要总结

1. 关于物权概念

对于物权所体现的法律关系之争，尽管有学者对物权关系包含"对物关系"和"对人关系"两方面的"折衷说"提出了质疑，但我们仍倾向于折衷说，并主张该两方面内容均应在物权的定义中予以体现。物权的支配性与排他性二者所侧重的角度不同：前者是从权利人与物的关系上说的，强调的是物权的权能；后者是从权利人与其他人的关系上讲的，强调的是物权的效力。

对于物权的内容与要素之争，笔者认为，对物支配性应为物权概念中的当然内容，但是对物支配仅揭示了权利人对物的关系，而物权人与其他人之间的关系尚需以排他性的表述来明示。物权人"享受利益"之内容，没有必要在物权的定义中表述。因此，物权是直接支配特定物并具有排他性的财产权。这一定义的要旨有二，即对物支配与效力排他。② 至于物权概念中排他性效力要素的含义，笔者认为，物权的特性中所讲的"排他性"，与"排除他人干涉""得对抗一般人"等在表述上虽有不同，但对其含义应作同一解释，物权成立上的排他效力、实现上的排他效力、对债权的优先效力、物上请求权效力等均属物权的排他性。③ 至于物权概念中

---

① 邹海林：《论抵押权的追及效力及其缓和——兼论〈物权法〉第191条的制度逻辑和修正》，《法学家》2018年第1期。

② 刘保玉：《物权概念二要旨：对物支配与效力排他——评物权法草案关于物权定义的规定及相关制度设计》，《政治与法律》2005年第5期。

③ 刘保玉：《物权体系论——中国物权法上的物权类型设计》，人民法院出版社2004年版，第113页。

主体要素的表述，笔者认为将物权的权利主体规定为"自然人、法人"则是不可接受的，因其遗漏了农村集体经济组织等"其他组织"，也不能包括国家作为所有权人的情况，在主体范围的界定上有重大疏漏。物权法中使用"权利人"的笼统表述，有利于学界对其作出灵活解释，将国家、集体经济组织等解释为具有特殊性的民事主体亦不违背民法原理。①

2. 关于物权客体

笔者认为，在解释物权的客体问题时，首先应予澄清的是："物权的客体"与"物"是两个既有联系又有区别的概念，不应将二者等同。作为物权客体的物，原本仅指有体物，但有体物虽为物权的主要客体，但毕竟只居其一。除此之外，"法律上可得支配的自然力"等拟制物、可流转的财产权利，亦可是物权的客体。如此解释，上述争议基本即可解决，各种观点可趋一致。而如果径将物权的客体等同于物，再解释"物的范围"以及拟制物和权利是否为物等问题，实在是自取其扰，在逻辑上也难以自圆其说。

就物权客体的范围和种类而言，笔者认为物权的客体既可以是有体物，也可以是权利，还可以是法律上可得支配的空间、能源与自然力。其中，有体物乃原本的物权客体且至今也是物权的基本和主要客体，故可谓之"本体物"；有别于有体物而能够为人力控制并具有经济价值，因而可被"视为物"的特定空间、能源与自然力，可以作为"拟制物"来认识；可转让的财产性权利作为物权的客体，须基于法律的特别规定，其属于特殊的物权客体。②另外，动产与不动产的分类仍然具有根本性的地位，登记制度的实行只是在一定程度上对基于动产与不动产这种分类方式的所确定规定的调整，无法动摇其基础性的地位，尤其是在我国《物权法》第2条已经明示这种分类方式的情况下。

3. 关于物权效力

至于物权的基本效力是什么，笔者认为，物权的基本效力可以概括为对物的支配效力、对其他物权的排他效力、对债权的优先效力和对妨害的

---

① 刘保玉：《物权概念二要旨：对物支配与效力排他——评物权法草案关于物权定义的规定及相关制度设计》，《政治与法律》2005年第5期。

② 刘保玉：《物权体系论——中国物权法上的物权类型设计》，人民法院出版社2004年版，第96页。

排除效力四个方面。① 其中，支配效力乃物权于"对物关系"中的效力；而其余三项效力，所体现的均是物权在"对人关系"中的效力，此三种效力亦可一并概括地称为物权的"对抗力"或"排他力"。至于有学者所主张的物权的追及效力及其具体表现，据我们观察，其莫不能由物权实现上的排他效力、对债权的优先效力及物的返还请求权所解决，将物权的追及效力单列确有与物权的其他效力发生重叠之虞。

至于物权优先效力的含义，笔者认为物权的优先效力限指物权优先于债权的效力，我们主张将所谓的物权相互之间的优先效力解释为物权排他效力的一个方面。② 同时，我们主张将物权优先于债权作为二者关系的一般性规则来定位。物权之所以具有优先于债权的效力，仍是基于物权的支配性、绝对性、公示性及由此而产生的对抗力。

二 解释论

(一) 主要争议问题

在《物权法》颁布之后，就物权概念的讨论明显减少。但关于物权主体的讨论，并没有因为物权法的颁布而停止，因《物权法》第 2 条采用"权利人"的表述，因此立法论上关于物权主体的争议延续至《物权法》颁布之后的解释论。

《物权法》中规定的物权客体包括物和法律规定的权利，结束了权利能否作为物权客体的争论。但《物权法》对于物权客体的规定过于简洁，对于光、电等自然力和自然资源的物权客体属性缺少明确且详细的规定，因此《物权法》颁布之后，仍有学者对自然力、自然资源能否作为物权客体加以讨论。

关于物权的效力，学界在《物权法》通过之后，讨论不多，但是有学者对物权效力中的"物权优先于债权"的效力提出了质疑。

(二) 各种观点

1. 关于物权概念

关于物权所体现的法律关系。《物权法》第 2 条对物权作出定义，从

---

① 刘保玉：《物权的效力问题之我见》，《山东大学学报》(哲学社会科学版) 2000 年第 2 期。

② 刘保玉：《物权法学》，中国法制出版社 2007 年版，第 36 页。

立法表述上来看，采用的是折衷说。有人认为虽然目前我国对于物权的定义采用了折衷说，但是这种定义是完全没有必要的。排他性是支配性的必然产物，有了支配性就必然有排他性。因此，本来只需要直接规定支配性一面即可。[1]

关于物权的含义，有人指出"物权属于绝对权"与"物权具有绝对性"是不同的概念，其内涵与外延是各不相同的，两者不能互换，更不能混淆。其认为，物权属于绝对权是一种权利分类，物权绝对性是人们对于物权的一种观念。[2]

关于物权的主体。有学者认为，作为私法概念，物权主体与民事主体是相统一的，物权法没有必要特别对其加以一般规定。在将来制定我国统一民法典时，应在总则关于主体的篇章中写明：我国民法主体应为自然人、法人和非法人组织，国家在特殊场合，亦可为民事主体。至于集体组织，则要结合未来的制度改革状况，分别将其纳入法人或者非法人组织的范畴。[3]

另外，农村集体土地物权主体问题逐渐引起学者的关注。有人认为，农村集体土地物权主体在整个农村集体土地私权构造中具有基础性地位，是理论研究和制度构建的逻辑起点。[4] 还有学者认为，农村集体土地物权主体是农村集体土地私权制度构建的基础，任何试图绕过该问题的努力都会遭遇主体问题带来的前提性障碍。现有主体路径的研究，缺少主体理论的系统贯彻，主体研究被逐渐淡化。同时，由于研究视角及深度的局限性，得出的结论通常或者与民事主体理论相悖，或者对中国农村的土地问题缺乏解释力。[5] 该学者还提出了主体范式研究在我国农村集体土地物权主体上的运用。

2. 关于物权客体

《物权法》第 2 条第 2 款对物权的客体作出规定。诚如学者所言，该

---

[1] 周清林：《缺席的根据：论物权关系的本质——兼论〈物权法〉第二条关于物权的定义》，《学术论坛》2008 年第 2 期。

[2] 黄俊辉：《论"物权属于绝对权"与"物权具有绝对性"的区别》，《河北法学》2009 年第 8 期。

[3] 谭启平、朱涛：《论物权主体》，《甘肃政法学院学报》2008 年第 5 期。

[4] 张新民、蒲俊丞：《论我国农村集体土地物权主体的基础性——兼论我国农村集体土地物权研究的方法论取向》，《西南大学学报》（社会科学版）2008 年第 2 期。

[5] 蒲俊丞：《我国农村集体土地物权主体范式研究初论》，《内蒙古社会科学》（汉文版）2008 年第 2 期。

款以"物"的分类代替了"物"的界定,从而回避了"物"的准确界定,这必将给理论和司法实践带来困难。① 有学者对该条进行分析认为,对物进行解释,应持开放性的态度,民法上物的概念一直呈现扩大化的趋势,在突破了"物必有体说"之后,出现了统一物的概念缺位的新课题,必须寻找到新的共性。我国物权法上的物权客体分为物和权利两大类,物是具有自然属性的物权客体,其范围具有开放性,应当进行类型化;权利是仅具有法律属性的物权客体,具有法律拟制性,其范围具有限定性。②

首先,有学者关注自然资源作为物权客体。有学者认为,把自然资源作为物权客体在特定化、外部性以及国家自然资源所有者身份虚化等方面面临诸多困境。因此,对自然资源作为物权客体进行类型化梳理,改进立法技术,合理界定自然资源的法学概念以及推动物权理论更新等应成为针对该问题研究的优先行动领域。③

其次,有学者关注自然力能否作为物权客体。有学者认为,我国《物权法》上的物没有限于"有体物",学说上也不应该坚持"物必有体"的理论。基于自然力的可直接利用性、可排他支配性和可确定性特征,应该明确承认自然力的物权客体属性。解释路径为:可以根据《物权法》第2条第1款将自然力的权利归属和利用纳入物权法调整范围,这一路径有利于相关概念和规则的整合。④

最后,关于金钱和有价证券。物权法未规定货币,有学者认为应当将货币作为"特种物"来加以认识,从客体角度而言,货币所有权应当是与不动产所有权和动产所有权并列的一种所有权类别。⑤ 关于有价证券,有学者认为有价证券可以作为特种物来对待。⑥

还有学者则对我国物权法中关于"物"的规定提出质疑,认为在未

---

① 张康林:《论物权客体范围的扩展》,《理论月刊》2006年第12期。
② 杨立新、王竹:《论物权法规定的物权客体中统一物的概念》,《法学家》2008年第5期。
③ 张璐:《自然资源作为物权客体面临的困境与出路》,《河南师范大学学报》(哲学社会科学版)2012年第1期。
④ 杨立新、王竹:《论自然力的物权客体属性及法律规则》,《法学家》2007年第6期。
⑤ 刘保玉:《论货币所有权流转的一般规则及其例外》,《山东审判》2007年第3期。
⑥ 刘保玉:《物权法学》,中国法制出版社2007年版,第26页。

来《民法典》中有必要对物的概念重新定义。条文的设置,宜采用一般性规定+特别规定的模式,对物下较为全面的、名至实归的定义。①

关于网络虚拟财产能否被视为物的问题,也是学界关注的热点问题之一。有学者认为,虚拟财产是指具有财产性的数字记录,且不以网络虚拟财产为限,虚拟财产是否为物,不能一概而论。凡是能够满足《物权法》第2条关于物的定义的"虚拟财产"可以纳入物权客体。但对于其他虚拟财产形态,应认定为合同债权性质的服务。② 有学者认为,虚拟财产本质上是信息记录,信息记录包含物质与信息双重属性,所以信息记录支配权既不是物权,也不是知识产权等信息产权。③ 有学者立足于刑法对虚拟财产的保护,认为虚拟财产具有一般财产的特征而应被认定为财产,其权利属性是物权,是物权客体中的一种无体物。④ 还有学者从更为务实的角度出发,认为在《民法总则》已将虚拟财产定性为"权利客体"的背景下,对于网络虚拟财产的保护"讨论的重点不应停留在'网络虚拟财产是否属于物'这一纯粹的概念性问题上,而应转向具体的规则适用层面,并将后者的结论作为前者的讨论前提"⑤。还有学者对网售商店的物权客体属性进行了探讨,认为"网上商店是网络虚拟财产中的一类,因其集虚拟物与权利为一体,而成为虚拟集合物。'网店'经营者权利是物权"⑥。

3. 关于物权优先效力的质疑

物权的优先效力主要体现为优先于债权,但法律也设有一些例外规

---

① 卢志刚:《广义物概念的法典化》,《中国社会科学院研究生院学报》2011年第6期。

② 王竹:《〈物权法〉视野下的虚拟财产二分法及其法律规则》,《福建师范大学学报》2008年第5期。

③ 陈琛:《信息产品使用者权利研究:论信息记录支配权之确立——兼谈虚拟财产保护"物权"说的理论缺陷》,《河北法学》2016年第12期。

④ 蔡兴鑫:《虚拟财产的法律属性及刑法保护路径研究》,《东南大学学报》(哲学社会科学版)2019年第1期。

⑤ 沈剑州:《从概念到规则:网络虚拟财产权利的解释选择》,《现代法学》2018年第6期。

⑥ 林旭霞、蔡健晖:《网上商店的物权客体属性及物权规则研究》,《法律科学》2016年第3期。

定，使特别规定的某些债权居于优先实现的地位。① 这些例外情形主要有："买卖不破租赁"情形下的债权、进行了预告登记的债权、被法律特别赋予了优先受偿效力的债权。但是有学者也对此规则提出了质疑。认为"所有权优先于债权"说存在逻辑错误，"担保物权优先于债权"说是一种错误的简化表述，因此，"物权优先于债权"在理论上不能成立。我国学者在论述该理论时普遍存在的人言人殊的现象，已经在一定程度上反映出了"物权优先于债权"命题的虚假性。②

（三）简要总结

关于物权概念。《物权法》第 2 条第 3 款对物权作出定义。这一物权概念的界定，强调了对物支配与排他这两个基本要素，并点明了物权的基本类别。笔者认为物权的这一定义，包含以下几层含义：物权是以特定的物为客体的权利、为直接支配特定物的权利、为享受物之利益的权利、为具有排他性的权利。③ 此四个方面的概括，能够全面地界定物权的内涵。

关于物权客体。《物权法》第 2 条第 2 款采用了物加权利的模式，物仅是物权客体的一部分。笔者认为《物权法》将法律规定的权利单独作为物之外的物权客体，值得赞赏，这种立法结束了权利能否作为物权客体的争议，也可以更好地规范在权利上产生的法律关系。《物权法》对很多需要其提供保护的无体物未作出规定，对货币及其所有权问题也只字未提，殊值遗憾。笔者认为，现行物权法的立法"留白"，给法律解释提供了空间。在解释物权客体时要区分物权客体与物是两个不同的概念，对于"物"的解释，不应局限于有体物的范围，而是应该秉持物的扩大化观念。另外，将无形财产解释成物权客体亦存在制定法上或体系上的依据。如我国《物权法》第 136 条已经肯定了空间（地表、地上、地下）可以为物权的客体。第 50 条肯认了无形之财产中的无线电谱资源可以作为国家所有的物权之客体。

---

① 关于这些例外情形的存在是否动摇了物权优先于债权的一般规则，学界有不同的认识：一种意见认为，由于例外情形太多，足以影响物权优先于债权的一般规则之成立，因此《物权法》上不应设此一般规则；另一种意见认为，例外情形的存在不足以影响一般规则的成立，而且在实践中真正需要援用这些例外规定的情况颇为少见。笔者赞同后一种观点。

② 戴孟勇：《"物权优先于债权"理论之质疑》，《政治与法律》2010 年第 7 期。

③ 刘保玉：《物权法学》，中国法制出版社 2007 年版，第 3—4 页。

关于物权效力。笔者认为，物权的基本效力可以概括为对物的支配效力、对其他物权的排他效力、对债权的优先效力和对妨害的排除效力四个方面。其中，支配效力乃物权在"对物关系"中的效力；而其余三项效力，所体现的均是物权在"对人关系"中的效力。笔者认为，物权的优先效力在学说理论及实务当中仍有存在之必要，《物权法》中没有规定并不代表物权不具备此种效力。其实，《物权法》之所以没有对物权之优先效力作出规定，乃源于在我国物权法制定中，对于物权优先效力立法上的不同意见。虽然物权法建议稿和草案中存在相关规定，但鉴于有较大的争议，三审稿之后该条规定被删除，最终通过的《物权法》中对此问题也未作明文规定。

关于虚拟财产，笔者认为，虚拟财产是伴随网络技术发展衍生的财产形态，既然它已经作为"财产"存在并被作为交易的对象，自然应该纳入民法财产法规范。但是，因为这种财产的新生性和复杂性，在物权法中规定其概念等规范和制度时，似应该采取"宜粗不宜细"，以为其发展留出应有的空间。

第二节 物权变动模式的选择

一 立法论

（一）主要争议问题

物权变动模式的问题可谓物权法最核心的问题，因此关于该问题的讨论亦非常热烈。① 物权变动模式是指物权产生、变更、消灭的法定方式，

---

① 2000年后代表性的论文有谢怀栻：《物权立法的宏观思考》，《人大法律评论》2001年第2辑；孙鹏：《物权行为理论：事实、价值与体系建构》，《人大法律评论》2001年第2辑；孙宪忠：《再谈物权行为理论》，《中国社会科学》2001年第5期；谢怀栻、程啸：《物权行为理论辨析》，《法学研究》2002年第4期；尹田：《物权行为理论评析》，载梁慧星主编《民商法论丛》（第24卷），金桥文化出版（香港）有限公司2002年版；崔建远：《从解释论看物权行为与中国民法》，《比较法研究》2004年第2期；崔建远：《从立法论看物权行为与中国民法》，《政治与法律》2004年第2期；葛云松：《物权行为理论研究》，《中外法学》2004年第6期；代表性的著作有王轶：《物权变动论》，中国人民大学出版社2001年版；肖厚国：《物权变动研究》，法律出版社2002年版；刘家安：《买卖的法律结构——以所有权移转问题为中心》，中国政法大学出版社2003年版；王茵：《不动产物权变动和交易安全》，商务印书馆2004年版；叶金强：《公信力的法律构造》，北京大学出版社2004年版。

按变动的原因划分，包括依法律行为的物权变动和非依法律行为的物权变动。但是一般来讲，物权变动的模式仅指依法律行为的物权变动，学界讨论也主要集中于此。物权变动模式的选择对一国物权的产生、变更、消灭具有重要意义，因此，在《物权法》制定过程中，学者们纷纷提出了自己的主张。

在《物权法》出台之前，关于物权变动模式的讨论，学者们的争议主要有两个，一个是关于物权变动模式选择的问题属性；另一个是从立法论的角度看，我国物权法律制度应该采取何种类型的物权变动模式。对于后者，学界讨论较多，但是对于前者，并未引起足够的重视。在起草我国物权法的过程中，基于合同行为（法律行为）的物权变动是理论界和实务界讨论的一个热点问题。对这一问题，我国学界的分歧也是最为深刻的。主张债权形式主义、物权形式主义、意思主义的学者都固执己见，未能达成共识。乃至《物权法》颁布以后多年，学界对此问题改变立场的学者亦未曾见。

（二）各种观点

1. 关于物权变动模式选择的问题属性的讨论

关于物权变动模式选择的问题属性，第一种观点认为物权变动模式的立法选择是一个事实认定问题，认为在围绕物权变动所进行的交易过程中，当事人的确存在有关物权变动的意思因素，因此，独立的物权行为无论在实践中，还是在法律上，都是一种客观的存在。[①] 第二种观点认为物权变动模式的立法选择是一个价值判断问题，认为物权形式主义的物权变动模式会比较妥当（或不妥当）地安排当事人之间的利益关系，所以应当（或不应当）承认物权行为的独立性。[②] 第三种观点是王轶所持的解释选择观点，他认为物权变动模式的立法选择并不直接涉及当事人之间的利益安排，它只是奠定了相关情形下进行利益安排的逻辑前提和基础。[③] 关于物权变动模式选择的问题属性的讨论，实际上在我国《物权法》通过之后仍在继续。如有学者认为，物权行为所对应的社会现实中的事实，与物权行为作为法律上的事实之间，是具体与抽象的关系。民法是从法律规

---

① 葛云松：《物权行为理论研究》，《中外法学》2004年第6期。
② 孙宪忠：《再谈物权行为理论》，《中国社会科学》2001年第5期。
③ 王轶：《物权变动论》，中国人民大学出版社2001年版，第16页。

范构成要件的角度来定位作为法律事实的物权行为，不能以现实中是否存在物权行为来论证立法上是否存在物权行为，物权行为是法律制度体系化构建的结果。①

2. 关于我国物权法律制度应该采取何种类型的物权变动模式的讨论

我国民法学界一般将物权变动模式总结为两种类型，即意思主义与形式主义，后者又可以细分为债权形式主义和物权形式主义的物权变动模式。② 对于物权变动应采用形式主义的变动模式，学界已基本达成共识，但对于是选择债权形式主义还是物权形式主义，存在极大的分歧，且至今尚未弥合。下面先就阐释各物权变动模式的具体内涵，同时梳理学界代表性观点，然后对相关讨论予以评述。

（1）意思主义的物权变动模式

该变动模式又称债权意思主义，以法国、日本民法为代表。此种变动模式下，所有权的移转等物权变动以买卖契约等债权契约为根据，既无须另有物权行为或物权合意，也不以交付或登记为其生效要件，登记或交付仅为对抗要件，因此，该种物权变动模式又被称为"意思对抗主义"③"同一主义"④。

对于将此种物权变动模式概括为"债权意思主义"观点，有学者提出批评，认为学界存在一定的误读，盖法国法上并无于债权相对应的物权的概念，称法国法上的物权变动模式为"债权意思主义"是日本学者参照德国学说而进行的抽象概括。⑤ 国内持此观点的学者较少，如渠涛认为，在不动产领域，物权变动模式与一国不动产等级制度的构建与发达程度有着密切的关联。考虑当前中国的社会现实，在平等主体之间的交易中，应彻底地适用近代法上的意思主义原理，采用登记对抗要件主义，这样选择不仅符合中国的现实情况，更有助于不动产交易市场的健康发

---

① 常鹏翱：《另一种物权行为理论》，《环球法律评论》2010年第2期。
② 王轶：《物权变动论》，中国人民大学出版社2001年版，第1章之论述；肖厚国：《物权变动研究》，法律出版社2002年版，第2章与第3章之论述。
③ 王茵：《不动产物权变动和交易安全》，商务印书馆2004年版，第100页以下。
④ 孙宪忠：《中国物权法总论》，法律出版社2014年版，第286页。
⑤ 孙宪忠：《中国物权法总论》，法律出版社2014年版，第286页。

展。① 也有学者从物权变动的根本原因、物权公示公信原则、社会现实生活实际、现行的司法实践、物权登记效力的统一以及降低交易成本、加速财产流转等方面，阐述了在我国未来的物权法中应采取物权登记对抗效力的立法例的理由。② 亦有学者认为，物权变动与交易安全是两个层面的问题，不应当合并在一起用一个规则来处理。意思主义的物权变动模式符合交易安全的价值需求。③ 在《物权法》颁布以后，有学者提出，形式主义与对抗主义之争本质上折射的是物权流通秩序建构中市场和政府两种手段之间的较量。我国政治经济体制改革的趋势决定了对抗主义是未来民法典的最优选择。④

（2）债权形式主义的物权变动模式

该物权变动模式又称债权意思与登记或交付之结合主义，其以1811年的奥地利民法为典型，故又称奥国主义。依此种主义，物权因法律行为发生变动时，除当事人间须有债权合意（债权行为）外，仅须另外践行登记或交付的法定方式，即生物权变动的效力。由于该主义实系对前述两种模式的综合，所以又被称为折衷主义。该观点为国内的主流观点，学界对于该模式的证成往往是从批评物权行为理论的独立性和无因性来实现的。

梁慧星认为，我国现行法不承认物权行为，立法上也未采纳物权行为理论，而是以物权变动为债权行为之当然结果，并以交付或登记为生效要件，这与现代民法、判例和学说之最新发展趋势正相吻合。⑤ 王利明认为，首先，物权行为独立性的观点不能成立，因为现实中不存在独立于债权合意之外的移转物权合意，也不存在不以债权合意为基础的交付行为，而登记是行政行为，非民事行为；其次，各国多不接受物权行为理论；再次，物权行为理论中的无因性有损公平与诚信原则，与我国实践经验、民

---

① 渠涛：《不动产物权变动制度与中国的选择》，《法学研究》1999年第5期。
② 郭明瑞：《物权登记应采对抗效力的几点理由》，《法学杂志》2005年第4期。
③ 于宏伟：《物权变动模式之选择与交易安全》，《法律科学》2005年第6期。
④ 刘经靖：《对抗主义物权变动的模式原理与规则配置》，《法学论坛》2013年第1期。
⑤ 梁慧星：《物权法的立法思考》，《江西财经大学》2001年第1期。同旨可参见梁慧星《如何理解合同法第51条》，《人民法院报》2000年1月8日理论版。

事习惯相悖，不符合我国实际。① 崔建远认为，我国现行法没有关于物权行为制度的立法计划和立法目的，物权变动的意思表示已为债权合同所涵盖，是债权合同的一部分，交付与登记等合同履行行为为事实行为，没有独立于合同之外的意思表示。物权行为理论人工雕琢的痕迹明显，过于烦琐。② 未来我国制定民法典也不宜采纳物权行为理论。③ 陈华彬认为，我国《物权法》没有承认物权行为的独立性，《物权法》并未规定交付或登记发生物权变动需要当事人的"物权合意"④。王轶也认为，我国民事立法采用的是债权形式主义的物权变动模式。⑤

（3）物权形式主义的物权变动模式

该物权变动模式以德国法为其典范。此种主义下，买卖标的物所有权的移转，除须有买卖契约及登记或交付外，尚需当事人于买卖契约之外就标的物所有权的移转成立一个独立的合意。此合意即所谓以物权的变动为内容的物权合意或物权契约。我国台湾地区民法上采行的也是德国式的形式主义。我国学者一般认为物权形式主义的物权变动模式的核心包含两个方面的内容，即物权行为的独立性原则（区分原则）和物权行为的无因性原则（抽象原则）。

在《物权法》颁布之前，就有相当一部分学者主张，我国立法应采纳物权行为理论。如孙宪忠认为，物权的产生，与债权法上的合同权利义务关系的产生，有不同的时间界限，有不同的法律根据。因此，物权行为是独立存在的，区分原则具有很高的实践价值。中国法学界关于物权行为理论纯属人为拟制及导致交易不公正的批判存在缺陷。债权形式主义和善意取得制度，在法理上和实践效果上均有严重缺陷，无法替代更为科学的

---

① 王利明：《物权法研究》（上），中国人民大学出版社2012年版，第257—260页。

② 崔建远：《物权：规范与学说》（上册），清华大学出版社2011年版，第79页以下。同旨可参见崔建远《无权处分辨——合同法第51条的理解与适用》，《法学研究》2003年第1期。

③ 崔建远：《从立法论看物权行为与中国民法》，《政治与法律》2004年第2期。

④ 陈华彬：《民法物权论》，中国法制出版社2010年版，第136—151页。

⑤ 王轶：《论一物数卖——以物权变动模式的立法选择为背景》，《清华大学学报》2002年第4期。

物权行为理论。① 有学者认为，一切交易过程都离不开物权合意。由分离原则、抽象原则和公示要件主义原则构成的物权行为制度有利于现代市场经济对交易安全的要求。物权行为理论并没有造成合同双方当事人利益的失衡。物权行为制度中的公示要件减轻了第三人的市场调查义务，有利于交易的便捷。因此，物权行为制度是最理想的选择。② 还有学者提出，概念愈精确，规范之间的矛盾愈少，概念抽象的层次愈高，所形成的规范体系能处理自治事物的"复杂度"也愈高。从处理复杂事物之高低、规范的体系性及是否较能节约交易成本上来看，物权行为理论是较佳的选择。③ 有学者认为，《民法通则》第 72 条第 2 款及《合同法》第 133 条，体现了我国立法承认了物权行为的独立性，物权行为理论有利于保护交易安全。④ 亦有学者研究认为，独立的物权行为在现实中是客观存在的，如果不承认物权行为，将无法与民法上的相关制度相衔接。因此，从实际功能的角度出发，应承认物权行为的独立性。⑤

在《物权法》颁布之后，学者立足于《物权法》的解释论，论证我国立法采纳了或者至少部分采纳了物权行为理论。如有学者提出，我国物权法关于物权变动主要规则是公示原则、区分原则等，而支持这些原则的，是物权行为理论。物权行为理论反映了市场经济的需要，贯彻了民法社会意思自治的原则，体现了法律行为理论的要求，纠正了先前我国民法立法和学界关于债权合同与物权合同变动同时生效或者不生效的规则和法理。⑥ 有学者认为，物权与债权区分、法律行为理论决定了物权行为理论的合理性，同时物权行为理论也体现了民法所包含的基本价值判断，并符

---

① 孙宪忠：《物权变动的原因与结果的区分原则》，《法学研究》1999 年第 5 期；孙宪忠：《再谈物权行为理论》，《中国社会科学》2001 年第 5 期。

② 屈茂辉：《市场交易的内在需求与物权行为立法》，《中国法学》2000 年第 2 期。相似观点可参见董学立《试论我国物权变动的安全制度体系之构建》，《法学论坛》2003 年第 1 期。

③ 王冠玺：《法学发展的"十字现象"——以物权行为制度与〈合同法〉第 51 条为说明主体》，《现代法学》2005 年第 1 期。

④ 田士永：《物权行为理论研究》，中国政法大学出版社 2002 年版，第 72、355—357 页。

⑤ 葛云松：《物权行为理论研究》，《中外法学》2004 年第 6 期。

⑥ 孙宪忠：《我国物权法中物权变动规则的法理评述》，《法学研究》2008 年第 3 期。

合生活常理。《物权法》绝不是一张对物权行为理论的死刑执行令,恰恰相反,它是物权行为理论的一张通行证。①

上述学者虽然都承认物权行为的独立性,但对于应否承认物权行为的无因性存在一定的分歧。有部分学者认为,承认物权行为的独立性,不代表一定要承认物权行为的无因性。如韩世远认为,承认物权行为与债权行为、处分行为与负担行为的区分原则,与承认物权行为的无因性理论没有必然联系,其到目前为止也不赞成用物权行为无因性理论来构造中国的物权法。② 有学者认为,物权行为是对于社会事实中某一类依行为导致的物权变动的现象的抽象,是描述规制现实存在的工具,是法律体系层面的规范构成要件。承认物权行为的独立性,不一定要承认其无因性。③ 还有学者认为,从契合我国现行的私法制度体系的角度考虑,我国应建立有因的物权行为制度。④

(4) 新分析框架之提出

除上述传统的三种物权变动模式外,有学者提出了物权变动规范模式的新分析框架。其认为,现有分析框架有明显缺陷,主要表现在:一为不够精密,有些国家的规范模式不易归类,如《瑞士民法典》的物权变动规范模式。二为传统分析框架使用的术语比较模糊,不能准确地揭示各种规范模式的内涵。三为阻碍了新规范模式的提出,束缚了学者们对于物权变动问题的观察视角。应从物权行为立法选择与公示在物权变动中的法律意义两个维度构建更为精密的新分析框架。⑤ 一为物权行为立法选择维度,此维度将物权变动模式重新划分为四种模式:物权行为否定主义、物权行为独立主义、部分物权行为独立主义、物权行为无因主义。二为公示在物权变动中的法律意义维度,也存在四种立法选择:公示生效主义、公示对抗主义、小折衷主义(兼采公示生效主义与

---

① 葛云松:《〈物权法〉疑难问题探讨》,《华东政法大学学报》2007 年第 6 期。
② 韩世远:《合同法总论》,法律出版社 2011 年版,第 224—225 页。
③ 常鹏翱:《另一种物权行为理论——以瑞士法为考察对象》,《环球法律评论》2010 年第 2 期。
④ 宁红丽:《建立物权变动的新模式的思考——以有因的物权行为制度为中心》,《政治与法律》2006 年第 5 期。
⑤ 杨代雄:《物权变动规范模式分析框架的重构——兼及我国〈物权法〉中物权变动规范模式的解读》,《当代法学》2009 年第 1 期。

对抗主义，对于某些物权变动实行公示生效主义，对于另一些物权变动实行公示对抗主义）、大折衷主义（某些物权变动实行公示生效主义，某些物权变动实行公示对抗主义，而某些物权变动则实行无须公示主义，即根本就不需要公示）。

（5）民法典制定期间的相关讨论

在民法典制定期间，大多数学者对物权编坚持债权形式主义的物权变动模式未提异议，但也提出了若干优化改进的点。崔建远提出，应在坚持我国债权形式主义的物权变动模式的基础上进一步简化不动产物权的变动模式，即对所有的不动产物权变动均采登记生效主义，通过改变农村土地承包经营权、地役权物权变动采登记对抗主义的物权变动模式。

关于特殊动产物权变动模式，崔建远建议："《物权编》应明确船舶、航空器和机动车的物权变动以交付为生效要件、登记为对抗善意第三人的要件。"① 但王利明认为，登记和交付均为特殊动产物权变动的公示方法。不过，鉴于登记对抗模式的立法本意仍然是鼓励登记，当事人如果选择办理登记，其所取得的物权就应当受到更强的法律保护，登记可以成为确权的重要依据。②

关于指示交付引起的物权变动问题，王利明建议应明确在交付义务人与受让人之间达成指示交付协议时，物权发生变动。王利明和崔建远均认为，《物权法》第 26 条要求指示交付以第三人合法占有为前提，不当限制了指示交付的适用范围，物权编需要对该规则进行必要的调整。③ 2019 年 12 月公布的民法典草案物权编，采纳了要求第三人合法占有的要求，但对于物权变动的时点，仍未予以明确。

还有学者提出，"从长远看，物权变动的理想设计方案是：对于不动产物权，登记于物的编成主义的不动产登记簿，应统一采取登记生效主义；对于动产担保物权，登记于人的编成主义的动产与权利担保登记簿，应统一采取登记对抗主义；对于特殊动产物权，应该区分所有权变动和担保物权变动，并区分机动车、内河船舶与跨国列车、航空器、海船，分采

---

① 崔建远：《民法分则物权编立法研究》，《中国法学》2017 年第 2 期。
② 王利明：《我国民法典物权编的修改与完善》，《清华法学》2018 年第 2 期。
③ 王利明：《我国民法典物权编的修改与完善》，《清华法学》2018 年第 2 期；崔建远：《民法分则物权编立法研究》，《中国法学》2017 年第 2 期。

不同的物权变动模式"①。

但也有学者提出,民法典物权编应更为彻底地坚持区分原则,即区分"物权变动的原因"和"物权变动的结果"。"至于物权行为理论中所包含的'无因性原则',则采取了淡化处理并未多做阐述,希望以此避免过多理论纠缠,使人们能够更加容易地接受潘德克顿法学的精华。"②

（三）简要总结

一般认为,债权意思主义的优点在于使交易便捷迅速,并充分尊重当事人意思自治。但笔者认为,物权的变动仅因债权意思表示即发生效力,不仅不能从外部认识其变动和变动的时间,不利于保障动的交易安全,而且由于公示对抗要件主义的采用,又导致了物权法律关系在当事人内部之间与对第三人之间发生不一致的复杂问题,引发因未公示而不能对抗第三人的"物权"（实际只有债权的效力）现象出现,理论上难称严谨。③

至于物权形式主义与债权形式主义何者更优,学界尚有不同认识。二者均属于形式主义的物权变动模式,即物权变动效果的发生需要特定的公示方法,只不过前者需要一个独立的物权合意,后者不承认存在独立于债权合意之外的物权合意。笔者认为,物权形式主义以登记或交付为物权变动的生效要件,虽有保障交易安全、明晰物权法律关系的优点,但其承认抽象物权行为的独立存在及其无因性,与社会生活的实际状况未尽相符,因此未来制定民法典时不宜采用完整的物权行为理论。但应当依据《物权法》第15条的规定区分物权变动的原因与物权变动的结果,并分别判断二者之效力。即无权处分的合同,在不存在其他无效或可撤销的事由时,应为有效。2012年5月,最高人民法院发布《关于审理买卖合同纠纷案件适用法律问题的解释》（法释〔2012〕8号）,第3条第1款规定："当事人一方以出卖人在缔约时对标的物没有所有权或者处分权为由主张合同无效的,人民法院不予支持。"从文义上解释,该款规定贯彻了区分原则,承认了无权处分合同的有效性,实际上修改了《合同法》第51

---

① 龙俊：《物权变动模式的理想方案与现实选择》，《法学杂志》2019年第7期。

② 孙宪忠：《当前我国民法典分则编纂的几点思考》，《华东政法大学学报》2019年第5期。

③ 刘保玉：《试论物权公示原则在物权性质界定与类别划分中的意义——兼评公示要件主义与对抗主义的立法模式选择》，《政法论丛》2007年第3期。

条。至于这一规定,是否应当用物权行为的独立性理论来解释,则需进一步研究。

2019年12月,全国人大常委会公布的民法典草案,直接删除了《合同法》第51条的规定,进一步贯彻了区分原则。这一做法,引起了学界的广泛关注。① 笔者认为,民法典草案删除《合同法》第51条的做法,符合当前司法实际,有其积极意义。因为只有在确认合同有效的情况下,才可能要求无权处分权人承担违约责任,该责任相较于合同不被追认场合下的缔约过失责任而言,往往更重。从这一角度出发,删除《合同法》第51条有利于无过错买受人权利的保护,惩罚无权处分权人,增加无权处分行为人的"违法"成本。但《合同法》第51条的一删了之,是否可以解决实践中所有无权处分的问题,是否需要有其他制度与之相配套,则需要作进一步的探讨。

二 解释论

(一) 主要争议问题

虽然我国《物权法》已获通过,但是关于物权变动模式的讨论仍在继续,只不过在我国《物权法》通过之前,学者们多从立法论的角度为我国物权法律制度应该采取何种物权变动模式建言献策,在我国《物权法》通过之后,学者多围绕我国《物权法》具体的相关条文从解释论的角度讨论我国《物权法》已经采取了何种物权变动模式。

关于物权变动,孙宪忠认为,《物权法》关于物权变动规定的基本逻辑是:按照物权变动的法律根据,将其区分为依据法律行为的物权变动和非依据法律行为的物权变动两个大部分。然后,将依据法律行为发生的物权变动,按照物权变动所依据的公示原则,区分为"不动产登记"和"动产交付"两节。② 我国《物权法》中关于物权变动模式规定的主要条文有:《物权法》第9条、第14条、第15条、第23条。在《物权法》通过之后,学者们关于《物权法》采取了何种物权变动模式的讨论仍有分歧。就此问题,学者们形成了二元说和三元说。在二元说内部,因物权

---

① 相关内容可参见本书关于物权行为理论的讨论。
② 孙宪忠:《中国〈物权法〉中物权变动规则概要》,载渠涛主编《中日民商法研究》(第七卷),法律出版社2009年版,第37页。

意思的承认与否又有所分歧。另外，关于准不动产物权变动的模式究竟是什么，虽多数人认为是交付生效加登记对抗主义，但是仍有争议。

（二）各种观点

1. 物权变动模式的二元说

物权变动模式的二元说认为，我国《物权法》采取了两种物权变动模式，但具体为哪两种则存在分歧，焦点在于从我国《物权法》规定中能否解释出物权意思来，或者说导致物权变动的最终原因是债权意思，抑或是物权意思。有学者认为我国物权法没有承认物权意思，导致物权变动的原因是债权意思；但另有学者认为，我国通过的《物权法》中，实际上承认了物权意思，导致物权变动的意思表示是物权意思。

（1）债权意思表示说

该种观点主张物权变动的主观方面解释成债权意思，不承认物权意思的存在，认为我国《物权法》采取了债权形式主义和债权意思主义两种物权变动模式。如崔建远认为我国《物权法》在物权变动上采取了多元混合模式，即区分不同情况而分别采取相应的物权变动模式。[①] 具体而言，我国《物权法》采取了公示生效要件主义和登记对抗主义两种物权变动模式，至于我国《物权法》中二者之间的逻辑关系，其并没有提到。

梁慧星认为，所有权的转移不要求另有移转所有权的合意（物权合意），所有权的移转是买卖合同等的本来的效力。[②] 王利明认为我国关于物权变动模式是合意加公示的模式，实际上确立了一种以债权形式主义为原则、以公示对抗主义为例外的二元物权变动模式。我国并未承认物权行为的存在，现行立法对交付、登记等物权变动要件的规定，主要是出于公示的要求，不能将其作为物权行为存在的依据。[③] 王利明认为二者之间是原则与例外的关系。虽然称谓上有别，但其均是以承认债权意思、否定物权意思为前提。换言之，他们均将我国物权变动模式中的主观方面解释成债权意思。

（2）物权意思表示说

物权意思表示说主张应将我国物权变动模式中的主观方面解释成物权

---

① 崔建远：《物权法》，中国人民大学出版社2009年版，第49页。
② 梁慧星：《物权法》，法律出版社2010年版，第83页。
③ 王利明：《物权法论》（修订二版），中国政法大学出版社2008年版，第58页。

意思，即将意思主义模式的物权变动解释为物权意思主义，将形式主义模式解释成物权形式主义。如董学立认为我国《物权法》所规定的物权变动模式是一种之前没有被发现的物权变动新模式。具体而言，其认为就物权变动模式的意思要素而言，《物权法》第15条对区分原则的明文规定，在事实上承认了引起物权变动的意思表示是当事人的物权意思。因此主张我国《物权法》确立了物权意思+公示生效和物权意思+公示对抗两种物权变动模式。① 葛云松亦认为，采意思主义模式的物权变动，只有解释为物权意思主义，才能够圆满地说明其构成要件，才能体现出对物权人处分其权利之自由的尊重以及意思自治原则的贯彻。债权意思主义会导致巨大的法律漏洞，有时则相当于强迫当事人必须先行负担债务才能够进而导致物权的变动，违反了意思自治原则，有时则必须通过高度的拟制才能够求得逻辑贯彻，舍简求繁，殊不可取。②

2. 物权变动模式的三元说

物权变动模式的三元说认为我国《物权法》采取了三种物权变动模式。持三元说的王轶认为我国《物权法》确立了多元的物权变动模式，大致可以表述为：以债权形式主义的物权变动模式为原则；以意思主义的物权变动模式和混合主义的物权变动模式为例外。③ 具体来说，债权形式主义的物权变动模式，属于《物权法》中调整基于合同行为发生物权变动法律效果的一般规则。债权形式主义的物权变动模式在立法条文的体现是《物权法》第9条第1款、第14条、第23条的规定。意思主义的物权变动模式属于《物权法》上调整基于合同行为发生物权变动法律效果的例外规则。意思主义的物权变动模式在立法条文上的体现是《物权法》第127条第1款、第129条、第158条、第188条、第189条的规定。

混合主义的物权变动模式是指调整准不动产（特殊动产）物权变动法律效果的模式，体现在我国《物权法》第24条的规定中。该种物权变动模式与债权形式主义的区别体现在船舶、航空器和机动车所有权转移的

---

① 董学立：《论〈物权法〉确立的物权变动新模式》，《法学论坛》2011年第4期。

② 葛云松：《物权行为：传说中的不死鸟——〈物权法〉上的物权变动模式研究》，《华东政法大学学报》2007年第6期。

③ 王轶：《民法原理与民法学方法》，法律出版社2009年版，第183页。

公示方法是登记，因此交付船舶、航空器和机动车并非在采用法定的公示方法，但却是发生船舶、航空器和机动车所有权转移的必要条件之一。该种物权变动模式与意思主义的区别体现在当事人之间存在生效的合同行为，尚不足以引起船舶、航空器和机动车所有权转移的法律效果。① 因此，王将最后这种物权变动模式称为混合主义的物权变动模式。

通过以上论述可知，从数量上讲，物权变动模式存在二元说与三元说，二者的分歧在于如何看待准不动产物权变动的模式。三元说将《物权法》第24条规定的准不动产物权变动模式单独作为一种特殊的物权变动模式，称为混合主义的变动模式，二元说则将准不动产的物权变动模式列入为登记对抗主义当中。② 需要指出的是，三元说虽然在数量上主张《物权法》采用了三种物权变动模式，但是其并不承认物权变动中物权意思的存在，即其仍认为物权变动中的主观方面应解释成债权意思。③

《物权法》第24条规定了准不动产物权变动。表面上看，准不动产物权的变动采用的是登记对抗主义。但是究竟是何种登记对抗主义，仍有分歧。最高院认为，该条是一种建立在意思主义之上的登记对抗主义，即只要当事人缔结了相应合同，物权就可以在当事人之间发生变动，但在登记之前，该项变动不能对抗善意第三人，因此可以称为"合同生效加登记对抗说"④。亦有学者持相同观点，认为只要当事人产生物权变动的意思表示一致，物权变动即可完成，无须强制登记，但是不经过登记的物权变动不能对抗第三人。⑤ 全国人大法工委编写的书中则认为《物权法》第23条的规定亦可适用于准不动产物权变动，因此，准不动产物权变动应适用交付生效主义，未经登记不得对抗善意第三人。此观点可以称为"交付生效加登记对抗说"⑥。学者多支持"交付生效加登记对抗"，认

---

① 王轶：《民法原理与民法学方法》，法律出版社2009年版，第186页。
② 崔建远：《物权法》，中国人民大学出版社2009年版，第50页。
③ 王轶：《民法原理与民法学方法》，法律出版社2009年版，第186页。
④ 最高人民法院物权法研究小组编：《中华人民共和国物权法条文理解与适用》，人民法院出版社2007年版，第114页。
⑤ 孙宪忠编：《中国物权法——原理释义和立法解读》，经济管理出版社2008年版，第158页。
⑥ 胡康生编：《中华人民共和国物权法释义》，法律出版社2007年版，第30页。

为准不动产物权的变动以交付为生效要件,以登记为对抗要件。①

还有学者对物权变动规范模式的分析框架进行了重构,其认为,在物权行为维度上,既然《物权法》中没有条款明确规定物权变动必须有独立的物权行为作为其要件,那么,在进行法律解释时似乎也没有充分的理由得出如下解释结论:根源于债权行为的物权变动以存在独立的物权行为为法定生效要件。在公示维度上,《物权法》兼采公示生效主义、公示对抗主义与无须公示主义。据此,可以把我国《物权法》中的物权变动规范模式定性为"物权行为否定与公示大折衷主义"②。

(三) 简要总结

从解释论的角度看,我国学者关于我国《物权法》采取了何种物权变动模式的讨论呈现出两个现象。一是我国学者关于我国《物权法》采取了何种物权变动模式虽然仍有较大的分歧,但是有一点是相同的,那就是多数学者放弃了单一的物权变动模式,认为《物权法》采取的是一种二元或三元的物权变动模式。不过,亦有人对《物权法》确定了多元的物权变动模式提出质疑,认为应该采用单一的物权变动模式。如有人认为《物权法》同时采用公示生效主义和公示对抗主义两项物权变动规制模式,公示对抗主义是与债权意思主义物权变动模式相伴随的,这一模式削弱了公示生效主义所产生的公信力,直接导致同一物上物权的冲突与对抗,造成了物权法的体系性矛盾。在物权法中应当摒弃公示对抗主义而单采公示生效主义。③ 还有人支持此种观点并认为,意思表示引起的物权变动模式体现民法典的逻辑点。民法典或以债的效力为逻辑点,或以债的履行为逻辑点。逻辑点不清晰或有多个逻辑点都将产生民法典的体系和逻辑问题。我国《物权法》规定了两个逻辑点,这将对我国未来民法典体系的协调制造障碍。④ 在《物权法》通过之前,学者们多是从比较法的角度

---

① 汪志刚:《准不动产物权变动与对抗》,《中外法学》2011年第5期;崔建远:《再论动产物权变动的生效要件》,《法学家》2010年第5期。
② 杨代雄:《物权变动规范模式分析框架的重构——兼及我国〈物权法〉中物权变动规范模式的解读》,《当代法学》2009年第1期。
③ 向逢春:《质疑我国物权法中的二元公示主义》,《武汉大学学报》(哲学社会科学版)2011年第1期。
④ 周喜梅:《我国未来民法典不宜采两元物权变动模式》,《学术论坛》2010年第2期。

主张我国该采取何种单一的物权变动模式,但是在我国《物权法》通过之后,我国学者对于物权变动模式的研究更加的注重法条之规定。另外,我国在讨论物权变动模式时,出现了针对具体类型的物权变动分别谈论该情况下的物权变动模式的现象。比如,在论述我国准不动产物权变动的模式时,不同种类的准不动产物权变动所适用的规则是不同的,其中,所有权转让适用的是第 24 条的"交付生效加登记对抗主义",抵押权设立适用的是第 188 条的"合同生效加登记对抗主义",质权设立适用的是第 212 条的"交付成立主义"。① 亦有人分别论述动产物权变动和不动产物权变动的生效要件问题,这些现象都表明,我国关于物权变动模式的研究将走向专业化、细致化的道路,也表现出我国《物权法》通过之后,我国物权法学的研究更加成熟。

通过以上论述可知,三元说将《物权法》第 24 条规定的准不动产物权变动模式单独作为一种特殊的物权变动模式,称为混合主义的变动模式,认为这种变动模式既不同于债权形式主义的物权变动模式,亦不同于债权意思主义的物权变动模式。二元说则将准不动产的物权变动模式列入登记对抗主义当中。笔者认为准不动产的物权变动具有特殊性,论述我国准不动产物权变动的模式时,不同种类的准不动产物权变动所适用的规则是不同的,如所有权转让、抵押权设立、质权设立的规则并非一致,因此,准不动产物权变动的模式不是单一的,而具有多元性。从这个角度看,将它单列,并称为混合主义的物权变动模式较为合理一些。

第三节 不动产的登记

一 立法论

(一)主要争议问题

不动产登记,是指登记机关根据当事人的申请并经审查,对不动产物权的设定、变更、转移、消灭等事项登录记载于特定簿册的事实。随着对不动产的重要意义认识的增强和国家管理上的需要及登记制度的发达,现

---

① 汪志刚:《意思主义与形式主义对立的法理和历史根源》,《法学研究》2010 年第 5 期。

今各国法律上均对不动产登记的机关、登记的程序、内容、效力等作出明确的规定，建立了较为完善的不动产登记公示制度。不动产登记不仅是国家对不动产进行行政管理、课征税赋等的依据，也是表彰不动产物权及其变动状况的法定公示手段和维护不动产秩序和交易安全的有效措施，是不动产物权获得法律承认和保护的基本依据。因此，不动产登记制度在物权法上具有重要的意义。我国《物权法》中也明确规定了不动产物权登记制度，该法第9条规定："不动产物权的设立、变更、转让和消灭，经依法登记，发生效力；未经登记，不发生效力，但法律另有规定的除外。"对于因法律行为引起的不动产物权变动，我国《物权法》确立了以登记生效主义为原则，以登记对抗主义为例外的物权变动模式。这要求不动产的物权变动原则上要以登记作为不可或缺的要件。由此，登记在不动产物权变动中扮演着不可或缺的角色。

但是，鉴于我国不动产登记的传统和现状，从立法论的角度看，人们对不动产登记机构、登记行为的性质以及登记资料的公开程度等方面存在着较大分歧。对于登记机构应实现统一人们已达成共识，但是统一于何处，人们存在分歧；在性质上存在民事行为说、行政行为说和双重行为说；在登记材料的公开程度方面，有人认为应向全社会公开登记信息，而有人则认为只需向利害关系人公开登记信息即可。另外关于预告登记，学者也多有讨论。

（二）各种观点

1. 不动产登记机构之争

在我国物权法制定中，学者们一致主张采行统一登记制，实现登记机关、法律依据、登记程序、登记效力、权属证书、收费标准等的统一。在2015年以前，我国的不动产物权登记制度采分别登记制。不同的不动产物权，由不同的机构负责登记，形成了不动产登记机构与行政管理机关的职能相对应的多头管理、分别登记体制。"分别登记制"产生了很多弊端，增加了交易成本，降低了交易的效率。最重要的是，多头登记往往会造成登记职责的交叉、重合，从而对交易秩序和交易安全产生妨害，导致登记的物权变动公示作用和公信力明显不足。鉴于实践中出现了诸多问题，有必要借鉴国外经验完善我国的不动产登记制度。2015年，国务院颁布《不动产登记暂行条例》，标志着我国统一的不动产登记制度正式开始建立。在统一的不动产登记制度之前，虽然学者们一致主张采行统一登记制,但是就登记机关统一于何处,仍存争议。主要有以下几种观点。

(1) 法院登记说

"梁稿"中认为,登记机关应统一在法院。原因有二,一是以建设部管理下的房地产部门系统作为登记机关,是以房产为基准的登记,其内容不能概括不动产的全部,无法容纳最为重要而且是基础不动产性质的土地登记;另外,该登记只涉及城镇,辐射不到农村。故以建设部门属下的"房地产登记(只有房产而无地产的登记)"不能满足物权公示的要求。二是现在属于国土资源部的原土地管理部门的登记可以辐射到中国城乡全部土地,在范围上可以满足要求,而且我国台湾地区的不动产登记就是以土地登记为基础。但由于中国土地登记制度恢复较晚,其地籍资料不太完善。由于部门利益的关系,将不动产登记纳入土地登记的做法将遭到房产登记和林业登记等部门的反对。① 因此,其认为将不动产登记机关确定为县级人民法院,使中国的不动产登记直接与国际上常见的司法机关登记相统一。

(2) 行政机关登记说

这种观点认为,首先,将法院作为登记机关对法院而言,工作负担过重。尤其是要让它承担登记的实质审查工作,将迫使法院投入大量的人力和物力来从事登记工作。其次,在物权发生争议的情况下,法院也不会轻易改变登记的错误。且错误登记的追责机制,将会成为法院主动纠正自己在登记中的错误的最大障碍。最后,许多学者认为,不动产登记是国家对不动产市场进行监督管理的重要手段。因此持这种意见的学者认为应该由统一的行政机关承担物权登记工作。② 但是"王稿"仅原则性地规定了不动产登记,由不动产所在地的登记机关统一管辖。③ 未对登记机关统一到何处作出规定,其原因在于不动产登记机关如何统一的问题取决于诸多非学术性的现实因素,因此不宜由民法典贸然加以规定。有学者认为,就目

---

① 中国物权法研究课题组(负责人:梁慧星):《中国物权法草案建议稿:条文、说明、理由及参考法例》,社会科学文献出版社2000年版,第142页。

② 王利明主编:《中国物权法建议稿及说明》,中国法制出版社2001年版,第186—187页。

③ 王利明主编:《中国民法典学者建议稿及立法理由:物权编》,法律出版社2005年版,第28页。

前实际情况来看，统一于行政机关的可能性比较大，但是必须厘清行政职能与登记职能的区分，最好是设立一个专司登记的地政局之类的行政机构。①

（3）公证机构登记说

还有学者认为应该由公证机构来承担登记工作。其认为我国应借鉴国外公证前置的立法例，将公证机关作为专门登记机关比较适合。理由如下：一是我国公证机关的性质既是司法行政机关，有行政管理性质，又有事业中介性质（不少地方公证机关已改制），符合登记行为公正、公信的要求。二是公证机关的设置全国各县市均有，具备可行性，既符合《物权法》第10条"由不动产所在地的登记机构办理"的规定，也便于当事人登记、查阅复制资料。三是公证人员具有法律知识，具备办理登记的条件。四是有利于行政机关转变职能，精简机构，减少国家开支。② 但是也有学者认为，如果登记机关完全是一个中介机构，在性质上是一个民间组织，尽管有利于防止行政权对民事权利的不正当干预，但也会带来新的问题：一方面，不能借助于行政权力来进行登记的实质审查工作，缺乏一定的权威性；另一方面，在登记申请人从事虚假登记的情况下，对其实施行政处罚将会遇到一定的困难。③

2. 不动产登记行为的法律性质之争

（1）民事行为说

该说认为房地产登记的性质应为民事行为，其理由是：第一，登记行为源于登记申请人的请求行为，该申请权及所为的意思表示当为民事领域范围。第二，登记的功能主要表现为权利确认功能和公示功能，其本质是为了确保房地产权利人的合法物权，承认并保障权利人对房地产的法律支配关系，以及保护交易的安全和稳定而设计出来的法律制度。第三，从世界范围内看，诸多登记行为产生的诉讼，当事人向法院提起的是民事诉讼，而非国家赔偿之诉；登记机关所承担的

---

① 申卫星：《内容与形式之间：我国物权登记立法的完善》，《中外法学》2006年第2期。

② 高洪宾：《我国不动产登记制度若干问题探讨》，《法治研究》2008年第1期。

③ 王利明：《试论我国不动产登记制度的完善》（下），《求索》2001年第6期。

赔偿责任为民事责任，而非国家责任。第四，登记与交付是物权变动的公示方法，也是民法物权法的重要内容，动产的交付是典型的民事行为，与之并列的不动产登记如果定性为行政行为，则不伦不类。第五，在国际上，很多国家也将不动产登记的性质界定为民事行为，登记是民法不可缺少的组成部分。① 还有学者认为，登记在性质上为私法行为当无异议，其特殊之处在于其是国家设立的担负公共职能的机关参与的私法行为。故此，立法者应注意登记之私法属性及保护交易安全之功能，应摒弃批准式的行为观念，剥夺登记机关之行政特权，确立其为法律服务、为当事人服务的立场，这对中国真正登记制度的建立具有指导性意义。②

（2）行政行为说

该说认为不动产登记是一种行政行为。③ 理由是：第一，不动产登记是一项必须由不动产登记机关行使的公权力行为。第二，不动产登记行为是国家行政权力的一部分，体现了一定的强制性。登记并非源于当事人的自愿委托而是来源于国家行政权，申请人必须依法向登记机关申请登记，否则其不动产的相关权利便得不到法律的有效保护。第三，不动产登记行为是对不动产物权的确认与宣告，是根据客观事实和法律规定决定的行为，必须严格按照法律规定和有关规范进行。④ 就行政行为的具体类型，有学者进一步明确指出，基于现代行政法上的行政行为原理，不动产登记行为宜界定为行政事实行为。⑤

（3）双重行为说

该说认为，将登记归结为行政行为或一般私法行为都不妥。将登记行为视为绝对的行政行为，忽视了登记行为的动因和效力都是私法上的要素。将登记行为归结为绝对的私法行为也有失偏颇，因为失去了国家公权力的登记将无法取得最高层次的公信力。将登记行为视为一种双重混合行

---

① 陈耀东：《商品房买卖法律问题专论》，法律出版社2003年版，第285页。
② 王洪亮：《不动产物权登记立法研究》，《法律科学》2000年第2期。
③ 陈华彬：《民法物权论》，中国法制出版社2010年版，第117页。
④ 王达、于静：《〈物权法〉中不动产登记的行政法效力及其赔偿问题》（上），《中国房地产》2007年第7期。
⑤ 章建生：《行政不动产登记行为的性质及其效力》，《行政法学研究》2019年第5期。

为，体现了国家公权力与私权利的结合。① 亦有学者认为，不动产登记行为是国家登记机关依相对人申请就物权变动事实进行审查、记载的行为。登记行为不是纯粹的私法意义上的意思表示行为，也不是一个纯粹的公法意义上的"意思表示行为"（行政行为），而是由两个不同性质的"意思表示"相互作用结合成一个行为。

3. 关于登记信息的查询

基于物权公示原则，登记的物权变动情况应当公开，允许查询、复制。但在物权法立法中就究竟哪些人可以申请查询和复制登记的信息资料，有不同的意见。

一种意见主张登记资料对全社会公开，任何人都可以查询。如果只允许权利人和利害关系人查询、复制登记材料，公示范围过窄，降低了登记作为物权公示手段的价值，会损害登记保护交易安全的功能，损害当事人及利害关系人的合法权益。② 有学者认为，不动产登记的目的在于公示。对不动产登记的查询是实现公示的重要途径。我国《物权法》对查询主体作出限制，违背了不动产登记的本质要求，应当修正为任何人均可依法查询登记内容。③

另一种意见主张允许权利人和利害关系人查询、复制即可而无须对全社会公众公开。此种主张认为要对当事人的隐私进行保护。为了谋求隐私权保护和交易安全保护的平衡，奉行有限公开的原则，也许更为妥当。④

有学者认为在登记查阅范围上，必须兼顾隐私权的保护和登记公信力两种利益的平衡。其认为，登记簿设立的初衷就是使物权为公众所知，以鼓励不动产交易，对于查询人的范围不宜作过多限制。当然，也确实有必要对当事人的隐私给予适当的保护。在我国，如果要保护隐私的话，不应当对进入查询设置过高门槛，而是应当把它放在进入查询程序后规制，如只披露与物的事实状态和存在的与负担有关的事项，而对涉及权利人个人

---

① 朱岩、高圣平、陈鑫：《中国物权法评注》，北京大学出版社 2007 年版，第 120 页。
② 谭启平：《我国不动产物权登记制度的反思与构建》，《河北法学》2005 年第 8 期。
③ 黄莹、吴鹏：《论不动产登记的查询主体》，《法学评论》2009 年第 3 期。
④ 孙鹏：《物权公示论——以物权变动为中心》，法律出版社 2004 年版，第 179 页。

的信息不予披露。①

考虑到必要性和实际价值,《物权法》中最终确定"权利人和利害关系人可以申请查询、复制登记资料"。当然,查询、复制登记资料也是要有一定程序的;登记的结果信息之查询、复制相对宽松,而登记原始资料则一般只供权利人及其授权的人、国家安全机关、司法机关、纪检部门等查询。

4. 关于预告登记

关于预告登记的性质,有学者认为,预告登记所保障的是针对物权变动的债权请求权;经保障后的此项债权请求权则被赋予了一定的物权效力。这种物权效力在此体现为物权的绝对效力,具体包括权利人所享有的处分或继受保护、诉讼保护以及对抗破产及强制执行的能力。但由于支配性之缺乏及其从属性,预告登记始终保持着债权性。预告登记属于"债权物权化"现象之一种类型。②

另有人则对《物权法》的规定提出了批评,认为预告登记使所登记的权利具有物权的排他性,但其性质仍为债权。《物权法》规定可纳入预告登记的仅限于将来发生不动产物权变动的债权请求权,其适用范围过窄,应予适当修正。《物权法》未能就预告登记保全顺位效力进行规定,属法律漏洞,应予填补。《物权法》规定的预告登记失效的3个月期间过短,应修改为2年方为合理。③

关于预告登记的范围,有学者在物权法出台之前指出预告登记应适用于下列情形:①不动产物权的设定、移转、变更或消灭的请求权;②附条件或者附期限的不动产物权请求权;③有关的特殊不动产物权,如建筑工程承包人的优先受偿权、优先购买权等。④ 还有学者于《物权法》出台前认为,经预告登记后的请求权本质属性仍为债权;预告登记

---

① 申卫星:《内容与形式之间——我国物权登记立法的完善》,《中外法学》2006年第2期。

② 金可可:《预告登记之性质——从德国法的有关规定说起》,《法学》2007年第7期。

③ 侯国跃:《论不动产预告登记——以我国物权法第20条为中心》,《河北法学》2011年第2期。

④ 房绍坤、吕杰:《创设预告登记制度的几个问题》,《法学家》2003年第4期。

后发生的中间处分行为应为效力待定的行为；可为预告登记的应是变动不动产物权的请求权，或者该请求权附有条件或期限，或者该不动产物权指向的物为未来的不动产，飞机、船舶、汽车等特殊动产准用不动产的规定。①

最后通过的《物权法》仅在第 20 条对预告登记进行了规定，其适用范围比学者之前呼吁的要窄。预告登记制度跨越物权、债权两大领域，且内容涵括实体法和程序法，我国物权法对此仅以一个条文来表达，未免有些粗略。

5. 民法典立法过程中的相关争议

关于不动产登记制度的立法体例问题，有学者认为《物权法》以一节独立规定不动产登记，是《物权法》立法时的权宜之计，是"适应现实需要的、务实的立法选择"。但在《不动产登记暂行条例》已经颁行，不动产登记程序法已完全走向独立化、系统化的新的立法格局下，民法典物权编没有必要再行规定不动产登记程序法的内容，而应仅规定登记实体法的内容。该学者还建议，物权编立法要处理好物权编总则部分不动产登记的一般规则与各分则部分不动产登记规则的关系。对于分则部分，应仅规定登记生效主义的例外规范，而不应在重复规定登记生效的不动产物权变动情形。②

但有学者提出，应以编纂民法典为契机，对不动产登记制度进行完善。具体内容包括引入替代审查机制，对于登记机构无权或无力审查的内容，应当交由有权部门或者具有相应资质的中介机构先行加以实质审查，而由登记机构对其审查的结果加以形式审查。应当进一步完善更正登记和异议登记制度，为当事人提供必要的救济渠道。③

关于预告登记，有学者认为预告登记在物权法中有基础性意义，民法典物权编应当弥补《物权法》的立法缺失，对预告登记的效力问题作出

---

① 杨立新、宋志红：《预告登记的性质、效力和范围探索》，《法学杂志》2006 年第 4 期。

② 朱广新：《民法典物权编编纂的历史与体系思考》，《吉林大学社会科学学报》2019 年第 1 期；朱广新：《民法典物权编总则的三重体系透视》，《河南师范大学学报》（哲学社会科学版）2019 年第 1 期。

③ 尹飞：《不动产登记行为的性质及其展开——兼论民法典编纂中不动产登记制度的完善》，《清华法学》2018 年第 2 期。

规定。该学者建议，物权编有必要全面规定预告登记具有保障债权实现的效力、对抗第三人的效力、限制物权处分的效力、确定权利顺位的效力。① 还有学者建议，在民法典物权编编纂过程中，预告登记的法律效力应理解为：未经预告登记的权利人同意，再行处分不动产物权的，预告登记的权利人有权主张损害其合法权益的行为不发生物权效力。②

（三）简要总结

在 2015 年以前，中国不动产的登记机构除了国土资源部和建设部外，还有农地、林地、水资源、草原等主管部门，各个机构之间"分庭抗礼"的问题比较严重。2015 年《不动产登记暂行条例》的颁布，结束了我国不动产登记"多头管理"的问题，规定由国土资源部门成立专门的不动产登记部门，负责统一的不动产登记工作。未来必须最大程度地降低不动产登记的收费标准，通过减轻权利人的登记负担促进其登记的积极性。③

但是，关于登记机关和相关制度，必须认识到的是，城市房地产以及农村的耕地和房地产（主要是宅基地）的统一相对容易，也是可行的，而如矿产、飞行器等特种物权的登记则仍需要专门法律制度和机关予以规定和处理。

不动产登记行为的法律性质之争，笔者认为不动产登记行为是对当事人的合意与申请登记的基础法律行为起辅助作用的补助行为，尽管其中有一定的行政因素和管理成分，但就物权登记行为的整体构造、主要功用、基本性质而言，应属私法上的行为。④ 将其定位为私法上的行为，可以妥善解决登记机关与个人共同侵权时的责任竞合问题。

近些年的物权法研究中，受不动产登记的影响，对物权程序性规范的研究开始崛起。从以上学者们的讨论中亦可以看出，围绕不动产登记的讨论，多是登记程序问题。有学者认为，物权规范包括实体性规范和程序性

---

① 王利明：《论民法典物权编中预告登记的法律效力》，《清华法学》2019 年第 3 期。

② 包晓丽：《预告登记法律效力之理解与完善》，《重庆社会科学》2019 年第 11 期。

③ 渠涛：《关于中国物权法制度设计的思考》，载渠涛主编《中日民商法研究》（第三卷），法律出版社 2005 年版，第 100 页。

④ 刘保玉：《不动产登记机构错误登记赔偿责任的性质与形态》，《中国法学》2012 年第 2 期。

规范。以往的研究多侧重物权实体性规范的研究，而忽略了物权程序性规范的研究。实际上，二者之间既相互区别，又有紧密的联系。诚如孙宪忠所言，与不动产登记有关的规则就由两大部分构成，即登记程序和登记实体效果。从各国立法经验来看，前者由不动产登记法来调整，后者由民法中的物权法来调整。① 有人从不动产物权的登记程序中抽离出"物权程序"这一概念，并以之为出发点，探讨正当程序的建构及其效应，使得程序规范和实体规范得到了统一。② 这种研究进路将程序法的理念引入实体法中，实现了程序法与实体法的结合，使物权法的研究突破了原有只侧重实体规范研究的限制，为物权法带来了程序价值。除了常鹏翱所著一书从不动产登记中抽象出"物权程序"外，近年来还诞生了一些专著，均重点关注了作为物权程序性规范的不动产登记的程序问题，③ 颇值得关注。

二 解释论

（一）主要争议问题

《物权法》颁布之后，我国学者关于不动产登记的公信力展开了较激烈的讨论，该讨论多源于我国物权法规定了不动产的善意取得制度。有学者认为我国物权法没有承认登记的公信力，有学者则认为我国物权法中的登记公信力是一种相对公信力。关于登记机构在办理登记时的审查是形式审查抑或是实质审查学者之间也存在分歧。关于不动产物权变动生效时间的确定亦存有模糊之处，需澄清。关于不动产登记机构错误登记赔偿责任的性质，亦是存在多种学说，主要有国家赔偿责任说、民事责任说、双重性质说及责任性质不明说等多种观点。另外，关于异议登记的解释论问题亦有学者关注。

---

① 孙宪忠为《物权程序的建构与效应》一书所作序言，常鹏翱：《物权程序的建构与效应》，中国人民大学出版社2005年版，第8页。
② 常鹏翱：《物权程序的建构与效应》，中国人民大学出版社2005年版；李昊、常鹏翱、叶金强、高润恒：《不动产登记程序的制度建构》，北京大学出版社2005年版。
③ 诸如于海涌博士《论不动产登记》，法律出版社2007年版；程啸博士《不动产登记法研究》，法律出版社2011年版；马栩生博士《登记公信力研究》，人民法院出版社2006年版。

(二) 各种观点

1. 关于不动产登记的公信力

《物权法》通过之后，关于不动产登记的公信力的讨论多与我国《物权法》规定了不动产的善意取得有关。

有的学者认为，相对于德国法上登记的绝对公信力，我国物权法中的登记公信力是一种相对公信力。一方面，《物权法》第106条规定了不动产的善意取得制度，这意味着我国没有采纳德国法那种赋予登记簿以绝对公信力的立法模式，而是通过创设不动产善意取得制度，将登记的公信力予以相对化。另一方面，我国物权法在登记生效要件主义之外，亦规定了登记对抗主义，这实际上亦使得登记在我国不具有绝对的公信力，而仅具有相对的公信力。① 根据其观点，我国采用了登记生效要件主义下的不动产物权的善意取得制度、登记对抗要件主义下的不动产登记公信力制度，二者都是相对化的登记公信力。且认为，在我国，公信力已经被理解为信赖保护的代名词。

有的学者认为，我国《物权法》只承认了不动产的善意取得，否定了不动产登记簿的公信力。② 其认为我国《物权法》第16条第1款的规定反映的是登记推定力，并不是登记公信力。登记公信力与登记推定力是含义不同的两个概念。在德国法上，登记公信力与登记推定力分别由两个条文予以表达。且认为，登记公信力与登记推定力是相互独立的两个问题，不是包含与被包含的关系。登记推定力属于程序法上的证明责任规范，只是推定登记物权与真实物权相一致，确立了举证责任倒置规则。而登记公信力属于实体法上的权利外观规范，强调信赖登记簿的交易第三人可以优先于真实权利人得到保护。登记公信力是在登记推定力基础上产生的，但登记公信力并不是登记推定力的逻辑结果，承认登记推定力不一定承认登记公信力。

有的学者认为我国物权法规定了登记的公信力。认为尽管从立法技术上看，《物权法》第106条第1款对动产与不动产的善意取得的统一规定存在明显不足，但并不能因此就认为我国法上不再承认登记簿公信力与动

---

① 王洪亮：《论登记公信力的相对化》，《比较法研究》2009年第5期。
② 孟勤国、申惠文：《我国〈物权法〉没有承认登记公信力》，《东方法学》2009年第5期。

产善意取得的区分，甚至在对《物权法》第106条进行解释时也刻意抹杀这种区别。其认为，从《物权法》的规定来看，明确区分了登记簿的公信力与动产善意取得。因为我国《物权法》与德国民法一样，在动产的善意取得中引入了诱因原则，这使登记簿的公信力与动产善意取得的理论基础完全不同。①

2. 关于登记机构在办理登记时的审查

我国《物权法》第二章第一节专门规定了不动产登记。登记机构在办理登记事宜中的审查，究竟采用的是形式审查制还是实质审查制抑或其他审查制？这一问题在我国物权法立法过程中有不同的意见和争论，而采用何种审查标准对于登记的公信力、登记的效率和质量以及登记错误的赔偿责任承担等有着重要的影响。从国外立法情况看，登记审查有所谓形式审查和实质审查之分，但对于其区分的标准如何有不同的认识。

有学者指出，首先必须搞清楚实质审查和形式审查的含义，因为对于此二者的争论多半是因为对这两者的区分标准不同而造成的。应当区分的概念是实质审查、形式审查与裁判审查、窗口审查。② 形式审查和实质审查的概念，是表示登记官吏的审查权限的术语，二者的区别，在于登记官吏的审查权限是否及于原因关系，及于原因关系的是实质审查，反之则是形式审查。③ 裁判审查和窗口审查仅仅是审查方法的差异，即裁判审查是指登记人员对登记的各项内容详加调查，窗口审查则指确定关系是否践行了必要的形式。有学者认为，登记机关的能力是有限的，如果裁判审查的话，必然造成登记效率低下，审查所耗费的成本又要转嫁到申请人的身上，对于登记的积极性是一个打击，也容易滋生各种腐败，还有对当事人的意思自治进行干预之嫌。④

值得注意的是，单纯的形式审查和实质审查在效率和准确性两方面各

---

① 程啸：《论不动产登记簿公信力与动产善意取得的区分》，《中外法学》2010年第4期。

② 申卫星：《内容与形式之间——我国物权登记立法的完善》，《中外法学》2006年第2期。

③ 陈华彬：《物权法研究》，金桥文化出版（香港）有限公司2001年版，第300页。

④ 申卫星：《内容与形式之间——我国物权登记立法的完善》，《中外法学》2006年第2期。

有不足，而无论采用何种审查制，其都须兼顾登记审查的效率和登记的公信力之维护，唯其选择的方式有所不同而已。① 有学者建议，为提高效率，降低成本，应参照域外国家的立法实例，建立登记前的公证制度。② 还有人专门探讨公证与物权登记的衔接问题。③ 有学者在《物权法》出台之前主张，登记机关应当仅仅承担形式审查的义务，而不应令其承担实质审查义务，由于登记机关承担形式审查义务毕竟留有不动产登记簿上权利"虚像"和现实中权利"实像"不相吻合的漏洞，但特殊情况下的职权主义实质审查义务、当事人主义的异议登记和更正登记、公证制度和产权保险制度可以很好地填补该漏洞。④

《物权法》第11—13条的关于不动产登记审查的规定，究竟是何种审查制，学界有不同的理解。有的认为，从上述规定中登记机构审查的材料、可以询问申请人、必要时可以实地察看不动产状况以及登记错误的赔偿责任规定等方面看，应当认为采用的是实质审查模式。⑤ 也有的认为其介于形式审查与实质审查之间，但偏重或更接近于实质审查。最高院的法官认为，对《物权法》和建设部《房屋登记办法》相关规定进行规范分析可知，我国房屋产权登记的审查方式为实质审查。房屋登记审查方式本质上虽属实质审查，但实质审查的程度因登记种类不同有所差别。对于房屋所有权初始登记，负有一般谨慎注意义务的实质审查。对于房屋所有权转移登记，负有高度谨慎注意义务的实质审查。⑥ 参与立法的同志则认为，立法过程中既没有试图界定什么是实质审查、什么是形式审查，也没有明确《物权法》中究竟采用了哪种审查制，而只是在调研我国不动产登记的实际情况并听取各方面意见的基础上作出了原则规定，目的是使登记机构能够正确、充分履行职责，尽可能地保证如实、准确、及时地登记

---

① 刘保玉：《物权法学》，中国法制出版社2007年版，第93页。
② 申卫星：《内容与形式之间——我国物权登记立法的完善》，《中外法学》2006年第2期。
③ 陈巍：《公证与物权登记制度的衔接》，《法学家》2006年第2期。
④ 朱岩：《形式审查抑或实质审查——论不动产登记机关的审查义务》，《法学杂志》2006年第6期。
⑤ 黄松有主编：《中华人民共和国物权法条文理解与适用》，人民法院出版社2007年版，第80页。
⑥ 曹巍：《房屋权属登记的审查方式研究——以〈物权法〉和〈房屋登记办法〉规范为研究对象》，《法学杂志》2009年第11期。

不动产物权的有关事项，避免登记错误。登记审查制中的诸多具体问题还需将来专门规范不动产登记制度的法律或行政法规加以规定。① 为解决既要保证登记的准确性和公信力，又要提高登记的效率之问题，实践中有的不动产登记部门已在探索建立中介代理制度，而学界则有引入公证机制作为不动产登记的前置程序的强烈呼声。

3. 关于不动产物权变动生效时间的确定

对于依法应当登记的不动产物权设立、变更、转让和消灭发生效力的时间如何确定，有三种认识和做法：一是以不动产物权登记申请日为准；二是以记载于不动产登记簿的时间为准；三是以发放权属证书的日期为准。根据前述申请登记、核准登记、发放证书的意义之不同，并依物权公示原则的精神，《物权法》第14条中明确我国法律上系以登记簿记载的时间为准。

但上述规定尚有三个彼此密切相关的问题值得讨论。其一，其中的"时"是指"日期"还是"时刻"？其二，其中的"发生效力"是指发生什么效力？其三，如有针对同一标的物的数个物权变动申请，则提出申请的时间先后（"登记申请日"或申请登记的具体时间）有无意义？笔者认为，由于按照有关登记规则和实践情况，当事人提出登记申请与登记机构核准登记有一定的间隔，而非即日一并办竣。② 如果针对同一标的物有数个物权变动申请（如欲对不同的人设定抵押权），则登记申请的先后对于各当事人来说无疑是具有重要意义的。有关登记规则中，也有关于同一不动产多次抵押时，应以收到抵押登记的申请先后办理登记的规定。③ 但登记申请日仅对登记机构办理登记和其他知情的利害关系人有优先的效力，而不具有对抗善意第三人的效力。④ 而不动产登记簿记载所发生的效力，是物权变动的效力和公信力。为公平地维护有关当事人的应有权益，一方面应使在先申请者获得在先的登记，同时避免因登记的"时间"以"日"

---

① 胡康生主编：《中华人民共和国物权法释义》，法律出版社2007年版，第48页。

② 《城市房屋权属登记管理办法》第26条、第27条。

③ 1995年9月国家土地管理局印发的《农村集体土地使用权抵押登记的若干规定》第9条。另见孙宪忠《中国物权法总论》，法律出版社2003年版，第223页。

④ 黄松有主编：《中华人民共和国物权法条文理解与适用》，人民法院出版社2007年版，第83页。

为单位而可能发生同日登记即处于同一顺序的情况发生,每一物权变动登记应以登记的"时刻"为准并在登记簿上予以记载,以明确其处于不同顺位。当然,这些问题尚有待专门的不动产登记法加以明确。① 关于我国《物权法》第 14 条规定的登记日该如何确定,还有学者认为应该将登记审查期限的最终日期确定为登记日。②

4. 关于不动产登记机构错误登记赔偿责任的性质

《物权法》第 21 条规定就登记损害赔偿的相关问题做了规定。由于登记的正确与否不仅影响当事人的利益,而且关系到整个社会交易活动的安全与秩序,因此在发生登记错误而给他人造成损失的情况下,有关责任人或登记机构当然应当承担赔偿责任。从实践情况看,造成登记错误的情形既可能是当事人自己的原因,也可能是登记机关方面的原因。因当事人的原因导致错误登记所造成的损失,固应由当事人承担,此点没有异议。在《物权法》立法中,多数意见主张应当规定登记机关的赔偿责任,③ 但对于登记机构错误登记时的赔偿责任性质上究竟是民事赔偿责任还是国家赔偿责任以及赔偿的范围等问题,则有不同认识,形成有国家赔偿责任说、民事责任说、双重性质说及责任性质不明说等多种观点。④

(1) 国家赔偿责任说

主要理由在于:我国的不动产登记机关为国家机关,其责任性质自然应该是国家赔偿责任;不动产登记机关的登记行为是具体的行政行为(或者说是"观念表示"为要素的"准法律行为的行政行为""准行政行为";其类别是"依当事人申请所为的行政行为""行政确认行为"),登记错误就是具体行政行为(或者准行政行为)发生错误,由此造成他人损害,行政机关要承担的自然是行政赔偿责任,应适用《国家赔偿法》

---

① 笔者认为,在制定不动产登记法时,我国专利法、商标法及其实施细则中关于登记申请日及其意义、登记申请日的保留、涂销等规则,可资借鉴和参照。
② 段匡:《对〈物权法〉制定后〈上海市房地产登记条例〉修改中一些问题的探讨》,载渠涛主编《中日民商法研究》(第七卷),法律出版社 2009 年版,第 62 页。
③ 中国物权法研究课题组(负责人:梁慧星):《中国物权法草案建议稿:条文、说明、理由及参考法例》,社会科学文献出版社 2000 年版,第 179—180 页;王利明主编:《中国物权法草案建议稿及其说明》,第 187—191 页。
④ 杨立新:《论不动产错误登记损害赔偿责任的性质》,《当代法学》2010 年第 1 期。

关于行政赔偿的规定,赔偿费用由国家统一支出。持此种观点的法律和司法解释依据主要有:《国家赔偿法》第 2 条、第 4 条;《行政诉讼法》第 2 条、第 11 条;最高人民法院《关于执行行政诉讼法若干问题的解释》第 1 条第 1 款。

(2) 民事责任说

主要理由是:国家赔偿责任说的理由和法律依据并不充分、明确,不动产登记虽然目前是由行政机关实施,但不动产物权登记属于民事权利变动行为、私法行为,基于这种行为产生的不动产登记错误的赔偿责任,宜定位为民事责任;① 属于《物权法》及《侵权责任法》所规定的不动产错误登记责任和用人单位责任,当然应是民事责任。还有许多学者认为,国家赔偿法应定位为民事特别法或侵权责任法的特别法,国家赔偿责任只是民事侵权责任的特殊类型而已。② 持此种主张的法律依据,主要是《民法通则》第 121 条、《物权法》第 21 条和《侵权任法》第 34 条第 1 款的规定。

(3) 双重性质说

双重性质说则主张:不动产登记包括两个行为,一是民事主体的申请登记行为,二是登记机构对申请登记的登记审查行为,前者的损害赔偿责任属于民事责任,而后者承担的责任则属于国家赔偿责任。如有人认为登记行为不是纯粹的私法意义上的意思表示行为,也不是一个纯粹的公法意义上的"意思表示行为"(行政行为),而是由两个不同性质的"意思表示"相互作用结合成一个行为。一个是民事主体的申请登记确认物权的意思表示,是意思自治的表现,其产生的法律后果由民法调整;另一个是国家机关作出的准予或不予登记的"意思表示",是行使管理职权的体现,其产生的法律后果由行政法调整。因民事主体的意思表示(如提供虚假证明材料、隐瞒真实情况等情形)导致登记不成立、无效、被撤销的后果应当由民事主体承担,通过民事诉讼程序救济;而因国家机关的

---

① 王崇敏:《我国不动产登记制度若干问题探讨》,《中国法学》2003 年第 2 期;李明发:《论不动产登记错误的法律救济——以房产登记为重心》,《法律科学》2005 年第 6 期。

② 梁慧星:《中国侵权责任法解说》,《北方法学》2011 年第 1 期;王利明:《侵权责任法研究》(上),中国人民大学出版社 2010 年版,第 133 页;马怀德:《国家赔偿法的理论与实务》,中国法制出版社 1994 年版,第 59 页。

"意思表示"（行政不作为、程序违法、工作人员过错等情形）导致登记不成立、无效、被撤销的后果则应由国家机关承担，通过行政诉讼程序救济。① 此外，还有另一种双重性质说或"责任竞合说"，该说认为：登记机构错误登记的赔偿责任既属于国家赔偿责任，同时也属于民事赔偿责任，依据哪种法律要求赔偿，可由受害人选择。

另外还有学者从区分责任性质与责任承担的角度，认为不动产登记机构错误登记的法律责任具有双重性。民事法律责任与国家赔偿责任是不同分类标准下产生的法律概念，两者之间并非"水火不容"。结合相关法理，以现行法制状况为基础，从解释论的视角对不动产登记机关登记错误损害赔偿责任的性质进行分析，不动产登记机关登记错误赔偿责任的性质应界定为民事法律责任。而从赔偿责任承担的角度分析，其又是国家赔偿责任。②

（4）责任性质不明说

责任性质不明说认为：《物权法》对此责任性质未予明确，而之后颁布的《土地登记办法》《房屋登记办法》及其他机构发布的物权登记规则，也均未明确登记机构错误登记赔偿责任的性质。目前对此问题意见不一致，有待随着行政管理体制的改革进一步明确，目前不宜把登记机构的赔偿责任规定为国家赔偿责任或民事赔偿责任。

有学者认为，不动产登记机构的审查、登记行为虽然含有"行政"与"管理"的成分在内，但其行为的核心内容和基本性质应界定为私法行为、民事行为；不动产登记机构错误登记的赔偿责任也应相应地定性为民事赔偿责任；在登记机构与登记申请人构成混合侵权和共同侵权的情况下，二者应共同承担相应的民事赔偿责任。③ 理由如下：一是不动产物权登记的功能主要限于民事方面，二是不动产登记是不动产物权变动行为不可或缺的组成部分，三是错误登记赔偿制度所要保护的是受害人的民事权

---

① 罗亚苍：《不动产登记若干法律问题研究——基于民商事审判实践的现实思考》，引自中国民商法律网，http://www.civillaw.com.cn/article/default.asp?id=47683，访问时间2016年7月13日。

② 吴春岐：《不动产登记机关赔偿责任性质的解释论研究》，《烟台大学学报》（哲学社会科学版）2012年第1期。

③ 刘保玉：《不动产登记机构错误登记赔偿责任的性质与形态》，《中国法学》2012年第2期。

益，四是将不动产登记错误赔偿责任定性为民事责任的法律依据充分，五是有利于解决诉讼程序方面的龃龉。

关于《物权法》中的不动产登记，除了以上争议外，在《不动产登记暂行条例》颁布之前，还有学者则论证了我国不动产登记制度中的主要缺陷。其认为，我国不动产登记制度的主要缺陷是登记的理论基础不清，登记机构尚不明确，多头管理，范围偏窄，重视城市、忽视农村法律规则之间互不衔接，甚至彼此冲突等问题。①

5. 关于异议登记

异议登记是《物权法》第 19 条第 2 款规定的一种登记类型，它是为了解决更正登记程序较为费时，申请更正的权利人与登记名义人之间的争议一时难以解决时，而由法律确立的一种对真正权利人利益的临时性保护措施。②

关于异议登记的效力，有人认为，异议登记的直接法律效力就是对现时登记权利人的处分权设置了限制，使其在一定的期限内不能按照登记的内容处分不动产物权，以维护事实上权利人和真正的权利状态。③

但是有学者对此提出质疑，认为我国现行的地方性法规和部门规章规定异议登记具有限制处分效力，既不符合异议登记的本质，也有违《物权法》立法本意。异议登记仅应具有暂时击破登记簿公信力的效力，它既不能限制登记权利人的处分，甚至无法推翻登记簿的推定力。④

关于异议登记与财产保全的关系，有学者认为，异议登记与诉讼法上的财产保全制度在功能上虽具有相似性，但两者在启动方式、启动原因、法律效果以及价值理念上均有差异，不应互相替代。在两者关系的处理上，我国《物权法》采用的并行模式相比德国的衔接模式和我国台湾地区的替代模式更具有效率，并能同时兼顾登记权利人和第三人的利益，践

---

① 于海涌：《论我国不动产登记制度中的主要缺陷》，载《私法》（第 7 辑第 2 卷），华中科技大学出版社 2007 年版，第 1—17 页。

② 胡康生主编：《中华人民共和国物权法释义》，法律出版社 2007 年版，第 59 页。

③ 江平主编：《中国物权法教程》，中国政法大学出版社 2007 年版，第 145 页；黄松有主编：《〈中华人民共和国物权法〉条文理解与适用》，人民法院出版社 2007 年版，第 100 页。

④ 程啸：《论异议登记的法律效力与构成要件》，《法学家》2011 年第 5 期。

行了公平价值。在异议登记的法律效果上，宜采事后追索模式。异议登记与财产保全在实践中有产生竞存的可能，应该设置合理的规则加以解决。①

当然，在登记错误时，除了可以申请异议登记，还以申请更正登记。有学者就探讨了登记错误与更正登记的关系。其认为，不动产登记簿错误可以分为权利事项错误与非权利事项错误。权利事项错误意味着登记簿上对不动产物权的归属和内容的记载不正确，而非权利事项错误则是指那些不涉及物权归属和内容的登记簿错误。二者在是否会对物权构成妨害、是否导致善意取得以及更正登记的程序上完全不同。我国《物权法》第19条区分了这两类错误，并确立了不同的更正程序与要件。②

（三）简要总结

对物权登记的公信力问题，我国《物权法》中尽管没有单独的条文专门规定，但却有相关的规定。③ 而在学理和解释上，对此规则均予肯

---

① 刘保玉：《异议登记与财产保全关系的处理模式及其选择》，《法商研究》2007年第5期。

② 程啸：《不动产登记簿错误之类型与更正登记》，《法律科学》2011年第4期。

③ 在我国物权法草案四审稿中，于第5条规定："记载于不动产登记簿的人是该不动产的权利人，动产的占有人是该动产的权利人，但有相反证据证明的除外。"此即所谓不动产登记和动产占有的"权利推定"制度。第22条规定："基于不动产登记簿享有的物权受法律保护，但记载于不动产登记簿的权利人在取得权利时知道或者应当知道权利有瑕疵的除外。"本条规定的是不动产登记的善意保护制度，亦即通常所谓不动产登记的公信力制度。经学界批评［参见梁慧星《对物权法草案（第四次审议稿）的修改意见》，"中国私法网"］，立法机关后来发现并意图避免不动产登记的公信力制度与不动产善意取得制度对同一问题的"重复规定"问题，因而在五审稿中删除了原第22条的规定；在六审稿中，则又将"权利推定"的规定删改为"物权变动应当公示"的规定，最后通过的《物权法》第6条维持了这一规定。本人认为，四审稿第22条基于不动产登记的公信力而取得的规定与不动产善意取得的规定，所欲解决的问题相同、适用的条件相当，依该两项规定对同一问题的处理结果亦完全相同，因而确实存在规则的并用和规定的重复问题。而在立法上及理论上对此问题选用哪一项规则，有不同的做法和主张，物权法草案五审稿、六审稿中为避免与不动产善意取得的规定重复而删除原四审稿第22条的规定，有其合理性。但六审稿在总则编"一般规定"章中删除关于不动产登记与动产占有的权利推定规则，有所不妥。本人认为，如果将此规则与《物权法》第6条关于物权变动应当公示的规定合于一条一并作出规定，似更为允当。

定。对于登记机关的审查是形式审查还是实质审查，根据《物权法》规定来看，我国对于当事人申请的审查，既非形式审查主义，亦非实质审查主义，而是介于二者之间，较为灵活。关于不动产物权变动生效时间的确定，笔者认为，为公平地维护有关当事人的应有权益，首先应使在先申请者获得在先的登记，为了避免因登记的"时间"以"日"为单位而可能发生同日登记即处于同一顺序的情况发生，因此每一物权变动登记应以登记的"时刻"为准。不动产登记机构的登记行为虽然含有"行政"与"管理"的成分，但是笔者认为其行为的核心内容和基本性质应界定为私法行为、民事行为；因此，不动产登记机构错误登记的赔偿责任也应相应地定性为民事赔偿责任。

另外，笔者认为，在对不动产登记加以讨论时，应区分两对概念。一是要区分不动产登记簿与权属证书，二是要区分不动产登记簿与不动产登记行为。

1. 不动产登记簿与权属证书

从《物权法》第14条、第16条至第18条的规定可以看出，不动产登记簿与权属证书是两个相关但不相同的概念：在法律适用时要予以区分。具体而言：不动产登记簿，是登记机构专门登录记载不动产权属和物权变动事项的特定簿册，该登记簿作为登记档案由登记机构管理，是确定物权归属和内容的法定根据。一般认为不动产登记簿具有统一性、权威性、持久性和公开性的特征。[1] 也正是基于这些特性，不动产登记簿只能存放于登记机构并由其妥善保管。不动产权属证书，是在依法办理完登记手续后由登记机构制作、记载登记的主要事项并颁发给权利人收执作为其享有不动产物权的证明书件。不动产权属证书并不具有代表不动产物权的功能，当权属证书中记载事项的内容与登记簿出现不一致的情况时，除有证据证明不动产登记簿的记载确有错误外，应以不动产登记簿的记载为准。[2]

---

[1] 胡康生主编：《中华人民共和国物权法释义》，法律出版社2007年版，第49页；黄松有主编：《中华人民共和国物权法条文理解与适用》，人民法院出版社2007年版，第93—94页。

[2] 黄松有主编：《中华人民共和国物权法条文理解与适用》，人民法院出版社2007年版，第93—96页。

2. 不动产登记簿与不动产登记行为

不动产登记簿是静态的物权公示方法，而不动产登记行为则是物权变动的生效要件。前者涉及实体性的权利义务关系，后者则涉及登记程序问题。不动产登记是个动态的行为或动态的过程，它不能充当物权的公示方法。物权的公示方法应该是具有连续性的一种外观表象。诚如有学者所言，物权公示方法是一种公开的、可识别的、具有可持续性的物权外观。符合这一要求的物权公示方法应该是：动产为公开之直接占有，不动产为公开之登记簿。交付和登记（行政）行为不具有公开性，或为瞬间行为，不是合格的物权公示方法，而且交付与登记（行政）行为根本不可能起到保护交易安全与第三人的作用。[①] 区分不动产登记簿与不动产登记行为对于我们理解物权公示的对象具有重要意义。

第四节 动产的交付

一 立法论

（一）主要争议问题

长久以来，学界都重点关注于不动产物权变动，而对于动产物权变动的讨论则略显单薄。与不动产登记相比，动产交付尽管也包含占有移转的程序因素，但不动产登记中的程序机制更为复杂，需要专门的不动产登记法加以规范，动产的交付规则主要体现在物权法中，并没有另外的程序性规范。

交付是指将自己占有的物或所有权凭证移转其他人占有的行为，简言之，交付即移转占有。一般认为，交付与占有分别从静态和动态两个方面来表现动产物权关系。动产交付为交付的通常和主要情形，故而，除非特别指明，交付一般即指动产交付。动产交付具有以下几个特点：第一，交付的实质在于将动产物权变动情况向社会公众公布，使人们能够从动产的占有情况知道该动产的物权现状。第二，交付的内容是将动产的占有由一方移转给另一方。第三，交付的对象仅限于动产。

至于动产交付的法律效力，在世界上存在两种立法例。一是对抗要件

[①] 陈本寒、艾围利：《物权公示前置主义之构建》，《烟台大学学报》（哲学社会科学版）2011 年第 3 期。

主义，即认为物权的变动，以当事人的意思表示而产生效力，但非经交付不产生对抗第三人的效力。二是生效要件主义。即认为物权变动尤其是所有权的设立、转移和变更，除了当事人的意思表示之外，还必须履行一定的方式。简言之，即在移转占有之前，物权变动不仅不能对抗第三人，在当事人之间也不产生效力。这两种立法例各有特点。前者有利于交易便捷，充分考虑了当事人的意思自由；后者则更有利于交易安全。

在《物权法》颁布实施之前，学者们关于交付的争议主要集中在交付的法律性质，是否应该规定观念交付，即观念交付能否公示物权变动，另外，观念交付能否适用善意取得制度亦是学者们主要讨论的问题。

（二）主要观点

1. 关于交付的法律性质

由于萨维尼是通过对交付的法律性质的界定，即所谓交付是一个真正的契约，而提出了物权行为理论，因此我国民法学者对交付的法律性质的研究多包含在对物权行为理论或物权变动的研究当中。据学者考察，罗马法是一个重具体轻抽象、重实践轻理论的法律体系。古罗马的法学家关注的是具体法律问题的解决方案，而不是抽象的体系建构。罗马人从未系统地去发掘过交付背后的意思因素。在交付行为中发现移转所有权的意思是后世法学的创造，它并不符合罗马法自身的特点。[1] 我国关于交付的法律性质存在事实行为说和法律行为说。

（1）事实行为说

事实行为乃为由法律直接规定其法律后果的表意行为。事实行为说认为："交付仅是一种法律事实，只不过被法律赋予了某种特定的后果，即法律将交付与所有权转移联系起来，以交付作为判断所有权是否移转的界点。"[2] 还有人认为："物权意思虽然客观存在，但不意味着必然与交付、登记结合为一个独立的物权行为，该物权意思实际上被债权意思所吸收，即应当将债权意思和物权意思一体把握。在现实的经济生活中，转移所有权的合意是包括在买卖合同之中的，交付或登记行为只不过是这种合意的落实。"[3] 对交付的法律

---

[1] 刘家安：《交付的法律性质——兼论原因理论的发展》，《法学研究》2004年第1期。

[2] 陈华彬：《物权法原理》，国家行政学院出版社1999年版，第142页。

[3] 马特：《物权变动》，中国法制出版社2007年版，第76页。

性质问题现行立法上并未给出明确答案，在解释上应认为并不存在独立于债权合同之外的物权合意。① 因为物权变动的合意并非只能伴随着交付的事实而生，而是早在交付之前的债权合同中已达成此合意，之所以在合意达成时没有马上发生物权变动的效果，是因为物权与债权是两种不同性质的权利，物权是对物的实际支配的权利，买受人物权的取得通常需要伴随"交付"这一行为才能实现，这一规则实则是来源于生活中的提炼，此处的"交付"无非是对买卖合同的履行行为，而非独立的物权行为。由于考察物权行为的存在是从交付行为入手的，因此认为交付是一种事实行为的学者，自然会质疑物权行为的存在。

(2) 法律行为说

该说的支持者多为肯定物权行为理论的学者。其分析的具体起点是萨维尼"交付是一个独立的契约"的论断。萨维尼正是通过对交付行为的分析，得出物权行为理论的，其认为交付不是一事实行为，而是法律行为，是独立于债权行为之外的物权行为。我国作为法律上的继受国，受德国法影响较大，因此我国亦有学者认为交付是一种法律行为。"在物权法上，作为动产物权变动的公示方式的交付，是当事人有意发生物权变动这种结果的意思表示推动的结果。物权法上所说的交付，是一项独立的法律行为，即关于动产物权变动的物权行为。"② 虽然占有时特定主体支配和控制特定物是一种事实状态，但在物权法中，表明占有移转的交付却并非事实行为，而是一种法律行为。③ 根据这种理解，动产物权变动的当事人如果都是无行为能力人，那么，他们之间所为的交付就是无效的，因为无行为能力人在法律上没有独立的意思表示能力。

当然亦有人持区分论或折衷论的观点，认为在不同的立法例下，交付具有不同的法律性质。其认为交付是不是一个法律行为，并非像肯定论或否定论所任意解释的那样，是一个不证自明的问题。交付是事实行为或是法律行为，因不同立法例上合同的不同而不同。分离主义立法上，交付

---

① 杨海涌：《论动产物权变动的交付——物权法第23条与合同法第133条之比较分析》，《湖南社会科学》2011年第4期。
② 孙宪忠：《中国物权法总论》，法律出版社2003年版，第252页。
③ 孙宪忠编：《中国物权法——原理释义和立法解读》，经济管理出版社2008年版，第155页。

(履行行为)无可争议的是法律行为,并且是物权行为;而意思主义立法上,交付不是物权行为,也不是法律行为。① 这是因为,意思主义的立法上物权变动已经以当事人的合意完成,物权变动与交付行为无关,所以,交付根本不可能是物权行为。另外,在意思主义的立法上,交付的法律意义也是法定的,交付行为所产生的法律效果依法律规定产生,与当事人的意图无关,故该交付行为不但不可能是物权行为,也不可能是其他法律行为,它只是一个移转占有的事实行为。

2. 观念交付能否公示物权变动

关于交付的形态,一般认为交付分为现实交付和观念交付,此外还有种易被忽略的拟制交付。现实交付,即一方将对于动产的直接管领力现实地移转于另一方,亦称直接占有的移转,当然可以公示物权之变动;拟制交付,是指当事人并不现实地移转动产的占有,仅是将该动产的权利凭证(如仓单、提单等)移转给另一方当事人占有。这种交付是动产物权证券化的产物。观念交付是指在特殊情况下,当事人通过特别的约定,并不现实地交付动产而采用的一种变通交付方式。观念交付一般分为三种,简易交付、指示交付和占有改定。观念交付能否作为一种交付手段,公示物权变动,一直存有异议。

在观念交付中的简易交付,受让人已经具有为外界识别的表象,虽无法公示转让人的物权,但可公示受让人之物权。比如有学者认为,在观念交付中,由于简易交付中受让人为物的直接占有人,占有人即为权利人,其公示公信力与现实交付并无区别,其公示力与公信力与现实交付相同。然而,指示交付与占有改定却不能与简易交付平席而坐。② 因此对于简易交付可以公示物权变动争议不大,争议最大的是占有改定和指示交付能否公示物权变动。在占有改定、指示交付情况下,受让人为间接占有人,此时物权公示之表征与物权的真实状态不符,因此其是否具有公示与公信力,在理论上有不同的看法,有的认为不具备完整的公示公信效力;③ 有

---

① 刘文涛、邢军:《交易立法的分离原则与物权行为——谈交付行为的法律性质》,《政法论坛》2000年第6期。

② 杨震:《观念交付制度基础理论问题研究》,《中国法学》2008年第6期。

③ 孙毅:《物权法公示与公信原则研究》,载梁慧星主编《民商法论丛》(第7卷),法律出版社1997年版,第462页。

的认为根本不具有公示公信效力。① 不管怎样，占有改定和指示交付无法具有现实交付般的公示公信力。

反对占有改定和指示交付具有物权变动公示公信力的学者认为我国物权法中不宜规定占有改定和指示交付。动产交付的主要功能是公示，其法律效力有对抗要件主义和生效要件主义之别，有学者主张我国立法应坚持生效要件主义的一贯立场并将之在物权法中作彻底性规定，确认现实交付、简易交付、拟制交付三种交付类型，不规定占有改定和指示交付并给出了五点理由。第一，占有改定不具有占有的公示作用。第二，占有改定的基础是间接占有，而间接占有制度有着不合理性，我国物权法不应确认间接占有制度自然不应承认占有改定。第三，确认占有改定和指示交付不利于交易安全。第四，指示交付对第三人而言过于不公平。第五，物权法不确定占有改定和指示交付并不会妨害社会生活。② 该学者在《物权法》颁布之后亦撰文表达其反对将占有改定和指示交付作为物权变动公示方法的观点，其认为应该区别物权法上的交付与合同法上的交付，在物权法上，交付是物权变动的一种公示方式，而在合同法上，交付则是一种履行合同的行为，占有改定、指示交付不能够成为一种公示方式，但是并不否认这些不能成为物权公示方式的交付类型在合同法中的意义。因此主张尽管我国物权法规定了指示交付、占有改定，但从科学的层面而言，物权法的这一规定是欠妥当的，应当将全部的交付规则规定在民法总则中而不是在物权法中，物权法在物权变动一章中只宜确认现实交付和简易交付作为动产物权变动的公示方式。③ 还有人认为将占有改定和指示交付作为动产物权的变动方法，在法律上产生的效果为：对占有改定，原本具备公示手段的动产物权在变动后失去了公示效果；对指示交付，则是原本就缺乏公示之物权变更为另一同样缺乏公示之物权。而无论是哪一种情况，都构成对物权变动的形式主义的反叛。④ 因此反对占有改定和指示交付作为物权变动的公示方法。

认为占有改定和指示交付不能作为物权变动公示方法的观点均以坚持

---

① 刘保玉：《论担保物权的竞存》，《中国法学》1999 年第 2 期。
② 屈茂辉：《动产交付制度研究》，《中国法学》2002 年第 4 期。
③ 屈茂辉：《动产交付规则的解释与适用》，《政法论坛》2008 年第 6 期。
④ 孙鹏：《物权公示论——以物权变动为中心》，法律出版社 2004 年版，第 226 页。

物权变动的形式主义模式为基点。形式主义的物权变动优势明显，但以意思主义为占有改定和指示交付并非一无是处，其具有促进交易、使交易便捷的功能。在我国物权法制定过程中，梁慧星和王利明分别主持起草的物权法学者建议稿中，均规定了作为观念交付的占有改定和指示交付。法工委的物权法征求意见稿中亦有所规定。肯定占有改定和指示交付可以作为物权变动的公示方法，实际上就承认了物权变动的意思主义。最终通过的我国《物权法》也因观念交付的采行以及其他一些无须外在形式即可变动物权的规定，使得我国物权法中的物权变动模式走向了形式主义与意思主义的折衷或多元模式。

3. 观念交付能否适用善意取得制度

法律上认可观念交付可以作为一种交付手段与观念交付是否适用于善意取得制度是两个问题。观念交付可以作为一种交付手段并不意味着动产善意取得构成要件中的"交付"就理所应当地包括观念交付，其中还涉及许多利益衡量和价值判断。有人认为观念交付既然已经作为一种交付手段得到法律的肯定与保护，在法律的适用上就没有理由"因人而异"，否则便会有悖于我们通常所信守的公平观念，同时背离了法律的"普遍性"与"平等性"原则。① 因而主张为了保护动的安全，有必要扩大善意取得制度适用的范围。

在简易交付、指示交付中，因原占有人均已丧失占有，且占有之变动均得自外部认识，故其适用善意取得并无问题。② 简易交付虽可以适用善意取得，但是并非不作任何限制。只有在事先发生合法转移标的物的直接占有下，在此之后再做物权性质的无权处分，才可能发生基于简易交付发生善意取得的问题。③ 在指示交付下，虽然善意取得制度虽不以让与人直接占有标的物为条件，但为了平衡交易安全与原权利人的利益，在受让人取得直接占有时，可依善意取得制度取得物权。因在占有改定情况下，原占有人的占有没有任何自外部认识的表征，受让人能否善意取得动产的所

---

① 沃耘、金星：《观念交付条件下的善意取得》，《比较法研究》2006年第3期。
② 谢在全：《民法物权论》（上），中国政法大学出版社1999年版，第227页。
③ 朱岩：《〈物权法〉中"交付"的体系解释及其相关疑难问题》，《社会科学研究》2008年第3期。

有权，在学界最有争议。

(1) 否定说

即受让人以占有改定方式取得动产的占有时，无善意取得之适用。原因如下：占有改定乃观念的转移，没有外部象征表明发生了什么交易，很难判断善意取得行为是否存在，通过如此不确实的行为就使原所有人丧失权利，欠缺妥当性。① 占有改定这种交付方式在一定意义上是发生非正常利益变动的温床，为无权处分人侵害他人权益的恶意打开方便之门。一旦采肯定见解，则于受让人受现实交付之前，转让人再行转让的受让人，也主张动产所有权时，何者利益优先，很难有一项妥帖的法政策。② 善意取得虽以保护善意第三人为目的，但仍应在保护交易安全与保护原权利人既得权利静的安全之间加以平衡，从而作出选择。占有改定在占有移转方式中最不明确，以此不明确的方式夺取原权利人的权利，纵为维护交易安全，但对原权利人未免过于苛刻。还有学者认为占有改定不适用善意取得的理由是：其一，占有改定作为交付的方式，其公示作用并不彻底，如果承认占有改定时的善意取得，则可能诱发更多的无权处分，导致问题的复杂性；其二，在占有改定时，让与人仍直接占有标的物，如果原权利人请求让与人（无权处分人）返还标的物，法律并无充分理由不予支持，如果承认占有改定时的善意取得，将出现法律适用上的两难处境。③

我国还有学者认为，善意取得以限制并排除当事人的约定为规则前提，它依靠公信力来切断前手交易的瑕疵，因此只能产生原始取得的法律效果。与此相反，占有改定以扩展当事人的约定为规则前提，当事人之间约定的法律效果等同于物权变动法定形式，因此它只能产生继受取得的法律效果。换言之，善意取得制度对交易安全的保护是有条件的，即善意取得人不能是占有改定人。如果以占有改定方式善意取得，还会产生一个无法调和的矛盾：此时的物权变动到底是基于法定原因发生还是基于法律行为发生？该学者认为，当事人之间包含占有改定的物权合意，只能在传来取得的情形中方可产生效力，在善意取得的情形中则不生效力。占有改定

---

① 肖厚国：《物权变动研究》，法律出版社 2002 年版，第 381 页。
② 王利明：《民商法研究》（第 1 辑），法律出版社 2001 年版，第 300 页。
③ 吴光荣：《论善意取得制度的适用范围——兼评〈中华人民共和国物权法（草案）〉相关规定》，《法律科学》2006 年第 4 期。

的成立，意味着约定排除法定，当事人的意思自治被充分实现；善意取得的成立，意味着法定排除约定，当事人的意思自治被彻底消灭，二者在法理上如水火般不相容，彼此就是天生的反对派。皮之不存，毛将焉附？当事人之间关于所有权移转的约定本已不生效力，关于所有权移转具体方式的约定岂能仍生效力？① 因此，主张《物权法》第106条所言之"交付"应为目的论限缩解释，不能涵括占有改定，占有改定人不能善意取得。

（2）肯定说

肯定说认为占有改定可以构成善意取得。理由是善意取得制保护的是信赖让与人占有之相对人，因此只需已取得占有即可，不应因取得人占有之方式不同。善意取得保护的是第三人的信赖，第三人的占有态样则无足轻重，而且其占有是否可以由外部认识也毫无关系。② 另外，占有之受让并非即时取得本来的要件，而乃取得一般动产物权之生效要件，故其以占有改定方式取得亦无不可。③

（3）折衷说

认为受让人虽得以占有改定方式取得动产物权，但此项权利之取得，须待标的物之现实交付后，方能确定，因而具有不确定性。即受让人和原权利人中，先取得标的物之现实占有者取得所有权，原权利人的所有权，在让与人继续占有动产期间，并不确定丧失。之后，如果原权利人先取得该动产之现实占有，则受让人的所有权丧失；反之，如果受让人先取得该动产之现实占有，则其确定取得所有权，而原权利人确定地丧失其所有权。

针对以上各种学说，有学者分析认为，肯定说剥夺原权利人的权利，对原权利人过于苛刻，毕竟占有改定属观念交付中最不明确之方式，真正权利人与受让人均信赖让与人而使其占有动产，牺牲原权利人的利益有失公平。而折衷说尽管有效地平衡了原权利人与受让人的利益，但原权利人或受让人先取得现实占有时，则确定地取得所有权，受让人或原权利人便确定地丧失所有权。在原权利人或受让人现实占有之前，双方都不确定地

---

① 税兵：《占有改定与善意取得——兼论民法规范漏洞的填补》，《法学研究》2009年第5期；税兵：《占有改定为何不能善意取得——民法方法论的适例》，载梁慧星主编《民商法论丛》（第44卷），法律出版社2009年版，第315页。

② 肖厚国：《物权变动研究》，法律出版社2002年版，第380页。

③ 刘得宽：《民法诸问题与新展望》，中国政法大学出版社2002年版，第371页。

取得所有权，所有权处于不确定状态。况且，受让人后来取得现实占有与通过占有改定受让动产，有着根本的不同，不应将受让人先取得现实占有从而善意取得理解为对通过占有改定善意取得的肯定。否定说既可保护原权利人的权利，同时又能达到折衷说所追求的效果，即受让人只有在取得现实占有时才能善意取得所有权，在此之前，由原权利人享有所有权。①还有学者认为肯定说、折衷说等观点，是以日本法上承认无对抗力之物权的观念相联系的这一点以及所谓物权的"削梨式"移转，在我国法上是不可想象的。② 因而主张否定说。

在该问题上，日本、我国台湾等国家或地区均缺少成文法的规定，只有《德国民法典》第933条对占有改定的善意取得问题做了明确规定，即根据第930条（占有改定）的规定出让的物不属于出让人的，在出让人将物交付于受让人时，受让人成为所有权人，但其在当时非出于善意的除外。从该条之规定可以看出在德国占有改定不适用善意取得。对此项制度设计的理由，德国学者分析，采占有改定的方式交付动产，意味着受让人与真正所有人对无权让与人为同样的信赖，不能厚此薄彼，只有当受让人受让动产的交付，从而完全排除让与人占有时，其占有地位才受到保护。我国物权法基本上属于德国法系，受德国法影响较大。因而，我国学界多持否定说，认为占有改定不适用善意取得。

4. 民法典立法过程中的相关讨论

民法典物权编立法过程中，对于动产交付问题的立法讨论较少。王利明、崔建远对指示交付是否仅适用于《物权法》规定的第三人合法占有的场合提出了质疑，认为《物权法》不当缩限了指示交付的适用范围，对此物权编立法过程中应予纠正。③ 2019年12月公布的民法典草案物权编，采纳了这一立法建议。

还有学者通过对不同立法例中有关占有改定法律效力的相关规则进行考证和分析后提出，占有改定不具备对抗善意第三人的法律效力，与其他观念交付有根本区别。未来民法典物权编应在法律规定中区分占有改定的

---

① 夏凤英：《论观念交付的适用及其效力》，《法学论坛》2004年第3期。
② 叶金强：《公信力的法律构造》，北京大学出版社2004年版，第110页。
③ 王利明：《我国民法典物权编的修改与完善》，《清华法学》2018年第2期；崔建远：《民法分则物权编立法研究》，《中国法学》2017年第2期。

对内效力和对外效力；明确限制占有改定对外效力；将占有改定的适用范围在占有制度的"间接占有"中进行明确规定。①

(三) 简要总结

1. 关于交付的性质

关于交付的法律性质的认定与动产物权变动的模式选择有关。多数学者认为《物权法》没有承认物权行为理论，动产物权变动原则上采用的是债权意思加交付生效的物权变动模式。因此，按照此思路，交付在我国物权法中是履行债权合意的事实行为。

动产物权的公示方法，自古以来即为占有与占有的移转（交付）。这是由于动产的数量难以计数且交易频繁，若均要求登记，既无必要也无可能，更不利于交易的便捷。依一般生活观念和交易习惯，现实占有某物而有所作为者，当然推定占有人为物的权利人；动产物权的变动，也以标的物的现实交付为外观，法律上遵从此观念，因而确认了"占有之所在即为动产物权之所在"的理念。我国《物权法》第23条规定："动产物权的设立和转让，自交付时发生效力，但法律另有规定的除外。"

值得说明的是，登记的公示方法由于有国家行政力量的介入、经过严格的程序并有文字记载，因此所公示的物权状况与真实的物权状况出入极小，准确率较高。而动产占有人占有物的原因很多，占有人未必是享有物权的人，而且占有所公示的物权究竟是何种物权，通常还要以占有人的意思及行为来推断，因此，占有与交付作为物权的享有与变动的外形，其准确率较低，故往往还需考虑一些"参数"（如有无购买发票及其他必要的权利凭证、交易的场所、交易的性质以及受让人有无过失等）以提高其准确性。

应当注意的是，交付当然意味着占有的转移，但单纯的交付本身并不意味着受让人当然能够取得动产上的所有权或其他物权。因为交付的原因很多，可能是出卖、赠与或设定质权，也可能是出借、出租、委托保管等，因此，欲使交付发生物权变动的效果，还需当事人之间有买卖合同、质押合同等转移所有权或设定质权的合意。在附条件买卖或保留所有权买

---

① 靳文静：《我国〈民法典·物权编〉制定中如何对占有改定制度进行完善——从大陆法系立法例进行分析》，《暨南学报》（哲学社会科学版）2018年第7期。

卖中，标的物虽然交付，但其所有权则应待所附条件成就时方为转移。

2. 关于观念交付

观念交付是以间接占有的存在为其前提条件的，在间接占有的情况下，占有与所有权相互分裂，从而动摇了占有作为物权的公示手段的基础。因此，观念交付能否作为一种交付手段，公示物权变动，一直存有异议。但是随着经济的发展，观念交付作为一种变通的交易方式逐渐被法律认可。观念交付以交易的便利与快捷为其制度构建的优先价值选择，克服了严格形式主义交易形式僵化且阻滞财货流通速度的缺陷，同时兼顾到基本的交易安全，在一定条件下实现了法的效率价值与安全价值的平衡与统一。观念交付不仅实现了法效率价值，而且实现了法安全价值。① 我国《物权法》的颁布正式全面系统地确立了观念交付的法律地位。《物权法》第 23 条、第 25 条、第 26 条、第 27 条直接规定了观念交付在动产物权的设立和转让过程中的适用及其法律效力。《物权法》第 25 条规定的简易交付，并非是标的物没有实际交付，而是在物权变动的合意形成前即已先行交付，因此其实际效果与现实交付无异。在这个意义上，也有人将简易交付视为现实交付的一种情况；而前述的拟制交付（《物权法》第 26 条），也有人将其归为观念交付的情形之一。最高人民法院《关于适用〈中华人民共和国担保法〉若干问题的解释》（以下简称《适用担保法的解释》）第 88 条中，对出质人以其间接占有的财产以指示交付的方式设定质权也作有肯定的规定。《物权法》第 27 条也对指示交付做了规定。

观念交付制度已经是我国物权公示法律制度的重要组成部分，根据公示力的强弱不同，对诸观念交付方式适用范围的限定张弛有别，特别是针对占有改定因其公示力最弱而对其适用范围的限定更加严格。根据我国学者的总结，首先，观念交付制度适用于动产自物权的设立、转让及质权的设立；其次，观念交付制度不适用于不动产物权以及除质权以外的他物权的设立与转让。② 由此可见，即使《物权法》承认观念交付可以公示物权变动，但是并非毫无限制。比如，我国《物权法》第 27 条仅仅规定了"动产物权转让时"，可以发生占有改定替代交付的方式，区别于指示交付和简易交付。根据《物权法》的规定，占有改定的方式仅仅可以适用

---

① 杨震：《观念交付制度基础理论问题研究》，《中国法学》2008 年第 6 期。
② 杨震：《观念交付制度基础理论问题研究》，《中国法学》2008 年第 6 期。

于动产物权的转让，而不得利用占有改定的方式设立动产物权。这是出于维护交易安全的考虑，因为从实际效果来看，占有改定是三种虚拟交付中公示性最差的一种。

显而易见，观念交付在现实生活中具有重要的适用价值，其在特定的交易情形下可以简化交易的程序，颇为便捷和经济，有利于减少往返交付所造成的无端损耗。但观念交付中的占有改定与指示交付，毕竟未伴随有标的物占有的移转，因此，不具备完整的公示作用，也不具有公信力。为维护交易的安全，法律上通常有必要对其适用及引起物权变动的效力予以适当的限制。例如，不得以占有改定的方式设定质权；动产善意取得中占有改定的约定不具有对抗第三人和原权利人追索的效力；以指示交付的方式设定动产质权，质权人尚应采取适当措施表彰其权利和控制质物（如粘贴质押封条、在保管人的仓库上加锁等），否则，该质权不能对抗善意第三人。笔者认为，这些做法值得借鉴。①

《物权法》在制定法的层面肯定了作为现实交付变通形式的观念交付，但是观念交付的特殊性使得其在适用时定会存在许多限制，关于观念交付的讨论将继续，且更加深入。

二 解释论

（一）主要争议问题

在物权法制定之后，关于立法论上的争议问题虽然仍在继续，但是不少学者开始从解释论的角度探讨如何适用法律的问题。笔者认为主要有以下三种：一是关于动产交付的"约定例外"规则，二是观念交付是否需要以"依法占有"为前提，三是关于准不动产物权已经登记但未交付的效果。

（二）各种观点

1. 关于动产交付的"约定例外"规则

《民法通则》第 72 条第 2 款及《合同法》第 133 条规定了动产所有权自交付时转移的例外，允许当事人约定所有权的转移时间。但《物权法》第 23 条规定了"法律另有规定"的例外情形，而并未规定"当事人

---

① 刘保玉：《论物权公示原则在物权性质界定与类别划分中的意义——兼评公示要件主义与对抗主义的立法模式选择》，《政法论丛》2007 年第 3 期。

另有约定"的情形。那么,《物权法》第 23 条中的"法律另有规定"是否包含"当事人另有约定"的情形呢？换言之,在动产物权变动中,是否还存在动产交付的"约定例外"规则？

(1) 否定说

该说认为我国在动产物权变动中,已经不存在动产交付的"约定例外"规则,即《物权法》第 23 条中的"法律另有规定"不包含"当事人另有约定"。其理由主要有：第一,《民法通则》和《合同法》颁布在先,《物权法》颁布在后,按照法律适用的基本规则,应当适用《物权法》的规定而不是《民法通则》和《合同法》的上述规定。第二,《民法通则》和《合同法》均没有交付的具体规定,"当事人另有约定"主要是指当事人约定观念交付的情形,而《物权法》已经将这三种观念交付的特殊情形列为"法律另有规定"的范围,因而,不应当再属于"当事人约定"的范围。第三,交付在物权法上的意义不同于其在合同法上的意义,在合同法上的交付不是物权变动的公示方式而是当事人履行合同的行为,"当事人另有约定"除了约定"观念交付"外,还可以约定在标的物交付后的某一时间转移所有权,如所有权保留的分期付款买卖,但此种情形下出卖人向买受人所为的交付不应当成为动产物权包括所有权设立、让与的公示方式。① 第四,"约定例外",会损害交易安全。《民法通则》和《合同法》规定"约定例外"是私法中约定优先于法定原则的体现,是尊重当事人意思的结果。但是这种尊重当事人意思自治的结果就会使占有与所有权公示错位,从而危害交易安全。由于占有对动产物权的公示作用,交付例外应当限定在尽可能小的范围之内,由法律规定即可满足商业实践的需求。② 第五,允许"约定例外",有悖于物权法定主义原则。《物权法》第 5 条明确规定："物权的种类和内容,由法律规定。"根据民法通说,物权内容法定就包括物权变动模式由法律规定,且这一规定具有强行性,不允许当事人以约定的方式排除或变更。③ 在我国物权法已经确定"债权形式主义"为法定物权变动模式之后,仍然允许当事人以合意变动物权,

---

① 屈茂辉：《动产交付规则的解释与适用》,《政法论坛》2008 年第 6 期。
② 高富平：《物权法》,清华大学出版社 2007 年版,第 206 页。
③ 梁慧星、陈华彬：《物权法》(第二版),法律出版社 2003 年版,第 38 页。

就构成了对物权法定主义原则的违反。①

还有学者认为，既然《物权法》排除了当事人约定改变动产物权变动方式的可能，因此，从文意解释的角度出发，不应扩张解释为当事人约定也可以变动动产物权变动的方式。② 其认为《物权法》第 23 条 "法律另有规定" 的情形主要是指两种情况，一是《物权法》规定的三种特殊的不现实交付物的形式。二是动产担保中有关登记的规定。依据《物权法》第 189 条，在动产抵押时，应当依法办理登记，而不采用交付的方法。

由全国人大法工委参与制定物权法的组织人员撰写的《中华人民共和国物权法释义》就明确指出，《物权法》第 23 条规定的 "法律另有规定除外" 主要指的是：第一，物权法第二章第二节对动产物权的设立和转让的一些特殊情况；第二，物权法第二章第三节对主要是非依法律行为而发生的物权变动问题所作的规定；第三，物权法担保物权编对动产抵押权和留置权的相关规定。③ 其实质也支持了否定说的观点，将当事人另有约定的情形包含在法律另有规定的三种情形中。

（2）肯定说

该说坚持认为 "约定例外" 在物权法体系之下仍有存在的空间和必要。在物权法体系之下，债权意思主义仍有存在的空间和必要，其理由有如下几点：第一，《物权法》第 23 条并非闭合型规范。《物权法》生效之后，《民法通则》第 72 条以及《合同法》第 133 条仍为现行有效之法律，《物权法》并未明确排除上述两项法条的效力。④ 在这种情况下，也不能当然适用 "新法优于旧法" 或 "特别法优于一般法" 的法律解释原理。第二，债权意思主义模式符合权利本性和私法自治理念。如果交易活动仅在当事人间展开而不牵涉第三人的话，那么当事人间以何种形式变动物权，均不妨尊重其意愿。第三，允许债权意思主义例外并不足以危害交易

---

① 高富平：《物权法》，清华大学出版社 2007 年版，第 206 页。
② 王利明：《物权法研究》，中国人民大学出版社 2007 年版，第 375 页。
③ 胡康生主编：《中华人民共和国物权法释义》，法律出版社 2007 年版，第 67 页。
④ 《物权法》仅在第 178 条中规定："担保法与本法的规定不一致的，适用本法。" 除此以外，并未对物权变动以及其他内容的法律适用作出规定。

安全，反而会在一定程度上平衡受让人与第三人的利益关系。① 因此，肯定说认为有限的债权意思主义有利于实现私法自治，且并未给交易安全带来额外冲击，没有断然否定的必要。

当然，亦有学者从立法论的角度提出了批判，认为我国《物权法》将"当事人另有约定"的情形排除并没有多大意义。其认为，我国现行《物权法》虽未采用观念交付这些概念，但在《物权法》第 23 条取消原《合同法》第 133 条"当事人另有约定的除外"的规定，而把占有改定等情形下未现实交付亦发生物权变动作为"法律另有规定"的情形，仅仅是偷换了一个概念，完全是多此一举，反倒会增加法律解释适用上的难度。② 因为即便在解释上可以将第 25 条至第 27 条纳入第 23 条中"法律另有规定的除外"的情形，但是在占有改定、指示交付等情形下物权变动效果的发生仍然是当事人意思的力量。

2. 观念交付是否需要以"依法占有"为前提

《物权法》第 25 条和第 26 条分别规定了"简易交付"和"指示交付"，值得注意的是，第 25 条和第 26 条的规范表述中都采用了"依法占有"的表述方式，即"权利人依法占有该动产"和"第三人依法占有该动产"。从制定法的角度看，观念交付需要以"依法占有"为前提。

但是有学者对此提出质疑，认为在非法占有的情况下同样可以发生"简易交付"和"指示交付"③。原因在于，第一，是否采用"简易交付"和"指示交付"完全取决于当事人之间的选择，法律没有必要限制动产交易人通过"简易交付"和"指示交付"的方式降低自己的交易成本。第二，在无权占有的情况下，不排除善意占有人与所有权人通过"简易交付"的方式达成买卖合同或者其他动产物权变动的情况。第三，在无权占有的情况下，同样可以在非法无权占有的情况下发生"指示交付"④。

---

① 韩强：《论动产物权变动规则的"约定例外"》，《政治与法律》2009 年第 6 期。

② 杨海涌：《论动产物权变动的交付——物权法第 23 条与合同法第 133 条之比较分析》，《湖南社会科学》2011 年第 4 期。

③ 朱岩：《〈物权法〉中"交付"的体系解释及其相关疑难问题》，《社会科学研究》2008 年第 3 期。

④ 朱岩：《〈物权法〉中"交付"的体系解释及其相关疑难问题》，《社会科学研究》2008 年第 3 期。

因此主张《物权法》关于"简易交付"和"指示交付"的规定要求"依法占有"过于狭窄，未来的司法解释或者司法实践有必要将"无权占有"的情况也纳入可以适用"简易交付"和"指示交付"的情况中。

崔建远亦认为《物权法》第26条将指示交付限定于"动产由第三人依法占有"的场合，作茧自缚，使一些本应通过指示交付来解决动产物权变动的问题无法如愿，只得先由转让人从占有动产的第三人之处收回，再交给受让人，徒增周折和成本。并从解释论和立法论的角度分别提出了改善意见。在解释论上，应尽最大限度地限缩其中所言"法"的范围，将若干第三人无权占有的情形视为"依法"，而不作为"违法"对待。在这方面，最高人民法院制定物权法的司法解释时可大有作为。站在立法论的立场上，未来修改《物权法》时，应将《物权法》第26条中的"依法"二字删除。①

3. 关于准不动产已经登记但未交付的效果

不动产登记的规则通常亦适用于以登记来管理和公示其物权状况的特殊动产，故而以登记管理的特殊动产，其物权变动规则有别于普通动产。我国《物权法》第24条规定："船舶、航空器和机动车等物权的设立、变更、转让和消灭，未经登记，不得对抗善意第三人。"结合第23条的规定一并理解，应当认为：船舶、航空器和机动车等物权的变动，自交付时发生效力，但未经登记的，不得对抗善意第三人。但是，准不动产已经登记但未交付是否发生物权变动的效果学者之间争议较大。学界目前主要有两种观点。

崔建远认为准不动产物权已经登记但未交付不发生物权变动的效果。因为《物权法》第24条关于船舶、航空器和机动车辆诸物权变动场合将登记作为对抗第三人的要件的规定，不是对《物权法》第23条规定的交付为动产物权变动的生效要件主义的否定，而是对效力强弱和范围的补充，即此类物权变动仍以交付为生效要件，而非以登记作为生效要件。即准不动产交付但未登记发生物权变动，登记但未交付，不发生物权变动。② 屈茂辉亦认为船舶、航空器、机动车物权的设立和转让，自交付时发生效力，并不是在登记对抗主义立法模式下的意思主义的物权变动。换

---

① 崔建远：《再论动产物权变动的生效要件》，《法学家》2010年第5期。
② 崔建远：《再论动产物权变动的生效要件》，《法学家》2010年第5期。

言之，即使适用登记对抗主义，只要法律没有特别规定，准不动产物权的变动还是必须交付，没有完成交付就没有完成其物权的公示方法。① 根据该观点，交付对于准不动产物权变动具有设权效力，登记对于准不动产物权变动具有对抗效力。准不动产已经登记但未交付不发生物权变动的效果。

杨代雄则对《物权法》第 24 条所规定的物权变动模式提出了质疑，认为准不动产物权已经登记但未交付应该发生物权变动的效果，准不动产物权（抵押权除外）的设立与转让实行"交付生效+登记对抗"的规范模式存在一定的缺陷。② 他提出登记与交付都具备公示功能，而且登记的公示效果强于交付的公示效果，因为，登记是由特定的国家机关依据法定职权，按照法定的程序对财产权利及其变动状况予以记载，具有很强的权威性。假如单纯的登记不能作为准不动产物权变动的形式要件，导致已登记未交付时的受让人不能取得准不动产所有权，那就意味着由登记机关所作的本次登记没有任何意义，显然有损于其作为国家机关的权威性以及登记工作的严肃性。

（三）简要总结

关于动产交付"约定例外"规则的讨论，笔者不赞同我国《物权法》将"当事人另有约定"的情形排除并没有多大意义的观点。将占有改定和指示交付等情形下的物权变动列入"当事人的约定"与"法律规定"具有明显的区别。如果是前者，将观念交付情形下的物权变动作为"当事人的约定"看待，那么就等于在形式主义的物权变动模式之外，又承认了意思主义的物权变动模式，考虑到实际生活中"当事人另有约定"情形的大量存在，形式主义的物权变动模式和意思主义的物权变动模式之"原则"与"另外"关系就值得怀疑。但是，如果将观念交付的情形作为"法律规定"的情形，则从法律表面上，虽然该类交付最初源于当事人的约定，但是仍然是法律所承认的一种"交付"，是一种变通的交付形式，这种对交付作扩大解释的结果是守住了动产物权变动中形式主义的原则地位，即使是观念交付，其也是一种交付"形式"。换言之，此种情形下，

---

① 屈茂辉：《动产交付规则的解释与适用》，《政法论坛》2008 年第 6 期。
② 杨代雄：《准不动产的物权变动要件——〈物权法〉第 24 条及相关条款的解释与完善》，《法律科学》2010 年第 1 期。

侧重的是"交付",而非"观念"。由此,笔者认为,是否承认"约定例外规则",可以表现出我国对意思主义物权变动模式的态度。

笔者认为将观念交付的前提限定为"依法占有"不利于商品流通和交易的便捷。赞同未来修改物权法或制定民法典时去掉"依法"的主张。

关于准不动产物权已经登记但未交付的效果,笔者认为船舶、航空器和机动车等准不动产已经办理登记但未交付的情形下,物权变动的效果已经发生,登记权利人可以行使物的返还请求权要求出让人交付船舶、航空器和机动车等准不动产。因为,实践中如果出让人与受让人办理了船舶、航空器和机动车等准不动产的过户登记,表明二者已经就此次交易达成合意。况且,实践中办理过户登记需要出让人的真实出让意思,仅仅受让人到登记机关并不能办理过户登记。因此,在船舶、航空器和机动车等准不动产已经办理登记但未交付的情形下,物权变动的效果已经发生。那么如何协调该结论与第23条的关系?实践中,船舶、航空器和机动车等准不动产已经办理登记但未交付的情形一般是让与人与受让人之间形成了占有改定的约定。因此,出让人并非没有交付,只是没有现实交付,在观念上,其已通过占有改定的方式完成了交付。我国《物权法》第27条肯定了占有改定的交付形态,且该条在解释上属于第23条中的"法律另有规定"的情形之一。因此,认为船舶、航空器和机动车等准不动产已经办理登记但未交付能发生物权变动的效果符合《物权法》第23条的规定。

由此,对于《物权法》第23条的规定,我们可以解释为,当事人如果只订立了合同,但既未交付标的物也未登记的,仅有合同法上的效力;交付了标的物但未经登记的,可以在当事人之间发生物权变动的效力,但不能对抗善意第三人;而如果办理了登记,则具有了完全的物权效力(不论标的物交付与否)。可见,在船舶、航空器、机动车等物权的变动中,交付和登记各有其意义。

第五节 物权保护

一 立法论

(一)主要争议问题

物权的保护是物权法制定过程中的一个重要问题。物权保护,包括私法上的保护和公法上的保护。公法上的保护包括宪法上的保护、刑法上的保护和行政法上的保护；私法上的保护包括物权法上的保护和债权法上的保护。其中物权法上的保护又可以分为物上请求权和物权确认请求权，债权法上的保护主要是指侵权责任的方式。在我国，占有是一种事实，而非一种权利，因此物上请求权又可以分为物权请求权和占有人的物上请求权。

在进行《物权法》以及民法典起草的过程中，围绕着如何设计我国未来物权法上的物权保护制度，民法学界存在意见分歧。学者之间主要有物权的救济模式之争、物权请求权的性质之争、物权请求权的内容之争以及物权请求权是否适用诉讼时效的问题。围绕第一个争议问题，形成了物权请求权模式、侵权责任模式和折衷模式，其中争论的焦点集中在基于侵权请求权与物权请求权之间的关系问题。围绕第二个问题，形成了不同的学说，不同的学者有不同的概括。围绕第三个争议问题，学者之间存有三种类说、四种类说、五种类说以及六种类说。最后，在物权请求权是否适用诉讼时效问题上，同样存在肯定说、否定说和折衷说。

（二）各种观点

1. 物权的救济模式之争

关于物权的救济模式存在三种观点，分别是物权请求权模式、侵权请求权模式和混合模式。

（1）物权请求权模式

该模式主张者为崔建远，他认为应该承认物权请求权的独立地位，把返还原物、停止侵害、排除妨碍、消除危险纳入物权请求权的范围，构建物的返还请求权、排除妨害请求权、消除危险请求权，另外再设置侵权请求权制度，以及不当得利返还制度，共同作为物权的保护制度。在物权遭受侵害或妨害，以及存在妨害之虞的领域内，或者说在物权法和侵权行为法之间的关系上，物权请求权模式应优于侵权责任模式。[①] 并指出把停止侵害请求权、排除妨碍请求权、妨害预防请求权、物的返还请求权，从物权、人格权、知识产权的制度中分割出来，放置于侵权

[①] 详细论述参见崔建远《物权救济模式的选择及其依据》，《吉林大学社会科学学报》2005 年第 1 期；崔建远《论物权救济模式的选择及其依据》，《清华大学学报》（哲学社会科学版）2007 年第 3 期。

行为法中，作为侵权责任的方式不妥当，因而主张须给绝对权配置绝对权请求权，即应将以上请求权作为物权请求权对待，认可独立的物权请求权。① 他进而主张债不一定都具有财产性，侵权行为引起侵权责任，侵权责任关系就是债。中国未来民法典中侵权行为法独立成编不影响其债法性。② 按照此模式，仅需在未来民法典的物权篇规定物权请求权及其相应的返还原物、停止侵害、排除妨碍、消除危险责任，无须在侵权责任法中再予以规定。

(2) 侵权请求权模式

该种模式的主张者为魏振瀛。他认为：与物权请求权模式相反，我国应该单纯地以侵权责任保护物权，而排斥物权请求权的模式。主张应坚持我国目前民事立法确立的物权保护制度的框架，并在进行适度微调的基础上，用基于侵权的请求权取代物权请求权，完成保护物权的任务。他主张侵权行为法律后果的实质是责任不是债，基于侵权行为产生的请求权也并非债的请求权。并主张在我国未来民法典中单设侵权行为编，集中规定侵害各种民事权利的民事责任，包括侵害物权的民事责任。明确提出用基于侵权行为的请求权取代物权请求权，认为将侵权责任做了专门规定后，对物上请求权可不在物权编作为独立的制度规定。③ 另外，他从请求权体系的角度提出我国未来民法典不应规定物权请求权，主张区分原权利的请求权与救济权的请求权，认为原权利的请求权是基于债权产生的请求权，属于救济权请求权的有两类：一类是基于违反债的责任而产生的救济权请求权；另一类是基于侵权责任而产生的救济权的请求权，即物权和人格权等绝对权的救济权请求权。④ 魏振瀛主张应当建立一个统一的民事责任体系，然后通过扩大侵权责任的适用范围取代传统物权法中物权请求权的物权保护方法，物权请求权不具有独立存在的必要，针对特殊救济方式，如

---

① 崔建远：《绝对权请求权抑或侵权责任方式》，《法学》2002年第11期。

② 崔建远：《债法总则与中国民法典的制定》，《清华大学学报》(哲学社会科学版) 2003年第4期。

③ 详细论述参见魏振瀛《论债与责任的融合与分离》，《中国法学》1998年第1期；魏振瀛《论民法典中的民事责任体系——我国民法典应建立新的民事责任体系》，《中外法学》2001年第3期。

④ 魏振瀛：《论请求权的性质与体系——未来我国民法典中的请求权》，《中外法学》2003年第4期。

停止侵害、恢复原状等可以采用无过错的侵权责任。① 王明锁亦持此种观点，其认为民法的物上请求权与侵权请求权有统一的趋势及合理性。应当在《民法通则》的基础上将物上请求权纳入侵权请求权体系，并依此建立起科学统一具有中国特色的物权的民法保护机制。② 按照此种模式，返还原物、停止侵害、排除妨碍、消除危险等民事责任均作为侵权责任的承担方式。因此，侵权责任的承担方式更加多元，其构成要件理论亦变得更加复杂。

（3）混合模式

该模式又称竞合模式，主张一方面坚持我国目前民事立法对物权进行保护的做法，即保留《民法通则》所确立的侵权责任模式，另一方面还要认可独立的物权请求权，共同完成保护物权的任务。③ 在权利的民法保护上，物权请求权的模式与侵权责任的模式各有优点。在未来的民事立法中，二者可以同时规定在民法典的不同部分，以满足不同群体不同层次的需求。④ 按照此种模式，未来民法典的物权法篇应该对物权请求权作出规定，而且侵权责任篇亦应规定侵权责任方式包括停止侵害、排除妨碍、消除危险、返还财产、恢复原状、赔偿损失，即将物权请求权所对应的责任方式亦规定在侵权责任法中，承认物权请求权与侵权责任请求权的竞合。

针对魏振瀛与崔建远就物权救济模式选择问题所作的"论战"，有学者撰文予以评论，认为魏振瀛所坚持的第一种观点与崔建远所坚持的第二种观点，从立法的角度看，在价值判断的结论上并无实际分歧，从法律规则适用的效果看，也不会存在差别。两种观点的差别仅在于停止侵害、排除妨碍、消除危险和返还财产等请求权究竟应该规定在我国未来民法典的

---

① 魏振瀛：《〈民法通则〉规定的民事责任——从物权法到民法典的规定》，《现代法学》2006年第3期。

② 王明锁：《物上请求权与物权的民法保护机制》，《中国法学》2003年第1期。

③ 2002年12月23日提交全国人民代表大会常务委员会进行第一次审议的《中华人民共和国民法》草案即采这一观点，参见梁慧星《对物权法草案的不同意见及建议》，《河南省政法管理干部学院学报》2006年第1期。

④ 许冰梅：《论物权的民法保护方式——徘徊在物权请求权与侵权责任之间》，《法学杂志》2008年第1期。

哪一部分，是物权编中还是侵权责任编中？这是属于立法技术上的分歧。① 接着，崔建远予以回应，认为物权救济模式的选择，不仅仅是把物权救济方式规定在物权编还是侵权责任编的问题，还涉及丰富的、深层次的法理。侵权责任取代物权请求权的模式，会导致物权的追及效力虚化，在出卖他人之物、拾得遗失物、漂流物场合都会面临着尴尬；占有制度会面临着两难境况；侵权责任取代物权请求权的方案，为了修补自身的漏洞不惜大面积地重新界定既有的民法概念、修正既有的民法制度及其理论，结果还是捉襟见肘。总之，它只有缺点，没有任何优点，应予弃之不用。我国民法通则的既有规定并非物权立法必须沿用的充分理由，物权请求权模式在解决个别问题时显现出来的局限性，同时也是侵权责任模式解决它们时的局限性。②

崔建远除了反对侵权责任救济模式，而且亦不支持折衷模式或竞合模式。原因之一是竞合模式把停止侵害、排除妨碍、消除危险、返还财产作为侵权责任的方式，导致了侵权行为法内部的矛盾。原因之二是竞合模式下的侵权责任请求权不如物权请求权对物权人有利。正如王轶所言，如果就将其视为请求权竞合，很难想象会有当事人在保护自己的物权时，会弃简就繁，放弃主张物上请求权，而去选择主张基于侵权的请求权。这样有关基于侵权请求权的相关规定就有沦为具文之嫌。③ 因此，折衷模式不如物权请求权模式对权利人有利。

民法典立法过程中，王轶再次提出，对物权保护立法模式的选择及围绕该问题的争议，或属纯粹民法学问题中的解释选择问题，或属民法问题中的价值判断问题，或属民法问题中的立法技术问题。但基于"我国既有的民事法律传统以及比较法上可资借鉴的探索，我国民法典编纂仍应坚持用侵权请求权取代物权请求权的方案，完成保护物权的任务"④。

---

① 王轶：《物权保护制度的立法选择——评〈物权法草案〉第三章》，《中外法学》2006 年第 1 期。
② 崔建远：《论物权救济模式的选择及其依据》，《清华大学学报》（哲学社会科学版）2007 年第 3 期。
③ 王轶：《物权保护制度的立法选择——评〈物权法草案〉第三章》，《中外法学》2006 年第 1 期。
④ 王轶：《民法典如何保护物权》，《中国法律评论》2019 年第 1 期。

2. 物权请求权的性质之争

物权请求权的性质如何，学说观点颇有分歧，根据我国台湾地区学者关于物权请求权的性质的总结，大致有如下几种不同的见解：物权作用说、债权说、准债权说、非纯粹债权说、物权派生之请求权说、物权效力所生请求权说及所有权动的现象说七种不同的学说。[①]

此外，除了上述关于物权请求权性质的七种表述之外，亦还有一些其他的表述。[②] 我国大陆有人认为物权请求权不是一种独立的请求权，而仅仅是物权的效力或权能的体现，或可作为物权的一种物权保护方法。[③] 有人认为如果采用严格的也是机械的逻辑分析法，物权请求权无论根据其性质还是根据权利分类的规则，都应当列入债权的范围，与契约之请求权、侵权行为请求权、无因管理请求权以及不当得利请求权等一起，从属并列于"债权"这一观念之下。[④] 还以其他一些观点，不一而足。从这些表述当中可见，物权请求权的性质问题争议较大。

根据大陆学者的总结，一般认为主要有如下几种观点：一是物权作用说，此种观点认为物权请求权是根据物权的作用所产生的权利，它是物权效力的具体体现，而非独立的权利。二是债权说，该说认为物权请求权仍然是发生在特定当事人之间的请求为一定行为或不为一定行为的权利，在性质上属于债权，应适用债法的有关规定。三是准债权说，该说认为，物权请求权并非物权本身，而是一种独立的权利。就其仅能对特定相对人行使及仍以请求他人为或不为一定行为为权利内容，极类似于债权，但又非纯粹的债权，又称为准债权。[⑤]

有学者则另辟蹊径，从厘清请求权的含义入手，认为请求权是原权利的救济权，是原权利法律效力的体现，是原权利人寻求法律保护的手段。请求权不同于债权，他们是原权利与救济权的关系。因此主张物上请求权

[①] 谢在全：《民法物权论》（上），中国政法大学出版社1999年版，第38页。

[②] 侯水平、黄果天：《物权法争点解析》，法律出版社2007年版，第155—156页。

[③] 丁文：《物权请求权与我国物权法》，《法学》2003年第3期。

[④] 尹田：《物权法理论评析与思考》（第二版），中国人民大学出版社2008年版，第167页。

[⑤] 王利明：《物权法论》（修订二版），中国政法大学出版社2008年版，第49页。

也是独立于物权和债权的救济权。① 类似的观点还有将物权请求权定义为物权受到侵犯时产生的请求权。此种请求权属于救济权意义上的请求权，从而与原权意义上的请求权即债权迥然不同。② 物权请求权乃为物权保护之目的而独立存在的救济性请求权。③ 这种主张区分原权意义上的请求权与救济意义上的请求权的观点，颇值得注意。

当然，亦存在物权请求权的否定论。该论者认为，物权请求权不过是物权的支配性和排他效力的体现，不采用物权请求权绝不意味着物权人不能主张返还财产、除去妨害和要求他人不作为，采纳了物权请求权，也并没有使物权的恢复或保护有了新的手段和作用。并且，许多物权法著作中关于物上请求权的论述很占一些篇幅，在物上请求权之特点与性质上有不少独到见解，但最终还是没有谁能说清楚物上请求权。④ 因此，该论者主张没有必要规定物上请求权制度。还有学者另辟蹊径，认为物权请求权的定性，需以明晰我国《物权法》对于物权行为无因性的态度为前提，不能一概而论。⑤

以上关于物权请求权的各种观点，虽不无道理，但均难谓准确的定性。其中，完全否认物权请求权的独立性或将物权请求权看作纯粹的债权的观点，不足为取。至于其他诸说，都是从物权请求权的不同方面观察而得出的结论，均有相当的道理，唯着重点不同而已。国内学界的通说认为，物权请求权系以物权为基础的独立请求权。⑥ 理由如下：第一，物权请求权是请求权，而非物权之本体，是与物权相区别的一种独立的权利。第二，物权请求权是物权的救济权，为物权所派生，不能与物权相分离而

---

① 曹治国：《请求权的本质之探析——兼论物上请求权的性质》，《法律科学》2005年第1期。

② 许冰梅：《论物权的民法保护方式——徘徊在物权请求权与侵权责任之间》，《法学杂志》2008年第1期。

③ 辜明安：《物权请求权制度研究》，法律出版社2009年版，第135页。

④ 孟勤国：《物权二元结构论——中国物权制度的理论重构》（第三版），人民法院出版社2009年版，第92页。

⑤ 仇晓洁：《论物权请求权的性质》，《南京政治学院学报》2017年第2期。

⑥ 谢在全：《民法物权论》（上），中国政法大学出版社1999年版，第39页；魏振瀛主编：《民法》，北京大学出版社、高等教育出版社2010年版，第209页；马俊驹、余延满：《民法原论》（上），法律出版社2010年版，第367页；陈华彬：《物权法原理》，国家行政学院出版社1997年版，第100页。

单独存在或转让,而须依存于物权并与其同生死、共命运。第三,物权请求权不同于债权请求权。其虽与债权(请求权的典型形态)有一些类似的属性,但绝不能将物权请求权等同于债权请求权。

当物权受到侵害时,还可能发生物权请求权与债权请求权的并存、竞合与转化问题。当物权标的物受到侵害而不复存在时,物权消灭,此时受侵害的权利人只能请求侵害人赔偿损失,物权请求权彻底转化为债权请求权;当物权标的物虽有毁损但原物尚存时,物权人于要求停止侵害、返还原物、恢复原状的同时,亦得对仍存在的财产损失要求赔偿(该损失包括物被他人侵占或妨害期间用益利益的损失,以及损坏之物经修复后仍然存在的价值贬损等);在所有物被他人非法占有或擅自使用、处分等情况下,则可能发生物之返还请求权与违约请求权、不当得利请求权、侵权损害赔偿请求权的竞合。① 但即使在物权请求权与债权请求权发生并存、竞合的情况下,仍应区别认识与对待性质有异的两种不同的请求权。

3. 物权请求权的内容之争

物权请求权系以排除妨害及回复物权的圆满状态为目的,因此,根据妨害形态的不同,物权请求权也有多种。关于物权请求权的内容包括哪几类,学者之间有分歧,主要有三类说、四类说、五类说和六类说。

(1) 三类说

该说认为,物权请求权分为三类,分别是物之返还请求权、妨害排除请求权、妨害预防请求权。②

(2) 四类说

该说认为物权请求权内容包括返还原物请求权、恢复原状请求权、排除妨害请求权和妨害防止请求权四种权利。③ 换言之,该说认为物权请求权的内容不仅包括上述三种类型的请求权,亦包括恢复原状请求权。

(3) 五类说

该说认为物权请求权的种类包括返还原物请求权、排除妨害请求权、

---

① 梁慧星主编:《中国物权法研究》(上),法律出版社1998年版,第134页。
② 崔建远:《物权法》,中国人民大学出版社2009年版,第113页;刘保玉:《物权法学》,中国法制出版社2007年版,第39页。
③ 方昀、陈文:《"物权请求权"问题之解析》,《武汉大学学报》(哲学社会科学版)2012年第2期。

消除危险请求权、恢复原状请求权和停止侵害请求权。① 该说在前一种学说的基础上又增加了停止侵害请求权。该说认为，停止侵害请求权，虽然《物权法》中没有作出规定，但是《民法通则》第134条第1款规定的承担责任的方式中对停止侵害作出了规定，并且认为停止侵害和排除妨碍请求权是不同的，因此单独作为一个物权请求权的种类。另外，还有一种五类型说，认为我国未来物权法中，物权请求权应分为返还原物请求权、恢复原状请求权、确认物权请求权、排除妨害请求权以及消除危险请求权五种。② 与前一种五类型说相比，该说将停止侵害请求权变成了确认物权请求权。

（4）六类说

该说认为我国法律可以规定的物权请求权应该有确认请求权、返还请求权、排除请求权、清除危险请求权、恢复原状请求权和损害赔偿请求权。③

关于物权请求权内容的四种学说，其争议的焦点之一在于停止侵害请求权是应该单列为一项物权请求权的类型，还是应包含在排除妨害请求权之中；焦点之二是确认物权请求权能否作为一项独立的物权请求权类型；焦点之三是恢复原状请求权是否属于物权请求权；焦点之四是损害赔偿请求权是否属于物权请求权之一种类型。

关于停止侵害请求权，三类说主张将停止侵害请求权包含在排除妨害请求权中，④ 但是将其作为单独一项物权请求权的学者认为停止侵害请求权与排除妨害请求权是不同的，原因一是妨害只是对权利行使造成障碍，可能并没有造成他人的实际损害，因此在行为人的行为造成他人实际损害的情况下，受害人只能行使停止侵害请求权。原因之二是妨害可能并没有实际地影响他人动产或不动产权利的行使，或者直接造成对人身的侵害，侵害必须实际地影响动产或不动产的价值或权利的行使，或者造成了受害人人身的损害且这种损害还在继续，因此有必要请求法院予以制止。所以

---

① 王利明：《物权法论》（修订二版），中国政法大学出版社2008年版，第51—55页。

② 王崇敏、李建华：《物权法立法专题研究》，法律出版社2012年版，第72页。

③ 孙宪忠：《中国物权法总论》，法律出版社2003年版，第317页。

④ 崔建远：《物权法》，中国人民大学出版社2009年版，第113页。

停止侵害和排除妨害所需要证明的内容是各不相同的。① 对于停止侵害请求权，还有学者认为"停止侵害"既可能保护物权权利的完整性，也可能保护物的完整性，因此停止侵害请求权应当具有物权请求权与债权请求权的双重性质。② 笔者认为，停止侵害请求权是否可以包含在排除妨害请求权中，要看停止侵害这种责任形式是否具有能为排除妨害所容纳的含义。停止侵害仅指对于已经发生且正在造成侵害时，权利人要求行为人停止其侵害行为。从上面论述可以看出，一般侵害的程度重于妨害，用危害程度较轻的排除妨害包含危害程度较重的停止侵害是可行的，在解释上可以采用举轻以明重的规则予以说明。

关于恢复原状请求权，有学者认为恢复原状请求权是一种独立类型的物权请求权，③ 也有观点认为恢复原状请求权并不是一种独立类型的物权请求权，只是物权排除妨害请求权中的一种具体形态，亦即当物权被他人妨害并遭受实际的损害后，请求权人不但可以请求加害人排除该妨害，并可请求加害人采取相应措施将受到损害的物恢复到受损害之前的状态。④ 但更多人认为恢复原状请求权是一种债权请求权，如有学者认为回复原状是侵权责任或违约责任的救济方式，德国民法典和我国台湾地区"民法典"均将其规定在债编之下，因此回复原状是债权性质的请求权，而不是物上请求权。⑤ 崔建远亦认为，第三种类型的恢复原状（回复原状），是指有体物遭受损坏，将该物修复到原来的状态。《民法通则》第117条第2款、第134条第5款规定的恢复原状，是在这种意义上使用的。此处的恢复原状属于何种制度？论其性质，为损害赔偿的一种表现形式，属于侵权责任的一种方式。⑥ 还有学者认为恢复原状请求权是一种债权请求权，理由如下：

---

① 王利明：《物权法论》（修订二版），中国政法大学出版社2008年版，第55页。

② 王利明主编：《物权法名家讲坛》，中国人民大学出版社2008年版，第80—81页。

③ 孙宪忠：《中国物权法总论》，法律出版社2003年版，第317页；王利明：《物权法论》（修订二版），中国政法大学出版社2008年版，第55页。

④ 高富平主编：《民法学》，法律出版社2005年版，第280页。

⑤ 梁慧星主编：《中国物权法研究》，法律出版社1998年版，第93—94页。

⑥ 崔建远：《关于恢复原状、返还财产的辨析》，《当代法学》2005年第1期。

其一，物上请求权是物权效力的体现，它都以物的完整存在为前提，而物的整体如已不完整，则不可能再使物权人能处于圆满的支配状态。从这一意义上来说，妨害应与物上请求权相对应，而损害则与债权请求权相对应。恢复原状请求权虽是物权保护方法，但性质上属债权请求权。

其二，物上请求权本身含义过于宽泛，从广义理解势必与其他物上请求权有重叠之嫌。

其三，众多的立法例如德国、我国台湾地区等也将恢复原状请求权规定在民法债编，其被定性为属于债权请求权。我国现行合同法也将修理、重作、调换作为违约责任的一种形态，归在债权请求权。①

笔者认为，对于恢复原状请求权的性质，不宜一概而论，而应区分不同的情形。如果义务人的行为并未造成实际的损害存在，则应将此种情形下的恢复原状定位为物权请求权，目的是维护物权人对物对支配圆满的权利状态。但如果义务人的行为已经造成了实际损害，此时的恢复原状请求权应定位为债权请求权，其目的是填补物权人因义务人的侵权行为而遭受的损害。

关于确认物权请求权，虽然有人将其作为一项独立的物权请求，但是多数学者认为物权确认请求权虽然是一种物权保护方法，但并不是一种物权请求权，因为在争议解决前，物权人是否享有物权还不能够确定，且物权确认请求权并没有特定的义务人，只能向相应的国家机关提起，如司法机关或房屋登记机关等。

关于损害赔偿请求权是否属于物权请求权，多数学者认为其属于债权请求权，而不属于物权请求权。就连主张将其单列为物权请求权一种类型的学者也在论述的过程中认为，物权法中的损害赔偿请求权，即使不能理解为一种物权请求权，但是可以理解为物权保护的一种手段。因此在实践中可以将这种权利处理为债权请求权，使其受到债权请求权一般规则的约束，如受到诉讼时效的限制。② 因此，即使将其规定在物权法中，也不宜将其作为物权请求权看待，毕竟其适用规则与债权法上的请求权一致。

综上，笔者认为我国物权法上可以规定多种物权保护方式，但是作为

---

① 张驰、黄鑫：《物上请求权与诉讼时效关系论》，《法学》2006年第9期。
② 孙宪忠：《中国物权法总论》，法律出版社2003年版，第331页。

物权请求权的内容或类型的仅有返还原物请求权、排除妨碍请求权（含停止侵害请求权）和消除危险请求权。

4. 物权请求权是否适用诉讼时效

理论界对于物权请求权是否适用诉讼时效争议颇大，概括而言，主要有三种不同的观点。

（1）肯定说

认为物权请求权虽非纯粹的债权，但与物权本身异其内容，为以特定人之给付为标的的独立请求权，物权本身虽不因时效而消灭，但由其所生的请求权则应认为得依时效而消灭。如有人区分消灭时效的适用与消灭时效的成就。① 依其见解，返还原物请求权、排除妨害请求权和消除危险请求权均应当适用诉讼时效制度。

（2）否定说

认为物权请求权是专为保护物权的救济方法，附随于物权本身而存在，物权既然不适用诉讼时效，物权请求权亦不因时效而消灭。物的返还请求权唯于占有人对物的占有满足取得时效的条件时方附随原权利人之物权的消灭而消灭。

（3）折衷说

有的折衷论根据物权客体类型的不同认为由动产物权及未登记的不动产物权所生的物权请求权，均罹于消灭时效，唯已登记的不动产物权所生的请求权不因时效而消灭。《德国民法典》第902条规定已登记的权利所生的请求权，不因时效而消灭。我国台湾地区民法对此并未明确，但司法解释及判例中，采行了与德国法一致的态度。②

在我国大陆学者当中，持折衷论者不在少数。但折衷论者之间亦有分歧。有的折衷论者认为排除妨害请求权和消除危险请求权不适用诉讼时效，返还原物请求权则适用诉讼时效；③ 有的折衷论者认为排除妨害请求权、消除危险请求权以及登记的不动产物权人主张返还原物的请求权不应适用诉讼时效制度，其余的动产物权和未登记的不动产物权返还请求权则

---

① 董学立：《物权请求权与消灭时效》，《法学论坛》2005年第3期。
② 谢在全：《民法物权论》（上），中国政法大学出版社1999年版，第39页。
③ 喻文莉：《论物权请求权之消灭时效》，《江西社会科学》2004年第7期。

适用诉讼时效;① 还有折衷论者认为返还原物请求权不应当适用诉讼时效，排除妨害、消除危险请求权应当适用诉讼时效。②

针对以上分歧，笔者认为物权请求权是否适用诉讼时效问题与物权请求权的性质认定有关。物权请求权既不是一种物权，也不是一种债权，而是一种基于物权产生的独立请求权，处于物权与债权中间的模糊地带。如上所述，我们一般将恢复原状请求权、损害赔偿请求权不作为一种物权请求权看待，而将其视为债权请求权，因此，其适用诉讼时效一般争议不大。排除妨害请求权和消除危险请求权亦因为妨害或危险的持续性，时效无法起算，学者对于这两种物权请求权不适用诉讼时效亦争议不大。争议最大的是返还原物请求权是否适用诉讼时效。接下来就专门论述返还原物请求权是否适用诉讼时效问题。

肯定论者认为，返还原物请求权应当适用诉讼时效。如有人首先从诉讼时效的功能、返还原物请求权的性质、物的利用和效率原理、诚实信用原则四个角度予以正面论证，然后对"否定论"反对返还原物请求权适用诉讼时效的主要七个理由予以反驳，得出返还原物请求权应当适用诉讼时效的结论。③ 此文可谓认为返还原物请求权应当适用诉讼时效中较为坚定者，其认为已登记之不动产的返还原物请求权亦应当适用诉讼时效。

否定论者认为，返还原物请求权不应当适用诉讼时效。理由是返还原物请求权关系到物权人的根本利益，在标的物被他人侵占的情况下，如果物权人不享有返还原物请求权，尽管此时他仍然保有物权，然而由于他根本无法对该标的物进行支配并且享受其利益，所以其物权已经名存实亡。从这种意义上说，返还原物请求权在这种场合等同于物权本身。④

折衷论者认为区分登记物权与非登记物权，分别判断返还原物请求权是否适用诉讼时效。如有学者认为，登记不动产的物权人所享有的返还原物请求权不应适用诉讼时效制度。原因在于，不动产物权已登记，会排除

---

① 王轶：《物权请求权与诉讼时效制度的适用》，《当代法学》2006年第1期。
② 李建华、杨代雄、赵军：《论我国物权请求权诉讼时效制度的立法选择——兼评〈中华人民共和国民法（草案）〉的相关规定》，《法学评论》2003年第5期。
③ 杨会：《物权请求权与诉讼时效——以"返还原物请求权"为研究对象》，《河北法学》2011年第1期。
④ 李建华、杨代雄、赵军：《论我国物权请求权诉讼时效制度的立法选择——兼评〈中华人民共和国民法（草案）〉的相关规定》，《法学评论》2003年第5期。

向不特定第三人呈现权利不存在状态的可能。动产物权人以及未登记的不动产物权人享有的返还原物请求权，如果长期不行使，则会如同债权请求权一样，向不特定的第三人呈现权利不存在的状态，此时就有保护不特定第三人信赖利益的必要性，也就存在适用诉讼时效制度的必要性。① 认为物权请求权的性质是债权的学者在判断其适用诉讼时效时，也将登记之物权排除在外，其认为，原物返还请求权，除登记的物权外，应当受诉讼时效限制。因为，当所有物被他人不法占有后，占有人的不法占有行为虽也持续进行，但其不法性却难以为他人知晓，相反一般人会基于占有人长期占有的事实而产生信赖。因而，该请求权应当受诉讼时效限制。② 还有学者认为，返还原物请求权应就动产和不动产而区别对待。他人无权占有动产后，动产即与所有人分离，物权人如长期不行使原物返还请求权，他人基于占有公示产生的对抗力就越强，第三人随着时间推移愈发相信无权占有人就是事实上的物主，进而与之发生一定的法律关系。此时如依然允许物权人基于物上请求权可恢复对物的支配，显然对第三人不利，甚至会影响整个社会秩序的稳定。相反，若他人无权占有不动产则不同。不动产物权价值重大并事关整个社会稳定，一般用登记作为不动产物权享有和变动的公示方法。不动产一旦经登记（尤其是经国家职能部门的登记）通常被认为具有较强的公示公信力，此时也就意味不动产物上请求权适用诉讼时效已不可能。但如不动产登记制度不完善或登记仅作为物权变动的对抗要件，基于未登记不动产产生的物上请求权应可适用诉讼时效，理由与动产基本相同。③

不过，虽然多数学者认为登记物权的返还原物请求权不适用诉讼时效，但是亦存在反对观点。其认为，对已登记不动产的返还请求权排除消灭时效之适用既能为不动产利用人提供一个稳定的预期，激发其投资热情，还能不损害不动产登记人的利益，可以说是实现了帕累托改进。而且其还认为使已登记不动产的返还请求权罹于消灭时效之规定，才符合现代社会生存利益优先保护的价值趋向。④ 虽然该学者主张返还原物请求权适

---

① 王轶：《物权请求权与诉讼时效制度的适用》，《当代法学》2006 年第 1 期。
② 傅鼎生：《物上请求权的时效性》，《法学》2007 年第 6 期。
③ 张驰、黄鑫：《物上请求权与诉讼时效关系论》，《法学》2006 年第 9 期。
④ 喻文莉：《论物权请求权之消灭时效》，《江西社会科学》2004 年第 7 期。

用诉讼时效,但是其认为排除妨害请求权和消除危险请求权不适用诉讼时效。

还有学者认为应区分是否规定取得时效分别作出判断。首先,在我国法律尚无取得时效的背景下,不宜承认物的返还请求权适用诉讼时效制度。其次,待未来的民法典规定了取得时效的情况下,可借鉴德国民法的经验,对登记的物权,物的返还原物请求权不适用诉讼时效制度;对未登记的物权,物的返还原物请求权适用诉讼时效制度。①

对于不需要办理登记或者需要办理登记而未办理登记的财产,多数学者认为行使返还原物请求权应适用诉讼时效。关于诉讼时效的期间,有学者认为目前2年的诉讼时效太短,需要在未来的民法典中改变,或者另行规定取得时效制度,或者对基于物权的返还原物请求权之诉讼时效作出较长期限的规定。目前,可以用《民法通则》第137条规定的20年"长期诉讼时效期限"来规范返还原物请求权的时效问题。②

(4) 民法典的立法选择

与《民法通则》不同的是,《民法总则》关于诉讼时效的规定更为体系化,在对诉讼时效适用范围作出一般正面性规定的同时,于第196条反面规定了不适用于诉讼时效的具体情形。根据《民法总则》第196条的规定:排除妨碍、消除危险的物权请求权不适用于诉讼时效;不动产物权和登记的动产物权的权利人返还财产的请求权不适用于诉讼时效。

因此,有学者支持,《民法总则》没有采纳学界及司法实务界关于物权请求权尤其是返还原物请求权不适用于诉讼时效的观点,而是有限度地承认部分物权人返还原物请求权适用于诉讼时效。这一立法例与折衷说的观点相近,但又有所不同。其不同之处在于:折衷说认为,仅登记的不动产物权人返还原物的请求权不适用于诉讼时效,而《民法总则》规定所有的不动产物权人及已登记的动产物权人返还财产的请求权都不适用于与诉讼时效。这一规定进一步限缩了诉讼时效在物权请求权领域的适用范围,较之折衷说更为保守,在某种意义上而言,可说是折衷说与否定说的

---

① 崔建远:《物权法》,中国人民大学出版社2009年版,第128页。
② 王利明主编:《物权法名家讲坛》,中国人民大学出版社2008年版,第70页。

再折衷。①

(三) 简要总结

关于物权的保护模式，笔者认为无论采用何种模式，目的均是对物权提供充分的保护，但是绝不能将"物权的保护"等同于"物权请求权"。物权篇中规定了物权请求权，并不妨碍在其他部分规定其他类型的物权保护方式。将来制定民法典时，物权编部分只宜规定物权性的保护方式，其他内容则应归入合同法、侵权责任法中规定。

关于物权请求权的性质，以上各种观点，虽不无道理，但均难谓准确的定性。其中，完全否认物权请求权的独立性或将物权请求权看作纯粹的债权的观点，不足为取。至于其他诸说，都是从物权请求权的不同方面观察而得出的结论，均有相当的道理，唯着重点不同而已。笔者认为，之所以围绕物权请求权的性质产生较大争议跟大陆法系严格区分物权与债权的理路有关。物权请求权恰恰位于物权与债权的中间地带。国内学界的通说认为，物权请求权系以物权为基础的独立请求权。② 另外，区分债权与请求权，原权意义上的请求权和救济意义上的请求权，对于理解物权请求权的性质具有较大裨益。

关于物权请求权内容的三种类说、四种类说、五种类说以及六种类说，其分歧焦点在于恢复原状请求权、停止侵害请求权和损害赔偿请求权是否应单独作为一项独立的物权请求权类型。首先，关于造成不动产或者动产毁损但有修复可能时的恢复原状请求权，是属于物权请求权还是债权请求权以及是否得罹于消灭时效，理论上尚有不同认识。③ 考虑到德国民法和中国台湾地区民法，损害赔偿以恢复原状为原则，以金钱赔偿为例外，因此我们倾向于将其定性为物权请求权。其次，关于停止侵害，其与

---

① 李元元：《论返还财产请求权的诉讼时效——〈民法总则〉第196条第二项之解释论》，载梁慧星主编《民商法论丛》（第67卷），社会科学文献出版社2018年版。

② 谢在全：《民法物权论》（上），中国政法大学出版社1999年版，第39页；魏振瀛主编：《民法》，北京大学出版社、高等教育出版社2010年版，第209页；马俊驹、余延满：《民法原论》（上），法律出版社1998年版，第367页；陈华彬：《物权法原理》，国家行政学院出版社1997年版，第100页。

③ 侯利宏：《论物上请求权制度》，载梁慧星主编《民商法论丛》（第6卷），法律出版社1999年版，第670—716页。

排除妨碍请求权的关系甚密，无论是否将它包含在排除妨害请求权中，都不否认停止侵害作为一种物权的救济方式。一般情况，排除妨害请求权可以基于举轻以明重的法律解释规则包含停止侵害请求权的适用。损害赔偿请求权是基于物的损害而生的请求权，此时物已经不存在，因此我们不将其作为物权请求权看待。

对于物权请求权是否适用诉讼时效的问题，笔者认为，既不能完全肯定，也不能断然否定。我国学者著述中比较一致的观点是，物权确认请求权以及排除妨害、消除危险请求权，不适用诉讼时效，而赔偿损失请求权和恢复原状请求权则应适用诉讼时效。① 对于争议最大的返还财产请求权是否适用诉讼时效的问题，立法上已作出了选择，有限度地承认返还财产请求权适用于诉讼时效。但《民法总则》第196条第2款中的"返还财产"的概念是一个不确定概念，需要通过类型化的方法予以甄别。对于本项的解释，应进行一定的限缩：将"权利人"限缩为以占有为权能之一物权人；脱离占有物的占有人不得主张本项规定的诉讼时效抗辩；"登记的动产物权"限缩为登记在真实权利人名下的特殊动产。

二 解释论

(一) 主要争议问题

从解释论的角度，我国《物权法》设专章"物权保护"，规定了物权的多元保护机制，"物权的保护"并不等同于"物权请求权"，而且，我国《物权法》规定了物权确认请求权。第33条规定："因物权的归属、内容发生争议的，利害关系人可以请求确认权利。"关于物权确认请求权的性质的解释，学者之间有分歧，虽然有人认为其属于物权请求权，但亦有人认为其虽然是保护物权的方法，但不属于物权请求权的范畴。因此关于物权确认请求权的性质，以及物权确认请求权是否适用诉讼时效问题，存有异议，学者多有讨论。

(二) 各种观点

1. 关于物权的多元保护机制

(1) 救济途径上的多元

《物权法》第三章专章对物权保护作出规定，实显物权保护之于物权

---

① 梁慧星：《民法总论》（第二版），法律出版社2001年版，第243页以下。

的重要意义。第 32 条规定："物权受到侵害的，权利人可以通过和解、调解、仲裁、诉讼等途径解决。"该条规定了物权保护的途径，根据该条之规定，物权受到侵害后，权利人可以通过私力救济，如和解、调解，亦可以通过公力救济，如仲裁、诉讼来解决。

（2）救济方式上的多元

《物权法》不仅规定了物权法上的保护方式，还规定了债权法上的保护方式。物权请求权是物权保护的主要方式，我国《物权法》规定了三种类型的物权请求权。第 34 条规定了返还原物请求权。第 35 条规定了排除妨害请求权和消除危险请求权。关于此三种物权请求权的适用范围与条件，《物权法》并没有详细作出规定，学者们从解释论的角度所作的论述较少，不过已有学者撰文就该问题从解释论的角度予以分析。① 需要说明的是，由于货币"占有即所有"的特殊性，笔者认为原物返还请求权不能适用于货币。② 我国《物权法》第三章在规定了物权法上的保护之外，还规定了债权法的保护。比如第 36 条、第 37 条。

（3）责任形式上多元

从《物权法》第 38 条的规定来看，侵害物权，不仅可能会承担损害赔偿、恢复原状等民事责任，而且如果构成其他性质的责任，则侵害人应承担行政责任或刑事责任。

"物权的保护"一章中规定的内容，远比物权请求权的内容要宽泛，其中既有物权性的保护方式（物权请求权），也有债权性的保护方式（包括合同责任和侵权责任）；既有民法上的保护，还有行政法和刑法的保护。笔者认为，这种规定方式，与《物权法》以单行法的形式出台、自身应有一个完整的体系密切相关，但绝不能将"物权的保护"等同于"物权请求权"。将来制定民法典时，物权编部分只宜规定物权性的保护方式，其他内容则应归入合同编、侵权责任编中规定。

另外，我国《物权法》除了在第三章专章规定了物权的保护之外，在第 245 条中亦规定了占有的保护。根据该条规定，占有人对于他方侵占

---

① 周友军：《我国物权请求权制度的解释论》，《社会科学研究》2008 年第 3 期。

② 刘保玉：《论货币所有权流转的一般规则及其例外》，《山东审判》2007 年第 3 期。

或妨害自己占有的行为，可以行使法律赋予的占有保护请求权，如返还原物请求权、排除妨害请求权或消除危险请求权等。需要指出的是，对于占有的返还原物请求权，《物权法》第 245 条规定了一年的除斥期间。该一年的除斥期间并不适用于物权人的返还原物请求权，仅适用于基于占有所享有的物的返还请求权。①

2. 关于物权确认请求权

值得关注的是，我国《物权法》第 33 条规定了物权确认请求权。关于物权确认请求权的性质的解释，学者之间有分歧，虽然有人认为其属于物权请求权，② 但亦有人认为其虽然是保护物权的方法，但不属于物权请求权的范畴。理由有三：①从物权请求权系是基于物权而生的权利这点思考，物权的确实存在理应是物权请求权产生的前提，没有物权便没有物权请求权。物权确认请求权发生于物权是否存在或者物权归属于谁有疑问的场合，不好断言物权一定存在。没有物权的人也享有物权确认请求权，这与物权请求权乃物权效力的表现明显不同。②物权请求权的行使，既可以采取自力救济的方式，更可以甚至必须依赖公权力。而物权确认请求权的行使，必须求助于公权力。如果是通过诉讼的方式行使，物权法规定的物权确认请求权与民事诉讼法设置的确认之诉，就呼应配合，相得益彰。③物权请求权的行使，发生使物权恢复到圆满状态的结果，确定地产生实体法上的效果。物权确认请求权的行使则不然，物权确认请求权只是一条通道。从这个意义上说，物权确认请求权不是基于物权本身而产生，而是基于程序制度而享有，它属于程序上的权利。就此看来，也不宜把物权确认请求权归属于物权请求权。③ 因此，物权确认请求权不适用诉讼时效。

还有学者认为，严格来说，确认物权的请求权不属于物权请求权甚至

---

① 张广兴：《中国物权法中的占有制度和物权保护》，载渠涛主编《中日民商法研究》（第七卷），法律出版社 2009 年版，第 238 页。

② 梁慧星：《物权法草案（第二次审议稿）若干条文的理解与批判》，载易继明主编《私法》（第五辑·第一卷），北京大学出版社 2005 年版，第 20 页；孙宪忠在其《中国物权法总论》一书中亦将其作为一个单独的物权请求权类型，法律出版社 2003 年版，第 326 页。

③ 崔建远：《物权保护制度与诉讼时效制度的衔接》，中国民商法律网，http：//www.civillaw.com.cn/article/default.asp？id = 45310，访问时间 2016 年 7 月 19 日。

不属于物权保护的方式之一。确认之诉的提出,即意味着胜诉或败诉。如果胜诉,提出请求者的权利将得到确认,并非对其受到威胁、侵害的物权予以保护;如果败诉,则表明其不存在相关的权利,也不是对其物权的保护或者不保护。①

另有学者从权利行使与权利主张的角度认为确认物权请求权性质上属于权利的主张而非权利的行使。其认为请求确认物权虽也被称为请求权,但是该权利并非真正意义上的请求权。请求确认物权在性质上为权利之主张,该请求权并非物上请求权。请求确认物权的目的在于解决物权归属的争议。只要物权归属的争议存在,请求确认物权归属的权利就应当存在,否则,物权法将会失去定分止争的作用,当事人之间的争议将永远不能得到解决。② 因此,根据其论述,请求确认物权的权利,是一种权利主张,只要争议存在即可,不受诉讼时效的限制。

对于物权确认请求权是属于实体法上的请求权还是属于程序法上的请求权,学者争议较大。梁慧星认为确认物权的请求权应规定为独立的实体法上请求权,"在实践中,对物权确认提出请求的现象是常见的;这种请求权并不是诉讼法上的权利,而是实体法上的权利"③。尹田、崔建远却认为,确认物权的请求权实为诉讼请求权或程序法上的请求权之一种。④ 有学者分析了实体请求权和诉讼请求权的区别,认为从请求权制度功能上来看,请求权首先是实体法上的权利,具有主观权利的一般特征;其次是实体与诉讼的桥梁。物权确认请求权是确认之诉的一种,其客体应是法律关系,而不是"物权归属与内容"。在存在给付之诉或者其他救济可能时,原则上给付之诉或者其他救济措施优先。⑤

(三) 简要总结

《物权法》延续了《民法通则》的"统一民事责任"的思路,规定

---

① 王利明主编:《物权法名家讲坛》,中国人民大学出版社2008年版,第80页。

② 傅鼎生:《物上请求权的时效性》,《法学》2007年第6期。

③ 中国物权法研究课题组(负责人:梁慧星):《中国物权法草案建议稿:条文、说明、理由及参考法例》,社会科学文献出版社2000年版,第207页。

④ 尹田:《论物权请求权的制度价值》,《法律科学》2001年第4期;另参见崔建远《物权法》,中国人民大学出版社2009年版,第113页。

⑤ 王洪亮:《实体请求权与诉讼请求权之辨——从物权确认请求权谈起》,《法律科学》2009年第2期。

了物权的综合保护模式。从解释论的角度，我们应当看到我国物权法规定了多元的物权保护形式，突破了仅靠物权请求权保护的模式，规定其他性质的物权保护，如债权法上的保护、行政法上的保护和刑法上的保护。此种规定能为物权提供周到、全面的保护，值得赞同。但是亦有一定的不足。返还原物请求权、消除危险请求权和排除妨害请求权三种物权请求权与损害赔偿请求权等债权法上的请求权不同，前者不需要加害人的过错为要件，后者则需要证明加害人具有过错，当然法律规定适用无过错责任的除外。对于物权请求权是否适用诉讼时效，我国物权法没有作出规定。另外，如何协调《物权法》与其他法律如《合同法》《侵权责任法》的关系，以及将来如何设计民法典中的物权编与侵权责任编的关系将成为法律适用过程中的难点。《物权法》的颁布并没有终止对二者关系的讨论，而仅仅是一个开始。

第四章

所有权

第一节 所有权概论

一 立法论

(一) 主要争议问题

所有权在立法中需要解决的问题主要包括所有权的概念与特征、所有权的本质和作用。其中，争议最大的问题是我国物权立法中应当如何对所有权进行定义，是采取具体列举式还是抽象概括式，抑或二者结合的折衷式；另外，在所有权的定义应如何表述的具体问题上也存在一定争议。与此相对，关于所有权的特征、本质和作用，在立法过程中并没有太大争议。

(二) 各种观点

1. 所有权的定义方式之争

在我国物权法制定过程中，关于所有权定义方式存在三种主张，分别为抽象概括主义、具体列举主义以及将两者结合的折衷主义。"梁稿"中认为，具体列举主义存在诸多弊端，"首先，混淆了所有权本身与所有权的权能或作用。占有、使用、收益和处分，是所有权的权能或作用，所有权不是以上诸项权能的简单相加，而是对物直接支配的排他性权利。其次，若依具体列举主义定义所有权，占有等应当属所有权的构成成分，则所有权不可能缺少其中任何一项。这将无法解释当所有权上设有用益物权或担保物权时所有人虽不具有占有、使用、收益或处分权能，但其所有权并不丧失"①。李锡鹤对此提出了质疑，其认为"概括主义诘问列举主义的问题，完全可以用来诘问概括主义自己。对物的支配，只有现实地控制物、利用物、收取物所派生的价值、变动物的形态和物上的权利四种形式，这就是所有权的占有、使用、收益、处分四项权能。两千年来，概括主义始终未能举出所有权四项权能以外的任何'积极权能'，也证明了所有权只有四项权能。认为列举主义不能穷尽所有权权能的论点不能成立。权利只能以权能的形式存在和表现，权能以外无权利。所有权只有占有、使用、收益、处分四项权能，占有、使用、收益、处分四项权能以外无所有权。所有权既可定义为对物的完全权利，也可定义为占有、使用、收益、处分物的权利。概括主义和列举主义只是角度不同，各有其用"②。"在现实生活中，所有权的任何一项权能，都可以和所有权分离。"③ 汪洋博士系统梳理了所有权概念在罗马法历史上的演进及其对两大法系所有权制度的影响，也认为所有权的概念最终表现为"归属"与"权能"两个方面。④

王利明认为，"抽象概括式和具体列举式并不是完全矛盾的概念表述方式，而只是对所有权描述的层面和角度不一而已"⑤。对此刘保玉表示赞同。⑥ 孟勤国也认为，"抽象概括和具体列举仅系方法之差别，并无势不两立的必然，抽象概括的定义多见于理论研究和教学，具体列举的定义为立法所常用，从更容易理解所有权的角度上，两者是一种互补关系"⑦。"占有、使用、收益、处分权能是所有人常想常做的行为，比较普遍、比较稳定，列举在所有权中能够起到规范大多数所有权行使的作用，很有必

---

① 中国物权法研究课题组（负责人：梁慧星）：《中国物权法草案建议稿：条文、说明、理由及参考法例》，社会科学文献出版社2000年版，第214—216页。

② 李锡鹤：《所有权定义形式之比较——与梁慧星先生商榷》，《法学》2001年第7期。

③ 李锡鹤：《民法哲学论稿》，复旦大学出版社2000年版，第161页。

④ 汪洋：《罗马法"所有权"概念的演进及其对两大法系所有权制度的影响》，《环球法律评论》2012年第4期。

⑤ 王利明主编：《中国物权法草案建议稿及说明》，中国法制出版社2001年版，第218页。

⑥ 刘保玉：《物权法学》，中国法制出版社2007年版，第151页。

⑦ 孟勤国：《物权二元结构论——中国物权制度的理论重构》，人民法院出版社2009年版，第142页。

要，但必须注意，不能因此排斥其他可能出现的所有权权能。"①

2. 所有权定义的具体表述

关于所有权定义的具体表述，我国《民法通则》第71条中采取的是列举式定义方式，但许多学者还是提出了不同于此的意见，2000年后具有代表性的观点主要有：其一，梁慧星和陈华彬的合著中认为"所有权是指所有人于法令限制范围内，对于所有物为全面的支配的物权"②；其二，王利明认为"所有权是民事主体依法对其物实行占有、使用、收益和处分并独立支配的权利"③；其三，刘保玉认为，"所有权是指在法律规定的范围内，对自己的不动产或者动产以占有、使用、收益、处分等方式为自由支配，并排除他人干涉的权利"④。同时，学界拟定的各物权法建议稿也见仁见智，提出了不同方案："梁稿"第61条将所有权定义为："所有权，是指在法律规定的范围内自由支配标的物并排除他人干涉的权利。"这一定义采用的是抽象概括主义。⑤ "王稿"第57条将所有权定义为："所有权，是指在法律规定的范围内占有、使用、收益和处分物的权利。"这一定义，主要是从可操作性出发，因而偏重于列举式的定义。⑥ "孟稿"第71条将所有权的定义设计为："所有权，是将物归属于一定主体所有并由其永久和充分支配的物权。""所有权人自主选择所有权的行使方式，可以占有、使用、收益、处分或其他方式实现所有权。法律有特别规定的，从其规定。"⑦ 徐国栋拟定的《绿色民法典草案》中并未直接对所有权作出定义式规定，而是在第191条"所有权的内容"规定："所有权的权能包括对物的占有、处分或利用，以及适当地使用和享用所有

---

① 孟勤国：《物权二元结构论——中国物权制度的理论重构》，人民法院出版社2009年版，第146页。

② 梁慧星、陈华彬：《物权法》，法律出版社2007年版，第112页。

③ 王利明：《物权法论》，中国政法大学出版社2008年版，第108页。

④ 刘保玉：《物权体系论——中国物权法上的类型设计》，人民法院出版社2004年版，第132页。

⑤ 中国物权法研究课题组（负责人：梁慧星）：《中国物权法草案建议稿：条文、说明、理由及参考法例》，社会科学文献出版社2000年版，第213页。

⑥ 王利明主编：《中国物权法草案建议稿及说明》，中国法制出版社2001年版，第219页。

⑦ 孟勤国：《中国物权法草案建议稿》，《法学评论》2002年第5期。

物。""如非滥用,行使上述权能尽管使第三人丧失利益或便利,也不得限制。"① 法工委拟定的物权法草案征求意见稿中,曾采抽象概括式定义,其第 40 条规定:"所有权人拥有特定的不动产或者动产,对其不动产或者动产享有全面支配的权利。"而之后的修改稿中改变了表述方式,其第 42 条规定:"所有权人对自己的不动产或者动产,享有占有、使用、收益和处分的权利。"第 43 条还规定:"所有权人依照法律规定或者当事人的约定,可以允许他人对其不动产或者动产享有占有、使用、收益的权利,以及处分用益物权的权利。"物权法草案二次审议稿中对所有权的定义在表述上又作出改进,第 44 条规定:"所有权人对自己的不动产或者动产,依照法律规定享有占有、使用、收益和处分的权利。"第 45 条规定:"所有权人有权在自己的不动产或者动产上设立用益物权和担保物权。"陈华彬主张届分所有权的含义(定义、概念)与所有权的权能(内容),认为《物权法》第 39 条规定的对所有物的占有、使用、收益及处分,只是对所有权的权能抑或内容的厘定,建议我国编纂民法典物权编时明确规定所有权的定义或概念的内涵,即"所有权系所有权人对于所有物,于法律限制的范围内,实施完整、全面、永久与整体支配(管领)的权利"。此为所有权的定义,亦为所有权概念的本旨。② 龙翼飞与杨建文在对所有权的概念进行了较彻底的剖析后,认为"可以用抽象概括的方式将所有权的概念定义为:所有权是权利主体依法自由支配标的物并享有标的物归属权的物权"③。

(三)简要总结

关于所有权定义方式的三种主张,即抽象概括主义、具体列举主义以及将两者结合的折衷主义,学界均有人支持并说明了理由,并各有立法建议稿相对应。笔者赞同这样的认识,即概括主义和列举主义各有其利弊,但此两种方式并非水火不容、势不两立,其只是方法的差别而已,而折衷主义能将两者的优点结合,进而更准确地界定所有权。在对所有权下定义

---

① 徐国栋主编:《绿色民法典草案》,社会科学文献出版社 2004 年版,第 326 页。

② 陈华彬:《我国民法典物权编所有权规则立法研究》,《政治与法律》2018 年第 10 期。

③ 龙翼飞、杨建文:《论所有权的概念》,《法学杂志》2008 年第 2 期。

时应当参考我国既有的法律规定，吸收抽象概括式定义之所长，并注意以下几点：①应表明所有权行使的任意性、效力的绝对性和其在法律上的限制，可以用"自由支配""排除他人的干涉"和"在法律规定的范围内"等类似表达；②所有权的客体应限于有体物，可以用"动产或者不动产"等类似术语描述；③所有权的主要权能，即"占有、使用、收益、处分"应当被表达出来，而且在列举四项权能之后，如果再加上"等方式"以作兜底，有助于克服四项权能列举的局限性和不周延性，消弭各说的分歧。①

近年来，还有学者讨论了不同类型所有权的权能结构是否有所差异的问题。韩松认为："土地所有权的性质不具有唯一性，其权能结构与其性质和一定的社会发展阶段相适应，我们不能用一种所有权概念和权能结构分析土地所有权，更不能不顾其性质差异，误将一种性质的所有权权能结构套用在不同性质的所有权上。"比如，与其他所有权不同，农民集体土地所有权的性质决定了管理权能是集体土地所有权的必要权能，应当在立法中予以明确。陈小君及高飞还指出，尽管集体土地所有权属于所有权的一种具体类型，应具有所有权权能的共性；但我国集体土地所有权的使用、收益和处分权能受到法律和国家政策的过度限制，致其内容极为贫乏，应在物权法编修订立法时予以回归。②

二 解释论

（一）主要争议问题

在解释论上，所有权概述部分的内容争议不多，唯在所有权的本质和所有权的权能分离理论这两个问题上存在一定争议，具体指：所有权的本质与所有制的关系为何，他们之间是不是一一对应的关系；所有权的权能是否能与所有权分离。

---

① 刘保玉：《物权体系——中国物权法上的物权类型设计》，人民法院出版社2004年版，第132页。

② 韩松：《农村集体土地所有权的权能》，《法学研究》2014年第6期；韩松：《论农民集体土地所有权的管理权能》，《中国法学》2016年第2期；高飞：《落实集体土地所有权的法制路径——以民法典物权编编纂为线索》，《云南社会科学》2019年第1期；陈小君：《我国涉农民事权利入民法典物权编之思考》，《广东社会科学》2018年第1期。

(二) 各种观点

1. 所有权的本质

所有权的本质，也有学者称为所有权的存在根据、所有权的价值、所有权的根本属性等。关于所有权的本质，理论上众说纷纭，主要有先占说、劳动说、天赋说、社会说、人性说、法定说，以及神授说、契约说、意志说、需要说、进化说、经济说等多种学说。但是以上各种学说，为我国学者所不采。

我国学者通常从所有权与所有制的关系上认识所有权的本质，认为所有权的本质在于表现和保护特定的所有制关系，是所有制在法律上的反映。如有的学者认为，所有权是所有制在法律上的表现，有什么样的所有制就有什么样的所有权，所有权必须与所有制相适应。所有权作为一种法律形式，其本质在于表现和保护特定历史时期的所有制关系。一定社会的所有权性质是由该社会占统治地位的所有制性质决定的，同时，所有权也适应着所有制的需要而发展变化。①

但这一观念，早已受到了诸多质疑，② 现今也仍有许多学者对此提出批评，如周林彬认为，相比而言，马克思从所有制关系角度分析所有权本质的论断是深刻的。所有制是对生产关系本位的抽象的概括，所有权则是对现实财产所有关系的归纳。但二者无法等同，也不能简单的一一对应。历史上各个国家的所有权制度与其所有制关系均不是简单的投影关系。在法言法，法律所言之"所有"，应为所有权，而非所有制。③ 郭明瑞和刘保玉均认为，根据马克思主义的观点，作为法律制度的所有权固然取决于一定的经济基础，但如果就此简单地认为所有权就是所有制在法律上的反映则是值得推敲的。因为所有权与所有制并非一一对应的关系，例如，私有制社会并不存在公有制，但却要保护公有财产所有权；而公有制社会并不存在私有制，却仍要保护私有财产所有权。同时，无论是私有制社会还是公有制社会，都不存在与股份制经济相对应

---

① 张云平：《所有权基本内涵研究》，《甘肃社会科学》2003 年第 6 期。
② 刘心稳主编：《中国民法学研究述评》，中国政法大学出版社 1996 年版，第 355—356 页。
③ 周林彬：《物权法新论——一种法律经济分析的观点》，北京大学出版社 2002 年版，第 342 页。

的"股份制所有权",也不存在与法人所有权相对应的"法人所有制"①。可见,所有权并不只是单纯地反映所有制,其本质应是对现有的财产归属关系的法律确认。因此,从所有制与法律规定两方面解释和认识所有权的本质,较为可取。②

2. 所有权的权能分离理论

所有权的权能为所有权本身固有的内容,我国《物权法》第39条规定:"所有权人对自己的不动产或者动产,依法享有占有、使用、收益和处分的权利。"该定义明确了所有权的四项最基本的权能,但是否将所有权的权能全部涵盖,仍有讨论的空间。如韩松认为,针对农民集体土地所有权,还应当规定管理权能和使集体成员受益的权能,具体包括集体成员的民主管理、民主监督和集体组织的执行管理和监督管理。③

从《物权法》的规定中我们并不能直接看出所有权的权能与所有权的关系,这是理论上解释的任务。关于所有权的权能是否可以同所有权分离,我国学界存在两种不同的观点。

一种观点认为,所有权权能可以与所有权分离,即承认所有权权能分离理论。梁慧星和陈华彬认为,所有权具有占有、使用、收益、处分四项权能,其中占有权能作为所有权的一项独立的权能,其于一定条件下又可与所有权分离,当占有权能与所有权分离而属于非所有人时,非所有人享有的占有权能同样受法律保护;与占有权能可以与所有权发生分离一样,使用权能作为所有权的一项权能也可与所有权发生分离,物的使用人可依法律规定或所有人的约定取得物的使用权能;在市场经济条件下,收益权能也可完全与所有权分离,且分离的形式呈现出复杂多样的趋势。④ 王利明认为,我国《物权法》第40条规定所有权人有权在自己的不动产或者动产上设立用益物权和担保物权,这实际上是确认了所有权的权能可以根

---

① 郭明瑞等:《民商法原理(二) 物权法、知识产权法》,中国人民大学出版社1999年版,第70页。
② 刘保玉:《物权法学》,中国法制出版社2007年版,第155页。
③ 韩松:《农民集体土地所有权的权能》,《法学研究》2014年第6期;韩松:《论农民集体土地所有权的管理权能》,《中国法学》2016年第2期;韩松:《我国民法典物权编应当界定农民集体所有权类型的本质属性》,《四川大学学报》(哲学社会科学版)2019年第3期。
④ 梁慧星、陈华彬:《物权法》,法律出版社2007年版,第127—128页。

据所有人的意志与所有权发生分离,从而设立用益物权和担保物权。权能分离通常表现为限制物权的设定,这种分离是现代市场经济条件下所有权发展的必然趋势,也是实现所有人意志和利益的最佳途径,权能的分离并不导致所有人丧失所有权。[1] 刘保玉认为,所有权中的一项、两项乃至数项具体权能,均可能在一定时空条件下与所有权人分离,但只要没有导致所有权消灭的原因,所有权人的权利不会因这些权能的分离而消灭;相反,权能的分离与回复,通常恰恰是所有权人行使和实现其所有权的表现(受法律强制分离的情况除外)。所有权的弹力性、归一力或权能分离理论,对于我们认识和解释诸多法律现象,具有重要的意义。[2] 肖俊介绍了"空虚所有权"的概念及其与我国"以房养老"制度的理论关联,认为所有权具有一定弹性,所有权人在移转物的空虚所有权后,仍然可以约定保有对物使用收益的权利,由此将归属和用益权能分配给不同的主体,从侧面支持了分离理论的观点。[3]

另一种观点认为,所有权的权能不能与所有权进行分离。早期的学者们很少专门讨论所有权权能分离的问题,但其关于所有权属性的论述基本上否定了所有权的权能分离。如史尚宽就曾指出:"所有权系就标的物有统一之支配力,而非物之使用、收益、处分等权能之总和。于法令限制内有为自由利用之单一的内容,其情形有如人格的自由权,非得任为何事之权能之集合,乃于一定限制内得为其所欲为之单一的权利。"[4] 近年来,又有不少学者从其他角度做了新的阐述,如房绍坤认为,"从所有权及所有权权能的实质来看,所有权的权能与所有权是不能分离的,用益物权不是所有权权能分离的结果,而只是所有权行使的一种方式。首先,所有权权能分离理论并不是罗马法的固有理论;其次,所有权具有整体性,这就决定了所有权权能与所有权的不可分离性;最后,用益物权作为一种物权,自应具有自己的权能,如占有、使用、收益权能等"[5]。韩松等合著的教材赞同所有权权能不得与所有权分离的观点,同时指出,如果认为权

---

[1] 王利明:《物权法论》,中国政法大学出版社2008年版,第108页。
[2] 刘保玉:《物权法学》,中国法制出版社2007年版,第159页。
[3] 肖俊:《空虚所有权交易与大陆法系的以房养老模式》,《上海财经大学学报》2017年第1期。
[4] 史尚宽:《物权法论》,中国政法大学出版社2000年版,第61页。
[5] 房绍坤:《用益物权与所有权关系辨析》,《法学论坛》2003年第4期。

能属于所有权本身以外的所有权的作用，那么他是可以同所有权分离的，而且其分离不影响所有权本身。但是，所有权的权能并非所有权本身以外的所有权的作用，而是所有权本身固有的、与所有权不可分的内容，是构成所有权本体的部分。因此，构成所有权本体内容的各项权能是不能与所有权发生分离的，如果分离了也就将所有权分割了。因而，权能分离理论是不妥当的。① 还有学者认为，所有权具有整体性，不能在内容和时间上加以分割。基于所有权的整体性特征，其权能分离是不可思议的。所有权的权能与所有物的功能即其使用价值不同，随着物上设定用益物权，所有物的功能也随所有物的转移发生转移，但其所有权权能却并不随之转移，仍归属所有人享有。所有权的权能分离说混淆了所有权的权能与所有物的功能之间的界限。②

（三）简要总结

国外关于所有权本质的解释存在众多的学说，均有其历史、哲学、政治、宗教、民族乃至阶级的因素在内；我国学者则大多根据马克思的政治经济学理论，将视域集中在了所有权与所有制的关系问题上。我们倾向于认为，一定社会法律所规定的所有权尽管与其所有制存在一定联系，但其终属不同领域的问题，且并不是一一对应关系；法律制度上所讲的所有权，其本质应是对现有财产归属关系的法律确认。

关于所有权的权能是否能与所有权进行分离的问题争论，似乎理论界支持所有权的权能分离理论的学者占多数，笔者也曾倾向于这种认识。但否定论者的主张也并非没有道理，以致两种不同的主张几成势均力敌之势。笔者认为，两种观点分歧的焦点，乃在于何谓"权能"③？所有人对自己的不动产或者动产的占有、使用、收益、处分，究竟是"所有权本身的权能"还是属于所有权自身以外的"所有权的作用"，抑或"所有物

---

① 韩松、姜战军、张翔：《物权法所有权编》，中国人民大学出版社2007年版，第25页。

② 王效贤、刘海亮：《物权法总则与所有权制度》，知识产权出版社2006年版，第175页。

③ "权能"一词从何而来、究竟为何意？为何我们只在谈所有权时讲"权能"问题，而在谈债权、知识产权、人格权等其他权利时均不谈所谓的"权能"（即使是谈他物权问题，也只是常用该权利的"内容"或"权利人的权利"，而不用"权能"一词）。这些问题，尚未见有人讨论。而此对于争议的解决，具有至关重要的意义。

的功能"？唯有先搞清这些问题，方能得出妥适的结论，而答案也就不言自明。

第二节 所有权的类型

一 立法论

（一）主要争议问题

所有权的类型划分关系到物权法所有权编的整体结构设计，其在物权法制定过程中一直存在重大争议。主要争议问题为：所有权部分在结构设计上是应以不动产所有权和动产所有权之区分为主线，还是应以所有权的主体类别之不同为基础，抑或折衷其二者；对各类主体的所有权是应给予一体的、平等的保护，还是应对国家财产所有权在保护上有所倾斜；物权法中是否应承认国家所有权这一概念，面对如此广泛的国有财产，又应当如何对其进行类型的细化；集体所有权作为所有权的一种类型，其究竟是一种单独的所有权，还是一种法人所有权，抑或是一种共有或者总有关系；集体所有权的主体到底是集体经济组织还是集体经济组织中的成员，如果其主体是集体经济组织，这种经济组织是一种法人组织还是一种非法人组织抑或是一种社团组织；集体所有权应当如何行使；私人所有权问题要不要专门规定，应当如何规定；法人所有权是否应当在物权法中规定；宗教财产所有权要不要专门规定，如何界定宗教财产所有权的权属。

（二）各种观点

1. 所有权的划分标准之争

在物权法出台之前，关于所有权的划分标准主要存在两种主张，一种主张以所有权的标的不同为标准将所有权划分为不动产所有权和动产所有权两类；另一种主张从中国公有制为主体的实际情况出发，对国家所有权和集体所有权等所有权类型在物权法上加以规定。

（1）不动产所有权和动产所有权之分类

"梁稿"中，所有权一章分为六节。第一节为"一般规定"，分别规定了所有权的定义、矿产资源、公有物和公用物、宗教财产以及取得时效；第二节为"土地所有权"，分别规定了国有土地所有权、集体所有土地的所有权、土地所有权的效力范围；第三节为"建筑物区分所有权"；

第四节为"不动产相邻关系";第五节为"动产所有权",依动产所有权取得方式的不同而分为六目,依次是"善意取得""先占""拾得遗失物""发现埋藏物""添附""货币与有价证券所有权";第六节为"共有"。综观"梁稿",所有权的类型划分是依据所有权的标的不同,依据先不动产再动产的顺序进行立法设计的,并没有区分所有权的主体差异,更未将"国家所有权"和"集体所有权"列为一类予以规定。"梁稿"认为,以所有权的主体为标准的所有权分类,"是为反映生产资料所有权的性质,更多具有政治意味,而不是法学意味,民法中所有权的主体无论是国家、集体还是个人,其所有权的性质都相同,保护的手段并无差异。这种区分并无任何实益,且将国家、集体和个人的所有权同等对待,也是民法的基本原则——平等原则的要求,特别是(本法)确立的合法财产一体保护原则的要求"①。陈华彬也建议我国立法机关编纂民法典物权编时,对所有权按统一的方式与尺度进行立法,仅根据财产本身的属性,而将所有权区分为不动产所有权与动产所有权。②

但是有的学者对"梁稿"的这一分类标准进行了消极评价,认为:"'梁稿'向国家所有权的统一性和唯一性理论提出了挑战。否定传统的两权分离原则,对占有经营性国有资产的法人单位,一概认可其享有法人所有权,缩小了国家所有权客体的范围。《建议稿》对我国传统的国家所有权理论的改造,过于生硬地照搬了大陆法系的物权法理论,不符合我国社会主义公有制经济发展的实际需要。物权法是一国财产法律制度的核心,绝不可偏离巩固、发展和壮大公有制经济基础这一基本方向,而单纯追求理论体系的完整性。"③巩固指出,删掉各种以公有制为基础的所有权划分是一种从学术角度出发的最理想设计,但实践可能性很低。除可以料想的各种法理上或许不值一驳但实际影响强大的现实阻力之外,以我国公有制覆盖范围之广,在一切土地归公的现实面前,把各种"公共财产"排除在物权法的调整范围之外,也将极大抽空其内容,削弱其意义,使之

---

① 中国物权法研究课题组(负责人:梁慧星):《中国物权法草案建议稿:条文、说明、理由及参考法例》,社会科学文献出版社2000年版,第212页。

② 陈华彬:《我国民法典物权编所有权规则立法研究》,《政治与法律》2018年第10期。

③ 刘云升:《国家所有权面临新的挑战——评〈中国物权法草案建议稿〉对国家所有权制度的构建》,《河北法学》2001年第1期。

无法与社会主义法律基石的应然角色相匹配。①

然而，郑云瑞认为，"国家所有权和集体所有权是我国宪法确立的，而宪法作为国家的根本大法，任何法律均不得违反其规定，物权法也不例外。但是，在物权法中不规定国家所有权和集体所有权，并不是否定宪法的存在，而仅仅说明这种区分不宜规定在物权法中，与私法的性质不吻合"②。

（2）国家所有权、集体所有权和私人所有权之分类

由王利明主持的物权法草案建议稿和民法典草案建议稿中所有权一章分为九节。第一节为"所有权通则"，分为所有权的范围、所有权的取得两个部分，第二部分又设有"所有权取得的一般规定""善意取得""先占""拾得遗失物""发现埋藏物""添附"六目；第二节为"国家所有权"，分为"一般规定""国有企业财产权"两个部分；第三节为"集体所有权"，分为"一般规定""集体土地所有权""合作社和集体企业所有权"三个部分；第四节为"公民个人所有权"；第五节为"社团和宗教组织的所有权"；第六节为"共有"；第七节为"建筑物区分所有权"；第八节为"优先购买权"；第九节为"相邻关系"③。从王利明主持的这两个建议稿的体系安排中可以看出，其主张将所有权分为"国家所有权""集体所有权"和"公民个人所有权"，学界一般称此种分类方法为"三分法"。王利明主持的这两个建议稿认为，"按照动产所有权与不动产所有权体系固然有重要的理论意义与一定的实践意义，但是在当前我国经济建设发展社会主义市场经济的大背景之下，按照主体的不同，分别规定国家所有权、集体所有权、个人所有权与社会团体所有权更符合现实需要。首先，我国现阶段的基本经济制度是以公有制为主体的多种所有制形式并存，法律作为经济基础的上层建筑，必须反映这种基本的经济制度。其次，在我国由于采取的是以公有制为主体的多种所有制并存的经济制度，土地只归国家与集体所有，如果不明确土地的国家所有权与集体所有权，

---

① 巩固：《民法典物权编"绿色化"构想》，《法律科学》（西北政法大学学报）2018年第6期。
② 郑云瑞：《民法物权论》，北京大学出版社2006年版，第121页。
③ 王利明主编：《中国物权法草案建议稿及说明》，中国法制出版社2001年版，第16—55页；王利明等：《中国民法典学者建议稿及立法理由（物权编）》，法律出版社2005年版，第86—234页。

那么就根本没有办法规定国有土地使用权、集体土地使用权等用益物权，只要规定这些用益物权，那么无法避免国家所有权与集体所有权。最后，只有在明确区分国家所有权、集体所有权、私人所有权的情形下，才能进一步解决国家财产、集体财产的产权不明晰等一系列实践中的问题。即便有学者认为要对私人财产给予加重保护，那么也必须对所有权进行区分，才能在物权法中作出合理的规定"①。

"孟稿"也是按照所有制的不同来划分所有权的类型。该稿所有权一章共分为六节，依次为"一般规定""国家所有权""集体所有权""自然人所有权""共有"（含建筑物区分所有权）"相邻义务"②。

孙宪忠对"三分法"予以了否定，指出所有权的"三分法"万不可行，"目前在我国，不论是学者笔下的所有权，还是立法中的所有权，都掺杂着过多的政治色彩，而缺乏法学技术性的考虑。尤其是我国法律中的'公共所有权'，从立法政策上看，与其说是一种民事权利，不如说是一种公共权力或者政治权利。过多的政治性色彩，妨碍了从物权法的角度对所有权制度的思考，也妨害了制定符合市场经济要求的所有权法律制度。因为：①从市场经济的角度看，一切民事主体所享有的权利都具有平等的地位，不能将其划分为不同的等级；②从法学科学的角度看，民事主体应该拥有一切民法上的权利，民法不能规定某种主体不得拥有某种权利，如果立法者要达到限制或者禁止某种民事主体拥有某种民事权利的目的，则立法者必须使用公法手段，而不能使用民法手段"③。其还指出了"三分法"在法理上和实践上所存在的问题：首先，在法理上，①这种分类方式，混淆了所有制与所有权的关系，并将所有权与所有制本末倒置：所有制属于经济基础，所有权属于上层建筑；所有权只能反映所有制，而不能决定所有制。②"三分法"根本概括不全，它不包括法人所有权，尤其是在立法上根本否定了财团法人所有权这一所有权类型。其次，在实践上，①"三分法"否定的法人所有权在我国经济体制改革中却发挥着重

---

① 王利明等：《中国民法典学者建议稿及立法理由（物权编）》，法律出版社2005年版，第86—87页。

② 孟勤国：《中国物权法草案建议稿》，《法学评论》2002年第5期。

③ 孙宪忠：《我国物权法中所有权体系的应然结构》，《法商研究》2002年第5期。

大作用;②"三分法"带来的轻视甚至鄙视个人合法财产的观念,给社会主义国家里个人财产不断受到公共权力侵害提供了根据。我国的市场经济建设要求我们的物权法制必须能够为一切主体的权利提供平等保护,可是"三分法"却要求立法给予民营经济和个人财产以一种低下的地位和劣等的保障;③"三分法"违背了我国加入世界贸易组织的承诺——对一切法人、责任人的权利平等对待。①

郑云瑞认为:"纵观世界各国的物权法,极少在物权法中以所有制为标准划分所有权,当然这并不是否定所有权的这种分类方法,而仅仅说明这种分类方法不适于属于私法范畴的物权法。私法是调整交易关系的法律,在社会主义市场经济条件下,国有财产通常是不进入流通领域的。国有财产一旦进入流通领域,就丧失其固有的属性,即'公'的性质,成为法人财产,而法人财产的属性是'私'的。尽管如此,由于物权法具有固定性,在物权法的制定过程中也要充分考虑我国的国情,但同时也应当清醒地认识到,这种所有权的分类不仅不能体现中国特色,反而会破坏私法的固有秩序。因此,不宜在物权法中规定国家所有权和集体所有权。"②

梅夏英指出了我国《物权法》通过类型化的方式规定国家和集体所有权导致的立法缺陷:第一,现有物权法规定的国家和集体所有权在标的上无法真正纳入民法所有权的范畴;第二,将国家和集体财产置于与私人财产同等地位成为其公益目的实现的局限;第三,物权法在公有财产的分类规制上缺乏科学的体现。针对我国民法典的编纂,梅夏英也提出了国家和集体所有权的若干立法修正建议。③

房绍坤认为,《物权法》的"三元论"模式虽然符合我国国情,也是一种现实选择,但从民法典物权法编及其与总则编(《民法总则》)的立法协调方面出发,存在如下三个问题:第一,从主体角度规定所有权的类型,与民事主体的类型划分不相契合。私人作为所有权的主体尚可以从自

---

① 孙宪忠:《我国物权法中所有权体系的应然结构》,《法商研究》2002年第5期;孙宪忠:《中国物权法总论》,法律出版社2014年版,第114—117页。
② 郑云瑞:《民法物权论》,北京大学出版社2006年版,第121页。
③ 梅夏英:《民法典编纂中所有权规则的立法发展与完善》,《清华法学》2018年第2期。

然人的角度理解，但国家、集体作为所有权的主体，究竟应从法人还是非法人组织的角度理解，立法上不明确，从而无法实现与民事主体类型的对接。第二，"三元论"模式并不包括法人所有权，但同时，《物权法》又作出了规定。第三，《物权法》对所有权的分类规定显然是基于公、私区分的原则，但这种区分不符合私法精神。因为在私法上，即使是公所有权（国家所有权、集体所有权），也具有"私"的属性，与私有所有权处于平等法律地位。①

考虑到"三分法"的缺陷，巩固对民法典物权编的编纂提出了改进建议，建议在保留现行规定的基础上，在体例结构上对"国家所有权和集体所有权"与"私人所有权"分别安排，使二者在形式上区别开来，为依不同理论解读，从而在实质上确认两类所有权的并存以奠定规范基础。具体而言，建议在《物权法》第五章的名称中去掉"私人所有权"，把相关规定中的"私人"改为"个人"后统统放到第四章所有权编的"一般规定"部分。剩下的"国家所有权和集体所有权"单独作为一章，但只保留其中有关那些资源属于国家所有或集体所有的表述，而把"公共法人财产权"的内容也放到第四章所有权编的"一般规定"部分。②

刘保玉提出了另外一种改进方案，认为"三分法"这一规范模式及其内容规定，整体上较为符合我国现阶段的国情，加之《民法总则》第113条已明确规定了各类民事主体的财产权受法律平等保护的原则，不至于因此出现对不同主体的所有权区别对待的弊端。但是，所有权的类型是否有必要设置章节标题醒目地加以规定的问题，可以另议。刘保玉认为，将本部分的内容并入第一节所有权的"一般规定"中，以淡化这一分类标准，也是一个不错的技术处理方式。唯《物权法》第65条关于私人储蓄、投资及收益、继承权的规定，因与物权制度无关，应予删除。③

（3）折衷主义

有的学者认为，以上两种所有权类型的划分标准和立法思路各有优缺

---

① 房绍坤：《论民法典物权编与总则编的立法协调》，《法学评论》2019年第1期。
② 巩固：《民法典物权编"绿色化"构想》，《法律科学》（西北政法大学学报）2018年第6期。
③ 刘保玉、吴安青：《民法典物权编的结构安排与内容设计》，《甘肃政法学院学报》2017年第6期。

点，应当结合两者来构建符合我国实际情况的所有权制度；作为规范财产归属和利用关系的物权法应当全面地反映公有和私有这两种所有制关系，没有理由偏废任何一种所有制，不规定反映公有制的国家所有权和集体所有权不是完整的物权法。"一元论"的见解虽然注意到公有制财产权和私有制财产权在市场经济中存在着平等性和共性，但忽略了个人所有权与国家所有权、集体所有权在法权关系上的差异，因此，"一元论"不仅没有反映公有制和私有制并存的客观现状，从立法技术层面上讲，也有缺失。与之相反，采用"三分法"的模式虽然可以反映公有制与私有制并存的现状，但随着社会主义市场经济的逐步形成，已不符合当今中国社会经济发展的客观要求。因此，取消"三分法"的立法模式，构建统一的所有权制度，在此基础上特别规定国家所有权和集体所有权，才是与社会主义市场经济模式相吻合的合理格局。①

还有的学者认为，在宪法未对财产所有权的分类模式作出修改之前，我国法律在所有权分类上还不能完全抛弃"三分法"，否则有违宪之嫌。在此意义上，其不赞成"梁稿"完全依所有权标的将所有权分类规定的做法。同时也不赞成"王稿"及2000年的民法典草案中分节对国家所有权、集体所有权和个人所有权分别规定的做法，因为在市场经济体制下，一切民事主体的法律地位都是平等的，不能将其划分为不同的等级，虽然立法本意也许并无高低之分，但事实上已经导致了不平等的后果。在此问题上，我国可以借鉴俄罗斯民法典的做法，在未来民法典立法中应摒弃所有权"三分法"的立法模式，不再对国家所有权、集体所有权作单独规定，而在所有权通则部分作出平等保护个人、集体、国家所有权的宣示性规定后，按国际通行做法，以客体为标准进行规定。②

另外，在物权法与既有的公有制经济制度之间如何协调的问题上，有的学者提出了"代表所有权"的概念，其认为，"公有制经济一直难以解决的痼疾就是产权不明晰，公有财产的主体始终处在缺位或者说虚位的状态。物权法第四稿试图从法律上解决一直困扰我国经济和法律变革这一难

---

① 徐洁：《我国所有权体系的理论构架与立法思考——以物权立法为中心》，《西南民族大学学报》（人文社会科学版）2005年第7期。

② 牛立夫、李金雷：《论我国集体所有权的法律完善》，《齐鲁学刊》2007年第1期。

题，其所采取的方法是，将国家所有权明确转换为政府代表所有或者国家机关、事业单位代表所有；将集体所有明确转换为集体组织劳动群众所有或者农民集体所有，以及村民委员会或者村民小组代表所有，从而建立起代表所有这一理论的雏形"。"梁慧星主持的专家建议稿实际上回避了此问题，完全以传统市场经济理论假设的个人与个人之间的关系来安排物权制度，而王利明则注意到维持物权法与现行国家基本经济制度之间的维系与衔接问题，虽然这种办法最终为立法机关所采纳，但由此也连带地产生了一些理论上的难题。""物权法草案为解决与作为宪法基本制度安排的公有制协调问题而采取的一个可能比较具有意义的方案，就是确立代表所有权这一概念。""代表所有理论的优点是显而易见的，既在规范方面避免了物权法对宪法的僭越，维护了现行宪法规定的基本经济制度，又使公有制经济名义下的国有、集体资源在一定程度上能够适应了市场流转的需要。"①

2. "三分法"与"一元论"之争：平等保护

对所有权类型划分的"三分法"和"一元论"，其讨论的焦点在于是否要贯彻平等保护原则。虽然学界对一体保护这一制度的存废存在不同声音，如有的学者认为，"历史经验中并不存在廓除制度社会背景影响的，对国家所有权与私人所有权的平等保护。将以自由主义为基础的私人所有权规则'平等'适用于国家所有权，将有害于政治国家与市民社会的功能区分，有害于国家保障民生之责的实现。平等保护的前提条件是，在非经营性视角下，以法律上的公产制度为核心，国家所有权面向满足社会发展的基础性条件、实现国有财产利益社会公平分享进行制度建构"②。但是，总体而言，我国绝大多数学者还是主张在物权法立法过程中贯彻平等保护原则的，甚至一些主张"三分法"的学者也主张对各种财产一体保护。

（1）"一元论"

梁慧星认为，按照所有制来"区分"财产权，会对司法实践产生误

---

① 甘德怀：《代表所有权：物权法争议中一个被忽视的概念》，《法制与社会发展》2006年第6期。

② 张力：《国家所有权的异化及其矫正——所有权平等保护的前提性思考》，《河北法学》2010年第1期。

导。经验已经告诉我们，只要按照所有制"区分"财产权，就必定会对我们的执法者和司法者产生"某种影响"。目前的司法实践中，凡是国有企业、国家机关一方在诉讼中败诉，不论判决是否合法、正当，败诉方在上诉状、申诉状中必定指责该判决"造成国有资产流失"，还会以此为主要理由，想方设法通过各种渠道对法院施加影响。也的确有一批这样的案件，因为法院、法官受到有形或潜在的影响而造成错误裁判，致非公有制一方的合法权益未得到保护。因此，我们制定物权法，一定要放弃按照所有制区分财产权的做法，切实贯彻"合法财产一体保护"原则，放弃"三分法"，代之以"一元论"[1]。

孙宪忠专门撰文主张物权法承认"一体承认、平等保护"的原则，其认为"把所有权按照权利主体的状况划分为不同的级别，给予他们不平等的地位和保护。具体来说，就是国家所有权优先，私人所有权劣后，这一制度从表面上看似乎是要维护公共财产的神圣地位，但是在实质上，这一制度设计是要抑制甚至打击私人的私有财产。将公共权力盲目置之于民事权利之上，将公共财产权利置之于私有权利尤其是私有财产所有权之上，这都是违背社会主义法律的基本原则的。现代法学的一个著名的成果，就是从保障民权的角度出发，抓住了民权最大的侵害来源于公共权力这个要害。主张'一体承认、平等保护'的一个基本考虑，就是在我国，公共财产和私有财产之间的关系应该是内在和谐的，而不是相互矛盾的，不存在私有财产增加了公共财产就肯定减少的必然性。中国老百姓既然是国家的主人，那么他们的私有财产所有权就应该具有法律保护的充分理由。我们尤其是不能承认公共权力可以任意侵害私有财产的正当性。社会主义国家是人民群众当家做主的国家，如果法律规定公共权力可以侵害民众基本权利，那种法律就违背了宪法规定的社会主义民主原则或者主权在民的原则，这才是真正的违宪"[2]。

---

[1] 中国物权法研究课题组（负责人：梁慧星）：《中国物权法草案建议稿：条文、说明、理由及参考法例》，社会科学文献出版社2000年版，第212页；梁慧星：《"三分法"或者"一元论"——物权法指导思想之争》，中国法学网，http://www.iolaw.org.cn/showNews.aspx? id=5297, 访问时间2019年12月14日。

[2] 孙宪忠：《物权法应采纳"一体承认、平等保护"的原则》，《法律科学》（西北政法学院学报）2006年第4期；孙宪忠：《再论我国物权法中的"一体承认、平等保护"原则》，《法商研究》2014年第2期。

温世扬等认为,《民法通则》没有遵循大陆法系按照"不动产—动产"模式规定所有权的普遍做法,而是根据所有权人身份的不同将其划分为国家所有权、集体所有权和个人所有权。虽然平等原则也为《民法通则》所确认,但仍无法掩盖这种做法不平等对待各类所有权的痕迹。此种立法人为地割裂了所有权制度本身的统一性和完整性,不仅不利于民法平等观念的贯彻,而且给市场经济的发展设置障碍。[1]

然而,尹田却认为,"在中国物权法起草过程中,学者有关'财产一体化平等保护'的主张,其实是建立在物权法仅仅规定私权的前提条件之下的。事实上,对于国家所有权与私人所有权之间的关系,并不适合用'平等''一体化'等概念去进行描述,整体利益高于个体利益,国家所有权的地位高于私人所有权"[2]。

梅夏英认为,国家和集体财产制度由立体和系统的法律保障体系转化为扁平的私法规则体系,公有财产的诸多根本元素如全民所有的本质、公众分享的目的、权利行使的公共程序以及公共决策和监督的保障等都被一定程度上忽视了,不分主体类型的平等保护原则使得国家和集体最大限度地摆脱了公共领域的控制,使公有财产代表者一定程度上忽视了公益性目的的维持和公法分配和监督机制的实现。[3]

陈华彬认为,宜借我国民法典物权编编纂的契机,将《物权法》对于所有权的类型化界分予以改变,因当今时代所有权的类型已然多种多样,而不适宜再作列举式、类型化规定的现状。《物权法》列举国家所有权、集体所有权及私人所有权,其存在按"身份"进行所有权立法的弊端,与今日的现实情形也不相吻合。因此,如今应坚持行为立法,在民事领域以财产权利为核心,而非主体身份,不应根据权利人身份对财产分类。[4]

陈小君指出,《物权法》立法技术上的统一规定体现了"一体承认、平等保护"的立法精神,但具体条文中却降低了农民集体所有权的独立

---

[1] 温世扬、黄军:《我国物权法之检讨》,《法学》2000年第6期。
[2] 尹田:《物权主体论纲》,《现代法学》2006年第2期。
[3] 梅夏英:《民法典编纂中所有权规则的立法发展与完善》,《清华法学》2018年第2期。
[4] 陈华彬:《我国民法典物权编所有权规则立法研究》,《政治与法律》2018年第10期。

品格及其在构建农地权利体系中的核心地位。①

刘保玉对"一元论"作出以下评价:"一元论"者对我国计划经济时代和公有制一统的经济体制下立法上对公有所有权尤其是国家所有权的特殊保护制度的批评,是十分中肯的;在我国现行经济体制下明确提出"合法财产一体保护"的指导思想和立法原则,是具有重大价值且非常值得赞同的;其关于将所有权区分为不同类型,可能导致不平等保护的理由和顾虑,是值得认真考虑并需要在立法上注重加以解决的。但是,物权法上对所有权进行类型划分,也并不等于因此必然会导致不平等保护;物权法上规定了"一体保护原则",不等于在短时间内就一定能达到实质上的一体保护、平等保护(当然,法律的促进作用是应当肯定的)。②

(2)"三分法"

王利明是"三分法"的典型代表,其认为,我国物权法应该借鉴大陆法的模式,采取单一的所有权模式,物权法只规定所有权的一般规则,不需要具体列举各种所有权,没必要对国家所有权、集体所有权等作出规定"的观点是值得商榷的;在阐释我国不应采用"一分法"的同时,也针对主张"一元论"者对"三分法"的批评给予了回应,指出"三分法"并没有违背平等保护的原则,恰恰是对平等保护原则的体现。主要有以下五点理由:

其一,各国物权法都具有很强的固有法性,各国物权法必须与其固有传统一致。既然我国宪法中已对公有制为主体的多种所有制经济共同发展的所有制结构予以确认,物权法毫无疑问应当将宪法的规定具体化,对各种所有权形态作出具体的规定。其二,西方国家物权法中的单一所有权是建立在私人财产所有权基础上的,对国家所有权则是通过单行法来调整,一般不在民法典中加以规定。如果我国物权法也照搬这一模式,则完全与中国的现实不相符合。其三,如果物权法不对公有财产加以规定,也难以体现出对各类所有权平等保护的原则。因为,这必将意味着对公有财产要通过特别法保护,实际上对公有财产进行了特别保护。其四,公有财产所

---

① 陈小君:《我国涉农民事权利入民法典物权编之思考》,《广东社会科学》2018年第1期。

② 刘保玉:《所有权的类型化与平等保护原则的结合——物权法所有权编的基本结构设计思路》,《法学评论》2005年第6期。

有权在客体、取得方式等方面确实有其特殊性。如果物权法漠视这种特殊性，将不利于法律对国家所有权和集体所有权的调整。其五，如果不进行分别规定，则对若干他物权制度无法加以规定。如果不能将所有权类型化，在物权法中详细规定国家所有权和集体所有权，根本不可能建立我国物权法中的物权尤其是用益物权的体系。①

余能斌与程淑娟认为，我国物权法立法应当借鉴俄罗斯的相关规定，要体现各类所有权的平等原则，因此没有必要在物权法中强调国家所有权比其他所有权优越，国家所有权相对于其他所有权的重要意义已经由宪法确定过了，物权法的任务是以科学有效的制度来确保和实现国家所有权，这一点是完全遵照宪法规定的。但是，国家所有权确实有自身的特点，如国家所有权的现实利益主体涉及公众，故具有公共利益性；然而国家所有权的责任主体却又往往极易"虚位"，并且私权性的国家所有权在行使中难免掺杂行政权力等。所以物权法针对国家所有权的这些特点作出专门的规定是应当的，这并不是要对国家所有权实行"特殊保护"，而是立法特别设计出针对国家所有权特点的保护手段。按各类所有权的不同特点采用最为适宜的保护方法，这是在更高层次上实现平等保护。②

赵许明认为，国有资产并没有被排除在平等保护之外，但是平等保护并不意味着保护手段完全相同。因国家所有权的特殊性质和易受侵害的特点，采取特殊的保护措施是必要的，这正是贯彻平等保护的一个重要方面。③

刘保玉对"三分法"作出了以下评价："三分法"论者考虑到公有财产所有权确实有其特殊性，对所有权不进行分类规定则对若干他物权制度的构建将产生不利影响等理由，具有一定的可取性。但其理由中的"如果物权法不对公有财产加以规定，也难以体现对各类所有权平等保护的原则"之说法，似乎在逻辑上不能成立。另外，以此论为基础而设计的条文中出现对国有财产特殊保护的诸项规定，除诉讼时效的适用之例外一项

---

① 王利明：《物权立法若干问题新思考》，《法学》2004年第7期；王利明：《我国民法典重大疑难问题之研究》，法律出版社2006年版，第268—269页。

② 余能斌、程淑娟：《经济转型时期物权立法的一面镜子——以俄罗斯的国家所有权立法为鉴》，《现代法学》2006年第5期。

③ 赵许明：《论国家所有权的平等保护》，《福建论坛》（人文社会科学版）2004年第6期。

规定可以接受外（此项规定早在1988年最高人民法院发布的《关于贯彻执行〈中华人民共和国民法通则〉若干问题的意见》第170条中即已存在。该项规定的理由在于诉讼时效是针对某些民事权利和交易关系而适用的，国家直接控制、管理而未授权法人、公民经营管理的财产，因为并未进入民事领域，故民事活动的规则不应适用于此类财产。此非"不平等保护"，而是依法理当然的做法，故此一规定并无不妥），而其他诸项均有不妥，明显违反了市场经济条件下应对各类财产权一体、平等保护的精神。①

（3）结合主义——所有权类型化与平等保护原则的结合

主张将"三分法"（所有权的类型化）与"一元论"（平等保护原则）相结合的代表学者是刘保玉，其认为"三分法"和"一元论"者目前的主张及其理由，在基本立足点上存在着共同之处，并无质的分歧，更非水火不容的关系；所有权的类型化与平等保护之间，可以做到兼收并蓄、相得益彰。持"一元论"的学者，也都承认物权法具有固有法性；同时，也不否认制定中国物权法应从我国的实际情况出发；其唯一顾虑的，是所有权依所有制的类型不同而进行的类型划分，可能会导致区别对待和不平等保护。而持"三分法"主张的学者及法工委的同志们，也同样主张对各类所有权予以平等保护，只是考虑到《宪法》的规定、中国国情下的实际需要和出于立法技术上的考量，仍保留了所有权的基本类型划分；对于删除"倾斜"或"特殊"保护国家财产所有权的条款，大家目前业已无意见的分歧。还应注意的是，我国毕竟实行的是社会主义制度，我们搞的市场经济也是社会主义的市场经济，所以，在有关规定和制度的推行中，必然会有一些与私有制国家法律所不同的地方。社会主义公有制的特点，必然会在物权法上有所体现。一方面，不能将必要的"特别规定"与"不平等保护"画等号；另一方面，确实需要警惕并应力求避免哪些非必要的、并不妥当的"特别规定"导致平等保护的原则有名无实。鉴于我国以往的传统和历史的经验教训，在当今，我们更应强调的是对非公有制经济和私人合法财产权的保护。因此，在物权法中，必须贯

---

① 刘保玉：《所有权的类型化与平等保护原则的结合——物权法所有权编的基本结构设计思路》，《法学评论》2005年第6期；刘保玉：《物权体系论》，人民法院出版社2004年版，第146页。

彻"合法财产平等保护原则"①。

同时,刘保玉还提出了具体的立法建议:为贯彻这一结合主义的立法方案,在物权法上就不能再提"国家财产神圣不可侵犯"或"公有财产神圣不可侵犯"的口号,而应以合法财产权平等保护的原则或精神取而代之;物权法上不宜设立对国家财产的特殊保护制度和推定归属制度(如"王稿"第46条、第112条),而应以物权法的基本原理和规则来处理相关问题。另外,物权法上有必要对"国家所有权""集体所有权""私人所有权"中的特殊问题和重要事项分别作出规定,但又不一定单设标题来表述不同的所有权类型;不动产所有权、动产所有权、货币所有权等所有权在客体上的差异及其特殊问题,应当穿插规定于所有权的各项具体制度之中。最后,有必要在所有权编中设"一般规定"一章,将所有权中的共同性问题纳入其中,并于此部分中申明对各类所有权的平等保护。②

关于民法典编纂中"所有权"编的体系结构安排,温世扬指出,"一元论"与"三分法"只是两种基于不同逻辑形成的所有权立法技术,并不是两种非此即彼、互不相容的所有权立法模式。尽管如此,"所有权"编也不能无视"三分法"的客观存在,但从立法体系的科学性考量,以"三分法"为"所有权"编的结构主线并非一种理想模式。有鉴于此,温世扬尝试提出一种融合"一元论"与"三分法"的所有权立法体系构建模式,对"所有权"编(章)内容作如下安排:①一般规定(所有权的内容,对国家所有权、集体所有权的宣示性规定);②所有权的取得(所有权的各种原始取得方式,包括征收、添附、先占、时效取得等);③土地和自然资源所有权(国家所有权、农民集体所有权);④建筑物区分所有权;⑤相邻关系;⑥共有。③ 房绍坤也主张民法典物权编应兼采"一元论"和"三元论"的合理因素,不再以国家所有权、集体所有权、私人所有权的区分作为所有权的立法结构,而应围绕所有权的一般事项加以规

---

① 刘保玉:《所有权的类型化与平等保护原则的结合——物权法所有权编的基本结构设计思路》,《法学评论》2005年第6期。

② 刘保玉:《关于物权法体系设计的几点建议》,《法学论坛》2003年第6期;刘保玉:《物权体系论》,人民法院出版社2004年版,第151—152页。

③ 温世扬:《〈民法典〉应如何规定所有权——〈物权法〉"所有权"编之完善》,《法学评论》2018年第2期。

定。另外，房绍坤也给出了类似的所有权立法结构安排，只不过章节顺序有所微调。①

3. 国家所有权

（1）国家所有权的概念

关于物权法中是否应当单独规定国家所有权这一问题，与前述所有权的类型划分标准之争密切相关。

一些学者提出"国家所有权"概念根本就不存在。孙宪忠对"国家所有权"这一概念予以了否定，认为其存在重大缺陷，首先，物权法意义上的国家"统一""唯一"所有权是不存在的。抽象的"国家"无法成为民法上具体"物"的所有权主体。② 真正存在的，只是一个个公法法人的所有权。其次，按照物权法定原则，所有权的主体与客体两个方面都必须是确定的，而现在的"国家所有权"不论是主体还是客体均无法明确肯定。因此，应将"国家所有权"重新定义，将公有财产区分为经营资产和公用物，然后确定其不同的所有权归属。前者依其本质而论是一种私营财产，后者才是真正意义上的社会公共财产，应采用"公共所有权"理论，将所有权人确定为真正享有该项权利的公法法人或者私法法人。公用物是为公法上的目的如社会管理、公共福利、公共利益利用等设定的物，而不是为民法上的目的设定的物，所以公法法人享有这一权利时，必须遵从公法设定这一权利的目的，而不能依据一般的民法规则行使这一权利，更不能将公用物用来投资或者其他经营。③

李凤章利用哈贝马斯的商谈理论对国家的主体性进行了消解，根据法学和经济学的基本原理，透过法权的和事实的所有权不相一致的分析框架，并通过历史及现实的实证分析，揭示出国家所有权的虚幻和在国家所有的名义之下财产利益被转归私人所有的真实性态。最后认为，我国的公共物品的生产应该采取各级政府所有即公法人所有的形式。④

---

① 房绍坤：《论民法典物权编与总则编的立法协调》，《法学评论》2019年第1期。
② 孙宪忠：《"统一唯一国家所有权"理论的悖谬及改革切入点分析》，《法律科学》（西北政法大学学报）2013年第3期。
③ 孙宪忠：《我国物权法中所有权体系的应然结构》，《法商研究》2002年第5期。
④ 李凤章：《国家所有权的解构与重构》，《山东社会科学》2005年第3期。

陈旭琴认为："国家所有权不完全具备商品经济条件下财产所有权所固有的排他性、依存性和扩张性，因此，从法律上讲国家所有权不是或至少不完全是一种民事权利，其性质更接近于行政权力。"[1]

尹田系统分析了国家所有权的概念、性质，其认为"国家财产包括不能进入或者尚未进入民事领域的财产与进入民事领域的财产两部分。国家通过投资或者拨款而进入国有企业或其他企业以及行政机关、事业单位的财产，除公有物及公用物之外，国家即丧失其所有权，财产所有权归国有企业等私法人或者行政机关等公法人享有，国家享有投资人或者设立人的权益。国家所有权或者由宪法或其他公法直接创设，或者关涉公共利益，故其性质为公权而非私权，不具备私权特征且基本不适用物权法的具体规则。民法为私法，重在保护私的利益，公法领域的国家财产应由公法加以规定和保护，'国家财产神圣不可侵犯'不应成为物权法的基本原则"[2]。

渠涛认为强调国家所有权有其必要，但亦存在风险。其认为，物权法毕竟是私法中的制度，私法规范的是平等主体之间的一般法律关系，对国家和公共利益的保护可以作为私法的重要原则，但似乎不应该作为私法中的具体制度。加强对国家和公共利益的特别保护应该通过民事特别法、行政法、刑法等更具有强制力的法律实现。[3] 渠涛建议，应结合实际将"国家所有即全民所有"的模糊概念具体化，将国有土地分为中央政府所有和地方政府所有，以强化地方政府的积极性和对土地管理的责任感。[4] 巩固认为，国家所有权一般以资源为客体，其来源于主权但不等于主权，其为资源主权的积极行使创设权力载体和概念装置，具有重要意义。[5] 对此，王涌却认为，宪法上规定的自然资源国家所有权不是专属于公法的所

---

[1] 陈旭琴：《论国家所有权的法律性质》，《浙江大学学报》（人文社会科学版）2001年第2期。

[2] 尹田：《论国家财产的物权法地位——"国家财产神圣不可侵犯"不写入物权法的法理依据》，《法学杂志》2006年第3期。

[3] 渠涛：《中国〈物权法〉中的所有权制度——特色及问题》，载渠涛主编《中日民商法研究》（第七卷），法律出版社2009年版，第75页。

[4] 渠涛：《民法理论与制度比较研究》，中国政法大学出版社2004年版，第405页。

[5] 巩固：《自然资源国家所有权公权说再论》，《法学研究》2015年第2期。

有权概念，它包含私法权能，在这一层面上，它与物权法上的所有权无异；但是，王涌同时强调中国的自然资源国家所有权的问题是国家权力的不正当扩张，甚至出现与民争利的现象，应当慎用此概念。比如，在普通民事案件中，如乌木案，法官应当采取限缩的方法解释自然资源这一术语。①

（2）国家所有权的客体

关于国家所有权的客体争议主要围绕着国有财产的范围这一问题展开。传统的理论认为，国家所有权客体具有广泛性，任何财产都可以成为国家所有权的客体，而法律规定专属于国家所有的不动产和动产，任何单位和个人均不能取得其所有权。对此，学界基本无争议。存在分歧的是，国家所有权的客体如此广泛，我们应当如何划分国家所有权客体的类型。

程淑娟认为《物权法》将物权的客体规定为动产和不动产，但是却将国家所有权的客体规定为"国有财产"，而没有简单地以"动产和不动产"来指代。这是因为，在《物权法》中，国有财产是作为一种集合物被纳入国家所有权的客体范围的。就我国目前立法所规定的内容来看，国有财产确实不能简单地归类为"不动产和动产"。国有财产作为国家所有权的客体，它如同"财产"概念那样，是一个"综合体"，而"财产"本身的含义具有模糊性，可以从多个层次来理解。这种含义的不确定性或许也是我国物权立法对"财产"不予界定的原因所在。但是，"财产"这个概念并非要表达物权的支配意义，而是强调物的归属；若单独使用"财产"这个概念，的确会导致其含义的不清。然而，如若冠之以其归属者，例如"国有财产"，这个概念的含义其实相当清晰，它就是指国家所有权的客体。我国《物权法》规定的国有财产在性质上就是与国家这一特定所有权主体相联系的集合物。集合物的独立性应用于国有财产，则足以映证国有财产与集体财产、私人财产的清晰界限，从而确定国有财产的范围并实现所有权制度基本的"定分止争"功能。因此，以传统民法中的集合物为国有财产定位，并借此成立国家所有权的客体，能够充分实现对国家所有权客体的理论支撑，也足以弥补长期以来在所有权客体研究方面"只见树木，不见森林"的法律逻辑欠缺，还能消除"自然资源究竟

---

① 王涌：《自然资源国家所有权三层结构说》，《法学研究》2013年第4期。

属于动产还是不动产"这类学理困惑。①

冉克平主张引进"公物"的概念，进而对《物权法》中规定的国家所有权客体进行科学的划分，否定已进入民事领域的经营性财产的国家所有权。其认为：第一，对于经营性财产，在进入民事领域之后，国家不应该享有所有权。即在国家通过投资、拨款或者其他任何方式将其享有的所有权或者其他财产权利授予或者出让给国家之外的第三人时，则所有权属于他人享有。国家通过投资设立国有独资企业或者与他人共同投资设立公司的行为，将其货币或者其他资产的所有权以注册资金的方式转让给国有企业或者其他企业，国家通过丧失其对财产的所有权而获得其投资人权益（股权）。② 第二，对于土地、矿藏、草地、森林、海域等自然资源，由于这些自然资源具有稀缺性，只有通过在相应财产上依法设置权利，将这类资源性国有财产采取经营性运作，才能发挥自然资源效益的最大化。第三，对于国家通过行政拨款或者其他方式交给国家机关或者公益性事业单位的资产，如政府机关的建筑物、军事设施等，应该属于公物的范畴。由国家机关以社会公共利益为目的加以利用的，构成公物中的公务用公物；而为一般公众所使用的物，如公共道路、桥梁、公园等，应该属于公众用公物。③

侯水平和黄果天等学者在其著作中对法国、意大利、日本、韩国等国家的多种所有权分类立法模式进行分析后，发现法国、韩国按照国有财产使用目的上的差异，对国有财产进行分类立法；而意大利则是依照国有财产可否处分的不同，对国有财产予以分类立法；日本则对国有财产是否直接供国家目的使用、对其进行管理以及处置时所援引的法律规范间的综合考量，从而对国有财产分类立法。尽管上述关于国有财产分类立法的区分标准有别，但殊途同归，其均依据国有财产目的以及用途上的差异性对其分别予以调整，这种国家所有权的分类立法模式值得我们借鉴。④

---

① 程淑娟：《论国家所有权的客体——以作为集合物的"国有财产"为中心的思考》，《西北大学学报》（哲学社会科学版）2011 年第 1 期。

② 尹田：《论国家财产的物权法地位》，《法学杂志》2006 年第 2 期。

③ 冉克平：《论公物的概念、权利属性及其适用》，《重庆大学学报》（社会科学版）2009 年第 5 期。

④ 侯水平、黄果天等：《物权法争点详析》，法律出版社 2007 年版，第 231 页。

学者黄军和李琛主张，应当考虑国有财产在内部客观上存在的差异性，结合国有财产的存在形式（国有财产的自然属性）及其所追求的目标，以及权利行使规则的不同，将我国的国有财产区分为三大类，即公用性财产、经营性财产和资源性国有财产，并在立法上加以分类规范。①

关于物权法中国有财产管理的规定（《物权法》第 57 条），杜万华法官认为该规定本意是保护国有资产，防止国有资产流失，此种做法在当时有其合理性。但在我国社会主义市场经济体发展的当前阶段，已经不再适合出现在调整平等主体之间财产关系的民法典中，其与《民法总则》的立法精神不符，应当将其放在相关的行政法中。②

4. 集体所有权

2000 年以后，在立法论上，关于国家所有权和集体所有权制度的争议主要集中在以下两方面：一方面，在于是否应当单独规定国家所有权和集体所有权，这同样涉及所有权类型划分标准的选择问题，有关讨论已如前述；另一方面，是关于集体和集体所有权的概念、集体所有权的主体等问题的讨论。

（1）集体所有权的性质

由于我国《民法通则》和《物权法》均规定了集体所有权制度，明确了集体所有权的私权属性，③ 这使得我国民法学界较早地开始关注集体所有权的性质。目前，我国学界关于集体所有权性质的学说主要为以下几种：

单独所有权说：有的学者认为，集体土地既不属于任何农村集体组织中的个别成员所有或全体成员共有，也不属于哪一个农村集体组织所有，集体土地的所有权只能属于农民集体所有，即指一定社区范围内的农民集体对集体土地拥有所有权。④ 因此，集体土地所有权应是由特殊民事主

---

① 黄军、李琛：《国家所有权的分类立法分析》，《探索与争鸣》2005 年第 5 期。
② 杜万华：《〈民法典物权编草案〉（二审稿）的体例与条文评述》，《中州学刊》2019 年第 7 期。
③ 高飞：《落实集体土地所有权的法制路径——以民法典物权编编纂为线索》，《云南社会科学》2019 年第 1 期。
④ 丁关良：《农村土地承包经营权初论》，中国农业出版社 2002 年版，第 76—83 页。

体——农民集体享有的单独所有权。①

共同所有权和法人所有权说：韩松认为，集体所有权包括农村社区集体所有权和城镇社区集体所有权，应对其作出不同的性质认定。关于农村社区集体所有权，适合采取社区全体成员共同所有的形式。我们可以把集体所有制看作是在一定的集体范围内的财产共有，即全体集体成员对属于集体的财产的共同所有。关于城镇社区集体所有权，应当采取法人所有权的形式。城镇社区集体所有权采取法人所有权形式主要有以下几种类型：合作社法人所有权、集体独资企业法人所有权和股份合作企业法人所有权。② 温世扬认为，"集体所有权在某些情形下可以具体化为法人所有权，如公司制集体企业所有权，但也不能当然视为法人所有权，将作为群众自治组织的村集体以及群众团体性质的村民小组定性为法人，则缺乏法理上的依据。总之，由于集体组织形态多样，集体所有权性质也不能一概而论，应当区分农村集体所有权与城镇集体所有权、土地集体所有权与其他财产集体所有权而具体分析其法律构造"③。

总有说：财产属于集体、分配归成员、实行民主管理、成员有严格的身份特征、成员的入退不影响集体组织的存续，这是半个世纪以来对我国集体公有所形成的共识。集体公有的这些特征与以中世纪日耳曼村落共同体土地所有形态为典型的"总有"具有高度相似性。④ 以总有解释和规制集体所有权对于集体财产的保护、加强集体财产的管理、维护集体成员的合法权益具有重大现实意义。⑤ 刘保玉认为集体所有权的主体具有团体性，是由个体成员所组成的集合体，因此，集体所有既不同于成员的个体

---

① 丁关良、周菊香：《对完善农村集体土地所有权制度的法律思考》，《中国农村经济》2000年第11期。
② 韩松：《论集体所有权的主体形式》，《法制与社会发展》2000年第5期。
③ 温世扬：《物权法要义》，法律出版社2007年版，第79—80页。
④ 总有，系日耳曼村落共同体之所有形态，指未赋予法律人格之团体以团体资格对所有物之共同所有。此共同体，将村落与其村民调和为一个实在的综合体。总有之内容，为所有权质的分割，对于共有财产管理处分的权利，属于村之共同体，使用收益权归村民。各村民之权能，依量的分割而享有，随身份的取得、丧失，其权能亦发生和消灭。参见史尚宽《物权法论》，中国政法大学出版社2000年版，第153页。
⑤ 孟勤国：《物权法如何保护集体财产》，《法学》2006年第1期。

所有，也不同于法人所有和一般的共同所有，而类似于"总有"①。而持新型总有说的一些学者指出了传统总有的两个主要缺点，并进行了相应改造：第一，认为传统总有系所有权质的分割，所有物的管理处分权属于团体组织，而各总有成员仅享有使用收益的权利，极易导致团体的集权和对农民权益的损害，为此提出将土地所有权的各项权能统一起来，由成员集合起来对总有财产享有抽象统一的支配权，彰显民主，避免集权的产生；第二，总有成员享有的使用收益权能与其作为团体成员的身份密不可分，这一点显然与农村日益活跃的土地市场的要求相违背，市场经济要求主体的平等性与财产的流通性，为此指出新型总有应削弱身份性要求，总有成员可将其在集体土地上享有的用益物权转让给团体以外的其他人，也可以在集体土地上为团体以外的人设立用益物权。② 渠涛也认为，集体所有属于日耳曼法上的总有，也相当于日本民法规定的所有权的"入会权"③。渠涛通过调查发现，基于历史的原因，集体土地使用权就是一个极其模糊的概念，绝大多数农民并没有农村土地归集体所有的意识，而普遍认为农村土地属于抽象意义上的"国家所有"。在中国实际的语境下，农村土地集体所有是一个不具有实质内容的概念。④

共有说："梁稿"第88条第1款规定，"宪法及法律指定的国有以外的农村和城市郊区的土地属当地居民共同所有。其所有权由所有权人选定的机关依法行使，但其所有权的行使不得违反法律和妨碍公共利益"。"梁稿"在对此条文进行解释的时候表明，"集体所有权的行使，根据《民法通则》第74条第2款的规定，以及目前农村中集体土地的使用、经营等权利义务关系的现状，规定为当地全体居民共同共有"⑤。王利明和梅夏英认为，集体所有权是一种特殊的共有，"首先，我们必须看到它

---

① 刘保玉：《物权法学》，中国法制出版社2007年版，第162页。
② 龚悦：《论集体土地所有权——以完善土地承包经营权为切入点》，硕士学位论文，苏州大学，2007年。
③ 渠涛：《农户承包集体土地合同上的财产关系》，《北方法学》2014年第2期。
④ 渠涛：《民法理论与制度比较研究》，中国政法大学出版社2004年版，第402、405页。
⑤ 中国物权法研究课题组（负责人：梁慧星）：《中国物权法草案建议稿：条文、说明、理由及参考法例》，社会科学文献出版社2000年版，第269—270页。

不是一般的共有，更不是按份共有。笔者认为，成员共同所有意味着应当使集体财产与成员的收益具有更密切的联系，否则就成为抽象的类似于全民的所有，但集体成员又不能对集体财产擅自转让、分割，否则等同于个人所有，因此我们将其看作特殊的共同共有"①。虽然刘保玉认为集体所有类似于"总有"，但是其认为同时也应注意到的是，集体所有权与共同共有的某些规则也具有相通性，因此，也可以说集体所有"是一种特殊的共有"②。韩松专门研究了农民集体土地所有权的性质，认为其是一种"集体共有"，"这种集体共有不同于按份共有，各个集体成员对集体土地平等享有所有权，并不具有明确的应有份额，也不得随时请求分割为单独所有；这种集体共有也不同于共同共有，不存在共有关系结束时的共同财产分割"③。

然而，温世扬对共有说提出了反对意见，其认为，"集体所有权不同于一般意义上的共有，因为集体所有权若定性为共有，则该共有无论是按份共有还是共同共有，都会与集体所有制相冲突，从而导致私有化的危险。共有是建立在个人所有制基础上的主体多元的特殊个人所有权制度，这与集体所有制和集体所有权的本质是相违背的。若将集体所有权理解为集体成员共有，则无法解释为什么集体组织成员对于集体土地还需要从集体组织获得承包经营权等用益物权，这与所有权为完全物权的原理是不一致的"④。

新型合有权说：有的人认为，新型合有权制度系指一定范围内有农村户籍的全体现存成员对集体土地依法共同享有的全面支配的权利。普通法上的合有权的制度和特点与我国的集体土地所有权制度具有内在的一致，其理应成为重构集体土地所有权的法理依据。权利的平等民主性，可使农民集体成员在平等、民主的基础上形成集体的共同意志。客体的永不分割性保证了集体土地不至于落入私人之手，从而有效维护社会主义公有制的巩固和发展。权利的完全性使农民真正地成为集体土地的主人，享有所有

---

① 王利明等：《中国民法典学者建议稿及立法理由（物权编）》，法律出版社2005年版，第159—160页；王利明主编：《中国物权法草案建议稿及说明》，中国法制出版社2001年版，第282页。

② 刘保玉：《物权法学》，中国法制出版社2007年版，第162页。

③ 韩松：《坚持农村土地集体所有权》，《法学家》2014年第2期。

④ 温世扬：《物权法要义》，法律出版社2007年版，第79页。

权意义上的收益权。而权利的自由开放性，使集体土地得以自由流转，促进土地资源的优化配置，实现土地资源的充分利用。①

关于民法典的编撰，高飞指出一定要在物权编中对集体土地所有权依照私权的基本原理予以构建，集体土地所有权的私权性质不会因需要贯彻社会主义公有制而发生改变，避免在所有权立法过程中过多强调公有制的政治性色彩，促使集体土地所有权私权品格得以回复。② 但韩松认为，民法典物权编应当将农民集体所有权界定为体现农民集体公有制的所有权类型，必须强调集体成员对集体所有权的不可分割性，规定每个成员都平等地构成所有者的集体分子，是公有者成员，但每个成员都不是集体土地的私有者，不享有对集体土地的私人的、个人的所有权，也不享有对集体土地的最终所有权。集体土地所有权既不是按份共有，共有者之间没有明确的应有份额，也不是共同共有，只具有抽象的、潜在的应有份，并不将其应有份明确划分出来，其不得要求分割对集体所有权的应有份而退出集体，在退出集体时也不得要求分割集体所有权客体财产。在此基础上，韩松将农民集体所有权界定为"农村社区农民集体的成员集体以保障本集体成员的生存和发展为目的，对属于本集体所有的土地及其他自然资源和财产依法管理和占有、使用、收益、处分，并使集体成员受益的权利"③。另外，单平基还从民法典编纂的绿色原则（《民法总则》第9条）出发，主张"物权编"应意识到自然资源、土地资源归属于国家或集体所有（《宪法》第10条）的公有属性，在自然资源利用制度中增设资源节约、环境保护条款，明确对自然资源的利用需符合"绿色原则"的要求，禁止滥用、乱用及强占，禁止长时间闲置和撂荒土地，对产生环境污染的民事行为亦应予限制。④

---

① 龚悦：《论集体土地所有权——以完善土地承包经营权为切入点》，硕士学位论文，苏州大学，2007年。
② 高飞：《落实集体土地所有权的法制路径——以民法典物权编编纂为线索》，《云南社会科学》2019年第1期。
③ 韩松：《我国民法典物权编应当界定农民集体所有权类型的本质属性》，《四川大学学报》（哲学社会科学版）2019年第3期。
④ 单平基：《"绿色原则"对〈民法典〉"物权编"的辐射效应》，《苏州大学学报》（哲学社会科学版）2018年第6期。

(2) 集体所有权的主体

虽然我国《民法通则》中规定了集体所有权，但并没有明确规定集体所有权的主体。人们顾名思义地认为集体所有权的主体就是集体或集体组织，但传统民法上及《民法通则》中关于主体的规定只有自然人（公民）和法人的概念，而没有集体一词。《民法总则》第99条规定了农民集体经济组织特别法人的主体地位，但未能降低人们对集体所有权主体的疑问。在一些人看来集体所有权的主体不可能是自然人，否则就会导致私有制或私有财产权；集体也不可能是法人，因为法人可能会破产，这样就可能导致集体所有制的瓦解。[1] 因此，该怎样认识集体所有制的主体在立法上和法学理论上都存在着困惑。

集体经济组织说：马俊驹认为，集体所有权的主体是集体经济组织。集体所有权是在合作制经济中产生和发展起来的所有权形式，它不同于共同共有、总有和公司法人所有权：首先，集体所有与总有具有重大区别，况且，对于总有我们有足够的理由怀疑其真正主体是否是共有人，更不能据此判断我国集体所有权的主体是成员个人；其次，集体所有权不同于共同共有，他们具有根本的区别，如果认为集体所有权就是共同共有，将会导致在理论上集体所有权被合伙所代替，在实践中取消集体所有权。最后，集体所有权与公司法人所有权也是有区别的。[2]

韩松曾认为，集体所有制的形式是多样的，集体所有权的主体形式也应具有多样性，不可能拘泥于某一种特定形式。集体所有制包括农村社区集体所有制和城镇社区集体所有制。农村社区集体所有制表现为农民集体所有权，应采取农村社区全体成员所有的形式。城镇社区集体所有制表现为城镇社区集体所有权，其主体应是城镇的社区居民的自治组织。[3] 然而，之后韩松的观点似乎有所转变，其在2005年的文章中认为集体所有权的主体是一定集体范围的成员集体。成员个人所结成的集体并不取得法人资格，属于非法人的团体。[4] 此外，其通过对集体所有权主体问题争议

---

[1] 韩松：《论集体所有权的主体形式》，《法制与社会发展》2000年第5期。
[2] 马俊驹、宋刚：《合作制与集体所有权》，《法学研究》2001年第6期。
[3] 韩松：《论集体所有权的主体形式》，《法制与社会发展》2000年第5期。
[4] 韩松：《论成员集体与集体成员——集体所有权的主体》，《法学》2005年第8期。

各方观点的分析，指出其争议点在于：主张集体所有权主体是集体组织的，往往以相关法律条文的上半句"属于农民集体组织所有"为依据；主张集体所有权主体是成员集体或集体成员的，则以相关法律条文的下半句"可以属于该集体组织的农民集体所有"为依据。然而，集体组织即是指其成员的集体，成员集体即是指成员的组织体，区别于成员个体，二者应是同一所指，只是强调的方面不同。因此，集体所有权的主体是各集体范围成员集体。成员集体不是成员个体而是由个体组成的合体，它不限于现有成员而是包括潜在成员的合体，只是所有权的现实行使由现有成员进行。① 同时，从农村的现实情况出发，物权立法应规定村民小组集体、村集体、乡（镇）集体各自独立的所有权。②

成员所有说：由王利明等主持的《中国民法典草案建议稿》第761条规定，"集体所有权，是指集体组织的成员对依法属于集体所有的财产，共同享有占有、使用、收益和处分的权利"。王利明和梅夏英对该条进行解释的时候，将关于集体所有权的主体的理论学说分为三种，一是创办人所有说，即集体所有权应当归属于最初的创办人；二是集体所有说，即集体所有权的主体就是劳动群众集体，这个集体既可以是一个企业，又可以是一个社区，还可以是一个村民小组；三是成员所有说，即集体是由其成员组成的，集体所有应当指集体组织成员共同所有。③ 王利明和梅夏英认为，"第一种观点看待集体所有权的主体，则实践中很难操作。因为长期以来，我国并没有对集体企业的产权加以确定的规则或做法，因此许多集体企业已经很难确定谁是最初的投资人。""第二种观点实际上依然采纳的是一种抽象的集体所有概念""应当采纳第三种观点，即强调集体组织成员所有。集体与成员是不可分割的，集体所有不是全民所有，而应当是小范围的公有，即由成员共同享有所有权，但财产又不可实际分割为每一个成员所有，也不得将财产由成员个人予以转让。明确集

---

① 韩松：《我国物权立法中规定集体所有权的思考》，《法学杂志》2005年第4期。

② 韩松：《关于农民集体所有权问题的问卷调查报告》，《宁夏社会科学》2005年第6期。

③ 王利明等：《中国民法典学者建议稿及立法理由（物权编）》，法律出版社2005年版，第158—159页；王利明主编：《中国物权法草案建议稿及说明》，中国法制出版社2001年版，第280页。

体所有实际上是一种特殊的共同共有,既有利于将集体所有与国家所有相区别,同时也可以将集体所有与公司所有权和合伙财产相区别。此外,强调集体所有为成员共同所有,有利于加强集体企业内部的民主管理,使企业的利益与成员的利益密切结合。"[1]

村法人说:学者谭庆康和潘智慧认为,村应该成为集体所有权的民事权利主体,它在法律形态上属于法人,村法人所有权是对集体所有权的法律实现形式,它并不与公有制相矛盾。明确村法人的民事主体地位,能够以现代企业制度和成员权为基础,建立清晰明确的农村产权制度。村是一种特殊的法人,主要体现在以下几方面:第一,村法人拥有的某些民事权利能力和民事行为能力是由法律直接规定的,具有专属性;第二,村法人的内部组织结构的特殊性。村民会议或者村民代表大会是村法人的决策机构;第三,村法人属于社团法人,它是以成员权为基础的全体村民的集合体。[2] 李宴也认为,集体土地所有权的权利主体必须具有法律上的独立人格,只有法人才能拥有自己独立的权利、承担独立的法律责任,因而农民集体应当具有法人主体地位。[3]

尹田认为,"农村集体的物权法主体地位问题,是一个没有答案的死问题;城镇集体财产的归属问题,是一个并不存在的假问题!'集体所有制'在中国城镇的逐渐消灭是必然的。而在农村,土地集体所有制将有可能长期存在,但由于权利主体的缺乏,农村土地的集体所有权成为空中楼阁,无从立足。由此,中国农村土地所有权只有在脱离有关所有制与所有权关系的传统观念的羁绊之后,方可寻找到其生存的空间。其具体解决方案有可能是:尊重科学,实事求是,在观念上切断所有制(一种经济制度)与所有权(一种法律制度)的'必然联系',否定'有什么样的所有制,就有什么样的所有权'的错误结论,在坚持农村土地集体所有(公有)的前提下,抛弃与'集体所有制'严格对应的'集体所有权'

---

[1] 王利明等:《中国民法典学者建议稿及立法理由(物权编)》,法律出版社2005年版,第159页;王利明主编:《中国物权法草案建议稿及说明》,中国法制出版社2001年版,第281—282页。

[2] 谭庆康、潘智慧:《论我国村的民事法律地位——对我国农村产权制度的构想》,《法学》2003年第3期。

[3] 李宴:《公有制视野下集体土地所有权主体制度构建》,《中州学刊》2012年第3期。

概念，将农村土地所有权设计为一种区别于一般财产共有权的、与集体所有制相适应的、具有某种'身份'性质的特殊共有权（集体成员身份之有无与权利之有无直接相联系，不得分割、退出、转让、继承，等等）。结论就是，法律意义上的'集体所有权'并不真实存在也不可能存在，无论农村'集体'抑或城镇'集体'，在物权法上没有其主体地位。"集体所有权应当依法被改造为法人所有权。①

孙宪忠将集体所有权的主体的判断问题分为农村集体所有权和城镇集体所有权分别予以分析。关于农村集体所有权的主体在物权法中的明确问题，一种比较理想的方案，是将集体与成员之间的关系股份化，使成员对集体享有真正的民法上的权利义务关系，而集体真正享有法律上的所有权。这种做法既符合市场经济的要求，也能达到民主而且科学地运用集体财产权利的目的，是一种值得推广的法律经验。而所谓的城镇集体所有权一般是城镇"集体"企业的权利，所以是可以进入市场机制的权利，故必须按照市场经济体制的要求，对我国现行法律中的城镇集体所有权制度进行改造。改造的合理方法，应该是按照企业设立的规则，按照投资法律关系的基本模式，将这种所有权改造成为投资人的权利与企业的权利，而不能一概将其称为集体所有权。②

另外，还有的学者认为，集体所有制存在主体多元的问题。"在农村，农村集体所有制的所有权人在法律上是全体村民，但实际上行使权利的是各级农村基层组织，并且乡、村、队三级中究竟谁才是真正的经济实体并不明确，于是集体经济实质上就是一种用行政权力控制经济资源、组织生产的模式。同样在城市，集体企业的所有权人在名义上是组成该企业的职工，然而职工们对企业的发展在事实上丝毫没有决定权。③对此，陈小君指出，应当在法律中确认农民集体、村民小组农民集体和乡（镇）农民集体这三种农民集体并存的社会现实，关于农民集体的主体形式也不能强求统一，应根据各地的具体条件采取多种形式。她建议，在立

---

① 尹田：《物权主体论纲》，《现代法学》2006年第2期。
② 孙宪忠：《确定我国物权种类以及内容的难点》，《法学研究》2001年第1期。
③ 徐洁：《我国所有权体系的理论构架与立法思考——以物权立法为中心》，《西南民族大学学报》（人文社会科学版）2005年第7期。

法技术上选择"列举+概括"式的表述,赋予农民集体根据自身情况选择组织形式的权利,包括法人和其他类型的组织。《民法总则》第99条第2款的存在,为行政法规对新生的组织形式进行规范、指引提供了通道。①

另外,陈小君还建议,农民集体成员资格的认定标准,物权编不宜规定过细,明确成员资格认定的一般原则即可,从而为地方根据当地生产经营和社会实际制定具体标准预留空间,同时兼顾集体自治和农民权益保护的平衡。② 吴昭军博士也赞同上述观点,主张在民法典物权编"集体所有权"部分进行原则性规定,并设置引致条款,由单行立法进行详细规定。《民法典(草案)·物权编》基础上增加一条,"第×条农村集体经济组织成员资格的取得和丧失,由法律规定。法律没有规定的,应当根据农村集体经济组织章程决定。"未来单行立法可将实践中已经成熟、具有普遍意义、可以推广的部分资格认定标准进行抽象,形成条文,并对认定的程序、原则以及特殊群体保护等方面进行规定,同时予以留白,交由团体自治。③ 但杜万华法官则认为,农村集体经济组织成员的资格问题是关于农村法治的基础性问题,已经到了非解决不可的地步,民法典物权编不应当再回避,有必要作出明确规定。为此,杜万华法官主张采用"农户"和"农户成员"的概念,与"家庭成员"相区别。④

(3)集体所有权的行使方式

梅夏英认为:"关于集体所有权主体的看法不能单独存在,其与集体所有权的行使有着天然的联系。也就是说,无论我们如何界定集体所有权的主体,其成员如何行使权力以实现自己的利益却是关键的问题,某种程度上看,与其做字面游戏,在主体性质上争议,不如更好地确定集体成员行为模式,以获得操纵性。"⑤

---

① 陈小君:《我国涉农民事权利入民法典物权编之思考》,《广东社会科学》2018年第1期。

② 陈小君:《我国涉农民事权利入民法典物权编之思考》,《广东社会科学》2018年第1期。

③ 吴昭军:《农地"三权分置"与民法典(草案)物权编的立法表达》,《法治研究》2020年第1期。

④ 杜万华:《〈民法典物权编草案〉(二审稿)的体例与条文评述》,《中州学刊》2019年第7期。

⑤ 梅夏英:《物权法·所有权》,中国法制出版社2005年版,第106页。

杨立新认为,"现行的集体所有权,基本上包含的是农村的集体所有权和城市的集体所有权,曾经存在过大集体和小集体之分。在现阶段,集体所有权在城市已经基本上消灭了,城市已经基本上不存在集体所有权了,主要在农村的土地上以及部分财产上还存在这样的所有权形式"。对此,有的学者认为,"农村集体所有权是早晚要灭亡的东西,因此主张进行合作社的所有权改造,使农村的集体所有权改变为合作社所有权,每一个农民成为合作社的成员,享有成员权。可以参照的就是德国法上的合作社,也是集体所有"①。

由王利明等主持的《中国民法典草案建议稿》第764条专门规定了集体所有权的行使,即"集体所有权由本组织内的成员选举产生的机关依法行使。""集体组织的成员,应当在平等、自愿协商的基础上,订立章程,确定与集体所有财产有关的各项事宜。章程的内容,不得违反法律的强制性规定。""集体组织成员不得在章程中约定将生产资料分配给成员。"梅夏英对此条立法建议的解释是"集体财产所有权在性质上属于劳动群众集体所有权,只有通过民主管理,由集体成员通过民主程序来行使所有权,才能体现集体财产的共有性。如果集体财产仅仅是由某些个人决定其使用和支配,那么它就不再是集体所有权了"。"此外,为了防止集体组织的成员共谋私分、侵吞集体财产尤其是生产资料,本条第3款禁止集体组织成员在章程中约定将生产资料分配给成员"②。另外,该建议稿第765条至第768条分别规定了集体组织成员的成员权、集体组织成员的派生诉讼、集体成员的加入和退出、集体财产的管理机构,对集体所有权的民主管理和行使提供了具体的程序和规定。③

吴昭军博士建议在民法典物权编中增加规定集体成员派生诉权,完善救济机制,建立完整的集体成员权体系。集体成员派生诉权是指在农村集体经济组织、村民委员会负责人非法侵害或容忍他人非法侵害农民集体财

---

① 杨立新:《物权法的基本内容和在制订中争论的主要问题》,载中华全国律师函授中心《〈物权法〉适用中的热点疑难问题暨实务操作研讨会论文集》,《物权法》适用中的热点疑难问题暨实务操作研讨会,2007年6月1日,第27—49页。

② 王利明等:《中国民法典学者建议稿及立法理由(物权编)》,法律出版社2005年版,第161—162页。

③ 王利明等:《中国民法典学者建议稿及立法理由(物权编)》,法律出版社2005年版,第162—164页。

产时，在法定程序和条件下，集体成员有权以自己名义向法院提起诉讼，可以参照《公司法》关于股东代表诉讼的规则进行规定。另外，民法典物权编应健全集体成员民主决策机制，置于民法典物权编"集体所有权"部分中进行规定，增加较为严格的表决机制的规定，建议采"双三分之二"的模式，即出席会议人数应为全体成员或成员代表三分之二以上，同意人数应为出席人数的三分之二以上方可通过。①

5. 私人所有权

在立法论上，由于梁慧星主持的《中国物权法草案建议稿》和《中国民法典草案建议稿》均主张以所有权的标的不同为标准将所有权划分为不动产所有权和动产所有权两类，并不专门划分"国家所有权""集体所有权"和"私人所有权"，因此，关于"私人所有权"的讨论集中在王利明主持的《中国物权法草案建议稿》和《中国民法典草案建议稿》中。

首先，关于私人所有权的称谓和定义，王利明主持的《中国物权法草案建议稿》将私人所有权称为"公民个人所有权"，即"公民在法律规定的范围内，对其财产享有占有、使用、收益、处分的权利"②；其主持的《中国民法典草案建议稿》将私人所有权称为"个人所有权"，即"自然人在法律规定的范围内，对其财产享有占有、使用、收益、处分的权利"③。从以上定义中可以看出，两者的权利内容相同，但是对私人所有权的主体的描述却有差别，前者将私人所有权的主体描述为"公民"，后者描述为"自然人"。在此问题上，孟勤国和张里安主编的教材直接将私人所有权和自然人所有权视为两个相同的概念。④

其次，关于私人所有权的客体，王利明主持的《中国物权法草案建议稿》采用了列举的方法，即规定"公民个人的财产，包括公民的合法收入、房屋、储蓄、生活用品、文物、图书资料、林木、牲畜和法律允许

---

① 吴昭军：《农地"三权分置"与民法典（草案）物权编的立法表达》，《法治研究》2020 年第 1 期。

② 王利明主编：《中国物权法草案建议稿及说明》，中国法制出版社 2001 年版，第 41 页。

③ 王利明等：《中国民法典学者建议稿及立法理由（物权编）》，法律出版社 2005 年版，第 174 页。

④ 孟勤国、张里安主编：《物权法》，湖南大学出版社 2006 年版，第 100 页。

公民个人所有的生产资料以及其他合法财产"①；然而，其主持的《中国民法典草案建议稿》作出了更广泛和开放式的界定，即"凡是法律没有明确禁止归个人所有的财产，均可以为个人所有"，如此规定的目的在于防止对公民个人所有权的不正当限制。② 比如，对私人可否拥有文物的所有权问题，崔璨指出，我国《文物保护法》规定属于私人所有的纪念建筑物、古建筑和传世文物，其所有权受国家法律的保护，从法律上明确规定了文物的私人所有权制度。③

另外，王利明主持的《中国物权法草案建议稿》和《中国民法典草案建议稿》都分别规定了私人对其房屋和储蓄的所有权，以及私人所有权的行使，两者的内容相似，并没有实质性差别。但是，王利明主持的《中国物权法草案建议稿》中规定了公民个人财产的继承，即"公民个人的合法财产可以依法继承"；然而，其主持的《中国民法典草案建议稿》删除了此条建议。④

关于全国人大民法典草案第二编，即物权编第61条规定"私人对其依法取得的工资、奖金、房屋、生活用品等生活资料享有所有权"和第62条规定"私人对其依法取得的劳动工具、原材料等生产资料享有所有权"，有的学者对其作出了否定性的评价，即"以民法典草案物权法编第61条、第62条和现行宪法和相关法律涉及私人财产的立法都非常强调'依法取得'和'合法'的修饰语，这是私人财产权立法中的国家主义的表现。它不仅导致了物权法知识体系的内在逻辑矛盾，而且会造成种种实践弊端。这种国家主义有着历史原因和深刻的现实政治原因，必须首先有立法加以克服"⑤。

---

① 王利明主编：《中国物权法草案建议稿及说明》，中国法制出版社2001年版，第41页。
② 王利明等：《中国民法典学者建议稿及立法理由（物权编）》，法律出版社2005年版，第175页。
③ 崔璨：《私人文物所有权的限制与法律救济》，《学术论坛》2012年第11期。
④ 王利明主编：《中国物权法草案建议稿及说明》，中国法制出版社2001年版，第41—42页；王利明等：《中国民法典学者建议稿及立法理由（物权编）》，法律出版社2005年版，第175—177页。
⑤ 李继红：《私人财产权立法中的国家主义——以民法典草案物权法编第61条为例的分析》，《西南民族大学学报》（人文社会科学版）2005年第9期。

针对西方"社会主义所有权"的思潮，马俊驹等对所有权社会化和私人所有权自由的关系进行了明示，认为"所有权社会化的立法政策是应时代变化而对私人所有权绝对性所进行的修正，但其客体主要限于私人土地，在特定时期还会涉及私有性质的生产资料。根据客体所负载的社会功能的不同，法律对私人所有权的限制亦表现出明显的差别。所有权社会化并非否定私人所有权，而是在充分尊重私人所有权的前提下使私人所有权的行使与社会公共利益保持一致"①。也有的学者指出，"近现代西方私人财产权保护经历了从神圣到限制的历史演进，而俄罗斯和中国的私人所有权则呈现从否定到肯定的进程。东西方私人财产权保护的不同取向，既是个人本位与社会本位较量的结果，也是市民社会与福利国家变迁的体现。历史错位的共时形态下，我国私人财产权保护应以社会本位为原则，以国家为个体利益和社会利益保护的工具，寻求个体利益与社会利益之平衡，达成财产权保护的正义与公正之目标"②。

6. 法人所有权

关于公司的独立财产即法人所有权问题是否有必要在物权法中规定，存在理论争议。

王利明认为，法人所有权不宜在物权法中规定，一者因为公司财产的性质是否属于所有权还有待于进一步探讨；二者即便其性质属于所有权，在公司法中对其加以规定比在物权法中规定更为顺理成章。其理由在于：第一，如果规定公司法人所有权，这实际上是按照主体标准来对所有权进行分类，这与我国物权法按照所有制对所有权进行分类不同，从而与所有制的分类方法发生冲突。第二，不论哪种主体，其根据所有权所享有的权利义务内容、客体等方面应该是相同的，不应有本质的区别，所以，以主体为标准对所有权进行分类并没有实际意义，甚至只会徒增困扰。第三，公司法既是组织法也是行为法，而行为的前提就是享有财产权，因而有必要在公司法中规定公司法人所有权。当然，考虑到国有企业的财产具有其特殊性，尤其是国企实行股份制改制之后，财产权结构将发生重大变化，

---

① 马俊驹、江海波：《论私人所有权自由与所有权社会化》，《法学》2004年第5期。

② 王春梅：《共时态下我国私人财产权保护之取向》，《求是学刊》2008年第4期。

物权法适当地对改制后的国家所有权作出规定，也有利于反映改革的成果和规范改制行为。①

孙宪忠反对"三分法"的一个重要理由即是此分类方法否定了"法人所有权"。虽然我国民法基本法至今没有明确承认法人所有权，但民法特别法如《中外合资经营企业法》《中外合作经营企业法》《公司法》等法律却予以承认。因此，在《物权法》中，也应该承认这种物权类型。并且我国广泛存在的集体所有权，也应该是这种类型的权利。②《物权法》应该宣告企业法人包括国有企业法人一并享有所有权，揭示企业进入市场经济的法律基础，使国有企业成为真正法人。企业法人所有权的具体内容，还可以由未来民法典总则关于社团法人的规定加以补充。③

余能斌等认为，俄罗斯在民法典内赋予股份公司以一种中介性质的"法人所有权"，并作为在股份公司形式下实现国家所有权的特殊方式，这一做法是颇有借鉴意义的。④

尹田认为，"否认法人所有权的一切主张（包括较早时期的'双重所有权'理论——股东对公司的财产享有'价值形态所有权'，公司对财产享有'使用形态所有权'；亦包括新近的'财产二元'理论——股东对公司的财产享有所有权，公司对财产享有与所有权平起平坐的所谓'占有权'，等等）不仅歪曲民法上所有权的含义，背离法人人格的基本原理，其理论在逻辑上一片混乱，在实务上亦毫无任何操作可能（如果公司对其动产和不动产不能独立享有所有权或者完整意义上的所有权，则公司也不能独立享有财产的用益物权和担保物权，同样，公司也不能独立享有债权、股权、知识产权以及其他无形财产权，这些财产权利统统存在双重主体），而这些理论的根本目的，均在试图确定国家对国有企业财产的行政直接支配权力，这些大开历史倒车的所谓'学术观点'，与市场经济条件

---

① 王利明：《物权立法若干问题新思考》，《法学》2004 年第 7 期。
② 孙宪忠：《我国物权法中所有权体系的应然结构》，《法商研究》2002 年第 5 期。
③ 孙宪忠：《确定我国物权种类以及内容的难点》，《法学研究》2001 年第 1 期。
④ 余能斌、程淑娟：《经济转型时期物权立法的一面镜子——以俄罗斯的国家所有权立法为鉴》，《现代法学》2006 年第 5 期。

下财产权利的基本观念背道而驰"①。另外,尹田还专门撰文对法人财产双重所有权理论进行批评,认为法人财产双重所有权的观点在理论上不能成立,在实践中有害无益。首先,双重所有权理论的实质是对所有权的"肢解","这种肢解,不仅改变了所有权作为一种最为完全、最为彻底的支配权的基本性质,否认了所有权的绝对性或者排他性,弱化了所有权制度规范财产归属关系之'定纷止争'的基本功能,破坏了物权制度最为基本的观念,而且有可能使一种具有'身份'性质的所有权死灰复燃"。其次,双重所有权的理论效果是股东与公司的人格混同,"所谓'股东出资之后并不丧失其对出资财产的所有权'的观点,公司财产之双重所有权的观点,均从根本上背离了法人制度的基本观念,此种背离,实质上就是对法人独立人格的否认"。最后,双重所有权理论的论据是对所有权概念及理论的扭曲,"迄今为止,我国有关企业财产之双重所有权理论所采取的全部论据,均建立于对所有权概念及相关理论的恣意扭曲的基础之上。而有关学者在其物权法著述中对此问题的论证,实质上仍然是以往之旧学说的重复"②。

梅夏英认为,法人是否享有所有权,与关于法人本质的学说具有很大的关系。如采法人拟制说,法人本身并不为实在之物,实际存在的仍是法人的成员行为,此时法人是否享有所有权这一问题便不再存在,因为所有的行为和利益都可从法人成员的角度进行论述。如采法人实在说,那么便存在法人本身的权利这一问题。法人所有权问题总体来讲是一个制度问题,团体财产具体制度完善起来以后,此问题便不重要。③

杜万华法官指出,为了贯彻对国家、集体和私人各种所有制主体权利的平等保护,应当在民法典中明确规定法人所有权,同时把法人作为出资人的权利体现出来,否则在进行混合所有制改革时,法人的财产权将难以得到较好的保护。④

---

① 尹田:《物权主体论纲》,《现代法学》2006年第2期。
② 尹田:《物权法理论评析与思考》,中国人民大学出版社2008年版,第98—108页。
③ 梅夏英:《物权法·所有权》,中国法制出版社2005年版,第115页。
④ 杜万华:《〈民法典物权编草案〉(二审稿)的体例与条文评述》,《中州学刊》2019年第7期。

7. 宗教财产所有权

关于该问题的讨论，早在 1990 年时，孙宪忠就在《中国法学》上刊文专门论述，① 但是，总体来讲，2000 年之后，我国学界关于宗教财产所有权问题的专门阐述并不多见，仅在物权法和民法典的各建议稿中有一些论述，但是，尽管在这些鲜有的论述中，关于宗教财产所有权要不要专门规定，如何界定宗教财产所有权的权属等问题上并未能达成一致意见。

梁慧星曾经撰文介绍了我国物权法的起草经过和两个学者建议稿（"梁稿"和"王稿"）、2001 年人大法工委民法室的草案②以及 2001 年人大法工委的征求意见稿③的基本内容，并详细分析了各自的特点，指出我国物权法的起草在若干重要问题上还存在分歧。"梁稿"和"王稿"以及 2001 年人大法工委民法室的草案均规定了宗教财产所有权的问题，然而，在人大法工委 2001 年的征求意见稿并没有规定宗教财产问题。④ 全国人大法工委于 2005 年公布的《中华人民共和国物权法（草案）》也没有规定宗教财产权问题；⑤ 另外，我国于 2007 年颁布的《物权法》也没有专门规定宗教财产权问题。

"梁稿"第 64 条规定，宗教财产，属于宗教法人所有。"王稿"对宗教财产所有权问题规定的则更详细，其第五节"社团和宗教组织的所有权"中的第 160 条分三款规定了宗教财产权问题，第 1 款规定了宗教财产的范围，即"宗教财产属于宗教团体、寺庙等宗教组织所有。宗教财产包括：（一）宗教组织所有的房产、文物、庙宇等财产；（二）历史上为宗教组织所有的财产；（三）捐助给宗教组织的财产；（四）宗教财产所

---

① 孙宪忠：《财团法人所有权和宗教财产归属问题探析》，《中国法学》1990 年第 4 期。

② 2001 年，法制工作委员会民法室在"梁稿"和"王稿"的基础上，加以删节、增补，形成了提交 5 月 22—29 日物权法专家讨论会讨论的物权法草案，简称"法工委民法室草案"。

③ 2001 年 5 月 22—29 日的物权法专家讨论会后，法制工作委员会用了半年的时间对民法室的草案进行修改，至年底完成了新的草案：《中华人民共和国物权法（征求意见稿）》，文中简称"征求意见稿"。

④ 梁慧星：《中国物权法的起草》，《山西大学学报》（哲学社会科学版）2002 年第 2 期。

⑤ 全国人大常委会法制工作委员会民法室编：《物权法（草案）参考》，中国民主法制出版社 2005 年版，第 25—28 页。

获取的收益；（五）宗教组织所有的其他财产。"第 2 款规定："任何组织和个人不得非法占有、平调、截留和私分宗教组织的财产。"第 3 款规定："宗教组织对宗教财产在法律、法规规定的范围内，享有独立的支配权，不受他人的干涉。"梁慧星和王利明分别主持起草的《中国民法典草案建议稿》中关于宗教财产所有权的问题与他们的《中国物权法草案建议稿》内容相同。

"梁稿"和"王稿"在对立法条文进行说明的时候，分析了当时我国宗教政策对宗教财产归属所采取的做法，并且观点相同，即教会（天主教、基督教、和东正教）的房产，为中国教会所有；佛教和道教的庙观及所属房产为社会所有（僧道有使用权和出租权），带家庙性质的小尼庵为私人所有，伊斯兰教的清真寺及所属房屋则为信教群众集体所有；在实际上的寺观房屋产权登记中，无论何种寺庙宫观，均将宗教协会登记为所有权人。[①]

"梁稿"和"王稿"均认为以上政策具有不足之处，并且两稿观点相似，主要为以下三个方面："首先，'社会所有'一词只能代表不确定的人群，而不能形成明确的、肯定的法律关系主体；把宗教财产规定为社会所有，实际上是把宗教财产当成了无主财产，给侵害宗教财产提供了可乘之机。其次，'信教群众集体所有'是一个有缺陷的概念。因为信教群众既然已经把钱物捐了出去，主观上并不存在作宗教财产所有人的意思。而且信教群众从来就没有形成一个成员固立或稳定的集体，也没有明确的组织形态。所以不能成为宗教财产的所有人。最后，由宗教协会所有，违背了信教群众捐献财产的心愿，信教群众并不是要捐给僧众道徒组成的宗教协会，而是通过寺庙等给他们心中的神仙、上帝、真主；由宗教协会所有，也有违宗教教规信条——中国各宗教信条都规定僧众道徒等不能成为宗教财产的所有人；而且，宗教协会在中国按行政区划区分为许多级别，若使宗教财产中的房产划归宗教协会，究竟由哪一级所有不得不说是个难题。"[②]

[①] 中国物权法研究课题组（负责人：梁慧星）：《中国物权法草案建议稿：条文、说明、理由及参考法例》，社会科学文献出版社 2000 年版，第 302—303 页。

[②] 中国物权法研究课题组（负责人：梁慧星）：《中国物权法草案建议稿：条文、说明、理由及参考法例》，社会科学文献出版社 2000 年版，第 225 页；王利明主编：《中国物权法草案建议稿及说明》，中国法制出版社 2001 年版，第 303 页。

针对我国当时政策的不足,"梁稿"认为,"妥当的做法是一切宗教财产,包括房产在内,都属于作为财团法人的寺庙宫观所有。理由如下:一、依靠来自各方面的捐助而建立宗教财产,是捐助财产的集合,而不是人的集合。各种捐助人捐助后,并不参加宗教财产的管理使用,与宗教财产不再有任何关系。二、宗教财产独立参加民事活动,形成了事实上的法人人格。寺庙宫观自成立后,在从事宗教活动中,作为民事主体,独立地参与法律所允许的包括继续接受捐助的民事活动。在诸宗教活动中,各寺庙宫观独立核算,独立享受权利承担义务,独立承担民事责任,具有事实上的法人人格。三、将包括房产在内的宗教财产的所有权赋予作为宗教财团法人的寺庙宫观,符合捐助人的主观意愿,也符合中国各种宗教的教规教律。四、中国民法通则承认财团法人享有财产所有权"①。

"王稿"也认为,"宗教财产能独立参加民事活动,是一财团法人。在此指导思想下,在法律上的如何表述值得考虑。由于我国目前对财团法人的登记和规范还不成熟,另外有些宗教寺庙并未完全形成财团法人运作模式,大多仍是由僧侣在运作。在财团法人制度尚不健全的情况下,在立法上还应当使用宗教组织这种说法,只不过要予以限定"。基于此种考虑,才有了"王稿"以上对宗教财产的建议规定。②

(三) 简要总结

在所有权类型的划分标准问题上的各种主张,均有其理由和利弊。笔者认为,只要我国《宪法》没有改变公有制为基础、多种所有制并存的经济结构,我国的物权立法乃至未来民法典的制定中,国家所有权和集体所有权的提法消失的可能性就很小;折衷主义的主张则既体现了我国的公有制基础,又坚持平等保护原则,同时也能够体现出动产所有权和不动产所有权的差异,应是一种更切实可行的立法选择。

---

① 中国物权法研究课题组(负责人:梁慧星):《中国物权法草案建议稿:条文、说明、理由及参考法例》,社会科学文献出版社 2000 年版,第 225—226 页;中国民法典研究课题组(负责人:梁慧星):《中国民法典草案建议稿附理由(物权编)》,法律出版社 2005 年版,第 72—73 页。

② 王利明主编:《中国物权法草案建议稿及说明》,中国法制出版社 2001 年版,第 303 页;王利明等:《中国民法典学者建议稿及立法理由(物权编)》,法律出版社 2005 年版,第 178—179 页。

关于"三分法"和"一元论"之争，两者在基本立足点上并无质的分歧，更非水火不容的关系，所有权的类型化与平等保护之间，可以做到兼收并蓄、相得益彰。在物权法中，必须贯彻"合法财产平等保护原则"。

虽然有些学者通过各种分析否认国家所有权的概念，但整体来讲，其理由还没有充分到让理论界和立法界否认"国家所有权"这一概念的程度，况且，国家所有权的提法在我国已经根深蒂固，因此，国家所有权在我国目前乃至以后一段相当长的时期内还是有一定的生命力和合理性的。关于国家所有权客体的划分问题，由于按照所有权的标的将国有财产划分为属于国家所有的动产和不动产这一做法并不能展现出国有财产的体系，因此，我们更倾向于根据国有财产的目的和用途对其进行体系性的划分。

关于集体所有权的性质，笔者认为，其不同于共有，也不同于总有，其在我国是一种特殊的、独立的所有权类型；其所有权主体显然不应是成员个人，而应集体经济组织，而这一组织不具备法人资格，且具有自身的特殊性。如果认为集体权的主体具有法人资格，则实质上等同于"法人所有权"，涉及我国公有制体制的转变之重大问题。如果一定要在现行法的主体类别下给集体所有权的主体定位，大概只宜界定其为一种特殊的"其他组织"；目前对我国的集体所有权进行公司法人制的改造仍不合适，应当由集体成员通过民主程序来行使所有权。

关于私人所有权的问题，其要不要专门规定，取决于对"三分法"和"一元论"之间的选择，如上所述，目前我国并不适宜完全否定国家所有权和集体所有权的提法，因此，基于平等保护原则，有必要对私人所有权予以专门规定。考虑到"公民"是一个政治概念，关于私人所有权的主体的表述，立法应当使用"私人"或"个人"的表述为宜。而关于私人所有权的客体的表述应当是一种开放性的界定，因为，只要是私人合法拥有的财产，均应受到法律的保护。

学界关于法人所有权的争议，各说均有一定道理。笔者认为，法人制度在我国已经是公司法的根本制度，我国物权立法有必要与其协调起来，既然我国已经承认了法人的独立人格，即具有独立的财产且能够独立地承担责任，我国应该将法人所有权视为所有权的一种类型对其进行保护。

关于宗教财产所有权问题的讨论，主要集中在立法草案建议稿上，"梁稿"和"王稿"的基本观点类似，均认为《物权法》立法之前的宗教政策存在缺陷，应予以改进；宗教财产应当归属于宗教财团法人所有。两者的分歧在于宗教财产所有权的主体在法律条文里如何表述更为合适，"梁稿"认为应界定为"宗教法人"，而"王稿"认为由于我国目前当时财团法人的制度不完善，在立法表述上还应沿用"宗教组织"的说法。笔者认为，既然均认为宗教团体的性质是一种财团法人，就应当在法律条文上予以体现，至于我国目前财团法人制度的不完善之处可以逐步改善，并不妨碍立法术语的表述。

二 解释论

（一）主要争点

尽管《物权法》采用了以权利主体对财产所有权分类的制度设计，但其在整体规定上并没有出现"梁稿"中所担心的因所有权主体不同而予以区别性保护的情况。因为在《物权法》第一编第一章"基本原则"第4条规定了平等保护原则，并在国家所有权、集体所有权、私人所有权的各个部分以相同形式的规定更为具体地体现了平等保护原则。[①] 在解释论上，关于所有权类型的划分并没有出现新的争议，大家更多关注的是所有权具体类型中的国家所有权和集体所有权的性质和主体，具体争议为：国家在私法上是何种类型的民事主体；国家所有权作为一种所有权类型，其究竟体现的是一种私法属性还是公法属性在私法上的体现；国家与公有制企业的权利关系如何；集体所有权中的"集体"的内涵为何；《物权法》规定的集体所有权的主体应如何解释；集体所有权应当如何依法行使；如何对《物权法》规定的私人所有权中的"私人"进行界定；我国《物权法》究竟是否承认了法人所有权；我国《物权法》是否规定了宗教财产所有权问题，宗教财产所有权应当如何适用《物权法》，进而受到法律的保护。

[①] 渠涛编：《中国〈物权法〉中的所有权制度——特色及问题》，《中日民商法研究》（第七卷），法律出版社2009年版，第73—74页。

(二) 各种主张

1. 国家所有权

(1) 国家所有权的主体

大陆法系国家大都承认国家可以作为民事主体。① 我国《物权法》规定了国家所有权，实际上承认了国家在特定情形下作为民事主体的资格。《民法总则》第 2 条将民法上的平等主体划分为自然人、法人和非法人组织，根据《民法总则》第三章的规定，法人又可进一步细分为营利法人、非营利法人、特别法人。另外，《民法通则》第 102 条还规定了非法人组织，包括个人独资企业、合伙企业、不具有法人资格的专业服务机构等。关于国家究竟属于上述何种类型的民事主体，学界存在争议。

马俊驹和余延满合著的教材认为，应强调国家在进行民事活动时亦为法人，其与其他民事主体处于平等地位，只有如此国家才可能真正参与市场经济活动。同时，也要承认国家作为民事主体的特殊性，不能把国家与其他法人、自然人等完全等同起来。②

王利明认可国家作为民事主体的特殊性和重要性，但不赞同将国家归类为法人的一种，理由包括：第一，国家以国库财产为基础从事活动，是全体人民的共同财产，而不是法人的财产，国家只是代表社会全体成员支配这些财产；第二，在涉外民事活动中，国家享有主权财产豁免，法人不享有该豁免权；第三，国家参与民事活动的范围和条件并非没有限制，关于国家的权利能力要通过专门法律规定；第四，国家以国库的财产承担责任，法人以自己的财产承担责任。③ 房绍坤也认为，将国家确认为法人显然于法不符，当然更不能将国家认定为非法人组织。尽管在理论上可以将机关法人、事业单位法人认定为公法人，但机关法人显然不能代替国家，国家只是机关法人的设立者与管理者。《民法总则》将民事主体划分自然人、法人、非法人组织并没有穷尽民事主体的所有类型，国家是在特定情

---

① ［德］汉斯·布洛克斯、［德］沃尔夫·迪特里希·瓦尔克：《德国民法总论》，张艳译，中国人民大学出版社 2014 年版，第 301 页。
② 马俊驹、余延满：《民法原论》，法律出版社 2010 年版，第 176 页。
③ 王利明：《民法总则研究》，中国人民大学出版社 2003 年版，第 494 页；王利明：《民法总论》，中国人民大学出版社 2015 年版，第 217 页。

形下存在的特殊民事主体,并不属于法人。①

鉴于国家作为民事主体的特殊性,于海涌在其民法典建议稿中设计了专门条文规定国家作为民事主体的规则,具体内容包括:国家的民事主体资格、国家与其他民事主体的平等地位、国家参与民事活动的情形。② 但房绍坤认为,因国家仅在特定情形下充当民事主体,故在立法上没有必要将国家单独确认为一类民事主体,现行法仅就特定情形的国家民事主体资格加以规定的模式是可取的。③

(2) 国家所有权的性质

关于国家所有权,大部分学者对它的私法属性作出了否定性的分析,甚至有的学者对国家所有权的概念也给予了否定性的评价。

关于国家所有权的性质,尹田认为:"国家所有权仅指国家对于动产和不动产享有的直接支配的权利,既不包括国家因投资而享有的投资人(股东)权利,也不包括国家享有的物权之外的其他财产权利。""专属国家的财产所有权不具有民事上的可让与性,国家所有的财产不得被强制执行,不得被纳入破产财产。而在国家所有权与私人所有权的关系上,两者并不能居于完全平等的相互地位。"因此,"将国家所有权定性为公权而非私权,符合其权利的性质,也符合其权利存在的实际状况。""将体现公共利益的国家所有权强行解释为一种私权,必然否定了私权之代表个体利益而非整体利益的特质,也就否定了公权与私权乃至公法与私法之区分的意义。"④ 余能斌与程淑娟提出了我国应坚持公有制,保护国家所有权;把能体现私法性质的内容诸如国家所有权与其他所有权的平等地位、国家所有权的主体、客体、取得、消灭和保护都放在物权法中予以规定;物权法应当处理好对国家所有权的平等保护和特殊保护之间的关系。⑤ 程淑娟

---

① 房绍坤:《论民法典物权编与总则编的立法协调》,《法学评论》2019 年第 1 期。
② 于海涌:《中国民法典草案立法建议》(提交稿),法律出版社 2016 年版,第 48 页。
③ 房绍坤:《论民法典物权编与总则编的立法协调》,《法学评论》2019 年第 1 期。
④ 尹田:《物权主体论纲》,《现代法学》2006 年第 2 期。
⑤ 余能斌、程淑娟:《经济转型时期物权立法的一面镜子——以俄罗斯的国家所有权立法为鉴》,《现代法学》2006 年第 5 期。

从历史考察的角度撰文指出：国家所有权的性质是公共所有权，公共所有权也是民法所有权的一种，并且在罗马法这一民法的"历史源头"中已经存在；对公共所有权不能简单套用私人所有权的逻辑和结构，更不能认为由于公共所有权与私人所有权存在差别，就否认公共所有权是所有权的类型之一。① 余睿认为，"公法所有权"理论不可盲目移植，公共财产所有权应当由"权力属性"向"权利属性"回归，行政主体虽然不宜作为公共财产的所有权人，但依旧可以行使公共财产的"合目的性处分权"，实现公共财产的公共利益追求。②

马俊驹在《物权法》出台之后专门对国家所有权的性质作出了系统的分析，认为"国家所有权在权利性质、权能设置、行使方式、法律保护等方面与传统民法上的所有权存在重大差别，已脱离传统物权和所有权的理论构成和立法结构。依公物法的理论看，《物权法》中规定的国有财产可类型化为国有自然资源、国有公共用财产及国有营运资产等，它们分别具有国有公物或国有私物的属性。国家所有权具有私权和公权的二重性，受私法和公法共同调整，是一种特殊的混合法律关系。国家所有权制度的建构应当超越私法的传统界域。我国未来民法典应设置财产权总则，将国家所有权作为一项重要的财产权专章或专节加以规定"③。鲍家志也认为中国民法典不应将国家财产排除在外，应设置财产权总则编，并确认国家所有权与国家财产用益权的二元国家财产权的立法构造。④

（3）自然资源国家所有权

2012年的"乌木案"和"私割鲸肉案"⑤ 在法学界引起了关于自然资源国家所有权的热烈讨论，王建平直言，这在一定程度上揭示了《物权法》立法的严重缺陷。⑥ 关于自然资源国家所有权这一问题，学界讨论

---

① 程淑娟：《论国家所有权的性质》，《法律科学》2009年第1期。
② 余睿：《公共财产所有权的法律属性》，《江西社会科学》2015年第1期。
③ 马俊驹：《国家所有权的基本理论和立法结构探讨》，《中国法学》2011年第4期。
④ 鲍家志：《国家财产权二元立法构造——国家财产权入"典"论要》，《河北法学》2019年第6期。
⑤ 陈仪：《保护野生动物抑或保护国家所有权——从私割鲸肉应否处罚谈开去》，《法学》2012年第6期。
⑥ 王建平：《乌木所有权的归属规则与物权立法的制度缺失——以媒体恶炒发现乌木归个人所有为视角》，《当代法学》2013年第1期。

侧重点不一，有的从环境保护的视野讨论自然资源所有权的必要性，[1] 但争议焦点在于自然资源国家所有权的性质。巩固认为，自然资源国家所有权是一种公权，其在主体、客体、内容、行使、救济与责任等方面都与物权存在本质差异，其并非处理平等主体间财产关系、以确立特定主体对特定物的"直接支配"为内容的民法物权，而是划分国家与个人界限，为"全民"意义上的抽象国家以立法和行政手段"间接干预"资源利用提供合法依据的宪法公权。[2] 徐祥民也认为，以权利观审视自然资源国家所有权，宪法上的自然资源国家所有权的实质是国家权力，是管理权，而非自由财产权。它具有主体的唯一性和权利的专有性、不可变更性和价值优先性等特点。[3] 麻昌华认为，宪法中规定的自然资源"国家所有即全民所有"中的国家所有并非国家所有制，不能将其转化为民法中的国家所有权。民法中确立的国家所有权不符合所有权的基本原理。[4] 梅夏英认为，尽管各国一般根据传统公法和私法划分的标准，将公有财产划入公法调整范围，但这并不完全排斥在民法典物权法部分对其规定的可能性，只是这些规定必须坚持物权法对公有财产调整的形式上的工具价值，以及对涉及公物的价值判断的避免两大主旨，对公法规范进入物权法进行合理地取舍，以通过约束私法关系来保障公有财产公共目的的达成。[5]

针对上述观点，崔建远持反对意见，认为如果否定了自然资源国家所有权的民事权利属性，将其划归宪法上的或其他法上的法外空间，民事权利的运行规则、救济方法就全都派不上用场，对自然资源的实际利用者不见得有利。[6] 孙宪忠认为，自然资源国家所有权应当重回民法，"把国家所有权制度纳入民法的这种制度理性之后，事实上也就把对它

---

[1] 刘卫先：《环境保护视野下自然资源所有权的类型选择》，《中州学刊》2013年第12期。

[2] 巩固：《自然资源国家所有权公权说》，《法学研究》2013年第4期。

[3] 徐祥民：《自然资源国家所有权之国家所有制说》，《法学研究》2013年第4期。

[4] 郭晓虹、麻昌华：《论自然资源国家所有的实质》，《南京社会科学》2019年第5期。

[5] 梅夏英：《民法典编纂中所有权规则的立法发展与完善》，《清华法学》2018年第2期。

[6] 崔建远：《自然资源国家所有权的定位及完善》，《法学研究》2013年第4期。

的限制理性化了。通过这些努力,可以将全民享有的公有物和政府控制的公共物、政府用于本机构自用的公法法人私有物区分开"[1]。王涌认为宪法上规定的自然资源所有权并非专属于公法的所有权概念,其包含三层结构:第一层结构是私法权能。在这一层面上,它与物权法上的所有权无异。第二层结构是公法权能。其主要包括国家对于自然资源的立法权、管理权和收益分配权。第三层结构是宪法义务。[2] 薛军认为,"中国宪法第9条的目的是宣示和确认自然资源领域的社会主义公有制原则。这一原则主要是一个政治性的价值判断,并不具有严格的规范性意义。""我国的自然资源国家所有权制度是一个民法层面上的制度,在物权法中对其作规定不存在任何体系上的问题。"[3] 张力讨论了国家所有权遁入私法,认为"在我国,国家所有权制度的主要部门法渊源就是物权法"[4]。结合我国民法典编纂进程,施志源认为,"坚持自然资源国家所有权制度是我国民法典的理性选择,既符合中国的现实国情、立法传统与改革方向,也符合世界民法典立法的潮流与趋势。在民法分则物权编的立法中,既要充分体现中国元素,也要紧跟时代潮流和国际趋势,学习和借鉴他国民法典中的有益经验。立法应当以'尊重自然、顺应自然、保护自然'为基本准则,在《物权法》已有规则的基础上,进一步完善自然资源国家所有权的行使规则"[5]。

在上述观点基础上,很多学者强调了自然资源国家所有权的多层次结构。税兵认为,中国语境中的自然资源国家所有权是一个法规范系统,分别由宪法文本、物权法文本和特别法文本予以载明。自然资源国家所有权蕴含着宪法所有权与民法所有权的双阶构造,纯粹私权说与纯粹公权说均难谓恰当。[6] 金可可认为,"国家所有权可分为宪法上、民法上国家所有

---

[1] 孙宪忠:《根据民法原理来思考自然资源所有权的制度建设问题》,《法学研究》2013年第4期。
[2] 王涌:《自然资源国家所有权三层结构说》,《法学研究》2013年第4期。
[3] 薛军:《自然资源国家所有权的中国语境与制度传统》,《法学研究》2013年第4期。
[4] 张力:《国家所有权遁入私法:路径与实质》,《法学研究》2016年第4期。
[5] 施志源:《民法典中的自然资源国家所有权制度设计——基于多国民法典的考察与借鉴》,《南京大学学报》(哲学·人文科学·社会科学)2018年第2期。
[6] 税兵:《自然资源国家所有权双阶构造说》,《法学研究》2013年第4期。

权，两者之性质、规范意义不同"①。叶榅平认为，"自然资源国家所有权既具有一般所有权的共性，又具有显著的特殊性；在内容和效力上表现出双重性的权能结构，既具有私法性的权能，又具有公法性的权能"②。朱虎认为，"宪法中的国家所有和私法中的国家所有权具有法秩序的一致性，后者是前者所具有的国家内容实现义务功能的展开方式之一，同时要受到前者的约束，两者共享了规制这个规范目的"③。

尽管如此，正如王克稳所言，"在理论上，自然资源国家所有权的法律性质至今难有共识，所有权的内涵认识不一。所有权的法律性质之争直接影响到自然资源国家所有权制度构建的基础，对所有权内涵的不同认识影响到制度构建的具体内容"④。我们可以预见，关于自然资源国家所有权的讨论还将持续进行。

（4）国家与公有制企业的权利关系

关于国家对公有制的权利关系，孙宪忠认为，"公有制企业的财产权法律制度已按照市场经济体制下的'投资关系'原理发生重大改变，《物权法》第55条、第67条、第68条对此进行了确认。在此情况下，再继续坚持'国家统一所有权'理论，认为国家对公有制企业享有所有权，不仅不合法理，而且会损害企业其他投资人与交易第三人的利益。在公有制企业中，投资人的股权和企业法人所有权是各自独立的两种权利机制。应在区分'股权—所有权'的基础上，进一步推进我国公有制企业的制度创新"⑤。

2. 集体所有权

我国1982年《宪法》第10条正式确立了我国土地公有的地权结构，⑥

---

① 金可可：《论乌木之所有权归属——兼论国家所有权之种类及其限度》，《东方法学》2015年第3期。

② 叶榅平：《自然资源国家所有权的双重权能结构》，《法学研究》2016年第3期。

③ 朱虎：《国家所有和国家所有权——以乌木所有权归属为中心》，《华东政法大学学报》2016年第1期。

④ 王克稳：《自然资源国家所有权的性质反思与制度重构》，《中外法学》2019年第3期。

⑤ 孙宪忠：《"政府投资"企业的物权分析》，《中国法学》2011年第3期。

⑥ 张睿：《82宪法中土地所有权条款的正当性基础——基于社会正义与市场经济理论的分析》，《法制与社会发展》2013年第2期。

集体土地所有权是集体所有制的基本法律实现形式，[1] 集体所有权是我国农村土地所有权归属的主要法律模式。[2] 我国《物权法》第58条至第63条规定了集体所有权，结合我国《民法通则》中对集体所有权的规定，学界对于集体所有权的性质并没有进行大范围的解释论讨论，但是对我国《物权法》中集体的概念、集体所有权的主体和行使方式的相关规定在一定程度上进行了阐释。

（1）集体的概念

学者姜红利认为，"集体"是我国法律明确规定的一种主体类型，其能够且已经成为与"国家""个人"相并列的所有权主体。[3] 但关于"集体"的法律概念之内涵模糊且在实践中缺位，[4] 学界也存在不同认识。

江平等认为，所谓集体，指劳动群众集体，包括农民劳动群众集体和城镇劳动群众集体。[5] 房绍坤赞同上述两分法，认为《物权法》所言的"集体"包括农民集体和城镇集体两种形式。[6] 王利明和周友军认为，"《物权法》第59条所规定的'本集体成员集体所有'并不意味着集体所有就是集体成员共有。成员集体所有是公有制的表现形式，它和共有在法律上存在极大差别。该规定突出'集体'二字，表明必须是在集体所有的前提下，明确集体所有权的主体"。[7] 另外，王利明对集体的特定含义作出了解释，认为"一方面，集体既可能是指组织，也可能是指集体成员。作为集体组织，并不包括各种不具有法人资格的团体（如合伙等）。

---

[1] 杨青贵：《集体土地所有权实现的困境及其出路》，《现代法学》2015年第5期。

[2] 陈晓敏：《论大陆法上的集体所有权——以欧洲近代私法学说为中心的考察》，《法商研究》2014年第1期。

[3] 姜红利：《农地三权分置之下土地所有权的法律表达》，《法学家》2017年第5期。

[4] 高飞：《落实集体土地所有权的法制路径——以民法典物权编编纂为线索》，《云南社会科学》2019年第1期。

[5] 江平主编：《中国物权法教程》，知识产权出版社2007年版，第208页。

[6] 房绍坤：《论民法典物权编与总则编的立法协调》，《法学评论》2019年第1期。

[7] 王利明、周友军：《论我国农村土地权利制度的完善》，《中国法学》2012年第1期。

合伙财产在性质上不属于集体财产，合伙财产本质上是一种共有财产，而集体财产性质上是公有财产，它是与个人财产相分离的；另一方面，集体所有权也不同于社会团体的所有权。社会团体类型复杂，但是，社会团体的所有权是法人所有权，许多社会团体的所有权从所有制的角度来看，并不是公有性质的，如私人设立的基金会等。而集体所有权在性质上属于公有。集体组织具体表现为各类农村集体经济组织、城镇集体企业等。在我国并没有全国统一的集体组织，而只是存在各种具体的组织。"[1] 韩松认为，作为集体所有权主体的集体不是一个抽象的集体，而是各个具体特定的集体，集体的含义是构成这个集体的成员的集体，也就是人的群体，就是特定的原来的生产队后来的村民组集体、原来的生产大队后来的村集体的各自成员的全体，其主体是明确的，在实践中都知道本集体是哪个集体，本集体的成员有哪些人，成员集体就是本集体的所有人。[2]

（2）集体所有权的主体

韩松认为，各个集体所有权主体是一个"独立"的民事主体，具有特定含义。[3] 王利明和周友军认为，我国《物权法》第59条第1款的"成员集体所有"的表述，与《民法通则》中的"劳动群众集体所有"和《土地管理法》中的"农民集体所有"都有重大区别，应当采类似于总有的立场，其既不同于共有，也不能被理解为作为集体的法人组织所有，农民作为成员和集体共同对集体财产享有所有权。对于成员资格的认定，应当采取综合认定的立场，即原则上以户籍为标准，综合考虑其对集体所尽的义务、集体土地作为基本生活保障的依赖性、其出生和收养地等各种因素。[4] 高飞将集体所有权的主体——农民集体纵向分为乡镇农民集体、村农民集体、村民小组农民集体（村内农村集体经济组织的农民集体）三种形式，主张对农村集体经济组织成员资格的认定应当以户籍为原则，同时将是否以农村集体经济组织的土地为基本生存保障

---

[1] 王利明：《物权法研究》，中国人民大学出版社2007年版，第533页。
[2] 韩松：《我国民法典物权编应当界定农民集体所有权类型的本质属性》，《四川大学学报》（哲学社会科学版）2019年第3期。
[3] 韩松：《农民集体土地所有权的权能》，《法学研究》2014年第6期。
[4] 王利明、周友军：《论我国农村土地权利制度的完善》，《中国法学》2012年第1期。

作为参考因素。① 陈小君也赞同此种观点。② 另外，费安玲、刘智慧和高富平的合著认为，"本集体成员"包括当地的村民，他们所生子女，自出生后自动取得该集体成员资格；有的成员是通过婚姻、收养关系或者迁入本集体而取得成员资格，这些成员的成员资格一律平等。③

王利明认为，集体所有权的主体首先包括一些集体组织，如我国《物权法》第61条的规定，集体所有权没有全国性的统一的主体，各个劳动群众集体组织都是独立的集体所有权的主体；集体所有权的主体还包括集体的全体成员，如《物权法》第59条的规定，在法律上，集体所有的财产和集体组织成员的个人财产是分开的，集体组织的某个成员或某部分成员都不能成为劳动群众集体组织所有权的主体。④ 崔建远也持类似观点，认为"《宪法》及《民法通则》把集体所有权的主体限定在集体组织，《物权法》对此在承继的基础之上又有所发展"。集体所有权的特点之一是所有权人的复合结构，即"集体所有权的主体，首先包括一些集体组织。这里的集体组织，是指劳动群众集体，包括农村劳动群众集体和城镇劳动群众集体（《民法通则》第74条、《物权法》第61条）"。"集体所有权的主体还包括集体组织的全体成员（《物权法》第59条第1款）。集体成员，应该根据集体成立时的原始成员进行判断。原始成员死亡，其相应的成员资格应该由其继承人继承。户口是判断成员的重要但非唯一证据。在村这种农村集体组织中，集体组织成员所生的未成年人当然成为集体组织成员，无须继承集体成员的资格。"

同时，崔建远还就以上立法模式进行了评价，认为此种立法模式的目的在于解决集体所有权的主体虚化，保护集体成员的权利，其立法本意是正面的，积极的；但是，"仅就立法技术而言，集体组织毕竟不同于集体组织成员，而这是各自不同的民事主体。在通说将集体所有权作为单独所有权看待的背景下，称集体组织和全体集体组织成员一起作为集体所有权

---

① 高飞：《集体土地所有权主体制度研究》，中国政法大学出版社2017年版，第88页。

② 陈小君：《我国涉农民事权利入民法典物权编之思考》，《广东社会科学》2018年第1期。

③ 费安玲、刘智慧、高富平：《物权法》，高等教育出版社2011年版，第216页。

④ 王利明：《物权法研究》，中国人民大学出版社2007年版，第532—533页。

的主体，在逻辑上存在障碍"①。孙宪忠也认为集体所有权的主体具有多元性，"集体所有权没有全国统一性的主体，各个劳动群众集体组织都是独立的集体所有权的主体。概括地看，作为中国集体所有权主体的集体组织主要包括以下几种：一是区域性集体组织，如乡（镇）集体组织、村集体组织等。这些集体组织，不仅是兴办的集体企业所有人，而且依照《民法通则》《物权法》和其他法律的规定，它们还可以对土地、森林、山岭、草原、荒地、滩涂、水面等自然资源享有所有权；二是城镇企业集体联合经济组织；三是合作社组织，主要劳动群众集资入股建立起来的集体经济组织；四是社会团体……"② 除了认可集体所有权的主体多元性以外，费安玲、刘智慧和高富平的合著中还提出在我国作为集体所有权的各个劳动群众集体组织都是独立的集体所有权的主体，它们之间是平等的相互合作关系。③

但不可否认，学界对将集体组织作为集体所有权主体的观点也存在不同意见。房绍坤指出，一方面，集体经济组织并不等于农民集体；另一方面，即使设立了集体经济组织，农民是否依归于某一农村集体经济组织，也应取决于农民的意愿。因此，农村集体所有权的主体只能是"农民集体"，而不能集体经济组织的农民集体。同时，村民委员会只是村民自我管理、自我教育、自我服务的基层群众性自治组织（《村民委员会组织法》第2条），其设立与否与集体所有权无关，故不能成为集体所有权的主体。④ 学者姜红利和宋宗宇持类似观点，他们认为，实践中存在将农民集体、农村集体经济组织、村民委员会三者等同混用的情形，但农民集体才是集体土地所有权的唯一主体，农村集体经济组织是代表农民集体行使所有权的主体，不能被认定为集体土地所有权的归属主体，农村集体经济组织作为特别法人可基于独立经营对

---

① 崔建远：《物权：规范与学说——以中国物权法的解释论为中心》，清华大学出版社2011年版，第392—393页；崔建远：《物权法》，中国人民大学出版社2017年版，第182页。

② 孙宪忠：《物权法》，社会科学文献出版社2011年版，第212页。

③ 费安玲、刘智慧、高富平：《物权法》，高等教育出版社2011年版，第214页。

④ 房绍坤：《论民法典物权编与总则编的立法协调》，《法学评论》2019年第1期。

外代表农民集体行使集体所有权。① 陈小君更指出，从农民集体的运行实效来看，因所有权主体的虚位，作为村民自治组织的村民委员会在历史上一开始就攫取了村集体经济组织的地位，农民集体的独立人格无法彰显。②

尽管 2017 年通过的《民法总则》没有就农村集体经济组织的成员资格之认定标准作出统一规范，但其第 99 条明确，农村集体经济组织依法取得法人资格，是特别法人的一种类型。农民集体作为所有权人，农村集体经济组织是其在法律主体上的表现形式。③ 高飞认为，《民法总则》从法律上结束了集体土地所有权主体缺位的历史，同时其于农村集体经济组织之外认可了农村的合作经济组织和村民委员会也具有"特别法人"资格，终结了农村集体经济组织与村民委员会、农民专业合作社等之间存在的主体性质及法律地位的争议，具有里程碑式的意义。然而，《民法总则》关于农村集体经济组织法人的规定过于简略，也没有明确集体组织成员资格的认定标准，集体土地所有权的主体制度残缺问题还是没能从根本上得到解决，根据中国国情和农村社会实际情况对农村集体经济组织作出务实而可操作性的制度建构仍然是当务之急。④ 陈小君指出，《民法总则》第 99 条仅明确了集体经济组织这一种，显然无法满足日益丰富的农村集体经济发展实际。⑤

（3）集体所有权的行使方式

马俊驹和陈本寒认为，作为集体所有权的经济基础，集体所有制来自集体成员的个人财产，这一事实赋予了集体所有权的行使方式以民主化的色彩。⑥ 王利明也认为，"集体所有权的行使必须要依法实行民主

---

① 姜红利、宋宗宇：《集体土地所有权归属主体的实践样态与规范解释》，《中国农村观察》2017 年第 6 期。

② 陈小君：《我国涉农民事权利入民法典物权编之思考》，《广东社会科学》2018 年第 1 期。

③ 李适时主编：《中华人民共和国民法总则释义》，法律出版社 2017 年版，第 311、316 页。

④ 高飞：《落实集体土地所有权的法制路径——以民法典物权编编纂为线索》，《云南社会科学》2019 年第 1 期。

⑤ 陈小君：《我国涉农民事权利入民法典物权编之思考》，《广东社会科学》2018 年第 1 期。

⑥ 马俊驹、陈本寒主编：《物权法》，复旦大学出版社 2007 年版，第 130 页。

管理，对于一些重大的事务必须由集体的成员依法民主作出决定。集体组织的负责人代表集体组织来行使权利，且必须对集体成员负责，并接受他们的监督。一般来说，集体所有权的各项权能都是由集体自己行使的，但是根据生产和经营需要，某个集体组织也可以将其所有权的权能转移给个人行使"①。崔建远认为我国《物权法》第60条特别规定了代表行使机制："属于村农民集体所有的，由村集体经济组织或村民委员会代表集体行使所有权；分别属于村内两个以上农民集体所有的，由村内各该集体经济组织或村民小组代表行使集体所有权；属于乡镇农民集体所有的，由乡镇集体经济组织代表集体行使所有权。从长远来看，应对集体所有的土地进行初始登记，以确定所有权。"②除了认可以上《物权法》规定的代表行使机制外，崔建远、申卫星等还认为集体所有权的行使还应遵循民主决策机制，遵循法定程序，即"农民集体成员进行法律上与事实上的处分时，得依照法定程序进行（《物权法》第59条第2款）。该程序具体规定在《村民委员会组织法》《土地管理法》《农村土地承包经营法》等法律中，对于民主决议的程序，一般采取的是2/3多数决定"③。孙宪忠认为集体所有权行使方式具有多样性，"集体所有的财产既可以由集体企业以法人资格直接行使，也可以通过发包、租赁、经营权出让等方式由集体组织的成员或者集体组织之外的单位或者个人经营、管理集体财产"④。侯水平和黄果天等学者认为，"我国'物权法'的现行规定正是考虑到农村集体所有权主体的多样性，分别从集体成员、集体经济组织、村民委员会、村民小组等多种主体行使权利的角度对集体所有权作出了相应的规范"⑤。

江平等还提出了集体成员的决定撤销权，即集体成员对于集体经

---

① 王利明：《物权法研究》，中国人民大学出版社2007年版，第534页。

② 崔建远：《物权：规范与学说——以中国物权法的解释论为中心》，清华大学出版社2011年版，第394页；崔建远：《物权法》，中国人民大学出版社2009年版，第185—186页。

③ 崔建远、申卫星、王洪亮、程啸编著：《物权法》，清华大学出版社2008年版，第113页；崔建远：《物权法》，中国人民大学出版社2009年版，第187—188页。

④ 孙宪忠：《物权法》，社会科学文献出版社2011年版，第212页。

⑤ 侯天平、黄果天等：《物权法争点详析》，法律出版社2007年版，第242页。

济组织、村民委员会或者其负责人作出的决定侵害其合法权益而撤销该决定的权利。该撤销权的构成要件主要有两方面，一是集体经济组织、村民委员会或者其负责人作出决定；二是侵害集体成员合法权益。撤销权人需为合法权益受到侵害的集体成员，撤销标的是集体经济组织、村民委员会或者其负责人作出的决定，撤销权的行使方式是由权利人以诉的方式向人民法院提出，撤销权性质为形成权，即被撤销的决定根据撤销人单方的意思表示而无效。① 王利明也持类似观点，并主张成员权如果受到侵害，应当可以适用《侵权责任法》的规定，同时类推适用《合同法》第75条关于可撤销合同中的撤销权的除斥期间，即1年。②

另外，费安玲、刘智慧和高富平的合著中指出，我国《物权法》对城镇集体所有权的行使只做了原则性的概括规定，城镇集体所有权的行使主体是本集体，具体行使时应当依照法律、行政法规的规定。这里的"法律"目前主要是指《宪法》《民法通则》《物权法》等。"行政法规"目前主要是指《城镇集体所有制企业条例》。③

3. 私人所有权

我国《物权法》第五章的相关条文规定了私人所有权问题，然而我国学界对这些相关法律条文的解释具有争议，主要集中在对私人所有权的主体的解释。我国《物权法》第64条规定"私人对其合法收入、房屋、生活用品、生产工具、原材料等不动产和动产享有所有权"。关于私人所有权的主体，孙宪忠认为《物权法》改变了《民法通则》关于私人所有权的规定，因为在物权法颁布之前，根据《民法通则》的规定及一些学者的理解，私人所有权的主体是公民个人，而《物权法》第五章名目、第64—65条使用了"私人"，而不是《民法通则》所使用的"个人"这一术语。④ 同时，学界对此条文中"私人"的解释具有

---

① 江平主编：《中国物权法教程》，知识产权出版社2007年版，第213—215页。

② 王利明、周友军：《论我国农村土地权利制度的完善》，《中国法学》2012年第1期。

③ 费安玲、刘智慧、高富平：《物权法》，高等教育出版社2011年版，第216页。

④ 孙宪忠编著：《物权法》，社会科学文献出版社2011年版，第217页。

不同观点。韩松等认为,"所谓私人就是相对于国家、集体的自然人。它包括我国的公民,也包括外国人和无国籍人。国家是社会的管理中心,是社会统治的工具;集体是公有制生产资料所有关系结成的人的群体;私人则是直接为实现自己利益而独立存在的自然人"①。屈茂辉也认为,虽然严格来说,私人所有权并不仅仅限于自然人的个人所有权,"但就《物权法》第六十四条至第六十七条的条款内容来看,这些条款中所称的'私人'均指的是自然人,如私人所有权的继承权只能为自然人所享有,法人或其他组织显然不享有继承权。此外,《物权法》第六十八条和第六十九条又单独规定了法人所有权和社会团体所有权,显然《物权法》并未将这两种所有权涵盖在第六十四条至第六十七条所称私人所有权之内"②。

然而,王利明认为,私人所有权的范围不限于自然人,还包括私人对企业出资的财产所享有的权利。③ 崔建远对以上这种观点作出了否定性的评价,认为:其一,这混淆了所有权和股权,因为私人出资到有限责任公司、股份有限公司中的财产已经变成了法人所有权的客体,不再是个人所有权的标的,私人只享有股权了;其二,这混淆了单独所有权和共有权,因为个体工商户经营管理的财产归家庭成员共有,合伙财产归全体合伙人共有。④ 作为直接参与立法工作的机关,全国人大法工委对本条规定的解释为,"这里的'私人'是对国家、集体相对应的物权主体,不但包括我国的公民,也包括在我国合法取得财产的外国人和无国籍人。不仅包括自然人,还包括个人独资企业、个人合伙等非公有制企业"⑤。学者陈鑫对此立法原意进行了解读,认为"立法者的用意在

---

① 韩松、姜战军、张翔:《物权法所有权编》,中国人民大学出版社2007年版,第148页。
② 屈茂辉主编:《物权法:原理精要与实务指南》,人民法院出版社2008年版,第263页。
③ 王利明:《物权法研究》(上卷),中国人民大学出版社2007年版,第547页。
④ 崔建远:《物权:规范与学说——以中国物权法的解释论为中心》(上册),清华大学出版社2011年版,第397—398页。
⑤ 胡康生主编:《中华人民共和国物权法释义》,法律出版社2007年版,第153页;全国人大常委会法制工作委员会民法室编:《中华人民共和国物权法条文说明、立法理由及相关规定》,北京大学出版社2007年版,第99页。

于通过这样一个较为广泛的'私人'的界定,避免传统所有权'三分法'归纳不全的弊端,但与传统民事主体制度有相当的矛盾"①。刘保玉在认同以上解释的同时,认为还应当包括由有特定身份关系的数人组成的"户"(如个体工商户、农村承包经营户)。② 然而,学者丁海俊直接将我国《物权法》规定的私人所有权划分为三种,即个人所有权、法人所有权和非法人所有权,③ 用此分类表达出自己对私人所有权主体的看法。

  崔建远在综合分析以上各种观点后认为,"在私人所有权制度中使用的'私人'(第64条以下),宜被理解为自然人、个体工商户、个人独资企业、合伙、中外合资经营企业、中外合作经营企业、股份有限公司、有限责任公司,以及学校、医院、寺庙等主体。私人财产应当包括自然人、个体工商户、个人独资企业、合伙、中外合资经营企业、中外合作经营企业、股份有限公司、有限责任公司所拥有的财产,以及学校、医院、寺庙等主体所拥有的财产。但由于中外合资经营企业、股份有限公司、有限责任公司、学校、医院等均为法人,其财产权为法人所有权,系独立于自然人的单独所有权、国家所有权、集体所有权的一种所有权类型,而《物权法》第68条专门规定了法人所有权,与第64条以下规定的私人所有权并列,故可说私人所有权不包括中外合资经营企业、股份有限公司、有限责任公司的法人所有权。由于个体工商户、个人独资企业、合伙、不具备法人资格的中外合作经营企业的财产权形式为共有权,不是单独的所有权,最终落实为自然人的单独所有权。在这个层面上,《物权法》第64条以下规定的私人所有权只能是自然人单独所有权。不过,问题还有另一面,当私人所有权作为与国家所有权、集体所有权并列的概念而使用时,法人所有权也应属于私人所有权。寺庙的财产权在我国更多呈现着多样性、复杂性,是否为法人所有权,不易确定。为方便起见,也可将寺庙所有权纳入私人所有权之中"④。江平主编的教材从广义和狭义解释私人

---

  ① 朱岩、高圣平、陈鑫:《中国物权法评注》,北京大学出版社2007年版,第238页。
  ② 刘保玉:《物权法学》,中国法制出版社2007年版,第164页。
  ③ 丁海俊:《所有权》,中国法制出版社2007年版,第73页。
  ④ 崔建远:《物权:规范与学说——以中国物权法的解释论为中心》(上册),清华大学出版社2011年版,第396页。

所有权,广义的私人所有权,包括自然人、法人和其他社会团体的所有权;狭义的私人所有权,仅指自然人所有权,《物权法》第64—66条所称的"私人"均指自然人。①

4. 法人所有权

屈茂辉等认为,我国《民法通则》虽然没有明确规定法人所有权,但是规定法人应当有必要的财产或者经费,能够独立承担民事责任,实质上肯定了法人有独立的所有权。随后《公司法》在立法上确立了公司法人财产权,2004年修订后的《公司法》第3条也规定了公司享有独立的法人财产权。《物权法》在《公司法》的基础上进一步深化,分别规定了企业法人所有权和非企业法人所有权。② 我国《物权法》第68条规定了企业法人的所有权。全国人大法工委在对此条规定进行说明时,认为"本条是关于法人财产权的规定"③。然而,法人是否可以为所有权的主体这一问题并不能从此条规定中得到答案。尹田对我国《物权法》上这种模糊的立场提出了批评,认为"在《物权法》上,企业法人对其财产的权利被具体描述为对财产享有'占有、使用、收益、处分'的权利;国家机关以及事业单位法人对其财产的权利被具体描述为'享有占有、使用以及依照法律和国务院的有关规定处分'的权利,或者'享有占有、使用以及依照法律和国务院的有关规定收益、处分'的权利。而前述'权利'被立法者明确解释为非所有权。实质上,上述立法表达的企业法人对财产享有的包含所有权全部权能但并非所有权的权利,正是早已被抛进历史垃圾堆的所谓'企业法人经营管理权'。而奉行物权法定原则的我国《物权法》上居然出现一种甚至数种拒不加以命名的'物权'类型这一事实,以及物权法草案四次审议稿(第58条)不得不将三次审议稿(第58条)关于国家对其出资的企业享有'所有者权益'修改为

---

① 江平主编:《中国物权法教程》,知识产权出版社2007年版,第215—216页。

② 屈茂辉主编:《物权法:原理精要与实务指南》,人民法院出版社2008年版,第268页。

③ 全国人大常委会法制工作委员会民法室编:《中华人民共和国物权法条文说明、立法理由及相关规定》,北京大学出版社2007年版,第103页;胡康生主编:《中华人民共和国物权法释义》,法律出版社2007年版,第162页。

'享有出资人权益'并为最终的立法所确定(《物权法》第55条)的事实,则活生生地表现了立法者在正确与谬误之间的犹豫和彷徨"①。杜万华法官从司法实践出发,指出在很多案例中股东出资后依然掌控其出资于公司的财产,从而导致企业和股东的产权界限不清晰。②

然而,崔建远认为,"《物权法》承认了法人所有权,体现在第68条第1款'企业法人对其不动产和动产依照法律、行政法规以及章程享有占有、使用、收益和处分的权利'的规定,与第67条关于'国家、集体和私人依法可以出资设立有限责任公司、股份有限公司或者其他企业。国家、集体和私人所有的不动产或者动产,投到企业的,由出资人按照约定或者出资比例享有资产收益、重大决策以及选择经营管理者等权利并履行义务'的规定,以及第55条关于'国家出资的企业,由国务院、地方人民政府依照法律、行政法规规定分别代表国家履行出资人职责,享有出资人权益'的规定之中"③。

5. 宗教财产所有权

我国《民法通则》第77条规定:"社会团体包括宗教团体的合法财产受法律保护。"然而,我国《物权法》并没有专门说明宗教财产权问题,但是《物权法》第69条规定:"社会团体依法所有的不动产和动产,受法律保护。"对此,张建文指出,由于宗教财产的特性,使其不能完全适用我国《物权法》中的私人财产或者公共财产制度予以规范,我国《物权法》最终回避了宗教财产权的归属问题。④ 尽管如此,我国大部分学者将宗教团体作为社会团体的一种来为宗教财产的法律保护寻找依据。屈茂辉等认为,宗教团体是社会团体的一种,"社会团体的类型主要包括社会公益团体,如希望工程基金会等;专业团体,如律师协会等;学术研

---

① 尹田:《物权法理论评析与思考》,中国人民大学出版社2008年版,第109页。

② 杜万华:《〈民法典物权编草案〉(二审稿)的体例与条文评述》,《中州学刊》2019年第7期。

③ 崔建远:《物权:规范与学说——以中国物权法的解释论为中心》(上册),清华大学出版社2011年版,第398—399页;崔建远:《物权法》,中国人民大学出版社2009年版,第191页。

④ 张建文:《宗教财产的所有权归属与目的性使用问题》,《法学》2012年第6期。

究团体，如法学会；宗教团体，如佛教协会等"①。刘保玉认为，我国《物权法》第 69 条对社会团体财产权的保护问题仅做了原则性的规定，宗教团体是社会团体的一个类型。② 胡康生主编的《物权法释义》里也将宗教团体视为社会团体的一部分，进而认为应适用《物权法》第 69 条规定对宗教财产进行保护。③ 总体来讲，我国大部分学者对待宗教财产所有权的法律规定的解释与以上思路相同，因此，此处不再赘述。

(三) 简要总结

在《物权法》出台之后，关于所有权的分类，王卫国发表了以下评述："关于所有权的三分法，在这次《物权法》中也体现出了我们起草者的政治智慧，所有权分为国有所有权、集体所有权和私人所有权，这种分法也是前所未有的。唯一的先例就是苏联和东欧国家，他们这样区分的目的是要突出国家所有权的优越地位。我们的《物权法》写了三种所有权，但是并没有规定国家所有权优先保护。而是在所有权平等的前提下，对三种不同所有权的一些特殊问题做了一些特别规定。比如，对专属于国家所有的财产做了规定：矿藏、河流、自然资源等，是属于国家所有的。集体所有权则突出规定了一个集体内部成员集体决策的机制。在所有权三分法上还有一个实质性的突破，就是《物权法》第 68 条明确规定：企业法人对其不动产和动产依照法律、行政法规以及章程享有占有、使用和收益、处理的权利。"④ 这一评述，颇为中肯！

国家作为国家所有权的主体，其特殊性得到了学界的认可。关于国家所有权的性质，大多数学者并不否认其公法属性，但其是否具有私法属性是值得关注的问题。笔者认为，国家所有权作为一种所有权，其私法属性是不能否认的，国家可以作为民事主体参与市场交易；如果否定国家所有权的私法属性，将无法解释国家所有权的主体或被授权人在处置国有财产时所产生的法律后果。公有制的企业或国有企业是民事主体，依据法人制

---

① 屈茂辉主编：《物权法原理精要与实务指南》，人民法院出版社 2008 年版，第 274 页。
② 刘保玉：《物权法学》，中国法制出版社 2007 年版，第 165 页。
③ 全国人大常委会法制工作委员会民法室编：《中华人民共和国物权法条文说明、立法理由及相关规定》，北京大学出版社 2007 年版，第 105 页；胡康生主编：《中华人民共和国物权法释义》，法律出版社 2007 年版，第 163—164 页。
④ 王卫国：《〈物权法〉激发企业生存新生态》，《中外管理》2008 年第 1 期。

度，国家在出资之后其即丧失出资财产的所有权，进而取得股权或谓"投资者权益"。

虽然学界对我国《物权法》中规定的集体所有权中"集体"的概念鲜有专门阐述，但是笔者认为此处的"集体"应为由个体成员所组成的集合体，而不应包括单独的集体成员。关于集体所有权的主体，笔者认为，集体所有权的主体是为数众多的劳动群众集体组织，具有多元性，而不像国家所有权那样具有主体的唯一性。同时刘保玉明确提出，集体所有权的主体具有团体性，是由个体成员所组成的集合体。集体所有中的每一个集体成员，并非所有权的主体。① 关于集体所有权的行使方式，学界并没有实质性的观点，笔者认为，集体所有权可以由集体组织直接行使，也可由其代表行使，重要事项应依照法定程序经本集体成员决定，相关的法律依据为《物权法》第59条、第60条、第62条。②

关于对我国《物权法》规定的私人所有权主体界定的讨论，从不同的角度上看，各说均有一定道理。笔者认为，私人所有权中的"私人"是与"国家""集体"相对应的概念，其不仅包括我国公民，也包括在我国拥有合法财产的外国公民和无国籍人士；不仅包括自然人以及由有特定身份关系的数人组成的"户"，还包括个人独资企业、个人合伙等非公有制企业。

关于我国《物权法》是否承认了法人所有权这一问题的讨论，笔者认为，《物权法》的条文表述确实存在模糊之处，其并没有直接承认法人对财产享有"所有权"，而是表述为享有"占有、使用、收益和处分的权利"。但是我国《物权法》第39条规定："所有权人对自己的不动产或者动产，依法享有占有、使用、收益和处分的权利。"这足以说明，我国《物权法》承认法人对其财产可以行使所有的所有权权能，实质上承认了法人所有权。

关于宗教财产所有权的问题，虽然我国《物权法》并没有专门规定，但是学界一致认为宗教团体作为社会团体的一种，适用《物权法》第69条的规定，其合法财产受法律保护，并没有太大的争议。

---

① 刘保玉：《物权法学》，中国法制出版社2007年版，第162页。
② 刘保玉：《物权法学》，中国法制出版社2007年版，第163页。

第三节　业主的建筑物区分所有权

一　立法论

（一）主要争议问题

建筑物区分所有权是现代不动产物权制度中的重要内容,[①] 而我国之前的法律制度中付诸阙如。在物权法制定过程中，有关争议在于：关于"建筑物区分所有权"问题，国内外有诸多不同的称谓，我国在立法上应当如何选择；"建筑物区分所有权"之前有无必要或应否加上"业主的"三个字；关于建筑物区分所有权的内容，存在"一元论""二元论""三元论"和"新一元论"等多种学说和立法例，我国应当如何选择；国外建筑物区分所有权制度规定比较成熟的国家，一般具有相当完善的配套措施，我国应如何构建和完善建筑物区分所有权制度的有关规则。

（二）各种观点

1. 建筑物区分所有权的"名称之争"

建筑物区分所有权的称谓，在不同的立法例及其理论上并不相同，存在"区分各阶层不动产的共有""公寓所有权""分层所有权"和"水平财产权"等各种不同的称谓。但我国物权法制定过程中，各界所争执的焦点在于"建筑物区分所有权"和"业主的建筑物区分所有权"以及"业主权"之间的选择；大多数学者在其著述中均采用"建筑物区分所有权"的称谓；"梁稿"和"王稿"均直接使用"建筑物区分所有权"的称谓，且在 2005 年 7 月 10 日之前，历次由全国人大法工委拟定的《物权法草案》中也均采用"建筑物区分所有权"的称谓。然而，2005 年 7 月由全国人大向全社会公布征求意见的《物权法草案》第三次审议稿将其第六章的标题修改为"业主的建筑物区分所有权"，并延续到最终颁行的《物权法》中。

之所以在"建筑物区分所有权"之前加上"业主的"三个字，一般认为是由于建筑物区分所有权的称谓太学术化，不好理解，而社会生活中

---

① 黄薇：《〈民法典物权编草案〉（二审稿）对若干重点问题的回应》，《中州学刊》2019 年第 7 期。

已经习惯将区分所有权人称为业主，我国之前已颁布的《物业管理条例》等法律文件已经使用了"业主"等术语，为保持立法上的一贯性和便于社会的理解性，故称谓"业主的建筑物区分所有权"①。王利明对采用此一称谓表示支持，并给出了以下几点原因：其一，该概念已经成为通用的俗语，为广大学者和实务界人士所接受，有利于法律的实施。同时，我国台湾地区也有类似的规定，也有利于两岸的学术交流。其二，该概念突出了区分的含义，体现了与传统所有权的重大差异。其三，业主的建筑物区分所有权直接体现出其客体为建筑物，但需要指出的是，区分所有的范围并不仅限于建筑物。其四，这一概念强调了该权利的主体是业主。在建筑物区分所有权前加上"业主"这个词，使该概念变得更加通俗易懂，更为具体。业主意味着所有权人。其五，该概念强调了权利内容的复杂性。②

然而，有的学者专门列举原因对其进行了否定的评价。陈华彬对此提出了四点理由：其一，虽然此称谓在内容上并无大碍，但是它不符合法律概念明确、简洁的要求。其二，其有违建筑物区分所有权法的法理，它不能囊括专有部分所有权人以外的专有部分占有人（物业使用人）的情况。其三，在"建筑物区分所有权"的前面添加"业主的"三个字，建筑物区分所有权本身的意义将变得不严谨，不如不加为好。其四，关于建筑物区分所有权的名称，虽然现代各国家和地区有不同的称谓，但它们并没有在这些名称前添加限定性定语。因此，建议将"业主的"三个字剔除，直接称为"建筑物区分所有权"③。

韩松等合著的教材也对"业主的建筑物区分所有权"这一称谓予以了否定的评价，其认为，民事立法的通俗化和科学化之争早已存在，然而，各国基本上都坚持了科学立法的倾向。民众所理解之法实源于其生活之实践，源于生活之经验，而非源于法条，经由法条之规定与现实生活之契合性而获致大部情况下之正确，因此，对"建筑物区分所有权"等物

---

① 韩松、姜战军、张翔：《物权法所有权编》，中国人民大学出版社2007年版，第162页。

② 王利明：《论业主的建筑物区分所有权的概念》，《当代法学》2006年第5期。

③ 陈华彬：《业主的建筑物区分所有权——评〈物权法草案〉第六章》，《中外法学》2006年第1期。

权法概念过于学理化之诟病,则成为无本之木矣。而在逻辑上,"业主的"三字加于"建筑物区分所有权"之前则导致逻辑上的混乱。① 但其同时也承认,无论何种称谓,亦可为众人所理解,法科学上之明显瑕疵,亦不至于导致实践中混乱和不公平现象之产生,为行文之必要,其也在一定情形下使用了"业主的建筑物区分所有权"一词。② 睦鸿明和王媛详细界定了"业主""业主权"的内涵,提出"业主权"法律化的初步设想。他们认为,业主的建筑物区分所有权不能概括现代业主的所有权利,而"业主权"事实上可以成为囊括建筑物区分所有权内涵的法律意义上的概念。并给出了四个理由:其一,使用"业主权"可以使得法律规范更具有"亲民性";其二,"业主权"概念简洁明了,有利于主体的权利维护的便捷化及司法裁判操作性的增强;其三,使用"业主权"可以避免法律概念与社会通念的矛盾和冲突;其四,由于建筑物区分所有权人不能涵盖建筑物及其相关物上所实际应有的权利,如把概念界定为建筑物区分所有权实质上缩小了业主的范围,不利于业主权利的保护,相当多的与建筑物相关的法律关系将得不到调整。③

韩松等合著的教材对"业主权"的以上主张予以了消极评价,认为其以上主张完全不足以支持"业主权"代替"建筑物区分所有权",理由为:其一,所谓"亲民性"不应成为立法考虑之重点。法律作为规范、指引社会生活之规则,重要的在于能否为民众确立妥适之指引,在于对民众之社会活动进行公平正义之调整;其二,"业主权"概念模糊,没有确切含义;其三,建筑物区分所有权的概念实际上是在更精确的法律体系之下表达日常生活所称"业主权"之下的一种权利,固然与"业主权"表述不同,但两者谈不上"矛盾"或"冲突";其四,至于说"建筑物区分所有权"不能涵盖建筑物及其相关物上实际应有的权利,恐怕是不当地限制了此种概念可以包括的内容。据此,以"业主权"之概念完全代替"建筑物区分所有权"之概念完全不可取,由于"业主权"概念之模糊

---

① 韩松、姜战军、张翔:《物权法所有权编》,中国人民大学出版社2007年版,第164页。

② 韩松、姜战军、张翔:《物权法所有权编》,中国人民大学出版社2007年版,第165页。

③ 睦鸿明、王媛:《业主权概念及其法律化》,《河北法学》2006年第8期。

性，立法上应摒弃此概念，并逐渐引导民众使用"建筑物区分所有权"等更准确、含义更清楚之法律概念。①

2. 建筑物区分所有权的内容："一元论""二元论""三元论"和"新一元论"

我国关于建筑物区分所有权制度的讨论，始于20世纪90年代，并一直持续到《物权法》出台之后。关于建筑物区分所有权的内涵，各国理论界和立法例大致分为三种学说：其一为"一元论"，又分为"专有权说"和"共有权说"。专有权说认为，区分所有权专指由区分建筑物专有部分构成的所有权，不包括共有部分；而共有权说则认为其系指区分所有权人对建筑物的按份共有权。其二为"二元论"，认为建筑物区分所有权是指区分所有权人的专有部分的所有权与共有部分所有权的结合。其三是"三元论"，认为建筑物区分所有权由专有权、共有权以及基于建筑物的使用、管理、维护和修缮等共同事务而产生的成员权三种权利共同组成。② 我国理论界在此问题上并没有创立起新的学说，讨论主要集中于应如何在各学说之间作出选择。我国学者多持三元论说，但也有的赞同二元论说，很少有人主张一元论说。

（1）一元论说

一元论说是法国学者为解释《法国民法典》第664条提出的。我国鲜有学者采取一元论说。郑云瑞指出："一元论说的缺陷在于要么强调专有所有权，要么强调共有所有权，没有充分说明专有所有权与共同所有权共同构成建筑物区分所有权制度的主要内容，不利于区分所有权的圆满实现。"③ 然而，梅夏英认为，"复合说是面面俱到，此说最中庸也最不深刻，它并没有对区分所有的性质作一个整体的、基本的判断。二元论说则在物权法意义上的物的归属和专有权部分利益的归属上纠缠不清，因为从物权法意义上讲，建筑物整体不可分割性决定了没有哪一块砖或瓦属于专用权的客体，那专有部分在物上的体现为何，在理论上并不清楚。反倒是一元论所作的尝试在理论上更为深刻，它一定程度上突破了狭隘的物权思

---

① 韩松、姜战军、张翔：《物权法所有权编》，中国人民大学出版社2007年版，第162页。

② 侯天平、黄果天等：《物权法争点详析》，法律出版社2007年版，第243页。

③ 郑云瑞：《民法物权论》，北京大学出版社2006年版，第151页。

维,并接近区分所有的法律实质"①。

(2) 二元论说

"梁稿"将"建筑物区分所有权"作为一节置于"所有权"章中,共计用24个条文规定了建筑物区分所有权的相关内容。"梁稿"第90条对建筑物区分所有权所下的定义,似采用了二元论说,但是"梁稿"在说明中同时指出"于解释论上当认为建筑物区分所有权的内容尚包括所谓'成员权'"②。对此,周林彬认为,"社科院建议稿采取建筑物区分所有权是由专有部分所有权与共有部分所有权构成的一项复合性权利,是合理有效的立法主张"③。而陈华彬指出,该建议稿的规定尽管名义上采"二元论说",但实际上却是采取"三元论说"④。

"王稿"认为,第一种观点(专有权说)显然是不全面的,它排斥了共有权的客观存在,实际上专有权和共有权客观上已成为一个整体的必要组成部分,不可能分割开来;共有说更不合理,共有是指数人对一物共同享有所有权,而不是数人对一物分别享有所有权。而最广义说(三元论)将成员权纳入区分所有权,这固然照顾了区分所有人的具体权利行使,但区分所有制度主要是为了确定财产归属,有关区分所有人之间的管理规约应由合同法来调整,而不应在物权法中规定。另外,所谓的成员权,其前提即区分所有,成员权即直接源于区分所有而享有的共有人的资格。例如,我们在界定共有时,也没有一定要提到共有人的管理权。从理论上讲,第二种观点(二元论)最为合理。所以,该《建议稿》第180条规定:"在一栋建筑物内,如果各个区分所有人享有其专有部分的专有权、共用部分的共有权,为建筑物区分所有权。"⑤

---

① 梅夏英:《民法典编纂中所有权规则的立法发展与完善》,《清华法学》2018年第2期。

② 中国物权法研究课题组(负责人:梁慧星):《中国物权法草案建议稿:条文、说明、理由及参考法例》,社会科学文献出版社2000年版,第274—275页。

③ 周林彬:《物权法新论——一种法律经济分析的观点》,北京大学出版社2002年版,第484页。

④ 陈华彬:《论建筑物区分所有权的构成——兼议〈物权法〉第70条的规定》,《清华法学》第2008年第2期。

⑤ 王利明主编:《中国物权法草案建议稿及说明》,中国法制出版社2001年版,第316页。

刘保玉认为，建筑物区分所有权中的物权性权利应系由专有权与共有权构成，而成员权实质上是区分所有人（所谓"业主"）为了更好地行使专有权和共有权而共同管理区分所有的建筑物，在业主团体中所享有的权利（如参与制订管理规约、对共同事务的表决等），该权利的享有以其享有的专有权、共有权为前提并附随于区分所有权，且非为物权性的权利，故不宜作为区分所有权的物权性构成要素。不过，在认识和把握区分所有权人的权利内容时，仍有提及成员权的必要；于法律上规范完整的建筑物区分所有权制度时，也应对共同管理权予以规定。①

（3）三元论说

陈华彬于1995年出版的《现代建筑物区分所有权制度研究》对世界各国立法例和学说作出了详细的介绍，该书于2007年在作出若干修正、补充的基础上更新为《建筑物区分所有权研究》再版，其关于建筑物区分所有权的概念和内容的主张及分析思路没有变化。该书中指出关于建筑物区分所有权的内容，除了"一元论说"（内含专有权说和共有权说）、"二元论说"和"三元论说"之外，还存在"新一元论说"（享益部分说），并对此作出了详细的解释，对其进行了质疑。陈华彬首先对各学说进行衡量和比较，其指出：一是一元论说中的专有权说，在利益衡量上明显对各区分所有权人造成重大不利，并且此说不能阐明区分所有权的性质，另外，其易混淆与一般所有权的界限。二是一元论中的共有权说，首先，不能反映建筑物区分所有权内部所固有的专有权的特性；其次，建筑物区分所有权与共有存在区别，将其解为共有，存在诸多理论困惑，显然不妥。三是二元论说虽然较之一元论说具有较大进步，但是其不承认区分所有权的成员权要素，无疑为一重要不足。四是新一元论说（享益部分说）作为此问题的最新学说，其虽产生于对二元论的批判过程中，但事实上却未能超越二元论的框框，实际上属于二元论的翻版。② 据此，陈华彬主张建筑物区分所有权的定义应采三元论说，其理由归结为以下四点：第一，将建筑物区分所有权解为由专有权、共用部分持分权即成员权所构成（三元论），可以克服前述各说之不足。第二，三元论说反映了建筑物区分所有权固有的本质属性，表明了建筑物区分所有权是一种特殊的不动

---

① 刘保玉：《物权法学》，中国法制出版社2007年版，第178页。
② 陈华彬：《建筑物区分所有权研究》，法律出版社2007年版，第93—98页。

产所有权形态以及此种特殊的不动产所有权形态所具有的若干特殊性。第三，三元论说涵盖了因区分所有建筑物所产生的一切法律关系，较之前述各说仅能涵盖某一方面或某两方面的法律关系更为妥洽。第四，三元论说有助于调整区分所有者个人和团体之间的矛盾。①

全国人大法工委于 2005 年公布的《物权法（草案）》（三审稿）中虽指出"物权法草案目前没有规定建筑物区分所有权的概念，是否规定、如何规定还需要研究"②，但从该草案第 73 条关于"业主对建筑物内的住宅、商业用房等专有部分享有所有权，对专有部分以外的共有部分享有共有和共同管理的权利"的规定中可以看出，其将"共同管理的权利"包含在了业主的建筑物区分所有权的内容之中，实际上承认了"成员权"。对此，王利明认为，《物权法（草案）》尽管在区分所有的概念之中没有突出成员权的内容，但在多个条文中都涉及成员权的问题，事实上，物权法草案已经对成员权的一些具体内容作出了规定。同时，其认为，成员权主要还是私法上的权利，其虽然是所有权产生的，但不能等同于所有权，也不是一种物权，不具有物权的内容。业主的成员权主要是管理权，但这种管理权不是所有权的权能。当然，应当看到，成员权并不是权利的问题，其也涉及了诸多义务的内容。但不能据此否认成员权不能作为建筑物区分所有权的内容，因为民法中的任何权利均具有一定的义务性质。由此其赞同建筑物区分所有权包括建筑物区分所有人对专有部分的所有权、对共有部分的共有权（其中又包括共同使用权与专有使用权）和成员权三方面的内容。主要理由为：第一，只有规定成员权才符合区分所有制度的性质和特点；第二，如果不规定成员权，就不能对区分所有制度的构建提供基础；第三，成员权与专有部分所有权和共有权密切联系、不可分割的权利；第四，规定成员权有助于培养业主的自治的理念。③

---

① 陈华彬：《建筑物区分所有权研究》，法律出版社 2007 年版，第 98—99 页；梁慧星、陈华彬：《物权法》，法律出版社 2007 年版，第 166 页；陈华彬：《论建筑物区分所有权的构成——兼议〈物权法〉第 70 条的规定》，《清华法学》2008 年第 2 期。
② 全国人大常委会法制工作委员会民法室编：《物权法（草案）参考》，中国民主法制出版社 2005 年版，第 206 页。
③ 王利明：《论业主的建筑物区分所有权的概念》，《当代法学》2006 年第 5 期。

此外，杨立新、梅夏英、姜战军等的著述中也均赞成三元论的观点。① 侯水平和黄果天等学者指出"在建筑物区分所有权中，专有所有权、互有所有权是'物法'性要素，成员权是'人法'性要素，三者紧密结合，缺一不可，共同构建完整的建筑物区分所有权。应将三者视为一整体，不得保留其一或者其二而转让、抵押其他权利，同时，在同一栋建筑物上，不能既设定区分所有权，又设定一般所有权或一般共有权"②。

潘嘉玮撰文论证了物业管理的物权性质，其认为"建筑物区分所有权是现代物业管理的产权基础，物业管理权从实质上来说是建筑物区分所有权人将其所有权权能的一部分让渡给专业性的、超脱于所有权人之上的物业管理人行使的权利。由于现代物业管理的公共性和让渡性，使物业管理权具有了传统物权以外的性质和特征。但无论如何，物业管理权仍属于物权范畴，这一物权是基于建筑物区分所有权而产生并依附于、从属于所有权。所以，应该以建筑物区分所有权为轴心构建我国物业管理的法律架构"③。

3. 我国《物权法》中应增加或完善的相关制度

（1）区分所有建筑物的重建制度

陈华彬提出区分所有建筑物的重建在不远的将来将成为不能回避的重大社会问题，而我国《物权法》第76条第1款中的第6项和该条第2款对此虽有涉及，但其内容十分简略。因此，陈华彬从比较法的视角，对区分所有建筑物的重建所包含的重要法律问题进行剖析，并对我国《物权法》和《物业管理条例》关于区分所有建筑物的重建制度提出了若干建议。

首先，其明晰了重建与增建、改建和再建的区别，指出"重建系指将既存的区分所有建筑物全部拆除，而在建筑物的基地上重新建造建筑物"。

---

① 杨立新：《共有权理论与适用》，法律出版社2007年版，第155页；梅夏英：《物权法·所有权》，中国法制出版社2005年版，第141—142页；韩松、姜战军、张翔：《物权法所有权编》，中国人民大学出版社2007年版，第162页。
② 侯天平、黄果天等：《物权法争点详析》，法律出版社2007年版，第245页。
③ 潘嘉玮：《论物业管理的物权性质》，《暨南学报》（哲学社会科学版）2006年第2期。

其次，关于重建的要件，其指出各国家和地区关于重建要件的最大差异，在于德国采一致决，日本采多数决，我国台湾地区原则上采一致决，例外采多数决。一致决事实上难以实行，其立法规定形同虚设。我国《物权法》第 76 条对于重建采多数决而不采一致决，符合当代业主共同体（团体）关系的本质和实际，应值肯定；但我国物权法与《物业管理条例》则均未明定重建的其他要件，在将来制定单独的建筑物区分所有权法或修改现行物权法抑或制定民法典时，宜取日本法的经验，将其他要件明文化。

再次，在业主间及业主与第三人间权益的调整这一问题上，陈华彬详细介绍了日本法上的卖渡请求权和买回请求权两种制度，并认为应当予以借鉴。对因重建所涉及的第三人的权益，尤其是涉及抵押权人的利益时，应采纳当代比较法的共同经验，即"不能排除抵押权人禁止拆除原建筑物的请求，此时实务上可通过增加担保避免之。重建决议已经规定了参加重建的业主对新建筑物的特定专有部分保有区分所有权，因此，原抵押物与新建筑物中特定的专有部分存在明确的牵连关系，应认为后者系原抵押权客体的代位物。而不参加重建的业主因出让自己的区分所有权和基地利用权所获得的价金债权，也可认为是原抵押权客体的代位物。"另外，其详细介绍了日本法上重建合意的成立和重建主体的立定方式。

最后，认为小区内特定栋区分所有建筑物和全体建筑物的"一揽子"重建，应实行二重多数决制度。为了顺利实施重建，还有必要厘清区分所有建筑物一部灭失的复旧（修复）与重建的关系以及区分所有建筑物因受灾害全部灭失时再建与重建的关系。[①]

陈华彬还指出，编纂民法典物权编时，完善并增定区分所有建筑物的重建规则，具备积极价值与功用。按照区分所有建筑物重建的域外法与实证经验，区分所有建筑物的重建几乎涉及公法、私法及社会法（公私混合法）的各个领域，其情形较为复杂。尽管如此，业主的建筑物区分所有权系为私权，重建系使私权获得再生，故先于民法典物权编中厘清、厘定重建的各项问题，建构各相关规则，乃可以消弭重建私法上的障碍，进而为调整区分所有建筑物重建的管理性公法或社会法规范的制定确立与奠

---

① 陈华彬：《区分所有建筑物的重建》，《法学研究》2011 年第 3 期。

定私法基础。①

（2）建筑物区分所有权剥夺制度

陈华彬认为我国《物权法》在未来修订的时候应当借鉴比较法上的经验增加"建筑物区分所有权剥夺"制度。当业主严重违反所负义务而无其他方法排除因违反义务所造成的障碍（或侵害）时，其他业主得经由业主大会的多数决议而提请法院作出拍卖严重违反义务业主的建筑物区分所有权的判决。至于我国认可建筑物区分所有权剥夺的根据和界限，为保证严谨性和科学性，应理解为与德国、日本学界对建筑物区分所有权剥夺的根据和界限的考量相同。②李国强介绍了德国《住宅所有权和长期居住权法》规定的不良业主住宅的强制拍卖制度，即当某一住宅所有权人有过错，严重违反其针对其他住宅所有权人所负的义务，导致其他住宅所有权人无法忍受与其作为共同体生活时，其他住宅所有权人可以请求其出售住宅；若其不愿意出售，则可以请求法院作出强制其出售住宅的判决，并依据该判决请求依照法定程序对其住宅进行强制拍卖。③但陈华彬也指出，请求严重违反共同利益的业主转让自己的建筑物区分所有权抑或强制拍卖其建筑物区分所有权，乃不得已而采取的最后措施，故其适用应受到严格限制。于采取该措施的最后时刻前，皆应为不采取该措施而作出努力。④

（3）建筑物区分所有权的成员权限制与剥夺制度

齐恩平认为应当将成员权的限制与剥夺制度上升到立法层面。第一，确定成员权的界限。开发商和车库所有人享有成员权并非完整的成员权，二者均受其自身性质的限制。第二，对于违反义务的区分所有权人，应参照日本法的有关规定，限制其成员权的行使。第三，对于严重违反应承担之义务的区分所有权人，应对其成员权予以剥夺。但此种剥夺应当十分谨

---

① 陈华彬：《我国民法典物权编所有权规则立法研究》，《政治与法律》2018年第10期。

② 陈华彬：《论建筑物区分所有权的剥夺——基于对德国法和日本法的分析》，《法商研究》2011年第6期。

③ 李国强：《建筑物区分所有权内涵的重新解释和规则厘清——基于民法典物权编编纂的展开》，《河南社会科学》2018年第8期。

④ 陈华彬：《我国民法典物权编所有权规则立法研究》，《政治与法律》2018年第10期。

慎，明确限定其适用条件；并且，应当遵循严格的程序，由全体其他区分所有权人于区分所有权人会议中作出决议，并诉请人民法院予以执行。①

在建筑物区分所有权的限制制度上，周友军表示赞同，其认为，从我国《物权法》的规定来看，其主要规定了如下限制性规则：一是专有权的行使不得危及建筑物的安全；二是专有权的行使不得损害其他业主的合法权益；三是"住宅改商用"应得到相关区分所有权人的同意。另外，值得注意的是，从《物权法》第 76 条第 1 款的规定来看，"有关共有和共同管理权利的其他重大事项"，由业主共同决定，这一规定不应包括对专有权的限制。但周友军并不赞同引进建筑物区分所有权剥夺这一制度，我国《物权法》没有对此作出规定，也不应认为是法律漏洞，理由在于：其一，它并没有违反"立法计划"；其二，它无法为社会一般公众所接受。若建筑物区分所有中专有权受到不法限制，区分所有权人应当可以获得法律的救济。②

（4）区分建筑物的管理规约

陈华彬认为，"管理规约是规范区分所有建筑物的管理、使用乃至所有关系的自治规则，它如同公司的章程、国家的宪法，具有业主团体（共同体）自治法规的性质。我国管理规约的订立、变更及废止，应由目前的普通多数决变易为特别多数决；管理规约应对业主间的基础法律关系、业主间的共同事务、业主间的利害关系的调节及对违反义务者的处置等作出规定。业主大会、业主委员会的决议、管理人的行为等，不得与管理规约抵触。管理规约的效力原则上及于业主及其特定继受人，但承租人、借用人等区分所有建筑物的占有人（物业使用人）应仅受管理规约事项中有关使用事项的拘束。原始管理规约的设定、效力、登记等应借鉴日本法的经验，原始管理规约的变更（撤销）及公平性，应借鉴德国法的做法，认可对于一些事项业主大会的多数决议具有变更原始管理规约的效力，认可业主享有变更原始管理规约的请求权"③。李国强指出，对

---

① 齐恩平、徐腾飞：《论成员权的限制与剥夺》，《河北大学学报》（哲学社会科学版）2009 年第 6 期。

② 周友军：《论建筑物区分所有中专有权的限制》，《法学论坛》2009 年第 6 期。

③ 陈华彬：《论区分所有建筑物的管理规约》，《现代法学》2011 年第 4 期。

于共同生活在同一个建筑物或小区中的全体区分所有权人而言，客观上需要一个订立和修改都需他们一致同意的业主公约。业主公约，包括《物权法》第 76 条中的议事规则和管理规约在内，其规范对象应该包括区分所有权人、承租人或其他经区分所有权人同意而为专有部分使用的人。对于生活中常见的楼道被占用、楼梯坏掉而无人修理的状况，都应该由业主公约确定解决方法。①

陈华彬和杨文杰专门刊文介绍了法国的建筑物区分所有权制度，认为，"法国建筑物区分所有权的发展史表明，对建筑物区分所有权制度的规定，最初可以简单一些，但到往后则是应当将其详尽规定，并在实践中不断修正、不断推出新的规定，最终形成完善的建筑物区分所有权法体系。这一点对中国当下的物权法规定建筑物区分所有权制度是有启示意义的"②。

陈华彬还建议立法机关于编纂民法典物权编时，基于有效并高质量地管理小区的区分所有建筑物的实际需要，对管理规约的这些方面加以充实、完善，其指出《物权法》未对管理规约应规范的事项（内容、范围）、效力（含对人的效力、时间效力与原始管理规约——业主临时公约——的效力）以及标准管理规约等作出进一步规范或安排。③

（5）住宅区区分所有权制度

齐恩平与许可共同撰文认为，"住宅区"应纳入物权法规范的视野，并提出了"住宅区区分所有权"理论，以区别于传统的立足于"一栋建筑物"的"建筑物区分所有权"理论。"住宅区区分所有权"意谓对于一个由多栋建筑物、土地及相关设施组成的住宅区，数人得各有住宅区内某一特定部分，并就住宅区内法定或约定的共享部分共有和共同管理住宅区的权利。在区分所有权"最广义说"的框架下，"住宅区区分所有权"的"专有部分所有权"不仅指向建筑物内具有构造上和使用上独立性的建筑物部分，还指向了除法定共有外的相关设施、一栋或数栋特定建筑物，以

---

① 李国强：《建筑物区分所有权内涵的重新解释和规则厘清——基于民法典物权编编纂的展开》，《河南社会科学》2018 年第 8 期。

② 陈华彬、杨文杰：《法国的建筑物区分所有权制度：历史与立法》，《法治论丛》（上海政法学院学报）2007 年第 3 期。

③ 陈华彬：《我国民法典物权编所有权规则立法研究》，《政治与法律》2018 年第 10 期。

及该设施和该建筑物之下的土地。而"共有部分持分权"则可分为"一栋建筑物区分所有权人的共有权"和"住宅区区分所有权人的共有权"。前者的客体即一栋建筑物内除专有部分以外的部分以及仅为该栋建筑物提供服务的建筑物、相关设施及土地;后者则指向了为整个住宅区或多栋建筑物提供服务的建筑物、土地及相关设施。此外,对于专有部分,一栋建筑物区分所有权人和住宅区区分所有权人都可以约定享有共有权。最后,"住宅区区分所有权"的"成员权"可理解为,区分所有权人基于一个住宅区内的共同关系而产生的,作为小区团体组织成员而享有的权利与承担的义务。这种从"一栋建筑物"向诸元素集合体的"住宅区"的转变,暗示了我们应从整个住宅区的立场上对"建筑物、土地及相关设施"统一掌握。另外,"住宅区区分所有权"和"建筑物区分所有权"的关系是合作性的,它们分别规范了人们当代最常见的居住形态:住宅区与单栋的公寓住宅。在辨明差异的基础上,两种理论的效用能够加乘,从而共同构建一个体系完备、形式理性的现代住宅所有权制度。① 孟勤国和学者唐瑞则采用了"住宅小区所有权"的表述,主张在民法典的编纂过程中,在"建筑物区分所有权"之外,新设"住宅小区所有权"的概念,前者回归到单栋建筑物区分所有的传统意义之中,后者规范住宅小区共有部分的管理问题,主体为住宅小区全体业主,客体为住宅小区的公用土地及公用建筑物、构筑物和其他财产利益,内容为共同享有住宅小区的共用利益和共同承担共用利益开支。②

(6) 其他制度

房绍坤指出,建筑物区分所有权是物权法中比较新的制度,其产生和发展的历史是随着各国城市化和居住利益保护而不断深入的。③《物权法》颁布以来,我国司法实践在建筑物区分所有权制度上确立了诸多操作性较强的裁判规范,值得民法典物权编予以参考和吸收。全国人大法工委民法室黄薇主任指出,基层群众对民法典物权编中建筑物区分所有权这一章如

---

① 齐恩平、许可:《论住宅区区分所有权——小区纠纷解决的新思路》,《学术界》2007年第1期。
② 孟勤国、唐瑞:《论住宅小区所有权》,《河北法学》2019年第6期。
③ 房绍坤:《民法典物权编热点问题专题研究》,《河南社会科学》2018年第8期。

何规定尤为关注,主要集中在三方面:业主大会、业主委员会成立难;建筑物维修资金使用难;对小区里的违法行为处理难。黄薇主任认为,上述问题民法典物权编需要作出回应。① 针对建筑物的维修资金,朱广新研究员建议在建筑物区分所有权章节增补如下规定:业主应当按照法律、行政法规的规定,交纳维修资金,拖欠维修资金的,业主大会或者业主委员会可以请求其补交应交金额及迟延利息。② 针对校区行为的违法处理,朱广新研究员建议民法典物权编明确规则,抑制建设单位、物业服务企业、其他业主及其他人侵害业主权益,保护业主的合法权益。③

(三) 简要总结

关于建筑物区分所有权的"名称之争",主要集中在"建筑物区分所有权""业主的建筑物区分所有权"和"业主权"三个称谓的选择上。"业主权"称谓的支持者相对少些,而是否在"建筑物区分所有权"之前加上"业主的"三个字,两种意见难分伯仲。尽管我国《物权法》最终使用了"业主的建筑物区分所有权"的称谓,但学界似乎更倾向于直接使用"建筑物区分所有权"这一名称。关于建筑物区分所有权的构造究竟应采"一元论""二元论"或者"三元论",争论颇多,较多的学者支持"三元论"的观点,且我国《物权法》在建筑物区分所有权中规定了专有权、共有权和管理权三项内容,似乎也采纳了"三元论"的观点(尽管"管理权"和"成员权"有些差别)。在我国建筑物区分所有权制度应当予以增加的内容上,学界也进行了有益的探讨,总体来讲,可以参考国外的相关立法例,并结合我国国情和需要加以改造,不断完善相关制度与规则。

二 解释论

(一) 主要争议问题

我国《物权法》中对建筑物区分所有权制度做了明确规定,但不少

---

① 黄薇:《〈民法典物权编草案〉(二审稿)对若干重点问题的回应》,《中州学刊》2019年第7期。

② 朱广新:《民法典物权编编纂的历史与体系思考》,《吉林大学社会科学学报》2019年第1期。

③ 朱广新:《民法典物权编编纂的历史与体系思考》,《吉林大学社会科学学报》2019年第1期。

问题仍存争议，需要进行学理解释或司法解释，主要包括：我国《物权法》第 70 条对建筑物区分所有权的定义性规定，其所采取的是不是一种典型的"三元论"学说？我国物权立法在房地关系上究竟采取的是"房地一体主义"还是"房地分离主义"？关于专有部分所有权与整个建筑物所有权两者能否同时并存，如果承认其并存关系，是不是对"一物一权主义"的违背？成员权究竟是物权下的一个权利，抑或只是一种权能？建筑物区分所有中的共有权是按份共有，还是共同共有，抑或两种性质兼有？业主委员会是否具备诉讼主体资格？此外，建筑物区分所有权究竟是一种复合所有权，还是一种新类型独立所有权，抑或是一种共有权，这些都是存在争议的，而在司法实践中，如何对建筑物区分所有权的主体（业主）和客体范围（专有部分和共有部分）作出界定，也是一个值得关注的问题。

(二) 各种观点

1. 对《物权法》相关条文规定的解释路径

一般而言，对法律条文的解释工作集中在法律条文本身，但陈华彬专门刊文对学者《建议稿》中的"建筑物区分所有权"规定与我国《物权法》关于"业主的建筑物区分所有权"的规定进行比较分析，通过这样的路径为《物权法》的规定提供解释论，并为将来制定单行的建筑物区分所有权法提供立法论上的参考。[①]

2009 年 3 月 23 日，最高人民法院审判委员会第 1464 次会议通过了《最高人民法院关于审理建筑物区分所有权纠纷案件具体应用法律若干问题的解释》（以下简称《审理建筑物区分所有权纠纷案件的解释》），它以《物权法》第六章"业主的建筑物区分所有权"的规定为依据，借鉴理论研究的最新成果，结合司法实践中对相关案件的处理经验，分别就审判实践中业主的认定、专有部分和共有部分的区分、车位和车库的权利归属、业主表决权的确定和行使、住改商规则的适用、业主大会或业主委员会决议的撤销、维修基金的筹集和使用、业主委员会的诉讼地位、业主共有权受侵害时的救济等做了明确的解释。该解释对相关实践问题的处理，颇有助益。

---

① 陈华彬：《建筑物区分所有权：学者草案的立场与〈物权法〉的规定》，《甘肃政法学院学报》2011 年第 2 期。

学者姜凤武和郝宁指出,"理论界对于建筑物区分所有权的研究,主要集中在民法学领域,但始终没有涉足国际私法领域"。而"各国在建筑物区分所有权制度的构筑与实践上存在着诸多差异,而这种差异恰为国际私法与建筑物区分所有权制度找到了良好的契合点。"故此,他们专门对涉外建筑物区分所有权关系的法律适用做了研究,"通过对物权法律适用传统以及'物之所在地法'原则具体适用的深入分析,从管辖权的确定与法律的适用两方面出发,在建筑物区分所有权制度中探寻法律适用的理论基础与实践基础,以展现一个多样化的法律适用体系"[1]。

2. 《物权法》对建筑物区分所有权的定义性规定所采纳的理论学说

我国《物权法》第70条规定:"业主对建筑物内的住宅、经营性用房等专有部分享有所有权,对专有部分以外的共有部分享有共有和共同管理的权利。"对此规定,多数学者认为其所采取的是所谓的"三元论"。如王利明指出,《物权法》第70条的规定采纳的是三要素说,建筑物区分所有权的内容包括三个方面,即专有部分的所有权、共有权和管理权。[2] 陈华彬认为:我国《物权法》第70条对于建筑物区分所有权的含义系采三元论说,即建筑物区分所有权由专有权、共有权及共同管理权构成。此所谓共同管理权,又称为成员权。《物权法》所采取的这种三元论立场符合现代建筑物区分所有权制度发展的潮流,应认为系一项先进的立法规定。[3] 刘保玉也认为,我国《物权法》在建筑物区分所有权的构成问题上采纳了三元论说的观点,但并未使用"成员权"的概念,而代之以"共同管理权"的表述,不过其二者间并无质的差异。[4]

然而,杨立新指出,虽然"《物权法》第70条规定的是三元论,但是与一般的三元论观点又有所变化和区别,变化的内容是成员权成为共同管理权。按照一般的三元论观点,在专有权、共有权和成员权这三个权利之外,还存在对区分所有建筑物的管理问题,即业主基于成员权而对区分

---

[1] 姜凤武、郝宁:《涉外建筑物区分所有权关系的法律适用》,《社会科学家》2011年第9期。

[2] 王利明:《物权法论》,中国政法大学出版社2008年版,第160页。

[3] 陈华彬:《论建筑物区分所有权的概念》,《法治研究》2010年第7期;陈华彬:《论建筑物区分所有权的构成——兼议〈物权法〉第70条的规定》,《清华法学》2008年第2期。

[4] 刘保玉:《物权法学》,中国法制出版社2007年版,第182页。

所有的建筑物进行管理。可见,我们对建筑物区分所有权采用的是变化了的三元论的理论。""管理权讲的是管理的职能,而成员权则是讲的建筑物整体权利的各个成员的权利","草案过于重视建筑物区分所有中的管理权,把人们的注意力引向了对建筑物的管理。"姜战军也对我国《物权法》第70条采用的理论学说予以了质疑。其认为:我国《物权法》第70条的规定似乎是采用了三元论学说,但其规定的三项权利是专有权、共有权和共同管理权,未采纳成员权的概念,忽视了区分所有权是以专有权为中心的区分所有人及其作为集体成员的权利。因此,《物权法》的规定似嫌不妥,仍然建议恢复为传统大陆法理论的"成员权"的表述。①

3. 房地一体主义与房地分离主义的选择

关于土地所有权与建筑物所有权的关系,存在"结合主义"或"一体主义"与"分离主义"或"分别主义"两种理论学说,并各有不同的立法例支持。现今,分别主义的模式为多数国家立法所采行;另外,由于两种立法例上都规定有地上权制度,因此,其实质差异已渐趋式微。

在《物权法》出台之前,一般认为,我国相关立法采用了房地分离主义,如《土地管理法》规定了国家、集体的土地所有权,《城市房地产管理法》《城镇私有房屋管理条例》等法律、法规确认了国家、集体和个人的房屋所有权,而且我国产权登记中土地所有权、房屋所有权也是分别作为独立的权利对待的。周林彬认为,既然土地所有权、房屋所有权是各自独立的,那么土地和房屋在法律上也是分离的,是独立的物与物的关系。但是,土地所有权和房屋所有权又存在必然的联系,这种联系体现在:建筑物必然附有对一定地基的使用权,即地上权(以及其他需要在他人土地上进行建筑的权利)。②蒋晓玲指出了房地分离主义在实践中带来的难题,即当土地使用权到期时,必然产生建筑物所有权与土地所有权之间的权属冲突,我国《物权法》对此虽有规定,但对解决该问题无明显作用。③

---

① 韩松、姜战军、张翔:《物权法所有权编》,中国人民大学出版社 2007 年版,第 162 页。

② 周林彬:《物权法新论——一种法律经济分析的观点》,北京大学出版社 2002 年版,第 488 页。

③ 蒋晓玲:《建筑物所有权与土地使用权冲突新解》,《山东社会科学》2012 年第 6 期。

刘保玉认为，我国法律上采取的是分别主义，但由于我国实行土地的社会主义公有制，因此我国的房地产关系与国外的制度设计又有差异，颇具"中国特色"：其一，房屋与土地各为独立的不动产，房屋所有权独立于土地所有权，且大多数情况下其主体是不一致的。其二，土地所有权只归国家所有或农民集体所有，且不得进行交易，承载土地利用和交易功能的是土地使用权。因此在我国房屋与土地的关系问题主要体现为房屋所有权与土地使用权的关系，而土地使用权与房屋所有权亦属于两种性质不同的权利（或财产）。其三，法律上实行"房随地走""地随房走"的"房地一体流转"规则（《城市房地产管理法》第31条，国务院《国有土地使用权出让与转让暂行规定》第23条、第24条，建设部《城市房地产转让管理规定》第5条，《城市房屋权属登记管理办法》第6条，《担保法》第36条等）。《物权法》第182条中再次予以明确。[1]

4. 建筑物区分所有权的主体——业主的界定

关于"业主"的范围界定，王荣珍认为，《物权法》第74条中"首先满足业主需要"中的"业主"应界定为购买了区分所有建筑物的某一特定房屋的人，不能将房地产开发商视为尚未售出的区分建筑物的房屋的业主。理由如下：其一，建筑物区分所有权制度与"住宅"有着密切的联系，而开发商对于尚未售出的房屋并非最终作为自用住宅，而是继续卖给他人作为住宅；其二，对于尚未售出的房屋一般不发生物业管理费；其三，若将开发商视为业主，将影响其他业主成员权的行使。[2]

屈茂辉和周志芳认为，基于合同行为而取得专有部分所有权的继受者，必须办理专有部分所有权移转登记才能成为业主。已办理专有部分所有权移转预告登记的登记权利人应当视为业主，已占有专有部分但未办理登记的继受者不是业主。应当区分业主和住户两个概念，赋予两者不同的权利和义务。[3]

最高人民法院《审理建筑物区分所有权纠纷案件的解释》第1条对

---

[1] 刘保玉：《物权法学》，中国法制出版社2007年版，第176页。

[2] 王荣珍：《论对〈物权法〉第74条第1款的理解与适用》，《法律适用》2008年第9期。

[3] 屈茂辉、周志芳：《论业主的法律界定——兼评〈建筑物区分所有权司法解释（征求意见稿）〉第1条》，《政治与法律》2009年第2期。

业主所作的界定是:"依法登记取得或者根据物权法第二章第三节规定取得建筑物专有部分所有权的人,应当认定为物权法第六章所称的业主。""基于与建设单位之间的商品房买卖民事法律行为,已经合法占有建筑物专有部分,但尚未依法办理所有权登记的人,可以认定为物权法第六章所称的业主。"

5. 建筑物区分所有权的客体范围

一般认为,建筑物区分所有权包含专有部分的专有权、共有部分的共有权和成员权。成员权大多涉及的是各区分所有权参与管理和决策的权利,因此,建筑物区分所有权的客体范围实质上由专有权的客体和共有权的客体共同组成。

(1) 关于专有部分的界定

我国《物权法》第 70 条中确认了业主对专有部分的专有权;第 71 条规定了专有权的权利内容和所应承担的义务。关于专有部分的判断标准,其并没有予以明确,而其他条款中也并无关于专有权的规定,这就给对专有部分的解释提供了空间。

关于专有部分的范围界定,学界大致有下列四种学说:其一为中心说或壁心说,认为专有部分之范围达到墙壁、柱、地板、天花板等境界部分厚度之中心;其二为空间说,认为专有部分之范围仅限于由墙壁(共同墙壁)、地板、天花板所围成的空间部分,而墙壁、地板、天花板等界限点上的分割部分等则为全体或部分区分所有人所共有;其三为最后粉刷表层说,认为专有部分的范围及于壁、柱、板等境界部分表层所粉刷之部分,而境界壁与其他境界之本体则属共用部分;其四为壁心和最后粉刷表层说,也称"中央部分属于共用部分,表面属于专有部分说",该说认为专有部分之范围应区分内部关系与外部关系而定。于区分所有人之间,尤其是在建筑物之维持、管理关系上,专有部分应包含壁、柱、地板及天花板等境界部分表层所粉刷之部分,但于外部关系尤其是对第三人的关系(如买卖、保险、税金等)上,专有部分应达壁、柱、地板及天花板等境界部分厚度之中心线。以上各说中,以第四种观点为通说。[1]

陈华彬指出,以上四说中的第四种观点因能据以澄清区分所有权人相互间以及区分所有权人与第三人间的权益,符合社会的现实情形与未来发

---

[1] 温丰文:《论区分所有建筑物之专有部分》,《法令月刊》第 42 卷第 7 期。

展的需要，可资赞同。此外，需要特别说明的是，以上所论系仅就建筑物的结构说明专有部分的范围。但事实上，专有部分的范围，除建筑物的结构部分外，尚包括建筑物的附属物与附属建筑物。① 刘智慧指出其他各学说存在的不足后也认为"壁心和最后粉刷表层说"较为合理。同时，应当根据墙壁的具体使用功能进一步进行区分：于区分所有权人内部关系上，专有部分范围为公用墙壁、地板和天花板等公用构件的最后粉刷层及专用墙壁外部；于区分所有人外部关系上，专有部分为公用墙壁、地板、天花板中心线以及专有墙壁外部。此外，专有部分的范围还包括建筑物的附属构件和设备。②

梅夏英认为，专有权的客体情况比较复杂，仅仅就居住和商用的空间部分而言，空间说可以较为透彻地解释专有权的实质，较之其他学说更为确定，但就专用设备而言，则空间说又不能很好地解释。③ 侯水平和黄果天等学者也持此种观点，并认为，应当从所有人的实际支配权利角度去理解，只要能够确定区分所有人的实际支配空间，其他争论没有太大意义。④

最高人民法院《审理建筑物区分所有权纠纷案件的解释》第2条给予了明确界定："建筑区划内符合下列条件的房屋，以及车位、摊位等特定空间，应当认定为物权法第六章所称的专有部分：（一）具有构造上的独立性，能够明确区分；（二）具有利用上的独立性，可以排他使用；（三）能够登记成为特定业主所有权的客体。规划上专属于特定房屋，且建设单位销售时已经根据规划列入该特定房屋买卖合同中的露台等，应当认定为物权法第六章所称专有部分的组成部分。本条第1款所称房屋，包括整栋建筑物。"

（2）关于共有部分的界定

崔建远认为："在业主的建筑物区分所有权中，确定外墙、屋顶平台、停车位、停车库、地下室等，是属于共有部分还是专有部分，抑或单

---

① 陈华彬：《建筑物区分所有权研究》，法律出版社2007年版，第130—135页。
② 刘智慧审定：《〈物权法〉立法观念与疑难制度评注》，江苏人民出版社2007年版，第231页。
③ 梅夏英：《物权法·所有权》，中国法制出版社2005年版，第150页。
④ 侯水平、黄果天等：《物权法争点详析》，法律出版社2007年版，第251页。

独所有权的客体，需要综合考虑以下因素：①它是否被单独登记为一个独立之物。如果尚未被单独登记为一个独立之物，则应为共有部分；反之，可以成为专有部分或单独所有权的客体。②建筑物区分所有权的本质属性。我们确定外墙等部分的性质和所属，不得违背建筑物区分所有权的本质属性。③法律、行政法规的强制性规定。如果法律、行政法规的强制性规定就此做了专门规定，该规定应为我们确定其性质和所属的依据。当然，此类强制性规定不应违反前述原理。④有关当事人的约定。如果有关当事人在不违反前述①、②的前提下，就此做了约定，应依其约定。"① 另外，李国强还指出，共有部分中还有表现为共有专用部分的内容，如顶楼的露台等部分，其虽然是共有部分，但因为所处位置特殊，只能供特定业主来使用，其权利依据往往是区分所有权人之间的约定。在民法典物权编的规则安排中，应该明确区分所有建筑物的共有部分包括建筑物的主体性结构和共同通行部分。②

陈华彬认为，关于共用部分的范围应当依共用部分的性质，将共用部分分为法定共用部分与规约（约定）共用部分两类。其中，法定共用部分又称为性质上、构造上的共用部分，包括建筑物的基本构造部分、建筑物的附属物及建筑物的附属设备三类。③ 王利明也将建筑物区分所有权中的对共有部分的共有权客体划分为法定共有和约定共有。④

法定共有，是指依照法律规定由全体业主对共有部分享有的共有权，我国《物权法》第 73 条明确规定建筑区划内的道路绿地一般属于业主共有，建筑区划内的其他公共场所、公用设施和物业服务用房属于业主共有。此种共有部分的性质涉及整个建筑物的存在和利用上的完整性，不能按照区分所有人之间的合意将其转变为专有部分。⑤ 王利明认为，开发商

---

① 崔建远：《对业主的建筑物区分所有权之共有部分的具体考察》，《法律科学》2008 年第 3 期。
② 李国强：《建筑物区分所有权内涵的重新解释和规则厘清——基于民法典物权编编纂的展开》，《河南社会科学》2018 年第 8 期。
③ 陈华彬：《建筑物区分所有权研究》，法律出版社 2007 年版，第 161—162 页。
④ 王利明：《物权法论》，中国政法大学出版社 2008 年版，第 174—175 页。
⑤ 任超：《区分所有建筑物共有部分的界定——从实证规范和理论学说的角度展开论述》，《河北法学》2016 年第 5 期。

在售房时没有附赠给业主的屋顶平台不能由开发商保留所有权，在法律上应当确认为业主共同所有；外墙面应当由业主共同所有，开发商也不能在售房合同中对外墙面作出不合理的限制；由于建筑物属于全体业主，因此，对建筑物的命名权也应当属于全体业主；对于配电箱，各种供电、热、水、气管线等公用设施，除按规定已经确定为归供水、电、气、暖公司所有的以外，也应当归业主共有，但是不能免除有关公司和物业服务机构的维修责任；由于目前人防工程的资金来源已经多元化，应当根据具体情况判断其产权归属，不能在法律上简单地认为凡是地下人防工程都属于国家所有，但也不宜简单地认定为由开发商或业主所有；对于未纳入建筑规划的其他场地，根据《物权法》第74条的规定，尽管某些空地没有纳入规划范围内，也应当作为其他场地，归业主共有。

关于约定共有，王利明主要认为包含以下两种对象：一为车库、车位，另一为会所。关于车库、车位的归属主要存在两种学说：业主共有说和约定说。业主共有说的理由有二：其一，对车库等的归属，依照有约定的按约定，无约定的推定为共有的思路所作的制度设计，不仅带来诸多不良后果，还会致使停车位、绿地的权利归属处于专有或共有权属两可状态，物权归属并不稳定，在现实生活中易产生较大的纷争概率，不能说是一个较好的制度设计；其二，物权法草案对绿地可按约定确定权利归属的安排，与长期以来实施的房地产法律制度不能衔接。在现有的房地产法律制度中，小区宗地号的土地使用权面积在地上建筑物建成后，依房地合一转移的法律规定，小区宗地号的全部土地面积已经分摊到计算建筑容积率的建筑物上，如果新的物权法制度安排不能与长期实施的合法、合理有效的房地产法律制度衔接，其后果将是严重的。[1] 王利明认为以上观点虽有一定的合理之处，但也有值得商榷处。其认为，车库、车位毕竟不同于电梯、楼道等公共设施，它虽是配套措施，但并非每个业主都需要，尤其是其建设需要进行一定的投资，简单的规定为业主共有可能不利于开发商投资。保障业主对车位、车库的使用，可以通过

---

[1] 邓光达：《论物权法草案对绿地和车库权利归属制度安排的缺陷》，法律图书馆网，http://www.law-lib.com/lw/lw_view.asp?no=3987，访问时间2019年3月8日。

《物权法》第 74 条所确定的车位、车库首先满足业主需要的规则来保障。① 约定说认为，对车库的归属应当通过约定来确定，大多可由开发商和业主在购房合同中约定，可以采取出租、出售或附赠的方式。我国《物权法》第 74 条第 2 款规定："建筑区划内，规划用于停放汽车的车位、车库的归属，由当事人通过出售、附赠或者出租等方式约定。"可见《物权法》采纳了此种观点，王利明认为通过约定来解决车位、车库的归属是必要的，此种方式也是解决车库归属的最佳方案。另外，通过对《物权法》第 74 条的文义解释，如果没有约定或者约定不明，车位、车库应当归开发商所有，在法律没有特别规定的情况下，凡是没有约定转移给业主的部分可以理解为开发商保留所有权。② 梅夏英也赞同上述观点。③ 杨立新也认为，根据我国《物权法》第 74 条的规定，可以得出"车位和车库的权属应当根据合同确定"的原则。④ 但也有学者指出我国《物权法》第 74 条存在缺陷，比如：丁南认为，关于《物权法》第 74 条的文义解释，是基于不当的甚至可能是错误的学说观点，可能存在法律漏洞；⑤ 刘阅春认为，我国《物权法》第 74 条的规定极为概括，既没有解释谁是满足业主需要的义务主体，也没有明确满足业主需要的标准，实务中引发的问题和争议很大。⑥

高圣平认为，在解释论上"建筑区划内，规划用于停放汽车的车位、车库由开发商享有所有权，开发商可以通过出售、附赠、出租等方式确定车位、车库的权利归属。《物权法》实施之前，对车位、车库的权利归属没有约定或约定不明的，应当推定为业主共有；《物权法》实施后，对于车位、车库的权利归属没有约定或约定不明的，应当由开发商所有。占有业主共有的道路、首层架空层、楼顶平台、结建人防工程等场地用于停

---

① 王利明：《物权法论》，中国政法大学出版社 2008 年版，第 174 页。
② 王利明：《物权法论》，中国政法大学出版社 2008 年版，第 174—175 页。
③ 梅夏英：《民法典编纂中所有权规则的立法发展与完善》，《清华法学》2018 年第 2 期。
④ 杨立新：《共有权理论与适用》，法律出版社 2007 年版，第 193 页。
⑤ 丁南：《建筑物区分所有权语境下的停车位归属——对〈物权法〉第七十四条之再解释》，《法学杂志》2012 年第 10 期。
⑥ 刘阅春：《论建筑物区分所有权中的配置比例标准——兼谈违反"应当首先满足业主需要"规范的法律后果》，《清华法学》2013 年第 5 期。

放汽车的车位、车库，由业主共有"[1]。

梅夏英则主张，由于开发商在一定的比例上承担土地使用权的费用，不如将车库和车位列为开发商的专有权；而区分所有权人享有一定的优先权，具有一种优先购买权或使用权。开发商作为车库的所有权人可以将车库转让给业主，也可以根据业主的需要出租给业主。如果有多余的，可以由开发商来处分，但其处分不能损害区分所有权人的利益。对车库的任何变化，应予以公示。区分所有权人会议有权对侵害区分所有权人利益的开发商的处分行为进行约束；全体区分所有权人也有权在支付了车库、会所投入的成本后，对其享有所有权。[2] 另外，梅夏英还对开发商修建和处分车库提出了基本要求，即基于业主的区分所有所具有的天然团体性，开发商应以服务和维护业主团体为己任，在车库的分配中应以业主为本位，其行为在业主团体形成以前就要受到未来团体的约束。[3]

最高人民法院《审理建筑物区分所有权纠纷案件的解释》第3条对专有部分的范围进行了扩充解释，"除法律、行政法规规定的共有部分外，建筑区划内的以下部分，也应当认定为物权法第六章所称的共有部分：（一）建筑物的基础、承重结构、外墙、屋顶等基本结构部分，通道、楼梯、大堂等公共通行部分，消防、公共照明等附属设施、设备，避难层、设备层或者设备间等结构部分；（二）其他不属于业主专有部分，也不属于市政公用部分或者其他权利人所有的场所及设施等。"

关于民法典的编纂中区分所有权制度改进，李国强提出了系统的建议，指出我国从《物权法》到《物业管理条例》等都试图构建完善的建

---

[1] 高圣平：《解释论视野下的车库、车位权利归属规则——以〈物权法〉第74条第2款、第3款为分析对象》，《政治与法律》2008年第10期。但在立法论上，高圣平对车位、车库的权属，持不同的见解，其认为"住宅小区车位、车库具有构造上、使用上和法律上的独立性，在性质上属于建筑物区分所有权的专有部分，可以成为建筑物区分所有权的客体。不能依车位、车库的建筑面积是否计入商品房的公摊面积或者车位、车库的建造成本是否摊入住宅开发成本来判断车位、车库的权利归属，也不能依开发商与业主之间的约定来确定车位、车库的权利归属。车位、车库应由业主法定地共有"。参见高圣平《住宅小区车位、车库的性质及其权利归属研究——兼评〈物权法〉第74条》，《法学家》2008年第6期。

[2] 梅夏英：《物权法·所有权》，中国法制出版社2005年版，第174页。

[3] 梅夏英：《民法典编纂中所有权规则的立法发展与完善》，《清华法学》2018年第2期。

筑物区分所有权制度，但实际效果是模糊了建筑物区分所有权概念的内涵，不仅不能很好地解决现实纠纷，而且还产生了民法典体系上的问题。在民法典编纂的背景下，物权编应重新解释建筑物区分所有权的概念：其一，应原则上以一栋独立建筑物为限确定权利客体，抽象而特定的不动产是建筑物，所有权客体确定的实质；其二，对专有部分和共有部分的界定和区分应作一体化处理，每个权利人的权利相对于其他权利人来说在整栋建筑物上并不是绝对的排他支配。所谓专有权、共有权仅为建筑物区分所有权的权能或权利作用，并且表现出复合存在的特征。①

6. 业主专有部分之所有权与"一物一权主义"的关系

关于专有部分所有权与整个建筑物所有权之间的关系，学界存在两种不同的观点。一种观点认为，区分建筑物的专有部分所有权与整个建筑物的所有权是同时并存的，即使存在专有部分的所有权，也不影响整个建筑物所有权的独立存在；另一种观点认为，专有部分的所有权与建筑物的区分所有权不能同时存在。一旦建筑物确定为区分所有之后，整个建筑物的所有权就不复存在。王利明赞成第二种观点，认为如果允许专有部分的所有权和建筑物整体的所有权同时存在，将违反一物一权原则。一旦某个建筑物为多个业主所有，该建筑物在形成区分所有权之后，此时如果继续承认建筑物的所有权，则构成双重所有权。在建筑物区分所有的情况下，如果房屋已经分别卖给了各个业主，事实上各个业主经过登记已经取得了各套房屋的所有权，这就意味着，整个建筑物的所有权分割成了各个分别的所有权，建筑物本身就不能再作为单一所有权客体，但是业主对建筑物的共有部分仍然享有共有权。② 据此，可以认为建筑物区分所有权并不违背"一物一权原则"。王利明还指出，传统民法不动产法理论禁止将一物的部分分别设定所有权，主要是出于公示技术限制，不利于对物权的保护及经济效用的发挥。将住宅建筑物区分所有，所有人对住宅建筑物中的专有部分具有完全独立的排他性的占有、使用、收益和处分的权利，并且由于各部分在构造上各属于独立的存在，虽然登记簿上记载会稍微复杂，但只要登记制度健全，其不与一物一权主义原则相冲突，那么客观上它对传统

---

① 李国强：《建筑物区分所有权内涵的重新解释和规则厘清——基于民法典物权编编纂的展开》，《河南社会科学》2018年第8期。

② 王利明：《物权法论》，中国政法大学出版社2008年版，第163—164页。

一物一权理论的理解即内涵予以了扩充、发展与完善。①

刘保玉认为，建筑物区分出来的专有部分，因具有以上要件而有排他支配的可能性，于是可透过法技术之运作，借登记簿上所登记之笔数、位置、面积等完成不动产公示，表现出其独立的所有权性质。这是对物权法上"一物一权"主义的发展，并不违背一物一权、物权客体特定的宗旨。

但是也有学者指出，在同一建筑物中，区分所有权并不是由各个区分所有人共同享有的一个所有权，而是多个所有权同时存在，分别存在。同一建筑物上这种不可分之物上可以设立两个或两个以上所有权，从而突破了一般所有权的"一物不能二主"的禁锢。但是作者认为"建筑物区分所有权"不同于一般的所有权。其是现代民法中一种新型所有权类型，具有独特性。②

7. 成员权的性质

虽然关于区分建筑物的成员权的性质在 2000 年以前已开始讨论，但 2000 年以后仍陆续有学者对此发表观点。关于成员权的性质，2000 年之前大致存在两种学说，分别为物权下的权利说、物权下的权能说。

物权下的权利说认为，区分所有人成员权是与建筑物区分所有权之专有权与共有权并列的一种权利。成员权主要是对全体区分所有人的共同事物所享有的权利和承担的义务，而不仅仅是单纯的财产关系，它有人法（管理制度）要素存在，共有权同样无法包容这些内容。所以区分所有人成员权应是建筑物区分所有权内容中的一种独立的权利。③ 物权下的权能说认为，首先，成员权是一种物权；其次，成员权是建筑物区分所有权的权能之一，即建筑物区分所有权是包含区分建筑物专有部分所有权、共有部分持分权和因共同关系所产生的成员权三项权能的复合物权。其中，专

---

① 王利明主编：《物权法专题研究》（上），吉林人民出版社 2001 年版，第 542—543 页。

② 耿焰：《建筑物区分所有权与一般所有权之比较研究》，《青岛海洋大学学报》（社会科学版）2000 年第 2 期。

③ 段启武：《建筑物区分所有权之研究》，转引自李明发、朱庆《建筑物区分所有人之成员权性质探究——兼论〈民法典〉中之相关制度安排》，《安徽农业大学学报》（社会科学版）2004 年第 1 期。

有部分所有权是基础，共有部分所有权和成员权是派生，这三项权能结为一体，不可分割，共同构成现代建筑物区分所有权的完整内容。①

陈华彬认为，成员权是一项独立于专有所有权与共有所有权之外的权利，其与专有所有权、共同所有权紧密结合而不可分割，三者共同构成区分所有权的完整内容。② 故此，其观点可归于物权下权利说。

侯水平和黄果天等学者认为，物权下的权利说将建筑物区分所有权中的成员权作为独立的权利形态，在某种程度上有利于赋予建筑物区分所有权完整的内容，但它无法解释人法与物法的冲突；而物权下权能说从根本上否认享有建筑物区分所有权的成员们在行使权利时会包含在身份法上的内容，这是与实践极为相悖的。事实上，成员权之所以产生，是因为团体占有财产，从这一意义上讲，成员权是来自区分所有权的一个独立的权利，其是实现建筑物区分所有权的权利行使的途径。我国《物权法》第75条、第76条等详细规定了建筑物区分所有权中成员权行使的方式及内容，这不仅将建筑物区分所有中的成员权视为一种独立的权利，而且对与行使权利相关的各个事项做了具体的列举和分解。③

梅夏英认为，区分所有人的成员权是否一项独立的权利，取决于他是否基于共有产生。成员权之所以在物权法中产生，乃是团体占有财产的结果，此与通常意义上的共有还是有区别的。故在逻辑上宁可舍弃共有权，也不宜舍弃成员权，因为共有权本身没有操作意义，只有解释意义，而成员权类似于股东的权利，是实实在在的权利。④

李明发和朱庆虽然认可区分所有人成员权是一项独立的权利，但认为其属于身份权中的成员权。成员权是人们基于成员的地位而享有的权利，由于它是基于某团体成员的身份而享有，故又属于身份权。区分建筑物的成员权与股东权性质并无二致，我们不能因为它的次要性而否定其独立性。另外，作为一种独立的权利，成员权与物权或债权都有本质区别，是

---

① 谢玉美：《浅析建筑物区分所有权之成员权》，《中共南昌市委党校学报》2005年第2期。
② 陈华彬：《建筑物区分所有权研究》，法律出版社2007年版，第235—236页。
③ 侯水平、黄果天等：《物权法争点详析》，法律出版社2007年版，第255—255页。
④ 梅夏英：《物权法·所有权》，中国法制出版社2005年版，第162—163页。

一项独立的权利，属于身份权中的成员权。①

王利民认为成员权属于合同上的权利，即成员权是一种"人法性"权利，但建筑物区分所有权并不是"人法性"权利与"物法性"权利的复合；成员权不是建筑物区分所有权中一项独立的权利，但它也不属于被纳入其中共有权范畴的传统物权内容。建筑物区分所有之成员权，并不属于物权的范畴，而是一种合同权利，在本质上归于合伙或合伙权利的一种，应当由合伙去调整或者说其规范属于合同法性质。但是，由于其与建筑物区分所有权之密切联系性，一般在建筑物区分所有权法中加以规定并为这一制度所探讨的理论内容之一。②

8. 建筑物区分所有中的共有权的性质

我国《物权法》第八章专门规定了共有的问题，共有的法定类型包括按份共有和共同共有。然而，建筑物区分所有权人对共有部分的共有权究竟属于何种共有，理论上素有争议，主要存在四种不同的学说：共同共有说、按份共有说、折衷说和新型共有说。

（1）共同共有说

此说认为建筑物区分所有权中的对共有部分的共有属于一种共同共有，日本学界持此通说，同时，我国台湾学者梅仲协认为："在数人区分一建筑物而各有其一部者，关于该建筑物及其附属物之共同部分，例如，正中宅门、共同之屋脊墙壁、公用之水井厕所等，推定为各所有人（建筑物之各分割人）之共同共有也。"③

傅鼎生指出，长期以来人们在认定共有关系性质时存在一种误区，即共同共有没有份额。一旦涉及份额，便将其认定为按份共有。其实，按份共有与共同共有的本质区别并不在于有无份额，而是能否转让份额。共同共有不同于按份共有的根本特征是共同共有关系是具有身份性质的财产关系。考虑到共同共有是一种团体的共有，则区分所有建筑物中的共有，应当属于共同共有。因为：第一，物业共有关系的建立基于共同的居住关系。在共同的居住关系中居住人对共有物的支配和管理受到了极大的限

---

① 李明发、朱庆：《建筑物区分所有人之成员权性质探究——兼论〈民法典〉中之相关制度安排》，《安徽农业大学学报》（社会科学版）2004 年第 1 期。
② 王利民：《物权本论》，法律出版社 2005 年版，第 211 页。
③ 梅仲协：《民法要义》，中国政法大学出版社 1998 年版，第 554—555 页。

制，这种限制来自团体的权威、团体的力量，以及团体成员之义务。第二，区分所有人虽对共有的物业拥有份额，按份享有权利，按份承担义务，但是，各共有人无权处分（包括转让、设定负担、放弃）自己的份额。共有人只有在转让自己专有部分的房屋产权时才能移转自己的共有权。转让自己专有部分的房屋产权意味着退出共同关系，已不属于团体成员。第三，区分所有人具有身份关系。这种身份上的联系是基于团体的建立，而团体的建立是基于共同居住和共同支配、管理物业的需要。一方面，数人居住在同一楼房的屋檐下形成了客观上的共同居住关系，各人的生活方式不同便形成了生活冲突，它需要团体的力量进行协调；另一方面，数人共有同一物业后，由于每个区分所有人对共有物的利用、维护、处置等想法上的差异，需要在尽可能体现所有人意志的前提下统一支配、统一管理共有物，只有运用团体的规则（如团体的议事规则、决策规则、执行规则、监督规则）才能形成充分民主下的高度集中和统一。①

杨立新认为，建筑物区分所有权中对共有部分的共有权，其性质为共同共有，且是不享有分割请求权的特殊共同共有，即互有。在区分所有权的建筑物中，对于共有部分的共有权的认识应当从共有部分的整体进行观察，而不应受其"份额"的限制。其他理论学说对建筑物区分所有权中所称的份额，实际上就是共同共有中的"潜在应有部分"，并不是按份共有中的份额。例如，对共有部分予以使用，其收益部分按照专有部分的份额进行分配，也不是一个按份共有的问题，而是类似于共同共有的合伙财产中的红利分配。按照红利分割的份额进行分配，并不能否认共同共有的性质。同样，区分所有建筑物共有部分的某些不同的使用和利益的不同分配，也都不影响共有部分建立的共有权的性质。因此，共有权是共同共有的一种特殊形态，是指在共同共有中共有人无分割公有物请求权的共有权。建筑物区分所有权中的共有部分，就是这种无分割请求权的权利。②

（2）按份共有说

按份共有说是我国台湾地区理论界的通说，为王泽鉴、郑玉波等学者所主张。此学说认为，因为专有部分和共有部分是连为一体的，共同使用部分的所有权，应随同各相关区分所有建筑物所有权之转移而转移，同

---

① 傅鼎生：《物权原理与物业管理》，《政治与法律》2004年第6期。
② 杨立新：《共有权理论与适用》，法律出版社2007年版，第189—190页。

时，共有的公共设施部分，系专有部分之从物，为抵押效力所及，所以区分所有人对共有部分享有的共有权为按份共有。①

韩松等认为，区分所有之共有，确定为按份共有为宜，因为其在本质上更接近于按份共有，理由如下：其一，各区分所有人对共有物享有明确的份额。作为从属于专有权的权利，即使是对楼梯、过道等完全无法分割行使权利之共有部分，各区分所有权人也因专有权占有比例的不同而享有不同的份额。其二，各区分所有人原则上按所享有的份额行使权利、承担义务。对共有物的管理原则上仍是以份额多数决为基础，并且所获得的收益也以份额为基础进行分配。另外，与此相对应，各区分所有权人也按照份额对共有物的维修、管理承担义务，表现为按照份额承担有关费用。其三，虽然各共有份额持份人不能要求按照份额进行分割，但可视为一种特殊的共有，一种"因物的使用目的不能分割之按份共有"。按份共有虽然一般可由任意共有人随时提出分割请求，但未尝不可以存在因物的使用目的不可分割之共有，而各权利人同意购买区分所有之建筑，可视为同意此种共有不可分割。其四，认为区分所有之共有为按份共有有利于共有物的管理和使用，有利于当事人理解。②

齐恩平认为，区分所有的共有所有权属于受一定限制之按份共有，理由如下：其一，总有说人为地割裂所有权的管理处分权能和收益权能，与近代所有权为完全支配者，于实质上完全异趣。其二，从按份共有与共同共有的差异性审视，区分所有权契合了按份共有的特征。首先，区分所有在共有关系存续期间有可量化的份额。各区分所有权人分摊共用部分的面积及相关费用的过程就是一个共有人对共用部分所享有份额的量化过程。其次，共同共有必须由当事人约定，而不得推定。除非法律将区分建筑物的共用部分的性质直接规定为共同共有或由全体区分所有权人共同约定为共同共有或全体区分所有权人具有家庭关系，否则对区分建筑物的共用部分的法律性质只能认定为按份共有。最后，就区分建筑物共用部分的共有权而言，尽管因共同生活的利益，区分所有权人对于区分所有建筑物的共

---

① 王泽鉴：《民法物权》（第 1 册），中国政法大学出版社 2001 年版，第 256—257 页。

② 韩松、姜战军、张翔：《物权法所有权编》，中国人民大学出版社 2007 年版，第 205—206 页。

用部分不得随意请求分割或处分，但这并不意味着区分所有权人丧失了处分其应有部分的自由，他们完全可通过处分其专有部分以实现其对共用部分的应有部分的出让，并随时脱离或终止共同关系。这正是"处分权受一定限制"含义之所在。这显然符合按份共有的特征。①

（3）折衷说

陈华彬认为，对于区分所有建筑物共用部分的性质，不能一概而论，而应分别依区分所有建筑物的不同类型而予确定，即区分所有建筑物共用部分的性质因区分所有建筑物的不同形态而有不同，或属共同共有，或属按份共有。区分所有建筑物于形态上可分为纵割式、横切式与混合式（左右纵割，上下横切）三类。在纵割式区分所有建筑物中，共用部分极为单纯，各区分所有权人的结合状态亦极为薄弱，各区分所有权人对于共用部分，按其应有部分不仅得自由使用、收益，而且得自由处分，因此，在纵割式区分所有建筑物的共用部分的所有关系，宜解为按份共有。但横切式和混合式区分所有建筑物的共用部分更为复杂，其所有权人相互间的结合状态较为密切，彼此间基于共同利益，形成共同关系。从而，各区分所有权人对于共用部分不得请求分割。并且，其对共用部分的使用、收益乃至处分，基于公共安全的考虑，须受到团体规约的拘束。因而，横切式与混合式区分所有建筑物共用部分的所有关系与纵割式不同，宜解为共同共有性质，当属正确。② 也有其他一些学者赞同这种主张。③

（4）新型共有说

在德国法中，住宅所有权并不是单一权利类型，而是一种复合性权利，包括：全体住户或者部分住户对他们共同支配的建筑整体或者部分、地基以及建筑物的附属设施所享有的按份共有权和特别所有权（单一住户对其特定支配空间的所有权）。关于特别所有权与单一住户对建筑物整体的按份共有权的关系，一般理解为特别所有权是上述按份共有

---

① 齐恩平：《建筑物区分所有之共有权论——以区分所有屋顶、外墙为中心》，《南开学报》（哲学社会科学版）2009年第6期。

② 陈华彬：《建筑物区分所有权研究》，法律出版社2007年版，第170—171页。

③ 艾尔肯、方博：《论建筑物区分所有权之共有权——透过〈物权法〉相关规定分析》，《湖北社会科学》2010年第1期。

权的附属物或者必要组成部分,其意思是强调单一住户的权利,但其必须服从建筑物整体的利益。正是基于这种特殊的共同关系,德国法把住宅所有权成为按份共有与共同共有之外的第三种共有。据此,孙宪忠主张,我国物权法关于公寓化住宅法律关系的规定,应当按照"第三种共有"的理论,将全体住户对建筑物整体的权利义务关系作出明确合理的规定。①

王利明认为,我国《物权法》第 93 条规定"共有包括按份共有和共同共有"。所谓"包括",即意味着共有并不限于这两种类型。建筑物区分所有中的共有权在性质上既不是按份共有,也不是共同共有,应当说是一种特殊的共有。首先,区分所有的共有权不同于共同共有。其理由是:一方面,与共同共有相比,其具有明确的份额划分,在没有约定或约定不明时,对小区物业相关费用要依据持有份分摊;另一方面,在区分所有人之间也没有共同共有关系赖以存在的共同关系。② 共有人居住在一起并非形成一种特殊的共同关系,共有财产也不是基于共同关系产生的,而是从专属所有权中派生出来的。由于不存在共同关系,任何一人的退出,不影响共有关系的存在,也不导致共有财产的分割。通常,任何单个的业主都不得请求分割共有财产。其次,区分所有权的共有权也不同于按份共有。表现在:区分所有人分别对自己的房屋享有所有权,对建筑物形成一种复合的权利结构,而不是按照份额对一个建筑物享有所有权。③ 另外,与按份共有相比,在区分所有的情况下,并没有形成应有份额。尽管对有关修缮的费用以及其他费用要按照一定的比例确定,但这和按份共有中的份额存在着本质区别。共有人不能单独转让、抛弃其持有份,也不能在该比例上单独设定负担。持有份依附于专属所有权,具有从属性。转让专属所有权,持有份也一并转让。此外,共有人不能请求分割共有财产,只享有共有财产的利益。持有份与管理权具有密切的关系,这也是不能单独转让持有份的另一个重要原因。所以,此种共有与按份共有

---

① 孙宪忠:《争议与思考——物权立法笔记》,中国人民大学出版社 2006 年版,第 598—599 页。

② 耿焰:《建筑物区分所有权与一般所有权之比较研究》,《青岛海洋大学学报》2006 年第 2 期。

③ 耿焰:《建筑物区分所有权与一般所有权之比较研究》,《青岛海洋大学学报》2006 年第 2 期。

也是不同的。①

艾尔肯和方博认为，区分共有与按份共有和共同共有既有相似的法律特性，又与两者有迥异之处，这是因为按份共有是按照一定份额对共有物享有权利并承担义务，因而具有"物法性"要素；而共同共有是基于共同关系对共同财产拥有所有权，因而具有"人法性"要素。但对于区分共有而言，区分共有人因利用建筑物的物理结构共同居住在一起而对建筑物的共有部分享有权利并承担义务，因而区分共有权所表现出的法律属性既具有"物法性"要素，又具有"人法性"要素，这种法律属性既不能被按份共有所容纳，也不能被共同共有所包容。为了充分发挥建筑物之共有部分的效用，实现住宅小区内良好的共有秩序，可以不必拘泥于现有的一般共有的法律概念，而认定其为一种新型的共有，以凸显其独特的法律属性。因此，将区分共有作为共有的一种新的类型，而将共有分为按份共有、共同共有、区分共有和准共有，更具有科学性。②

李国强认为，建筑物区分所有权其不同于以一定的信任关系为支撑的共同共有和按份共有，属于缺乏信任关系支撑的共有。在物权法的具体规则上，应该确认共有权仅为建筑物区分所有权的权能，而不是独立的权利，其不能归类为共同共有、按份共有的一种。但由于共同共有比按份共有需要更强的信任基础，因此，此处共有权的效力更接近按份共有。建筑物区分所有权中的共有权的特殊性还在于，其特定共有部分可以为特定业主设定共有部分专用权。即特定区分所有人对于区分所有物共有部分或其基地的特定部分依规约取得排他的使用收益权。③

9. 建筑物区分所有权的性质

关于建筑物区分所有权的性质，存在着不同的理论学说和立法例。目前，我国学者的观点大致分为复合所有权说、新类型独立所有权说、共有权说。

---

① 王利明：《物权法论》，中国政法大学出版社2008年版，第165—166页；王利明：《物权法研究》（上卷），中国人民大学出版社2007年版，第590页。

② 艾尔肯、方博：《论建筑物区分所有权之共有权——透过〈物权法〉相关规定分析》，《湖北社会科学》2010年第1期。

③ 李国强：《建筑物区分所有权内涵的重新解释和规则厘清——基于民法典物权编编纂的展开》，《河南社会科学》2018年第8期。

(1) 复合所有权说

在我国目前的理论研究中，对于建筑物区分所有权的性质的看法，基本上是认定为一种独立的所有权的形式，是一种复合所有，不是共有的一种类型。①"梁稿"认为，建筑物区分所有权，为近现代各国物权法上的一项重要的不动产权利，各国大多数以物权法（民法典之物权编）或采特别法方式设立明文规定。按照各国建筑物区分所有权法及其实务，建筑物区分所有权为一种复合型权利，主要包括专有部分所有权、共有部分所有权两个部分。梅夏英认为，应将建筑物区分所有权之性质理解为一种包括专有权、共用部分持份权及成员权的三位一体的复合性的不动产所有权。②侯水平和黄果天等学者的著作中认为建筑物区分所有是由整个建筑物的按份共有和共同共有部分的互有和专有使用部分的专有的复合构成，既不同于按份共有，又不同于共同共有，而是以专有所有权为基点发生的权利，是由多种权利构成的复合性的不动产权利。③

(2) 新类型独立所有权说

此说认为，建筑物区分所有权既不是一般所有权，也不是共有，而是现代民法中一种新型所有权类型。学者耿焰即为此说的支持者，其认为建筑物区分所有权不同于一般的所有权，其具有独特的性质和特点，表现为以下三方面：

其一，一般所有权是单独所有，不依赖于其他权利的存在而存在。建筑物区分所有权是单独所有与共有相结合，二者相互依赖，不可分离。其二，一般所有权具有完整的排他性和充分性，建筑物区分所有权的排他性和充分性则受到相当的限制。表现为：同一建筑物上可以设定两个或两个以上的所有权；建筑物区分所有权各项权能的行使比一般所有权受到更多的限制。其三，除个别情况（如没收）外，一般所有权基本上不具备强制性，建筑物区分所有权却表现出相当的强制性。④

杜福磊撰文将建筑物区分所有权界定为"由区分所有建筑物专有部

---

① 杨立新：《共有权理论与适用》，法律出版社2007年版，第168页。
② 梅夏英：《物权法·所有权》，中国法制出版社2005年版，第142页。
③ 侯水平、黄果天等：《物权法争点详析》，法律出版社2007年版，第246页。
④ 耿焰：《建筑物区分所有权与一般所有权之比较研究》，《青岛海洋大学学报》（社会科学版）2000年第2期。

分所有权和共用部分所有权以及基于相邻或共有关系而产生的权利与义务关系所共同构成的一种特殊所有权"。其所具有的法律特征：一是区分所有的权利主体既是专有部分所有权的主体，又是共用部分共有权的主体。相别于传统民法一物一权原则，即对同一财产客体要么成立单独所有权，要么成立共同所有权，二者不可兼而有之。二是区分所有的权利内容由区分所有人作为专有权人的权利义务关系、作为共有权人的权利义务关系、基于相邻或共有关系而产生的权利义务关系三部分构成，形成了比较复杂的法律关系体系。而传统所有权关系的内容比较单一。三是区分所有人享有的专有所有权具有主导性。取得了专有所有权也就同时取得了对共用部分的共有权，基于相邻或共有关系而产生的权利义务关系也随之而产生；丧失了专有所有权，其他也就随之丧失，建筑物区分所有权的内容具有不可分性。①

（3）共有权说

共有权说与专有权说相对，最早由法国学者提出，其以集团性、共同性为立论基点，将区分所有建筑物整体视为由全体区分所有权人所共有，究其实质，是从共有所有权的角度来理解和把握区分所有权。② 杨立新赞同共有权说，其认为，建筑物区分所有权是并不是一种纯粹的共有，不能完全适用共有权的基本原理。但这并不能否认建筑物区分所有权具有共有权的性质，它的性质是复合共有，由整个建筑物的共同共有、专有使用部分的专有构成，是既不同于按份共有，又不同于共同共有的第三种共有形态（也不同于准共有）。因此，应当对共有制度的结构进行重新构造，将其分成按份共有、共同共有和复合共有及准共有四部分构成。共有权与所有权并列，成为两种基本的所有权类型。其理由为：其一，建筑物区分所有权的客体是一个统一的独立的物，每个业主的权利都无法离开这个统一的独立物；其二，建筑物区分所有权是一个完整的权利，而不是几个权利的集合；其三，建筑物区分所有权具有不同的权利内容，普通的所有权无法包含；其四，建筑物区分所有权尽管具有某些共有的特征，但不是普通共有。③ 另外，也有学者尝试将建筑物区分所有权的"专有权、共有权和

---

① 杜福磊：《建筑物区分所有权探析》，《河南社会科学》2005 年第 1 期。
② 陈华彬：《物权法原理》，国家行政学院出版社 1998 年版，第 317 页。
③ 杨立新：《共有权理论与适用》，法律出版社 2007 年版，第 171—174 页。

成员权"这三项构成"同一地"解释为按份共有。①

10. 区分所有中业主委员会的法律地位问题

1991 年,中国内地第一个业主委员会在深圳出现,在之后二十年左右的时间内,关于业主委员会法律地位问题的讨论一直存在。② 简单来讲,业主委员会的法律地位问题包含业主委员会在实体上的法律地位和业主委员会在程序法上的法律地位。

(1) 业主委员会的实体法律地位

一般认为,业主委员会是业主大会的常设机构和执行机构,受业主大会委托来管理全体业主的共有财产或者共同事务,其本身不能独立于业主大会而存在。③ 我国《物业管理条例》第 15 条规定,业主委员会执行业主大会的决定事项,并具体规定了业主委员会的五项具体职责。这也在一定程度上表明了业主委员会作为业主大会的执业机构的法律地位,但这种法律地位的描述毕竟只是原则性的,因此,刘保玉和学者孙超专门对业主委员会的实体法地位进行了探讨,他们通过对现行法律体系中相关条文之文义与规范目的的解释,来界定业主委员会的法律地位,并为确立和完善业主团体的主体地位提供依据。他们认为,业主委员会不具有独立地位,只是业主团体的执行机构。这一解释结论不仅有法律上的依据,符合立法目的,并且能够更好地处理业主委员会与业主大会之间的关系。④ 梅夏英赞同上述观点,认为在理论上赋予整个业主团体法人资格才是未来立法努力的方向。⑤

然而,也有学者持不同观点。德国、法国、新加坡、美国、瑞士、我国香港特别行政区等绝大多数国家和地区,都赋予业主团体以民事主体资

---

① 唐勇:《论按份共有的三层次私法构造——兼评〈中华人民共和国物权法〉的按份共有规则体系》,《法商研究》2014 年第 5 期。

② 代艳丽、付立明:《业主委员会法律地位探析》,《求索》2013 年第 5 期。

③ 王利明:《物权法研究》(上卷),中国人民大学出版社 2007 年版,第 624 页;崔建远:《物权:规范与学说——以中国物权法的解释论为中心》(下册),清华大学出版社 2011 年版,第 438 页;高富平:《物权法专论》,北京大学出版社 2007 年版,第 395 页。

④ 刘保玉、孙超:《论业主委员会的法律地位——从实体法与程序法的双重视角》,《政治与法律》2009 年第 2 期。

⑤ 梅夏英:《民法典编纂中所有权规则的立法发展与完善》,《清华法学》2018 年第 2 期。

格，但《物权法》却回避了该问题。① 张新宝和学者汪榆森主张业主委员会应当取得非法人组织这一民事主体资格，理由在于：一方面，业主委员会存在着对外以自己的名义从事民事活动的现实需求，如代表业主与业主大会选聘的物业服务企业签订物业服务合同，应当赋予其民事主体地位；另一方面，业主委员会目前又无法取得法人资格。② 陈华彬同意业主委员会系业主大会的执行机构与常设机构，如经由业主大会的决议而由业主委员会临时收取修缮费用，③ 建议按照我国《民法总则》第 102 条的规定，将其明确为一种非法人组织，④ 并加强业主团体的独立性，否则行政管理将取代业主自治公约调整区分建筑物的管理纠纷，导致效率低下。⑤ 李国强为此设计了业主团体三权分立式的法人结构，即权力机关是业主大会，执行机关是业主委员会，监督机关现在是缺位的可以另外建立。⑥

（2）业主委员会的诉讼法律地位

关于业主委员会的诉讼地位的争议，理论界和实务界均存在争议。《审理建筑物区分所有权纠纷案件若干问题的解释（征求意见稿）》第 13 条规定，业主共同权益受到侵害、妨害或者可能受到妨害的，已经选举出业主委员会的，原告主体资格确定为业主委员会。然而，《审理建筑物区分所有权纠纷案件若干问题的解释》删除了直接赋予原告主体资格的相关表述。《最高人民法院关于审理物业服务纠纷案件具体应用法律若干问题的解释》虽然支持某些情况下业主委员会提起的诉讼，但是也没有明确地确认业主委员会的诉讼主体资格。有的学者对此一语见地，认为"业主委员会的诉讼主体问题，在《物权法》起草过程中就极具争议。2008 年的司法解释社会征求意见稿，曾力图突破《物权法》的立法局限，

---

① 尤佳：《业主共有权行使主体研究——一种团体主义视角下的法经济学分析进路》，《法商研究》2013 年第 2 期。
② 张新宝、汪榆森：《〈民法总则〉规定的"非法人组织"基本问题研讨》，《比较法研究》2018 年第 3 期。
③ 陈华彬：《区分所有建筑物修缮的法律问题》，《中国法学》2014 年第 4 期。
④ 陈华彬：《我国民法典物权编所有权规则立法研究》，《政治与法律》2018 年第 10 期。
⑤ 陈华彬：《业主大会法律制度探微》，《法学》2011 年第 3 期。
⑥ 李国强：《建筑物区分所有权内涵的重新解释和规则厘清——基于民法典物权编编纂的展开》，《河南社会科学》2018 年第 8 期。

将'两会'的诉讼主体地位予以确定,但随后的几个文稿包括今天我们看到的正式通过的解释文本与《物权法》一样,也不再涉及此问题。这意味着,在现实和文本之间,最高法院的司法解释最终还是采取了保守立场,选择了回避。但业主委员会能否作为诉讼主体,审判实务中却不容回避。从解释文本上看,解释者似乎也并不想否定业主委员会的主体地位,只是不作明确规定罢了"[1]。但改变现行立法在业主委员会主体资格问题上模棱两可态度的呼吁一直存在。[2]

崔建远从对《民事诉讼法》的解释出发,认为"业主委员会符合《民事诉讼法》第49条所规定的'其他组织'的条件,对房地产开发单位未向业主委员会移交住宅规划图等资料、为提供配套公用设施、公用设施专向费及物业管理用房、商业用房的,可以以自己的名义提起诉讼。所以业主委员会的原告主体资格被法律确认了,但法律上并未承认其被告主体资格"[3]。以上观点的法律依据是《最高人民法院关于金湖新村业主委员会是否具备民事诉讼主体资格请示一案的复函》。韩松等合著的教材用诉讼代表人制度解释业主委员会的诉讼主体资格,他们同意主张业主委员会可以作为民事诉讼法规定的"其他组织",以自己的名义参加诉讼的观点,但认为这种观点仍然未能认识业主委员会在团体管理中的地位,业主委员会即使以自己的名义进行民事行为,但其身份是代表人,其自身的组织性不是其可否以自己名义参加诉讼的根本因素。[4] 另外,他们也同时否定实践中业主委员会不能为被告的观点,认为"产生此认识之根本原因仍然是误解了业主委员会的地位,将业主委员会与其代表的利益最终归属主体——区分所有权人割裂来理解和适用法律。认为实践中否认业主委员会除物业管理外共同事务代表起诉和就共同事务代表应诉的做法均是过于机械或简单地,甚至是错误地理解了业主委员会的地位,是不妥当的"[5]。

---

[1] 陈华彬:《民法物权论》,中国法制出版社2010年版,第261页。

[2] 张良:《论我国物业服务法律制度的完善》,《中州学刊》2016年第9期。

[3] 崔建远:《物权:规范与学说——以中国物权法的解释论为中心》(下册),清华大学出版社2011年版,第439页。

[4] 韩松、姜战军、张翔:《物权法所有权编》,中国人民大学出版社2007年版,第243页。

[5] 韩松、姜战军、张翔:《物权法所有权编》,中国人民大学出版社2007年版,第243页。

屈茂辉从对《物权法》相关规定的解释出发，确认业主大会和业主委员会的诉讼主体资格，认为"《物权法》没有对业主大会和业主委员会的民事主体资格和诉讼主体资格问题作出明确规定。但《物权法》具体条文实际上肯定了业主大会和业主委员会的诉讼主体资格。《物权法》第78条规定'业主大会或者业主委员会作出的决定侵害业主合法权益的，受侵害的业主可以请求人民法院予以撤销'，此时业主大会或业主委员会就是作为被告参与诉讼。再如《物权法》第83条的规定，业主大会和业主委员会，对任意弃置垃圾、排放污染物或者噪声、违反规定饲养动物、违章搭建、侵占通道、拒付物业费等损害他人合法权益的行为，有权依照法律、法规以及管理规约，要求行为人停止侵害、消除危险、排除妨害、赔偿损失。如果业主大会和业主委员会不享有诉讼主体资格，不能提起诉讼，要求行为人停止侵害、消除危险、排除妨害、赔偿损失也就成为一句空话"[1]。陈华彬认为，从理论上赋予业主委员会完全的（原被告）诉讼主体资格是没有障碍的，可行的。事实上，"独立承担责任"并不是判断一个组织是否具有法律上诉讼主体资格的前提条件；另外，业主委员会背后真正的权利义务主体是全体业主，业主委员会对外行为的法律后果，理应由全体业主来承担。[2] 另外，业主大会不具有诉讼主体资格，是恰当的规定，应继续予以维持。但业主委员会作为原、被告的资格在我国近年来司法实践中已经成为既定事实，就应该明确认可业主委员会具有诉讼主体资格。[3] 李国强也持此种观点。[4]

然而，刘保玉和学者孙超认为直接赋予业主委员会原告主体资格的这种做法值得商榷，原因在于"由部分业主组成之业主委员会为何能以自己名义为全体业主主张权利，在诉讼法中只有两条解释路径：其一为诉讼代表人制度；其二为法定诉讼担当或曰诉讼信托理论。但在前者，业主委

---

[1] 屈茂辉主编：《物权法：原理精要与实务指南》，人民法院出版社2008年版，第305页。

[2] 揭明、唐先锋：《物业管理若干法律问题研究》，《政治与法律》2007年第1期。

[3] 陈华彬：《我国民法典物权编所有权规则立法研究》，《政治与法律》2018年第10期。

[4] 李国强：《建筑物区分所有权内涵的重新解释和规则厘清——基于民法典物权编编纂的展开》，《河南社会科学》2018年第8期。

员会与诉讼代表人显有较大差异,且其解释不了当部分业主不同意业主委员会作诉讼代表人时并不能共同参加诉讼或另行提起诉讼以求个案解决,而只能无奈接受法院的判决结果;在后者,是第三人以自己的名义代表他人的利益提起诉讼,判决效力及于权利主体的诉讼制度,用其解释业主委员会的适格当事人地位看似合理,但真正的理论障碍在于诉讼担当人(形式意义上的诉讼当事人)亦应以相应的诉讼权利能力与诉讼行为能力为前提和基础,而根据上述解释,业主委员会仅为业主团体之执行机关与代表机关,并不具备独立的民事权利能力与诉讼权利能力"[1]。

(三) 简要总结

在对《物权法》关于"业主的建筑物区分所有权"规定的解释路径上,陈华彬提出应结合学者建议稿中的"建筑物区分所有权"的规定进行比较分析。大多数学者认为我国《物权法》第 70 条对建筑物区分所有权定义所采取的理论学说为三元论,但诸多学者指出此"三元论"具有我国的特色,这是值得肯定的。

大部分学者认为,我国《物权法》及其他相关法律在房地关系上采用了房地分离主义的立法模式,符合我国的国情,有利于保护房屋和土地的不同方面、不同层次、不同主体的权利和利益,较为妥善地解决了房地产之间的关系问题。

关于建筑物区分所有权中的"业主"的界定,司法解释给予了明确的阐释,应该说理论争议不大。建筑物区分所有权虽然由专有权、共有权和成员权(管理权)构成,但是由于成员权多是一种"人法"上的要素,其并不涉及客体的问题,因此,建筑物区分所有权的客体由专有部分和共有部分共同构成。关于专有部分范围的界定,虽存在多种学说,但应以区分内部、外部关系的壁心和最后粉刷表层说之通说为允当。建筑物作为一个独立的、整体的物,上面存在着若干所有权,虽有人质疑其违背了"一物一权"主义的原则,但是大多数学者认为,可透过法技术之运作,借登记簿上所登记之笔数、位置、面积等完成不动产公示,表现出其独立的所有权性质。这是对物权法上"一物一权"主义的发展,并不违背一物一权、物权客体特定的宗旨。关于成员权的性质,主要存在物权下的权

---

[1] 刘保玉、孙超:《论业主委员会的法律地位——从实体法与程序法的双重视角》,《政治与法律》2009 年第 2 期。

利说、物权下的权能说两种学说,但也有学者主张其是一种隶属于身份权的一项独立的权利。目前多数学者认为其是一种独立的权利,而非仅为一种权能。关于建筑物区分共有权的性质,即其究竟属于何种共有,主要存在四种不同的学说且各有学者支持,相对而言,笔者认为新型共有说的理由更为中肯一些,在此问题上今后还有继续研究的必要。关于建筑物区分所有权的性质,我国学者的观点大致分为复合所有权说、新类型独立所有权说、共有权说,但是复合所有权说为更多的学者支持,似为主流之说。

关于业主委员会的实体法律地位问题,学术界和实务界大多否认它的独立性,认为其只是业主大会的执行主体。而关于业主委员会的程序法律地位,诉讼主体问题争议较大。大多数学者认为业主委员会具备原告主体资格,然而,业主委员会的被告主体资格争论的较多,但是对此持肯定态度的学者似乎占据多数。同时,也有的学者否认业主委员会的诉讼主体资格。目前,此问题学界仍旧没有达成一致意见,讨论也将继续下去。

总而言之,无论是在立法论上,还是在解释论上,建筑物区分所有权均是一个极其复杂的问题,从其概念、性质、客体范围,再到专有权、共有权和成员权的性质等各个问题,均值得在以后进行更加深入的探讨,以求得更多的共识。

第四节 相邻关系

一 立法论

(一) 主要争议问题

诚如学者所言,"及至人类文明,始标明界线,各据为私有,方出现土地所有权概念。土地虽可分割,所有权亦为神圣,但阳光、空气、流水,这些唯一的共同的自然因素仍无法分割,为各方利用土地,实现价值所必需;同时土地利用价值之实现尚需其他诸条件辅助配合,而且物之利用的影响也不仅及物之本身范围,必将涉及他人利益。诸如此类关系,均不为所有权划分而有所改变。土地上建筑物亦然。这样,调和相邻不动产之间关系的必要性油然而生。法律,特别是民法自然不能熟视无睹"[①]。

---

① 张鹏、曹诗权:《相邻关系的民法调整》,《法学研究》2000年第2期。

因此，相邻关系制度的意义十分重要。我国物权法需要对此加以规定。

关于相邻关系的主要争议问题，一是关于相邻关系的称谓，称为"相邻关系"抑或"邻地利用权""相邻权"；二是相邻关系的本质；三是相邻关系规范的性质是任意性规范还是强制性规范；四是相邻关系的立法模式，是放在所有权编中还是放在用益物权编中。

（二）各种观点

1. "相邻关系"抑或"相邻权""邻地利用权"

关于相邻关系的称谓，是称为"相邻关系"还是"相邻权"，多数学者认为二者可以通用，认为二者只是选取的角度不同，后者是从权利的角度观察的，民法作为权利之法，将其称为相邻权未尝不可，但是有学者指出，从两个概念的内涵上看，相邻关系作为一种法律关系，同时涵盖了权利和义务，似乎更符合现代所有权思想。因此在考察相邻关系制度时，不能只从相邻权角度关注不动产所有权人所享有的权利，而是应从相邻关系角度同时考察所有权人享有的权利和承担的义务。从这个意义上讲，相邻关系概念较之于相邻权概念更具有合理性。① 焦富民指出，相邻权只是相邻关系的调整方法之一。②

还有学者指出，"相邻权"的提法，本身就需要进行严格的界定，要说明"权"是指权能还是权利。即作为所有权限制的相邻"权"中的"权"，是指与占有、使用等并列的所有权权能，还是指与所有权、地上权等物权相并列的独立权利？如果将相邻权理解为所有权的权能，逻辑上不允许。相邻权的发生，在本质上是两项不同权利的效力冲突，因此逻辑上就必须有两项权利存在，缺一不可。那么其究竟是属于甲所有权的权能还是乙所有权之权能呢？这一点无法得到合理的解释。如果将相邻权理解为一项独立物权，体系上不允许。如果把相邻关系界定为一项独立的权利，即相邻权，那么该权利就必须纳入整个民事权利体系之中，就必须具备一项独立权利的基本要素和性征。但是相邻权并不具有支配性，而仅仅是一种权利冲突造成的特殊法律状态。舍相邻关系而界定为相邻权的原因，主要在于一种"权利

---

① 金启洲：《民法相邻关系制度》，法律出版社2009年版，第40页。
② 焦富民：《功能分析视角下相邻关系的公私法协调与现代发展》，《法学论坛》2013年第5期。

情结"的存在。①

梁慧星主持的《中国民法典草案建议稿》中，采用了"邻地利用权"的概念，其第470条规定"邻地使用权，是指土地所有人、基地使用权人或农地使用权人为使用其土地的方便与利益而利用他人土地的权利"。但是我们需要注意的是，在建议稿的说明中，此处的"邻地利用权"被明确地界定为独立的用益物权，其是作为用益物权的"地役权"的替代词语，而非本部分的"相邻关系"。之所以在建议稿中将"地役权"改称为"邻地使用权"，主要是考虑到邻地利用权与建议稿第三章规定的基地使用权和第四章规定的农地使用权相互匹配，并能够准确表述地役权概念的内涵和外延，为人民容易理解。②

2. 相邻关系的本质

关于相邻关系的本质，传统观点认为其是所有权的内在限制与扩张，其目的在于明晰权利的边界，处理权益的冲突，实现双方利益的平衡。③但是有学者对此提出质疑，认为传统的所有权扩张说存在两个不足：第一，将相邻关系统一界定为一种因不动产相邻而产生的不动产人的权利延伸，对邻人不动产享有支配、利用权，或不动产人的权利限制，不得行使原属己之权利，此与相邻关系调整事实不符。第二，将相邻关系权利义务模式定义为所有权的扩张与限制，在理论体系上难以自圆其说。因此认为相邻关系所有权扩张说现似乎为通论，但在实质上是不科学的，未能揭示相邻关系的本质，尚需我们进一步研究。④

还有学者认为所有权本身是不能限制的，所受到限制的只是所有权的内容或权能。另外，所有权的限制也会引起不必要的误解，因为所有权包含多种权能，所有权限制常常使人以为所有权权能都受到限制，但在相邻关系中，仅是一个使用权能的扩张，并不当然包含所有权的扩张，亦即使用权的扩张并不表示其余的收益、处分、占有与排除他人干涉的权能亦因

---

① 韩光明：《民法上相邻关系的界定——兼论法律概念的制作》，《北方法学》2008年第5期。

② 梁慧星等：《中国民法典草案建议稿附理由·物权编》，法律出版社2005年版，第275页。

③ 焦富民：《功能分析视角下相邻关系的公私法协调与现代发展》，《法学评论》2013年第5期。

④ 张鹏、曹诗权：《相邻关系的民法调整》，《法学研究》2000年第2期。

此而扩张;同理,排除他人干涉权能的限制亦不表示其余所有权的权能亦因此受到限制。① 因此,相邻关系的本质应理解为是所有权内容或权能的限制,而非所有权的限制。②

3. 相邻关系规范的性质是任意性规范还是强制性规范

相邻关系规范的性质是任意性规范还是强制性规范一直有争议。一种观点认为,相邻关系规范的性质是禁止性规范,该种观点认为,相邻关系的规定大都为禁止性规定,不允许当事人通过约定加以排除。如果相邻不动产的所有人和使用人之间特别约定不依民法关于相邻关系的规定行使权利履行义务,此种协议因违反了相邻关系的规定,应属无效。③ 另一种观点认为,相邻关系规范的性质是任意性规范。因为相邻关系内容多涉及私人利益,而私人利益可以由权利人放弃或改变。所以,相邻关系规范在性质上主要是任意性规范。④

王泽鉴认为,第一,民法关于相邻关系的规定旨在规范相邻土地所有人间利害冲突,虽涉及公益,多属间接,应容当事人私法自治的空间,自行调整其权利义务关系,较诸将其权利义务关系强行化,更能充分发挥土地的经济效用,以促进物尽其用的整体利益。第二,相邻关系的权利义务,基本上得依设定地役权而为规范,亦得依债权契约而为之。⑤ 王利明认为,相邻关系虽然是法定的,但不能完全排斥当事人的约定。在相邻关系中,还是存在当事人的意思自治空间的。比如在相邻关系中,尽管一方依法有义务为另一方提供便利,但另一方也可以抛弃或不行使该相邻关系的便利。⑥

4. 相邻关系的立法模式

相邻关系的立法模式是指将相邻关系放在自物权中还是他物权中,其

---

① 谢哲胜:《财产法专题研究》(二),转引自金启洲《民法相邻关系制度》,法律出版社 2009 年版,第 61—62 页。
② 金启洲:《民法相邻关系制度》,法律出版社 2009 年版,第 62 页。
③ 郑云瑞:《民法物权论》,北京大学出版社 2006 年版,第 162 页。
④ 王俊主编:《相邻关系纠纷案件审判要旨》,人民法院出版社 2005 年版,第 202 页。
⑤ 王泽鉴:《民法物权(一)通则·所有权》,中国政法大学出版社 2001 年版,第 210 页。
⑥ 王利明:《物权法研究》(上卷),中国人民大学出版社 2007 年版,第 667—668 页。

中涉及相邻关系与地役权的关系。相邻关系属于自物权还是他物权，学者历来有争议。在德国法系的民法典中，相邻权属于所有权制度的范畴，在性质上被认为是所有权内容的扩张与限制；但是在法国法系的民法典中，有关相邻权的内容属于他物权制度的范畴，在性质上作为一种地役权。

我国多数学者认为相邻权是属于所有权、自物权范畴。首先，它是从所有权或使用权延伸出来的，本质上是对上述权利的扩张；其次，相邻权的目的旨在更好地实现不动产的所有权或使用权，而不重在利用他人不动产；最后，这也符合国际上通常做法。在德国和我国台湾地区的有关规定中，相邻关系都是在不动产的所有权部分加以规定的。[1] 还有学者指出，从他物权产生的过程和目的看，他物权是基于所有人意思而产生的，是所有人实现所有权自由的一种重要方式，其目的不在于给所有权设定限制，而是实现所有权的内容。相邻关系或相邻权对所有权的限制是法律直接规定的，与所有人的意志无关，该限制自所有权产生之日起就与所有权相伴相随，相生相克，共同构成所有权内容。[2] 王利明主持拟定的民法典学者建议稿中亦认为，相邻关系的实质就是不动产权利内容的扩张和限制。这种限制是所有权内容限制的一种，是所有权社会化的具体体现。因此本建议稿均将相邻关系规定于所有权制度中，作为所有权的一项重要内容。[3]

关于民法典中相邻关系规则的制定，温世扬认为，《物权法》在"所有权"一章中专设一节对相邻关系予以规定，涵盖了相邻关系的主要内容，总体上值得肯定，但仍有完善的空间。其一，应结合实践需要，扩充相邻关系制度内容，比如"越界建筑"和"共同使用地界设施"；其二，现行规则涉及方面仍存在不够细致周密之处，如未规定相邻不动产权利人的容忍义务。此次《民法典》编纂，正是完善我国相邻制度具体规则之良机。[4] 屈茂辉和学者章小兵也主张扩充相邻关系的规范内容，认为目前物权法所规定的相邻关系典型类型过少，权利义务内容也完全不明晰，需

---

[1] 王利明主编：《物权法名家讲坛》，中国人民大学出版社2008年版，第199页。
[2] 金启洲：《民法相邻关系制度》，法律出版社2009年版，第57页。
[3] 王利明主编：《中国民法典学者建议稿及立法理由（物权编）》，法律出版社2005年版，第219页。
[4] 温世扬：《〈民法典〉应如何规定所有权——〈物权法〉"所有权"编之完善》，《法学评论》2018年第2期。

要对传统的相邻关系类型进行扩充规定，也应当果断增加包括不可称量物入侵纠纷、视觉入侵纠纷、住改商纠纷、车位相邻纠纷、眺望权纠纷等新的相邻关系内容。鉴于此，他们建议在物权法中规定合理的引致技术，通过特别法、司法解释等方式在具体规则层面上作出精细化规定，为当事人的行止规定明确的范围，以降低私人谈判的成本，为公权力裁决提供明晰的判决标准。① 陈华彬也赞同上述扩充观点，建议我国立法机关于编纂民法典物权编时，将此等新相邻关系的形态（内容）予以纳入，以利于实务中更加有效地加以应对及予以解决。②

然而，也有学者对上述立法结构安排建议提出了反对意见，认为相邻权与所有权存在较大差别，相邻权本质上是对所有权的扩张或限制，但如果按照所有权绝对性、排他性的属性，相邻权就无从谈起，在所有权的范围内，也根本无法解决相邻关系问题。因此，相邻权与所有权在理论和逻辑上存在冲突。他们主张相邻权并不依附于所有权或使用权，只能依附于一些天然的事实，如土地相邻、空气相邻、雨水相邻、日光相邻、资源相邻以及人要相邻而居。相邻权是一种独立的民事权利，不仅应该超越所有权的范畴，而且可以成为指导所有民事权利的基本原则。鉴于此，他们建议在我国未来民法典中关于相邻关系应作出更为妥善的规定，特别是《物权法》中的第 84 条、第 85 条应该加以一般化，并提高到物权法总则乃至民法总则中基本原则的地位。③

（三）简要总结

相对于物权法中的其他内容，我国学者对于相邻关系问题的讨论较少，从有关著述的数量和篇幅上均可以看出这一现象。对于相邻关系的本质，目前多数学者认为是所有权内容或利用权内容的法定限制与扩张，是所有权社会化的表现之一。对于相邻关系规范的性质是任意性规范还是强制性规范似不能一概而论。对于不涉及第三人利益或公共利益的，可以由当事人约定排除；但是在涉及公共利益以及如果排除就违犯其他法律、法

---

① 屈茂辉、章小兵：《我国相邻关系纠纷解决模式的变迁与发展》，《湖南社会科学》2015 年第 3 期。
② 陈华彬：《我国民法典物权编所有权规则立法研究》，《政治与法律》2018 年第 10 期。
③ 邱本、王岗：《再论相邻关系》，《当代法学》2015 年第 6 期。

规规定的情况下，不宜将之定性为任意性规范。

我国《民法通则》中将地役权与相邻关系混同，统归于相邻关系的规则调整；《物权法》中，则将地役权与相邻关系区别对待，在所有权篇中规定了相邻关系，在用益物权中规定了地役权。因而，我国《物权法》实际上采取的是德国法模式，即将相邻关系作为所有权内容的扩张与限制，以区别于地役权。这一模式的选择，应属允当。

二 解释论

（一）主要争议问题

在《物权法》"所有权编"中，一方面设立了相邻关系制度，另一方面通过引致规范扩张了相邻关系的法源。[①] 其主要功能，是平衡协调不动产相邻各方的利益关系，防止出现一方不当行使权利而损害邻人利益的现象，以实现相邻各方和谐相处、共同发展，并有利于物尽其用。但学界对于相邻关系的规范性质之讨论，并没有因为《物权法》的出台而停止；另外，我国《物权法》第90条虽然规定了不可量物侵权，但是对于不可量物侵害的属性及其救济方式学者之间亦有分歧。

（二）各种观点

1. 相邻关系规范的性质

物权法出台后，学者多从法条的角度解释相邻关系规范的性质。

孟强博士撰文指出，在《物权法》所有权编相邻关系一章的9个条文规定中，"不得"一词出现了3次；"应当"一词出现了8次，其中有7次是关于相邻关系中权利行使规则的规定；"可以"一词只出现了1次。从《物权法》的条文表述来看，相邻关系规则乃是典型的强行性规范，当事人并无自由协商的余地。但我们在阅读物权法文本时，不应完全限于字面用语的原初含义，而是应当具体分析这些用语在物权法体系中应有的作用和性质。孟强博士将《物权法》相邻关系规范中的"不得"的规范（集中在第89条至第91条）归纳为三类，认为其目的一是为了保障基本人权，二是便于与公法衔接。虽从字面意义上看，"应当"一词具有法律上强行性要求之义。然而，相邻关系中的权利行使，毕竟是民事主体的个人行为，属于私法上意思自治的范畴。因此该学者主张，即使双方当事人

---

① 蔡养军：《对我国相邻关系法的历史解读》，《北方法学》2013年第1期。

的约定改变了《物权法》相邻关系中以"应当"形式作出的规定，只要这种约定不违反公序良俗、诚实信用等民法的基本原则，那么这种约定在当事人之间就是有效的，法律应当尊重当事人的这种约定，只是这种双方当事人之间的内部约定并不能对抗第三人而已。①

蔡养军指出，《物权法》第七章（相邻关系）的条文都属于不完全法条，不能独立作为请求权基础。这些条文只是规定了不动产权利人的作为或者不作为义务，对于违反该种义务的法律效果，或者缺乏规定，或者规定不完全，需要求助于其他条文，在没有该种条文的情形，还要求助于"不成文的当然法理"。为补充相邻关系法的法律效果，应当借助《物权法》第三章（物权的保护）和《侵权责任法》的相关规定，《民法通则》的相关规定作为旧法、一般法不宜再作为请求权基础。②

2. 不可量物侵害的救济方式

现代相邻关系制度中，不可量物侵害制度处于重要地位，我国《物权法》第 90 条也对该制度予以确认。但该条规定中并未对于不可量物侵害的构成要件以及补偿标准等问题作出规定。而对不可量物侵害的属性认定的不同，必然会导致救济方式的不同。比如，如果认为不可量物侵害的是人格权，则受害方可以主张精神损害赔偿，如果认为不可量物侵害是属于相邻关系范畴或侵害财产案件，则受害方不可以主张精神损害赔偿。就不可量物侵害的属性及其救济方式学者之间意见颇有分歧。

持相邻关系说的学者认为，根据我国《物权法》的相关规定及其编排体系，关于不可量物的侵害属于相邻关系的体系范畴，因而其应适用相邻关系的规定。另外，基于不可量物的特殊性，也需要明确不可量物的侵害须同时具备若干特殊要件方能构成。③

持侵权请求权说的学者认为，相邻污染（"相邻不可量物侵害"）纠纷应直接依据侵权责任法解决，并不包含在相邻关系法的涵摄范围之内。至于具体承担何种民事责任，特别法的规定应当优先适用，特别法没有规

---

① 孟强：《论〈物权法〉中相邻关系规范的性质》，《社会科学研究》2008 年第 3 期。
② 蔡养军：《论相邻关系纠纷的法律适用》，《北方法学》2016 年第 2 期。
③ 王利明：《物权法研究》（上卷），中国人民大学出版社 2007 年版，第 663—665 页。

定的，则应适用《民法通则》的规定。《民法通则》以民事责任的法理来处理相邻关系纠纷，排斥了物权请求权的适用。①

持物权、请求权与侵权请求权结合说的学者认为，不可量物的侵害实际上侵犯了不动产相邻人的物权和其他绝对性权益，主张应通过明确规定不可量物的受害人同时享有对于不可量物排放人的物权请求权和侵权请求权的方式，对其予以完满的司法救济。②

持环境权、人格权与相邻权结合说的学者认为，由于不可量物所侵害的权利性质十分复杂、多样，因而单纯的法律救济方式并不能满足受害人的权利保护需求，需要采取多种有效的权利保护手段。在发生不可量物侵害的情况下，受害人可以直接基于环境权和人格权而提起保护请求权，在更为方便的情况下，也可以直接基于相邻权提出保护，以救济其权益的损害。③

持公私法的双重覆盖说的学者认为，针对不可量物侵害，国家除了在物权法中确立相应的救济规则外，也制定了大量的公法性规范。"这些公法规范同样适用于私人间的相邻关系，形成'公法上的相邻关系'。可见，此时的相邻关系各方处于公法与私法的双重规范之下，一旦违反法规将承担公法与私法的法律责任。"④

还有学者提出了综合说，认为前面几种学说是相互结合、相互依存的，应将各说结合起来，建立一种开放的不可量物侵害救济体系。即在一般情况下，不可量物侵害纠纷可以直接适用相邻关系规则得以解决；在不可量物的排放超过了相邻人的合理容忍限度而影响了其对不动产的占有和支配时，受害人可以基于其对标的物所享有的各种物权向相对人主张妨害防止和妨害排除等物权请求权；在噪声、臭气等不可量物的持续侵入侵扰了不动产相邻人的健康、休息、居家安宁时，受害人可以直接基于健康权等具体人格权乃至一般人格权的规定向相对人提出权利主张；在不可量物的侵入超过了适度性而对受害人的人身或者财产造成了严重的损害后果时，受害人可基于侵权法的规定向侵权人主张损害赔偿等侵权请求权；同

---

① 蔡养军：《论相邻关系纠纷的法律适用》，《北方法学》2016年第2期。
② 张平华：《不可量物侵害的私法救济》，《法学杂志》2006年第6期。
③ 傅穹、彭诚信：《物权法专题初论》，吉林大学出版社2001年版，第135页。
④ 金俭等：《中国不动产物权法》，法律出版社2008年版，第108页。

时由于不可量物的排放极易酿成环境公害事件，国家也制定了《环境保护法》《大气污染防治法》等一系列公法性的法律法规来调整有关的不可量物侵害问题。①

另有学者主张引入不可量物侵入之补偿请求权。其认为，尽管《物权法》在相邻关系一章以第90条的形式对不可量物侵入作出了规定，但该条款并未对受侵入者在何时有权禁止不可量物侵入、何时对此侵入负容忍义务以及在负容忍义务时是否有补偿请求权等问题作出任何规定，因此该条款充其量在性质上只是一个用处不大的引致性法律条款。且其认为不可量物侵入的救济制度按侵入程度可分为三个梯度：其一是不可量物侵入轻微损害，不得禁止之；其二是不可量物侵入较大损害，不得禁止之，可以寻求补偿救济；其三是不可量物侵入造成重大影响或重大损害，得禁止之，例外情况下不得禁止而寻求赔偿救济。其中，第三点内容属于侵权法视域下不可量物侵入之救济途径，而第二点内容则属于其所描述的侵权法视域下不可量物侵入之补偿请求权。以不可量物补偿的方式对受侵入者加以保护，使得对土地及不动产的使用限制扩大到对健康、精神的不可侵性、行为的自由及感情领域，更加体现"人本主义"的关怀。②

（三）简要总结

民法上的相邻关系问题可以说一直处在比较尴尬的地位，在所有的民法教科书上几乎都不会忽略这一制度内容，但又都语焉不详。③ 关于相邻关系规范的性质，笔者认为从解释论的角度比从立法论的角度讨论更有意义。从我国《物权法》的法条规定来看，虽然在表述上多采用强制性的规范术语，如应当、不得，但物权法毕竟是民法的部门法，在性质上属于私法，因此在不损及第三人利益和社会公共利益的情况下，应容许当事人作出另外约定，以体现私法自治的理念。

关于不可量物侵害的属性及其救济方式的各种学说观点，均具有合理性，只是角度或侧重点有所不同。不可量物侵害具有其特殊性和复杂性，

---

① 郑晓剑：《论建立开放的不可量物侵害救济体系》，《东方法学》2011年第3期。

② 石珍：《不可量物侵入之补偿请求权的法律构建——以相邻关系视域下〈物权法〉第90条的修正为视角》，《上海政法学院学报》（法治论丛）2012年第1期。

③ 韩光明：《民法上相邻关系的界定——兼论法律概念的制作》，《北方法学》2008年第5期。

其包含多种多样的侵害形式，侵害的利益也具有多元性。故而对我国《物权法》上规定的不可量物侵害制度，从解释论的角度看，受害人如何选择救济方式不应一概而论，而应根据所侵害利益的性质，以及侵害的程度大小、范围等因素确定救济方式，很难用一种救济方式就能完成对被侵害人的救济。《物权法》将不可量物侵害规定在相邻关系一章，这并不排除受害人采取物权请求权之外的方式予以救济。

第五节　共有

一　立法论

（一）主要争议问题

在古今中外的社会生活和法律制度中，共有都是一种常见的法律现象，我国《物权法》第 93 条规定："不动产或者动产可以由两个以上的单位、个人共有。共有包括按份共有和共同共有。"所谓共有，即共同所有，是指两个以上的权利主体对同一物共同享有所有权的法律状态。多个民事主体因财产的共有而发生的权利义务关系称为共有关系，这种共有关系包括内部关系与外部关系两个方面。共有关系内容包括物权法律关系与债权法律关系两个方面，本章主要关注物权法律关系。[①] 在共有关系中，共同享有所有权的数人称为共有人；共有的不动产或者动产称为共有物或共有财产。

在共有关系中，同一财产有多个共有人并不意味着每个共有人都享有一个独立的所有权，而是共有人联合行使或分享一个所有权，因此，共有没有违背所有权制度上的一物一权主义。

我国物权法虽然规定了共有这种形式，但是对于共有的类型、按份共有的性质、共同共有的性质、特殊的共有形态、关于共同共有人的优先购买权的存废以及民法典物权编共有章节的立法安排等问题，学者之间多有争议。

[①]　关于共有关系中的债权法律关系的分析，参见杨善长《共有法律关系的内外部效力研究——以〈物权法〉第 102 条的评析与完善为中心》，《河北法学》2014 年第 8 期；李中原《共有之债的理论解析——〈物权法〉第 102 条之反思》，《江苏社会科学》2019 年第 6 期。

（二）各种观点

1. 共有的类型

我国《物权法》第94条规定"按份共有人对共有的不动产或者动产按照其份额享有所有权"。第95条规定"共同共有人对共有的不动产或者动产共同享有所有权"。

一般认为，共有分为按份共有和共同共有两种类型，两者的核心区别在于：前者有份额的划分，后者不存在份额的划分。① 但也有学者指出，有无份额的划分并不是共同共有和按份共有之间的本质差异，其最根本的区别是所依归的基础关系不同，共同共有的基础是紧密的人身关系，按份共有的基础则为一般的合作关系。② 更有学者直接否定了共同共有存在的合理性，认为按份共有和共同共有的分类标准违反法律逻辑，不具有实益，所有的共有都是按份共有。③ 但不可否认，该观点虽具有新颖性，但尚非主流。

孙宪忠认为，我国除了按份共有和共同共有这两种已经被法律明确承认的共有类型以外，理论上还存在总有、合有和公有这三种类型。总有的基本特征是团体的成员身份相对确定但不固定，团体的成员因取得成员的身份而自然享有权利，因丧失成员的身份而自然丧失权利。虽然自然人加入某一个成员资格不固定的团体，对其他成员的现有财产权利必然有所损害，但是依总有的法理，其他成员却对新成员的加入没有否决的权利。在一些自然资源的取得方面，这种权利仍然有存在的必要。如日本、韩国的渔业法以及我国台湾地区的"渔业法"中规定的入渔权，就是这种权利。从法理上看，我国农村的集体组织，正是这种总有组织。合有，即两个以上的主体对财产虽然按照确定的份额享受权利，但是因共同目的的束缚，权利人对自己的份额不得随意处分和请求分割的共有。这种共有的典型为合伙财产以及数继承人共同继承但尚未进行分割的遗产。公有，即一个相对固定的社会中，全体民众对全部社会财产不分份额地拥有所有权的形

---

① 魏振瀛：《民法》，北京大学出版社、高等教育出版社2010年版，第274页。
② 张鹏：《论共同共有中共有份额优先购买权》，《学习与探索》2016年第5期。
③ 蔡镇疆：《论共有的法律构造》，《新疆大学学报》（哲学·人文社会科学版）2013年第5期。

式，由于现在我国是否还存在一个不确定其成员的民众团体共同劳动、共同分配的情形，尤其是在"全民所有制"这种被尊为最高公有制中是否存在原来设想的那种"共同占有、共同劳动、共同分配"的方式，不论在法理上还是在实践中均无法肯定。以上几种类型中，依据我国现在的法律文献，前四种类型依据法理可以成立，我国物权法应该予以承认，最后一种尚无法从物权法科学的角度予以认定。[①]

此外，学界还对建筑物区分所有权中的共有问题进行了广泛的探讨，多数认为其也属于按份共有和共同共有之外的另一特殊共有形态。有关讨论情况，已如前述。

2. 按份共有的性质

按份共有又称分别共有，是指数人按照确定的份额对同一物分享其所有权并分担义务的共有。其实质是将共有物的所有权进行抽象的量的分割，将一个所有权划分为几份，每个共有人各按其应有部分的份额享有所有权。按份共有主要基于当事人的意思和预先约定而发生，是共有的原始形态或通常形态，也是各国民法所普遍规定的共有制度。我国《民法通则》第78条第2款及《物权法》第94条对按份共有作出了定义性规定。

按份共有的性质如何，决定于对按份共有人之应有部分的性质之认识。对此问题，理论上存在着标的物分割主义和权利分割主义两类主张。其中标的物分割主义又有实在部分说与想象部分说两种主张，权利分割主义又分内容分属说、计算部分说和权利范围说三种学说：

（1）实在的部分说。该说认为，各共有人的应有部分确有实在的部分存在，各共有人实质上是就其实在的部分上分别享有所有权。这主要是罗马法学家所倡导的学说，因与所有权的性质不符，且与一物一权原则相悖，因此未得到各国立法的承认。

（2）想象的部分说。该说认为，分别共有是将共有物想象地分成几个部分，分别共有人就该想象的分割部分而于标的物上各自享有一个所有权。这种学说将共有人的权利设定在想象的部分上，不仅有违所有权的观念，而且各共有人既然有一个想象的所有权，则实在的所有权无从归属，故其不符合共有的性质。

[①] 孙宪忠：《我国物权法中所有权体系的应然结构》，《法商研究》2002年第5期。

（3）内容的分属说。该说认为，所有权有数种作用和权能，可以分别由各共有人享有。按份共有实际上就是各共有人分别享有所有权的不同作用而形成的。这种观点实质上是将按份共有视为所有权的质的分割，从而导致与"总有"相混淆。

（4）计算的部分说。该说认为，所有权有金钱计算的价格，按份共有就是分割共有物的价格而由各共有人按其价格比例分别享有。这种观点不能说明按份共有的本质，因为共有人共有的是物，而并非物的价格。

（5）权利的范围说。该说认为，一物由数人共同享有其所有权时，为避免权利行使的冲突而不得不确定一定的范围，将所有权从量上划分为数部分，以其各部分分属于各共有人，使各共有人在其范围内行使其权利，此范围便是个人的应有部分。[1]

以上诸说中的权利范围说，为多数民法学者所主张，并且为大多数国家的立法规定所采纳，因而成为关于按份共有性质的通说。根据我国《民法通则》和《物权法》的规定，按份共有就是各共有人按照各自的份额对共有物共同享有所有权，共有人的权利和义务的范围，取决于其应有份额的大小。可见我国立法上对于按份共有的性质，采纳的也是权利范围说。

3. 共同共有的性质

共同共有是指共有人基于一定原因而成立的共同关系，不分份额地共享一物所有权的共有。我国《物权法》第95条规定："共同共有人对共有的不动产或者动产共同享有所有权。"

关于共同共有的性质如何，学界有不同的见解，主要有三种观点：

（1）不分割的共同所有权说。该说认为，共同共有是无应有部分的共同所有权。即使是认为有应有部分，其也只是潜在地存在，只有在共同共有关系解散时，才能得以实现。

（2）社员权说。也称人身权说，该说认为，在共同共有关系中，各共有人都有其应有部分，但该应有部分并非物权法上的应有部分，而是人格法上的应有份额，具有人身权的性质，类似于社员权。也有学者称共同

---

[1] 郑玉波：《民法物权》，台湾：三民书局1995年版，第121页；钱明星：《物权法原理》，北京大学出版社1994年版，第244页；郭明瑞等：《民商法原理》（二），中国人民大学出版社1999年版，第138—139页。

共有的份额为"身份上的份额"①。

（3）结合的共有权说。该说认为，共同共有虽然也属于共有权，各共有人也都有其应有部分，但不得自由处分自己的应有部分，因此这种共有权与一般意义上的共有权并不完全相同。

以上各说，以何者为当，尚无定论，但以主张不分割的共同所有权说者居多。②

4. 关于特殊的共有形态

实践中存在一些特殊的共有形态，而其究竟属于共同共有还是按份共有，在理论上和立法上有不同的认识。

例如，对于合伙财产的性质，有的认为是按份共有，有的认为应是共同共有；③ 有的认为合伙财产为共同共有，其理由不在于各合伙人"共同投资、共同管理"，"于合伙存续期间不得处分其财产份额、不得请求分割"，而在于合伙人（共有人）之间具有共同关系。④ 但有的学者指出即使合伙财产属于共同共有，但各合伙人之间也存在潜在份额，而且该份额可以转让，只是需要保障其他合伙人的优先购买权。⑤ 有的认为应界定为按份共有，但同时承认其具有某些共同共有的特征（如原则上不得随意要求退伙、分割合伙财产）；⑥ 还有的认为全体合伙人对合伙财产共有的形态，因内部合伙协议的约定不同而有不同，可以是按份共有，也可以是共同共有。⑦ 在《物权法》的制定过程中，有学者主张共同共有包括夫妻共有、家庭共有、遗产分割前的共有三种类型，而合伙则应属于按份共有。理由是：首先，共同共有是不能划分份额的，而在合伙财产中，实际

---

① 戴永盛：《共有释论》，《法学》2013年第12期。
② 梁慧星、陈华彬：《物权法》，法律出版社2015年版，第254页；郭明瑞等：《民商法原理》，中国人民大学出版社1999年版，第149页。
③ 魏振瀛主编：《民法》，北京大学出版社、高等教育出版社2000年版，第254—255页。
④ 戴永盛：《共有释论》，《法学》2013年第12期。
⑤ 张鹏：《论共同共有中共有份额优先购买权》，《学习与探索》2016年第5期。
⑥ 最高人民法院物权法研究小组编：《中华人民共和国物权法条文理解与适用》，人民法院出版社2007年版，第298页。
⑦ 刘保玉主编：《中国民法原理与实务》，山东大学出版社1994年版，第288页。

是按投资比例划分份额。其次，按份共有是按照自己的份额享有共有财产的收益，而合伙人对收益的分配主要也是以投资比例确定的。法院的一些同志则认为，《德国民法典》和我国台湾地区"民法"中均规定合伙属于共同共有。合伙财产符合共同共有的特征。首先，是共同管理，个人不得处分；其次，在共有关系解除前，不得分割共有财产。① 另外，还有学者将合伙划分为事业性（常业）合伙与行为性（临时）合伙，② 并将行为性合伙中的共有认定为一种新的应与按份共有、共同共有并列的一般共有类型，可以称为合伙财产共有权。③

另如，在建筑物区分所有权中，由于共有部分不得单独分割、转让，且不发生其他人的优先购买权问题，因此业主对其共同占用的土地使用权以及建筑规划区内依法属于业主共有的道路、绿地、公共场所、公用设施等，究竟是按份共有还是共同共有，亦有不同的认识。④ 如前所述，对于建筑物区分所有权中的共有问题，多数认为其属于按份共有和共同共有之外的一种特殊共有形态。

再如，关于数继承人对于遗产的共有，我国学者基本上都认其为共同共有，客观上存在着共同关系。⑤ 但对于共同继承关系中遗产实际分割前的共有是否都属于共同共有，也有不同的认识，有学者认为应根据共同继承人是否作出了分割约定或者被继承人是否立有遗嘱而区别对待；⑥ 而"遗产分割前的共同共有"是否包括共同受遗赠或者继承人与受遗赠人皆

---

① 全国人民代表大会常务委员会法制工作委员会民法室编：《物权法立法背景与观点全集》，法律出版社2007年版，第437—438页。

② 其认为，事业性（常业）合伙是指基于较为稳定、长期的目的而成立的合伙；行为性（临时）合伙是指为了特定一次性的或者短暂的目的而成立的合伙，与事业性合伙的主要区别就是缺乏稳定性、长期性。范志勇：《民事共有体刍议：非法人团体民事主体地位研究》，《西南交通大学学报》（社会科学版）2013年第1期。

③ 蒋学跃：《法人制度法理研究》，法律出版社2007年版，第157、174、101页；范志勇：《民事共有体刍议：非法人团体民事主体地位研究》，《西南交通大学学报》（社会科学版）2013年第1期。

④ 最高人民法院物权法研究小组编：《中华人民共和国物权法条文理解与适用》，人民法院出版社2007年版，第298页。

⑤ 戴永盛：《共有释论》，《法学》2013年第12期。

⑥ 杨立新：《共有权研究》，高等教育出版社2003年版，第142页；刘保玉主编：《中国民法原理与实务》，山东大学出版社1994年版，第288页。

有的情况，则更值得推敲。另外，有的学者还指出，遗产实际分割前应当允许应继份的转让，且不仅仅可以转让给其他继承人，还可以转让给第三人，但其他继承人享有优先购买权。①

5. 共有章节的立法安排

我国《民法通则》通过一个条文（第78条）规定了共有制度，《物权法》将其扩充为一个章节（第八章），详细规定了共有的概念、形式和内容，共有物的管理、处分和分割规则，以及优先购买权等方面的内容。在《民法总则》颁行后，民法典分则各编的编纂工作也提上了重要的议事日程，民法典物权编在现行《物权法》的基础上，坚持"小修小补"模式。②《民法典（草案）》（2019年12月16日稿）贯彻了上述原则，除了增加了一个条文完善了按份共有人优先购买权规则，其他部分基本照搬了我国《物权法》"共有"章的规定。但这并非完全反映了学界的呼声，一些学者认为《物权法》"共有"章节并非完美，有必要对其予以完善。比如，有观点认为《物权法》对份额和共有之债的规定多有不足；③有观点认为《物权法》关于共有物的处分规则还需要完善；④有观点认为司法实践证明《物权法》关于共有物分割的规定存在法律漏洞。⑤

戴孟勇也曾指出，我国《物权法》"共有"一章有不少条文存在值得商讨和需要改进之处，在设计未来我国民法典物权编中的共有制度时，应以其为基础进行适当的体系调整和增删修改，不宜全盘照搬。⑥其建议，在体系位置方面，应将"共有"章置于"所有权的一般规定"和"相邻关系"两章之后，"建筑物区分所有权"章之前。在内容编排上，应将按份共有与共同共有分别加以规定。就具体制度设计来说，应当增设按份共有人对共有物的使用收益权、共有物管理合同对第三人的效力等制度，删

---

① 张鹏：《论共同共有中共有份额优先购买权》，《学习与探索》2016年第5期。
② 王利明：《我国民法典物权编的修改与完善》，《清华法学》2018年第2期。
③ 唐勇：《论按份共有的三层次私法构造——兼评〈中华人民共和国物权法〉的按份共有规则体系》，《法商研究》2014年第5期。
④ 赵秀梅：《共有物处分问题研究》，《法学论坛》2013年第6期。
⑤ 杨旭：《论共有物分割请求权的限制——"刘柯妤诉刘茂勇、周忠容共有房屋分割案"评释》，《政治与法律》2017年第4期。
⑥ 戴孟勇：《物权法共有制度的反思与重构——关于我国〈物权法〉"共有"章的修改建议》，《政治与法律》2017年第4期。

除我国《物权法》第 93 条和第 103 条的规定，完善共同共有的定义等规则。①

（三）简要总结

关于按份共有的性质，权利范围说为多数学者所认可；而对于共同共有的性质，笔者认为，共同共有的成立，以共有人之间存在某种特殊的共同关系为前提，各共有人之间的共有，应是一种没有应有份额的共有，只有在共同关系结束时，各共有人之间才能进行财产分割，才能就财产享有确定的份额。因此，对其性质采不分割的共有所有权说较为合理。

对于几种特殊的共有形态的归类和性质等问题，之所以会有不同的认识，笔者认为一方面是由于现实生活的复杂性，另一方面是由于按份共有与共同共有的类别划分的局限性。例如，在实践中，我们不能排除一方面共有人之间存在着人合性的共同关系，另一方面其又约定有各自份额的情况；也不能排除共有人之间并无明确的份额划分（甚或还约定限制共有物的分割、转让），但当事人之间欠缺亲属等特定身份关系的情况。而对于共同共有的认定，其中的"共同关系"与"不分份额"这两个主要特征是否须同时具备，学界本身即有不同的认识；而合伙关系、建筑物区分所有关系乃至共同受遗赠关系，是否亦可认为属于"人合性的共同关系"，其本身即有疑问。最高人民法院《贯彻执行民法通则的意见》第 88 条中曾对共同共有做了较为宽泛的界定，而《物权法》第 103 条则做了较为严格的推定规则的限制。② 我们倾向于认为，虽有特定的人合性共同关系（如婚姻、家庭）之基础，但当事人明确约定了各共有人的应有份额的，应适用按份共有的规则，即共有人随时可以要求分出、转让其应有份额，其他共有人也有优先购买权当事人另有约定的，依其约定；依我国《物权法》第 103 条规定的精神，共有人虽无应有份额的约定（或者约定为等额、推定为等额），但欠缺婚姻、家庭（包括收养）等紧密的共

---

① 戴孟勇：《物权法共有制度的反思与重构——关于我国〈物权法〉"共有"章的修改建议》，《政治与法律》2017 年第 4 期。

② 不过，依该条文句表述，是否存在"约定的共同共有"之情况及其所指为何，以及"家庭关系"中的"等"应如何解释，仍有疑问。参见胡康生主编《中华人民共和国物权法释义》，法律出版社 2007 年版，第 234 页；最高人民法院物权法研究小组编《中华人民共和国物权法条文理解与适用》，人民法院出版社 2007 年版，第 297、323 页。

同关系的，亦应以推定为按份共有为原则。这样处理，便于对共有进行归类并适用不同的规则，也有利于明确共有人之间的应有份额及其对内对外的权利义务关系，减少矛盾纠纷。

二 解释论

（一）主要争议问题

我国《物权法》第101条基本沿袭了《民法通则》第78条的规定，肯定了按份共有人的优先购买权，但是关于按份共有人的优先购买权的性质、优先购买权能否适用于无偿的转让、按份共有人优先购买权能否适用于共有物转让等问题，学者之间存有分歧。

此外，最高人民法院《贯彻执行民法通则的意见》第92条中关于特定情形下原共同共有人的优先购买权规定的存废，也有不同认识。

（二）各种观点

1. 关于按份共有人的优先购买权的性质

我国《民法通则》第78条第3款及《物权法》第101条规定了按份共有人的优先购买权。依据权威解说，其立法目的是限制共有人人数的增加，简化共有关系，防止因外人的介入而使共有人内部关系趋于复杂，从而简化甚至消除共有物的共有使用关系，实现对共有物利用上的效率。[1] 但关于按份共有人的优先购买权的性质问题，学界的认识并不一致，具体有如下几种观点：

其一，"期待权说"。认为按份共有人优先购买权是一种建立在基础法律关系（共有关系）之上的权利，在出卖人将标的出卖给第三人之前，该权利仅具备部分要件而应受法律保护；当出卖人将标的出卖给第三人时，权利人才获得完整的优先购买的权利。[2]

其二，"缔约请求权说"。认为当出卖人将标的物出卖给第三人时，优先购买权人便享有一项请求缔结买卖合同的权利，出卖人则有强制承诺的义务。[3]

---

[1] 胡康生主编：《中华人民共和国物权法释义》，法律出版社2007年版，第231页。
[2] 王利明：《物权法研究》，中国人民大学出版社2002年版，第350页。
[3] 冉克平：《论强制缔约制度》，《政治与法律》2009年第11期。

其三,"独立的物权类型说"。认为优先购买权具有排斥他人的效力,故为物权,具有物权的对世性效力。① 但该优先购买权既非用益物权,又非担保物权,而是属于形成权的物权取得权。② 但也有学者明确指出将优先购买权定性为独立的物权类型,实属不当。理由是:优先购买权不符合物权为支配权的根本属性,其自身对权利人而言也不具有实质性利益,仅凭该权利的行使并不能直接取得物权,而只有在履行了交付或登记之后,才能发生物权变动的结果。③

其四,"附条件的形成权说"。此观点除了认为优先购买权为形成权之外,还进一步认为出卖人将标的物出卖给第三人是其停止条件,所以是附条件的形成权,这是我国学者的主流观点。④ 而按照我国《物权法》第101条规定之文义解释,其条件似应包括"共有人转让共有份额"与"同等条件"。

其五,"形成权说"。该观点认为优先购买权人是一种形成权,按份共有人主张优先购买权的,在该按份共有人与出卖人之间即按照出卖人与第三人之间的交易条件成立买卖合同。该买卖合同并不影响出卖人与第三人之间的买卖合同。⑤ 还有学者进一步指出,根据"形成权说",权利的前提条件不同于权利所附的停止条件,在按份共有人之一向第三人出卖其财产份额之前,由于权利的前提条件并不满足,这种按份共有人优先购买权便无从产生,因此它更无理由作为一种"附条件的形成权"而存在。仅在按份共有人之一向第三人出卖其财产份额时,其他共有人的优先购买权由于其前提条件的满足而得以产生,而此种优先购买权根据其权利的作用属于形成权,须遵循形成权的行使、行使的效力和相对人保护等一般规则。由于权利的性质与其前提条件或发生原因,属于在不同层次考虑的问题,对权利性质的界定不应牵涉其前提条件或发生原因。⑥

---

① 刘道远、徐蓓:《按份共有人优先购买权规则的适用——基于规则内在统一性的分析》,《社会科学家》2016年第7期。
② 孙宪忠:《德国当代物权法》,法律出版社1997年版,第169页。
③ 崔建远:《论共有人的优先购买权》,《河北法学》2009年第5期。
④ 郑永宽:《论按份共有人优先购买权的法律属性》,《法律科学》2008年第2期。
⑤ 江平主编:《中国物权法教程》,知识产权出版社2007年版,第224页。
⑥ 黄文煌:《按份共有人优先购买权制度之适用——〈物权法〉第101条的解释与完善》,《法律科学》2010年第6期。

2. 按份共有人优先购买权能否适用于共有物转让

关于按份共有人的优先购买权的客体，理论上也存在争议。

一种主张认为，共有人优先购买权行使的对象只能是其他按份共有人欲出让的其在共有财产中的"份额"，而非共有财产。共有财产的份额是抽象的而非具体的财产，因此只有在共有人出让其共有财产份额时，才存在所谓的优先购买权的问题，这是按份共有人优先购买权和其他优先权的主要区别。[1] 根据这种主张，如果共有人只是出卖其共有的财产，但是不出卖其份额，其他按份共有人就不享有优先购买权。理由是：于此情形，共有物的出卖显然系由全体共有人合意而作出，既然各共有人均已作出出卖共有物的意思表示，则不得出尔反尔而再为撤回其表示。[2] 这种情形下就按照《物权法》第97条的规定处理。

另有人认为，法律既然允许部分共有人径行出卖共有物，出于适当平衡当事人利益的考虑，理应使其他共有人享有优先购买权，并进一步认为部分共有人出卖共有物的整体，其实质是出卖自己应有的部分以及他人的部分，因此其他共有人应享有优先购买权。[3] 另外，还有人指出，《关于审理城镇房屋租赁合同纠纷案件具体应用法律若干问题的解释》（法释〔2009〕11号）第24条第1项所确立的就是"共有物转让时（按份）共有人优先购买权制度"，而且我国台湾地区也具有相关立法例。[4]

有学者认为，出卖财产份额不等于出卖共有财产，《物权法》第101条只明确规定在出卖共有财产份额时才产生共有人的优先购买权，因此应当遵循这一规定。这一认识也为国外权威民法理论和重要的司法判决所强调和确认。其重要原因在于共有财产的出让在法律性质上不同于财产份额的出让，出让共有财产后，按份共有人可以就出让所得金钱或财产，按各自份额进行分割或共有，并不会影响到按份共有人的共有权。然而，这一认识并非没有例外，在某些特定情况下，向第三人转让共有财产会不

---

[1] 郑永宽：《论按份共有人优先购买权的法律属性》，《法律科学》2008年第2期。

[2] 戴永盛：《共有释论》，《法学》2013年第12期。

[3] 王泽鉴：《民法学说与判例研究》（3），中国政法大学出版社1998年版，第348页。

[4] 张鹏：《共有人优先购买权和房屋承租人优先购买权竞合之证伪——兼评〈房屋租赁司法解释〉第24条第1项的理解和适用》，《法学》2014年第12期。

可避免地影响不同意出让的按份共有人的共有权的行使。①

房绍坤则从解释论和立法论的角度分别予以评析。从解释论上说，按份共有人优先购买权是《物权法》第101条所规定的一种权利，属于法定权利的范畴。既然是法定权利，就应当按照法律的规定认定这种权利的行使条件，而不能作扩张解释。就是说，只有在按份共有人转让共有份额时，才能存在按份共有人优先购买权；若按份共有人转让共有物的，则不发生按份共有人的优先购买权。但按解释论分析所得出的结论是否妥当，则值得讨论。《物权法》第97条规定确实有利于提高共有物的利用效率，但也存在不利于不同意处分共有物的按份共有人利益的缺陷。因此，房绍坤认为从立法论上说，我国在制定民法典或修订物权法，或者在出台司法解释时，应当明确在依多数决原则转让共有物时，不同意转让的按份共有人享有优先购买权。②

3. 优先购买权能否适用于无偿的转让

从理论上说，转让包括无偿转让和有偿转让。优先购买权能否适用于无偿的转让，值得探讨。

有学者在分析了国外立法例之后，认为在无偿转让中不适用优先购买权，是大陆法系国家民法典的通例，而作如此限制的原因主要有二：一是因为无偿转让（如赠与）通常发生在具有人身信赖或特殊利益的当事人之间，受让人的身份是特定的，从而排斥其他人基于优先购买权而成为受让人；二是因为在无偿转让的情形下价格的缺乏将导致同等条件的阙如，转让的无偿性背离了行使优先购买权的有偿性，进而使优先购买权在事实上成为不可能。因此，我国《物权法》第101条前段使用的"转让"一词的文义过于宽泛，在民法解释学上应对其作限缩解释。③ 还有学者指出《物权法司法解释（一）》第9条的规定实际上也是秉承了上述意旨。④

---

① 张礼洪：《按份共有人优先购买权之实现——〈物权法〉第101条的法解释和适用》，《法学》2009年第5期。

② 房绍坤：《论按份共有人优先购买权的适用范围》，《山东社会科学》2012年第5期。

③ 黄文煌：《按份共有人优先购买权制度之适用——〈物权法〉第101条的解释与完善》，《法律科学》2010年第6期。

④ 刘道远、徐蓓：《按份共有人优先购买权规则的适用——基于规则内在统一性的分析》，《社会科学家》2016年第7期。

房绍坤认为,这里的"转让"应包括有偿转让和无偿转让,但共有份额的赠与并不能产生按份共有人优先购买权,其主要理由在于:一方面,从理论上说,按份共有人将其共有份额赠与他人的,因为不存在交易价格,故无法形成"同等条件"这一优先购买权的行使条件;另一方面,从立法例上说,多数国家的民法都规定,优先购买权只适用于有偿转让,且大都仅适用于买卖。但是房绍坤也注意到,在按份共有人将自己的共有份额赠与他人时,其他共有人若不能行使优先购买权可能会破坏共有人之间的主体结合关系或者人格信赖关系,容易引起权利人之间的纷争。为此,房绍坤提出两种选择方案,其一,其他共有人有权要求赠与人将其共有份额分出。其二,其他共有人有权请求分割共有物。①

4.《贯彻执行民法通则的意见》中关于原共同共有人的优先购买权规定的存废

我国《物权法》中仅对按份共有中共有人份额的转让及其他共有人的优先购买权做了规定,而未规定共同共有中有无类似情形及其处理规则。最高人民法院《贯彻执行民法通则的意见》第92条规定:"共同共有财产分割后,一个或者数个原共有人出卖自己分得的财产时,如果出卖的财产与其他原共有人分得的财产属于一个整体或者配套使用,其他原共有人主张优先购买权的,应当予以支持。"有学者认为,此规定与《物权法》有关规定的精神和共有的规则并不抵触,可以继续适用。② 但也有学者认为,关于原共同共有人优先购买权的此司法解释规定,既缺乏正当的社会政策目标,也不是实现其立法目标的最佳手段,在实务操作中易因缺乏明确的判断标准而被滥用,进而产生损害出卖人利益的恶果。虽然《物权法》没有延用这一制度,但因该第92条尚未像第118条那样被最高人民法院明文废止,故在审判实践中难免有法院继续援用该规定判案。从立法论的角度说,将来的相关立法或司法解释应明确废止此规定。③

---

① 房绍坤:《论按份共有人优先购买权的适用范围》,《山东社会科学》2012年第5期。
② 刘保玉:《物权法学》,中国法制出版社2007年版,第205页。
③ 戴孟勇:《原共同共有人优先购买权的解释适用及其存废》,《政治与法律》2012年第3期。

(三) 简要总结

关于按份共有人的优先购买权的性质，笔者认为，由于共有人的这种优先购买权唯在某一共有人以转让的方式处分其份额时方才发生，而且需出于同等条件，故可认为其属于期待权；其本质上并非对物或共有物的份额的支配权，故以认定其性质上为债权较为妥当，但又由于该购买权系基于共有关系而发生，相较于共有人之外其他人（包括共有物的承租人）具有优先性，故其也具有物权的某些特质。因此，可以认为共有人的优先购买权为物权化的债权之期待权。[①] 但该期待权得因共有协议的相反约定而被排除，亦不能对抗善意的其他购买人，故其物权性具有相当的局限性。[②] 优先购买权能否适用于无偿的转让，我们亦倾向于多数学者的认识，即优先购买权限于在共有人有偿转让其份额时方得行使，否则其就不能称为优先"购买权"，而成了优先"取得权"了。关于按份共有人优先购买权能否适用于共有物转让，《物权法》第101条和第98条的规定确实存在解释上的困惑。房绍坤关于从立法论和解释论分别解释的角度有一定可取性，但其仅赋予不同意转让共有物的共有人以优先购买权的主张，似亦有不足，因为同意转让共有物的人可能同时也主张优先购买权，而法律上也不宜根据其"同意转让"即当然推定其放弃了优先购买权。笔者倾向于认为，应区分按份共有物是可分物还是不可分物而分别对待。属于可分物，方存在分割、转让"物"本身的问题，应适用第98条的规定；如属于不可分物或分割后对其他共有人的利益有影响，才属于分割、转让"共有份额"的问题，此时应适用第101条的规定。

至于《贯彻执行民法通则的意见》第92条关于特定情形下共同共有人主张优先购买权的规定，我们仍倾向于认为其与《物权法》有关规定的精神和共有的规则并不抵触，可以继续适用；尤其是在当事人有约定的情况下，更应尊重该约定。

[①] 最高人民法院物权法研究小组编：《中华人民共和国物权法条文理解与适用》，人民法院出版社2007年版，第316页。

[②] 胡康生主编：《中华人民共和国物权法释义》，法律出版社2007年版，第231页。

第六节 善意取得

一 立法论

（一）主要争议问题

善意取得又称即时取得，是指无处分权人将其占有动产或登记在其名下的不动产转让给第三人，若第三人在交易时出于善意即可取得该财产的所有权，原所有权人不得追索的法律制度。一般认为，善意取得起源于日耳曼法"以手护手"制度，近代以来各国法律均承认动产的善意取得制度。

在我国物权法制定过程中，关于此项制度的主要争议问题包括：善意取得的理论基础为何；善意取得中的"善意"如何理解；不动产能否适用善意取得；占有脱离物是否适用取得；善意取得的条件中是否要求交易行为（转让合同）有效。

（二）各种观点

1. 关于善意取得的理论基础

关于善意取得制度的根据或理论基础，有取得时效说与非时效说两类。非时效说又有权利外像说、法律赋权说、占有效力说、法律特别规定说等不同的主张。各种学说中，以法律特别规定说为通说。[1] 该说认为善意取得制度是一种由法律直接规定的特别制度。根据该说，善意取得不是继受取得，而是一种原始取得。我国多数学者认为，善意取得制度是国家立法为了保护交易安全而对原权利人和受让人之间的权利所作的一种强制性的物权配置，受让人取得财产所有权是基于物权法的直接规定而不是基于法律行为，因而具有确定性和终局性。[2]

此外还有权利外观引致（Veranlassung）说。该说认为，要对善意取

---

[1] 杨与龄：《民法物权》，台湾：五南图书出版公司1985年版，第88页；梁慧星、陈华彬：《物权法》，法律出版社2007年版，第216页；郭明瑞等：《民商法原理》（二），中国人民大学出版社1999年版，第116页。

[2] 中国物权法研究课题组（负责人：梁慧星）：《中国物权法草案建议稿：条文、说明、理由及参考法例》，社会科学文献出版社2000年版，第223页；最高人民法院物权法研究小组编：《中华人民共和国物权法条文理解与适用》，人民法院出版社2007年版，第329页。

得的法理基础作出合理的说明，不能仅从受让人方面出发，而是必须同时考虑所有权人方面的因素，而权利外观说没有对所有权人失权的正当性作出全面的说明。出于这一考虑，德国学者在权利外观说的基础上发展出了权利外观引致说，指出：善意取得的基础在于所有权人自愿将占有托付他人的行为给第三人创造了一个可使之产生信赖的权利表象。因此，只有在出让人的占有外观是由所有权人的自愿行为所引致时，才适用善意取得，反之则否。①

受德国法系的影响，我国多数学者认为占有公信力是善意取得的法理基础。但也有学者对此提出了尖锐的质疑。质疑者指出，认为占有公信力为善意取得的法理基础，实际上存在一个"经验—占有是动产物权公示方法（非法律规定的结果）—占有推定力—对善意信赖占有者的保护即占有公信力"的逻辑链条。但支撑占有公信力说的逻辑链条不仅在整体上不符合民法体系逻辑，而且在实践中也会遭遇许多困难。首先，占有推定力规则并不以保护善意第三人的信赖为目的。其次，将占有视为静态的动产物权公示方法不合公示法理。再次，占有与所有权的分离是常态的生活经验。在今天，"占有与所有不一致"和"占有与所有相一致"一样，都是人们所习见的生活常态。在此背景之下，占有人就是所有权人这一经验已经变得不再可靠，单纯从某人占有某物就判断该人是该物的所有权人也往往有违常识和经验。最后，以占有作为权利外观有违"所有权与占有毫无相同之处"之法理。② 因此，该学者认为，赋予占有以公信力并以之作为善意取得的法理基础是不能成立的，善意取得等于善意加交付公示力。

2. 关于善意取得中的"善意"

（1）关于善意的内涵

我国学者多主张将无重大过失纳入善意概念之中，认为善意取得中的"善意"是指受让人不知道出让人无处分权且无重大过失。不过，但亦有人主张应将善意与有无过失问题分开。善意的认定系对事实状态的认定，主要涉及证据判断，在无证据证明第三人知道真实物权信息时，即可认为

---

① [德] 鲍尔·施蒂尔纳：《德国物权法》（下册），申卫星、王洪亮译，法律出版社 2006 年版，第 398 页。

② 汪志刚：《动产善意取得的法理基础》，《法学研究》2009 年第 3 期。

系善意；而有无过失的认定，则需要运用理性之人标准，综合考虑交易的整个背景。善意与否，涉及有无信赖的问题，而有无过失，涉及的是信赖的合理性问题；首先须确定前者，然后才可能去判断后者。①

（2）关于善意的认定标准

关于善意的认定标准，理论上有积极观念说与消极观念说两种不同主张：前者认为，受让人须具有将让与人视为所有人之观念始为善意；后者认为受让人不知或不应知让与人无处分权即为善意。后说为通说并为多数立法例所采用。在此消极观念下，学说与立法例上又有不同的标准：其一，认为"不知让与人无处分权"或者"不知真情"，即为善意。此说过于宽泛，极易为背于诚信、图谋不轨而规避法律者所利用。其二，认为"不知让与人无处分权且无过失"或者说"不知真情且无过失"，方为善意。此说过于严苛，要求第三人于交易中不得有丝毫的麻痹、疏忽、大意，有强人所难之嫌，也不合常理。其三，认为"不知让与人无处分权且无重大过失"或者说"不知真情且无重大过失"为善意。此说衡平公允，最为恰当，大致亦可作为国内学界的通说。② 依此通说，受让人于受让财产时不知让与人无处分权且无重大过失的，即构成善意。而受让人明知或者应知但因重大过失而不知让与人无处分权的，则属于非善意（恶意）。至于是否构成重大过失，应以是否违反一般人在同等情况下的基本注意义务为标准。③ 崔建远也支持此种观点，认为《民法典·物权编》对此应予吸收。④ "重大过失"的认定，应采取客观标准，即以一般人根据具体的情形、凭借生活和交易经验皆可作出的正常判断作为衡量的依据。⑤ 比如，在不动产交易中，受让人负有查阅不动产登记簿的义务，不查阅便签订买卖合同或转让合同，在让与人非为不动产登记簿记载的权利

---

① 叶金强：《论善意取得构成中的善意且无重大过失要件》，《法律科学》2004年第5期。

② 刘保玉：《物权法学》，中国法制出版社2007年版，第222页。

③ 刘保玉：《物权法中善意取得规定的理解与适用》，《南都学坛》2008年第6期。

④ 崔建远：《司法解释对善意取得制度完善的影响度》，《华东政法大学学报》2017年第5期。

⑤ 中国物权法研究课题组（负责人：梁慧星）：《中国物权法草案建议稿：条文、说明、理由及参考法例》，社会科学文献出版社2000年版，第364页。

人的情况下，受让人具有重大过失，算不上不动产善意取得构成要件中的善意。① 如果仅为一般过失或轻微过失的，应无妨善意的成立。

还有学者认为，在区分动产、不动产善意取得的基础上，关于善意的判断，应当综合考虑交易的各种因素并采用客观标准加以判断。如价格合理与否的认定，② 一般不需要进一步考察第三人的不知情是否出于过失，在举证责任分配方面，应当由主张受让人有恶意的人（通常是原权利人）来举证。③

最高人民法发布的《关于适用〈中华人民共和国物权法〉若干问题的解释（一）》（法释〔2016〕5号）第15条规定：关于"受让人受让不动产或者动产时，不知道转让人无处分权，且无重大过失的，应当认定受让人为善意"。"真实权利人主张受让人不构成善意的，应当承担举证证明责任。"笔者认为，这一司法解释规定符合法理通说，值得肯定。

（3）善意的认定时点

在动产的善意取得中，善意的认定时点应以交付之时为准据时间；在简易交付场合，则以合意达成之时为准据时间；在指示交付场合，则以返还请求权取得之时为准据时间。

在不动产的善意取得中，善意的认定时点存在多种学说，根据学者的总结，主要有登记说、申请说和受让说三种。④

登记说认为，不动产善意取得中善意的时点，应以取得人办理完毕不动产登记时为准，法律依据为《物权法》第9条和第106条。如有学者认为，由于《物权法》第106条将不动产善意取得的时点规定为受让时，因此，取得人必须在最后取得行为那一刻是善意的，对不动产而言则是登记时。不动产善意取得时的善意判断，应以受让人在受让时信赖不动产登

---

① 崔建远：《司法解释对善意取得制度完善的影响度》，《华东政法大学学报》2017年第5期。

② 一般认为不需要过于严格地判断合理的价格是否需要被实际支付。参见崔建远《司法解释对善意取得制度完善的影响度》，《华东政法大学学报》2017年第5期；梅夏英《民法典编纂中所有权规则的立法发展与完善》，《清华法学》2018年第2期。

③ 王利明：《善意取得制度的构成——以我国物权法草案第111条为分析对象》，《中国法学》2006年第4期。

④ 鲁春雅：《论不动产善意取得制度中善意判断的时点》，《法学论坛》2011年第3期。

记为准。反之，如果买受人在受让之前，就知道登记是错误的，则不构成善意。①

申请说认为，应借鉴《德国民法典》第 892 条第 2 款的规定，将不动产善意取得制度中善意的时点确定为买受人提出不动产登记申请时。一般而言，不动产登记从提出申请到被记载入不动产登记簿之间还有相当长的时间间隔。登记申请人在提交登记申请后，对登记进程不能施加实质性的影响。由于申请登记与登记完毕存在时间差，且申请递交后，当事人无法控制登记的实际完成时间，如果在此空隙中取得人因种种原因知道了登记簿错误，就否定其为善意的话，必然不利于交易安全和市场的繁荣，因此只要取得人在申请登记时为善意，无论此后是否知道登记簿错误，均不影响善意取得的成立。②

受让说主张，受让人只有从交易开始至变更登记完毕，整个时段均不知道无权处分的事实，且对此没有重大过失，才是善意的。③ 这一理论比登记说更进一步，将不动产善意取得的时间点转化为了时间段。据此，不动产善意取得的善意时点应从订立不动产交易合同开始持续到不动产登记过户完成时为止。

还有学者在分析了各种学说的弊端之后，提出应对不动产善意取得中的善意进行类型化，主张不动产善意取得的时点应区分不动产登记簿错误的客观时点和取得人善意的主观时点，前者应以不动产登记时为准，后者一般情形下以提出登记申请时为准，如果不动产登记簿错误发生在提出申请之后的，则以该时点为准。④

3. 不动产可否适用善意取得

（1）否定说，认为善意取得制度只适用于动产领域。动产物权的公示方法是占有，第三人很有可能无法辨别权利的真实状态，而不动产交易中的买方误认权利人的可能性几乎没有，而且登记的错误可以更正，并非不可变更。倘若是登记发生了错误，善意第三人的利益依然不会落空，其

---

① 王利明：《物权法研究》（上），中国人民大学出版社 2007 年版，第 442 页。
② 吕伯涛主编：《适用物权法重大疑难问题研究》，人民法院出版社 2008 年版，第 146 页。
③ 崔建远：《物权法》，中国人民大学出版社 2009 年版，第 86 页。
④ 鲁春雅：《论不动产善意取得制度中善意判断的时点》，《法学论坛》2011 年第 3 期。

可以得到标的不动产，但是这种保护并非是基于不动产的善意取得制度。① 还有人反对将善意取得制度适用于不动产，主张登记的绝对公信力更有利于保护善意第三人，并且不会出现无权处分的问题。其认为，在不动产登记公信力制度下，由于登记名义人所订立的合同为有权处分，善意受让人仅需根据有效合同取得物权，而不是直接根据公信力原则取得物权，是典型的继受取得的情形，较之善意取得更具优越性，并没有创造什么新的取得方式。该学者还认为，善意取得制度是对公示公信原则的贯彻，不动产登记公信力制度也是对公示公信原则的贯彻，二者分别适用于动产与不动产物权，不应混淆。如果强行将不动产也纳入到善意取得制度的范围，不仅会造成体系混乱，而且也不利于不动产交易中善意受让人的保护。②

（2）肯定说，主张动产和不动产都可以适用善意取得制度。"既然在不动产物权交易中善意第三人获保护的基础与动产善意取得完全一致，则理应承认不动产善意取得，如此二者才能获得法律逻辑上的一致性。"③ 还有学者主张，登记错误造成的无权处分既为现实，不动产物权善意取得也就"恢复"了制度得以存续的根本前提。善意取得制度虽然有一体化的可能和必要，但这种一体化并不绝对，而是有限度的，至少在以下两种情形，认可动产物权善意取得、否定不动产物权善意取得，也不无道理：第一，不动产物权变动不要求强行性的不动产登记，而其他功能相当的制度能够妥当处理不动产物权变动交易中的第三人保护问题。第二，虽然有不动产登记制度，但登记不能高度反映真实物权状况，登记不能承载让社会公众普遍信任的价值。④

在立法过程中，有观点认为应该注意到因国情所限，我国尚未建立起健全的不动产登记体系的现状，农村的不动产，尤其是农民私有房屋及其宅基地使用权未进行登记的现象较为普遍。在城镇，居民的私有房屋及相应的土地使用权未进行登记的，也并非个别现象，对于此类未予登记的不

---

① 梁慧星：《中国物权法研究》（上），法律出版社1998年版，第491页。
② 吴光荣：《论善意取得制度的适用范围——兼评〈中华人民共和国物权法（草案）〉相关规定》，《法律科学》2006年第4期。
③ 王利明：《试论我国不动产登记制度的完善》（下），《求索》2001年第6期。
④ 常鹏翱：《善意取得制度仅仅适用于动产物权吗？——一种功能主义的视角》，《中外法学》2006年第6期。

动产，是否一概不适用善意取得，换言之，是否不承认占有的公信力原则，应区别而论。① 这实际上也在支持肯定说的观点。

笔者认为，在不动产善意取得的领域，确实既存在"借名登记"的权利人对登记在其名下而实际上属于他人的不动产予以处分的情况，也存在"冒名处分"的现象，而善意第三人的利益均应受到保护；对前一种情况从不动产登记的公信力和善意保护效力来解释，对后一种情况从《物权法》第106条的善意取得的规定角度来解释，或许更符合法理和立法精神。

4. 关于占有脱离物是否适用善意取得的问题

所谓占有脱离物，是指非基于所有权人的意思而丧失占有的物，包括遗失物、被盗物、被骗物、被抢物等。脱离物之所以脱离所有权人的控制，并非自己的意志所导致，而是权利人不希望发生的。这和占有委托物有所区别。

《物权法》第107条规定："所有权人或者其他权利人有权追回遗失物。该遗失物通过转让被他人占有的，权利人有权向无处分权人请求损害赔偿，或者自知道或者应当知道受让人之日起二年内向受让人请求返还原物，但受让人通过拍卖或者向具有经营资格的经营者购得该遗失物的，权利人请求返还原物时应当支付受让人所付的费用。权利人向受让人支付所付费用后，有权向无处分权人追偿。"而对于盗赃问题的规定，则付诸阙如。

有学者认为从完善市场经济交易安全规则的角度看，脱离物善意取得应是物权法不可或缺的规则，但是我国的《物权法》存在诸多的不足与遗憾。主要是适用善意取得的脱离物范围太窄，脱离物中的遗失物适用善意取得的规则在《物权法》中贯彻不彻底，其规定与司法解释不一致，将给司法实践带来混乱。该学者主张借鉴德国和我国台湾地区有关脱离物善意取得的立法经验，完善我国脱离物善意取得制度。具体而言，首先，对适用善意取得脱离物的范围要重新加以规定。脱离物的范围不但包括遗失物，还包括被盗、被抢、被骗等其他非基于所有人的意志而脱离所有人控制的物。其次，为了维护整个交易秩序和交易安全，加快物的流转以提

---

① 全国人大常委会法制工作委员会民法室编：《物权法立法背景与观点全集》，法律出版社2007年版，第443页。

高市场交易的效率，货币、无记名证券等应完全适用善意取得。至于其他脱离物，如果第三人是通过拍卖、公共市场或经营同类商品的商店（如旧货商店）处购买所得，则不论脱离物属何种性质，应一律适用善意取得。①

而赃物能否适用善意取得，学理上看法不一。有学者认为，盗赃物不适用善意取得，因为其并非基于所有权人的意志丧失其占有，如果仍适用善意取得未免过于苛刻。赃物不适用善意取得，除可以平衡所有人与受让人之间的利益外，还有利于淳化社会风尚，也未必会真的损害交易安全。② 而立法者在解释立法态度时说，本法之所以不规定赃物的善意取得，立法考虑是，对被盗、被抢的财物，所有权人主要是通过司法机关依照《刑法》《刑事诉讼法》《治安管理处罚法》等相关法律的规定追缴后退回。在追赃过程中，如何保护善意受让人的权益，维护交易安全和社会经济秩序，可以通过进一步完善有关法律规定解决，《物权法》对此不作规定。③ 但这一立法观念也受到了一些学者的质疑，认为这种解释过于牵强，从"维护交易安全"的角度来看，也不能完全否定赃物适用善意取得制度。理由是司法机关的追赃活动不能有效解决赃物的权属问题，作为民事基本法的《物权法》应当对此作出规定。对赃物来说，犯罪人取得对被害人财物的占有时，这种占有事实就表现出犯罪人的"权利外观"。善意受让人对赃物"权利外观"的信赖与对其他无权处分人占有动产"权利外观"的信赖实质上没什么区别。一旦赃物进入正常的市场流通领域，按照商品的正常价格转让，善意第三人是难以识别赃物的，并且让善意第三人去承担这种识别不能的后果也是不公平的。④

另外，梅夏英主张未来民法典应当明确赃物可以善意取得，一方面因为，第三人如果善意且支付了合理价款，则其并不处于一个可非难的地位，法律将对犯罪人的非难转嫁到对善意第三人的非难，并无道理；另一

---

① 赖丽华：《试析〈物权法〉维护市场交易安全的缺陷——以脱离物善意取得制度的疏漏与缺失为中心》，《江西社会科学》2008 年第 5 期。

② 王轶：《物权变动论》，中国人民大学出版社 2001 年版，第 283 页。

③ 全国人大常委会法制工作委员会民法室：《中华人民共和国物权法条文说明、立法理由及相关规定》，北京大学出版社 2007 年版，第 195 页。

④ 熊丙万：《论赃物的善意取得及其回复请求权》，《法律科学》2008 年第 2 期。

方面因为，从公法上讲，对赃物的"一追到底"确有必要，但这一立法目的的实现，未必以在私法上全盘否定赃物的善意取得为必要。① 陈华彬也认为，如今对于由公开市场或经由拍卖而买得的盗赃物，若不允许其发生善意取得，则未免过于严苛，且如此也有违交易安全的保护，并对善意的买受人不利。故建议我国立法机关编纂民法典物权编时，明确买受人经由拍卖或在公开市场买得的盗赃物可发生善意取得。②

刘保玉指出了我国司法实践中关于盗赃等占有脱离物适用善意取得规定所存在的问题。如最高人民法院、最高人民检察院《关于办理诈骗刑事案件具体应用法律若干问题的解释》（法释〔2011〕7号）第10条规定：行为人已将诈骗财物用于清偿债务或者转让给他人，他人善意取得诈骗财物的，不予追缴。如依此规定，将盗赃的善意取得问题直接参照《物权法》第106条的规定处理，可能导致诈骗物等占有脱离物适用善意取得的条件反而低于遗失物，明显违反"举轻明重"的法理规则，有所不妥，建议比照《物权法》第107条关于遗失物的规定作同类处理。③

5. 关于交易行为是否必须有效

关于交易行为是否必须有效，存在较大的争论，分为肯定说和否定说两种。从2002年年底的《民法（草案）》，到2006年6月6日的《物权法》草案，交易行为（转让合同）有效一直被规定为善意取得的构成要件之一。直到2006年10月20日的《物权法》草案（六次审议稿）才删掉了转让合同有效这个要件。但最高人民法院2012年发布《关于审理买卖合同纠纷案件适用法律问题的解释》（法释〔2012〕7号）第3条规定："当事人一方以出卖人在缔约时对标的物没有所有权或者处分权为由主张合同无效的，人民法院不予支持。""出卖人因未取得所有权或者处分权致使标的物所有权不能转移，买受人要求出卖人承担违约责任或者要求解除合同并主张损害赔偿的，人民法院应予支持。"该条司法解释的规

---

① 梅夏英：《民法典编纂中所有权规则的立法发展与完善》，《清华法学》2018年第2期。

② 陈华彬：《我国民法典物权编所有权规则立法研究》，《政治与法律》2018年第10期。

③ 刘保玉、吴安青：《民法典物权编的结构安排与内容设计》，《甘肃政法学院学报》2017年第6期。

定,与我国《合同法》第 132 条关于出卖人应当对所出卖的标的物有处分权和第 51 条关于无权处分标的物的合同为效力待定的合同之规定旨趣有异。依据该条司法解释的规定,"出卖人在缔约时对标的物没有所有权或处分权,并不影响作为原因行为的买卖合同的效力,但能否发生所有权移转的物权变动效果,则取决于出卖人嗣后能否取得所有权或处分权,物权变动处于效力待定状态。"即出卖他人之物的合同应当认定为有效;但该出卖之标的物所有权是否发生移转,则处于效力待定状态。其在精神上系将《合同法》第 51 条的规定作限缩解释:该条中所指称的"处分""合同",仅指处分行为即标的物之物权的移转变更,而不包括负担行为及处分合同在内;处分合同的效力并非未定,而是确定有效的,真正效力未定的应当是处分人履行合同的行为以及履行合同的结果,即无权处分行为效力未定。

与此规定相关,还应当注意的是,我国《民法典(草案)》中已经删除了原《合同法》第 51 条的规定,并相应地将原《合同法》第 132 条第 1 款修改为"因出卖人未取得处分权致使标的物所有权不能转移的,买受人可以解除合同并请求出卖人承担违约责任"。依此规定精神,不仅对就未来物签订的买卖合同有效(法律、行政法规禁止或者限制转让的标的物除外),就现实的物的交易,纵使转让人欠缺处分权,买卖合同亦属有效;至于买卖标的物的所有权移转问题,则适用《物权法》或未来民法典物权编的有关规定。《物权法司法解释(一)》第 21 条也规定了受让人无法主张善意取得的两种情形,即"转让合同因违反《合同法》第 52 条规定被认定无效"和"转让合同因受让人存在欺诈、胁迫或者乘人之危等法定事由被撤销"。该两种情形在精神上是一致的。

但也有学者认为,就合同无效是否影响成立善意取得的问题,《物权法司法解释(一)》第 21 条规定根据合同无效事由之不同作区别对待。这种看似前后矛盾的做法,给我国物权立法,包括民法典的编纂,带来了一定困惑。[1] 也有学者对《物权法解释(一)》第 21 条的规定提出另一种理解,认为这是一个开放性的规范,其倾向是善意取得未必以转让合同

---

[1] 姚明斌:《善意取得之合同效力要件再检视——基于〈物权法解释(一)〉第 21 条展开》,《法学》2017 年第 5 期。

有效为要件。①

王利明认为，如果该合同因为违反法律或行政法规的强制性规定，或违反公序良俗而被宣告无效，则根本无法发生善意取得的法律效果。因为善意取得制度本身就是为了保护交易安全而产生的一种法律制度。这种"交易"自然只能是指一种合法的交易，违法的交易其安全自然也不能受到法律的特殊保护。如果合同无效，则表明该交易本身具有不法性，不应该受到法律的保护，不能产生善意取得的效果。在这种情况下，应按照法律关于无效和可撤销的规定，由双方或一方返还财产，恢复财产关系的现状。② 梅夏英认为，民法典物权编应将"转让合同有效"作为善意取得的法定条件予以规定，以昭示世人除了欠缺处分权以外，合同所有内容均符合有效合同要求，以此决定善意取得与其他合同效力瑕疵情形的法律界限。③ 黄芬认为《民法典·物权篇》在规范善意取得下转让合同效力的要件时，应当以转让合同有效作为善意取得的构成要件。④

对上述观点，崔建远则有不同意见。其认为不可忽视中德两国民法在无权处分构造上的差别。德国民法区分物权行为与债权行为，在无权处分的情况下，债权行为的法律效力不受处分权有无的影响，一般都会有效，只有物权行为因欠缺处分权限而处于效力待定的状态。我国《合同法》第51条将处分权限作为影响买卖合同等法律行为效力的要件，出卖人、赠与人、互易人对于标的物具有处分权限，买卖合同等法律行为有效；否则，效力待定。这里的买卖合同等法律行为在德国民法上称为债权行为。至此可知德国民法和中国《合同法》在无权处分构造上的不同：欠缺处分权，在德国民法上买卖合同等仍然有效，在我国《合同法》上则属于效力待定。德国民法承认无权处分的买卖合同等债权行为有效，并非因为善意取得制度的本质要求，只是奉行物权行为和债权行为二分架构的必然

---

① 黄芬：《善意取得下转让合同效力要件之再研究——兼评〈民法典物权编〉的立法选择》，《广东社会科学》2019年第3期。

② 王利明：《物权法论》，中国政法大学出版社2008年版，第116页。

③ 梅夏英：《民法典编纂中所有权规则的立法发展与完善》，《清华法学》2018年第2期。

④ 黄芬：《善意取得下转让合同效力要件之再研究——兼评〈民法典物权编〉的立法选择》，《广东社会科学》2019年第3期。

结果。且其认为,我国的物权法草案前几稿都把转让合同有效作为善意取得的要件之一,似乎只看到了德国民法的外表,而未洞察内在的构造及逻辑。① 针对《物权法司法解释(一)》第 21 条的规定,崔建远表明了鲜明的反对态度,认为其坚持原因行为无效、被撤销时不发生善意取得,这是混淆善意取得与物权保有两个阶段的表现,呼吁《民法典·物权编》不吸纳这种规则。②

(三) 简要总结

关于善意取得法理基础的各种学说,虽然法律特别规定说是其通说,但是该通说亦存在缺陷,因为其未就法律为何要"将善意取得作为特别制度加以规定"给出法理上的说明,因而也就未正面回答善意取得的法理基础问题。此问题的讨论还有待进一步论证。

对善意取得制度适用于不动产持否定论者,其最为主要的观点是认为不动产的公信力完全可以实现对于善意第三人的保护,无须借助不动产善意取得制度。我们倾向于认为,关于从无处分权人处善意取得不动产的问题,有两种方案可资选择:其一,通过不动产登记的公信力制度解决;其二,通过善意取得制度解决。无论选择哪一种,都没有绝对的正误之分,而只有哪种选择更为妥当的问题。如果仔细推敲,我们可以发现动产的善意取得与不动产的善意取得,分别是基于动产占有的公信力和不动产登记的公信力,易言之,都是基于公示的公信力,其制度基础与内在逻辑关系是相同的。唯不动产登记由于有国家登记机关的参与和审查,实践中登记的权利人与真正的权利人不一致且引发争议的情况也并不多见,因此不动产登记的公信力要远远强于动产的占有。故此,不少国家立法上对从瑕疵登记的权利人处取得不动产权利的问题通过物权登记的公信力制度加以解决,而对从无处分权的动产占有人处取得动产权利的问题,则另设动产善意取得制度加以规范。但由于其两者的制度设计都是基于物权公示的公信力,制度构成上都要求有无权处分行为、第三人须为善意,且一般也都要求须基于有偿的交易行为而取得,故而我国《物权法》中将其一并规定于善意取得制度中,亦不失为立

---

① 崔建远:《物权法》,中国人民大学出版社 2009 年版,第 78 页。
② 崔建远:《司法解释对善意取得制度完善的影响度》,《华东政法大学学报》2017 年第 5 期。

法上的一种可行选择,且并无明显不妥。①

多数学者均将重大过失的要件包含在善意的内涵之中,我们赞同这一认识;但应注意的是,由于不动产登记的公信力要远远强于动产的占有,所以不动产与动产的善意取得中对"善意"的认定标准应有所不同,动产善意取得中对受让人注意义务的要求高于不动产。

关于交易行为是否必须有效的讨论,笔者认为不能一概而论。如果该合同因为违反法律或行政法规的强制性规定,则这种交易行为本身就是法律所不允许的,自无善意取得适用之余地,但是如果仅仅是因转让人欠缺处分权,则该交易本身并不被法律所禁止,有善意取得适用的余地。至于交易行为是有效还是无效,抑或效力待定,则涉及学理和立法上对物权行为与债权行为区分的态度问题。需将有关问题一并考量,方能得出体系性的合理解释。

二 解释论

(一) 主要争议问题

我国《物权法》第 106 条中明文规定物权的善意取得制度,且统一适用于动产和不动产。该法颁行之后,学者对不动产的善意取得关注较多,主要讨论的问题有:一是关于善意取得是原始取得还是继受取得,二是关于预告登记能否发生善意取得,三是关于不动产善意取得中的善意与动产善意取得中的善意之异同,四是关于不动产善意取得与登记公信力的关系,五是关于登记对抗主义下的不动产物权的善意取得问题,六是关于与不动产善意取得对应的"无权处分"行为的界定问题。另外,关于他物权的善意取得亦有不少学者关注,如留置权可否善意取得。

(二) 各种观点

1. 善意取得是原始取得还是继受取得

继受取得说认为,原始取得说存在三大难以调和的内在逻辑矛盾:①一方面宣称善意受让人取得动产权利,系事实行为的法律效果,而非处分行为之功;另一方面又不得不确认"善意取得权利,虽为原始取得,然占有人与让与人间之关系,仍发生与继受取得之同一效力"。②一方面

---

① 刘保玉:《刍议物权法草案中所有权取得的若干规定及其完善》,《法学论坛》2007 年第 1 期。

善意受让人据以取得动产权利的事实行为是善意受让人对动产的占有，另一方面随着动产抵押权在实践中的日益广泛地应用和立法上被普遍的承认，又不得不承认此种不移转动产占有的动产权利也可适用动产善意取得制度。③一方面就受让人动产权利的取得采原始取得说，另一方面又不得不承认该取得系属原始取得的例外，不同于传统的原始取得。这种例外体现在受让人取得动产权利时，对于动产上第三人的权利非为善意的，第三人的权利不因此而消灭。①

坚持原始取得说的学者则认为，反对说所称的原始取得说存在难以调和的三大内在逻辑矛盾并无充分依据。在我国，让与人与受让人之间的关系依不当得利制度解决，并非"发生与继受取得同一的效力"；善意取得并非受让人的占有之效力，占有仅起公示的作用，动产抵押权的善意取得不需要移转占有是因为登记在这里代替占有完成了公示的要求；标的物上的权利负担在受让人知悉时例外地不消灭是民法价值判断运用的当然结果。②

2. 预告登记能否善意取得

关于善意取得适用范围，有学者认为善意取得制度还应适用于不动产的预告登记。预告登记的善意取得是指为保全以不动产物权变动为内容的债权请求权而以法律行为设定预告登记时，即使登记权利人非真实权利人，善意信赖不动产登记簿的请求权人亦能即时取得该预告登记。这是保护交易安全的和充分发挥预告登记功能的需要，另外，预告登记的自身属性为其善意取得提供了可能性。预告登记善意取得的构成要件应设定为：存在以不动产物权变动为内容的债权请求权；存在预告登记约定；预告登记债权请求权人善意；完成预告登记。建议在《物权法》关于预告登记的规定中增加条款，即"预告登记得准用《物权法》第106条"③。

3. 不动产善意取得与动产善意取得中的"善意"之异同

有学者认为《物权法》第106条第1款第1项的"善意"在不动产物权善意取得与动产物权善意取得中具有相同的含义，即无论是动产还是

---

① 王轶：《物权变动论》，中国人民大学出版社2001年版，第260页。
② 王文军：《为"善意取得系原始取得"申辩——与"善意取得系继受取得"说商榷》，《政治与法律》2009年第6期。
③ 王荣珍：《论预告登记的善意取得》，《法学杂志》2011年第3期。

不动产的取得人，对其善意与否都应当采取如下标准：不知情且非因重大过失而不知情。其理由有二：一是《物权法》第 106 条第 1 款第 1 项的文义上没有任何迹象显示动产取得的善意与不动产取得的善意有所不同，因此，该条中的"善意"应是同一标准，不存在动产善意取得采取一个标准而不动产善意取得采取另一个标准的立法意图。① 二是如果对不动产取得人的善意采取如同德国法那样的判断标准即不知道登记簿记载错误且登记簿上没有异议登记即为善意，真实权利人就必须举证证明取得人明知不动产登记簿的记载错误，即要求举证取得人的内心状态，这使得真实权利人处于极为不利的境地，过于苛刻，有失权衡。②

但多数学者认为，尽管《物权法》第 106 条第 1 款将动产善意取得与不动产善意取得合并规定，但仍有必要区分动产和不动产的取得人善意的判断标准。崔建远直言，不区分动产物权与不动产物权而对受让人有无重大过失的判断采取统一的标准，这一做法则值得商榷，编纂民法典不宜采纳这种判断标准。③ 对于动产的取得人可以认为其具有重大过失而不知道时非属善意，但对不动产善意取得而言，应当以取得人对登记的信赖作为判断不动产善意取得的标准。在通常情况下，只要取得人信赖了登记，就推定其是善意的，除非其事先明知登记错误或者登记簿中有异议登记的记载。④ 其理由有二：一是动产占有的公信力低于不动产登记的公信力，这是因为不动产登记有国家信誉作为支持。二是《物权法》第 16 条第 1 句虽然明确规定了登记簿的推定效力，但却没有规定占有的推定效力，这一细微区别表明在我国物权法上登记对于不动产的权利推定效力似乎高于交付对于动产的权利推定效力。⑤

有学者提出，在动产的善意取得中，动产的善意取得人应当负有一

---

① 孟勤国、申惠文：《我国〈物权法〉没有承认登记公信力》，《东方法学》2009 年第 5 期。
② 崔建远：《物权法》，中国人民大学出版社 2009 年版，第 86 页。
③ 崔建远：《司法解释对善意取得制度完善的影响度》，《华东政法大学学报》2017 年第 5 期。
④ 王利明等：《中国物权法教程》，人民法院出版社 2007 年版，第 246 页；江平主编：《中国物权法教程》，知识产权出版社 2007 年版，第 269 页。
⑤ 王利明：《不动产善意取得的构成要件研究》，《政治与法律》2008 年第 10 期。

定的注意义务，如果其应当知道处分人为无处分权人但因重大过失而不知道，就认为其并非善意。但是，就不动产取得人而言，只要其不知道登记簿的记载错误并且登记簿上没有异议登记，就应当认为其是善意的。其给出了三个理由：其一，通过给第三人施加探求真实权利状态的义务而将登记错误产生的风险完全转嫁到其第三人身上，显然不公平。其二，对于是否以取得人应当知道登记簿错误而由于重大过失而不知作为排除其善意的情形，核心问题在于是强化还是弱化登记簿的公信力。考虑到我国不动产登记制度正在完善的过程中，登记簿的公信力尚未真正建立起来，出于法政策上的考虑，应当采取强化登记簿公信力的立场，使交易当事人更信赖登记簿的记载。其三，对不动产取得人的善意采取更为宽松的判断标准并不会使真实权利人处于不利的境地。因为《物权法》已经为真实权利人提供了很强的保护。[1] 这种规定已经足以保护真实权利人的合法权益，因此没有必要再通过给取得人施加注意义务去过度保护真实权利人。[2]

但也有学者认为，与德国和我国台湾地区不同，我国房产登记簿上显示的权利状态并不准确。第三人可以推定房产证上登记的产权人就是房屋的权利人，但权利推定规则本身不排除受让人的查询义务。以房屋为标的物的不动产买卖中，善意第三人对真实权利状况的不知情应要求其不存在重大过失，若配偶没有在登记簿或权属证书上显示出来，受让人应尽一定查询义务。[3]

4. 关于不动产善意取得与登记公信力的关系

有学者指出，我国《物权法》第 106 条规定了不动产善意取得，可以由此认定我国已承认登记公信力。[4] 还有学者认为，公示的公信力是善意取得制度得以建立和存在的逻辑前提及技术前提，善意取得制度是公信力的必然结果，是公信力落实的具体体现之一。没有公信力制度，受让人

---

[1] 胡康生主编：《中华人民共和国物权法释义》，法律出版社 2007 年版，第 64—65 页。

[2] 程啸：《论不动产善意取得之构成要件——〈中华人民共和国物权法〉第 106 条释义》，《法商研究》2010 年第 5 期。

[3] 李唯一：《善意取得私卖共有房屋所有权诉讼的审判误区及对策》，《国家检察官学院学报》2012 年第 2 期。

[4] 王利明：《物权法论》，中国政法大学出版社 2008 年版，第 75 页。

取得无权处分之物的物权就缺乏正当性；没有善意取得制度，仅凭公信力制度，受让人取得无权处分之物的物权有过滥之嫌，对真实物权人有过苛之弊，有失权衡。① 更有学者直截了当地认为登记簿的公信力（Oeffentlicher Glaubedes Grundbuchs），也称不动产登记的公信力或不动产善意取得，是指即便不动产登记簿上记载的物权的归属和内容与真实的物权归属和内容不一致，信赖该登记簿记载之人仍可如同登记簿记载正确时那样依法律行为而取得相应的不动产物权。不动产登记簿的公信力就是不动产的善意取得，这两种称谓并无实质区别，德国民法学的著作中常常混用这两种表述。登记簿公信力在理解上，除了善意取得效力外，并无其他内容或效力。② 由此可以看出，国内多数学者认为登记的公信力是不动产善意取得的逻辑前提，不动产善意取得是登记公信力的具体化，或者认为二者是同一个制度。

但也有学者提出了不同的见解，认为我国《物权法》规定不动产善意取得不等于承认登记公信力。其认为，动产善意取得中的善意包括了应不应该知道这一判断。这是一个很大的不同，是决定能不能将公信力与善意取得画等号的关键要素。由于登记公信力只限于知不知道，我们不能一概将不动产善意取得称为登记公信力。且，不动产善意取得是不是登记公信力，不是一个逻辑问题，而是一个国家的立法判断问题。把我国的不动产善意取得按照德国的登记公信力解读是完全背离我国《物权法》的，这种解读既混淆了不动产善意取得与登记公信力的区别，又忽视了我国《物权法》不动产善意取得的个性特征，是不负责任的。③

还有学者通过说明不动产善意取得制度的局限性来证明不动产善意取得与登记公信力并非等同。其认为，善意取得制度的效果只能是第三人由无权利人处取得物权；不动产登记簿的公信力所具有的效果不但有积极信赖保护与消极信赖保护之分，且其积极信赖保护的内容除由无权利人取得

---

① 崔建远：《物权法》，中国人民大学出版社2009年版，第76页。
② 程啸：《论不动产登记簿公信力与动产善意取得的区分》，《中外法学》2010年第4期。
③ 孟勤国、申惠文：《我国〈物权法〉没有承认登记公信力》，《东方法学》2009年第5期。

物权外，还包括由有权利人取得物权、受领给付、获得权利顺位等。因此，以善意取得制度保护不动产交易的便捷与安全，其局限非常明显。《物权法》第 106 条应限缩解释为主要适用于动产，不动产交易的信赖保护可通过解释《物权法》第 16 条来实现。①

5. 关于登记对抗主义下的不动产物权的善意取得

我国关于不动产物权的变动，采用了登记生效主义与登记对抗主义两种模式。对于登记生效主义下的不动产物权的善意取得应该以完成登记为要件，对此学界无异议，且多数学者认为以完成登记时为判断善意的时点。但是对于登记对抗主义下的不动产物权的善意取得是否均应以登记为要件则分歧较大。

王利明认为，对于不以登记为生效要件的不动产物权，其善意取得仅以交付为要件。②

而崔建远认为，任何不动产物权的善意取得都以办理了登记为要件，如不登记，即便已经交付，也不发生善意取得之法律后果。③

还有学者认为，不动产善意取得适用范围限定在登记作为生效要件的情况下，登记对抗主义下的不动产物权不适用善意取得。具体而言，土地承包经营权、地役权等不能适用《物权法》第 106 条规定的善意取得规则，而应适用独特的登记对抗力下的公信力规则。④

6. 关于与不动产善意取得对应的"无权处分"行为的界定

对于和动产善意取得相对应的无权处分，学界并无争议；而与不动产善意取得相对应的"无权处分"所指为何，学界意见并不一致。

多数学者认为，与不动产善意取得相对应的无权处分，系指登记的权利人并非真正权利人（如真正权利人借用子女或他人名义为房产登记或者共有的不动产只以一人的名义进行登记等），而其将登记于自己名下的不动产处分给他人的情况。唯此方能给不特定的第三人以权利外观，从而

---

① 朱广新：《不动产适用善意取得制度的限度》，《法学研究》2009 年第 4 期。
② 王利明等：《中国物权法教程》，人民法院出版社 2007 年版，第 150 页；程啸：《论不动产善意取得之构成要件——〈中华人民共和国物权法〉第 106 条释义》，《法商研究》2010 年第 5 期。
③ 崔建远：《物权法》，中国人民大学出版社 2009 年版，第 89 页。
④ 王洪亮：《论登记公信力的相对化》，《比较法研究》2009 年第 5 期。

使其合理地信赖登记权利人就是真正权利人而与其进行交易。① 崔建远认为我国目前存在不动产登记名义人与真实物权人不一致的情况原因主要有以下几种：第一种是登记机关的错误或疏漏；第二种是不动产登记簿外的法律变动；② 第三种是不动产物权变动的原因行为被确认为无效或被撤销，或未被追认，不动产物权失去其变动的根据；第四种是根据法律规定取得不动产物权，但是至今仍未办理过户登记；第五种是夫妻共有或家庭共有等场合，不动产登记簿记载的物权人只有部分成员，欠缺其他共有人的信息；第六种是出于规避法律或其他考虑，将自己购买的房屋等登记在他人名下，并无赠与的效果意思。③

但在一些特殊事例中，也有的学者对此处的善意取得做扩张解释，认为只要实际上没有权利而处分他人的不动产，就是无权处分，而善意第三人可以善意取得。王利明认为，"应当将'无权处分'作广义上的理解，不能仅仅将'无权处分'限定在登记错误的情况。所谓无权处分，指凡是没有取得权利人的同意，而处分权利人财产的行为，其包括两项重要内容，一是无权处分人未经真正权利人的同意，处分了他人的动产。二是处分人将他人的不动产非法登记在自己的名下，并进行处分，或者采用假冒行为非法处分他人财产"。④ 杨立新认为，无处分权的人包括非所有权人和共同共有所有权人，通过欺诈手段冒名顶替真正所有权人的人也属于非所有权人，构成《物权法》第106条规定的善意取得的前提条件。⑤ 学者熊丙万也认为冒名处分行为应当属于我国善意取得制度中"无权处分"，主要理由在于：第一，冒名处分行为也是形成不真实权利外观的理由；第

---

① 刘保玉：《物权法学》，中国法制出版社2007年版，第221页；高富平：《物权法专论》，北京大学出版社2007年版，第204页；王利明：《不动产善意取得的构成要件研究》，《政治与法律》2008年第10期，等等。

② 此处应认为不包括所有权保留制度下的相关交易，朱庆育指出，所有权保留被最高院司法解释排除在了不动产领域之外。参见朱庆育《物权行为的规范结构与我国之所有权变动》，《法学家》2013年第6期。

③ 崔建远：《物权：规范与学说——以中国物权法的解释论为中心》，清华大学出版社2011年版，第203页。

④ 王利明：《善意取得制度若干问题研究——从一起冒名顶替行为说起》，载王利明主编《判解研究》第2辑，人民法院出版社2009年版，第86页。

⑤ 杨立新：《论不动产善意取得及适用条件》，载王利明主编《判解研究》第2辑，人民法院出版社2009年版，第95—96页。

二，法律保护买受人对不真实权利外观的信赖，实际上就是对政府信用的维护，冒名处分行为引发的不真实权利外观也应当与登记信息错误同样对待，即通过考虑使用善意取得制度对其予以保护；第三，"无权处分"与不真实权利外观是相对应的两个概念，在内涵上应当是相同的，因此，善意取得中的"无权处分"也应当包括冒名处分行为；第四，我国《物权法》第 106 条并未将"无权处分"只限定于登记信息错误的情形，因此，将冒名处分行为纳入善意取得制度的调整范畴并不违背立法原意。①

然而，梅夏英认为，冒名顶替交易不动产的行为不适用善意取得制度，也不适用无权处分。首先，善意取得恰恰就是与公示公信原则配套发挥作用，而通过欺诈手段来骗取对方信任，这种欺诈手段已超出了登记公信力的范围；其次，冒名顶替情况下，交易合同实际上只有两方主体，即买卖合同实际上是在所有人和买受人之间产生的，顶替人一直是被隐藏的，而无处分权解决的是无处分权人与第三人之间的合同效力问题和所有权是否转移的问题，因此，冒名顶替所有权人与他人签订的买卖合同是否有效与无权处分没有任何关系，因为，至少在合同形式上，卖方为真实的所有权人，也是有权处分人，因此没有适用无权处分的余地。②

还有学者认为，对于不动产善意取得中的无权处分，应做限缩解释。梁慧星和陈华彬认为，善意取得制度旨在补救出让人的处分权的欠缺，其保护范围只限于对处分权的信赖，对于民事行为能力或代理权的信赖，不能适用或类推适用善意取得。③ 在《最高人民法院关于审理买卖合同纠纷案件适用法律问题的解释》（法释〔2012〕7 号）之后，梁慧星专门在中国法学网对此司法解释第 3 条"买卖合同特别效力规则"作出了解读，其中最重要的就是其与《合同法》第 51 条的关系。梁慧星认为，"解释"第 3 条，是《合同法》第 132 条的反面解释规则，它的适用范围，包括 5 种案型：①国家机关或者国家举办的事业单位处分"直接支配的不动产和动产"，不符合"法律和国务院的有关规定"（《物权法》第 53 条、第

---

① 熊丙万：《论善意取得制度正当性运用——以一起冒名出售房屋案为分析对象》，载王利明主编《判解研究》第 2 辑，人民法院出版社 2009 年版，第 133—134 页。

② 梅夏英：《登记错误与第三人保护》，载王利明主编《判解研究》第 2 辑，人民法院出版社 2009 年版，第 119—120 页。

③ 梁慧星、陈华彬：《物权法》，法律出版社 2007 年版，第 211 页。

54条);②抵押人出卖抵押物未经抵押权人同意（《物权法》第191条第2款）;③融资租赁承租人付清全部租金之前出卖租赁设备（《合同法》第242条）;④保留所有权买卖合同的买受人在付清全款之前转卖标的物（《合同法》第134条）;⑤将来财产的买卖。这使法院裁判实践获得明确无误的指引：处分权受到限制的出卖人"处分自己财产"的案型及将来财产买卖案型，应当适用"解释"第3条买卖合同特别效力规则；无处分权的人（恶意或误认）"处分他人财产"案型，应当适用《合同法》第51条无权处分合同规则。[①] 换句话说就是，与《物权法》上善意取得制度相对应的《合同法》第51条的"无权处分"并不包括以上五种情形，只是指无处分权的人恶意或误认处分他人财产的情形。

然而，需要指出的是，有的学者认为应当以"登记簿错误"取代"无权处分"作为不动产善意取得制度适用的前提。程啸认为，"首先，登记簿错误可以涵盖无权处分的情形，而无权处分却无法包括登记簿错误的全部情形。其次，以登记簿错误作为不动产善意取得制度的适用前提既符合作为不动产善意取得理论基础的'权利外观原则'，也与《物权法》第16条第1句确立的登记簿推定效力更加契合。最后，以登记簿错误作为不动产善意取得制度的适用前提有利于未来我国不动产登记制度的完善。唯有如此，更正登记与异议登记才会在实践中被充分运用，发挥其确保登记簿正确的功能"[②]。叶金强在论述不动产善意取得的时候使用的也是"登记错误"的表述。[③]

7. 关于留置权可否适用善意取得的规定

《物权法》第230条第1款规定了留置权。但作为留置权客体的债务人动产范围是否以债务人所有之动产为限，并未明确。鉴于《物权法》第230条第1款的规定非常笼统，因此产生了留置权是否可以善意取得的问题。

---

① 梁慧星：《买卖合同特别效力解释规则之创设——买卖合同解释（法释〔2012〕7号）第3条解读》，载梁慧星《裁判的方法》，法律出版社2012年版，第295页。

② 程啸：《论不动产善意取得之构成要件——〈中华人民共和国物权法〉第106条释义》，《法商研究》2010年第5期。

③ 叶金强：《登记公信力：不动产善意取得制度》，载柳经纬主编《厦门大学法律评论》（第8辑），厦门大学出版社2007年版，第83页。

不少学者认为留置权可以善意取得，理由是，其一，维护债权人的利益，充分发挥留置权的担保功能；其二，遵奉诚实信用原则，维护占有的公示效力；其三，保障交易安全，维护市场交易的稳定，促进市场经济的健康发展；其四，体现民法的公平原则。① 还有人给出理由是，其一，债权人之所以对合法占有的财产可以留置，是因为债权因该留置物而发生，债权人在该留置物上付出了自己的劳动，如果留置财产仅限于债务人所有的动产，则对债权人有失公平；其二，如果排斥留置权之善意取得，则会妨碍交易之安全与便利及占有之公信力；其三，《最高人民法院关于适用〈中华人民共和国担保法〉若干问题的解释》第108条肯认了留置权善意取得，即"债权人合法占有债务人交付的动产时，不知债务人无处分该动产的权利，债权人可以按照《担保法》第82条的规定行使留置权"。就该条规定，该学者解释认为，债权人只要按照合同的约定占有债务人的动产，纵使债务人对其交付的动产不具有所有权或者处分权，只要债权人善意取得该动产的占有即可对其行使留置权。②

但也有学者认为，对《物权法》第230条中所称的债权人所占有的"债务人的动产"，应予以扩张解释，债务人所有的或有处分权的动产、债务人基于正当原因交于债权人占有的他人之动产，均应解释为属于"债务人的动产"；在符合留置权其他成立要件的前提下，标的物纵不属于债务人本人，债权人亦得依据正当、合法的原因而取得并行使留置权，且不以其是否知道标的物不属于债务人为条件，因此，留置权无所谓善意取得的问题。③ 还有学者尖锐地指出留置权的善意取得是一个伪问题。认为即使扩大我国《物权法》第230条规定中的"债务人的动产"的语义射程，将其与"他人之动产"作相同之理解，也不能解释出在我国《物权法》上存在留置权的善意取得问题。当债权人主张对于债务人交付的非属于其所有的动产上成立留置权时，其实根本无须舍近求远或舍本逐末地去寻求以《物权法》第106条关于善意取得的一般性规定为请求权基

---

① 崔令之：《论留置权的善意取得》，《河北法学》2006年第12期。
② 刘向林、雷丽萍：《留置权若干问题初探》，《榆树高等专科学校学报》2003年第1期。
③ 刘保玉：《物权法中善意取得规定的理解与适用》，《南都学坛》2008年第6期；刘保玉：《留置权成立要件规定中的三个争议问题解析》，《法学》2009年第5期。

础，而直接主张以第230条规定为请求权基础即可。①

(三) 简要总结

关于善意取得是原始取得还是继受取得的问题，由于善意取得并不以原权利人的权利为要件（只要求具有"权利外观"），善意第三人从无处分权人处取得相应的权利，系基于法律的特别规定，因此界定为原始取得较为妥当。但这种原始取得又与其他的原始取得，在效果上有一定的差异，例如，不能完全涤除标的物上的原有权利负担（《物权法》第108条；《担保法解释》第62条）。这点，亦应加以关注。

在办理预告登记的情况下，纵使存在无权处分的情况，善意第三人亦能取得预告登记的权利。但此项权利并非物权，实际上仅为物权取得权；在正式登记完成前，真正权利人仍有追索的机会与可能。故，此种情况，与《物权法》第106条规定的善意取得，实为不同的问题，不宜混为一谈。

关于不动产善意取得与动产善意取得中的"善意"在含义和认定上是否相同的问题，我们倾向于认为，其在含义上并无差异，但由于不动产登记的公信力要远远强于动产的占有，所以不动产与动产的善意取得中对"善意"的认定标准有所不同，在动产善意取得中对受让人注意义务的要求要高于或严于不动产的善意取得。

《物权法》颁布之后，关于不动产善意取得的所有讨论，大都与不动产登记公信力制度有关。对于信赖的保护，我国《物权法》虽然规定了不动产的善意取得制度，但是该制度的适用存在一定的限度。② 我国《物权法》采不动产善意取得思路，说明并未采纳德国的登记绝对公信力之思路。这种思路的选择，对善意的认定、登记的公信力都会产生重要影响，我们在具体解释适用时，应予注意。

我国《物权法》中对于机动车辆、船舶、航空器及土地承包经营权、地役权等都采行了登记对抗主义，在此模式下的物权善意取得问题，应遵从"未经登记，不得对抗善意第三人"的立法旨趣。也即是说，在此种

---

① 李迪昕：《留置权善意取得之否证》，《学术交流》2011年第11期。
② 朱广新：《不动产适用善意取得制度的限度》，《法学研究》2009年第4期；常鹏翱：《善意取得仅仅适用于动产物权吗？—— 一种功能主义的视角》，《中外法学》2006年第6期。

情况下，仅移转了财产的占有而未办竣移转登记手续的，虽也可发生物权变动的后果，但善意第三人所取得的同样仅是"不能对抗善意第三人"的物权，此时，真正权利人仍有追索的余地。

关于与不动产善意取得对应的"无权处分"行为的界定，我们倾向于多数学者的认识。如同有权处分中的权源可有多种一样，没有权利而处分他人财产，也有多种样态，并非都能适用善意取得的规定。因此，对无权处分要件中的权利外观，宜作狭义理解。

关于留置权是否适用善意取得问题，笔者认为，否定说的理由及其所举的事例值得信服。易言之，留置权应无所谓善意取得的问题。

第七节 取得时效

一 主要争议问题

由于我国《物权法》和其他相关立法上并没有确立取得时效制度，因此，我国关于取得时效制度的解释论研究无从谈起，有关研究主要是在立法论层面进行的。其中所涉及的主要问题包括：首先，我国立法到底应否规定取得时效制度，存在反对说和赞成说两种观点。其次，如果我国立法承认取得时效制度，其究竟应当置于民法典的"总则编"中，还是应当规定在《物权法》的"所有权"制度中，抑或规定在《物权法》的"总则"中，这一问题也存在重大争议。另外，取得时效的期间长短及其他具体要件如何规定比较合适，亦是值得探讨的问题。

二 各种观点

（一）取得时效制度是否应当在《物权法》中规定

我国《民法通则》中仅规定了诉讼时效制度而没有规定取得时效，《物权法》中也没有确立此制度。在理论界，关于在我国立法上应否规定取得时效制度，存在反对说和赞成说的争议。

反对说认为，设立取得时效未必有现实意义。因为德国民法自设立该制度以来，实践中案例发生极少。这主要是因为要确定是否以所有人的意思公然、和平地占有他人动产，举证十分困难；同时，不动产因为有登记，很难适用取得时效。更何况在我国设立该制度，会遇到观念上的障碍，如认为不劳而获有法律依据等。对于不动产物权来说，善意取得制度已经对善意取得人的利益进行保护，恶意取得则视为侵权行为，由消灭时效调整。因而，取得时效也没有存在的必要。① 另外，有的学者认为，取得时效在善意取得、登记制度、占有制度等民法所有权取得及相关制度的夹缝中已无生存余地，其在功能上可被诉讼时效所取代，又无理论上之存在基础，因此，我国不应建立取得时效制度。②

国内学界大多采赞成说，认为"没有取得时效，则许多产权必然处于不确定的状态，尤其是我国社会正处于转型时期，许多财产关系归属不清，经常发生纠纷。农村因为边界争议等甚至引发严重的械斗。如果设定了取得时效，就会大大减少纠纷，有利于社会稳定。更何况，无权利人以所有人的意思公然、和平、继续地占有他人的财产并经过相当长的期间后，人们常常会相信这与真实的权利关系相符，并与之建立各种法律关系。如果将其推翻，势必造成社会经济和法律秩序的混乱"③。

梁慧星曾针对物权法草案（第五次审议稿）撰文发表了自己的意见和建议，其重要的内容之一就是建议增加关于取得时效制度的规定，并用生动的案例展现出取得时效制度的合理性：按照取得时效制度，张三所有的某项财产被李四占有，经过法律规定的期间之后，李四即可取得该财产的所有权，而张三对该财产的所有权因此消灭。取得时效制度的合理性在于：

第一，非权利人李四自以为自己是所有人，长期占有该项财产，经过相当长的时间之后，人们已经相信李四是该财产的所有权人，并与其发生各种法律关系。这种情形，如果要恢复张三对该财产的占有，势必要推翻这些已经存在的法律关系，引起法律秩序的混乱。

第二，由于李四占有该财产已经过相当长的时间，如20年，证明该财产所有权归属的证据很难收集，即使收集到一些证据，也往往难辨真假，直接以该财产的占有事实为根据，使占有人李四取得所有权，可以避

---

① 王利明：《建立取得时效制度的必要性探讨》，《甘肃政法学院学报》2002年第1期。

② 甘功仁、白彦、丁亮华：《取得时效制度的适用性研究》，《现代法学》2002年第4期。

③ 王利明：《建立取得时效制度的必要性探讨》，《甘肃政法学院学报》2002年第1期。

免法院收集和判断证据的困难,减少讼累。

第三,张三虽然是该财产的所有权人,却长期未行使其权利,李四虽然不是真正的所有权人,却长期实际行使权利,与其保护长期不行使权利的所有权人张三,不如保护长期积极行使权利的非所有权人李四,更能发挥该财产的效用。

第四,当就某项财产的所有权归属发生争执时,通常要求双方举出证据,证明自己是该财产的所有权人。但经常发生这样的情形,因为年代久远证据湮灭,证人死亡,很难判断该财产真实的权属。现实占有该财产的一方,就可以援引取得时效制度保护自己的利益。他只要证明自己占有该项财产已经达到法律规定的时效期间,法院就应当根据取得时效制度,认定他为该项财产的所有权人。因此,取得时效制度,是现实占有财产的一方获得胜诉判决的最简便、有力的方法。

第五,我国自1949年以来,农村历经土地改革、互助组、合作社、"大跃进"、公社化等运动,城市国有企业、集体企业也经历多次合并、分立、转制,导致财产关系混乱和产权界限不清。因土地、建筑物归属发生争执,以致发生严重的暴力事件。物权法规定取得时效制度,将有利于减少这类事件的发生,有利于财产关系和社会秩序的安定。[①]

王利明认为,"现行大陆法系国家的民法中大都确立了取得时效制度。在我国应当确立取得时效制度。""设立取得时效制度有如下功能:确定财产归属;发挥财产利用效率;维护社会秩序和交易安全;及时解决纠纷。"取得时效制度不能由善意取得制度、诉讼时效制度、公信制度等其他制度代替。[②]

尹田的文章中讲道:"在全国人大法工委 2004 年 8 月形成的物权法室内稿中,取得时效制度被取消。其时,笔者在由法工委召开的专家讨论会上首先就此提出质疑,所得解释是因有同志认为'取得时效应当与诉讼时效接轨,故物权法上无须规定'。笔者和其他学者当即表达不同意见,但在同年 10 月提交全国人大常委会的审议稿中,意见并未被采纳。其后,

---

[①] 梁慧星:《对物权法草案(第五次审议稿)的修改意见》,《山西大学学报》(哲学社会科学版)2007 年第 3 期。

[②] 王利明:《建立取得时效制度的必要性探讨》,《甘肃政法学院学报》2002 年第 1 期。

于今年 6 月再次提交全国人大常委会的物权法（草案）审议稿中，取得时效制度仍未予规定。""取得时效被物权法草案否定纯粹是基于立法技术上的原因，认为取得时效应与诉讼时效'接轨'，不应单独规定在物权法中。然而，两种时效所依据的事实状态、时效期间的确定因素、两种时效的适用范围、举证责任分配、时效期间计算、法律后果等均不同。据此，两种时效制度应当分立，无法'接轨'。""如取消这一制度或不将这一制度规定于物权法，均难以彰显经登记的不动产或者动产物权不适用时效取得的基本法理，也无法对未经登记以及错误登记的不动产物权之时效取得作出合适的安排，且难以凸显动产时效取得与善意取得规则之间的相互关系。"①

刘保玉和王仕印认为，"物权法上的善意取得制度和不动产登记制度均不能取代或遏制取得时效的适用空间。除法律另有规定的特殊情况外，所有权得适用取得时效，各种用益物权也是取得时效适用的重要领域，担保物权由其特性所决定难以适用取得时效，知识产权、人身权则无适用取得时效的余地。在取得时效与消灭时效的关系及其立法模式问题上，分立并存制的立法体例应为最佳选择，我国未来的民法典中应对取得时效制度进行系统、完善的规定"②。

温世扬和廖焕国通过各国取得时效制度的对比，结合我国具体情况，肯定了我国取得时效制度在市场经济条件下有其存在的合理性与必要性。并认为，取得时效的构成要件主要是占有和经过一定期间，并不需要善意；其适用范围包括所有权和所有权以外的其他财产权，但后者的内容需要进一步界定；取得时效标的不以未登记者为限，符合条件的国有财产也可以适用取得时效。③

季秀平认为，我国物权法应当规定取得时效，除了学者们已经反复论述过理由之外，尚有以下三点：第一，利于建立完整的时效制度体系。第二，取得时效并非总是保护非权利人的制度，真正的权利人也有可能因为证据灭失而不能证明自己是真正的权利人，此时，如果他人与其发生权属争议，他也可以取得时效制度来保护自己。第三，反对取得时效的人认

---

① 尹田：《论物权法规定取得时效的必要性》，《法学》2005 年第 8 期。
② 刘保玉、王仕印：《论取得时效的制度构建》，《法学杂志》2007 年第 2 期。
③ 温世扬、廖焕国：《取得时效立法研究》，《法学研究》2002 年第 2 期。

为，取得时效与消灭时效的功能相同，但实际上，取得时效重在新秩序之维持，消灭时效重在旧秩序之否定。二者的功能有所不同，可以并存。①

此外，还有不少学者分别从法经济学的角度、实践价值分析以及时效制度的体系构成等角度论证了规定取得时效的必要性，② 现今，时效取得乃所有权取得的重要方式之一，为诸多立法例所采行，③ 于我国民法典物权编中明定取得时效制度及其规则，已成为学界的共识。④ 另外，也有学者主张通过"搭桥模式"构造我国民法典中的取得时效，弥补传统的取得时效的不足之处。⑤

（二）取得时效制度应当如何规定

全国人大法工委2002年拟定的《中华人民共和国民法（草案）》中单列一节用三个条文规定了"取得时效"，并将其与"诉讼时效"并列规定于总则编的第八章"时效"部分。对此做法，学界褒贬不一，主要可分为三种观点：第一种观点是赞同将取得时效规定于"民法典"的总则编中而与诉讼时效制度形成链接关系的做法；第二种观点是诉讼时效是丧失请求权的时效，列入总则中无可厚非，而取得时效作为财产权的取得方式之一，如果与善意取得、拾得遗失物制度一起规定于物权编"所有权取得的特殊规定"部分，更符合学理上的分类，在体例上也与德国民法和我国台湾地区民法相关规定相一致；第三种观点是取得时效主要调整财产归属关系，其除了对所有权适用外，还适用于他物权，因此应置于物权法的总则中规定。

1. 主张取得时效应当规定在民法典总则中的观点

有学者认为，取得时效虽属所有权的取得方式，但其与消灭时效具有共同的法律本质，皆具有"一定事实状态继续达一定期间而发生一定法

---

① 季秀平：《物权立法中七个疑难问题之我见》，《河北法学》2006年第1期。
② 钟淑健、孙超：《法经济学视域中取得时效的价值分析》，《山东社会科学》2010年第10期；肖厚国：《物权变动立法诸理论问题》，《法商研究》2002年第5期；彭诚信、刘智：《取得时效的实践价值与立法设计》，《社会科学研究》2007年第4期。
③ 刘保玉、吴安青：《民法典物权编的结构安排与内容设计》，《甘肃政法学院学报》2017年第6期。
④ 陈华彬：《我国民法典物权编所有权规则立法研究》，《政治与法律》2018年第10期。
⑤ 金印：《论所有权与时效制度的关系》，《法学家》2017年第3期。

律效果"之内涵，诉讼时效的届满使其丧失权利请求权或胜诉权，实质是丧失了国家公力救济的可能；而取得时效的法律效果则是使所有权或其他财产权为实际占有或支配的人依法取得，使真正的权利人因其消极和怠于行使而丧失其权利。将取得时效和诉讼时效作为统一的时效制度规定在一起分别列出，恰包含了权利人因一定事实状态继续达一定期间而分别丧失公力救济申请权和私力救济权两个方面内容，二者相得益彰，故我国2002年的《民法（草案）》所采体例并无不妥。①

2. 主张取得时效应当规定在物权法所有权制度中的观点

"梁稿"将取得时效置于"所有权"的"一般规定"里，此节的26个条文中有22个条文是规定取得时效的；②"王稿"将取得时效置于"所有权"章的第一节"所有权通则"中的第二部分"所有权的取得"中。③

彭诚信和刘智认为，"取得时效是物权的取得方式之一，其解决的是财产归属问题，与债权性质的消灭时效有根本不同。尽管消灭时效与取得时效这两者具有一定联系，但两者有本质区别，硬性将两者归于一起实属不必，应该采用消灭时效与取得时效分别立法的立法例。总则的内容应该概括或统帅分则，而取得时效的规定显然难以贯穿于分则中。取得时效本质是一种对无权占有经过一定期限后而赋予的法律权利，它是现代民法为发挥物的使用价值、实现财产的功用最大化而进行的一种制度构造。因此，取得时效和无权占有有着密切联系，而且它又是物的所有权取得方式之一。这样，在物权编规定取得时效比在总则中规定更合适，由此我国民法对此应该采'分别规定'立法例，即在总则中规定'消灭时效'（包括绝对消灭时效和相对消灭时效）制度，而在分则'物权—所有权'中规定'取得时效'"④。刘保玉也认为取得时效制度以在物权法所有权部分

---

① 王斌周：《对民法典草案中取得时效制度的几点思考》，法律图书馆网，http://www.law-lib.com/lw/lw_view.asp?no=3428，访问日期2019年3月8日。

② 中国物权法研究课题组（负责人：梁慧星）：《中国物权法草案建议稿：条文、说明、理由及参考法例》，社会科学文献出版社2000年版，第16—19页。

③ 王利明主编：《中国物权法草案建议稿及说明》，中国法制出版社2001年版，第18页。

④ 彭诚信、刘智：《取得时效的实践价值与立法设计》，《社会科学研究》2007年第4期。

规定为宜（准用于其他财产权），在"所有权取得的特别规定"部分规定取得时效制度更为妥当。①

温世扬认为，取得时效制度之取舍及其规则构建，仍是民法典编纂过程中一个悬而待决的问题。虽然取得时效制度因不动产登记制度的完善、善意取得制度的确立在现代民法中的地位和作用有所减弱，但其在稳定社会关系、促进物的有效利用、消解当事人举证负担等方面仍具有重要的制度价值，我国民法应对此作出规定。考虑到我国《民法总则》仅对诉讼时效做了规定，在物权（所有权）制度中对时效取得作出规定就成为一种符合实际的选择。②

刘保玉认为，在民法典物权编"所有权取得的特别规定"中，应增加关于动产取得时效的规定。鉴于《民法总则》第 196 条已有关于不动产物权和登记的动产物权的权利人请求返还财产的请求权不适用诉讼时效的规定，为与其规定精神保持一致，在物权编中只需对普通动产物权的取得时效问题作出规定。③

3. 主张取得时效应当规定在物权法总则中的观点

温世扬和廖焕国指出，考虑到取得时效主要是调整财产归属关系，置于物权法中是比较恰当的；但取得时效所取得者，非以所有权为限，它还包括他物权、所有权以外的其他财产权。由此看来，取得时效客体随着经济发展与社会进步，它不能继续委身于所有权的一般规定，因此，澳门地区民法典的规定值得借鉴。④ 张义华也认为"民法典应采取区分并存的时效立法体例，将取得时效与诉讼时效分别规定。考虑到诉讼时效针对请求权而设，请求权又常常涉及民法典各编及民商事特别法中诸多内容，故应将诉讼时效规定于民法典总则编；而取得时效针对物权而设，是所有权、他物权以及其他财产权的取得方法，故取得时效应置于物权编总则中，不

---

① 刘保玉：《刍议物权法草案中所有权取得的若干规定及其完善》，《法学论坛》2007 年第 1 期。
② 温世扬：《〈民法典〉应如何规定所有权——〈物权法〉"所有权"编之完善》，《法学评论》2018 年第 2 期。
③ 刘保玉、吴安青：《民法典物权编的结构安排与内容设计》，《甘肃政法学院学报》2017 年第 6 期。
④ 温世扬、廖焕国：《取得时效立法研究》，《法学研究》2002 年第 2 期。

能委身于所有权的一般规定"①。

（三）取得时效的期间

《中华人民共和国民法（草案）》中将动产的取得时效期间规定为2年，不动产规定为5年，其期间规定的相对较短。有学者总结了这一做法的利弊："将一般动产的取得时效规定为两年，恰于普通诉讼时效期间吻合，消极权利人在法定期间不行使诉权将导致胜诉权与实体权同时消灭，占有人将直接取得物权。即使无法确定权利人何时知道或应当知道其权利被占有人侵害，亦可适用最长诉讼时效的规定，从侵害行为发生之日起20年即诉讼时效期间届满之时，占有人将取得物之所有权。因此，就一般动产而言，诉讼时效届满的法律效果必然为权利人的胜诉权和实体权同时消灭，由占有人取得物之权利。第二，将不动产的取得时效规定为五年，符合不动产由于其价值大、需登记等特点使之取得时效较一般动产更长的特点。但此时出现的问题是，由于诉讼时效期间和取得时效期间的不一致，可能产生权利人在诉讼时效届满丧失胜诉权时，实际占有人尚未依5年的取得时效规定取得物之权利，即仍可能出现占有人所实际支配的财产权利仍属消极权利人所有的情形，该问题如何有效解决亟待进一步探讨"②。

"梁稿"区分规定动产和不动产各自的取得时效的期间，并且在动产中又依善意与否规定不同的取得时效期间：以所有权的意思，十年间和平、公然、连续占有他人之动产者取得所有权，但其占有之始为善意且无过失者，为五年；不动产登记的取得时效和未经登记的不动产的取得时效的期间，均为二十年。但无论历经多长时间，公有物和公用物均不适用取得时效的相关规定。"王稿"的规定与"梁稿"大致相同。

三　简要总结

学界普遍认为，我国2007年出台的《物权法》中，没有对取得时效制度予以规定，但并不意味着否定此项制度，仍存在将来于民法典中规定的可能性。在取得时效应当在我国民法中予以承认这一观念达成共识之

---

① 张义华：《论取得时效制度的价值与体例》，《中州学刊》2004年第3期。
② 王斌周：《对民法典草案中取得时效制度的几点思考》，法律图书馆网，http://www.law-lib.com/lw/lw_view.asp?no=3428，访问日期2019年3月8日。

后，下一步要面临的就是取得时效制度在民法体系中的具体安排，各种观点均有其一定道理，但目前主张中以将其规定在物权法中的所有权部分者居多。关于取得时效制度的取得期间及其他要件的具体设计，尚须结合实践予以进一步讨论。考虑到取得时效不同于消灭时效的特性，其期间以规定较长一些为宜。

不过，在我国民法典编纂中，立法机关并未接受学界的主张，其态度仍是不对取得时效作出明确规定。

第八节 所有权的其他取得方式

一 立法论

（一）主要争议问题

所有权的取得方式除以上情况外，还包括其他一些类型，而我国《物权法》中并未对其全部作出规定，而是有所取舍，对此学界褒贬不一。有关争议主要集中在所有权的各种取得方式是集中规定为宜还是分散规定为好；取得时效、添附、先占等所有权的取得方式应否在物权相关立法中明确承认；先占究竟是一种法律行为、准法律行为还是一种事实行为；我国立法应在何种程度上承认先占的效力；添附中的求偿关系的法律性质为何；关于发现埋藏物、拾得遗失物，拾得人的权利和义务制度的应当如何设计争议不大，分歧主要集中在是否应当规定拾得人的报酬请求权，以及发现埋藏物、拾得遗失物所产生的物权变动之后果，即埋藏物、遗失物的归属问题上；在征收制度中，我国物权立法中存在的最大争议在于如何在对"公共利益"的内涵和外延进行界定；此外，征收和征用的关系如何，对其应当分别予以规定还是合并进行规定，亦存在一定分歧。

（二）各种观点

1. 所有权的取得方式应当如何规定

所有权的取得，指所有权与特定主体相结合，即某一主体取得对某一不动产或者动产的所有权。所有权的取得方式甚多，诸如劳动生产、合法建造房屋、移转所有权的合同、继承、遗赠、先占、添附、收取孳息、没收、征收、判决、时效取得等。这些所有权的取得方式，可分为原始取得与继受取得两类情形。①

"梁稿"在"所有权"一章的第一节"一般规定"中,用22个条文规定了"取得时效制度";在第五节"动产所有权"中分六目分别规定了善意取得、先占、拾得遗失物、发现埋藏物、添附和货币与有价证券所有权。但其并没有专节规定"所有权的取得方式"②。

"王稿"对所有权取得的一般规定和各种具体的取得方式做了集中统一的规定;其"所有权"一章中,细分为九节,其中第一节中专门规定了"所有权的取得方式",除了用13个条文分设了"所有权取得的一般规定"(含取得时效制度)外,还规定了善意取得、先占、拾得遗失物、发现埋藏物和添附这五种具体的所有权取得方式。③

"孟稿"则在立足于二元物权理论的基础之上,对所有权的取得方式的体系设计作出了独特的安排。该稿专设"物权的设立和取得"一节,并将其置于第一章"总则"中的第二节(位于第一节"一般规定"之后)。此节共计15个条文,首先规定了物权取得的一般性规定,即"物权以法律规定或认可的方式设立或取得",随后分别规定了先占、拾得遗失物、发现埋藏物、添附、票据和单据所有权、取得时效、征收、转让和物权回转等制度。④

全国人大常委会办公厅在2005年7月公布的《中华人民共和国物权法(草案)》在所有权一编的第九章"所有权取得的特别规定",用了12个条文,专门规定了善意取得、拾得遗失物、拾得漂流物、发现埋藏物或者隐藏物和添附这几种具体的所有权取得方式。另外需要说明的是,该草案在"所有权"的"一般规定"中也有一个条文涉及所有权取得的一般性规定,即第49条:"依照法律规定只能属于国家所有的不动产和动产,任何单位和个人不能取得所有权。"⑤

---

① 刘保玉:《物权法学》,中国法制出版社2007年版,第209页。
② 中国物权法研究课题组(负责人:梁慧星):《中国物权法草案建议稿:条文、说明、理由及参考法例》,社会科学文献出版社2000年版,第32—38页。
③ 王利明主编:《中国物权法草案建议稿及说明》,中国法制出版社2001年版,第16—25页。
④ 孟勤国:《中国物权法草案建议稿》,《法学评论》2002年第5期。
⑤ 全国人大常委会法制工作委员会民法室:《物权法(草案)参考》,中国民主法制出版社2005年版,第25—28页。

综观各稿，对于所有权取得的各种方式，是分散规定为好，还是集中规定为宜，以及集中规定于何处，存在一定分歧。刘保玉对以上各稿中关于所有权的取得方式的编排体例分别予以了细致分析："梁稿"的设计，为国外立法例上较为通行的做法，但与其他稿相比较并作细致推敲，亦有不足：其一，"一般规定"一节中的25个条文竟有22个是规定取得时效的，其他一般规则性的规定有所欠缺。其二，"土地所有权""建筑物区分所有权""不动产相邻关系"三节，均是关于不动产所有权问题的，侧重于权利的内容和特点；而与不动产所有权问题并列、对应的"动产所有权"一节中，则全部是关于其取得方式的特殊规定。此两部分规范的内容既不相同也不对应，有失协调。其三，在此一规范模式下，所有权取得的一般规定及各种方式，只能被分散规定于不同的节、目中，无法形成整体制度。因此，此一规范模式，并非至善尽美。虽然"王稿""孟稿"与法工委稿在具体内容设计上稍有不同，但在所有权取得方式的规定上，均采用了较为集中的规范模式。各稿对于各种所有权的具体规定，均有体现其各自特点的实体内容，并非空泛无物。不过，法工委稿除了在"一般规定"一章中对所有权的取得作出原则规定之外，又将"所有权取得的特别规定"单列一章，而且其中也未规定先占、添附等所有权的取得方式及货币与有价证券所有权的特殊规则，此做法的合理性值得斟酌。"王稿"将所有权的取得问题集中规定于"一般规定"中，笔者认为此点值得肯定。综合各稿之所长，刘保玉建议所有权取得的原则规定和各种具体方式以及货币与有价证券所有权得丧的特殊规则可以置于所有权一章的"第一节 一般规定"中。[1]

有疑问的是，《物权法》所有权编中未有"所有权取得的一般规定"，何来与之对应的"特别规定"？对此，刘保玉认为：设"所有权取得的特别规定"专章的编排设计，是值得肯定的。[2] 虽然《物权法》没有专门列出"所有权取得的一般规定"的标题，但却有相关规定。主要表现在

---

[1] 刘保玉：《物权法体系设计问题之我见》，载王利明主编《中国民法典基本理论问题研究》，人民法院出版社2004年版，第399—401页。

[2] 刘保玉：《刍议物权法草案中所有权取得的若干规定及其完善》，《法学论坛》2007年第1期。

两个方面：其一，所有权取得的合法性问题（《物权法》第7条）；其二，所有权取得的时间与条件问题（《物权法》第6条及第二章关于物权变动的规定等）。所有权取得的特别规定，是法律单独针对某种具体的所有权取得方式的要件、限制、效果等而作的专门规定。我国《物权法》中专设了"所有权取得的特别规定"一章（第九章），其中所规定的就是一些具体情况下所有权取得的特别规则及其适用条件和范围，其内容涉及善意取得、拾得遗失物、发现埋藏物、从物、孳息等问题；另外，不动产的征收问题在《物权法》中也有规定。但是，先占、添附、取得时效、货币所有权的取得等规则在《物权法》中并没有规定。① 另外，刘保玉指出，民法典物权编所有权部分的完善，应主要围绕所有权取得的特别规定部分进行，在完善建筑物区分所有权、共有、相邻关系的规则外，重点应在所有权取得的特别规定中补充先占、添附、动产取得时效、货币与有价证券所有权的得丧规则等。②

2. 关于先占制度的讨论

（1）先占的概念与要件

通说认为，先占是指占有人以所有的意思，先于他人占有无主动产而取得其所有权的事实。③ 一般认为先占须具备如下几个条件：其一，先占之物须是无主物；其二，先占之物限于动产；其三，须先占人以所有的意思占有动产；其四，先占之行为须不违反法律、法规的规定。④ 另外，温世扬还指出，先占的标的物不得为不融通物，比如人类尸体，也不得为特定人享有独占的先占权之物，如渔业权人对一定水域的水产享有独占的先占权，可排除一般人的先占。⑤ 关于先占的要件问题，我国学界基本上没

---

① 刘保玉：《物权法学》，中国法制出版社2007年版，第209—210页。

② 刘保玉、吴安青：《民法典物权编的结构安排与内容设计》，《甘肃政法学院学报》2017年第6期。

③ 郭明瑞主编：《民法》，高等教育出版社2007年版，第241页。

④ 中国物权法研究课题组（负责人：梁慧星）：《中国物权法草案建议稿：条文、说明、理由及参考法例》，社会科学文献出版社2000年版，第372—373页；王利明主编：《中国物权法草案建议稿及说明》，中国法制出版社2001年版，第241—242页；梅夏英：《物权法·所有权》，中国法制出版社2005年版，第245—247页；刘保玉：《物权法学》，中国法制出版社2007年版，第211页。

⑤ 温世扬：《〈民法典〉应如何规定所有权——〈物权法〉"所有权"编之完善》，《法学评论》2018年第2期。

有争议。

还有学者专门刊文指出,未汇入其他水体或者载体（如土地）中的雨水是无主物,而不是"水资源"。因此,收集雨水的行为是对无主物的先占,是所有权原始取得方式之一。[1] 对于近年来发生的数起"乌木"的归属争议,也有学者从无主物先占的角度来加阐释。[2]

（2）先占的法律性质

关于先占的法律性质,主要有三种学说：法律行为说、准法律行为说和事实行为说,以事实行为说为通说,并为我国学者所普遍认同。[3] 该说认为先占的成立中"以所有的意思",并非指效果意思,只需先占人事实上对物有支配管领的意思即可。法律系基于先占的事实而赋予占有人取得其所有权的效果,先占人只需具备一定的意思能力,而不需要具有完全的民事行为能力,故此先占应属于事实行为。[4]

（3）先占的效力

先占的基本效力或者说法律效果,是先占人原始取得无主物的所有权。但各国立法规定并不一致,主要有两种立法例：一是先占自由主义,即不分动产与不动产,法律均允许自由先占而取得所有权；二是先占权主义,即无主不动产只有国家才有先占权,动产则须经过法律的许可或在不违反法律规定的前提下,方能由先占人取得其所有权。后一种立法例为大多数国家的民事立法所采用,[5] 梁慧星和王利明分别主持拟定的两个《物

---

[1] 贾登勋：《先占：雨水集蓄的物权取得方式和物权内容》,《甘肃社会科学》2007 年第 2 期。

[2] 《乌木归属法律问题探讨》,中国民商法律网,http://old.civillaw.com.cn/article/default.asp?id=56436&_d_id=809d29d3ac88879adf09117344f38e,访问日期 2019 年 12 月 7 日。

[3] 中国物权法研究课题组（负责人：梁慧星）：《中国物权法草案建议稿：条文、说明、理由及参考法例》,社会科学文献出版社 2000 年版,第 374 页；王利明主编：《中国物权法草案建议稿及说明》,中国法制出版社 2001 年版,第 240 页；梅夏英：《物权法·所有权》,中国法制出版社 2005 年版,第 243—244 页；梁慧星、陈华彬：《物权法》,法律出版社 2007 年版,第 223 页；郭明瑞主编：《民法》,高等教育出版社 2007 年版,第 242 页；侯水平、黄果天等：《物权法争点详析》,法律出版社 2007 年版,第 205 页。

[4] 刘保玉：《物权法学》,中国法制出版社 2007 年版,第 210 页。

[5] 郭明瑞主编：《民法》,高等教育出版社 2007 年版,第 242 页。

权法草案学者建议稿》中也均采此方案。①

但是我国学界也有不少人持另一种主张，陈华彬认为，关于先占的立法例，还存在一种"二元主义"，即无主物被区分为动产无主物与不动产无主物，动产无主物适用先占自由主义，个人可依先占取得其所有权，而不动产无主物则适用国家先占主义，仅国家可以取得所有权。② 温世扬赞同在我国民法典编纂中采用"二元主义"③。我国《物权法》未规定先占制度，属于立法上的一项重要缺漏，但这不影响我们从理论上构建我国的先占法理。从我国实际出发，我国的先占法理应采二元主义立法例。④ 梅夏英认为，当今世界大多数国家均采用了二元主义，从我国的目前情况看，我国土地已经法律确定为国家或集体所有，房产和其他不动产也依据不动产登记公示确定了所有权人，无主的不动产几乎不再存在，对于价值不大的动产，如果采取国家先占的态度，则既无必要，在实践中也难以施行，同时对于价值轻微的动产，国家也不可能逐一进行立法许可，因此，我国物权法应采二元主义。⑤

以上两种不同意见是存在分歧的，其一，在对动产的先占问题上，第一种意见主张采取法定主义，第二种意见主张采取先占自由主义；其二，第一种意见认为先占权主义为世界大多数国家所采用；第二种意见认为当今世界大多数国家均采用了二元主义。这些问题尚需在以后的研究中予以澄清。

（4）先占制度的取舍

先占制度作为最为古老的财产取得方式之一，是所有权制度中的重要内容。⑥ 自古至今，各国法律上对此也大都设有明文规定。我国

---

① 中国物权法研究课题组（负责人：梁慧星）：《中国物权法草案建议稿：条文、说明、理由及参考法例》，社会科学文献出版社2000年版，第373页；王利明主编：《中国物权法草案建议稿及说明》，中国法制出版社2001年版，第239页。
② 陈华彬：《物权法》，法律出版社2004年版，第365页。
③ 温世扬：《〈民法典〉应如何规定所有权——〈物权法〉"所有权"编之完善》，《法学评论》2018年第2期。
④ 梁慧星、陈华彬：《物权法》，法律出版社2007年版，第225页。
⑤ 梅夏英：《物权法·所有权》，中国法制出版社2005年版，第242—243页。
⑥ 侯水平、黄果天等：《物权法争点详析》，法律出版社2007年版，第205页。

民法尚缺乏对无主物先占规则的承认。① 国内多数学者主张我国法律应当对此制度予以规定，"梁稿""王稿"和"孟稿"也均设有先占的规则。②

侯水平和黄果天等学者的著作中认为，我国的先占制度应采纳"梁稿"和"王稿"的观点和规定。但是，两个建议稿都缺少不得为先占的标的物的规定，故建议规定下列动产不得为先占的标的物：①尸体。②文物。③石油、煤炭、矿藏等资源已由法律规定属于国有，不适用先占。④国家法定的不融通物不适用先占。⑤无人继承的遗产，由国家所有不得先占。③

我国现行法和物权法草案的诸次审议稿中以及最终颁布的《物权法》均未对先占制度作出规定。④ 对此，学界颇有非议。刘保玉指出，由于我国的民事立法和《物权法》中并未对先占制度作出明确规定，实践中只能依据共同生活习惯而予认可；依《物权法》关于所有权取得的一般规定，亦可认为其属于不违反法律规定的所有权取得方式。但先占的要件和限制等问题并非一般生活常理所能全部解决，《物权法》中应以对其作出明确规定为宜。⑤ 李开国和刘云生从民法典的高度对先占制度进行了详细的阐述。他们首先对中国现行民事立法中先占制度和取得时效制度的缺失而导致的逻辑上和价值上的弊端做了详细全面的剖析，然后阐释了先占取得制度的平等、自由效益等价值依据，进而得出未来民法典认同并设立先

---

① 王明锁：《对孳息的传统种类及所有权归属之检讨》，《法商研究》2015年第5期。

② 中国物权法研究课题组（负责人：梁慧星）：《中国物权法草案建议稿：条文、说明、理由及参考法例》，社会科学文献出版社2000年版，第32—33页；王利明主编：《中国物权法草案建议稿及说明》，中国法制出版社2001年版，第239页以下；孟勤国：《中国物权法草案建议稿》，《法学评论》2002年第5期。"孟稿"还专门规定有不能依先占取得所有权的对象，即禁止流通物和赃物。

③ 侯水平、黄果天等：《物权法争点详析》，法律出版社2007年版，第211—212页。

④ 唯在法工委的物权法草案（2004年8月3日修改稿）第107条对先占问题作有规定："自然人、法人对抛弃物，可以因先占而取得所有权。自然人、法人对野生动植物，在法律许可的范围内，可以因先占而取得所有权。"但正式的审议稿中，未出现该条规定。

⑤ 刘保玉：《物权法学》，中国法制出版社2007年版，第211—212页。

占取得制度是刻不容缓的。① 刘云生还认为，现行中国民事立法未明示规定先占取得制度，深刻影响着民法价值目标之合理性与体系建构之完整性。综观各国立法，意识形态虽或相异，历史传统亦未必相同，但其于先占取得制度之构建方面却体现了一种共同之价值立场并于法典中明示列出。其以现行民事立法之价值选择与体系缺失两方面为切入点，分析先占取得制度阙如所产生之诸种弊端，探明于未来民法典中增设先占取得制度之必然性及可能性，同时，其以《中华人民共和国民法草案》为蓝本对先占取得制度进行简要条文评述和改进设计。②

也有的学者，从循环经济入手阐述先占制度的价值，督促我国尽快在立法上明确先占制度。其认为，建立先占制度可以维护无主物静的安全和归属秩序，充分发挥抛弃物的效用，促进循环经济的可持续发展和人与自然的和谐关系，大大减少环境污染，降低人类对原生自然资源的开采和利用。③

关于民法典的编纂，温世扬认为，尽管《民法通则》及其司法解释对先占未置一词，《物权法》中也没有关于先占的规定，在民法典"所有权"编（章）中对先占作出规定，当下已成为学界共识。④ 陈华彬也认为，先占存在于我国民间的习惯法制度或规则，于编纂民法典物权编时，实有必要将其上升为立法上的制度或规则，由此发挥其调节和稳定社会关系的功用与价值。⑤

刘保玉更是直言民法典物权编"所有权取得的特别规定"中，应增加先占的规定，并提出了如下建议条文：

"以自己所有的意思，先行占有无主的动产的，取得该动产的所有权。"

---

① 李开国、刘云生：《先占取得制度与未来中国民法典》，载黄莹、孟勤国主编《中国物权法的理论探索》，武汉大学出版社2004年版，第138—154页。

② 刘云生：《民法典设立先占取得制度之必要性与可能性透视》，《河北法学》2005年第3期。

③ 黄华均、刘玉屏：《循环经济视野下先占的当代价值——尽快建立我国先占制度的物权法思考》，《甘肃社会科学》2006年第1期。

④ 温世扬：《〈民法典〉应如何规定所有权——〈物权法〉"所有权"编之完善》，《法学评论》2018年第2期。

⑤ 陈华彬：《我国民法典物权编所有权规则立法研究》，《政治与法律》2018年第10期。

"野生动植物的先占取得,不得违反法律的规定。"

"位于他人土地上的无主动产,非经土地所有权人许可,不得依先占取得,但依照当地习惯无须许可的除外。"①

3. 添附

(1) 关于添附制度的取舍

我国现行法上没有关于添附问题的系统规定,但在理论上及司法实践中均承认添附这种取得所有权的方式。② 在物权法草案的数个学者建议稿中,均对添附问题做了较详细的规定。

"梁稿"以单独一目的方式将添附的相关规定置于"所有权"章中的"动产所有权"一节中,用了7个条文分别规定了动产与不动产的附合、动产与动产的附合、混合、加工和第三人权利等内容。③ "王稿"用6个条文规定了添附制度,分别规定了动产与不动产的附合、动产与动产的附合、混合、加工和求偿关系等内容。④ "孟稿"用5个条文规定了添附制度,具体规定了生产物、复合物、混合物和加工物的权属规则以及求偿关系等内容。⑤

在法工委提出的物权法草案二次审议稿中,曾用了四个条文对加工、附合、混合所形成的新物归属、求偿关系等做了较为详细的规定,其规则也基本合理、可行,惟其条款中未涉及"第三人权利"问题;而在三、四次审议稿中,出于概括、简约的考虑,将其合并为了一条。⑥ 但该条规

---

① 刘保玉、吴安青:《民法典物权编的结构安排与内容设计》,《甘肃政法学院学报》2017年第6期。

② 唯最高人民法院《贯彻执行民法通则的意见》第86条对非产权人在使用他人的财产上增添附属物的问题作有规定,《适用担保法的解释》第62条对于抵押物发生添附时相关问题的处理作有规定。

③ 中国物权法研究课题组(负责人:梁慧星):《中国物权法草案建议稿:条文、说明、理由及参考法例》,社会科学文献出版社2000年版,第36—37页。

④ 王利明主编:《中国物权法草案建议稿及说明》,中国法制出版社2001年版,第24—25页。

⑤ 孟勤国:《中国物权法草案建议稿》,《法学评论》2002年第5期。

⑥ 该条规定:"因加工、附合、混合而产生的物的归属,有约定的,按照约定;没有约定或者约定不明的,依照法律规定;法律没有规定的,按照充分发挥物的效用以及保护无过错的当事人的原则确定。因一方当事人的过错或者取得物的归属给另一方当事人造成损失的,应当给予赔偿。"

定因失之粗略而导致规则不明以及存在混淆合同关系与物权关系的问题而招致更多诟病,其后干脆将其删除。学界普遍认为这一知难而退的决断令人遗憾,其妥当性殊值检讨。① 为此,李富成博士以二审稿为坐标,同时介绍了两部学者建议稿("梁稿"和"王稿")的内容,解读由二审稿第 119 条至第 122 条 4 个条文合为征求意见稿第 122 条的原则性规定之后的变化,并提出了相关的完善建议。②

在理论界,关于添附制度的取舍存在两种意见。一种意见认为,关于添附的规定实属多余,内容不符合实际。③ 同时,添附制度可以被侵权行为制度所替代。因为任何人,无论是基于善意还是恶意利用他人财产进行添附,都构成对他人财产所有权的侵害。因此,财产被添附的一方都有权基于侵权请求权主张排除妨害、赔偿损失。另外,在对租赁房屋装修这一添附问题上,则实际上又可以将房屋的装修视为一项合同条款,可以用违约责任的思路来解决添附问题。④ 从这个意义上说,不存在所谓添附的问题,也不需要重新确权。添附制度在实践中极少发生,法律上没有必要为了一些极少例外情况而设立一项独立制度。⑤ 为此,梅夏英认为,我国《物权法》不规定添附规则,是较为明智的,我国《民法通则意见》第 86 条规定的"约定—拆除—折价、赔偿"的规则体系,对于解决实践中的添附问题,实际上更具有合理性,应当被民法典所吸收。⑥ 另一种意见认为,添附制度迫切需要规定在物权法中,实践中因添附问题发生的纠纷相当普遍。⑦ 学界中以持后一种意见者居多。

---

① 刘保玉:《刍议物权法草案中所有权取得的若干规定及其完善》,《法学论坛》2007 年第 1 期。

② 李富成:《添附制度体系之比较、反思与重构》,《清华大学学报》(哲学社会科学版)2006 年第 5 期。

③ 全国人民代表大会常务委员会法制工作委员会民法室编:《物权法立法背景与观点全集》,法律出版社 2007 年版,第 468 页。

④ 崔建远:《不动产附合规则之于中国民法典》,《江汉论坛》2017 年第 6 期。

⑤ 王利明:《试论添附与侵权责任制度的相互关系——兼论〈物权法〉中添附制度的确立》,《法学杂志》2005 年第 3 期。

⑥ 梅夏英:《民法典编纂中所有权规则的立法发展与完善》,《清华法学》2018 年第 2 期。

⑦ 全国人民代表大会常务委员会法制工作委员会民法室编:《物权法立法背景与观点全集》,法律出版社 2007 年版,第 468 页。

王利明指出，添附制度作为一种物权变动方法的存在价值是毋庸置疑的，其不应当由司法解释所创设，应当在《物权法》中作出规定。添附纠纷在实践中大量存在，只不过由于现行法律没有规定添附制度，因此对该类案件并没有通过添附而是采用侵权、不当得利等规则加以处理。但添附制度不能为侵权请求权、物权请求权和不当得利返还请求权制度所替代。添附与侵权虽然可能发生竞合，但二者具有不同的功能与价值，即使既发生侵权又构成添附，也不一定适用侵权责任的有关规则；添附制度与物权请求权、不当得利请求权以及违约请求权存在着密切的关系，在适用中应注意甄别；在动产和不动产附合的情况下，由不动产所有人取得添附物的所有权应有若干例外。以添附确定权利归属，应体现效率、诚信和公平原则。①

刘保玉认为，从增进社会财富、充分发挥物的效用的原则出发，应承认添附可以引起物权的变动，重新确认添附所形成的新物的所有权归属，使其归于一人所有或形成共有；取得添附物所有权的一方所受之损失，得依法律关于不当得利的规定，请求取得添附物所有权的人予以偿付。② 我国现行法律上没有关于添附的规定，唯最高人民法院《关于贯彻执行〈民法通则〉若干问题的意见》第 62 条、《关于适用〈担保法〉若干问题的解释》第 86 条对非产权人在使用他人的财产上增添附属物的问题和抵押物发生添附时相关问题的处理作有规定。尽管我国《物权法》最后未能保留添附制度，但在民法典编纂过程中，有必要根据学理共识和立法通例承认添附这种取得所有权的方式。③

温世扬认为，无论是从比较法经验看还是从回应定纷止争的实践需要看，无论是从"一物一权"的物权法自身要求看还是从物权法、侵权责任法等相关制度的协调考量，添附制度的缺失都是我国现行物权制度的一大缺憾，借民法典编纂之机，《物权法》应对添附制度作

---

① 王利明：《试论添附与侵权责任制度的相互关系——兼论〈物权法〉中添附制度的确立》，《法学杂志》2005 年第 3 期；王利明：《添附制度若干问题探讨》，《法学评论》2006 年第 1 期。

② 刘保玉：《刍议物权法草案中所有权取得的若干规定及其完善》，《法学论坛》2007 年第 1 期。

③ 刘保玉、吴安青：《民法典物权编的结构安排与内容设计》，《甘肃政法学院学报》2017 年第 6 期。

出明确规定。① 陈华彬也赞同此种观点,建议立法机关于民法典物权编中明确规定附合、混合及加工的添附制度及其规则。② 单平基针对制度给出了更明确的建议,认为应当规定在民法典物权编的"所有权取得的特别规定"中,分置为多个条文予以规范。③

因为我国法律上一直未明确承认添附制度,司法实践中,大多法院借口法无规定而拒绝裁判,使法律对社会关系的调整留下了相当大的空白。④ 也有的法院常以侵权责任取代添附制度,从而造成一般社会认知水平普遍感觉的不公平不效率。在某些典型的由添附引发的财产损害赔偿纠纷时,运用侵权责任、添附制度进行处理,会产生截然不同的社会效果。因此,有的法官为达到公平化和物尽其用的效果,在法无明确规定添附制度的情况下,采取迂回方式,通过做当事人工作,使其放弃恢复原状之侵权诉请,并运用添附制度原理对案件进行了判决。⑤

（2）添附制度的规则构建

李富成博士指出,传统的添附制度在试图解决特定问题的同时,另外产生了更多问题。依传统的添附理论,一旦发生添附事实,即先确定添附物的所有权归属。虽然添附之物仍历历在目,法律却坚持认为其在混合与附合的场合已经融入主物之体,在加工的场合已经化为新物,从而失去独立的法律存在。这一方面造成了添附制度内部在物之"主从""新旧"上体认与辨异的复杂化,另一方面产生一定的"外部性",导致添附、物权请求权、侵权请求权以及不当得利请求权等制度之间不能顺利地分工与协作,并可能影响民法财产法的体系。因此,其倡议对添附制度进行限制性的再定位,主张在审视并检讨传统的添附制度与观念的基础上,根据"奥卡姆剃刀"原理的启示,构建一个明智简约的添

---

① 温世扬:《〈民法典〉应如何规定所有权——〈物权法〉"所有权"编之完善》,《法学评论》2018年第2期。
② 陈华彬:《我国民法典物权编所有权规则立法研究》,《政治与法律》2018年第10期。
③ 单平基:《添附入典的立法表达——〈民法典物权编（草案）〉第117条检讨》,《现代法学》2019年第6期。
④ 梁慧星、陈华彬:《物权法》,法律出版社2007年版,第226页。
⑤ 岑华春、徐婷姿:《添附制度与侵权责任的关系》,《人民司法》2009年第4期。

附制度新体系,即以财产权安全的保护来限制添附的适用,在特定情形下以添附的适用辅助交易安全的保护。具体来说有三个方面:将过错作为添附的消极要件,从而把相当一部分添附事实归入物权法与侵权行为法的"管辖"范围,消除添附规则与物权请求权、侵权请求权以及不当得利制度之间的不协调问题;不动产交易安全保护以及特定情形下的动产交易安全保护的需要,要求适用添附规则;在善意添附的情况下,仍应以财产权安全的保护为先,即使在适用添附的情况下,也应以添附物负担对失权人的补偿之担保。①

柳经纬专门就添附中的求偿关系的法律性质作出了讨论。其认为,添附中的求偿关系,在传统的民法中均被定性为不当得利,但是其与不当得利之间存在着诸多区别,最为显明的是添附一方取得新物所有权具有法律上的原因。添附中的求偿关系,不属于合同、无因管理、不当得利和侵权行为四种典型之债,应属于非典型之债。②

刘保玉借鉴我国物权法草案的学者建议稿和物权法草案二审稿中的条文设计以及国外相关立法规定,针对民法典物权编的编纂,提出了如下关于添附的三个相对简略的条文建议:

"第 X—1 条 [附合物、混合物或者加工物的归属] 附合物、混合物或者加工物的归属,除法律另有规定或当事人另有约定的外,按照下列规则确定:

(一) 动产附合于他人不动产而为不动产的重要成分的,由不动产所有权人取得该动产的所有权。

(二) 动产与他人的动产附合、混合而形成合成物、混合物,不能分离或者分离不符合经济原则的,由主物所有权人或者价值较大的原物所有权人取得合成物、混合物的所有权;无法辨识主从物关系或者价值大小的,合成物、混合物的所有权由各动产所有权人共有。附合人、混合人为恶意的,不得取得合成物、混合物的所有权。

(三) 加工他人动产的,加工物的所有权属于材料的所有权人。但善意为加工行为且因加工所增加的价值明显大于他人的材料价值的,由加工

---

① 李富成:《构建明智简约的添附制度新体系》,《河北法学》2005 年第 8 期。
② 柳经纬:《论添附中的求偿关系之法律性质——兼谈非典型之债与债法总则的设立问题》,《法学》2006 年第 12 期。

人取得加工物的所有权。

第 X—2 条 [第三人权利] 依照第一条规定，动产的所有权消灭时，该动产上的第三人的权利随之消灭，但第三人的担保物权可以继续存在于代位物上。

第 X—3 条 [求偿关系] 依照第一条的规定，丧失权利而受有损失的人，可以依照法律规定请求赔偿损失，但不得请求恢复原状。

恶意附合、混合、加工，造成他人损害的，应当承担赔偿责任。"[1]

单平基在借鉴世界主要国家或地区相关立法例后，对添附入典也提出自己的立法建议，设计了 7 个立法条文建议，认为附合、混合、加工等不同添附形式存在明显制度差异，应当分类设置不同规则，以"重要成分"判定动产与不动产附合物的归属，以"主从关系/共有"确定动产相互附合物、混合物的归属，以"材料主义为原则、加工主义为例外"确定加工物的归属，并明确因添附失去物权者或付出劳力者可依据不当得利、侵权损害赔偿请求权诉求救济。[2]

另外，温世扬还提出了我国民法典将不动产与不动产之附合纳入添附制度的调整范围的必要性，认为其不仅是添附一种理论形态，而且是一种需要法律调整的客观存在。其一，就土地而言，在我国土地公有制下，城市郊区国有土地与集体所有土地之间、农村不同主体的集体所有土地之间均存在因水流冲击等原因而发生附合的可能；其二，就土地与地上建筑物、构筑物、苗木等而言，在国有土地或集体所有土地租赁和集体土地（如"四荒土地"）承包经营关系中，承租人、承包人在租赁、承包土地上营造建筑物、构筑物、种植苗木之情形并不鲜见，当租赁期届满时，即可能发生地上不动产（包括未到采伐期的苗木）的归属问题，而不能一概适用拆除——取回规则简单处置。有鉴于此，我国物权法应规范不动产与不动产的附合。[3]

---

[1] 刘保玉、吴安青：《民法典物权编的结构安排与内容设计》，《甘肃政法学院学报》2017 年第 6 期。

[2] 单平基：《添附入典的立法表达——〈民法典物权编（草案）〉第 117 条检讨》，《现代法学》2019 年第 6 期。

[3] 温世扬：《〈民法典〉应如何规定所有权——〈物权法〉"所有权"编之完善》，《法学评论》2018 年第 2 期。

4. 拾得遗失物与发现埋藏物

（1）拾得人的权利和义务的制度设计

《中国物权法草案建议稿》和《中国民法典草案建议稿》各有两个版本，分别为梁慧星和王利明主持。这四个建议稿均详细规定了拾得人的权利和义务乃至责任，其中，梁慧星主持的《中国物权法草案建议稿》和《中国民法典草案建议稿》在此部分的内容基本没有差别，但王利明主持的《中国物权法草案建议稿》和《中国民法典草案建议稿》在此部分的内容不尽相同。

在总体，关于拾得人的义务，这四个建议稿没有太大差别，规定了拾得人的通知与返还义务，即在拾得遗失物之后，立即通知所有人、遗失人或其他有受领权的人，并将其物返还；报告义务，即如果遗失物的所有人、遗失人或其他有权受领的人不明，拾得人应在一定的时间内将遗失物的情况报告给相关国家机关；保管义务，即拾得人在将遗失物返还或交付之前，应予妥善保管。关于拾得人的权利，四个建议稿都规定了拾得人的费用补偿请求权，即拾得人就遗失物支出保管费等其他必要费用的，有权向受物品返还的人或取得物品所有权的人请求补偿；报酬请求权，即拾得人向接受遗失物返还的人要求支付酬金或报酬的权利；留置权，即拾得人在义务人支付费用和取得一定报酬前，有权留置遗失物。①

此外，梁慧星主持的两个建议稿还规定了"遗失物取得权"，即遗失物于法定期间经过无人认领的，由拾得人取得其所有权。所有权取得的性质，因拾得人取得所有权系基于法律规定，属于原始取得，因此，原存于该物上的一切第三人的权利，均应归于消灭。②虽然王利明主持的《中国民法典草案建议稿》中并没有明确使用"遗失物取得权"的表述，但是

---

① 中国物权法研究课题组（负责人：梁慧星）：《中国物权法草案建议稿：条文、说明、理由及参考法例》，社会科学文献出版社2000年版，第378—389页；王利明主编：《中国物权法草案建议稿及说明》，中国法制出版社2001年版，第22—23页；梁慧星等：《中国民法典草案建议稿附理由物权编》，法律出版社2005年版，第166—173页；王利明等：《中国民法典学者建议稿及立法理由（物权编）》，法律出版社2005年版，第119—127页。

② 中国物权法研究课题组（负责人：梁慧星）：《中国物权法草案建议稿：条文、说明、理由及参考法例》，社会科学文献出版社2000年版，第390—391页；中国民法典研究课题组（负责人：梁慧星）：《中国民法典草案建议稿附理由（物权编）》，法律出版社2005年版，第174页。

其第 733 条规定"遗失物招领公告发布之日起六个月内无人认领的遗失物归拾得人所有……",实际上与"遗失物取得权"的内容无差异。①

关于上文所述的拾得人的留置权,有学者认为应当区分情况,对于拾得人为实现费用求偿权可以行使留置权,然而,在报酬请求权上设置留置权不符合立法初衷,易给拾得人创造滥用权利的机会。因为在费用求偿权上设置留置权,是民法公平原则的体现,目的是为了不让拾得人因拾得行为而有所损失。而报酬请求权是一种奖励性质的权利,即使放弃,拾得人也不会因此蒙受额外损失,其目的是鼓励拾得人积极返还失主遗失物。②

董学立对遗失物拾得制度中拾得人和遗失人的权利义务设计的原因进行了分析,其认为"就遗失物拾得制度的第一性目的规范意旨而言,是以恢复遗失人对遗失物的占有为意旨。这一意旨的实现,则又是以遗失人的返还请求权和拾得人的返还义务这一债权性权利义务关系为手段的。但是,就遗失物拾得制度的第二性目的规范意旨来说,其关于鼓励拾得人返还遗失物占有的制度,就是以拾得人的相关权利赋予和遗失人的对应义务附加为通途"③。

(2) 拾得人的报酬请求权规定与否

关于拾得人在返还遗失物后是否有权请求报酬,理论上存在两种截然不同的观点,一是肯定说,另一是否定说。肯定说认为,目前世界上大多数国家都有关于报酬请求权的规定,我国也应认可拾得人享有报酬请求权,④ 将传统的拾金不昧这种道德规范上升到法律规范的做法,忽视了双方实际利益的平衡,从而影响了法律规则实际效用的发挥;否定说认为,拾金不昧是我国优秀的道德传统,如规定报酬请求权,既不利于弘扬美德,也会使一些人向失主索要过高的报酬。我国多数学者赞同肯定说。

---

① 王利明等:《中国民法典学者建议稿及立法理由(物权编)》,法律出版社 2005 年版,第 127—128 页。
② 蒋慧、黄明艳:《我国遗失物拾得制度存在的不足及完善》,《当代法学》2001 年第 2 期。
③ 董学立:《遗失物拾得制度研究》,《山东示范大学学报》(人文社会科学版)2005 年第 4 期。
④ 陈华彬:《我国民法典物权编所有权规则立法研究》,《政治与法律》2018 年第 10 期。

"梁稿"第 158 条规定"接受遗失物返还的人，应向拾得人支付相当于遗失物价值 20%—30% 的酬金，遗失物价值难于衡量的，应当支付适当数额的酬金。在住宅、交通工具或公共场所拾得遗失物的人与住户、交通工具或公共场所的管理人各有权获得酬金的一半。遗失物的价值应按照返还当时的市场价格确定，如果没有同类物品市场价格的，应按照公平原则确定。拾得人若为国家机关，无报酬请求权"。"梁稿"认为，关于报酬数额，规定受遗失物返还的人，应向拾得人支付相当于遗失物价格 20%—30% 的酬金。在 20%—30% 的幅度内，遗失物价值愈大，酬金所占比例应愈小。但对于价值难于衡量的遗失物，则规定应支付适当数额的酬金。遗失物的价格应依先后顺序按照返还当时的市场价格确定，如果没有同类物品市场，应按照公平原则确定。遗失物难于衡量的，应参照给付义务人的资力、身份、地位、其感情程度等因素确定物品的价额，并以此确定报酬的适当数额。同时，当法定报酬请求权与悬赏广告报酬请求权竞合时，依据民法关于请求竞合的规则，拾得人仅得选择其一。拾得人若为国家机关的，由于国家机关的根本任务在为人民服务，其为拾得行为，属于国家机关的任务范围，无籍以取得报酬之理。[1]

"王稿"第 88 条规定"拾得人有权向受领人请求支付因保管、返还、拍卖和变卖遗失物而支出的合理费用。拾得人有权求受领人支付一定的报酬。受领人向拾得人支付的酬金由当事人协商确定，但最高不得超过遗失物价值的 20%。如失主已在其发出的悬赏广告中确定了酬金的，则不在此限。""王稿"从以下四个方面阐述了规定拾得人的报酬请求权的必要性：一是报酬请求权确实能给遗失物的返还提供激励机制；二是规定报酬请求权可以减少许多纠纷，消除社会矛盾；三是纠纷发生后，为法院提供可行的解决方案；四是报酬请求权的规定并不会损害失主多大利益，规定报酬请求权主要对失主有利。至于报酬的比例，依各国立法经验，以不超过遗失物价值的 20% 为宜。如果失主为寻找遗失物发布了悬赏广告，拾得人可依悬赏广告所列报酬提出请求，但这并不影响拾得人同样依法律规

---

[1] 中国物权法研究课题组（负责人：梁慧星）：《中国物权法草案建议稿：条文、说明、理由及参考法例》，社会科学文献出版社 2000 年版，第 387—389 页；王利明等：《中国民法典草案建议稿附理由（物权编）》，法律出版社 2005 年版，第 172—173 页。

定的比例提出请求，拾得人可自行选择。① 然而，王利明主持的《中国民法典草案建议稿》第 732 条对拾得人的报酬请求权的规定与其主持的《中国物权法草案建议稿》有所不同。前者将报酬数额予以适当降低，即不得超过遗失物价值的 10%。②

董学立认为，为了鼓励拾得人归还遗失物，就应当在法律上规定拾得人不仅有权要求偿还有关费用，而且还可以请求取得一定数额比例的报酬。在拾得人经过法律规定的时间并穷尽法律规定的各项义务之后，若仍然不能找到失主时，还可以取得遗失物的所有权。这样的规范设计，就是法律以人性为基础，以公共意志的形式在遗失人与拾得人之间达成的一项基本的法定的社会契约。如果法律失去了这个人性基础，就一定很难得到贯彻和实施。从社会控制成本的角度来看，不如以法律的强制性规定的方式，在遗失人全体一方与拾得人全体一方达成一项社会契约：在找到丢失人时，让丢失人付出丢失物价值一定数额比例的代价换取拾得人的积极偿还；在规定时间内不能找到丢失人时，法律赋予拾得人获得遗失物的所有权的权利。③

谭启平运用历史分析的方法，从西周时期的《易经》开始，到秦汉时《周礼·秋官·朝士》的论注、再到张斐法律表中关于"还赃"的规定，再到唐律和宋元二朝关于遗失物的规定、再到明律《户律·钱债》的规定和清律的相关规定，最后到民国法律，来说明虽然我国一开始并没有在法律上确立拾得人的报酬请求权，但随着历史的发展，我国也逐步确认了拾得人的报酬请求权，如我国明朝法律赋予拾得人以遗失物的 50%作为报酬，拾得人可附条件地取得遗失物所有权；《大清民律草案》第 1033 条规定："拾得遗失物人依特别法令所定，取得其所有权"；1929 年公布的《民国民法》物权编第 805 条规定了拾得人的报酬请求权，第 807 条规定了拾得人附条件取得遗失物所有权的权利。④

---

① 王利明主编：《中国物权法草案建议稿及说明》，中国法制出版社 2001 年版，第 245—246 页。
② 王利明等：《中国民法典学者建议稿及立法理由（物权编）》，法律出版社 2005 年版，第 125—126 页。
③ 董学立：《遗失物拾得制度研究》，《山东师范大学学报》（人文社会科学版）2005 年第 4 期。
④ 谭启平、蒋拯：《遗失物制度研究》，《法学研究》2004 年第 4 期。

有的学者认为，拾得人的报酬请求权这一问题涉及了一个最根本的法理问题，即法律与道德的关系如何，法律是否能够或是否应该承载这样的道德使命以及法律的最终目标是什么。法与道德有着不同的属性与标准，我们不可能要求法律承载太重的道德使命。法律是具有普遍适用性的，而社会中的每个人的道德标准却是千差万别的，如果以法律来强行推行某一高尚的道德标准，必然会影响法律的效益。法律不是道德的从属物，应该不仅是推行道德的工具，法律属于制度层面而道德属于精神层面，两者是不能混同和相互替代的。法律的最终目的是建立合理的行为规范，确立文明的制度，而精神层面的道德固然会受到法律的某种程度上的关注，但它始终不可能是法律的全部目标。①

（3）招领公告期过后遗失物归属的确定

关于招领公告期过后遗失物的归属，学界有四种观点：

第一种观点认为，不论是从物尽其用的经济学角度，还是从物权归属确定明晰的法律学角度，在相当的时间内不能找到遗失人时，法律规定遗失物归属于拾得人，应是各种制度选择中最好的制度安排。②借鉴《德国民法典》第973条、《日本遗失物法》第14条等立法例的规定，陈华彬还根据拾得物的价值大小就拾得人取得所有权的时间予以区分，即若拾得的物价值甚小或较小的，应认可拾得人立即取得其所有权，若价值较大或甚大的，则应在进行公告后无人认领时，由拾得人取得其所有权，发现埋藏物也可类推适用。③

第二种观点认为，遗失物不是拾得者的所有物，拾得者充其量只是捡到而已；国家没有权力侵占私人的利益，因此，遗失物还是要归失主所有。东西是失主丢的，失主没声明说不要了，就应该永远属于他，其他人不该要；谁的东西就该给谁，不应该随时间改变而发生变化，即使物主死了也应该给其合法继承人。④

第三种观点认为，返还遗失物是拾得人的法定义务。如果没有找到权

---

① 胡文博：《论我国拾得物制度的改革》，《人民司法》2001年第5期。
② 董学立：《遗失物拾得制度研究》，《山东师范大学学报》（人文社会科学版）2005年第4期。
③ 陈华彬：《我国民法典物权编所有权规则立法研究》，《政治与法律》2018年第10期。
④ 朱雨晨等：《中国走近物权时代》，《法制早报》2005年7月4日。

利人，拾得人应当交给有关部门。有关部门也无权将遗失物归为己有，在超过招领期限后遗失物应归国家所有。我国《物权法》第 113 条的规定精神，也是如此。①

第四种观点认为，将所有超过招领期限的遗失物都归国家所有也并不一定妥当。对于价值极其微小的遗失物，亦规定须经公告，且在公告期满无人认领的情况下归国家所有，并无多少实际意义。② 对此，应当区分大额的遗失物和小额的遗失物，对于一定数额以上的遗失物归国家所有是必要的，但是一些小额的遗失物归国家所有，既不利于鼓励拾得人积极履行返还义务，而可能会使有关机关支付不必要的保管费用。因此，对此应当根据不同的情况而分别考虑。③

温世扬结合上述第一种和第三种观点，作出了一种融合的制度设计，认为民法典对拾得遗失物应采取"取得所有权主义"，对拾得遗失物应作如下规定：①遗失物招领通知或公告发布之日起×天内无人认领的，由拾得人取得遗失物的所有权，但在此期限届满之前拾得人知悉受领权人或受领权人已向有关部门申报其权利的除外；②遗失物由保存机关保管的，依前款规定取得遗失物所有权拾得人自取得所有权之日起×天内不向保存机关领取的，遗失物归国家所有。④

（4）发现埋藏物

关于发现埋藏物制度，我国学界基本上没有专门的文章论述，主要原因可能在于发现埋藏物制度和遗失物拾得制度在立法上存在着类似的问题，诸如报酬请求权等，处理规则也大致相当。因此，本书在此不再赘述。唯在发现埋藏物的权属问题上，因略存争议，有必要稍作阐释。

关于发现埋藏物所产生的物权变动之后果，立法上有三种体例：一是发现人有条件取得所有权主义，即所有人不明的埋藏物由发现人所有，或由发现人与土地所有人各取得一半；二是国家取得所有权主义，即无论在

---

① 王利明：《物权法论》，中国政法大学出版社 2008 年版，第 122 页。
② 刘保玉：《物权法学》，中国法制出版社 2007 年版，第 218 页。
③ 王利明：《物权法论》，中国政法大学出版社 2008 年版，第 122 页。
④ 温世扬：《〈民法典〉应如何规定所有权——〈物权法〉"所有权"编之完善》，《法学评论》2018 年第 2 期。

何种情况下,埋藏物只能归国家所有;三是报酬主义,即埋藏物或隐藏物归包藏物的所有人所有,但发现人可以请求包藏物的所有人支付一定比例的报酬。

我国法律原则上采用国家取得所有权主义,《民法通则》第 79 条第 1 款规定:"所有人不明的埋藏物、隐藏物,归国家所有。接收单位应当对上缴的单位和个人,给予表扬或者物质奖励。"①《物权法》第 114 条规定:"拾得漂流物、发现埋藏物或者隐藏物的,参照拾得遗失物的有关规定。文物保护法等法律另有规定的,依照其规定。"不少学者指出,这种规定也存在忽略了市场经济条件下人们对利益的追求,过高地估计了人们的思想觉悟程度,与现实相脱离,形同虚设的问题,因而主张采取发现人有条件取得所有权主义或报酬主义。当然,对于具有重要考古、艺术、文化价值的埋藏物,应归于国家所有并由国家支付一定的报酬或给予一定的奖励。②

5. 不动产征收制度

在《物权法》制定过程中,因征收问题时常引发争议,故此,学界和立法机关均主张在《物权法》中应对征收制度作出规定。而在该制度的构建中,争议最大的问题是究竟何谓"公共利益"以及法律上应如何具体界定;此外,关于征收与征用的关系如何理顺,也有不同意见。

(1) 征收的性质

不动产征收行为是公法性质的行为,具有明显的强制性。在不动产征收中,被征收人不能根据意思自治原则同征收者进行协商,相反,政府作为征收者得以在法定目的和范围内依法定程序直接实施征收行为。其行为效力是使他人的私权被强制移转给国家。③

学者刘勇基于征收的公法性质,直接主张公益征收、征用制度传统上属于行政法范畴,我国物权法当中不应该规定公益征收、征用制度。首

---

① 另外,《贯彻执行民法通则的意见》第 93 条规定:"公民、法人对于发现的埋藏物、隐藏物,如果能够证明属其所有,而且根据现行的法律、政策又可以归其所有的,应当予以保护。"

② 梁慧星、陈华彬:《物权法》,法律出版社 2007 年版,第 235—236 页;郭明瑞等:《民商法原理》(二),中国人民大学出版社 1999 年版,第 107 页。

③ 费安玲:《对不动产征收的私法思考》,《政法论坛》2003 年第 1 期。

先，公益征收、征用是典型的行政权行使行为，应属于行政法上的制度，必须通过制定相应的行政程序法和行政补偿法进行规定。而且，基于公益征收、征用产生的纠纷和救济也只能在行政法范畴内通过行政复议或行政诉讼加以解决，私法手段没有办法实现。其次，鉴于宪法已经有了公益征收、征用规定，在物权法乃至民法当中再作类似但又不具实际操作性的规定没有什么现实意义，而且从其他国家的民法典立法情况看，也难以找到类似的先例。最后，退一步讲，如果非要在物权法当中规定公益征收、征用制度不可，也必须正视当前国际上和现实生活中该制度已经发生的变化，先处理好前文所述的物权法的规定与无形财产权法、民法总则之间的关系，并解决好管制征收即准征收的定位以及征收和征用是否应当统一的问题。如果上述问题没能得到解决，那么物权法草案就根本没有必要规定公益征收、征用制度，而应当取消有关内容。①

(2) 不动产征收中的公共利益的外延应如何规定

一种意见认为，为防止商业开发而以公共利益的名义进行征收，损害民众利益，限制政府滥用征收权力，应当明确界定公共利益的范围。"梁稿"对公共利益作出了一个列举式的规定："所谓公共利益，指公共道路交通、公共卫生、灾害防治、科学及文化教育事业、环境保护、文物古迹及风景名胜区的保护、公共水源及引水排水用地区域的保护、森林保护事业，以及国家法律规定的其他公共利益。"同时，"梁稿"还用一款禁止性规定以排除将征收应用于商业性目的的可能性。②

对"梁稿"的规定模式，费安玲认为，这种列举式的说明虽然比较清楚，但是抽象性较差，难免挂一漏万。③ 而房绍坤与王洪平则认为，"梁稿"的界定并不是典型的列举式，其实为一种折衷式的方法，即一方面列举公共利益的范围，另一方面对公共利益作出概括性规定。其同时指出，"公共利益"是一个不确定的法律概念，其内涵与外延不能确定的原因是多方面的，既有语言自身的模糊性原因，也有社会观念上因时、地、

---

① 刘勇：《物权法草案第49条应当取消——评物权法草案关于公益征收与征用制度的规定》，《政治与法律》2006年第4期。

② 中国物权法研究课题组（负责人：梁慧星）：《中国物权法草案建议稿：条文、说明、理由及参考法例》，社会科学文献出版社2000年版，第192—193页。

③ 费安玲：《对不动产征收的私法思考》，《政法论坛》2003年第1期。

人之不同而价值判断不一的原因,也有立法者出于某种立法政策考虑的原因。因此,用纯粹列举式界定"公共利益"只能是立法者不切实际的"幻想"或者是一种"理性的愚昧与狂妄"。但是我国宪法的概括模式也不完全可取。因为概括式的不确定法律概念虽具有了灵活性、适用性和发展性的优点,但这一优点在具体的法律适用和个案正义中,即变成了其缺点,法律适用者就当然地在无形中获得了相当广阔的解释权,行政恣意与司法专断就不可避免地会发生。我国的物权法应采用折衷式的立法模式,此为近现代成文法在立法技术上近于成熟的表现,既可克服列举式的僵化,保持法律的灵活发展性,又可克服概括式的高度不确定性,使法律便于操作并能控制日益膨胀的司法专断与行政恣意。①

而也有许多学者则持另一种意见,认为公共利益存在多样性和复杂性,在不同的社会条件下其内涵与外延也有所不同,难以对其作出概括性规定和具体限定,国外立法中也极少对其加以界定,个别已有的规定也不够科学和周延;《物权法》是一项基本法律,且为私法,其重在规定由此导致的所有权变动和补偿问题,从立法技术而言也不宜对公共利益作出具体规定,由其他有关法律、法规规定更为妥当。如果财产基本法对此范围规定的太具体、太严密,既与其整体体例风格和体系不匹配,也不利于其稳定性。② 王利明认为,我国物权法中仍然应该维持宪法关于公共利益的抽象的表述,不必采用正面界定和反面排除的方法来对公共利益的内涵加以规定。这样做既不至于在法律上引起更多的纷争,也不会妨碍公共利益内涵本身的发展。但不作界定并非意味着政府可以随意以公共利益为借口征收征用公民的私人财产,从而侵害公民的财产权利。③ 由"王稿"第65条规定:"国家基于社会公共利益的需要,可以征收自然人和法人的财产及有关财产权利";《中国民法典学者建议稿》第714条规定:"国家为了公共利益的需要,可以依照法律规定对公民的私有财产实行征收或者征

---

① 房绍坤、王洪平:《论我国征收立法中公共利益的规范模式》,《当代法学》2006 年第 1 期。
② 徐澜波、虎士奋:《论〈物权法〉草案中的若干争议问题》,《政治与法律》2005 年第 6 期。
③ 王利明:《物权法草案中征收征用制度的完善》,《中国法学》2005 年第 6 期。

用并给予合理的补偿。"① 均采用的是概括式的立法模式。

但是，宪法学者童之伟，对我国物权法相关立法中未明确界定"公共利益"的做法予以了严厉批评，其认为，从法的创制的角度看，宪法规定了依法征收征用必须是为了"公共利益"，征收征用要依据法律，应依据法律补偿，它限制公权力的任务就完成了。而具体限定"公共利益"的范围，不是宪法的任务，而是包括物权法在内的部门法的任务。应当具体体现出两个修正案（《宪法》的第10条第3款和第13条第3款）限制公权力的精神，给公共利益划一个较具体的范围，防止有关国家机关和官员假公共利益之名为所欲为，实质上不受限制地搞征收、征用、拆迁。在界定"公共利益"概念的外延方面，宪法学、行政法学等学科已有不少学者做过努力，已经取得了一些成果。物权法专家应努力将眼界扩大到民法的范围之外，花力气了解和吸收宪法学、行政法学等领域的相应成果。②

在我国物权立法过程中，曾考虑将"为了公共利益的需要"表述为"为了发展公益事业、维护国家安全等公共利益的需要"，但有关部门和专家认为这样规定仍不清楚。后来立法机关会同有关部门和学界专家反复研究，认为：在不同的领域内和不同的情况下，公共利益是不同的，情况相当复杂，物权法难以对公共利益作出统一的具体界定，还是分别由《土地管理法》《城市房地产管理法》等单行法律规定较为切合实际。现行的法律如《信托法》《测绘法》也已经对公共利益的范围做了一些具体规定。因此，《物权法》中只对公共利益作出原则规定即可。③ 对于实践中发生的涉及公共利益征收的纠纷案件，人民法院在审理时要综合各种因素、严格审查判断征收是否基于公共利益的目的。④

（3）征收与征用的关系

在2004年的宪法修正案之前，我国的法律法规曾经对征收、征用不

---

① 王利明主编：《中国物权法草案建议稿及说明》，中国法制出版社2001年版，第17—18页；王利明等：《中国民法典学者建议稿及立法理由（物权编）》，法律出版社2005年版，第96页。

② 童之伟：《再论物权法草案中的宪法问题及其解决路径》，《法学》2006年第7期。

③ 胡康生主编：《中华人民共和国物权法释义》，法律出版社2007年版，第102页。

④ 最高人民法院物权法研究小组编：《中华人民共和国物权法条文理解与适用》，人民法院出版社2007年版，第165页。

加区分,不恰当地把政府强制取得公民和法人财产的行为称为"征用"。同样,我国在 2004 年修订《土地管理法》之前,不动产的征收与征用也被混为一谈。为此,我国学界几乎一致地主张应当在物权立法中对征收和征用分别予以规定。

"梁稿"用两个独立的条文将财产的征收与征用明确区别开来规定。① 其说明中指出,征收和征用有相同之处,但也有本质区别:征收,是为政府方面取得所有权或者其他物权;而征用,则只是紧急状态下的强制使用,紧急状态结束时,被征用之物将返还给原权利人。此外,征用的对象包括动产和不动产;而征收的对象只是不动产,通常是土地所有权和土地使用权。②

目前学界大多认为,征收和征用的区别主要集中在以下几方面:

其一,二者的适用条件不同。征收是基于"公共利益的需要";而征用则是基于"抢险、救灾等紧急需要"。③

其二,征收与征用在性质上不同。"收"意在"接收","用"意在"使用"。故通过"征"的方式,前者是将被征之物完全纳入在自己的控制之下,且具有永久性;后者则是通过对被征之物的利用来实现其目的,且具有期限性。④

其三,二者追求的目的不同。虽都是经过"征"的过程,但在"征"的最终目的上有别:征收的最终目旨在获得对被征客体的最终支配权;"征用"的最终目旨在通过"用"而满足征者的需求,而非追求对被征客体的最终支配权。⑤

其四,征收与征用的标的物不同。"征收"的标的物是不动产,"征用"的标的物可以是不动产,亦可以是动产。⑥

---

① 详见梁慧星主持的《中国物权法草案建议稿》第 48 条、第 49 条。
② 中国物权法研究课题组(负责人:梁慧星):《中国物权法草案建议稿:条文、说明、理由及参考法例》,社会科学文献出版社 2000 年版,第 194 页。
③ 梁慧星:《谈宪法修正案对征收和征用的规定》,《浙江学刊》2004 年第 4 期;刘保玉:《物权法学》,中国法制出版社 2007 年版,第 231 页;王利明:《物权法草案中征收征用制度的完善》,《中国法学》2005 年第 6 期。
④ 费安玲:《对不动产征收的私法思考》,《政法论坛》2003 年第 1 期。
⑤ 费安玲:《对不动产征收的私法思考》,《政法论坛》2003 年第 1 期。
⑥ 费安玲:《对不动产征收的私法思考》,《政法论坛》2003 年第 1 期。

其五，征收与征用的效力不同。"征收"与"征用"均是具有公法性质的行为，且均涉及物权转移的效力，但征收发生权利移转的效果，导致被征收者财产所有权或他物权的最终转移且产生补偿费用请求权；征用的效力则是导致被征用者的财产使用权移转（可消耗动产除外）且产生使用费请求权、返还财产请求权和损害赔偿请求权。如果被征用的标的物是可消耗的动产如食品、燃料等，返还的应是同质同量的种类物。①

其六，征收和征用的补偿标准不同。征收中应当对被征收人就标的物的损失及可得利益损失等给予公平合理的补偿，其补偿标准一般较高；而在征用的情况下，主要考虑补偿被征用人所受到的直接损失，动产被征用后毁损、灭失的，还应补偿标的物本身的损失，但征用中的补偿通常不及于可得利益的损失，其补偿标准相对较低。②

其七，征收和征用的补偿内容不同。征收人给予被征收人的补偿，系被征收人完全丧失其财产的代价，类似于买卖合同中的价金；征用人支付给被征用人的补偿，则是被征用人在一定期限内丧失对其财产的使用权的代价，类似于租赁合同中的租金。③

幸运的是，2004年3月14日第十届全国人民代表大会第二会议修正的《宪法》第13条新增第3款："国家为了公共利益的需要，可以依照法律规定对公民的私有财产实行征收或者征用并给予补偿。"由此，宪法修正案对征收和征用的概念作出了区分。2004年修订的《土地管理法》也明确区分了征收和征用两种制度。为此，我国《物权法》中明确区分征收与征用，并对征用的条件和程序、补偿等民事问题作出不同于征收的规定，这对于妥善协调国家的紧急需要与个人财产权利的保护之间的矛盾，维护被征用人的正当权益，具有重要的意义。④

但是，也有学者对征收和征用区别说提出了质疑。刘向民博士认为，从法律实质来看，人为区分征收与征用没有太大意义。本质上，两者都是

---

① 费安玲：《对不动产征收的私法思考》，《政法论坛》2003年第1期；韩松、姜战军、张翔：《物权法所有权编》，中国人民大学出版社2007年版，第44页；王利明：《物权法草案中征收征用制度的完善》，《中国法学》2005年第6期。

② 王利明：《物权法草案中征收征用制度的完善》，《中国法学》2005年第6期；刘保玉：《物权法学》，中国法制出版社2007年版，第231页。

③ 戴孟勇：《物权法视野中的征收制度》，《政治与法律》2005年第5期。

④ 刘保玉：《物权法学》，中国法制出版社2007年版，第231页。

政府对私有财产的合法侵犯。区别仅限于对财产权利侵犯的范围和程度。因此，刘向民博士的分析沿用了美国法的 taking 或征用这一统一的概念，建议仍然可以保留征收、征用这一纯概念上的区别，但在法律实质上应该将两者统一对待。现实当中政府对私人财产的合法侵犯可以采取多种形式，其范围和多样性均远远超出了一些学者对征收、征用的简单二分以及《物权法》所规定的征收与征用的情形。① 房绍坤与王洪平认为，无论从制度构造还是比较法的角度看，我国现行法上的"征用"概念都不能成为"征收"之外的一个独立概念和制度。"征用"是一种较为特殊的征收，即"部分征收"，因此"征用"只是从属于"征收"的一个下位概念和制度而已。在立法论上，他们不赞成我国现行法将原先的"征用"概念一分为二地拆分为"征收"和"征用"两个概念，也不赞成同时规定"征收"与"征用"。因此他们建议，我国未来统一"征收"立法，如果认为确有必要突出强调一下"征用"作为一种特殊的征收类型而有其特别之处，那么完全可以借鉴我国台湾地区的立法例，只用一个条文对其作出例外规定即已足够。②

6. 关于货币所有权的取得问题

货币作为一种具有高度替代性的种类物和消费物，其具有特殊性，但其所有权是否应使用特殊的归属和流转规则——占有即所有，在理论界产生了争议。

目前，多数学者主张，基于货币所有权的特殊性，应当对其适用"占有即所有"的特殊归属和流转规则。在梁慧星和陈华彬合著中，认为货币属于特殊动产，货币的所有者与占有者属于一致，据此，货币的占有者即是货币的所有者，货币的所有者必定是货币的占有者。同时，此书还援引了台湾民法学者郑玉波的三点理由来解释货币采取"所有与占有一致"原则的原因。③ 在我国学者提出的物权法草案建议稿中也拟明确规定："占有货币者取得货币的所有权"（"梁稿"第175条），"货币所有权因占有的移转而发生货币所有权转移"（"王稿"第14条）。刘保玉在

---

① 刘向民：《对征收与征用的一个辨析》，《环球法律评论》2008年第6期。
② 房绍坤、王洪平：《分立抑或再合一："征收"与"征用"之概念关系辩正》，《法学论坛》2009年第2期。
③ 梁慧星、陈华彬：《物权法》，法律出版社2007年版，第233—234页。

分析了"所有与占有一致"规则的具体使用的同时,阐释了当时学界承认的此规则的四种例外,分别为①货币的辅助占有;②个性大于共性的特殊货币;③以封金的形式特定化而设定质权的货币;④某些专用资金账户中的钱款。① 另外,有的学者在主张"物权法应对货币所有权作出规定"的同时,提出了"该原则对一些特殊情形如委托、代理、信托、行纪等不能简单适用"。② 为此,刘保玉为民法典物权编"货币与有价证券所有权取得与丧失"的规定提供了条文建议:

"货币所有权因占有的移转而发生转移,法律另有规定的除外。"

"无记名有价证券所有权的取得,依照前款规定。"

"记名有价证券与指示有价证券所有权的取得,依照有关法律的规定。"③

其木提对货币所有权的"占有即所有"原则提出了质疑,其认为"尽管'占有即所有'理论已经成为法学界的共识,但其理论仍显浅陋,不仅难以适应解决复杂法律问题的需要,也不利于保护财产所有之静的安全。其依据物权法原理,针对货币的不同表现形态即流转方式,论证了动产物权变动规则仍然可以规范货币所有权的归属问题。这一结论不仅能够贯彻'占有即所有'理论所强调的维护货币交易安全之宗旨,也可以最大限度地保护财产所有静的安全。因此,主张我国未来民法典根本没有必要特设'占有即所有'这一特别规则"④。

孙鹏也对金钱"占有即所有"原理进行了批判并建议对货币上的权利流转规则进行重塑,其认为:金钱的高度可替代性并不必然排除其特定性,而金钱之特定包括物理特定和价值特定两个层面。"占有即所有"原理毫无节制地保护金钱的后续受领人,也不当保护了占有人的债权人,其流通保护功能可为善意取得制度所替代。金钱占有移转时,原权利人之物权只能依移转所有权的意思而消灭,但金钱占有非因移转所有权的意思而

---

① 刘保玉:《论货币所有权流转的一般规则及其例外》,《山东审判》2007年第3期;刘保玉:《物权体系论》,人民法院出版社2004年版,第165—170页。

② 周显志、张健:《论货币所有权》,《河北法学》2005年第9期。

③ 刘保玉、吴安青:《民法典物权编的结构安排与内容设计》,《甘肃政法学院学报》2017年第6期。

④ 其木提:《货币所有权归属及其流转规则——对"占有即所有"原则的质疑》,《法学》2009年第11期。

移转时，原权利人也将因金钱丧失其价值特定性而失去物权性保护。原权利人与占有人的金钱混同后，若能确定原权利人的金钱价值仍为占有人支配，则价值特定性犹存。若混同金钱全部消耗，则价值特定性丧失。若混同金钱部分消耗，推定原权利人的金钱价值按比例减少。为合理平衡原权利人和占有人之债权人的利益，当混同金钱或其替代物价值降低时，原权利人应通过拟制信托按比例分享混同金钱之价值。价值升高时，原权利人应基于优先权回收其金钱价值。价值恒定时，可选择拟制信托或优先权对原权利人进行物权性救济。[1]

（三）简要总结

对所有权的取得方式应当如何规定这一问题，在我国《物权法》出台之前争议颇多，集中于立法论上，我国民法学界也进行了充分的争论和论证，但正如前文所述，我国《物权法》既以专章的方式对所有权取得的诸种具体的规定作出了详细的规定，也有关于所有权的取得的一般规定，这种做法是值得肯定的。

我国《物权法》最终没有规定先占、添附和取得时效等制度，导致实践中相关案件难于公平和妥善的处理，因此，在我国未来制定《民法典》之时，仍有推进其进入立法层面的必要。

关于拾得遗失物中权利和义务的类型和内容的设计，学界的争议不大。而学界对是否应当规定拾得人的报酬请求权分为两派，多数认为应当确定此项制度，因此，物权法相关立法中应当确认此项制度。招领公告期满后，遗失物的归属应当分情况而定，对于价值极其微小的遗失物在公告期满无人认领的情况下归国家所有，并无多少实际意义，发现埋藏物的归属也存在这个问题。

关于征收，目前多数学者承认其具有一定的公法性质，但是这却不能成为阻却我国《物权法》对将征收作为一种对所有权的限制方式或国家对所有权的取得方式而对其作出规定的有力理由；在征收制度中对"公共利益"的界定上司法实务人员提出了相关的需要注意的问题，这是司法工作人员在审理相关案件时所需要认真考虑的。学界对"公共利益"应当如何界定这一争议的讨论，不局限于民商法学界，一些宪法学界和行

---

[1] 孙鹏：《"金钱占有即所有"原理批判及权利流转规则之重塑》，《法学研究》1999年第5期。

政法学界的同仁也参与了进来，虽然有些学者对概括式界定予以了批评和质疑，但是我国《物权法》最终没有对"公共利益"作出解释，也没有对某些典型的情形予以列举，这也为我国学界和其他法律、法规解释"公共利益"提供了空间。

关于货币所有权的"占有即所有"规则，尽管遭到了一些学者的质疑，但是学界多数学者还是支持这一规则的，笔者认为，货币作为一种特殊的动产，确立"占有即所有"的规则对于明晰特定情形下货币所有权的归属具有重大意义，但是其例外情形也是我们不能忽略的。

二 解释论

（一）主要争议问题

我国《物权法》并未规定先占和添附制度，这两个制度在解释论上的争议也就无从谈起。因此，在解释论上，除了善意取得和时效取得以外的其他所有权的取得方式的争议主要集中在遗失物拾得制度在司法实践中的解释，其中包括：何为遗失物；遗失人应当如何界定，即无权占有人能否成为遗失人；拾得人应当如何界定，即公法人可否成为拾得人；拾得行为是一种事实行为还是一种准法律行为或法律行为；拾得人与遗失人之间的法律关系是无因管理关系还是一种单方之债；另外，我国《物权法》是否承认并规定了拾得人的报酬请求权，学界对此存在不同意见。《物权法》规定了征收制度，应当如何对征收的主体和客体进行限定和界定，学界意见并不统一。另外，由于我国《物权法》最终采用概括式的方法来对公共利益作出了规定，在《物权法》实施过程中如何对"公共利益"这一模糊的术语进行解释也产生了不少争议。基于征收所取得的权利，是原始取得还是继受取得，学界也有不同的认识。

（二）各种观点

1. 拾得遗失物

（1）相关概念的界定

第一，遗失物的界定。

关于何为遗失物这一问题，在我国学界间并非没有争议。史尚宽认为："遗失物，谓不属任何人占有，而未成为无主之物。"[①] 王泽鉴认为：

---

① 史尚宽：《物权法论》，中国政法大学出版社2000年版，第128页。

"遗失物者，指无人占有，但为有主之动产。"① 谢在全认为："遗失物者，系指非基于占有人之意思而丧失占有，现又无人占有且非为无主之动产。"② 高飞认为："遗失物是指有权占有人非出于己意而丧失占有，于被拾得前又无人占有的有主动产。"③ 谭启平和蒋拯对以上定义进行了评价，其认为，史尚宽及王泽鉴所下定义较为正确而周全，而谢在全所下定义不周全之处在于：第一，即使基于有权占有人的意思而丧失占有，对所有人也有可能构成遗失。如借用人私自抛弃的借用物对所有人而言当然是遗失物；第二，即使基于无权占有人的意思而丧失对标的物的占有，对所有人也有可能构成遗失。高飞看到了谢定义的第二个缺陷，但却继承了第一个缺陷，扩展了第二个缺陷，因为不管是基于有权占有人还是无权占有人的意思而丧失占有，都可能会造成所有人遗失该标的物。④ 王利明认为："遗失物，是指他人丢失的动产。"⑤ 梅夏英认为："依通常定义，遗失物为非基于占有人自身的意思而丧失占有，且非无主的动产。遗失物、遗忘物和抛弃物是三种不同的概念。"⑥

虽然以上各学者对遗失物的定义方式不同，但是从其定义中所抽象出来的遗失物的构成要件具有相似性，构成遗失物一般需具备四个条件：一是应为动产。不动产依其性质不存在遗失问题。二是必须是他人之物。即必须是有主物，如果是无主物则只能成为先占的标的物。三是遗失人丧失了对物的占有。至于如何界定丧失占有，应依社会一般观念和具体情况而定。四是占有的丧失不是出于遗失人的本意。即遗失人主观上并不想丧失对物的占有，而是由于某种客观原因而导致占有的丧失。若丧失占有是出于权利人的本意，则是物的抛弃，该物应属无主物而不是遗失物。⑦

第二，遗失人的界定——无权占有人能否成为遗失人。

对于无权占有人能否成为遗失人的问题，学界存在肯定说和否定说两

---

① 王泽鉴：《民法物权》（1），中国政法大学出版社2001年版，第282页。
② 谢在全：《民法物权论》（上），中国政法大学出版社1999年版，第237页。
③ 高飞：《遗失物拾得制度研究》，载吴汉东主编《私法研究》（第2卷），中国政法大学出版社2002年版，第320页。
④ 谭启平、蒋拯：《遗失物制度研究》，《法学研究》2004年第4期。
⑤ 王利明：《物权法论》，中国政法大学出版社2008年版，第117页。
⑥ 梅夏英：《物权法·所有权》，中国法制出版社2005年版，第250—251页。
⑦ 刘保玉：《物权法学》，中国法制出版社2007年版，第216页。

种观点。肯定说认为，无权占有人对物实施着实际管理和支配，当该物遗失时，无权占有人就对该物失去实际的管领和支配，当然是遗失人；而否定说认为，无权占有人不能成为遗失人。① 目前，似乎更多的学者支持否定说。

谭启平认为，由于遗失人应当享有一系列权利，其中最为重要的是取回权，故遗失人这一法律地位即意味着能取得一定的权益。遗失人不同于使物遗失的人，使物遗失的人可以是有权占有人，也可以是无权占有人。比如，小偷遗失所盗之物，对物主而言即构成遗失，此时物主是遗失人，小偷则不是遗失人。② 侯水平和黄果天等学者也认为，否定说更符合实际要求，因为，遗失人具有取回权，若小偷成为遗失人，则其有权取回所盗之物，这无疑是对小偷的一种保护，可见，无权占有人成为遗失人显然是不合理的。③

第三，拾得人的界定——公法人可否成为拾得人。

有学者指出，对于遗失物拾得行为的认定，应注意对可能构成占有辅助的情形加以识别，不能仅凭谁手中持有遗失物简单认定谁就是"拾得人"④。对于公法人（国家机关）可否成为拾得人，学界存在肯定说和否定说两种观点。

否定说的主要理由是：第一，遗失物的拾得与寻回，关系拾得人与物之所有人间的私益，似与公共秩序是否维持无关。第二，遗失物的拾得属民事法律关系，目的在于利用报酬及期待取得所有权为诱因，达到物尽其用的目的，似与国家机关实现公法上任务有别。第三，遗失物的拾得人应当履行通知、保管、返还及报告等义务，违反这些义务可能发生损害赔偿责任，这样在因拾得遗失物的公务员的行为致使上述义务被违反时，国家机关将承担损害赔偿责任，增加了国家机关不必要的风险。⑤

---

① 王利明：《遗失物的所有权归属及返还问题》，载王利明《民商法研究》（第三辑），法律出版社2001年版。
② 谭启平、蒋拯：《遗失物制度研究》，《法学研究》2004年第4期。
③ 侯水平、黄果天等：《物权法争点详析》，法律出版社2007年版，第215页。
④ 蔡雯玉：《关于遗失物与拾得行为的法律探析》，《西南民族学院学报》（哲学社会科学版）2002年第11期。
⑤ 陈彦布：《遗失物之拾得》，载苏永钦主编《民法物权争议问题研究》，台湾：五南图书出版公司1999年版，第161—162页。

不过，大多数学者主张公法人可以成为拾得人，只不过其不享有报酬请求权而已。如"梁稿"第158条中规定："拾得人若为国家机关，无报酬请求权。"① 高飞认为，国家机关一般以贯彻该国家机关的行政目的为限，而拾得遗失物的行为明显不属于国家机关存在的目的和国家机关工作人员执行公务的范围，故原则上不应承认国家机关具有拾得人的资格，国家机关工作人员拾得遗失物时，以该工作人员为拾得人。但鉴于我国一般将拾得的遗失物交给公安机关处理，而公众亦认为公安机关有对拾得的遗失物加以保管、公告和寻找失主的任务，因此，承认公安机关具有拾得人的资格符合我国的国情，但应当在法律中进行明文规定，此时公安机关不应当享有报酬请求权。② 谭启平以及学者侯水平和黄果天等认为，公法人可以成为拾得人，但公法人为拾得人时不应有报酬请求权。第一，尽管拾得遗失物的行为明显不属于国家机关存在的目的和国家机关工作人员执行公务的范围，但是，国家机关让物归原主，保护遗失物以避免其价值减少或消灭，是对社会有益的行为，并不违反组织法和行政法。第二，既然拾得是一个事实判断问题，而私法人可以成为拾得人，就没有理由使公法人例外。公法人的命令对其职员产生的威力不亚于私法人对其雇员的威力。既然公法人命令其职员去拾取并占有遗失物，就应该承认该公法人是拾得人，而不应仍使该受命而为的职员成为拾得人，否则与法人组织原则及运作规则不合。③

（2）拾得行为的性质

关于拾得行为的性质，理论上通常将其界定为民事法律事实中的一种事实行为，这种行为在法律上的成立生效不要求行为人必须具有行为能力，故不同于法律行为。④ 拾得遗失物时的占有意思不是法律行为上的意思，而是一种自然的意思，故取得某物的占有或维持占有都不以具有行为

---

① 中国物权法研究课题组（负责人：梁慧星）：《中国物权法草案建议稿：条文、说明、理由及参考法例》，社会科学文献出版社2000年版，第34页。
② 高飞：《遗失物拾得制度研究》，载吴汉东主编《私法研究》（第2卷），中国政法大学出版社2002年版。
③ 谭启平、蒋拯：《遗失物制度研究》，《法学研究》2004年第4期；侯水平、黄果天等：《物权法争点详析》，法律出版社2007年版，第216—217页。
④ 蔡雯玉：《关于遗失物与拾得行为的法律探析》，《西南民族学院学报》（哲学社会科学版）2002年第11期。

能力为必要，只要对物有为支配的自然能力即为已足，故无行为能力人或限制行为能力人亦得为占有人。①

（3）拾得人与遗失人之间法律关系的性质

对此问题主要有四种认识：不当得利说、无因管理说、物权请求权说和单独之债说；通说认为，拾得人之活动，属于无因管理；诚实拾得人以为他人管理之意思为之者，构成无因管理。②"梁稿"采纳了无因管理的规则，拾得人因保管遗失物所发生的费用，当然有权请求作为受益人的物主或取得遗失物所有权的人补偿，但此费用须以保存遗失物的必要支出为限。③ 董学立认为，对于遗失之物，他人没有拾得并返还遗失人的法律上之义务——法律不能强迫其管理他人事务。他人拾得遗失物，依法律规定并不当然取得遗失物的所有权，而是负有将遗失物返还与遗失人的义务，该义务的产生来自法律的直接规定，此为一种法定之债——无因管理之债。④ 谭启平认为，诚实拾得人以为他人管理的意思而为拾得，构成无因管理；不诚实的拾得人以为自己的意思而为拾得，构成准无因管理；误认为无主物而为拾得，不构成无因管理。通观各国物权立法，对遗失物拾得都做了特别的规定，而与无因管理有异，如报酬请求权等，但是在处理遗失物问题时，若法律有漏缺，无因管理的规定可依具体情形类推适用。⑤ 但是，王利明认为其不是一种无因管理关系，也不基于无因管理的规则请求费用返还。在此情况下，只能作为法律特别规定的债的关系而请求返还保管等费用。⑥

（4）《物权法》是否规定了拾得人的报酬请求权

我国《民法通则》第79条第2款规定："拾得遗失物、漂流物或者失散的饲养动物，应当归还失主，因此而支出的费用由失主偿还。"《贯彻执行民法通则的意见》第94条规定：拾得人将拾得物据为己有、拒不

---

① 谭启平、蒋拯：《遗失物制度研究》，《法学研究》2004年第4期。
② 侯水平、黄果天等：《物权法争点详析》，法律出版社2007年版，第216页。
③ 中国物权法研究课题组（负责人：梁慧星）：《中国物权法草案建议稿：条文、说明、理由及参考法例》，社会科学文献出版社2000年版，第387页。
④ 董学立：《遗失物拾得制度研究》，《山东师范大学学报》（人文社会科学版）2005年第4期。
⑤ 谭启平、蒋拯：《遗失物制度研究》，《法学研究》2004年第4期。
⑥ 王利明：《物权法论》，中国政法大学出版社2008年版，第121页。

返还的,按照侵权行为论处;在返还失主前拾得物灭失、毁损,拾得人没有故意的,不承担民事责任。① 在司法实践中,如果拾得人找不到失主,则应当将拾得物送交有关机关(公安机关或公共场所管理机关),经公告招领,期满仍无人认领的,归国家所有。据此,可知我国以往的法律上不承认拾得人能够取得无人认领的遗失物的所有权及享有报酬请求权,而仅规定了必要费用偿还请求权。我国《物权法》在《民法通则》等规定的基础上,对拾得遗失物问题的处理规则稍作改进,于第109—113条规定拾得人和权利人之间的权利义务关系。据此可知,我国《物权法》中仍未承认拾得人能够取得遗失物的所有权及一般情况下的报酬请求权,较之已有的规定,其改进之处颇为有限,仅承认了在失主自愿悬赏情况下的报酬请求权。对此规定,有人认为其在立法价值取向上有利于弘扬拾金不昧的传统美德,符合我国几千年来形成的习俗和现阶段和谐社会建设的实际需要。② 但也有不少学者认为,这种规定超出了现阶段(社会主义初级阶段)人们的一般觉悟程度,对市民社会中普通人的行为提出了过高的要求,其在实践中适用的效果也并不令人满意。因此,该规则仍有改进的余地和必要。③

王利明指出,关于拾得人在返还遗失物后是否有权请求报酬,各国立法大都有规定允许报酬请求权。在《物权法》制定过程中,关于拾得人是否有权要求失主支付报酬的问题,理论上存在着两种截然不同的观点。我国《物权法》并没有规定拾得人可以享有报酬请求权,而只是规定,如果"权利人悬赏寻找失物的,领取遗失物时应当按照承诺履行义务"④。

---

① 另外,依我国《刑法》第270条的规定,将他人的数额较大的遗忘物或埋藏物非法占为己有、拒不交出的,可构成侵占财产罪。

② 胡康生主编:《中华人民共和国物权法释义》,法律出版社2007年版,第249页;黄松有主编:《中华人民共和国物权法条文理解与适用》,人民法院出版社2007年版,第341页。

③ 梁慧星、陈华彬:《物权法》,法律出版社1997年版,第201页;郭明瑞等:《民商法原理》(二),中国人民大学出版社1999年版,第97页;高富平:《物权法原论》,中国法制出版社2001年版,第815—816页;中国物权法研究课题组(负责人:梁慧星):《中国物权法草案建议稿:条文、说明、理由及参考法例》,社会科学文献出版社2000年版,第378页;刘保玉:《刍议物权法草案中所有权取得的若干规定及其完善》,《法学论坛》2007年第1期。

④ 王利明:《物权法论》,中国政法大学出版社2008年版,第121页。

但是王利明还是对此种规定给予了肯定性的评价。首先,《民法通则》和《物权法》之所以未规定拾得人的报酬请求权,旨在鼓励拾金不昧的行为,保持我国优秀的道德传统。其次,根据《物权法》第 112 条的规定,拾得人有权请求失主按照承诺履行义务,其允许拾得人基于失主的承诺而请求支付报酬,这实际上是尊重了当事人的自主自愿,体现了私法自治精神。① 但是,也有学者直接认为,《物权法》的这种规定明文确认了遗失物拾得人在权利人悬赏寻找遗失物的情况下享有报酬请求权。②

也有学者从伦理学的视角撰文对《物权法》拾得人取得报酬的相关规定给予肯定的评价,其认为,我国《民法通则》和相关司法解释未对拾得人的报酬请求权作出规定,仅仅强调拾获者对遗失者的义务和责任,否认了拾获者的权利和价值,忽视了双方利益的平衡。这就导致有关拾金不昧的规定在很大程度上仅仅止于纸上谈兵,在现实生活中并无实际执行力。关于我国《物权法》中对悬赏情况下拾得人报酬请求权的规定,该文就此进行了法律和道德层面的双重分析,认为:首先,从法律的角度来看,这种情况已经构成了民法意义上的要约,二者之间实为一种合同关系。其次,从伦理上进行分析,拾得人的报酬请求权也是值得肯定的。总之,《物权法》中拾金求酬的规定既倡导了拾金不昧的美德,同时也将知恩图报的道德规范法律化,既有利于拾得者和权利人之间利益平衡的实现,也有利于社会利益最大化的实现,因此具有充分的道德基础。③ 然而,也有学者对此存在不同看法,认为《物权法》最终并没有规定拾得人的法定报酬请求权,《物权法》关于遗失物制度的设计,损害了拾得人的正当利益,更损害了遗失人一方的利益,同时还牺牲了法律的效益和公平价值。其根源在于:中国历史上所有统治当局所推行的"重义轻利"的道德观念。然而,由于它严重扭曲了现实利益需求的本来面目,以法律强制支撑的道德秩序并不能在现实中被维持,社会道德反倒会因此而沦落。④

---

① 王利明:《物权法研究》(上卷),中国人民大学出版社 2007 年版,第 462—463 页。
② 侯天平、黄果天等:《物权法争点详析》,法律出版社 2007 年版,第 220 页。
③ 谢青松:《〈物权法〉的伦理审视》,《安徽大学法律评论》2009 年第 1 期。
④ 孙美兰:《物权法遗失物制度:道德秩序的强制支撑》,《求索》2007 年第 11 期。

另外，还有学者从法经济学的视角出发，认为给拾得人以保管费用和报酬请求权单从经济效果来看是一个合理的制度安排。从多数人愿意追求经济利益的假定出发，一个可以获得补偿和报酬的行为总是人们更愿意实施的行为，给某种行为以补偿和报酬能有效地激励这种行为。由此，当法律规定拾得人归还遗失物时可以获得报酬，会鼓励更多的拾得人将他人遗失物主动归还失主，失主寻回遗失物的概率将大为增加。失主虽然要向拾得人支付一定报酬，但却以此换来全部财物失而复得，显然失主恢复的利益大于为此支付的成本。① 当遗失物被拾得人归还给遗失人时应当赋予拾得人以一定的报酬请求权，这有助于给予拾得人以一定的激励，提高社会整体的遗失物归还水平。同时，在报酬请求权的支持下，还有助于发展出专业的遗失物搜寻组织，进一步提高遗失物的搜寻和归还效率。尽管报酬给付从表面来看只是财富由遗失人向拾得人的转移，好像没有增加社会新财富，但是这个安排给予拾得人以激励向遗失人主动传递遗失物信息，有助于克服信息不对称难题，降低了遗失人和拾得人之间的交易成本。这与悬赏广告下的赏金给付具有相同的性质和作用。②

2. 征收

（1）征收的主体

我国《物权法》第42条规定了征收制度，然而这些法律条文并没有直接明确征收的主体，虽然理论界对此并没有太大的争议，但是有必要在此处予以明示。一般认为，征收的主体是国家，只是各学者的解释路径不同。王利明认为，从《物权法》的规定来看，尽管《物权法》第42条并没有明确征收行为的主体，但由于基于公共利益的征收只能由国家作出，因而应当将征收征用权的主体理解为国家。③ 崔建远等编著的教材则从另一个视角对土地所有权征收主体只能是国家作出了解释，其认为，土地所有权只能是国家所有或者集体所有，而集体显然没

---

① 顾文斌、林小兵：《我国遗失物拾得人权利义务制度的构建》，《江西社会科学》2007年第2期。

② 魏建、彭涛：《财产的最佳利用与遗失物制度的法律选择——遗失物制度的法经济学分析》，《广东社会科学》2008年第4期。

③ 王利明：《〈物权法〉的实施与征收征用制度的完善》，《法学杂志》2008年第4期。

有权利强行取得其他集体土地所有权,因此土地的征收人只能是国家。① 然而,由于国家是领土、居民与主权的结合,在符合公共目的的情况下,政府代表着国家具体实施有关不动产征收的行为。自然人和其他任何社会组织尤其是以营利为目的的社会组织均不能成为征收权的主体。② 同时,王利明认为,为了充分保障被征收征用人的财产权益,不仅要明确征收的决定应当由政府依法作出,而且还要强调的是,整个征收过程包括拆迁方案的制定、拆迁补偿标准的确立应当由政府主导。同时强调,拆迁行为也应当纳入到关于征收的法律制度内,只能由政府来实施,而不能由开发商等民事主体来负责。③ 屈茂辉赞同以上征收权的主体为国家,其形式主体为政府,但是其强调,并非任何一级政府机构都能行使征收权。另外,《物权法》对于征收权行使主体问题未作具体的规定,有待于其他法律的补充和细化。④

(2) 征收的客体

我国《物权法》第 42 条第 1 款规定"为了公共利益的需要,依照法律规定的权限和程序可以征收集体所有的土地和单位、个人的房屋及其他不动产",这款规定对征收的客体作出了规定。由于以上法律条文规定得很明确,即征收的对象是不动产,所以学界对动产不能作为征收的对象这一问题并没有争议。然而学界对标的物的所有权之外的其他物权能不能征收存在一定争议。

江平主编的教材认为,征收仅涉及标的物的所有权变动,对于标的物上的其他物权不能征收。例如,可以征收甲集体所有的土地,但不能征收已经在被征收甲集体土地上设定的宅基地使用权。因此,征收发生被征收物所有权的变动,但其上的其他物权不受影响。征收人欲消灭被征收物上的其他物权,可以通过诸如买卖等其他事实而实现。其法律依据为《物权法》第 42 条第 2 款和第 3 款关于"维护被征收人的合法权

---

① 崔建远等:《物权法》,清华大学出版社 2008 年版,第 119 页。
② 周玉超、蔡文灏:《比较法视野下的物权征收征用制度》,《湖北师范学院学报》(哲学社会科学版) 2010 年第 4 期。
③ 王利明:《物权法研究》(上卷),中国人民大学出版社 2007 年版,第 418—419 页。
④ 屈茂辉主编:《物权法:原理精要与实务指南》,人民法院出版社 2008 年版,第 198 页。

益"的规定。①

然而，有学者存在不同的观点。王利明认为，在我国，征收的对象既包括不动产的所有权，也包括不动产之上的用益物权。根据《物权法》第 132 条规定，用益物权也可以成为征收对象；根据《物权法》第 148 条的规定，为了公共利益的需要，提前收回建设用地使用权，地上建筑物也会发生征收的问题。但是，王利明也承认，担保物权不可能发生征收的问题，担保物权涉及其他人的利益，如果因征收导致担保物权消灭，可能影响抵押权的实现，涉及因此而发生补偿之后，抵押权人是否可以针对征收补偿款享有物上代位权的问题。② 最高人民法院物权法研究小组也认为，征收对象包括宅基地使用权，但此时征收的是集体土地所有权以及土地上的建筑物、附属设施。而建设用地使用权不存在征收的问题，因为征收针对土地所有权，而此时土地所有权属于国家。③ 崔建远等编著的教材认为，从文意上解释，并不排除对他物权的征收，在集体土地所有权上存在他物权负担的情况下，在征收时是一并征收的，并分别给予相应补偿。在征收单位与个人的房屋或者不动产使用权的情况下，也分别补偿房屋所有权价值以及不动产使用价值。④ 崔建远还指出，征收导致的权利消灭的情况与国家所取得权利并不一致。征收集体所有的土地，消灭的权利首先是集体土地所有权，其次消灭该宗土地上的用益物权及其地上建筑物、构筑物的所有权。在土地归国家所有的区域，征收的对象只是建筑物，不再包括土地，所消灭的权利自然是建筑物所有权，至于建筑物所在地的建设用地使用权，国家收回就是了。国家通过征收取得的权利并不与之一一对应，只取得土地所有权及建筑物所有权，不取得土地承包经营权、宅基地使用权。⑤

---

① 江平主编：《中国物权法教程》，知识产权出版社 2007 年版，第 191—192 页。

② 王利明：《物权法研究》（上卷），中国人民大学出版社 2007 年版，第 419—420 页。

③ 最高人民法院物权法研究小组编：《中华人民共和国物权法条文理解与适用》，人民法院出版社 2007 年版，第 361—362 页。

④ 崔建远等：《物权法》，清华大学出版社 2008 年版，第 120 页。

⑤ 崔建远：《物权法》，中国人民大学出版社 2009 年版，第 72 页。

(3) 征收中公共利益的界定

全国人大法律委员会、全国人大常委会法制工作委员会同国务院法制办、国土资源部等部门以及专家反复研究认为：在不同领域内，在不同情形下，公共利益是不同的，情况相当复杂，《物权法》难以对公共利益作出统一的具体界定，还是分别由《土地管理法》《城市房地产管理法》等单行法律规定较为切合实际。现行有的法律如《信托法》《测绘法》已经对公共利益的范围做了一些具体界定。因此，《物权法》第42条对公共利益的目的只做了原则性规定。① 所以，在司法实务中，对"公共利益"这一概念的理解显得极为重要。

在司法实务中，由于公共利益的判断标准仍存在模糊性，有学者主张，"必须采取在个案中之法益衡量的方法"，具体应当从以下几方面进行考量：其一，应当为公众所需。考量是否为公众所需应当以民众的价值倾向为标准。其二，应当为公众所用。如果建立在征收基础上的建设项目能够为不特定的多数人反复享用和消费，即可被视为能够为公众所用。其三，应当符合公益目标。法律之所以承认国家对公民的私有财产有权征收，是基于公共利益高于单个的私人利益的价值判断，但应当明确依法保护公民的财产权同样是公共利益的需要。公共利益绝不是用政治性的法律或法规去剥夺个人的财产，或是消减哪怕是它最微小的一部分。②

司法界人士江必新与梁凤云认为，在判断公共利益时，应当把握几个关键的区别点：一是公共利益具有的公共物品的特征，排除单纯私益性。二是公共利益具有非营利性，但凡是属于商业开发的，肯定不属于社会公共利益。三是公共利益具有持续的公共功能。法院在审查征收行为的合法性时，要看其追求的最终目的是否具有公益性，即征收及随后的建设行为是否主要为了让社会公众受益；而不在于这个公共利益目的实现过程中也让特定的企业或私人获益。③

---

① 全国人大常委会法制工作委员会民法室编：《中华人民共和国物权法条文说明、立法理由及相关规定》，北京大学出版社2007年版，第60页。

② 王雷：《城市房屋征收法律规则与适用——对一起案件的分析》，《人民司法》2005年第10期。

③ 江必新、梁凤云：《物权法中的若干行政法问题》，《中国法学》2007年第3期。

面对司法界判断公共利益时的困惑,理论界各学者也都对如何判定公共利益提出了各自的看法。

陈华彬主张对"公共利益"进行严格限定,认为应将其局限于国防、公共安全、重大社会利益等较为狭窄的范围之内,而不应该任意地扩张其范围,否则,公共利益将会无处不在。① 温世扬主编的教材主张根据收益主体的范围和利益可获得的途径对公共利益进行限定,即建设项目的受益主体必须是不特定的社会公众,如国民健康、教育、公共设施、公共交通、公共福利、文物保护等公共事业,一般都被认为属于公共利益的范围。而且,一般情况下,该项利益往往无法通过市场选择机制得到满足,需要通过国家及政府运用市场以外的手段提供。这意味着:凡受益主体是特定的个人或团体,且根据现有政治与经济经验可以通过市场手段得到实现的利益,均不应被划入公共利益的范畴。②

房绍坤介绍了具有悠久历史传统的程序论公共利益理论,并提出了相关建议。其认为公益征收中"公共利益"的界定需要一种程序机制。公共利益界定的程序设计,首先要解决的是界定的主体问题,其次才涉及具体程序机制的设计。公共利益之界定主体的选择是一个宪法分权问题,须由立法、行政、司法机关通力协作。我国公益征收法上公共利益界定的具体程序机制设计,必须解决好三个问题:一是把公共利益调查与审查作为征收决定作出前的一个独立程序阶段;二是把"民主商谈"确立为公益界定必须遵守的实质性程序原则;三是把"公共利益听证"确立为公益界定中必须遵循的一个程序环节。③

还有学者认为有必要从伦理的视角对公共利益的内涵进行了解分析。其认为,历史地看,公共利益从最初的公共团体的善恶取舍到近现代的规范国家制度和社群等组织的行为目的思想,折射出公益价值的正面价值需求和评判。我们对《物权法》中"公共利益"的判定应遵循基本的伦理标准,在法律无法亦不可能对公共利益明确界定的前提下,对国家征收制度本身的正当性价值权衡成为重中之重。权衡应在三个重要角度上进行:

---

① 陈华彬:《民法物权论》,中国法制出版社2010年版,第185页。
② 温世扬主编:《物权法教程》,法律出版社2009年版,第64页。
③ 房绍坤:《论征收中"公共利益"界定的程序机制》,《法学家》2010年第6期。

一为征收之必要性；二为补偿之公平性；三为程序之正义性。[1]

就在学界和实务界努力清晰界定公共利益的内涵之时，根据《物权法》和《全国人民代表大会常务委员会关于修改〈中华人民共和国城市房地产管理法〉的决定》《国有土地上房屋征收与补偿条例》（以下简称《征收与补偿条例》）于 2011 年 1 月颁布并实施。《征收与补偿条例》对公共利益的缺失问题作出了积极回应，其第 2 条规定"为了公共利益的需要，征收国有土地上单位、个人的房屋，应当对被征收房屋所有权人（以下称被征收人）给予公平补偿"。对比之前的《城市房屋拆迁管理条例》，它以法律条文的形式明确规定房屋征收的必要前提是为了公共利益的需要，公共利益征收和商业开发征收彻底分开。[2] 更为重要的是，《征收与补偿条例》第 8 条具体列举了公共利益的六种情形，即"（一）国防和外交的需要；（二）由政府组织实施的能源、交通、水利等基础设施建设的需要；（三）由政府组织实施的科技、教育、文化、卫生、体育、环境和资源保护、防灾减灾、文物保护、社会福利、市政公用等公共事业的需要；（四）由政府组织实施的保障性安居工程建设的需要；（五）由政府依照城乡规划法有关规定组织实施的对危房集中、基础设施落后等地段进行旧城区改建的需要；（六）法律、行政法规规定的其他公共利益的需要"。

另外，有的学者分析到，"为了确保公共利益范围的确定性，条例还规定了房屋征收的程序，即确需征收房屋的各项建设活动都应当符合国民经济和社会发展规划、土地利用总体规划、城乡规划和专项规划，并要求制订规划应当广泛征求社会公众的意见，经过科学论证，保障性安居工程建设和旧城区改建还应当纳入市、县级国民经济和社会发展年度计划，经市、县级人民代表大会审议通过。公共利益内涵的确定和正当程序的设置确保了法的人权价值在房屋征收行为中的实现"[3]。对此，行政法学界的沈岿表示，"新条例以列举的方式对公共利益进行了界定，排除了一些显

---

[1] 方兴、田海平：《公共利益的伦理判定与国家征收制度之正当性探析——以〈物权法〉第四十二条的法律解释为例》，《南京社会科学》2008 年第 8 期。

[2] 韩芳、柴军、柴梅：《关于〈国有土地上房屋征收与拆迁补偿条例（草案）〉的新旧释异和实施影响分析》，《南方论刊》2010 年第 6 期。

[3] 周伟、孙德岩：《回归与缺憾并存——评〈国有土地上房屋征收与补偿条例〉》，《行政与法》2011 年第 8 期。

然出于商业目的、与公共利益无关的用途。更为关键的是，新规定中强调了程序的作用。如通过听证会的方式听取被征收人意见，确定征收是否正当。此外，涉及旧城区改造等城市规划问题时，引入了公民代表的参与。这些规定改变了过去'政府说了算'的局面，政府需要更多倾听民意，并且在必要的时候根据民意修改原有的方案"①。另外，有的学者指出《拆迁与补偿条例》存在不完善之处，但是仍然认为其使公共利益的概念和范围得以清晰、明确，房屋征收中涉及的公共利益实现了有法可依、有章可循，弥补了当前公共利益概念的缺失。②

（4）不动产征收所产生的权利取得的性质

基于征收所取得的权利，是原始取得还是继受取得，学界有不同的认识。王轶认为，"原始取得，既可基于私法上的原因，如因事实行为而取得，也可基于公法上的原因，如因没收、征收而取得"③。对此费安玲认为值得商榷。因为征收是以承认他人私权存在为前提条件，所以才出现征收者或者征收执行者必须承担给付征收补偿的义务。④ 戴孟勇博士将主张原始取得和主张继受取得的观点做了详细比较后，提出：认为征收属于原始取得的观点，实际上与"一体征收、一体补偿"的征收补偿模式相契合，不承认所有权之外的其他物权可独立作为征收对象。反之，如果认为征收是继受取得，实际上与"分别征收、分别补偿"的征收补偿模式相一致，承认土地所有权和土地所有权之外的其他土地使用权都可以成为征收的对象。由于我国物权法上应当确立"分别征收、分别补偿"的征收补偿模式，因而也应当认为征收属于继受取得。同时，根据物权的追及效力理论，征收也应当属于继受取得。⑤ 刘保玉主张，原始取得实际上包括有三种情况：一是一物之上原不存在任何人的所有权，主体第一次或最初

---

① 《关注"新拆迁条例"：国有土地房屋征收须补偿先行》，中央政府门户网站，http://www.gov.cn/jrzg/2011-01/22/content_1790623.htm，访问日期2019年2月23日。

② 刘忠群、齐雪：《〈国有土地上房屋征收与补偿条例〉中的"公共利益"解读》，《华中师范大学学报》（人文社会科学版）2011年第2期。

③ 王轶：《物权变动论》，中国人民大学出版社2001年版，第2页。

④ 费安玲：《对不动产征收的私法思考》，《政法论坛》2003年第1期；费安玲：《不动产征收法律制约论》，载江平主编《中美物权法的现状与发展》，清华大学出版社2003年版，第184页。

⑤ 戴孟勇：《物权法视野中的征收制度》，《政治与法律》2005年第5期。

取得该物的所有权。例如，对自己劳动创造的物取得最初的所有权，依先占而取得无主物的所有权等；二是物上原存在他人的所有权，但法律上不予承认，而是依法律或国家权力而强制取得，如没收财产、时效取得等；三是法律上承认原物上的权利，但新物权人不依据原权利人的意志而依法取得新的物权，如国家征收财产、添附等。因此，应将征收作为一种原始取得的方式。[1]

（三）简要总结

由于我国《民法通则》和《贯彻执行民法通则的意见》对遗失物拾得制度予以了明确规定，我国《物权法》再次对此制度予以了明确，因此，2000年以后，我国学界的讨论主要集中在解释论上。但是由于我国《民法通则》和《物权法》均没有规定拾得人的报酬请求权，因此，关于拾得人的报酬请求权这一问题，我国学界讨论的则主要是立法论的问题，但也有的学者认为，我国《物权法》实际上确认了悬赏情况下拾得人的报酬请求权，故也有学者以解释论的视角对此制度予以了阐述。

关于遗失物的界定，我国理论界存在一定的争议，但是在构成遗失物的条件上争议不大；对遗失人的界定的争议主要集中在无权占有人能否成为遗失人这一问题上，目前我国学界多数学者持否定说，但此说与占有保护请求权的关系如何理顺，尚值进一步说明；对拾得人的界定的争议主要集中在公法人可否成为拾得人这一问题上，虽然有少数我国台湾学者否定公法人的拾得人地位，但是学界绝大多数学者主张公法人可以成为拾得人，只不过其不享有报酬请求权。关于拾得行为的性质，学界争议不大，通说认为其是一种事实行为。关于拾得人与遗失人之间法律关系的性质，多数学者还是认为拾得人与遗失物权利人之间形成无因管理关系，应当适用无因管理的规则对其权利义务进行规范。不过，最高人民法院《贯彻执行民法通则的意见》第94条中规定："拾得人将拾得物据为己有，拒不返还而引起诉讼的，按照侵权之诉处理。"故此，是否应区分拾得人的主观状态而认为其可能构成不同的法律关系，也是值得进一步讨论的问题。我国《物权法》中仍未承认拾得人能够取得遗失物的所有权及一般情况下的请求权，较之已有的规定，其改进之处颇为有限，仅承认了在失主自愿悬赏的情况下的报酬请求权，在将来制定《民法典》之时，我国

---

[1] 刘保玉：《物权法学》，中国法制出版社2007年版，第66页。

立法机关应当充分重视这一制度。

一般认为征收的主体是国家，但是国家的此项权利由政府代为行使；征收的对象也应当限定在不动产，所征收的土地也仅限于集体所有的土地。而虽然我国《物权法》并没有对公共利益的范围作出界定，但是《征收与补偿条例》对公共利益进行了列举，对我国的司法实务具有一定的指导意义。至于征收所产生的权利取得究竟是一种原始取得还是一种继受取得，似乎我国学界讨论的不是很充分，值得继续深入研究。

第五章

用益物权

第一节　用益物权基本理论

一　立法论

（一）主要争议问题

在我国《物权法》的制定过程中，学术界对用益物权的基本理论问题进行了广泛的讨论，主要集中在三个方面：首先，在用益物权的概念及其含义方面，分歧表现在用益物权的客体仅为不动产，还是包括动产在内；用益物权是否包括处分权能；用益物权中"用益"的含义如何等。其次，如何界定用益物权的性质及功能、地位。最后，如何构建科学、合理的符合我国国情的用益物权体系。

（二）各种观点

1. 用益物权的概念及含义

（1）关于用益物权的概念界定。依大多数学者的认识，用益物权是非所有人对他人之物所享有的占有、使用、收益的权利。但也有学者基于不同角度对用益物权的概念作出不同界定：

一是目的说，认为"用益物权是权利人对他人所有物享有的以使用收益为目的的物权"[①]。该说强调用益物权的制度功能。二是内容说，认

[①] 梁慧星主编：《中国物权法研究》（下），法律出版社1998年版，第582页。

为"用益物权是指权利人对他人所有物享有的以使用收益为内容的物权"①。三是标的说,认为"用益物权是指以物的使用收益为标的的他物权"②。内容说和标的说虽表述略有不同,但着眼于用益物权的权利内容。四是折衷说,即在用益物权的概念中不表明用益物权的目的、内容或标的,而是主张"所谓用益物权,是指非所有人以对他人之物所享有的占有、使用、收益的排他性权利。"③ "用益物权是对他人所有物,在一定范围内进行占有、使用、收益、处分的他物权。"④ 此为学界通说,最后通过的《物权法》第 117 条采纳了该学说。除以上四种学说,还有所谓综合说,即在用益物权的概念中全面表明用益物权的目的、内容或标的。称"用益物权是指直接支配他人之物而利用其使用价值的定限物权"⑤。

（2）关于对用益物权的客体、内容等的理解。除以上概念界定中的侧重点不同外,学界对用益物权概念中的客体、内容等,也存在不同意见:

其一,关于用益物权客体范围。王利明、陈华彬、房绍坤等学者认为用益物权客体应仅限于不动产或主要为不动产。其理由是:由于动产以占有为公示方法,很难表现为较为复杂的用益物权关系。即使确实需利用他人的动产,也可采取借用、租赁等方式短期利用。若长期利用,不如直接购买,而无须依赖用益物权制度。而鉴于不动产的稀缺性与价值较高,难以通过购买方式实现其使用价值,设定用益物权,方可解决对非所有人的他人之物使用价值的支配。⑥ 孟勤国、宋刚等学者则认为用益物权客体应包括动产在内。其理由是,既然房屋可以设立用益物权,则价值较高的其他动产也可设立。传统的用益物权可以设定在动产上,而只有日本开始把动产排除在用益物权以外。且在法律技术上,将用益物权设定在动产上并无障碍。不动产中的概念存在变化,应将之理解为"重要"而非"不

---

① 江平主编:《民法学》,中国政法大学出版社 2000 年版,第 394 页。
② 温世扬:《物权法要论》,武汉大学出版社 1997 年版,第 129 页。
③ 王利明:《物权法研究》,中国人民大学出版社 2002 年版,第 412 页。
④ 魏振瀛主编:《民法》,北京大学出版社 2000 年版,第 256 页。
⑤ 房绍坤:《论用益物权的法律属性》,《现代法学》2003 年第 6 期。
⑥ 王利明:《物权法研究》,中国人民大学出版社 2004 年版,第 412 页;陈华彬:《物权法教程》,首都经贸大学出版社 2008 年版,第 271 页;房绍坤:《用益物权基本问题研究》,北京大学出版社 2006 年版,第 10 页。

动",将需要登记的财产视为不动产,① 且为了充分实现现代所有和利用的原则,实现动产和不动产的全面用益物权制度也需将用益物权客体扩大到动产上。② 温世扬也认为,在《物权法》对用益物权的定义性规定中将动产作为用益物权客体并不违反物权法定原则,动产用益物权在当代社会仍有其制度价值。③

此外,学界对用益物权人是否仅限于对他人所有之物享有用益物权存在不同理解。多数观点认为,用益物权是在他人所有之物上设定的物权。但也有部分学者认为,用益物权中的"他人之物"也可理解为他人享有使用权(主要指用益物权)之物。亦即,就他人所有之物,权利人可以设定用益物权。④

其二,是用益物权中"用益"的含义方面。一般认为,用益物权概念中的"用益",就是使用、收益的简化。但对于用益物权是否必须兼有收益和使用权能,也有不同的看法:兼有说认为用益物权应当兼具使用和收益两项内容或目的;⑤ 非兼有说认为用益物权不必同时兼具使用和收益两项内容或目的,⑥ 或认为两者都应当成为用益物权的内容。⑦ 还有学者认为,"由于利用物的使用价值的形态不同,存在单纯的使用或收益或因使用而获得收益,将用益物权的内容或目的概括为使用和收益都不准确"⑧。该学者指出,用益物权的使用权能、收益权能有三种情况:一是仅有使用权能而无收益权能;二是仅有收益权能而无使用权能;三是既有使用权能又有收益权能。因此,收益权能并不是各种用益物权所共同具备的权能。⑨

---

① 孟勤国:《物权二元理论与传统物权理论的重大分歧》,《山东警察学院学报》2005年第6期。
② 宋刚:《论我国用益物权的重构——以租赁权性质展开》,《河南社会科学》2005年第3期。
③ 温世扬:《从〈物权法〉到"物权编"——我国用益物权制度的完善》,《法律科学》(西北政法大学学报)2018年第6期。
④ 房绍坤:《论用益物权的法律属性》,《现代法学》2003年第6期。
⑤ 江平主编:《民法学》,中国政法大学出版社2000年版,第395页。
⑥ 屈茂辉:《用益物权论》,湖南人民出版社1999年版,第5页。
⑦ 王利明:《物权法研究》,中国人民大学出版社2002年版,第412页。
⑧ 房绍坤:《论用益物权的法律属性》,《现代法学》2003年第6期。
⑨ 房绍坤:《论用益物权的内容》,《山东警察学院学报》2006年第2期。

关于用益物权的权能是否包括处分权在内，学界的观点依照法律处分与事实处分的标准对其进行了区分。就法律处分而言，王利明、钱明星、房绍坤等学者认为用益物权的权利内容为对于标的物的占有、使用、收益，包括法律上的处分权，即移转权利和设定负担的权利，但没有移转所有权的处分权。① 但也有学者从权利人是否可对其享有的用益物权的标的物加以法律上或事实上的处分进行分析，认为用益物权人不能对标的物进行法律上的处分；而就事实上的处分而言，为了达到使用和收益的目的，可允许用益物权人对标的物进行改良或保存，但不允许对其标的物进行显著的变更或毁损。②

2. 用益物权的性质及功能、地位

（1）关于用益物权的性质。学界通说认为用益物权是物权的一种，属于他物权，并有别于担保物权。但对如下几个方面的问题，学界尚有不同认识：

其一，关于用益物权与所有权的关系。学界对用益物权是否以所有权为母权的问题，存在不同的看法。平等说认为，所有权与其他物权之间是平等的，其他物权不是由所有权派生而来的权利，所有权不是其他物权的母权；③ 所有权母权说则认为，用益物权是以个人所有权为基础的概念，缺失这一基础，即不能成立用益物权。④ 还有学者指出，从用益物权与所有权的关系上说，用益物权是以所有权为基础而产生的权利，是所有权行使的一种方式，是对所有权的一种限制；⑤ 用益物权所侧重的仅是对他人之物的使用、收益，而物的所有者并不是决定性因素。在构建用益物权体系时，须明确用益物权人与用益物权标的物的所有人（特别是国家）之间是平等主体之间的民事法律关系。⑥

---

① 王利明：《物权法研究》，中国人民大学出版社2002年版，第412页；钱明星：《论用益物权的特征及其社会作用》，《法制与社会发展》1998年第3期；房绍坤：《论用益物权的法律属性》，《现代法学》2003年第6期。
② 尹飞：《物权法·用益物权》，中国法律出版社2005年版，第27页。
③ 孟勤国：《物权二元结构论》，人民法院出版社2002年版，第53—54页。
④ 高富平：《土地使用权和用益物权——我国不动产物权体系研究》，法律出版社2001年版，第58页。
⑤ 房绍坤：《用益物权与所有权关系辨析》，《法学论坛》2003年第4期。
⑥ 房绍坤、李霞：《构建我国用益物权体系的指导思想》，《烟台大学学报》（哲学社会科学版）2004年第1期。

其二，关于债权性用益权的性质。梁慧星、陈华彬认为，债权性的用益与物权性的用益，二者在权利的性质、成立要件、效力、转让的条件与限制、存续期间、标的物修缮义务、受侵害时的保护等方面均有不同，不可混为一谈。① 学界多从租赁权性质的角度出发，认为此种基于债权合同所产生的用益权的性质是一种债权。隋彭生甚至就此提出了与用益物权相对应的"用益债权"的概念，用益债权是指对他人所有的不动产或者动产，依法享有的占有、使用、收益的债权。② 但也有学者提出了不同意见，如徐洁认为传统民法理论中的用益关系完全具备物权属性，而非部分为债权属性。传统民法之所以用债权掩盖其物权性，是因为将占有视为所有权的附属。租赁权与用益物权是相同的，其核心均在于对他人之物的占有和利用，其性质应是一种物权。在租赁关系中，占有表现的是对他人之物的利用关系，而不是一个"以所有权为内容"的自主占有。近代所谓租赁权物权化是以强化用益人的利用为宗旨的，并非债权的物权化，而是租赁关系中占有的物权化。③

　　其三，关于用益物权的独立性。多数学者认为，用益物权不以其对标的物所有人或使用人享有其他权利为权利存在的前提，不具有担保物权所具有的从属性和不可分性的属性，其是一种具有独立性的权利。但由于地役权需依附于需役地而存在，表现出一定的从属性和不可分性，这似乎与担保物权相同。屈茂辉认为，用益物权除地役权外，均为主权利。④ 但也有学者认为，地役权的从属性和不可分性与担保物权的从属性和不可分性存在明显的差别；将地役权之外的用益物权定性为主权利，不符合主权利与从权利分类的基本原理；地役权应是一种独立的用益物权，基于其性质而必须从属于需役地而存在，但却不能因此而否定地役权的独立性。⑤

　　（2）关于用益物权的功能。房绍坤认为用益物权的功能总体表现为一种充分利用资源，维护物的利用秩序的法律手段。具体表现为：首先，配置资源的功能，也即解决资源的所有与利用之间矛盾的功能；其次，提

----

① 梁慧星、陈华彬：《物权法》，法律出版社 2005 年版，第 272—273 页。
② 隋彭生：《用益债权——新概念的提出与探析》，《政法论坛》2008 年第 3 期。
③ 徐洁：《论用益权的物权属性》，《政治与法律》2003 年第 1 期。
④ 屈茂辉：《用益物权论》，湖南人民出版社 1999 年版，第 5 页。
⑤ 房绍坤：《论用益物权的法律属性》，《现代法学》2003 年第 6 期。

高不动产利用效益的功能；再次，保障生存利益的功能，也即用益物权具有社会保障的功能；最后，弥补土地规划不足的功能。① 钱明星从我国公有制的基本国情出发，认为用益物权是不动产所有权实现的方式和途径，且是非所有人利用他人不动产的有效手段，同时有利于发挥物尽其用的效益并有助于达到对不动产利用的社会的公平和稳定，有助于我国市场经济体制的法律体系的建立和完善。②

（3）关于用益物权的地位。学者们围绕着从物的"所有"到物的"利用"为中心的社会变迁，分析用益物权是否取代所有权从而成为物权制度的核心。对此，存在三种不同的意见：

第一种是用益物权中心论。杨振山认为，在以市场为资源配置的主要方式的市场经济条件下，要维持我国公有制的公主体所有权，就必须大量设置他物权，他物权对所有权的限制更为必要。③ 他物权人的利益应受到更多的重视。物权法已由"以所有为中心"转为"以用益为中心"，用益物权制度的发展，也呈现出用益物权逐渐成为物权法的中心的特点。④ 屈茂辉认为，以物的"所有"为中心的物权观点已经被以物的"利用"为中心的物权观点所取代，此在现代法中已经得到了充分的反映。⑤

第二种是用益物权与所有权平等论。孟勤国提出了所有与占有、归属关系与利用关系并列的二元物权结构体系。在该体系中，利用关系与传统理论中的用益关系在内涵上是一致的，亦即都为利用他人之物，对他人所有物实施占有、使用、收益的合法关系。⑥ 房绍坤指出，应坚持所有权与他物权的平等地位及各自的独立性，但不能就此否认用益物权是以所有权为基础而产生的权利。用益物权不是所有权权能分离的结果，而是具有自己独立的权能，如占有、使用等。若认为用益物权是所有权权能分离的结

---

① 房绍坤：《试论用益物权的功能》，《山东公安专科学校学报》2003年第4期。
② 钱明星：《论用益物权的特征及其社会作用》，《法制与社会发展》1998年第3期。
③ 杨振山、王萍：《我国应制定以用益为中心的物权法》，《河南省政法管理干部学院学报》2001年第3期。
④ 杨振山：《社会主义市场经济与中国物权法的制定》，《法学杂志》2001年第2期。
⑤ 屈茂辉：《物尽其用与物权法的立法目标》，《当代法学》2006年第4期。
⑥ 孟勤国：《中国物权法草案建议稿》，《法学评论》2002年第5期。

果，无异于否定用益物权的物权性，违背了物权的一般理论。①

第三种是所有权中心论。如李晓峰认为，虽然用益物权的地位不断提升，但并不意味着用益物权就成为物权的中心。用益物权"中心论"是法理上从一个极端走向另一个极端的错误观点，在理论和实务中仍应坚持物的所有权置于中心地位，但对物权要作一定限制，同时要加强用益物权的地位和作用，以适应发挥物的使用价值和价值的民法趋势。②

3. 用益物权制度的体系构想

应当如何构建用益物权体系，是我国物权法制定过程中备受关注的一个问题。诸多学者在对《物权法》制定之前的用益物权制度的缺陷与不足进行批判的基础上，提出了各自的用益物权体系构想，其核心问题主要集中于两点，即各类用益物权的名称以及用益物权的体系构成。同时，学界还就此问题围绕着几个物权法专家草案建议稿和法工委拟定的物权法草案，进行了深入的研究和探讨。

（1）关于我国物权法制定之前的用益物权制度存在的问题。温世扬等认为《物权法》制定之前的用益物权体系凌乱，应当规定在基本法中的用益物权没有规定，而应当以特别法形式规定的用益物权却规定在基本法中；已有的用益物权内容范围交叉重叠、界限不清；《民法通则》中的用益物权概念模糊，法律术语的不严谨等违反了立法的技术要求。③ 类似的认识得到了多数学者的认同。

（2）关于用益物权制度体系的逻辑结构。主要有三种意见：其一，物权法中应设用益物权部分，并分章规定用益物权的一般规则和各类具体的用益物权。④ 其二，物权法中应设用益物权一章，并分节规定各类具体用益物权。⑤ 其三，物权法在规定用益物权时，不必规定用益物权的一般

---

① 房绍坤：《用益物权与所有权关系辨析》，《法学论坛》2003年第4期。
② 李晓峰：《论用益物权在物权法中的地位——以土地用益物权为例》，《中国人民大学学报》2000年第4期。
③ 温世扬、黄军：《我国物权法之检讨》，《法学》2000年第6期。
④ 全国人大法工委：《中华人民共和国物权法（征求意见稿）》（2002年12月17日稿）。
⑤ 王利明主编：《中国物权法草案建议稿及说明》，中国法制出版社2001年版，第418页；马俊驹、梅夏英：《动产制度与物权法的理论与立法构造》，《中国法学》1999年第4期。

规则，只需规定具体的用益物权种类即可，且将各类用益物权与所有权并列。①

（3）关于各类用益物权名称的确定。如何确定各类用益物权的名称或概念问题，引发了学界的热议，不同名称的使用，也造就了各类不同用益物权体系的设计方案。房绍坤指出，在构建用益物权体系时，用益物权的概念必须明确，清晰表述其内涵和外延，概念含义应具有统一性。确定用益物权的概念，应注意尽量避免生造法律概念，防止盲目照搬国外的法律概念，同时应考虑确定用益物权概念所产生的背景及语言习惯和公众的认可度问题。② 还有学者指出，在确定用益物权的概念时，既不能想当然生造，也不能仅因为在现行一些法律或政策中已经使用就考虑沿用，而应以科学的态度对待每一个概念。最重要的是，要在衡量一个概念的理论储备和实践储备后再作决定。③

关于各类用益物权名称的争议，将在本书用益物权各论部分详述，此处从略。

（4）用益物权制度的体系设计

用益物权制度的体系设计，以几个物权法草案专家建议稿和法工委的物权法草案的规定较具代表性；此外，学者们也提出了其他诸多建议或意见。

社科院建议稿中的用益物权体系：在社科院所起草的物权法草案中，以土地使用权为基础概念，再依不同的目的，分为基地使用权与农地使用权，以邻地利用权取代地役权并加上习惯法上的典权，建构了用益物权体系。④

中国人民大学建议稿的用益物权体系：规定了土地使用权、农村土地承包经营权、宅基地使用权、地役权、典权、空间利用权和特许物权（包括养殖权与捕捞权、采矿权与探矿权、林业权、取水

---

① 中国物权法研究课题组（负责人：梁慧星）：《中国物权法草案建议稿：条文、说明、理由及参考法例》，社会科学文献出版社2000年版，第446页。

② 房绍坤：《构建用益物权体系的基本要求》，《河南省政法管理干部学院学报》2004年第3期。

③ 中国政法大学物权法课题组：《关于物权法的整体结构》，《法商研究》2002年第5期。

④ 梁慧星：《制定中国物权法的若干问题》，《法学研究》2000年第4期。

权、狩猎权）。① 对此，有学者评价其特点是沿用了农村土地承包经营权的概念；单独规定宅基地使用权、空间利用权和特许物权。②

法工委的物权法草案中的用益物权体系：该法工委拟定的几个物权法草案中，关于用益物权体系的意见并不统一，屡有变动。如2002年1月29日的《物权法征求意见稿》规定了土地承包经营权、建设用地使用权、宅基地使用权、邻地利用权、典权、居住权、探矿权与采矿权、取水权、渔业权、驯养权与狩猎权；2004年8月3日的《物权法草案》删除了典权、驯养权与狩猎权；2004年10月15日的《物权法草案》则删除了邻地利用权、探矿权与采矿权、取水权、渔业权，但又重新加进了典权；在2005年7月10日的《中华人民共和国物权法（草案）》中，规定了土地承包经营权、建设用地使用权、宅基地使用权、地役权、居住权。此外，在各类具体的用益物权的规定之前，该稿还专设了"一般规定"一章。

在2001年的中国物权法国际研讨会上，与会学者对以基地使用权、农地使用权、邻地利用权和典权构成的用益物权制度指出了以下几个问题：一是统一用基地使用权来规定，抹杀了宅基地与建设用地的区别，混淆了二者的界限。二是在农村只规定宅基地的基地使用权，不全面。三是用农用地使用权代替永佃权不能概括全部的承包经营权和国有农地的使用问题。四是把土地使用权分成基地使用权和农地使用权，要考虑与原来法律的衔接问题，且术语也不是很规范。五是对准物权规定得比较薄弱。③

李仁玉撰文较为全面地对比分析了以上三个建议稿和草案，认为各稿所设计的用益物权的主要类型大致相同，大多继承了我国现有的用益物权的类型和名称，只是名称不一样，其中以社科院稿的名称改造最为彻底。其认为，用益物权体系的建构要兼顾我国现有用益物权的现实状况和时代发展的需要，而其中又以反映现实状况、解决现实问题为重。而社科院设

---

① 王利明主编：《中国物权法草案建议稿及说明》，中国法制出版社2001年版，第63—92页。

② 梁慧星：《中国物权法的起草》，《山西大学学报》（哲学社会科学版）2002年第2期。

③ 杨立新：《2001年中国物权法国际研讨会讨论纪要》，《河南省政法管理干部学院学报》2001年第3期。

计的用益物权体系是其理想化市场经济体制所需用益物权体系的体现,既抛弃了传统,又脱离了现实,故不宜采纳其整个用益物权体系,唯邻地利用权可值得采纳。人大稿的用益物权体系试图在大陆法系的传统与我国的现实之间寻求平衡,既采用了我国现有的用益物权的名称,又采用了传统的地役权的名称。但地役权名称会造成人们理解和应用的困难,不如邻地利用权。法工委的征求意见稿和草案的用益物权体系的设计过于拖沓冗长,应删去其中没有太多实质内容的一般规定。而对各稿的特许用益物权类型规定,其认为可在单行法中予以规定,以利于整个物权法的简洁。综合分析,以建设用地使用权、农村土地承包经营权、宅基地使用权、邻地利用权和典权为用益物权的类型最为适宜。相较而言,法工委草案中的用益物权设计更宜采纳。①

徐朝贤认为,社科院稿采用了传统型四权结构的用益物权体系,内容主要为土地用益权,在名称上整体创设,使用了新概念;人大稿是现实性的综合性的七权结构的用益物权体系,名称上体现了现实主义态度,突出了中国特色,内容上与社科院的有区别;而法工委的物权法草案专设"一般规定"一章,有利于对用益物权总体把握,内容上增加了居住权。但三个草案在宏观层面上,设计大同小异,其区别仅在于微观层面上。主要表现为名称差异大、对宅基地使用权的定位不同、准物权是否要规定在物权法中、空间权的法律地位以及是否规定典权问题上。②

蒋光福认为,法工委的物权法草案(征求意见稿)所采纳的"邻地使用权"取代"地役权",易使人产生它须以需役地和供役地相毗邻为前提的错觉,用这一概念很可能导致不能有效区分地役权和相邻关系,且难以确定是否能全面概括传统"地役权"概念的内涵。③

陈华彬认为,我国用益物权应当包括建设用地使用权、土地承包经营权、地役权、居住权、典权和海域使用权。其具体理由是:准物权(特许物权)如探矿权、采矿权等不应当在物权法中规定,而是分别委由各

---

① 李仁玉:《我国物权法制定中的热点问题研究》,《贵州师范大学学报》(社会科学版) 2004 年第 3 期。
② 徐朝贤:《关于构建我国用益物权体系的思考——以三个物权法草案的设计比较为线索》,《河北法学》2004 年第 6 期。
③ 蒋光福:《物权法定原则下中国物权法的应然体系》,《政法学刊》2005 年第 6 期。

单行的民事法律加以规定，在物权法中作出原则规定即可；空间权不宜单独规定，而是分别放在建设用地使用权、地役权及担保物权中；居住权作为一种用益物权在我国有其必要，我国目前乃至将来的社会生活也确实需要，应当予以规定；海域使用权，是一直就存在的一种重要的用益物权，规定为用益物权具有重要的意义。①

钱明星认为，应当根据我国用益物权制度的本质和目的，确立我国用益物权体系的基本原则，以我国现实的财产利用关系为基础建立由地上权、农地承包权、典权、居住权和地役权所构成的用益物权体系。应以"地上权"来概括非所有人因建筑物及其他工作物而使用他人土地的权利；用"农地承包权"概括因农业目的而使用他人土地的用益物权；物权法有必要承认在地上权、农地承包权等权利上可以设定典权，为多层次的土地的归属和利用提供相应的法律形式；从我国社会发展的现状以及发展趋势来看，在我国物权法中应当确认居住权；应当确认地役权，并扩大地役权主体至地上权人、农地承包权人，而不是仅限于土地所有权人。②

房绍坤认为，用益物权体系应包括如下权利，农地承包权、建设用地权、住宅用地权、典权、不动产役权。而取水权、渔业权、矿业权（探矿权与采矿权）等特许物权以在特别法中规定为宜，居住权则不应在物权法中规定。这一体系具有如下特点：第一，以我国现实社会中存在的不动产利用形态为基础，涵盖了不动产利用的基本形态。第二，尽量体现现有的法律概念，如农地承包权、建设用地权、典权都是我国现行法或司法解释中已经出现的概念，这些法律概念已为人们所普遍接受，应当继续采用。第三，在各类用益物权的设置中，避免出现"使用权"的字样，以防止出现含义上的歧义。第四，区分民法上的用益物权和特别法上的用益物权，将带有特殊性的用益物权，如采矿权与探矿权、渔业权、取水权等排除在外，交由特别法调整。第五，将地役权改造为不动产役权，以涵盖土地和建筑物的役权关系。③ 房绍坤进一步提出，用益物权的客体应限

---

① 陈华彬：《对我国物权立法的若干思考——兼评 2005 年 7 月 10 日〈中华人民共和国物权法（草案）〉》，《浙江社会科学》2005 年第 6 期。

② 钱明星：《我国用益物权体系的研究》，《北京大学学报》（哲学社会科学版）2002 年第 1 期。

③ 房绍坤：《关于用益物权体系的三个问题》，《金陵法律评论》2005 年第 1 期。

定为不动产,《物权法》以动产作为用益物权客体的规定应予删除,用益物权的一般效力、行使原则、消灭原因等通用规则应予规定。典权、土地经营权应纳入用益物权体系,居住权、不动产租赁权、不动产收益权不宜规定为用益物权。土地承包经营权的称谓应当继续保持,其设定应改采登记生效主义,土地承包经营权的调整、收回与退出条件应当作出具体规定。空间建设用地使用权的内容应当进一步细化,赋予集体建设用地使用权与国有建设用地使用权以平等法律地位,住宅建设用地使用权的期限应当取消。宅基地使用权立法应当明确收益权能、申请条件与审批程序,宅基地使用权的收回与退出条件应有明确规定。地役权应改称不动产役权,其设定应改采登记生效主义,自己不动产役权应予承认。①

孙宪忠认为,如果非将土地使用权视为用益物权不可的话,那么它可以说是第一层次的用益物权,而使用权人设定的用益物权则是第二层次上的用益物权。第一层次"用益物权",与其说属于用益物权,不如说是一种自物权,是中国特色的个人土地"所有权"。而第二层次的用益物权才是大陆法意义上的用益物权,即为个人土地利用的便利或特定人的利益而设定的用益物权。这样,我国在不动产方面,就存在三个层次的权利:土地所有权,土地使用权和用益物权。②

屈茂辉认为,我国用益物权体系的构建应以我国现实的土地利用关系为基础,兼顾大陆法传统,分别确认地上权、农用权、地役权、典权等几种物权类型。③ 现代用益权较之传统用益权在客体、内容、基本功能等方面都发生了较大的变化,其特定法律意蕴决定了不能被直接采用,但可借鉴这个"壳"来规定企业用益权、自然资源用益权、空间用益权。④

马俊驹等认为,用益物权制度可以规定为:土地使用权与资源保护、农地使用权、建设用地使用权、宅基地使用权、地役权、居住权、典权和

---

① 房绍坤:《民法典物权编用益物权的立法建议》,《清华法学》2018 年第 2 期。
② 孙宪忠:《论物权法》,法律出版社 2001 年版,第 396 页。
③ 屈茂辉:《物尽其用与物权法的立法目标》,《当代法学》2006 年第 4 期。
④ 屈茂辉:《用益权的源流及其在我国民法上的借鉴意义》,《法律科学》2002 年第 3 期。

自然资源使用权。[1]

陈小君认为，在现阶段，我国用益物权体系的构建应以我国现实的土地利用关系为基础，兼顾大陆法传统，分别确认地上权、农用权、地役权、典权和特别法上的准物权。[2]

关涛认为，我国未来民法典中的用益物权仅规定土地使用权、人役权和地役权即可，因为这三种用益物权均为上位的概念，具有高度的概括性，可称为"一般用益物权"，这与民法典作为民事普通法的性质是相适应的。而农村土地承包经营权、水权、采矿权和采伐权等都是这三种用益物权的具体表现形式，已经分别规定于单行法中，可称为"具体用益物权"[3]。

王利民提出，我国应建立以基地权、农地权、邻地权以及空间权为框架的用益物权体系。其认为，基地使用权概念，虽然克服了土地使用权和建设用地权概念不准确的缺陷，但表述烦琐且不严谨。而基地权则准确地揭示了用益物权的"基地性"，即是一种对土地的用益物权。该概念可以总括各种情形下在他人土地上所有建筑物或其他工作物的用益物权。[4]

徐涤宇认为，我国的物权立法不应过分强调经济体制的差异和本土性资源。用益物权体系的构造，首先应是土地利用制度的设计，且以地上权、农用权、用益权、地役权和典权构成。这一体系应是一个开放的体系，其范围可扩大。[5]

孟勤国在立法建议中，并未安排用益物权的独立体系，而是采用物权二元结构理论，在其第三章占有权中规定了土地使用权和土地承包经营权。[6]

---

[1] 马俊驹、刘阅春：《物权法的定位及基本体系分析》，《法学杂志》2004年第3期。

[2] 陈小君：《我国他物权体系的构建》，《法商研究》2002年第5期。

[3] 关涛：《大陆法系民法中的人役权——兼论民法典中的用益物权体系》，《法学论坛》2003年第6期。

[4] 王利民：《我国用益物权体系基本概念研究——兼评〈物权法征求意见稿〉规定之不足》，《法学论坛》2005年第2期。

[5] 徐涤宇：《物权法体系构造之若干问题探讨》，《法制与社会发展》2002年第4期。

[6] 孟勤国：《中国物权法草案建议稿》，《法学评论》2002年第1期。

温世扬提出,《民法典》"物权编"应对典权、居住权作出规定;应将集体建设用地纳入建设用地使用权客体范围,实现"同地同权";"土地经营权"不宜作为一种用益物权予以规定。物权法应赋予土地承包经营权、宅基地使用权人更大的处分自由以彰显其财产权本质,并对其物权变动统一采取"登记生效主义"①。

4. 土地利用关系中用益物权体系的构建

在对土地上的用益物权体系构建中,涉及如何选择使用名称术语的问题。学者们对是沿用大陆法系的地上权、永佃权和地役权等概念,还是仍旧采用土地承包经营权、土地使用权、宅基地使用权等现有的立法概念,抑或采用基地使用权、农地使用权和邻地利用权等全新概念,争议较大。这些基本概念的争议主要以梁慧星主持起草的物权法草案建议稿中所采用的概念体系为中心展开。学界不仅对这些概念采用了不同的称谓,而且其具体含义也存在差异;而不同的权利采用何种名称,也关系到采用何种立法体例的问题,反映了学界对用益物权制度不同的立法价值取向和立法理念。除了对各种具体权利名称选择的分歧外,学界对"土地使用权"这一上位概念的内涵也有不同认识。学界对土地使用权的类型具体包括哪些,以及各类土地使用权的设立方式、收回、效力等具体内容,也进行了深入的探讨。

在物权立法过程中,学界对土地利用关系的法律调整逐渐形成了几种不同的立场,主要包括:采纳地上权概念,以此为基础来构建我国土地用益物权制度;坚持现有的土地使用权体系,构建我国土地用益物权制度;采纳现行法中的概念,构建我国土地用益物权制度。各种不同的主张中,还存在学者们具体观点的差异。

其一,地上权体系。关于应否采纳传统的地上权制度来构建我国统一土地用益物权体系,即地上权之争,集中体现了学界关于地上权的性质、概念内涵、具体内容、取得、消灭、体系构建以及我国地上用益物权发展的轨迹和现状等方面的研究成果。对构建何种地上权体系,学者观点可大致分为统一说、部分统一说和独立物权说三种,分述如下:

统一说:杨立新主张建立一个大一统的地上权概念,将属于地上权性

---

① 温世扬:《从〈物权法〉到"物权编"——我国用益物权制度的完善》,《法律科学》(西北政法大学学报) 2018 年第 6 期。

质的土地用益物权构成一个完整的体系，设立一个统一的，包含具有全部地上权性质的土地用益物权的地上权体系。我国地上权的体系应由六个权利组成，分为三大类：①国有土地设立的地上权，主要包括建设用地使用权和分层地上权；②集体土地设立的地上权，主要包括宅基地使用权、乡村建设用地使用权和种植林木的土地承包经营权；③海域使用权中的海域地上权。①

钱明星认为，在我国物权法上应当以"地上权"来概括非所有人因建筑物及其他工作物而使用他人土地的权利。并可以将之定义为：地上权是指在他人的土地上因建造、保有建筑物或其他工作物而使用他人的土地的权利。地上权的标的仅以土地为限。由于我国城市土地属于国家所有，而农村和城市郊区的土地，除了法律规定属于国家所有的以外，属于集体所有。所以地上权只能是存在于国家或集体所有的土地之上。②

部分统一说：梁慧星认为，现有的土地使用权称谓并不是经过法学上严格论证后提出的法律概念，而只是经济上的"土地使用"加上"权利"这一法律外壳，而对这一概念在法律意义上的内涵、外延、内容与种类等，也并没有给予更为明确而科学的规定。③应以地上权涵盖目前除土地承包经营权以外的各种土地使用权，但是应以"基地使用权"代替"地上权"概念，基地使用权包括宅基地使用权，乡镇企业建设用地使用权等在内。其认为地上权是大陆法系传统民法上的法律术语，在我国已久不使用，只在一些专家学者的学术著作中引用，而在立法或实务中不再使用。考虑我国的实际传统，在物权立法过程中考虑用益物权的名称应当通俗明了，应采用基地使用权概念。"基地使用权"可以准确体现地上权的内涵和特征，可以作"地上权"一词通俗而恰当的替代语。④

陈小君认为，地上权为传统物权法上的概念，我国法律上无此界定，在我国广泛使用的是土地使用权。但土地使用权内容宽泛，不仅包括物权

---

① 杨立新：《关于建立大一统的地上权概念和体系的设想》，《河南省政法管理干部学院学报》2007年第1期。

② 钱明星：《我国用益物权体系的研究》，《北京大学学报》（哲学社会科学版）2002年第1期。

③ 梁慧星：《中国物权法研究》（下），法律出版社1998年版，第610、621页。

④ 中国物权法研究课题组（负责人：梁慧星）：《中国物权法草案建议稿：条文、说明、理由及参考法例》，社会科学文献出版社2000年版，第449页。

意义上的建设用地使用权、宅基地使用权、土地承包经营权，还包括债权意义上的土地租赁权，既存在具有所有权权能层面上的使用权，也存在他物权意义上的使用权。由此可见，我国现存的土地使用权是一个融传统地上权、永佃权、地役权等用益物权部分功能的权利集合群，虽在实务中各有所用，但毕竟使其在宏观上难以形成统一协调和科学完整的立体式立法体系，甚至出现内容交叉与空白。因而应沿用传统地上权概念，包括现有建设用地使用权、宅基地使用权。将土地承包经营权归为农用权。①

独立物权说：孙宪忠认为，承认地上权作为独立的物权具有重要的意义。主要理由为：①地上权在世界各国物权体系中是最重要的他物权，甚至英美法系国家也承认地上权的存在。考虑到我国土地使用权与一般市场经济国家土地使用权作用不一致，应该承认地上权。②在现实情况下，只有借助地上权，才能分清土地的所有与利用的关系。③由于土地与地上建筑物的价值都比较大，世界各国立法都许可土地与建筑物作为独立的权利进入交易机制，我国将土地与建筑物强行一起转让，观念过于陈旧。④地上权概念得到汉语文化的普遍承认，定义十分明确，没有废止或用其他概念替代的必要。②

其二，土地使用权体系。不少学者主张应采用土地使用权体系来构建我国的土地用益物权制度，指出土地使用权与地上权存在很多的差异，传统地上权体系无法适应立法需要，不应采用"地上权"概念体系。但就如何完善我国现行土地使用权制度，学界观点并不统一，提出了不同的方案。

王利明认为，以地上权代替土地使用权是不妥当的，我国现行立法规定的土地使用权的范围很广泛，包含了地上权的内容。地上权设立的目的是对建筑人的保护，地上的建筑物消灭，则地上权也会随之消灭。但土地使用权更侧重于土地经营权利的保护，或者说更侧重于土地使用价值的发挥；土地使用权设定时并不以土地之上是否有建筑物或工作物为前提，如果土地上的建筑物、工作物消灭，也不一定导致土地使用权的消灭。土地使用权不仅在内容上可以涵盖地上权，而且比地上权更具有灵活性和合理性，对使用人的保护也更为充分；土地使用权可以自由转让，而地上权的

---

① 陈小君：《我国他物权体系的构建》，《法商研究》2002年第5期。
② 孙宪忠：《中国物权法总论》，法律出版社2003年版，第76—77页。

转让受到一定限制，尤其是地上权并不包括空间利用权，因此地上权的概念并不确切。① 在其主持起草的物权法草案建议稿中，仍旧沿用了"土地使用权"这一我国既有的立法概念，并明确了"土地使用权是指以开发利用、生产经营、社会公益事业为目的，在国家所有或者集体所有的土地上营造建筑物或其他附着物并进行占有、使用、收益的权利"②。

高富平在其文中提出了以英美法的地产权制度来改造我国的土地使用权制度的新思路。其认为，"尽管我国的土地使用权一开始便被定位在用益物权，但是，我国的土地使用权区别于大陆法系中任何一种的用益物权。他物权不可能与所有权一视同仁，大陆法的物权制度是围绕保护所有权的完整性而设计的，而不是围绕使他物权成为一种可交易、可处分的权利而设计的；这种设计不是在营造多种财产权利并存体系，而是编织以所有权人为核心的所有权人与他物权人就同一物利用的权利义务关系。因此，只有创设了土地使用权之后，才能完成土地产权设计的物权化。英美法的地产权观念和制度设计最适合创建一个否定所有权核心主义而建立以土地使用权为基础的不动产物权体系"③。

王卫国认为，我国的土地使用权与大陆法上的地上权存在着重大差别，因此，不仅在立法上不可以将土地使用权改为地上权，而且在理论上也不可将二者混为一谈。④

其三，现行法体系。有学者赞同采纳现行法律中的概念，依据现有的法律规定来规范土地利用关系，但采纳哪一种现行法已有的概念，形成何种体系，也有不同意见。房绍坤认为，应当以建设用地权规范土地使用权关系。其理由如下：第一，建设用地是我国现行法所采用的概念。《土地管理法》根据土地的用途，将土地分为农用地、建设用地和未利用地。使用建设用地权的概念与现行法是相衔接的。第二，建设用地权含义清楚。顾名思义，建设用地权就是为"建设"而使用土地的权利。第三，建设用地权解决了土地的立体化利用问题。空间地上权、区分地上权、空

---

① 王利明：《物权法研究》，中国人民大学出版社2002年版，第423页。
② 王利明主编：《中国物权法草案建议稿及说明》，中国法制出版社2001年版，第63页。
③ 高富平：《土地使用权客体论——我国不动产物权制度设计的基本设想》，《法学》2001年第11期。
④ 王卫国：《中国土地权利研究》，中国政法大学出版社1997年版，第145页。

间利用权的概念都很容易引起误解。① 李开国认为，我国物权法对土地使用权的分类应当与《土地管理法》第 4 条对土地的分类保持一致，即从行政管理的角度将土地分为农用地、建设用地、未利用地三类，从而土地使用权分为建设用地使用权、农用地使用权。其认为"建设用地使用权"与"农用地使用权"这两个概念能从语意上清楚表明这两类土地使用权的不同设立目的。②

但对以上观点，王利明表示了异议。其认为，"建设用地使用权虽然表明了土地的功能，但并没有准确地概括土地的各种功能……建设是指对土地未来准备建设，但对已经建设的土地享有何种权利，是否也可以称为建设用地使用权？建设用地是否包括空间利用权？显然，在该概念中对此并没有准确解释"③。

(三) 简要总结

各说中对于用益物权的定义，虽侧重点有所不同，但无实质差异。综合各种观点，可将用益物权的概念界定为：以一定范围内的使用、收益为目的，以支配物之使用价值为内容而在他人之物上设立的定限物权。用益物权基于所有权而产生，但并非依附或从属于所有权，一经设立，便成为具有独立存在价值的物权，不以用益物权人对标的物的所有人享有其他权利为存在的前提（唯地役权有所例外），不随其他权利的让与而让与，也不随其他权利的消灭而消灭，而仅以法律的规定或当事人之间的约定为根据而独立存在。

用益物权的客体主要为不动产，但随着动产价值的提高，公示方式的完善以及社会的实际需求，动产与不动产一样具备成为用益物权客体的基本条件。对于价值较高的特殊动产，如船舶、航空器、机动车等，立法应认可在其上设立用益物权。

关于用益物权的处分权能问题，我们倾向于认为，用益物权人不能享有专属于所有人的对标的物的事实处分权能，而仅享有法律上的处分权能。

---

① 房绍坤：《关于用益物权体系的三个问题》，《金陵法律评论》2005 年第 1 期。
② 李开国：《关于我国物权法体系结构的思考》，《现代法学》2002 年第 4 期。
③ 王利明：《物权法研究》，中国人民大学出版社 2002 年版，第 424 页。

对标的物的债权性用益方式，与为立法所明确规定为物权的用益方式具有重要区别，不能混为一谈。但也应承认，某些立法例上所规定的不动产租赁尤其是长期的土地租赁权与用益物权非常近似，甚至有的立法上径行将其确定为用益物权的一种。此属于物权与债权区分的相对性之表现。

当今社会，所有权与其权能的分离日益普遍、频繁，所有权由本来注重对标的物的现实支配的实体权，演变为注重于收取用益之对价或获取融资利益的价值权，其所反映的正是"从归属到利用"或"从以所有为中心到以利用为中心"的物权理念的转变过程。但这种中心的移转，并不意味着现代物权法上所有权地位的降低，这一发展趋向只是表明，现代物权法除具有界定财产归属、明晰产权的功能外，最大限度地发挥资源的效用以获得最佳经济社会效益也成为其追求的重要价值目标。[①] 所有权对明确物的归属、高效利用物的价值有着不可忽视的作用，因此，"归属与利用"应当并行不悖。

用益物权制度在物权法中占据有重要的地位，与用益物权的社会作用是分不开的。从宏观方面来说，用益物权制度的功能与作用可以归结为三个方面：其一，提高资源的利用效率，践行物尽其用的价值理念；其二，维护资源的利用秩序，协调用益人与所有人及其他人之间的关系；其三，强化资源的利用管理，促进社会经济又好又快地发展。[②]

关于各种用益物权的名称，依多数学者之见，不宜采纳传统民法上的"地上权""永佃权"等名称；"土地使用权"一词，应是各种土地使用权利的共同之上位概念，不宜用来专指建设用地使用权；而"梁稿"中创设的"基地使用权"一词，如许多人所指出的，有"生造法律术语"之嫌，且"基地"一词也不具有指向的特定性，故亦非为最佳的权利名称。我国《土地管理法》中已使用的"建设用地"一词，指向甚为明确且合乎用语习惯，不妨继续沿用，法工委稿中所采用的"建设用地使用权"之名称可资赞同。现行法律上所使用的"农村土地承包经营权"概念，也存在诸多弊病，而且"农村土地"与"农业用地"也非等同的概念。有鉴于此，以"农业用地使用权"来替代"农村土地承包经营权"

[①] 刘保玉：《现代物权法的发展趋势及其对我国物权立法的启示》，《烟台大学学报》（哲学社会科学版）2005年第3期。

[②] 刘保玉：《物权法学》，中国法制出版社2007年版，第250—251页。

的概念，或许为更佳的选择。传统民法中的"地役权"概念虽较为晦涩，但词义精当，较之"邻地利用权"更为妥适。多数学者支持我国物权法上规定具有传统特色的典权，我们亦表示赞同。① "居住权"作为传统法上"用益权"之一种，确认了特定的人对房屋的居住权有物权之效力，规定此项权利对于我国在家庭关系中贯彻养老育幼，保护妇女、老人和儿童的利益的原则，有一定的必要性，但从其设立目的来看，主要基于社会保障的目的而生，其适用范围过于微小，是否须在物权法上规定，可以再做斟酌。随着空间利用的普及和频繁，空间权的产生成为必然，因此"空间利用权"的设计，具有一定的前瞻性，但就其适用领域而言，主要局限在建设用地方面，可以并入建设用地使用权部分加以规定。

学界关于地上权体系、土地使用权体系和现行法体系的三种争议，实为地上权与土地使用权的关系之争。本书认为，应明确我国的土地使用权内涵与传统的地上权之间存在差异。首先，就"土地使用权"这一名称，在不同的场合，其含义和范围有所不同。广义而言，土地使用权包括建设用地使用权、农村土地承包经营权和宅基地使用权等在内，甚至还可涵盖对其他自然资源的使用权。狭义上的土地使用权，则专指为营造建筑物或其他工作物而使用国有土地的权利，并不包括为开发建设而使用集体土地的情况，也不包括宅基地使用权在内。而在所谓"地上权"体系的观点中，学者的出发点并不相同，有的是从广义角度来界定"地上权"的，与"土地使用权"的地位相当；但有的仅从狭义角度来概括"地上权"，等同于"建设用地使用权"。因此，其立论点并不相同，观点也难以统一。其次，以建造住宅、开发利用、生产经营、社会公益等非农业目的而使用国有土地的权利，其名称的界定，学者的主张颇不一致。本书认为，鉴于内容上的差异和立法传统上的原因，在我国立法上不宜采用地上权的概念，但无妨其在学理上的使用；土地使用权的概念过于宽泛，难以准确界定建设用地使用权的内涵，故应将其作为各种具体的对土地利用之权利的上位概念来使用；由于"基地"与"建地"均非法律上的用语，其含义并不明确且可能发生歧义，故立法上也不宜采用基地使用权或建地使用权的概念。相较之下，选用建设用地使用权的称谓，最为恰当。最后，就土地使用权体系的具体构成，本书认为，应包括建设用地使用权和农业用

---

① 刘保玉：《关于物权法体系设计的几点建议》，《法学论坛》2003年第6期。

地使用权（农地使用权）两种。其中建设用地使用权又可分为国有建设用地使用权、集体建设用地使用权以及宅基地使用权三类。

在中国法学会民法典编纂项目领导小组物权法编课题组 2017 年 1 月提交立法机关的《民法典物权法编修订条文及立法理由》中，建议将用益物权的类型体系设计为：土地承包经营权（增设林权条款）、建设用地使用权、宅基地使用权、地役权、居住权、典权。这一建议，可以说代表了民法学界大多数学者的意见。

二 解释论

（一）主要争议问题

2007 年颁行的《物权法》中所规定的用益物权体系由建设用地使用权、土地承包经营权、宅基地使用权、地役权以及海域使用权、探矿权、采矿权、取水权、渔业权等构成。学者们对这一用益物权体系进行了评析，肯定了其特色或创新之处，也指出了其不足或缺陷，并提出了进一步完善的建议。就《物权法》第 117 条所规定的用益物权客体范围的扩张，学界形成了赞成和反对两种不同立场；土地使用权是用益物权部分的重头戏，学界对其相关规定也进行了评析，指出了其存在的问题并提出若干完善的措施；对《物权法》未规定的典权与居住权，学者仍提出有不同看法；关于用益物权的征收问题，学者们就其中较有争议的征收客体范围、征收补偿机制、公共利益范围界定三个方面展开了探讨。

（二）各种观点

1. 用益物权体系的评价

（1）用益物权体系的现代特色

第一，用益物权客体范围扩大，体现了财产利用需求。王利明认为，尽管《物权法》列举的各种用益物权都是不动产物权，但据该法第 117 条的规定，用益物权的客体不限于不动产，还包括动产。动产用益物权为将来居住权等人役权的设立预留了空间。[1] 孟勤国也认为，该条规定明确了用益物权可以设定在不动产上，也可以设定在动产上，意味着财产利用的范围扩大了。在物权法还没有规定具体的用益物权种类的情况下，

---

[1] 王利明：《我国〈物权法〉制定对民法典编纂的启示》，《清华法学》2008 年第 3 期。

作为一般条款,《物权法》第 117 条为今后各种动产用益物权的出现预留了空间。①

第二,用益物权体系体现了本土特色与制度创新。王利明指出,"《物权法》从我国土地公有制的实际出发所构建的所有权和用益物权制度,如国家所有权、集体所有权、土地承包经营权、建设用地使用权、宅基地使用权等,它们体现了强烈的本土性。""《物权法》的做法既照顾了我国的基本形态,又不拘泥于此,而是采用开放的视野,从域外法律中汲取合理的经验,再加以适合国情的改造,使之具有很强的现实性,并有充分的弹性,能与传统民法形成对接。"②

第三,用益物权的流通性增强,适应了市场机制需求。江平指出,用益物权的流通性,是《物权法》另一个重要的方向。我国土地的所有权不能流通,改革开放以来的土地市场化,解决的是土地使用权的流通。我国土地使用权分为禁止流通、限制流通、自由流通三种情况。《物权法》涉及的土地使用的问题主要是解决市场的关系,凡是对市场流通没有太大关系的,都不涉及。③ 王利明指出,《物权法》第 153 条关于宅基地使用权取得、行使和转让的规定,在维持现行规定的同时,也为今后逐步放开宅基地的转让、修改有关法律或调整有关政策留有余地。④

第四,规则设计及时补充规范缺漏,增设新型用益物权反映了社会发展的需求。王竹等指出:"《物权法》将建设用地使用权按照不同的用途,分为住宅建设用地使用权和非住宅建设用地使用权;第 149 条规定了住宅用地建设使用权续期的基本规则,而非住宅用地建设用地使用权则由特别的法律作出规定。这种分类设计很好地满足了不同类型建设用地使用权在续期问题上的需求。"⑤ 江平指出,对《农村土地承包法》未明确的土地承包经营权期限届满时能否续期的问题,由《物权法》第 126 条第 2 款

---

① 孟勤国:《中国物权法的历史价值》,《法学》2007 年第 9 期。

② 王利明:《我国〈物权法〉制定对民法典编纂的启示》,《清华法学》2008 年第 3 期。

③ 江平:《〈物权法〉的若干基本问题》,《兵团建设》2007 年第 9 期。

④ 王利明:《我国〈物权法〉制定对民法典编纂的启示》,《清华法学》2008 年第 3 期。

⑤ 王竹、李陈婷:《用益物权制度呈现三大特点》,《检察日报》2007 年 3 月 30 日。

补充规定；对建设用地使用权的出让合同条款没有进行列举规定的立法缺漏，《物权法》在第138条中进行了弥补。另外，第157条对于新增设的地役权合同一般条款也进行了列举。《物权法》第154条后段及时弥补了立法未对宅基地因自然灾害等原因灭失的特殊补救措施进行规定的遗漏。①"《物权法》顺应空间发展趋势，对于分层地上权作出了规定。用在'地表、地上或者地下'设立建设用地使用权的表述方式，较好地解决了已有的建设用地使用权和未来单独设立的分层地上权的潜在矛盾；规定的地役权，从条文上理解，实际上是建立在不动产之间层次上的不动产役权。从理论上讲，并非局限于土地之间，这为当事人适用这种新型的物权制度预留了更多的空间。"②

第五，强化了现代社会环境保护的理念。王利明指出，《物权法》对海域使用权等几类准用益物权的规定，其主要目的在于："通过在《物权法》和有关法律中规定准用益物权制度，确定权利人的权利义务关系以及权利行使的规则，对于保障准用益物权的权利人履行保护环境、维护生态和促进可持续发展的义务、保障土地和矿藏等自然资源的合理和有序开发利用，都具有极为重要的意义。"③谢青松也指出，用益物权规定中包含了诸多环境保护的伦理因素，如《物权法》第119条、第120条的规定表明了用益物权人在行使用益物权时，必须遵守法律有关保护和合理开发利用资源的规定；第43条的规定确立了保护耕地的原则；农村集体经济组织的成员在行使承包经营权的过程中，不得改变土地的用途；用益物权人行使其权利的过程中，必须合理利用土地，保护耕地等，不得将耕地随意改为宅基地，土地承包经营权的流转不得改变农用地的用途。这些规定均充分体现了保护耕地的原则要求以及浓厚的生态伦理意蕴。此外，准用益物权的规定也体现了这一理念。④

（2）用益物权体系的农民土地权利保护特色

整部物权法中与农民利益直接相关的条文占全部条文数的17%以上。

---

① 江平：《〈物权法〉的若干基本问题》，《兵团建设》2007年第9期。
② 江平：《〈物权法〉的若干基本问题》，《兵团建设》2007年第9期。
③ 王利明：《〈物权法〉与环境保护》，《河南省政法管理干部学院学报》2008年第4期。
④ 谢青松：《〈物权法〉的伦理审视》，《云南社会科学》2009年第3期。

《物权法》在整体制度设计上对于农业的进步、农村的发展和农民的利益进行了充分的考虑,从而体现出浓厚的中国特色,是一部给农民带来福音的法律。①

(3) 用益物权体系的中国特色

有学者评析,《物权法》完成了对已有物权制度的整理,建立了具有中国特色的用益物权制度,形成了一个完整的物权体系,为以后的物权立法搭建了一个基本的框架。在《土地管理法》的基础上对农村土地使用权体系进行了更为清晰和科学的设计:一是用上位的建设用地使用权概念来涵盖国有土地建设使用权和集体土地建设使用权;二是明确将宅基地使用权独立出来,使其与集体土地建设使用权和土地承包经营权一起建立了一整套农地权。②

(4) 用益物权体系的创新性不足

胡吕银认为,《物权法》在具体的财产利用制度上没有实质性的进步,源于其依据的是传统物权理论所作的制度设计。其保守性具体表现在:仅限于几种与土地相关的用益物权,而对生活中较为困扰的需要《物权法》来加以解决的公司法人财产权、信托财产权、基金管理权、融资租赁权、拟制的公共资源使用权、无线电频率使用权等问题,未有全面规定。对用益物权仍未抽象出一般的原理和规则,未许可用益物权拥有处分权能。③

(5) 用益物权体系构造存在的问题

朱广新认为,"《物权法》第四、五编设置的'一般规定',并非法典编纂意义上的'总则性规定',而是一些功能各异的'杂项规定'。导致此种怪异立法的根本原由是,立法者未能认识到,在物权法定原则限定下,凸显各类物权的个性而不是归纳它们的共性,才是物权法结构体系的根本所在;另外,法律体系的开放性也排斥小总则的存在"。其指出,"用益物权编的'一般规定',其所设五条规定不但彼此间无甚关联,而

---

① 渠涛:《物权法高度重视保护农民利益》,《中国社会科学院院报》2007年4月17日。
② 李学永:《农民土地权利流转制度研究——兼评〈物权法〉的用益物权制度》,《政法论丛》2008年第2期。
③ 胡吕银:《〈物权法〉:徘徊在创新与保守之间》,《社会科学》2007年第6期。

且与具体章节间也不具有承上启下的体系整合作用"①。

王竹等学者指出，用益物权体系存在五个方面的潜在问题：其一，严格的物权法定原则，导致典权、居住权、优先权和让与担保，被排除出了物权行列，将使法院在面对这些物权纠纷案件时无法可依。同时，由于建筑物不能作为用益的客体，这种客体制度与权利种类设计的反差，造成了用益物权的适用范围大大缩小，甚至不可避免地缩小了地役权的适用范围。其二，部分用益物权制度的高度抽象化和理论化，如"用益物权"等概念，可能会对民法理论和《物权法》的理解、适用造成一定的困难。其三，将特许物权作为一种用益物权，在理论上存在较大问题。其四，从文义上删除了农村土地承包经营权的出租制度。其五，分层地上权的规定过于简略，不利于制度建设和纠纷解决。②

李建华、彭诚信等学者认为，我国《物权法》在用益物权部分存在的法律规范体系中的内在矛盾表现为：其一，关于用益物权的客体，《物权法》第117条、第121条与第十一章至第十四章的规定存在矛盾之处。其二，第122条规定海域使用权，第123条规定使用水域、滩涂从事养殖、捕捞的权利（渔业权），此外，"四荒"土地承包经营权中也包括滩涂承包经营权，这三种用益物权存在交叉之处，应当予以协调。其三，立法者对"收回"与"征收"区别对待，没有按照征收程序处理建设用地使用权本身的补偿问题。"收回"与"征收"都会对私人的财产，《物权法》却对二者区别对待，构成体系矛盾。除此之外，《物权法》在用益物权部分中存在某些重要制度的遗漏或回避，表现为：其一，第134条规定的国家所有的农用地主要包括国有农场土地与国有"四荒"土地，与集体土地承包差别比较大，应该单独规定，并有所区别。其二，第149条没有明确规定住宅建设用地使用权期间届满后自动续期时使用权人是否应当再缴纳使用费以及不缴纳使用费应当如何处理。此外，非住宅建设用地使用权期间届满后，没有明确规定地上建筑物未约定时归属于谁。而按照《城市房地产管理法》与《城镇国有土地使用权出让与转让暂行条例》的

---

① 朱广新：《论〈物权法〉他物权编小总则之设置》，《法学评论》2009年第4期。

② 王竹、李陈婷：《物权法用益物权制度评析》，《检察日报》2007年3月29日。

规定，以出让方式取得的国有建设用地使用权因期限届满而消灭时，地上建筑物及其他定着物所有权由国家无偿取得，显然是不公平的。①

2. 用益物权客体范围的评价——关于《物权法》第 117 条的争议

关于用益物权客体的探讨，在立法过程中一直存在。在我国《物权法》第 117 条将动产与不动产一并规定为用益物权的客体之后，又引发了学界新一轮的争议，赞扬者有之，但也不乏批评意见。

批评者的主张主要包括如下两个方面：

其一，删除论，即建议删除《物权法》第 117 条关于动产作为用益物权客体的规定，以使用益物权的概念更为清晰、明确。理由是：以动产为客体的用益物权，只是西方固有传统下的特有制度，与我国的风俗习惯不相符合。在我国已经实行市场经济的条件下，以动产为客体的用益物权不仅缺乏现实的存在基础，而且也没有未来的可能性。②

其二，矛盾论，即认为物权法第 117 条与第 5 条、第 122 条、第 123 条和第 156 条之间存在矛盾冲突。物权法仅确认了动产用益物权，但没有规定具体的动产用益物权种类，因此产生了是按第 117 条肯定动产用益物权还是按第 5 条予以否定的疑问。③

还有学者指出，第 117 条规定用益物权的客体包括"不动产"的表述也存在体系上的矛盾。因为"我国用益物权主要是土地承包经营权、建设用地使用权、宅基地使用权和地役权四种，它们都是以土地为标的物的不动产物权"④。从文义解释角度考察，不包括他种解释上的建筑物和其他地上定着物。但从体系解释角度以观，《物权法》的"所有权编"和"担保物权编"中，不动产包括土地和建筑物。⑤ 因此，"立法机关应当维护不动产概念内涵在物权法体系上的一致性，对用益物权的制度模式重

---

① 李建华、彭诚信、杨代雄：《我国〈物权法〉立法技术若干缺陷的分析与完善》，《当代法学》2007 年第 4 期。

② 赵俊劳：《论用益物权的客体及其立法政策选择——兼评我国〈物权法〉第 117 条的规定》，《法律科学》2012 年第 2 期。

③ 孟勤国：《现代物权思维与古老物权思维的碰撞》，《湖北社会科学》2007 年第 10 期。

④ 曾大鹏：《建筑物用益物权体系比较与建构思路》，《重庆社会科学》2008 年第 10 期。

⑤ 李康宁：《用益物权客体范围的三维考察——兼评我国〈物权法〉第 117 条》，《法学论坛》2012 年第 1 期。

新作出选择,在立法技术上对现行法规定之谬误进行补救"①。

赞扬者指出,我国《物权法》规定可以在他人的动产之上设立用益物权,明确赋予动产用益物权以"合法地位",是科学的立法决策,也是完全符合社会经济发展的客观需要的,具有非常积极的意义。这一原则性的规定,打破了"用益物权只能以不动产为限"的思想观念,为将来动产用益物权的具体制度建构提供了法律依据,奠定了法律基础,留下了立法空间。但是,在目前我国《物权法》没有明确规定具体的动产用益物权类型的情况下,民事主体之间通过协议在某动产上约定设立的用益物权就不应当具有法律效力,有必要通过制定《物权法》在司法解释上予以明确,以对司法实践进行统一指导。②

针对学界对《物权法》第117条的规定可能违反物权法定原则的指责,有学者进行了反驳,认为对于物权法定需要从三个方面来理解:其一,《物权法》作为全国人民代表大会制定的法律,对动产用益物权的规定是符合物权法定原则对"法"的要求的。其二,物权法定中的种类法定是指对物权的分类而言的,《物权法》第117条规定动产也可以设立用益物权,因此,动产用益物权并不违背物权法对种类法定的要求。其三,物权法定的内容法定是指在种类法定的前提下,对具体每一项物权的设立、变更与消灭由物权法及相关的行政法规进行规定。从而对动产用益物权内容法定正确的理解应该是,对动产用益物权的内容应该由物权法等法律及相关的行政法规进行规定,当事人设立的动产用益物权内容应该符合相关的法律法规的规定。因此,第117条规定并不违反物权法定原则,相反,这恰恰是物权法定原则之下对动产用益物权的特殊安排。③

3. 用益物权征收规定的评价

学界对《物权法》中用益物权征收规定的研究,或者包含在土地征收中一起探讨,或者单独就其中的土地使用权的征收展开。具体评价如下:

---

① 曾大鹏:《建筑物用益物权体系比较与建构思路》,《重庆社会科学》2008年第10期。

② 李家军:《论动产用益物权——兼评我国〈物权法〉关于动产用益物权之规定》,《法律适用》2008年第3期。

③ 夏杰:《论动产用益物权制度设立的必要性及可行性》,《广西大学学报》(哲学社会科学版)2009年第3期。

首先，就征收客体而言，《物权法》在征收客体上由宪法中"土地和公民私有财产"的规定收窄为"集体所有的土地和单位、个人的房屋及其他不动产"，值得肯定。其中土地征收的对象只能是集体土地（根据《物权法》第148条，建设用地使用权仍然存在征收的问题）。在《物权法》第42条的规定中并没有直接规定对于动产的征收，而是将客体严格限制在不动产上，但是依据宪法规定以及《物权法》第121条，依据体系解释，可以判断物权法是承认动产征收的。[①]《物权法》第132条规定"承包地被征收的，土地承包经营权人有权依照本法第42条第2款的规定获得相应补偿"，明确了土地承包经营权为征收客体，值得肯定。[②]

但有学者指出，《物权法》第121条、第132条、第148条贯彻了土地在物权立法中的核心地位，不但确认了用益物权的服从性，而且使得房屋、其他不动产作为独立征收客体的地位变得模糊。[③] 对此，有学者提出，集体建设用地使用权不应与土地承包经营权和宅基地使用权一样成为独立的征收客体。[④]

其次，就征收补偿而言，其缺陷具体表现为：

（1）标准过于模糊，不利于实践操作。虽然《物权法》第121条规定：因不动产或者动产被征收、征用致使用益物权消灭或者影响用益物权行使的，用益物权人有权依照《物权法》第42条、第44条的规定获得相应补偿。"但是，我国土地管理法所规定的土地补偿费并没有区分是对所有权的补偿还是对用益物权的补偿，补偿对象模糊，致使补偿标准也模糊不清。"[⑤]

（2）补偿机制不科学，难以弥补被征收人的权利缺损。由于"农民集体土地所有权缺乏一级市场上的价值发现机制，同时公益性征收中土地改变用途未必能产生地价增值，导致农村集体土地征收中被征收人权利缺

[①] 傅强：《物权法视野下的征收》，《河北法学》2009年第7期。

[②] 陈小君等：《后农业税时代农地权利体系与运行机理研究论纲——以对我国十省农地问题立法调查为基础》，《法律科学》2010年第1期。

[③] 王蕴波、王福友：《论物权征收的实质》，《北京师范大学学报》（社会科学版）2012年第2期。

[④] 陈小君：《农村集体土地征收的法理反思与制度重构》，《中国法学》2012年第1期。

[⑤] 屈茂辉、周志芳：《中国土地征收补偿标准研究——基于地方立法文本的分析》，《法学研究》2009年第3期。

损难以通过以集体所有权为中心的补偿制度来弥补"①。对此，有学者提出了征收补偿标准科学化的对策，包括：尽快制定不动产征收法；确立公平补偿原则；构建合理的征收补偿权力制约机制；明确征收补偿的计算公式；按照不同物权类型的权利价值计算土地补偿费等。也有学者认为："由于公平交易最能体现财产的真正价值，通过市场认定财产价值才可能是公正的。"同时，该学者还提出征地补偿方式的多元化，建议在《土地管理法》修订时，应根据"完全补偿"的精神，废除按"土地原用途"计算补助费用的规定，改为按市场价格向农民支付征地费。从更理想的情况看，征收补偿标准还应以维持被征地农民的生计为出发点，以更高、更有效的补偿标准和方式实行。② 还有学者认为，"征收补偿的合理性要考虑到被征收人与其他处于相同条件下权利人的状态，使得被征收人在被补偿后达到与其他权利人平等对待的程度。被征收人所丧失的不应该以被征收不动产的价值来衡量，而应该去探求不动产对于被征收人的生存意义"③。

（3）各类土地使用权征收补偿机制存在问题。就宅基地征收补偿而言：其一，应当明析宅基地使用权的独立征收客体地位并构建宅基地使用权与其建筑物各自独立的最低补偿标准；其二，安置补助费不应取消，可以改为类似于搬迁等费用的补偿；其三，应当划清宅基地所有权与宅基地使用权征收利益的分配比例；其四，宅基地所有权的土地补偿款应按照征地时集体建设用地的公平的市场价格确定，而不能参照邻近耕地（或旱地）前三年的平均产值确定。就集体建设用地的征收补偿机制而言：其一，集体建设用地使用权不应与土地承包经营权和宅基地使用权一样成为独立的征收客体；其二，集体建设用地使用权和宅基地使用权的补偿机制也应当不同；其三，安置补助费与宅基地安置补助费不应取消，可以改为类似于搬迁等费用的补偿；其四，《物权法》规定集体建设用地的土地补偿费均参照耕地的年产值确定明显不符合足额、公正补偿原则。就自留

---

① 张力：《农村集体土地征收中被征收人的权利缺损及其补全——从以集体所有权为中心到以农民用益物权为中心》，《法学杂志》2012年第3期。

② 陈小君：《我国〈土地管理法〉修订：历史、原则与制度——以该法第四次修订中的土地权利制度为重点》，《政治与法律》2012年第5期。

③ 王蕴波、王福友：《论物权征收的实质》，《北京师范大学学报》（社会科学版）2012年第2期。

山、自留地的征收补偿机制而言，基于自留地、自留山使用权与土地承包经营权在法律属性上的差异，理当有别于土地承包经营权的征收补偿，而不能简单套用土地承包经营权的征收补偿规则。①

再次，就如何确定公共利益内涵，学者提出了不同建议。有学者认为，"公共利益的确定是一个具体化过程，无法通过法律概念进行逻辑推演或者取自于理性的直接判断，需要经过对公共利益的共识实现'一事一议'"②。应由立法机关的决定来作为公共利益取得的具体途径，即"除法律明确规定为公共利益的事项外，应当由人大及其常委会决定某一事项是否属于公共利益，而不能由政府决定"③。为克服列举式的固化及概括式的不确定性，"公共利益"内涵的界定，可采用概括加列举的例示模式。④ 还有学者提出，所谓"公共利益"，必须满足以下四个条件：土地使用方向具有鲜明的社会性特点，不以赢利为目的，一般以社会公共产品为最终表现形式；项目受益人是社会绝大多数人，而非特定的公众；社会绝大多数人能直接享受；土地征收后较征收前更具社会效益。立法应采用世界上多数国家所用的概述加列举式的立法方式，除了保留现有"公共利益"的原则性规定外，还应明确规定"公共利益"的范围。⑤

4. 土地使用权体系的评价

对《物权法》中规定的建设用地使用权、土地承包经营权、宅基地使用权等土地使用权类型，多数学者给予了很高的评价，认为其颇具中国特色，实现了提高效率和促进社会公平的结合，充分保护了农民的土地权利，提高了土地权利的可流转性等。但也有不少学者指出该体系中存在的种种问题。

（1）土地使用权体系构造的问题

高富平认为，"《物权法》将各土地使用权放入用益物权编规范，不

---

① 陈小君：《农村集体土地征收的法理反思与制度重构》，《中国法学》2012年第1期。
② 王蕴波、王福友：《论物权征收的实质》，《北京师范大学学报》（社会科学版）2012年第2期。
③ 侯水平、黄果天等：《物权法争点详析》，法律出版社2007年版，第28页。
④ 陈小君：《我国〈土地管理法〉修订：历史、原则与制度——以该法第四次修订中的土地权利制度为重点》，《政治与法律》2012年第5期。
⑤ 张艳等：《农村土地承包经营权的物权化建构》，《中国土地科学》2009年第4期。

仅不能凸显土地使用权在我国不动产物权上的基础地位，而且不利于建立清晰的土地使用权体系和用益物权体系。""我国不动产物权应当分土地所有权、土地使用权和用益物权三个层次，除地役权外，《物权法》并未规定真正意义上的用益物权"。《物权法》第 135 条、第 143 条规定，赋予了建设用地使用权人较为独立的权利，这是任何国家的地上权人都没有的权利。因此，就用益物权编所规定的用益物权的权利类型而言，超出了该编定义条款所规定的内容。其第 117 条关于用益物权的一般定义，其本身并不包含对自身权利的处分权。而建设用地使用权的独特性在于它赋予权利人自主的处分权，借此达到使土地市场化流转的目的。如果将土地使用权定位于用益物权，在体系上就无法解释上述我国特有的一些制度安排，也不利于建构中国特色的用益物权体系。①

（2）土地使用权具体规定存在的问题

李凤章等学者指出，我国土地使用权规定的缺陷包括：其一，尽管物权法体现了延长权利期限方面所做的努力，但土地使用权期限总体较短、不稳定。其二，权利内容不明晰。对土地划拨出让时，权利人要补交出让金，仍缺乏统一的标准。另外，土地用途的认定是一个非常复杂、有弹性的问题，未予以明确认定。其三，权利过于弱小。当面临国家征收和收回的侵害时，无力抵抗强权。其四，权利流转不自由。各种土地使用权流转或需政府部门批准，或有严格条件限制，或严格限制流转，或禁止流转。其五，权利享有的身份化。不同身份主体土地使用权设置不同，主体身份影响权利享有，违背平等原则，且使权利享有难以持久、稳定。以上情况的存在，根源就在于国家和集体土地所有权的强势地位。对国家和集体土地所有权的强化，抑制了个人土地使用权的发展，不利于土地物权类型的开放。②

（3）土地使用权的称谓存在的问题

崔建远指出："物权法第 135、第 136、第 151 条的土地使用权的称谓本身过于概括和内容含混，反映不出来个案中的权利是物权，还是债权，

---

① 高富平：《土地使用权的物权法定位——〈物权法〉规定之评析》，《北方法学》2010 年第 4 期。

② 李凤章、张秀全：《土地所有权立法之反思：透过历史的映照》，《北方法学》2009 年第 2 期。

借用等合同都可以取得债权性质的土地使用权。""物权法采纳了建设用地使用权这个称谓，可以涵盖集体土地使用权作为建筑物的正当根据的情形。如此，不考虑建设用地处于农村还是城市，也不论它是归国家所有还是归集体所有，只要立于其上的权利系以建造并保有建筑物的所有权为目的，就称为建设用地使用权。但该名称也不尽如人意。因为在某些情况下，如工程已经竣工，建筑物被验收合格甚至于都被登记于不动产登记簿之中，把权利人对基地的权利还叫建设用地使用权，不再贴切。此其一。从名称上难以区分出农户建造生活用房并享有住房所有权为目的的权利和开发商以房地产开发建设并取得建筑物所有权为目的的权利，因为宅基地使用权也是建设用地使用权。此其二。"①

（4）土地使用权流转规定存在的问题

首先，《物权法》中土地使用权的流转规定并不全面，没有太多的进步，对诸多需要予以明确的规则并未加以规定，而是采取了回避态度，通过准用性规范仍旧沿用原有的《土地管理法》等法律规范。例如，其第151条规定农村建设用地问题依照《土地管理法》等法律规定办理；第153条规定宅基地使用权的转让适用《土地管理法》和国家有关规定。②

其次，土地使用权流转制度总体表现为自由不足，限制过多。如就土地承包经营权而言，在流转方式上，法律未赋予农民过多合理选择空间，未规定允许抵押流转；在流转程序上，存在有悖物权法基本原理和不符市场经济发展效率要求之处，尚未建立完善的配合土地承包经营权流转的相关制度。③ 在流转受让主体上，规定本集体经济组织成员享有受让优先权，且受让方要有农业经营能力。

在宅基地使用权方面，流转受到更多严格限制——仅可在本集体经济成员间转让，未考虑社会实际需求，催生了宅基地使用权隐性市场，扰乱了社会经济秩序。

就建设用地使用权方面，《物权法》仅规定了国家建设用地使用权，

---

① 崔建远：《物权法》，中国人民大学出版社2009年版，第201页。

② 对此，也有学者认为《物权法》利用立法技术为农民土地权利的流转预留了发展的通道，避免了新法一出台就必须修改的尴尬。李学永：《农民土地权利流转制度研究——兼评〈物权法〉的用益物权制度》，《政法论丛》2008年第2期。

③ 陈小君等：《后农业税时代农地权利体系与运行机理研究论纲》，《法律科学》2010年第1期。

但并未将集体所有土地中的建设用地纳入建设用地使用权的调整范畴。而现行法的相关规定，原则上虽允许集体建设用地使用权流转，但并未完全放开流转市场，并持严格限制态度。①

5. 关于《物权法》中未规定典权与居住权的评价

《物权法》中并未规定学者们热议的典权与居住权。对此，有学者指出，"《物权法》主要规定了土地之上的用益物权，而对于房屋之上的用益物权类型规定较少。因此，有必要在物权法定原则之下，保持物权的开放性，在条件成熟时，应当在法律上承认更多的物权类型，如居住权、典权等"②。也有学者认为，我国《物权法》中用益物权的规定，是在有限的条文下，为了节省立法成本和未来教学研究的成本，仅对具有实用价值的物权进行规定，而对如典权和让与担保，并无规定的必要，删除典权和让与担保，值得肯定。在市场经济下，居住权实用价值较低，五审稿加以删除，能减少争议而凝聚立法共识，使物权法顺利高票通过。③

关于典权，多数学者认为，从我国的社会现实来看，保留并完善典权制度仍然具有十分重要的意义。有学者认为，尽管典权在我国《物权法》生效之后已经不能作为用益物权存在，但它仍具有用益债权的性质。④ 也有学者指出，"在不存在抽象的所有权观念及其所派生的归属与支配的分离观念的社会，物之归属乃是商品交易中信用的物上担保的载体，这种物上担保形式在我国传统社会中表现为活卖，而典制则与活卖同其性质。民初立法割裂典制与活卖的联系而将典权定位为用益物权、将绝卖的后果绝对化的典制重构，蕴藏着立法思想上的缺陷与立法技术上的内在矛盾。我国《物权法》颁布后，典制可得回归其担保交易的功能，并作为'所有权担保'的载体，在我国社会经济生活中发挥作用"⑤。

---

① 李浩宇：《从物权法的角度看农村集体建设用地使用权流转问题》，硕士学位论文，中国政法大学，2010年。

② 王利明：《我国民法典体系问题研究》，经济科学出版社2009年版，第370页。

③ 谢哲胜：《中华人民共和国物权法综合评析》，《上海交通大学学报》（哲学社会科学版）2007年第3期。

④ 隋彭生：《论作为用益债权的典权——兼论确立附有不动产留置权的典权》，《政治与法律》2011年第9期。

⑤ 张翔：《论典制习惯及其在成文民法上的重构》，《法律科学》2008年第1期。

关于居住权，学者认为，"居住权能够为家庭成员、亲属之间提供必要的生活条件，实现养老育幼的家庭职能。同时，自然人之间设定居住权，能够互通有无，弘扬社会道德，醇化社会风气。"① 我国《物权法》最终舍弃了传统民法上的居住权制度，是物权立法的一大遗憾，但这并不能否认该制度的理论意义和实践价值。"就我国目前的情况来看，设立居住权不仅是必要的，而且具有可行性。设立居住权制度，可以为社会弱势群体的居住利益提供物权性的保障手段，弥补物权法定背景下物权法重土地轻房屋的漏洞，改善司法实践中关于居住权的判决十分混乱的局面，为现实生活中出现的居住权形态提供规范依据，有利于实现房屋效益的最大化。不采纳传统的人役权体系，单独设立居住权可以融入我国的用益物权体系，也符合物权法从所有到利用的发展趋势。"② 也有人提出，"考察居住权制度的发展历史并结合我国目前的现实需要，我国物权法设立居住权制度，不仅符合当代物权法的发展趋势，而且也是社会经济发展和市民社会形成的制度需要，同时也是社会进步、尊重私权的必然要求和体现。"③

(三) 简要总结

我国物权法应当规定哪些用益物权种类，其体系如何建构，在立法中经历了一个反复取舍的过程。最终通过的《物权法》中规定的用益物权体系，主要选择采纳了既有法律有所规定且为学者们较为一致认可的用益物权种类。而对存有较大争议的典权和居住权等，《物权法》最终并未采纳。④《物权法》中关于用益物权的体系安排总体而言，较为合理。如对空间建设用地使用权的规定体现了与时俱进的思想，反映了社会经济发展的客观需求；对海域使用权等自然资源利用权的原则规定，回应了学界对自然资源物权化的呼声；对土地承包经营权、宅基地使用权的规定，体现了对农民土地等权益保障的重视；唯对居住权和典权的删除，留有遗憾。笔者认为，典权、居住权这两种用益物权仍具有现实意义和价值，若结合

---

① 杨立新：《物权法》，高等教育出版社 2007 年版，第 235 页。

② 张尧：《论我国居住权制度的构建》，硕士学位论文，华东政法大学，2011 年。

③ 滕晓春：《〈物权法〉的一大缺憾——居住权制度的删除》，《研究生法学》2007 年第 3 期。

④ 陈甦：《中国〈物权法〉上的用益物权》，载渠涛主编《中日民商法研究》（第七卷），法律出版社 2009 年版，第 138—139 页。

中国现实国情对其加以改造、妥为设计，应能在一定情况下发挥其积极作用。在将来民法典制定时，可考虑予以规定。

从立法精神而言，《物权法》第117条将用益物权的客体扩张及于动产，系为将来动产用益物权的发展留有余地，但从公示方法和现在及将来的社会需求上看，是否就动产建构用益物权类型，尚值进一步考察。

《物权法》对土地征收的规定，取得了一定的进步。但对征收补偿标准的合理化和征收条件的明确化方面，仍需改进。我国正处于城镇化、工业化发展阶段，土地征收仍将是主要的土地供应来源；征收补偿标准主要由市县级地方政府制定；征收补偿标准过低，已经引起被征收农民的强烈不满，征收者和被征收者之间的利益冲突激化。[①] 应基于以上国情来考量在立法上妥善确定合理的补偿标准，既不因成本过高而阻滞经济持续发展，又不至于使失地农民损失过大，影响社会稳定。诸多学者所提出的以市场价值为衡量标准的补偿模式较为合理，但具体的操作问题仍需进一步斟酌。对征收条件的公共利益的确定，"要顺应行政法理念的变革，透过社会的民主化增加公众商谈实现其在具体情境中的落实。公共利益的形成是一个公共决策的过程，要保证最终决策结果的科学性、民主性和正确性，决策的过程必须向公众公开，充分保障公众的知情权、参与权和表达权"[②]。我国应该强调立足于公有制促成公共利益之实现，而将征收作为例外手段，征收过程中树立"房屋优先于土地"的思想以保障被征收人的权益；征收的启动及完成都要接受公共利益之检测；征收补偿应该充分考虑被征收人对公共利益之贡献。[③]

《物权法》将土地使用权作为主体框架，构建了用益物权编，但在土地使用权的规定中，对学界争议最多的土地使用权流转问题，并无太大突破，保持了立法前的保守和审慎态度。学界为破解目前实践中存在的各种土地使用权流转的困境而对各类土地使用权的流转市场放开与否、是否增设流转方式以及完善流转机制等问题进行的研究，有助于未来立法的进一

---

① 屈茂辉、周志芳：《中国土地征收补偿标准研究——基于地方立法文本的分析》，《法学研究》2009年第3期。

② 房绍坤、王洪平：《论我国征收立法中公共利益的规范模式》，《当代法学》2006年第1期。

③ 王蕴波、王福友：《论物权征收的实质》，《北京师范大学学报》（社会科学版）2012年第2期。

步完善。

第二节 建设用地使用权

一 立法论

(一) 主要争议问题

建设用地使用权是土地用益物权体系中的一种，是我国土地权利体系的重心。学界重点围绕着建设用地使用权的称谓、概念内涵、流转制度以及建设用地使用权中存在的其他相关理论与实践等问题进行了探讨。

(二) 各种观点

如上文所述，由于学者们所主张构建的土地用益物权体系不同，采纳的称谓及其内涵也有不同。主张采纳地上权体系的，将之称为地上权，属于土地使用权的上位概念；① 主张土地使用权体系的，对其概念界定又存在着广义与狭义之分；② 而主张采纳现行法体系的，则将之称为建设用地使用权，包括国家建设用地使用权、城镇集体建设用地使用权两类。③ 关于建设用地使用权的概念内涵详见上文关于用益物权体系构建部分的论述，此处从略。

法工委的王胜明同志在其文中重点分析了在物权法中应如何规定建设用地使用权。其指出，在建设用地使用权一章中应当着重关注三个问题：第一，建设用地使用权的设立方式。应当尽可能采取拍卖、招标的方式设立建设用地使用权，严格限制采用划拨方式。第二，土地不可再生，应当建立机制节约用地，提高土地利用效益。第三，建设用地的回归。④

---

① 江平：《中国土地立法研究》，中国政法大学出版社1999年版，第295—300页。

② 王利明主编：《中国民法典草案建议稿及说明》，中国法制出版社2004年版，第63—92页；中国民法典立法研究课题组：《中国民法典建议稿附理由（物权编）》，法律出版社2004年版，第209—306页；中国物权法研究课题组（负责人：梁慧星）：《中国物权法草案建议稿附理由》（第二版），社会科学文献出版社2007年版，第388—392页。

③ 全国人大常委会法制工作委员会民法室编：《物权法（草案）参考》，中国民主法制出版社2005年版，第38页。

④ 王胜明：《我国的物权法律制度》，《国家行政学院学报》2005年第5期。

杨立新在其文章中，提出应分别建立国有土地上和集体土地上的地上权制度。其中国有土地上的地上权包括建设用地使用权。其性质为"在国有土地上设立的建设建筑物、构筑物以及附属设施的地上权。"其法律特征是：第一，以开发利用、生产经营和社会公益事业为目的；第二，标的物为城镇国家所有的土地；第三，使用土地的范围限于建造并经营建筑物、构筑物及其附属设施；第四，其设立、变更和消灭适用于地上权的规则。集体土地上的地上权，包括了乡村建设用地使用权这一类型。"其性质属于建设用地使用权，只是土地的权属为集体所有，其地上权的主体是乡镇企业或者乡村集体组织。"乡村建设用地使用权不能采取出让的方式设立，而应由土地管理部门依照权限根据土地所有权人和土地使用者的申请，以审批的方式设立。乡村建设用地使用权的审批，不得损害国家的土地利用总体规划和耕地的强制保护制度。[①] 理由是集体土地所有权的行使、处分与国家的农业政策紧密相关，而集体土地所有权的主体众多，因此对集体所有权的行使必须加以适当的限制。如果允许乡村建设用地使用权以出让的方式设立，则由于出让收益要远大于农业经营收益，大量的耕地将会被出让，国家的土地利用总体规划将难以实施。同时，这一后果也会冲击国有土地市场。

关于建设用地使用权的流转，学界主要集中探讨了是否允许集体建设用地使用权流转以及流转的内容、机制等问题：

其一，关于是否允许集体建设用地使用权流转，学界观点不同。有诸多学者持否定态度，对集体建设用地使用权流转的后果深感担忧，[②] 认为宅基地的流转很可能成为强势群体的工具，并会产生庞大的具有社会破坏力的流民群体。[③] 此外，集体建设用地流转也可能导致耕地保护无法得到有效落实，农民合法权益容易受到侵害，宏观调控的效力会被进一步削弱。[④] 但也有一些学者分析指出，集体建设用地使用权作为一种用益物

---

① 杨立新：《关于建立大一统的地上权概念和体系的设想》，《河南省政法管理干部学院学报》2007年第1期。
② 许坚：《集体建设用地直接入市应慎重》，《中国国土资源经济》2004年第3期。
③ 孟勤国：《物权法开禁农村宅基地交易之辩》，《法学评论》2003年第6期。
④ 黄小虎：《新时期中国土地管理研究》，当代中国出版社2006年版，第200—209页。

权,只有允许其流转,才能将资源流向有效的利用主体,实现资源的最优配置。集体建设用地使用权流转制度,应通过建立一种利益确定和保障机制来促进和实现集体建设用地的有效利用。

其二,有学者提出集体建设用地使用权流转的主要内容应由法律明确规定。该学者认为,流转应是在明确集体土地所有权主体、实现集体土地使用权与所有权分离、明晰集体建设用地使用权权能的前提下进行的。为此,首先,要规范集体建设用地流转的范围;其次,要明确集体建设用地使用权流转的形式;再次,要规范集体建设用地使用权流转程序;最后,要合理分配集体建设用地流转中的土地收益。同时,该学者还建议必须尽快制定新的土地流转法律,重新明确与界定国家与集体两者的权利与义务,实现经济补偿市场化。①

其三,就集体建设用地使用权流转的法律调整机制完善,有学者提出了几个方面的建议:首先是完善使用权主体制度,矫正建设用地使用权权属不明的现象。其次是完善使用权的收益分配制度,根据权利与义务相一致及投资与收益合一的原则将土地收益在所有权人与使用权人之间合理分配。再次是完善法律监管措施,规范流转行为。最后是界定集体建设用地使用权流转的范围,只要符合土地利用总体规划(在建城区还需符合城市建设规划),都应当允许流转。②

学者徐定辉具体分析了地上权消灭后的效果,认为我国现行法律中土地使用权届满后,土地使用权人不申请续期或申请续期未获批准的,地上建筑物、其他附着物所有权由国家无偿取得的规定具有不合理之处。我国已有的数个物权法草案中对此问题的规定存在差异较大。"法工委草案规定使用人享有续期请求权和取回权,所有人享有购买权;梁草规定基地使用权人享有地上物取回权与买取请求权,地上物补偿请求权与延期请求权;王草赋予土地使用权人取回权和不取回时的补偿请求权,赋予土地所有人购买权,但没有规定土地所有人的延期请求权,以对抗使用权人的补偿请求权。徐草的制度设计与我国台湾地区民法典相同,即区分建筑物和

---

① 王娜加:《我国集体建设用地使用权流转探论》,《广州大学学报》(社会科学版) 2006 年第 11 期。

② 郭洁:《关注集体土地使用权的流转——集体建设用地使用权流转中的法律制度探析》,《党政干部学刊》2002 年第 5 期。

其他工作物而有不同规定。对建筑物规定了地上权人的补偿请求权和土地所有人的延期请求权；对其他工作物规定了地上权人的取回权和土地所有人的买取权。徐草没有规定地上权人的续期请求权。……以上事实表明我国对地上权期限届满的法律规范这一问题，远未达成统一意见，这在一定程度上阻碍了物权法的顺利出台。"[1] 其同时指出由于我国传统上视地上物（主要是建筑物）和土地为个别独立之不动产，且我国实行土地公有制，故立法设计上宜参考日本模式，赋予地上权人续期请求权和购买请求权。

陈祥健认为，我国《物权法（征求意见稿）》中规定的空间建设用地使用权的概念、性质、目的，以及应当采取何种立法例等问题，均存在较大争议。其认为，我国不应当引入空间地上权这一概念，以在土地之上空或地下有建筑物或其他工作物之目的而使用其空间之权，可称为"空间建地权"；空间建设用地使用权在性质上属于一个特殊形式的建设用地使用权，其与普通建设用地使用权的性质相同，二者的主要区别在于标的的范围不同。空间建设用地使用权表现为"使用他人空间之权"，而非于他人空间上有建筑物或附着物所有权之权。空间建设用地使用权的使用目的不应当包括"竹木"[2]。

（三）简要总结

建设用地使用权的概念内涵，关系到整个土地使用权体系的构建。笔者认为，传统民法上的"地上权"名称不宜在我国物权法中承袭，但可在学理上使用。"土地使用权"概念含义不统一，较为宽泛，应是各种具体土地使用权的共同上位概念，而建设用地使用权属于其具体类型。"基地使用权"中词汇含义不特定，立法中需多加解释与限定，亦非适当权利名称之选。通而观之，"建设用地使用权"名称使用时日长久，含义明确且合乎用语习惯，不妨继续沿用。建设用地使用权的客体应包括城镇国有土地和农村集体土地。这里的土地应解释为以"地面"为限，但效力应及于行使该权利所需的地表上下之必要空间。建设用地使用权的目的是

---

[1] 徐定辉：《地上权期限届满法律规范模式的比较分析》，《云南大学学报》（法学版）2006年第2期。

[2] 陈祥健：《建立我国空间建设用地使用权制度若干问题的探讨》，《政法论坛》2003年第1期。

为在土地上营造并拥有建筑物或其他工作物,该权利具有商品性质,可进入流通领域,但应对其流转进行一定的限制。①

关于住宅建设用地使用权届满后的自动续期问题,笔者认为,《物权法》第 194 条仅规定了住宅建设用地使用权期满的"自动续期"。但自动续期的确切意旨为何,并无明确的规定。民法典物权编的编纂中,对于如何续期、续期是否应补缴相应的税费等问题,不能再予回避而应作出明确的规定。② 到期的无偿续期应当区分年限,20 年到期与 70 年到期的无偿续期同等对待的话是不公平的,这将导致严重的后果。如果一律不加区分按照无偿续期对待,作为开发商将选择最短的土地使用权的期限,这将使得关于土地使用权期限的规定形同虚设。此外,鉴于《物权法》属于私法,不宜规定本属于行政法调整内容的税费问题。"重新申请"及"续费"等建设用地使用权届满后的法律效果,应具有现行法上的依据。从对现行法的解释来看,国务院有权就国有建设用地使用权有偿使用收费的标准及办法作出规定。根据"房地一致原则",应当对土地及其地上房屋进行统一征税,但对于房屋所有人及建设用地使用权人进行征税应根据不同的情形区别对待。同时,基于公平合理的价值取向,不动产相关税费的征收应引进累进税制。③

二 解释论

(一) 主要争议问题

学界对《物权法》第 135 条中规定的建设用地使用权的具体内容、权利属性、体系和法条措辞等方面进行了全面评析。就集体建设用地使用权,学者们就其基本内涵和用益物权属性以及是否允许流转、流转机制的弊端和完善等问题展开了探讨。《物权法》第 136 条对空间建设用地使用权的规定,再次引发了学界对空间权的研究热情。对该条所采用的立法模式,学界看法不一,对空间权的性质争议也并未因立法而平息,同时,仍

---

① 刘保玉:《物权体系论——中国物权法上的物权类型设计》,人民法院出版社 2004 年版,第 185—186 页。

② 刘保玉、吴安青:《民法典物权编的结构安排与内容设计》,《甘肃政法学院学报》2017 年第 6 期。

③ 渠涛:《关于住宅建设用地使用权"自动续期"的思考》,《法学家》2017 年第 2 期。

有部分学者提出了未来空间权立法的建议和具体方案。在国内一些地区设立的期限少于 70 年的住宅建设用地使用权到期后,如何理解和适用《物权法》第 149 条第 1 款规定中的"自动续期"并处理后续问题,也成为学界一度热议的话题。

(二)各种观点

1. 建设用地使用权规定的评价——《物权法》第 135 条—第 149 条

学界对《物权法》所规定建设用地使用权的基本体系到具体规定等从多个角度进行了评析。

其一,从具体内容看,基本延续了原有制度,反映了社会的需求。《物权法》对建设用地使用权制度的规定,在总体上承继了现行城镇土地使用权制度的理念及基本制度规范,但对于土地管理法、城市房地产管理法等法律中的相关制度进行了取舍整合,使之更为协调合理。[①] 此外,《物权法》也对现行的建设用地使用权制度进行修改与充实,使其能够适应中国当前对土地资源合理利用的需要。就具体制度而言,《物权法》规定了空间用益物权,反映了空间制度发展的需求;针对在土地使用权出让过程中,特别是协议出让过程中存在的程序不透明、价格不合理、配置不公正的负面现象,《物权法》第 137 条特别对出让方式做了明确而严格的规定;对于建设用地使用权的征收补偿的内容进一步具体化和明确化;为满足城市居民要求,保障其住宅所有权持久安定的制度需求,《物权法》第 149 条专门给予回应,规定了住宅土地使用权期满后自动续期规则。

其二,从权利属性看,我国立法规定的建设用地使用权不同于传统民法上的地上权。有学者指出,"建设用地使用权的独特性在于它赋予权利人自主的处分权,借此达到使土地市场化流转的目的。我国建设用地使用权等土地使用权不属于大陆法国家意义上的用益物权,很难套用其他大陆法国家的用益物权类型去定性和规范"[②]。也有学者指出,中国《物权法》上的建设用地使用权制度,相当于传统大陆民法上的地上权制度,

---

[①] 陈甦:《中国〈物权法〉上的用益物权》,载渠涛主编《中日民商法研究》(第七卷),法律出版社 2009 年版,第 144 页。

[②] 高富平:《土地使用权的物权法定位——〈物权法〉规定之评析》,《北方法学》2010 年第 4 期。

但由于中国实行土地公有制,建设用地使用权制度亦因此而具有不同于传统民法地上权的特点。例如,我国物权法上的建设用地使用权仅限于在国家所有之土地上设立,而不包括在农村集体土地之上建造不动产。①

其三,从体系上看,若干规定存在法律漏洞和需修正之处。表现为:①《物权法》没有规定建设用地使用权的撤销,构成法律漏洞。②②《物权法》中未规定建设用地使用权的期限和期限届满后的法律后果,始自2009年的《土地管理法》的全面修订需对以上问题作出回应。③③建设用地使用权与建筑物一并处分的规定,有修正的空间。④④《物权法》中建设用地使用权的分类体系尚未建立,需予以完善。⑤

其四,从法条及其所用措辞来看,有以下三点需要予以明晰和进一步解释。

(1)《物权法》第148条规定建设用地使用权"提前收回"应如何理解?有学者指出:首先,"提前收回"的客体应是建设用地使用权,而非建设用地。其次,提前收回,是指在合同约定的使用期限届满之前,终止或消灭建设用地使用权。提前收回因而在法律性质上属于一种特别的征收,而不是征收之外的另一种制度。最后,在建设用地使用权被征收时,不能仅仅以"退还相应的出让金"来补偿建设用地使用权人,而应以建设用地使用权被征收之时的市场价格为基准,来确定建设用地使用权的征收补偿额。⑥还有学者指出,"提前收回",除了补偿土地上的建筑物价值外,也应补偿相当于建设用地使用权剩余期间价值的金额或退还权利人相当于建设用地使用权剩余期间的出让金及利息。应

---

① 陈甦:《中国〈物权法〉上的用益物权》,载渠涛主编《中日民商法研究》(第七卷),法律出版社2009年版,第143页。
② 崔建远:《物权法》,中国人民大学出版社2009年版,第311页。
③ 高圣平、杨旋:《建设用地使用权期限届满后的法律后果》,《法学》2011年第10期。
④ 谢哲胜:《中华人民共和国物权法综合评析》,《上海交通大学学报》(哲学社会科学版)2007年第3期。
⑤ 高富平:《建设用地使用权类型化研究——〈物权法〉建设用地使用权规范之完善》,《北方法学》2012年第2期。
⑥ 朱广新:《论建设用地使用权的提前收回》,《华东政法大学学报》2011年第4期。

补充说明，退还权利人相当于建设用地使用权剩余期间的出让金，只是让权利人收回之前投资在建设用地使用权的费用，但权利人仍有利息损失，至少应附加利息。[1]

（2）对《物权法》第149条规定住宅建设用地使用权届满后的"自动续期"应如何理解和适用？《物权法》第149条规定："住宅建设用地使用权期间届满的，自动续期。"但如何续期，是有偿还是无偿，《物权法》并没有作更多解释。对此规定，崔建远的理解是：第一，住宅建设用地使用权存续期间届满的，自动续期，也应适用于在中国境内购买了住宅的外国人和无国籍人。第二，按照《物权法》第149条第1款的立法倾向性意见，自动续期不再收取出让金。第三，建设用地使用权期间届满前地上建筑物、构筑物及其附属设施倒塌，且一直未复建，待建设用地使用权期间届满时，不再自动续期。第四，根据《物权法》第149条第1款和第2款的规定，就其立法本意，是不赞同国家无偿收回非住宅建设用地使用权，联系该法第148条的理解更能得出这个结论。[2] 朱广新认为，立法应以适宜居住的住宅观念为基础，把住宅建设用地扩张解释为城镇控制性详细规划中以住宅用地为核心的居住用地。为防范自动续期制度被滥用于投资性购房或"民宅商用"行为，应通过征收建设用地使用权持有税或物业税的方式间接控制个人拥有住宅的数量；完善《物权法》第77条关于将住宅转用于经营性用房的规定，建立严格的住宅用途管制制度。其还指出，第一，住宅建设用地使用权的自动续期制度独特性，主要表现在续期时无须支付出让金上，而非可无限制续期上。第二，关于土地使用权期满后地上物的归属，《物权法》第149条第2款虽然也创造性地规定了协议优先规则，但隐藏着很大的风险。第三，《物权法》未对自动续期与城市规划之间的冲突作出必要的规定，其后制定的《城乡规划法》也没有涉及这个重要问题。第四，自动续期的时间限制与住宅的数量控制问题。自动续期具有无时限性，即住宅建设用地使用权具有永久性；而无任何配套限制措施的自动续期制度很容易诱发人们对有限房地产资源的占有或争夺。对此，可以通过征收建设用地使用权持有税或物业税

---

[1] 谢哲胜：《中华人民共和国物权法综合评析》，《上海交通大学学报》（哲学社会科学版）2007年第3期。

[2] 崔建远：《物权法》，中国人民大学出版社2009年版，第388—389页。

来落实。第五，对住宅建设用地使用权自动续期时应否支付土地使用费不能一概而论，而应根据住宅所有权人利用住宅的实际目的确立不同的规则。①

2016年前后，在我国一些地方因某种原因而出现了设立时不足70年的住宅建设用地使用权到期后有关问题应如何处理的问题，引发了学界和有关部门的热烈讨论和关注，出现有多种不同的认识和处理方案。分叙如下：

王利明认为，从土地公有制等因素考量，自动续期不宜理解作永久续期，但确立续期期限要形成公民住宅财产的长久受保护、良好和稳定预期局面，在确定具体的续期期限时，要考虑房屋的使用年限、房屋用途转化的可能性以及土地和房屋被征收等情形。续期不宜无偿。但续期收费不宜采纳出让金标准，而应当考虑最低居住面积等因素，尽可能减轻业主的负担。②

于海涌提出，续期问题应充分考虑废除私有制的初衷，建立土地公有制的基本理念，以及如何发挥土地公有制的优越性问题。考虑到市场经济的交易规则和土地公有制的基本理念之间的平衡，应当对住宅建设用地推行廉价续期，以体现社会主义公有制的福祉。对于中国公民，如其住宅没有超过当地的平均住房面积，原则上应当以户为单位进行廉价续期；对于超过当地平均住房面积的部分，则应当按照市场价格缴纳土地出让金。③

杨立新主张，70年的住宅建设用地使用权期间届满，经过自动续期，该权利成为永久性用益物权。住宅建设用地使用权人享有对相应的国有土地的使用收益权、相邻权、物权请求权以及处分权，负有依照使用目的使用国有土地的义务，并应在70年期间内负担出让金的交纳义务，70年后负有缴纳相应税金的义务。④ 关于具体续期缴费的方式，可以从三个方面来考虑：对于不够70年的，到期后必须都续期到70年；70年到期后

---

① 朱广新：《论住宅建设用地使用权自动续期及其体系效应》，《法商研究》2012年第2期。

② 王利明：《住宅建设用地使用权自动续期规则》，《清华法学》2017年第2期。

③ 于海涌：《住宅建设用地使用权期限届满后应当廉价续期》，《民商法学》2018年第5期。

④ 杨立新：《70年期满自动续期后的住宅建设用地使用权》，《东方法学》2016年第4期。

自动续期，相当于住宅建设用地使用权是一个无期限的物权，即一次取得永久使用，国家不必每次续期都收费；三是到期后经过自动续期变成永久性建设用地使用权之后，应当确定使用权人与国家所有权人之间的关系，可以考虑收取必要而不过高的税金，但应当经过立法机关立法决定。① 此外，《民法典·物权编（草案）》关于续期费用的规定说明该费用只能由全国人大及其常务委员会或者国务院作出，而其他部门、组织无权决定。自动续期后，住宅建设用地使用权人不必补交土地出让金，而应当缴纳适当税金。未来在制定房地产税法时，可以一并考虑续期费用的问题。②

除以上学者等专门撰文讨论外，2016年4月20日，由中国人民大学民商事法律科学研究中心、北京市消费者权益保护法学会联合主办的"住宅建设用地使用权期限届满续期法律问题研究研讨会"中，学界众人纷纷探讨了住宅建设用地使用权期限届满续期中涉及的法律问题，主要观点如下：

第一，如何理解"自动续期"这一立法表述。对于住宅建设用地使用权期限届满后"自动续期"及其所衍生的问题，特别是续期是否收费问题，与会专家产生了理解分歧并展开激烈地争论。江平认为，"自动"的含义包括三个方面：一是期限届满，不能够收回，也不能够按照原有的方案重新签订一个土地出让合同，因为"续期"即代表将原有的延续；二是自动续期所蕴含的是没有交费仍然有权居住，即不交费只是限制民事流转，并不对民事权利产生影响，简而言之，是自动延续居住权，保有所有权但限制转让；三是自动续期在立法时并未写有偿无偿，所以现在即使要收费，也应当是较少的费用。崔建远从民法学理层面进一步指出，自动续期是基于我国特有的房地政策，为了保有房屋的所有权而对建设用地使用权的期限进行延长，这样既满足了购房人利益的需要，也符合《物权法》关于建设用地使用权和地上建筑物所有权之间所要求的法律关系。但是，有学者对上述无偿续期的观点所产生的影响表示担忧，认为应当较

---

① 杨立新：《怎样做好住宅建设用地使用权到期自动续期后的法律安排》，《中国审判》2017年第3期。

② 杨立新、李怡雯：《住宅建设用地使用权期满续期改革应当与增设房地产税配套进行》，《法治现代化研究》2019年第6期。

为保守地看待"无偿续期"。高圣平提出,城市土地有偿使用是以国家土地所有权之上来设立建设用地使用权这种权利结构加以表达的,是否要对建设用地使用权的期限加以限制?期限长短的依据何在?如何进行操作层面的续期?续期有无次数限制?这些问题均需要从法理与政策进行考量。刘莘从"公平"的角度指出,现有国有土地出让年限是分档次的即20年至70年不等,20年所缴纳的出让金是最少的,如果采取一概无偿的政策,将会导致对于缴纳了较高年限出让金者的不公平,这一观点得到了刘保玉的附议,即如果不加区分,以后开发商就都会购买最低期限的,这样关于土地使用权期限的规定即会形同虚设。尹飞认为,《物权法》第149条对于自动续期的规定应当是有特定内涵的,是针对过去需要申请、需要重新签订合同做法的纠正,如果将自动续期理解为自动的无条件延期,并不符合《物权法》的意旨。申卫星更是进一步指出无偿续期面临的最大困难是民法的理论问题,即若自动续期等于永久免费的话,此时该使用权就具有永久性,其与所有权的差别何在?即"自动续期+免费=所有权"这样一个结构是否合理合法?张翔援用宪法加以佐证,"永久的使用权就是所有权"这一论断,如果建立于私人所有的基础上时,与我国《宪法》第10条第1款"城市的土地属于国家所有"相冲突,而这样的解构从民法解释论的角度亦难以成立。

第二,"自动续期"是否等于"完全免费",应当进行类型区分。姚红主任提出,续期是否收费涉及国家经济发展与保护民生之间的平衡问题,建议应当对住宅与非住宅、商行为与非商行为进行区分,根据不同类型决定收费还是免费。李永军认为,这个问题有两个层面,一是从理论角度出发,续期是可以收费的,但从另一个层面即实践出发收费值得商榷,其提出应区分住宅与非住宅,对于住宅应当施行免费续期,超过70年的,国家需要时可以援用征收制度。刘凯湘对房价款进行分析,认为购房时,房价款的构成当中所缴纳的土地出让金应当是一次性缴纳土地出让金,永久性取得土地使用权,住宅用地国有土地使用权到期后应当自动续期,不存在以后再补交的问题,非住宅可以有所区别,但也不能反复交费,可象征性地交费或通过立法规定一种非住宅用地到期后补交出让金的比例或限制的制度。张翔从宪法对财产权的理解出发对该问题发表了看法,他认为宪法上的财产权分为两种,一种是个人自有、负责个人生活所必要的财产,另一种是具有强大社会关联性的财产,对于第一种财产应受到绝对保护,对应于本次讨论主题,续期时可以不交或少交税;对于第二种财产,如其拥有较多数量的房屋且用于投资等行为,由于其占用大量社会资源用于投资行为,所以可对其苛以社会义务缴纳较多的税。熊丙万副研究员对此做了具体的类型化区别,即一是区分住宅性建设用地和商业性建设用地,后者需要按照市场和商业逻辑运作,收取相对较高的费用,是有正当性的,但前者的基本目的是保障公民的基本生存和居住,最多只能收取与公共支出相对称的必要费用;二是区分单套住宅性建设用地与多套住宅性建设用地,前者的保障性功能十分明显,只能收取用于政府提供公共产品的费用,后者具有商业性和投资性,可以考虑通过交易税或者持有税的方式收取土地使用费;三是区分农村宅基地使用权与城市住宅性建设用地使用权,前者是永久期限且免费,对后者而言,在期限上可以采取与前者相同的目标,但无论是采用"续期+补交土地出让金"的方式,还是"不续期+房地产税"的模式,都应当保证房屋所有人对土地享有长期稳定的使用权。

第三,相应问题的解决措施。杨立新提出的"费改税"办法,得到大多数学者的肯认。刘莘、高洪宾认为:自动续期是解决土地国有且有期限而房屋私有这一原有矛盾的措施,自动续期后国家收取经由精算师测算的较为低廉的持续性税收,让国家财政收入长流不断,而百姓亦能够承受与负担则与该举措相适应。龙卫球提出即是自动续期、实行年金制,而"年金制"类似于税制。朱虎也认为,土地的纯收益应由国家享有,就这种享有方式而言,税收措施优于缴纳续费。①

上列问题的讨论,引起了立法机关的关注;又鉴于此问题并不适宜在基本法中作出具体规定,故此,在 2019 年法工委发布的《民法典·物权编(草案)》第 152 条规定:"住宅建设用地使用权期间届满的,自动续期。续期费用的缴纳或者减免,依照法律、行政法规的规定办理。"对于自动续期后的续期费用应当如何具体操作,尚待其他法律、行政法规等作出规定。

(3)如何理解《物权法》第 142 条的规定?崔建远认为,首先,这是建设用地使用权人保有建筑物、构筑物及其附属设施所有权的权利。其

---

① 《住宅建设用地使用权期满自动续期法律问题研讨会讨论综述》,http://www.civillaw.com.cn/bo/t/?id=30618,访问时间 2020 年 3 月 8 日。

次，建设用地使用权是阻挡建筑物属于土地、使建筑物与建设用地使用权相结合的法律制度。最后，第142条的但书"但有相反证据证明的除外"，在理解上并不一致。仅就表面现象而言，该但书可以包括以下几种情形：基于土地租赁权，享有建筑物所有权；建设用地使用权人尚未履行将该建设用地使用权变更登记的约定义务，无权以《物权法》第142条前段的规定为依据主张享有建筑物所有权，而应当继续履行协助变更登记的义务，以实现"地随房走"；性质属市政公用的市政公共设施，一部分通过开发商和有关部门约定，由开发商在房地产项目中配套建设，但是所有权归国家。其归属应当按照充分证据证明的事先约定来确定，而不是当然地归建设用地使用权人，后续通过房地产交易成为建设用地使用权人的权利人也应当尊重这种权属划分，① 等等。唯第一种情形即土地租赁权可以作为建筑物所有权的正当证据应为第142条但书的题中应有之义，其他情形则不可以。② 但孙宪忠认为，第142条的但书，实际上是对物权变动独立意思的承认。③

2. 集体建设用地使用权

（1）集体建设用地使用权的含义

集体建设用地使用权，主要是指在农村集体所有的土地上设立的建设用地使用权。有学者认为，农村建设用地使用权的内涵可以在三个层面上进行界定：首先是和城市建设用地使用权相对应，二者的土地所有权主体不同；其次是和土地承包经营权相对应，二者的土地用途不同；最后是从其与宅基地使用权的关系来看，历次土地立法都把宅基地归入农村建设用地之中，只是到了《物权法》才明确宅基地使用权为一种独立的用益物权，从流转性上看，前者要比后者更自由一些。④ 也有学者指出，在我国，建设用地包括国有建设用地和集体所有建设用地，其都是用于建设建筑物、构筑物的土地，因而都是性质相同的土地，但在我国法律制度下，由于土地所有权属于国家所有还是农民集体所有而有不同的

---

① 全国人大常委会法制工作委员会民法室编：《中华人民共和国物权法条文说明、立法理由及相关规定》，北京大学出版社2007年版，第142页。
② 崔建远：《物权法》，中国人民大学出版社2009年版，第428页。
③ 孙宪忠：《中国物权法总论》，法律出版社2009年版，第436页。
④ 李学永：《农民土地权利流转制度研究——兼评〈物权法〉的用益物权制度》，《政法论丛》2008年第2期。

立法政策对待，所以国有建设用地使用权与集体所有的建设用地使用权具有不同的性质。①

有学者认为，集体建设用地应当是指因农村集体经济组织或村民兴办乡镇企业、村民建设住宅、乡（镇）村公用设施和公益事业建设，依法批准使用所在集体经济组织农民集体所有的土地。并指出，集体建设用地不包括城市建设用地中集体所有的但尚未被征用的土地；集体建设用地也不能等同于经依法审批由农用地转成的建设用地，因为未利用地也是集体建设用地的转化来源。②

（2）集体建设用地使用权的用益物权属性

对于能否在农村土地上设立用于住宅等建设的建设用地使用权（由于法律已有规定，此处不包括乡镇企业用地的建设用地使用权），学界有不同看法。《物权法》制定之前学界通行的观点是否定说，认为建设用地使用权只能在国家土地上设立，而不能在集体土地上设立。郭明瑞认为，这种观点在《物权法》施行后，需要重新审视。《物权法》第42条的规定意味着今后若非"为了公共利益的需要"，国家不能再将农村集体所有的土地征收。农民集体所有的土地不因城市规模的扩张而成为国有土地。但现行《土地管理法》第20条规定：在土地利用总体规划确定的城市建设用地范围内，为实施城市规划占有土地的，要按照规定办理土地征收。这显然与《物权法》规定的征收条件不一致。因此，在《物权法》实施后，《土地管理法》等法律应予以修改。解决城市建设用地的出路就是允许农村土地所有权人在其土地上设立建设用地使用权，而不是将建设用地使用权仅限于在"国家所有的土地"上。只要根据规划，农村集体所有的土地需要转为建设用地并经批准，又不属于公共利益的范畴，就应当也只能由土地所有权人在该土地上设立建设用地使用权来经营该土地。③

有学者指出，基于物权法定原则，"《物权法》第十二章所规定的具有用益物权性质的建设用地使用权仅是国有建设用地使用权，而不包括集

---

① 韩松：《集体建设用地市场配置的法律问题研究》，《中国法学》2008年第3期。
② 黎平：《我国农村集体建设用地法律问题研究》，《法学杂志》2008年第4期。
③ 郭明瑞：《关于农村土地权利的几个问题》，《法学论坛》2010年第1期。

体建设用地使用权。但是从集体建设用地使用权市场化配置的必要性讲，集体建设用地同国有建设用地使用权一样，都是由使用人用以建造建筑物、构筑物及其附属设施并以取得建筑物及其附属设施的所有权为目的，因而，使用人必须取得对土地的直接支配性质的权利。在允许集体建设用地使用权直接市场化配置后，法律应当使集体建设用地使用权具有用益物权的性质。在物权法没有规定的情况下，可以通过立法解释，准用《物权法》第十二章关于国有建设用地使用权的规定"①。

（3）关于集体建设用地使用权的流转制度

集体建设用地使用权的流转问题，在《物权法》中并未有新的突破，② 学界对此问题仍持有不同意见。

首先，是否允许集体建设用地使用权流转。有学者讨论了集体建设用地流转的必要性和可行性，也有不少学者从社会公平、农民权益保障等方面考虑，反对放开集体建设用地流转。

支持流转者的主要观点包括：其一，国家垄断建设用地市场存在弊端，而集体建设用地流转有利于地方工业化、城市化，让农民分享土地增值收益，属于"帕累托"效率改进；③ 限制甚至禁止集体建设用地使用权流转的现行法律制度是以计划经济体制下农村土地的静态管理模式为背景，以城乡二元经济结构为基础而制定的，并未体现工业化与城市化发展所应有的城乡文明融合的内涵。④《土地管理法》（1998年）第43条规定：任何单位和个人进行建设必须申请使用国有土地，而存量国有土地又不能满足社会经济发展建设用地需要的情况下，国家又不能再以征收手段增加国有土地的供给，允许集体建设用地流转才符合集体所有权与国家所有权平等保护的物权法原则，实现集体土地与国有土地

---

① 韩松：《集体建设用地市场配置的法律问题研究》，《中国法学》2008年第3期。

② 我国《物权法》第61条、第128条、第151条的规定表明《物权法》所调整的农村土地流转的对象仅限于土地承包经营权的流转，且其流转不得改变承包土地的农业用途，对于集体非农建设用地流转问题则无具体规制。参见王权典《农村集体建设用地流转的法律障碍及变革创新》，《法学杂志》2008年第4期。

③ 北京天则经济研究所课题组：《城市化背景下土地产权的实施和保护》，《管理世界》2007年第12期。

④ 喻文莉、陈利根：《困境与出路：城市化背景下的集体建设用地使用权流转制度》，《当代法学》2008年第2期。

的"同地、同价、同权"①。其二，现行立法为流转留有空间。集体建设用地使用权的流转虽然受到现行宪法和法律的限制，但是土地管理法规定了流转的例外情况，这表明立法者对集体建设用地使用权的流转是有预见的，留有空间的。从解释论看，国家土地征收权受"公共利益"限制，集体建设用地使用权入市成为新的选择。从立法论看，现实社会经济发展的需要是法律生长的土壤，经济的发展呼唤着集体建设用地使用权流转市场化，推动了立法的发展。②

反对流转者的主要观点包括：其一，农民土地权益保护的需要：首先，土地事关农民生存，而生存权属于人权，高于财产权，是不可交易的；③ 集体建设用地流转一旦放开，将产生新的不公平。④ 其二，允许流转可能使地方政府依此获利而带来新的问题。地方政府（官员）可能从自身利益出发来决定是否认可集体建设用地流转。⑤ 通过集体土地流转特别是宅基地流转，地方政府既获得了土地出让收益，又在新农村建设中创造了政绩，可农民虽然住进了新房或得到补偿，却带来了高昂的生活成本并难以分享土地增值收益。⑥ 其三，允许流转存在实践上的困难。地方政府对集体建设用地流转设置了各种限制，阻碍了集体建设用地的流转。⑦ 从地方实践的考察发现，地方政策无法从根本上保护所有者、使用者的权利，必须从尽快改变土地制度的二元性。⑧ 同时，还有学者敏锐地指出，集体建设用地流转不是自发或政府推动的单向度制度变迁，而在不同层面

---

① 韩松：《集体建设用地市场配置的法律问题研究》，《中国法学》2008 年第 3 期。
② 王菊英：《集体建设用地使用权流转的法律障碍与空间》，《政治与法律》2008 年第 3 期。
③ 陈柏峰：《农村宅基地限制交易的正当性》，《中国土地科学》2007 年第 4 期。
④ 李开国：《论我国城市土地的先征后用原则》，《现代法学》2007 年第 5 期。
⑤ 钱忠好、马凯：《我国城乡非农建设用地市场：垄断、分割与整合》，《管理世界》2007 年第 6 期。
⑥ 李剑阁：《中国新农村建设调查》，上海远东出版社 2007 年版。
⑦ 王权典：《农村集体建设用地流转的法律障碍及变革创新》，《法学杂志》2008 年第 4 期。
⑧ 高圣平、刘守英：《集体建设用地进入市场：现实与法律困境》，《管理世界》2007 年第 3 期。

上是政府推动与市场自发相互交织、契合的产物。经济水平、区域位置等决定了多数地方缺乏集体建设用地流转的空间。①

其次，现有集体建设用地流转机制的弊端。有学者指出集体建设用地流转存在五个方面的弊端：其一，试点缺乏统一规定，法律规范冲突严重。其二，土地利用效率低，经济价值发挥受限。其三，流转收益分配失序，流转主体利益缺乏保障。其四，产权交易缺乏法律保障，土地流转纠纷频繁。其五，集体建设土地使用权流转严重受限，农民土地使用权难以完全实现。② 有学者对实践中出现的集体非农建设用地自发流转机制的弊端进行了分析，认为自发无序地流转，造成土地利用混乱，土地市场秩序受到干扰；隐形市场活跃，违法用地屡禁不止，耕地保护受到冲击；流转的权利缺乏可靠保障，交易不安全；流转收益分配关系混乱。③ 也有学者指出，目前的流转交易缺乏可靠保障，流转收益分配关系混乱。集体建设用地流转得不到法律的承认，流转收益使用管理缺乏相应的制约监督。④

再次，如何构建合理的集体建设用地流转机制。针对目前集体建设用地流转市场的弊端和阻碍因素等，学者们从不同角度提出了解决对策。其一，遏制地方政府变相低价将集体所有土地收归国有，通过限制国有土地使用范围来减少征收；⑤ 保持集体性质并由集体自行流转，切断地方政府与集体土地流转的直接关联很有必要；⑥ 改革土地管理制度，政府从土地市场利益的博弈中退出，纯粹其土地管理职能。⑦ 其二，重建现有的国有

---

① 万江：《政府主导下的集体建设用地流转：从理想回归现实》，《现代法学》2010年第2期。

② 朱列玉：《农村集体所有建设用地流转法律问题》，《法学》2009年第8期。

③ 王权典：《农村集体建设用地流转的法律障碍及变革创新》，《法学杂志》2008年第4期。

④ 揭明：《集体建设用地使用权流转的法律思考》，《学术交流》2008年第9期。

⑤ 李学永：《农民土地权利流转制度研究——兼评〈物权法〉的用益物权制度》，《政法论丛》2008年第2期。

⑥ 万江：《政府主导下的集体建设用地流转：从理想回归现实》，《现代法学》2010年第2期。

⑦ 王菊英：《集体建设用地使用权流转的法律障碍与空间》，《政治与法律》2008年第3期。

建设用地流转制度,实现集体与国有建设用地使用权两种流转机制协调分工。① 其三,界定流转土地产权关系及流转实施主体,完善流转收益分配及监管机制,创设集体建设用地流转配套性制度。② 集体土地建设用地使用权流转的客体应为现实的建设用地而非规划的建设用地;主体应为土地的使用者而非所有者;收益分配关系的主体主要应为土地权利人,即土地所有者、使用者和国家。③ 其四,修改完善《土地管理法》,改进集体土地使用权流转规则。以促进农村集体建设用地使用权的合法流转为核心理念,以权利流转的原则、方式、程序及保障措施为制度设计的重点领域,构建城乡一体化的建设用地法律流转机制。④ 其五,要从根本上认识集体建设用地诸问题,认识到集体建设用地流转一定程度上的合法性,坚持"统一地权"原则,探索建立农村集体建设用地交易市场。⑤ 其六,采取有效措施规范和促进集体建设用地使用权的合理有序流转。明晰产权,建立合理的土地收益分配制度和土地流转机制,确立集体建设用地使用权流转的合法地位,改变土地制度的二元性。⑥

3. 空间建设用地使用权——《物权法》第136条

学界普遍认为,《物权法》第136条在立法上确立了空间建设用地使用权,顺应了实践中空间利用关系的需求。但对空间建设用地使用权的构建,学界仍旧提出了不少建议和意见。

首先,立法的规定确保了在先用益物权与新设立的空间建设用地使用权之间的冲突解决规则,但过于简略,不具有可操作性,应予以改进。

其次,《物权法》中规定的建设用地使用权分层设立制度,应当明确分层设立的主体,严格落实商业性地下空间利用出让方式,建立统一科学

---

① 李学永:《农民土地权利流转制度研究——兼评〈物权法〉的用益物权制度》,《政法论丛》2008年第2期。
② 王权典:《农村集体建设用地流转的法律障碍及变革创新》,《法学杂志》2008年第4期,第47—50页。
③ 李延荣:《集体土地使用权流转中几个值得注意的问题》,《法学杂志》2007年第5期。
④ 张璐:《农村土地流转的法律理性与制度选择》,《法学》2008年第12期。
⑤ 黎平:《我国农村集体建设用地法律问题研究》,《法学杂志》2008年第4期。
⑥ 揭明:《集体建设用地使用权流转的法律思考》,《学术交流》2008年第9期。

的登记制度,健全权利冲突的解决机制。对同一宗土地分层设立的建设用地使用权并存的矛盾,可通过以下制度化解:赋予在先建设用地使用权人优先权;适用相邻关系;设立地役权;主张侵权责任。[1] 分层地上权的设置必然会带来新的问题,如分层地上权之间的相邻关系和地役权问题,特别是纵向的支撑问题。应该允许分层地上权人之间约定地役权,用相邻关系作为处理纠纷的基本原则。[2] "在已设立单一的土地使用权情形下,基于土地对空间的吸收,空间利用权利的设立主要是从地上权人处获得,这种权利实为'空间利用权'。在分层使用下,土地和空间既相互依存又相对独立。对于分层土地使用权,有必要基于客体对地上权进行事实上的分解。空间地上权会受到比普通地上权更多的限制。权利人通过出让取得了国有土地使用权,其包含的空间范围不应设定过大,因为土地和空间的纵向分层利用在土地上下狭窄的范围内最有必要。土地使用权的范围确定以后,国家保留了其上下的空间所有权,并可将其出让给其他主体。登记机关在确定该空间范围以后,可予以登记。"[3]

最后,空间建设用地使用权是否应规定为一种独立的物权类型以及其性质,在物权法起草过程中就一直存在争议,学界观点分为:空间权否定说、空间权独立说和空间权综合权利说三种。[4] "从解释论的角度看,我国《物权法》第136条并没有承认所谓的'空间权'或'空间利用权'。空间建设用地使用权只是一种特殊的建设用地使用权,其设立和转让须符合《物权法》等法律的规定。"[5] 但立法颁布后,不少学者仍认为应当单独规定空间权,认为《物权法》将地下空间权这一重要的权利单纯作为建设用地使用权的分支,而未赋予其独立地位,不是一种先进的制度安排,仍有待进一步完善。立法应从体系一贯的角度和我国实行渐进式立法

---

[1] 朱金东:《建设用地使用权分层设立问题研究——以城市地下空间利用为中心》,《理论导刊》2009年第12期。

[2] 梅夏英、高圣平:《物权法教程》(第二版),中国人民大学出版社2010年版,第217页。

[3] 梅夏英:《土地分层地上权的解析——关于〈物权法〉第136条的理解与适用》,《政治与法律》2008年第10期。

[4] 赵秀梅:《土地上下空间使用权问题的思考》,《法学杂志》2008年第5期。

[5] 王晓明:《空间建设用地使用权的理论问题研究——以〈物权法〉第136条为中心》,《中州学刊》2011年第2期。

的现实考量，参考日本模式，将城市地下空间权规范在《物权法》中独立成章加以规定。①

(三) 简要总结

《物权法》规定的建设用地使用权制度承载了调整土地利用关系和土地流转关系的双重任务，是我国土地权利体系的核心内容。《物权法》中全面地规定了建设用地使用权的概念、设定、转让、续期等方面的内容，既有对已存制度的完善整合，又有一定的创新，使建设用地使用权制度更加趋于合理。② 立法虽未创设独立的空间权制度，但对土地空间分层利用的明确认可，也满足了实践中对空间利用的基本法律适用需求。我国建设用地使用权的法律性质是一种直接支配土地的权能广泛的不动产用益物权，在取得方式、权利的行使和期满后的续展处理等方面体现出了中国特色，需将其与传统民法上的"地上权"区分开来，不可混为一谈。学界对《物权法》中建设用地使用权规定的不足与缺陷的认识，较为客观，需予以重视。尤其是《物权法》的建设用地使用权规定仍然是原则性规范，需要依赖其他法律配套实施。而目前建设用地使用权规范的其他法律配套基础也较为落后，因此，在《物权法》出台之后，如何基于物权法理论和原则对建设用地使用权进行体系化的整合和创新是当前面临的重要任务。③

《物权法》中所称的建设用地使用权，与《土地管理法》上所规定的广义的建设用地使用权，在所利用的土地范围和适用的法律规则方面有所不同。④《物权法》中虽未明确规定集体建设用地使用权制度，但根据《土地管理法》等法律规定，在我国集体土地上也可成立建设用地使用权。郭明瑞对此问题的看法较为中肯。在市场经济发展下，民众对土地的观念已经发生了较大改变，土地不应成为束缚农民的捆绳，应允许集体建设用地使用权在一定条件下的合理流转，消除城乡差距，并给予农民群众

---

① 马栩生：《论城市地下空间权及其物权法构建》，《法商研究》2010年第3期。

② 陈甦：《中国〈物权法〉上的用益物权》，载渠涛主编《中日民商法研究》（第七卷），法律出版社2009年版，第144页。

③ 高富平：《建设用地使用权类型化研究——〈物权法〉建设用地使用权规范之完善》，《北方法学》2012年第2期。

④ 刘保玉：《物权法学》，中国法制出版社2007年版，第285页。

转换身份的机会。但有学者担心允许集体建设使用权流转将带来种种弊端，也并非杞人忧天。正如学者所指出的，现行集体土地使用权流转制度存在的弊端根源不是放开流转与否，而是要完善现行的土地征收制度和收益分配制度，规范集体建设用地入市的法律规范和建立有效地的流转配套机制。

《物权法》中对空间权的立法采取了空间权否定说的观点，将空间利用问题纳入到建设用地使用权制度中进行调整，使空间权与普通建设用地使用权合而为一，且没有对空间权的权能作出更细化的规定。[1] 笔者认为，由于空间利用权与土地使用权存在较大差异，二者的效力范围或客体不同，着眼点和存在前提也不同，应当以对其进行单独规定为宜。[2] 不过，在目前立法已经颁布实施的背景下，学界的着眼点不应仅放在对立法规定过于简单粗暴的批评上，而应放眼于空间建设用地使用权的设立、权利范围划分以及相关权利的协调等具体问题上。

第三节　土地承包经营权

一　立法论

（一）主要争议问题

关于土地承包经营权，学界争议的焦点主要涉及土地承包经营权的性质、名称、立法方式、土地承包经营权的流转或市场化、土地承包经营权"三权分置"的具体方案及各项具体权利的性质界定等问题。

关于土地承包经营权的性质，学界有债权说、物权化说和物权说等不同的观点；关于土地承包经营权的名称，存在着"土地承包经营权""永佃权""耕作权""农地利用权""农地使用权""农地权"等不同的主张；关于立法方式问题，大多数学者主张物权法应该对土地承包经营权进行规制，但也有学者认为土地承包经营权不宜写进物权法，而是用单行法加以规定。而就土地承包经营权的可否自由流转，是学者们争议最为激烈

---

[1] 苏杭、张斌：《地上权制度之历史研究——兼评我国地上权立法》，《河南司法警官职业学院学报》2007年第2期。

[2] 刘保玉：《物权体系论——中国物权法上的物权类型设计》，人民法院出版社2004年版，第233页。

的问题。多数学者支持土地承包经营权流转或有限制地流转,并提出了流转的具体方案,也有少数学者对此持反对意见,认为允许自由流转将导致土地集中、农民利益难以保障等社会问题。

(二) 各种观点

1. 名称之争

(1) 土地承包经营权

在支持继续使用"土地承包经营权"这一名称的学者中,以王利明为主要代表。其肯定了物权法草案中所采纳的土地承包经营权的概念。认为这一做法保留了我国长期以来有关政策、法规等一贯使用的概念,而没有使用"永佃权""农地使用权"等概念,有一定的合理性。因为,一方面,土地承包经营权的提法已经为广大干部和群众所接受,保留土地承包经营权概念有助于保持制度的稳定性和连续性,稳定农村的承包关系;另一方面,突出了土地承包经营权制度的特点。因此,王利明建议我国物权法完全可以在继续沿用土地承包经营权概念的前提下,着力完善该项权利的内容,没必要废除这一概念而将其改为农地使用权、永佃权等概念。[1]

房绍坤提出,在继续使用农村土地承包经营权概念基础上,可以进行适当简化,称为农地承包权,其理由有两点:第一,农地承包权的概念符合我国的实际情况。对于这一约定俗成的概念,如果没有十分重大的理由,则没有必要抛弃不用。第二,农地承包权的概念简洁、明了,可以直观地反映因农业目的而使用他人土地的权利的基本内涵。[2]

还有学者将之简化为"土地承包权",并提出"以永佃权制度完善土地承包权制度"。但该"土地承包权"的提法也被一些学者认为不科学,因为土地"承包权"已有明确的含义,不属于民事权利的范畴,与土地承包经营权是具有不同性质和不同层次的概念,不能用土地承包权替代土地承包经营权。[3]

也有学者对继续采用"土地承包经营权"这一名称提出反对意见,

---

[1] 王利明:《物权法研究》,中国人民大学出版社2002年版,第932—933页;王利明:《经济全球化对物权法的影响》,《社会科学》2006年第2期。

[2] 房绍坤:《关于用益物权体系的三个问题》,《金陵法律评论》2005年第1期。

[3] 丁关良、田华:《论农用地物权制度的选择——关于"土地承包经营权"名称的存废》,《中国农村经济》2002年第2期。

认为"土地承包经营权"这一名称已不具有了现实适用性和物权名称的科学性品质。当土地承包经营权已经转化为物权,尤其在把它放到我国物权体系中考察时就会发现,继续使用这一名称,其理论层面与实践层面存在的问题就会很明显地暴露出来。①

(2) 农地使用权

"梁稿"主张采用"农地使用权"的概念。农地使用权类似于永佃权,但在我国的物权立法中可不必使用"永佃权"这一用益物权名称。因为,在历史上永佃权反映的是封建土地制度下的租佃关系。依传统民法,永佃权是一个永久性的权利,而我国为农业目的设立的土地用益物权则不必为永久性的权利。同时,由于"承包经营""承包经营权"等都是典型的债法范畴的概念,在农村土地承包经营实践中,这些概念的歧义性更为明显,而目前农民对集体土地的承包经营权应当具有物权性质,为避免混淆,不应再沿用"土地承包经营权"。为反映为农业目的而使用他人土地的用益物权的内涵,并能与基地使用权相区别,我国的物权立法可以考虑采用"农地使用权"这一法律术语。②

有学者认为"农地使用权"这一概念,可与国有土地使用权相对应。在农地立法中,应将农地使用权定义为属于他物权的用益物权,且由于农地使用权与传统物权法中的用益物权不同,因而这是一种特殊的用益物权。应该以物权化思路为导向,将农地承包经营权更名为农地使用权,并在即将出台的《物权法》和《农村土地承包法》中作出切合我国农村经济和社会实际情况的立法安排。③

但也有些学者对"农地使用权"概念提出了反对意见,理由是,首先,这一提法不科学。因为土地使用权包括泛指的土地使用权和专指的土地使用权,而无论哪种指称,都包括了债权性质的土地使用权在内。其次,改用"农地使用权"的法律用语,不科学、不经济,将涉及整个土

---

① 陈祥健:《土地承包经营权:物权法视角中的三大问题》,《农业经济问题》2002 年第 4 期;陈祥健:《论新型农地权利名称的创设》,《东南学术》2002 年第 5 期。

② 梁慧星主编:《中国物权法研究》(下),法律出版社 1998 年版,第 622—623 页。

③ 胡兰玲:《关于我国农地承包经营权的法律思考》,《社科纵横》2002 年第 5 期。

地权利群的安排和多部法律的修改。再次，土地承包经营权的概念有着广泛的群众基础，如改用"农地使用权"，将会导致农民心理的不稳定或使农村社会发生动荡。最后，需思考物权法具有固有法性，保持我国物权制度的特殊性。①

（3）用益权

房绍坤等学者主张采用"用益权"，其认为在西方传统民法上，用益权是指对物或权利不加变更地使用和收益的权利。"可以把开发利用国有、集体自然资源（森林、山岭、草原、荒地、滩涂、水面、矿藏）为目的的使用权和以耕作、牧畜、养殖为目的而承包国有、集体自然资源（土地、森林、山岭、草原、荒地、滩涂、水面）的承包经营权归入创设的用益权之中。"② 不过，多数学者认为，用益权制度固然有其可取之处，如权利人的地位独立、其权利对第三人有对抗力等，但倘以用益权为蓝本改造承包经营权，恐怕有失妥当；且随着商品经济的发展以及其他用益物权的出现，人役权制度在一些发达国家已经日渐衰落。尤其是土地承包经营权与用益权的内涵存在显著区别。③

（4）永佃权

杨立新指出，我国《民法通则》规定的土地使用权和土地承包经营权等概念，在理论和逻辑上都是不科学、不准确的，应当废弃这些法律概念，建立完善、科学、实用的永佃权。"永佃权作为一种世界各国通行的土地使用制度，它不独为封建社会所独有，也并非只为维护剥削阶级的利益而存在，它的基本制度、基本内容是适用于一般的土地承租耕作关系的"，如果采用永佃权的制度代替农村土地承包经营权，不仅有利于法律概念的统一、准确，而且有利于巩固农村土地使用关系，保障双方当事人的合法权益，使农村土地使用关系法制化。且"我国目前实行的农村土

---

① 张平、应瑞瑶：《农村土地承包经营立法若干理论问题探讨》，《现代法学》2000年第5期；丁关良、田华：《论农用地物权制度的选择——关于"土地承包经营权"名称的存废》，《中国农村经济》2002年第2期。

② 房绍坤、丁海湖、张洪伟：《用益物权三论》，《中国法学》1996年第2期。

③ 王英萍：《论农村土地承包经营权的法律性质》，《上海交通大学学报》（农业科学版）2001年第19卷第4期；丁关良、田华：《论农用地物权制度的选择——关于"土地承包经营权"名称的存废》，《中国农村经济》2002年第2期；喻文莉：《农地使用制度改革之探索》，《安徽大学学报》（哲学社会科学版）2002年第3期。

地承包经营权,其主要内容,就是一种新的永佃权"①。

有学者认为,除了民众在情感上难以接受"永佃权"这一在历史语境中反映农民和地主之身份依附关系的概念术语外,找不到更好的理由拒绝接受该制度。从历史和社会的语境中考察发现,永佃权并不都是封建人身依附关系赖以成立的基础,这种制度也并非已日趋式微。要刺激农民的农耕积极性并解决农业土地的有效利用问题,就必须以一种稳定的用益物权关系取代目前带有债权性质的农村土地承包经营关系,而传统的永佃权制度正好具有这一功能。②

还有学者认为,永佃权虽然成于私有制的土壤,在未来的物权法或民法典中,即便基于某种历史和现实的考虑,会回避使用"永佃权"这个语词,但对我国物权法中的农地立法仍有借鉴价值。③

但许多学者对"永佃权"这一概念提出了反对意见。有学者指出,永佃权制度属于落后的封建制度的残余,不应盲目地照搬他国已渐消亡的制度,我国物权法上不应当规定永佃权。④ 屈茂辉则专门撰文否定用"永佃权"代替"农村土地承包经营权"这一概念,其理由是:永佃权这一传统民法上的用益物权形式,在东西方的演进轨迹表明,它已趋向湮灭。就中国而言,中华人民共和国成立已完全摧毁了永佃权赖以存在的土地私有制度,土地或为国有或为集体所有,农民已是土地的所有者。表面上看,我国大陆农村土地承包经营权与日本、我国台湾地区民法规定的永佃权,都是有偿地在非自己所有的土地上从事耕种和畜牧而获得收益的权利,具有相似性,但实际上二者差异甚大。⑤

(5) 其他

孙宪忠主张采用"耕作权"之称。其认为,应当把我国的土地使用

---

① 杨立新:《论我国土地承包经营权的缺陷及其对策——兼论建立地上权和永佃权的必要性和紧迫性》,《河北法学》2000年第1期。

② 徐涤宇:《物权法体系构造之若干问题探讨》,《法制与社会发展》2002年第4期。

③ 周子良:《永佃权的历史考察及其当代价值》,《现代法学》2002年第2期。

④ 王利明主编:《物权法专题研究》(下),吉林人民出版社2002年版,第930—933页。

⑤ 屈茂辉:《传统的永佃权与其现代意义之否定》,《湘潭工学院学报》(社会科学版)2000年第1期。

权作为本权,"在土地使用权上设立建筑权、耕作权、抵押权",其中"耕作权指对土地进行种植、垦殖、养殖的权利"①,相当于永佃权,在我国目前,则相当于土地承包经营权。但有学者对此表示否定,认为"耕作权"的性质在理论上学界的理解极不一致,其属于物权性质,还是债权性质并不统一,且对"耕作权"的客体理论上理解是国家或集体所有的土地也极不一致。②崔建远提出使用"农用权"概念,认为原有的土地承包经营权牺牲了效率,可通过变按福利分配原则配置土地承包经营权为由市场按效益最大化原则配置农用权,变唯有社区成员方能充任承包经营权人为社区内外成员均可成为农用权人,变唯有发包人同意方能转让承包经营权为只要转让双方协商一致并不改变耕地用途即可转让农用权,变偏低的承包费为数额合理的地租,变社区成员通过承包土地而获取福利和体现所有人一分子的身份为社区成员从农村集体经济组织分得一定地租来获得福利和体现所有人一分子的身份,变责任田经营系社区成员唯一的或主要的就业途径为普通或次要途径。完全实现了上述改革,就兼顾了社会公平与效率的几项价值,土地承包经营权发展为农用权。③ 还有学者建议采纳"农地权"这一名称,即将农村集体土地上基于农业目的而从事一系列农业活动的权利,视为行使农地使用权,简称为"农地权"④。

2. 性质之争

土地承包经营权这一权利的法律性质,在很长一段时期内是学界讨论的热点问题。

在学界对这一问题讨论展开之前,渠涛曾指出,农村土地承包制度本身不能解决农村土地承包经营权的性质问题,该制度只是解决了土地集体所有下的经营形式问题,而并没有解决财产权本身的定位问题。渠涛结合

---

① 孙宪忠:《论物权法》,法律出版社2001年版,第410—411页。

② 江平主编:《中国土地立法研究》,中国政法大学出版社1999年版,第320页;王卫国:《中国土地权利研究》,中国政法大学出版社1997年版,第241页。

③ 崔建远:《土地上的权利群论纲》,《中国法学》1998年第2期。陈小君也赞同采纳"农用权"之称,参见陈小君《我国他物权体系的构建》,《法商研究》2002年第5期。

④ 钱忠好:《农村土地承包经营权的法律属性探讨》,《南京社会科学》2001年第11期;丁关良、田华:《论农用地物权制度的选择——关于"土地承包经营权"名称的存废》,《中国农村经济》2002年第2期。

各地不同的农地承包制度形式认为，正是因为农地承包制度没有解决权利机制这一最基础、最关键的问题，才导致实践中难以解决的种种问题和矛盾。① 因此，确定农村土地承包经营权的财产权性质，是解决现实问题的前提和基础之一。

(1) 债权说

该说认为，农村土地承包合同是债权合同，而土地承包经营权是基于该债权合同产生的，由此承包人依农村土地承包合同取得的土地承包经营权也具有债权性质。在联产承包合同下，农民与集体之间是一种债权性质的关系，承包中出现的问题与承包经营权的债权性质有关。如有人认为土地承包合同是一种新型的合同，农村土地承包经营权是一种独立的债权。也有人认为，发包方将生产资料交给承包方使用，提取承包金，相当于出租方将土地作为财产交给对方使用，收取租金，因而农村土地承包合同实质是财产租赁合同，农民取得的土地承包经营权是一种承租权。② 梁慧星认为，目前的土地承包经营权具有债权性质，并不是因为承包经营是一个典型的债权关系术语，而是根据其据以存在的现实法律关系的内容与特点进行深入分析之后得出的结论。其理由，一是它基于联产承包合同而取得，而联产承包合同属债权性质；二是承包人不能自主转让土地承包经营权；三是如果在农用土地上已经设立了土地使用权，是否可以在其上再行设立物权性质的承包经营权是个问题；四是在土地转包关系中，转承包人所能取得的对土地的使用权利也是土地经营权，是否可以与原承包人的物权性质的土地承包经营权具有相同性质，也是个问题。③

(2) 物权说

持此说的学者多从物权的一般概念（对物的管理、支配、收益和排他干涉）和物权法定主义原则出发，以我国《民法通则》第五章第一节的规定为依据，认为土地承包经营权是与财产所有权有关的财产权；承包

---

① 参见渠涛《民法理论与制度比较研究》，中国政法大学出版社 2004 年版，第 368 页。

② 钱忠好：《农村土地承包经营权的法律属性探讨》，《南京社会科学》2001 年第 11 期；丁关良、田华：《论农用地物权制度的选择——关于"土地承包经营权"名称的存废》，《中国农村经济》2002 年第 2 期。

③ 梁慧星主编：《中国物权法研究》（下），法律出版社 1998 年版，第 716、705 页。

人对所承包的土地享有在法律和合同规定范围内直接控制、利用的权利，且这种权利具有排他性和长期稳定性，因而土地承包经营权是一种物权，属于他物权。

土地承包经营权的物权性主要体现在，它是由法律加以明确规定的权利人对土地直接支配的权利，承包合同只是格式化的有关土地承包经营权的条款，且土地承包经营权的内容和效力都做了类型化的处理，合同当事人之间并不能约定土地承包经营权的种类、内容、效力以及登记公示制度，不能因为该权利有某些瑕疵而否定其物权性质。①"虽然该权利中的'承包'一词来源于合同，但是不能因此就认为该权利具有债权性质，因为此处的承包，是创设物权的行为，或者说是物权变动中的原因行为。在传统民法中，地上权、地役权、抵押权的创设同样需要订立合同，但是通过合同创设的权利，仍然是物权而不是债权。土地承包合同与土地承包经营权的关系，也是这样。"②

有学者提出，将农村土地经营权的法律性质确定为物权，既符合"三权分置"改革的目标，又是实现农业现代化的必由之路，且不违背集体土地公有性质不改变、耕地红线不突破、农民利益不受损等农地制度改革的政策底线，具有现实可行性。农村土地经营权物权化的理论困境源于相关理论和法律上的思维定式。通过将土地承包权重构为身份性财产权，将土地经营权视为与土地承包权具有同等地位的基于集体所有权的独立权利，便可破解这一理论困境。在制度设计上，应当在明确集体土地所有权、重构农地承包权的基础上，将农村土地经营权设计为完全意义上的用益物权，赋予其流转、抵押、入股等权能，以实现农地"三权分置"的政策初衷。③

在物权说中，学者们对土地承包经营权属于何种物权类型，有不同主张。如有学者认为土地承包经营权是在农村土地等自然资源所有权与使用

---

① 黄华均：《以农地产权替代承包经营权——回应和谐社会价值诉求的制度安排》，《政治与法律》2006年第4期。

② 孙宪忠：《确立我国物权种类以及内容的难点》，《法学研究》2001年第1期。

③ 王康：《"三权分置"中土地经营权的物权化研究》，《中州学刊》2018年第12期。

收益权分离的基础上产生的一类新型物权;① 有学者认为土地承包经营权是一种用益物权性的民事权利;② 也有学者认为其类似于德国、瑞士民法用益物权体系中的用益权。还有学者认为土地承包经营权相当于永佃权,它的基本制度、基本内容适用于一般的土地承租关系。我国目前实行的农村土地承包经营权,就是一种新型的社会主义性质的永佃权。③ 还有双重所有权说,即集体对土地享有所有权,土地承包人也对其享有所有权——附加土地所有权。④

(3) 物权化说

持此说的学者将土地承包权视为一种具有物权化变迁趋向的债权,即认为我国现有的土地承包经营权属于债权性质的权利,但随着农村经济体制改革的深入进行,农村土地承包经营权朝着物权化的方向发展,表现出了诸多物权特性。例如,承包经营权人对承包土地拥有直接占有、使用、收益和有限处分权。土地承包经营权物权化是将其现有的债权性提升为具有物权特性,使其最终成为名副其实的用益物权。⑤

高圣平认为现有的承包地"三权"分置属于政策所肯定的"权利",但从法律自身逻辑来看,基于民法中"母子"结构的权利分解理论,土地承包经营权应纯化为具有身份性质的财产权,土地经营权应定性为物权化的债权。⑥

关于采取何种措施来彰显土地承包经营权的物权特性或完成这一物权化的过程,除了立法上延长土地承包期限和拓展农地承包经营权的内涵外,梁慧星还建议:应通过物权法的规定和不动产登记,将农户对承包土地的使用权,转变成物权性质的农地使用权,实现农地使用关系的物权

---

① 彭万林主编:《民法学》,中国政法大学出版社1994年版,第277页。

② 《法学研究》编辑部编:《新中国民法学研究综述》,中国社会科学出版社1990年版,第329页。

③ 崔建远:《房地产法与权益冲突及协调》,《中国法学》1994年第3期;杨立新、尹艳:《我国他物权制度的重新构造》,《中国社会科学》1995年第3期。

④ 王英萍:《论农村土地承包经营权的法律性质》,《上海交通大学学报》(农业科学版)2001年第4期。

⑤ 王晓映:《土地制度变迁与土地承包权物化》,《中国农村经济》2000年第1期;齐雁冰:《对土地承包经营权物权化的思考》,《西北农林科技大学学报》(社会科学版)2004年第5期。

⑥ 高圣平:《承包地三权分置的法律表达》,《中国法学》2018年第4期。

化，采用土地所有权与土地使用权的区分方式，由签订承包合同形式转变为设定用益物权形式，使改革开放以来实行的家庭联产承包责任制度过渡到用益物权制度。①

王利明认为，土地承包经营权必须物权化，其原因在于：第一，物权化要求对承包经营权的内容由物权法作出明确规定，不能由发包人随意确定，从而有利于保护承包经营权人的利益；第二，承包经营权物权化要求以法律的形式确认承包经营权的期限，从而有利于稳定土地承包经营关系，使承包经营权确实成为长期稳定的权利；第三，土地承包经营权的物权化有利于对集体土地的管理，防止耕地的大量流失；第四，承包经营权的物权化能够使土地承包经营权具有对抗第三人的效力，并获得物权法的保护；第五，土地承包经营权的物权化可以更有效地促进土地承包经营权的流转。②

陈小君认为农村经济体制改革使土地所有权与使用权分离，农民通过家庭联产承包合同取得土地承包经营权，这在很大程度上释放了农民生产的积极性，《民法通则》也将土地承包经营权规定在"财产所有权和与财产所有权有关的财产权"一节，土地承包经营权便具有应然意义上的物权性质，但现实法律关系中其仅具债权性。因而必须使我国现行法中的土地承包经营权物权化，使之成为真正独立的用益物权。③

傅鼎生等学者认为，为切实保障承包人的利益，农村土地承包经营权应由物权法规定为物权，使其具有对抗包括发包人在内的所有其他人的效力。为使农村土地承包经营权为物权，应使其具有以下性质：以登记为生效要件，允许转让，具有永久性。④

曹诗权等学者提出，在均田制之下的农地承包经营权存在权能残缺不全、期限难以稳固的缺陷。为促进农业的发展，"两田制"、土地使用权入股、荒地使用权拍卖等农地使用的创新形式在农村各地相继出现。这些优劣互现的农地使用样式既说明了农地承包经营权物权化建构的复杂性，

---

① 梁慧星：《物权法的立法思考》，《江西财经大学学报》2001年第1期。
② 王利明：《物权法研究》，中国人民大学出版社2002年版，第456页。
③ 陈小君：《我国他物权体系的构建》，《法商研究》2002年第7卷第5期。
④ 傅鼎生、李锡鹤、张驰：《关于物权法几个问题的探讨》，《华东政法学院学报》2002年第4期。

又显现了农地具有的经济发展与社会保障的双重结构。这种深受二元社会结构与集体所有制制约的二元农地结构，现实地看应成为农地承包经营权物权化建构的基础。农地承包经营权的物权化建构应分别采纳以公平与效益为目标的二元思路。①

齐恩平指出，在"三权分置"的农地政策之中，将"农地经营权"独立并允许其有序流转，是对过往农村土地政策的重大改革。在"三权分置"的体系之下，农村"土地承包经营权"由"农地集体所有权""农地承包权"和"农地经营权"三项权利构成。"农地经营权"满足物权属性、符合用益物权的特征，将其界定为用益物权是对"土地承包经营权"的继承，且能够充分实现有序流转的要求。"农地承包权"是成员权的子权利，具有专属性，而"农地经营权"是不依赖于成员权或"农地承包权"而独立存在的财产权，能够充分实现正常有序的流转；"农地经营权"享有类似所有权的"占有、使用、收益、处分"等基本权能，可离分成农地耕作权、设定地役权、生产收益权、征地补偿权和法律处分权等多项具体权利。②

（4）其他学说

两权说：有学者从我国农村土地占有和使用关系的实际出发，结合我国农村土地承包经营权历史变迁的动态过程加以考察，发现我国土地承包经营权具有一定的债权性质，同时也具有一定的物权属性。因此，农地承包经营权是在特定历史条件下以债权形式出现的具有一定自物权属性的且呈现具有普遍意义的物权化变迁趋势的特殊的土地权利。③

具有债权性质的不纯粹物权说：有学者认为农村土地承包经营权是具有债权性质的不纯粹物权。但也有学者对此予以否定，认为具有债权性质的不纯粹物权只是相对于所有权而言的，因为除了所有权以外，用益物权和担保物权都与债权相生相伴。用益物权是整个物权体系中的一分子，债权关系与物权关系并存是用益物权的必然，物权法并没有因用益物权中存

---

① 曹诗权、朱广新：《农地承包经营权物权化建构的基础与思路》，《法商研究》2001年第3期。

② 齐恩平：《"农地经营权"权能界定及体系化构造》，《甘肃社会科学》2018年第2期。

③ 钱忠好：《农村土地承包经营权的法律属性探讨》，《南京社会科学》2001年第11期。

在着债权关系而规定用益物权是具有债权性质的不纯粹物权；担保物权更是无法脱离债权而独立存在，但担保物权却是物权而不是具有债权性质的不纯粹物权。而所有权只是整个物权种类中的一种，因此说农村土地承包经营权是具有债权性质的不纯粹物权，实际上是犯了以所有权代替全部物权的错误。①

新型（特殊）用益物权说：有学者提出，土地承包经营权与传统用益物权有所区别，其是承包土地的农民在使用自己所有，或者说是在使用自己与其他社区农民共同所有的土地，而不是一般意义上所称的使用他人之物。而且，在我国大多数农村，土地还被赋予了生活保障的功能，是多数地区农民谋生的基本手段。因此，土地承包经营权并不是一般意义上的用益物权，而是一种特殊的用益物权。②

农地持有权说：有学者认为将土地承包经营权界定为用益物权是导致当前农地征用征收过程中农民利益严重丧失的一大重要原因，应在借鉴英美法系国家地产权制度的基础上重构我国的农地利用制度。而"农地持有权"作为一种独立的权利形态，应该替代土地承包经营权。③

土地相对所有权说：有学者提出农地产权制度创新的思路，主张"一是一方面，通过立法将农村集体土地所有权改为农村土地绝对所有权，该权的主体是农村集体组织或集体经济组织；另一方面，通过立法将农村土地相对所有权赋予农户，农户以其土地承包经营权证作为享有权属的法律凭证。二是废弃'土地承包经营权'的名称，并以'土地相对所有权'为核心，构建农村土地准物权法律体系和相应的用益物权规则。新的农地产权以'土地相对所有权'为名称，其权能应包括继承、抵押、信托、使用收益、处分等内容"④。

---

① 罗世荣、黄静芳：《评〈农村土地承包法〉对土地承包经营权的定性——再谈农村土地承包经营权的性质》，《安徽大学法律评论》2004 年第 4 卷第 1 期。

② 丁关良：《农村土地承包经营权性质的探讨》，《中国农村经济》1999 年第 7 期；任大鹏：《对农村土地承包立法若干问题的思考》，《中国农村经济》2000 年第 4 期；王英萍：《论农村土地承包经营权的法律性质》，《上海交通大学学报》（农业科学版）2001 年第 4 期。

③ 秦勇、李凤霞：《我国农地利用制度的反思与重构》，《理论导刊》2006 年第 9 期。

④ 黄华均：《以农地产权替代承包经营权——回应和谐社会价值诉求的制度安排》，《政治与法律》2006 年第 4 期。

政治契约论：有学者认为，在讨论集体土地权利性质的问题上，应从历史演进的角度厘清不同时期农户与集体土地之间所衍生的法律关系，并分别进行分析和整理。在国家与集体的关系上，中国共产党的革命目标之一即是解决农民土地问题，因此农村土地承包合同是中国共产党的政治许诺，相应的合同可总结为政治合同。① 但是，在改革开放前，集体所有的观念在绝大多数农民的权利意识中实际上并不存在，所谓的"集体所有"在农民看来就是国家所有，集体所有的意识在农民群体中并未形成。② 在农民与集体的关系上，应以"总有"的概念解释农民与集体关于土地的权利义务关系，基于此农户承包集体土地的合同应结合内容确定所产生的相应权利义务究竟为物权还是债权。③

3. 流转之争

在《农村土地承包法》第 2 章第 5 节具体规定了家庭承包的土地承包经营权的流转，第 49 条规定了其他方式的承包所取得的土地承包经营权的流转。在物权法制定过程中，关于土地承包经营权能否自由流转的问题，存在争议。从其具体制度设置上看，"梁稿"中许可荒山、荒地等上的农地使用权的转让和农地出租、农地使用权出资、农地再发包、继承方式的处分（第 242—244 条、第 247 条），只禁止农地承包权的转让（第 245 条）；"王稿"与法工委的《征求意见稿》中对转让、出租、抵押、继承等各种形式的处分均未设限制，实际上还是承认其处分权能的。两部"学者建议稿"均未明确农地承包权的主体范围是否限于集体组织成员；而《征求意见稿》则将是否允许外来人员承包的决定权交给了集体组织成员（第 55 条第 2 款、第 124 条）。④ 尽管《物权法（草案）》中对农村土地承包经营权流转进行了明确的规定，但学界认为仍存在不足：一是土地承包经营权的流转方式不充分，表现为不允许抵押和未明确其继承问

---

① 参见渠涛《民法理论与制度比较研究》，中国政法大学出版社 2004 年版，第 379—380 页。

② 参见渠涛《民法理论与制度比较研究》，中国政法大学出版社 2004 年版，第 377 页。

③ 参见渠涛《农户承包集体土地合同上的财产关系》，《北方法学》2014 年第 2 期。

④ 钱明星、李富成：《公有制财产的物权法构造》，《法商研究》2002 年第 5 期。

题；二是土地承包经营权的转让应当经发包人同意的限制性规定，被学界认为并不合理；三是"土地承包经营权自土地承包经营权合同生效时取得"的规定，被认为违背了物权变动的基本原理。①

学界对于土地承包经营权的流转普遍持赞成态度，但是完全放开而允许自由流转还是需进行一定的限制，形成两种立场。若允许自由流转，其流转形式包括哪些，若需予以限制，又如何进行限制，形成了不同的观点。

（1）自由流转说

不少学者认为，土地承包经营权应自由流转，无须经发包人同意，若须经发包人同意则是限制过严，或是债权式流转。② 物权的转让应由物权人自己决定，其转让的效力应如其取得的过程那样，经过登记的公示程序后即可产生。只有债务的转让才需经过债权人的同意。如果规定应经发包方同意，我国农村的土地承包经营权就又回到了债权性的老路。③

王利明认为，为保障农村土地承包经营权人的财产权利和农业生产的自主权，物权法应当允许土地承包经营权自由转让，当然，这种转让不得违反法律的规定或合同的约定。而担心允许土地承包经营权的流转将导致土地兼并现象，使农民丧失基本的生产保障是不必要的：一方面，可以通过立法限制土地兼并，如限制最高的土地拥有量以及农民对土地的最低拥有量等来防止出现较大规模的土地兼并现象；另一方面，随着我国市场经济的发展和社会保障制度的健全，农民与土地的关系将越来越松散，农民完全依赖土地而生存的现象将越来越少。更何况土地承包经营权的转让并不是土地所有权本身的转让，因此不会导致土地所有权的兼并。④

钱明星等认为，应从确立完整产权的要求出发，明确规定农地承包权

---

① 付中强：《关于完善〈物权法（草案）〉对土地承包经营权物权化改造的几点建议》，《山东农业大学学报》（社会科学版）2005年第7卷第3期；张艳、马智明、朱良元：《农村土地承包经营权的物权化建构》，《中国土地科学》2009年第4期；王金堂：《我国现行农地承包经营权制度之法律缺陷》，《上海政法学院学报》2007年第4期。

② 中国物权法研究课题组（负责人：梁慧星）：《中国物权法草案建议稿：条文、说明、理由及参考法例》，社会科学文献出版社2000年版，第514页。

③ 陈小君等：《农村土地法律制度研究》，中国政法大学出版社2004年版，第333页。

④ 王利明：《物权法研究》，中国人民大学出版社2004年版，第467—468页。

的处分权能，充分放开农地承包权包括自由转让在内的处分形式，以推动农地承包权流转制度的建立与发展。①

傅鼎生等认为，应允许土地承包经营权转让。允许转让意味着承包人在转让承包权时，发包人处于不特定人地位，承包权因此具有对抗发包人的效力，真正成为物权，否则只是一个占有标的物的债权。由于法律规定了集体所有权，农民失去承包的土地不会导致失去生存保障，却可以实现农业的集约化生产，提高生产力。②

刘兆军、李松泽提出，现阶段"三权分置"的农地权利制度已不再是单纯的政策理论构想和制度规划愿景，而成为我国深化农地权利制度改革的基本方向及确保实现国家农业现代化、集约化的既定政策。在准确理解本轮中央农地改革精神，归纳辨析各领域学者观点的基础上，研究将承包权权属成员权、经营权权属用益物权，明确土地承包经营权的渐次虚化以及土地经营权流转客体地位。进一步地对农地流转领域法律体系进行矫正，构建以农地经营权出租、转让、抵押流转方式为主体，互换、入股、信托流转方式审慎推行的农地两级（初次流转与再流转同步保障）流转市场，以确保本轮农地改革制度优势得到有效发挥。③

（2）有限流转说

有学者主张，无论是土地承包经营权的转让、转包还是互换，都应受到相应的限制：其一，权利人只能向本集体经济组织内部人员转让、转包或互换；其二，若向本集体经济组织以外的单位或个人转让、转包时，必须经村民会议 2/3 以上成员或者 2/3 以上村民代表同意，并报乡（镇）人民政府批准；其三，转让费不得超过当地政府规定的最高限额；其四，转让和互换应当以登记为要件。④

有学者认为，由于农地承包经营权的客体具有用途的限定性和社会保

---

① 钱明星、李富成：《公有制财产的物权法构造》，《法商研究》2002 年第 5 期。

② 傅鼎生、李锡鹤、张驰：《关于物权法几个问题的探讨》，《华东政法学院学报》2002 年第 4 期。

③ 刘兆军、李松泽：《"三权分置"权利关系下的农地流转方式研究》，《学习与探索》2018 年第 2 期。

④ 胡兰玲：《关于我国农地承包经营权的法律思考》，《社科纵横》2002 年第 5 期。

障性，因而应对其流转应加以必要限制。建议流转机能的设置应当是：①决定上的充分自主性。农地承包经营权的流转性是其处分权能应有之义，如果承包经营权人在实施处分（转让）行为时，都需经发包人的同意，则不仅非物权处分行为，也非债权处分行为。②范围上的全面性。有条件允许承包方在承包期内，对承包标的依法转包、转让、互换、入股，但是否要"经发包方同意"，应视受让方与转让方是否属于同一集体组织内部成员而有所区别。①

（3）流转方式及机制

关于农村土地承包经营权的流转方式，我国在立法上并不统一，学界也颇具争议。在我国的《农村土地承包法》中确认了农村土地承包经营权的转包、出租、互换、转让、入股、抵押几种流转方式；在《农村土地承包经营权流转管理办法》第三章流转方式中提到了转包、出租、互换、转让、入股等方式，在第六章附则提到"四荒"土地"可以采取转让、出租、入股、抵押或者其他方式流转"；在《物权法（草案）》中提到的具体流转方式包括转包、出租、互换、转让；"梁稿"中提到了：出租、出资、转包、转让、抵押、继承；"王稿"中则提到了转让、出租、抵押、继承。其中关于抵押、继承和入股等流转方式，颇有争议。

其一，关于抵押。有学者提出，农村土地承包经营权可以用来设定抵押。其理由是：从经济上讲，这样可促进农业土地利用率，并加速农村土地的流转，促进耕地集约化经营。从法律上讲，农村土地承包经营权作为一种用益物权，当然也应有处分性权能。对农民不能偿还贷款而失去承包地的问题，可通过对设立承包经营权土地抵押设置一定的条件来避免，也可以通过设计一系列的配套制度把这种社会风险尽量降低。②

也有学者认为，"由于抵押权之实行，实质是对抵押物的一种变价求偿，因此，抵押实为财产转让的一种形式。抵押作为现代社会融通资金的一种有效手段，对优化农业生产要素无疑具有重要意义。为维护农民的基

---

① 李明发：《我国农地承包经营权的物权化研究》，《安徽大学法律评论》2002年第2期。

② 徐澜波、庞士奋：《论〈物权法〉草案中的若干争议问题》，《政治与法律》2005年第6期。

本生存需要，对抵押应作适当的限制：一是限制抵押人的资格，只有以竞争方式取得的农地承包经营权，才可抵押；二是设定抵押须经集体经济组织的批准，而且必须采取书面形式，登记为生效要件；三是执行抵押不得危及农户基本生活条件，严格限制在农用范围之内"①。

其二，关于继承。多数学者认为，土地承包经营权可以继承。但立法规定存在不明确之处，实际操作还有问题。其中主要的争议存在于继承的主体、继承的顺位、继承的方式和继承的限制等方面。

梁慧星主持拟定的物权法草案建议稿的第 247 条中明确规定"农地使用权可以继承"。对此，许多学者予以了积极地响应，认为：农地承包权是一种用益物权，也就是一种财产权，依法是可以继承的。农村土地承包实质上是个人承包，并非家庭整体承包。将我国农村土地承包视为家庭整体承包的观点是缺乏事实依据和理论基础的，也是不能成立的。②

关于土地承包经营权继承的限制，学界争议集中在非在村（主要指农转非者）继承人是否应享有农地继承权。一种观点主张非从事农业的继承人不得继承农地承包经营权；另一种观点则坚持"继承平等"原则，认为继承人即使已在城市定居，其继承权不受影响。③

也有学者认为"农地使用权可以继承"的理由不够充分。首先，虽然土地使用权是农民拥有最大宗财产之一，但作为从事农业生产的继承人可以依据自己的集体组织成员权，取得维持其生存的土地使用权，作为非农业生产的继承人则有城市保障体系的保证。而对于新增加的农业人口，如果无法保障其土地使用权，则可能危及其生存问题。其次，随着农民子女的择业自由和择业范围的扩大，农地使用权可能因继承事实的发生而转移到非农业人口手中，这显然不利于土地的合理利用与农业的有效发展。因此，其主张土地使用权不应继承，而应将这部分土地作为预留土地，缓解由于农村人口变动带来的人地矛盾，所造成的土地零碎化现象，可以通

---

① 曹诗权、朱广新：《论农地承包经营权立法目标模式的建构》，《中国法学》2001 年第 3 期。

② 程宗璋：《关于农村土地承包经营权继承的若干问题》，《中国农村经济》2002 年第 7 期。

③ 曹诗权、朱广新：《论农地承包经营权立法目标模式的建构》，《中国法学》2001 年第 3 期。

过赋予农民土地出租、转承包等权利,由农民自主进行调整。①

还有学者认为,基于现行法律和政策及现实国情的考量,农户以家庭承包方式取得的土地承包经营权,是一种特殊的用益物权,具有福利性和社会保障功能,户内成员均具有特殊的身份并因此形成特殊的准共有关系。户内成员部分死亡时,由于"户"还存在,仅产生生存成员的权利扩张问题,而不存在继承问题;户内成员全部死亡的,承包关系终止,应由发包人收回承包地,也不发生继承问题,唯林地的承包经营权有所例外。而以其他方式承包取得的四荒地的承包经营权,其主体无特定的身份限制,也不承载社会保障功能,因此作为自然人的承包人死亡时,其承包经营权应可作为遗产。承包地因被征收而获得的补偿费的继承问题,亦应区别不同费用而作不同的对待。但随着我国农村和整个社会的进一步发展、城乡二元体制差异的消亡,从未来的立法论上考量,家庭承包的土地承包经营权未必永远不可自由流转和继承——当我国未来的"农民"不再是一种身份而是一种职业,基本社会保障制度惠及每一位国民,各种土地承包经营权均不再具有身份性和社会保障功能而成为纯粹的财产性权利的时候,它就自然可以作为遗产,并可以由继承人依照继承法的规定继承。② 也有学者指出,农村土地承包经营权是农民的重要财产,完全放开家庭土地承包经营权的流转是改革的趋势,限制家庭土地承包经营权的流转和否认其可继承性不符合改革发展和保护农民权益的要求。因此,应确认土地承包经营权的可继承性。③

其三,关于入股。土地承包经营权转化为股权,主要有两种方式:一是以集体经济组织成员权为依据,把参股的农户家庭承包的所有土地作价折股,再按人口平均分配股份;二是以每一农户现有承包地作价入股,各农户根据所承包土地的面积和质量分到数额不同的股份。但有学者提出,现实中入股经营流转方式的内涵极不统一,入股或股份经营的情形共有三种:首先是动态股权制,即承包方与第三方协商一致,按其要求种植作物

---

① 周子良、张豪:《农地使用权流转问题的法律思考》,《理论探索》2002年第2期。
② 刘保玉、李运杨:《农村土地承包经营权的继承问题探讨》,《北方法学》2014年第2期。
③ 参见郭明瑞《也谈农村土地承包经营权的继承问题——兼与刘保玉教授商榷》,《北方法学》2014年第2期。

（通常第三方还会提供一定的技术支持），并由第三方负责产品销售的土地集约规模经营方式；其次是入股分红制，即将农民所承包的土地以一定的标准（一般为土地或人口）在集体组织内部划分股份，按股份对被征用的集体土地的补偿费或其他集体收益在集体组织内部进行分配的利益分配机制；最后是土地股份合作经营制，即指承包方以土地经营权作价入股组成合作组织（类似于公司法人），参与农业生产的股份制或股份合作经营，以入股土地经营权作为分红根据，原土地承包经营合同不变。①

有人建议干脆采用农村土地承包经营权股份制经营，将集体财产及土地折成股份，把全村或全社的土地集中起来，由管理区（现行政村）或经济社（现村民小组）实施统一规划、管理和经营，配股对象以社区户为准则确定，并根据不同成员的情况设置基本股、承包权股和劳动贡献股等多种股份，以计算不同的配股档次，按股权比例分红。这种新土地农户承包经营权股份制的本质特征是：社区成员普遍享有的土地承包经营权转化为土地股权，即土地承包权股份化而与土地实物脱钩。其优越性在于，可有效地扫除土地使用权流转和集中的基本障碍，从而从根本上解决当前农村土地承包经营权制度所面临的问题。②

也有人认为，采取土地承包经营权入股的形式，必须以农民"自愿"入股为前提条件。入股农民还可以雇工的身份参与农地经营。③

土地承包经营权的流转是一项复杂的系统工程，除了立法的完善外，还需要其他相关的配套机制予以辅佐，方能建立成熟的土地承包经营权流转机制。据此，如何构建一个成熟而完善的土地承包经营权流转机制，需从多个方面进行探索或改革，如权利凭证的统一、规范化合同制作、土地权利价值评估、市场培育等方面形成配套，以及农村社会保障体系的完善和现行户籍制度的改革。④ 对此，有学者提出需统一土地承包经营权证书

---

① 马新彦、李国强：《土地承包经营权流转的物权法思考》，《法商研究》2005 年第 5 期。
② 戴杜平：《完善农村土地承包经营权制度》，硕士学位论文，苏州大学，2007 年。
③ 刘明昭：《我国农地产权制度法律研究》，硕士学位论文，黑龙江大学，2004 年。
④ 王利明主编：《物权法专题研究》（下），吉林人民出版社 2002 年版，第 955 页。

和登记制度，土地承包经营权流转合同应上升为"典型合同"，建立或改善农村土地权利价值评估机构，以及加紧建设规范化的农村土地交易机构。①

还有人认为，要实现土地承包经营权有序规范的流转必须具备一定的前提条件：克服主体虚位、完善农村土地集体所有权制度，确定其用益物权属性，对流转形式作类型化区分。同时，在物权立法中还应建立完善土地公示登记、流转合理限制等配套制度。②为健全土地使用权流转的法律机制，在以法律手段明确所有权、稳定农户承包权的基础上，恢复土地的商品属性，在承包期内允许土地使用权依法转包、出租、抵押、入股、继承等，并且要依法扶持土地适度规模经营。③

关于其他方式，有学者提出，实践中推行的土地流转方式，如转让、转包、出租等，存在固有缺陷，而土地承包经营权的集合信托可以有效克服现行土地流转模式的局限。④

（三）简要总结

土地承包经营权是我国农村土地法律制度中的特有概念，是改革开放以来农村集体经济组织实行土地承包责任制的产物。从产生的历史背景和立法关于土地承包经营权的具体规定来看，其并非属于物权，也不具备物权的基本属性。在学界关于土地承包经营权性质的三种学说中，主流的意见认为应当通过物权化的方式对之前法律规范体系中的土地承包经营权进行改造，以规范农村土地的承包经营关系，将其规定为一种用益物权。在我国物权法制定中，学者及立法机关一致主张对现行的农村土地承包经营权进行彻底的物权化改造。

对土地承包经营权应采纳何种名称，有多种主张。笔者认为，农村土地承包经营权或者土地承包经营权、土地承包权均非妥适的称谓，未能突

---

① 石峰：《试论农村土地承包经营权流转制度的完善》，《上海大学学报》（社会科学版）2007年第5期。
② 马新彦、李国强：《土地承包经营权流转的物权法思考》，《法商研究》2005年第5期。
③ 刘国臻：《对我国农村家庭承包经营存在问题的法律思考》，《学术研究》2003年第10期。
④ 徐卫：《土地承包经营权集合信托模式的构建逻辑与制度设计——契合土地流转目标的一种路径》，《暨南学报》（哲学社会科学版）2015年第2期。

出其物权属性；而传统民法上永佃权，虽然与土地承包经营权设立目的都是进行农业生产，但二者在设立的经济基础、当事人双方的地位、收益分配的性质及存续期限等方面均有明显差异，不可等同，故我国立法上也不宜沿用永佃权一语。《农村土地承包法》中的"农村土地"一语，不如《土地管理法》中所称的"农用地"准确，又考虑到与"建设用地"的对应，称为"农业用地"或许更好一些，其上的权利相应地称为农业用地承包经营权，或者简称为农业用地承包权或农地承包权、农地使用权似更为妥当。①

关于土地承包经营权流转的两种学说，本书认为自由流转说与有限流转说的区分并不绝对。在所谓的自由流转中，承包主体也需遵守法律和合同的约定，受到一定的限制，且多数认为应使承包经营权人享有对抗发包人的权利，使之如其他物权一般具备自由转让的属性。而所谓的有限流转说中，受到内容的限制，或是流转的方式、或是流转的程序、或是流转的机制等，但也并不否认承包经营权人在决定上的自主性。因此，两种说法的实质是相同的，只是对流转的限制程度不同而已。土地承包经营权的流转无须所有权人同意，这与对这种流转予以法律上的限制是不矛盾的。笔者认为作为用益物权之一种，从法理角度来说应允许土地承包经营权自由流转。但从我国农村土地的集体所有制、农业生产的稳定发展和农用土地的管理制度角度看，对土地承包经营权的流转也应作出必要的限制。笔者认为，这些限制应主要包括：

其一，流转的受让人，应为集体经济组织成员，但不限于本集体经济组织成员。其二，流转的方式，除立法所规定的转包、出租、互换、转让外，其他方式可以包括入股、抵押、继承等。但具体流转方式，应针对家庭承包经营权与非家庭承包经营权而有所区分。其三，流转应坚持平等协商、自愿、有偿原则，不得改变土地所有权的性质和土地的农业用途，受让方须有农业经营能力。同时，本集体经济组织成员享有优先受让权。

---

① 刘保玉：《物权体系论——中国物权法上的物权类型设计》，人民法院出版社2004年版，第188—189页。

二 解释论

(一) 主要争议问题

《物权法》在第三编用益物权的第十一章规定了土地承包经营权。从第128条到第139条，分别规定了土地承包经营权人的定义、设立、内容、期限、流转方式、变更和消灭等内容。这些规定，确立了土地承包经营权的用益物权性质，赋予农民长期而有保障的土地使用权，有利于维护农民的生产经营积极性，促进农村土地的市场化流转和农用土地承包经营权制度的稳定。但其规定仍存在若干缺漏，引发了学界新的争议。尽管《物权法》将土地承包经营权明确规定入用益物权部分，但学界对其性质和内涵仍有不同的看法；对于土地承包经营权的流转问题，尤其是家庭土地承包经营权的流转限制过严和"四荒"土地承包经营权流转的法律适用问题，学者们给予了高度重视，并提出了不同的对策和建议；关于是否允许土地承包经营权的抵押，学者围绕着《物权法》第133条的规定展开了分析并形成有不同意见；土地承包经营权的征收问题，涉及《物权法》第42条、第121条和第132条的规定，学者们就这些相关法条进行了解释，并就征收的条件和补偿等问题进行了深入的阐释。此外，2018年修订的《农村土地承包法》将第2章第5节的标题设为"土地经营权"，但该法并未赋予土地经营权的用益物权属性，而是规定了由承包人选择设置代耕权、债权性的租赁权或物权性的租赁权等土地经营权流转方式。对于该法的规定，学界也提出了不同的观点。

(二) 各种观点

1. 对土地承包经营权基本规定的评析

学者就《物权法》第十一章规定的土地承包经营权，从其体系架构到具体规定进行了全面地评析，在肯定立法的积极意义基础上，重点指出了其中存在的模糊与缺漏之处、体现的矛盾与冲突等问题，为今后修改和完善土地承包经营权制度提供了有益的参考。

(1)《物权法》中强化了土地承包经营权的物权性，并对其制度设计做了进一步完善

第一，《物权法》将其界定为用益物权的一种，使其效力远远强于依据承包合同而产生的债权。其目的在于保障党在农村的基本政策得到全面的贯彻落实，进一步规范和调整农村土地承包经营关系，给土地承

包经营权以物权保护,从而保障和促进农业发展、农村稳定和农民增收。①

第二,相关规定为增强土地承包经营权的物权效力提供了有力支撑。具体包括:第125条以法律形式确定了土地承包经营权物权性质的权能;第126条规定了较长的土地承包经营期限,第127条规定了土地承包权期限届满可不限次数续包;② 第63条第2款规定了集体成员的撤销权;第42条规定了土地征收的条件和征收补偿的范围,第121条又将补偿请求权的主体扩张至土地承包经营权人,第132条进一步明确将征收补偿费的受益主体范围由传统的所有人扩张至用益物权人;第130条规定承包期内发包人不得随意调整承包地,第131条规定了承包期内发包人不得收回承包地,符合物权的对世性和排他性,使农村土地承包经营权不仅可以对抗发包方,也可以对抗第三人。③

第三,土地承包经营权的流转规定体现了物权的交换价值性和物权的处分权。《物权法》采取了原则上准许土地承包经营权流转的态度,第128条对土地承包经营权人依照农村土地承包法的规定,有权将土地承包经营权采取转包、互换、转让等方式流转。④

第四,土地承包经营权采取了登记等物权公示方法,符合物权公示性的要求。其第129条对土地承包经营权互换、转让,采用了登记对抗主义,未经登记,不得对抗善意第三人,符合物权公示的特征。⑤ 它所体现的是国家对这种物权关系的干预,目的在于以公权力确认私权利,保护承包者的合法权益。⑥

---

① 最高人民法院物权法研究小组编:《中华人民共和国物权法条文理解与适用》,人民法院出版社2007年版,第373页。

② 孙天全:《土地承包经营权三论——物权法热点问题追踪》,《长白学刊》2007年第3期。

③ 孙天全:《土地承包经营权三论——物权法热点问题追踪》,《长白学刊》2007年第3期。

④ 刘宏钊、黎同昭:《农村土地承包经营权物权属性之思考》,《云南社会科学》2008年理论专辑。

⑤ 谢哲胜:《中华人民共和国物权法综合评析》,《上海交通大学学报》(哲学社会科学版) 2007年第3期。

⑥ 张艳、马智明、朱良元:《农村土地承包经营权的物权化建构》,《中国土地科学》2009年第4期。

第五，土地承包经营权作为用益物权，承包人可基于权利行使受到妨害或侵害的事实，依法合理选择行使四种请求权，即请求恢复原状、请求返还原物、请求排除妨碍和请求赔偿损失。基于物权行使物权请求权比单纯基于债权行使债权请求权寻求权利保护，对承包人来说，保护机制在法律上得到了优化配置。[1]

(2) 土地承包经营权规定存在若干缺漏之处，引发新的理论争议

首先，《物权法》第125条并未对用益物权性质的土地承包经营权的范围作出界定，造就了学界对土地承包经营权性质新的争议。第133条规定的"土地承包经营权设立"，未明确是否需"依法登记取得土地承包经营权证或者林权证等证书"。对通过家庭承包方式和其他方式承包的土地承包经营权未实行一体的法律制度规范，不仅造成了审判和仲裁实践中对其他方式承包取得的土地承包经营权性质定性的混乱，也引起了学界对此种方式取得的土地承包经营权性质的争论。

其次，从《物权法》第132条和第42条规定的征收补偿看，忽视了对土地上的物权性质的土地承包经营权的补偿。补偿没有包括对承包地上投入而提高土地生产能力的补偿和经营土地净收益（包括预期净收益）的补偿。《物权法》第42条第2款规定"安排被征地农民的社会保障费用"的内容不明，会造成土地承包经营权人的利益受到侵害，土地承包经营权人的合法权益得不到维护。

再次，《物权法》第126条规定的承包期仅针对家庭承包方式，对其他方式承包的承包期未规定。

最后，《物权法》第180条第1款规定中对作为抵押财产的土地承包经营权的性质未界定。该土地承包经营权若为物权，则与《农村土地承包法》第49条规定产生冲突；若为债权，则与《农村土地承包法》第49条和《最高人民法院关于审理涉及农村土地承包纠纷案件适用法律问题的解释》"其他方式承包纠纷的处理"的第21条规定都产生冲突。[2]

---

[1] 张艳、马智明、朱良元：《农村土地承包经营权的物权化建构》，《中国土地科学》2009年第4期。

[2] 丁关良：《〈物权法〉中"土地承包经营权"条文不足之处评析》，《湖南农业大学学报》（哲学社会科学版）2007年第5期。

(3) 土地承包经营权的物权性不足，相关规定模糊，难以充分保障农民权益，不利于提高农业生产经营者的积极性

第一，农村土地集体所有权的行使主体虚位。《物权法》第 60 条规定了有权代表集体行使所有权的主体有村集体经济组织、村民委员会、村民小组、乡镇集体经济组织等，但集体经济组织的主体属性并不明确。①

第二，《物权法》对于土地承包经营权的设立、变动，采取的是登记对抗主义，迁就了当前农村土地承包的习惯做法，② 而未采纳其作为用益物权的物权变动规则。有学者批评指出，"土地承包经营权的设立，事关农户或其他取得该权利之人的重大利益，尤其关系到农民的生存问题，为确保其利益不受侵犯，为了善意第三人免受不测的损害，对于土地承包经营权的设立应当采取登记成立要件主义"③。

第三，从《物权法》第 127 条第 1 款、第 129 条和《农村土地承包法》第 49 条的规定来看，《物权法》未将家庭土地承包经营权与"四荒"土地承包经营权的设立生效要件统一。《物权法》和《农村土地承包法》的思路和精神尚未吻合。"从解释论出发，实务中可以将它们同时适用于同一个案件之中。站在立法论的立场，未来修改法律或制定民法典时应当统一规定。"④

第四，《物权法》第 133 条：土地承包经营权流转"依照农村土地承包法等法律和国务院的有关规定"，与《物权法》第 5 条规定的物权法定原则相冲突，也与物权只能由广义物权法（指《物权法》和其他法律）调整，不可能由"国务院的有关规定"调整相违背。土地承包经营权流转，应先由法律（《农村土地承包法》等法律）调整，而不应并列"国务院的有关规定"⑤。

第五，《物权法》对农村土地承包经营权含义的解释不明确。包括：

---

① 刘宏钊、黎同昭：《农村土地承包经营权物权属性之思考》，《云南社会科学》2008 年理论专辑。

② 张艳、马智明、朱良元：《农村土地承包经营权的物权化建构》，《中国土地科学》2009 年第 4 期。

③ 崔建远：《物权法》，中国人民大学出版社 2009 年版，第 270 页。

④ 张艳、马智明、朱良元：《农村土地承包经营权的物权化建构》，《中国土地科学》2009 年第 4 期。

⑤ 丁关良：《〈物权法〉中"土地承包经营权"条文不足之处评析》，《湖南农业大学学报》（哲学社会科学版）2007 年第 5 期。

未说明农村土地承包经营权作为限定物权的性质;对权利客体的具体列举不全面,只列举了耕地、林地、草地三种,兜底式规定也不太合适,不如用"农用土地"来表述;《物权法》中的多数规定参照了《土地承包法》,整体而言制度创新不够,许多内容都是对农村土地承包法相关内容的重复。①

第六,农村土地承包经营权的流转过分受限。表现为:《物权法》第128条、第129条、第132条规定的流转方式不充分,只包括依法采取转包、出租、互换、转让或者其他方式流转,不允许农村土地承包经营权抵押;《物权法》中规定将土地承包经营权转让的,应当经发包人同意,此规定不合理。②《农村土地承包法》第41条规定了土地承包经营权转让后原承包关系终止的条件,即①承包方有稳定生活来源保障;②必须经发包方同意;③只能将全部或者部分土地承包经营权转让给其他从事农业生产经营的农户。这些限制性规定,使得用益物权属性的土地承包经营权与其他普通承包经营权类似,甚至完全属于普通债权的转让方式。③

第七,农村土地征收的问题没能得到根本解决。征地补偿制度对农村土地承包经营权的侵害甚为严重。《物权法》的规定存在缺漏:一是缺少土地征收的限制性条款。二是缺少具体的征地补偿标准、安置办法和具体的土地收益分配措施。④

2. 土地承包经营权的性质和类型

尽管《物权法》在用益物权部分规定了土地承包经营权,并在法条中明确了其用益物权属性,但由于立法相关规定存在不足,仍有学者对土地承包经营权的用益物权性质提出了质疑和相关改造建议。主要观点如下:

---

① 付中强:《解读〈物权法(草案)〉对土地承包经营权的物权化改造》,《黄冈职业技术学院学报》2006年第3期。

② 吴克宁、马素兰:《中国农村土地产权制度改革探讨》,《中国土地科学》2005年第4期;朱剑:《规范我国土地承包权流转问题的研究》,《甘肃农业》2007年第3期。

③ 杨海坤、雷娟:《从承包地征收透视我国土地承包经营权法律保护问题》,《广东社会科学》2012年第1期。

④ 朱剑:《规范我国土地承包权流转问题的研究》,《甘肃农业》2007年第3期。

(1) 土地承包经营权为用益物权

多数学者承认土地承包经营权的性质为物权，且为用益物权。"《物权法》最终将土地承包经营权归为物权规范，赋予土地承包经营权以物权性质的救济手段，将最大限度地保护土地承包经营权人的合法权益。"[1]但也有学者指出，"土地承包经营权是先天不足的用益物权，其质态具有多样性、不稳定性和临界性。它从来都不仅仅是单纯的用益物权，甚至可以说徒具物权之名，而无物权之实"[2]。

(2) 农村土地承包经营权为特殊性用益物权

农村土地承包经营权不是一般意义上的用益物权，为特殊用益物权，与传统物权法中的用益物权有区别。其客体为集体经济组织所有或国家所有归集体经济组织管理的土地，而不是一般意义上所称的使用他人之物；农民享有土地承包经营权具有身份性，基于集体经济组织成员的地位取得；集体经济组织以外的成员承包土地与集体经济组织内部的农民取得的土地承包经营权在程序和权利范围上有所区别。此外，土地承包经营权作为特殊用益物权的特殊性还表现在集体土地的社会保障等特殊功能上。[3]

(3) 农村土地承包经营权为公法性债权化的用益物权

有学者认为，农地承包经营权的权利基础源于农地集体所有制，是从农地集体所有权的权能中分离出来的并依照法的规定性确定其内容，以农户为权利承载主体，以承包经营合同为权利外在形式，并以农地集体所有为合理内核的一种具有公法性的债权化用益物权。[4]

(4) 土地承包经营权的性质二元区分

有人提出了土地承包经营权性质的二元化区分，即物权性质的土地承包经营权和债权性质的土地承包经营权。[5]

---

[1] 最高人民法院物权法研究小组：《〈中华人民共和国物权法〉条文理解与适用》，人民法院出版社2007年版，第374页。

[2] 温世扬、武亦文：《土地承包经营权转让刍议》，《浙江社会科学》2009年第2期。

[3] 张艳、马智明、朱良元：《农村土地承包经营权的物权化建构》，《中国土地科学》2009年第4期。

[4] 李祖全：《论农地承包经营权的用益物权性》，《求索》2010年第8期。

[5] 全国人民代表大会常务委员会法制工作委员会编：《中华人民共和国物权法释义》，法律出版社2007年版，第281、304页。

（5）以农地持有权代替土地承包经营权

还有学者提出，将土地承包经营权界定为用益物权是导致当前农地征用征收过程中农民利益严重丧失的一大重要原因。应在借鉴英美法系国家的产权制度的基础上重构我国的农地利用制度，用农地持有权替代土地承包经营权。①

（6）农村土地承包经营权应进化为经济法权利

有学者提出将农地承包经营权由民法物权改革路径跨越到经济法权利改革路径，目的在于避免因农地承包经营权彻底物权化或物权社会化可能产生的弊端，并通过制度创新实现彻底物权化所能够充实的农地承包经营权的入股权和融资担保权，从而真正实现"确保农民享有更有保障的农村土地承包经营权"②。

3. 土地承包经营权的流转

（1）土地承包经营权流转的内涵

目前，理论上和实践中对土地承包经营权流转的内涵问题尚未达成共识，存在不同的认识。为此，在探讨土地承包经营权流转问题时，首先需明确学者们所研究的土地承包经营权流转的内涵。

第一，学界存在将不同性质的流转混同研究的现象，违背了学术规范。表现在：将承包到户纳入流转范畴，与土地承包经营权的流转混同；将集体农用地流转与土地承包经营权流转混同；将家庭土地承包经营权流转与其他方式土地承包经营权流转混同；将流转与转让混同等。有学者认为，家庭土地承包经营权流转的性质应为物权变更，其他方式土地承包经营权的流转则为债权的法律处分——债的移转。③

第二，基于对土地承包经营权性质的不同认识，对土地承包经营权流转的性质作出不同的判断。主要出现五种主要观点：物权法律关系；债权法律关系；包括物权法律关系和债权法律关系两类；包括物权法律关系、

---

① 秦勇、李凤霞：《制度创新：我国农地利用产权变革的必经之路》，《河北法学》2008 年第 10 期。

② 高海、欧阳仁根：《农地承包经营权权利属性的跨越与流转障碍的克服——以民法用益物权向经济法权利的跨越为路径》，《南京农业大学学报》（社会科学版）2010 年第 2 期。

③ 张红霄：《农村土地承包经营权及其流转性质的法律辨析》，《河北法学》2011 年第 9 期。

债权法律关系和其他法律关系三类；包括物权法律关系、债权法律关系、股权法律关系和其他法律关系四类。①

第三，针对"保留（土地）承包权、转移土地经营权（土地使用权）""转移（或者让渡）部分或者全部土地承包经营权""土地承包经营权的变动"等为实质内容或依据界定土地承包经营权流转内涵的不同观点，有学者表示异议，其认为，统一采用法定的"土地承包经营权流转"名称是界定其内涵的关键。依据土地承包经营权流转包括物权性质土地承包经营权让渡型流转和物权性质土地承包经营权保留型流转这一客观事实，应以"移转（或者转移）物权性质土地承包经营权或者物权性质土地承包经营权中的部分权能"为实质内容界定土地承包经营权流转内涵。②

第四，"土地承包经营权流转"的概念存在分歧，内涵与外延存在差异。有学者对各类土地承包经营权的概念进行了总结，并主张从民法规范的角度定义土地承包经营权流转。该学者认为，土地承包经营权流转的提法不太符合法学表述，权利一般用"移转"，权利客体一般用"流转"。土地承包经营权的移转是原土地承包经营人将土地承包经营权移转给他人，使他人成为新的土地承包经营人的过程。这一过程不仅是土地承包经营权主体的变更，而且是土地承包经营关系的变化。其对以上观点进行了分析并认为，土地承包经营权流转作为专业术语，其概念或者沿袭法律法规模糊的规定，或者在民法学领域内遭到"肢解"，缺乏清晰的内涵与外延，其作为制度构建，在民法领域内的地位值得怀疑。③

第五，有学者提出，土地承包经营权流转并非意味着土地的私有化。土地承包经营权法律性质为用益物权，不是土地私有化性质所有权；土地承包经营权流转转移的是物权性质土地承包经营权或者物权性质土地承包经营权中的部分权能，目的是在农村土地用益物权制度下土地实现适度规模经营，而不是实现土地私有化性质的土地（所有权）兼并型规模经营。

---

① 丁关良：《农村土地承包经营权流转存在的法律问题与对策建议研究——以浙江省为例》，《法治研究》2009年第8期。
② 丁关良、李贤红：《土地承包经营权流转内涵界定研究》，《浙江大学学报》（人文社会科学版）2008年第6期。
③ 孟俊红：《农村土地承包经营权流转：民法学伪命题之思考》，《河南教育学院学报》（哲学社会科学版）2011年第6期。

同时，该学者提出土地承包经营权流转必须满足"三个不得"的条件，即"不得改变土地集体所有性质，不得改变土地用途，不得损害农民土地承包权益"①。

(2) 家庭土地承包经营权的流转

在《物权法》颁布后，就其他形式的土地承包经营权的流转而言，基本未加限制，而对家庭土地承包经营权的流转，仍旧沿用《农村土地承包法》的规定。这就意味着对家庭承包经营权转让时需发包方同意或备案和禁止合作社以外的入股和抵押等限制依然存在。在2008年公布的《中共中央关于关于推进农村改革发展若干重大问题的决定》（以下简称《决定》）中，对土地承包经营权转让提出了不同要求，体现了对土地承包经营权流转的不同程度的容忍度，掀起新一轮的对土地承包经营权流转的关注和热评。学界重新就家庭土地承包经营权的限制问题进行了评析，学者多数认为应当放开限制，统一不同土地承包经营权流转的条件。有学者提出，就当前的现实情况而言，放开对土地承包经营权转让以"发包方同意"为前提的限制，条件已经成熟。② 也有学者认为，对于土地承包经营权流转的限制只能逐步放开。③ 由于土地承包经营权的转让的现实困局和制度障碍，有学者建议应对该问题采取新的解决之道。④

(3) "四荒"土地承包经营权的流转

房绍坤认为，家庭承包取得的土地承包经营权是限制流通型用益物权，即法律限制或禁止权利人自由处分的一种用益物权，其侧重的是社会保障，以实现社会的公平。而"四荒"土地承包经营权则是自由流通型的用益物权，即权利人有权依法自由处分（如出卖、互换、赠与、出租、抵押）的一种用益物权，其侧重的是资源利用的效率，以提高资源的经济效益。这两种土地承包经营权流转制度的设计中都兼具效率、公平等价

---

① 丁关良：《土地承包经营权流转并不意味着土地私有化》，《中州学刊》2009年第4期。

② 马特：《土地承包经营权流转刍议——兼评〈物权法〉第128条》，《河北法学》2007年第11期。

③ 李学永：《农民土地权利流转制度研究——兼评〈物权法〉的用益物权制度》，《政法论丛》2008年第2期。

④ 温世扬、武亦文：《土地承包经营权转让刍议》，《浙江社会科学》2009年第2期。

值观念，只不过各有侧重而已。① 在"四荒"土地承包经营权流转方式制度的立法设计上应当坚持家庭承包和其他承包方式分别规定的立法模式，但应当对此种模式进行改进，即对于流转的原则、限制条件等问题应当做统一的规定，对于流转方式的种类、各种流转方式适用的前提条件以及程序性要求等问题则应当予以分别规定。②

李延荣等学者指出，"四荒"土地承包经营权的流转与家庭土地承包经营权的流转在流转条件、物权变动模式、主体范围、流转要求等方面有较大差别。若承包合同没有授权，则"四荒"土地承包经营权人对土地不享有处分权，除非征得土地所有权人同意。"四荒"地承包经营权流转收益应在转让人和农民集体间进行合理分配，其流转实行登记生效原则。政府要加强在流转中的监管作用。③

4. 土地承包经营权的抵押——《物权法》第 133 条

在我国现行法上，仅允许"四荒"土地承包经营权抵押，通过家庭承包方式设立的土地承包经营权不得设立抵押权。其立法的理由是：法律委员会经同国务院法制办、国土资源部、农业部等部门反复研究，一致认为，目前我国农村社会保障体系尚未全面建立，土地承包经营权和宅基地使用权是农民安身立命之本，从全国范围来看，放开土地承包经营权抵押和宅基地使用权转让的条件尚不成熟。因此，物权法草案仅规定通过招标、拍卖、公开协商等方式设立的"四荒"土地承包经营权，可以转让、抵押等，是适当的，与《宪法》《农村土地承包法》《土地管理法》等法律规定也是一致的。④ 正式颁布的《物权法》也秉承了这一理念，未放开家庭土地承包经营权抵押的限制。但对此一规定，有不少学者持有不同的意见。

---

① 房绍坤：《用益物权基本问题研究》，北京大学出版社 2006 年版，第 23—24 页。

② 房绍坤：《物权法》（用益物权编），中国人民大学出版社 2007 年版，第 104 页。

③ 李延荣、李艳科：《关于"四荒"土地承包经营权流转问题的探讨》，《法学杂志》2011 年第 5 期。

④《吴邦国委员长听取有关方面对物权法草案的修改意见》《中央有关部门的负责同志和专家对物权法草案几个重大问题的意见》，全国人民代表大会法制工作委员会民法室编：《物权法立法背景与观点全集》，法律出版社 2007 年版，第 85—87、129 页。

崔建远认为,"无论是否允许抵押,对于承包人丧失土地承包经营权,导致加重财政负担、社会负担,甚至于酿成严重的社会问题,尚无令人满意的解决方案。可在土地承包经营权抵押制度中,引入保险机制,规定由保险公司代替土地承包经营权人向抵押权人还本付息的条件,最大限度地减少承包人丧失土地承包经营权的可能"①。

高圣平认为,农地承包经营权应可以作为抵押财产。《决定》虽然没有以明文列举的形式允许农地承包经营权设立抵押,但其精神与《农村土地承包法》第32条规定基本一致,都明确规定农地承包经营权可"转让"。按一般理解,"转让"比"抵押"对农地承包经营权的负担程度更重。依"举重明轻"规则,既然允许了限制程度较重的农地承包经营权的转让,自应允许限制程度较轻的农地承包经营权的抵押。②

文杰、李显冬认为,土地承包经营权人以其享有的土地承包经营权作价向农民专业合作社出资后,该土地承包经营权便成为农民专业合作社的财产。农民专业合作社以其设立抵押,是农民专业合作社对其财产行使处分权的方式之一,因此,允许农民专业合作社以土地承包经营权设立抵押于法有据。但债权人行使抵押权时,立法应要求受让的第三人为农业生产经营者,以确保这类土地的农业用途不变。③

5. 土地承包经营权的征收——《物权法》第42条、第121条、第132条

《物权法》中规定了对土地承包经营权应进行单独征收,土地所有权的征收不能消灭土地上存在的作为独立用益物权的土地承包经营权。学界对于该规定的理解进行了评析。

有学者对土地承包经营权单独征收的必要性予以了阐释,指出我国以往的征地补偿制度是单一的土地所有权征收补偿制度,忽视了对土地承包经营权人利益的保护。在《物权法》将土地承包经营权规定为用益物权之后,将会产生如下问题:土地所有权的征收不能消灭土地上的用益物

---

① 崔建远:《土地承包经营权的修改意见》,《浙江社会科学》2005年第6期。
② 高圣平:《农村金融制度中的信贷担保物:困境与出路》,《金融研究》2009年第2期。
③ 文杰、李显冬:《土地承包经营权作价出资农民专业合作社的法律思考》,《法学杂志》2010年第4期。

权,若不修改《土地管理法》,不仅理论上不能自圆其说,也有违法之嫌。土地所有权征收既难以实现国家征收土地的目的,又有违法征收之嫌的现实,显现了土地承包经营权征收规定的必要性。土地承包经营权人在征地之后过分不利的利益格局,也要求对土地承包经营权单独征收并予以补偿。[①]

也有学者认为,从体系解释分析,关于土地承包经营权被征收补偿制度的实体的配置,即《物权法》第42条第2款和第132条,存在明显缺陷:其一,没有单独的征收补偿项目和标准,具有原则性、概括性及不彻底性。其二,立法并没有规定土地补偿费在土地所有权人与土地承包经营权人之间如何分配。因此,我国《物权法》《土地承包法》《土地管理法》等法律法规对土地承包经营权作为独立客体征收补偿的规定,仅具有立法宣示作用,是导致实践中土地的所有权人和土地承包经营权人产生利益冲突的原因。

有学者从法律规定之间的逻辑关系和具体含义入手,对土地承包经营权的独立补偿地位进行分析后,认为:《物权法》第132条应被理解为第121条的特别规定;《物权法》第121条作为第132条的总括性规范,对于后者的解释起到了限制作用。因此,《物权法》第132条应当被解释为:承包地被征收时,承包经营权消灭或受到影响,承包经营权人得以就此请求补偿;该条中规定的"相应的补偿"也就不限于安置、附着物、青苗的补偿,而应包括被消灭或被影响的承包经营权本身的补偿。因此,承包经营权人及承包经营权的独立补偿,在《物权法》的框架内是完全成立的。[②]

有学者认为,土地承包经营权征收应由国家直接对土地承包经营权人予以补偿。国家应当按照土地承包经营权的市场价格,而不是其他标准来进行征地补偿。国家无须就土地所有权和土地承包经营权分别补偿,需要补偿的是剩余土地承包期内的土地承包经营权和土地承包期届满后的集体的土地所有权。在引入市场价格作为计算土地承包经营权征收补偿费基础

---

① 郭平:《农地征收制度的变革契机——土地承包经营权的征收补偿制度》,《华南农业大学学报》(社会科学版)2007年第3期。

② 周江洪:《土地承包经营权独立补偿问题研究——以〈物权法〉与〈土地管理法〉的衔接为中心》,《兰州大学学报》(社会科学版)2011年第5期。

的同时，建议引入土地承包费作为计算土地所有权征收补偿费的基础。①

6. 关于农地"三权分置"规定的观点

关于农地"三权分置"的具体法律架构和制度安排，学界展开了激烈的探讨。

高圣平提出农地三权分置的法律结构表现为：集体在农村土地所有权之上为农户设定土地承包经营权，承包农户在其土地承包经营权之上为其他经营主体设定土地经营权。在三权分置之下，"土地承包权"不仅具有明显的身份属性，还涵盖了以其他承包方式取得的市场化土地利用权。②在"三权分置"之下，承包地的产权结构由土地所有权、土地承包经营权和土地经营权这"三权"构成。依体系解释，只宜将2018年《农村土地承包法》第9条中的"土地承包权"解释为流转了土地经营权之后的"土地承包经营权"的简称。在编纂民法典中应进一步明确承包地的产权结构，彻底消除其中的解释分歧。③

刘守英认为农地的"三权"分别具有各自的制度功能，形成了一个完整的权利体系。土地承包经营权是"两权分离"和"三权分置"并存时的一类用益物权，兼具财产属性和身份属性，对集体经济组织成员而言是最主要的集体成员权利。在"三权分置"中，土地承包经营权具有核心地位和枢纽功能，前后联结土地所有权和土地经营权。集体土地所有权为"三权"中的母权利，派生出土地承包经营权。土地承包经营权是集体土地所有权的具体实现形式，由本集体经济组织成员承包取得。承包方通过出租（转包）、入股或其他方式向他人流转土地经营权，才会产生"三权分置"的效果，此时土地承包经营权派生出土地经营权。④

陈小君强调在"三权分置"下中国农地法制改革的立法构架前提是：深刻理解该政策出台背景及其所导向的问题，分析该政策目标在现行法上

---

① 郭平：《农地征收制度的变革契机——土地承包经营权的征收补偿制度》，《华南农业大学学报》（社会科学版）2007年第3期。

② 高圣平：《农地三权分置视野下土地承包权的重构》，《法学家》2017年第5期。

③ 高圣平：《农村土地承包法修改后的承包地法权配置》，《社会科学文摘》2020年第1期。

④ 刘守英：《农村土地承包法修改后的地权结构与权利关系》，《人民周刊》2019年第4期。

不可实现的缘由。在关涉坚持集体所有权、稳定土地承包权（资格）、放活土地经营权的具体制度时，应考虑以最低立法成本完成周延的制度设计，确保法律逻辑的自洽和政策意图的实现。① 此外，在农地"三权分置"政策的入法关涉《农村土地承包法》修正和民法典物权编之编纂。但《农村土地承包法》对其与民法典物权编的关系尚未妥当处理，立法者在法律规则设计中亦没能体悟透彻政策意蕴。落实农地"三权分置"政策的应然立法路向及其解释是：与"落实集体所有权"精神有效衔接，重申并进一步确立土地承包经营权的科学地位，精确界定土地经营权的内容和性质，为农地规模经营亟需的金融担保提供法治的正当性的支持。②

唐烈英、童彬提出，农村土地"三权分置"改革中，农村集体土地应当着重解决所有权主体缺位、集体经济组织概念模糊等问题；应当在强调农户承包权身份属性的同时注重其财产属性；强调新创设的不具有身份属性的土地经营权的物权属性，强化其抵押融资的收益、处分权能。在制度构建上，应当改进集体农民身份的法律标准，完善土地经营权的理论基础和基本权能，建立农村土地"三权分置"的制度保障和配套措施。③

王尧志认为农村土地三权分置是由两权分离演化而来。在未流转时，保有所有权和承包经营权；在流转时，实行所有权、承包权、经营权分置乃是三权分置的应有之义。从民法角度出发，可在权能分离论、分离基础、诉求回应、土地所有权现代化以及物权法趋势等多个方面为分置提供具体的依据。承包权和经营权的物权化符合事实和法理，更利于满足现实需求、促进农地流转、推动农业现代化。④

洪泉寿认为，农地产权三权分置制度在理论、法律、政策、路径、操作、经济风险层面仍面临诸多问题。要完善农地产权三权分置制度，就必

---

① 陈小君：《"三权分置"与中国农地法制变革》，《甘肃政法学院学报》2018年第1期。

② 陈小君：《土地改革之"三权分置"入法及其实现障碍的解除——评〈农村土地承包法修正案〉》，《学术月刊》2019年第1期。

③ 唐烈英、童彬：《论农村土地"三权分置"法律制度之构建》，《社会科学》2018年第8期。

④ 王尧志：《农村土地三权分置的民法思考》，《福建法学》2017年第3期。

须明确界定经营权与承包权权能,在法律完善上进行适当探索,对土地征收与农业补贴等政策进行调整,鼓励以合作社形式实现农地抵押,建立农地经营权流转的风险防范机制。①

高小刚、谷昔伟认为,对于土地经营权上设定的融资性担保物权应采取债权意思主义物权生效模式,以土地经营权融资担保时承包人享有同意权,切实保障农户作为承包人的合法权益。在土地经营权融资抵押过程中,存在抵押权实现难、抵押权人范围过窄等问题,应尽快建立农村土地经营权流转平台,引入风险基金,最大限度地发挥农地的融资担保功能。同时,加强对承包期内农户的保护,建立农业保险机制,为农户提供最基本的生活保障。②

辜明安、梁田提出,农地"三权分置"政策对于推动农村土地流转具有重大意义。对我国社会城市化以及农业经营集约化发展趋势而言,如果仅止于此政策的法制化并没有拓展现行法律的制度内涵。农地承包经营权作为中国特色的物权制度应该具有完整的权利构造,承包人对作为财产性权利的承包经营权应有充分的处分权。从立法论视角而言,应着力推进制度创新,赋予承包人自由流转承包经营权的权利,允许城市工商资本进入农村进行农业经营,并完善与此相关的配套制度。③

龙卫球认为,民法典物权编的"三权分置"规范,具有置身"物权具体规定+物权宣示表达"的多层架构的设计特点。民法典物权编的"三权分置"规范,作为基本法律层面的物权宣示规范,存在很大的不完整性,本身只是"三权分置"完整法律规范体系的一部分。它本质上应当认识为"三权分置"多层次法律架构中的一种关联规范,处于承上启下的体系位置,因此在法律适用上具有特殊性和复杂性,体现为体系开放和上下贯通的要求。一头连接宪法基本体制规定,成为一种宪法决策的基本法律化的表达,体现了改革入法的高位阶,同时赋予其民法物权的地位;

---

① 洪泉寿:《"地产权"三权分置制度之完善——以农地经营权流转为视角》,《岭南师范学院学报》2018 年第 4 期。

② 高小刚、谷昔伟:《"三权分置"中农地经营权融资担保功能之实现路径——基于新修订〈农村土地承包法〉的分析》,《苏州大学学报》(哲学社会科学版) 2019 年第 4 期。

③ 辜明安、梁田:《农地"三权分置"法制化与承包经营权制度的完善》,《河北法学》2020 年第 1 期。

但是另一头又在具体制度上连接《农村土地承包法》这一原本处于下位的法律，使后者关于"三权分置"的具体规范得到基本物权的位阶提升并且得以一体化适用。①

关于"三权分置"中土地经营权的性质，学者们从政策目标、现行制度和法理逻辑等不同角度展开了探讨，大体上形成了三种学说，即物权说、债权说与物权化的债权说：

（1）物权说

房绍坤提出，土地经营权的债权说、物权化债权说在解释论视角下无法全面实现"三权分置"政策的预设功能，用益物权说可弥补二者的不足，因而具有理论优势。相对于债权说和物权化债权说，土地经营权用益物权说有两方面优势。其一，将土地经营权界定为具有支配性的纯粹财产权。"三权分置"政策的法律实现必然以新型农地权利财产化为准则，从而使土地经营权主体可依法对抗第三人的不当干预。如果将土地经营权定位于用益物权，那么，用益物权的期限性及其自由转让所体现的经济性，可以弥补土地经营权债权说、物权化债权说的弊端。将土地经营权定位于用益物权，只需按照一般法理，通过评估确定农地的财产价值进而设定抵押，或者通过权利移转的方式进行入股或实施信托，而不需要在现行法之外另行设计各种复杂规范。其二，设定土地经营权的主体范围广泛。依土地经营权用益物权说，土地经营权主体包括承包农户和其他农业经营主体。由此，不仅承包农户可就土地经营权设立抵押、入股或实施信托，其他经营主体也可就自己的土地经营权设立抵押、入股或实施信托，这就可以充分实现放活土地经营权的政策目标。土地经营权应定性为不动产用益物权，以出租等方式产生的债权性农地利用权不属于土地经营权。借助于民法典物权编立法之机，应当明确土地经营权的用益物权属性。②

陈小君认为，坚持集体所有权的根本在于赋予其权利之完整权能，在此基础上，厘清集体与成员的法律关系。而考虑在制度上实现承包经

---

① 龙卫球：《民法典物权编"三权分置"规范的体系设置和适用》，《比较法研究》2019年第6期。

② 房绍坤，林广会：《土地经营权的权利属性探析——兼评新修订〈农村土地承包法〉的相关规定》，《中州学刊》2019年第3期。

营权的物权流转（转让、互换）和担保制度，从承包权中分离出的经营权的本质就应是完整用益物权，与原享有承包经营权的农民成员身份不矛盾不抵触，而恰与市场规律和财产法原理相衔接，由此完全可达到设立"三权分置"改革的农地流转、土地融资又不损害农民利益的总目标意图。①

单平基认为，遵循"一物一权"原则，土地承包经营权与"土地经营权"作为性质与内容相冲突的两项他物权，于同一宗土地上既不能同生，也无法并存。在"三权分置"政策背景下，土地经营权具有土地承包经营权的部分权能，应被立法确认为用益物权。由土地承包经营权生发具有"权利用益物权"性质之"土地经营权"的观点，在根本上混淆了他物权与具有债权性质之不动产租赁权的区别。解决我国土地承包经营权困境需要的不是盲目创设新的理论，而是严格遵循法律逻辑，允许土地承包经营权流转，期满之后使土地重新回归集体手中，通过再次配置土地承包经营权为失地农民重新提供社会保障。②

蔡立东提出，中央农地政策上的农户承包权即为现行法中的土地承包经营权（包括派生出土地经营权的土地承包经营权）。依据权利行使的用益物权发生逻辑，土地经营权是土地承包经营权人行使其权利而设定的次级用益物权，承包权与经营权的法构造为"用益物权—次级用益物权"。在解释论层面，囿于物权法定原则，土地经营权原本并非物权，但其设定一经登记，即获得对抗第三人的效力，并受侵权责任法保护。在立法论层面，未来我国"民法典物权编"应当将土地经营权上升为法定的用益物权，进而实现土地经营权的法定化。③

石东坪认为，"三权分置"中的经营权是否有必要从权能上升为权利，上升为物权的主张是否适法，立法上是否有必要进行物、债二元建构，在学界仍有质疑。现实中，将经营权能置于土地承包经营权项下的立法模式，已然不能调整新型土地利用关系，倘若将经营权确立为物权，其

---

① 陈小君：《"三权分置"与中国农地法制变革》，《甘肃政法学院学报》2018 年第 1 期。

② 单平基：《"三权分置"理论反思与土地承包经营权困境的解决路径》，《法学》2016 年第 9 期。

③ 蔡立东、姜楠：《农地三权分置的法实现》，《中国社会科学》2017 年第 5 期。

与承包权之间也并不存在权利内容的冲突。①

耿卓提出,若将土地经营权定性为物权,不仅权利的存续期间可以超越《合同法》规定的最长租赁期限(20年),而且使得土地经营权的权利属性有较强的支配力和对抗第三人的效力,不仅可以采用转让、抵押、入股等方式实现其流转,还可以通过不动产登记制度强化其进入市场的能力。②

(2) 债权说

陈林峰等提出,土地经营权用益物权论与"权能分离原则"和"一物一权"原则相悖。相互龃龉的过多的权利设置只会导致农地权利体系混乱。将土地经营权定性为债权,符合权利的生成逻辑,具有节约制度变革的优势,既能契合农地经营权的设立语境,又能避免多层用益物权权利结构之弊。③

李伟伟认为,土地经营权是独立于承包权的一项权利,基于土地流转的需求而产生。土地经营权性质是债权,不是物权。在土地承包经营权已然属于用益物权的情况下,这不仅符合物权的"一物一权"主义,而且在立法上也行得通。但随着今后对实际耕作者的保护,土地经营权物权化属性可以得到加强,但其债权本质并不随之变化。④

房绍坤总结了学界关于土地经营权的债权说观点,认为该说"强调通过建立集体成员权制度以保障承包资格,从而解除现行法中土地承包经营权不可以进行物权性流转的限制。在这种学说中,土地经营权的性质为基于土地承包经营权的债权性经营利用权,主要是农地租赁权。这种学说的内容在一定程度上契合、照应了民事权利制度逻辑,体现出与'三权分置'政策重构土地权利体系的设计相异的农地改革方案"⑤。

---

① 石东坪:《农地经营权物权化的三重解析——以"三权分置"为背景》,《安徽农业大学学报》(社会科学版)2018年第3期。

② 耿卓:《农地三权分置改革中土地经营权的法理反思与制度回应》,《法学家》2017年第5期。

③ 陈林峰等:《论农地经营权的法律性质》,《安徽农业科学》2020年第1期。

④ 李伟伟:《"三权分置"中土地经营权的权利性质》,《上海农村经济》2016年第2期。

⑤ 房绍坤、林广会:《土地经营权的权利属性探析——兼评新修订〈农村土地承包法〉的相关规定》,《中州学刊》2019年第3期。

(3) 物权化的债权说

高圣平提出，在坚守"始终坚持农村土地集体所有权的根本地位""严格保护农户承包权""加快放活土地经营权"的政策导向之下，土地承包经营权应纯化为具有身份性质的财产权，土地经营权应定性为物权化的债权。将土地经营权定性为物权是在土地承包经营权流转之外创新流转方式，这既没有实证基础，也难以明确新的流转方式与现有流转方式之间的关系，而如果将土地经营权界定为物权性的债权，就可以在土地承包经营权的债权性流转内实现体系上的统一。"三权分置"中的土地经营权是土地承包经营权派生出来的权利，并非土地所有权、土地承包经营权、建设用地使用权、土地租赁权等权利的经营权能。换言之，土地经营权并不包括上述权利下权利人自己行使经营权（能）的情形。① 因此，土地经营权的主体只能是农业经营主体，而不包括承包农户。基于《"三权分置"意见》提出的发展多种形式适度规模经营的政策目标，还可以通过登记手段加强对经营主体的经营权的保护，赋予其登记能力，给予其类似物权的保护。②

高海认为，土地经营权是承包方基于土地流转合同为第三人设定的一种债权。经营权法律性质的合理定位是"三权分置"制度构造的关键。确权确地形成之土地承包经营权分离出的经营权用益物权论，无论是主要理据还是制度设计均值商榷；而经营权债权论既能契合经营权存在的语境、实现经营权分离的目的，又可避免多层用益物权权利结构之弊。确权确股不确地之土地承包方式创新视阈下分离出的经营权，则存在物权化的合理空间；确权确地形成之土地承包经营权入股农村集体经济组织，不仅是农用地承包方式由确权确地向确权确股不确地转换的适宜通道，而且可成为确权确地之经营权物权化的改造路径。③ 房绍坤认为，这种学说是在土地经营权债权说和用益物权说相争鸣的过程中形成的，其立论基础是"土地经营权是土地承包经营权债权性流转的产物，而非物权性流转的产

---

① 高圣平：《承包地三权分置的法律表达》，《中国法学》2018年第4期。
② 高圣平：《论农村土地权利结构的重构——以〈农村土地承包法〉的修改为中心》，《法学》2018年第2期。
③ 高海：《论农用地"三权分置"中经营权的法律性质》，《法学家》2016年第4期。

物"。该学说试图在坚持现有法制的基础上,通过使土地经营权获得某些用益物权的功能以弥补债权说的不足,从而实现维持现行法制理念与实现预定规制目标的有机统一。①

(三) 简要总结

在我国《物权法》制定之前,《农村土地承包法》中所确立的土地承包经营权制度就已经较为成型,其相关具体内容和制度设计理念为《物权法》所承继。②《物权法》中对土地承包经营权的规定,与《宪法》《土地管理法》《民法通则》《土地承包经营法》《农业法》一起,建立了以家庭承包经营为基础的统分结合的双层经营体制和用益物权性质的土地承包经营权,形成了有中国特色的农村土地制度。"土地承包经营权的立法目标经历了从确保农民'温饱'向促进农民'发展'的转变过程,通过农民的生存保障确保农村稳定和确保全国粮食基本战略目标的实现。我国农村经济的未来发展状况使得土地承包经营权呈现出由有期限权利向无期限权利发展,由非商品性权利向商品性权利发展,由非融资性权利向融资性权利发展,由身份性权利向契约性权利发展的趋势。"③

需注意的是,有学者提出我国《物权法》的规定相较于《农村土地承包法》的规定并无实质性的变化。从内容实质上看,土地承包经营权的主要性质仍为债权,只在很少的地方体现了其物权性。④ 这一看法虽有一定的道理,但并不代表立法态度和学界的主流认识。我国《物权法》对土地承包经营权的物权性规定不足,以及对其流转的限制和享有主体身份性的限定,一是源于我国长久以来的土地保障功能造就的独特制度特色,二是作为一部需归纳所有物权归属和利用关系的法律,不可能面面俱到,只能对至为关键的问题作出规定,因此,难免有疏漏之处。但《物权法》明确了土地承包经营权的用益物权性质,进一步稳定了农村承包

---

① 房绍坤,林广会:《土地经营权的权利属性探析——兼评新修订〈农村土地承包法〉的相关规定》,《中州学刊》2019年第3期。

② 陈甦:《中国〈物权法〉上的用益物权》,载渠涛主编《中日民商法研究》(第七卷),法律出版社2009年版,第140页。

③ 史卫民:《我国土地承包经营权的立法实践与发展趋势》,《西北农林科技大学学报》(社会科学版)2011年第2期。

④ 张保红:《论农村双层土地权利制度的重构》,《西北大学学报》(哲学社会科学版)2011年第1期。

经营关系，也为承包经营权的流转奠定了基础；①明确了土地征收的目的和足额补偿的制度，保障了农民个人的权利；明确了集体所有权的内涵和性质；给予土地承包权人在权利受到集体经济组织侵害时请求司法救济的权利。总之，立法已经对土地承包经营权的私权地位予以了确认，使我国法律对农民财产权的保护更进一步，使农民的土地权利具有较高的稳定性，将会激励农民对土地的长期投资与改良，促进农业经济的持续发展，最终提高农民的生活水平。②

为便于配套规定的制定和法律的准确适用，需在解释论上明确土地经营权的性质。新法规定的土地经营权应属债权，理由如下：

其一，土地利用关系既可定性为物权，也可定性为债权，全赖政策选择。从"三权分置"政策来看，"鼓励采用土地股份合作、土地托管、代耕代种等多种经营方式，探索更多放活土地经营权的有效途径"。新法将这些流转形式定为明文——"出租（转包）、入股或者其他方式"，一体地以土地经营权反映这些形式之下的土地利用关系，鼓励土地经营权流转的创新实践的用意至为明显，无法统一确定其稳定性需求。将新法规定的土地经营权定性为债权，更符合立法原意。其二，在新法没有作出例外规定的情况下，依体系解释，承包方以"出租（转包）"方式所派生的土地经营权自当定性为债权。承包方以"入股或者其他方式"所派生的土地经营权，与出租（转包）方式相当，自得作同样的解释。如此，从体系解释的视角，土地经营权应定性为债权。其三，赋予部分土地经营权以登记能力，并不能得出登记的土地经营权即属物权、未登记的土地经营权即属债权的结论。一则，"土地经营权"一体反映非承包方的经营主体对农村土地的利用关系，不宜作不同的定性，两种性质的土地经营权的内容基于其效力上的差异很难抽象，民法学基本理论上也不存在既属物权又属债权的民事权利。二则，并非所有登记在不动产登记簿上的不动产权利都是物权，只要具有对抗效力的不动产权利均可赋予其登记能力。③

---

① 王利明：《物权法是社会主义市场经济的基本法律》，《求是》2007年第10期。

② 刘宏钊、黎同昭：《农村土地承包经营权物权属性之思考》，《云南社会科学》2008年理论专辑。

③ 高圣平：《农村土地承包法修改后的承包地法权配置》，《社会科学文摘》2020年第1期。

我国《物权法》中明确区分了家庭承包经营权和以其他方式取得的"四荒"土地承包经营权，这两种土地承包经营权在权利主体、客体、权利的取得方式及权利行使等方面均存在较大差别。《决定》中，对土地承包经营权流转的态度，较之前的立法更为宽容。越来越多的学者倾向于放开对土地承包经营权流转尤其是抵押的限制。① 但也有学者持谨慎态度，认为目前我国农村社会保障体系尚未全面建立，土地承包经营权在一定意义上仍是农民的安身立命之本，所以从全国范围看，放开土地承包经营权的转让和抵押的条件尚不成熟。②

立法者对土地承包经营权的流转也一直持两难态度：一方面，出于农村产业调整的需要，希望通过土地承包经营权的流转来实现土地的有效整合，实现农业产业化经营；另一方面，担心家庭承包经营这个基础的动摇，出现随意改变土地承包关系等破坏承包经营的现象。对此，有学者总结了立法者的这种态度所体现的法律规则之间的内在冲突："①既希望土地承包经营权的流转，又限制土地承包经营权的流转；②既以切实保障农民的基本生存作为制度的基本价值目标，但又出台了一系列否定这一价值目标的政策规定；③既以农民的生存保障为基础构建农村土地利用权利制度，但又不完全遵从社会保障的基本法律规则；④既规定'减人不减地'，又规定丧失成员权资格应当收回承包土地；⑤既规定土地承包经营权可以流转，同时又规定禁止土地承包经营权抵押。这些都对土地承包经营权的现实可转让性造成了极大的障碍。"③

笔者认为，应当结束这种二难悖论的状态，逐步放开土地承包经营权的流转。正如郭明瑞所指出的，对于土地承包经营权的流通性，应当澄清以下两个误区：一是承认土地承包经营权的流通，将会出现新的地主；二是承认土地承包经营权的流通，将会影响社会稳定。④ 不过，由于土地承包经营权事关农村社会稳定和粮食生产安全，对其流转应持谨慎的态度，

---

① 张艳、马智明、朱良元：《农村土地承包经营权的物权化建构》，《中国土地科学》2009 年第 4 期。

② 孙天全：《土地承包经营权三论——物权法热点问题追踪》，《长白学刊》2007 年第 3 期。

③ 温世扬、武亦文：《土地承包经营权转让刍议》，《浙江社会科学》2009 年第 2 期。

④ 郭明瑞：《关于农村土地权利的几个问题》，《法学论坛》2010 年第 1 期。

"坚持农村基本经营制度,稳定和完善土地承包关系,按照依法自愿有偿原则,健全土地承包经营权流传市场,有条件的地方可以发展多种形式的适度规模经营"①。但从长远的角度来看,随着新型城镇化和农业现代化的不断推进,农民对于土地依赖度将逐步降低,农业集约化经营也是势不可挡的历史潮流,全面放开农村土地承包经营权流转势在必行。至于以其他方式取得的"四荒"土地承包经营权的流转,应按照市场交易的规则,进一步放开。

《物权法》将土地承包经营权作为独立的征收客体,体现了对农民土地权益的重视,值得肯定。为了公共利益的需要,国家征收集体所有的土地,该集体所有土地上存在的土地承包经营权随集体土地所有权的消灭而不复存在,征收机关不但需足额补偿集体土地所有权人,而且必须足额补偿土地承包经营权人。《物权法》第132条、第121条、第42条和《农村土地承包法》第16条第2项,就是土地承包经营权人享有足额补偿的请求权的依据。② 但其中的细节规定和补偿标准,还应进一步完善和提高。

第四节 宅基地使用权

一 立法论

（一）主要争议问题

宅基地使用权是我国特有的一种用益物权形式,是指公民个人依法在国家所有或集体所有的宅基地上建筑房屋并居住使用的权利。在我国,宅基地按照所处的地域不同,可分为城镇宅基地和农村宅基地两类。城镇宅基地属于国家,可以自由流转,几乎没有什么争议。而农村宅基地,由于须承担社会保障的需要,法律禁止其自由流转,一般仅限于在集体经济组织成员之间流转。法律规制和学界研究的焦点主要集中在农村宅基地使用权上,因此,除非特别说明,本部分所讨论的问题,仅指农村宅基地使用权。

---

① 张里安、汪灏:《中国特色社会主义土地物权制度的构建与发展》,《河北法学》2008年第10期。
② 崔建远:《物权法》,中国人民大学出版社2011年版,第275页。

关于宅基地使用权的性质、名称、能否转让、租赁等方面,学者们均有所探讨,其中又以宅基地使用权的转让问题研究为重点,且争议颇多;而在我国物权法制定中,对于宅基地使用权所采用的名称,有不同看法。

(二) 各种观点

1. 名称之争

关于"宅基地使用权"的名称,《物权法草案征求意见稿》曾采用了"宅基地权"的概念,特指宅基地权人占有、使用集体所有的土地,在该土地上建造住房以及其他附着物的权利。学界的观点主要有如下几种:"梁稿"中采纳了"基地使用权"的名称;"王稿"仍用"宅基地使用权"的概念;杨立新则采用了"地上权"或"建设用地使用权"的称谓;① 房绍坤主张采纳"住宅用地权"的名称;② 王利民则提出了用统一的"基地权"的概念来设计建设用地使用权制度,其中也包括宅基地使用权。③ 采用不同的名称,也反映了学者对宅基地使用权性质的不同看法。

2. 转让之争

关于宅基地使用权的转让,焦点是宅基地之上的住房能否转让。而由于我国实行"房随地走"的原则,因此,住房的转让也涉及其所占用的宅基地转让问题。关于这一问题,学界分歧明显。

(1) 肯定说

肯定宅基地使用权转让的主要理由是:①宅基地上的住房属于农民私有,农民对自己的住房享有所有权,也包含转让住房的权利。②允许宅基地使用权转让,有利于积极发挥物的效用,解决农村闲置房屋的再利用问题。③允许宅基地使用权转让,有利于农民融通资金,解决农民贷款难的突出问题。如果禁止,则会减少农民利益实现的途径。④

---

① 杨立新:《关于建立大一统的地上权概念和体系的设想》,《河南省政法管理干部学院学报》2007 年第 22 卷第 1 期。

② 房绍坤:《关于用益物权体系的三个问题》,《金陵法律评论》2005 年第 1 期。

③ 王利民:《我国用益物权体系基本概念研究——兼评〈物权法征求意见稿〉规定之不足》,《法学论坛》2005 年第 2 期。

④ 王胜明:《我国的物权法律制度》,《国家行政学院学报》2005 年第 9 期;商春海、张凌竹:《论集体土地所有权制度的完善》,《哈尔滨学院学报》2005 年第 6 期。

有些持肯定说的学者还进一步设计了宅基地转让的具体方案,并对宅基地使用费的形式、相关的时效问题等作出了分析。① 特别是学界普遍认为,允许宅基地使用权转让,并非完全放开,而应有一定程度和范围的限制,但对如何限制,意见不一。

王利明认为,"从发展农村经济出发,完全禁止宅基地使用权的转让是不合理的。但宅基地使用权具有一定的身份性质,并不适合自由转让,而只能在一定范围内进行。一旦允许宅基地可以向任何人转让,则宅基地就不再与农村集体的成员权联系在一起,这不符合宅基地使用权的固有属性。宅基地只能在集体经济组织成员之间进行自由转让"②。"在中国现有的条件下,完全允许宅基地自由转让的条件并不成熟,主要是因为在我国目前社会保障制度尚未健全的条件下,宅基地具有福利的性质,对于保障农民最基本的生活条件是必要的。尤其要考虑到,在我国必须坚持保护耕地的政策,宅基地使用上的政策过宽,就会导致耕地转化为宅基地,并加入流通,从而造成耕地的流失。"③

郭明瑞认为,宅基地使用权可否转让,涉及两个问题:一是宅基地使用权可否单独成为交易对象;二是私有房屋可否依法自由转让,宅基地使用权可否随住宅所有权的转移而转移。其认为,在土地公有制的条件下,宅基地使用权不能单独成为交易的对象,但不能以此而否认宅基地使用权可随房屋所有权的转移而转移,更不能为了禁止宅基地使用权的转移而限制或禁止房屋所有权的转移。关于宅基地使用权的转让问题,可以规定为:"宅基地使用权不得单独转让、抵押,建造在宅基地上的住房转让、抵押的,宅基地使用权一并转让、抵押。"④

在宅基地转让限制上,学界诸多学者认为应当坚持只能转让给具有集体经济组织成员身份的农民,而不能向城镇居民转让。但有学者认为,应建构以身份分配为主,按需分配为辅,有明确的存续期和消灭原因,并在一定条件下须有偿使用的农村宅基地使用权流转制度。同时,应坚持城乡

---

① 焦富民、李云波:《海峡两岸民法典研讨会暨中国法学会民法学研究会2005年年会综述》,《河北法学》2005年第8期。
② 王利明:《物权法研究》,中国人民大学出版社2004年版,第475—476页。
③ 王利明:《经济全球化对物权法的影响》,《社会科学》2006年第2期。
④ 郭明瑞:《关于宅基地使用权的立法建议》,《法学论坛》2007年第1期。

一体化原则,允许农村宅基地使用权在城乡居民间自由流转,并在此基础上,建立完备的规范化的农村宅基地使用权流转制度。① 也有学者提出,为了防止或减少因宅基地使用权之流转而可能或已经存在的弊端与问题,需设定宅基地使用权流转的条件、程序及其法律后果,使之流转有益、有序。②

(2) 否定说

在2005年公布的《物权法草案》第162条规定:"宅基地使用权人经本集体同意,可以将建造的住房转让给本集体内符合宅基地使用权分配条件的农户;住房转让时,宅基地使用权一并转让。禁止城镇居民在农村购置宅基地。村民依照前款规定转让宅基地使用权的,不得再申请宅基地。"这一规定大致表明了禁止宅基地使用权自由转让的态度。其主要理由是:①若允许转让,在同村村民之间受让的,可能有受让人拥有超过一处宅基地的情形,违反了宅基地面积的标准;若向本村外主体转让的,违反了宅基地主体人身主体资格的限制规定。②若允许转让,由于缺乏完善的社保机制和农村房屋租赁市场,会降低土地对农民的生存保障功能。③允许宅基地使用权转让,也可能导致违法占宅基地等情形,以及村干部权力滥用,用宅基地牟利行为发生。③

孟勤国是少数主张不能允许宅基地自由交易的学者,其认为:第一,宅基地的所有权属于集体,个人无权把宅基地使用权转出集体之外;第二,城镇居民在农村购买宅基地一般不是为了满足基本的居住需求,将导致农村土地的浪费对现有耕地的破坏;第三,住房和宅基地是农民安身立命的生活基本场所,法律应当保证农民"居者有其屋";第四,如果允许转让,一旦农民进城打工无法在城市立足,就会造成农民流离失所,带来社会问题,而禁止自由交易可以保证农民在城乡二元的情况下,自由进出

---

① 汪琴:《论农村宅基地使用权制度》,《华侨大学学报》(哲学社会科学版) 2007年第4期。

② 王崇敏、孙静:《农村宅基地使用权流转析论》,《海南大学学报》(人文社会科学版) 2006年第2期。

③ 许建苏:《农村宅基地使用权制度探讨》,《河北法学》2006年第11期;丁关良、蒋莉:《我国农村宅基地使用权转让制度改革研究》,《中州学刊》2010年第5期;梁亚荣:《宅基地使用权流转:限制及其解除》,《河南政法管理干部学院学报》2010年第1期。

城市，在城市生存困难时亦可回到农村。① 也有学者提出，物权立法对宅基地使用权的转让持否定态度，也有一定的道理，这有利于对农村土地的保护。对转让的范围给予限制，原因在于大多数城镇居民的经济实力远远高于农村居民，如果不加限制的话，将会出现大量城市市民与农民争地的现象，也给村干部以权谋私提供了机会。表面上看，城里人到农村购置宅基地是一种公平交易，但从深层和长远看，这种购置行为又近于掠夺；对于农民而言，他们不仅没有能力去享有城市的社会资源，而且逐步失去作为其"生命线"的土地。②

(三) 简要总结

笔者赞同仍旧沿用"宅基地使用权"的名称。广义的宅基地使用权包括城镇居民的宅基地使用权和农村村民的宅基地使用权，但城镇的宅基地使用权属于历史遗留问题，现今已极为少见，法律规定上也不再承认无偿使用的城镇宅基地使用权。③ 因此，目前的法律规定和学界讨论的问题只针对农村村民的宅基地使用权，即农村村民为建造自有住宅及其附属设施供作居住等使用，而依法对集体所有的土地享有的占有和使用的权利。

关于宅基地的流转问题，笔者认为目前阶段应予以限制，在条件成熟时再研究是否允许流转以及如何流转的问题。主要原因在于：其一，由宅基地使用权的功能与特点决定，其出租、转让、抵押乃至继承等都是受到严格限制甚至是不被允许的。但宅基地上的建筑物等由农户所有，所有权人当然可以将其住宅及其附属设施出租、转让、抵押以及作为遗产由其继承人继承，进而导致宅基地使用权附随于出租和流转。不过，宅基地使用权附随于住房而流转的，在转让的条件、受让人的范围等方面也受到一定限制。④ 其二，宅基地使用权设立的目的，具有福利性和社会保障性，作为农民的安身立命之本，在市场流转机制不健全和社会保障机制不完善的

---

① 孟勤国：《物权法开禁农村宅基地交易之辩》，《法学评论》2005年第4期。
② 许建苏：《农村宅基地使用权制度探讨》，《河北法学》2006年第11期。
③ 最高人民法院物权法研究小组编：《中华人民共和国物权法条文理解与适用》，人民法院出版社2007年版，第455页。
④ 房绍坤：《物权法用益物权编》，中国人民大学出版社2007年版，第239—240页；最高人民法院物权法研究小组编：《中华人民共和国物权法条文理解与适用》，人民法院出版社2007年版，第462—463页；梁慧星、陈华彬：《物权法》（第四版），法律出版社2007年版，第282页。

情况下，贸然允许其流转将可能使部分农民因无房居住而流离失所，形成社会不稳定的因素；且除流转外，农民可以有其他方式达到与流转同样的融资等目的。对于以租赁的方式出租宅基地使用权及住宅等设施的，从理论角度而言应为可行，但具体制度应如何设计，应进一步加以研究。

二 解释论

（一）主要争议问题

《物权法》将宅基地使用权规定在第三编第十三章，第152条至第155条，仅四个条文，内容较为简略，对之前学界争议的一些问题并未全面回应。学界对这些条文进行了逐条评析，并围绕着农村宅基地使用权制度的革新，提出了放开农村宅基地使用权流转市场、完善农村宅基地使用权取得和消灭制度等意见或改革建议。

（二）各种观点

1. 《物权法》中宅基地使用权制度的评析

总体而言，我国立法中宅基地使用权的规定较为匮乏，其制度框架主要是由《宪法》第10条和《土地管理法》第62条及《物权法》第152—155条构成。《宪法》仅对农村宅基地的集体所有性质作出了确认，《土地管理法》也只对农村宅基地的取得程序及使用原则做了笼统的规定；《物权法》中虽有四个条款规范宅基地使用权，但相对于其他用益物权来说，还是显得过于粗陋。[1]

（1）《物权法》中宅基地使用权规定的逐条评析

《物权法》第152条对宅基地使用权作出定义。学界认为该条与原有学者建议稿草案规定较为相符，明确了宅基地使用权的权利，确定了其用益物权地位，坚持了宅基地使用权福利无偿性原则，明定宅基地使用权的权利内容及其行使方式和目的用途，使"居者有其屋"立法意旨凸显。[2]该条上包含两层意思：第一，对宅基地的用途进行严格限制，只能用于建造住宅及其附属设施，而禁止利用取得的宅基地使用权建造以营利为目的

---

[1] 付坚强、陈利根：《我国农村宅基地使用权制度论略——现行立法的缺陷及其克服》，《江淮论坛》2008年第1期。

[2] 张金玲：《物权法下的农村宅基地使用权探析》，《中国海洋大学学报》（社会科学版）2008年第3期。

的生产、商业用房等。第二，建造住宅及其附属设施要依"法"进行，从物权法定原则来理解，此处的"法"应仅指法律。①

《物权法》第 153 条对宅基地使用权的取得、行使和转让作出援引性规定。将宅基地使用权取得、行使和转让的规定赋予《土地管理法》等法律规定，表现了物权法的弹性和灵活。但对于宅基地使用权的转让是否应给予严格限制、应否禁止城镇居民在农村购置宅基地等重要争议问题，立法似乎采取了回避态度。立法考虑是：为了维护现行法律和现阶段国家有关农村土地政策，也为今后修改有关法律或者调整有关政策留有余地，《物权法》的规定应当与土地管理法等法律的规定保持一致；又为了适应未来发展的需要，给进一步深化改革留有空间，《物权法》只对宅基地使用权转让问题作出衔接性的规定。

有学者认为，《物权法》第 155 条的规定应当理解为对宅基地使用权物权变动效力规定的回避，其仅仅是对已登记宅基地使用权变更、消灭的登记规定，而不应当将其扩展为"未登记的宅基地使用权变更、消灭的可以不进行登记"。否则，对未登记的宅基地使用权人来说，登记将反而成为权利人的负担。当然，从长远来看，整个法律体系对此问题的明确、统一规范极有必要。② 也有学者指出，《物权法》第 153 条和第 155 条的规定中都提及宅基地使用权转让问题，从学理和实践的角度看，应当解释为其允许宅基地使用权转让。③ 还有学者认为，借由限制宅基地使用权的转让，而保障农民有安身之地的规定，手段和目的不符合比例，没有必要通过集体同意，也没有必要禁止城镇居民在农村购置宅基地和完全限制宅基地再次申请。《物权法》通过第 153 条的援引性规定，以期待将来土地管理法的规定，能够使宅基地使用权原则上自由取得和转让，以提高农民财产的价值。④ 还有学者批评指出，本条中的"国家有关规定"的表述是

---

① 陈小君、蒋省三：《宅基地使用权制度规范解析、实践挑战及其立法回应》，《管理世界》2010 年第 10 期。

② 陈小君、蒋省三：《宅基地使用权制度规范解析、实践挑战及其立法回应》，《管理世界》2010 年第 10 期。

③ 吕军书、徐明华：《我国农村宅基地使用权流转制度的法律重构》，《中国青年政治学院学报》2010 年第 4 期。

④ 谢哲胜：《中华人民共和国物权法综合评析》，《上海交通大学学报》（哲学社会科学版）2007 年第 3 期。

不严谨的，其是仅指国务院的有关规定，还是也包括各部委、各省市县的有关规定？如何界定其范围必然会导致实践中的无休争议。但该学者也指出，我国幅员辽阔，各地情况不一，或许正是为切合当地发展要求和生活需要，允许各地根据上位法制定实施条例或办法。借助设立的引用性法条这种立法技术，立法者试图实现物权法与其他相关法律和规定的观念衔接，逐步构建一个较为完善而又能符合各地实情的宅基地使用权的取得、行使和转让的法律制度体系。①

《物权法》第154条规定了宅基地灭失后的重新分配制度。第155条规定了已登记的宅基地使用权变动时的登记义务。这与物权法有关登记的规定相呼应，有利于我国的不动产登记制度的完善。考虑到农村区域的不易控制性以及熟人社会的特性，法律没有对宅基地使用权的变动规定强制性登记。在转让或者消灭时规定应及时办理变更登记或注销登记，则是渐进式的渗入，起到审查的效用。②

《物权法》中没有明示宅基地使用权登记的效力是"登记对抗主义"还是"登记生效主义"。有学者根据第155条规定认为宅基地使用权的产生不以登记为生效要件。③ 还有学者也认为现实中不完善的宅基地使用权登记现状也要求宅基地使用权采取"登记对抗主义"④。而陈小君等则认为应采登记生效要件主义，理由如下：根据体系解释，我国物权法对不动产物权的变动采取的是登记生效主义，只在例外情况下采取登记对抗主义，而《物权法》第155条的规定没有对此作出明确规定。而且根据《土地登记办法》第2条第2款以及第70条的规定，也可以得出宅基地使用权应依法登记的结论：首先，《土地登记办法》将法律明确为登记对抗的土地承包经营权排除在外，这在一定程度上又昭示了国家有关部门对宅基地使用权登记生效主义的认识。其次，从长远发展来看，对宅基使用权采取登记生效主义，既有利于加强对农村土地的监管，又有利于彰显权利

---

① 陈小君、蒋省三：《宅基地使用权制度规范解析、实践挑战及其立法回应》，《管理世界》2010年第10期。

② 张金玲：《物权法下的农村宅基地使用权探析》，《中国海洋大学学报》（社会科学版）2008年第3期。

③ 全国人民代表大会常务委员会法制工作委员会民法室编著：《物权法立法背景与观点全集》，法律出版社2007年版，第13页。

④ 朱岩等：《中国物权法评注》，北京大学出版社2007年版，第487页。

之状态，减少纷争，尤其是对于治理现实中颇让执法人员头痛的违章建筑问题，有着重要的作用。①

（2）对《物权法》中宅基地使用权规定的综合评析

首先，《物权法》确认宅基地使用权为用益物权的法律地位，具有重要的现实意义。表现为：有利于明确宅基地使用权的私权的本质；有利于加强对宅基地使用权的保护；有利于实现宅基地使用权的使用价值和交换价值。②

其次，《物权法》对宅基地使用权的规定过于简单和抽象。仅有四条规定关涉宅基地使用权，且大多为原则性规定或援引性的规范。与其他用益物权规定相比看，明显单薄。③

再次，《物权法》中宅基地使用权的用益物权性质名不副实。第一，从取得方式来看，农村宅基地使用权必须通过政府部门的审批后方可获得，而宅基地的所有权人的权利被忽视，违背物权制度基本法理。④ 第二，现行法律把农村村民的成员权无限扩张至宅基地使用权的全部内容，导致农村宅基地使用权被披上了强烈的行政管理色彩，很难从土地管理法律体系中走出来而真正进入物权法中去。⑤ 第三，《土地管理法》将宅基地使用权的申请、转让等行为的控制权转移给行政机关，使得农民集体权利难有作为，导致"权利虚位"，催化了农村宅基地诸多问题的爆发。⑥ 第四，现行农村宅基地使用权制度缺陷的本质在于以归属为核心，不符合物权发展新趋势。宅基地使用权法律制度的发展应顺应物权发展的价值化

---

① 陈小君、蒋省三：《宅基地使用权制度规范解析、实践挑战及其立法回应》，《管理世界》2010 年第 10 期。

② 董万程：《农村宅基地使用权制度的建设和完善》，《河南省政法管理干部学院学报》2008 年第 3 期。

③ 张金玲：《物权法下的农村宅基地使用权探析》，《中国海洋大学学报》（社会科学版）2008 年第 3 期；陈耀东：《宅基地使用权立法变革论——以〈物权法〉为中心》，《安徽大学法律评论》2007 年第 1 期。

④ 高圣平、刘守英：《宅基地使用权初始取得制度研究》，《中国土地科学》2007 年第 2 期。

⑤ 付坚强、陈利根：《我国农村宅基地使用权制度论略——现行立法的缺陷及其克服》，《江淮论坛》2008 年第 1 期。

⑥ 张金玲：《物权法下的农村宅基地使用权探析》，《中国海洋大学学报》（社会科学版）2008 年第 3 期。

趋势，更多地关注宅基地使用价值和交换价值的实现，应允许农村宅基地进入土地交易市场。① 第五，《物权法》中规定宅基地使用权人对宅基地没有收益的权利，因而是一种权能不完整的用益物权。这是对宅基地使用权权能的缩减，导致自身逻辑内容的相互矛盾。②

复次，《物权法》对宅基地使用权的规定存在缺漏或矛盾之处。表现为：其一，宅基地使用权的权能过于狭窄，没有给予宅基地使用权人收益的权能。其二，宅基地使用权概念与性质不够明晰。③ 其三，《物权法》第154条只明确规定了自然灾害作为重新分配宅基地的法定理由，但造成宅基地灭失的原因不可排除非自然灾害，合理的非自然灾害应为该条规定中的"等原因"所涵盖，以进一步固化并承认我国长期以社会福利形式为农民提供稳定居住保障的事实。④ 其四，对宅基地使用权的物权变动及其具体规则尚付阙如，使得相关实践处于失范状态。⑤ 其五，《物权法》未对宅基地使用权的取得制度进行详细、完整的规定。⑥ 其六，《物权法》中未有明确规定禁止本集体经济组织以外的成员，以继承方式取得农村宅基地使用权，但在理论界和实务中，对此持否定态度居多。

最后，《物权法》是否允许宅基地使用权的抵押并不明确。对此，法工委的同志认为，应仍然沿袭《土地管理法》的规定，即宅基地使用权不得抵押。⑦ 但也有意见主张我国物权法应当允许宅基地使用权抵押，理由在于：农民发展生产缺少资金，允许宅基地使用权抵押，可缓解农民贷

---

① 王娜加：《农村宅基地使用权的性质与物权重构》，《广州大学学报》（社会科学版）2008年第5期。

② 方金华：《论农村宅基地使用权的流转》，《武汉科技大学学报》（社会科学版）2008年第5期。

③ 张金玲：《物权法下的农村宅基地使用权探析》，《中国海洋大学学报》（社会科学版）2008年第3期。

④ 陈小君、蒋省三：《宅基地使用权制度规范解析、实践挑战及其立法回应》，《管理世界》（月刊）2010年第10期。

⑤ 耿卓：《论宅基地使用权的物权变动》，《政治与法律》2012年第5期。

⑥ 于鑫：《我国农村宅基地使用权取得制度研究》，硕士学位论文，湖南师范大学，2007年。

⑦ 王胜明主编：《中华人民共和国物权法解读》，中国法制出版社2007年版，第332页。

款困难。为了防范因此而出现的风险，可以有条件地适当放开。① 目前，不少农村存在部分宅基地和房屋闲置，为了物尽其用，也应允许使用权抵押。② 郭明瑞认为，若依据《物权法》第184条第2款规定，得出宅基地使用权不得抵押的结论，这种理解不妥当。宅基地使用权只是不能单独抵押，并不是说农民的房屋也不能抵押。《物权法》第180条第1款规定，农民的住房是可以抵押的。房屋抵押的，宅基地使用权也一并抵押。③

2. 宅基地使用权的性质

《物权法》已将宅基地使用权定性为一项用益物权，但学界就其是否必须具有身份性、成员权性和长期性、无偿性以及是否需具备使用、收益权能等展开了探讨。

高圣平认为，首先，宅基地使用权不必具有身份性。对他物权人的身份作限制性规定，有违主体平等的民法基本原则。其次，宅基地使用权不必具有成员权性。具有成员权利性质的是集体土地所有权，宅基地使用权并不当然具有成员权性。再次，宅基地使用权不必具有长期性。该项权利作为一种他物权，不可能永久存在，否则与土地所有权发生冲突和矛盾。最后，宅基地使用权不必具有无偿性。依用益物权取得的基本法理，应以有偿为原则，无偿为例外。④

韩松认为，宅基地使用权是设定于集体土地所有权上的用益物权，但用益物权不一定必须同时具有使用和收益的权能。用益物权本身就是在特定目的范围内的限定性支配，农民对宅基地拥有占有、使用权能足以实现其生活居住目的。因此，以宅基地是用益物权就应当具有收益权、就应当允许其流转是没有道理的；如果法律允许其流转，即使没有收益权能照样是可以流转的。因此，不允许宅基地流转不在于是否有收益权能。⑤

---

① 胡康生主编：《中华人民共和国物权法释义》，法律出版社2007年版，第339页；全国人民代表大会常务委员会法制工作委员会民法室编：《物权法立法背景与观点全集》，法律出版社2007年版，第85页。

② 最高人民法院物权法研究小组编：《〈中华人民共和国物权法〉条文理解与适用》，人民法院出版社2007年版，第460页。

③ 郭明瑞：《关于农村土地权利的几个问题》，《法学论坛》2010年第1期。

④ 高圣平：《宅基地性质再认识》，《中国土地》2010年第1期。

⑤ 韩松：《新农村建设中土地流转的现实问题及其对策》，《中国法学》2012年第1期。

3. 宅基地使用权的流转

《物权法》及《土地管理法》中并未放开宅基地使用权的流转，学界就是否全面放开宅基地使用权的流转，以及流转的具体模式问题进行了探讨。

（1）对宅基地使用权流转的不同态度

从我国法律和司法实践来看，对农村宅基地使用权流转是持禁止态度的。《物权法》第 153 条对宅基地使用权转让规定采取了搁置态度，但学界普遍认为其中的衔接性规定，为未来宅基地使用权制度的发展完善留下了一定的空间。对是否允许农村宅基地使用权自由流转，依据不同的标准，学界的观点可以区分为如下几类：[①]

依据宅基地使用权是否可单独转让，学界观点可以分为禁止单独转让、限定单独转让和允许单独自由转让三种。第一种指宅基地使用权转让只能适用"地随房走"规则，不得单独转让。第二种指限定在一定范围允许宅基地使用权单独转让。依据限定转让的范围不同，分为三种情形：其一，受转让人应该限于集体经济组织内部农户；[②] 其二，受转让人应该限于本集体经济组织内符合宅基地使用权分配条件的农户；其三，受转让人为无限制集体经济组织内部农户和有条件的集体经济组织以外的单位和个人。[③] 第三种指允许宅基使用权人将宅基地使用权进行转让、出租和抵押入股。[④]

依据"地随房走"的宅基地使用权转让，学界观点可以分为几种：其一，主张宅基地使用权准许依"地随房走"的规则而自由转让，不附加限制条件。[⑤] 其二，主张"地随房走"的宅基地使用权有限制条件的转

[①] 以下分类标准及多数观点引自丁关良、蒋莉《我国农村宅基地使用权转让制度改革研究》，《中州学刊》2010 年第 5 期。

[②] 石峰、孙丽丽：《论我国农村宅基地使用权的转让》，《北方经济》2007 年第 12 期。

[③] 陈耀东：《宅基地使用权立法变革论——以〈物权法〉为中心》，《安徽大学法律评论》2007 年第 12 卷第 1 期。

[④] 汪琴：《论农村宅基地使用权制度》，《华侨大学学报》（哲学社会科学版）2007 年第 4 期。

[⑤] 郭明瑞：《关于宅基地使用权的立法建议》，《法学论坛》2007 年总 22 卷第 1 期；胡传景等：《建立农村宅基地使用权自由流转制度的构想》，《广东土地科学》2007 年第 6 卷第 5 期；韩松：《新农村建设中土地流转的现实问题及其对策》，《中国法学》2012 年第 1 期。

让。而其中的限制条件即限定"一定范围",又有三种不同观点:该转让发生在不同集体经济组织的农户之间;① 该转让发生在本集体经济组织的农户之间;② 该转让发生在本集体经济组织的农户之间,且受转让人应该是本集体经济组织内符合宅基地使用权分配条件的农户。③ 其三,"地随房走"的宅基地使用权也严禁转让。"农村宅基地使用权属于不得或限制移转的土地使用权。因此,宅基地上的房屋所有权也不得或限制移转。"④

(2) 各种观点所持的理由

首先,就禁止宅基地使用权流转而言,学者提出的理由包括:农村宅基地自由流转会导致农民的社会保障出现问题,宅基地使用权和土地承包经营权是农民赖以生存的保障,具有身份性质和福利性质。有的认为,住房和宅基地是农民安身立命的最后保障,如果允许转让或抵押,一旦农民难以偿还贷款,或者进城打工者无法在城市立足,就会酿成无依无靠、无居无业的社会悲剧。⑤

其次,就限制宅基地使用权流转而言,学者的主要理由及限制的角度包括:

有学者认为,宅基地使用权是村民最基本的居住保障,集体经济组织成员应当无偿取得。转让农村房屋所有权而导致的宅基地使用权的转移应加以限制:第一,受让人只能是本集体经济组织成员;第二,农村村民一户只能拥有一处宅基地;第三,受让方的宅基地的面积不得超过省、自治区、直辖市规定的标准,否则不得受让。⑥

有学者提出,为了增加农民的财产性收入,体现物权平等原则,实现资源的优化配置,作为建设用地的宅基地使用权理当可以流转和抵押。但

---

① 石峰、孙丽丽:《论我国农村宅基地使用权的转让》,《北方经济》2007年第12期。

② 陈耀东:《房与地之间流向衍生中的财产风险》,《中国动物保健》2008年第1期;蒋丽辉、韩学平:《农村宅基地法律制度评析及立法建议》,《商业经济》2008年总302卷第5期。

③ 陈昌锋、陆建山:《农村房屋买卖的法律困境与路径选择》,《辽宁行政学院学报》2007年第9卷第2期。

④ 孟勤国:《物权法开禁农村宅基地交易之辩》,《法学评论》2005年第4期。

⑤ 许源丰、王敏:《中国转型期农村宅基地使用权的流转及其突破点》,《东岳论丛》2010年第3期。

⑥ 江平主编:《中国物权法教程》,知识产权出版社2007年版,第359页。

其毕竟是一种特殊的用益物权，其处分权应当从宅基地的合法性、有偿性、期限性及对象的特定性等方面进行限制，并严格遵循一户一宅的政策。①

有学者认为，鉴于农村宅基地的福利性质及社会保障功能，不允许农村宅基地在城乡之间自由转让是可行的。但允许非本集体经济组织的成员通过房屋转让取得农村宅基地使用权，有利于保证宅基地使用权的顺利流转。对宅基地的转让施加过多的限制，是与经济规律相违背的。②

有学者建议，以所有权一元化结构及同地、同质、同权、同价的原则制定宅基地法律制度，逐步消除一户一宅基地的法律规定，允许宅基地上市流转，实现宅基地有条件的有偿使用是解决矛盾的措施。③

还也有学者指出严格限制宅基地使用权流转的主要理由不能成立，因为：尽管宅基地使用权具有保障性，但它一经设立，就成为农民的私权，理应可由其权利人自由处分。同时，该学者还提出在宅基地使用权流转制度设计中应当注意以下几个问题：第一，宅基地使用权的流转对象应不限于本集体成员。第二，宅基地使用权的流转仍受到一些限制，如禁止宅基地使用权的单独流转；不得改变土地用途；不改变宅基地所有权的主体和性质；需征得所有权人"农民集体"同意；流转应有一定的期间限制。第三，宅基地使用权流转后，原使用人属于本集体成员的，不得再次申请无偿取得宅基地使用权。第四，宅基地使用权流转的方式可以是转让、继承、抵押，也可以是出租。④

最后，就允许宅基地使用权流转而言，学者的主要理由包括：

对于有人根据《物权法》第153条和《土地管理法》第62条的规定，认为宅基地使用权不能转让的认识，陈小君指出，这"并不是一个否定宅基地使用权买卖效力的禁止性规定"，其目的"主要是防止因村民重复申请新的宅基地造成耕地的流失。在宅基地的流转不危及这一目

---

① 吕军书：《物权制度下我国农地新政探微》，《政治与法律》2010年第8期。
② 石峰、孙丽丽：《论我国农村宅基地使用权的转让》，《北方经济》2007年第12期。
③ 白云、吴学斌：《我国宅基地法律制度评析》，《深圳大学学报》（人文社会科学版）2009年第3期。
④ 高圣平：《宅基地性质再认识》，《中国土地》2010年第1期。

的时,还是持有条件的允许的态度"。① 郭明瑞也认为,以土地管理法等法律规定而否定宅基地使用权流转的理由并不足信。有人认为宅基地使用权是无偿取得,因此不具有流通性。对此,郭认为:首先,财产的取得是否有偿与该财产是否具有流通性无关。其次,就宅基地使用权取得而言,宅基地使用权也并非全部是无偿取得的。有人认为农民房屋以宅基地使用权为前提,由于宅基地使用权不得转让,依"地随房转"原则,农民房屋也不得转让。郭明瑞认为,这不利于保护农村居民的财产。农村居民的私有房屋是其最重要的财产之一,不允许流通也就难以实现价值。②

有学者认为,随着农村经济的发展以及城镇化进程的加速,尤其是农村社会保障体制的建立与完善,应当放开对农村宅基地使用权的自由流转,而大规模的城市化进程,已经是不争的事实。③ 依据民法理论,宅基地使用权人作为用益物权人,应该对农民集体所有的宅基地享有占有、使用和收益的权利。虽然《物权法》没有直接规定农村宅基地使用权的权利内容,但是第153条的规定对于完善我国农村宅基地使用权的流转制度提供了立法空间。④ 反对宅基地使用权流通的主要理由就是强调其社会保障性质,既然可以通过低保来解决保障问题,则许可其向本集体组织以外的人流转也是顺理成章的事。⑤ "成员权不能成为否定宅基地使用权流转的理由。虽然农村宅基地使用权具有人身依附性,但这只是相对于权利的取得而言的,成员权在宅基地使用权的取得过程中仅起到'开关'的角色作用;宅基地使用权的受让人也不应受身份的限制。农村宅基地的福利性也不等于农村宅基地的不可转让性;以土地安全限制农村宅基地使用权流转是一种认识上的错位;允许农村宅基地使用权自由流转既没有理论上

---

① 陈小君:《宅基地使用权》,载王利明主编《物权法名家讲坛》,中国人民大学出版社2008年版,第333页。
② 郭明瑞:《关于农村土地权利的几个问题》,《法学论坛》2010年第1期。
③ 王利明、尹飞、程啸:《中国物权法教程》,人民法院出版社2007年版,第391—392页。
④ 龙翼飞、徐霖:《对我国农村宅基地使用权法律调整的立法建议——兼论"小产权房"问题的解决》,《法学杂志》2009年第9期。
⑤ 李学永:《农民土地权利流转制度研究——兼评〈物权法〉的用益物权制度》,《政法论丛》2008年第2期。

的障碍,也没有现实性障碍,完全是利大于弊,限制农村宅基地使用权自由流转完全是思想保守的体现,在要求进一步解放思想、勇于开拓未来的今天,显然是不符合发展潮流的。"①

还有学者特别指出,不能简单地回答是否允许农民自由转让房屋,包括向城里人转让房屋所有权和宅基地使用权,对这个问题应当结合建立集体建设用地使用权直接入市制度的逻辑综合考虑。②

(3) 关于宅基地使用权流转的机制

在支持宅基地使用权流转的学者当中,学者们还就宅基地使用权的流转机制及其完善提出了建议。

申建平提出,宅基地使用权流转势在必行。"房随地走、地随房走"原则已成为宅基地使用权流转的障碍。通过"两步走"的完善方式,先建立宅基地有期限、有偿使用制度及完善的农村宅基地使用权登记制度,通过房地分离和设立法定租赁权,最终实现集体土地的国有化,纳入统一的土地流转方式。③

韩松认为,应将新农村建设和土地流转的主体回归为农民,将资本下乡和合作社限定在为农民和农业生产服务的领域,防止资本对农民土地的兼并导致农民失业破产;要建立完善的法律制度,允许集体建设用地使用权直接入市,改革城乡建设用地挂钩的政策,建立集体建设用地复垦和耕地保护补偿制度。在此基础上,完善对农民房屋转让的规定,应当允许房屋所有人与本集体共同对房屋和宅基地作出处分,包括向城市人出卖房屋和宅基地,按照市场价格,由集体取得建设用地(宅基地)的出让价值,由房屋所有人取得房屋的市场交换价值。④

丁关良等建议,应把加快形成城乡经济社会发展一体化新格局作为根本要求,在物权性质、市场经济和"统筹城乡经济社会发展"背景下重

---

① 张文波:《宅基地使用权自由流转问题的法理分析》,载刘云生主编《中国不动产法研究》(第6卷),法律出版社2011年版,第138—143页。
② 韩松:《新农村建设中土地流转的现实问题及其对策》,《中国法学》2012年第1期。
③ 申建平:《宅基地使用权流转的路径》,《学术交流》2011年第5期;申建平:《宅基地使用权流转模式探讨》,《黑龙江社会科学》2011年第5期。
④ 韩松:《新农村建设中土地流转的现实问题及其对策》,《中国法学》2012年第1期。

构和完善宅基地使用权转让制度的基本内容。①

吕军书等认为，解决宅基地流转问题的关键在于设计合理的制度和进行有效的管理：关于宅基地使用权的取得，目前"一户只能拥有一处宅基地"的限制性规定有必要改为"一户只能申请一处宅基地"；关于流转的承受主体，不应有特殊身份的限制；关于流转收益，在宅基地使用权流转时应按照一定的标准向集体经济组织上交土地收益；关于流转模式，应因地制宜地选择适合本地实际的流转模式，政府主导模式、土地合作社模式、个体自主流转模式等都是目前各地在实践中总结出来的可供借鉴的方式；要在坚持"群众自愿，政府适度干预"的原则下，分区域、有差别、按步骤地有效推进。②

龙翼飞等提出，应改变现行法律中只允许农村宅基地使用权在本村村民范围内流转的现状，允许农村宅基地使用权以买卖、继承、赠与、出租、抵押、入股等方式进行流转。关于农村宅基地使用权流转制度的立法原则，建议作如下规定：以切实保障农民的居住利益为首要原则；农村宅基地使用权的转让，应当在统一的建设用地市场公开规范地进行；流转的期限不得超过农村宅基地使用权的剩余期限；严格遵守农村宅基地的土地规划和用途的要求；同等条件下，本集体经济组织成员享有优先权。③

许源丰等提出，从长远的角度来说，放开农村宅基地使用权的流转是大势所趋，目前实施农村宅基地流转的突破点是：其一，制定严格的耕地保护措施，控制农村宅基地的总体面积，尽量少批或不批占用农业耕作用地的宅基地。其二，在严格控制农村宅基地总体面积的前提条件下，允许自由流转的同时限制可交易农村宅基地的范围，合理有效地对农村宅基地的产权进行完整的界定，提高农村宅基地流转的效率，政府退出农用土地交易，由农民自身充当交易方，提高农民的受惠程度。其三，地方政府可以考虑在放开农村宅基地流转的条件下制定相应的法规，即在人均住宅面积达到一定程度以上的宅基地可以自由转让，而未能达标的严格限制其转

---

① 丁关良、蒋莉：《我国农村宅基地使用权转让制度改革研究》，《中州学刊》2010 年第 5 期。

② 吕军书、徐明华：《我国农村宅基地使用权流转制度的法律重构》，《中国青年政治学院学报》2010 年第 4 期。

③ 龙翼飞、徐霖：《对我国农村宅基地使用权法律调整的立法建议——兼论"小产权房"问题的解决》，《法学杂志》2009 年第 9 期。

让。同时,还可以要求农民缴纳一定比例的农村宅基地出让金,设立相应的三农基金,以应对可能出现的农民返乡、返贫的问题。①

高圣平认为,民法典物权编应在宅基地使用权的定义性法条中增加收益权能,明确宅基地使用权的身份属性,在保障宅基地用益物权的基础上,激活宅基地的财产价值,并使宅基地"三权分置"改革得以顺利开展。宅基地使用权虽因审批而设立,但仍应强调登记对于宅基地使用权物权变动的法律意义,以为宅基地使用权的流转和抵押提供技术前提。基于宅基地确权颁证尚未做到全覆盖的现状,宅基地使用权的物权变动宜采登记对抗主义。宅基地使用权应具有融资担保能力,宅基地使用权抵押权的实现一般应采取收益执行的方法,以农民住房财产权的收益清偿债务。②

4. 宅基地使用权的取得与消灭

蔡立东认为,关于宅基地使用权的取得,《物权法》存在法律漏洞。"填补这一漏洞的方式为类推关于土地承包经营权的法律规则,设定该权利取得的法律结构。农户取得宅基地使用权的法律结构以农村村民的成员权为逻辑基点,以合同机制为逻辑线索,具体构成为:农村村民行使成员权与其所属集体经济组织签订的宅基地使用权合同,该物权合同以行政审核与审批为生效要件,宅基地使用权因合同生效而当然设立,不需要履行登记等其他程序。"③

耿卓指出,宅基地使用权以及其上房屋所有权的取得应当采取登记生效原则,进行确权登记是整个宅基地使用权制度运行的基础和前提。为此可以考虑借鉴城市住房国有土地使用权登记制度,进行统一的免费初始登记。宅基地使用权还可因标的物灭失、宅基地使用权人抛弃、集体依法收回、国家征收等原因而消灭。当宅基地使用权主体不再拥有农村集体成员身份时,村集体应有权将其享有的宅基地予以无偿收回,但由于宅基地上的房屋依然属于个人私有,由此导致村集体无法无偿收回本该收回的宅基地。对此,有两种方案选择:一是如有学者建议的创设法定租赁权;二是

---

① 许源丰、王敏:《中国转型期农村宅基地使用权的流转及其突破点》,《东岳论丛》2010 年第 3 期。

② 高圣平:《宅基地制度改革与民法典物权编编纂——兼评〈民法典物权编(草案二次审议稿)〉》,《法学评论》2019 年第 4 期。

③ 蔡立东:《宅基地使用权取得的法律结构》,《吉林大学社会科学学报》2007 年第 3 期。

由集体赎买。①

龙翼飞等建议我国农村宅基地使用权的取得应当划分为两类："一是农户基于本村村民的身份，依申请审批程序取得农村宅基地使用权。二是农村村民、城镇居民、法人及其他组织，依买卖、继承、赠与等方式取得农村宅基地使用权。"对于上述的两种农村宅基地取得类型，在建立相关配套制度时应当明确以下几个方面内容：①农村宅基地使用权以及其上房屋所有权的取得，应当采取登记生效的原则；②规定"农村宅基地使用金"制度，区分农村宅基地的无偿使用与有偿使用；③明确规定农村宅基地使用权是有期限的，建议较国有用于建造住宅的建设用地使用权 70 年的期限更长一些，统一规定农村宅基地使用权的期限为 80 年。②

刘震宇等指出，目前农村宅基地使用权的取得方式包括申请取得、继承和买卖三种，其中依申请取得是宅基地使用权取得的最主要方式。但对申请宅基地使用权的主体的"户"，相关法律法规却没有明确界定含义，造成了农村宅基地使用权混乱现象。关于宅基地使用权的继承，为避免与宅基地使用权的身份性以及一户一宅的原则发生冲突，应规定继承人限期转让房屋，如果期限届满而无人认购时，由集体经济组织按合理的价格购买继承人取得的房屋。关于宅基地使用权的买卖，虽然目前我国《物权法》明确禁止，但实践中大量存在的买卖现象不容忽视。关于宅基地使用权的取得程序，只需得到政府的批准即可，无须农民集体的意见，其目的在于采用行政手段控制宅基地的规模，防止乱占耕地。但该制度在保护耕地的同时，也使得宅基地所有权人的所有权沦为行政审批制度的附庸，无法行使其作为所有权人应有的权利。③

汪渊智等认为，农村宅基地使用权消灭可以分为绝对消灭和相对消灭。绝对消灭是指农村宅基地使用权不存在，而且他人也未取得其权利。主要有以下两种情况：宅基地因自然灾害等原因灭失，不能恢复原状；国

---

① 耿卓：《论宅基地使用权的物权变动》，《政治与法律》2012 年第 5 期。
② 龙翼飞、徐霖：《对我国农村宅基地使用权法律调整的立法建议——兼论"小产权房"问题的解决》，《法学杂志》2009 年第 9 期。
③ 刘震宇、张丽洋：《论农村宅基地使用权的取得》，《海南大学学报》（人文社会科学版）2011 年第 2 期。

家和集体征收农村宅基地使用权。相对消灭主要表现在因房屋的出租、出卖、继承、赠与和遗赠等行为而引起的原宅基地使用权人的使用权消灭和另一方对该使用权的取得。另外，抛弃也可以导致农村宅基地使用权的相对消灭。[①]

付坚强等提出，现行法律没有对农村宅基地使用权的消灭条件作出全面而明确的规定，极不利于对农村宅基地的规范管理。将来在修订《土地管理法》和《物权法》时可以规定，出现如下情形，宅基地使用权消灭：农村村民丧失农村集体经济组织成员权；宅基地使用权主体改变农村宅基地的用途；农村宅基地使用权人的处分行为；征收。[②]

（三）简要总结

《物权法》对宅基地使用权的规定虽然一共只有四个条文，且非常原则性，主要是与土地管理法等法律规定的衔接性规定，但其确认了宅基地使用权是一种用益物权，关乎九亿农民的安身立命之本，因此其重要性不容小视。在我国的社会保障体系尚无法覆盖广大农村的现实情况下，土地承包经营权解决了农民的基本衣食来源，宅基地使用权则解决了农民的基本居住问题。这两项制度，以其鲜明的福利色彩成为维护农业发展、农村稳定和农民权益的重要制度。[③] 物权法肯定了农村集体成员根据宅基地使用权所拥有的权利，以及获得分配宅基地的权利（第152条、第154条），还认可了中国农村许多宅基地使用权未以登记作为公示方式的习惯做法，只是规定"已经登记的宅基地使用权转让或者消灭的，应当及时办理变更登记或者注销登记"[④]（第155条）。《物权法》中并未对宅基地使用权的具体内容、限制和行使等问题作出具体规定，而是主要适用

[①] 汪渊智、李永格：《论农村宅基地使用权制度》，《广西政法管理干部学院学报》2007年第1期。

[②] 付坚强、陈利根：《我国农村宅基地使用权制度论略——现行立法的缺陷及其克服》，《江淮论坛》2008年第1期。

[③] 胡康生主编：《中华人民共和国物权法释义》，法律出版社2007年版，第337页。

[④] 陈甦：《中国〈物权法〉上的用益物权》，载渠涛主编《中日民商法研究》（第七卷），法律出版社2009年版，第148页；另参见陈小君、蒋省三《宅基地使用权制度规范解析、实践挑战及其立法回应》，《管理世界》2010年第10期；许源丰、王敏《中国转型期农村宅基地使用权的流转及其突破点》，《东岳论丛》2010年第3期。

《土地管理法》等法律和国家有关规定，为包括物权法在内的相关法律如《土地管理法》的修改与完善以及新法如《城乡规划法》的适用，预留了较大空间。但由于宅基地使用权法律制度的构建受到国家土地政策、社会未来发展、百姓需求的地方性差异和宅基地在人们生活中的重要性等多重因素的交织影响，《物权法》对宅基地使用权仅做原则性规定，虽然可以理解，但该章毕竟只有4条，是除"附则"外条文最短少的一章，明显不能对错综复杂、利益交织的宅基地使用权进行全面、有效的规范。"关于农村宅基地的立法存在着较多不成熟之处，宅基地流转仍存在着诸多限制，有关农村宅基地的改革还任重而道远。"

学界关于宅基地使用权性质的进一步探讨，基本上是对宅基地使用权的特点归纳。我们倾向于认为：宅基地使用权是根据农民集体土地所有权的特点而专为农民集体经济组织的成员（村民）设定的权利，故享有宅基地使用权的人具有特定的身份性。城镇居民、法人和非法人团体等不能享有宅基地使用权。宅基地使用权的设立目的是供建造住宅及其附属设施而居住、使用。出于其他目的而使用集体土地的，不能成立宅基地使用权。也正是因为宅基地使用权对农村村民具有福利性和社会保障性，其取得一般是无偿的，其流转和抵押也受到法律的限制。由宅基地使用权的以上特性所决定，该权利是一种无期限限制的用益物权，具有永久性，不存在因期限届满而消灭的问题。[①]

在《物权法》制定中，对于是否应对宅基地使用权的转让、抵押等留出空间或限定条件，学界曾有不同意见；最后未作明确和具体的规定，目的是待作进一步的调查研究，总结经验，将来根据实际情况通过土地管理法等法律、法规来具体规定。因此，当前学界应当探索更多适合我国农村现实情况的解决方案，解决以上《物权法》未能解决的遗留问题；对各地正积极探索的宅基地使用权流转改革的路径和机制的经验，应当及时进行总结，对其中成熟的做法，可在适当的时候通过《土地管理法》等进行具体规定。

鉴于宅基地负载着保障功能，同时具有财产属性，不同时期的宅基地制度在两者之间的权重各有差异。随着我国经济结构的转型，宅基地的财产属性越发彰显。宅基地用益物权权能的完善主要体现为宅基地使用权抵

[①] 刘保玉：《物权法学》，中国法制出版社2007年版，第303—304页。

押和转让（退出）等处分权能的强化。在确保农民不失地的前提下探索增加财产性收入，实现宅基地"三权分置"，房地分离的模式提供了可供选择的路径。在国家行政审批制度改革的背景下，应下放宅基地审批权限，减少审批环节，缩短审批周期。①

我国立法上关于宅基地使用权取得与消灭的规定较为粗疏，学界已对这方面的不足进行了客观的评析，指出了问题所在。笔者认为，在宅基地使用权的取得和消灭上，现行法的规定仍有参考价值，不宜一律予以否定，唯在如何改进和完善方面，尚值得进一步讨论。如宅基地使用权除了通过申请、审批取得这种主要形式外，还可以在一定条件下通过受让、继承房屋所有权而附随取得宅基地的使用权。②③ "一户一宅"的具体含义如何，尚待明确；分户条件如何把握，各地可以因地制宜而有不同的规定，但应当明确以防止宅基地审批中的任意现象。除《物权法》对宅基地的消灭原因规定外，宅基地使用权消灭原因还有：宅基地被依法收回、征收、抛弃或因转让住宅而附随丧失宅基地使用权。对于因其他方式取得宅基地使用权，法律应加以明确规范，以防止出现"一户多宅"现象，而造成资源的浪费。将来，还应适时建立和完善农村宅基地使用权的登记制度，通过登记制度发挥定分止争、有效管理的作用。

第五节 地役权

一 立法论

（一）主要争议问题

学界在立法论方面对地役权的探讨，主要围绕相邻权或相邻关系与地

---

① 高圣平：《宅基地制度改革政策的演进与走向》，《中国人民大学学报》2019年第1期。

② 胡康生主编：《中华人民共和国物权法释义》，法律出版社2007年版，第337—340页；最高人民法院物权法研究小组编：《中华人民共和国物权法条文理解与适用》，人民法院出版社2007年版，第458—463页。

③ 房绍坤：《物权法用益物权编》，中国人民大学出版社2007年版，第231、237页；最高人民法院物权法研究小组编：《中华人民共和国物权法条文理解与适用》，人民法院出版社2007年版，第458页。

役权之间的关系，以及在用益物权中是否应单独规定地役权、如何加以规定等展开。此外，学界的研究还涉及地役权的本质和价值以及我国立法所应采纳的名称和体系构成。

(二) 各种观点

1. 地役权的本质与价值

学界关于地役权本质的理解，大致有四种观点：一是所有权扩张说，即地役权是需役地所有权在他人土地上的延伸；二是所有权限制说，即地役权是"以限制供役地所有权的作用为内容的他物权"；三是土地增值说，认为地役权的存在目的是使需役地利用价值增加；四是地役权的本质是土地利用的社会性、广泛性和多重性，即"实现不同主体在同一土地上的利用需要的并存与调和"①。还有学者认为，地役权应是"需役地所有权的延伸"和"供役地所有权限制"相结合的统一体，两者都是地役权效力的不同表现形式，共同存在于地役权制度中，是一个事物的两个方面，不可分割。所以，地役权的本质应界定为"提升需役地价值"，这不仅符合地役权本身存在的内在属性，也符合地役权所包含的内容不断扩充的社会发展趋势。②

关于地役权的价值，有学者认为地役权是为某一特定不动产的利用之需要而有必要对他的不动产进行限制，使其负担不作为义务，从而使需役地的价值得到充分的实现和维护，最大限度地实现需役地的物尽其用，而同时这种限制也并不损害供役地的用益。"是以，地役权之社会作用，乃在以物权之方式，提高需役地之价值。"③ 还有学者提出，我国引入地役权制度具有独特的价值：首先，相邻关系与地役权属于基本保障与更高追求的区别；其次，地役权的设定可排除或改变相邻关系的适用；最后，地役权的优越性表现在相对于其他土地利用的实现方式的优越性上。④

---

① 王卫国：《中国土地权利研究》，中国政法大学出版社1997年版，第216页；陈耀东、赵秀清：《地役权本质与存在原则的法律与经济分析——兼评〈物权法（草案）〉关于地役权的规定》，《政法论丛》2006年第2期。

② 陈耀东、赵秀清：《地役权本质与存在原则的法律与经济分析》，《政法论丛》2006年第2期。

③ 屈茂辉：《物尽其用与物权法的立法目标》，《当代法学》2006年第4期。

④ 申卫星：《地役权制度的立法价值与模式选择》，《现代法学》2004年第5期。

有学者从现代社会地役权制度的发展变化角度分析，指出现代地役权已突破传统地役权的内容，具有相邻关系所不具有的独特功能：首先，现代地役权的设立的目的不仅是为特定土地的便利，而且是为土地的所有人或实际占有使用人的利益。其次，随着社会的发展，地役权成为随当事人的目的而随意设立各种内容的他物权，可满足现代社会对物的多元化利用的需求。另外，地役权制度可以弥补相邻关系的不足，改变相邻关系的某些规定，具有相邻关系所不具有的调整自然资源利用的独特功能。①

2. 名称之争

在我国物权法制定过程中，学界对于是否继续采用"地役权"的名称存在着不同看法。主要有三种主张，即邻地利用权说、地役权说、不动产役权说。而立法机关在名称的选择上，态度曾有摇摆。在2004年8月之前的几稿《物权法（草案）》中采纳的是邻地利用权的概念，而之后的草案中则改采地役权的概念。

（1）邻地利用权

"梁稿"中指出："考虑到在现代社会中，地役权制度仍有广泛利用的余地，如在他人土地上下敷设管线等，物权法应当规定地役权制度。因此本法专设一章，并改称邻地利用权。邻地利用权一语，可以与本法第三章规定的基地使用权和第四章规定的农地使用权相互匹配，并能够准确表述地役权概念的内涵和外延，为人们容易理解。"建议"将需役地改称需用地，供役地改称供用地"。并在第470条将邻地利用权定义为："是指土地所有人、基地使用权人或农地使用权人为使用其土地的方便与利益而利用他人土地的权利。"同时，"梁稿"中认为，地役权一语，中国自1949年以来，学术界、立法部门及审判机关皆不曾启用过它，这也是弃用地役权概念的原因之一。②

但许多学者对邻地利用权概念提出了反对意见。如有学者认为，邻地利用权与相邻权两者的名称过于近似，与在邻地上享有的债权性利用权也难于区分，容易导致混淆；邻地利用权并没有正确反映地役权的外延，地

---

① 黄娟、徐金妹：《相邻关系与地役权》，《山东审判》2004年第3期。
② 中国物权法研究课题组（负责人：梁慧星）：《中国物权法草案建议稿：条文、说明、理由及参考法例》，社会科学文献出版社2000年版，第553页。

役权的存在并不以土地的相邻为必要。① 在支持采纳地役权名称的学者中，多对邻地利用权一词的不足进行了批评。

(2) 地役权

王利明主持拟定的《中国物权法草案建议稿》和《中国民法典草案建议稿》中将地役权界定为："是指土地所有人、土地使用权人、农村土地承包经营权人、宅基地使用权人为使用自己土地的便利而使用他人土地的权利。"② 其反对使用"邻地利用权"的理由是："一方面，邻地使用权的名称强调需役地与供役地之间必须相邻，这并不符合地役权的特点，因为设定地役权，并不一定要求两块土地必须相邻，即使两个不动产所有人和使用人并不相邻，也可以发生地役权；另一方面，邻地使用权的概念中强调对土地的利用，也不完全符合地役权的内容和特点，因为需役地所有人和使用人并不是在任何情况下都要对供役地实际地利用，如可设定眺望远景（海景）的权利。"③

此外，学界多数学者支持采纳地役权的名称。如申卫星认为使用地役权的称呼比邻地利用权更好。主要理由是：首先，邻地利用权与地役权所表达的含义完全相同，用邻地利用权取代地役权并没有实质意义，反而增加立法成本。采纳新概念需要一个解释的过程，从立法技术上讲是不合理的。其次，现代地役权并不要求两块土地必须相互"邻接"或"毗连"，也可包括相"邻近"或者相隔很远的情形。因此，邻地利用权中的"邻地"存在令人误解的可能。再次，地役权分为作为地役权与不作为地役权，而邻地利用权名称中的"利用"易产生歧义，似乎这只是积极使用供役地的一种权利，不能涵盖地役权的全部内容。最后，地役权概念的使用不仅在我国立法史上已有百年历史，且在民法学理论上，从清朝末期开始就存在深厚的理论基础。总之，"与我国学者独创的'农地利用权''基地使用权'等名称相配合不能成为使用'邻地利用权'名称的充分理由。作为一个约定俗成的名称，在尊重历史、尊重现实、遵循国际惯例的基础上，在立法中继续保留此概念，不失为

---

① 于宏伟、李军辉：《论地役权若干法律问题》，《法学杂志》2007 年第 2 期。
② 王利明主编：《中国民法典草案建议稿及说明》，中国法制出版社 2004 年版，第 92 页。
③ 王利明：《物权法研究》，中国人民大学出版社 2002 年版，第 497 页。

明智之举。"① 费安玲指出,"地役权"的使用已经有了百年历史,有其存在的深厚的理论基础。"邻地利用权"被用来代替"地役权"的缘由是《中国物权法草案建议稿》的立法体系。但是,该立法体系若不采用,则使用"邻地利用权"名称丧失了其存在的理论基础,且需进一步解释所谓的"邻地利用权"与"地役权"的关系。无论是立法体系上,还是立法的理论基础上,或是内涵与外延信息的披露程度上,"地役权"的名称比"邻地利用权"的名称更为合适。② 陈小君认为,由于地役权不以需役地与供役地毗邻为限,即使两地并不相连,只要有事实上利用之需要,即可设定地役权。而邻地利用权易发歧义,使人误认为地役权以两地毗邻为要件,故而沿用传统之地役权为妥,物权立法应明确规范。③

(3) 不动产役权

房绍坤也不赞成采纳"邻地利用权"的概念,同时主张"为适用社会经济的发展及我国物权制度的基本理念,地役权以改称为'不动产役权'为宜"。其理由是:首先,从适用范围上说,地役权不仅适用于土地之间,也应适用于建筑物之间。使用地役权的概念,显然不能完全概括不动产利用的全部情形,缺乏概括性。其次,从社会经济的发展来看,随着城市化的发展,建筑物之间、建筑物与土地之间提供便利的可能性将越来越多。若将建筑物之间以及建筑物与土地之间设定役权的情况排除于役权的法律调整之外,显然无法满足社会生活要求,也会人为地减少许多合理的交易机会。最后,以不动产役权代替地役权,可以避免空间地役权的概念缺位所带来的尴尬。因为不动产役权的概念,可完全涵盖了所谓的空间地役权问题。④

对不动产役权这一名称,学界采纳的较少,还有学者对其提出了异议,认为"该名称并没有能够反映地役权客体范围扩大的现实情况,实

---

① 申卫星:《地役权制度的立法价值与模式选择》,《现代法学》2004 年第 5 期。

② 费安玲:《不动产相邻关系与地役权若干问题的思考》,《江苏行政学院学报》2004 年第 1 期。

③ 陈小君:《我国他物权体系的构建》,《法商研究》2002 年第 7 卷第 5 期。

④ 房绍坤:《役权的立法选择》,《辽宁大学学报》(哲学社会科学版) 2005 年第 4 期;房绍坤:《关于用益物权体系的三个问题》,《金陵法律评论》2005 年第 1 期。

际上是对'地役权'名称的一种误解。'地役权'一词中的'地'并非是地役权的客体,而是供役地服务的对象。将地役权改称为不动产役权只是说明了地役权服务的对象扩大了,而没有能够表明地役权客体范围的扩大,这显然与设定不动产役权这一名称的初衷南辕北辙"①。

3. 体系之争

(1) 概述

费安玲指出:在大陆法系国家的民法典中,有关不动产相邻关系与地役权的体系规定,主要有两个模式:一是以法国法为代表的地役权模式。即未就不动产相邻关系作出规定,相反,着重墨规定地役权的内容。二是以德国法为代表的不动产相邻关系与地役权并存的模式。这两个模式的立法价值取向是不同的:前者力图将不动产所有权的扩展和限制,紧密地同地役权的设立结合在一起,强调两者之间十分密切的联系。而后者则从逻辑上力图将两者的联系与不同在体系上和内容上有所区分,以表明两者在立法价值取向上并非完全能够相互包容。②

以上大陆法系的立法模式被学者总结为不同的立法体系,即相邻权(吸收地役权)说、地役权(吸收相邻权)说和并存(两者分立)说。

也有学者介绍了英美法系对地役权与相邻权的规定。认为,英美法系是将地役权与相邻权都看作对于他人的土地以及影响他人土地的自然资源的权利。对于狭义地役权,称为因自愿、推定和时效设立的权益,对于相邻权,称为非自愿权益或自然权益,或是不动产的天然权利。③

还有学者提出了将相邻关系(相邻权)规定为法定地役权,并与约定地役权合并规范,形成统一的地役权概念并规定在用益物权制度中的观点。认为如此规定,清楚明了,也更容易被理解。④ 对此观点,有学者表示异议,认为相邻关系中的权利扩张具有必要性,是相邻不动产"与生俱来"的关系,而地役权是规定不动产的权利人依自己意志处分不动产的权利。而且,为了自己土地的便利,当事人还可以设立排除相邻关系的

---

① 于宏伟、李军辉:《论地役权若干法律问题》,《法学杂志》2007 年第 2 期。
② 费安玲:《不动产相邻关系与地役权若干问题的思考》,《江苏行政学院学报》2004 年第 1 期。
③ 李仁玉、吴万军:《地役权与相邻关系》,《法学杂志》2006 年第 4 期。
④ 黄娟、徐金妹:《相邻关系与地役权》,《山东审判》2004 年第 3 期。

地役权,如果将二者统一于地役权名下,体现不出来相邻关系的本质属性,所以还是分别立法为优。[1]

关于相邻权与地役权的关系,需要分析二者是共性大于异性,还是异性大于共性,从而决定是否需要将之分别立法。多数学者认为二者的区别较为明显,如申卫星认为,二者的区别主要表现在以下方面:从法律性质上看,相邻关系不属于一项独立的民事权利,而是所有权的内容的扩张或限制;地役权则是一项独立的用益物权,属于他物权的范畴。从产生原因上看,相邻关系是基于法律的直接规定;而地役权则是基于双方当事人的合同产生。从不动产相邻与否看,相邻关系强调不动产相邻,而地役权中需役地和供役地不以相邻为限。从是否有偿看,相邻关系是基于其所有权内容而生之效力的当然扩张,所以在其行使权利时只要不造成邻人的损失,通常为无偿;而地役权可以有偿,也可无偿,且大都是有偿的。从受到损害后的救济请求权上,相邻关系受到侵害后,应该提起所有权的行使受到妨害之诉;而地役权受到损害之后,受害人可以直接提起地役权受损害的请求之诉。[2] 李仁玉等认为,二者的区别在于:"①相邻权是法定权利,地役权是约定权利;②相邻权无须登记,地役权需要登记;③相邻权无对价,地役权可有对价;④相邻权是权利行使的必须,地役权是对权利自由处分;⑤相邻权的不动产之间是相邻的,地役权的不动产间不必然相邻;⑥相邻权发生在任何不动产权利人之间,地役权的主体是有选择的。"[3]

(2)并存模式

并存模式采纳的是《德国民法典》的立法模式,即将作为所有权扩张说的相邻权和作为独立用益物权的地役权相结合而使之并存。在"梁稿"中就采用了此种观点,主张相邻关系(相邻权)与地役权所需达到的规范目的基本相同,制度构成也有共同之处,但毕竟还是性质不同的两种民法制度,有明显的区别,忽略或模糊了二者的界线,必将损及所有权和用益物权的边际,进而使物权法的体系构成陷于紊乱。所以,我国制定

---

[1] 李仁玉、吴万军:《地役权与相邻关系》,《法学杂志》2006年第4期。
[2] 申卫星:《地役权制度的立法价值与模式选择》,《现代法学》2004年第5期。
[3] 李仁玉、吴万军:《地役权与相邻关系》,《法学杂志》2006年第4期。

《物权法》时，应把相邻权与地役权予以区别，相邻权规定在所有权制度中，地役权则应归属于他物权制度。①

绝大部分学者支持将地役权与相邻关系并立的立法模式，理由如下。

第一，相邻关系与地役权制度虽然有着密切的关联，但从法律性质、内容与功能上看，二者之间不能相互替代或者相互完全包容，它们在思路上有着明显不同，需要分别规定。

第二，大陆法系国家民法中对相邻关系和地役权的称谓虽颇有差异，但不同的表达方式指向的是同一内容，二者各有其不同的调整功能，是两种相互独立且又相互协调的制度。

第三，从历史角度与立法技术上看，20世纪初我国民法即采用了不动产相邻关系与地役权并存的立法思路，该立法思路历经百年的存续，对我国民众产生的潜移默化的影响不容忽视，遵循历史的规定与民间习惯、民众理解，是减少立法成本、增强立法效果的立法路径。②

第四，地役权不仅是相邻关系有益的、必要的补充，而且是民法在调整不动产相邻关系中自然应有的组成部分。地役权与相邻关系两种制度有着不同的法律属性和价值取向，不能相互代替或吸收。③

第五，并存说的立法模式重视地役权与相邻权的差别，相邻权在现代民法上的调整范围有所扩张，如防止不可量物的近邻妨害，已经超出了地役权的涵摄领域，将其作为与地役权并行的一种制度是有道理的。因此，应当采用地役权和相邻权并存的立法模式。④

（3）相邻权说

少数学者主张相邻权说，即地役权应当纳入相邻关系之中，为相邻权所包容，所有相邻关系由相邻权统一调整。如彭诚信认为：法律明确相邻权的法定性质，并不意味着对当事人约定的排除。即使在承认相邻权基础上经登记而成立的地役权作为独立的用益物权的立法中，地役权

---

① 中国物权法研究课题组（负责人：梁慧星）：《中国物权法草案建议稿：条文、说明、理由及参考法例》，社会科学文献出版社2000年版，第513页。

② 申卫星：《地役权制度的立法价值与模式选择》，《现代法学》2004年第5期。

③ 焦海涛、吕卓：《论地役权与我国物权法体系》，《福建法学》2007年第1期。

④ 于宏伟、李军辉：《论地役权若干法律问题》，《法学杂志》2007年第2期。

和其他用益物权也不是性质一致的权利，如一般用益物权不能并存于同一物上，而地役权则可以，就说明地役权的定性不准确。而相邻权则是兼具法定性和约定性的复合权利，即使法律不赋予法定相邻权，如袋地所有人或利用人也会设法与周围土地的所有人或利用人通过交易成本的计算，利用交易手段以取得通行权。① 除此之外，地役权的引进还存在着诸多问题：第一，中国古代法上有"地役权"调整的内容，但无地役权制度之传统，而对此适用"相邻关系"的概念却不陌生；第二，实践告诉我们，脱离习惯引进地役权制度不会成功，因为设定地役权的人相当少见，司法实践很少有这方面的案例；第三，地役权有其自身不易被人们接受的弱点，如成立程序过于复杂、需以需役地的便利为必要、起源于相邻关系之调整等。②

李开国支持相邻权说，认为：将相邻权制度从所有权制度中抽出来，与地役权制度联系在一起，建立一个专门调整不动产相邻关系的物权法律制度，使相邻权制度的适用不再受所有权制度范围的限制，就不会再发生类推适用的问题。相邻权制度本是一项调整相邻不动产占有人之间的关系的法律制度，不管相邻不动产占有人对不动产进行占有的本权是所有权、用益物权或债权，都受相邻权制度的调整。将这样一项制度置于所有权制度之中，其本身就存在一定的逻辑问题。③

房绍坤则对以上观点提出了异议，认为以相邻关系或相邻权取代地役权是不足取的，理由在于：第一，在中国古代社会，地役权制度不很发达，而且往往与相邻关系不分，若以此就否定地役权的存在价值，似乎理由不够充分。第二，地役权与相邻关系的价值功能是不同的。同时，由于相邻关系的适用还可能会造成资源效益的降低，此时设定排除相邻关系的地役权，就具有了修正相邻关系的功能。第三，在私有制条件下，地役权调整的是土地所有人之间的关系，但也不排除调整非土地所有人之间关系的情形。第四，如果用相邻关系取代地役权，则很容易导致对所有权的过分限制。第五，地役权是一个开放的、容纳性很强的体系。随着社会的发

---

① 彭诚信：《现代意义相邻权的理解》，《法制与社会发展》1999年第1期。
② 彭诚信：《相邻权与地役权的物权立法选择》，载吴汉东主编《私法研究》，中国政法大学出版社2002年版，第147—149页。
③ 李开国：《关于中国物权法体系结构的思考》，《现代法学》2002年第4期。

展与进步，除传统的地役权内容外，地役权还可用于补充建筑法规的不足，调整相邻关系，规范环境保护及营业竞争等，具有适应现代社会经济需要的发展空间。①

(4) 地役权说

该学说以《法国民法典》《意大利民法典》为模式，主张用地役权吸收相邻权，对不动产的相邻关系作统一调整。持这种观点的学者认为法国民法典对相邻权的定性，没有采用所有权扩张或限制说，而是定性为地役权，即依法定而产生的地役权，这种做法具有可行性和合理性，在逻辑上、结构上、体系上比所有权扩张说解释相邻权效果更佳。② 此外，还有学者指出，单纯从理论上看，采纳地役权说是有道理的：第一，相邻权是对他人不动产所加的负担，是存在于他人不动产上的权利。由客体之不同一，即可推断相邻权并非不动产所有权的内容；第二，相邻权并非所有权的天然附属物，只是为了减少纠纷，增进社会效益才规定了这种权利；第三，相邻权并非附随于任意的所有权类型，只是不动产所有权的情况下才有相邻权的存在；第四，相邻权不仅是不动产所有权人可以享有，用益物权人也可以享有，某些类型的相邻权甚至可以由不动产的债权性利用人享有。由此可见，相邻权并非是所有权的附属物，而是法律为经济效益之考量赋予任何土地利用人的一种权利。③

(三) 简要总结

依据通说，地役权是指不动产权利人为了自己的不动产使用的便利和效益，按照合同约定而利用他人不动产的权利。地役权为用益物权之一种，并非简单的所有权的扩张，而是有其独立的制度价值。

关于地役权与相邻权（相邻关系）之间的联系与区别，学界的总结较为全面。笔者认同梁慧星、房绍坤等多数学者的观点，即地役权与不动产相邻关系十分相似，都是存在于不动产上的权利，其目的也是发挥相邻不动产的利用价值和使用效益，但两者存在明显的不同之处，应予以区别。二者在产生原因、是否为独立的物权类型、对不动产利用关系的调整

---

① 房绍坤：《役权的立法选择》，《辽宁大学学报》（哲学社会科学版）2005 年第 4 期。
② 张鹏、曹诗权：《相邻关系的民法调整》，《法学研究》2000 年第 2 期。
③ 于宏伟、李军辉：《论地役权若干法律问题》，《法学杂志》2007 年第 2 期。

程度、是否有偿、是否具有登记资格等方面存在差异。① 基于以上认识，本书认为并存说更为可取，即应在相邻关系制度之外，单独建立地役权制度。

在"地役权""邻地利用权"和"不动产役权"的名称取舍中，多数学者认为：地役权发生虽以需役地和供役地同时存在为前提，但并不以其相邻近为必要，即使不动产不相邻甚至土地远隔千山万水也无妨设立地役权，而邻地利用权的概念则易使人误以为必须以不动产相邻为条件，故此概念有其缺陷；而不动产役权的概念虽明了且准确，但仍有可能引发是否还存在"动产役权"（此可能应属"人役权"的范畴）的猜疑。② 因此，传统民法上约定俗成、词义精当的地役权之概念较为妥当。值得说明的是，地役权中的"地"，并不限于土地，而是泛指不动产，包括房屋等建筑物在内。③

关于地役权的本质，所谓的需役地所有权延长说、增加需役地价值说、需役地权利说等不同的观点，只是说明了邻地利用权的行使状态，或地役权与需役地权利的结合关系，难以完全说明邻地利用权的本质。④ 本书认同学界通说，即地役权实际上是在他人不动产上所存在的一种负担，其本质是一种以限制供役地所有权或使用权为内容的他物权。

二 解释论

（一）主要争议问题

《物权法》在第十四章规定了地役权，从第 156 条到第 169 条共计 13 个条文。分别规定了地役权的概念、地役权合同、地役权的设立、地役权的行使及当事人的权利、义务及地役权的消灭等问题。《物权法》颁布后，除对其相关条文进行阐释、评析外，学者们关注的地役权问题还包

---

① 梁慧星、陈华彬：《物权法》（第 4 版），法律出版社 2007 年版，第 187 页；郭明瑞等：《民商法原理》（2），中国人民大学出版社 1999 年版，第 203—204 页。
② 刘保玉：《物权体系论》，人民法院出版社 2004 年版，第 194 页。
③ 罗马法中采用房地结合、土地吸收建筑物的规则，故其中的地已当然包括了地上建筑物等在内，其建筑地役或称城市地役、都市地役的规定本身即是有关建筑物之关系的。后来其他国家虽多实行房地分离、各为独立之不动产的原则，但仍沿用了地役权的概念而未作改变。
④ 梁慧星、陈华彬：《物权法》，法律出版社 2007 年版，第 285 页。

括地役权的概念、地役权的性质、地役权的主体、地役权的客体、地役权的登记等。

(二) 各种观点

1. 《物权法》上地役权制度的整体评析

首先，从制度层面讲，我国地役权制度从无到有，丰富和完善了不动产利用的形式；在立法结构上，将相邻权与地役权分立并存，明确了二者的区别，有利于更好地发挥地役权的制度价值。其次，从具体制度安排看，地役权的适用范围广泛，权利内容不确定，权利创设目的随意，能够给当事人更大的自由空间，双方可根据实际情况来设定地役权的内容，从而保护新型的权利。[1] 但与此同时，不少学者指出，与其他国家的制度相比，我国地役权制度还存在一定的不足和疏漏之处。主要体现在以下几个方面。

首先，我国物权法未就地役权与相邻关系之间的规范体系关系予以明确，而相邻权和地役权的范围有重叠、交叉之处。由于立法未明确二者的区分标准，实践中的操作，需要颁布配套的司法解释来予以指导。[2] 应将地役权的范围扩大为不动产役权（包括土地与建物）并将役权设定人范围扩大为使用人。这样可使役权多样化，符合交易所需。建议第十四章名修正为"役权"，并将本章分为两节，就不动产役权与人役权，各单独一节分别加以规范。[3]

其次，有学者指出我国《物权法》第168条规定的地役权消灭制度存在不足。如有学者指出，该条仅规定了两种情况下供役地权利人可行使对于地役权合同的法定解除权，从而消灭地役权。应增加关于地役权因消灭时效和目的不能而消灭的规定；[4] 还有学者认为该条规定不够严谨，如果供役地权利人恶意解除地役权合同以达废除地役权的不法目的，应不发生解除的效果；地役权已登记的，登记机关应予严格审查地役权合同解除

---

[1] 王利明：《民法》，中国人民大学出版社2010年版，第242页。

[2] 彭欣：《简析〈物权法〉之地役权与相邻权》，《湖北大学学报》（哲学社会科学版）2007年第4期。

[3] 谢哲胜：《中华人民共和国物权法综合评析》，《上海交通大学学报》（哲学社会科学版）2007年第3期。

[4] 刘冰：《地役权制度研究》，硕士学位论文，复旦大学，2008年。

是否合法，若不合法，不予办理地役权的注销登记，地役权不消灭。①

再次，《物权法》第165条对地役权从属性的规定存在漏洞。该条并未提及在以土地承包经营权、建设用地使用权抵押时，地役权是否应一并抵押的问题；②未明确供役地被征收、征用时，对地役权人的损失赔偿问题。这将影响地役权调节功能的发挥，有碍需役地提高使用价值。同时，根据我国《物权法》第163条的规定，保护了用益物权人的利益，对土地所有人的权利进行了限制，但并没有规定具体的救济措施。③

复次，有学者对《物权法》关于地役权存续期间的规定提出质疑。依其第157条第2款第4项及第161条的规定，立法者似乎认为地役权应有固定的期限。④但"《物权法》第161条规定，不应适用于土地所有权人以其土地作为需役地而设立地役权，以及以建筑物、构筑物及其附属设施作为需役地而设立地役权的场合。因为于此场合土地承包经营权等用益物权因存续期限届满而消灭时，需役地依然存在，不动产所有权人和供役人约定的地役权存续期限长于土地承包经营权等用益物权的存续期限，也不妨碍地役权的目的及效能。"⑤

最后，《物权法》第160条规定了"地役权人应当按照合同约定的利用目的和方法利用供役地"，但对于需役地人在实现地役权时可以为必要附随行为或设施的权利没有明确规定。该条规定了保全供役地人利益的义务，但没有规定供役设施的维持及允许供役地人使用供役设施的义务。⑥还有，《物权法》中规定了地役权的设定取得和让与取得，对于其他取得方式未作明确规定，尤其是未规定地役权的时效取得。⑦

2. 地役权的概念——《物权法》第156条

《物权法》第156条明确界定了地役权的概念，以此为据，部分学者

---

① 崔建远：《物权法》，中国人民大学出版社2009年版，第359页。
② 戴孟勇：《我国〈物权法〉中地役权制度的争点及思考》，《政治与法律》2009年第11期。
③ 郭越：《从〈物权法〉角度审视我国地役权制度》，《行政与法》2009年第10期。
④ 刘冰：《地役权制度研究》，硕士学位论文，复旦大学，2008年。
⑤ 崔建远：《再论地役权的从属性》，《河北法学》2010年第12期。
⑥ 李楠：《我国地役权制度若干问题研究》，硕士学位论文，华东政法大学，2008年。
⑦ 刘冰：《地役权制度研究》，硕士学位论文，复旦大学，2008年。

对地役权的概念进行了重新界定。如李建华等认为："地役权是指为自己使用不动产的便利或提高其效用，按照合同的约定利用他人的不动产或对他人的不动产施加某种限制的用益物权。"但也有不少学者仍旧保持了原有的概念界定，并未进行更新。如梁慧星、陈华彬认为，地役权是指以他人土地供自己土地使用的方便和利益之用的权利；杨立新认为，地役权是指在他人的土地之上设立的以供自己的土地便利使用的他物权；房绍坤认为："地役权是指为自己不动产的便利而使用他人不动产的权利。"[①]

朱广新撰文专门就地役权的概念进行了体系性的解读，其认为，我国物权法在规定地役权的法定内容时依循日本和我国台湾地区的立法例，将地役权界定为"利用他人的不动产"，以提高"自己不动产的效益"的权利。日本和我国台湾立法例的弊病随之也被裹挟而来。因此，其建议在适用《物权法》第 156 条的规定时，不妨采我国台湾学者的通说。在地役权概念的构造，只要有两项独立的不动产即可，至于该不动产是为两人所有，还是属于同一人，以及不动产是土地还是建筑物，均无影响。如此理解的根本缘由，在于地役权之本质，旨在调节物的所用，而非物之所有。[②]

3. 地役权的性质——《物权法》第 164—167 条

关于地役权性质的讨论，主要涉及其从属性和不可分性两个方面。《物权法》中关于地役权的从属性的规定，具体表现在第 164 条、第 165 条的规定。另外，该法第 162 条的规定，也可认为与地役权的从属性相关。[③] 地役权的不可分性，在《物权法》上体现为第 166 条、第 167 条的规定。基于以上条文规定，学界对地役权的这两种性质展开了探讨。

（1）地役权的从属性

梁慧星、陈华彬认为，地役权的从属性表现为两个方面：一是地役权

[①] 李建华、申卫星、杨代雄：《物权法》，中国人民大学出版社 2008 年版，第 190—191 页；梁慧星、陈华彬：《物权法》（第 4 版），法律出版社 2007 年版，第 285 页；杨立新：《物权法》（第 2 版），中国人民大学出版社 2007 年版，第 237 页；孙宪忠主编：《中国物权法：原理释义与立法解读》，经济管理出版社 2008 年版，第 395 页；房绍坤：《物权法：用益物权编》，中国人民大学出版社 2007 年版，第 245 页。

[②] 朱广新：《地役权概念的体系性解读》，《法学研究》2007 年第 4 期。

[③] 房绍坤：《物权法》（用益物权编），中国人民大学出版社 2007 年版，第 250 页。

不得与需役地分离而为让与，这又包括三种情形：其一，需役地不得保留需役地上的权利而单独转让地役权于他人；其二，需役地不得保留地役权而单独转让需役地上的权利于他人；其三，需役地人不得把地役权与需役地上的权利分别转让于不同的人。二是地役权不得与需役地分离而作为其他权利的标的。①

崔建远认为，地役权的从属性表现在：第一，地役权不得由需役地分离而转让，其包含的三种情形与梁慧星、陈华彬所列情形相同。第二，地役权不得由需役地分离而为其他权利的标的物。第三，需役地的所有权消灭，地役权因无法取得需役地的便宜而归于消失。第四，用益物权人以其用益不动产作为需役地而设立地役权的场合，按照《物权法》第 161 条的规定，当事人约定的地役权的期限不得超过用益物权的剩余期限。②

其后，崔建远另撰文提出，首先，地役权的从属性是否为固有属性，直接涉及地役权的从属性可否被当事人以约定排除或限制，以及当事人关于限制或排除从属性的约定，是否具有法律效力，是部分有效，还是全部无效。无论是从地役权的概念、构成，还是对地役权的历史审视、本质揭示和地役权与相关权利的关联观察，都应当将从属性作为地役权的固有属性。其次，地役权从属性规范（《物权法》第 164 条的规定）为强制性规范，而非任意性规定。"认定从属性是地役权的固有属性，我们应当尽量否定当事人关于排斥从属性的约定，在《物权法》第 164 条已经设置但书的背景下，在解释上应当将'但合同另有约定的除外'的但书作为第 164 条第二句'土地承包经营权、建设用地使用权等转让的，地役权一并转让'的例外，而不宜作为整个第 164 条的但书。"③

朱广新认为，"地役权的从属性，是指地役权依附于需役地，与需役地共命运，当需役地所有权或使用权转移时，即使双方当事人未声明地役权是否转移，地役权当然随之转移于他人。"地役权的从属性首先表现在地役权的设定上，即其必须以需役地所有权或使用权的存在为前提，除此以外，地役权的从属性还突出体现在如下两方面：地役权不得与需役地所

---

① 梁慧星、陈华彬：《物权法》（第 4 版），法律出版社 2007 年版，第 290—291 页。
② 崔建远：《物权法》，中国人民大学出版社 2009 年版，第 370—371 页。
③ 崔建远：《再论地役权的从属性》，《河北法学》2010 年第 12 期。

有权或使用权相分离而单独转让；地役权不得单独作为其他权利的标的物。① 其文中同时指出："地役权虽是一种从属于需役地所有权或使用权的从权利，但其在用益物权体系中仍是一类独立的物权。"②

梅夏英等学者认为，地役权的从属性是指需役地所有权或使用权与地役权具有主从关系，地役权应当依附于需役地所有权或使用权而存在。地役权有其特定的设立目的，其存在就是为便于需役地所有权或使用人利用需役地，因此具有从属性。③

（2）地役权的不可分性

梁慧星、陈华彬指出，不可分性是指"地役权的取得、丧失，均为全部的、不得分割为数部分或仅有一部分而存在"，包括"发生上的不可分性、消灭上的不可分性以及享有或负担上的不可分性"，这在需役地或供役地为共有时也不例外。④

崔建远认为，《物权法》对地役权的不可分性虽然未加全面规定，但从合理设计地役权制度的要求出发，应予承认。《物权法》第166条承认了地役权在享有上的不可分性，"为使该条规定的适用更加合理，不妨将所谓'转让部分涉及地役权的'解释为含有'如果地役权的行使，依其性质只关于需役地的一部分的，地役权仅就该部分继续存在'之义。供役地被分割的，地役权就其各部分继续存在。"《物权法》第167条承认了地役权在负担上的不可分性，"为使该条规定的适用更加合理，不妨将所谓'转让部分涉及地役权的'解释为含有'如果地役权的行使，依其性质只关于供役地的一部分的，地役权仅对该部分继续存在'之义"⑤。

王利明等指出，我国不存在土地共有，地役权的不可分性仅发生于需役地、供役地的使用权为共有的场合。不过应看到，由于《物权法》上的供役地和需役地均可为建筑物、构筑物及其附属设施，建筑物等共有的现象并不鲜见，地役权的不可分性在这些场合也发挥着作用。⑥

---

① 朱广新：《地役权概念的体系性解读》，《法学研究》2007年第4期。
② 朱广新：《地役权概念的体系性解读》，《法学研究》2007年第4期。
③ 梅夏英、高圣平：《物权法教程》，中国人民大学出版社2010年版。
④ 梁慧星、陈华彬：《物权法》，法律出版社2007年版，第290—291页。
⑤ 崔建远：《物权法》，中国人民大学出版社2009年版，第370—371页。
⑥ 王利明、尹飞、程啸：《中国物权法教程》，人民法院出版社2007年版，第406页。

王胜明等认为,物权法第 166 条规定虽然仅提到部分转让时存在不可分性,但在解释上,对于需役地共有分割时亦应当适用。同时,该条"转让部分涉及地役权的"表明,如果需役地以及需役地上的土地承包经营权、建设用地使用权被部分转让后,地役权在性质上只与部分转让后的土地相关时,那么地役权就只在有关部分继续存在,至于无关部分则不再享有地役权。①

杨立新等提出:"地役权的不可分性实际上是地役权从属性的延伸,因此对比《物权法》对地役权从属性的规定方式对于探求对不可分性规定的真意具有重大意义,且解释结论上应力求一致适用于地役权的从属性与不可分性。"②

4. 地役权的主体——《物权法》第 162 条

我国《物权法》并没有明确规定地役权的主体范围,但根据其第 162 条等的规定,学者普遍认为我国地役权的主体整体上呈现出不断扩大的趋势,除了土地所有人外,还有土地承包经营权人、建设用地使用权人、宅基地使用权人等可以成为地役权的主体。③ 还有学者认为,根据《物权法》第 156 条、第 161 条至第 167 条的规定,不动产所有权人、用益物权人以及不动产承租人均有权在他人的不动产上取得地役权,或以自己所有或使用的不动产为他人设定地役权。④ 立法对于承租人能否设定地役权,并没有明确规定,学界对不动产承租人可否为其承租的不动产取得地役权,多持肯定见解。⑤ 不动产承租人在其租赁权许可的范围内,以其租赁的不动产为他人不动产的便宜而设立地役权,不损害出租人的利益,

---

① 王胜明主编:《中华人民共和国物权法解读》,中国法制出版社 2007 年版,第 350、351 页。

② 杨立新、王竹:《解释论视野下的〈物权法〉第一百六十六条和第一百六十七条——兼评用益物权编〈不动产即土地〉定式思维》,《河南省政法管理干部学院学报》2008 年第 1 期。

③ 郭越:《从〈物权法〉角度审视我国地役权制度》,《行政与法》2009 年第 10 期;刘家安:《物权法论》,中国政法大学出版社 2009 年版,第 171 页。

④ 戴孟勇:《我国〈物权法〉中地役权制度的争点及思考》,《政治与法律》2009 年第 11 期。

⑤ 谢在全:《民法物权论》(上),中国政法大学出版社 1999 年版,第 432—433 页;王泽鉴:《民法物权(2)用益物权·占有》,中国政法大学出版社 2001 年版,第 85 页;梁慧星、陈华彬:《物权法》(第 4 版),法律出版社 2007 年版,第 293 页。

故无禁止的必要。①

5. 地役权的客体——《物权法》第 156 条

根据《物权法》第 156 条文义解释，地役权的客体应当是他人的不动产，包括所有及使用的不动产。但学者仍有不同的意见，可归类为如下几个方面：

（1）地役权的客体："土地"抑或"不动产"

有学者认为，"地役权是存在于他人土地之上的他物权""地役权的标的是土地，而不是其他不动产，更不是动产"。也有人认为："从我国《物权法》第 159 条至第 165 条有关地役权的规定上看，其中仅规定了土地上的地役权，而无建筑物上的地役权，根据物权法定原则，我国的地役权仅在土地上设立。"还有人认为，尽管确有将建筑物作为地役权客体的立法例，如德国、法国民法，但从《物权法》第十四章的总体规定看，将第 156 条所称"不动产"解释为"土地"为宜。还有学者指出："从我国《物权法》第 156 条的规定来看，地役权的客体是不动产，包括土地和建筑物。但是，从我国《物权法》的其他具体规定来看，地役权还主要适用于土地之间，对建筑物之间以及建筑物与土地之间的地役权关系还缺乏具体规定。"②

另一种观点主张，根据《物权法》的规定，地役权的客体不限于土地，也包括建筑物以及其他不动产。如有学者提出："只有将建筑物纳入地役权的客体，才能够缓解《物权法》第 166 条和第 167 条带来的解释上的困境。"③ 有学者对我国《物权法》地役权制度中所规定的"不动

---

① 戴孟勇：《我国〈物权法〉中地役权制度的争点及思考》，《政治与法律》2009 年第 11 期。

② 以上观点分别参见杨立新《物权法》（第二版），中国人民大学出版社 2007 年版，第 238 页；江平主编《物权法教程》，中国政法大学出版社 2007 年版，第 210 页；刘家安《物权法论》，中国政法大学出版社 2009 年版，第 171 页；江平主编《中华人民共和国物权法精解》，中国政法大学出版社 2007 年版，第 202 页；朱岩、高圣平、陈鑫《中国物权法评注》，北京大学出版社 2007 年版，第 505 页；江平主编《物权法》，法律出版社 2009 年版，第 256 页；戴孟勇《我国〈物权法〉中地役权制度的争点及思考》，《政治与法律》2009 年第 11 期。

③ 杨立新、王竹：《解释论视野下的〈物权法〉第一百六十六条和第一百六十七条——兼评用益物权编"不动产即土地"定式思维》，《河南省政法管理干部学院学报》2008 年第 1 期。

产"做了系统的解释：首先，从文义解释的角度看，《物权法》第 156 条明确将地役权的客体规定为"他人的不动产"。其次，从物权法的制定过程看，各次审议稿将地役权的客体界定为他人的不动产，显然也不宜将地役权的客体限缩为土地。再次，虽然《物权法》第 159 条以下均围绕土地展开，而未提及地上建筑物的问题，但因现行法对土地使用权与土地之上的建筑物所有权在处分上实行"房地一体主义"，故在解释上不妨认为，《物权法》第 159 条以下对于建设用地和宅基地的有关规定，已经包括土地上的建筑物、构筑物及其附属设施在内。最后，也最为重要的是，2008 年 7 月 1 日起施行的《房屋登记办法》，在其第三章第三节中专门用四个条文规定了国有土地范围内房屋地役权的登记。这表明，我国实践中已承认在房屋上设定的地役权。因此，在《物权法》第 156 条已明确将供役地和需役地规定为不动产的情况下，显然没有必要将地役权的客体限缩解释为土地，以免人为地限制地役权的适用范围，影响其功能的发挥。[1]

(2) 地役权的客体：不动产抑或不动产权利

有学者认为，"建设用地使用权人、宅基地使用权人、土地承包经营权人可以允许他人在自己权利上设立地役权，从而使自己的权利成为供役地。地役权的客体包括建设用地使用权等用益物权"[2]。"我国《物权法》中的地役权应当理解为仅仅适用土地所有权、建设用地使用权、农村土地承包经营权、宅基地使用权，并不包括土地以外的诸如建筑物等不动产。"[3] 对此，也有学者持反对意见。认为"建设用地使用权、宅基地使用权和土地承包经营权均为法律上之力，属于抽象的东西，而地役权则为对供役地具体性的直接利用，或在供役地上通行，或在供役地上铺设管线，或在供役地上排水等，这些显然是在建设用地、宅基地、承包地等不动产本身上，而非权利上。至于建设用地使用权人等何以有权以他人所有的土地上为需役地人设立地役权，可以解释为土地所有权人已经向建设用

---

[1] 戴孟勇：《我国〈物权法〉中地役权制度的争点及思考》，《政治与法律》2009 年第 11 期。

[2] 王利明、尹飞、程啸：《中国物权法教程》，人民法院出版社 2007 年版，第 401 页。

[3] 杨立新：《物权法》（第二版），中国人民大学出版社 2007 年版，第 238、249 页。

地使用权人等用益物权人授予了设立地役权的权利。"①

(3) 地役权的客体：他人的不动产抑或自己的不动产

法律设置地役权制度，不在调节不动产的所有，而在于调节不动产的利用，且法律用语中所谓的"他人土地"或"自己土地"没有严格限制以土地所有权人为限。故通说认为虽属同一人所有的二宗土地，其中一宗被他人所使用，如为他人设立了典权或农用权，只要一宗土地有供另外一宗土地便宜之用的必要，仍可设立地役权。② 这符合实际需求，值得重视。③ 站在立法论的立场上，未来制定民法典或修正《物权法》时，在一定情况下，应当允许在自己的不动产上设立地役权。④ 也有学者提出，《物权法》第 156 条使用的"自己的不动产的"概念，从文义上解释，既可以理解为自己享有"所有权"的不动产，也可以理解为自己享有"用益物权"的不动产。借助体系解释的方法来取舍，"自己的不动产"应该理解为自己享有"所有权"的不动产，"自己"即地役权权利人。而在我国土地实行公有，且不能转让土地的宪法性规定下，未来社会经济生活中的地役权必然以用益物权人之间设立为主要表现形式。⑤ 有学者对此表示赞同："不动产所有权人、用益物权人以及不动产承租人均有权在他人的不动产上取得地役权，或以自己所有或使用的不动产为他人设定地役权。"⑥

(4) 地役权的客体：地表、地下、地上

有学者指出，地役权的客体为土地时，不限于地表，也可以是地下空

---

① 崔建远：《地役权的解释论》，《法学杂志》2009 年第 2 期。
② 谢在全：《民法物权论》（中），台湾：三民书局 2003 年版，第 184 页。
③ 崔建远：《地役权的解释论》，《法学杂志》2009 年第 2 期；戴孟勇：《我国〈物权法〉中地役权制度的争点及思考》，《政治与法律》2009 年第 11 期。
④ 崔建远：《地役权的解释论》，《法学杂志》2009 年第 2 期；曲天明、杨杰：《解析地役权客体——以〈城乡规划法〉为视角》，《大连理工大学学报》（社会科学版）2010 年第 4 期。
⑤ 杨立新、王竹：《解释论视野下的〈物权法〉第一百六十六条和第一百六十七条——兼评用益物权编"不动产即土地"定式思维》，《河南省政法管理干部学院学报》2008 年第 1 期。
⑥ 戴孟勇：《论地役权登记对地役权变动的影响》，《当代法学》2010 年第 2 期。

间或地上空间，后者即所谓区分地役权，属于空间权的一种。①

6. 地役权的登记——《物权法》第 158 条、第 169 条

（1）关于地役权登记采取的规则

地役权是一种物权，一般应有公示要件，但考虑到我国实际情况，《物权法》采取了登记为对抗要件的模式，于第 158 条的规定，地役权自地役权合同生效时设立。当事人要求登记的，可以向登记机构申请地役权登记；未经登记，不得对抗善意第三人。② 对此规定的理解，学界并无异议。而关于《物权法》第 169 条对已登记的地役权变动，采纳何种规则，学者们有不同意见。虽然多数学者认为《物权法》第 169 条对已登记地役权的变动，采纳了登记生效主义。③ 但也有学者指出，《物权法》第 169 条规定："已经登记的地役权变更、转让或者消灭的，应当及时办理变更登记或者注销登记。"这与《物权法》第 155 条关于"已经登记的宅基地使用权转让或者消灭的，应当及时办理变更登记或者注销登记"的规定大体相同，而与《物权法》第 129 条关于"土地承包经营权人将土地承包经营权互换、转让……未经登记，不得对抗善意第三人"的规定明显不同。第 169 条规定的地役权的变动登记究竟应解释为登记对抗主义还是登记生效主义，并不明确。④

对此，有学者认为"为了维护登记簿的公示力、公信力，必须要在地役权人办理变更、转让或者注销该地役权登记后，地役权变动才能生效。"⑤ "对于已经登记的地役权，在变更或消灭之时，当然应维持登记本身的准确性与权威性，故应及时办理登记"，即应将登记确立为地役权变

---

① 王利明等：《中国物权法教程》，人民法院出版社 2007 年版，第 400 页。
② 崔建远：《地役权的解释论》，《法学杂志》2009 年第 2 期。
③ 胡康生主编：《中华人民共和国物权法释义》，法律出版社 2007 年版，第 359 页；江平主编：《中华人民共和国物权法精解》，中国政法大学出版社 2007 年版，第 217 页；朱岩、高圣平、陈鑫：《中国物权法评注》，北京大学出版社 2007 年版，第 114 页。
④ 戴孟勇：《论地役权登记对地役权变动的影响》，《当代法学》2010 年第 2 期；江平主编：《中华人民共和国物权法精解》，中国政法大学出版社 2007 年版，第 216 页。
⑤ 胡康生主编：《中华人民共和国物权法释义》，法律出版社 2007 年版，第 359 页。

动的要件。① 也有学者认为在已登记地役权基于法律行为而发生内容变更或者权利移转的情况下，应将《物权法》第 169 条的规定解释为登记对抗主义。理由是：第 169 条强调"应当及时办理变更登记"，显然承认在已登记地役权的变动与办理地役权的变更登记间存在时间差，与《物权法》第 145 条规定的登记生效主义规则明显不同；如此解释，可避免与《物权法》第 158 条对地役权设立采登记对抗主义规则的矛盾。②

有人认为，对简单的琐事，若采取登记为生效要件主义，将把事项复杂化，不如采取登记为对抗要件主义，既不损害善意第三人的合法权益，地役权的产生也快捷。③ 崔建远认为需要对此进行反思：其一，地役权只是解决问题中可供选择的一种途径，不排斥当事人选择债权的方式，甚至友情等非法律的路径；其二，把登记作为地役权的对抗要件，使得我国现行法上的物权变动模式过于多样化，为便于人们对法律的理解和掌握，应当以统一化为目标，只在具备充分理由时才设置例外；其三，地役权设立采登记生效规则对于减少纠纷、有利于交易安全等方面具有积极作用。④

还有学者提出，地役权未为登记，也可对抗的第三人包括以下几类："①以不公正的手段妨碍地役权人获得登记的人，或负有协助登记义务而不履行的人，以及主张欠缺登记为理由明显违背诚实信用的人，均属无登记的地役权人能够对抗的人。②虽然从外形上看好像拥有与主张拥有地役

---

① 江平主编：《中华人民共和国物权法精解》，中国政法大学出版社 2007 年版，第 216 页。

② 戴孟勇：《论地役权登记对地役权变动的影响》，《当代法学》2010 年第 2 期。

③ 崔建远：《物权法》，中国人民大学出版社 2009 年版，第 354 页；[日] 我妻荣：《日本物权法》，有泉亨修订，李宜芬校订，台湾：五南图书出版公司 1999 年版，第 150—160 页；转引自崔建远《地役权的解释论》，《法学杂志》2009 年第 2 期。此处引文中的我妻荣文献另可见 [日] 我妻荣《我妻荣民法讲义Ⅱ·新订物权法》，罗丽译，中国法制出版社 2008 年版，第 154 页（原文第 7 页）。即：作为对抗要件的登记效力一关于以上所论范围之不动产上的权利的得丧变更，如果没有进行有效登记，则不得对抗第三人。(1) 登记，是上述范围内不动产物权变动的对抗要件，而不是产生物权变动效力的生效要件……登记，不仅具有作为对抗要件的效力，而且，被登记的权利变动大体上有效成立——不仅如此，在登记为本登记的情形下，被推定为该权利变动再登记之前就已产生推定力。

④ [日] 我妻荣：《日本物权法》，台湾：五南图书出版公司 1999 年版，第 150—160 页；转引自崔建远《地役权的解释论》，《法学杂志》2009 年第 2 期。

权的人不相容的权利,而实体上却没有任何真实权利的人,一般被称为实质上无权利之人。无登记的地役权人能够对抗他。③侵权行为人,是指侵害不动产的人,而且不具有交易当事人的身份。他也属于无登记的真实权利人能够对抗的人。"①

(2) 关于地役权的注销登记对地役权变动的影响

在未登记的地役权因供役地灭失等原因而消灭时,不存在注销登记的问题。而在已登记地役权因供役地灭失等原因而消灭时,注销登记的效力如何,不无争议。不少学者认为,我国《物权法》第169条对已登记地役权采纳了登记生效主义规则,若当事人未办理注销登记的,地役权仍然存在。② 但也有学者提出,对于《物权法》第169条规定的已登记地役权的消灭与注销登记之间的关系,应区分导致地役权消灭的不同原因而定:在已登记地役权基于当事人的意思表示而提前消灭的场合,应适用基于法律行为而引起的地役权设立和变更的规则,即实行登记对抗主义,当事人不办理注销登记的,地役权仍然归于消灭,但不得以其消灭对抗善意受让地役权的第三人;在已登记地役权基于当事人的意思表示以外的其他事实而消灭的场合,应适用基于事实行为引起的物权变动的规则,也即不待办理注销登记,就发生地役权消灭的后果,且得以此对抗第三人。③

(三) 简要总结

《物权法》中采纳了"相邻关系不能替代地役权,相邻关系是对不动产利用做最低限度的调节,而地役权制度是通过当事人约定提高不动产利用价值"的观点,以专章规定了地役权制度,这一做法值得肯定。在《物权法》颁布后,学界对地役权的研究重点,发生了一定的变化,关于地役权的主体和客体范围的讨论以及地役权的从属性和不可分性、地役权变动登记的效力等问题的研究,有新的研究路线的展开和新的成果。

---

① 胡康生主编:《中华人民共和国物权法释义》,法律出版社2007年版,第359页;江平主编:《中华人民共和国物权法精解》,中国政法大学出版社2007年版,第217页;朱岩、高圣平、陈鑫:《中国物权法评注》,北京大学出版社2007年版,第114页。

② 戴孟勇:《论地役权登记对地役权变动的影响》,《当代法学》2010年第2期。

③ 胡康生主编:《中华人民共和国物权法释义》,法律出版社2007年版,第344页。

《物权法》中关于地役权的诸项规定，内容多与土地承包经营权人、建设用地使用权人和宅基地使用权人的权利有关。[①] 由此可见，在我国土地公有制下，以土地为客体的地役权虽然也可发生在土地所有权人之间，但主要发生在土地使用权人之间。而在建筑物及其附属设施上发生的地役权，主体的范围更为宽泛。

关于地役权的客体问题，笔者认为，虽然《物权法》第159条以下关于地役权的规定系围绕土地而展开，但不宜据此认为地役权的客体只能是土地，而将地上建筑物、构筑物及其附属设施排除在外。对此，已有学者作出了充分的解释，值得赞同。而在现代法上，地役权的客体范围，显然已不限于地表，还包括在地表上下的特定空间上设立的空间地役权。

关于地役权的主体，除所有权人、用益物权人外，是否包括不动产的承租人，学界探讨较多。我们倾向于肯定说，认为不动产的承租人，在租赁合同约定的范围内，可以其承租的不动产为他人设定地役权或者在他人所有、使用（含租赁）的不动产上取得地役权。

关于地役权的变动规则，是否采取登记生效主义，立法时即有多种不同观点。[②] 立法对于地役权的设立，最终选择了登记对抗主义，对此，在解释论上已无异议，但此立法选择是否妥适，尚可讨论，其实践效果如何，也有待检验。至于《物权法》第169条规定的已登记的地役权变更、转让或消灭的，登记的效力如何，尚值进一步讨论，我们倾向于登记对抗主义的认识。

第六节　其他用益物权

一　立法论

（一）主要争议问题

关于典权，学界讨论最为激烈的是典权的性质和存废。多数学者赞同

[①] 陈甦：《中国〈物权法〉上的用益物权》，载渠涛主编《中日民商法研究》（第七卷），法律出版社2009年版，第149—150页。

[②] 胡康生主编：《中华人民共和国物权法释义》，法律出版社2007年版，第348页。

保留典权,认为典权是我国特有的制度,属于珍贵的本土资源,可为融资提供一条有效的途径。少数学者则否定典权,认为其属于逐渐落寞的制度,在现代社会中,有充足的融资方式代替其功能,且典权制度缺乏公平性,适用的空间不大。① 在讨论中,学者们从典权的历史发展、我国的基本国情、国外立法的借鉴等多个角度进行了充分的探讨,成果丰富。支持典权制度的学者,对典权的具体内容,包括其设立、消灭制度等方面进行了分析;否定典权制度的学者,具体地探讨了在物权法中规定典权制度的种种弊端。少数学者对典权制度持中立态度,认为应当有限地保留典权。

除典权外,学界还对一些特殊用益物权进行了探讨,这主要包括空间权、居住权、海域使用权等。在对空间权的探讨中,学界对空间权的性质、类别、物权法中是否应规定空间权以及空间权与其他用益物权的关系等进行了较为深入的分析。关于居住权的讨论,学者们主要集中于居住权的概念界定、物权法中是否规定居住权、居住权的价值等方面。对海域使用权、水权、渔业权、矿业权、林业权等自然资源使用权是纳入自然资源使用权体系在单行法中予以规制,还是作为用益物权、特许物权或准用益物权在物权法中予以规制,学者们进行了深入的探讨,但意见并不统一。

(二) 各种观点

1. 典权

典权在我国并不是成文法制度(我国台湾地区除外),而是受司法解释保护的习惯法制度。关于典权,学界主要围绕着其性质、与相关制度的区分、是否规定典权展开。尤其是典权应否在物权法中占有一席之地,学界讨论激烈。

(1) 典权的性质之争

典权是一方支付典价而对他人不动产实现用益,包括占有、使用和收益的物上权利。对典权的性质,学界至今未能达成一致,主要分为担保物权说、用益物权说和特殊物权说三种观点。

担保物权说的主要理由是:第一,民国民法典将典权置于担保物权之间,从立法例上说明典权确属担保物权。第二,典物具有借款担保手段的性质。在我国法制的沿革上,典、当、质并无严格区别,在古代社会均具

---

① 焦富民、李云波:《海峡两岸民法典研讨会暨中国民法学研究会 2005 年年会综述》,《河北法学》2005 年第 8 期。

有担保物权的性质。第三，典物具有担保典价偿还的功能，当典期届满后，出典人以原典价将典物回赎。如不回赎，典权人即可取得典物之所有权，亦即以典物代偿债务。因此，回赎具有清偿债务的性质，典物则具有担保典价偿还的功能。[1] 除以上传统的理由外，近年来有学者对典权的担保物权性质进行了新的论证。如徐洁认为，不能以担保物权的从属性为由而否认典权的担保物权性质。其理由是：担保物权并非不能与债权脱离而自己独立存在，担保物权本质上只从属于信用而不从属于债权，在许多国家的立法中担保物权从属于债权，不是基于本质而只是立法者根据需要而进行的法律设计而已。故典权是独立权利而不具从属性，不妨碍其具有担保物权的性质。[2] 典权同时拥有保障债权的实现和债权人取得担保物的用益权这两方面的功能，中国历史中的一项传统民法制度，是一种以用益为内容的担保物权，有其不可替代的社会作用，加之独特的流转功能，更加符合现代社会对资本流动性的要求，在新的历史时期必有其用武之地，所以立法上应作保留。[3]

李天霞认为典权虽属于担保物权，但与一般担保物权有区别：第一，典权最终目的和实质功能在于用益。其设定直接以财产所有人独立的法律利益为依据，与担保物权完全服务于所担保的债权法律关系显然不同的。第二，典权人典权存续期间即已获得了设定典权关系所要取得的利益，而担保物权只能通过扣押实现。第三，典权关系不具有担保物权的变价受偿性。第四，典权具有可分性，而担保物权具有不可分性。第五，在典权关系中，如果出典人抛弃回赎权而出典物价值低于典价时，出典人没有义务对不足部分予以补偿，但典物价值若高于出典之价时，尚可请求找贴，而担保物权对待债权标的和范围一经确认就不能改变。[4]

用益物权说认为典权性质上属于用益物权，我国台湾和大陆学者中多数持此观点。其理由如下：第一，典权是支付典价，占有他人的不动产而为使用收益之权，以对典物的使用价值的支配为内容，符合用益物权的特

---

[1] 李婉丽：《中国典权制度研究》，载梁慧星主编《民商法论丛》（第1卷），法律出版社1994年版，第380—381页。
[2] 徐洁：《担保物权功能论》，法律出版社2006年版，第95页。
[3] 徐洁：《典权存废之我见》，《法学》2007年第4期。
[4] 李天霞：《典权与其他类似制度之比较研究》，《杭州商学院学报》2002年第6期。

质，与担保物权以对担保物交换价值的支配为内容不同。第二，担保物权须有债权存在，典权人支付给出典人的典价是取得典权的代价，并非成立债权。第三，典权是主物权，而担保物权须从属于债权而存在。第四，典权到期，典权人不能请求出典人偿还典价，出典人如抛弃回赎权，即可使典权关系消灭。相反担保物权消灭或不足清偿债务时，债务人仍负有清偿责任。第五，典权是由典卖转化而来。典字有两种意义，一为典当，以借贷为前提，属担保物权性质；一为典卖，视典与卖为同种法律关系，并无担保性质。民法所规定的典权由典卖之典演化而来，与典当之典不同。第六，典价是对典物为使用收益的对价。典权人的给付是典权的对价，出典人的回赎不称之清偿债务，而谓之回赎典物。可见，典权不是担保物权。第七，"民国民法"第911条明确规定典权为使用收益之权，另外，还有立法解释予以说明，对此不容争论。所以，无论典之字意如何，在法制沿革上如何，实际上是否因通融金钱而出典不动产，回赎与否和赎当情形是否相同，民法典将典权章次如何排列等，均与民法所定典权的意义和性质无涉。第八，典权并不体现为价值权，而为使用价值权，不具变价受偿性。第九，典权不具不可分性。第十，典权以获取典物的使用价值为目的，不具物上代位性。第十一，典权是一种可以直接实现的法益，而不是像担保物权那样只能通过扣押实现。[1]

特殊物权说认为，典权是一种兼有担保和用益双重功能的特殊物权。理由如下。

第一，使用收益不是设定典权的主要目的，典权的最终目的是由典权人取得典物的所有权，不能仅依据法条对典权的规定有使用收益的字样，就认定典权为用益物权。第二，典权是由担保物权发展而来，具有担保物权的作用。第三，典权为融通资金确保借贷金钱偿还的制度，典价实质上是出典人所负的金钱债务，无论其名称为何。第四，典权则为主物权，具

---

[1] 以上观点，杨与龄：《有关典权之几项争议》，载苏永钦主编《民法物权争议问题研究》，台湾：五南图书出版公司1999年版，第253—254页；杨与龄：《论典权制度之存废》，载梁慧星主编《民商法论丛》（第12卷），法律出版社1999年版，第306—307页；李婉丽：《中国典权制度研究》，载梁慧星主编《民商法论丛》（第1卷），法律出版社1994年版，第382页；米健：《典权制度的比较研究——以德国担保用益和法、意不动产质为比较考察对象》，《政法论坛》2001年第4期；高贤升、刘向涛：《中韩典权制度比较研究》，《政治与法律》2003年第3期。

有独立性，所以典权也不是纯粹的担保物权。第五，如果认为典权仅是用益物权，那么典权人支付的典价应该是其占有、使用、收益典物的对价。当典期届满，无须出典人返还原典价即可达到典权消灭的结果，而在典权制度中，只有回赎的意思表示而不支付原典价，不发生典权消灭的后果，这使用益物权说陷入困难。如果将典权定性为纯粹的担保物权，但出典人则可以任意抛弃回赎权，并可以不负清偿不足部分的责任。这又使担保物权说难以自圆其说。所以，典权既不是纯粹的用益物权，亦非纯粹的担保物权，而是兼具双重性质的特种物权。第六，典权具有用益物权性质又有一定的担保作用，应将典权定性为用益物权，但同时承认其亦具有一定的担保功能。典权与韩国的传贳权、日本等国的不动产质权制度的作用类似，均具有满足义务人的融通资金和权利人对不动产用益的双重功效。[1]此外，在持担保物权说的学者中，实际上也不排除典权兼具用益功能的观点。

除上述诸说外，还有典权为买卖契约的主张。其又分为两种观点：一是附买回约款的买卖契约说。认为典权人依其契约而占有并用益他人所移转的不动产，实与买卖行为相同；而出典人回赎权的行使，与附有买回特约的买卖契约中出卖人于条件成就时行使返还其已受领的价金而收回原物的买回权，也无实质差别。二是买卖契约与消费契约的混合契约说。该说认为，典权就典物的移转与典价的取得而言，属于买卖契约；就典价的移转与返还而言，则属于消费借贷契约。[2]

（2）典权存废之争

在物权法及民法典的立法中，关于应否设立典权制度，学界存在不同

---

[1] 以上观点史尚宽：《物权法论》，中国政法大学出版社2000年版，第254页；杨与龄：《有关典权的几项争议》，载苏永钦主编《民法物权争议问题研究》，清华大学出版社2004年版，第253—254页；谢在全：《民法物权论》（上），中国政法大学出版社1999年版，第531页；李婉丽：《中国典权制度研究》，载梁慧星主编《民商法论丛》（第1卷），法律出版社1994年版，第382页；周琳静、殷继国：《我国传统典权制度的存废之辨》，《中国矿业大学学报》（社会科学版）2007年第1期；刘保玉、陈龙业、张珍宝：《典权、传贳权与不动产质权之比较——兼论典权制度的现代价值》，载渠涛主编《中日民商法研究》（第四卷），法律出版社2006年版，第137、142、149页。

[2] 林咏荣：《民法修正重点专题研究》，转引自谢在全《民法物权论》（上），自版，1992年6月修订版，第555—613页。

的看法，分为保留说、废止说和替代说。多数学者认为应当在物权法或民法典中保留这种传统的法律制度。这一态度在梁慧星和王利明分别主持拟定的《物权法草案建议稿》和法工委所公布的《物权法（草案）》前两次审议稿中都有所体现，唯其对典权的具体制度设计稍有不同。典权保留论的主要理由是：

第一，典权为中国独特的不动产物权制度，充分体现中华民族济贫扶弱的道德观念，颇具中国特色，保留典权有利于传承民族文化，保持民族自尊。①

第二，典权可以同时满足用益需要和资金需要，典权人可取得不动产之使用收益及典价之担保，出典人可保有典物所有权而获得相当于卖价之资金，以发挥典物之双重经济效用，这一点为抵押权制度难以完全取代。

第三，物权法规定典权，增加一种交易、融资途径，供人们选择采用，于促进经济发展和维护法律秩序有益而无害。②

第四，中华人民共和国成立以来，典权关系由政策和判例调整，制定民法典时规定典权有利于财产关系的稳定。③

第五，我国地域辽阔，各地经济发展不平衡，传统观念与习惯之转变不可能整齐划一，纵然只有少数人拘于传统习惯设定典权，物权法上也不能没有相应规则予以规范。④

除以上理由外，学者们还从不同角度论证了典权保留的合理性：

王利明在比较典权与抵押、买回合同、租赁之后，认为物权法仍有保留典权的必要；即使在信用制度发达、融资的方式很多的情况下，典权仍不失为一种在保留所有权的前提下进行融资借款的方式。⑤

---

① 此观点为大多数保留论学者所认同，如梁慧星《制度中国物权法的若干问题》，《法学研究》2000年第4期；杨与龄：《论典权制度之存废》，载梁慧星主编《民商法论丛》（第12卷），法律出版社1999年版，第319页；房绍坤：《民商法问题研究与适用》，北京大学出版社2002年版，第76页。

② 持此论点学者也颇多，如梁慧星《物权法的立法思考》，《江西财经大学学报》2001年第1期；屈茂辉：《典权存废论》，《湖南政法管理干部学院学报》2000年第2期；张晓杰：《设立典权法律制度当议》，《学术交流》2002年第4期。

③ 温世扬：《物权法通论》，人民法院出版社2005年版，第528页。

④ 中国物权法研究课题组（负责人：梁慧星）：《中国物权法草案建议稿——条文、说明、理由及参考法例》，社会科学文献出版社2000年版。

⑤ 王利明：《物权法研究》，中国人民大学出版社2002年版，第513—518页。

房绍坤认为,典权制度应当予以保留,成为我国用益物权体系中的一项权利。理由是:第一,典权是我国特有的物权制度,反映了我国物权制度的特色,也符合我国的传统习惯。第二,典权虽然是在我国古代农业经济背景下产生的物权制度,但其所蕴含的财产理念在当代社会仍有意义。第三,尽管典权在现实生活中并不常见,但这并不等于说典权就没有适用的价值了,只是受到各种条件的限制,人们尚未充分认识到典权的价值而已。第四,基于物权法定原则,如果物权法对习惯上存在的典权不加确认,而通过债权制度加以调整,则不仅不利于保护当事人的利益,而且有违物权法定原则。第五,典权具有独特的功能,既可以满足不动产利用的需求,又可以满足资金的需求,这是不动产质权、买回等制度所不具备的。在当今市场经济条件下,人们的不动产数量大量增加,规定典权制度,从而增加一种交易、融资的选择途径,对于促进经济发展有益而无害。①

陈小君质疑了以其他制度代替典权的合理性,认为以附买回权的买卖或不动产质替代典权,都有不妥之处:附买回权仅具债权效力,而典权中出典人移转的仅为占有,对出典人利益保护更周全;不动产质具有从属性,且不动产质权人须依不动产用途为使用收益,而典权具有独立性,且典权人有权在一定限度内改变典物用途为使用收益,同时还可涵盖不动产质融资功能。因此,典权具有用益及资金融通两种其他物权不可替代的功能,随我国住房商品化、私有房屋的增加,典权适用具很大可能性,在物权法定主义的立法原则下,确立典权可为当事人提供多样选择机会,因此我国物权立法应保留典权,使之成文化。②

屈茂辉也认为,从物尽其用角度考察,应当肯定典权的价值,其一,典权可以同时满足用益需要和资金需要,可以发挥典物之双重经济效用,不能被抵押所完全代替。其二,保留典权制度,增加一种交易融资途径,为当事人提供更多的选择,将有助于经济的发展。③ 除此之外,其还认为,典权是中国保留的最具特色的传统法制,保留典权制度也是中华传统

---

① 房绍坤:《关于用益物权体系的三个问题》,《金陵法律评论》2005 年第 1 期。
② 陈小君:《我国他物权体系的构建》,《法商研究》2002 年第 7 卷第 5 期。
③ 屈茂辉:《物尽其用与物权法的立法目标》,《当代法学》2006 年第 4 期。

生命力的表现；典权在经济发展后，民间仍有其存在的现象，不容忽视；出典人在典物价格低于典价时，可抛弃回赎权，在典物价格高涨时，可享有找贴权，完全符合公平；随着我国经济体制改革和房地产市场初步形成，设定典权的可能性大大增加了。因此，综合各种因素，在物权立法中规定典权为妥。而持否定说观点的学者以典权在目前应用甚少，能以另外的制度相代替而主张废除的观点是有偏差的。①

米健认为，保留典权与否并不应该着眼其是否"陈旧"，而应该看它是否具有独特的法律机制和实际生命力及社会经济意义。其认为保留典权的理由在于：首先，长久以来典权关系在我国社会生活中的现实存在和法律上的确认已是事实；其次，由于社会生产与生活交往活动需要，就其法律机制或规范功能来说，其存在是必然的。从我国的社会现实看，保留并完善典权制度也具有十分重要的现实意义。第一，促进和稳定正在发展着的公民个人之间的物权关系；第二，增进社会财富的利用效率。第三，确认经济改革所带来的积极成就。第四，完善物权制度。第五，文化的自我维护意识要求我们认真地对待仍具有生命力的传统法律文化因素，而典权是一个典型的传统法律制度，但又完全适应现实社会法律生活的需要，故没有充分理由因它是陈旧的制度而予以废除。②

刘保玉等通过比较法的考察，认为：典权作为中国的传统法律制度，与韩国的传贳权及日本的不动产质权既有差异，也有一定的相似性；它们在用益功能和担保功能兼具方面，有异曲同工之妙。我国物权法制定中，应保留典权为宜，并应对其加以完善，完善的基本考虑是扩张其适用范围，平衡当事人双方的利益，赋予典权一定的担保功能。立法上不妨借鉴传贳权、不动产质权之长，许可当事人通过约定并经登记设立用益性和担保性并重的典权，此类典权中的规则可以准用不动产抵押权的规定。③

赵晓舒认为，基于我国台湾地区民法典权修正和韩国传贳权现代继受的相关经验，充分考虑财产关系稳定和交易安全，建议明确典权与所有权

---

① 屈茂辉：《典权存废论》，《湖南省政法干部管理学院学报》2000 年第 2 期。
② 米健：《典权制度的比较研究——以德国担保用益和法、意不动产质为比较考察对象》，《政法论坛》2001 年第 4 期。
③ 刘保玉、陈龙业、张珍宝：《典权、传贳权与不动产质权之比较——兼论典权制度的现代价值》，载渠涛主编《中日民商法研究》（第四卷），法律出版社 2006 年版。

的界限，活化典权用益与担保的双重机能；平衡出典人和典权人之间的利益关系，以公平原则改良过度保护出典人的回赎规则和典物灭失的风险负担规则；对于货币价值变化等客观原因导致的典物价值变动，回赎时赋予当事人价额增减请求权，力求解除原典权制度给现代民法风险责任理论和所有权理论带来的危机，激活典权。①

典权废止论的主要理由是：

第一，典权之所以产生，在于中国传统观念认为变卖祖产属于败家，受人耻笑，而现今市场经济发达，人们观念转变，在急需资金时可出卖不动产或设定抵押，无保留典权的必要；

第二，传统物权法最具固有法色彩，但伴随着经济全球化的趋势，国内市场和国际市场沟通，导致民法物权制度的趋同，即物权法的国际化趋势；典权为我国特有制度，现代各国物权法（除《韩国民法典》外）均未有规定，应予废除。

第三，我国实行土地国家所有和集体所有，就土地设定典权并无可能；就房屋设定典权虽无统计数字，但依法院受理案件的情形推论，出典房屋的实例极少，且典权存在期间太长，妨害土地的开发利用，故保留典权价值不大。②

第四，对于少数人拘于习惯设立的典权关系准用关于附买回约款的买卖的规定，而使当事人利益获得保护，不致影响法律关系的稳定，因此废除典权于实际并无害处。③

第五，典权虽具有担保功能和用益功能，但目前不动产抵押制度日益发达，设定抵押已可充分满足急需金钱的要求，且租赁、地上权等制度的存在，使得典权的担保功能和用益功能发挥作用的空间越来越小。④

除此外，还有持否定说观点的学者认为典权制度存在三个弊端：第

---

① 赵晓舒：《民法典编纂中典权的困境与激活》，《法学论坛》2019年第1期。
② 余能斌：《物权法专论》，法律出版社2002年版，第36页；张俊浩：《民法学原理》，中国政法大学出版社2000年版，第78页。
③ 中国社会科学院法学研究所中国物权法课题组：《关于制定中国物权法的基本思路》，《法学研究》1995年第3期；梁慧星：《制定中国物权法的若干问题》，《法学研究》2000年第4期。
④ 高贤升、刘向涛：《中韩典权制度比较研究》，《政治与法律》2003年第3期。

一，典权制度易生纠纷；第二，典权制度过多地体现了对出典人的保护，有失公平；第三，典权制度法理难圆。①

张新宝全面分析了其反对保留典权的理由：第一，典权已经走向没落。典权已告式微的主要理由有二：典权制度历经统治权的更易及不同的法制，影响其发展的继续性；出典人须将典物交付典权人占有，因而丧失对典物使用收益的权能，典权人须一次支付相当于典物价值的典价，负担沉重。第二，典权传统功能已丧失。首先，变卖房屋等不动产即为败家之举的观念已经更新。其次，典权之功能逐渐被其他融资手段所代替，如抵押、租赁、买卖、按揭贷款等。最后，传统典权关系中由于典权人有取得典物所有权的期待，因而可能愿意设定典权。但如今物权法不再宣扬所有权神圣的观念，而有一种从"归属到利用"的趋势。第三，典权制度存在固有缺陷。首先，典权制度过多地偏向保护出典人，违反民法之公平原则。其次，关于回赎和找贴时价格的确定易生争议。再次，转典典物时有这样两个问题：一是转典的价格能否高于原典价？二是原出典人应当向谁请求回赎典物？对此没有明确的法律规定，实践中易生争端。复次，未办理登记时典权合同的效力问题。由于我国目前物权法理论和实务并未采取物权行为独立性和无因性理论，典权设立合同自合同有效成立时生效，而典权则在登记之后才生效。在典权设立合同成立生效而尚未办理典权登记期间发生纠纷应当如何处理？最后，典权制度不合用益物权之体系。第四，金融风险控制方面看，由于缺乏有效的统一规范，典权关系易发生各类纠纷，可能给企业间的非法借贷提供合法的外衣，从而不利于我国金融秩序的稳定。第五，社会成本考量看，采纳"典权备用论"，其法律制定成本过高，法律实施和典权设立的成本都不容忽视。所有这些成本的增加与在物权法中规定典权制度所可能带来的效益严重失衡。②

作为典权替代说的理由，部分学者赞同典权可被其他制度所代替的认识，但典权可被何种制度所代替，观点不一。

有人认为，可用附买回约款代替典权，理由是：根据典权与典价之间的对价关系，典权交易无非就是将过去的所有权买卖改为使用权的买卖。典权交易在本质上仍然是一种附回赎权的买卖。但是，典权的设计并不成

---

① 马新彦：《典权制度弊端的法理思考》，《法制与社会发展》1998 年第 1 期。
② 张新宝：《典权废除论》，《法学杂志》2005 年第 5 期。

功。近几年典权交易数量之少足以证明这一制度行将就木，在新的市场经济条件下，典权已销声匿迹是客观事实。但是，作为典权之原型——附回赎权的买卖——作为一种特殊形式的买卖，在现代社会的个别情况下也能有助于人们对特定财产的处理。即便是房屋的买卖，附买回约款的买卖也完全能解决当事人的实际问题，而且比典权更加灵活方便。因此，中国未来民法典应当将附买回约款的买卖与分期付款买卖、试验买卖等作为特殊的买卖方式一并规定在债编"买卖合同"中，并相应地剔除物权编中的典权。这样将会使民法典的体系和结构更加完善，同时也具有一定的现实意义。①

还有人主张，典权的社会功能完全可以用日本民法中规定的、与我国典权制度相类似、但比之更为先进的不动产质来代替。不动产质既能避免典权制度本身的缺陷及因此而带来的纠纷，又可完善我国的质权体系。②没必要仅为了所谓的"传承民族文化""保持民族自尊"而去制定几乎没有适用空间的典权制度。③但有学者对此进行了反驳，认为"上世纪三四十年代，我国许多学者就已经对两种制度作过比较，得出了典权制度优于不动产质权的结论，并最终在当时立法中规定了典权。就现代市场来看，财产权利本身的流动性是评价权利设计优劣与否的重要因素，典权因不受债权的影响而独立存在，固价值确定，便于流转，让与典权或转典均十分便捷，这是不动产质权不可比拟的。因此，保留典权制度才是最好的选择"④。不动产质权与典权相比并无显著优势。典权人享有比不动产质权人更为灵活之权利，再加上取得典物所有权之可能，更有利于不动产的充分利用与改造；且不动产质权从未在我国推行（《大清民律草案》与《民律二草》虽规定了不动产质，但均未颁行），而典权却长期存在。因此，以不动产质替代典权并非明智之举。⑤

对以上替代说的观点，王利明指出，物权法草案删去典权制度的主要理由是该制度在现实生活中适用范围很小，其他制度可以替代典权制度。

---

① 江海波：《典权问题刍议》，《理论月刊》2005 年第 6 期。
② 王俊霞：《论典权制度之存废》，《内蒙古社会科学》2006 年第 6 期。
③ 王剑锋、贺冰洁：《也论典权制度的存废》，《武汉理工大学学报》（社会科学版）2003 年第 5 期。
④ 徐洁：《典权存废之我见》，《法学》2007 年第 4 期。
⑤ 王建立：《论典权制度及其法律价值》，硕士学位论文，四川大学，2003 年。

但这些理由值得商榷。典权毕竟是我国固有法的代表,迄今为止在其他国家物权法无法找到一个能够将用益物权和担保物权结合在一起的制度,这是我国固有法对世界物权法律制度的贡献。至于该制度是否在实践中丧失了存在的价值,尚需作进一步的调查和论证。[①]

2. 空间权

学界一般认为,空间权是指以土地地表之上的一定空间或地表之下的一定范围为客体而成立的一种不动产权利。就其目的而言,是以在他人土地之空中或地下保有建筑物或其他工作物为目的而使用其空间之权。就我国实行土地公有制而言,空间所有权只能由国家或集体享有,其对土地之上下空间的使用,一般都视作对土地当然附属部分的利用,并不具有独立性。[②] 在这种情况下,空间所有权实质上被土地所有权所吸收,因而在物权法上无深入讨论的必要,我国学界所研究的空间权主要限于空间利用权。但对这种空间权的性质是否为一项单独的用益物权,意见有所不同;而空间权的名称和概念界定以及物权法上应当如何规定空间权,学界也开展了讨论。

(1) 空间权的地位界定

关于空间权的地位问题,学界大致有空间权综合说、空间权独立说和空间权否定说三种观点。

空间权综合说主张,空间权不是一项新的用益物权种类,而是土地所有权和使用权的派生产物。"空间权并不是物权法体系中一个新的物权种类,而是对在一定空间上所设定的各种物权的综合表述。"[③] "梁稿"没有对空间权作出专章规定,而是在第 198 条、第 232 条、第 264 条,将其分解成空间基地使用权、空间农地使用权和空间邻地利用权三种,归入基地使用权、农地使用权和邻地利用权三章中分别规定。其理由是:"第一,空间利用权的产生是土地立体利用的结果;第二,空间利用权是公民和法人利用土地地表上下一定范围内的空间,并排斥他人干涉的权利,其实际上是与土地所有权和使用权联系在一起的;第三,土地的利用离不开空间。土地所有权和使用权的行使实质上已经占用了一定空间,没有一定

[①] 王利明:《经济全球化对物权法的影响》,《社会科学》2006 年第 2 期。

[②] 彭诚信、臧彦:《空间权若干问题在物权立法中的体现》,《吉林大学学报》(哲学社会科学版) 2002 年第 5 期。

[③] 梁慧星主编:《中国物权法研究》(下),法律出版社 1998 年版,第 591 页。

的空间，建筑物、竹木和其他工作物不可能存在，土地所有权亦无从实现。"①

空间权独立说主张空间权是一项新型的、单独的用益物权。此种观点认为，空间权是一种独立的用益物权，因为空间权能够通过登记的公示方法加以确定、转让、抵押等，并且空间的利用价值越来越高，将空间权作为一种独立的用益物权，有利于进一步提高对空间的利用。② 建设用地使用权难以包括空间权，因为建设用地使用权的范围通常仅限于地表，并且将空间归入建设用地使用权的范围，在很大程度上限制了空间作为一种独立的财产的价值。有学者提出空间地上权乃是在他人土地地表上下的特定空间范围内，以保有其建筑物或其他工作物为目的而利用这一特定空间所产生的一项用益物权。空间地上权已然生成为一项新型的财产权利，应承认空间地上权独立物权之地位，为保持《物权法》逻辑结构的清晰与完整，当在用益物权编下单独成章并予以立法规制，如权利的设定、取得、登记、效力等诸项内容，且在未来的民法典中予以及时肯认。③

"王稿"第三章"用益物权"专设"空间利用权"一节（第六节），将其作为一种新型的用益物权种类予以专门和系统地规定。其不仅规定了空间利用权的概念、设定、期限、费用以及空间利用权的行使及其限制等，而且还规定了空间利用权的流转方式，包括转让、抵押和出租等。④

空间权否定说认为，空间不应当成为权利的客体，空间属于建设用地使用权的内容，应当包含在建设用地使用权之中。有学者指出，"由于我国土地使用权的特殊性质及其作为独立物权类型的存在，我国物权法没有必要设立地上权，也没有必要仅仅因为空中权和地下权的存在而特意建立地上权的类型，所以，不妨直接以空中权和地下权称之，并将其列入土地他项权利"⑤。有学者认为，空间权是对一定空间上所设定的各种空间权

---

① 梁慧星主编：《中国物权法研究》（下），法律出版社1998年版，第591页。
② 王利明：《物权法论》，中国政法大学出版社1998年版，第644页。
③ 王者洁：《空间地上权：一项新型用益物权的生成》，《东北师范大学学报》（哲学社会科学版）2018年第6期。
④ 王利明主编：《中国物权法草案建议稿及其说明》，中国法制出版社2001年版，第409页。
⑤ 王卫国：《中国土地权利研究》，中国政法大学出版社1997年版，第231页。

利类型的抽象概括,其具体性质如何,依其设立目的的不同而定。① 以在他人土地上空以建造建筑物或其他工作物为目的使用特定空间者,谓空间地上权,性质上等同于普通地上权。我国空间建设用地使用权的性质亦与普通建设用地使用权的性质相同,即空间建设用地使用权不是一种新的用益物权,而是一个特殊形式的建设用地使用权。因此,没有必要对空间建设用地单独规定。②

在法工委拟定的《物权法草案征求意见稿》中,对空间权的规定非常简单,只是在"建设用地使用权"中规定:"建设用地使用权人有权在地上或者地下修建地铁、轻轨、车库、铺设管线、空中走廊等设施,但不得妨害其他建设用地使用权人行使其权利。"随后的《物权法草案》中也未对空间权进行单独规定,同样是在建设用地使用权的界定中表明"建设用地使用权可以在土地的地表、地上或者地下分别设立。"这一做法实际上是将空间权作为建设用地使用权的一种特殊情况而加以规定的。

(2) 空间权的含义与名称

梁慧星认为,空间权"是指于空中或地中横切一断层而享有的权利,抑或对土地地表上下一定范围内的空间的权利"③。对此观点,也有学者提出反对意见,如彭诚信认为,"附属于土地的一定空间是地上权的当然附属部分,不能作为独立的空间权标的"。其将空间权界定为:"空间利用权是利用地表上下一定范围的空间,并排除他人干涉的权利。前款所称空间,是指国家或集体所有的空间,以及他人从国家或集体取得的空间,但不包括附属于地上权的空间。"④ 并且该空间依不动产登记能够确定其范围。王利明也认为,空间权的客体只能是空中或地中之断层,而地表上下一定范围的空间即包括在土地所有权或者土地使用权中的空间权,"它不是独立的,是属于土地所有权或者其他土地权利的一种支配权"。原因在于"地表与其上、下的空间在客观上是联系在一起的,土地使用权的范围不仅包括地表,而且必然延伸到地表上下的空间,因此,取得了土地

---

① 陈祥健:《关于空间权的性质与立法体例的探讨》,《中国法学》2002 年第 5 期。
② 陈祥健:《建立我国空间建设用地使用权制度若干问题的探讨》,《政法论坛》2003 年第 1 期。
③ 梁慧星主编:《中国物权法研究》(下),法律出版社 1998 年版,第 348 页。
④ 彭诚信、臧彦:《空间权若干问题在物权立法中的体现》,《吉林大学社会科学学报》2002 年第 3 期。

使用权，除法律或合同另有规定外，自然要取得对地表上下一定范围空间的支配权"①。

对空间权应当采纳何种名称，学界也有不同看法。梁慧星未对空间权另取新的名称，根据其对土地使用权的名称设计，学者将之推定为"空间基地使用权、空间农地使用权和空间邻地利用权"三种。王利明则采纳了"空间利用权"这一名称。杨立新采纳了中国台湾学界所盛行的分层地上权的名称，认为分层地上权也称为区分地上权、空间权或者发展权，是指在他人所有的土地的上下的一定空间内所设定的地上权。而分层地上权在我国也可以称为分层建设用地使用权。② 陈祥健认为，应当采纳"空间建地权"和"空间邻地权"的名称。③ 除此之外，学界还提出有区分地上权、空间地上权、空间地下权、空中权等不同的称谓。

(3) 物权法应否规定空间权

我国物权法中是否应当规定空间权，学界多数持肯定态度，而反对者主要为以上持空间权否定说的学者。

支持规定空间权者的主要理由是：其一，可有效利用地上地下的空间。空间使用权制度可以使得多个权利主体分割使用同一地表上、下的空间，使之从土地所有权和使用权中分离出来，由非土地所有权人、使用权人占有。其二，"空间权"的确立体现了土地的利用由传统的平面垂直利用逐渐向立体空间利用发展，形成了立体物权演进的趋势。其三，在立法上确立空间利用权，将会极大地促进对资源的有效利用。其四，确定土地空间的合理界限，可以明确空间的归属关系，使原本混乱无序的空间使用关系明晰化、条理化，可防止权利发生冲突。④ 还有学者认为我国物权法

---

① 王利明主编：《物权法专题研究》（上），吉林人民出版社2002年版，第816页。

② 杨立新：《关于建立大一统的地上权概念和体系的设想》，《河南省政法管理干部学院学报》2007年第1期。

③ 陈祥健：《建立我国空间建设用地使用权制度若干问题的探讨》，《政法论坛》2003年第1期；陈祥健：《论空间权的构成及其三个法律问题》，《福建论坛》（经济社会版）2003年第1期。

④ 梁慧星：《中国物权法研究》（上），法律出版社1998年版，第341页；杨立新：《关于建立大一统的地上权概念和体系的设想》，《河南省政法管理干部学院学报》2007年第1期；屈茂辉：《物尽其用与物权法的立法目标》，《当代法学》2006年第4期；屈茂辉：《用益物权制度研究》，中国方正出版社2005年版，第429页。

仅应当建立地下空间权制度，而暂不规定地上空间权。其理由是：首先，对于地上空间的高度，目前国际社会还没有形成统一的观点；其次，现实中地上空间的权利之争比较少，而且即使出现了地上权利之争，也可以通过相邻关系处理；最后，目前我们理论界对于地上空间权的研究以及司法界的探索相对而言比较少，理论与实践上都不成熟。①

反对规定空间权者的理由，主要是认为如果将空间权作为独立的物权形态，可能造成相关物权之间的冲突。建设用地使用权包括了对地上、地下以及空间的权利，空间属于建设用地使用权的范围。② 还有学者提出，空间权非独立的用益物权种类，其理由是：首先，在各国立法中都将空间权作为隶属于不动产他物权中的地上权。其次，空间是可以由人直接支配的财产利益，只不过是一种新的物，仅因之就把它作为一种新的用益物权种类，无充分的理论基础。最后，空间权作为一种独立用益物权种类与立法原则不符。空间利用权是一个很空泛、很抽象的概念，不能独立存在，需要依赖其他现存的物权种类才能具体、确定，应归属于各种现存的物权之下。③

（4）空间权的建议立法例

由于理论上空间权性质的认识不同，国外立法上有不同的立法例。④ 我国学界关于在物权法中如何规定空间权，也有不同的建议。如梁慧星等基于对空间权派生性这一性质的认识，"梁稿"没有对空间权作出专章规定，而是将其分解成空间基地使用权、空间农地使用权和空间邻地利用权三种。而王利明等认为空间权属于独立的新型用益物权，因此"王稿"在用益物权一章专设"空间利用权"一节，对其做了专门和系统的规定。徐国栋主持拟定的《绿色民法典草案》物权法分编中关于"空间地上权"的规定（第547条），位于地上权一节的最后一条。其位置设计和条文内

---

① 顾文斌、刘铁钢、许建萍：《关于地下空间权性质与立法构建的思考》，《江西社会科学》2003年第10期。

② 该否定观点的具体论述参见王利明《空间权：一种新型的财产权利》，《法律科学》2007年第2期；王利明：《物权法论》，中国政法大学出版社1998年版，第644页。

③ 樊静、解直凤：《空间权立法模式问题探讨》，《河南省政法管理干部学院学报》2004年第3期。

④ 陈祥健：《建立我国空间建设用地使用权制度若干问题的探讨》，《政法论坛》2003年第1期。

容表述，均主要参考了日本民法典中的规定。在孟勤国拟定的物权法草案建议稿中，先于土地使用权一节的第一个条文（第156条）第2款中明确了土地使用权的效力范围。然后，在该节的倒数第二个条文（第167条）对空间使用权做了专门规定。在法工委的物权法草案诸稿中，均在建设用地使用权一章的第二个条文对建设用地使用权在土地的地表、地上或地下分别设立的问题做了简要规定。①

除此之外，有学者认为，空间权"采不采取分立式立法例，取决于民法所规定的普通地上权的内容是否具有'包容性'。也就是说，如果普通地上权的规定已经包容了空间地上权的内容，那么，立法上即无须另行就空间地上权一项专设条款。""如果从立法的层次性和实际操作方面考虑，分立式立法例应当优于合并式，它不仅使立法的内容更有层次性，而且也更有利于实践的操作和应用。"② 也有学者提出，空间权制度是伴随着世界范围内科学技术的发展而产生的，空间权在一定条件下是完全可以单独存在的，它可以是单独的用益物权。创立空间权具有重要的现实和历史意义，我们现在所探讨的空间权实际上应该是指空间利用权，在《物权法》中应以独立的一节集中地规定空间权制度。③

3. 居住权

居住权最早见于罗马法，属于人役权的一种，是为了特定的利益而使用他人所有之房屋的权利。近现代多数大陆法系国家受罗马法的影响，在用益物权中都规定了居住权制度。我国以往的物权法理论中，对国外的居住权及整体的人役权（或用益权）制度研究不够，法律上也无明确的规定，但司法实践中对居住权或类似的权利实际上也是保护的。在我国物权法制定过程中，有学者提出应对居住权予以重视，④ 2002年1月28日全

---

① 刘保玉：《空间利用权的含义界定及其在我国物权法上的规范模式选择》，《杭州师范学院学报》2006年第2期。

② 陈祥健：《建立我国空间建设用地使用权制度若干问题的探讨》，《政法论坛》2003年第1期。

③ 苗延波：《关于我国物权法中是否规定空间权的思考——兼评〈物权法（草案）〉中关于空间权的规定》，《河南省政法管理干部学院学报》2005年第6期。

④ 钱明星：《关于在我国物权法中设置居住权的几个问题》，《中国法学》2001年第5期；钱明星：《论我国用益物权的基本形态》，载易继明主编《私法》第1辑第2卷，北京大学出版社2002年版；屈茂辉：《论人役权的现代意义》，《金陵法律评论》2002年第1期。

国人大法工委在《关于〈中华人民共和国物权法〉（征求意见稿）的说明》中，第一次在立法草案中提出了居住权制度，且在此后的几次物权法草案审议稿中，均对居住权加以规定，而第五次审议稿及其之后，居住权制度被废弃。在立法机关对居住权摇摆不定的态度转变中，学界也对居住权的概念、性质以及是否应当加以立法规定，居住权是否应当有偿设立等问题展开了全面探讨；关于居住权的具体制度设计及其是否适用于法定的抚养、赡养关系，也有不同的意见。

（1）居住权的界定

居住权究竟属于何种类型的权利，其名称应如何概括，其有何特点，学界均进行了探讨。

在法工委的《物权法草案》（征求意见稿）中把"居住权"定义为：居住权人对他人住房以及其他附着物享有占有、使用的权利。而物权法草案四次审议稿第十五章对居住权则界定为：因各种原因为家庭成员以外的人设立的长期居住的权利，并不适用婚姻家庭、租赁所产生的居住关系。

钱明星提出，我国物权法对因居住而使用他人房屋的权利，应当概括为"居住权"。其理由是："用益权""使用权"的概念在语义上过于宽泛，且易混淆或不能充分反映此居住权利的内涵；传统物权法上之用益权与使用权其客体不仅包括房屋，还包括其他不动产、动产。但动产无法采用适当公示方式，权利义务难以精确确定。所以，在我国物权法上，应当使用居住权这一概念。居住权就是特定人因居住而使用他人房屋的权利。对此概念，钱明星进行了具体的分析，指出：其一，居住权是为特定人的利益而设定的，性质上属于人役权。其二，居住权的客体限于房屋。其三，居住权是因居住而对房屋进行各种使用的权利。[①]

有学者认为我国物权法意义上的居住权应当采狭义概念，即将居住权仅限定为法定居住权，不应包括意定居住权。其指出将居住权区分为意定居住权和法定居住权，把租赁、借用而产生的居住权归于债权的看法，是不准确的。意定居住权无论从其发生根据还是法律保护手段上，都更具债的性质，特别是从权利的最终保护来看，完全可以而且也应当由债法去调整。在此基础上，其总结了居住权的特性为：居住权的法定性、无偿性、

---

① 钱明星：《关于在我国物权法中设置居住权的几个问题》，《中国法学》2001年第5期。

主体的特定性、独立性和排他性。① 还有学者认为，居住权指非所有人因居住而使用他人住房及其附属设施的权利，是他物权中的用益物权之一种。居住权必须突破人役权性质的限制，扩大适用范围，才能适应社会形势变化的需要。②

王利明认为，居住权属于用益物权，也是具有人身属性的人役权。民法典物权编拟增加居住权制度回应社会的现实需求，值得肯定，租赁制度无法替代其制度功能。民法典物权编草案（二审稿）准确界定了居住权的人役权属性，但相关规则过度地受到传统人役权的影响和限制，尤其是将居住权的设定限定为无偿，从而使该制度的作用被削弱。③

陈华彬也认为我国《民法典物权编（草案）》规定的居住权系一种特殊形态的人役权。因此居住权应根据人役权与居住权的一般法理、特性及规则而建构。我国对居住权含义的厘定应采狭义。具体而言，我国的居住权应具有专属性、有期限性、不可让与性、不能设定负担、不能抵押及不可继承，且原则上应为无偿。④

但也有学者提出不同观点，认为我国民法典物权编草案将居住权定位于人役权，并规定居住权不得转让和继承，居住权期限限于居住权人生存期限，人为地限制了居住权适用范围，不利于发挥居住权在房屋多元利用中的优势。我国民法典应确立以物权性为主的居住权规范体系，"物权编"仅调整居住权的物权性关系，规定居住权一般规则；"亲属编"则兼顾居住权之人役性，规范特定亲属间基于保障性需要而产生的居住权。⑤

曾大鹏从法教义学的类型出发，依其不同适用领域将居住权区分为家庭保障性居住权、社会保障性居住权、投资性居住权以及消费性居住权等

---

① 金贵宾、张来柱：《我国物权法上确立居住权制度的若干问题与思考》，《河北法学》2004年第8期。
② 王富博：《居住权制度适用范围初探——兼评〈中华人民共和国物权法（草案）〉的相关规定》，《法律适用》2006年第1期。
③ 王利明：《论民法典物权编中居住权的若干问题》，《学术月刊》2019年第7期。
④ 陈华彬：《人役权制度的构建——兼议我国〈民法典物权编（草案）〉的居住权规定》，《比较法研究》2019年第2期。
⑤ 鲁晓明：《论我国居住权立法之必要性及以物权性为主的立法模式——兼及完善我国民法典物权编草案居住权制度规范的建议》，《政治与法律》2019年第3期。

四个类型。其认为我国民法典设立居住权制度具有坚实的社会基础和司法支撑，但亟须摆脱居住权过于绝对化的人役权传统定位，转而全面承认其用益物权属性，采取"三编协同"模式，借此彰显居住权立法的功能嬗变与体系协调。①

（2）物权法应否规定居住权

相当多的学者赞同在物权法上规定居住权。钱明星列举了支持居住权入法的四个主要理由。其一，居住权是房屋这一财产在财产体系中的地位提高的必然反映。其二，居住权有利于房屋效用的发挥。其三，居住权是发挥我国家庭职能的要求。居住权的设立，对完成家庭在养老育幼，保护妇女、老人和儿童的利益方面起到了重大作用。其四，居住权有利于房屋利用的利益平衡。②

焦富民等认为，居住权是否规定不是法理问题，也不是逻辑问题，争论点在于价值取向；可以规定一个投资性的居住权，如酒店式产权（实际上仅有居住权）、分住式居住权、建房式居住权等；在物权法中规定居住权很有必要，其对养老问题和家庭关系的和谐等会有很大的作用。③

崔建远主张，编纂民法典物权编应当增设居住权，并将居住权区分为社会性居住权与投资性居住权。前者属于典型的人役权，是为解决老年人、妇女及未成年人等特殊群体居住他人住房而享有的权利，具有保护弱者权利的功能，不得转让、继承；后者赋予权利人以最优化地对他人住房进行任何合理用益的权利，如使用出租和用益出租等，具有居住和投资双重功能，可以转让、继承。④

申卫星指出，居住权的功能不仅限于保护社会弱者的层面。其适用范围，经历了从仅局限于离婚妇女等社会弱势群体，演进到广泛适用于一般

---

① 曾大鹏：《居住权的司法困境、功能嬗变与立法重构》，《法学》2019 年第 12 期。

② 钱明星：《关于在我国物权法中设置居住权的几个问题》，《中国法学》2001 年第 5 期。

③ 焦富民、李云波：《海峡两岸民法典研讨会暨中国法学会民法学研究会 2005 年年会综述》，《河北法学》2005 年第 8 期。

④ 崔建远：《民法分则物权编立法研究》，《中国法学》（中文摘要版）2017 年第 2 期。

财产权利人的过程；其社会功能，也经历了一个从保护弱者的社会性功能，演进到作为实现所有人对财产利用多样化手段之一的投资性功能。在拓展视野的基础上，需要对居住权的功能重新定位，变社会性居住权为社会性居住权与投资性居住权并存，使得居住权由伦理性转向法技术性。①渊源于罗马法的居住权制度广泛存在于欧洲、美洲、非洲和亚洲诸多国家与地区的民法典中，我国2007年制定《物权法》时未纳入该制度，实属立法政策上的失误。当前民法典分则立法应于物权编创设居住权制度，此举具有重大理论与现实意义，不仅可以更好地解决弱势群体的住房问题，而且可以更好地体现所有权人的意志。具体而言，我国民法典分则物权编应围绕居住权的一般规定、居住权的设立、居住权登记、居住权的限制、居住权人的使用权、居住权人的义务、所有权人的义务等12个方面对居住权制度作出系统性规定，从而在丰富我国用益物权体系的同时，为经济发展与社会变迁提供法律管道，实现我国住房之策由"居住有其屋"向"住有所居"的转变。②

刘阅春指出了其赞同规定居住权的理由，首先，从居住权的源流来看，罗马法创设这一制度的初衷在于对权利人生活保障的需要，其与社会保障体系对于权利人的生活保障是并行不悖的。因此，以我国社会保障体系正在逐步建立作为反对引入居住权的理由是不成立的。其次，从居住权与使用权、用益权的关系上来看，三者之间存在着千丝万缕的联系，但是这并不意味着，脱离了人役权、地役权二元划分的土壤，居住权就难以生存。在我国一直沿用所有权与他物权的划分，并且将他物权划分为用益物权与担保物权的框架下，将居住权划归为用益物权一类也是合乎逻辑的。最后，从制度的社会需求度上看，由于现行法律对于解决养老、离婚或者丧偶时生存配偶的住房问题存在着不足，且在现行框架下无法克服其弊病，引入居住权是完全必要的。③ 居住权制度主要是解决养老、离婚或者丧偶的配偶的住房问题，但采纳居住权制度之后，是否能与现行框架融合

---

① 申卫星：《视野拓展与功能转换：我国设立居住权必要性的多重视角》，《中国法学》2005年第5期。

② 申卫星：《从"居住有其屋"到"住有所居"——我国民法典分则创设居住权制度的立法构想》，《现代法学》2018年第2期。

③ 刘阅春：《居住权的源流及立法借鉴意义》，《现代法学》2004年第6期。

的问题需要考虑。① 另外,徐国栋主持拟定的《绿色民法典草案》在他物权之用益物权部分设专节规定人役权,并分别规定了用益权、使用权和居住权,并借鉴了法国法系对居住权的立法模式。② 还有学者认为,应将居住权改为建筑物使用权,并将此项用益物权制度扩大适用于我国现实经济生活中的以下问题:"①因政府招商引资修建道路、桥梁等公共基础设施而引起的投资者的权益问题;②因企事业单位招商引资修建后勤服务设施而引起的投资者的权益问题;③机关、企事业单位职工对单位提供其长期居住的住房的权益问题。"③

黄积虹提出,我国现行民事立法对居住权并没有作出规定,司法实践中直接以居住权为名的裁判案件存在不妥之处。中共中央十九大报告提出的住房制度新政,为民法典物权编专章增设居住权提供了指引。居住权是为满足居住权人生活居住需要而设立在他人房屋上的一项权利,具有用益物权属性。我国民法典分编草案将居住权纳入物权体系体现了鲜明的时代特色,居住权含义及适用范围已突破传统内容。解决传统与现代居住权衔接与发展问题,在我国民法典体系框架内构建一个与现行《物权法》制度相协调,内容完备,具有中国特色的居住权法律制度有其必要。④ 反对规定居住权的学者以梁慧星、房绍坤等为代表。梁慧星认为我国创设居住权制度的理由并不充分。从居住权适用对象上看,《物权法征求意见稿》主要在于解决三类人的居住问题,一是父母,二是离婚后暂未找到居住场所的前夫或前妻,三是保姆。但对于父母,我国《婚姻法》《继承法》等法律中有关于夫妻互有继承权、父母是子女第一顺序继承人和子女对父母有赡养义务等规定,故理论上父母居住问题在法律上没有障碍;针对离婚后暂未找到居住场所的前夫或前妻而言,由于我国现阶段实行的住房商品化政策使得离婚后居住问题可以通过买房来解决,夫妻感情已经交恶到离婚程度,自无必要创设什么居住权再住在一个屋檐下;针对保姆,由于在中国使用保姆的家庭只占少数,而准备给保姆以物权性居住权的雇主,恐

---

① 马俊驹、刘阅春:《物权法的定位及基本体系分析》,《法学杂志》2004年第3期。
② 徐国栋:《绿色民法典草案》,社会科学文献出版社2004年版,第376页。
③ 李开国:《关于我国物权法体系结构的思考》,《现代法学》2002年第4期。
④ 黄积虹:《构建民法典物权编居住权的思考》,《上海政法学院学报》(法治论丛)2019年第1期。

怕是少之又少。因此，为了极少人的问题而创设一种新的物权和一个新的法律制度，是不合逻辑的，也是不合情理的。①

此外，梁慧星还指出，如果有证据表明，《物权法》生效以来的实践中设立居住权的实例极少并且限于亲属朋友之间，就可以证明在中国特色社会主义社会经济条件下，不存在规定居住权的社会需求，因此可以肯定：当年十届全国人大法律委员会关于删除居住权的建议、第十届全国人大常委会删除居住权的决定，经社会实践的检验证明，是完全正确的。截至2018年10月8日，人民法院网民商事案例库的判决书总数是407366件。以"居住权"作为关键词检索，有10989件判决书涉及居住权。以"离婚"加"居住权"检索，有3448件判决书涉及居住权。以"合同"加"居住权"检索，有6260件判决书涉及居住权。以"租赁合同"加"居住权"检索，有1417件判决书涉及居住权。以"保姆""居住权""终身居住"检索，找到1件判决书，但并不是为保姆设定居住权，而是判决书提到"保姆费"由谁负担的问题。以"朋友""居住权""终身居住"检索，搜索到1件判决书，也不是为朋友设定居住权，而是一个赡养费的纠纷，判决书中提到被赡养人曾"在朋友家居住"。可见为保姆设居住权、为朋友设居住权的案件均为零。那有没有亲属关系中设立居住权的案件呢？以"合同""居住权""终身居住"三个关键词检索，检索到两件判决书。第一件是家庭关系中通过协议约定居住权。第二件是一个典型的附负担的赠与合同。赠与合同中约定了第三人终身居住，亦即约定了第三人的居住权，而这个第三人是赠与人的亲属。事实充分证明，第十届全国人大法律委员会关于"居住权适用面很窄，大多发生在亲属朋友之间"，即使发生了纠纷，人民法院完全可以根据现行的法律作出妥当裁判的判断是多么正确！而现在的草案将实践证明不存在社会需求的居住权写进民法分则，明显不合时宜。②

房绍坤指出："尽管许多国家的民法都规定了居住权，但在我国物权法中设置居住权缺乏可行性，因为从居住权的立法结构来看，居住权不能脱离人役权的框架独立构建，而我国《物权法（草案）》并未规定人役

---

① 梁慧星：《不赞成规定"居住权"》，《人民法院报》2005年1月12日第B1版。
② 梁慧星：《关于民法典分则草案的若干问题》，《法治研究》2019年第4期。

权；从居住权产生的社会基础来看，居住权设计的初衷大多与家庭无法解决的养老问题有关，而我国养老问题大多由家庭解决；从居住权的功能来看，其功能与物权法的功能相违背，且可以为其他制度所取代；从居住权的存在价值来看，我国没有设置居住权的现实需要。"① 此外，我国引入居住权制度不具有可行性，主要是针对社会性居住权而言的，并不涉及投资性居住权问题。就投资型居住权而言，在我国目前房地产市场还不十分成熟的大背景下，法律承认投资性居住权的空间有限，且需要若干配套措施，制度成本可能过大。因此，编纂民法典物权编时也不宜规定投资性居住权。退一步讲，即使实现生活中确有居住权需求的，也可以通过实行缓和的物权法定原则加以解决，即通过习惯等途径承认居住权，或者将居住权作为一种特别用益物权，通过特别法的形式加以确认。②

也有学者提出，"居住权制度作为一项独特的且被很多西方国家所接受的物权制度，固然有其自身的价值和意义，但从居住权制度的历史发展和特点来看，其本身也存在难以克服的局限性；从我国的实际情况来看，传统居住权的功能可以为很多已有立法所替代；从居住权的立法结构来看，我国物权法无设置居住权的可行性。因此，我国物权立法目前还不太适合将这一制度移植过来"③。

关于居住权立法问题，在物权法第五次审议稿中及之后，法律委员会予以了否定，理由是，"居住权的适用面很窄，基于家庭关系的居住问题适用婚姻法有关抚养、赡养等规定即可，基于租赁关系的居住问题适用合同法等有关法律的规定，这些情形都不适用草案关于居住权的规定。而且，居住权大多发生在亲属朋友之间，一旦发生纠纷，可以通过现行有关法律规定的救济渠道加以解决"。"我国男女享有平等的继承权，物权法没有必要对居住权作规定。"④ 在民法典编纂过程中，最终在《民法典物权编草案》（二审稿）中针对我国的现实情况，并借鉴域外的立法经验，在用益物权部分增加了居住权的专章规定，明确了居住权人有权按照合同

---

① 房绍坤：《居住权立法不具有可行性》，《中州学刊》2005年第4期。
② 房绍坤：《民法典物权编用益物权的立法建议》，《清华法学》2018年第2期。
③ 蒋懿：《对我国居住权立法的思考》，《时代法学》2006年第5期。
④ 全国人大常委会法工委民法室：《物权法立法背景与观点全集》，法律出版社2007年版，第49、67页。

约定并经登记占有、使用他人的住宅，以满足特定人群的稳定生活居住需求，不仅认可和保护了民事主体对住房保障的灵活安排，同时也有助于为公租房和老年人以房养老提供法律保障。

辜明安等认为，居住权制度的立法取舍应从实证层面考察其是否具有现实需求。居住权的现实需求可从如下四类司法案例中得到证成：继承纠纷中被继承人通过遗嘱分割房屋所有权和居住使用权；赡养纠纷中法院判决设立居住权和当事人协议约定设立居住权；离婚纠纷中以设立居住权的形式对生活困难一方予以帮助；分家析产纠纷中当事人通过分家协议分别确立所有权和居住使用权的归属。在《民法典》中确立居住权制度就是对这种现实需求的回应。居住权的制度构造应以现实为导向。①

对于《民法典物权编草案》（二审稿）关于居住权的规定，学者们认为应确立以私人自治为核心的多元化价值基础，对其中的居住权规定予以修改和补充。居住权的人役权属性以及由此推出的不可移转原则并非金科玉律，只有破除这一概念枷锁才能满足不断发展的社会需求。回归我国的当前语境，社会性居住权的公私法双重面向以及投资性居住权在私法上的渐次展开，共同说明了开放式居住权立法的现实基础。②

单平基指出，与其通过习惯或特别法形式对居住权加以确认，不如借助《民法典》将其确定为一项法定物权。但《民法典》草案关于居住权的设定方式、受益主体、权利客体、类型、效力等方面均存有缺陷，应就以上方面进行更加完善的规定，并借此机会突破一物一权原则的限制。③

（3）居住权应否有偿设立

目前学界各方面对物权编内增加规定居住权制度获得了基本一致的认可，但对《民法典物权编草案》（二审稿）明确规定居住权是有偿，抑或无偿设立的用益物权，则存在不同的声音。

杨立新指出，居住权不能有偿设立，否则就变成了房屋租赁。而房屋

---

① 辜明安、蒋昇洋：《我国〈民法典〉设立居住权的必要性及其制度构造》，《西南民族大学学报》（人文社会科学版）2020年第2期。

② 申卫星、杨旭：《中国民法典应如何规定居住权》，《比较法研究》2019年第6期。

③ 单平基：《〈民法典〉草案之居住权规范的检讨和完善》，《当代法学》2019年第1期。

租赁是合同法问题，虽然有租赁权，但仅仅是一个债权，而不是物权，租赁合同是有偿的。但是居住权是物权，需要进行登记，可以产生对抗其他权利的效力。此外，设立居住权的时候，双方的经济实力一般是不对等的，是强势一方给弱势一方设置居住权，因此要求无偿也是有道理的。①

黄薇认为，立法中强调居住权的无偿设立性，是为了将居住权与其他性质的权利区分开来。市场上通过租赁关系对他人房屋形成的权利也包含居住权，其与作为物权的居住权究竟有什么不同？《民法典物权编草案》（二审稿）强调居住权不是通过租赁形成的居住权，而是一种用益物权，并且是当事人通过签订合同无偿设立的。《民法典物权编草案》（二审稿）规定居住权无偿设立，是符合大陆法系国家的典型立法例的。②

马新彦指出，居住权既然是一种人役权，就应当具有人役权应有的特征。居住权具有无偿性。居住权可以依据遗嘱设立，也可依法律规定产生，但无论产生根据如何，权利人均无须为其对房屋的使用支付代价，是一种无偿性使用权。居住权是以解决与被继承人具有一定身份关系的人相互之间利益冲突为目的而产生的，具有与生俱来的平衡利益冲突的功能，以遗产有条件、有期限的无偿利用与遗产归属合理区分的方法，能够较好地解决法定继承人与需要被继承人照顾之人之间的利益冲突。③

鲁晓明提出，取得居住权以支付对价为原则，以无偿为例外。非家庭成员居住权作为纯粹用益物权，具有财产权性质。与体现人文关怀的家庭成员居住权不同，此种居住权之获得，宜体现等价有偿的交易原则，故权利人应支付对价，只有在特别约定的情况下，得为无偿。④

单平基认为，对于专属居住权，根据"谁受益，谁付费"的原则，应由专属居住权者负担日常费用，当事人另有约定者除外；而对于共同享

---

① 杨立新：《删去耕地不得抵押规定明确居住权无偿设立民法典物权编草案二审稿亮点解读》，http://epaper.legaldaily.com.cn/fzrb/content/20190423/Articel06004GN.htm，访问日期 2020 年 3 月 8 日。

② 杜万华等：《民法典分则编纂中的物权立法笔谈》，《中州学刊》2019 年第 7 期。

③ 马新彦：《居住权立法与继承编的制度创新》，《清华法学》2018 年第 2 期。

④ 鲁晓明：《论我国居住权立法之必要性及以物权性为主的立法模式——兼及完善我国民法典物权编草案居住权制度规范的建议》，《政治与法律》2019 年第 3 期。

有居住权者，除当事人另有约定外，应按照共同居住人所居住房屋的比例分担日常费用。①

在斟酌学者以上讨论的基础上，2019年10月的《民法典（草案）》维持了二审稿增设居住权一章方案，唯将居住权无偿设立的规定予以了修改。

4. 准用益物权

（1）准用益物权概述

何谓准用益物权，其称谓如何，具体包括哪些权利类型，立法方式如何等问题，学界分歧很大。学者们一般认为，准用益物权属于准物权的一种。准物权还包括准所有权、准担保物权等。②

理论上对准物权的名称并不统一，有"权利物权说""特别法上的物权说""特别物权说"及"特许物权说"。而对准用益物权，由于学者关注角度不同，称谓也不一致，从权利的出处看，有学者称为特别法上的物权；③ 从权利的取得方式角度讲，有学者称为特许物权；④ 从权利的性质角度讲，有学者称为准物权；⑤ 从权利的客体角度讲，有学者称为自然资源使用权、⑥ 资源利用权。⑦

梁慧星主编的著作中认为，自然资源使用权为对自然资源使用收益的权利，它与用益物权存在很大区别：①自然资源使用权依据特别法而设立，而用益物权依据普通法而设立。②规制自然资源使用权的法律是从社会公共利益出发，以保证自然资源合理和可持续的利用为立法目的；而规制用益物权的法律是在不违反社会公共利益的前提下，以均衡实现所有人

---

① 单平基：《〈民法典〉草案之居住权规范的检讨和完善》，《当代法学》2019年第1期。

② 高富平：《中国物权法：制度设计和创新》，中国人民大学出版社2005年版，第288页；刘保玉：《准物权及其立法规制问题初探》，载王利明主编《中国民法年刊》（2004），法律出版社2006年版。

③ 王利明：《物权法研究》，中国人民大学出版社2002年版，第610页。

④ 王利明：《中国物权法草案建议稿及说明》，中国法制出版社2001年版，第89页。

⑤ 张俊浩：《民法学原理》（修订第三版），中国政法大学出版社2000年版，第397页。

⑥ 屈茂辉：《用益物权论》，湖南人民出版社1999年版，第271页。

⑦ 高富平：《土地使用权和用益物权》，法律出版社2001年版，第483页。

和用益物权人双方利益为目的。③自然资源使用权的取得与自然资源主管部门的行政许可相联系，用益物权的设立完全由当事人之间自主决定。④自然资源使用权的标的物，在法律上视为消耗物；用益物权的标的物，在法律上则视为不可消耗物。⑤自然资源使用权强调对标的物有节制的利用，用益物权则强调对标的物的充分利用。因此，自然资源使用权与用益物权是两种性质不同的民事权利，相互之间不存在从属关系，各自有独立存在的必要。①

有学者认为准物权不是属性相同的单一权利称谓，而是一组性质有别的权利的总称。按照通说，它由矿业权、水权、渔业权和狩猎权等组成。② 此外，还有学者提出资源物权的概念来涵盖对自然资源的开发利用活动。资源物权是指权利人为满足其权益需要，对自然资源依法或依据合同所享有的直接支配与排除妨害的权利。资源一词专指自然资源，一般包括土地、矿产、水流、林地、草原、山岭、滩涂等人们的生产生活所离不开的自然要素。每一项资源物权又包括了资源所有权、资源使用权和相关权利。依此，除土地使用权外，还有水资源利用权、采矿权、水使用权、水域及滩涂使用权、水体排污权、海域使用权等权利，构成了我国的资源使用权体系。③

关于准物权在民法典中如何规定，至少有三种不同的意见：原则规定说、不予规定说和具体规定说。④ 学界多数学者采原则规定说。认为准物权与传统的用益物权有很大的不同，因此，民法典上仅仅对准物权作原则性规定即可。

如"王稿"和法工委稿均对准物权（特许物权）作出了原则性规定。其理由是：特许物权在本质上并不属于用益物权，但具有用益物权的一些特征。由于特许物权是依据特别法的规定而取得的，但考虑到这类物权需要物权法明确其性质，因此将特许物权规定在用益物权一章之中。但特许物权毕竟与一般的用益物权不同，为防止与特别法的规定相重复，故两个

---

① 梁慧星主编：《中国物权法研究》（下），法律出版社1998年版，第631页。
② 崔建远：《准物权研究》，法律出版社2003年版，第26页。
③ 王建平：《资源物权的权属界定与冲突》，载王利明主编《物权法专题研究》（上），吉林人民出版社2002年版，第553—576页。
④ 陆玉珍：《物权法国际研讨会会议综述》，《甘肃社会科学》2004年第5期。

草案只对特许物权类型的基本概念和基本效力作出规定。"①

中国政法大学物权法课题组认为："对探矿权、采矿权、取水权、渔业权、驯养权、狩猎权等准物权予以规范无疑具有相当的现实意义。但是，这些权利的取得和行使有不少特殊的规则，既需行政许可等程序，又受到公法的很多限制。因此，笔者认为，在物权法中仅对这些权利作概括或原则性的规定即可，其详细内容由特别法予以规定更为合适。而且，目前我国本已经采用的就是这种调整模式。"② 崔建远认为："我国宜采用的上策是：首先，物权法乃至民法典承认矿业权、水权、渔业权、狩猎权各为物权的一种，并将其定位于准物权。这样，一是满足物权法定主义的要求，二是作为每种准物权制度展开、生长的基点。其次，物权法总则在理念上，在规范设计上，给各种准物权留足成长空间。至于每种准物权制度的躯干及枝叶，均应由作为单行法的矿产资源法（或者矿业法）、水法、渔业法、野生动物保护法等来计。"③ 陈小君指出："由于矿业权、养殖权、捕捞权、水权、狩猎权等准物权兼具行政法色彩，同自然资源法、环境保护法、刑法密切相关，而同传统用益物权差别较大，若将其规定于物权法，须设置诸多例外，于操作不便，且内容上的差异会降低逻辑上的效果。因而宜在物权法中原则性规定各类准物权，作为其展开的基点，具体制度留待各单行法中加以规定。"④

而"梁稿"采不予规定说，其理由有两点：其一，自然资源使用权与用益物权，是两种性质不同的民事权利，相互之间不存在从属关系，并且在市场经济法律体系中，各自有独立存在的必要。其二，目前立法上或理论上通常所谓的"自然资源使用权"，应当根据自然资源使用权和用益物权的本质属性进行重新划分。采矿权、林木采伐权、取水权和渔业捕捞权等，应划归自然资源使用权体系；林地使用权、草原使用权和渔业养殖权等，完全是农地使用权的具体实现方式，应划归农地使用权并属于用益物权体系。陈华彬对物权法中规定准用益物权持反对意见，其理由主要有

---

① 徐朝贤：《关于构建我国用益物权体系的思考——以三个物权法草案的设计比较为线索》，《河北法学》2004年第6期。
② 中国政法大学物权法课题组：《关于物权法的整体结构》，《法商研究》2002年第5期。
③ 崔建远：《准物权研究》，法律出版社2003年版，第29页。
④ 陈小君：《我国他物权体系的构建》，《法商研究》2002年第7卷第5期。

二：一是这些准物权，传统上一直不把它们规定在民法典的物权法部分；二是这些准物权虽然亦称为"物权"，但它们与一般的物权如地役权、地上权等存在很大的差异，它们的取得往往需要行政机关的批准，它们的转让及设定抵押等也不像一般的用益物权那样自由进行，而是受到相当大的限制，有的甚至需要烦琐的程式。所以，以不把它们规定在物权法中为宜。①

（2）海域使用权

我国的海域所有权属于国家享有，在海域所有权上设立的使用海域的权利，为海域使用权。学界主要围绕着其概念、性质、与其他自然资源使用权关系、物权法应否规定等问题展开探讨。

其一，海域使用权的概念。

尹田将海域使用权界定为："民事主体依照法律规定，对国家所有的海域所享有的以使用和收益为目的的一种直接支配性和排他性的新型用益物权。"②崔建远认为，"所谓海域使用权，是指民事主体基于县级以上人民政府海洋行政主管部门的批准和颁发的海域使用权证书，依法在一定期限内使用一定海域的权利"③。叶知年认为，"海域使用权为民事主体依照法律的规定或合同的约定所享有的对特定海域的占有、使用和收益的权利"。海域使用权属于具有公法性质的私权；其客体和构成具有复合性。④崔凤友认为，"海域使用权简称海权，系指权利人为从事特定开发利用活动，经向行政机关申请并经主管机关依法核准设定的，在一定期限内排他的使用某一特定海域并享受其权益的权利，是海域所有权的派生权"⑤。

其二，海域使用权的性质。

关于海域使用权的性质，学界向来有公权与私权之分。但民法学界普

---

① 陈华彬：《对我国物权立法的若干思考——兼评2005年7月10日〈中华人民共和国物权法（草案）〉》，《浙江社会科学》2005年第6期。

② 尹田主编：《中国海域物权制度研究》，中国法制出版社2004年版，第40页。

③ 崔建远：《海域使用权制度及其反思》，《政法论坛》2004年第6期。

④ 叶知年：《海域使用权基本法律问题研究》，《西南政法大学学报》2004年第3期。

⑤ 崔凤友：《海域使用权的物权性分析》，《政法论丛》2001年第2期。

遍认为海域使用权人可以对特定海域占有、使用、收益乃至有限处分，其享有的是一项独立的财产权，从性质上讲应属于私权的范畴。但也有人认为虽然海域使用权具有民法物权的支配性、对世性的特征，但其标的物不能视为民法上的物，从而否定其物权性。关于其具体的物权性质，又可分为以下诸说：

自然资源使用权说，认为海域使用权同土地使用权、矿业权等一样也是一种自然资源使用权。①

准物权说，认为海域使用权非为民法上的物权，但在效力方面与物权相近，在法律上可以视为物权，并准用物权法的有关规定。② 从立法体例、权利客体、权利构成等方面看，海域使用权较之典型物权具有特殊性，应当属准物权。③

特许物权说，认为海域使用权具有物权性，但属特别法规定的物权，称特许物权更为合适。④ 海域是一种类似不动产的物，可以成为所有权的标的，但海域作为他物权的标的物，却非以海域的整体而为其"组成部分"，故海域突破了民法之物的概念。⑤

物权说，认为海域具有可支配性，符合民法上物的概念，海域使用权具有物权的支配性，属于物权。⑥ 海域与土地在法律属性上是一致的，不仅是民法上的物，而且符合不动产的全部法律特征，其基本内容

---

① 卞耀武主编：《中华人民共和国海域使用管理法释义》，法律出版社2002年版，第6页。

② 林诚二：《民法总则讲义》（上），瑞兴图书股份有限公司1998年版，第77页；施启杨：《民法总则》，荣泰书局1982年版，第29页；李开国：《民法基本问题研究》，法律出版社1997年版，第293—294页；张俊浩主编：《民法学原理》（上），中国政法大学出版社2000年版，第397页。上述学者在论及海域使用权中的养殖权时，将其界定为准物权，故我们将其归纳为"准物权说"。以下"特许物权说""用益权说"与此相同。

③ 龚远星：《海域使用权的准物权性质分析》，《海洋环境科学》2005年第2期。

④ 林柏璋：《台湾水权及其法律性质之探讨》，转引自崔建远《准物权的理论问题》，《中国法学》2003年第3期；王利明主编：《中国物权法草案建议稿及说明》，中国法制出版社2001年版，第413页。

⑤ 尹田：《海域物权的法律思考》，《河南省政法管理干部学院学报》2005年第1期。

⑥ 桂静：《海域使用权物权保护研究》，《海洋开发与管理》2002年第6期。

具备了不动产物权的要素，包括不动产物权的一般权能，具有明显的物权属性。①

用益物权说，认为海域使用权具备用益物权的一般要素，符合用益物权的特征，因而性质上属于用益物权。该说中又包含用益权说和新型用益物权说等不同观点。② 多数学者认为如同在陆域国土上创设的土地承包经营权一样，海域使用权是我国在海域国土上创设的另外一种新型的用益物权。③

非单一物权说，认为"海域使用权并不是一个单一的、单纯的用益物权，而是聚合不同种类的海域使用的一个集合式的用益物权体系。其中有一部分属于海域地上权，即在海域建造建筑物的海域使用权"④。"从事海上航行、海底石油开采、海上养殖、捕捞等行为，均须取得海域使用权，于是海域使用权就成为一种基础性权利。在我国民法典中，海域使用权是与土地使用权并列的上位概念。"⑤

其三，物权法应否规定海域使用权。

由于海域使用权在客体、内容等方面的特殊性，以及人们对此种权利的性质存在不同认识，导致了在我国物权法制定中对于是否应当对其作出规定以及如何规定等问题也有不同的主张。

陈华彬认为，在物权法上将海域使用权明定为一种用益物权，具有以下重要意义：第一，有利于厘清各种海洋资源利用法律关系，建立科学完善的自然资源法律调控体系；第二，有利于保护海域使用权人的合法利益，稳定海域使用秩序；第三，有利于促进海域的合理开发和可持续利

---

① 赵守江：《海域使用权应当纳入物权法》，《齐鲁渔业》2006年第4期。

② 屈茂辉：《用益权的源流及其在我国民法上的借鉴意义》，《法律科学》2002年第3期；叶知年：《海域使用权基本法律问题研究》，《西南政法大学学报》2004年第3期。

③ 崔建远：《海域使用权制度及其反思》，《政法论坛》2004年第6期；税兵：《海域使用权制度价值浅析》，《中国海洋大学学报》（社会科学版）2005年第2期；刘保玉等：《海域使用权制度研究》，载梁慧星主编《民商法论丛》（第32卷），法律出版社2005年版。

④ 杨立新：《关于建立大一统的地上权概念和体系的设想》，《河南省政法管理干部学院学报》2007年第1期。

⑤ 关涛：《海域使用权问题研究》，《河南省政法管理干部学院学报》2004年第3期。

用，实现海洋资源的综合利用和统一管理。① 屈茂辉认为，物权法应将海域使用权等特别法规范的非所有人对于他人之物占有、使用、收益的权利纳入用益物权体系。理由是：其一，海洋和土地一样，都是人类重要的自然资源，随着人类控制和利用海洋能力的增强，如何开发利用海洋、保护海洋的可持续发展，已成为各国法律必须要面对的问题。其二，根据《海域使用管理法》等规定，我国已发展出了一个特有的用益物权概念——海域使用权。其三，将海域纳入物权法调整，是开发利用海洋资源的必要前提，是定分止争、创造海域利用的有序秩序的需要。而且，海域物权立法的发展轨迹也给我们一个很重要的启示：准物权如果经过发展，符合物权法上用益物权的要求，是可以在用益物权中加以规定的。②

支持论者对海域使用权如何在物权法中作出规定，也有不同的主张：其一，将海域使用权分解，分别纳入"农业用地使用权"和"建设用地使用权"制度之中。③ 其二，在"特许物权"制度中对海域使用权作出规定。④ 其三，在用益物权部分对海域使用权设专章或专节规定，使之成为与建设用地使用权、农业用地使用权等并列的一种典型用益物权类型。⑤ 其四，将海域或海域使用权在用益物权的第一章"一般规定"中简单提及，只对其性质和地位予以界定，具体内容则仍由特别法规定。此即所谓的"原则规定"的模式。

也有学者主张，在物权法上不宜对海域使用权作出规定，而应由特别法予以规范。如崔建远认为，海域使用权同渔业权、矿业权、水权、

---

① 陈华彬：《对我国物权立法的若干思考——兼评 2005 年 7 月 10 日〈中华人民共和国物权法（草案）〉》，《浙江社会科学》2005 年第 6 期。

② 屈茂辉：《物尽其用与物权法的立法目标》，《当代法学》2006 年第 4 期。

③ 依梁慧星主持拟定的物权法草案建议稿，可作这种处理。该稿中关于农地利用权的规定中包含《利用水域养殖》在内，也体现了这一思路。

④ 王利明主编：《中国民法典草案建议稿及说明》，中国法制出版社 2001 年版，第 422—423 页。但应指出的是，该稿设计中又发生了利用海域的《养殖权》与海域使用权在内容上的重合问题。

⑤ 国家海洋局：《关于在〈物权法〉（草案）中规定海域国家所有权及海域使用权的建议》《关于〈中华人民共和国物权法（草案）〉的修改意见》；陈甦：《物权法中"海域使用权"一章的建议草案》，载尹田主编《中国海域物权的理论与实践》，中国法制出版社 2004 年版，第 380 页以下。

土地承包经营权、国有土地使用权存在着效力冲突,需要协调。在不否认后几种权利存在的正当性的情况下,站在立法论的立场上,应当废除海域使用权制度。① 还有学者指出,依特别法优于普通法的原则,海域使用权的取得、转让和行使应当优先适用海域使用法的规定。为保持民法典物权体系的和谐,必须协调好海域使用权与相关物权制度的关系,使它们之间相互衔接和配合,形成由物权基本法(民法典)与特别法(海域使用法)共同构成的逻辑完整、条理清晰、结构合理的民法物权体系,以共同维护物的归属和流转秩序。② 在物权法中不直接规定这些(指海域使用权等准用益物权)物权类型,但在物权法总则编的设计中要给这些物权的存在和发展留下适宜空间,即这些物权仍适用物权法总则的规定。③

其四,海域使用权与其他自然资源使用权的关系。

有学界对海域使用权与其他自然资源使用权之间可能存在的冲突与协调问题,以及《物权法》如何对其加以规范的问题进行了分析。

首先,冲突问题。由于海域是立体的,在某个海域可以同时存在养殖使用权,旅游、娱乐使用权,盐业、矿业使用权,船舶通行权等多项使用权,而且海水是流动的。因此,在同一海域存在的多个相容的使用权之间,以及相邻海域的使用权之间客观上容易发生侵权纠纷。因此,海域使用权人行使权利应该受到更多的制约。④ 《海域使用管理法》与《渔业法》分别建立了我国的海域使用管理法律制度和渔业行政管理法律制度,但因二者均涉及海洋资源的管理,因此在调整对象上有所重叠和冲突。其在现实中的表现就是海域使用权证与养殖证并存;在理论上的表现就是物权法的一物一权原则受到挑战;在立法上的表现为海域使用权与渔业权如何协调。⑤

其次,协调问题。《海域使用管理法》和《渔业法》在海洋渔业养殖

---

① 崔建远:《海域使用权制度及其反思》,《政法论坛》2004年第6期。
② 叶知年:《海域使用权基本法律问题研究》,《西南政法大学学报》2004年第3期。
③ 曹明德:《中国民法法典化与生态保护》,《现代法学》2003年第4期。
④ 毛亚敏:《海域使用权初探》,《杭州商学院学报》2004年第3期。
⑤ 全永波:《海域使用权与渔业权冲突中的利益衡量》,《探索与争鸣》2007年第5期。

监督管理权上存在的冲突。① 海域使用权与渔业权并非性质不同的可相互独立的两种权利，二者不可并行存在，需要对两种权利关系重新界定。应分解渔业权，将其中的养殖权整合进海域使用权，而海域使用权作为用益物权之一宜规定进民法典物权编；捕捞权，宜解为自然资源使用权，主要受渔业法调整。如此，问题便可迎刃而解。②

再次，如何规范的问题。有学者总结了《物权法》起草过程中各方学者对海域使用权与渔业权是否均应归纳入立法中的不同意见：持赞成观点的学者，坚定地支持将渔业权或者渔业养殖权写入，其最主要的理由是创设渔业权有利于保护渔民的利益。养殖用海是海域使用的类型之一，海域使用权包括养殖权；渔业权只能定位为捕捞权，性质是特许物权，为了避免实践上的混乱，可像采矿权一样，在《物权法》中明确规定"捕捞权"，而不笼统规定为"渔业权"。持反对观点的学者认为，《物权法》草案应该大胆地舍弃渔业权或者舍弃渔业养殖权，合理地规划和设计海域使用权。海域使用权制度已经解决了渔业养殖海域的物权保护问题，并在《物权法》草案中得到了确认。如果《物权法》对海域使用权和渔业养殖权都作出规定，两种用益物权规定的内容有相同之处，法律的科学性就会成问题，就有必要考虑取一舍一。③

而就海域使用权和养殖权的相互关系的看法，王利明总结为三种：一是单一海域使用权说。该学说认为海域使用权可以涵盖养殖权的所有内容。而在其他水面上的养殖权，可以通过土地承包经营权的扩大解释来解决。养殖权从来不是，也不应当成为民法上的权利。④ 二是单一养殖权说。此种观点认为养殖权可以包括所有水面上的养殖，而海域使用权只能包括在海域上的养殖，且海域使用权缺乏调整目的和功能，如果海域用于养殖，就应当通过养殖权来代替；如果海域是用于捕捞，就应当通过捕捞

---

① 宋增华：《关于〈海域使用管理法〉若干问题的思考》，《海洋开发与管理》2003年第6期。

② 万雅琴：《海域使用权与渔业权的冲突及协调》，《郧阳师范高等专科学校学报》2007年第4期。

③ 谭柏平：《论海域物权制度——以自然资源权属制度为视角》，《中国海商法年刊》2011年第2期。

④ 尹田主编：《中国海域物权制度研究》，中国法制出版社2004年版，第159页。

权来代替。① 三是双重权利承认说。此种观点认为，尽管养殖权和海域使用权之间存在一定的交叉，但它们实际上是两种不同性质的权利。因此，《物权法》应当同时承认这两种准用益物权。从比较法角度看，多数国家的立法采纳了第三种观点。②

（3）渔业权

关于渔业权，学界主要分析了其概念、性质以及是否规定入物权法等方面的内容。

关于渔业权的概念，有学者主要从权利内容来理解渔业权，认为"渔业权是自然人、法人及其他组织依照法律规定，在一定水域从事养殖和捕捞水生动植物的权利"③。"渔业权指单位、个人或者其他组织，依照法律规定取得的，在中华人民共和国内水、滩涂和海域，从事养殖和捕捞水生动、植物等渔业生产活动的权利。"④ 也有学者从权利性质来定义渔业权，认为"渔业权应特指渔业法中规定的，依行政许可设立的养殖权和捕捞权（称特殊物权或准物权）"⑤。

关于渔业权的性质，学界有多种不同认识。有的认为渔业权是一种准物权；有的认为渔业权是一种区别于民法物权的特别物权，是由渔业法予以特别规范、赋予特别名称和专门内容的资源物权；有的认为渔业养殖权是农地使用权的具体实现方式，属于用益物权体系，而渔业捕捞权则应划归自然资源使用权体系。还有的认为渔业养殖权和捕捞权都属于用益物权。⑥ 崔建远认为，渔业权具有公私兼具的性质。⑦ 有学者认为，渔业权应分为"渔业法上的渔业权"和"民法上的渔业权"，二者在法律依据、适用水域、权利客体以及权利的取得与变动等方面都具有显著不同的特

---

① 崔建远：《海域使用权制度及其反思》，《政法论坛》2004年第6期。
② 王利明：《试论〈物权法〉中海域使用权的性质和特点》，《社会科学研究》2008年第4期。
③ 崔建远：《准物权研究》，法律出版社2003年版，第364页。
④ 胡增祥、马英杰、解新英：《论中国物权法中的渔业权制度》，《中国海洋大学学报》（社会科学版）2003年第2期。
⑤ 徐涤宇：《渔业权物权化之立法对策和建议》，《2003年中国法学会环境资源法学研究会年会论文集》。
⑥ 梁慧星主编：《中国物权法研究》（下），法律出版社1998年版，第631—634页。
⑦ 崔建远：《准物权研究》，法律出版社2003年版，第64页。

点，应将两者分而论之，而不可混为一谈。结合权利的内容与效力来看，渔业法上的渔业权属于一种准物权；民法上的渔业权的法律性质为用益物权。①

关于渔业权的两种类型（捕捞权与养殖权）应当如何予以规定，学界也有不同意见。王利明认为，捕捞权与养殖权在权利性质、权利客体、权利期限等方面有较大的差异，对两者的法律调整手段也有较大差异，养殖权可以作为独立的用益物权加以规定，捕捞权可以作为准物权对待，不宜建立统一的渔业权制度。② 崔建远认为，只有在二者权利之间的区别致使其具有质的不同，并且二者若属于同一种权利制度会带来不利的后果时，两种权利才有必要分开，并各自形成独立的权利制度。③ 渔业权是指自然人、法人或者其他组织依照法律规定，在一定水域从事养殖或者捕捞水生动植物的权利，属于用益物权。但由于渔业权与典型物权的差异显著，如果物权法典规定渔业权，会产生许多难以处理的棘手问题。在立法技术上，我国宜采用的上策是：首先，物权法承认渔业权为物权的类型，并将其定位为准物权。这样，一是满足物权法定主义的要求，二是作为渔业权的法律制度展开、生长的基点。其次，物权法总则在理念上，在规范设计上，给渔业权留足成长空间。至于渔业法律制度的躯干及枝叶，均应由单行法来设计。这种模式的优越性可从公司法、票据法等单行法的成功实践推断出来。④

关于渔业权的构建，其是否纳入《物权法》调整，以及海域使用权与渔业权，特别是养殖权，在《物权法》中如何进行规定，学界意见不一。有学者认为我国应建立渔业权制度，以民法物权制度调整渔业资源。养殖权和捕捞权都不是典型意义上的物权，两者共同准用物权法的规则，可以将渔业权作为一个整体而视为准物权。⑤ 也有学者提出，渔业权包括养殖权和捕捞权；依照《渔业法》规定所取得的渔业权，属于对国有自然资源的使用权。在民法上，渔业权属于"对他人之所有物使用和收益

---

① 金可可：《渔业权基础理论研究》，《环境资源法论丛》2004 年第 1 期。
② 王利明：《物权法研究》，中国人民大学出版社 2002 年版，第 627 页。
③ 崔建远：《准物权研究》，法律出版社 2003 年版，第 405 页。
④ 崔建远：《关于渔业权的探讨》，《吉林大学社会科学学报》2003 年第 3 期。
⑤ 田茂兴：《渔业权制度建立的宏观思考》，《河南省政法管理干部学院学报》2004 年第 3 期。

的权利",为用益物权。建议在物权法中将渔业权作为用益物权单列一章加以规范。①

(4) 水权

关于水权的含义和性质界定,是理论界关注的热点。是否需将水权纳入物权法中,学界较少单独进行具体性探讨,一般与其他准用益物权是否入法一同进行研究。

裴丽萍认为水权具有与传统用益物权相同的法律属性,将水权定位为非所有人依法对于地面水和地下水所享有的一种用益物权。但与传统民法的用益物权相比,水权的客体、性质具有不同之处,是一种对传统的用益物权的新发展,而不是否定。水权既为一种新型的用益物权,根据物权法定原则,水权的类型及内容当然应该由法律予以严格规定。然而,因为水的使用范围无限广泛且不断拓展,加之利用方式不同内容必然迥异。所以,不能完全贯彻物权法定原则,可以转变物权法定的着眼点,将"法定"的内涵由种类固定转换为程序固定,即通过立法对适当的公示方法的规定和强制要求,设计出民事主体通过法律行为创制水权必须具备的程序要件。水法宜放弃对水权种类和内容面面俱到的强制性规定,代之以"水权登记"的程序性规定。②

崔建远认为,水权是权利人依法对地表水与地下水使用、受益的权利。水权由水资源所有权派生出来,是汲水权、引水权、蓄水权、排水权、航运水权等组成的权利束,具有私权与公权的混合性质。③ 应在区分水权与水所有权的基础上界定水权的概念。④

曹明德认为,水权是以水资源的所有权为基础的一组权利(权利束或权利簇),从民法的角度看,水权包括权利主体对水资源的占有、使用、收益、处分四项权能。水权具有与传统用益物权相同的法律属性,与土地、房屋等一样,都是以对标的物的使用、收益为主要内容,属于他物

---

① 胡增祥、马英杰、解新英:《论中国物权法中的渔业权制度》,《中国海洋大学学报》(社会科学版) 2003 年第 2 期。

② 裴丽萍:《水权制度初论》,《中国法学》2001 年第 2 期。

③ 崔建远:《水权与民法理论及物权法典的制定》,《法学研究》2002 年第 3 期。

④ 崔建远:《水权——连接多门法律的纽结》,《郑州大学学报》(哲学社会科学版) 2004 年第 3 期。

权、限制物权。①

陈红梅认为，水权具备公权、私权和社会权三种属性，而将水权最终界定为何种性质的权利须遵循两个标准：一是三种属性在水权中所占的比重；二是对水权性质的定位须符合我国实现水资源价值的制度创新。按照这两个标准，把水权定位为具有公权性质的私权，是民法上的一项准物权还是比较合适的。②

金海统将水权分为经济性水权、生态性水权。经济性水权是对水资源的经济价值进行支配的水权。生态性水权是一种新颖用益物权，权利人对水资源的污染承载能力所享有的权利称为水体容量使用权，其无论是在权利主体的一般性、权利的独立性和权利目的的用益性上，还是在权利的内容和客体上，均满足用益物权制度的基本要求。③

关涛认为，我国水权制度的特点是政府代表国家行使对水资源的所有权，其他自然人和法人行使对水资源的利用权，于是水资源所有权的主体具有行政主体和民事主体的双重属性。应遵循大陆法系的传统观念，将水资源视为土地的孳息，对土地的所有权中含有对地上及地下水资源的所有权；对土地享有利用权者也有权取得对水资源的利用权。因此，我国的水权包括水资源所有权、使用权和地役权。④

黄锡生认为，水权是指人类在开发、利用、管理和保护水资源的过程中产生的对水的权利，包括水物权和取水权两部分。水物权是物权性质的权利，包括资源水权和产品水权两类；资源水物权包括资源水所有权和资源水他物权。取水权为准物权性质的权利，是资源水转化为产品水的前提。水权是以水物权和取水权为基础的一系列与水有关的权利的总括。⑤水权的体系主要包括取水权、资源水物权、产品水物权。产品水他物权表现为生活用水权、市政用水权、农业用水权、工业用水权、旅游娱乐服务

---

① 曹明德：《论我国水资源有偿使用制度——我国水权和水权流转机制的理论探讨与实践评析》，《中国法学》2004年第1期。
② 陈红梅：《浅析水权的概念及性质》，《山东社会科学》2006年第11期。
③ 金海统：《论水权物权立法的基本思路》，《法学》2004年第12期。
④ 关涛：《民法中的水权制度》，《烟台大学学报》（哲学社会科学版）2002年第4期。
⑤ 黄锡生：《论水权的定义》，《重庆大学学报》（社会科学版）2004年第4期。

业用水权、生态用水权等一系列子权利，还包括产品水的抵押权和质押权。① 在其论文中，还对各家学者的水权定义进行了全面的总结，将概括为三类学说：其一，"一权说"，认为水权就是单位和个人依照法律法规的规定，对国家所有的水资源进行使用、收益的权利；其二，"二权说"，认为水权主要是指水资源的所有权和使用权；其三，"多权说"，认为水权是由水资源所有权和使用权等在内的一组权利或多个权利组成的权利束。②

对于水权中的取水权，王利明认为它是指公民、法人或者其他组织依照法律规定，利用水工程和设施开采、使用地下水和地上水以满足生产、生活需要的权利。③ 此外，学界还就取水权的性质进行了研究，可分为如下几种学说：一是用益物权说。水权是在法律约束下形成的，受一定条件限制的，建立在水资源国家或公众所有的基础上的他物权，是水资源所有权与使用权分离的结果，是一种长期独占水资源使用权的权利。④ 二是自然源使用权说。该说主张取水权是区别于用益物权的自然资源使用权，自然资源使用权与用益物权是两种性质不同的民事权利，相互之间不存在从属关系。⑤ 三是非既得权利说。该说论者认为取水权是非既得财产权利，政府有权为了水资源本来的公共用途的需要，对取水许可加以撤销或废止，原则上没有必要对取水权的丧失进行补偿。⑥ 四是准物权说。该说认为取水权符合物权的基本属性，但又有其特性：不具备客体特定性；具有优先性，但原则上无排他性；具有公权色彩；权利取得方面，大多需要行政特许；取水权欠缺追及效力。所以称取水权为准物权。⑦

关于水权是否纳入物权法，崔建远认为，由于水权乃至整个准物权与物权的差异很大，如果物权法中规定水权乃至整个准物权，会产生许多难

---

① 黄锡生：《论水权的概念和体系》，《现代法学》2004 年第 4 期。
② 黄锡生：《论水权的定义》，《重庆大学学报》（社会科学版）2004 年第 4 期。
③ 王利明：《物权法研究》，中国人民大学出版社 2002 年版。
④ 才惠莲：《中国水权制度的历史特点及其启示》，《湖北社会科学》2004 年第 5 期。
⑤ 梁慧星：《中国物权法研究》，法律出版社 1998 年版。
⑥ 肖泽晟：《自然资源特别利用许可的规范与控制》，《浙江学刊》2006 年第 4 期。
⑦ 崔建远：《物权：生长与成型》，中国人民大学出版社 2004 年版，第 216 页。

以处理的棘手问题。① 金海统认为，就水权的性质而言，它是一种复合性权利，它具有多层次性，既有大量属于私权范畴的内容，又带着不少与私权格格不入的公法色彩，所以与传统民法中的物权并不完全相同。物权法无法单独完成规制水资源的重任，还要求对水资源进行特别立法。经济形态的水资源和部分生态形态的水资源进入物权法后，将出现物权法与水法并存的局面。在法律适用上，应依特别法优于一般法的原则。②

（5）矿业权

首先，关于矿业权的概念。学界对矿业权的界定主要有四种：第一，将矿业权定义为国有矿产资源使用权，为一类独立的用益物权；③ 第二，认为矿业权包括矿产资源所有权；④ 第三，将矿业权等同于采矿权；⑤ 第四，将矿权分为矿产资源所有权和矿业权，矿业权又包括探矿权和采矿权。⑥ 第四种观点似为学界的主流观点。

其次，关于矿业权的性质。学界关于矿业权性质的争论较为激烈，主要有以下观点。

第一，物权说。该说认为，应明确界定矿业权的私权性质，且在民事立法中明确规定矿业权的物权属性。立法中明确区分矿产资源所有权和矿产所有权，并用矿产所有权代替矿业权。⑦

第二，准物权说。有学者认为矿业权的客体是特定矿区或工作区的地下部分及赋存其中的未特定的矿产资源，这种客体的未特定性与典型物权的客体确定明显不同，故可将矿业权称为准物权或者视为物权，这种准物权是一种具有公权性质的私权，其在权利客体和权利构成上都具有复合性。⑧ 有学者对此表示赞同，认为准物权的定性表明了矿业权与传统物权

---

① 崔建远：《水权与民法理论及物权法典的制定》，《法学研究》2002年第3期。
② 金海统：《论水权物权立法的基本思路》，《法学》2004年第12期。
③ 寇志新：《民法学》，山西人民出版社1998年版，第425页。
④ 王启富：《法律辞典》，吉林人民出版社1998年版，第951页；崔建远：《准物权研究》，法律出版社2003年版，第179页。
⑤ 江平：《民商法学大辞典》，南京大学出版社1998年版，第437页。
⑥ 彭万林主编：《民法学》，中国政法大学出版社2002年版，第296页。
⑦ 杨利雅、马秋：《矿业权的权利性质界定》，《中国矿业》2004年第12期。
⑧ 崔建远：《准物权研究》，法律出版社2003年版，第182—185页。

之间存在着差异，同时强调了矿业权是一种物权，具有物权效力，可适用物权法上关于物权的规定，这一定性具有较大的合理性和科学性。[1]

第三，用益物权说。有学者指出，除物权法规定的传统的用益物权外，许多特别法中还规定了采矿权、取水权等用益物权；[2] 矿业权是受公法严格规制的私权，其本质属性是民法上的用益物权；[3] 依据物权法基本理论，应把包括矿业权在内的自然资源使用权归于用益物权；[4] 采矿权是最完整的用益物权，而探矿权是逐渐完善的用益物权，不宜把矿业权规定为"准物权"或"特许物权"，矿业权也不是经行政机关许可的行为权利。[5] 还有学者对探矿权的法律属性的准物权说、用益物权说、特许物权说、债权说、知识产权说和复合产权说进行了比较分析的基础上，指出探矿权是他物权，而且是他物权中的用益物权。[6] 但也有学者认为，将矿业权定位为用益物权，在学理上存在许多问题无法解决，如矿产资源具有耗竭性，不能满足用益物权的构成要件；探矿权在受行政干预的程度、权利客体的特定性、权利内容的复杂性等方面都与用益物权不同。[7]

第四，特别物权说、特许物权说。有学者认为，"普通物权，是由民法典规定的物权，因此又称为民法上的物权。特别物权，又称准物权，是指由特别法规定的具有物权性质的财产权"。[8] 依此标准，矿业权是特别物权。也有学者分析："采矿权可以划入英美法地役权范畴，因此不能将其简单纳入与其大陆法系一般用益物权的范畴，而应将其作为特别法上的

---

[1] 李显冬主编：《中国矿业立法研究》，中国人民公安大学出版社 2006 年版，第 105 页。

[2] 房绍坤：《用益物权制度的发展趋势》，《河南省政法管理干部学院学报》2003 年第 3 期。

[3] 郭洁：《矿业权民事立法浅论》，《贵州民族学院学报》（哲学社会科学版）2002 年第 5 期。

[4] 屈茂辉：《用益物权论》，湖南人民出版社 1999 年版，第 282 页。

[5] 刘权衡：《关于矿业权用益物权属性研究和思考》，《国土资源科技管理》2006 年第 1 期。

[6] 蔡德容、郑栋伟：《探矿权的法律属性及其意义》，《中国矿业大学学报》（社会科学版）2006 年第 1 期。

[7] 杨利雅、马秋：《矿业权的权利性质界定》，《中国矿业》2004 年第 12 期；李显冬主编：《中国矿业立法研究》，中国人民公安大学出版社 2006 年版，第 42—43、103 页。

[8] 陈华彬：《物权法》，法律出版社 2004 年版，第 87 页。

物权而存在。"① 也有学者指出:"采矿权包括两个方面的内容,即采矿的资格和法律中所界定的采矿权本身,前者属于行政特许的内容,后者尽管需要通过行政审批等方式来进行,但其取得的依据应当是采矿权人与国家之间签订的采矿权出让合同。采矿权是权利人对特定范围内排他性的权利,因此,采矿权应当是一种物权。"②

还有学者主张探矿权属于知识产权,其客体是地勘成果。但也有学者指出此种认识混淆了探矿权与地勘成果权,是错误的;③ 探矿权是由矿产资源法规定的、在矿产资源国家所有权之上设定的、从矿产资源国家所有权中派生出来并相对独立于矿产资源国家所有权的限定性物权,探矿权人仅享有对矿产资源进行勘查并由此获得收益的权利,探矿权的客体是特定的物——特定工作区及其地下构成物,而不是一种智力成果。④

另有学者将采矿权归为自物权即所有权,表现为采矿权人对其所有物的全面支配,不限于占有、开采、收益,凡实际上可能实现而法律未禁止的支配均包括在内,特别是包括了对矿产品的最终处分。⑤ 以采矿权属于完全物权的观念来改造和构筑现代采矿权物权模式,可为科学建立采矿权流转市场和坚持可持续发展战略提供另一思路。⑥

还有学者认为采矿权为物权取得权。物权取得权就是民事主体依照法律的具体规定而直接取得物的财产权,据此,享有采矿权只是有权挖掘矿产,采矿权的客体是采掘等事实行为。⑦ 但多数学者并不认为矿业权的客体是行

---

① 王旭东:《采矿权法律制度初探》,《河南政法管理干部学院学报》2004年第3期。
② 王利明等:《中国民法典学者建议稿及立法理由(物权编)》,法律出版社2005年版,第332页。
③ 李显冬主编:《中国矿业立法研究》,中国人民公安大学出版社2006年版,第139、141页。
④ 蔡德容、郑栋伟:《探矿权的法律属性及其意义》,《中国矿业大学学报》(社会科学版)2006年第1期。
⑤ 康纪田:《采矿权应归属自物权而不属准物权——兼与〈准物权研究〉的作者商榷》,《贵州警官职业学院学报》2005年第6期。
⑥ 康纪田:《论采矿权物权属性及其在物权法中的重新定位》,《广西政法管理干部学院学报》2005年第5期。
⑦ 张俊浩主编:《民法学原理》,中国政法大学出版社2000年版,第631—633页。

为，而认为是特定矿区或工作区内的地下土壤及其中赋存的矿产资源。①

最后，关于矿业权的调整。有学者指出，建立矿业权市场机制，不仅要从公法的管理角度落实其相应的法定义务，更重要的是从民事角度确立矿业权人应有的法律地位，对矿业权提供完备的物权保护。应参考我国台湾地区的立法模式，在矿业法中专章系统地集中规定矿业权的民事规则。对矿业权的基本物权规则，应规定矿业权包括采矿权和探矿权，确立矿业权独立的用益物权法律地位，全面规定矿业权的动态权利行使制度和矿业权的登记公示制度和物权效力。对矿业权与土地所有权、土地使用权之间的关系，应当予以重视并进行具体区分。②

也有学者认为，我国现行民事立法造成了矿产资源所有者与矿业权享有者之间权益分配的不明，所有者的权益在很大程度上根本无法实现，也使其他法律在调整与矿产资源有关的社会关系问题时欠缺相关的法律依据。因此，该学者建议以物的角度对矿产资源、矿产和矿产品进行重新定位，以此简化我国的矿产资源法体系，完善民事立法，使之具有逻辑自足性和实践的可操作性。③

还有学者指出，我国法律所确认的采矿权主体的资质要求，有两点缺憾，应予改善：第一，混淆了矿山企业的资格与特定采矿权的主体的资格；第二，用所有制形式划分采矿权主体的方式不科学，阻碍了矿产资源的价值实现和采矿权的保护。该学者建议采矿权的取得应基于市场及可持续发展考虑。立法确立的采矿权有偿取得制度和申请登记方式，可有例外，对一些特殊矿产探矿权人可以通过特别的申请程序而取得采矿权。采矿权的取得并不意味着对矿区范围内的土地也享有土地使用权，二者可以并存，并均遵循不给或尽量少给对方造成损害的原则行使。应建立采矿权流转的两级市场，采矿权在二级市场中的流转主要表现为转让、抵押、出租和承包等方式。④

---

① 崔建远:《准物权研究》，法律出版社2003年版，第185页。
② 郭洁:《矿业权民事立法浅论》，《贵州民族学院学报》（哲学社会科学版）2002年第5期。
③ 杨利雅、马秋:《从物的角度对矿产资源法律制度的构筑分析》，《法学杂志》2004年第6期。
④ 王旭冬:《采矿权法律制度初探》，《河南省政法管理干部学院学报》2004年第3期。

(6) 林业权

学界主要就林业权的法律性质及体系、立法模式等方面进行了研究。

高利红认为，林业权的法律属性是对林木的所有权、用益物权和担保物权。其中，林木的用益物权，包括使用权和采伐权。国家或集体所有的林木可以为他人使用。林木所有权及使用权需经过确权程序加以确定。法律规定的采伐许可证制度适用范围非常广泛，除了农村居民采伐自留地和房前屋后个人所有的零星林木外，其他采伐行为均必须申请采伐许可证。采伐许可证对于林木的所有权而言，是寻求生态价值保护的理性支持，是对所有权使用方式的一种限制。但对于已经拥有所有权的林木权人来讲，再通过采伐许可证再次分配对林木的权利，在法律上是矛盾的。此外，采伐许可证之于林木使用权的法律意义，其性质为特许，是赋权性许可。其本质在于国家林业部门代表国家依法向相对人出让某种特权。①

高桂林等学者认为我国传统的森林资源保护机制侧重于行政管理模式，不能适应市场经济发展的客观需要。因此，建立以林权制度为核心的森林法律体制，成为森林资源市场化运营的必然选择。林权制度的主要意义在于：一方面，使抽象的森林资源所有权落实到具体的民事主体之上，创设出可流转的森林资源使用权，成为市场化经营的基石；另一方面，通过权利分配的契约化与权利义务的法定化，促使特定主体与特定范围的森林资源之间建立对应的排他性法律关系。林权是源于森林资源的所有权，分离了所有权的使用、收益等权能而形成的一种他物权形式，是森林资源非所有人依法取得的，自主开发森林资源并获取收益的民事权利。林权与森林资源所有权和林木所有权不同。②

刘宏明认为，林权是一种复合性权利，既包括所有权型的权利，也包括用益物权型的权利，还包括准物权型的权利。应将林权中森林、林木和林地所有权归入物权法中所有权篇，并根据所有权主体的不同，分别划入国家所有权、集体所有权或者私人所有权；将林权中森林、林木和林地使用权与林地承包经营权等权利归入用益物权篇，并根据权利内容的不同，

---

① 高利红：《林业权之物权法体系构造》，《法学》2004年第12期。
② 高桂林、吴国刚：《我国林权制度构建之研究》，《法学杂志》2005年第5期。

划入土地承包经营权等不同权利中；林权中的林木采伐权是一项比较特殊的权利，一般将其定性为准物权，其在物权法中如何规定，涉及应否在物权法中规定准物权以及如何规定的问题。在制定物权法时，一方面在分则部分将诸如林木采伐权、取水权、采矿权、猎捕权等规定为用益物权的一种，并将其定位为准物权，这样既可以满足物权法定原则的要求，又可以为每种准物权制度的发展奠定基础；另一方面在总则部分规定准物权的基本原则，为以后可能出现的其他类型准物权保留成长空间。①

吴柏海等提出，林权是林业资源管理的核心概念。在理论上，林权在经济学范畴和法学范畴里具有不同的内涵和类型。法学范畴里的林权可以说一项财产权，包括若干森林资源所有权和用益物权。我国林权构建已历时近40年，这一过程不管是从制度构建还是从改革实践来看，森林资源产权立法化——林权构建是从以所有为核心向以利用为核心的转变。②

（三）简要总结

1. 典权

典权的性质，笔者认同多数学者意见，即典权是物权，且属于用益物权。同时，我们也注意到，典权虽不宜定性为担保物权，但也不应完全否定其具有一定的担保功能。③ 关于典权的存废之争，笔者认为保留典权有益无害，理由主要是：第一，典权具有用益、融资和担保多重功效，能够同时满足典权人对不动产的用益和出典人对于资金的需要，这是其他物权如抵押权所不能代替的。第二，附买回约款的买卖中对出典人的保护，远不如典权的制度设计周到，不能以其代替典权。第三，学者所认为的典权适用甚少因此废弃典权，不能成为否定典权的理由。随着市场经济的发展，如果法律将典权的标的物扩张而许可其设立于住房之外的其他建筑物、构筑物和不动产用益物权之上，则典权会因其适用范围的扩张而发挥更大的作用。第四，典权这种我国历史流传下来的不动产物权制度，在现代社会仍有其重要价值。典权可以为不动产所有人（及土地使用权

---

① 刘宏明：《关于我国林权物权立法的思考》，《国土绿化》2004年第12期。
② 吴柏海等：《"林权"初探——关于森林资源产权立法化过程和趋势的考察》，《林业经济》2018年第11期。
③ 刘保玉：《物权体系论》，人民法院出版社2004年版，第245页。

人）提供一种新的融资方式以供选择，或者在住房及经营用房的所有人因各种原因长期不需要房屋而又不愿出卖时，通过设定典权以避免出租或者委托代管的麻烦。第五，日本、法国等法律上的不动产用益质权和韩国法律上的传贳权，虽与我国的典权制度在规则设计上有所不同，但其功能和作用大致相同，具有异曲同工之妙。而不动产质权和传贳权制度在这些国家至今依然行之自若，说明该制度在当今仍有其价值，并非渐趋式微。① 此外，典权与不动产质权、典权与典当、典权与附买回约款等虽然具有相似性，但典权不可被后者予以替代。典权毕竟属于我国法律传统中的特有制度和物权类型，其他制度与之近而不同，从功能、价值到制度内涵和基本构架都存有差异，不能贸然取而代之。同时，其他制度也并非可以替代典权，典权具有自身特有的优势，有利于不动产充分利用，权利设置灵活简便，有深厚的法律文化底蕴等，非其他制度所可比拟。②

2. 空间权

关于空间权是否为一种新的独立的物权类型，其实质涉及的是该项权利的性质问题。而对此问题的不同认识，决定了空间权在立法上的规范模式之不同。认为空间利用权或空间地上权、分层地上权不是独立的物权类型的学者，虽然在观点表述及理由上各有侧重，但归纳起来，其理由主要体现为空间权与地上权在权源、目的及内容上并无差异。肯定空间权或空间利用权是一项新型的独立的用益物权的观点，其理由主要在于空间利用权与土地使用权在效力所及范围或者客体、着眼点及存在的前提等方面存在不同。③

对于空间权的名称，本书认为可以采纳"空间利用权"，以便与"空间所有权"相区分，且可从名称中看出其用益物权属性。关于其概念和内涵，本书认为，可以在考虑空间利用权与土地所有权、土地使用权等相关权利的关系和区别之基础上，将其定义为："空间利用权是指在土地使用权及其效力所及空间之外，对地表上下的一定范围内的空间所享有的排

---

① 刘保玉、陈龙业、张珍宝：《典权、传贳权与不动产质权之比较——兼论典权制度的现代价值》，载渠涛主编《中日民商法研究》（第四卷），法律出版社2006年版。
② 王利明：《物权法研究》，中国人民大学出版社2004年版，第515—517页。
③ 何艳真：《空间权问题研究》，硕士学位论文，山东大学，2004年。

他使用权。"在空间利用权概念的内涵和要点上,应作以下限定和必要的解释:①空间利用权人必须是土地所有权人以外的其他人。②作为空间利用权客体的一定范围之"空间",是各种土地使用权及其效力所及必要空间范围之外的空间。③空间利用权只能从土地所有权人或其他空间利用权人处取得,而不能从土地使用权人处取得。④空间利用权人通常是土地使用权人之外的其他人,但也不妨是土地使用权人本人。⑤空间利用权除其客体为"空间"并因此而具有一定的特殊性外,关于其客体必须特定、设立必须登记以及效力的排他性等问题,均准用不动产物权的相应规定。①

关于立法上对空间权或空间利用权问题的规范模式,笔者认为法工委物权法草案及最终《物权法》第136条中的设计,简单明了,言简意赅,可资赞同。

3. 居住权

近现代多数大陆法系国家都在其民法典用益物权制度中规定了居住权,且大多规定居住权准用用益权的规定,因此,居住权事实上为用益权在标的物为房屋时的变种。笔者认为,尽管居住权的意义和价值显然不能与各种土地使用权相提并论,但在物权法上承认居住权还是有其积极意义的:其一,有利于补充和完善我国的社会保障制度,构建和谐社会。其二,有利于解决我国当前社会实际情况和司法实践面临的现实问题。如作为房屋所有权人的父母生前即将房屋过户给其子女,其权益保护问题;年老房屋所有权人"以房养老"问题;在婚姻关系解除后,未取得房屋所有权一方的住房保障问题等。其三,我们不能将居住权人限于子女、配偶、保姆之类人员,其他亲属、朋友等均可成为居住权人。② 现实生活中存在需要居住权才能解决的问题,例如:为避免继承纠纷,父母将其所有的房屋生前即过户登记在某子女名下,可为自己设立居住权,以保障其晚年有所居;所有权人在世时为其亲属(尤其是后妻或后夫)或他人在其所有的房屋内提供居住空间,若无物权性的居住权保障,在所有权人去世后,居住人则无法对抗继承该房屋的子女等,可能流离失所。"居住权"

---

① 刘保玉:《空间利用权的含义界定与其在我国物权法上的规范模式选择》,《杭州师范学院学报》2006年第2期。

② 刘保玉:《物权体系论》,人民法院出版社2004年版,第262页。

尽管不如土地使用权那么重要，但并非没有意义，为解决大量存在的互助养老、所有权人生前将房屋过户给子女或他人但保留居住权等现实需要，有必要规定物权性的居住权。《中华人民共和国物权法（草案）》（2005年7月10日稿）第180—191条曾对居住权问题作有较为完整、可行的规定，诸多专家建议稿也都对居住权作有具体制度设计，建议民法典物权编编纂时吸收其中的有关规定。①

4. 准用益物权

（1）准用益物权的界定和立法模式

所谓"准物权"，笔者认为系指在物权法所规定的物权种类之外，性质与要件等相似于（典型）物权并得准用物权法有关规定的财产权，也就是所谓非典型物权或特别法上的物权。准物权有多种类别，且为一个不断变化、颇为开放的体系。② 这些权利的取得和行使有不少特殊的规则，既需行政许可等程序，又受到公法的很多限制。③ 同时，我国的《矿产资源法》《水法》《渔业法》等单行法律中对上述权利都已做了较为全面的规定。只是由于这些法律多是从行政管理的角度对相关权利进行规范的，并未明确其物权属性，其作为财产权的内容也不够完善，更缺少对这些权利的民事救济措施的规定。实践中也出现了一些侵犯权利人合法权利的现象，所以，物权法上有必要作出衔接性的规定，明确这些权利受物权法以及相关法律的保护。至于如何进一步完善这些权利的问题，可以通过修改相关的法律加以解决。④ 因此，笔者认为，在物权法中仅对这些权利作概括或原则性的规定即可，其详细内容由特别法予以规定更为合适。

（2）海域使用权

笔者认为海域使用权可以定义为：申请用海的单位或个人，依法定程

---

① 刘保玉、吴安青：《民法典物权编的结构安排与内容设计》，《甘肃政法学院学报》2017年第6期。

② 刘保玉：《关于物权法体系设计的几点建议》，《法学论坛》2003年第18卷第6期。

③ 中国政法大学物权法课题组：《关于物权法的整体结构》，《法商研究》2002年第5期。

④ 胡康生主编：《中华人民共和国物权法释义》，中国法制出版社2007年版，第276页。

序并经登记而取得的,对国家所有的某一特定海域在一定期限内持续从事排他性的开发利用活动并享受其利益的权利。这一定义表明海域使用权主体是海域所有权人(国家)之外的单位或个人,客体是国家所有的特定海域,取得须经过法定的申请、审批和登记程序,具有期限性,是对特定海域为使用、收益的物权性权利。[1]

海域使用权与其他用益物权的共性处于更为重要的地位,因此物权法上一定要赋予其用益物权的地位;在立法观念上,应将海域使用权作为一种典型的用益物权来对待。但这并不意味着物权法上一定要将其与建设用地使用权、土地承包经营权并列而作出详细规定,出于立法传统和立法技术上的考虑,物权法中可以只对海域使用权作出原则规定,明确其性质和地位即可。具体来说,在物权法中,可在三处规定中明确海域使用权的性质与地位:第一,应在物权的客体(或不动产的界定)条文中,将海域界定为不动产的一种;第二,在物权法定原则的表述中,应体现出"其他法律对物权有特别规定的,依照其规定"的精神;第三,在用益物权的"一般规定"中,明确对海域资源的开发利用问题并提及"海域使用权"之权利名称,以便明确海域使用权的用益物权之地位。此种方案的长处是:"其一,既顾及了传统物权法的立法模式与体例,符合立法惯例,也同时明确了海域使用权在现代物权体系中的地位,体现了立法与时俱进的精神;其二,与我国目前海域使用制度的立法现状相吻合,立法成本较低,同时也为海域使用权制度本身的成长、发展和特别法对其作出具体规定留下了足够的空间;其三,条文设计的技术细节较容易处理,产生无谓争执的可能不大,各派主张均可接受此方案,在立法中应不会遇到大的阻力,立法的成本较低。"[2] 我国是海洋大国,就重要性而言,海域使用权并不亚于土地承包经营权,而《物权法》仅用第122条一个条文来规范海域使用权,与其地位和实际需要极不相称。我国目前已有《海域使用管理法》《海域登记权登记办法》《不动产登记暂行条例》及其实施细则等对海域使用权及其登记问题进行了规范,但《海域使用管理法》

---

[1] 刘保玉、崔凤友等:《海域使用权制度研究》,载梁慧星主编《民商法论丛》(第32卷),法律出版社2005年版,第19页。

[2] 刘保玉、崔凤友等:《海域使用权制度研究》,载梁慧星主编《民商法论丛》(第32卷),法律出版社2005年版,第63页。

《海域登记权登记办法》中的规定多属于管理性规范，有些规定亦与物权法的规则有异，亟待修改、完善。为适应我国为海洋大国的现实需要，有必要在民法典编纂中将海域使用权上升为一种典型的、重要的用益物权类型。根据海域使用的特点，在其权利内容的规定方面，需特别注意水面、水体、海床、底土的立体利用问题。①

学者唐俐提出，目前中国应将填海造地作为海域使用权的一种类型纳入用益物权的范畴，将填海造地的基础权利定位为海域使用权，其母权定位为海域所有权，在理论上存在瑕疵，在实践上产生"换证难"等问题。填海造地的本质是将海域资源转变为土地资源，涉及广泛的公私利益和国家的多重身份。填海造地的基础权利的权能应当涵盖填海造地的各阶段内容，应创设填海造地权作为填海造地的基础权利及填海造地物权制度重构的基石，填海造地权在权利来源、权利内容、权利客体等方面都具有复合性，宜将其在未来的《民法典物权编》中确立为一种新型的用益物权，并明确填海造地权的设立、内容、权利的转让与消灭等。②

此外，从海域使用权总体上看似有如下问题需要考虑。③

第一，海域使用权与渔业权之间形成的是一种交叉盘错的负载关系，简言之，是一种所谓"你中有我，我中有你"的关系。因此，将海域使用权与渔业权对立的思考方法值得商榷。如果以渔业为中心考虑，自然离不开海域使用，但渔业同时还有淡水渔业，又有要涉及江河湖泊的水域使用权；如果以海域使用权为中心考虑，应以海域使用权作为上位概念，涵盖海域的渔业使用权、商业使用权、公益事业使用权。日本的经验是，将海域的渔业使用权用《渔业法》规范，而将海域的商业（包括与远洋渔业）、公益使用等归为特许使用权，交由特别法规范。另外，渔业权中被视为物权的只有海域使用部分，而其中是有权人的资质认定部分不过是取得海域使用权的条件，此一部分内容并不被视为物权。

---

① 刘保玉、吴安青：《民法典物权编的结构安排与内容设计》，《甘肃政法学院学报》2017年第6期。

② 唐俐：《填海造地权：一个民法典物权编应当新增的用益物权》，《云南社会科学》2019年第2期。

③ 渠涛：《关于海域使用权与渔业权制度的考察——以日本法相关制度为背景》，载尹田主编《物权法中海域物权的立法安排》，法律出版社2005年版，第66—67页。

第二，在我国对海域使用权制度立法之际，首先，应该考虑将海域使用权纳入其中自不待言；其次，作为权利成立的制度设计，应该与国有土地出让合同遵从同一法理，即通过行政手段介入的合同完成。具体内容为：以许可——合同成立——为中心，以资质的具备为合同要约的基础要件，以接受监督管理为合同的基本义务亦即基本内容。这一立法模式也应该适用于渔业权成立的制度设计。

第三，上述设计模式在传统理论上必须解决的问题是，其一，对"物权法定主义"需要反思。例如，准物权是否应该进入物权法；其二，如何看待近代法以降法律对所有权行使的限制。尤其是对土地在用途（农用地为典型）、权利行使范围（城市规划为典型）等方面的限制。因为，物权法理念的变迁表明作为权利的比重，所有权在向利用权倾斜，应该充分研究法律制度在这种转变发生之后，权利制度的新型建构机制；其三，海域使用权与习惯法之间的关系不容忽视，即它与农地承包权之间的制度协调关系，以及农民与渔民权利利益之间的关系；其四，似乎需要就概念的廓清考虑以下问题，即海域为集合物——国家所有权：国土概念下陆地与海洋，陆地概念下——地块；海洋概念下——海域；国有土地——集体土地，国有海域——集体海域或个人使用的海域。

第四，海域使用权利内容本身的复杂性决定了海域使用权制度应该是一项综合的配套法律制度。其具体体现为，私法上的用益物权；行政法上的许可权乃至特许权；经济法上的资格认定权；税法上的租税征收权。同时作为与其他法律之间协调关系需要照顾到。在公法方面，与国防相关制度的关系，与通航相关的海上交通制度的关系；与海关法之间的关系；与海上缉私以及救助制度之间的关系；与海洋矿产开发以及综合规划利用制度之间的关系；与海洋公共事业利用制度之间的关系。在私法方面，与国有土地使用权之间的关系；与空间权之间的关系；与渔业权之间的关系；与矿业权的关系；与土地承包经营权的关系；与狩猎权之间的关系，与淡水水域利用权之间的关系；与传统习惯以及习惯法上的准物权之间的关系（例如，公示方式的认定）。

（3）水权

关于水权的学说中，以多数学者所主张的"多权说"的意见值得认同，即："水权，是权利人依法对地表水与地下水为使用、收益的权利。水权为一集合概念，它是汲水权、引水权、蓄水权、排水权、航运水权等一系列权利的总称。"① 这一组权利的内容繁杂，公私权利混合，决定了水权的性质难以准确界定。且水权与物权或典型物权之间存在较大的差异，若物权法加以全面规定，将会产生诸多棘手的问题。同时，从不同的观察角度看，水权有不同的分类，有些类型与同样以"水"或"水域"为客体的权利存在重合或需协调之处，如海域使用权、渔业权。因此，在物权立法中需要将水权予以类型化，而不应使之泛化，作为一个上位的权利类型。但何种类型水权应当入法，需要进行慎重论证，以免产生体系矛盾问题。综合而言，本书认为，物权法中以不直接规定任何水权，而应留待特别法来具体规范为最佳选择。

（4）渔业权

在我国立法中虽未使用渔业权概念，但渔业权是客观存在的，立法所规定的养殖权和捕捞权是渔业权的两种类型。广义上的渔业权还包括特定渔业权和入渔权、娱乐渔业经营权等。② 渔业权在构成上比较复杂，是一个权利束。尽管渔业权在权利主体和构成上有其特殊性，但私权本质是不变的。③ 渔业权作为财产权的一种，具有财产权的一般特性，并且也是符合法理与社会实践的。渔业权赖以存在的水域为共有，渔业权人享有占有、使用、收益权，所以，渔业权具有用益物权的属性，可以进一步地被界定为准物权。④ 鉴于渔业权内容的复杂性，笔者认为，物权法中应遵循现有法律的规定，仅就已有的养殖权和捕捞权予以原则规定即可，同时应注意厘清与其他相关权利（如土地承包经营权）之间的关系。

（5）矿业权

探矿权与采矿权通常合称为矿业权，是指探采人依法在已登记的特定矿区或工作区内勘探、开采一定的矿产资源，取得矿产品，排除他人干涉的权利。笔者认为，矿产权是具有公法性质的私权，属于物权范畴。鉴于其与用益物权在客体属性等方面存在的差异性，应将之定位为准物权。现

---

① 崔建远：《水权与民法理论及物权法典的制定》，《法学研究》2002 年第 3 期。
② 崔建远：《准物权研究》，法律出版社 2003 年版，第 264 页。
③ 崔建远：《论争中的渔业权》，《法商研究》2005 年第 6 期。
④ 崔建远：《准物权研究》，法律出版社 2003 年版，第 65—86 页。

行法中矿业权规定的公法色彩过重，引发了不少问题，为此，应明确矿业权的私权属性，以物权法的思路定位和规范矿业权。但在《物权法》中，只宜对矿业权进行基本定位等原则性规定，而具体制度内容，则仍由单行法予以规定。①

（6）林业权

关于林业权或林权是否为一种独立的新型用益物权类型，学界有多种主张。我们倾向于认为，林权与其他用益物权有很大差异，其具有主体广泛性、客体复合性、内容多样性等特征，应是一种复合性权利。其权利类型既包括所有权型的权利，也包括用益物权型的权利，还包括准物权型的权利，所以林权很难直接归入所有权、用益物权或者担保物权任何一类权利中，这也就决定了林权这一概念不能直接进入物权法。应将林权中森林、林木和林地所有权归入物权法中所有权篇，并根据所有权主体的不同，分别划入国家所有权、集体所有权或者私人所有权；将林权中森林、林木和林地使用权与林地承包经营权等权利归入物权法中用益物权篇，并根据权利内容的不同，划入土地承包经营权等不同权利中。②

鉴于林业权与水权一样，属于复合权利的性质，为保持体系的协调性，物权法中无须对林业权作出单独的规定，应交由特别法加以具体规范。

（7）土地开发权

面对耕地保护与城市化建设需要，各地在现有土地制度下开展的城乡建设用地置换实践中，出现了新型的土地用益物权。学界称为土地开发权和土地发展权。学者孙建伟提出，土地开发权归属于土地产权人，是土地用途变更的权源。土地发展权则为相关增值利益的确定归属：宅基地的增值利益属于宅基地使用权人，其他建设用地的利益由地方政府、集体和集体成员共享。③

土地开发权应界定为一种新型用益物权，其不仅具备用益物权的全部

---

① 李文华：《矿业权权利属性及立法模式之初步探讨》，《青海社会科学》2006年第5期。
② 刘宏明：《关于我国林权物权立法的思考》，《国土绿化》2004年第12期。
③ 孙建伟：《城乡建设用地置换法律问题研究：以新型权利为视角》，《China Legal Science》2019年第5期。

权能，且具有新的内涵和特征。从用益物权角度阐释土地开发权，土地开发权因社会实践而生，具有独特的权利结构，这成为土地开发权性质判定的本体基础。其具有独特权利内容及功能意义，不同于现有用益物权，属于新型用益物权。①

张先贵认为，目前学界围绕土地发展权的内涵、生成逻辑、法律性质和归属等方面的认识尚存明显分歧。其缘由主要在于学理上围绕这一新型权利的法理研判，并没有立足于中国现行地权结构语境来对其内容这一基础性、前提性知识作科学界定。法理上，对土地发展权内容之准确定位，是厘定这一权利的射程范围，区隔此权利与彼权利以及展开与之相关法律问题研究的逻辑起点。②

（8）耕作权

学者提出，耕作权是在土地承包经营权之外独立创设的适应"三权分置"发展模式要求的新的用益物权类型，其主体不限于本集体经济组织的成员，应当适度扩展到专业合作社和专业农业公司等主体；耕作权需要土地承包经营权人的设定而取得，采登记对抗主义，而其处分则采登记生效要件主义；耕作权的内容包括对农地的耕作等基本权利及其抵押、入股等处分的权，还必须承受必要的义务约束。

二 解释论

（一）主要争议问题

由于在立法过程中争议较大，最终出台的《物权法》并未规定典权、居住权制度，关于空间权的规定也被建设用地使用权所吸收。因此解释论方面的讨论主要集中在准用益物权方面。《物权法》第122—123条规定六种特许用益物权，包括海域使用权、探矿权、采矿权、取水权、养殖权、捕捞权。就这些与自然资源利用相关的权利的物权化问题，学者之间分歧很大，对目前的立法安排也有不同的意见。对于具体权利，学界关注的重点在海域使用权与矿业权上，关于海域使用权制

---

① 孙建伟：《土地开发权应定性为新型用益物权》，《华东政法大学学报》2019年第6期。

② 张先贵：《中国语境下土地发展权内容之法理释明——立足于"新型权利"背景下的深思》，《法律科学》（西北政法大学学报）2019年第1期。

度，学者们重点研究了海域使用权的性质、与其他自然资源使用权的关系和海域使用权的制度完善三个方面的问题；关于矿业权，学者们就矿业权的概念、性质和法律调整方式也展开了探讨。而对于其余几种权利，则探讨不多。

(二) 各种观点

1. 自然资源物权化的评析

《物权法》规定了海域使用权、探矿权、采矿权、取水权等与自然资源相关的权利，并明确将之定位为用益物权。但其对自然资源利用体系仅进行了一般规定，具体参照单行法，给人敷衍之感。这种回避的态度留下了相关的问题：一是以行业法与管制法替代物权法，将不利于自然资源的合理开发和有效利用；二是缺乏自然资源利用制度的整体设计，立法冲突、体系混乱，导致资源利用效率很低。① 就此引发了学界关于自然资源物权化和自然资源使用权理论的探讨。

首先，就自然资源物权化这一提法，学界存在争议。有学者认为，自然资源物权化就是在尊重自然资源的自然属性和经济规律的基础上，通过国内立法赋予自然资源物权人依法或者依合同取得、在法律规定的范围内按照自己的意志支配法定自然资源、享受其利益并排除他人干涉的特定民事权利的过程。② 也有人认为，自然资源物权是在自然资源的开发利用活动中对自然资源的支配性和排他性权利的总称，它是一个内容丰富的权利体系。③ 有学者提出，传统的物权法分类完全可以将自然资源物权涵盖其中。自然资源物权并不是独立于自物权和他物权以外的新概念，而只是按客体的不同作出的新分类。自然资源物权体系是自然资源所有权、自然资源用益物权以及自然资源担保物权的综合体。④

有学者认为，对自然资源物权这一提法应该持谨慎的态度。在自然资

---

① 许瑛：《自然资源用益物权体系研究》，硕士学位论文，华东政法大学，2008 年。

② 周珂、翟勇、阎东星：《中国和平崛起与自然资源物权化》，北京市法学会环境资源法研究会第一届学术研究会论文，北京，2004 年 6 月 5 日。

③ 龙翼飞、周珂：《海域物权与相关物权的立法考量》，载尹田主编《物权法中海域物权的立法安排》，法律出版社 2005 年版，第 44—45 页。

④ 黄锡生、杨熹：《设立自然资源物权之初探》，《重庆大学学报》（社会科学版）2007 年第 2 期。

源权属制度中，除自然资源所有权之外与自然资源利用有关的权利主要分为两种类型：一类纯粹属于传统民法的用益物权的范畴；另一类就是上述的准物权或特别法上的物权。对本来就应该属于用益物权的权利类型要"正本清源""去公留私"，必须要使之"物权化"，即恢复其传统民法的本来面目，去掉其中不必要的行政干预成分；而对于准物权，则不能一味地"物权化"①。

其次，关于如何构建和完善自然资源物权制度。有学者认为，构建自然资源物权制度的首要任务是构建其理论基础。自然资源具有经济价值和生态价值的双重属性，同时，自然资源与生态环境之间存在复杂的关系。自然资源物权制度的理论基础应是对传统物权制度理论基础的借鉴和超越。应从哲学、伦理学、经济学和法理学的视角探究自然资源物权制度的理论基础。②

还有学者认为，准物权在权利构成上具有复合性，其所作用的对象呈现出复杂的构成，因此，准物权所追求的目标具有层次性。实现这些目标需要若干权利的综合运行，法律应该为其赋予复合性的权利结构。由特别法规定准物权的制度设计能够解决资源进入民法领域的难题。③

有学者指出，自然资源物权化之必要已经成为我国学界共识，物权化模式虽有不同的理论主张，如用益物权模式、占有权模式、准物权模式及特许物权模式，但均存在弊病。我国《物权法》在坚持自然资源绝对公有的前提之下采用用益物权模式，导致了立法在法理逻辑上的自相矛盾和对现实生活的严重扭曲，应当着眼于对自然资源的消耗性利用和非消耗性利用的区分并结合我国相关制度背景加以修改。④ 还有人认为，我国《物权法》虽然将自然资源使用权列入用益权范畴，但忽略了该权利的特殊性，使行政许可制度丧失了法律基础。为了实现资源开发和环境保护的双

---

① 谭柏平：《自然资源物权质疑》，《首都师范大学学报》（社会科学版）2009 年第 3 期。
② 黄锡生、王江：《自然资源物权制度的理论基础研究》，《河北法学》2008 年第 5 期。
③ 苟军年：《准物权法律定位的思考》，《上海政法学院学报》2008 年第 2 期。
④ 宋旭明：《我国自然资源物权化理论及立法模式评析》，《华中科技大学学报》（社会科学版）2008 年第 5 期。

重价值，应将自然资源使用权规定为特殊物权。①

有学者提出，自然资源使用权理论是我国众多关于自然资源利用的权利设计方案中唯一转变为立法的理论。自然资源使用权在特定的时代条件下对我国自然资源利用秩序的规范作出了不可磨灭的贡献。但以自然资源的国家和集体所有为基石建立起来的自然资源使用权无论是在理论上还是在实践中都存在着诸多无法克服的局限性，如存在建构逻辑矛盾、权利性质背离、制度理念虚无、名称内涵模糊、民事救济缺失、立法体系错位等理论局限和实践困境。自然资源使用权远非规制公有制下自然资源利用问题的科学之道，解决问题的正确答案需要在中国语境下超越学习和模仿的创新中获得。②

2. 海域使用权

《物权法》在用益物权小总则部分的第 122 条对海域使用权作原则性规定，将其性质确定为一种用益物权。由于规定的概括性，学界对其性质和客体的争论仍旧存在，进而对海域使用权是否是一种新型用益物权仍众说纷纭。③ 同时，学者还对海域使用权与其他自然资源使用权的冲突与协调，以及其制度完善问题进行了探讨。

首先，关于海域使用权的性质。多数学者认可海域使用权属于一种新型的用益物权。王利明认为，我国《物权法》第 122 条确认了海域使用权制度，该制度属于物权的范畴，但又不同于一般的用益物权，其在性质上属于准用益物权的一种类型。④ 也有学者认为，从物权法的三大原则来分析，物权法用益物权编将海域使用权明确纳入其中，符合了物权法定原则；海域使用权的客体是特定化的不动产，符合一物一权原则；海域使用权的取得、流转和消灭都需要进行登记，经过登记后具有对抗第三人的公示公信力，因此也符合了公示公信原则。因此，物权法将海域使用权规定

---

① 李学稳、秦昕：《我国自然资源使用权的物权理论分析》，《天津师范大学学报》（社会科学版）2008 年第 6 期。

② 金海统：《自然资源使用权：一个反思性的检讨》，《法律科学》2009 年第 2 期。

③ 吴春岐：《从海域使用权制度透视物权法理论的新发展》，《山东师范大学学报》（人文社会科学版）2008 年第 1 期。

④ 王利明：《试论〈物权法〉中海域使用权的性质和特点》，《社会科学研究》2008 年第 4 期。

为一种独立的用益物权符合物权法的基本原则。① 将海域使用权界定为典型的用益物权,作为与土地使用权等用益物权相并列的权利类型,有充分的法律依据。② 但也有学者认为,与海域资源的利用有关的权利可分为两类:第一类是海域使用权,此为一种典型的用益物权,属于传统物权的范畴;第二类是以海洋资源的采掘为目的的权利,如海洋捕捞权、海洋采矿权等,这类权利属于准物权的范畴,而不是一种传统的物权。③ 还有学者指出,《海域使用管理法》中界定的海域存在着与民法中物的概念及用益物权制度不能协调的理论困境和现实难题。只有把海域理解为土地的当然附属,海域使用权的母权是土地所有权,才能阻止"海域"破坏民法上的"物"制度,才能阻止在民法接受《海域使用管理法》海域之定义且将海域使用权定性为用益物权时,填补基于填海行为所生用益物权吞噬母权这一悖论,才能避免添附制度适用于围海造地等现象时带来的理论冲突。④

其次,关于"海域使用权"与其他自然资源使用权的关系。

其一,"海域使用权"与"渔业权"。有学者指出,《物权法》第122条中规定了"海域使用权",第123条又规定了"利用水面滩涂从事养殖捕捞的权利",而《物权法》对两者的权利内容、性质和范围并未作任何界定,持续已久的海域使用权与渔业权之争不但没有消除,而且还可能得以加剧。⑤ 有学者认为,海域使用权作为一项独立的用益物权类型,可以直接与"农地承包经营权"和"建设用地使用权"等用益物权类型相并列。由于"渔业权"的内容是养殖权与捕捞权,而海域使用权已经把作为用益物权的海域养殖权吸收,把行政许可性质的捕捞权排除在外,因此,把海域使用权作为一个统一制度写入《物权法》不会和渔业养殖

---

① 吴春岐:《解决海域使用权与相关用益物权冲突的具体规则和根本途径》,《山东警察学院学报》2008年第3期。
② 吴琼:《我国海域物权的法律分析》,《法治论丛》2008年第2期。
③ 谭柏平:《论海域物权制度——以自然资源权属制度为视角》,《中国海商法年刊》2011年第2期。
④ 彭诚信、钟建华:《海域的民法界定及其权利归属》,《社会科学战线》2011年第9期。
⑤ 税兵:《从"事实之物"到"民法之物"——海域物权的形成机理及规范解读》,《法商研究》2008年第5期。

权冲突。《物权法》第 123 条没有整体提出渔业权的概念，这是一个进步，但是，把不同性质的两种权利——养殖权与捕捞权——不加区分地一并在"准物权"条款中做了规定，是《物权法》的一个遗憾之处。根据特别法优先原则，养殖权首先应该适用《渔业法》的规定，而《渔业法》又是从行政管理而不是从物权的角度来对养殖权进行规范的，这样就完全抹杀了养殖权的用益物权属性。①

王利明认为，尽管海域使用权与养殖权在内容上存在重叠和交叉，但二者毕竟是两种不同性质的准用益物权，《物权法》只对二者作出了原则性规定，其具体内容要根据特别法来具体确定。针对养殖权和海域使用权之间可能发生的冲突，法律有必要进行整体的设计。首先，应该根据当事人设立权利的目的来考虑；其次，对在同一海域范围内，如果不同的申请人都获得了许可证书的，可以考虑根据两项规则来解决：一是根据物权法中"先来后到"的规则。二是根据《物权法》第 136 条的规定，新设定的用益物权不得损害已设定的用益物权。②

其二，关于"海域使用权"与"矿业权"。有学者指出，《物权法》第 123 条中确认了采矿权是一种准用益物权，而根据《海域使用管理法》第 25 条的规定，申请人可以利用海域从事海底采矿活动，这样在海域使用权中也可能包含采矿权。但根据《矿产资源法》第 16 条，即使是在特定的海域内开采矿产，也必须取得采矿权。反之，即使取得了海域使用权，并不当然一定会取得了采矿权。因此，取得海域使用权之后如果需要进行探矿、采矿，还需要申请探矿权、采矿权。但如果申请海域使用权时已经明确是以探矿为目的的，应当通过有关部门的协调，看是否可以通过一个程序来解决。③ 但从立法上看，同一行为不应当要求行为人进行两次申请、取得两次许可，因此，在立法上对此现象应当加以修改，使之得以完善。④

---

① 谭柏平：《论海域物权制度——以自然资源权属制度为视角》，《中国海商法年刊》2011 年第 2 期。
② 王利明：《试论〈物权法〉中海域使用权的性质和特点》，《社会科学研究》2008 年第 4 期。
③ 王淼、袁栋：《海洋矿产资源产权问题成因与对策》，《矿业研究与开发》2007 年第 5 期。
④ 王利明：《试论〈物权法〉中海域使用权的性质和特点》，《社会科学研究》2008 年第 4 期。

有学者综合分析了海域使用权同其他新型用益物权之间的关系，认为从表面上看，海域使用权与渔业、矿业、取水存在空间效力的重叠和规范对象的重叠；但实际上，二者既非针对同一物，又在其权利性质上存在本质区别，因此不存在实质上的矛盾或冲突，从法学理论上讲二者并行不悖。在涉海情况下，没有海域使用权，渔业、矿业、取水等权利也将缺乏一个合法载体。① 但是，海域使用权与养殖权、捕捞权、矿业权发生的纠纷非常多。解决海域使用权与相关权利之间的冲突的基本原则是：实现对海域的统一管理，发挥海域的最大价值。具体的规则为：第一，物权设定的"先来后到"规则；第二，权利之间的利益衡量规则；第三，程序保障规则；第四，利益评估规则；第五，利用现代网络技术，实现海域权利审批方面的资源共享；第六，禁止重复收费，以减轻权利人的负担，并规定相应的法律责任予以保障。解决海域使用权与相关权利冲突的根本途径是：统一登记。第一，实现海域使用权与相关权利的统一登记。第二，对相关法律、行政法规进行清理，建立统一登记的法律依据。第三，逐步建立海域使用登记的统一登记机关。②

最后，关于海域使用权制度的完善。

其一，从法律修订角度来看，有学者提出，有必要在《物权法》的架构下，全面梳理与完善《海域使用管理法》中对海域使用权制度的规定。修订的内容主要涉及：①海域使用权的取得方式。增加以挂牌方式取得海域使用权，保障村集体或村委会成员优先使用海域的权利。②登记制度。将登记作为与海域使用权变动审批相独立的程序和制度，并作为权利变动的必要条件。③流转制度。④海域使用权的终止与收回的修订及完善。⑤与海域使用有关的其他权利类型的修订与完善等。③

其二，从市场机制完善来看。学者主要研究了海域使用权的抵押等流转方式。有学者指出，《海域使用管理法》和《物权法》对海域使用权抵押权均未置明文，但海域使用权属于"法律、行政法规未禁止抵押的其

---

① 张惠荣、刘振东、施星平等：《海域使用权与其他涉海权利分析研究》，《海洋开发与管理》2008年第11期。

② 吴春岐：《解决海域使用权与相关用益物权冲突的具体规则和根本途径》，《山东警察学院学报》2008年第3期。

③ 谭柏平：《〈海域使用管理法〉的修订与海域使用权制度的完善》，《政法论丛》2011年第6期。

他财产"，因此，可以设定海域使用权的抵押权。① 海域使用权的抵押权体现了物权属性，既可为海域使用权人增加一种新的融资方式，也体现了海域资源稀缺性的经济价值。② 海域使用权在抵押中存在立法、抵押登记以及海域使用权价值的评估三个方面的问题，应从海域使用权的折价、转让、期限以及后期管理等方面进行改进，作出相应对策。③

还有学者认为，随着海域开发利用规模和深度的不断拓展和物权法的实施，以市场机制为基础的经济手段的作用开始日渐突出。建议及时形成和建立以海域物权为中心、市场交易规则和相关管理规范为主干的海域法律制度。④ 有学者建议，为了有效地配置海域使用权，应在一级市场尽量采用招标拍卖的配置方式，在二级市场应尽快建立相关的流转制度和流转服务机构，实现流转方式对海域使用权的高效配置。⑤ 亦有学者提出，在新形势下，应当以法律形式对海域使用权的获得方式、流转条件、流转程序作全面、具体的规定，使海域使用权走向规范化、制度化、法制化。⑥

3. 渔业权

孙宪忠指出，《物权法》在用益物权编规定了渔业权，是《物权法》关注民生维护民权的具体体现，既是我国政治法律和社会文明进步的的结果，也是构建社会主义和谐社会的有力保障。⑦ 多数学者认可《物权法》中对"渔业权"的原则规定模式，认为在《物权法》中未单独规定"渔业权"是较为适宜的，"如果以用益物权的模式构建'渔业权'，不仅不符合我国物权立法的基本要求和渔业本身的特有性质，而且打乱了我国现

---

① 高圣平、严之：《海域使用权抵押权的体系定位与制度完善》，《当代法学》2009年第4期。

② 兰岚、朱楠、张华明等：《论海域使用权抵押的成立和实现》，《海洋开发与管理》2007年第1期。

③ 刘景欣、李三强：《海域使用权抵押中的法律风险及其防范》，《中国集体经济》2009年第7期。

④ 周珂：《海域物权法理浅议》，《法学杂志》2008年第3期。

⑤ 吴克勤、黄南春：《海域使用权配置的经济学分析》，《渔业经济研究》2009年第6期。

⑥ 王紫零：《新型物权——海域使用权流转法律制度探析》，《黑龙江省政法管理干部学院学报》2011年第3期。

⑦ 孙宪忠：《〈物权法〉：渔业权保护的新起点》，《中国水产》2007年第5期。

行的土地、海域和其他自然资源的用益物权和特许物权系列,肢解了现行法明文规定的海域使用权,将会出现特别法已经确立的物权被普通法否认、特别法与普通法发生冲突的严重后果,也将不利于维护包括渔民在内的所有海域使用权人的合法权益"[1]。但也有学者仍坚持单独规定渔业权的观点。[2]

有学者认为,"养殖权物权化鼓励和促进养殖业的繁荣,促进经济的增长,充分保护养殖经营者的利益。确认养殖权为物权,将使养殖经营者对其利用国有或集体的水面从事养殖业享有一种长期稳定的权利,这种权利能够对抗来自他人不正当的干涉和侵害,包括政府的干涉和侵害。以利于充分鼓励公民、法人对养殖业的投资,形成规模化的经营"[3]。

有学者提出了完善渔业权流转的建议,认为《物权法》有关规定十分原则、笼统和抽象,尤其是并未涉及渔业权流转制度。而现行《渔业法》明确规定不允许捕捞许可证买卖、出租和以其他形式转让,这与渔业权属于用益物权的基本前提出现了冲突。完善我国渔业权流转立法需考虑的几个方面问题:其一,明确渔业权流转立法的主要目标,即兼顾保护渔业资源和发挥渔业资源的最大利用效率。其二,确立渔业权流转立法的原则,即保护渔民的渔业权,通过流转促进其价值的实现;处理好与行政监管的关系;借鉴其他国家和地区的成功经验。其三,规定渔业权的可流转性并设计出渔业权流转的具体操作规则,包括流转的条件、流转的形式、流转的程序以及政府职能等。其四,确定渔业权流转的形式,可以包括抵押、继承、租赁、出售、交换、赠与及作价出资入股等多种方式。其五,设立渔业权流转的条件。[4]

4. 矿业权

虽然我国《物权法》明确将属于矿业权的探矿权和采矿权规定在用

---

[1] 最高人民法院物权法研究小组编:《〈中华人民共和国物权法〉条文理解与适用》,人民法院出版社2007年版,第366页。

[2] 申天恩:《渔业权生成的法理基础研究》,《安徽警官职业学院学报》2007年第6期。

[3] 梅夏英、高圣平:《物权法教程》(第二版),中国人民大学出版社2010年版,第273页。

[4] 马洁蓉、任大鹏:《我国渔业权流转立法问题研究》,《社会科学论坛》2008年第11期。

益物权编，但学界对矿业权概念、性质的争论并没有随着《物权法》的颁布实施而停止。但较于立法颁布前，争论的方向有所改变。同时，有学者提出了关于完善矿业权制度的建议。

首先，关于矿业权的概念。有学者反驳了矿业权包括矿产资源所有权的观点，认为矿业权是通过一定的权利出让方式产生的，其与矿产资源所有权在客体、性质和价值追求方面都不相同。[①] 也有学者主张矿业权无法作为探矿权和采矿权的上位概念，后两者的本质差异揭示了矿业权作为其上位概念的尴尬。[②] 还有学者提出矿业权的"虚无性"，指出探矿权和采矿权只是人为的糅合，将之上升到法律中会使制度冲突更加明显。应撤销"矿业权"，并重构探矿权或采矿权为矿产权与矿产开发权；矿产开发权又分为特许权和矿山企业设立开发行为权。由所有权、债权、人力资本、知识产权、特许权等组成，是一组权利束，其统称为矿山企业产权，以区别于虚无的矿业权。[③] 也有学者指出，我国对因矿而产生的权利，采用矿权的表述最为合适，也最能概括因矿这一特定物而产生的权利群。矿权是指因矿而产生的权利的总称，它是一组权利的集合和总称，包括所有权、探矿权和采矿权等。[④]

其次，关于矿业权的性质。江平认为，对矿业权经济本质的认识有利于资源的市场配置，故应弄清经济管制与契约自由不同选择间的区别。自然资源"公法的私法化"已是世界潮流，矿业权设立中的行政许可本质上应为"普遍禁止的解除"，而其中的合同体现着自然资源市场交换规则。因此经济体制改革衍生出矿业权等诸多"资源用益物权"，以通过市场配置来实现效益最大化及效率最优，在社会资金已成地质勘查重要资金来源时，矿业权市场融资体制的构建自须让市场起决定性作用。[⑤]

[①] 张冲：《矿业权法律属性辨析》，《河北学刊》2010年第5期。

[②] 朱晓勤、温浩鹏：《对矿业权概念的反思》，《中国地质大学学报》（社会科学版）2010年第1期。

[③] 康纪田：《在制度变迁中重构矿业合同——兼议矿业权的虚无性》，《中国矿业大学学报》（社会科学版）2010年第1期。

[④] 黄锡生、林北水：《论矿权的概念、性质和体系》，《中国地质大学学报》（社会科学版）2007年第6期。

[⑤] 江平：《矿产资源与土地资源之权利辨析》，《中国国土资源经济》2018年第1期。

有学者对立法颁布之前的关于矿业权的若干学说进行了检讨与批驳，认为无论是矿业权客体的复合性或不特定性，还是按特别法规定的物权、依特别法的特许程序取得的物权，都不能必然得出矿业权属于准物权的结论。而且，准物权在概念和类型上难以明确界定，将矿业权归属于准物权这样一个内涵与外延模糊的概念无助于进一步明确矿业权的性质。[1] 有学者认为把采矿权归于用益物权的理论脱离了实际，如此因采矿权的行使而导致矿产资源在开采后转化为矿产品，这种转化实质上就是客体的被处分，致使国家的矿产资源所有权无法恢复，这一点不符合用益物权的特性。[2] 采矿权人对特定的矿产资源享有法律处分权并进行了事实处分，不同于传统意义的用益物权。同时，矿产资源具有耗竭性和不可再生性。因此，采矿权并非严格意义上的用益物权。[3] 有学者认为如果探矿权是用益物权的话，其权利客体必然是"物"，但将探矿权的客体界定为"物"在理论上难以自圆其说，将采矿权归于用益物权是对矿产品和矿产资源关系的僵化认识。[4]

有些学者坚持矿业权准用益物权说，认为准用益物权系指除土地资源使用权以外的自然资源利用权，包括海域使用权、探矿权、采矿权、取水权、养殖权和捕捞权等；[5] 矿业权以国家对矿产资源的所有权为基础，是一项私权、财产权，在法律属性上更接近用益物权，但鉴于矿业权具有较强的公权色彩，有别于传统民法中的用益物权，故可称其为"准用益物权"[6]。准用益物权作为准物权的一种，一般不具有处分权，不能转让、抵押等，即使可以交易，也有严格的限制条件。[7] 也有学者认为矿业权无

---

[1] 张冲：《矿业权法律属性辨析》，《河北学刊》2010年第5期。
[2] 康纪田：《采矿权并非用益物权的法理辨析——与中国政法大学李显冬教授商榷》，《时代法学》2008年第2期。
[3] 刘欣：《矿产资源的基本属性和采矿权的法律特征探析》，《法学杂志》2008年第3期。
[4] 参加朱晓勤、温浩鹏《对矿业权概念的反思》，《中国地质大学学报》（社会科学版）2010年第1期。
[5] 李显冬、唐荣娜：《论我国物权法上的准用益物权》，《河南政法管理学院学报》2007年第5期。
[6] 李显冬、刘志强：《论矿业权的法律属性》，《当代法学》2009年第2期；李显东、石文墨：《矿业权的私权法律属性》，《石油管理干部学院学报》2007年第2期。
[7] 李显冬、刘宁：《矿业权物权变动与行政审批之效力研究》，《国家行政学院学报》2011年第1期。

法作为探矿权和采矿权的上位概念,探矿权和采矿权应当分别独立规定。探矿权为物权化的债权;采矿权是债权和自物权组合的复合型权利。[1] 还有学者指出,"探矿权不是物权,也不是知识产权,而是具有债权和行政权混合性质的权利。采矿权是他物权,是用益物权和担保物权的统一"[2]。另有学者分析了目前学界对矿业权含义和法律性质的争议根源,主要是在物权的框架内界定矿业权。矿产资源法应当是矿产资源开发与利用综合保护法,而不仅是矿产资源经济价值的归属与分配法。[3]

最后,关于矿业权法律调整的建议。有学者认为,目前的矿业权包括探矿权应当被一分为三,即静态矿产物权、动态开发行为权和行政特许授权。[4] 也有学者认为探矿权在权利取得、权利客体和地勘成果权利上具有不同于传统用益物权的特征,这些特征并不影响探矿权的物权属性,但在法律规范上应当在适用用益物权一般规范的前提下通过特殊的规则进行调整。应当建立一套准物权理论体系,研究准物权的特殊法律性质,以丰富传统用益物权理论。探矿权作为具有公权力色彩的私权,在法律调整上应当在用益物权一般规则的指导之下适用民事特别法进行规范,并建立相应专门的准物权权利体系和理论系统。[5] 另有学者指出,矿产资源法应该是矿产资源开发与利用综合保护法,而不仅是现有矿产资源经济价值的归属与分配法。[6] 还有学者认为,探矿权与采矿权各是一组权利束,矿业权作为二者的上位权更是权利组合体。矿业权应重构为矿产使用权和矿山企业产权,矿产使用权属于物权,勘探性矿产使用权属用益物权,开采性矿产使用权是矿产所有权。[7] 也有学者认为,在我国矿业权还只是一个学理上

---

[1] 朱晓勤、温浩鹏:《对矿业权概念的反思》,《中国地质大学学报》(社会科学版) 2010 年第 1 期。

[2] 黄锡生、林北水:《论矿权的概念、性质和体系》,《中国地质大学学报》(社会科学版) 2007 年第 6 期。

[3] 刘卫先:《对我国矿业权的反思与重构》,《中州学刊》2012 年第 2 期。

[4] 康纪田:《在制度变迁中重构矿业合同——兼议矿业权的虚无性》,《中国矿业大学学报》(社会科学版) 2010 年第 1 期。

[5] 田峰:《论探矿权在我国物权体系中的定位》,《中国矿业大学学报》(社会科学版) 2010 年第 1 期。

[6] 刘卫先:《对我国矿业权的反思与重构》,《中州学刊》2012 年第 2 期。

[7] 康纪田:《试论矿产使用权的独立设置》,《中南大学学报》(社会科学版) 2007 年第 6 期。

的概念。学界主流的矿业权"物权化"思路缺乏对国情下矿业权概念理论上的科学性和实践中的有效性的反思。应当跳出矿业权概念的局限,以探矿权和采矿权为核心构建我国的矿业法律体系。同时建议建立起完善的矿业行政合同制度,实现矿业权人利益保护与资源有效管理的和谐统一。①

有学者指出,采矿权事关公共利益、国家战略利益,在取得、转让、行使等方面被赋予种种公法上的义务,法律对采矿权设置了不少监督规定,使得采矿权具有浓厚的公法色彩。采矿权的流转具有受限制性,但在市场经济社会,严格限制采矿权的流转并不完全合理。考虑到我国矿产资源相对匮乏的现实,更有必要推动采矿权的合法流转,实现资源的合理配置。②

还有学者提出,物权法虽然将矿业权等权利安排在用益物权的体系中,但这样的安排是否妥当,值得商榷。采矿权等权利与用益物权存在着明显的区别;在《物权法》用益物权编的一般规定中对采矿权等自然资源物权进行规定,在体系上可能存在着一定的问题。该学者认为,采矿权等自然资源物权虽具有物权的特征,但在某些方面和物权法所规定的典型物权又是存在区别的,因此建议将其称为特别法上的物权。这一定位既明确了其物权性质,又能将它和典型物权加以区别,同时便于理解,免去了对其划分标准的多样化。特别法上物权的具体内容由其他法律具体加以规定,物权法只是作原则性的规定。③

(三) 简要总结

关于自然资源物权化的问题,笔者认为,自然资源物权并不存在于传统民法物权分类中,而是学界对有关自然资源权属中所涉的一些具有支配性和排他性的权利类型进行研究后提出的理论观点。对自然资源物权化的提法,笔者认为学者所持的谨慎态度是可取的。对自然资源所有权以外的自然资源利用权,应区分传统民法范畴和准物权或特别法上物权的不同,

---

① 朱晓勤、温浩鹏:《对矿业权概念的反思》,《中国地质大学学报》(社会科学版) 2010 年第 1 期。

② 梅夏英、高圣平:《物权法教程》(第二版),中国人民大学出版社 2010 年版,第 273 页。

③ 郭丽韫、丁文英、刘文华:《采矿权的法律性质及其在物权法中的体系安排》,《甘肃社会科学》2010 年第 5 期。

进行具体的考量，而不能搞一刀切的物权化模式。

学界在《物权法》颁布后对海域使用权性质的分析，并未超出立法前的讨论范围。鉴于《物权法》已经明确了其为用益物权，对海域使用权性质的探讨可以暂告一个段落，而较为具有现实意义的问题应是如何修订《海域使用管理法》，使物权性的海域使用权在该法中得以落实并与物权法衔接一致；同时，海域使用权与其他自然资源使用权之间的冲突与协调问题，也值得进一步予以关注。

在《物权法》对养殖、捕捞等渔业权利认可的前提下，学界将对渔业权研究的重心转为如何规范现有的渔业流转问题以及如何完善《渔业法》中相关的规定。随着未来我国渔业经济的发展，对渔业权的规范将更为重视，学界应加大对渔业权的研究力度。尤其是渔业权的流转问题，应多借鉴国际通行做法，但同时也要基于我国国情，避免盲目照搬。渔业权制度的构建和完善，应基于保护渔民权益的理念，确认渔业权的物权性质，完善渔业权的公示、登记和损害赔偿等具体制度，规范渔业生产秩序，实现渔业权的经济价值与生态价值的双重目标。

虽然《物权法》中将探矿权和采矿权归入了用益物权编，但关于矿业权中的性质问题，仍有讨论的空间。学界所提出的准用益物权学说以及探矿权和采矿权性质分离说等思路，均有其价值。但这两种权利毕竟与既有的用益物权类型有异，所以是否一定要在既有物权类型中讨论其地位，值得做进一步的考量。

第六章

担保物权总论

第一节 担保物权的性质

担保物权是指以确保债务的清偿为目的,于债务人或第三人所有的物或权利上所做的设定,以取得担保作用的一种定限物权。[1]《物权法》颁行之前,我国民法尚未正式使用"担保物权"这一术语,但学说与实务均普遍认同"担保物权"所具有的内涵,"担保物权"一语通常用来概括我国法律上规定的抵押权、质权、留置权等其他担保债务清偿的定限物权。

一 立法论

(一)主要争议问题

对于担保物权的定性,在我国《物权法》的立法过程中分歧较大,主要观点有"物权说""债权说""中间权利说"三种。[2]

(二)各种观点

1. 债权说

此说认为,担保物权并非物权,而仅仅是为了担保债权的实现,依据法律的规定或者当事人的合意和公示,对一定的债权赋予优先清偿权的权

---

[1] 谢在全:《民法物权论》(中),新学林出版股份有限公司 2007 年版,第 341 页。
[2] 余能斌:《现代物权法专论》,法律出版社 2002 年版,第 274—276 页。

能（或者法定的效力），①且我国《民法通则》即将担保物权和其他债的担保形式规定为一条，置于第五章"民事权利"之第二节"债权"之下。《担保法》对抵押、质押、留置以及保证等担保形式作出了规定，但没有对担保物权的性质作出明确规定。债权说主要理由如下：

首先，担保物权不具对世性、排他性、直接支配性、追及性等物权所应有的本质特征。从占有角度来看，如果说动产质权和留置权存在占有的外形尚可被视为物权的话，对抵押权则不得不否认这种意义上的物权性。因为抵押权人对抵押物既不占有也不利用，只是在受担保的债权得不到清偿时，可以拍卖抵押物优先受偿。从排他性看，同一物上可以同时或先后设定若干个担保物权，可见其不具有排他性。从支配性看，"担保物权，既没有所有权那样的最终支配力，也常常没有用益物权那样的现实支配力，一个抵押权从设立到消灭，抵押权人对物从来不能实施传统物权理论所说的直接支配"②。抵押权人在债务人不履行债务时，仅能依法申请法院强制拍卖抵押物，因而抵押权人也同样不具有对抵押物的直接支配权。③从让与性看，由于担保物权的转让不得与主债权分离而单独进行，因此，其让与性也值得怀疑。从追及性看，除抵押权外，质权和留置权均因丧失对标的物的占有而消灭，故此两项权利欠缺追及性。④

其次，从优先受偿的角度看，债权的受偿原则上服从于"债权平等原则"，但也并非毫无例外，而担保物权人对担保物享有的优先受偿权，实际上就是债权平等原则的一种例外。因此，它实际上是一种"受到优待的债权"，而并非是一种物权。

最后，从担保物的范围来看，传统民法上的物权客体仅限于有形物，而现代各国民法中担保物权的客体却包括不动产、动产以及各种可让与的财产权利等。把标的物的范围扩展到了权利，这本身就说明担保物权不是物权，所以才不受物权范围的限制。若将含有权利在内的标的物都作为物

---

① [日] 加贺山茂：《担保物权法的定位》，于敏译，载梁慧星主编《民商法论丛》（第15卷），法律出版社2000年版，第476页以下。

② 孟勤国：《物权二元结构论——中国物权制度的理论重构》（第二版），人民法院出版社2004年版，第340页。

③ 刘得宽：《担保物权之物权性与债权性》，载刘得宽《民法诸问题与新展望》，中国政法大学出版社2002年版，第384—385页。

④ 陈祥健：《担保物权研究》，中国检察出版社2004年版，第4页。

权的客体的话，那么物权与债权的界限就会模糊，他们之间的区别"就会崩溃"。

2. 物权说

物权说认为担保物权尽管与债权有密切的联系，且要依附于债权，但本质上仍然是物权的一种。在《物权法》制定过程中，我国多数民法学者认为担保物权应为物权，具有物权的各种效力，并应当在物权法中作出规定。① 与债权说的质疑相对，其理由如下：

首先，担保物权具有优先受偿性、支配性、排他性、追及性等基本属性。从优先受偿性而言，无物权与债权最大之区别表现在物权优先于债权的效力。就担保物权来说，这种优先性即优先受偿的效力，享有担保物权的债权人具有优先于普通债权、就担保物变价所得的价款优先受偿的权利。债权被赋予优先受偿权为一种例外，必须通过设定特别法律专门予以规定。就担保标的的范围而言，允许权利成为担保物的客体，并不能否定担保物权的物权性。从物权的支配性角度来看，通说认为，担保物权是以取得物的交换价值为目的，是对物的交换价值的支配性权利。② 担保物权在支配客体、支配方式以及支配效力等方面，仍表现出其应有的物权性。从客体与必要性看，担保物权是以担保物的价值来担保债权的实现的，并无必要占有标的物的有形体，并通过支配它的使用价值来实现权利。例如，担保物权人在债务届期不履行债务时，可向法院申请拍卖担保物或在债务人受破产宣告时行使别除权，从而获得优先清偿，从而实现了一定的价值转移。③ 就物权的排他性而言，物权的排他反对的是在统一物上设定若干个内容互不相容的物权，而在同一物上设定若干个可相容的物权，并不违背物权的排他属性。就追及性而言，质权与留置权虽因丧失对标的物的占有而消灭，从而欠缺追及性，但这只说明此两项担保物权的物权性较弱，而不能否定其在其他方面的物权性。且权利人仍可以基于物权请求权，请求非法占有人返还占有，这也是担保物权具有追及效力的体现。

---

① 刘得宽：《担保物权之物权性与债权性》，载刘得宽《民法诸问题与新展望》，中国政法大学出版社2002年版，第384—385页。

② 梁慧星：《中国物权法研究》（上），法律出版社1998年版，第21页；王利明：《物权法论》，中国政法大学出版社2003年版，第545页；谢在全：《民法物权论》（上），中国政法大学出版社1999年版，第18页。

③ 徐洁：《担保物权功能论》，法律出版社2006年版，第86页。

其次，明确担保物权为物权，有助于担保物权的实现，通常情况下，对权利人来说，物权的保护方法比债权的保护方法更为有利。担保物权保护具有绝对性，在担保物权受到侵害的情况下，权利人依法享有请求他人返还原物、排除妨碍、恢复原状的物权请求权，以保障担保物权人对担保物的支配。

最后，将担保物权确认为一类物权，有利于理顺《物权法》《担保法》及其司法解释中担保物权的关系。尤其是为担保物权适用《物权法》的规则提供了法律依据。① 与此同时，物权说也承认，尽管担保物权是物权，但不同种类的担保物权，其物权性的强度并不一致，"原则上可谓由抵押权及抵销立于最强及最弱的两极端，而以抵押权、质权、留置权、让与担保、卖渡担保、代物清偿预约、抵销之顺序，使物权性之强度次第的减少"②。

3. 中间权利说

该学说认为，担保物权既非物权，也非债权，而是一种介于物权与债权之间的中间型财产权利。有"准物权说"③"优先权说"④"未来所有权说"⑤等不同说法，但其基本理由均认为无论从担保物权的支配性角度看，还是从该项权利的实现角度看，担保物权都既表现出物权性的一面，又表现出债权性的一面。因此，单用物权抑或债权的概念，很难概括出担保物权的本质特征。⑥ 更有学者认为，担保物权并非可依客体不同而划分到债权或物权中，而应依权利的作用或者功能定性为形成权。⑦

（三）简要总结

我国民法学界的通说认为，担保物权是与用益物权相并列的一类独立

---

① 王利明：《物权法研究》（下卷），中国人民大学出版社2007年版，第335页。
② 刘得宽：《担保物权的物权性与债权性》，载郑玉波主编《民法物权论文选辑》（下），台湾：五南图书出版公司1985年版，第524页。
③ 陈本寒：《担保物权的立法定位与体系构建之探讨》，载李龙主编《珞珈法学论坛》（第2卷），武汉大学出版社2002年版，第112页。
④ 王婷婷、范卫国：《担保物权的性质辨析及立法定位——兼与郑冠宇、赵守江教授商榷》，《东南大学学报》（哲学社会科学版）2010年第12卷增刊。
⑤ 徐洁：《论担保物权——关于性质与立法的思考》，《广西社会科学》2007年第5期。
⑥ 陈祥健主编：《担保物权研究》，中国检察出版社2004年版，第4—6页。
⑦ 胡吕银：《担保权属性与各种担保方式的重新界定》，《法学》2013年第8期。

的物权类型，而并不是债权或者只是被赋予债权的优先清偿权的权能，担保物权与用益物权共同构成了定限物权的完整体系。① 在《物权法》这一民事基本法中，采纳了学界通说，以"担保物权"作为第四编的编名，分别以"一般规定""抵押权""质权""留置权"为章名对其各项制度做了详细规定。这种做法，有利于构建物权制度的完整体系，协调各种物权之间的关系，同时也为担保物权在未来民法典中地位的确立奠定了基础。②

同时，通说承认，尽管担保物权是物权，但不同种类的担保物权，其物权性的强弱并不相同。一种权利到底是不是物权，不能从一般意义上笼统地进行判断，只有在特定的制度框架内，结合这种权利应有的结构属性和价值功能，才能就这一问题得出明确的答案。虽然从基本层面上看，担保物权具备了物权的法律特征，但要彻底完成担保物权在我国法律上的物权化过程，使得担保物权具有全面的物权品质，《物权法》确立的担保物权的有关制度尚须进一步加以完善。③

笔者赞同学界通说。担保物权的物权性主要表现在以下几个方面：

第一，担保物权是以获取标的物的交换价值为内容的权利，其效力及于标的物的变价形态，是对标的物价值的支配权，这一点对以不移转标的物占有为特征的抵押权也是适用的。

第二，担保物权人不仅得向提供担保的义务人主张权利，而且可向其他一切人主张权利，也就是说担保物权具有对抗第三人的效力，因此，担保物权尽管是在当事人双方之间设定的，但却具有物权的绝对性的特点。

第三，担保物权受到侵害时，即可获得债权救济方式的保护，也可以获得物权救济方式的保护。适用债权的救济方法，是各种权利通用的救济

---

① 王利明：《物权法研究》，中国人民大学出版社2002年版，第99页；王利明主编：《民法学》，复旦大学出版社2004年版，第367页；梁慧星、陈华彬：《物权法》（第二版），法律出版社2000年版，第307页；魏振瀛主编：《民法》，北京大学出版社2000年版，第272页；余能斌、马俊驹主编：《现代民法学》，武汉大学出版社1995年版，第599页；刘保玉：《物权法》，上海人民出版社2003年版，第337页；程啸：《物权法·担保物权》，中国法制出版社2005年版，第4页。

② 刘保玉：《我国担保物权制度的立法改进与规则完善》，《公民与法》2012年第7期。

③ 郑冠宇、赵守江：《担保物权的物权属性解读——与孟勤国教授商榷》，《河南省政法管理干部学院院报》2009年第1期。

手段，而适用于物权的保护方法却是物权特有的救济手段，这也是担保物权物权性的表现。

第四，担保物权实现方式中无须借助债务人的给付行为。被担保的债权与担保物权虽都是以价值的移转为目的，但债权人对债权价值的移转，必须依靠债务人的给付行为方能实现，与此相反，担保物权则是以拍卖担保物并以其价值清偿债权人的债权为其主要目的。因此，担保物权并非以直接对物的所有人请求给付为内容（作为或不作为），从这一点上，我们可以看出担保物权的物权性。①

二 解释论

在解释论上，担保物权概述部分的内容无太多争议，主要仍然集中在所有权的本质，此部分在立法论部分已做阐述，因此，本部分不再赘述。

三 民法典编纂中的立法论

担保物权的性质与担保物权的立法安排有密切关系。在民法典编纂过程中，不少学者在讨论担保物权体例安排中，相应地讨论担保物权性质问题。除坚持主流观点，就担保物权定性为物权进行讨论外，学界也有一些不同的观点。有学者认为，担保物权不具有物权的支配性，且不符合客体有体性要求，其支配担保标的交换价值是个伪命题，其并非物债二分下的债权或物权，而是固有权与救济权区分下的救济权，具有形成权性质。② 还有学者认为，物的担保不具备支配物以及物的交换价值的特征，且优先受偿并非物权属性，因而担保物权不应定性为物权，相应地，物的担保不应纳入物权编。③ 担保物权表现为债的优先受偿性，但并非优先权，也非债权和物权，不属于独立的权利类型，作用仅在于确定不同债权的履行顺序。④

---

① 胡康生主编：《中华人民共和国物权法释义》，法律出版社 2007 年版，第 295—296 页。

② 王康：《论〈民法典〉担保权的立法定位》，《甘肃政法学院学报》2019 年第 4 期。

③ 马俊驹、邵和平：《民法典担保权编的立法模式研究》，《法制与社会发展》2019 年第 1 期。

④ 张素华：《论民法典分则中担保制度的独立成编》，《法学家》2019 年第 6 期。

第二节 担保物权的体系与分类

担保物权的立法体例与对担保物权的性质定位与功能认识有密切联系，对此学界存有争议。此外，担保物权的类型划分关系到物权法担保物权编的整体结构设计，其在物权法制定过程中一直存在重大争议。《物权法》担保物权编的外在体系设计与《担保法》确立的模式并无两样。《物权法》第四编"担保物权"所确立的担保物权体系包括抵押权、质权、留置权。立法论的层面上，在《物权法》起草过程中，对于一些非典型担保诸如让与担保、所有权保留等是否应该纳入《物权法》的框架内，学界也存有较大争议。

一　担保体系立法论

（一）主要争议问题

抵押权、质权、留置权是否纳入物权法。

（二）各种观点

有观点认为，应当把抵押权、质权和留置权等担保物权与定金、保证，甚至违约金等几种为债务履行的担保或债权担保制度，统一规定在民法的债法当中；或者在尚未颁行民法典时，单独制定一部单行法律担保法。[1] 有学者认为，将抵押、质押、留置和其他债的担保方式一起放在债法中规定，建立统一的债的担保制度，有利于明确法律的适用范围，实现法律的制度价值。而将其放在物权法中规定，除了有利于人们从理论上认识抵押权、质权、留置权的物权性外，对法律制度价值的实现，就不如放在债法中有利。[2] 有学者认为，中国主流担保物权理论继受于德国、日本和我国台湾地区，将担保物权定位物权，但这种理论与中国的现行立法冲突。担保物权作为债的担保方式规定于债权编是罗马法、法国民法典的传统，有着逻辑上的合理性、适用上的便利性和立法上的科学性。所以，应

---

[1] 程啸：《物权法担保物权》，中国法制出版社2005年版，第23页。
[2] 李开国：《关于我国物权法体系结构的思考》，《现代法学》2002年第4期。

将担保物权置于民法典的债权编或优先权编。① 也有学者认为在民法通则与担保法中将担保物权作为债的担保方式进行综合规定是一种较为成功、值得发扬的立法模式，可以在坚持这个做法的基础上，增补实践中证明是成功的有效的非典型担保方式，从而建构出具有中国特色、科学合理的担保物权制度体系。②

与之相反的观点建立在强调担保物权是物权的基础上。认为应对具有担保功能的不同制度之间的性质差异分别规定，将保证、定金规定在债法中，将担保物权规定在民法典的物权法当中，即物权法应该规定担保物权制度。③ 有学者认为，首先，从体系上考虑，担保物权与用益物权制度共同构成他物权体系，如果没有担保物权不仅整个物权法的体系是残缺的，而且物权法中总则的规定势必多数缺乏针对性，成为空洞的条文。物权法中如果没有担保物权制度则不能形成完整的物权法体系。其次，所有权制度和用益物权制度都与担保物权制度具有密切的不可分割的联系，如果不规定担保物权，将会使这些制度难以发挥其应有的功能。最后，担保法本身不是民法典中的独立部分。如果将物权法和民法典的制定放在一起考虑，从民法典的体系出发，也应该重视这个问题。④ 有学者指出，坚持物权法中构建担保物权的框架体系。首先，采用这种立法体例，可以避免历史上的矛盾思维和做法。其次，应该把握物权和债权在性质上的差异，不能盲目地夸大趋同。尽管在现代社会中，二者划分的相对性体现得日益明显，但这并没有动摇区分二者的理论意义和实践价值。⑤

（三）民法典编纂中的立法论

民法典编纂过程中，虽然主流观点仍是将担保物权置于物权编中进行规定，但必须在原有的基础上进行完善。⑥ 但也有不少学者主张担保物权

---

① 孟勤国、冯桂：《论担保权的性质及其在民法典中的地位》，《甘肃社会科学》2004 年第 5 期。
② 孟勤国：《中国物权法理论研讨会观点综述》，《中国社会科学院研究生院学报》2004 年第 5 期。
③ 程啸：《物权法担保物权》，中国法制出版社 2005 年版，第 23 页。
④ 王利明：《物权法立法的若干问题探讨》，《政法论坛》2001 年第 4 期。
⑤ 侯水平、黄果天：《物权法争点详析》，法律出版社 2007 年版，第 276 页。
⑥ 王利明：《我国民法典物权编中担保物权制度的发展与完善》，《法学评论》2017 年第 3 期；谢鸿飞：《民法典担保规则的再体系化》，《社会科学研究》2019 年第 6 期。

独立成编。在比较法上，有法国民法典中独立的担保编作为典型立法例可供参考。担保物权并非债权和物权，而是救济权中的形成权，因而不应置于债权和物权中，独立成编使其能保持开放性，容纳所有权担保、按揭担保和新类型担保等。① 担保物权功能在于确定债权的实现顺序，担保方式多样性使其不应受制于物权法定原则，优先受偿性使其不应等同于一般债权，而独立成编使其统合人保与物保、保持开放性以及践行民商合一的理念。② 担保权具有独特于物权与债权的特定功能性、自身财产性与优先性，因而可独立成编、自成体系，可将其置于物权编与债权编之后，具体规定担保权总则以及各种财产设定的担保权。③

与此相对，也有学者不支持担保物权独立成编。尚无内涵与外延皆明确的担保概念，担保共同规则的内容因依赖于债权与物权相关规定而较少，以及不得不进行法律体系惯性、法典编纂现实策略与分编权重的立法考量，使得担保物权不独立成编更优。④

但对此又有学者认为，担保权的独立性、担保法的极端重要性、人保理论的发展以及统一适用的便利性，要求担保法独立成编。⑤

此外，还有学者主张，为打破人保与物保的隔阂，担保应该独立成编，亦可将其规定在修改后的《民法总则》中，更现实的处理是，在民法中对担保进行简约规定，留待商法进行详细规定。⑥

(四) 简要总结

《民法典（草案）》在体例上延续了《物权法》的设计，即德国（潘德克顿体系），而没有采纳法国法（亦即法学阶梯系）。从这一点看，它既肯定了担保物权的物权性质，也与学界通说一致。从民法学界的讨论以

---

① 王康：《论〈民法典〉担保权的立法定位》，《甘肃政法学院学报》2019 年第 4 期。

② 张素华：《论民法典分则中担保制度的独立成编》，《法学家》2019 年第 6 期。

③ 马俊驹、邵和平：《民法典担保权编的立法模式研究》，《法制与社会发展》2019 年第 1 期。

④ 刘斌：《论担保法独立成编的立法技术与决断要素》，《江海学刊》2019 年第 3 期。

⑤ 张民安：《论〈担保法〉在我国未来〈民法典〉当中的独立地位》，《学术论坛》2018 年第 3 期。

⑥ 张淞纶：《债权人视角下的担保制度》，《法律科学》2019 年第 6 期。

及我国立法传统的角度判断，基本可以肯定未来《民法典》亦会采用现行《行物权》的立法体系。

二 让与担保立法论

让与担保是指债务人或第三人为担保债务的履行，将担保物的所有权移转予担保权人，债务清偿后，担保物应返还予债务人或第三人；债务不获清偿时，担保权人得就该以担保物优先受偿的一种担保形式。[①] 近世以来，基于融资的需要，所有权转变为观念性的利用权，[②] 亦即资本化，其和各种债权契约相结合而发挥其重要作用。[③] 此际，所有权的债权化（担保化）至为明显，让与担保之产生亦属当然。就作为定限物权的动产抵押权和作为权利移转型担保的动产让与担保而言，债权人取得的权利在两者之间并无多大差异。就前者而言，虽在解释上担保权人并未取得标的物的所有权，但就标的物交换价值的支配使得担保权人成为标的物担保价值（货币价值、资本价值）的专有者，担保权人实际上即取得"资本所有权"[④]；就后者而言，债权人虽然取得标的物的所有权，但标的物仍然由设定人占有、使用，债权人并不得为担保之外的处分，此际，债权人所取得的仍然也是"资本所有权"。准此，两者的差异仅仅在于在法律上的表现形式。

（一）主要争议问题

本部分主要涉及作为非典型担保方式的让与担保的性质、含义、发展脉络以及效力。在立法论上最具争议的是物权法抑或民法典是否应当对让与担保作出规定，存在肯定说与否认说之争，对于肯定说又存在争议。另外对于我国实践中广泛存在的按揭制度，其与让与担保的关系也颇具争议。

---

① 王利明：《物权法研究》，中国人民大学出版社2013年版，第1270页；王闯：《让与担保法律制度研究》，法律出版社2000年版，第20页；郭明瑞：《担保法》，法律出版社2000年版，第254页；黄宗乐：《现代物权法之原理及发展——以台湾法为例》，《辅仁法学》1986年第15期。

② 史尚宽：《民刑法论丛》，作者1973年自版，第96页。

③ [日] 我妻荣：《近代法における債権の優越的地位》，有斐閣1997年版，第9页。

④ [日] 我妻荣：《近代法における債権の優越的地位》，有斐閣1997年版，第85页。

(二) 各种观点

1. 让与担保的性质

让与担保的性质从大的方面看，其学说观点大致可分为所有权构成说和担保权构成说两大类。①

其一，所有权构造说认为，设定人为担保债务履行的目的将其所有的标的物以信托的方式让与债权人，但债权人不得为超过担保目的的处分，② 由此，动产让与担保的基本构造是"信托法律行为+移转标的物所有权"。当事人设定动产让与担保系利用了担保物权之外的现有制度，并未创设法律，没有规定的担保物权，③ 担保权人所取得的是一般的所有权，只不过应受到内部信托行为的限制，在其违反内部约定对外进行处分时，仅发生债务不履行的违约责任，该处分行为仍然有效。④ 以所有权之移转在内外部关系上的不同体现为基础，所有权构造说之下还有所谓相对的所有权构造说和绝对的所有权构造说之分。二者的区别在于由谁享有内部的所有权，但所谓的内部关系基本上是由当事人之间的合意所决定。所有权构造说目前仅具有学术史上的价值。⑤

其二，担保权构造说认为，债权人在债权额的限度内取得对标的物的价值进行支配的担保权（物权），但标的物所剩余的价值的物权仍归属于担保设定人。换言之，债权人仅是享有一种担保物权，而设定人所享有的则是标的物的所有权。⑥ 担保权构造说又因学者立论的不同分为授权说、

---

① 王闯：《让与担保法律制度研究》，法律出版社 2000 年版，第 151 页；陈荣隆：《让与担保之法律构成》（上），《月旦法学杂志》2000 年第 96 期。

② 让与担保的设定人向担保权人移转了超过经济目的的所有权，为防免担保权人超过经济目的行使所有权，当事人间通常约定担保权人行使所有权应受限制的条款。此与一般信托行为中委托人授予受托人超过经济目的的所有权，而仅许可受托人在经济目的范围内行使所有权相似。学说和实务中通称为信托的让与担保。谢在全：《民法物权论》（下），中国政法大学出版社 2011 年版，第 1101—1102 页。

③ 谢在全：《民法物权论》（下），中国政法大学出版社 2011 年版，第 1107 页。

④ 陈荣隆：《让与担保之研究——现制之检讨及立法之展望》，博士学位论文，辅仁大学，1999 年。

⑤ 向逢春：《让与担保制度研究》，法律出版社 2014 年版，第 15—16 页。关于所有权构造说的演进和发展，详见王闯《让与担保法律制度研究》，法律出版社 2000 年版，第 152—163 页。

⑥ ［日］高木多喜男：《担保物権法》（第 4 版），有斐閣 2005 年版，第 333 页。

二阶段物权变动说、期待权说和抵押权说（担保权说）等。其中，授权说认为，让与担保权设定时所移转的并不是标的物的所有权，而是为达到担保目的所必需的权限（担保性质的处分权），担保权人取得对担保物的优先受偿权，是基于设定人授予担保权人标的物上的处分权，当事人之间的所有权移转行为实为通谋虚伪意思表示。二阶段物权变动说（设定人保留权说）认为，让与担保权设定时，所有权并不完全归属于设定人或担保权人，观念上的标的物所有权移转予担保权人，但标的物所有权除去担保价值的剩余部分（设定人保留权）应返还予设定人，担保权人实际上仅取得相当于担保权的部分。期待权说认为，让与担保权的设定，系设定人将标的物的所有权附解除条件让与担保权人，一旦债务人清偿债务，解除条件成就，标的物的所有权即恢复至设定人。亦即担保权人所取得的仅为"得取得标的物所有权的地位"，即期待权，而设定人享有于债务将来得以清偿时回复标的物所有权的物权性期待权。抵押权说（担保权说）认为，让与担保权的设定，应被理解为单纯的担保权的设定，或是将其直接理解为抵押权的设定。①

2. 让与担保的立法化

对于让与担保是否应当法律化，存在肯定说与否定说之争。

肯定说主张在中国物权法中规定让与担保，其目的主要是用让与担保制度来规范中国房地产市场中的按揭交易。比如，梁慧星认为："我国民法立法和实务本无所谓让与担保。近年来，许多地方在房屋分期付款买卖中推行所谓'按揭'，这种担保方式系由我国香港地区引入，而香港地区所实行的所谓按揭担保，来源于英国法上的 mortgage 制度，相当于大陆法系国家如德国、日本的让与担保。而德、日等国迄今并未在立法上规定让与担保，只是作为判例法上的制度而认可其效力，学说上称为非典型担保。因此，中国物权法上是否规定让与担保，有待斟酌。考虑到许多地方已在房屋分期付款买卖中采用所谓按揭（担保），所发生纠纷因缺乏法律规则而难于裁决。因此有在物权法上规定的必要。如果物权法不做规定，将造成法律与实践脱节，且实践得不到法律的规范引导，也于维护经济秩

---

① ［日］近江幸治：《民法講義Ⅲ担保物権》（第 2 版補訂），成文堂 2014 年版，第 295 页；谢在全：《民法物权论》（下），中国政法大学出版社 2011 年版，第 1108 页；王闯：《让与担保法律制度研究》，法律出版社 2000 年版，第 165—184 页。

序和法律秩序不利,因此,决定增加关于让与担保的规定。"① 还有学者从让与担保与动产抵押的角度分析,认为"动产抵押制度的创设,不仅未能完全取代让与担保,反而造成了抵押权理论的混乱,破坏了民法物权编体系的完整性。因此,在未来立法中,应当废除动产抵押制度,完全用让与担保制度取而代之。在我国,动产抵押与让与担保既没有共存的空间,也没有共存的必要,更没有共存的平台"②。

而对于是否规定在物权编,肯定说内部也存在争议。认为应该规定在物权编的学者,提出几点理由:其一,让与担保就其特征来看赞成让与担保为转移权利型的非典型物的担保,但具有担保物权的特征,为物的担保制度;其二,让与担保权的性质决定了它的归属,让与担保为"担保物权"因为债权人取得的让与担保权是附有物权约束的所有权,而设定人所保留的权利不仅是对人的请求权,还是一种物权的财产权;其三,随着商品经济和信用关系的发展,担保物权的发展呈现出新的趋势:由单纯的保全功能向融通资金和商品的功能发展,也就是说,担保制度由传统的保全型转变为金融媒介型;由只注重担保功能向同时注重发挥物的效用发展,这主要是由于物权法在现代社会中出现了变化,即由单纯的对物支配,向注重物的利用转变;担保标的物范围的不断扩大,致使今天的担保方式在其形态上可谓层出不穷,如让与担保、所有权保留等。③ 认为不应该规定于物权编的学者的理由是:"第一,让与担保的性质并非单纯的担保物权。如前所述,让与担保的性质既有担保物权的性质,也有担保债权的性质。将这样一种性质复杂的担保权规定在物权法中,从逻辑上是难以讲通的;第二,让与担保的公示方式难以解决,一项担保物权如果不能解决其公示方式问题,则将难以运作,难以保持长久;第三,在物权法中规定让与担保还存在现行法制上的障碍,如流质契约的禁止。"④

否定说不同意将让与担保纳入中国物权法体系。在王利明主持起草的

---

① 梁慧星:《中国民法典草案建议稿附理由——物权编》,法律出版社2004年版,第416页。
② 贲寒:《动产抵押制度的再思考——兼评我国民法(草案)对动产抵押与让与担保制度之规定》,《中国法学》2003年第2期。
③ 张鹤:《让与担保的物权法空间》,《河北法学》2005年第5期。
④ 季秀平:《物权法确认让与担保制度的几个疑难问题》,《烟台大学学报》(哲学社会科学版)2002年第3期。

《物权法建议草案》所列的典型担保形式中，没有给让与担保制度一席之地。学说上反对动产让与担保成文化的理由主要有以下几点：其一，让与担保属虚伪表示。动产让与担保设立之时，设定人将标的物的所有权移转予债权人只是一种形式，实质上双方并没有移转标的物所有权的意思，因此，让与担保属于当事人通谋而为，虚伪移转所有权的意思表示。① 其二，让与担保系脱法行为。动产让与担保依占有改定而设定，在外部无公示方法可予以认识，掩盖了当事人间的财产关系，并造成设定人信用可靠的假象，② 有规避物权公示原则等物权法既定制度之嫌。③ 同时，让与担保实际上是一种变相的流质（抵）契约，④ 有违实定法上禁止流质契约的规定。⑤ 其三，让与担保的承认构成体系冲突。在担保物权定位于定限物权的情况下，插入一个"完全所有权"性质的让与担保制度，破坏了物权法体系的完整性，与物权的公示性、种类强制、特殊性、抽象性相矛盾，也使得该担保制度与其他担保物权制度在逻辑上难以协调。⑥ 其四，既无比较法的先例也无实践需求。在比较法上，让与担保制度是弥补民法典不承认非移转占有型动产担保物权（动产抵押）之法律续造，⑦ "作为商业实践中产生出来的一种非典型的、灵活变通的特殊担保制度"，"没

---

① 王利明：《抵押权若干问题的探讨》，《法学》2000年第11期；

② ［德］赖纳·施罗德：《德国物权法的沿革与功能》，张双根译，《法学家》2000年第2期。

③ 薛启明：《中国法语境下的动产让与担保体系定位与功能反思》，《法学论坛》2016年第2期。

④ 我国《物权法》第186条、第211条分别规定了在抵押和质押关系中，担保权人在债务履行期届满前，不得与担保人约定债务人不履行到期债务时担保财产归债权人所有，学说上多分别称之为流抵（押）契约、流质契约。以下为论述方便，径称流质契约。

⑤ 全国人民代表大会常务委员会法制工作委员会民法室：《物权法立法背景与观点全集》，法律出版社2007年版，第649页；王利明：《抵押权若干问题的探讨》，《法学》2000年第11期；孟祥沛：《论中国式按揭》，《政治与法律》2013年第5期。

⑥ 胡绪雨：《让与担保制度的存在与发展——兼议我国物权法是否应当确认让与担保制度》，《法学杂志》2006年第4期。

⑦ ［德］鲍尔、施蒂尔纳：《德国物权法》（下册），申卫星、王洪亮译，法律出版社2006年版，第583页以下；［日］我妻荣：《新訂担保物權法（民法講義 III）》，岩波書店1968年版，第571页；Christian von Bar and Eric Clive (eds), *Principles, Definitions and Model Rules of European Private Law*, Volume 6. Munich: Sellier. European Law Publishers GmbH, 2009, p. 5395.

有一个国家将它规定在制定法的典型担保制度中"①。同时,"让与担保是在特定历史条件下为了解决特定的问题而产生的一种法律制度,由于在我国并不存在这一特殊的社会问题,因此也无须创设或引进为解决这一问题而演化出来的制度。"②"从客观的立法需求来看,无论是动产还是不动产,实践中并没有产生对一般意义上的让与担保制度的立法需求。"③ 总之,让与担保具有形式与目的相背离的特性,且缺乏有效的公示方法,易发生信用风险;所有权直接归属的实现方式,易发生道德风险,④ 不宜在立法上加以承认。

3. 让与担保与按揭

让与担保与按揭,不论持何种观点的学者,均认为二者既存在相同点也存在不同点。⑤ 支持让与担保立法化的学者一个重要理由在于我国实践中存在的按揭制度就是一种让与担保,将之立法化能够更好地调整此类问题。但有学者认为:"按揭是英美法中的权利移转型担保,它与大陆法系的让与担保既有相似之处又有一些不同。我国的商品房按揭担保,虽然名称译自英美法的按揭,但却是于我国商品房交易实践中成长起来的担保形式,可谓自成一体。按办理按揭时商品房的存在状态不同可以分为现楼按揭和楼花按揭。其中,现楼按揭究其性质是不动产抵押,楼花按揭在房产建成前后性质有所不同,在房产建成之前是一种让与担保,在房产建成之后则是不动产抵押。所以我国实践中运行良好的商品房按揭制度并不能被让与担保所完全涵盖,仅从商品房按揭需要由法律加以规定,不能得出让与担保应当尽快进入民法典的结论。"⑥

---

① 王卫国、王坤:《让与担保在我国物权法中的地位》,《现代法学》2004年第5期。
② 石水根、曹亚峰、胡志清:《关于让与担保在我国物权法中地位的思考》,《法律适用》2006年第9期。
③ 王卫国、王坤:《让与担保在我国物权法中的地位》,《现代法学》2004年第5期。
④ 叶朋:《法国信托法近年来的修改及对我国的启示》,《安徽大学学报》(哲学社会科学版)2014年第1期。
⑤ 石水根、曹亚峰、胡志清:《关于让与担保在我国物权法中地位的思考》,《法律适用》2006年第9期。
⑥ 陈晨:《让与担保需要尽快进入民法典吗?——从让与担保与我国商品房按揭关系的角度谈起》,《法学论坛》2005年第3期。

而对于按揭的性质,主要有以下五种观点:其一,抵押说。该说认为,银行作为按揭权人对按揭担保的期房或现房享有监督管理权,当按揭人违约时,按揭权人有权处分被按揭的楼花,以该财产折价或变价、拍卖的价款优先受偿。从按揭的设定目的和法律效力来看,按揭与抵押是大致相同的,在性质上并未超出抵押的范畴,与英美法上的传统按揭相去甚远。[1] 其二,权利质押说。楼花预售合同中的预购人在与银行签订按揭合同时,事实上对作为担保标的的楼花并不享有任何物权,而仅仅是一种债权请求权和获得将来利益的期待权。此时,购房人向银行提供的贷款担保标的不是楼花所有权,而是对开发商享有的债权。所以,楼花按揭明显不属于不动产抵押的法定范围,而更符合权利质押的特征。[2] 其三,信托说。主张期房按揭是一种担保信托,是指委托人将其财产权转移给受托人,受托人依信托文件所定,为受益人或特定目的而管理或处分信托财产之法律制度,并把期房按揭定性为积极信托和消极信托两种形式。[3] 其四,让与担保说。按揭担保必须转移房地产权益予银行,同时,按揭担保人须将房地产买卖合同和按揭担保之房地产权证正本交付银行执管,因此,按揭通过权利的转移达到担保债务清偿的目的,在性质上属于让与担保。[4] 其五,新型担保说。按揭具有自身的属性,是我国银行在抵押担保实践中吸收、发展、变异英美法和香港法的基础上成长起来的一种新型的担保物权形式,是我国现行的抵押、质押制度所不能涵盖的,也是大陆法系的让与担保制度所不能替代的,它与传统的典型担保和非典型担保皆不相同,是与它们并列的一种新的担保。[5]

---

[1] 费安玲:《比较担保法——以德国、法国、瑞士、意大利、英国和中国担保法为研究对象》,中国政法大学出版社2004年版,第232页;程力:《楼花按揭对我国抵押权制度理论发展的影响》,载马原《房地产案件新问题与判解研究》,人民法院出版社1997年版,第15—16页;窦玉梅:《探索于民法中最活跃的领域——最高院民二庭庭长奚晓明谈关于适用中华人民共和国担保法若干问题的解释》,《人民法院报》2000年12月15日;李晓春、林瑞青:《重新认识商品房按揭的法律属性——以按揭是否转移商品房所有权为中心展开》,《西部法学评论》2009年第4期。

[2] 刘晋:《楼花按揭的理论研究与法律调整》,载马原《房地产案件新问题与判解研究》,人民法院出版社1997年版,第6页。

[3] 周小明:《信托制度比较研究》,法律出版社1996年版,第3页。

[4] 王闯:《让与担保法律制度研究》,法律出版社2000年版,第131页。

[5] 陈耀东:《商品房买卖法律问题专论》,法律出版社2004年版,第190页。

而对于按揭与让与担保到底是应当分别予以立法化还是仅规定其一，学者也存在争议。一种观点认为："在担保物权现代化的过程中，按揭应当是一种独立的新型的非典型担保物权，对此，将来制定的《民法典》应当予以明确。"① 一种观点认为，以让与担保统括按揭，"我国大陆现行的按揭制度更类似于大陆法中的让与担保。让与担保就是债务人或者第三人，为担保债务人之债务而将担保标的物的财产权转移给担保权人，债务清偿以后，应该还给债务人或第三人"②。还有一种观点认为："按揭是英美法系国家一种以转移所有权为特征的担保制度，让与担保是大陆法系国家一种非典型担保制度，两者不乏相似之处，却也存在诸多差异，我国引入的按揭制度融入了中国特色，从而与香港按揭制度有差异，也与让与担保制度明显不同。我国不能以让与担保制度否定按揭制度，应采取二者并存的立法方略。"③

4. 解释论观点

我国已经有太多关于让与担保的交易习惯与实践。实践中，让与担保涉及的权利标的不限于动产，还包括不动产与股权等。有学者认为，让与担保和所有权保留都是非典型担保，遵从契约自由，未创设新的物权类型与物权内容，④ 不违背物权法定。⑤ 让与担保已深入社会习惯，应适用物权法定缓和，尊重当事人的意思自治，不应完全禁止流质契约，并且让与担保有其独特的制度价值，因而应当承认让与担保并完善其公示与清算规则。⑥ 让与担保包含清算义务，与流质契约的绝对归属不同，且符合契约

---

① 崔令之：《按揭之非典型担保物权性质探析》，《求索》2009 年第 9 期。
② 齐恩平：《让与担保与按揭法律制度比较研究》，《法学杂志》2005 年第 3 期。
③ 屈茂辉、戴谋富：《按揭与让与担保之比较》，《财经理论与实践》2001 年第 110 期。
④ 庄加园：《"买卖型担保"与流质契约条款的效力》，《清华法学》2016 年第 3 期。
⑤ 庄加园：《"买卖型担保"与流质契约条款的效力》，《清华法学》2016 年第 3 期；梁曙明、刘牧晗：《借贷关系中签订房屋买卖合同并备案登记属于让与担保》，《人民司法》2014 年第 16 期。
⑥ 杨卓黎：《我国让与担保纠纷司法裁判规则之思考》，《湘潭大学学报》（哲学社会科学版）2018 年第 1 期。

自由原则，属于习惯法上的担保权，与物权法定并不相悖。[1] 我国已经出现房屋按揭、股权转让担保等让与担保交易方式，还存在其他无法设定典型担保的财产权实现财产化的问题，因而有必要承认让与担保。[2] 依托让与担保而展开的经济实践活动，如进口押汇、融资融券等业务，在我国早已存在。[3] 持反对观点的学者认为，现行法无和让与担保相对应的公示手段保障其优先受偿的担保功能，在制度上也不存在高度确定性，为第三人知晓，暂时无法获得习惯法地位。[4]

就不动产买卖型担保而言，当事人之间有设立担保的意愿，但并未真正设立让与担保。[5] 反对观点认为，不动产买卖型担保与不动产让与担保最相契合。[6] 若当事人以签订房屋买卖合同、办理登记的方式担保借款，则构成让与担保，[7] 即需要办理物权登记或交付，才可构成让与担保。[8] 因受物权法定原则的否定，不动产让与担保仅具有债权性质的效力。[9] 在现行法下，依《合同法》和《物权法》第15条的规定处理，其未能完成公示，只具有债权效力，而不具有物权效力，即有受偿性，而不具有优先

---

[1] 王闯:《关于让与担保的司法态度及实务问题之解决》，《人民司法》2014年第16期。

[2] 王闯:《关于让与担保的司法态度及实务问题之解决》，《人民司法》2014年第16期。

[3] 向逢春:《论让与担保在我国实施的社会基础》，《政治与法律》2013年第3期。

[4] 陆青:《以房抵债协议的法理分析》，《法学研究》2015年第3期。

[5] 庄加园:《"买卖型担保"与流质契约条款的效力》，《清华法学》2016年第3期。

[6] 李静:《不动产让与担保之合法性探讨》，载刘云生主编《中国不动产法研究》2017年第1辑，法律出版社2017年版，第49页。

[7] 梁曙明、刘牧晗:《借贷关系中签订房屋买卖合同并备案登记属于让与担保》，《人民司法》2014年第16期。

[8] 吴昭军:《类型化界定涉"借"案件中的买卖合同性质》，《东方法学》2017年第4期；黄芬:《以商品房买卖（合同）设定的担保的法律属性与效力》，《河北法学》2015年第10期。

[9] 孙思嘉:《以房屋买卖合同担保借款合同的解释和效力》，《西南交通大学学报》（社会科学版）2019年第1期；徐千寻:《权利移转型担保的裁判法理》，《北方法学》2019年第6期。

性。① 但也有裁判实践认可让与担保的存在及其优先受偿效力。② 有学者进一步认为，以房屋买卖合同担保借贷合同，属于一种基于交易实践形成的习惯法上非典型的担保物权，是一种后让与担保。③ 后让与担保和让与担保不同，前者不具有优先受偿效力。④ 后让与担保的担保客体并非买卖合同的标的物，而是债权的让与担保，应从商事习惯上认可其效力。⑤ 有学者进一步对买卖型担保进行类型区分，认为签订买卖合同并办理过户登记的属于让与担保，签订买卖合同并办理预告登记的属于后让与担保。⑥

反对者则认为，后让与担保和让与担保都没有独立存在的个性与价值，前者是抵押权的变形，担保物权体系应是一元论而非多元论，以商品房买卖合同设置担保实为未来物上的抵押权。⑦ "后让与担保"中，无物权关系的公示，标的物转让同时产生债权清偿效果，无法在规范层面产生担保效果。⑧ 标的物所有权移转时间后移，有违让与担保制度的初衷，若未进行公示，更难以产生担保效力。⑨ 还有学者将商品房买卖合同担保的性质界定为独立的一种新的非典型担保，为"买卖型担保"，而非让与担保或后让与担保。⑩ 即使当事人根据商品房买卖合同办理产权变更登记也不发生让与担保效力，而是发生所有权变动效力。⑪ 就股权让与担保而

---

① 王闯：《关于让与担保的司法态度及实务问题之解决》，《人民司法》2014 年第 16 期。
② 冉克平：《破产程序中让与担保权人的权利实现路径》，《东方法学》2018 年第 2 期。
③ 杨立新：《后让与担保：一个正在形成的习惯法担保物权》，《中国法学》2013 年第 3 期。
④ 董新辉：《后让与担保的重新解读》，《学术交流》2016 年第 7 期。
⑤ 陈雪强：《试论后让与担保的性质》，《上海金融》2018 年第 5 期。
⑥ 徐阳光、袁一格：《买卖型担保的法律定性与破产法检视》，《法律适用》2016 年第 10 期。
⑦ 董学立：《也论"后让与担保"》，《中国法学》2014 年第 3 期。
⑧ 陆青：《以房抵债协议的法理分析》，《法学研究》2015 年第 3 期。
⑨ 黄芬：《以商品房买卖（合同）设定的担保的法律属性与效力》，《河北法学》2015 年第 10 期。
⑩ 王春梅：《乱象与治理：买卖型担保之定性分析》，《河南大学学报》（社会科学版）2016 年第 5 期；耿启幸：《买卖型担保法律性质探究》，《东南大学学报》（哲学社会科学版）2018 年第 A1 期。
⑪ 张伟：《买卖合同担保民间借贷合同的解释论》，《法学评论》2016 年第 2 期。

言，有学者主张区分意思表示动机和内容、权利享有和权利行使，来具体认定股权让与担保的效力和法效果。①

《全国法院民商事审判工作会议纪要》（以下简称《民商事审判会议纪要》）第71条第1款规定："债务人或者第三人与债权人订立合同，约定将财产形式上转让至债权人名下，债务人到期清偿债务，债权人将该财产返还给债务人或第三人，债务人到期没有清偿债务，债权人可以对财产拍卖、变卖、折价偿还债权的，人民法院应当认定合同有效。合同如果约定债务人到期没有清偿债务，财产归债权人所有的，人民法院应当认定该部分约定无效，但不影响合同其他部分的效力。"第2款规定："当事人根据上述合同约定，已经完成财产权利变动的公示方式转让至债权人名下，债务人到期没有清偿债务，债权人请求确认财产归其所有的，人民法院不予支持，但债权人请求参照法律关于担保物权的规定对财产拍卖、变卖、折价优先偿还其债权的，人民法院依法予以支持。债务人因到期没有清偿债务，请求对该财产拍卖、变卖、折价偿还所欠债权人合同项下债务的，人民法院亦应依法予以支持。"可见，其统一的裁判规则对于当事人约定的让与担保进行部分承认，即原则上承认让与担保效力，但不承认其中不依法定实现方式将标的物直接归属于债权人条款之效力。其直接认定让与担保中强制清算义务。

（三）民法典编纂中的立法论

民法典编纂之际，让与担保是否应当进行成文化，前述的争论观点同样在继续。反对在民法典进行规定的观点认为，让与担保产生于交易习惯，本质属于物债的中间状态，难以在物债二分体系中找到定位，其本身具有"手段超越目的"的不足，不宜作为一项典型担保予以规定，应继续依契约规范主义处理。② 让与担保作为移转所有权的担保，无须在《民法典》中进行规定，因为可以准用《民法典》规定的所有权移转规则。③ 就动产让与担保，反对在立法上予以承认的观点认为，虽应尊重当事人约

---

① 蔡立东：《股权让与担保纠纷裁判逻辑的实证研究》，《中国法学》2018年第6期。

② 姚辉、李付雷：《"理性他者"的依归》，《中国人民大学学报》2018年第6期。

③ 席志国：《民法典编纂视野下的动产担保物权效力优先体系再构建》，《东方法学》2019年第5期。

定让与担保的意思自治，但在制度设计层面，相较动产抵押，动产让与担保没有足够的实践优势支撑其通过正面立法加以承认。① 此外，动产所有权保留、融资租赁发挥着让与担保的功能，且承认流质契约也可达到动产让与担保在实现债权上的优势效果。② 支持立法规定动产让与担保的观点认为，相比动产抵押，移转所有权以担保的动产让与担保更应被承认，以节约交易成本，维护交易安全。③ 不少学者主张将让与担保写入民法典，但主体主张又有所差异。比如，有学者主张，基于让与担保在权利实现和流通性上的优势，应将其立法，但其属于移转所有权的流通性担保，应置于债权编中，而非规定在担保物权中。④ 再如，可以对让与担保公示方法进行规定，解决其隐蔽性问题，并将其规定在担保物权中，作为一种典型担保类型。⑤

还有学者主张让与担保可入民法典也可不入，因为让与担保在现实交易中同时存在动产让与担保作为隐蔽担保和证券交易中强制平仓的刚性需求问题，立法与否，都有问题的解决路径。⑥

（四）简要总结

笔者认为，在丰富担保方式的大背景之下，应当将让与担保成文化，⑦ 理由如下：

---

① 薛启明：《中国法语境下的动产让与担保：体系定位与功能反思》，《法学论坛》2016 年第 2 期。

② 程啸：《民法典物权编担保物权制度的完善》，《比较法研究》2018 年第 2 期。

③ 王利明：《我国民法典物权编中担保物权制度的发展与完善》，《法学评论》2017 年第 3 期。

④ 高琦：《民法典编纂背景下的流通性担保权问题》，《学习与实践》2018 年第 4 期。

⑤ 高圣平：《民法典担保物权法编纂：问题与展望》，《清华法学》2018 年第 2 期；何颖来：《让与担保的成文化与立法模式选择》，《江西社会科学》2018 年第 10 期。

⑥ 龙俊：《民法典物权编中让与担保制度的进路》，《法学》2019 年第 1 期。

⑦ 应当注意的是，笔者此前并不赞成让与担保的成文化，参见高圣平《美国动产担保交易法与我国动产担保物权立法》，《法学家》2006 年第 5 期；《大陆法系动产担保制度之法外演进对我国物权立法的启示》，《政治与法律》2006 年第 5 期；《民法典中担保物权的体系重构》，《法学杂志》2015 年第 6 期。本书改变了此前的观点，特此叙明。

第一，让与担保当事人以真意进行所有权的让与行为，尽管当事人移转所有权的意思旨在实现担保的经济目的，但该意思确系真正的效果意思，并非欠缺效果意思的通谋虚伪表示。① 就后者而言，当事人之间故意为不符合真意的表示而隐藏他项的法律行为，其意思表示无效，当事人仅能主张隐藏的法律行为，并无援用虚假意思表示的余地。② 由此观之，两者迥然不同。在法制史上，让与担保中移转所有权的意思曾因被解读为双方通谋虚伪表示而无效，但此种解释不久便在德国遭到摒弃。德国根据罗马法的信托（fiduzia），借助于信托的法律行为，在学说上解决了让与担保的有效性问题。③

第二，无论采取所有权构成说或担保权构成说（动产让与担保的法律构成问题，容后详述），让与担保均存在公示不足的问题。学说上试图以占有改定这一间接占有方法解决动产让与担保的公示问题，实务中也多以明认或登记作为公示方法的补充。从比较法来看，日本为了解决动产让与担保权无法进行登记的难题，2004年，通过了《动产·债权让与特例法》，针对一般动产导入了"登记"这一新的公示制度。该法所称的"登记"，有别于不动产登记，并非是为了公示动产之上的所有权以及其他权利，而是为了公示动产让与这一物权变动。④ 在我国实定法之下，登记已经成为动产抵押权的公示方法，动产让与担保的公示完全可以借助动产登记簿加以解决。不过，让与担保在公示方法上的难题，单纯依据解释论无法加以解决，端赖于立法始竟其功。⑤

比较法上，多数学说与判例均认为，禁止流质契约的规定属于普遍性的法律规则，当然适用于让与担保等非典型担保。⑥ 但是，课予债权人以

---

① 谢在全：《民法物权论》（下），中国政法大学出版社2011年版，第1105页；[日] 道垣内弘人：《担保物権法》（第3版），有斐閣2013年版，第300—301页。

② 我国《民法总则》就此定有明文。其第146条规定："行为人与相对人以虚假的意思表示实施的民事法律行为无效。"（第1款）"以虚假的意思表示隐藏的民事法律行为的效力，依照有关法律规定处理。"（第2款）

③ 谢在全：《民法物权论》（下），中国政法大学出版社2011年版，第1105页。

④ 但值得注意的是，其仅限于法人让与财产的情形。

⑤ 王泽鉴：《"动产担保交易法"30年》，载《民法学说与判例研究》（重排合订本），北京大学出版社2015年版，第1497页。

⑥ [德] 鲍尔、施蒂尔纳：《德国物权法》（下册），申卫星、王洪亮译，法律出版社2006年版，第614页。

清算义务即可避免流质契约广受诟病的问题。① 担保权作为价值权,以支配标的物的交换价值为其实质特征,担保权之实行亦以清算标的物为其基本方法。典型担保权如此,如抵押权、质权就标的物变价款优先受偿即包含着清算的意义;让与担保等非典型担保亦应如此。与买卖合同等双务契约只强调主观等价并不存在清算制度不同,让与担保虽以移转所有权为其形式,但实质意思是担保,这决定了让与担保的实现应强调给付均衡,须受清算法理的支配,以免发生恃强凌弱的事情,从而维护契约正义。

第三,大陆法系物权体系的形式理性和法典的内在逻辑一致性确应坚持。有学者认为,让与担保的原理"是基于契约自由的方式,根据所有权的变动,以达到债权担保的经济目的","让与担保本身并未创设新的物权类型,也未新设物权的内容,与物权法定原则并不冲突。所以,立法者无须为让与担保量身定制一套规则,完全可以根据现行法对其解释",并进而认为,"让与担保有悖于物权法定原则的认识多半源于误解"。② 笔者认为,姑且不论让与担保是否与禁止流质契约的规定相冲突,并进而是否有违物权法定原则,此见至少并未说明让与担保让与之"所有权",为何"不超过担保目的的范围"。亦即,此时的"所有权"原何与所有权的法定内容不一致?"用于担保的转移所有权的外部手段显然已经超越了它的目的……(传统物权的)经典的体系有其内在的逻辑自足性,构成了一个较为完美的统一体。在此基础之上,形成了包括物权法定在内的各种原则,具有较强的稳定性和连续性。而让与担保的产生却破坏了这种稳定性,对物权法定原则构成了冲击。"③ 由此可见,为了防杜争议及贯彻物权法定主义,宜将让与担保成文化。只有如此,才能使让与担保摆脱违背物权法定主义之嫌。

第四,他国立法例仅仅是我国立法时的参考,不能以他国未就动产让与担保作出成文规定就否定我国让与担保制度的法典化。更何况,法

---

① [日]柚木馨、高木多喜男:《担保物権法》(第3版),有斐閣1982年版,第549页。

② 庄加园:《"买卖型担保"与流押条款的效力——〈民间借贷规定〉第24条的解读》,《清华法学》2016年第3期。

③ 王卫国、王坤:《让与担保在我国物权法中的地位》,《现代法学》2004年第5期。

国已经将让与担保植入其民法典之中;① 我国澳门地区《澳门商法典》也设专章规定了让与担保;② 日本颁布《假登记担保法》对已由判例承认的假登记担保权加以立法调整;韩国也已通过特别法专事规制让与担保。③ 在欧洲统一私法的进程中,《欧洲示范民法典草案》(DCFR)第9—1∶102条第3款规定:"依物权担保合同移转或拟移转动产的所有权,意在担保债务的履行或达到担保债务履行的效果的,仅能在该动产上为受让人设立担保物权",旨在将动产让与担保纳入动产担保物权,一体适用该法典第九卷的规定。而联合国国际贸易法委员会《动产担保交易立法指南》认为,在法制改革的过程中,基于动产让与担保的制度优势,立法者应明确承认让与担保权的效力,只不过可以采取不同的立法政策。④

第五,实践中,让与担保的运用已非少数。例如,信托收据等手段在商业银行国际业务中的广泛运用,⑤ 实际上采行的就是民法中让与担

---

① 2007年《信托法案》虽然采用了统一的信托制度体系,却没有对担保信托的特殊规则作出规定。2009年《关于信托措施的法令》和2009年5月《关于程序减负以及法律清晰与简化的法律》增补了这一漏洞。《关于信托措施的法令》中增加了"担保信托"的内容,将其放在民法典第四卷《担保》中,其中"动产担保信托"内容编入第四卷第二副编《动产担保》之第四章《以担保名义留置或让与所有权》,"不动产担保信托"内容编入第三副编《不动产担保》之第八章《以担保名义让与所有权》。"动产担保信托"与"不动产担保信托"共同构成担保信托的特殊规则。《关于程序减负以及法律清晰与简化的法律》对《关于信托措施的法令》中若干不合理规定继续进行了完善。参见叶朋《法国信托法近年来的修改及对我国的启示》,《安徽大学学报》(哲学社会科学版)2014年第1期。

② 《澳门商法典》,中国政法大学出版社1999年版,第256—259页。

③ 关于日本、韩国让与担保制度成文化的介绍参见高圣平《日本、韩国让与担保制度之比较研究——兼及我国让与担保制度的法典化》,载冯俊主编《亚洲学术》(2008),人民出版社2009年版,第315页。

④ See United Nations Commission on International Trade Law, UNCITRAL Legislative Guide on Secured Transactions, United Nations, 2010, pp. 52-53.

⑤ 如《中国银行国际结算业务基本规定》(1997年3月6日)第六章"国际结算融资业务"第三节"信托收据"即规定:"信托收据实质上是客户将自己货物的所有权转让给银行的确认书,持有该收据即意味着银行对该货物享有所有权。客户仅为银行的受托人代银行处理该批货物(包括存仓、代购保险、销售等)。客户向我行申请办进口押汇时,需向我行出具一份信托收据,将货物的所有权转让给我行,我行凭此将货权凭证交予客户,并代客户付款。"

保的法理。① 面对让与担保纠纷，学说和实务的各种解释都尝试赋予债权人优先受偿权，或者使得这种交易具有担保的机能，但"站在解释论的角度，以上解说完全突破了现行法的担保体系，在并无法律漏洞的前提下擅自造法，不宜获得司法实践的认可"②。司法实践就大量动产让与担保纠纷形成统一的解释结论，亟待立法给予回应。"在我国现阶段，确有必要考虑在立法上将让与担保上升为一种法定的担保制度或工具，实现物的担保手段的扩充，满足现实经济生活的需要。"③

有学者认为，我国立法上欲将让与担保与定限担保物权同质化，在立法技术上还存在一定的障碍，让与担保的诸多制度设计与抵押权、质权和留置权并不相同，在民法典物权法编中规定让与担保并不现实。若以所有权构成理论对待让与担保，最好采取单行法的形式予以规定。④ 笔者认为，动产让与担保是针对所有动产，是普遍化的制度，并非针对特定动产（如船舶、航空器、机器设备等），为了避免各种担保物权散落于不同法律，似宜规定在民法典之中，且正值中国民法典编纂之际，如能纳入物权法编，不失为一妥当的时机。加之我国立法程序的复杂性，将让与担保单独立法，恐难实现。

当然，即便立法最终基于政策考量，未将让与担保立法，如前面部分学者所述，这也不能否认让与担保制度功能在交易实践中的发挥，相反，司法实践应尊重当事人约定让与担保的真实意思的表达。对于实践中常出现的让与担保交易，可总结裁判经验，以习惯法路径，借助统一的不动产登记和动产融资登记，认可当事人约定的让与担保效力。

三 优先权立法论

（一）主要争议问题

本部分主要涉及优先权的概念、性质、功能及其演变。其中，在立法

---

① 薛启明：《中国法语境下的动产让与担保：体系定位与功能反思》，《法学论坛》2016年第2期。

② 庄加园：《"买卖型担保"与流押条款的效力——〈民间借贷规定〉第24条的解读》，《清华法学》2016年第3期。

③ 邹海林、常敏：《论我国物权法上的担保物权制度》，《清华法学》2007年第4期。

④ 邹海林：《让与担保的价值定位与制度设计》，载刘保玉主编《担保法疑难问题研究与立法完善》，法律出版社2006年版，第94页。

论上，较具争议的是优先权的性质，其是一种担保物权还是债权，抑或其他；其性质直接决定优先权是否应当进入民法的调整范畴；如果民法调整优先权，那么应当规定于物权编还是债权编，抑或其他章节。

(二) 民法典编纂中的立法论

1. 优先权的性质

针对优先权的性质，主要有以下几种代表性观点：第一，特种债权说。以德国和瑞士为代表的大陆法系国家，虽然继承了罗马法中关于优先权的立法指导思想，但并不接受罗马法对优先权性质的认定；第二，法定担保物权说。[1] 以法国和日本为代表的大陆法系国家继受了罗马法的传统，将优先权定位于担保物权中，其中就债务人不特定财产上成立的优先权，被称为一般优先权。而就债务人特定动产、不动产成立的优先权被称为特别优先权。因此优先权本质上是法定担保物权，王利明和杨振山持此观点，[2] 申卫星亦认为优先权应作为独立的担保物权；[3] 第三，权利的保护方法说。该说认为不宜将优先权归为债权，是法律对特定种类的债权的特殊保护，依附于特定种类的债权而存在，与物权或债权并非处于相同的位阶，但优先权自身又非完全虚无，其本体是优先受偿权，因此优先权既有别于债权，又不同于物权仅为一种权利的保护方法而已。[4] 国内持相同观点的梅夏英认为：优先权是法律对特定种类的债权的特殊保护。从这一意义上理解，关于优先权究竟属于物权还是债权的考虑仅仅是出于一种"正名"的需要。在一个以意思自治为根本原则、以逻辑自足为追求的法学理论体系中，试图容纳来源于这种原则之外的概念是困难的，而且结果常常是吃力不讨好。从优先权能否独立存在看，它是依附于特定种类的债权存在的，脱离了特定的债权，优先权自身不具有任何意义，因此它与物

---

[1] 沈中、沈训芳：《船舶优先权的物上代位性研究》，《甘肃社会科学》2010年第2期；徐仲建：《论船舶优先权与海事赔偿责任限制的冲突和协调》，《法学杂志》2012年第1期。

[2] 王利明：《物权法论》，中国政法大学出版社2003年版，第717页；杨振山、孙东雅：《民事优先权的概念辨析》，《山东大学学报》（哲学社会科学版）2004年第1期。

[3] 申卫星：《论优先权同其他担保物权之区别与竞合》，《法制与社会发展》2001年第3期。

[4] [日] 近江幸治：《担保物权法》，祝娅等译，法律出版社2000年版，第32页。

权或债权并非位于相同的位阶。但优先权自身又并非完全虚无，它的本体就是"优先受偿"①。孙新强也认为："优先权也一样，它既不是债权也不是物权，而是一种方法，一种法定方法，一种排除债权平等原则的法定方法。"② 优先权不具有物权的绝对性和对世性，也不具有客体特定性、支配性、排他性和追及性，不属于物权范畴，而是一项基于特殊政策考量的救济权，属于形成权。③

第四，清偿顺序说。该说认为优先权不是一种实体性的权利而是特殊债权之间的清偿顺序，理由是一些国家如英美等国在民事诉讼法等程序法中从债权清偿顺序的角度来规定优先权的内容，并认为我国各部单行法中关于优先权的零散的规定也是如此。

2. 优先权应否进入我国民法

对于我国民法（不论是物权法还是民法典）是否应当规定优先权，主要存在肯定说与否定说。在此之外，更为激进的观点认为，优先权制度纯为我国法律移植中的败笔，如孙新强认为："优先权概念所表征的法国法上的法定担保制度，与我国依据德国法传统建构起来的法定担保物权制度及其理论体系格格不入。结果，导致了延续至今的争议，给我国的《物权法》的立法、学术研究和对外学术交流均造成诸多负面影响。优先权概念的引入实为我国法律移植中的一个败笔。走出目前优先权概念所造成困境的可行路径，便是回归传统。诚然，我国法上并无指称法定非移转占有型担保的概念，但德国法系有，德国法上有法定质，瑞士法上和我国台湾地区法上还有法定抵押。两者可任选一个作为指称法定非移转占有型担保的概念。"④

肯定说的观点认为我国民法典应规定统一的优先权制度，并且应于物

---

① 梅夏英、方春晖：《优先权制度的理论和立法问题》，《法商研究》2004 年第 3 期。

② 孙新强：《破除债权平等原则的两种立法例之辨析——兼论优先权的性质》，《现代法学》2009 年第 6 期。

③ 田野：《民法典中优先权制度的存废取舍问题辨析》，《中州学刊》2015 年第 12 期；田野：《优先权性质新论》，《郑州大学学报》（哲学社会科学版）2016 年第 2 期。

④ 孙新强：《我国法律移植中的败笔——优先权》，《中国法学》2011 年第 1 期。

权法的担保物权编中规定。持此观点的有王利明及其主持的课题组、中国政法大学物权法课题组、郭明瑞、温世扬、王全弟、申卫星以及蔡福华等学者。王利明主持的物权法课题组是该项制度的主要倡说者之一，该课题组在其出版的《中国物权法草案建议稿及说明》中认为："各国立法对优先权的态度不一。但是无论在哪个国家的法律上都有优先权的规定，不过在实体法上规定优先权的国家，在程序法上一般不再做规定；而在实体法上未规定优先权的国家，一般在程序法上有关于优先权的规定。就同一债权的优先受偿问题，有的是从优先权角度规定，有的则将债权人的优先受偿权规定为法定抵押权、法定质权或特别留置权。在实体法上规定有优先权，以其法定性与抵押权、质权等相区分，更有利于担保物权体系的逻辑性。"基于这一认识，王利明主持的《中国物权法草案建议稿及说明》在第4章"担保物权"中，将"优先权"与抵押权、质权、留置权二者并列为担保物权。中国政法大学物权法课题组专门提出了"规定先取特权"的建议，并认为，"因为除现行的一些单行实体法中明确规定优先权外，在程序法和国家的有关政策中也有关于优先权的规定，有必要在物权法上加以统一"①。

郭明瑞认为，我国民法典中以引入优先权制度为宜，其理由主要在于以下两条：一是优先权制度在功能实现上具有比较优势，包括有利于更为合理地解释特种债权优先受偿的理论基础，有利于强化对特种债权的保护，有利于立法的体系化及立法资源的节约，有利于灵活有效地实现特定立法政策和目标。二是优先权制度与现行法的适应性。其一，优先权制度可填补现行法之缺漏。事实上，由优先权制度所满足之法律社会需求并未为我国立法者所忽视。在我国立法实践中，为保护这些特殊的债权债务关系已经采取了包括优先权在内的多种方法。保护的范围和程度不能满足实际需要。例如，职工工资和福利虽然受到《民事诉讼法》和《企业破产法》的保护，但由于职工工资仅能就破产财产享有优先受偿权，而《企业破产法》明确规定"已作为担保物的财产不属于破产财产"，这就使工资债权屈从于享有约定担保的债权（主要是银行和企业资本）而处于劣势地位。其二，优先权制度与现行法及法学思想兼容。如果在民法典中引

---

① 中国政法大学物权法课题组：《关于物权法的整体结构》，《法商研究》2002年第5期。

入统一的优先权制度,则这些特别法上的优先权也就有了普通法上的依据,特别法上有规定的可以适用特别法,没有规定的则可以依据民法典中的有关规定,在理论上增强了各法律之间的协调性。①

温世扬认为应当规定优先权的理由包括:第一,有这样的立法例可资借鉴。优先权作为一种担保物权制度,在《法国民法典》和《日本民法典》中都作出了规定;即使在其民法典中没有作出规定的德国和我国台湾地区,其学者也主张应建立统一的优先权制度;第二,优先权既不是一种"清偿顺序",也不是一种"程序性的权利",而是一种实体物权。作为一种担保物权,理应在民法典的物权篇中加以规定;第三,作为民法特别法的《海商法》确立了船舶优先权制度;《民用航空法》也已确立了民用航空器优先权,如果在作为基本法的民法中规定优先权制度,既可以为特别法提供理论上的依据,同时也便于法律的适用;第四,诚然,一般优先权制度中所保护的某些特定债权,如"税收","诉讼费用"等,其特点的确是有别于民法上的债权,被称为公法上的债权,但公法债权完全可以适用私法方法进行保护;第五,在《物权法》中规定优先权制度,通过对其行使条件作出一定的规制,不会危及交易安全;第六,在《物权法》中规定优先权制度,可以正确理解现行法的有关规定,避免一些不必要的纷争,如我国《合同法》第 286 条的规定。② 有学者从社会功能和价值角度论证优先权的存在价值,"优先权制度具有实现一定的国家社会政策和维护公平正义保护弱者的社会价值功能;具有其他担保物权不能替代的立法价值地位和担保功能效力。"③ "优先权制度具有国内现有担保制度无法替代的特有功能,该制度的缺失使得一些基本的社会利益尤其是特别债权人的利益难以找到适当的制度予以保障。"④ 还有观点认为,"依据

---

① 郭明瑞、仲相:《我国未来民法典中应当设立优先权制度》,《中国法学》2004 年第 4 期。

② 温世扬、丁文:《优先权制度与中国物权法》,《法学评论》2004 年第 6 期。持相同观点的还有宋宗宇:《优先权制度在我国的现实与理想》,《现代法学》2007 年第 1 期;陈祥健:《关于优先权性质与立法定位的争议与思考》,《福建论坛》(经济社会版)2003 年第 10 期。

③ 姜志远、周玉文:《我国物权立法应设立优先权制度》,《法学杂志》2006 年第 4 期。

④ 刘道云:《优先权制度在我国构建的争论与设想》,《行政与法》2011 年第 8 期。

特定法律政策所确立的、针对债务人全部财产的一般优先权，实际上是救济权中的形成权，具有独立存在的制度价值，不可能被担保物权所取代"，因而应当在民法总则"民事权利的行使和保护"一章中进行规定。①

否定说的观点则认为，优先权制度可作为特别法上规定的特别优先权，而不需要在民法典上进行统一规定。梁慧星及其主持的物权法课题组即持此观点，他们提出的《中国物权法草案建议稿》未将优先权制度纳入担保物权体系。全国人大法工委颁布的《物权法（征求意见稿）》和正在征求中的《民法（草案）》，均未将优先权纳入担保物权体系之中。梁慧星认为，"物权法不规定优先权，而使海商法上的船舶优先权和民用航空法上的民用航行器优先权，仍作为特别法物权"②。李开国在其所著的《民法基本问题研究》一书中认为，特别优先权除其成立无须当事人约定外，在其他方面类似于抵押权，故又可称为法定抵押权，即指与债务人特定动产或不动产有牵连关系的特定种类的债权按照法律的规定直接享有的优先受偿权，也即认为特别优先权为法定抵押权。如此，自然就不应该于担保物权中另行规定。陈小君认为，"优先权多基于国家政策而规定，不仅何种债权可发生优先权，优先权效力及优先权间的顺序都由法律作出严格规定，具有一定程度的公法色彩，并且'优先权并非以物的交换价值担保某债权，而是赋予某债权优先清偿的顺序利益，保障其实现，与传统意义的担保物权有很大差异'。更何况，目前我国法学界关于优先权的范围，其同法定抵押、先取特权等的关系尚未理清，建议不在物权法中规定优先权，而在破产法、海商法中以程序性法条赋予债权人以优先受偿的顺序利益"③。

陈本寒认为，"第一，将优先权放入物权编中显然是不合适的，因为该制度的设计同物权立法的大多数原则均发生了冲突，如优先权如果定位为法定担保物权，则必然与物权变动的公示原则相冲突，对善意第三人的利益和交易安全均构成威胁，一般优先权可以在债务人的一般财

---

① 田野：《民法典中优先权制度的存废取舍问题辨析》，《中州学刊》2015年第12期。
② 梁慧星：《制定中国物权法的若干问题》，《法学研究》2000年第4期。
③ 陈小君：《我国他物权体系的构建》，《法商研究》2002年第5期。

产上成立，有违物权客体特定原则；优先权与其他担保物权竞合时，其受偿顺序由法律直接规定，而不遵循物权效力的一般确定原则，优先权没有追及效力，有违物权的支配权性质等。因此，如果允许优先权进入物权法，那么物权立法的诸原则将因得不到彻底贯彻而形同虚设，甚至会导致人们对物权与债权基本属性的混淆；第二，优先权制度的设计，确有保全该债权的功能，但保全特种债权是否必须通过将其定位于担保物权的方式来达到，则是值得商榷的。从各国担保物权制度的发展趋势看，随着经济的不断发展，担保物权的功能正在悄悄发生着变化，随着担保证券制度的不断完善，担保物权的融资功能和投资功能日见增强，而保全功能已退至次要地位。以此角度来考察，优先权即使定位于担保物权，也只有保全债权的功能，融资和投资功能是断然没有的。法、日等国关于特别优先权制度的设计，大多是基于'质权'的理由而规定的，这与法定质权和留置权的设计在法理上是相同的，从《日本民法典》关于留置权的规定与特别优先权的规定看，确有立法重复的问题。因此，如果立法者认为对此类债权应当给予特别保护，完全可以通过法定质权和留置权的规定来加以解决，没有必要创设新的担保物权种类，应仿效德国、瑞士立法例，在《民事诉讼法》的执行程序和破产清算程序以及《破产法》的破产清算程序中，对各类特种债权的受偿顺序和禁止扣押财产作出规定，对于特别优先权问题可以通过设立法定质权制度和扩大留置权的适用范围来解决"[1]。

除此之外，也有学者虽然认为应当于民法典中规定优先权，但认为，"制定优先权制度时，应基于'法律对社会资源分配的直接干预'这一要义，考察社会生活各领域需要保护的利益，以列举的方式规定各种具体的应当优先受偿的债权。对于优先权制度的定性，当超脱物权与债权的分类，否则将导致逻辑上的混乱。在民法典立法体例上可参考《意大利民法典》，将优先权制度独立于物权编与债权编之外。"[2]

（三）简要总结

笔者认为，优先权无疑为现代社会中非常重要的一种制度，我国法律

---

[1] 陈本寒：《优先权的立法定位》，《中国法学》2005年第4期。
[2] 梅夏英、方春晖：《优先权制度的理论和立法问题》，《法商研究》2004年第3期。

也有必要对其进行完善的规定，但是否一定将其作为典型的担保物权来定位则值得推敲；优先权虽具有与物权相当的强大效力，但其为法定权利，在客体的特定性、设立的公示性、有无从属性和融资性等方面与抵押权、质权仍有较大区别，不宜将其作为典型担保物权对待，将其视为"准物权"的一种（准担保物权）来定位或许更为允当。有关优先权的制度，可以而且应当在相关法律的规定上进一步细化和完善，但不宜采用将其与典型担保物权并列规定的方式；关于优先权的种类和其他具体内容，仍以维持现行法上分散规定的做法为宜。法工委物权法草案二次审议稿以及 2005 年 6 月的三次审议稿中也废弃了优先权。① 《民法典》也未在担保物权部分规定优先权。

四 所有权保留立法论

（一）主要争议问题

本部分主要涉及作为非典型担保方式的所有权保留的性质、功能、客体范围、利益协调。在立法论上较具争议的是所有权保留的法律性质，所有权保留的客体是否应当仅限于动产，以及在所有权保留中，出卖人取回权的性质。

1. 所有权保留的法律构成

就所有权保留的法律构成，认为无法在现行法完成解释的观点如下。所有权保留的法律构成，必须以认可独立的物权合同的存在为前提。若不采认物权形式主义的物权变动模式，所有权保留就无法完成法律的构成。② 同样持否定观点的学者认为：《物权法》第 23 条就动产标的物所有权的转让自"交付时发生效力"，仅允许"法律另有规定的除外"，删去了此前民法通则、民通意见和合同法所规定的"当事人另有约定的除外"。正是由于《民法通则》第 72 条第 2 款以及《合同法》第 133 条允许当事人就所有权转移进行约定，该规定为所有权保留制度的存在提供了空间：当事人可以就所有权转移附条件。如果

---

① 刘保玉：《试论优先权在我国物权法上的取舍》，《河南省政法管理干部学院学报》2005 年第 5 期。

② 早在《物权法》颁行之前，这一争议就已存在。详请参见王轶《物权变动论》，中国人民大学出版社 2001 年版，第 67 页。

删除"当事人另有约定的除外",似乎也就排除了所有权保留制度的存在可能性。①

而认为能够在现行法律框架内完成所有权保留的法律构成的一种观点认为,《物权法》第 23 条中"法律另有规定"其实涵盖《合同法》第 133 条中的"当事人另有约定",因为前者的"法律"包括"合同法"。另一种观点认为:分期付款买卖合同中,除与动产标的物所有权转移相关的合同条款附有生效条件外,其他条款自依法成立时生效。在与动产标的物所有权转移相关的合同条款所附生效条件成就前,出卖人向买受人进行的标的物交付行为,系服务于买受人提前享用的需要,而非履行其转移标的物所有权于买受人的合同义务;一旦该生效条件成就,买受人即可基于简易交付取得标的物的所有权。因而可以完成所有权保留的法律构成。②

2. 所有权保留的性质

国内外对此问题争议颇多,归纳起来大致有以下几种观点:

观点一:附停止条件所有权转移说。该学说认为所有权保留为一种附停止条件的所有权转移。③ 所有权保留是对标的物所有权的移转进行附条件,而相应的买卖合同并未附条件。④ 此观点为德、日及我国台湾地区的通说。

观点二:部分所有权转移说。该说认为在所有权保留买卖中形成了出卖人与买受人共有一物的状态,所有权部分地转移至买受人。这种部分性的所有权转移是随着各期价金的给付而渐转移于买受人的。该说的代表人物为德国学者赖札(Raise)和日本学者铃木。⑤

观点三:质权说。该说认为出卖人所保留的所有权在性质上为质权,买受人因物之交付已取得了所有权。该说的代表人物为德国学者朴罗妹亚

---

① 田士永:《物权行为理论研究》,中国政法大学出版社 2002 年版,第 168—171 页。

② 王轶:《论所有权保留的法律构成》,《当代法学》2010 年第 21 期。

③ 龙著华、李克英:《论国际货物买卖中的所有权保留》,《法学杂志》2010 年第 5 期。

④ 李永军:《所有权保留制度的比较法研究》,《法学论坛》2013 年第 6 期。

⑤ 刘得宽:《分期付款买卖之法律上的效力——以所有权保留为中心》,《民法诸问题与新展望》,中国政法大学出版社 2002 年版,第 7 页。

(Blomeyer)。①

观点四：担保物权说。该说认为出卖人以迟延移转标的物的所有权为手段，担保其全部获得价金债权。此时出卖人手中的所有权就成为其实现价金债权的担保物权。该说为德国民法理论界普遍采用。②

观点五：法定所有权说。该观点采自英美法上"区分所有权"理论。运用在所有权买卖的场合，出卖人所保留者为法定所有权，旨在担保价款获得清偿，其于买受人不履行债务时可依法定所有权取回标的物，故为法定所有权人；而实际所有权则随着标的物占有的移转同时转移至买受人，买受人因而享有标的物的占有、使用、收益等权能，待价款清偿后再一并取得法定所有权。③

观点六：担保权益说。该说认为出卖人所保留的所有权实质上是担保权益的保留。该说以美国统一商法典为依据，在美国为主流观点。

观点七：限制所有权说。该说认为出卖人所保留的所有权为受到限制的所有权，卖方保留所有权的目的在于确保自身价金的清偿，与其他担保物权功能并无二致。唯就法律观点言之，所有权人地位与担保物权人的地位显然不相同，就当事人主观意思言之，卖方保留所有权的目的亦在于期望得以所有权人的地位行使权利。

3. 所有权保留的客体范围

针对所有权保留的客体范围包括动产多无疑问，但是否应当包括不动产，学界存在争议。

认为应当包括不动产的学者认为："第一，与设定抵押权比较，于不动产上设定所有权保留手续更为简便，效率更高，而且，直接以标的物的所有权作担保，使交易更具有安全性；第二，予以登记的不动产所有权保留具有公信力，该公信力在一定时期内暂时限制了不动产公信力作用的发挥，但在所有权保留约款规定的条件成就后，当事人完成所有权移转登记

---

① 王泽鉴：《附条件买卖买受人的期待权》，载《民法学说与判例研究》第1册，中国政法大学出版社1997年版，第159页。

② 孙宪忠：《德国当代物权法》，法律出版社1997年版，第345页；谢九华：《所有权保留标的物取回权的性质及其在破产程序中的适用》，《求索》2011年第12期。

③ 林咏荣：《动产担保交易法新诠》（第6版），台湾：三民书局1993年版，第84页。

或条件确定不成就时,出卖人行使取回权而完成预告登记的涂销登记时,不动产所有权登记的公信力即行恢复。因此,不动产所有权保留并不害及登记公信力,更不会妨碍不动产交易安全;第三,不动产所有权保留制度符合当事人意思自治原则,同时为当事人提供了更多的融资渠道;第四,不动产所有权保留制度对于保全将来所有权之移转,保障买受人的利益有利。"① 不应一刀切地排除不动产所有权保留,对具有特殊政策意义的经济适用租房产权应认可,以符合私法自治精神,且所有权保留条文含义并未明确排除不动产所有权保留。② 允许就不动产进行所有权保留,符合意思自治原则,且利于所有权保留在不动产领域发挥担保功能。③ 采登记生效主义的不动产不可进行所有权保留,但采登记对抗主义、交付即移转房屋所有权的不动产,可以进行所有权保留。④

认为不应当包括不动产的观点认为:"就不动产分期付款买卖交易而言,依据我国《物权法》第6条、第9条第1款以及第14条的规定,也是通过法律的强制性规范来调整不动产所有权的转移问题。登记手续的办理是不动产所有权转移的必要条件,除办理登记手续外,并不存在法律许可当事人选择的其他行为模式。换言之,与动产标的物所有权的转移规则不同,和不动产所有权转移相关的强制性规范中,当事人被给定的必须要遵循的行为模式是唯一的。当事人面临的是单项选择,而非多项选择。因此,就不动产分期付款买卖而言,并不会存在所谓的所有权保留约款。出卖人为担保自身价款债权的实现,不能直接就所有权的转移附加条件,仅能就出卖人(协助)登记义务的履行附加条件。采物权形式主义物权变动模式的国家和地区也是如此。如《德国民法典》第925条第2款确认,附条件或期限而达成的关于土地所有权转移的合意,不生效力。由于该款规定限制土地所有权转移的物权合意附条件,因此德国民法上附所有权保留的分期付款买卖,仅适用于动产交易。我国台湾地区'动产担保交易法'上附条件买卖之客体,也限于动产。"⑤ 还有学者认为:"所有权保

---

① 翟云岭、孙得胜:《论所有权保留》,《法学家》2010年第1期。
② 毕力格图:《经济适用住房所有权保留模式探析》,《内蒙古社会科学》(汉文版)2015年第6期。
③ 王利明:《所有权保留制度若干问题探讨》,《法学评论》2014年第1期。
④ 李永军:《所有权保留制度的比较法研究》,《法学论坛》2013年第6期。
⑤ 王轶:《论所有权保留的法律构成》,《当代法学》2010年第21期。

留制度的本意是为了担保出卖人价金债权的实现,而在不动产的买卖中,由于物权变动需要履行登记手续,因而没有必要采用所有权保留。在不动产买卖过程中,当买受人已先期占有了不动产时,即使当事人不约定所有权保留,只要没有办理所有权转移登记,所有权就会保留在出卖人手中。"①

4. 出卖人取回权的性质

为协调所有权保留制度中的利益,理论和各国立法例上都针对出卖人规定了取回权和买受人的回赎权。就出卖人的取回权而言,针对其性质,理论界有不同观点,归纳起来主要观点有以下几种:观点一,解除权效力说。该说认为合同当事人一方迟延给付者,他方当事人经催告其于相当期限内履行未果时,得解除合同。"此项契约之失效,乃基于取回权之行使,故取回权之行使,亦生解除权之效力"②;观点二,附法定期限解除合同说。该说认为,出卖人取回买卖契约之标的物,契约尚未解除,需至回赎期间已过,买受人不为回赎时,契约才解除。③ 取回权行使效果仅针对买受人对标的物的占有,不能排除买受人行使回赎权,后者不行使才导致合同解除。④ 观点三,就物求偿说。该说为台湾学者王泽鉴所主张,认为出卖人保留所有权之目的在于保障价金债权,故出卖人基于保留之所有权取回标的物者,其目的亦在于满足价金债权。该说否认取回权行使发生合同解除的效力。⑤ 不必拘泥于形式概念,保留标的物所有权实际具有担保价款支付义务的功能,但不具有直接解除合同的效果。⑥

(二) 民法典编纂中的立法论:所有权保留的登记公示

为维护正常交易秩序和交易安全,保护善意第三人的利益,同时发挥

---

① 柴振国、史新章:《所有权保留若干问题研究》,《中国法学》2003年第4期。

② 林咏荣:《动产担保交易法新诠》(第6版),台湾:三民书局1993年版,第90页。

③ 黄静嘉:《动产担保交易法》,转引自王轶《所有权保留制度研究》,载梁慧星主编《民商法论丛》第6卷,法律出版社1997年版,第644页。

④ 王利明:《所有权保留制度若干问题探讨》,《法学评论》2014年第1期。

⑤ 王泽鉴:《附条件买卖买受人的期待权》,载《民法学说与判例研究》第1册,中国政法大学出版社1997年版,第180页。

⑥ 关涛:《保留所有权的动产买卖中出卖人的取回权问题》,《山东社会科学》2015年第5期。

所有权保留的物权担保功能，应当要求所有权保理进行登记公示，以免发生所有权保留与第三人权益冲突时，第三人利益处于不可预知的风险状态。① 为防止买受人擅自处分保留的标的物，危及出卖人的利益，同时造成第三人信赖，引发利益冲突，有必要规定公示方法。② 为保障出卖人的取回权、买受人的回赎权以及第三人的信赖利益，应允许当事人自愿决定是否办理权利登记，以保护交易安全。③

（三）简要总结

物权变动模式的不同不会造成所有权保留制度的存废，即便不采物权行为与债权行为的区分，同样可以完成所有权保留的法律构成。因此上述对于所有权保留构成的第二种观点值得赞同。至于将《物权法》第23条中"法律另有规定"其实涵盖《合同法》第133条中的"当事人另有约定"，明显违背最基本的文意解释，因为从立法表述来看，"法律另有规定"和"当事人另有约定"是并列的，是法律调控的两种方式。况且在物权法草案中，曾经存在着"法律另有规定"和"当事人另有约定"的并列条款，立法者最终删除，足见其态度。因此这样的解释也违反立法目的解释原则。

就所有权保留的法律性质，上述七种观点，实际是两大进路，即一个是从所有权转移的角度进行考察，即观点一、观点二。另一个是从出卖人保留的所有权性质进行考察，即观点三至观点七。对于所有权保留的性质应进行体系化的思考，即从两个层面同时进行解释，而不能只从单一层面考察。④ "从单一路径描述所有权保留的法律性质易失于偏颇，从而牵强附会，对所有权保留的法律性质的论析应同时兼顾其所有权形式和担保目的性。"⑤ 在第一个层面上，即所有权转移的问题，"附停止条件所有权转

---

① 徐学银：《论国际保理商与供应商前手卖方间的权利冲突》，《南京社会科学》2012年第9期；杨奎臣、李婧：《特殊动产所有权保留约款的效力及公示制度完善》，《前沿》2011年第11期。

② 龙著华、李克英：《论国际货物买卖中的所有权保留》，《法学杂志》2010年第5期；白云：《论所有权保留中第三人利益的冲突与平衡》，《甘肃社会科学》2010年第1期。

③ 王利明：《所有权保留制度若干问题探讨》，《法学评论》2014年第1期。

④ 柴振国、史新章：《所有权保留若干问题研究》，《中国法学》2003年第4期。

⑤ 陈荣文：《所有权保留的法律性质论析》，《亚太经济》2004年第4期。

移说"较为妥当。最高人民法院关于买卖合同司法解释的起草小组也认为：我国《合同法》第134条关于所有权保留的规定是借鉴我国台湾地区"动产担保交易法"中附条件买卖的规定，而我国台湾地区通说认为附条件买卖中的"条件"为对所有权转移所附的停止条件，而且本条司法解释第1款规定中有"在标的物所有权转移前"之描述，表面转移的"所有权"即完整的所有权而不是残缺的所有权，可见为采纳部分所有权的观点。① 在第二个层面，即出卖人保留的所有权的性质，"限制所有权说"较为妥当。

对于所有权保留的客体，学界通说认为不应包括不动产。在最高人民法院最新出台的买卖合同司法解释中也同样将其限于动产。②

对于取回权的性质，就物受偿说更为妥当，理由在于：其一，从所有权保留的制度功能来看，法律确认这一制度的目的在于担保出卖人价金的实现；其二，解除权效力说和附法定期限解除合同说混淆了取回制度与合同解除制度的根本区别。

就所有权保留的登记公示问题，民法典编纂过程中也有专门规定。《民法典》第641条第2款规定："出卖人对标的物保留的所有权，未经登记，不得对抗善意第三人。"该条不仅进一步表明所有权保留主要适用范围为动产，还规定了登记对抗的公示方法。

五　反担保立法论

本部分涉及在比较法上很难找到参考对象，而在我国司法实践中却得到实际运用的"反担保"制度的立法问题。《担保法》和《物权法》规定在第三人为债务人向债权人提供担保时，可以要求债务人提供反担保，以保障自己追偿权的实现。作为一项担保措施，反担保除具有促进资金融通和商品流通、保障债权实现、维护交易安全的作用之外，通过降低担保人的风险，为解决目前觅保难问题提供了一条路径。各国立法对反担保问题均未明文规定，无论是罗马法还是近现代大陆法系或英美法系的担保立

---

① 奚晓明主编：《最高人民法院关于买卖合同司法解释的理解与适用》，人民法院出版社2012年版，第532页。

② 奚晓明主编：《最高人民法院关于买卖合同司法解释的理解与适用》，人民法院出版社2012年版，第532页。

法制度均未见记载。唯我国以立法的方式首次明文规定了反担保制度，在适用上存有争议。

(一) 主要争议问题

虽然我国担保实践中已广泛存在反担保，《担保法》第4条和《物权法》第171条第2款也对反担保做了原则性规定，但何为反担保？反担保的性质如何？反担保方式中是否能使用留置方式？理论与实务界均存争议。

1. 反担保的界定

反担保的界定，主要分歧在于反担保关系中，反担保人是否仅局限于债务人，亦即《担保法》第4条和《物权法》第171条第2款所称之"可以要求债务人提供反担保"应理解为"要求债务人本人提供反担保"，还是"要求债务人本人或债务人委托第三人提供反担保"？

有的学者认为，反担保是指第三人为债务人向债权人提供担保时，由债务人向第三人提供的确保第三人追偿权实现的担保制度。债务人是反担保关系中的担保人，第三人为担保权人。[①] 有的学者认为，反担保是指为保障债务人之外的担保人将来承担担保责任后对债务人的追偿权的实现而设定的担保。[②] 还有学者认为，反担保是指第三人为担保人向债权人提供担保时，债务人或第三人为担保人提供的担保，其目的是保障担保人追偿权的实现。在反担保法律关系中，担保人是主合同的债务人或第三人，担保权人是原始担保的保证人或物上保证人。[③]

2. 反担保的方式

反担保一般可采用求偿保证、求偿抵押、求偿质押等方式，对此学界争议不大。然而反担保方式中是否能使用留置方式，学者间主要存在肯定和否定两种看法。否定论者认为：首先，从法律属性看，留置权是一种法定担保物权，其成立并非出于当事人约定而是基于法律直接规定。依《担保法》的规定，只有保管、运输、加工承揽合同以及法律规定可以留置的其他合同，才有适用留置权的可能。法律只允许当事人可以预先在合

---

① 程政举：《反担保制度探析》，《郑州大学学报》（哲学社会科学版）1997年第4期；李霞：《反担保制度争议》，《中央政法管理干部学院学报》1998年第4期。
② 刘保玉：《反担保初探》，《法律科学》1997年第1期。
③ 毛亚敏：《担保法论》，中国法制出版社1997年版，第265页。

同中约定排除留置权或债权人事后放弃行使留置权，而当事人之间任何关于设立留置权的约定都是不能成立的。这就在实际上排除因其他合同发生的债权而采用留置担保方式的可能。故此，反担保所产生的债权债务关系和其他合同一样，依法不能设定留置权。其次，从留置权成立要件看，反担保不具备留置权成立的要件。第一，债权人必须依照保管合同、运输合同、加工承揽合同的约定占有债务人的动产。而反担保并不具备上述成立要件。第二，债权与占有物之间有牵连关系。这种牵连关系一般可以理解为债权的发生与占有物之间有直接或间接的关系。留置权是基于占有而成立的债权，而非基于债权而成立占有，所以保管合同、运输合同和加工承揽合同的另一共同点是债权与占有物之间有牵连关系。而反担保从根本上就不具备成立留置担保的前提条件。①

肯定论者主要根据《担保法》第 4 条第 2 款"反担保适用本法担保的规定"，认为反担保的方式也有保证、抵押、质押及留置、定金五种。② 首先，留置权作为一种法定担保物权，不能以意思表示设立，但其法定性并不意味着仅限于法律明文规定的加工承揽、仓储保管、运输合同，法律规定可以留置的其他合同也同样可以适用。《民法通则》第 89 条规定，按合同约定一方占有对方的财产，对方不按合同给付应付款项超过法定期限的，占有人有权留置该财产，依照法律规定以留置财产折价或以变卖该财产的款项优先受偿。因此，留置权的设立只需要具备按合同约定占有对方财产，对方不按合同给付应付款项并且超过法定期限这个要件就可成立。其次，是否确立反担保由债务人和原担保人约定，在债务人和原担保人或提供担保的其他人与担保人之间如存在保管、加工、承揽等合同关系，而保管费、加工费等一般远远小于保管物或加工原料的价值，这也为再次设立担保提供可能。因此，留置也可以成为反担保方式。最后，从立法精神上看，设立担保制度是为了促进资金融通和商品流通，保障债权实现，发展社会主义市场经济，随着市场经济的发展和完善，各种新的合同

---

① 江鲁：《反担保刍议》，《政法论丛》1997 年第 6 期。
② 刘俊海等：《最新担保法实用问答》，人民法院出版社 1995 年版，第 7 页；周新荣、骆冠新主编：《担保法实用教程》，中国法制出版社 1995 年版，第 24 页以下；董开军主编：《中华人民共和国担保法原理与条文释义》，中国计划出版社 1995 年版，第 14 页。

类型层出不穷，如果留置这种担保方式仅仅局限于法律明文规定的几种合同中，有悖于我国担保法的立法精神。①

（二）简要总结

对于反担保的界定，笔者认为：反担保人应作广义解释，不仅局限于主债务人，还包括第三人。据此，反担保是指第三人（担保人）为债务人向债权人提供担保时，债务人或其他人为保障担保人追偿权的实现而提供的担保。《担保法解释》也采用这种主张。反担保是指债务人或第三人为确保担保人承担担保责任后实现对主债务人的求偿权而设定的担保。反担保只是担保的一种，与担保并无质的差异，《担保法》第 4 条和《物权法》第 171 条第 2 款的立法意图，在于告诉那些意欲为他人提供担保却又担心利益受损的人放心地做担保人，因为他们可以要求得到反担保。反担保同样具有从属性，只不过其依附的主债务合同变成了担保合同。

对于反担保的方式，笔者赞成否定说。《担保法解释》第 2 条第 2 款规定的"反担保方式可以是债务人提供的抵押或者质押，也可以是其他人提供的保证、抵押或者质押"。很明显也采用否定说。

第三节 担保物权的竞存

现实生活中，常常出现同一财产上存在数项担保物权且其效力相互冲突的现象。这一现象源于现代社会债权人为债的实现而竭尽所能。不仅是法律制度设计本身所带来的问题，同样也是现实经济生活内在规律的外部表现。然而我国现有的对此问题的法律规范在实践中却显得捉襟见肘。

一 立法论

（一）主要争议

本部分涉及担保物权的竞存问题，主要包括担保物权竞存的概念。同一财产上的相同种类的担保物权，《物权法》以及相关法律多有规定，因此不予详述。而同一财产上不同种类的担保物权，尤其是抵押权与质权的竞存问题，多有争议。同时，对于抵押权的顺位，究采升进主义还是固定主义，《物权法》未有定论。

---

① 李霞：《反担保制度刍议》，《中央政法管理干部学院学报》1998 年第 4 期。

（二）各种观点

1. 解释选择问题：名称的差异

对于同一财产上存在数项担保物权且其效力相互冲突的现象，学界对此称谓并不统一。一种观点认为，同一财产上并存的同类担保物权之间的效力冲突称为"担保物权并存"，而将同一财产上并存的不同类的担保物权之间的效力冲突称为"担保物权的竞合"；[1] 另一种观点认为，将同一财产上并存的数项担保物权之间的效力冲突称为"担保物权的竞合"，但它仅仅包括并存于同一财产上的数项不同种类的担保物权之间的效力冲突，而不包括同类的担保物权之间的效力冲突。[2]

对此有学者指出："竞存"，表明数项担保物权并存于一物之上的客观现象，又隐喻了数项担保物权之间的效力争优或相斥的冲突关系。而"并存"之称，其含义则往往只及前项而难及后项且无法排除一物有数保的情形。此外，将同一财产上存在同类担保物权的现象称为担保物权的并存，而将存在不同类的担保物权的现象称为担保物权的竞合也并不妥当。从处理规则角度出发，"竞合"通常是允许权利的选择行使。而"竞存"则是解决哪一个位次在前，效力优先的问题。因此，采用"担保物权的竞存"的称谓较为合适。[3]

2. 抵押权与质权的竞存规则

在我国，抵押权包括动产抵押权与不动产抵押权。由于我国不承认不动产质权，动产抵押权与不动产质权的竞合没有存在空间。又由于《担保法》和相关司法解释对权利抵押和权利质押标的物的范围做了严格限定，权利抵押的标的物一般为不动产上产生的用益物权以及准物权，而权利质押的标的物一般为用益物权以及准物权之外的财产权利，这样，权利抵押与权利质押也无竞合的可能。[4] 因此在我国现行立法框架下发生的抵押权和质权竞存只可能是动产抵押权和动产质权的竞存。

由于动产抵押权的成立，因是否经过抵押登记而产生不同的法律效果。学界主要从两个层面进行讨论。

---

[1] 郭明瑞：《担保法原理与实务》，中国方正出版社1995年版，第67页。
[2] 魏振瀛主编：《民法》，北京大学出版社2000年版，第287页。
[3] 刘保玉：《论担保物权的竞存》，《中国法学》1999年第2期。
[4] 龙著华：《论动产担保物权的竞合》，《河北法学》2004年第10期。

首先，关于先押后质。在已经合法设定抵押的动产之上是否可以再行设定质权？我国《物权法》虽未设明文规定，但学界对此并无分歧，多认为如动产价值很高，设定抵押权后，尚有很大的剩余价值，于此剩余价值内设定质权，则无害于抵押权的实现。然而对于先押后质时抵押权与质权之间的顺位问题争议较大，主要有以下几种观点：第一，主张抵押权优先于质权。例如："先设定抵押权后得再设定质权，此时可发生抵押权和质权的竞合，抵押权的效力优先于质权。"① 又如，"因为两者的性质相同，效力亦相同，只能依设定的时间先后而定。"② 第二，主张在一般情形下抵押权应优先于质权，但若存在自愿登记的动产抵押权未登记情形，质权应优先于抵押权。③ 第三，主张在一般情形下抵押权应优先于质权，但若自愿登记的动产抵押权没有登记，且质权人为善意（不知质物上已经设定抵押权），则质权优先于抵押权。④ 第四，在先押后质情形下，抵押合同签订以后，虽未经登记，抵押人以抵押财产为质物对第三人设质的，应当取得抵押权人的同意，并将该物已设定抵押的情况告知质权人，未经抵押权人的同意，若第三人为善意，抵押权人可要求抵押人提供增担保，或请求抵押人除去抵押财产上的质权，在抵押人不能提供增担保且不能除去抵押财产上的质权时，抵押权人有权解除主合同，并由抵押人承担因此而受到的损失。若质权人为恶意，则抵押权优先于质权，质权虽可成立，但对于抵押财产，抵押权人享有优先于质权人而受偿的权利。在质权于抵押财产登记后设立，抵押权已经进行了公示，则第三人不论事实上是否知道标的物上存在抵押权，都应按对于抵押权为恶意进行处理，唯在抵押人未将抵押权存在的情况通知该第三人时，该质权人可要求债务人提供其他担保，或消除标的物上的抵押权。在债务人不能满足以上要求时，第三人得解除合同。质权人明知标的物上存在抵押权而于抵押权设立后又接受抵押人就该抵押财产设质时，质权人仅能享有次于抵押权人的权利。⑤

---

① 郭明瑞：《担保法原理与实务》，中国方正出版社1995年版，第74页。
② 武靖人、袁祝杰主编：《中国担保法律与实务》，中信出版社1997年版，第55页。
③ 徐洁：《抵押权论》，法律出版社2003年版，第185页。
④ 徐洁：《抵押权论》，法律出版社2003年版，第185页。
⑤ 许明月：《抵押权制度研究》，法律出版社2003年版，第302页。

其次，关于先质后押。与先押后质的情形不同，是否存在先质后押的情形。一般认为，法律虽然对先质后押没有允许的积极规定，但也无禁止的消极规定。当事人先质后押的，自应承认。而关于先质后押时抵押权与质权之间的优先顺位，我国学界通说认为，由于质权的公示方法和抵押权的公示方法具有同等的公信力，因此，在先质后押时，抵押权和质权之间的优先顺位，应依设定在先原则处理。

此外，亦有学者认为："我国应综合考虑影响抵押权、质权竞存顺位的因素包括占有与登记公示效力的差异、当事人主观善恶的差异、地域范围等，并综合考察他物权善意取得（准善意取得）等制度，妥当解决抵押权与质权竞存时的顺位问题。具体来说，针对同一动产上抵押权与质权并存的不同情形，分别处理如下：①已登记的抵押权与质权竞存时优先于质权，经登记的抵押权只能在其所在区域范围内对抗善意质权人。②未登记的抵押权与质权竞存时，质权人优先于未登记的抵押权人受偿，但未登记的抵押权人可以对抗背信的恶意质权人而优先受偿。从无权处分的质权人手中善意取得的抵押权即使未登记，仍优于在先的质权。在质权人转抵押的情况下，抵押权都较先位质权优先受偿。"[①]

3. 抵押权顺位升进主义和固定主义

当同一抵押物上存在数个抵押权时，各抵押权之间如何确定就抵押物价值优先受偿的顺序，此即抵押权的顺位问题，而抵押权人就此享有的权利则称为次序权。各国或地区一般规定其相互之间的顺位先后以抵押权是否登记以及登记的时间先后来确定，并无疑问。但是如果发生先顺位抵押权所担保的债权消灭，或者抵押权本身因为某种原因而归于无效，又或者抵押权人抛弃抵押权等情况，那么后顺位抵押权能否依次递进而取得在先顺位，就产生了抵押权顺位升进主义和固定主义两种不同的模式（也称为抵押权次序升进主义和固定主义）。对于上述两种主义的区分界线，牵涉其概念界定的问题。一种观点认为，判断抵押权顺位升进主义和固定主义的区别，前提是先顺位抵押权（而不是先顺位抵押权所担保的债

---

① 姜明、龙云丽：《抵押权与质权竞存之顺位研究——以〈物权法〉与〈担保法〉及其司法解释的比较研究为视角》，《中州学刊》2008年第5期。

权）消灭后，后顺位抵押权能否向前升进；① 但也有学者持异议，认为判断两种主义区别的前提是"先次序抵押权所担保的债权消灭或者先次序抵押权本身消灭之后"②。在我国立法上，不论是以前的《担保法》《担保法司法解释》还是《物权法》，均未有条文明确规定是采用抵押权顺位升进主义还是固定主义。我国实务界历来采用抵押权顺位升进主义，但学术界多有批评抵押权顺位升进主义而要求改采固定主义之呼声。

选择抵押权顺位升进主义的学者认为，此乃贯彻抵押权附随性原则以及所有权的弹力性原则之必然，该观点的大意是，抵押权作为一种他物权，本身是对所有权的一种限制，而其作为担保物权又具有附随性，所以当债权消灭时，抵押权当然也归于消灭，既然抵押权消灭了，那么所有权自然基于弹力性而恢复其内容，由此后顺位抵押权当然应当升进。③ 对其的批评在于，"可以归结为一条，就是说后顺位抵押权人因升进而取得了意外的利益，从而损害了债务人和一般债权人的利益"④。

选择抵押权固定主义的理由总结起来主要有以下两点：第一，认为保留一个空白担保位置或者保留一个所有人担保物权，将有利于抵押物所有人利用该先顺位留下的抵押物价值另设担保，由于其顺位在前，所以就有利于所有人获取更多的融资。第二，认为采用抵押权顺位固定主义有利于固定各顺位抵押权所能支配的交换价值，从而实现抵押权的证券化，便于权利人将抵押权用于投资等经济活动，发挥抵押权的流通价值，因此较之顺位升进主义更能适应现代经济发展的需求。⑤

---

① 王利明：《抵押权若干问题的探讨》，《法学》2000年第11期；谢在全：《民法物权论》（下），中国政法大学出版社1999年版，第615页；陈祥健：《抵押权次序立法例的多视角评判及其选择》，《法学杂志》2006年第1期；程啸：《中国抵押权制度的理论与实践》，法律出版社2002年版，第324页。
② 陈久奎、王自强：《多重抵押制度探析》，《重庆师范大学学报》2006年第6期。
③ ［日］近江幸治：《担保物权法》，祝娅等译，法律出版社2000年版，第92页；王利明：《抵押权若干问题的探讨》，《法学》2000年第11期。
④ 王全弟、盛宏观：《抵押权顺位升进主义与固定主义之选择》，《法学》2008年第4期。
⑤ 关于以上观点，可参见崔建远《完善抵押权制度七论》，《河北法学》2004年第6期；王利明：《抵押权若干问题的探讨》，《法学》2000年第11期；谭九生：《我国应采取抵押权顺位固定主义的质疑》，《当代法学》2002年第3期。

（三）简要总结

笔者认为，"担保物权的竞存"这一称谓较为规范，能充分体现这一法律现象的特定内涵。对于先押后质，应考量先设定的抵押权是否登记以及对方是否善意，而对于先质后押，通说颇值得赞同。然抵押权顺位究竟采何种主义，关系到一个国家的整体法律制度以及社会传统，在缺乏相应配套制度和社会认同的情况下，贸然改用抵押权顺位固定主义殊非妥当。

二 解释论

（一）争议问题

此部分主要涉及我国《担保法司法解释》第 79 条和《物权法》第 239 条的规定，即在留置权与抵押权和质权竞存时，实现担保物权的顺序问题。

（二）各种观点

1. 顺位固定主义与升进主义

主张升进主义的学者认为，不应局限于发挥抵押权的担保功能，而应采顺位升进主义来强化抵押权的融资性，以满足日益增长的融资需求。[1] 顺位升进主义不损害普通债权人和债务人的利益，且增强后顺位债权人融资的心理期待。[2]

主张顺位固定主义学者从建立保护所有人抵押权考虑，认为为保护所有人的利益，发挥抵押权的流通融资功能，此时应以顺位固定为原则，顺位升进为例外，由所有权人的意思表示决定顺位是否升进。[3]

2. 动产抵押权、动产质权与留置权

对于留置权与抵押权之间的竞存，我国《担保法》未置明文，《担保法司法解释》第 79 条第 2 款规定："同一财产抵押权与留置权并存时，留置权人优先于抵押权人受偿。"我国《物权法》第 239 条规定："同一动产上已设定抵押权或者质权，该动产又被留置的，留置权人优先受

---

[1] 焦娇、李峰：《〈物权法〉中抵押权的顺位制度探析》，《学术论坛》2018 年第 8 期。

[2] 李明发、郑峰：《论抵押权之间竞存时的顺位确定》，《安徽大学学报》（哲学社会科学版）2011 年第 2 期。

[3] 陈华彬：《论所有人抵押权》，《现代法学》2014 年第 5 期。

偿。"规定了先押（质）后留情形下的处理规则。

而关于动产抵押权与留置权效力冲突的处理，学界存有争议。一种主张成立优先说，以动产设立抵押，因其不移转于抵押权人之手，客观上允许在修理时成立留置权。有学者认为，两者何者为先基本上依成立先后即公示先后而定。这是世界诸国通行的做法，成立在先者优先实现为其原则，我国应该采纳。[①] 另一种主张为留置权优先说，台湾"动产担保交易法"规定："抵押权人依本法规定实现占有抵押财产时，不得对抗依法留置标的物的善意第三人。"可知，留置权人如属善意，则先设定的抵押权的效力较后发生的留置权为优。我国学界也持相同看法。[②]

此说认为，留置权是法定的担保物权，动产抵押权是约定的担保物权，法定的优先于约定的。如果抵押权优于留置权，则当事人有可能通过另设抵押的方式规避法律，留置权人也会因不能优先受偿而怠于管理，甚至作出风险规避行为以保护自身利益，从而妨碍正常的经济活动。我国《物权法》更是不分善意或恶意，一概承认留置权优先于抵押权。外国立法和我国台湾地区"立法"并不把法定物权优于意定物权作为一项基本原则，故均据此认为留置权优先于抵押权并无足够法律依据。但从法律政策上考量，留置权所担保的债权范围多是债权人所付出劳动的报酬的请求权、所投入的材料及颠覆的其他费用的返还请求权，以及依合同发生的违约损害赔偿请求权。其中债权人的报酬请求权系属工资、薪金性质，应予优先确保。债权人的劳动或和其投入的材料等使留置物之价值提升，允许动产抵押权优先于留置权，无异于以债权人的劳动和投入来清偿债务人的债务，有违公平原则。同时，留置权制度之设是法律为保护债权人的利益而特别赋予的权利，具有保护劳动者利益和鼓励创造社会财富的政策目的。因此，留置权应优先于动产抵押权。质权与留置权并存时，自应作同理处理。

但也有学者提出，应基于设定优先原则、占有优先原则、登记优先原则等来确定：动产抵押权与留置权竞合时，若抵押权先设定，留置权的效力位阶高于抵押权。相反情况下，则须探究抵押权是由标的物所有人设定，还是留置权人设定。所有人设定时，留置权的效力应优先于抵押权。

[①] 董开军：《债权担保》，黑龙江人民出版社1995年版，第263页。
[②] 王家福等：《合同法》，中国社会科学出版社1986年版，第189页。

留置权人设定时，抵押权的效力位阶高于留置权，动产质权与留置权竞合时，若先设定留置权，质权优于留置权，若先设定质权，留置权的效力位阶高于质权。①

就质权与留置权竞存，由于权利的设立都建立在占有担保物的基础上，故权利竞存仅发生在质权人和留置权人实为同一人时，且无论是先留后质还是先质后留，留置权都优先于质权。②

3. 抵押权与质权

有学者主张，动产抵押权与动产质权的顺位应依取得对抗效力的时间先后确定，即依公示先后确定顺位，③且不应区分善意与恶意，应扩大解释为登记可对抗第三人。④有学者进一步主张，动产抵押权与质权竞存仅依公示先后确定顺位，而不适用登记对抗规则。⑤

理论上不排除质权人采类似转质押方式，为第三人设立抵押权，此时抵押权应优先于质权，⑥即便抵押权未登记。

但还有学者主张在意定担保物权竞存时依公示方法强弱来确定顺位关系，权利同时产生，登记的特殊动产担保优先于占有型担保，一般动产中占有型担保优先于登记的担保。⑦

（三）简要总结

顺位固定与升进的选择取决于注重抵押权的流通性还是保全债权的属性。在我国目前强调担保物权担保债权实现，而非进一步追求抵押权流通

---

① 王莉：《物权担保竞合时效力位阶的法理解析——兼论〈担保法司法解释〉第79条》，《重庆大学学报》（社会科学版）2011年第17卷第2期；李琳、李宗龙：《担保物权竞存时的清偿顺位问题》，《兰州学刊》2019年第2期。

② 李琳、李宗龙：《担保物权竞存时的清偿顺位问题》，《兰州学刊》2019年第2期。

③ 李琳、李宗龙：《担保物权竞存时的清偿顺位问题》，《兰州学刊》2019年第2期。

④ 曹明哲：《刍议动产抵押权与动产质权竞存的优先顺位》，《南方金融》2019年第1期。

⑤ 龙俊：《动产抵押对抗规则研究》，《法学家》2016年第3期。

⑥ 李明发、郑峰：《论抵押权与质权竞存时的顺位确定》，《学术界》2011年第4期。

⑦ 李莉、石伟：《论登记型与占有型动产担保物权的冲突及其消解》，《学术月刊》2015年第2期。

以利于融资的情形下，顺位升进主义更符合当前的担保物权价值需求。

对于留置权的优先性，多基于法政策角度考量，颇值得赞同。对于应考量是为所有权人还是留置权人设定担保物权，并无太多意义，因为留置权人自己再次设定担保物权，自是对权利的放弃。因质权与留置权均需以占有为要件，故占有优先应予考量。

顺位的确定依赖于权利的公示要件，而非生效要件。生效要件与对抗要件不一定一致，如动产抵押的生效要件为生效的抵押合同，而对抗要件为登记。对抗要件也可以和生效要件一致，如留置权的占有、动产质权的占有、权利质权的登记、不动产抵押权的登记。相比生效要件，对抗要件更多考量第三人善意与信赖问题，因而理应用以作为判断顺位的重要标准。《民商事审判会议纪要》第65条第1款对动产抵押权与质权竞存规则进行了总结，其规定："同一动产上同时设立质权和抵押权的，应当参照适用《物权法》第199条的规定，根据是否完成公示以及公示先后情况来确定清偿顺序：质权有效设立、抵押权办理了抵押登记的，按照公示先后确定清偿顺序；顺序相同的，按照债权比例清偿；质权有效设立，抵押权未办理抵押登记的，质权优先于抵押权；质权未有效设立，抵押权未办理抵押登记的，因此时抵押权已经有效设立，故抵押权优先受偿。"

三　民法典编纂中的立法论

就顺位固定主义与顺位升进主义，基于强调担保物权从属性、未设立所有人抵押与先顺位抵押权人放弃抵押权，应维持顺位升进主义。[①] 这也符合我国实践实务。

就抵押权与抵押权、质权与质权，应依公示或取得对抗效力先后再来确定顺位。对抵押权与采登记生效主义的质权，应依登记先后确定权利顺位。《民法典》第414条第1款规定："同一财产向两个以上债权人抵押的，拍卖、变卖抵押财产所得的价款依照下列规定清偿：（一）抵押权已登记的，按照登记的时间先后确定清偿顺序；（二）抵押权已登记的先于未登记的受偿；（三）抵押权未登记的，按照债权比例清偿。"第2款规定："其他可以登记的担保物权，清偿顺序参照适用前款规定。"

就抵押权与质权竞存，应依有效公示方法的时间先后来确定。《民法

[①] 崔建远：《物权编如何设计抵押权顺位规则》，《法学杂志》2017年第10期。

典》第415条规定："同一财产既设立抵押权又设立质权的，拍卖、变卖该财产所得的价款按照登记、交付的时间先后确定清偿顺序。"此条关于占有型的质权规定是以交付来确定其与其他权利的顺位先后。但是关于"交付"应当解释为包含实际控制的交付，而不应包括占有改定。

就抵押权、质权与留置权竞存，留置权优先。《民法典》第456条规定："同一动产上已设立抵押权或者质权，该动产又被留置的，留置权人优先受偿。"

此外，《民法典》对购买价金担保的顺位进行了规定。《民法典》第416条规定："动产抵押担保的主债权是抵押物的价款，标的物交付后十日内办理抵押登记的，该抵押权人优先于抵押物买受人的其他担保物权人受偿，但是留置权人除外。"但此条中登记并不是判断购买价金担保与其他竞存担保权利的唯一因素。登记更多表现为一个必要不充分的要件，且登记时间并非判断顺位先后的重要因素。依其文义，购买价金担保只要符合"标的物交付后十日内办理抵押登记"的要件，即可优先于相竞存的担保物权。值得深思的是，标的物交付时间不等于合同成立时间，且无法客观化为具体标准，存在更多变动因素。因此登记是否在"标的物交付后十日内办理"较难判断，也给当事人更多道德风险操作空间。这有待解释上进一步加以完善。

有学者主张在担保物权一般规定中确定担保物权的顺位规则，并在担保物权设立但都未公示时，后设立的担保物权人明知担保财产上已经设立其他担保物权的，其担保物权顺位则劣后。[1]

第四节　混合共同担保

现实中，债权人为强化其债权，同一债权有两个以上担保人为债务人担保债的实现的情形并不少见。而论及担保方式，有保证人提供担保即人保，以及以担保物权形式设立担保即物保等。这种同一债权上设有两个或两个以上性质不同的担保方式的共同担保称为"混合共同担保"。本书所指仅包括物的担保与人的担保的共同担保。

---

[1] 石冠彬：《论民法典担保物权制度的体系化构建》，《法学评论》2019年第6期。

一 主要争议问题

本部分主要涉及共同担保中的人保物保并存的问题。即在共存时，何种担保权优先实现，担保人之间有无追偿权，如果有追偿权该如何追偿，以及债权人放弃部分担保权对其余担保人有何影响诸问题。我国《物权法》和《担保法》《担保法司法解释》虽对此做了规定，但其制度合理性尚有检讨的必要。

二 各种解释观点

（1）对于人的担保与物的担保并存时的责任优先问题，各国立法和学说上有三种主张：[①]

第一，"物的担保责任绝对优先说"。此说认为，债权人应先向物上保证人主张权利，在其不受清偿的范围内，再向保证人主张权利，保证人仅对物的担保以外的债权额承担保证责任。在立法例上，《担保法》第28条第1款采用此说。其理由是：物的担保相对于保证而言，具有物权的追及效力、物权行使的不可分性、物上代位性以及优先受偿性等功能。基于物的担保，债权人可以直接支配担保人供做担保的特定财产，债务人不履行债务时，债权人可以变价担保财产以优先于其他债权人受偿。物的担保不仅增强了债权实现的程度，还弥补了债权对债务人的财产没有追及力的缺陷，使得债权物权化。物的担保以其特有的物权优先品质确保债权受偿，成为优于保证担保的债权担保方式。[②]

第二，"物的担保责任相对优先说"。此说认为，债权人可以选择行使担保权利，但保证人在承担保证责任之后可向债务人求偿，并代位行使债

[①] 相关学说名称参见王利明《物权法研究》（下卷），中国人民大学出版社2007年版，第358页。王利明认为当人保与物保并存时，各国判例学说有四种不同的主张："物保绝对优先说""区分物保提供者说""物保、人保平等说"及"债权人自由选择说"。笔者以为，"物保、人保平等说"和"债权人自由选择说"可认为是以不同的主体为视角而对物保人与保证人相互地位所作出的相同概括。从债权人角度而言，正是由于物保人与保证人地位是平等的，其有权在两种担保中选择其一；从担保人角度，缘于其地位等同，对于债权人的选择权自由行使无权阻却。

[②] 邹海林、常敏：《债权担保的理论与实务》，社会科学文献出版社2005年版，第116页。

权人享有的担保物权，债权人致使保证人可代位行使的担保物权消灭的，保证责任相应消灭。在立法例上，《德国民法典》《法国民法典》，我国台湾地区"民法典"采此说。我国亦有学者主张此说，其理由是：物上保证人仅以特定物的价值为限承担有限的责任，而保证人以其全部财产负无限责任。人的担保责任对保证人形成的压力更大，人的担保责任的追究对保证人生存产生影响的可能性更大，赋予保证人优越地位，并无不当。在立法技术上，让保证人与物上保证人共同分担责任，会使法律规则过于繁杂。诸如分担比例标准如何确定，是否考虑担保设定时间之先后，是否应考虑担保数额约定之有无，是否应考虑责任顺序约定之有无，是否应考虑是一般保证还是连带责任保证，到底应为当事人的意思自由留下多大的空间等问题无法合理地解决并最终融入规则之中。此外，《担保法》实施以来，物的担保责任优先已植入国民的法律意识之中，成为当事人的潜在意思。[1]

第三，"物的担保责任与人的担保责任平等说"。此说认为，债权人可以选择行使担保权利，已承担担保责任的担保人可向其他担保人追偿其应承担的份额。《日本民法典》采用此说，我国也有学者主张此说。其理由是：保证对于主债务具有补充性，但对担保物权并不具有补充性，因此，保证人对物上保证人无法主张先诉抗辩权。[2] 此外，基于公平理念，债权人究竟先就担保物实现其担保物权或向保证人请求清偿，有其选择的自由，物上保证人与保证人的地位并无差别。[3]

对于上述学说的利弊，有学者从混合共同担保制度的设计目的出发予以阐释，"担保物权与保证在混合共同担保中的性质和目的是统一的，即都是担保债务清偿的从权利，其价值目标在于强化债权实现，以维护债权人利益。因此，为权利人债权的实现提供最为强有力的保障乃混合共同担保责任承担制度设计中必须遵循的首要宗旨。第一、二种学说与此相悖，而'物保、人保平等说'恰如其分地担当了此角色"[4]。

（2）人的担保与物的担保并存时的求偿问题 根据《物权法》第

---

[1] 叶金强：《担保法原理》，科学出版社2002年版，第25—26页。
[2] 史尚宽：《物权法论》，中国政法大学出版社2000年版，第860页。
[3] 郑玉波：《民法债编各论》（下），1981年作者自版，第845页。
[4] 杨文杰：《混合共同担保人内部追偿问题研究》，《河北法学》2009年第10期。

176条最后一句的规定：提供担保的第三人承担担保责任后，有权向债务人追偿。对于这个条文到底该怎么解读，是法律规定了承担担保责任的人只能向债务人追偿从而将之前的担保法司法解释予以替代，还是法律仅仅是再次强调了可以向债务人追偿而并未废除司法解释确立的追偿规则。对此，学界呈现两派观点并且争议非常大。

否定说的主要理由在于：从立法原意来看，此处并未形成法律漏洞，是立法者有意排除了混合共同担保中担保人之间的求偿关系。[1] 解释论上，任何解释方法都得不出担保人之间的追偿权。[2] 虽然《担保法司法解释》第38条规定了担保人之间的内部求偿关系，且《物权法》实施之后，最高人民法院并未明确废止《担保法司法解释》，但《物权法》第178条关于"担保法与本法的规定不一致的，适用本法"的规定，使得《担保法》第28条因与《物权法》第176条相冲突而失去效力，《担保法司法解释》第38条系对《担保法》第28条所作解释，自应失效。[3] 从体系解释的视角，《物权法》第194条第2款和第218条规定，仅在债务人以自己的财产设定物的担保时，债权人放弃该物的担保，其他担保人才在债权人丧失优先受偿权益的范围内免除担保责任。这些规定显然系以混合共同担保中担保人之间没有内部求偿权为前提。[4] 这里，仅在债务人自己提供物的担保时，其他担保人对于债务人才可能享有顺序利益，债权人本应先就债务人提供的物的担保实现债权，其他担保人仅对不能通过物的担保满足债权的部分承担补充责任，债权人放弃该物的担保，势必加大其他担保人的责任，其他担保人自应在债权人因放弃该物的担保而丧失优先受偿权益的范围内免除担保责任。也就是说，"在这种情形下，保证人是就

---

[1] 全国人民代表大会常务委员会编（胡康生主编）：《中华人民共和国物权法释义》，法律出版社2007年版，第381—382页；曹士兵：《中国担保制度与担保方法》，中国法制出版社2015年版，第65页。

[2] 杨代雄：《共同担保人的相互追偿权》，《四川大学学报》（哲学社会科学版）2019年第3期。

[3] 黄喆：《保证与物的担保并存时法律规则之探讨——以〈物权法〉第176条的规定为中心》，《南京大学学报》（哲学·人文科学·社会科学）2010年第3期。

[4] 程啸：《混合共同担保中担保人的追偿权与代位权》，《政治与法律》2014年第6期。不过，新近也有学者认为，是否承认求偿权"显然属于价值判断问题，与体系解释无关"。参见贺剑《走出共同担保人内部追偿的"公平"误区——〈物权法〉第176条的解释论》，《法学》2017年第3期。

债权人行使抵押权优先受偿而仍不能受偿的债权余额承担保证责任"①。但在物上保证人提供物的担保的情形,如无相反约定,保证人与物上保证人彼此之间均无顺序利益,应债权人请求承担担保责任之后,均仅向债务人行使求偿权,且均不得向其他担保人求偿。此际,不管债权人是否放弃对某一担保人的担保权,债权人向其他担保人主张权利均不受影响,② 该担保人即应满足债权人的请求承担约定的担保责任,并仅得向债务人求偿,无权主张其他担保人分担损失,自不发生其他担保人在相应范围内免除担保责任的问题。这一观点得到了一些学者的支持③和部分法院的承认。④ 例

---

① 全国人大常委会法制工作委员会民法室:《中华人民共和国物权法条文说明、立法理由及相关规定》(第二版),北京大学出版社2017年版,第402页。

② 曹士兵:《中国担保制度与担保方法》,中国法制出版社2015年版,第304页;黄喆:《保证与物的担保并存时法律规则之探讨——以〈物权法〉第176条的规定为中心》,《南京大学学报》(哲学·人文科学·社会科学)2010年第3期。

③ 《物权法》通过之后的文献有,杨明刚:《新物权法——担保物权适用解说与典型案例评析》,法律出版社2007年版,第41页;黄喆:《保证与物的担保并存时法律规则之探讨——以〈物权法〉第176条的规定为中心》,《南京大学学报》(哲学·人文科学·社会科学)2010年第3期;崔建远:《物权:规范与学说——以中国物权法的解释论为中心》,清华大学出版社2011年版,第753页;江海、石冠彬:《论共同担保人内部追偿规则的构建——兼评〈物权法〉第176条》,《法学评论》2013年第6期;李红建、雷新勇:《人保与第三人物保的相互追偿及担保物权未设立的责任问题探讨》,《法律适用》2014年第8期。

④ 在"南京东部路桥工程有限公司与王军、杨捷、施彦平、王京、江苏瑞桓建设有限公司担保合同追偿纠纷上诉案"中,江苏省南京市中级人民法院(2016)苏01民终第3182号民事判决书即认为,虽然《担保法司法解释》规定承担了担保责任的担保人可以向债务人追偿,也可以要求其他担保人清偿其应当分担的份额。但《物权法》第176条只规定了提供担保的第三人在承担担保责任后有权向债务人追偿,未再规定提供物权担保的第三人与保证人之间的追偿权。根据上述法律规定的变化,从立法本意角度考量,本案中担保人之一承担担保责任后无权向其他担保人行使追偿权。另有涉及混合共同担保的裁判案例中,法院以判决结果中的表述表明了其不承认担保人之间内部求偿关系的立场。如"北京大唐燃料有限公司与山东百富物流有限公司、天津百富实业有限公司等买卖合同纠纷上诉案"(最高人民法院(2015)民一终字第371号民事判决书)中,判令"(二)债权人对债务人抵押的……房屋享有优先受偿权;(三)保证人甲、保证人乙、保证人丙对上述款项在债权人向债务人主张物的担保仍不能实现的部分承担连带清偿责任。在承担连带清偿责任后,保证人甲、保证人乙、保证人丙有权向债务人追偿;(四)债权人对物上保证人甲持有的……90%股权享有优先受偿权。物上保证人甲承担担保责任后,有权向债务人追偿;(转下页)

如，福建省高级人民法院民二庭《担保物权纠纷案件若干问题研究》一文认为，相较《担保法司法解释》第 38 条，《物权法》第 176 条否定了担保人之间的求偿权，"《担保法司法解释》第 38 条第 1 款由于与《物权法》第 176 条规定不一致，因此不能再继续引用作为审判依据"。"如果允许担保人之间互相追偿，则意味着没有履行担保义务的担保人除了为债务人提供担保外，还必须被强制为其他担保人提供担保，这实际上部分违背担保人仅对债务人提供担保的初衷。"

肯定说的主要理由在于：其一，就混合共同担保中担保人之间的内部求偿问题，《物权法》第 176 条虽未作明文规定，但并不表明立法者否定已承担担保责任的担保人向其他担保人求偿。① 自解释论立场，新颁布的法律对既有规则的"沉默"并不必然意味着是对原有规则的否定，《担保法司法解释》第 38 条仍有适用空间。② 在解释上，可运用目的性限缩的方法，将《担保法》第 28 条"物的担保"限定为债务人自己提供物的担保的情形，即在物的担保由债务人自己提供的情形下，仍适用"保证人对物的担保以外的债权承担保证责任"，保证人享有顺序利益，而在物的担保由第三人提供的情形下，保证人与物上保证人地位平等，彼此之间不产生顺序利益。这样不仅理顺了《担保法》第 28 条与《担保法司法解释》第 38 条的关系，也同时消解了《担保法》第 28 条与《物权法》第 176 条之间的冲突。③ 其二，"如果保证人和物上保证人没有就承担担保

（接上页）（五）债权人对物上保证人乙抵押的……房屋享有优先受偿权。物上保证人乙承担担保责任后，有权向债务人追偿；（六）债权人对物上保证人丙持有的……45% 股权享有优先受偿权。物上保证人丙承担担保责任后，有权向债务人追偿；（七）债权人对物上保证人丁持有的……45% 股权享有优先受偿权。物上保证人丁承担担保责任后，有权向债务人追偿"，均只认可了保证人或物上保证人对于债务人的求偿权。

① 王利明：《物权法研究》（第四版下卷），中国人民大学出版社 2016 年版，第 1114 页；"湖北汇城置业有限公司与十堰荣华东风汽车专营有限公司、顾正康等追偿权纠纷上诉案"（湖北省高级人民法院（2014）鄂民二终字第 00078 号民事判决书）等。

② 黄忠：《混合共同担保之内部追偿权的证立及其展开——〈物权法〉第 176 条的解释论》，《中外法学》2015 年第 4 期。

③ 关倩：《论审理混合担保内部求偿权案件的裁判规则——以碰撞漏洞填补方法为研究视角》，载《人大法律评论》2013 年第 1 辑，中国人民大学出版社 2013 年版，第 120—121 页。

责任后如何分担进行约定,则其权利义务的事后平衡应当适用公平原则予以实现。担保人承担担保责任后,其他担保人担保责任随之免除,就其所订立担保合同面临的风险而言,获得了实际的法律利益,如禁止承担担保责任的担保人请求分担清偿则会显失公平"①。其三,"如果禁止担保人之间的追偿,则会鼓励债权人与某一担保人串通、恶意选择其他担保人承担责任从而免除其应负担保责任的滥用选择权情形发生,明显有违诚实信用原则"②。其四,"法理通说认为担保人承担担保责任后,继受了债权人地位,因此对债务人的追偿以及对其他担保人的清偿请求,均源自债权的效力,所发生的法律关系也属于债法范畴,不属于物权法调整范围"③。担保人承担担保责任后,其取代原债权人的地位,享有原债权的效力,自可承受原债权的担保权。基于此种债权地位的法定移转,亦可得出担保人之间存在内部求偿关系的结论。④ 由此可见,"正确的态度还是应回到法理基础上去探讨追偿的合理性,再从外部关系的明确规定上推论出内部关系的法律漏洞,并予以目的补充。当然结论也是肯定的,即肯定内部追偿存在"⑤。

司法实践中大多数裁判采纳了肯定说的观点,承认了混合共同担保情形下各担保人之间的内部求偿权,当事人也未以一审判决违反《物权法》第176条而提出上诉,二审法院也未以此为由而改判。⑥ 更有地方高级人民法院在司法文件中明确了这一司法态度。例如,湖北省高级人民法院民二庭《当前商事审判疑难问题裁判指引》(2016年11月)第22条"担保人承担担保责任后行使追偿权的对象和范围"中指出:"同一债权既有

---

① "湖北汇城置业有限公司与十堰荣华东风汽车专营有限公司、顾正康等追偿权纠纷上诉案"(湖北省高级人民法院(2014)鄂民二终字第00078号民事判决书)。

② "湖北汇城置业有限公司与十堰荣华东风汽车专营有限公司、顾正康等追偿权纠纷上诉案"(湖北省高级人民法院(2014)鄂民二终字第00078号民事判决书)。

③ "湖北汇城置业有限公司与十堰荣华东风汽车专营有限公司、顾正康等追偿权纠纷上诉案"(湖北省高级人民法院(2014)鄂民二终字第00078号民事判决书)。

④ 程啸:《混合共同担保中担保人的追偿权与代位权——对〈物权法〉第176条的理解》,《政治与法律》2014年第6期;张尧:《混合共同担保中担保人内部求偿的解释论》,《法学家》2017年第3期。

⑤ 耿林:《比较法视野下的混合共同担保》,《江汉论坛》2017年第6期。

⑥ 详细的案例整理参见黄忠《混合共同担保之内部追偿权的证立及其展开——〈物权法〉第176条的解释论》,《中外法学》2015年第4期。

保证又有第三人提供物的担保的，债权人可以请求保证人或者物的担保人承担担保责任。当事人对保证担保的范围或者物的担保的范围没有约定或者约定不明的，承担了担保责任的担保人，可以向债务人追偿，也可以要求其他担保人清偿其应当分担的份额。"

（3）债权人放弃物的担保的，保证人的责任承担问题。《担保法》第28条采取"物的担保责任绝对优先说"，于其第2款规定："债权人放弃物的担保的，保证人在债权人放弃权利的范围内免除保证责任。"这一规定是"物的担保责任绝对优先说"的当然结论。在这里，立法者显欲给予人的担保较为有利、更为优越的地位，即只有保证人对物上保证人才享有求偿权。

《担保法解释》第38条对于同一债权既有人的担保又有第三人提供的物的担保的，改采"物的担保责任与人的担保责任平等说"，其第1款规定，保证人与物上保证人应分担担保责任，但其第3款中规定："保证人在债权人放弃权利的范围内减轻或者免除保证责任"，与第1款相互矛盾。该条第3款的规定实际上是对《担保法》第28条第2款的补充解释，而《担保法》第28条第2款的前提是"物的担保责任绝对优先说"，亦即物的担保责任优先，人的担保责任仅具有补充性，债权人放弃多少物的担保，保证人即免责多少。《担保法解释》第38条改变（或限缩解释）了《担保法》第28条第1款，但却保留其第2款，彼此之间的矛盾无法在条文内化解，不能不说是一种遗憾。

《物权法》未明确认同物的担保与人的担保并存时的求偿关系，在相关规定之中制度缺失之处明显存在。第一，《物权法》第194条和第218条均只承认债务人以自己的财产设定物的担保时，债权人放弃物的担保，保证人在物上保证人（债权人）丧失优先受偿权益的范围内免除担保责任，对第三人提供物的担保和人的担保并存时，债权人放弃物的担保时，保证人的担保责任有何影响未显明文。第二，从立法原意而言，《物权法》不承认物上保证人和保证人之间的求偿关系，[1] 其符合逻辑的推论：无论债务人放弃物的担保或人的担保，对另一保证人的担保责任均不发生影响，这明显有违公平原则。在"物的担保责任与人的担保责任平

---

[1] 胡康生主编：《中华人民共和国物权法释义》，法律出版社2007年版，第381—382页。

等说"之下，物上保证人与保证人对担保责任本有分担份额的存在，如债务人放弃物的担保或人的担保，另一保证人即多承担了其本不应分担的份额，至为不公。第三，由于笔者主张在物的担保与人的担保并存时统一采取"物的担保责任与人的担保责任平等说"，而不分物上保证人是债务人抑或其他人，《物权法》上述规定则应改为"其他担保人在抵押权人（质权人）应当分担责任的限度内免除担保责任"。

由前述可见，《物权法》所设立的相关规则既不同于《担保法》又不同于《担保法解释》。

三 民法典编纂中的立法论

民法典编纂过程中，前述讨论的争议问题依然存在，但主要争论点在于债权人是否有权选择履行义务人和是否应当承认担保人之间的追偿权问题。

就债权人选择实现债权的权利，有不同观点：第一，债权人自由选择说。即便有主债务人自己提供担保，债权人有权选择任一担保人承担全部责任，且不构成对其他担保人放弃权利，未能清偿债权，仍可向其他担保人主张实现债权。① 第二，债务人物的担保优先说。当事人就担保顺位无特别约定情形下，债权人应先就债务人提供的担保清偿，无债务人提供担保时，债权人可自由选择。② 第三，特定条件下债务人物的担保优先说。债务人自己提供担保的，保证为一般保证时，债权人应先选择债务人的物保清偿，但保证为连带责任保证时，债权人有权任意选择任一担保人承担担保责任。③ 基于保护保证人权益考量，应明确保证人是否放弃先诉抗辩权，否则债权人不享有实现债权的任意选择权。④

就相互追偿权问题，支持混合共同担保中担保人之间追偿权的观点认

---

① 耿林：《比较法视野下的混合共同担保》，《江汉论坛》2017年第6期；高圣平：《论担保物权"一般规定"的修改》，《现代法学》2017年第6期。

② 刘保玉：《第三人担保的共通规则梳理与立法规定的完善》，《江西社会科学》2018年第10期。

③ 凌捷：《混合共同担保若干争议问题研究》，《政治与法律》2016年第6期；温世扬、梅维佳：《混合共同担保之内部追偿权研究》，《学习与实践》2019年第6期。

④ 赵旭东、徐佳咏：《论物保与人保并存纠纷中债权实现之顺位》，《商业经济与管理》2020年第1期。

为，为公平对待保证人和物上保证人，防止债权人引发的道德风险，若当事人之间未做担保份额的约定，应认定物上保证人与保证人之间作为连带债务人连带地负担保责任。① 追偿权其法理在于法定债权转移，即履行债务的担保人法定地受让债权及担保权利，因而可向其他债权人追偿。② 或认为，追偿权源于法定，应在立法上加以明确规定。③ 在承认担保人之间担保连带关系下，应当承认担保人之间的求偿关系，否则最容易引发道德风险。④ 连带担保责任源于各担保以其责任财产担保全部债权而具有"累积"性，其原理同累积因果关系的数人侵权，其价值目的仍在于公平考量，其本质为担保人承担按份债务且相互担保，因而有必要在立法上采用法定追偿权模式，而非以债权法定转移方式认定追偿权。⑤ 担保人之间的求偿权并未加重彼此的风险，也未超出担保预期，每个担保人都承担小于意欲承担的担保责任。⑥

还学者认为，基于意思自治，赋予债权人实现债权的自由选择权，应当以代位权和求偿权来保障保证人的权益，否则应直接规定物的担保优先，以免加重保证人的负担。⑦ 担保人之间可以约定是否可相互追偿，若无约定，基于公平原则，承认担保人的代位权，相应地也应承认承担担保责任的担保人可就其向债务人追偿不能的部分要求其他担保人承担相应份额。⑧ 抑或认为，基于物保人与保证人法律地位的平等，多人

---

① 程啸：《民法典物权编担保物权制度的完善》，《比较法研究》2018年第2期。
② 耿林：《比较法视野下的混合共同担保》，《江汉论坛》2017年第6期；温世扬、梅维佳：《混合共同担保之内部追偿权研究》，《学习与实践》2019年第6期。
③ 王利明：《民法典物权编应规定混合共同担保追偿权》，《东方法学》2019年第5期。
④ 高圣平：《担保物权司法解释起草中的重大争议问题》，《中国法学》2016年第1期。
⑤ 杨代雄：《共同担保人的相互追偿权》，《四川大学学报》（哲学社会科学版）2019年第3期。
⑥ 高圣平：《混合共同担保的法律规则：裁判分歧与制度完善》，《清华法学》2017年第5期。
⑦ 彭熙海、秦善奎：《当意思自治遭遇格式合同》，《湘潭大学学报》（哲学社会科学版）2020年第1期。
⑧ 刘保玉：《第三人担保的共通规则梳理与立法规定的完善》，《江西社会科学》2018年第10期；凌捷：《混合共同担保若干争议问题研究》，《政治与法律》2016年第6期。

共同担保同一债务且担保总额超出债权额时，应认定担保人之间存在连带担保责任，继而担保人承担超出其应承担的担保责任后享有法定代位权。①

还有学者认为，担保人之间的关系可以是连带责任担保，也可以是一般担保，因而担保人之间的内部追偿权仅可向同顺位的其他担保人主张。② 担保人之间的平等仅限于连带责任保证场合，而不包括一般保证，求偿权的顺序也受此条件限制。③ 责任顺序在先的担保人承担担保责任之后对责任顺序在后者并不享有求偿权。

合同编共同保证追偿权规则不能解决混合共同担保中追偿权问题,④ 建议在《物权法》第176条基础上规定担保人的法定求偿权,⑤ 且追偿权应仅能行使一次而不得循环追偿。⑥

反对立法承认追偿权的观点认为，首先，将不具有内在联系的物上义务（担保）和债的义务（保证）在立法上强行拟制为共同关系，违背债的相对性，且改变了自己责任原则而建立了共同责任原则；其次，担保人之间无连带负责的意思时，应坚持意思自治原则，尊重担保人无追偿权的预期意思，而不可贸然用公平原则加以矫正；最后，道德风险和交易成本更多局限于单一交易关系进行分析，而前述观点忽视了混合担保中存在的各种复杂的交易关系。⑦

---

① 谢鸿飞：《共同担保一般规则的建构及其限度》，《四川大学学报》（哲学社会科学版）2019年第4期。

② 汪洋：《共同担保中的推定规则与意思自治空间》，《环球法律评论》2018年第5期。

③ 沈森宏：《混合共同担保的偿债顺序》，《华东政法大学学报》2017年第4期。

④ 王利明：《民法典物权编应规定混合共同担保追偿权》，《东方法学》2019年第5期。

⑤ 谢鸿飞：《共同担保一般规则的建构及其限度》，《四川大学学报》（哲学社会科学版）2019年第4期。

⑥ 王利明：《民法典物权编应规定混合共同担保追偿权》，《东方法学》2019年第5期。

⑦ 崔建远：《混合共同担保人相互间无追偿权论》，《法学研究》2020年第1期。

四 简要总结

物的担保责任与人的担保责任之间的关系，主要涉及债权人与保证人、物上保证人之间以及保证人与物上保证人之间的关系，与公益无涉，因此，宜由当事人自由约定。如当事人约定物的担保责任或人的担保责任优先，抑或物的担保责任与人的担保责任平等，则均无不可。如当事人没有相反约定，宜采"物的担保责任与人的担保责任平等说"。由于笔者赞同"物的担保责任与人的担保责任平等说"，因此，笔者同时主张保证人与物上保证人相互之间均可发生求偿权。

其一，在论证担保人之间的求偿关系时，学者间多以连带债务或不真正连带债务为其理论基础。[1] 人保和物保并存时，各担保人之间如无约定，在表面上看来确实不存在任何法律关系，但"为同一债务担保"的共同目标实际上已经使他们之间建立了联系。在解释上，债权人对于物上保证人所享有的是就担保物优先受偿的物上请求权，并不是债务履行请求权。由此，物上保证人对于债权人也就并不负有债务，自不会与保证人负同一债务，从而并无成立连带债务的可能。保证人与物上保证人之间并非连带债务人，亦非不真正连带债务人。但是，因为同一债务提供担保的事实而使各担保人与债权人之间构成担保之连带或竞合，[2] 这也是债权人在主张担保权利时可以就保证人和物上保证人之间享有选择权的逻辑前提。这一"担保之连带"并无须当事人作出约定，也并不意味着各担保人之间构成相互担保或者反担保。在大多数国家，通说认为，数个从属保证人在不存在特别协议且为同一债务提供担保的情况下，一般要像连带债务人那样负担内部责任，[3] 多数连带债务人之间的求偿规则也适用于多数保证

---

[1] 程啸：《混合共同担保中担保人的追偿权与代位权——对〈物权法〉第176条的理解》，《政治与法律》2014年第6期。

[2] 郑冠宇：《再论担保之竞合》，《山东科技大学学报》（社会科学版）2010年第5期。

[3] Study Group on a European Civil Code, Research Group on EC Private Law (Acquis Group), *Principles, Definitions and Model Rules of European Private Law: Draft Common Frame of Reference (DCFR), Full Edition*, Volume 3. Munich: Sellier. European Law Publishers GmbH, 2009, p. 2563.

人之间，因为所有保证人的处境是一样的。① 多数保证人之间的内部求偿规则同样适用或类推适用于物上保证人。②《欧洲示范民法典草案》也因此而明确规定了保证人与物上保证人对于债权人的担保连带关系以及相互之间的求偿关系。③ 在法理上，还有另外一个论证路径。满足了债权人权利主张请求的担保人，可以代位行使债权人对债务人的权利，包括该债务人为该债务所设定的担保权利。此即所谓担保人的代位权。④ 求偿权人在求偿范围内才代位承受债权人的权利，求偿权人对于其他担保人在求偿范围内，成立多数个别之债，求偿权人不得因其承受债权人的权利而对其他担保人主张全部给付请求权。

其二，在各自独立提供担保的情形之下，每个担保人根据各自的约定分别承担全部的担保责任，但在担保人得知还有其他担保人时，其真实意思又是什么？难道还是自己完全独自承担担保责任，别的担保人不承担担保责任吗？难道不是"因为还存在其他担保人，我肯定不会承担全部的担保责任"？此时，承担担保人之间的求偿关系，让他们共同分担风险，并没有超出各担保人提供担保时的预期，因为每个担保人所承担的担保责任

---

① Study Group on a European Civil Code, Research Group on EC Private Law (Acquis Group), *Principles, Definitions and Model Rules of European Private Law: Draft Common Frame of Reference (DCFR), Full Edition*, Volume 3. Munich: Sellier. European Law Publishers GmbH, 2009, p. 2558.

② Study Group on a European Civil Code, Research Group on EC Private Law (Acquis Group), *Principles, Definitions and Model Rules of European Private Law: Draft Common Frame of Reference (DCFR), Full Edition*, Volume 3. Munich: Sellier. European Law Publishers GmbH, 2009, p. 2565.

③ 《欧洲示范民法典草案》第9—7：108条（多数担保人的连带责任）规定："(1) 数个担保物权担保同一债务或某一债务中的相同部分的，担保权人可以选择行使任一、数个或所有担保物权以满足其债权。相应地适用第4.7—1：105条（多数保证人：对债权人的连带责任）的规定。(2) 除一个或多个担保物权之外，还有一人或多人提供了保证的，准用本条第 (1) 款的规定。"第9—7：109条（物上保证人的求偿权）规定："担保债务已通过对担保人的财产实现担保物权得以清偿的，数个物上保证人之间或物上保证人与保证人之间的求偿权，以及担保人对债务人的求偿权，准用第4.7—2：113条（保证人履行保证义务之后的权利）、第4.7—1：106条（多数保证人：内部求偿权）及第4.7—1：107条（多数保证人：对债务人的求偿权）的规定。"

④ 就我国《担保法》和《物权法》上是否承认担保人的代位权，尚存争议。参见程啸、王静《论保证人追偿权与代位权之区分及其意义》，《法学家》2007年第2期。

均小于其在提供担保时所意欲承担的担保责任。此际，又何来"侵犯其他担保人权益"一说？那是不是说只有其他担保人一点责任没有，把自己是否承担责任完全取决于债权人的选择，才是符合所有当事人的意愿？正如《欧洲示范民法典草案》的起草者所言，"'一切'责任均由最先履行的保证人承担，而其他保证人并不负担任何责任，是专断的、不公正的。"① 在债权人需要向担保人主张权利的时候，债务人的清偿能力实值得怀疑，某一担保人承担了担保责任之后，在向债务人求偿之前，可能希望向其他担保人求偿，因为他们的财务状况可能比债务人更好一些。② 债权人的自由选择和担保人之间的风险分担，是有内在关联性的制度构成要素，不可任意取舍。既然我国《物权法》允许债权人任意选向保证人或物上保证人主张权利，又不规定担保人间可透过求偿权分担风险，是规则上的不协调。③ 基于保证人与物上保证人的平等地位，由二者合理分担风险才符合公平原则。④

在比较法上，各自独立的担保人之间是否存在"担保之连带"，各国的处理并不一致。⑤ 例如，在英国，各自独立的担保行为，各自独立承担担保责任。⑥ 在意大利，各自独立的保证人无意实现共同利益时，多数保证人的责任是可分的，然而，承担了责任的保证人可以代位行使债权人对

---

① Study Group on a European Civil Code, Research Group on EC Private Law (Acquis Group), *Principles, Definitions and Model Rules of European Private Law: Draft Common Frame of Reference (DCFR), Full Edition*, Volume 3. Munich: Sellier. European Law Publishers GmbH, 2009, pp. 2565-2566.

② Study Group on a European Civil Code, Research Group on EC Private Law (Acquis Group), *Principles, Definitions and Model Rules of European Private Law: Draft Common Frame of Reference (DCFR), Full Edition*, Volume 3. Munich: Sellier. European Law Publishers GmbH, 2009, p. 2682.

③ 孙毅：《混合共同担保法律问题之思考》，《月旦民商法》2009年第24期。

④ 孙鹏：《论保证与物的担保并存时之责任——兼析债权人担保维持义务之确立》，《月旦民商法》2007年第16期。

⑤ Study Group on a European Civil Code, Research Group on EC Private Law (Acquis Group), *Principles, Definitions and Model Rules of European Private Law: Draft Common Frame of Reference (DCFR), Full Edition*, Volume 3. Munich: Sellier. European Law Publishers GmbH, 2009, p. 2550.

⑥ Geraldine Mary Andrews and Richard Millet, *Law of Guarantees*, 4th edition, London: Sweet & Maxwell, 2005, pp. 4-011.

其他保证人的权利。① 有些国家无视缔约情形，推定各自独立的保证人之间承担连带责任，无论保证人是否共同行动，也无论他们是否知道其他保证人是否存在，均应适用连带责任的一般规则。② 类似的推定也存在于法国、比利时和卢森堡等罗曼语系国家。③ 在《欧洲示范民法典草案》起草过程中，学者们大多认为，各个担保合同订立的场合或时间的差异，对担保人之间的内部关系的确定没有影响。实际上，所有担保人的处境是一样的：他们都是主债务履行的担保人，应当分担同样的风险。④ 该草案第4.7—1：105 条（多数保证人：对债权人的连带责任）第（1）款因此规定"这一规定也适用数个保证人分别独立地提供担保的情形。"该条规定因第 4.7—1：106 条而适用于保证人与物上保证人之间，亦即即使保证人与物上保证人分别独立地提供担保，亦应对债权人连带负责，彼此之间也存在求偿关系。

其三，就担保债权实现而言，人保与物保并无实质上的区别，保证人与物上保证人均系以自己的责任财产为债权提供担保，只不过前者提供一般担保，后者提供特别担保而已；债权人均是就担保人的责任财产主张权利，只不过就物上保证人的特定责任财产可以主张优先受偿而已，债权人向保证人主张保证债权，并非就保证人自身主张权利，满足

---

① Study Group on a European Civil Code, Research Group on EC Private Law (Acquis Group), *Principles, Definitions and Model Rules of European Private Law*: *Draft Common Frame of Reference* (*DCFR*), *Full Edition*, Volume 3. Munich: Sellier. European Law Publishers GmbH, 2009, p. 2550.

② 《德国民法典》第769条、《荷兰民法典》第7：850条第3项、第6：6条第2项、《奥地利民法典》第1359条、《瑞士商法典》第10章第11条。Study Group on a European Civil Code, Research Group on EC Private Law (Acquis Group), *Principles, Definitions and Model Rules of European Private Law*: *Draft Common Frame of Reference* (*DCFR*), *Full Edition*, Volume 3. Munich: Sellier. European Law Publishers GmbH, 2009, p. 2554.

③ 《法国民法典》第2302条。Study Group on a European Civil Code, Research Group on EC Private Law (Acquis Group), *Principles, Definitions and Model Rules of European Private Law*: *Draft Common Frame of Reference* (*DCFR*), *Full Edition*, Volume 3. Munich: Sellier. European Law Publishers GmbH, 2009, p. 2554.

④ Study Group on a European Civil Code, Research Group on EC Private Law (Acquis Group), *Principles, Definitions and Model Rules of European Private Law*: *Draft Common Frame of Reference* (*DCFR*), *Full Edition*, Volume 3. Munich: Sellier. European Law Publishers GmbH, 2009, p. 2550.

债权的也只能是保证人责任财产的变价款。更何况，信贷实践中多以担保财产能足额清偿债务为前提，保证人与物上保证人的担保范围并无区别，所谓"物保对物上保证人而言将失去屏障作用"仅出现于物上保证人提供不足额担保而言，实无普遍价值。"在实现担保的功能上，物的担保与人的担保并不存在优劣之分，它们被认为是等效的。"[1] 准此，在法律上对人保、物保并存时的担保人求偿关系未作规定的情况下，类推适用共同保证的相关规则并无障碍。在欧洲，大多数学者认为物上保证人和保证人应作同等对待。[2] 在法国、英格兰、芬兰、比利时法上，物上保证人和保证人地位相当，应负担连带责任；在德国和西班牙法上，由于债务或权利内容不同，保证人和物上保证人之间在技术上不认为是连带债务人，但法院将其认定为不真正连带债务，也达到了同样的效果。[3]《欧洲示范民法典草案》第 4.7—1：105 条（多数保证人：对债权人的连带责任）第（2）款明确规定，保证人与物上保证人并存时准许使用多数保证人时的规则。

人保、物保并存时的制度构成必须具有内部协调性，包括规则本身的协调性和相关制度之间的协调性，如与共同保证、共同抵押、连带债务等之间应保持协调。"这些制度中的一些规则可以相互援用。"[4] 欧洲统一法上的发展无疑证明了这一点。《欧洲示范民法典草案》上就多数担保人之间的内外部关系做了一体处理，规定保证人之间、保证人与物上保证人之间的求偿关系的第 4.7—1：106 条[5]、规定物上保证人之间求偿关

---

[1] 薛军：《论"提供担保"义务的履行规则》，《法学》2006 年第 4 期。

[2] Study Group on a European Civil Code, Research Group on EC Private Law (Acquis Group), *Principles, Definitions and Model Rules of European Private Law: Draft Common Frame of Reference (DCFR), Full Edition*, Volume 3. Munich: Sellier. European Law Publishers GmbH, 2009, p. 2553.

[3] Study Group on a European Civil Code, Research Group on EC Private Law (Acquis Group), *Principles, Definitions and Model Rules of European Private Law: Draft Common Frame of Reference (DCFR), Full Edition*, Volume 3. Munich: Sellier. European Law Publishers GmbH, 2009, pp. 2555-2556.

[4] 孙毅：《混合共同担保法律问题之思考》，《月旦民商法》2009 年第 24 期。

[5] 《欧洲示范民法典草案》第 4.7—1：106 条（多数保证人：内部追偿权）第 1 款规定："保证人之间或保证人与物上保证人之间的追偿权，适用第 3—4：107 条（连带债务人之间的追偿）的规定。"

系第 9—7：109 条①，与规定连带债务人之间求偿关系的第 3—4：107 条做到了体系上的一致。现在的关键是，是均承认担保人之间的求偿关系，还是均不承认担保人之间的求偿关系。② 笔者认为，在承认保证人与物上保证人的担保连带关系之下，在体系贯通之下，相关规则更应与连带债务相一致，保证人与物上保证人之间的求偿关系自然迎刃而解。

然而，《全国法院民商事审判工作会议纪要》第 56 条规定："被担保的债权既有保证又有第三人提供的物的担保的，担保法司法解释第 38 条明确规定，承担了担保责任的担保人可以要求其他担保人清偿其应当分担的份额。但《物权法》第 176 条并未作出类似规定，根据《物权法》第 178 条关于'担保法与本法的规定不一致的，适用本法'的规定，承担了担保责任的担保人向其他担保人追偿的，人民法院不予支持，但担保人在担保合同中约定可以相互追偿的除外。"该条表明其否定担保人之间追偿权的司法态度。立法论上，《民法典》第 392 条也未明文承认担保人之间的追偿权。但是，《民法典》第 700 条规定了保证人基于债权法定转让原理，在承担保证责任后，可依求偿权取得债权人对其他债务人的权利，同时也包括一些从属性权利，如担保权利。这为解释论上阐释担保人之间相互追偿权提供准据法基础。

第五节 担保物权的行使期间

担保物权人行使担保物权是否有期间限制，当事人是否可以自行约定行使期间，一直是学术界和实务界争论不休的问题。虽然《担保法司法解释》的相关规定在一定程度上平息了这些争议，但其中法理仍可辨析。

---

① 《欧洲示范民法典草案》第 9—7：109 条（物上保证人的追偿权）规定："担保债务已通过对担保人的财产实现担保物权得以清偿的，数个物上保证人之间或物上保证人与保证人之间的追偿权，以及担保人对债务人的追偿权，准用第 4.7—2：113 条（保证人履行保证义务之后的权利）、第 4.7—1：106 条（多数担保人：内部追偿权）及第 4.7—1：107 条（多数担保人：对债务人的追偿权）的规定。"

② 不过，也有学者从解释论的立场出发，认为共同保证人或共同抵押人之间存在内部求偿关系，保证人与物上保证人之间不存在内部求偿关系。参见崔建远《物权：规范与学说——以中国物权法的解释论为中心》，清华大学出版社 2011 年版，第 753—754 页。

一 解释论

（一）主要争议问题

本部分涉及《物权法》第202条的解释问题。第202条规定："抵押权人应当在主债权诉讼时效期间行使抵押权；未行使的，人民法院不予保护。"但这一规定所界定的期间是抵押权的诉讼时效，还是除斥期间，抑或超过这一期间对抵押权有何影响？这一规定是否表明质权、留置权等其他担保物权没有期间限制？当事人约定抵押权行使期间的效力如何？对上述问题，学界存在不同认识。

（二）各种观点

1. 担保物权行使期间[①]的性质

就《物权法》第202条规定的期间性质，学界存在以下两种不同认识。

第一种观点认为，此期间为诉讼时效[②]，该期间届满后，"抵押权人丧失的是抵押权受人民法院保护的权利即胜诉权，而抵押权本身并没有消灭"[③]。该条"人民法院不予保护"的表述类似于《民法通则》关于诉讼时效届满后的法律后果的表述。"从法律效果考量，物权法规定的抵押权司法保护期近似于抵押权的'诉讼时效'，因为与诉讼时效的法律效果一样，该司法保护期届满后抵押权并不消灭，'抵押权人丧失的是抵押权受人民法院保护的权利即胜诉权'，而且司法保护期的期间长短取决于主债权诉讼时效，主债权诉讼时效中断、中止、延长的，司法保护期也一样中断、中止、延长。主债权经法院裁判后不再计算诉讼时效，抵押权的司法

[①] 对约束担保物权的期间的名称，学界并未取得一致意见，有称"担保物权的存续期间"的，有称"担保物权的时效"的，有称"担保物权的实现期间的"，有称"担保物权的司法保护期"的，也有直接称"担保物权的期间"的。本书基于《物权法》第202条的规定，直接称为"担保物权的行使期间"，暂时搁置相关学说争议，以一个相对中性的词汇来指称该制度，便于对争议的评析。

[②] 胡康生主编：《中华人民共和国物权法释义》，法律出版社2007年版，第441页；屈茂辉主编：《物权法原理精要与实务指南》，人民法院出版社2008年版，第676页。

[③] 胡康生主编：《中华人民共和国物权法释义》，法律出版社2007年版，第441页。

保护期也不再继续计算，抵押权将一直受法律保护。"①

第二种观点认为，此期间为除斥期间或存续期间，该期间经过将导致抵押权的消灭。② 通说认为，在性质上，抵押权属于支配权，而不是请求权，依民法法理，抵押权不受诉讼时效之限制。抵押权不宜适用与其担保的债权相同的诉讼时效制度。③

持本观点的学者认为"诉讼时效说"突破了民法通说。此外，将《物权法》第 202 条解释为抵押权适用诉讼时效，将面临一个严重问题：在主债权诉讼时效完成后，质权和留置权是否适用诉讼时效？若作肯定解释，则将因《物权法》没有明确规定而违反物权法定原则；若作否定解释，则"抵押权适用诉讼时效，质权和留置权不适用诉讼时效"的解释结果必将构成对《物权法》第四编内部体系的违反。④ 亦有学者认为，"无论是为稳定担保关系的需要、利益平衡的需要和法律效率价值的要求，还是立法例的借鉴均不足以形成除斥期间扩张至担保物权的充分理由，因此，既有的对担保物权的除斥期间限制规则自身即不合理。既然如此，我国《物权法》第 202 条关于抵押权的限制期间当然不能理解为除斥期间。既然该限制期间不是除斥期间，那么，根据我国现有的权利的时间限制制度，该限制期间只能是诉讼时效。然而，依诉讼时效理论，诉讼时效客体仅为请求权，而不能是支配权。如此，《物权法》这一抵押权限制期间属性便处于尴尬境地。抵押权或担保物权既非除斥期间客体，也非诉讼时效客体，因此，《物权法》第 202 条关于抵押权的限制期间规定自出生即为一畸形不合理存在，理应修改或废止"⑤。

---

① 曹士兵：《中国担保制度与担保方法》，中国法制出版社 2007 年版，第 275 页。

② 刘贵祥：《〈物权法〉关于担保物权的创新及审判实务面临的问题》（下），《法律适用》2007 年第 9 期；吕伯涛主编：《适用物权法重大疑难问题研究》，人民法院出版社 2007 年版，第 292 页。

③ 梁慧星主编：《中国民法典草案建议稿及理由（物权编）》，法律出版社 2004 年版，第 343 页。

④ 王闯：《冲突与创新》，载梁慧星主编《民商法论丛》（第 40 卷），法律出版社 2008 年版。

⑤ 付小川：《担保物权为除斥期间客体之质疑——兼评〈物权法〉第 202 条》，《法学杂志》2009 年第 5 期。

2. 关于"行使抵押权"的理解

《物权法》第 202 条所规定的"在主债权诉讼时效期间行使抵押权"应当如何理解？是向法院提起诉讼或申请执行，还是仅向抵押人主张抵押权即可？如果将《物权法》第 202 条所定期间理解为抵押权的诉讼时效，是依诉讼时效中止的规定，抵押权人只需在主债权诉讼时效期间向抵押人主张权利，或抵押人在该期间内同意履行义务，无须抵押权人就此提起诉讼或申请仲裁，抵押权诉讼时效均中止。如果将《物权法》第 202 条所定期间理解为抵押权的除斥期间，则如何"行使抵押权"仍然存在疑问。

对此，有学者认为："如果抵押权人在司法保护期内与抵押人有过协商，在司法保护期届满后才请求法院启动司法程序，法院不因抵押权人在司法保护期内向抵押人主张过权利而放宽限制，抵押权仍然不受法律保护。"[①] 有学者认为，"从解释上，《物权法》第 202 条'行使抵押权'受到如下限制：第一，必须是在'债务人不履行到期债务或者发生当事人约定的实现抵押权的情形'之后至'主债权诉讼时效期间'届满之前行使抵押权，第二，行使抵押权的方式仅限于达成实现抵押权的协议以及向人民法院请求拍卖、变卖抵押财产，同时在上述期间之内，抵押权人向人民法院提起抵押权诉讼自是其行使抵押权的方式之一，并不一定以'请求人民法院拍卖、变卖抵押财产'为唯一方式"[②]。

3.《物权法》第 202 条是否适用于质权和留置权

与《担保法解释》第 12 条第 2 款不同，《物权法》第 202 条仅规定了抵押权的行使期间，该条是否准用于质权与留置权，有两种观点。

第一种观点认为，不适用于质权和留置权，"主债权诉讼时效届满后，担保物仍在担保权人的控制之下，担保权人可凭占有处分担保物，实现自己的权利。如果规定担保物权因主债权时效届满而消灭，与债务人不得对超时效行为之履行请求返还的民法基本原理相悖"[③]。为弥补第 202 条不适用于质权、留置权而造成的权利长期不行使的弊端，《物权法》

[①] 尹田：《法国物权法》，法律出版社 1998 年版，第 276 页。

[②] 高圣平：《担保物权的行使期间研究——以〈物权法〉第 202 条为分析对象》，《华东政法大学学报》2009 年第 1 期。

[③] 全国人大常委会法制工作委员会民法室：《物权法（草案）参考》，中国民主法制出版社 2005 年版，第 447 页。

第 220 条和第 237 条对出质人、债务人督促担保权人行使担保物权做了规定。这些条款应是对《物权法》没有关于主债权诉讼时效对质权、留置权的影响之规定可能带来的消极后果所采取的另类解决措施。①

第二种观点认为，应当适用于质权和留置权。第一，债权人占有担保物，并不一定能处分担保物。依《物权法》第 219 条第 2 款和第 236 条的规定，债权人处分担保物的前提是达到实现担保权的条件，即出现"债务人不履行到期债务或者发生当事人约定的实现质权的情形"或者"债务人逾期未履行"债务，债权人占有担保物只能保持质权和留置权的效力，仅依占有的事实，并不当然享有处分担保物的权利。如债权人对其占有的标的物并不享有担保权，则其占有属于无本权的占有，债权人非但不能处分占有物，还负有返还占有物的责任。第二，主债权诉讼时效届满后，债权人占有担保物并不意味着主债务人放弃时效利益向债务人清偿。虽然就诉讼时效完成后的自然债务，债务人主动清偿的，债权人有权受领并保有债务人的给付，但债权人对担保物的占有非为主债务诉讼时效准备届满后的清偿，而是基于合意或法定在债务履行期届满之前即已完成，其法律意义在于成立权或留置权，以担保债务的履行。② 第三，占有（交付）和登记本是担保物权公示的两种不同方法，两者之间本无效力上的差异，不能在主债权诉讼时效届满对担保物权行使的影响上，对以登记为公示方法的抵押权与以占有（交付）为公示方法的质权和留置权之间作区别对待。第四，主债权诉讼时效完成后，质权人、留置权人仍可行使其质权或留置权，其中所遇到的理论上的障碍与主债权诉讼时效完成后对抵押权人的行使不产生影响的弊端相当。

4. 当事人约定抵押权行使期间的效力

当事人约定抵押权行使期间的效力，有两种观点。

第一种观点认为，抵押合同中约定有抵押权存续期间的，其约定无效。抵押权为物权的一种，而物权原则上不受当事人所约定的期间的限制。若允许当事人约定抵押权的存续期间，直接与抵押权的物权性质发生冲突。再者，抵押当事人约定抵押权的存续期间，与抵押权担保债权受偿

---

① 刘贵祥：《〈物权法〉关于担保物权的创新及审判实务面临的问题》（下），《法律适用》2007 年第 9 期。

② 孙鹏：《论担保物权的实行期间》，《现代法学》2007 年第 6 期。

的目的亦不完全吻合。抵押权以抵押财产的交换价值担保债权的实现,从属于被担保的债权而存在,债权不消灭,抵押权没有单独归于消灭的理由;唯有债权消灭,抵押权始归于消灭。在现实生活中,抵押人或债务人利用抵押合同所约定的抵押权的存续期间,对抗抵押权人对抵押财产行使权利,将极大地损害抵押制度的功能。在保证担保的场合,保证人仅在保证责任期间内承担保证责任,因为保证为人的担保;而抵押担保并非人的担保,是以抵押财产的交换价值的持续存在担保债权受偿,抵押担保的信用取决于抵押财产的价值维系,若允许以存续期间限制抵押权的效力,将直接降低抵押担保的信用,这是健全抵押担保制度所应当避免的现象。因此,凡抵押人和抵押权人对抵押权的存续期间有约定的,不论其约定存续期间的原因、长短,一律无效。抵押权属于不受抵押人和抵押权人所约定的期间限制的担保物权。[1] 对于当事人可否约定抵押期限的问题,《担保法》立法过程中即有争论。《担保法》草案中,对抵押合同应包括的内容即规定了"抵押的期限"一项。有专家指出,抵押权属于担保物权,只要债权存在,抵押权也应同时存在,不应当规定抵押期限。《担保法》采纳了这一意见,在草案修改稿中删去了"抵押的期限",支持了此种观点。《担保法解释》第 12 条第 1 款更是对此做了明文规定。有学者认为,"受制于物权法定原则以及担保物权的功能、地位和性质等因素,原则上应否定当事人约定抵押权存续期间的效力。但在主债权因时效届满致抵押权长期不行使等情形下,依然允许抵押权存在则有悖诚信,故抵押权应受法定存续期间的制约以平衡抵押人和抵押权人的利益"[2]。

第二种观点认为,抵押人和抵押权人可以约定抵押期间,其主要理由有:第一,物权并非均具无期限性。物权中,除所有权、永佃权无存续期外,其他用益与担保物权均有存续期。约定的存续期届满即为物权消灭的原因之一。以所谓物权的无期限性作为拒绝承认抵押期限的理由是不成立的。第二,抵押权之附从性不能作僵化理解。附从性理论已由过去之"抵押权与债权之并存"理论,转称为"债权之可得发生"之理论。债权

---

[1] 中国物权法研究课题组(负责人:梁慧星):《中国物权法草案建议稿:条文、说明、理由及参考法例》,社会科学文献出版社 2000 年版,第 614—615 页。

[2] 张弛:《论抵押权的存续期间——兼评我国〈物权法〉第 202 条》,《法学》2010 年第 4 期。

之丧失，决定着抵押权之消灭，固为其附从性之基本体现。但抵押权消灭并不导致债权灭失，当然亦属其附从性之体现。自此角度论之，债权与抵押权各有其相对独立性，无必要固守"只要债权存在，抵押权、质权也应同时存在"的观念。① 第三，法律没有禁止性规定，根据意思自治原则，应当允许当事人对抵押期间予以约定。《担保法》第 39 条规定："当事人认为需要约定的其他事项"，解释上认为应当允许当事人约定抵押期间，部门规章中亦把抵押期间列为抵押合同的一项内容。② 第四，约定抵押权存续期限是附期限的民事法律行为，而附期限的民事法律行为已为《民法通则》和《合同法》所确认。③

《物权法》公布实施后，学界对当事人约定的担保物权行使期间的效力仍存争议。第一种观点认为："《司法解释》第 12 条第 1 款的规定系对物权法定原则的具体化，与物权法不相抵触，在物权法生效后仍得继续适用，应无疑问。"④ 第二种观点认为，当事人可以约定担保物权的行使期间，不过，如果当事人约定的担保物权的终止日与主债务履行期相同或早于主债务履行期间届满的，其约定无效；如果当事人约定的担保物权期间事实上长于主债权的诉讼时效，则视为当事人没有约定担保物权期间。⑤ 当事人也不得约定永久存续的抵押权⑥。

5. 期间届满，抵押权是否消灭？

抵押权"僵而不死"，其导致审判实践发生抵押权是否消灭的裁判分歧，且该条文义广泛，"这就给了法官通过法律解释的途径创造个案规范的空间，同时也产生了法官在依法裁判口号的掩饰下任意解释法律的可能"⑦。

---

① 翟云岭：《论抵押期限》，《政法论坛》1999 年第 2 期。
② 何志、王士教、单浩森主编：《担保法判解研究与适用》，中国政法大学出版社 1999 年版，第 308 页。
③ 王克先：《抵押权可以约定存续期限》，《律师与法制》1999 年第 3 期。
④ 曹士兵：《中国担保制度与担保方法》，中国法制出版社 2007 年版，第 276 页。
⑤ 孙鹏：《论担保权的实行期间》，《现代法学》2007 年第 6 期。
⑥ 王利明：《物权法研究》（修订本下卷），中国人民大学出版社 2007 年版，第 461 页。
⑦ 孙超、杨留强：《法律解释方法在民法中的应用分析》，《湖北社会科学》2010 年第 9 期。

解释论上，学界对"抵押人能否单独就涂销抵押权登记提起诉讼"① 存疑，对抵押权是否消灭也是各执己见而难达共识。为清晰地表明学者在抵押权是否消灭问题上的态度，以下，拟分为消灭与不消灭两类来对学界观点进行梳理。

6. 抵押权消灭的观点

第一种观点认为，抵押权期间是除斥期间，期间经过而未行使抵押权，抵押权消灭，② 而不是抵押权人丧失胜诉权。③ 是否需要相对人以特定行为配合权利的实现决定适用的期间可变与否，行使抵押权无须相对人以特定行为配合，故适用不变期间，即除斥期间。④ 批评者认为抵押权消灭使得担保物权人利益实现丧失保障，不利于除斥期间稳定担保关系功能的实现。⑤

第二种观点没有在性质上明确认定其为何种期间，但在法律效果上认为抵押权在主债权诉讼时效期间经过后，应当消灭，而非丧失胜诉权或强制执行力。⑥ 或者认为可妥当地解释为存续期间，⑦ 名义上区别于诉讼时效期间，但计算方法上可以诉讼时效期间为准。⑧ 主债权诉讼时效完成后，抵押权消灭，这不仅没有违背诉讼时效仅适用于请求权的逻辑，也符合担保物权体系内在逻辑，并简单明快，便于操作。⑨ 抵押权会因主债权诉讼时效届满而成为"裸体权利"，以致债权人不能仅凭自己的意志单方

---

① 戴永盛：《论债权之罹于时效与担保物权之存续》，《法律科学》2014年第3期。

② 刘贵祥：《〈物权法〉关于担保物权的创新及审判实务面临的问题》（下），《法律适用》2007年第9期；翟云岭：《论抵押期限》，载董学立主编《担保法理论与实践》，中国法制出版社2016年版，第221页。

③ 何志、陈元舵：《抵押权存续期间应当为除斥期间》，《人民司法》2009年第14期。

④ 李锡鹤：《物权法论稿》，中国政法大学出版社2016年版，第485页。

⑤ 付小川：《担保物权为除斥期间客体之质疑》，《法学杂志》2009年第5期。

⑥ 程啸：《担保物权研究》，中国人民大学出版社2017年版，第73页。

⑦ 孙超、杨留强：《法律解释方法在民法中的应用分析》，《湖北社会科学》2010年第9期。

⑧ 王利明：《物权法研究》（下卷），中国人民大学出版社2016年版，第1211页；申卫星：《物权法原理》，中国人民大学出版社2016年版，第332页。

⑨ 王闯：《冲突与创新——以物权法与担保法及其解释的比较为中心而展开》，载梁慧星主编《民商法论丛》（第40卷），法律出版社2008年版，第297页。

就抵押物受偿,实际上因主债权诉讼时效完成而消灭。①"'人民法院不予保护'的抵押权事实上已不可能实现物权法规定的抵押权应当具有的任何物权效力。"② 抵押权因诉讼时效经过而消灭完全符合抵押权从属性逻辑。③ 反对者则认为,抵押人经过主债权诉讼时效即消灭,当债务人放弃时效抗辩时,债权请求权受法院保护,而抵押权却失效。④

第三种观点将其认定为失权期间,作为独立于诉讼时效期间和除斥期间的第三种期间类型,防止权利人不适当行使权利而损害他人的合理信赖。⑤ 但批评者认为,"义务人无法(亦无须)依据权利失效的理论,主动提起诉讼,以消灭或除去自己的义务或其物上负担(相对人的权利,例如抵押权)"⑥。失权期间在效果上并不导致权利的消灭,在要件上要求权利人不行使权利、对方信赖其不再行使并作出相应的安排。⑦ 可见,为达到相同法律后果,失权期间要件要求更为严格。

有学者进一步解释认为,《物权法》第 202 条规定的抵押权因存续期间届满而消灭是《物权法》第 177 条兜底条款所规定的担保物权特殊的消灭原因。⑧ 并且,主张抵押权消灭的一个重要理由是,在《物权法》第 191 条限制抵押物转让规则的体系效应下,抵押权不予消灭便不能主张注销抵押权登记,从而限制抵押物流转及其效用的发挥。⑨ 此外,抵押权消

---

① 孙鹏:《论担保物权的实行期间》,《现代法学》2007 年第 6 期。
② 邹海林:《抵押权时效问题的民法表达》,《法学研究》2018 年第 1 期。
③ 朱庆育:《民法总论》,北京大学出版社 2016 年版,第 545 页。
④ 徐洁:《担保物权与时效的关联性研究》,《法学研究》2012 年第 5 期。
⑤ 张永:《抵押权法定存续期间效力及性质的二重性分析》,《政治与法律》2014 年第 2 期。
⑥ "对于被担保的债权罹于时效后抵押权存续问题,权利失效的理论实际上'无用武之地'",详见戴永盛《论债权之罹于时效与担保物权之存续》,《法律科学》2014 年第 3 期。
⑦ 耿林:《论除斥期间》,《中外法学》2016 年第 3 期。
⑧ 孙超:《论抵押期间的立法价值与法律效力》,《内蒙古社会科学》(汉文版)2010 年第 1 期;张永:《抵押权法定存续期间效力及性质的二重性分析》,《政治与法律》2014 年第 2 期;孙鹏主编:《最高人民法院担保法司法解释精释精解》,中国法制出版社 2016 年版,第 243 页;申卫星:《物权法原理》,中国人民大学出版社 2016 年版,第 314 页。
⑨ 朱庆育:《民法总论》,北京大学出版社 2016 年版,第 545 页;张永:《抵押权法定存续期间效力及性质的二重性分析》,《政治与法律》2014 年第 2 期。

灭直接涉及公共利益，《物权法》第 202 条实际上认可法官可依职权主动审查抵押权期间是否届满。① 并且，法院应当明确判决抵押权实体权利消灭，以便抵押人依胜诉判决请求注销抵押权登记，② 实现《物权法》第 202 条的规范目的。③

无论界定为除斥期间、失权期间或存续期间，还是没有性质的认定，在法律后果上并无差异，都认定抵押权消灭，只是在行为模式即构成要件上有所差别。至于抵押权期间是否可变、行为模式上如何安排最为合理、抵押权消灭是否符合从属性以及期间性质如何，为行文方便，笔者将在后文做详细阐述。

7. 抵押权不消灭的观点

反对抵押权消灭的解释主要有：第一，"《物权法》第 202 条规定效力的发生，应取决于抵押人的抗辩"④。区别债务人担保与第三人担保，认为债务人提供担保时，其不得以时效利益抗辩权对抗担保物权："债务人若为担保人时，主债权诉讼时效届满使之不仅享有主债权时效抗辩利益，而且享有担保物权上的时效利益，似有悖债务人为融通资金（信用）而自愿提供担保的意愿，而且债务人在时效上双重受益似有不公。"⑤ 第二，"'法院不予保护'，非指抵押权已经消灭，只是抵押权人通过实现担保物权程序或诉讼程序实现担保物权，将不能获得法院支持"⑥。第三，"为了保障这种几乎可以忽略的可能性就突破'诉讼时效不适用于物权'的通说，开创担保物权本身罹于诉讼时效的特例，可谓因小失大"⑦。第四，抵押权只是丧失"程序上的胜诉权"，成为"自然

---

① 孙超：《论抵押期间的立法价值与法律效力》，《内蒙古社会科学》（汉文版）2010 年第 1 期。

② 戴永盛：《论债权之罹于时效与担保物权之存续》，《法律科学》2014 年第 3 期。

③ 孙超、杨留强：《法律解释方法在民法中的应用分析》，《湖北社会科学》2010 年第 9 期。

④ 李宇：《民法总则要义》，法律出版社 2017 年版，第 964 页。

⑤ 周中举、王明成：《主债权诉讼时效届满，担保物权消灭吗？》，载刘云生主编《中国不动产法研究》，法律出版社 2006 年版，第 336—337 页。

⑥ 李宇：《民法总则要义》，法律出版社 2017 年版，第 963 页。

⑦ 张永：《抵押权法定存续期间效力及性质的二重性分析》，《政治与法律》2014 年第 2 期。

抵押权",而并不消灭。① 第五,"主债权的诉讼时效期间虽为法院保护抵押权的期间,但其既不是抵押权的诉讼时效期间,亦不是影响抵押权的物权效力的期间法律事实,即抵押权不因这个期间的经过而消灭。"② 文义解释和体系解释都难得出《物权法》第202条中的"不予保护"即为"消灭"。③

其相应地认为,"该条第4项'法律规定担保物权消灭的其他情形',文义亦极为清楚,须'法律规定担保物权消灭',始足当之。法律仅对担保物权规定某种期限,而未规定期满即'消灭'的,当然不属于该项所称情形。"④ "如抵押人为主张抵押权因主债权诉讼时效期间届满而不应受法院保护,则法院不应主动适用该条规定。"⑤

（三）简要总结

就抵押权的行使期间的性质,笔者认为,将期间作"诉讼时效"与"除斥期间"非此即彼的区分,在逻辑上并不周延。在我国民法上,确实存在着既不具有"诉讼时效"性质,又不具有"除斥期间"性质的期间,如《民法通则》第137条规定的最长保护期、《担保法》规定的保证期间。学界对这些期间的性质一直争议不断,其主要原因在于上述非此即彼的解释论。我们大可抛开这两种区分,依规范本身定其性质,而不是生硬地套入这两者之一,造成解释论上的困难。准此,笔者认为,《物权法》第202条实际上规定的是主债权诉讼时效对抵押权行使的影响,是抵押权从属性的体现,并不是抵押权的诉讼时效,也不是抵押权的除斥期间。

《物权法》第202条所规定的"行使抵押权"自应依《物权法》的体系解释得以解决,而不能随意解释。依《物权法》第195条的规定,抵押权人行使抵押权有两种方式:第一,"与抵押人协议以抵押财产折价或者以拍卖、变卖该抵押财产所得价款优先受偿"。第二,"请求人民法院拍卖、变卖抵押财产"。由此可见,抵押权人在诉讼之外向抵押人行使抵

---

① 廖炜晃:《担保物权不因主债权诉讼时效结束后2年的经过而消灭》,《法律适用》2005年第6期。
② 邹海林:《抵押权时效问题的民法表达》,《法学研究》2018年第1期。
③ 徐洁:《担保物权与时效的关联性研究》,《法学研究》2012年第5期。
④ 李宇:《民法总则要义》,法律出版社2017年版,第964页。
⑤ 李宇:《民法总则要义》,法律出版社2017年版,第964页。

押权并无积极意义（除非达成实现抵押权的协议），抵押人承认抵押权的存在，对抵押权的行使也无实际价值（同样除非达成实现抵押权的协议）。

当事人关于担保物权行使期间的约定，无论长短，均属无效。同理，登记机构登记的担保物权（行使）期间亦属无效。但我们遗憾地看到，就在相关登记机构修改行政规章以删除"抵押期间"等登记事项之时，[1]中国人民银行发布的《应收账款质押登记办法》第 12 条却明文规定："质权人自行确定登记期限，登记期限以年计算，最长不得超过 5 年。登记期限届满，质押登记失效。"这不能不引起人们的深思。

该条中的"不予保护"在抵押权是否消灭后果上，态度较为暧昧。其可理解为抵押权仍然存在，抵押人可自愿承担抵押负担；也可以是抵押权效力减损，抵押人可基于从属性逻辑主张主债务人的时效利益抗辩权，但不得主张注销抵押权；也可以理解为抵押权实际上已经消灭，尤其是抵押人为主债务人且主张时效利益抗辩权时，抵押人可以主张注销抵押权登记。以上结论在该条之下都具有合理性。

二 民法典编纂中的立法论

立法论观点几乎一边倒地支持抵押权消灭，撇清担保物权从属性的约束，但在期间长短上有不同的主张。在期间性质上，多数学者认为应当规定为除斥期间。[2]

第一种，抵押权期间计算方式同诉讼时效，即《民法总则》规定的 3 年可变期间。抵押权经过该存续期间即消灭的主要理由在于不得注销的

---

[1] 例如，修正前的《城市房地产抵押管理办法》第 26 条明定"抵押期间"为房地产抵押合同条款之一，修正后即改为"债务人履行债务的期限"。

[2] 主张立法规定除斥期间的理由，比如："构建抵押权的除斥期间制度以限定抵押权的存续，较为简单易行，而且不会产生额外的、与物权体系或物权关系变动发生冲突的消极负担。"邹海林：《抵押权时效问题的民法表达》，《法学研究》2018 年第 1 期。"担保物权属于支配权的范畴而非请求权，依民法原理不受诉讼时效期间的限制，担保物权不宜适用于与债权相同的诉讼时效制度。但担保物权的行使又不能没有期间的限制，否则，将会助长担保物权人滥用其因为物权担保而取得之优势地位，也不利于物权担保交易关系的稳定。"何志、陈元舵：《抵押权存续期间应当为除斥期间》，《人民司法》2009 年第 14 期。

抵押权登记对抵押财产正常流转的影响,[1] 即便承认抵押权追及效力也是如此。[2] 期间计算方式上没有赋予超过诉讼时效的期限,主要在于保障抵押人的追偿权与债务人的时效利益。[3]

第二种,抵押权期间计算方式为诉讼时效外加一段不变期间。附加的不变期间有的主张诉讼时效完成后4年,[4] 也有的主张为2年。[5] 其理由在于尽可能撇清诉讼时效法律效果与抵押权期间的关系。[6] 但是当抵押人即债务人时,额外的两年期限,实际上是对主债权诉讼时效期限的延长,只是不发生中断或中止效果;第三人抵押时,虽然维护了抵押权作为物权的崇高地位,却无法对抵押人的追偿权和债务人时效利益保护(诉讼时效的制度目的)进行有效的平衡。

第三种,主张赋予抵押权自登记时起20年的存续期间,几乎完全撇清诉讼时效法律效果对抵押权的影响,只是对债务人提出时效抗辩后的利息及其他定期给付请求权不给予优先受偿权。[7] 此观点进一步彰显抵押权作为物权的优势地位,同样面临抵押人追偿权与债务人时效利益保护无法有效平衡的难题。

第四种,主张抵押权根据债权人是否起诉行使债权或抵押权适用不同的期间,起诉时期间计算方式同诉讼时效,不起诉时期间为债权成立时起20年,从而与请求权本身具有反复中断效力相适应。[8] 该观点将抵押权人不行使抵押权和起诉行使抵押权或债权同时作为抵押权存续期间长短的考量因素,以致抵押权是否及时消灭依赖于抵押权人是否起诉,产生法效果差异。

虽然以上观点都持抵押权经过一定期间消灭的态度,但由期间长短不同即行为模式的差异,可见其在抵押权人、抵押人与债务人的利益保护上

---

[1] 程啸:《民法典物权编担保物权制度的完善》,《比较法研究》2018年第2期。
[2] 高圣平:《论担保物权"一般规定"的修改》,《现代法学》2017年第6期。
[3] 高圣平:《论担保物权"一般规定"的修改》,《现代法学》2017年第6期。
[4] 邹海林:《抵押权时效问题的民法表达》,《法学研究》2018年第1期。
[5] 陈华彬:《物权法论》,中国政法大学出版社2018年版,第559页。
[6] 邹海林:《抵押权时效问题的民法表达》,《法学研究》2018年第1期。
[7] 徐洁:《担保物权与时效的关联性研究》,《法学研究》2012年第5期。
[8] 张驰:《论抵押权的存续期间》,《法学》2010年第4期。

各有侧重，有着不同的利益衡量和价值选择。

从裁判依据的角度，以"《中华人民共和国物权法》第202条"为检索条件，不限法院审级，搜索中国裁判文书网，并以"抵押权人未在主债权诉讼时效期间内行使抵押权"为线索，筛选出285个案例（案例整理截至2016年5月19日。这些裁判文书的类型，涵盖民事判决书、民事裁定书、行政判决书，其中以第一种为典型）。其中，认定主债权诉讼时效期间经过，抵押权归于消灭的有179例，占总案例比的62.8%；认定主债权诉讼时效期间经过，抵押权继续存续的有43例，占总案例比的15.1%；认定主债权诉讼时效期间经过，不予保护抵押权的有63例，占总案例比的22.1%。在67个经历了二审和（或）再审的案件中，两审法院之间对期间性质认识产生分歧的有11例，占总案例比的16.4%。造成两级法院作出不同裁判的原因也仅仅在于对期间性质认识的不一，而较少存在因法律适用等方面的错误而作出撤销原判决的情形。为防微杜渐产生争议，有些地方文件明确了司法态度。例如，《重庆市高级人民法院审理金融债权及担保纠纷案件研讨会纪要》（2009年）第二部分第（三）条指出："关于抵押权人在主债权诉讼时效期间届满后行使抵押权的法律后果，即《中华人民共和国物权法》第202条'抵押权人应当在主债权诉讼时效期间行使抵押权；未行使的，人民法院不予保护'之规定的理解问题，会议认为，该规定是对抵押权存续期限的规定，超过该期限未行使抵押权的，抵押权消灭。"

如此严重的解释冲突，亟待立法上予以明确。笔者建议将现行《物权法》第202条从"抵押权"章移至"一般规定"，一体适用于所有担保物权，将条文修改为："担保物权人未在主债权诉讼时效期间行使担保物权的，担保物权消灭。"（第1款）"当事人设定动产抵押权、应收账款质权，对担保物权的登记有效期间有约定的，从其约定；无约定的，自登记之日起有效期为五年。五年期满后，该担保物权消灭。期满前三个月担保物权人可以申请延展登记有效期，延展登记后，原登记有效期自其原定期间届满之日起再延长五年。"（第2款）"当事人设定其他担保物权，担保物权合同约定或者登记部门要求登记的担保物权存续期间，无效。"（第3款）这一修改建议有以下几个方面的考虑：

第一，主债权诉讼时效期间经过之后，如令担保该债权清偿的担保物权仍然存在，不管采取诉讼时效说，还是主债权诉讼时效影响说，均面临担保物交换价值沉淀的困境,不利于担保物的流通。主债权罹于时效之后,担保物权虽效力也随之贬损,但登记簿上的记载因担保物权并未消灭而无法涂销,在现行法上就抵押物的转让应经抵押权人同意的规则之下,除非抵押人清偿债务,取得抵押权人的同意在正常商事背景之下几乎不可能,该抵押物即退出流通领域;即使在民法典上承认抵押权的追及效力,不经抵押权人同意亦可转让抵押物,但登记簿上抵押权负担的记载,极大地影响受让人的商事判断,该抵押权是否丧失强制执行力?以什么价格受让该抵押物?均难以预先估计。如此,"允许存在丧失执行力的抵押权,除了使现实生活变得更加复杂外,并无实益"。在法政策上,主债权罹于时效之后,令担保物权消灭,使担保人取得涂销登记请求权,不失为理性的选择。学说上通常认为担保物权原则上不因时效经过而消灭,亦不因除斥期间的经过而消灭。担保物权因主债权罹于时效而消灭仅仅只是例外规定。"良以抵押权系不占有标的物之物权,自不宜令其久悬,有害于抵押人的利益。"

第二,在物上保证人提供担保的情形之下,主债权因罹于时效而效力减损,主债务人因此取得时效经过抗辩权。如此时担保人仍应承担担保责任,其承担担保责任之后自应有权向主债务人求偿。学说上认为,物上保证人的求偿权的发生原因不同于主债权债务关系,适用独立的诉讼时效期间,主债权债务关系的诉讼时效对求偿权不产生影响。准此,只要物上保证人的求偿权未罹于时效,主债务人自应满足物上保证人的求偿请求,不得援引其基于主债权债务关系已经取得的时效经过抗辩权。如此,主债务人因时间的经过而本已获得的时效利益丧失殆尽。因此,本建议稿没有采纳比较法上主债权诉讼时效期间届满一定期间(如5年)后担保物权消灭的立法例。

第三,就《物权法》第202条规定的抵押权行使期间是否准用于质权与留置权,参与立法的专家认为,"主债权诉讼时效届满后,担保物仍在担保权人的控制之下,担保权人可凭占有处分担保物,实现自己的权利。如果规定担保物权因主债权时效届满而消灭,与债务人不得对超时效行为之履行请求返还的民法基本原理相悖"。也有学者认为,有必要敦促质权人、留置权人及时行使权利,以免债务人的物(动产)上永久存在他人的权利,但因质权人、留置权人系直接占有质物或留置物,其较并不直接占有抵押物的抵押权人于法律效力上更强,应适用

3—5年的除斥期间。① 为弥补第202条不适用于质权、留置权而造成的权利长期不行使的弊端,《物权法》第220条和第237条对出质人、债务人督促担保权人行使担保物权做了规定。这些条款应是对《物权法》没有关于主债权诉讼时效对质权、留置权的影响之规定可能带来的消极后果所采取的另类解决措施。但债权人占有担保物,并不一定能处分担保物,也并不意味着主债务人放弃时效利益向债务人清偿,主债权诉讼时效完成后,质权人、留置权人仍可行使其质权或留置权,其中所遇到的理论上的障碍与主债权诉讼时效完成后对抵押权人的行使不发生影响的弊端相当。基于此,笔者主张,这一规则可以适用于质权和留置权。

第四,就当事人约定的或登记部门登记的担保物权的有效期的效力,《担保法解释》第12条第1款予以明确否定。本建议参考《联合国国际贸易法委员会动产担保交易立法指南》的规定,明确动产抵押权、应收账款质权有期间的限制,该期间允许当事人基于自主意思加以约定,未做约定,适用法定的5年期间;就该期间允许借由登记予以延展。如此设计主要是为了便捷动产交易,在一定程度上维护交易安全。但就其他担保物权,仍然维系目前的制度安排,即将本建议稿第1款作为强行法规范,不允许当事人自行约定,也不允许登记部门要求登记担保期间。

然而,《民法典》第419条规定:"抵押权人应当在主债权诉讼时效期间行使抵押权;未行使的,人民法院不予保护。"文字表述上,该条沿用了《物权法》第202条的表达。因此,前述的裁判实践问题和学界争议都有赖于今后从解释论上加以解决。《民商事审判会议纪要》第59条第1款规定:"抵押权人应当在主债权的诉讼时效期间内行使抵押权。抵押权人在主债权诉讼时效届满前未行使抵押权,抵押人在主债权诉讼时效届满后请求涂销抵押权登记的,人民法院依法予以支持。"第2款规定:"以登记作为公示方法的权利质权,参照适用前款规定。"其对主债权诉讼时效届满之于担保物权的法律后果进行了解释。将抵押人请求注销抵押权登记即主张抵押权消灭的意思表示考量进来,成为判断注销抵押

---

① 陈华彬:《论债权罹于消灭时效后担保物权的效力》,《法治研究》2019年第6期。

权登记即支持抵押权消灭的重要要件，具有合理性。第2款将以登记作为公示方法的权利质权也纳入该条适用范围内，区分占有型与登记型质权的不同方法的效果，也是对前述争议问题之一的回应。但依然有可商榷之处，这留待今后的司法解释对《民法典》第419条进行解释。

第七章

不动产担保物权

《物权法》担保物权编的外在体系设计延续了《担保法》的模式,以抵押权、质权、留置权为基本担保类型。绝大多数专著的体例结构也依此实体法的思路展开。本书在讨论担保物权的类型时,曾根据担保标的物的性质这一分类标准,将担保物权分为动产担保物权、不动产担保物权与权利担保物权。从实体法角度上看,2006年,法国对其担保制度进行了改革,其重点在于担保物权制度的现代化,按照"动产担保"和"不动产担保"划分了"物的担保",抵押、质押等担保方式拆分进上述两类担保物权中,这成为这种学理分类的典型代表。[①] 为了进一步讨论的需要,本书也将按照此分类模式进行阐述。

第一节 不动产担保物权的体系

不动产担保是以不动产为标的的担保制度。有学者指出,不动产担保物权是在抵押权和质权逐渐分化并最终形成两种截然不同的制度后慢慢类型化出来的一个与动产担保相对应的概念,在参考各个国家的民法典或者物权法的规定以及判例法所形成的不动产担保类型。将不动产担保物权分为不动产抵押权、不动产质权、不动产优先权、不动产留置权、土地债务和定期土地债务、英美法上的不动产按揭、英美法上不动产上的负担

---

① 李世刚:《关于法国担保制度的改革》,《政治与法律》2007年第3期。

等。① 而根据我国实体法上的规定，在中国法语境下的不动产担保物权主要是不动产抵押权。史尚宽认为，抵押权是担保物权的最理想状态。② 作为不动产担保法主干的抵押制度，在现代金融担保中处于核心的地位。有学者认为原因如下：首先，它具有强大的担保功能。自担保标的本身的性质来看，不动产较一般动产，价值高昂而且恒定，保值增值性优越，安全可靠。因而不动产是优质的担保标的物；其次，因为抵押权在法律构造上不以移转占有为必要，所以标的物留于所有权人手中，所有权人因此而保留物的使用价值，仅以其交换价值提供给抵押权人，从而使财物发挥二重效用。③

我国民法将质权的标的规定为动产和权利，仅有动产质权与权利质权之区分。所以不动产质权在我国仅是个学理上的概念，并无实体法意义。日本民法除动产质权与权利质权之外，更有不动产质权。法国民法的质权制度，有动产质权和不动产质权，而无权利质权。④ 不动产质权得就不动产为占有而使用、收益，与我国历史上长期存在并发挥着重要作用的典权存有相似之处。

一　立法论

（一）主要争议

典权是我国特有的一种物权制度。所谓典权，是指支付典价，占有他人不动产而为使用、收益的权利。传统上比较用益物权与担保物权的区别在其标的物的不同，权利标的为物之使用价值为用益物权，标的为担保债权得以清偿的为担保物权。然就典权而言其典权人时于典物有占有、使用、收益的权利，但应注意的是典权的范围不仅仅在于典物的用益，其另外包含了出典人无法回赎时典权人为取回等值典价而对典物所享有的处分权。也正因如此，典权在外部结构上同时具备了用益物权与担保物权的特征。在我国《物权法》立法过程中，典权制度曾经多次进出物权法草案，

---

① 徐海燕、李莉：《物权担保前沿理论与实务探讨》，中国法制出版社2012年版，第69—95页。
② 史尚宽：《物权法论》，中国政法大学出版社2000年版，第261页。
③ 徐洁：《担保物权功能论》，法律出版社2006年版，第162—163页。
④ 许德平：《典权与不动产质权之比较研究》，《山东法学》1999年第3期。

争议较大。

（二）各种观点

1. 典权的性质

对典权的性质学界却素有争议，明确其性质关涉将其编排进用益物权还是担保物权的立法体例问题。主要有以下四种观点：

第一，用益物权说。① 此说认为，典权性质上属于用益物权。理由如下：①典权是支付典价，占有他人的不动产而为使用收益之权，以对典物的使用价值的支配为内容，符合用益物权的特质。②担保物权须有债权存在，典权人支付给出典人的典价；是取得典权的代价，并非成立债权。③典权是主物权，而担保物权须从属于债权而存在。④典权到期，典权人不能请求出典人偿还典价，出典人如抛弃回赎权，即可使典权关系消灭。如典物价值低于典价，出典人对于不足部分不负清偿责任。相反担保物权消灭或不足清偿债务时，债务人仍负有清偿责任。两者明显不同。

第二，担保物权说。② 此说认为典权性质上属担保物权。其理由是：①典权的发生，多数由于出典人为融通资金而以典物作为借贷之担保。②在法制史沿革上，典、质、当、押均有债务担保之含义，并无明显区别。

第三，买卖契约说。分为二说：①附买回条件的买卖契约说，此说认为典权人依照其契约的成立，即占有他人所移转的不动产，本质上与买卖行为相同；且出典人行使回赎权，与附买回条件的买卖契约中，出卖人依照买回约定行使买回权，返还其价金而取回原物，没有实质区别。②买卖契约与消费借贷的混合契约说。此说认为典权在典物的移转与典价的取得方面来看，属于买卖契约，而从典价的移转与返还方面看，则属于消费借贷契约。

第四，特种物权说。此说认为典权为兼具担保物权及用益物权性质的特种物权。理由有四：①典权的最终目的是由典权人取得典物的所有权，典权人对于典物虽有使用收益的权能，但这项权能仅是其次要目

---

① 米健：《典权制度的比较研究——以德国担保用益和法、意不动产质为比较考察对象》，《中国政法大学学报》2001年第4期。

② 张圣：《典权性质之我见》，《法律适用》2008年第4期。

的，所以不能因此而认为典权是纯粹的用益物权。②典权是由担保物权发展而来，兼具用益物权及担保物权两方面的作用。③从其社会目的看，典权为融通资金确保借贷金钱偿还的制度，出典人无义务回赎典物，无非是法律赋予出典人任意选择回赎与否的权利，并不否认出典人有偿还典价的义务，若出典人到回赎期不回赎典物，典权人即以取得典物的所有权，作为出典人偿还典价的替代方法，因此，典价实质上是出典人所负的金钱债务，无论其名称为何，其实质不会改变，可见典权兼具有担保物权的功能。④担保物权是从物权，典权则为主物权，所以典权也不是纯粹的担保物权。①

2. 典权的存废

我国是否应当在立法中确立习惯法上的典权制度，学界有两种不同的主张，即典权保留说和典权废止说。

保留说主要理由有以下几点：①基于传统的考虑。杨立新认为，一千多年以来，典权制度在中国发挥了重要的融资和担保作用。《物权法》草案规定的绝大多数物权制度都是欧洲的制度。细细清点一下，唯有典权是中国固有的物权制度，保留下来，应当是有发扬传统、保持民族特色的意思。如梁慧星对此有更细致的阐述，他说："我国地域辽阔，各地经济发展不平衡，传统观念与习惯之转变不可能整齐划一，纵然只有少数人拘于传统习惯设定典权，物权法上也不能没有相应规则予以规范。物权法规定典权，增加一种交易、融资途径，供人民选择采用，于促进经济发展和维护法律秩序有益而无害。"② "典权是中国民法中保持下来的最具特色的传统法制，充分体现了中华民族崇敬祖先和济弱扶贫的道德观念及社会思想，物权立法应兼顾民族传统性和国际趋同性，既保留固有法的特色，又容纳继受法的借鉴。"③ ②基于典权的不可替代性考虑。典权可以同时满足用益需要和融资需要，典权人可以取得不动产之使用收益及典价之担保，出典人可保有典物所有权而获得相当于卖价之资金运用，以发挥典物

---

① 杨与龄：《有关典权的几项争议》，载苏永钦主编《民法物权争议问题研究》，清华大学出版社 2004 年版。

② 梁慧星主编：《中国民法典草案案建议稿附理由——物权篇》，法律出版社 2004 年版，第 294—295 页；柴荣：《典权制度探析——从民间基础的角度谈民法中保留"典"的必要性》，《汉江论坛》2007 年第 4 期。

③ 屈茂辉：《典权存废论》，《湖南省政法管理干部学院学报》2000 年第 2 期。

之双重经济效用,为抵押权所难以完全替代。① 但另外,从现实的角度考虑"随着住房商品化政策之推行因长期不使用而又不愿出卖者,设定典权可以避免出租或者委托代管的麻烦,因此应保留典权"②。"典权独特的流转功能符合现代社会资本流动性要求,在新的历史时期必有其用武之地,在立法上应予保留。"③ ③另有学者提出修正的保留方案,"市场经济条件下典制已失其基础,显向担保制度功能转变,故主张将传统物权法中的典权制度改造为典押担保这样一种新的担保制度,并在未来的民商立法中对之于债的担保中予以规定"④。

废止说的主要理由为:①典权传统功能丧失,有可替代性。典权就用益功能,已有租赁等制度替代;就担保功能,已有抵押制度;就其回赎而言,已有买回制度,典制实无存在必要。⑤ 如张新宝认为:"典权之所以产生,在于中国传统观念,认为变卖祖产败家受人耻笑,在现今市场经济发达,急需资金时,有多种融资方式可供选择。变卖不动产或设定抵押均为正常的经济行为,因此保留典权已无必要。"⑥ 米健认为,1949 年以前之出典人,往往是有充足田舍的富裕人家;1950 年初期之出典人,也未必是经济弱者,所以民间有"救急不救穷"之说,足见出典人为经济弱者之不合理处。⑦ 而且从世界范围看,其他国家的物权法中虽没有典权制度,但融资亦十分发达,并没有因为缺少典权而造成融资之不便。当今我国之物权法律制度基本上为舶来品,刻意寻求所谓"传统文化"的标签均不适宜;而且保留体现中华文化特质之典权制度与整个用益物权体系不

---

① 李婉丽:《中国典权法律制度研究》,载梁慧星主编《民商法论丛》(第 1 卷),法律出版社 1998 年版。
② 中国物权法研究课题组(负责人:梁慧星):《中国物权法草案建议稿:条文、说明、理由及参考法例》,社会科学文献出版社 2000 年版,第 581 页;王利明:《中国物权法草案建议稿及说明例》,中国法制出版社 2001 年版,第 396 页。
③ 徐洁:《典权存废之我见》,《法学》2007 年第 41 期。
④ 王明锁:《我国传统典权制度的演变及其在未来民商立法中的改造》,《河南省政法管理干部学院学报》2002 年第 1 期。
⑤ 杨与龄:《论典权制度之存废》,载梁慧星主编《民商法论丛》(第 12 卷),法律出版社 2000 年版。
⑥ 张新宝:《典权废除论》,《法学杂志》2005 年第 3 期。
⑦ 米健:《典权制度的比较研究——以德国担保用益和法、意不动产质为比较考察对象》,《政法论坛》2001 年第 4 期。

相协调。① ②典权制度理论性质上难以确定，在实践操作中易生纠纷，从社会成本来考量不经济。目前关于典权的性质："理论界有用益物权说、担保物权说、特种物权说等。上述诸多学说各持己见，但均不能自圆其说，这并不是学者认识上有问题，而是典权制度本身的问题造成典权的定性困难。"② 张新宝提出，实践中，由于规范典权关系的法律规范缺失，而民间习惯又没有统一规范效力，因而容易发生各种各样的纠纷。典权制度的确立可能为企业间的非法借贷提供合法的外衣，纵容了部分地方存在的所谓"地下钱庄"，从而不利于我国金融秩序的稳定。典权制度的建立应当考虑到潜在的金融风险，避免典当金融成"地下钱庄"或"第二银行"。典权制度设立后需要培训相关人员，如法官、律师等，为在司法实践中处理典权纠纷做准备；同时还需要广泛宣传典权制度，从而有助于普通公民了解典权制度的优劣，进而选择适用典权制度，这也是需要花费一定时间和精力的。③ ③有学者将典权与不动产质权、附买回权的买卖进行了比较，认为典权与这些制度没有实质性的区别。④

（三）简要总结

笔者认为，典权兼具担保与用益的功能。《物权法》最终未规定典权制度，理由在于：我国传统的典权，目的除融资外，主要是为保留祖产祖业。而现今的目的多为融资，通过不动产抵押、出租、约定买回等方式解决。典权制度丧失了存在的意义。⑤ 典权已经走向没落，典权传统功能已经丧失，典权制度自身存在固有之缺陷，对于现实生活中已经存在的少量典权关系，可由最高人民法院联合相关部门予以清理，制定相应司法解释予以规范调整。

二 民法典编纂中的立法论

有学者主张典权并非担保物权，而是一种用益物权，但赋予典权人

---

① 张新宝：《典权废除论》，《法学杂志》2005年第3期。
② 马新彦：《典权制度弊端的法理思考》，《法制与社会发展》1998年第1期。
③ 张新宝：《典权废除论》，《法学杂志》2005年第3期。
④ 其木提：《典权制度的比较研究》，载渠涛主编《中日民商法研究》（第二卷），法律出版社2004年版，第316—321页。
⑤ 柳经纬主编：《共和国六十年法学论证实录民商法卷》，厦门大学出版社2009年版，第246页。

不动产留置权。[1] 典权兼具用益物权和担保物权属性，在不转移所有权的前提下，发挥不动产的用益价值和担保价值，有利于充分利用农村的宅基地，成为流转农村土地的重要方式，且具有与抵押权、不动产质权、租赁权等不同的制度价值。[2] 在农村土地进行三权分置下，依然可以对土地经营权进行出典，提供一种不同于租赁和抵押的盘活农村土地之路径，[3] 弥补不动产质权的空白，[4] 典权的缺点也可以加以弥补。[5] 作为我国的传统物权，发迹于农村经济的财产权，典权有其独特价值，囿于现实条件而未被充分认识。[6] 基于弘扬传统优秀文化，应对典权加以承认。[7]

此外，实践中发展较多，且被《典当管理办法》承认的营业质权，在交易形式上表现为动产典当，其应当被成文化为一类担保物权。[8] 营业质权作为一种特许经营方式，具有主体和制度价值的特殊性，无法通过放宽流质契约等其他方式弥补实践中的制度需求。[9] 若对典权进行规定，便为动产与不动产在利用与担保方面提供独特的成文法制度支撑。

就典权制度具体问题，典权一个特点是出典人无法回赎典物时，典物所有权直接归属于典权人，但学者主张应由典权人向法院请求拍卖典物（标的不动产），并就拍卖所得典价优先受偿。[10] 还有学者主张典权适用范围仅限于房屋等不动产，以充分利用闲置的房屋资源。对不动产设立的典

---

[1] 隋彭生：《论作为用益债权的典权》，《政治与法律》2011年第9期。

[2] 王利明：《物权编设立典权的必要性》，《法治研究》2019年第6期。

[3] 甄子昊：《农村土地三权分置制度可以适用于典权》，《农业经济》2019年第9期。

[4] 陈耀东、吴迪：《典权制度的现代化改造》，《天津师范大学学报》（社会科学版）2019年第1期。

[5] 崔建远：《民法分则物权编立法研究》，《中国法学》2017年第2期。

[6] 房绍坤：《民法典物权编用益物权的立法建议》，《清华法学》2018年第2期。

[7] 连光阳：《典权入典的体系归属与制度设计》，《湘潭大学学报》（哲学社会科学版）2019年第4期。

[8] 高圣平：《民法典担保物权法编纂：问题与展望》，《清华法学》2018年第2期。

[9] 王利明：《我国民法典物权编的修改与完善》，《清华法学》2018年第2期。

[10] 赵晓舒：《民法典编纂中典权的困境与激活》，《法学论坛》2019年第1期。

权采登记生效主义。[①]

最终,《民法典》未规定典权制度,但并不意味着限制典权制度的发展。对于实践中已经形成习惯的典权交易规则,包括营业质权和不动产典当,有必要通过制定行政法规,成文化的办法来加以规定。在法律适用上,应尽可能认可当事人约定的典权之有效性,并对有失偏颇的意思表示加以矫正。

第二节 不动产抵押权的设立

一 立法论

(一)主要问题

本部分主要涉及不动产抵押的当事人、抵押财产,不动产抵押合同的性质、抵押合同中流质条款的效力以及一些特殊的不动产抵押权的设立。立法论上,主要涉及抵押财产的立法模式、正面列举与反面排除之优劣、抵押合同究为物权行为还是债权行为以及流质条款的效力问题。

(二)各种观点

1.《物权法》关于抵押财产范围规定的探讨

《物权法》中规定可以设定抵押权的标的物的范围采取正面列举和反面排除的方法,颇具中国特色。但此特色是否合宜,尚值得探讨。正面列举标的物的范围,对于明晰法律关系,维护安全,颇为有益,抵押权的创设尤为如此。但如此规定似有挂一漏万之嫌。《物权法》第 180 条第 1 款第 7 项明定,"法律、行政法规未禁止抵押的其他财产",结合《物权法》第 184 条关于不得抵押的财产范围的规定,第 180 条第 1 款第 1 项至第 6 项即成赘文。我国立法中采取反面排除法,同时又正面列举标的物的范围,正面列举将仅具宣示作用而无任何实益。抵押权为支配标的物的交换价值的权利,作为权利标的的担保物首先应具有交换价值,其次应具有可让与性,为担保物权的行使而最终变价标的物创造条件。满足这些要求的财产即可充当抵押标的物。在立法技术上,应当采取反面排除法,以克服

[①] 陈耀东、吴迪、龚淋:《韩国传贳权制度及对中国"典权入典"的启示》,《东疆学刊》2018 年第 4 期。

正面列举无法穷尽财产形态的弊端。

对于具体排除的范围，涉及有关政策选择，应由立法者考量。我国现行法对标的物的限制较多，主要目的在于确保社会公共利益。例如，土地所有权不得为交易的标的物，不得设定担保权。再如，社会公益设施为社会公共目的而存在，以社会公益设施设定担保权，不利于公共目的的实现，故禁止将社会公益设施作为标的物。

2. 抵押合同的性质

抵押合同性质的争议源于物权行为（物权合同）、债权行为（债权合同）的界分。抵押合同在性质上是属于物权行为抑或债权行为，不仅在理论上极为重要，而且对司法实务也有重大影响。

学者在物权行为理论上的争议直接导致了关于抵押合同性质上的争议。物权行为肯定论者认为，抵押合同既然旨在抵押人的财产之上创设抵押权，且抵押权在性质上属于物权，因此，抵押合同是以抵押权（物权）的取得为直接内容的行为，本质上属于物权行为；物权行为否定论者认为，抵押合同在本质上仍属于一种债权合同，具有债权行为的性质。崔建远认为，在不采纳物权行为理论的我国现行法上，抵押合同不是物权合同，乃当然结论。即使是在承认物权行为的立法例及其理论上，也区分抵押合同和抵押权的设定，其中，"抵押合同为债权行为，抵押权设定为物权行为。正如王泽鉴所说，设定抵押权之约定，与抵押权之设定，在概念上应严于区别，前者为债权契约（负担行为），后者为物权行为（物权行为、处分行为）。那种不区分抵押约定于抵押权设定，将它们均叫作物权合同的观点，违反了物权行为无须履行行为、物权行为引发物权变动需要公示的基本精神"。这种学说上的不同导致在对《担保法》第41条关于"抵押合同自登记之日起生效"的理解上自然产生分歧。这一规定就意味着，抵押合同不能在成立时起生效，它必须与登记结合时才产生效力，而且是直接产生抵押权，这个过程始终没有产生过合同对当事人双方的约束力，也即没有债的关系存在。那么，抵押合同的性质究竟应该是什么呢？严格地按照其产生的法律效果看，将其解释为物权行为是很恰当的，它正好符合物权行为的最经典的描述，由物权的意思表示，与登记或交付相结合而成立之要式行为。但物权行为否定论者对该条的规定提出了质疑。物权法立法中"梁稿""王稿"，以及《物权法》本身，均认为抵押合同是债权行为，但抵押权的设定应有物权变动的表征，即公示（登记），在这个关系中，只有一个法律行为，即债权行为，而登记则是一个事实行为，法律行为产生债的关系，登记则发生物权变动，两个行为分别产生不同的法律效果，但并不存在一个旨在设定、变更、消灭物权的合意，也即没有物权行为。

3. 流质契约的禁止

流质契约应否禁止，有以下两种观点。禁止说认为，立法上将散见之说归纳起来，大体有以下四种理由：①保护债务人利益说。认为禁止流质约款的立法意旨系保护债务人，免其一时之急迫而蒙受重大之不利。认为债务人借债，多为急迫窘困之时，债权人乃利用此一机会，逼使订立流质契约，以价值甚高之抵押物担保小额之债权，希冀债务人届期不能偿债时，取得其所有权，获非分之利益，法律为保护债务人之利益计，自然必须对流质约款加以禁止。②交易公平说。认为法律禁止流质预约的目的在于维护信用交易的公平，防止债权人利用其有利的经济地位损害债务人的利益。③交换价值说。认为担保物权是一种以担保物的价值（体现为交换价值）为基础设定的他物权，是价值权，旨在确保主债权的清偿，而非要取得担保物的所有权，取得物的使用价值，因此在担保合同中约定债权届期不能清偿时债权人可以不经任何变卖程序直接取得担保物的所有权，与担保物权的本质和功能不符。认为抵押权是一种换价权，是以取得物的交换价值为目的的权利，而不是以占有和利用物的实体为目的的权利。④优先受偿说。认为抵押权或质押权只是一种优先受偿权，主债权届期未受清偿时债权人得就担保物之价值优先于普通债权人受偿，但多余价值应返还给债务人以确保其他债权人也能受偿，而流质约款则有损害其他债权人利益之虞。在这几种说法当中，保护债务人利益的说法是学理上否定流质约款的主要理由，其影响较大。《中国物权法草案建议稿》也沿用这一理由。

相反观点认为，我国应肯定流质契约，允许流质契约是尊重当事人意思自治的需要，允许流质契约是统一担保物权内部价值取向的需要，允许流质契约在历史和现实中已有先例，允许流质契约是扫除创设新型担保物权障碍的需要，在未来《物权法》承认流质契约的同时，应当运用现行法的规定和创设新的合理方法处理好对担保设定人及担保设定人的其他债权人的利益保护问题。还有学者认为，"随着我国现今经济生活条件的发展变化，仍像国外一些国家和中华人民共和国成立前的民法那样对流质约款采取绝对禁止的态度，已显得不合时宜，相关规则之间也会有诸多矛盾和冲突。我国学界关于禁止流质约款的理由，似显单薄无力。从完善民商法的社会基础、思想理念以及规则内部的协调等方面看，流质约款符合市场经济发展要求，符合民商法平等自愿、公平交易、诚实信用以及便捷效益等基本原则的精神，具有相当的科学合理性。因此，我国在完善民商立法和制定物权法的过程中，应当改变对流质约款的偏见，重新选择其价值取向，承认流质约款之效力"。"禁止流质不但不会必然带给债务人公平，反而抛弃了法律的效率和自由价值。相反，许可流质在维护法律的自由、效率价值的同时，兼顾了公平的价值，并且对流质许可可能带来的不公平结果，完全可以通过相关立法给予债务人救济。""流质契约虽为我国现行立法所禁止，但它体现了私法自治原则，符合自由、效率的价值理念，具备现实存在的理论和实践基础，并在某种意义上因应了法律制度创新的需求，应当为我国民商事立法所确立。"

（三）简要总结

笔者认为，流押（质）契约只是担保物权实现方式的约定，意在防免担保物权可得实现时的变价成本。我国现行法上允许在担保物权可实现之时担保物权人与担保人之间就实现担保物权的方式达成协议，唯一不同的是达成协议的时点。对于在担保物权可得实现之前达成流押（质）契约，所可能给担保人带来的不利益，可以通过强制性地课予担保物权人以清算义务加以解决。如此，应当在民法典物权法编中肯定流质契约效力①，观点如下。

第一，是否订立流质契约属于当事人意思自治范畴，法律不应干涉。② 在意思自治问题上面，在市场交易中，当事人被假定为自身利益的最佳判断者，有权依自由意志订立契约，只有在关涉国家利益和社会公共利益时才得对意思自治予以限制。③ 债务人身为理性经济人，是否订立流

---

① 应当注意的是，笔者此前并不赞成让与担保的成文化，参见高圣平《担保法论》，法律出版社2009年版，第303—305页。

② 孙鹏、王勤劳、范雪飞：《担保物权法原理》，中国人民大学出版社2009年版，第67页；参见刘俊《流质约款的再生》，《中国法学》2006年第4期；季秀平：《论流质（抵）契约的解禁》，《河北法学》2005年第4期。

③ 王轶：《论民法诸项基本原则及其关系》，《杭州师范大学学报》（社会科学版）2013年第3期。

质契约均是基于对自身利益的判断，在只涉及双方当事人利益的情况下，法律应当充分尊重意思自治原则，而不是直接认定为无效。

至于反对者提出的流质契约是否出于当事人意思自治难以判断的问题，笔者认为，从法制史上考察，罗马法上禁止流质契约是基于当时贫富差距、阶层固化的社会情况，为防止债权人利用高利贷盘剥债务人，而由国家法律强制干预经济生活。① 然而随着工商业的变迁，当下金钱借贷通常发生在企业与银行等金融机构之间，民间借贷也有相当部分是为了生产和营业之需，民众日益富裕，借贷已经超越了自然经济条件下多为解决日常急需的阶段。② 而现在债权人因债务人不清偿债务而处于不利地位的情况比比皆是，③ 债权人与债务人的关系，早已不是黄世仁与杨白劳一般，立法者对债务人进行如此充满道德色彩的保护实是多虑。因此，在没有充分证据证明债权人与债务人处于对立的两大阵营，且债权人的优势足以压制债务人的意思自治的情况下，应当坚持强势意义上的平等对待，尊重当事人的意思在自治下所作出的约定。

第二，流质契约与折价这两种制度并不相同，流质契约有其存在的独立价值。所谓折价，是指债务履行期届满后或者发生当事人约定的实现担保物权的情形，担保权人与担保人经协议，由担保权人以确定的价格取得抵押物所有权，以清偿被担保的债权。④ 因此，折价是一种事后的协商，会给交易增加新的成本。⑤ 更何况，在债务人不履行债务从而发生纠纷后，对当事人以协商方式折价实现担保物权的期待可能性本就不高，债权人往往只能请求人民法院拍卖、变卖担保财产。但请求人民法院拍卖、变卖担保物以实现担保物权成本之高，是反对流质契约解禁的学者也无法否认的。因此，以流质契约来实现担保物权所具有的低成本、高效率的制度优势仍是通过折价来实现担保物权所不能比拟的。允许流质契约有利于降

---

① 付栋：《罗马法中流担保条款的变迁》，《西安社会科学》2011年第6期。
② 王明锁：《禁止流质约款之合理性反思》，《西北政法学院学报》2006年第1期。
③ 吴光明：《流抵契约禁止原则之转变》，《人大法律评论》2012年第1辑，第127页。
④ 唐义虎：《担保物权制度研究》，北京大学出版社2011年版，第74—75页。
⑤ 吴光明：《流抵契约禁止原则之转变》，《人大法律评论》2012年第1辑，第127页。

低担保物权实现成本,保证债权人最大限度实现债权。① 从迅捷实现担保物权,促进市场交易的目的出发,属于私力救济的流质契约自然是当事人的上优选择。

第三,在流质契约与担保物权的价值权属性相违背的问题上,虽然担保物权是以担保物的交换价值为基础而设定的他物权,目的在于确保债权的清偿,而不在于取得担保物的所有权或取得担保物的使用价值;但是,物的使用价值和交换价值并不矛盾更不是对立的关系,且两者完全是可以相互转换的。②

第四,就让与担保以所有权为担保形式而言,债权人实现担保物权时取得标的物的所有权,即已进入流质契约禁止的规制范畴。禁止流质契约的原因在于流质契约典型地适于盘剥、诓骗债务人的滥用场合,在合同订立时作为"危险的合同"尤应被否定。当事人采用何种形式并不重要,起决定作用的乃是担保方式是否使债务人面临着暴利盘剥的抽象威胁。如上所述,在司法实践中,在裁判让与担保案例时,法官或以违反《物权法》关于流质契约的规定为由而判决无效;或对流质契约的规定进行目的性限缩,认为事先将担保物所有权移转于担保权人的让与担保并不符合法律规定的流质契约的情形,从而判决约定有效。因此,让与担保与流质契约本质不相同的观点并不成立,在维系法典体系统一的前提下,仍需以流质契约解禁为让与担保的法典化提供制度前提。

第五,国有资产流失不是流质契约的必然后果,保护国有资产也不是禁止流质契约的应有之义。在国有资产监管不完善的情况下,禁止流质契约对国有资产的保护确有一定意义,但流质约款并不必然伴随国有资产的转移,即使国有资产经营管理者旨在通过流质条款规避国有资产的监管,也完全可以通过《民法通则》《合同法》上"以合法形式掩盖非法目的"或者"恶意串通,损害国家利益"的合同无效之规定加以防范,而不必

---

① 程啸:《中国抵押权制度的理论与实践》,法律出版社2002年版,第403页;孙鹏、王勤劳、范雪飞:《担保物权法原理》,中国人民大学出版社2009年版,第67页。

② 王明锁:《禁止流质(抵)契约之合理性反思》,《西北政法学院学报》2006年第1期。

宣布一切流质契约均为无效。① 与此同时，为防止国有资产流失却造成其他交易主体成本的提高，往往是得不偿失。②

第六，对于流质契约可能造成不公平的后果，首先应当考虑的问题是对此弊端是否可以通过解释论运用现有制度进行救济，在现有制度供给不足下再考虑是否可以通过立法对此予以平衡。有学者指出，即使适用流质契约出现显失公平的后果，也可以用《合同法》"显失公平"的条款请求撤销。"法律行为显失公平，或一方欺诈、胁迫、乘人之危，或一方存在重大误解，均为法律行为变更、撤销的理由。流质契约并没有损害国家利益或者社会公共利益，法律评价上没有必要使之确定无效，但须将其归于可变更或可撤销的法律行为（《民法通则》第 59 条、《合同法》第 54 条），赋予债务人以变更权或撤销权，以使之得到救济。"③ 虽然对于债权人利用债务人处于危困状态、缺乏判断力等情形下会导致显失公平后果的流质契约可以依《民法总则》第 151 条的规定予以撤销。但此种情形下，当事人或承受显失公平的后果，或撤销合同使合同自始无效——此对促进市场交易的目的而言显然是不利的。更何况，在司法实践中适用流质契约是否构成显失公平本身就难以判断，且债务人对该事由应负举证责任，如若举证不能，则其变更或撤销的主张即得不到法院支持。④ 因此也就难以言及对流质契约的弊端进行充分有效的平衡。因此，现行法并未给消除流质契约的风险提供有效的制度保障，但这并不意味着民法典编纂依然要走禁止流质契约的老路，比较法上的经验已为我们提供了可资参照的例证。例如我国台湾地区对债权人课以强制性的清算义务，即担保物价值若超过担保债权部分，债权人应当返还担保人，而对不足部分债权人仍得请求债务人清偿；对不再涉及债权人的其他债务人等第三人则采登记对抗主义，

---

① 孙鹏、王勤劳、范雪飞：《担保物权法原理》，中国人民大学出版社 2009 年版，第 64 页；

② 程啸：《中国抵押权制度的理论与实践》，法律出版社 2002 年版，第 406 页。

③ 钟维：《流质（抵）契约法律制度的应然构造——以利益分析方法为视角》，《法律方法》2015 年第 2 期，第 366 页。需指出，原《民法通则》第 59 条对应为现《民法总则》第 151 条规定 "一方利用对方处于危困状态、缺乏判断能力等情形，致使民事法律行为成立时显失公平的，受损害方有权请求人民法院或者仲裁机构予以撤销"。

④ 高圣平：《担保法论》，法律出版社 2009 年版，第 304 页。

以平衡各方利益关系。

二 解释论

（一）主要问题

解释论上，本部分主要涉及适为抵押财产的条件；农村房屋是否可以设定抵押及海域使用权抵押设立的若干问题。

（二）各种观点

1. 抵押财产的条件

根据《物权法》的规定，可以设定抵押权的财产应当满足以下三个要件：

首先，须是具有独立交换价值且法律允许转让的财产，"抵押担保的关键是抵押财产的范围，哪些可以作为抵押财产。作为抵押财产必须是能够转让的财产，因为只有这样才能实现担保的目的"。抵押权以追求标的物的交换价值为目的，其中心效力在于对标的物价值的优先支配力。依此效力，抵押权人有权以抵押财产折价或以拍卖、变卖的价款优先受偿。由此而决定了抵押财产必须是具有独立交换价值且法律允许转让的财产，否则，抵押权的效力将无从实现。法律不允许转让的财产，主要是禁止流通的财产，如淫秽录像、录音带、淫秽书刊、毒品、枪支武器等。禁止流通的财产不能依民法方法转让所有权，因此，其上不能设定抵押权。对于限制流通的财产，是否可以设定抵押？有人主张，既然限制流通的财产允许在特定主体之间转让，在允许转让的特定主体之间可以设定财产抵押权。限制流通的财产虽其转让方式受到一定的限制，但其交换价值毕竟可以依法实现。其上设定的抵押权只需将该财产依法律规定的方式变卖，抵押权人就其价金优先受偿即可实现，只是抵押权人不能直接就该财产折价受偿。因此，限制流通的财产也可以作为抵押标的物。《担保法解释》第5条规定："以法律、法规禁止流通的财产或者不可转让的财产设定担保的，担保合同无效。以法律、法规限制流通的财产设定担保的，在实现债权时，人民法院应当按照有关法律、法规的规定对该财产进行处理。"

其次，须是权属明晰且抵押人有权处分的财产。抵押权的实现需就抵押人之供抵押的财产的交换价值优先受偿，因此，权属不明晰的财产、抵押人无权处分的财产，不能作为抵押标的物。"权"即对该财产享有的权利；"属"即对该财产享有权利的归属。权属不明晰的财产主要包括：

①处于继承程序中的遗产。②对权属有争议的财产。③处于国家强制力控制下的财产。

再者，须是宜于由抵押人占有使用且符合社会公共利益的财产。抵押人在其动产的交换价值之上设定抵押权的负担时，仍追求该财产的使用价值，因此，宜于由抵押人继续占有使用的财产才能成为抵押标的物。《物权法》根据现实经济条件和信用担保实践，在列举了可以抵押的财产范围之后，另外设变通规定，即"法律、行政法规未禁止抵押的其他财产"，可谓全面。

2. 村民的房屋是否可以作为抵押财产

根据《物权法》第 180 条第 1 款第 1 项的规定，抵押人所有的建筑物和其他土地附着物包括村民的房屋均属于抵押财产的范围，应可作为抵押权的标的物。但是，《物权法》第 184 条第 2 项又同时规定，宅基地等集体所有的土地使用权不得抵押。由此引发了村民的房屋是否可以抵押的争论。

肯定者认为，村民所有的房屋可以设定抵押，但是村民用于建筑房屋的宅基地，依法不得抵押。所以，村民所有的房屋，可以单独抵押。在村民的房屋上设定的不动产抵押权，其效力不及于该房屋占用范围内的宅基地。反对者认为，果真如此，将会使该房屋的受让人虽拥有房屋的所有权，但不拥有宅基地使用权，使得该房屋成为"空中楼阁"。对村民而言，房屋是其重要的不动产，在其财产总额中占据相当比重。如果不允许村民的房屋设定抵押权，村民的融资渠道必将受到重要影响。但宅基地、房屋是农民的重要生活资料，其中宅基地多为集体所无偿提供或低偿提供，如果允许村民房屋设定抵押权，抵押权的实现将使农民居无定所，影响社会的稳定，与国家的宏观政策有违。《物权法》禁止宅基地使用权设定抵押即出于此种考虑。准此推知，村民的房屋不得设定抵押权。还有学者认为，对于农村房屋的抵押也应适用"地随房走"的原则，当房屋抵押时，宅基地使用权也要同时抵押，应当实行宅基地有偿使用制度。在实现抵押权而需要拍卖房屋和土地使用权时，为维护集体的利益，首先应从拍卖的价款中扣除一部分款额交给土地所有人，作为补交集体所有土地的使用费。

3. 海域使用权抵押权的设立

关于海域使用权的性质，有学者认为，海域使用权是一种准物权或特许物权，因为其取得仍需经海洋行政主管部门审批；《海域使用管理法》《海域使用权管理规定》对此做了明确规定，国家海洋局更是将"海域使用权许可"（具体包括"海域使用权审批""海域使用权转让"）作为"法律、行政法规设定，继续实施的行政许可项目"予以明确规定。也有学者认为，海域使用权是别异于准物权或特许物权的一种用益物权形态。无论海域使用权的性质若何，其应属一种财产（权利），当无疑问。既属财产，则有利用其交换价值以为融资的需要，在物权价值化趋势日益明显的背景下，利用海域使用权的交换价值作为融资担保工具的需要亦日益紧迫。《海域使用管理法》虽对海域使用权的担保问题未置明文规定，但该法通过后，福建、广东、江苏、山东等沿海省份的海域使用权的抵押实践正好印证了这一点。《物权法》公布施行后，海域使用权抵押制度如何规范和调整，无疑是摆在我们面前的一大课题。

《物权法》第187—189条对《物权法》上认可的各类抵押权的设立做了原则规定，如以建筑物和其他土地附着物、建设用地使用权、土地承包经营权以及正在建造的建筑物抵押的，抵押权自登记之时设立；以生产设备、原材料、半成品、产品、交通运输工具、正在建造的船舶、航空器抵押的，抵押权自抵押合同生效时设立，未经登记不得对抗善意第三人。但《物权法》并未对以"法律、行政法规未禁止抵押的其他财产"抵押时，抵押权自何时起设立作出明确规定，《海域使用管理法》上也未置明文，那么，海域使用权抵押权究竟是否以登记为公示方法？如以登记为公示方法，究竟是以登记为生效要件，还是以登记为对抗要件？在物权法定主义之下，物权的种类、内容、效力及公示方法应由法律明定，物权公示原则也要求公示的方法、公示的对象、公示的效力、公示的范围均得法定。而海域使用权抵押权究竟采取什么公示方法，公示的效力如何，在法律、行政法规均未作明文规定的情况下，其设立即不无疑问。在解释上，抵押权以不移转抵押物的占有为其特征，抵押权的公示方法自应以登记为之。海域使用权作为抵押权之一种，当然以登记为公示方法，但登记究竟是海域使用权抵押权的生效要件，还是海域使用权抵押权的对抗要件？

现有的相关文献对此均主张海域使用权抵押权自登记时设立。"《物权法》对建设用地使用权抵押权、土地承包经营权抵押权均采登记生效主义，海域使用权作为与建设用地使用权、土地承包经营权同类的用益权利，本着同一事件作同一处理的法适用原理，应对海域使用权抵押权作同一处理,即亦应从登记之日起生效。在方法论上,这实际上涉及类推适用问题。"关于此处的类推适用,有学者认为,第一,"原则不容许依类推适用的方法创设法律之未规定之物权",第二,"关于某种物权的规定,亦可类推适用",论者并以物权善意取得规定的类推适用为例,认为该规定的类推适用,是法律关于善意取得规定价值判断的延长,并非创设新物权,不违反物权法定原则。也有学者认为"合同自由原则在'内容设置自由'或者称之为'形成自由'原则的意义上,也只是受到物权类型的强制,而不会受到物权范围内的内容设置方面的限制",这里也存在类推适用的可能。

关于海域使用权抵押权的登记,国家海洋局 2006 年 10 月 13 日印发的《海域使用权管理规定》《海域使用权登记办法》均对海域使用权抵押权登记做了原则规定,但在《物权法》颁行后,其中规则不无检讨必要。《海域使用权登记办法》将海域使用权抵押权登记放在"初始登记"一节中予以规定,颇值商榷。通说认为,初始登记是就某一不动产首次进行的登记,它是不动产权利登记的基础和开端,是其后进行的一系列登记的起始点。由于我国海域属于国家所有(《物权法》第 46 条),而国家对海域的所有权无须登记(《物权法》第 9 条第 2 款),因此,海域使用权的设立登记即具有初始登记的地位。但海域使用权抵押权属于海域使用权之上所设定的权利负担,其登记在性质上属于海域使用权抵押权的设立登记、海域使用权上的他项权利登记,放在"初始登记"一节显然不妥。相比较而言,《土地登记规则》将土地登记分为初始土地登记和变更土地登记。初始土地登记又称总登记,而变更土地登记包括土地使用权、所有权和土地他项权利设定登记,土地使用权、所有权和土地他项权利变更登记,名称、地址和土地用途变更登记,注销土地登记等;《城镇房屋权属登记管理办法》将房屋权属登记分为总登记、初始登记、转移登记、变更登记、他项权利登记和注销登记。由此可见,《海域使用权登记办法》中登记的种类及海域使用权抵押权登记的归属应作重新考量。

4. 未登记抵押权的效力

未登记的动产抵押权仍具有物权效力,而采登记生效主义的不动产抵押权则不具有物权效力,那么应该发生何种法律效果,这在解释论上存在分歧。

此时抵押合同有效,① 抵押人未尽登记义务,构成违约行为,抵押权人可以请求抵押人继续履行抵押合同、办理抵押登记,亦可以就主债务不能清偿的部分,以抵押财产的价值为限,向抵押人主张违约损害赔偿责任,若抵押权人不予协助办理登记,则可减轻抵押人的责任。② 债权人可依抵押合同请求抵押人协助办理抵押登记,也可请求抵押人以抵押物变价所得价款清偿主债务,但该请求权不得对抗第三人。③ 未登记的抵押行为无效,可依当事人的担保意思转换成在抵押财产价值范围内对债务承担清偿责任的一般保证行为,④ 但不可转换成连带责任保证。⑤ 反对者认为,从抵押合同解释出抵押人有抵押登记以外的担保责任并不符合当事人的真实意思。⑥ 未登记的抵押权不构成非典型担保,也不能进行行为转换,应通过合同法规则加以解决,不可转换成在抵押财产范围内的连带保证责任。⑦

但也有观点不敢认定抵押合同是否有效,而是认定登记并非抵押合同的生效要件,至少可确认抵押合同已经成立。⑧

更有观点认为,未办理登记,但采用其他公示方法,比如风俗习惯认可的公示方法以及尚未被涂销的无效抵押权登记,都能为当事人的抵押约定提供一定的公信力,从而具有一定的排他效力。⑨ 在统一不动产登记后,此类特殊情况愈渐减少。

(三) 简要总结

笔者以为,目前在农村房屋设立抵押仍存在实现困难;海域使用权抵

---

① 范小华:《未办抵押登记的不动产抵押合同中抵押人责任研究》,《法律适用》2015 年第 4 期。

② 高圣平:《未登记不动产抵押权的法律后果》,《政法论坛》2019 年第 6 期。

③ 杨代雄:《抵押合同作为负担行为的双重效果》,《中外法学》2019 年第 3 期。

④ 徐蓓:《不动产抵押未经登记之"无效"转换的适用探析》,《河北法学》2018 年第 5 期。

⑤ 杨代雄:《抵押合同作为负担行为的双重效果》,《中外法学》2019 年第 3 期。

⑥ 倪龙燕:《不动产抵押合同的效力探析》,《法治研究》2019 年第 1 期。

⑦ 冉克平:《论未登记不动产抵押合同的效力》,《法律科学》2020 年第 1 期。

⑧ 张淑君:《以登记为生效要件而未登记的抵押合同之法律保护》,《求索》2011 年第 5 期。

⑨ 蒋岩岩:《不动产抵押登记效力三题》,《法律适用》2020 年第 4 期。

押权的公示效力即可类推适用建设用地使用权抵押权和土地承包经营权抵押权的规定，即未经登记，海域使用权抵押权不设立。

《民商事审判会议纪要》第60条规定："不动产抵押合同依法成立，但未办理抵押登记手续，债权人请求抵押人办理抵押登记手续的，人民法院依法予以支持。因抵押物灭失以及抵押物转让他人等原因不能办理抵押登记，债权人请求抵押人以抵押物的价值为限承担责任的，人民法院依法予以支持，但其范围不得超过抵押权有效设立时抵押人所应当承担的责任。"可见，其裁判逻辑并非寻觅当事人有意承担担保责任的真实意思表示，也未依据无效行为转换理论得出担保人承担连带责任保证，而是遵循合同违约规则，在抵押人违背其协助办理抵押登记的义务时（具体原因包括有预期违约嫌疑的转让抵押财产以及风险负担等），应当承担违约责任，责任范围受可预见规则限制。

三 民法典编纂中的立法论

就未登记不动产抵押的效力，与前述学者采用无效转换理论或抵押人违约责任理论不同路径的观点认为，基于当事人的意思表示，其可构成特定财产上的保证担保，债权人可直接依抵押合同，要求抵押人在抵押财产范围内承担保证责任，因而可进一步就担保物权概念加以完善。①

就流质契约，有主张流质流抵原则上禁止，仅在法律另有规定时免除，比如保全担保物权、营业质权情形，② 或主张在担保财产价值没有明显高于所担保数额情形以及商事交易领域允许当事人约定流质契约，③ 或主张至少允许商事流质，通过但书将商事流质条款加入物权编。④ 有学者认为流质契约和让与担保应同时承认，为实现节省担保物权实现成本的目标，债务期满未清偿时债权人可以直接取得担保物的所有权，是否要进行

---

① 石冠彬：《民法典应明确未登记不动产抵押合同的双重债法效力》，《当代法学》2020年第1期。

② 邹海林：《论〈民法典各分编（草案）〉"担保物权"的制度完善》，《比较法研究》2019年第2期。

③ 石冠彬：《论民法典担保物权制度的体系化构建》，《法学评论》2019年第6期。

④ 周林彬：《商事流质的制度困境与"入典"选择》，《法学》2019年第4期。

清算，取决于债务人或担保人举证证明。① 也有主张赋予流质契约的自由，同时通过登记产生对抗第三人效力、清算义务与特定情形限制流质契约的适用之方式来加以规制。② 流质契约是一种与实体法相冲突的实现担保方式，而非一种担保物权，允许流质契约自由，辅以登记对抗公示规则和清算义务加以规制更能发挥其作用，③ 但该清算义务为任意性。④ 或者完全不限制流质（押）契约的效力，赋予利益受损方在一定条件和一定期限内的撤销权。⑤

也有的认为应在认可流质契约自由基础上，赋予当事人强制的清算义务，⑥ 采取一些强制性措施，如维护担保人的生存权、强制清算、登记公示等加限制。⑦ 还有学者试图运用管理性规范和效力性规范相区分原理，将流质契约解释为管理性规范，减弱其强制性。⑧

《民法典》第401条规定："抵押权人在债务履行期限届满前，与抵押人约定债务人不履行到期债务时抵押财产归债权人所有的，只能依法就抵押财产优先受偿。"第428条规定："质权人在债务履行期限届满前，与出质人约定债务人不履行到期债务时质押财产归债权人所有的，只能依法就质押财产优先受偿。"同时，还在第413条规定："抵押财产折价或者拍卖、变卖后，其价款超过债权数额的部分归抵押人所有，不足部分由债务人清偿。"第438条规定："质押财产折价或者拍卖、变卖后，其价款超过债权数额的部分归出质人所有，不足部分由债务人清偿。"这在体

---

① 孟强：《〈民法典物权编〉应允许流质流抵》，《当代法学》2018年第4期。
② 吕斌、郑志峰：《比例原则下流担保契约禁止之检视》，载刘云生主编《中国不动产法研究》，法律出版社2018年版；王利明：《我国民法典物权编的修改与完善》，《清华法学》2018年第2期。
③ 李浩然、包珍珍、钟雪婷：《流担保契约效力的时代考量》，《山西财经大学学报》2012年第2期。
④ 李浩然：《论流担保契约的理论与发展》，《青海社会科学》2013年第5期。
⑤ 刘保玉：《民法典物权编（草案）担保物权部分的修改建议》，《法学杂志》2019年第3期。
⑥ 高圣平：《论担保物权"一般规定"的修改》，《现代法学》2017年第6期。
⑦ 程啸：《民法典物权编担保物权制度的完善》，《比较法研究》2018年第2期。
⑧ 黄丽娟、杨士民：《论流质契约的禁止》，《广西师范大学学报》（哲学社会科学版）2017年第1期。

系解释上可以得出，对于流质、流抵契约，应依照法定实现担保物物权方式来实现，当事人约定所有权移转的，可采折价+清算的方式来完成。至于对流质、流抵契约能否对抗第三人，也可从登记公示原理加以解释。因此，《民法典》实际上承认了流质、流抵契约的效力，只不过通过强制清算义务加以限制。

就抵押财产范围，有学者主张应采同权利质权的抵押财产范围封闭式模式，兜底条款修改为"法律、行政法规规定可以抵押的其他财产"，以充分体现抵押权的规范确定性。[1] 但在物权法定下，若将抵押财产范围进行封闭，在无法律、行政法规事先规定下，无疑遏制了担保创新。民办的学校、幼儿园、医院是由民事主体捐办创办或者出资设立的，具有营利性，应准许其以教育设施或医疗卫生设施抵押，以解决融资问题，只是在实现抵押权时不得改变设施的用途。[2] 禁止以"所有权、使用权不明或者有争议的财产"的规定，更多是一种宣示性的规定，并无实际意义。[3] 顺应农村土地改革，允许土地承包经营权、宅基地使用权和土地经营权进行抵押融资。[4]《民法典》第399条规定："下列财产不得抵押：（一）土地所有权；（二）宅基地、自留地、自留山等集体所有土地的使用权，但是法律规定可以抵押的除外；（三）学校、幼儿园、医疗机构等以公益为目的成立的非营利法人的教育设施、医疗卫生设施和其他公益设施；（四）所有权、使用权不明或者有争议的财产；（五）依法被查封、扣押、监管的财产；（六）法律、行政法规规定不得抵押的其他财产。"该条通过例外条款允许法律规定土地承包经营权、土地经营权进行抵押融资。对于不得以教育设施、医疗卫生设施和其他公益设施抵押的学校、幼儿园、医疗机构仅限于以公益为目的成立的非营利法人，即不限制营利法人性质的学校、幼儿园和医疗机构。

---

[1] 邹海林：《论〈民法典各分编（草案）〉"担保物权"的制度完善》，《比较法研究》2019年第2期。

[2] 程啸：《民法典物权编担保物权制度的完善》，《比较法研究》2018年第2期。

[3] 程啸：《民法典物权编担保物权制度的完善》，《比较法研究》2018年第2期。

[4] 高圣平：《民法典担保物权制度修正研究》，《江西社会科学》2018年第10期。

第三节　不动产抵押权的效力
——以"房地单独抵押、房地分别抵押"为例

在我国现行法之下，建筑物及其占用范围内的建设用地使用权各为独立的不动产（权利），但基于房与地之间的天然联系，为使建筑物取得使用土地的正当权源，并合于建设用地使用权的设立目的，我国法上明确规定：建筑物处分时，占用范围内的建设用地使用权一并处分；建设用地使用权处分时，其地上建筑物亦一并处分，此即所谓"房地一致原则"，俗称"房随地走""地随房走"。既然建筑物与其占用范围内的建设用地使用权各为不同的财产，各有其独立的交换价值，自各有其担保融资需求；由此，在房地产信贷实践中出现了房地一体抵押、房地单独抵押（抵押人仅就建筑物或建设用地使用权设定抵押）、房地分别抵押（抵押人就建筑物、建设用地使用权分别向不同的抵押权人设定抵押）等多种情形。

一　解释论

（一）主要问题

本部分主要涉及我国物权法第182条的"房地一致原则"，俗称"房随地走""地随房走"。就房地一体抵押而言，在现行规则之下，当事人之间分别就建筑物和建设用地使用权各为抵押权登记，抵押权人取得就建筑物和建设用地使用权的共同抵押权，其中权益，至为明晰，并无争议。但就房地单独抵押而言，在我国目前"房地一致原则"之下，在建筑物之上设定的抵押权对于未设定抵押权的建设用地使用权有何影响？在建设用地使用权之上设定的抵押权对于未设定抵押权的地上建筑物有何作用？此外，就房地分别抵押而言，分别设立的建筑物抵押权和建设用地使用权抵押权彼此之间的效力桎梏如何解决，仍有争议。

（二）各种观点

1. 第182条第1款的"占用范围"的含义

《物权法》第182条第1款前段规定："以建筑物抵押的，该建筑物占用范围内的建设用地使用权一并抵押。"此即房地产抵押中的所谓"地随房走"。对于如何认定这里的"占用范围"，解释上尚存争议。

一种观点认为，这里的"占用范围"仅指建筑物的坐落范围，超出

坐落范围的部分不属于一并抵押的范围。"例如，土地总面积为 3 万平方米，其中房屋占用的土地面积为 1 万平方米，房屋占用之外的土地面积为 2 万平方米。抵押人拿房屋到银行抵押贷款时，如果房屋和房屋占用范围内的 1 万平方米的土地的价值超过贷款数额的一定比例时，抵押人就可以不将房屋占用范围之外的 2 万平方米土地进行抵押。"① 这一观点的主要理由在于："一宗土地之上可能建造了多栋房屋，或者房屋占用的土地面积有限，在确定房屋抵押时哪些建设用地使用权应当抵押，必须以该房屋所占用土地的建设用地使用权为限，其他的建设用地使用权并不一并抵押。"②

反对观点认为，这一观点与实际操作有一定距离。土地以宗地为单位进行登记，所谓宗地，是指土地权属界线封闭的地块或者空间。③ 这样，本来绵亘无垠的土地在观念上被"宗地"特定化，与物权标的特定的原则相合，同时借由登记制度使"宗地"成为独立物，也就有了成为物权客体的可能。土地权利即以宗地为单位而登记、指称，④ 建设用地使用权人所持有的《国有土地使用证》即以宗地为单位而核发。建设用地使用权人在其建设用地使用权之上设定抵押权，依所谓抵押权的不可分性，其抵押权的效力及于建设用地使用权之全部，⑤ 无法使坐落范围之外的建设用地使用权具有单独的交换价值。

因此，《物权法》第 182 条第 1 款所称"占用范围内"主要系用来界定建筑物与建设用地使用权之间的所属关系，即建设用地使用权仅指与设押建筑物相应的建设用地使用权，而非其他建设用地使用权。这一"占用范围内"可分为三种不同情况：第一，该宗地上只有一栋建筑物，且

---

① 杨永清、曹英：《房屋和土地没有同时抵押时抵押登记的效力》，《人民司法》2002 年第 3 期。

② 王利明：《物权法研究》（下卷），中国人民大学出版社 2007 年版，第 429 页。

③ 《土地登记办法》第 5 条。

④ 申请土地登记的材料中即有"地籍调查表、宗地图及宗地界址坐标"，参见《土地登记办法》第 9 条第 1 款第 4 项。

⑤ 王利明：《物权法研究》（下卷），中国人民大学出版社 2007 年版，第 402 页；郭明瑞：《担保法》，法律出版社 2010 年版，第 88 页；梁慧星、陈华彬：《物权法》（第四版），法律出版社 2007 年版，第 309 页；崔建远：《物权法》，中国人民大学出版社 2009 年版，第 472 页。

该建筑物不属于区分所有,以该建筑物设定抵押的,该宗地的建设用地使用权一并抵押,而不管空地占多大比例或多大面积。第二,该宗地上有数栋建筑物,且该建筑物不属于区分所有,权利人以其中部分建筑物设定抵押的,该设押建筑物所占该宗地的应有份额一并抵押。在解释上,数栋建筑物对该宗地的建设用地使用权构成按份共有关系,这里对建设用地使用权的分割只是观念上的,并非物理上的。第三,该宗地上有一栋或数栋建筑物,但存在区分所有的情形,某权利人以其建筑物设定抵押的,该设押建筑物所占该宗地的应有份额一并抵押。[1]

2. "视为一并抵押"的解释论

第182条第2款规定的"视为一并抵押"如何理解?制定法中的"视为",是立法者基于特定的目的,针对微观层次的社会关系,所使用的具有特定外部标志的,有意地将明知为不同者等同视之的立法技术。[2] 民法中的"视为",是指民事法律对当事人的某种地位或意思的认定,不容当事人依反证而推翻。[3] 准此,房地单独抵押时,抵押权人就未抵押的财产取得抵押权。但就此抵押权的性质,学者间尚存争议。

一种观点认为,"视为一并抵押"所产生的抵押权,非基于当事人之间的合意而生,而是基于法律直接规定而成立,在性质上属于法定抵押权。[4]

另一种观点认为,"视为一并抵押"是指依法推定抵押权人对未抵押的财产享有抵押权。而其拟制的是"一并抵押的意思表示,既然是意思表示,就仍然属于法律行为而生之抵押权的范畴。这与法定抵押权不需要当事人约定而根据法律规定直接产生的特点具有根本区别。换言之,拟制的抵押权并非独立的抵押权形态,只不过其意思表示由法律推定产生而已"[5]。

3. 《物权法》第182条第1款的规范性质及房地分别抵押的效力认定

就《物权法》第182条第1款的规范性质而言,多数学者主张属于

---

[1] 高圣平、严之:《房地单独抵押、房地分别抵押的效力——以〈物权法〉第182条为分析对象》,《烟台大学学报》(哲学社会科学版)2012年第1期。
[2] 刘风景:《"视为"的法理与创制》,《中外法学》2010年第2期。
[3] 江平:《民法中的视为、推定与举证责任》,《政法论坛》1987年第4期。
[4] 崔建远:《物权法》,中国人民大学出版社2009年版,第476页。
[5] 朱晓喆:《房、地分离抵押的法律效果——〈物权法〉第182条的法律教义学分析》,《华东政法大学学报》2010年第1期。

倡导性规范,[①] 即提倡当事人以建筑物及其占用范围内的建设用地使用权一并设定抵押。另一种观点认为,就交易关系背景下物权法规范的配置,有学者认为,如果仅涉及交易当事人之间的利益和冲突,则以任意性规范和倡导性规范为主;如果涉及交易当事人与交易关系以外特定第三人之间的利益和冲突,就以授权第三人规范[②]为主;如果涉及民事主体的利益与公共利益之间的关系,则主要依赖强行性规范。[③]《物权法》第182条第1款明显调整的是交易背景下的法律关系,同时,其调整的又不仅限于当事人之间。如果抵押人以其建筑物或其占用范围内的建设用地使用权设定抵押,这里就只涉及抵押当事人之间的关系,但如抵押人就此前未抵押的财产为另一抵押权人设定抵押,此际至少涉及特定第三人的利益。同时,物权关系所关涉者,大多与不特定多数人的利益相关,虽然"全部物权法规范均属于强行性规范"[④] 太过绝对,但在一定程度上也反映了物权法规范不同于债权法规范的特点,很难说"房地一致原则"之下建筑物抵押权与建设用地使用权抵押权之间的关系仅涉及双方当事人。基于此,第182条应属强行性规范,但仅属于"管理性强行性规范"或"取缔性强行性规范",违之并不一定会导致交易关系无效。

因此,违反第181条第1款的规定房地分别抵押的,并不能仅因分别抵押而认为抵押合同无效。"将房地分别设定抵押,是当事人签订抵押合同时真实的意思表示。因两个抵押合同均未违反物权法定原则,故法律没有理由强行干预并认定其中一个抵押权为无效。"[⑤] 我国物权法上已承认

[①] 陈现杰:《土地使用权与地上建筑物分别抵押的效力问题》,《人民法院报》2003年9月16日第7版。虽然该文是针对《担保法》第36条,但《物权法》第182条第1款对《担保法》第36条并未作实质性修改,因此该文分析结论当然适用于《物权法》第182条第1款。

[②] 所谓授权第三人规范,系指授予交易以外的第三人一项权利,该权利可以决定影响其利益的交易行为的效力。参见王轶《论物权法的规范配置》,《中国法学》2007年第6期。

[③] 王轶:《论物权法的规范配置》,《中国法学》2007年第6期。

[④] 梁慧星主编:《中国物权法研究》,法律出版社1998年版,第3页。

[⑤] 王闯:《规则冲突与制度创新(中)——以物权法与担保法及其解释的比较为中心而展开》,《人民法院报》2007年6月27日第6版。

建设用地使用权和地上新增建筑物可单独设立抵押权（第 200 条），① 为维系"房地一致原则"，仅在实现抵押权时对两者进行一体处分即可，有学者认为此为"拍卖抵押财产的扩张"，"将不在抵押权效力范围内的财产一并拍卖"②，不过，就新增房屋的价值，建设用地使用权抵押权人无权优先受偿。这充分体现了抵押权的价值特性和抵押物价值可以分割的精神。建设用地使用权之上的既有房屋和新增房屋并无区别，正如新增房屋与其占用范围内的建设用地使用权可以分割一样，既有房屋与其占用范围内的建设用地使用权分别设定抵押的实质是进行抵押物的价值分割，各抵押权人仅分别就其设定抵押权的抵押财产享有优先受偿权，只是在实现抵押权时，均得对房地进行一体变现。③

4. 房地分别抵押时各抵押权的效力范围

就房、地分别抵押时，各抵押权效力所及的范围，主要有以下两种观点。

第一种观点认为，房地分别抵押仅产生房、地之上的各别抵押权，各抵押权的效力及于其设定抵押权的抵押财产（房或地），并不及于其未设定抵押权的抵押财产，只不过，在抵押权实现时房、地分别计价，一并处分，确保"房地一致原则"在抵押领域里的贯彻，其实质在于对建筑物所有权和建设用地使用权进行价值分割，虽然抵押权设定时交换价值分属于不同主体，但在实现时并未最终导致房地权利主体不一致。④ 抵押权人对于没有设定抵押的财产无优先受偿权，房地分别抵押时抵押权人各得就其抵押财产变价所得价款优先受偿。⑤ 此种观点可称为分别受偿说。⑥ 具

---

① 房绍坤：《物权法用益物权编》，中国人民大学出版社 2007 年版，第 194 页。
② 郭明瑞：《担保法》，法律出版社 2000 年版，第 133 页。
③ 王闯：《规则冲突与制度创新（中）——以物权法与担保法及其解释的比较为中心而展开》，《人民法院报》2007 年 6 月 27 日第 6 版。
④ 王闯：《规则冲突与制度创新（中）——以物权法与担保法及其解释的比较为中心而展开》，《人民法院报》2007 年 6 月 27 日第 6 版。
⑤ 童付章：《房地产分别抵押情形中抵押权优先效力之研讨》，《政治与法律》2008 年第 12 期。
⑥ 此说得到了最高人民法院不少法官的支持。参见杨永清、曹英《房屋和土地没有同时抵押时抵押登记的效力》，《人民司法》2002 年第 3 期；陈现杰《土地使用权与地上建筑物分别抵押的效力问题》，《人民法院报》2003 年 9 月 16 日第 7 版；宫邦友《房屋与土地权利主体不一致时，房地产抵押合同的效力及相关权利人的利益保护》，《法律适用》2004 年第 2 期。

体来说，第一，分别受偿说体现了当事人之间基于意思自由而为的担保安排，两抵押权之间的效力冲突自应依当事人的意志而解决。即使在物权法领域，亦有契约自由的适用空间。"在没有足够充分且正当理由的情况下，不得主张限制民事主体的自由。"① 第二，分别受偿说与"房地一致原则"并不矛盾。第三，分别受偿说更符合物权公示的逻辑。第四，分别受偿说较好地平衡了数抵押权人之间的利益。

第二种观点认为，房地分别抵押时建筑物抵押权和建设用地使用权抵押权的效力均及于建筑物及其占用范围的建设用地使用权，两抵押权之间依其登记先后定其顺位。抵押人将其建筑物为甲抵押权人设定抵押，经登记，甲抵押权人取得建筑物抵押权，同时就建筑物占用范围内的建设用地使用权取得拟制的抵押权（无须登记）。其后，抵押人又将其建设用地使用权为乙抵押权人设定抵押，经登记，乙抵押权人取得建设用地使用权抵押权，同时就该土地之上的建筑物取得拟制的建筑物抵押权（无须登记）。就建筑物及其占用范围内的建设用地使用权而言，甲抵押权人取得第一顺位抵押权，乙抵押权人取得第二顺位抵押权。② 论者并对此说的成立做了充分论证。此种观点又称重复抵押说。③

（三）简要总结

笔者以为，在房地单独抵押时，抵押权人依第 182 条第 2 款就未抵押财产所取得的抵押权，属于非依法律行为而取得的抵押权，当属法定抵押权，无须登记即成立。称谓上的差异不是最主要的，"法定抵押权"也好，"拟制的抵押权"也罢，只要能说明其无须登记即为成立就行了。第 182 条属管理性强制性规范，因此违反该条并不能仅因分别抵押而认为抵

---

① 王轶：《民法价值判断问题的实体性论证规则——以中国民法学的学术实践为背景》，《中国社会科学》2004 年第 6 期。

② 朱晓喆：《房、地分离抵押的法律效果——〈物权法〉第 182 条的法律教义学分析》，《华东政法大学学报》2010 年第 1 期。

③ 此说得到了部分地方法院的支持。例如，2004 年 12 月 21 日，《山东省高级人民法院关于审理以建筑物及土地使用权设定抵押如何确定合同效力问题的通知》指出："建筑物附着于以出让、转让方式取得的国有土地使用权的土地之上，仅就建筑物或仅就建筑物占用范围内的土地使用权设定抵押，或建筑物与其占用范围内的国有土地使用权分别抵押给不同债权人，按规定办理了抵押登记的，抵押合同有效。抵押权的效力及于土地使用权及附着于其上的建筑物，不同抵押权人就同一抵押物的受偿顺序依《担保法》第 54 条确定。"

押合同无效。房地分别抵押时的相关规则：抵押人以建筑物及其占用范围内的建设用地使用权分别为数抵押权人设定抵押的，并不因违反第182条第1款"一并抵押"的规定而无效，且第182条第2款"视为一并抵押"亦无适用余地。在践行相关抵押权设立登记手续之后，各抵押权人分别在建筑物或建设用地使用权之上取得抵押权。在抵押权实现时，应依《物权法》第146条或第147条的规定，一并强制变现建筑物及其占用范围内的建设用地使用权，各抵押权人就各别抵押财产所占比例对变价款享有优先受偿权。

《民商事审判会议纪要》第61条规定："根据《物权法》第182条的规定，仅以建筑物设定抵押的，抵押权的效力及于占用范围内的土地；仅以建设用地使用权抵押的，抵押权的效力亦及于其上的建筑物。在房地分别抵押，即建设用地使用权抵押给一个债权人，而其上的建筑物又抵押给另一个人的情况下，可能产生两个抵押权的冲突问题。基于'房地一体'规则，此时应当将建筑物和建设用地使用权视为同一财产，从而依照《物权法》第199条的规定确定清偿顺序：登记在先的先清偿；同时登记的，按照债权比例清偿。同一天登记的，视为同时登记。应予注意的是，根据《物权法》第200条的规定，建设用地使用权抵押后，该土地上新增的建筑物不属于抵押财产。"

值得注意的是，"房地一体"原则不仅适用于抵押场合，在其他权利界定与权利指向的财产范围情形，也存在适用空间。

二 对该制度立法论的总结

我国《城市房地产管理法》第31条明确规定："房地产转让、抵押时，房屋的所有权和该房屋占用范围内的土地使用权同时转让、抵押。"《担保法》第36条规定："以依法取得的国有土地上的房屋抵押的，该房屋占用范围内的国有土地使用权同时抵押。"（第1款）"以出让方式取得的国有土地使用权抵押的，应当将抵押时该国有土地上的房屋同时抵押。"（第2款）"乡（镇）、村企业的土地使用权不得单独抵押。以乡（镇）、村企业的厂房等建筑物抵押的，其占用范围内的土地使用权同时抵押。"《物权法》在《担保法》第36条的基础上做了相应的修正，其第182条除了将"同时抵押"修改为"一并抵押"之外，主要的变化是增加规定了第182条第2款，即"抵押人未依前款规定一并抵押的，未抵的财产视为一并抵押。"

笔者建议将现行《物权法》第 182 条和第 183 条予以合并，修正为："以建筑物、构筑物等抵押的，该建筑物、构筑物占用范围内的建设用地使用权、宅基地使用权一并抵押。以建设用地使用权、宅基地使用权抵押的，该土地上的建筑物、构筑物一并抵押。"（第 1 款）"抵押人未依照前款规定一并抵押的，未抵押的财产视为一并抵押，当事人另有约定的除外。"（第 2 款）"海域使用权以及该海域上的建筑物、构筑物的抵押关系，适用上述规定。"（第 3 款）

本条修正主要体现在五处：

第一，明确一体抵押的部分包括地上构筑物。原条文中仅提及建筑物，但在信贷实践中，构筑物的融资需求日益增加，虽然可以经由解释将构筑物包括在内，但在法条上予以明确规定，更为妥适。目前基础设施投融资体制改革的过程中，鼓励社会资本参与支线铁路等基础设施的投资，以铁路这种构筑物设定抵押，成了金融机构保全信贷资金安全的可选路径之一。为防杜交易风险，将构筑物与建设用地使用权同时抵押，符合实践的需要。

第二，明确宅基地使用权与其上建筑物、构筑物一体抵押的规则。"房地一体原则"在《物权法》《城市房地产管理法》《担保法》之下，仅适用于建设用地使用权及其地上建筑物，这主要是基于宅基地使用权限制处分的既有选择。目前政策文件中使用"农民住房财产权"来涵盖宅基地使用权及地上建筑物，本建议稿没有采用这一新创词汇，以免发生理解上的歧义。

第三，补充规定"视为一并抵押"的除外规则。在解释上，"视为一并抵押"所产生的抵押权，非基于当事人之间的合意而生，而是基于法律直接规定而成立，性质上属于法定抵押权。

笔者认为，虽然"视为一并抵押"直接产生法定抵押权，但这一拟制的前提是"如果当事人本应就某些事项为明确的意思表示而未为表示，则法律为结束不确定的关系状态、稳定法律秩序，推定当事人作出某种意思表示，赋予其确定的法律效果"。在房地分别抵押的情形，当事人已就房地分别抵押作出明确的意思表示，自无"视为一并抵押"适用的余地。"将房地分别设定抵押，是当事人签订抵押合同时真实的意思表示。因两个抵押合同均未违反物权法定原则，故法律没有理由强行干预并认定其中一个抵押权为无效。"准此，本建议稿于本条第 2 款明确规定："抵押人未依照前款规定一并抵押的，未抵押的财产视为一并抵押，当事人另有约定的除外。"

第四，《深化农村改革综合性实施方案》指出，集体经营性建设用地制度改革的基本思路是：允许土地利用总体规划和城乡规划确定为工矿仓储、商服等经营性用途的存量农村集体建设用地，与国有建设用地享有同等权利。由此政策导向可以看出，集体建设用地使用权并不是一个新的权利，直接适用建设用地使用权的规则即可。基于此，《物权法》第 183 条原来的规定"乡镇、村企业的建设用地使用权不得单独抵押。以乡镇、村企业的厂房等建筑物抵押的，其占用范围内的建设用地使用权一并抵押。"即失去了独立规定的价值，因此建议删去。

第五，海域使用权可以抵押，随之而来的是海域使用权与海上建筑物、构筑物之间的关系在抵押中如何处理的问题。就此，《不动产登记暂行条例》第 65 条规定："以建设用地使用权、海域使用权抵押的，该土地、海域上的建筑物、构筑物一并抵押；以建筑物、构筑物抵押的，该建筑物、构筑物占用范围内的建设用地使用权、海域使用权一并抵押。"本条第 3 款因此规定："海域使用权以及该海域上的建筑物、构筑物的抵押关系，适用上述规定。"

最后，作为立法上的最终判断见《民法典》第 397 条。该条第 1 款规定："以建筑物抵押的，该建筑物占用范围内的建设用地使用权一并抵押。以建设用地使用权抵押的，该土地上的建筑物一并抵押。"第 2 款规定："抵押人未依照前款规定一并抵押的，未抵押的财产视为一并抵押。"第 398 条规定："乡镇、村企业的建设用地使用权不得单独抵押。以乡镇、村企业的厂房等建筑物抵押的，其占用范围内的建设用地使用权一并抵押。"法条似乎排除了当事人的约定，彰显法定抵押的效力，对于当事人分别抵押，则按权利竞存处理。在解释适用上，对于当事人不能直接取得使用权的，可拟制为取得使用权的租赁权。

第四节 不动产抵押权的优先受偿范围

一 解释论

（一）主要争议问题

不动产抵押权是抵押权人就抵押财产的变价款优先受偿的权利，在性质上属于变价权。① 不无疑问的是,就抵押财产的变价款优先受偿的范围如何确定?不动产抵押权为担保抵押权人(债权人)的债权而设定,其优先受偿范围也就自然是其所担保的特定债权。《物权法》第173条规定:"担保物权的担保范围包括主债权及其利息、违约金、损害赔偿金、保管担保财产和实现担保物权的费用。当事人另有约定的,按照约定。"这里,明确将不动产抵押权优先受偿的范围界定为"主债权及其利息、违约金、损害赔偿金、保管担保财产和实现担保物权的费用",但又允许当事人之间就此作出例外安排。如此,《物权法》第185条第2款将"担保的范围"作为抵押合同的一般条款,倡导当事人在书面形式的抵押合同中作出明确约定,在解释上,就此未作约定者,依同法第173条所定缺省规则(法定担保范围)来确定。

基于不动产抵押权的物权性,在我国《物权法》就因法律行为的物权变动采行债权形式主义模式之下,不动产抵押权自应以登记作为公示方法,且登记是其生效(设立)要件(《物权法》第187条对此定有明文规定)。准此,不动产抵押权的优先受偿范围作为抵押权的主要效力内容,应在不动产登记簿上予以记载,以公示特定抵押财产之上的权利负担,第三人可以基于不动产登记簿上的记载,判断抵押财产的剩余价值,预估交易风险,并进而作出理性的商事判断。此为不动产登记簿公示公信力的体现。

如此看来,不动产抵押权的优先受偿范围的确定,不仅取决于当事人的约定(未约定即依法定),更端赖于不动产登记簿的记载。我国目前登记实践中所使用的不动产登记簿是国土资源部发布的《不动产登记簿样式(试行)》,其中"抵押权登记信息"中仅设计了"被担保主债权数额",而没有其他担保范围的登记栏目。这样,不动产抵押权的优先受偿范围是当事人在抵押合同中约定的担保范围,还是不动产登记簿登记的主债权的具体数额,即生疑问。

(二)各种观点

通过对中国裁判文书网公布的最高人民法院、高级人民法院和中级人

---

① 在实定法上,我国《物权法》第195条"抵押权人……以抵押财产折价或者以拍卖、变卖该抵押财产所得的价款优先受偿"的文义清晰地表达了这一点。

民法院2014—2016年的裁判文书的检索,① 笔者发现,就不动产抵押权优先受偿范围的确定,如抵押合同中约定抵押担保范围包括本金、利息、违约金、损害赔偿金、实现抵押权的费用、保全抵押财产的费用等,但不动产登记簿仅登记被担保主债权的具体数额,司法实践中存在截然相反的两种处理方式。

第一种观点认为,不动产抵押权优先受偿范围依抵押合同的约定,并不限于登记簿记载的主债权数额。此类裁判中,法院以《物权法》第173条和《担保法》第46条作为规范基础,认为不动产登记簿(或不动产权属证书)② 上记载的数额是主债权数额,而不是抵押担保的范围(总债权额),从而主张以抵押合同约定的担保范围确定不动产抵押权的优先受偿范围。其主要理由在于:其一,尊重当事人意思自治。"担保物权的担保范围是可以由当事人约定的,那么抵押权人优先受偿的范围就应根据约定的抵押担保范围来确定。"③ "因抵押登记是设立房产抵押权的要件,仅产生设立抵押权的效力,他项权证载明的债权数额仅指担保的本金数额,担保范围的确定应尊重当事人的意思自治。抵押合同是当事人协商一致的结果,体现了当事人的真实意思表示,担保范围应以该合同约定为准。"④ "根据《物权法》第173条的规定,抵押权人优先受偿的范围不以主债权为限,而应根据约定抵押担保范围或法定范围来确定。"⑤ 其二,登记簿未记载担保范围。"《物权法》第185条第(1)项中'被担保的债

---

① 2014年1月1日,《最高人民法院关于人民法院在互联网公布裁判文书的规定》正式实施。根据该司法解释,最高人民法院在互联网设立中国裁判文书网,统一公布各级人民法院的生效裁判文书。据此并同时考虑到案例整理工作展开的时限,本文选取2014—2016年的裁判文书作为研究对象。

② 在我国《物权法》之下,不动产登记簿是物权归属和内容的根据,不动产权属证书仅仅只是权利人享有该不动产物权的证明。真正起着公示作用的是不动产登记簿,而非不动产权属证书。在笔者梳理的裁判案例中,多以不动产权属证书(他项权证书、抵押权证书)为分析立论的基础,不能不说是一大遗憾。

③ 广西壮族自治区高级人民法院(2015)桂民四终字第61号民事判决书。

④ 安徽省合肥市中级人民法院(2014)合民二初字第00222号民事判决书。

⑤ "2014年度上海法院金融商事审判十大典型案例"之四"一般抵押登记记载的'债权数额'并非担保的最高限额——郑某与甲银行金融借款合同纠纷案",该案是"中国农业银行股份有限公司上海金山支行诉郑家棉等金融借款合同纠纷上诉案"[(2013)沪一中民六(商)终字第315号民事判决书]。

权数额'与第（4）项"担保的范围"为两项不同的合同条款。"① "虽然在抵押登记证上有'债权数额'的记载，但不能构成对当事人抵押合同所约定的保证（疑为'担保'之误）范围的协议改变。"② "一般抵押权设立登记的，权利证书上记载的'债权数额'仅是设定抵押时担保的主债权本金数额，与抵押担保范围是两个不同的条款。债权人主张按抵押合同约定的担保范围内的全部债务行使优先受偿权的，法院应当予以支持。"③ "鉴于债权本金、相关利息、违约金以及实现债权的费用等的合计最高金额房屋登记机构无法提前计算，故房屋登记机构记载在他项权证上的抵押债权数额仅是双方对债权本金的明确，而抵押物的担保责任范围应以当事人签订的抵押担保合同的约定内容为准。"④ 其三，《担保法解释》第61条不适用于此类情形。"根据《担保法解释》第61条的规定，虽然本案案涉房屋在办理抵押登记时记载的债权数额应为抵押合同中约定的被担保主债权数额，而非抵押物的抵押担保范围。因为在设立抵押及办理登记时，主债权及附随债权尚未能确定，但当事人对抵押物的抵押担保范围有预期和认知，并在主债权合同中已作约定，所以登记机关登记记载的是被担保的主债权数额，而非抵押担保范围，且这与合同约定的内容也并非不一致。"⑤ 此类裁判与最高人民法院在某些个案中的司法态度相一致。最高人民法院在"天津隆侨商贸有限公司因中航信托股份有限公司申请执行隆侨公司等借款合同纠纷案"中认为：《担保法解释》第61条是对抵押登记内容的规定，而非对抵押担保范围的规定，他项权证记载的权利数额与抵押担保范围系不同事项，当抵押合同对于抵押担保范围进行明确约定的情况下应依照合同约定执行。⑥

2016年北京市第四中级人民法院在《金融借款合同纠纷审判白皮书》中曾就担保物权存续期间、抵押合同约定范围与登记内容不一致的情形如何处理时认为："抵押合同约定的抵押范围通常包括债务本金、利息、

---

① 重庆市高级人民法院（2014）渝高法民初字第00064号民事判决书。
② 山东省泰安市中级人民法院（2014）泰民一终字第1056号民事判决书。
③ "2014年度上海法院金融商事审判十大典型案例"之四 "一般抵押登记记载的'债权数额'并非担保的最高限额——郑某与甲银行金融借款合同纠纷案"。
④ 广东省中山市中级人民法院（2015）中中法民二终字第114号民事判决书。
⑤ 广西壮族自治区高级人民法院（2015）桂民四终字第61号民事判决书。
⑥ 最高人民法院（2015）执复字第38号执行裁定书。

逾期利息、诉讼费、实现债权的费用等，而房地产登记部门所登记的抵押权他项权利证书常常仅载明借款本金的数额。笔者认为，金融借款合同涉及担保，应当遵循当事人意思自治原则和物权法定原则，物权法规定的担保范围不仅包括主债权还包括利息、违约金等，当事人在合同中对担保范围有明确约定的，虽然登记公示的他项权利证书只载明本金数额，仍应当按照双方抵押合同约定的抵押范围认定。"

第二种观点认为，不动产抵押权优先受偿范围限于不动产登记簿记载的主债权数额，不能扩及至抵押合同已作约定但登记簿未作记载的担保范围。此类裁判中，法院依据《物权法》第16条、第17条以及《担保法解释》第61条，认为在抵押合同约定的担保范围与抵押登记的债权数额不一致之时，案涉不动产抵押权优先受偿范围应以不动产登记簿（或不动产权属证书）记载的内容为准。其主要理由在于：其一，《担保法解释》可直接作为裁判依据。"《担保法解释》第61条规定，抵押物登记记载的内容与抵押合同约定的内容不一致的，以登记记载的内容为准。虽然，抵押合同约定的担保范围为包括主合同项下的债务本金、利息、逾期利息、罚息、复利、手续费、违约金、损害赔偿金、实现债权的费用（包括但不限于诉讼费、执行费、保全费、鉴定费、律师代理费、差旅费等）和实现债权的其他一切费用，但是，抵押登记中他项权证所记载的债权数额明确为主债权数额。在两者不一致的情况下，案涉抵押担保的范围应以登记记载的内容为准。"[①] 其二，不动产登记簿具有公信力，不动产权证书具有证明作用。"在办理房地产抵押登记时，登记机关发放的他项权证记载的抵押贷款金额均明确了具体数额，对此应当按照《物权法》第17条规定来进行认定，不动产权属证书是权利人享有该不动产物权的证明。基于物权的公示效力，抵押权人实现优先受偿权应以他项权证记载为准。抵押权人主张就抵押物价值超出登记价值的部分优先受偿即按照抵押合同约定的担保范围优先受偿，缺乏法律依据，不予采信。"[②] "房屋他项权证作为房屋产权登记机关颁发给抵押权人的法定凭证，其记载的债权数额与不动产登记簿记载的债权数额一致。鉴于权证登记的公示效力，当出现抵押合同与抵押权登记簿、他项权证上记载的抵押权的担保范围不一

[①] 江苏省高级人民法院（2014）苏商终字第00530号民事判决书。
[②] 江苏省高级人民法院（2015）苏商终字第00689号民事判决书。

致的情形,应当以登记记载的内容确定具体数额。"① 此类裁判与最高人民法院在某些个案中的司法态度相一致。最高人民法院在"大庆建行与庆莎公司、金银来公司借款抵押合同纠纷上诉案"中也认为,应以登记簿的记载确定抵押权人的优先受偿范围,抵押权人就抵押财产的变价款中超过已登记数额的部分没有优先受偿权。②

2013 年江苏省高级人民法院《关于当前商事审判若干问题的解答》指出:"在金融借款纠纷中,银行与债务人、担保人在以房地产作为抵押物的抵押合同中约定的担保范围包括本金、利息、实现债权的费用等,但是在办理房地产抵押登记时,登记机关在登记簿上记载的主债权范围仅为本金部分,或者登记机关发放的他项权证记载的主债权范围仅为本金部分,与当事人之间的抵押合同约定不一致,当抵押权人要求就抵押物超出本金部分的价值优先受偿,或者当后顺位的抵押权人要求就超出部分优先受偿,或者债务人的其他债权人要求就超出部分共同受偿时,就会发生权利受偿范围和顺位的冲突,应当如何处理?""答:房地产抵押权属于物权,房地产抵押登记属于不动产物权登记。《中华人民共和国物权法》第 16 条规定:不动产登记簿是物权归属和内容的根据。不动产登记簿由登记机构管理。因此,抵押担保的范围应以登记机关不动产登记簿的记载内容为准,除非有证据表明登记簿的记载错误。对抵押权人主张就抵押物价值超出登记价值的部分优先受偿的,不应予以支持。"2013 年江苏省高级人民法院执行局《关于执行疑难若干问题的解答》、2015 年江苏省高级人民法院《关于抵押债权优先受偿范围的补充解答》对此做了进一步明确规定。

(三) 简要总结

在物权法定原则之下,不动产抵押权属于《物权法》所定"担保物权"(上位阶物权种类)中"抵押权"(中位阶物权种类)的"一般抵押权"(下位阶物权种类)的亚类型(其他包括动产抵押权、浮动抵

---

① 江苏省南京市中级人民法院 (2015) 宁商终字第 1819 号民事判决书。
② 最高人民法院 (2015) 民二终字第 28 号民事判决书"中国东方资产管理公司武汉办事处与平安信托投资有限责任公司、中国平安人寿保险股份有限公司、武汉农村商业银行股份有限公司、北京王府井百货商业物业管理有限公司和陆氏实业 (武汉) 有限公司借款担保合同纠纷上诉案"亦持相同观点。

押权等)，① 符合种类法定（类型强制）的要求；不动产抵押权的内容体现为就特定财产的变价款在特定范围内优先受偿，就此，《物权法》第179条、第195条定有明文规定。由于不动产抵押权作为一种物权，具有绝对性，其支配对象及范围都应当相对明确，以使物权法律关系更为确定。② 依不动产物权登记公示法理，不动产抵押权的优先受偿范围当属抵押权的内容，依法应经登记，才能取得物权效力。不动产抵押权人仅能依登记的内容行使其权利，"为使此项约定（当事人间关于担保范围的约定）构成抵押权的内容，自应于抵押权设定登记时一并登记，始生物权之效力"③。应当注意的是，不能仅因《物权法》第173条就担保范围做了规定，就认为抵押权人可就抵押财产的变价款在该范围内享有优先受偿权。该条规定实际上是抵押合同中的一个条款，在我国物权法明确区分合同效力和物权变动的情形之下，仅抵押合同的约定并不当然产生物权效力。也就是，虽然法律上规定了当事人之间就担保范围未作约定时的缺省规则，但并不表明这些附属债权可无须登记即为抵押权效力之所及。④ 无论法定的担保范围，还是约定的担保范围，欲使后顺位物权人以及无担保债权人可得知晓，皆应通过登记的办法对不动产抵押权的优先受偿范围予以明确公示。

就不动产抵押交易而言，当事人之间约定的担保范围仅产生债法上的效力，上述第一种观点仅以《物权法》第173条和《担保法》第46条为依据判定不动产抵押权的优先受偿范围，有失偏颇。不动产抵押权的优先受偿范围端赖于不动产登记簿的记载，但又不局限于不动产登记簿的记载。可以说，不动产抵押权优先受偿范围必然与登记范围不一致，但后者影响甚至决定前者的范围。一方面，法定的担保范围和约定的担保范围均需登记，未在登记簿上记载的，视为就附属债权并无优先受偿权，抵押权人仅能就登记的主债权数额优先受偿；利息、逾期利息、违约金、损害赔偿金均应登载于登记簿，但就其中超过规定限制的部分，债权人不仅不享

---

① 本处的分析采纳了常鹏翱关于物权种类层级的观点，参见常鹏翱《物权法定原则的适用对象》，《法学》2014年第3期。
② 郑冠宇：《民法物权》（第四版），新学林出版股份有限公司2014年版，第17页。
③ 谢在全：《民法物权论》（中），中国政法大学出版社2011年版，第660页。
④ 谢在全：《民法物权论》（中），中国政法大学出版社2011年版，第662页。

有债权请求权，更无优先受偿权；另一方面，符合条件的实现抵押权费用、保全抵押财产费用，具有共益性，无须登记，当然属于不动产抵押权优先受偿范围。应当注意的是，不宜因附属债权事先不能确定就否认其登记可能性。不动产抵押权优先受偿范围的登记并不是具体数额的登记，可能只是计算方法的登记（如利率、违约金的具体计算方法），也可能只是具体事项的登记（如只是勾选登记"损害赔偿金"栏目）。以抵押合同约定的担保范围来确定不动产抵押权的优先受偿范围，实际上是采纳了债权意思主义国家的观点，使得我国物权法所确立的不动产抵押权登记生效模式名存实亡，击破了物权与债权区分的法律逻辑。物权与债权的区分在于公示（登记、占有）使仅有相对性的债权产生对抗第三人效力，赋予未经登记的抵押权内容以物权效力（优先受偿效力），与此有违。同时，抵押合同的约定优于登记簿的公示公信效力，使得当事人之间有机会恶意串通更改抵押合同内容，损害后顺位抵押权人的利益,[①] 容易滋生道德风险。

有学者认为，《房屋登记办法》第 44 条中的"被担保债权数额"包括了《房屋登记簿管理试行办法》第 9 条第 3 款中的"被担保主债权的数额"和"担保范围"，应依其文义解释为包括主债权本金部分之外的利息、违约金、损害赔偿金和实现抵押权的费用等在登记时未能确定的债权。[②] 前引第一种处理方式的裁判中，相反观点认为，《物权法》第 185 条第 2 款规定了抵押合同一般应当包括的条款，其中第 1 项为"被担保债权的种类和数额"，第 4 项为"担保的范围"，由此可见，抵押合同中的"被担保债权的数额"与"担保的范围"是作为两个不同的条款内容分别规定的，不能彼此产生替代关系。因此，"被担保债权的数额"与"担保范围"并非相同概念，那么不动产登记簿所记载的"债权数额"，并不等同于"担保范围"。笔者认为这一论理尚不充分。抵押权的担保范围指的是《物权法》第 173 条所称"主债权及其利息、违约金、损害赔偿金、保管担保财产和实现担保物权的费用"，这里明确写的是"主债

[①] 马俊驹、陈本寒主编：《物权法》（第二版），复旦大学出版社 2014 年版，第 306 页。

[②] 何小勇、余蓉：《不动产抵押担保范围登记及其法律效力问题探讨——以银行房地产抵押担保债权的实现为例》，《金融法制》2015 年第 3 期。

权"，在体系解释之下，自然指的是本法第 185 条所说的"被担保债权的……数额"，那么，被担保债权的数额就属于担保范围，"被担保债权的数额"与"担保范围"之间并不存在非此即彼的关系。即使认为两者是不同的概念，在允许当事人之间就担保范围作出例外约定的情况下，登记簿上不作相应记载，相对人就得进一步查阅当事人之间的担保合同去探知担保范围，并进而作出商事判断。但如此即违背了不动产登记公示之本意，增加了交易的成本，影响了交易的便捷。①

这里，还涉及对《物权法》第 173 条所定"主债权"的理解。就立法史上看，本条来源于《担保法》第 46 条、第 67 条、第 83 条关于抵押权、质权和留置权等担保范围的规定。《担保法》第 21 条第 1 款关于保证担保范围的表述大致相同。在解释上，为区分保证债务与保证人所担保履行的债务，多将前者称为"从债务"；后者称为"主债务"，与之相对的权利即分别为"从债权"和"主债权"。由此可见，主债权应当是保证人所担保的全部债权。但从《担保法》第 21 条第 1 款和第 2 款所使用的语句②来看，第 1 款所称"主债权"明显是指保证所担保的原本的债权，即"原债权"，非指与保证债权相对的"主债权"；第 2 款所称"全部债务"即为第 1 款所称"主债权及利息、违约金、损害赔偿金和实现债权的费用"之全部，也就是与保证债务相对的"主债务"。《物权法》第 173 条亦应作相同理解，即其中"主债权"仅指担保物权所担保的原本的债权，即"原债权"③，在主债权债务关系属于借贷的情形下，亦即"本金"。相关登记规范尊重了这一解释方案。④

《民商事审判会议纪要》第 58 条规定："以登记作为公示方式的不

---

① 就此，信贷实践已经探索出了一些解决方法。如有的专业银行将即使只发放一次贷款的交易也设计成最高额抵押担保交易，将主债权数额确定为包括原定主债权及其附属债权在内，多数比这更高，同时对主合同进行相应修改。这样一来，无论裁判中最终如何认定，对专业银行没有什么损失，但因制度设计的原因造成大量的"虚假"交易，对整个交易秩序、诚信环境并没有起到规范和指引作用。

② 《担保法》第 21 条第 1 款规定："保证担保的范围包括主债权及利息、违约金、损害赔偿金和实现债权的费用。保证合同另有约定的，按照约定。"第 2 款规定："当事人对保证担保的范围没有约定或者约定不明确的，保证人应当对全部债务承担责任。"

③ 程啸：《担保物权研究》，中国人民大学出版社 2017 年版，第 84 页。

④ 《不动产登记暂行条例实施细则》第 68 条第 2 款。

动产担保物权的担保范围，一般应当以登记的范围为准。但是，我国目前不动产担保物权登记，不同地区的系统设置及登记规则并不一致，人民法院在审理案件时应当充分注意制度设计上的差别，作出符合实际的判断：一是多数省区市的登记系统未设置'担保范围'栏目，仅有'被担保主债权数额（最高债权数额）'的表述，且只能填写固定数字。而当事人在合同中又往往约定担保物权的担保范围包括主债权及其利息、违约金等附属债权，致使合同约定的担保范围与登记不一致。显然，这种不一致是由于该地区登记系统设置及登记规则造成的该地区的普遍现象。人民法院以合同约定认定担保物权的担保范围，是符合实际的妥当选择。二是一些省区市不动产登记系统设置与登记规则比较规范，担保物权登记范围与合同约定一致在该地区是常态或者普遍现象，人民法院在审理案件时，应当以登记的担保范围为准。"该条区分了当前不同地区登记实践的状况，对登记完善的采登记为准，符合登记公示原则，对于登记不完善的，采合同约定为准，体现为一种妥协。在不断完善不动产统一登记的大环境下，应进一步倡导改善不动产优先受偿权范围的登记。

二 民法典编纂中的立法论

在目前不动产登记法制运行不彰的情形之下，就不动产抵押权优先受偿范围的判定尚需结合《物权法》的一般规定进行妥当解释。不动产抵押权因登记而设立，"登记是最主要的公示机制，它能清晰展示物权种类和内容，当事人只要查阅就一目了然，从而既将物权排斥第三人的固有风险降到最低，第三人又无须支出额外的检索和甄别成本"[①]。不动产抵押权的优先受偿范围作为抵押权的内容虽可由当事人约定，但为抵押财产之上的权利负担透明化，自应记载于登记簿，从而保障交易安全和充分发挥抵押财产的价值。当事人约定的担保范围，涉及后顺位物权人和一般债权人的利益，未经登记虽然不影响在当事人之间发生债法上的效力，但不能向第三人主张在约定的优先受偿范围内就抵押财产的变价款具有优先受偿效力。由此可见，当事人约定的抵押担保范围，在物权公示原则和物权特

[①] 常鹏翱：《物权法定原则的适用对象》，《法学》2014 年第 3 期。

定主义之下，仍须经由登记，始为抵押权效力之所及。① 至于不动产登记操作中出现的相关问题，人民法院不应迁就不符合立法原意的行政决策，可以司法建议的形式由相关行政机关予以解决。

目前，中国民法典物权法编的编纂工作已经启动，为防止司法实践中在抵押合同约定的担保范围与登记簿的记载不一致时的解释冲突，并督促相关行政机关修改不动产登记簿样式，笔者建议对《物权法》第 173 条进行修改，增设 1 款，作为第 2 款，规定："依登记生效或取得对抗效力的担保物权，前款担保范围中利息、违约金、损害赔偿金，未经登记不得对抗第三人。"② 如此设计，有以下三个理由：

第一，在采行登记生效主义和登记对抗主义等物权变动模式的担保物权中，登记簿的记载具有相当的公示作用和一定的公信力。担保范围既然不是担保物权的法定内容，允许当事人之间作出例外安排，担保物权所担保的债权范围对于第三人而言就显得尤为重要。第三人无须查询原当事人之间的担保合同，无须探知原当事人之间的交易细节，根据登记簿的记载即知悉担保财产之上物上负担的具体数额，可以据此作出相应判断和决策，避免了不测之损害。因此，借由减少信息归集成本并避免不测的损害，登记具有了保护交易安全的功能。③

第二，实现担保物权的费用包括担保财产的估价费用、担保财产拍卖、变卖所需的费用、交通费用和诉讼费用等，该费用系因债务人不履行债务而发生的，自应由债务人负担。该债务属于法定债务，除非当事人对其有特别约定，其纳入担保范围亦无须登记。有观点认为，实现担保物权的费用虽非担保物权效力之所及，但属有益于各担保权人的共益费用，应在各担保物权所担保的债务之前优先受偿，准此，无须登记即可取得优先受偿效力。无论采取哪种观点，担保范围中实现担保物权的费用和保管担

---

① 谢在全：《民法物权论》（中），中国政法大学出版社 2011 年版，第 660—662 页；郑冠宇：《民法物权》（第四版），新学林出版股份有限公司 2014 年版，第 489 页。

② 第 173 条位于《物权法》第四编"担保物权"的第十五章"一般规定"，具有高度涵盖性，包括了其他各节所规定的具体担保物权。本处的修改建议也就不仅限于不动产抵押权，特此叙明。

③ 谢哲胜：《抵押权设定契约书所记载的债权为抵押权效力所及——最高法院101 年度台上字第 570 号民事判决评释》，《月旦裁判时报》2013 年第 4 期。

保财产的费用均属法定内容,① 无须登记即可对第三人主张。

第三,采取"未经登记不得对抗第三人"的表述,综合了目前司法实践中的两种处理方法。登记的功能和意义在于保护交易安全,避免善意第三人受到不测的损害。如绝对地规定担保范围中附属债权未经登记,不生物权变动效力,过于严苛。毕竟担保交易实践中,主债务多有约定利息、违约金、损害赔偿金,本款借助登记对抗缓和登记生效的刚性,在一定程度上尊重了当事人之间的意思自治,也不致危及交易安全。② 对于没有第三人与担保物权人就担保财产的变价款进行争夺的情形下,当事人之间约定的担保范围在担保财产的变价款的分配中受到尊重,避免出现目前司法实践中就超过登记的被担保主债权数额之外的附属债权判定不具有优先受偿权的问题。就担保财产的变价款有第三人与担保物权人进行争夺的情形下,当事人之间约定的担保范围中未经登记者,不能对该第三人主张有优先受偿效力。

《民法典》第 389 条规定:"担保物权的担保范围包括主债权及其利息、违约金、损害赔偿金、保管担保财产和实现担保物权的费用。当事人另有约定的,按照其约定。"该条沿用《物权法》的法律表达,也未倡导当事人应在可登记时积极对担保物权的担保范围进行登记。未来在《不动产登记法》的立法中可进行完善,倡导当事人对不动产抵押权优先受偿范围进行登记,以便后顺位的担保物权人有较好的债务风险预期。以立法方式调整不动产登记实践。

第五节 最高额抵押权

最高额抵押制度经百年演进,其制度建设和理论研究已相当深入。

---

① 邹海林:《论〈民法典各分编(草案)〉"担保物权"的制度完善》,《比较法研究》2019 年第 2 期。

② 我国台湾地区"民法"修正之时,就第 862 条原拟增订第 2 项"约定的利息、违约金或前项但书契约之约定,以登记者为限。其利率未经登记者,依法定利率计算之",但未被采纳。不过,该条的"立法理由书"中仍然认为,"至原债权乃抵押权成立之要件,且为贯彻公示效力,以保障交易安全,连同其利息、违约金均应办理登记,始生效力。"但"土地登记规则"配合修订之时参酌上述修正理由,增订抵押权设定登记事项(第 111 条之第 1 项),将担保范围之登记定为明文规定。

该制度所独具之强大的促进资金融通和强化交易关系的功能备受各国重视，其妨碍抵押财产价值发挥和滋生抵押权人的不当行为的缺憾也得到了一定程度的防杜。随着我国社会主义市场经济体制的逐步建立和健全，促进资金融通和商品流通、保障债权实现的担保法律制度越来越受人们重视，《担保法》制定之初，在担保法理论研究尚欠深入和司法实践经验不足的情况下，大胆引进最高额抵押制度，其重大意义不言自明。实践中，最高额抵押权制度已在银行贷款业务中得到了较为广泛的应用。[①] 但我国制定法上的最高额抵押制度先天不足，寥寥5条，仅对最高额抵押的定义和适用范围、主债权转让的效力、最高额抵押权的变更与确定、法律适用等做了规定，立法者在最高额抵押的价值判断和功能定位上均有偏差，不仅对最高额抵押的确定制度、决算期、减额请求制度、消灭请求制度等缺乏规定，而且已规定的制度也存在重大瑕疵。如最高额抵押的主合同债权不得转让，这既不符合债权法和担保法的一般原理，也不符合国外立法通例。所有这些都无疑会影响《物权法》上最高额抵押制度的实行。

解释论

（一）主要争议问题

本部分内容主要涉及最高额抵押权的界定与最高额抵押权从属性的缓和。在解释论上，其中争议最大的问题是应如何理解最高额抵押权，尚有三点值得研究。一是"连续发生的债权"是否以一定的基础关系为前提？二是"连续发生的债权"是否特定？三是"连续发生的债权"是否限定指将来发生的债权？此外，最高额抵押权的否定、设立登记、所担保债权的确定，以及是否应当禁止最高额抵押权处分，最高额抵押权的从属性问题也需进行研究。

（二）各种观点

1. 最高额抵押权的界定之争

《担保法》第59条规定："本法所称最高额抵押，是指抵押人与

[①] 郭明瑞：《担保法原理与实务》，中国方正出版社1995年版，第105页；参见全国人大常委会法制工作委员会民法室《中华人民共和国物权法条文说明、立法理由及相关规定》，北京大学出版社2007年版，第368页。

抵押权人协议,在最高债权额限度内,以抵押财产对一定期间内连续发生的债权做担保。"《物权法》第 203 条规定:"为担保债务的履行,债务人或者第三人对一定期间内将要连续发生的债权提供担保财产的,债务人不履行到期债务或者发生当事人约定的实现抵押权的情形,抵押权人有权在最高债权额限度内就该担保财产优先受偿。最高额抵押权设立前已经存在的债权,经当事人同意,可以转入最高额抵押担保的债权范围。"由此可见,最高额抵押是为一定范围内的债权所提供的担保。

关于最高额抵押权的界定尚有三点值得研究,一是"连续发生的债权"是否以一定的基础关系为前提?二是"连续发生的债权"是否特定?三是"连续发生的债权"是否限定指将来发生的债权?

关于"连续发生的债权"是否是由一定的基础关系所产生的问题,黄富认为:"基础关系最高债权额的存在,是最高额抵押与一般抵押的两项显著区别。"[1]但仅就《物权法》第 203 条的文义而言,"连续发生的债权"仅强调其将来接连发生,并不以同一基础交易关系所发生者为限,也不以同种类的系列债权为限。《房屋登记办法》似乎注意到了这一点,虽然担保债权的范围是最高额抵押合同的当然内容,但房屋登记簿上并不记载最高额抵押权所担保债权的范围,担保债权范围的变更也无须登记。"连续发生的债权"的数额在抵押权设定时应不确定。如果为将来特定债权提供担保,债权之发生虽属将来,但其数额已经预定,即构成为将来债权提供担保的一般抵押权,而非最高额抵押权。关于"连续发生的债权"是否限定指将来发生的债权,有肯定说和否定说两种,持肯定说者认为最高额抵押权是对于由继续性的法律关系将来可发生债权,预定一最高限度额,而以抵押财产担保的一种特殊抵押权。[2]持否定说者认为,最高额抵押权是指对于债权人的一定范围内的不特定而连续发生的债权预定一个限额,并由债务人或者第三人提供抵押财产予以担保而设定的特殊

---

[1] 黄富:《最高额抵押权研究》,硕士学位论文,中国政法大学,1997 年。
[2] 傅穹、王彦明:《再谈最高额抵押》,《法制与社会发展》1998 年第 1 期;郭明瑞:《担保法原理与实务》,中国方正出版社 1995 年版,第 104 页;陈华彬:《物权法原理》,国家行政学院出版社 1998 年版,第 654 页;钱明星:《物权法原理》,北京大学出版社 1994 年版,第 355 页;郑玉波:《民法物权》,台湾:三民书局 1998 年版,第 286 页。

抵押权。① 持否定说者明确指出，最高额抵押权担保的债权固然是以将来发生的债权为常见，但是，当事人也可以约定将现存债权列入担保范围之内；"现存债权"不仅可以是因为最高额抵押权的基础关系（被担保债权发生的特定原因关系）而发生的现存债权，也可以是其他现存特定债权。②

2. 最高额抵押权从属性的缓和之界定争议

我国《物权法》第 203 条没有明确最高额抵押所担保债权的不特定性。但从体系解释的角度来看，结合《物权法》第 206 条关于债权确定的规则，最高额抵押应当是不特定的债权。另外，从比较法的角度来看，也应作同样解释。③ 在此，主要存在三方面的争议。

首先，成立上的从属性的缓和。最高额抵押权是否具有成立上的从属性，学界有三种不同的观点：第一，担保将来债权说，即最高额抵押是为担保将来发生的债权而设定的抵押，因此，对将来产生的债权具有从属性。但该说与最高额抵押的本质不符，而且也等于否定了最高额抵押权的存在。第二，从属于基本合同说，即最高额抵押权是以当事人之间的基本合同的存在为前提的，因此，最高额抵押权不是从属于所担保的具体债权，而是从属于基本合同。该说误读了最高额抵押权担保的对象，该抵押权担保的不是基本合同关系，而是后来确定的债权。第三，无从属性说，即最高额抵押权是就特定债权进行担保，它不具有成立上的从属性。

其次，处分上的从属性的缓和。最高额抵押权与个别债权之间不存在直接关联性，所以，它不具有处分上的从属性，主要表现在如下两个方面：第一，移转上从属性的缓和。最高额抵押所担保的特定债权转让给他人时，该债权就脱离所担保的范围，其最高额抵押权不随同转让给该受让人。当然，最高限额抵押权所担保的债权一经确定，其债权转让又回归担保物权移转上的从属性。我国《物权法》第 204 条也认可了这一规则，同时，规定当事人另有约定的除外。学者认为，当事人的约定包括两种情

---

① 梁慧星主编：《中国物权法研究》，法律出版社 1998 年版，第 912 页；谢在全：《民法物权论》（下），新学林出版股份有限公司 2004 年版，第 51 页。

② 谢在全：《民法物权论》（下），新学林出版股份有限公司 2004 年版，第 52 页；梁慧星主编：《中国物权法研究》，法律出版社 1998 年版，第 914 页。

③ 《日本民法典》第 398 条之 2 第 1 款、我国台湾地区"民法典"第 881 条之 1、《韩国民法典》第 357 条第 1 款。

形：一是最高额抵押随同部分债权转让而全部被转让，此时，最高额抵押权所担保的债权确定，转化为普通抵押权。二是最高额抵押权被分割成两个最高额抵押权，其中一个得到最高额抵押权人的同意被转让。此外，对于第三人代位清偿而取得债权的情形，我国《物权法》没有规定，学者认为，应当类推适用该法第 204 条的规定质押上从属性的缓和。在我国法上，抵押权不能独立质押，而只能随同其债权一同质押。但是，在最高额抵押所担保的债权确定前，部分债权被质押（应收账款质押），最高额抵押权是否随同质押？对此，我国《物权法》并没有明确规定。但是，该法第 204 条对于部分债权转让作出了规定，根据当然解释，部分债权质押时，也应当适用该法第 204 条。

最后，消灭上从属性的缓和。一般来说，抵押权要随其所担保债权的消灭而归于消灭。但是，最高额抵押权是具有独立性的"框子支配权"，它所担保的是不特定债权，即使具体的债权因清偿、提存、混同、抵销等消灭，最高额抵押权不随之而消灭或缩减。

3. 概括最高额抵押权的否定

概括最高额抵押权，是指就抵押权人对债务人的一切债务，在最高额限度内均予担保的最高额抵押权。此处所谓一切债权，又叫概括债权，包括基于交易行为所产生的债权、基于侵权行为所产生的债权、基于不当得利返还所产生的债权等。对于最高额抵押权所担保的债权，《物权法》并未明文规定限于一定期限间的交易关系所产生的债权，采用的是"一定期间内将要连续发生的债权的"表述。侵权行为引发的债权、不当得利债权等也被涵盖其中。若不加限定，则意味着《物权法》已经承认了概括最高额抵押权。

肯定说的理由主要在于：第一，概括最高额抵押权经过登记，已经公示，难以认为，会对其他人造成不测损害。第二，概括最高额抵押权并不违反抵押权的从属性规则，因为在实现抵押权时，债权是确定的。第三，概括最高额抵押权所可能具有的弊端，实际上是最高额抵押权本身早已经存在的弊端，只不过在概括最高额抵押权中被放大而已。

否定说的理由主要在于：第一，因当事人就担保债权发生原因的基础关系没有加以限定，因此，债务人与抵押权人之间所产生的一切债权，都可以成为担保的对象，致使抵押人负担不可预期的责任。第二，因债权人与债务人之间没有基本契约（一定的法律关系）为担保债权发生的基础关系，违反了从属性规则。第三，概括最高额抵押没有划定担保债权的范围，不仅偶然发生的债权可随时进入担保范围，甚至抵押权人可以以不当的方法收集无担保债权、票据债权等列入担保范围，从而使得一般债权人和后顺位抵押权人难以预测该抵押权。此外，从物权公示、物尽其用和投资担保等角度考虑，我国不宜承认概括最高额抵押权。

《担保法》第 60 条将最高额抵押权制度的使用范围限定为借款合同关系、债权人和债务人就某项商品在一定期间内连续发生交易而签订的合同关系场合，《物权法》虽然将其适用范围有所扩张，如票据关系、商业服务关系等领域亦可成立最高额抵押权，但其规范一直也没有超出交易关系的领域。① 崔建远指出，虽然就此可以得出我国《物权法》没有承认概括最高额抵押权的结论，但立法政策上也可考虑对某些特殊的侵权损害赔偿请求权（如工厂排放废气引发的侵权损害赔偿请求权）允许设立最高额抵押权予以担保。②

4. 最高额抵押权设立登记

设定最高额抵押权应当进行登记，这是承认最高额抵押权制度国家的立法通例。对于登记的效力，则主要有两种立法体例：一为登记对抗主义，即登记为最高额抵押权的公示方法，未经登记不影响其成立，但未经登记的最高额抵押权不得对抗善意第三人，这种登记主义被法国等采用；二为登记要件主义，即登记是最高额抵押权成立的要件，不经登记不能成立生效，这种登记主义被德国、瑞士等采用。日本虽然在一般抵押权的登记上采取登记对抗主义，但在最高额抵押权登记上，却采取登记要件主义。《物权法》对于最高额抵押权的登记问题没有专门规定，根据《物权法》第 207 条，应适用一般抵押权登记的规定。但是《物权法》关于一般抵押权的登记，根据抵押财产的不同而分别采取登记对抗主义和登记要件主义。

5. 最高额抵押权所担保债权的确定

最高额抵押权的确定，也称最高额抵押权的原本的确定或担保债权的

---

① 胡康生主编：《中华人民共和国物权法释义》，法律出版社 2007 年版，第 443 页。

② 崔建远：《物权：规范与学说——以中国物权法的解释论为中心》（下册），清华大学出版社 2011 年版，第 846 页。

确定,是指最高额抵押权所担保的一定范围内的不特定债权,由于一定事由的发生而变为具体、特定的债权。

最高额抵押权所担保债权的确定,曹士兵称其为最高额抵押权所担保债权的决算。① 指最高额抵押权所担保的一定范围内的不特定债权,因一定事由的发生而归于具体特定。此时,最高额抵押权所担保的不特定债权的特性消失,在性质上与普通抵押权相同。此外,债权确定后,由原债权所产生的利息、违约金、损害赔偿金等仍继续为抵押权所担保,但与原债权合计不得超过最高额限度,即被担保债权优先受偿的金额应受最高额限度的限制,这与普通抵押权又不尽相同。学界通说认为,被担保债权确定,最高额抵押权变为普通债权。② 崔建远认为,这种界定不够周延,称为普通抵押权化更为确切。之后,被担保债权额结算和完成变更登记后,称为真正的普通抵押权。③ 曹士兵认为,最高额抵押权所担保的债权确定,就是该债权额的确定。④ 最高额抵押权所担保债权的范围,应当包括主债权及其利息、违约金、损害赔偿金。即便债权应确定事由得以确定,其嗣后产生的利息也在担保债权范围内。⑤ 但应注意,实现抵押权的费用不得算入最高额抵押权所担保的债权内,而应在抵押物的拍卖、变卖所得价金中扣除。这是保护抵押权人的利益所必需的。若将此费用算入最高额,就会增加抵押权所担保的债权额,而一旦该债权额超过最高额,就会损害抵押权人的利益。⑥ 最高额抵押权人破产,债权是否确定存在不同的

---

① 曹士兵:《中国担保诸问题的解决与展望》,中国法制出版社2001年版,第266页。

② 曹士兵:《中国担保诸问题的解决与展望》,中国法制出版社2001年版,第272页;胡康生主编:《中华人民共和国物权法释义》,法律出版社2007年版,第451页;王利明、尹飞:《中国物权法教程》,人民法院出版社2007年版,第500页。

③ 崔建远:《物权:规范与学说——以中国物权法的解释论为中心》(下册),清华大学出版社2011年版,第855页。

④ 曹士兵:《中国担保诸问题的解决与展望》,中国法制出版社2001年版,第266页;黄松有主编:《〈中华人民共和国物权法〉条文理解与适用》,人民法院出版社2007年版,第613页。

⑤ 崔建远:《最高额抵押权的争议问题及其解决》,《国家检察官学院学报》2017年第4期。

⑥ 黄松有主编:《〈中华人民共和国物权法〉条文理解与适用》,人民法院出版社2007年版,第608、613页。

观点。否定说认为，抵押权人被宣告破产，他就无法继续进行交易。肯定说认为，抵押权人被宣告破产，如果最高额抵押权此时不确定，将使得破产财产的总额不能确定，影响破产程序的进行。我国物权法对此并没有作出规定。学者认为，此时可以理解为新的债权不可能发生，从而认定债权被确定。① 除了上述债权确定的事由之外，还有兜底条款使得其他法律根据具体情况设定最高额抵押中债权确定的事由。"经依法登记的最高额抵押权担保的债权确定，不登记不得对抗善意第三人。"②

6. 最高额抵押权的处分之争议

根据《担保法》第62条、第58条的规定可知，我国的最高额抵押权不能与债权分离而单独转让或者作为其他债权的担保；另外，根据《担保法》第61条的规定，最高额抵押权的主合同债权不得转让。结合上述规定可以看出，我国法律实际上采取了禁止最高额抵押权处分的做法，最高额抵押权一经设定即处于固定状态，不能进行任何形式的转让。但是，学界对此有不同看法，黄章任主张对《担保法》第61条做狭义解释，认为其立法者意在保持最高额抵押权的完整性和概括性，禁止因主合同债权的分割转让而带来的最高额抵押权的分割，但并不是说最高额抵押权不得与其基础合同同时转移，更不能说是限制在债权额确定前，其具体债权与抵押权相分离而单独转让。③《物权法》第204条规定："最高额抵押担保的债权确定前，部分债权转让的，最高额抵押权不得转让，但当事人另有约定的除外。"由此可见，关于最高额抵押权的处分应当遵循以下规则：第一，在最高额抵押权确定前，已经实际发生的各种担保债权，依一般债权转让的方法而进行转让。转让后的债权脱离该抵押关系，不再受最高额抵押权所担保，亦即最高额抵押权不随同移转于受让人。第二，在最高额抵押权确定后，其可以按一般抵押权的转让方式转让。因为最高额抵押权确定后，即转变为一般抵押权，当然可以与主债权一起转让。此时受让人对债务人原有的债权，因为不

---

① 王利明、尹飞、程啸：《中国物权法教程》，人民法院出版社2007年版，第502—503页。

② 崔建远：《最高额抵押权的争议问题及其解决》，《国家检察官学院学报》2017年第4期。

③ 黄章任：《论最高额抵押》，《法律科学》1996年第5期。

在原来约定的债权范围内,所以应当被排除在抵押担保的范围之外。第三,当事人可以约定在最高额抵押担保的债权确定前,最高额抵押权随部分债权的转让而转让。当事人的约定主要有以下两种情形:①部分债权转让的,抵押权也部分转让,原最高额抵押所担保的债权额随之相应减少。在这种情况下,转让的抵押权需要重新做抵押登记,原最高额抵押权需要做变更登记。②部分债权转让的,全部抵押权随之转让,未转让的部分债权成为无担保债权。①

(三) 简要总结

本书作者认为,最高额抵押权的本质特征不在于其所担保的债权为将来的债权,而在于所担保的债权为不特定债权,且具有最高债权额。最高额抵押权具有相对独立性,设立时不以债权之存在和特定为必要,但并非是指最高额抵押权设立时,不能将已存在和特定的债权纳入担保范围。因为,即使将现存债权纳入最高额抵押权担保范围之内,现存债权也仅仅是作为最高额抵押权担保范围内所有债权(包括现存债权和将来可能发生的债权)的一部分存在,从总体上说,最高额抵押权仍不是以债权的存在和特定为前提,只有到决算期才可以确定最高额抵押权所担保的债权实际数额。并且,纳入最高额抵押权担保范围的现存债权在最高额抵押设定后也可以因债务人清偿等原因而消灭,而最高额抵押权则不随之消灭,不受其影响,此也与最高额抵押权的法理相符。《物权法》采纳了这一观点,于第 203 条第 2 款规定:"最高额抵押权设立前已经存在的债权,经当事人同意,可以转入最高额抵押担保的债权范围。"

本书作者建议对最高额抵押权设定登记问题作出明确、统一的规定,规定最高额抵押权的设定必须进行登记,否则不能成立、生效,即在最高额抵押权的设定登记问题上,采取登记要件主义。值得注意的是,《房屋登记办法》已对房屋之上的最高额抵押权设立登记做了专门规定。关于最高额抵押权的处分问题,《物权法》并未规定债务承担对最高额抵押权的影响。我国台湾"民法典物权编"修正第 881 条之 6 第 2 款规定:"最高额抵押权所担保之债权,于原债权确定

---

① 胡康生主编:《中华人民共和国物权法释义》,法律出版社 2007 年版,第 445 页。

前经第三人承担其债务,而债务人免其责任者,抵押权人就该承担之部分,不得行使最高限额抵押权。"此外,就并存的债务承担而言,在债务人免责的范围内,抵押权人就该承担的部分,不得行使最高额抵押权。

第八章

动产担保物权

第一节 动产抵押权[①]

动产抵押权,指债权人对于债务人或第三人不移转占有、继续使用收益而供担保之动产,于债务不履行时,得就其价值(折价或变价的价款)优先受偿的担保物权制度。该制度滥觞于罗马时代,随不动产物权制度之昌盛而渐趋衰落;现代社会市场经济之发展,使之再次发达。"在比较法上我们看到市场经济越发达的国家,其动产担保制度亦越发达。"[②]我国实行社会主义市场经济体制以来,工商企业高速发展,其资金融通甚为必要,作为融资保障的不动产抵押制度,在我国较受限制,故以追求动产的使用价值和交换价值为目的的动产抵押制度应运而生。《担保法》对动产抵押制度已有规定。《担保法》施行之后,动产抵押迅猛发展,为企业融通资金起到了重要的促进作用。正如我国台湾著名学者王泽鉴指出:"中国大陆市场经济发展迅速,因采土地所有权公有制,不动产担保制度较受限制,动产担保制度益形重要。"[③]

---

① 本节仅涉及动产固定抵押权,动产浮动抵押权将在下节讨论。
② 王泽鉴:《动产担保制度与经济发展》,载梁慧星主编《民商法论丛》(第2卷),法律出版社1994年版,第112页。此处之动产担保制度系指动产抵押制度、附条件买卖制度、信托占有制度(亦即我国台湾"动产担保交易法"所指之动产担保制度),以下言及我国台湾动产担保制度时均作同一理解。
③ 王泽鉴:《动产担保制度与经济发展》,载梁慧星主编《民商法论丛》(第2卷),法律出版社1994年版,第112页。

一 立法论

(一) 主要问题

本部分主要涉及动产抵押权的概念，动产抵押权在我国担保体系中的地位，以及我国究竟应否采动产抵押制度，若不采，应如何利用其他制度替代动产抵押制度的功能，如采动产抵押，应如何协调其与相关制度之间的关系，究竟采登记对抗主义还是登记生效主义。

(二) 各种观点

1. 关于动产抵押的存废问题

《民法通则》一反传统民法理论，沿袭苏联民法典，将抵押权与质权不加区别，于第 89 条规定："债务人或者第三人可以提供一定的财产作为抵押物，债务人不履行债务的，债权人有权依照法律的规定以抵押物折价或者以变卖抵押物的价款优先得到偿还。"该规定曾被认为是中国民法的"特色"。但我国学者对此多有微词，认为此规定限制了质权的发展，模糊了抵押权的含义，混淆了相互独立的两种担保制度，造成了对担保关系进行法律规制的困惑，[1] 也使动产抵押制度的研究失却意义。《担保法》将抵押权（其中包括动产抵押权）和质权各别规定，分别调整，广受赞许。《物权法》更是对动产抵押权制度做了完善，对经济发展的推动作用不可小视。

在物权法立法过程中，关于设立动产抵押的必要性以及相关模式，在学术界有以下几种不同的观点：

第一种观点认为我国立法中不应当采用动产抵押，主要理由是动产抵押不适合于采用登记方式，且没有一套很好的公示方法将抵押的设定对外公示，因而对交易安全的保护是不利的。该制度的创设，不仅未能完全取代让与担保，反而造成了抵押权理论的混乱，破坏了民法物权体系的完整性。因此，主张应当废除动产抵押制度而完全用让与担保制度取而代之。[2] 自《担保法》引进动产抵押制度以来，学界对这一取自英美法系的

---

[1] 董开军：《债权担保》，黑龙江人民出版社 1985 年版，第 232 页。

[2] 陈本寒：《动产抵押制度存废论——兼评我国民法（草案）对动产抵押与让与担保制度之规定》，载邹海林主编《金融担保法的理论与实践》，社会科学文献出版社 2004 年版，第 125—127 页。

制度多存疑问，① 其在信贷实践的运行也多有不彰。有学者主张，"动产抵押制度突破了传统民法对典型担保的设计，因而在理论上产生了许多难以逾越的障碍"，并进而主张："废除动产抵押制度，用让与担保制度取而代之；并将让与担保从民法典中移出，以判例或特别法的形式单独加以规定。"废除论主要有三点理由，即公示方法、公示效力和适用范围上的障碍。

第二种观点认为应当采用动产抵押制度，此种观点认为，在采纳动产抵押制度之后，通过完善动产抵押公示制度和实行制度，以快捷、高效、低成本的登记制度和实行制度满足动产抵押权的公示和实行需求，完全可以维护交易安全。② 如王利明认为："设定动产抵押制度的必要性基于以下三点理由：①充分发挥动产的效益，促进物尽其用；②当事人享有更多的选择担保类型的权利；③动产抵押具有一定的公示方法。"③ 当然，就上述废除论的三大理由，也有学者提出如下反驳。

第一，依公示方法确定担保物权的分野，确系依物权公示原理所作出的符合逻辑的推演。但应注意的是，基于动产担保的需求和动产质权固有的缺陷，不移转占有的动产担保是唯一之选。在将动产担保架构为物权的基本前提之下，公示是不移转占有的动产担保的一大难题。与（动产）让与担保的隐蔽性不同，动产抵押以登记为公示方法，不能不说是解决公示问题的唯一路径。在信息社会高度发达的当下，电子化的登记系统无疑解决了动产抵押公示的绝大多数问题。便捷的登记和检索程序、低廉的登记和检索成本无疑为动产抵押登记深入人心奠定了基础。我们要做的是完善我国动产抵押登记系统，使之朝着无纸化、高效、成本低的方面发展，而不是引进一个根本无须登记却要取得优先受偿地位的让与担保。从他国经验来看，同属大陆法系的法国，在其担保法改革之中即承认了一般动产抵押（有体动产质押的一种形态）并明确规定其以登记为公示方法。美国、加拿大及受其影响较大的国家更是从登记公示入手全面改造其

---

① 贡寒（陈本寒）：《动产抵押制度的思考——兼评我国民法（草案）对动产抵押与让与担保制度之研究》，《中国法学》2003 年第 2 期。

② 高圣平：《美国动产担保交易法与中国动产担保物权立法》，《法学家》2006 年第 5 期。

③ 王利明：《试论动产抵押》，《法学》2007 年第 1 期。

动产抵押制度,其经验已受到世界范围内改革家的重视,我国更不应忽视。

第二,所谓各国登记生效与登记对抗的区分,多有其特殊的时代背景和政策考量。我国本无民法传统,担保制度均系舶来品(就连典权这一具有固有法色彩的制度也被冠以"封建制度"之名而未予立法化),广采各国制度乃我国民事立法之必然选择。就动产抵押而言,我国在担保立法之初即意识到该制度的先进性和必要性,在欠缺理论研究的同时即大胆加以引进。如今经《物权法》的改造,形成了不动产抵押权上的登记生效主义和动产抵押权上的登记对抗主义的分野,融合了大陆法系(主要是德国与法国)和英美法系的两大制度,自有其正当理由——我国实行土地公有制,涉及土地(使用权)的交易多受管制,为交易安全的考虑,不动产抵押权自应与登记生效主义相联系,在这里,效率因素让位于安全考量;而对于动产抵押权,则还原其私法本性,虽仍以登记为公示方法,但是否登记留由当事人自己去评估、决定,若其认为不登记不影响其抵押权的行使,则登记就成了多余的事情,但若其认为只有登记才能保全其抵押权的优先顺位,则登记就成了必要。面对大量的动产抵押交易,交易的便捷则是立法者所着力考量的,此际,登记对抗主义就成了上选。这种立法主义的选择取决于立法者的政策考量,在交易安全和交易便捷之间,立法者依标的物的不同作出了不同的选择,本也无可厚非。

第三,适用范围上的差异体现着各国立法传统的不同以及经济发展中的特定事情的差异。例如,德国法坚守严密的逻辑体系,动产担保制度只是在制定法之外去发展;日本法本身就是一个"杂交"的品种,登记对抗本是其民法典中的定制,所以,特别动产之上抵押制度可以成文化;而我国台湾地区动产抵押制度更是有其特殊性,其"动产担保交易法"的施行效果仍不尽如人意。[①] 正是由于这些国家或地区在创制担保制度之初即无动产抵押制度,才导致了以后发展的千变万化。我国本无担保法制的成文传统,在担保立法之初,即已大胆承认该制度,吸收他国或地区的经验及教训。此外,就动产抵押与让与担保相比,让与担保对传统民法体系

[①] 我国台湾动产担保交易制度的介绍参见高圣平《动产担保交易制度比较研究》,中国人民大学出版社2008年版,第116页。

的冲击远比动产抵押大，已如前所述。当下，围绕引进（动产）让与担保制度的讨论大多局限于如何克服让与担保制度"私"的要素，但让与担保制度离开了"私"的要素，还有何优越性？如有学者认为，让与担保亦应在登记簿上登记，实行时仍要进行清算。果若如此，让与担保的制度特色将丧失殆尽，其与动产抵押之间除了移转的权利内容不一之外，还有何区别？

第三种观点认为在承认动产抵押制度的同时，可以引进让与担保制度。① 此种观点认为，应当充分发挥动产担保的作用，但在动产担保制度的设计方面，必须要在动产质押之外规定不移转占有的动产担保形态。不过对这种不移转占有的担保形态，可以考虑在动产抵押制度与让与担保制度之间只选择其一。②

2. 登记对抗还是登记生效

《物权法》对不动产抵押权采取了登记生效主义，对动产抵押权采取了登记对抗主义。而《担保法》依抵押财产的不同性质采取不同的立法主义。《担保法》关于抵押登记效力的规定广受批评。根据抵押财产的不同采取不同的登记立法主义，其理论基础若何，尚不得而知，如是基于抵押财产的价值大小，则这种区别规定更没有依据。《海商法》《民用航空法》明定船舶抵押权、民用航空器抵押权采登记对抗主义，而船舶、民用航空器之价值已非一般不动产所能比拟。同时，《担保法》施行后，有些法定登记主管部门并未开展抵押登记工作或怠于开展抵押登记工作，使当事人登记无门，如一律认定此种抵押无效，对当事人未免过于苛刻。因此，我国多数学者主张，应当采登记对抗主义，而舍登记生效主义，主要理由为：①登记生效主义不利于当事人遵守抵押合同。当事人订立抵押合同，双方就设定抵押权之合意可堪确认，若采登记生效主义，以登记为合同的生效要件，未经登记，合同不生效力，或抵押权不生效力，则抵押人完全可以在合同成立之后登记之前，否认抵押合同的效力，置已成立的合同于不顾，对抵押权人极为不利。②实践中，抵押合同未登记的一个重要原因是抵押登记收费过高，徒增交易成本。③当事人订立抵押合同之后，

---

① 梁慧星、陈华彬：《物权法》，法律出版社1997年版，第392页以下。
② 高圣平：《美国动产担保交易法与中国动产担保物权立法》，《法学家》2006年第5期。

如抵押人未设立重复抵押或不存在多个债权人求偿，则抵押合同仅在抵押合同当事人间生效，并不影响第三人利益。若采登记要件主义，反使一些恶意的抵押人以抵押未经登记而主张免除担保责任。① 审判机关也肯定了上述观点。

（三）简要总结

笔者以为，我国的法律体系基本属于大陆法系的构架，而动产抵押制度是由英美法系移植而来的，若对此制度进行整理以期符合我国的法律体系，就必须对动产抵押权的性质、动产抵押权标的物的范围、动产抵押权的要件和动产抵押权的效力等动产抵押制度重新进行界定与清理。② 对动产抵押采登记对抗主义，值得赞同。

二　解释论

（一）主要问题

解释论上的主要问题在于，对于动产抵押登记对抗效力的理解，具体包括对对抗含义的理解、善意的认定以及第三人的范围。

（二）各种观点

1. 关于对抗的含义

就文义而言，"对抗"应是指一方对另一方的权利主张予以反驳或排除的权利。如就《物权法》中规定的动产抵押权而言，依上述观念，"对抗"即应指抵押人对他人（抵押人自不在内）的权利主张予以反驳或排除的权利。

对此，王泽鉴认为，"就文义言，对抗云者，系以权利依其性质有竞存抗争关系为前提"③。所谓有竞存抗争关系，应指他人权利的存在，对我之权利的行使产生妨碍，若任由他人行使，实现其权利，我之权利必遭损害这样一种关系。④ 关于"不得对抗"的意义，日本学说及判例

---

① 王利明：《物权法论》，中国政法大学出版社 1998 年版，第 698—699 页。
② 张长青：《论动产抵押》，《政法论坛》2006 年第 4 期。
③ 王泽鉴：《民法学说与判例研究》（第 1 册），中国政法大学出版社 1997 年版，第 243 页。
④ 王应富、李登杰：《动产抵押权登记对抗效力论》，《江西师范大学学报》（哲学社会科学版）2008 年第 2 期。

颇值参照。① 日本学说及判例，较倾向于不完全物权变动说及第三人主张说②，关于《物权法》"不得对抗"之意义，似可采相同立场而解释。准此以解，当事人间依合意成立动产抵押权，登记与否对当事人不产生任何影响，对于第三人而言，也并非绝对无效，只是该当事人不得对第三人主张抵押权的效力。对抗采广义理解，包括有竞争关系的权利人，也包括第三人。③ 当事人间的动产抵押合同未经登记，在第三人主张抵押权对其不发生效力时，该当事人不能因抵押权之存在，去排斥或主张享有优先于第三人的权利。此时，若抵押人将抵押财产转移，对于善意取得该物的第三人，抵押权消灭，而只得请求抵押人重新提供新的担保或者请求债务人及时履行债务。如经登记，则动产抵押权取得绝对效力，得以对抗第三人，排除第三人的善意取得。换言之，即抵押权人可基于其动产抵押权，主张引起抵押财产物权变动的法律行为无效，该第三人不得主张善意受让而取得权利，仅能向债务人请求损害赔偿或清偿债务以涤除抵押权。

2. 关于善意的认定

《担保法》上将登记对抗主义界定为"未经登记，不得对抗第三人"。对第三人之善意或恶意未定明文规定，因而在适用上是否以善意第三人为限，尚存争议。《物权法》上为防杜争议，将"第三人"明确做了"善意"的界定。这里的"善意"，应与我国民法上的"善意"作同一解释，即对标的物上抵押权的存在不知情和不应知情。至于"善意"的认定，则应依推定，亦即在对第三人是否为善意发生争议时，应由主张第三人不是善意的一方就第三人不是善意负担举证责任。在判断善意与否之时，应考察动产抵押权是否已经登记的事实、在交易时是否

---

① 日本法上的观点主要有：①债权的效果说，即未经登记，即使在当事人间亦不发生物权变动之效力，仅发生债权效果而已；②相对无效说，即未经登记，在当事人间虽已发生物权变动之效力，但在对第三人之关系上则完全不发生物权变动之效力；③不完全物权变动说，即未经登记，在当事人间及对第三人之关系上虽应认为已发生物权变动之效力，但不完全，换言之，即不发生具有完全排他效力之物权变动；④第三人主张说，即未经登记，在当事人间及对第三人之关系上均应认为已完全发生物权变动之效力，但第三人为一定之主张时，如否认物权变动之效力或提出与该物权变动相抵触或对立之事实，则在对该第三人之关系上即不发生物权变动之效力。

② 刘春堂：《动产担保交易法研究》，1992年作者自版，第37页。

③ 李文涛、龙翼飞：《"不登记不得对抗第三人"规则中"第三人"范围的界定》，《法学杂志》2012年第8期。

存在足以引起第三人合理怀疑的事实、第三人发现足以引起怀疑的事实后是否进行了进一步查证以排除合理怀疑等情形。恶意则是指主观上不知情，即根本不知道某项动产设定抵押权，善意不宜解为"善意无过失"，否则，"无异要求所有参与动产交易（动产物权之取得、设定或移转）之人，均须注意该动产是否已有动产担保交易之存在，而有关动产之交易，甚多为日常生活上所必须者，如是则对动产交易之迅速流通及安全影响甚巨"①。只要第三人不知有动产抵押权之存在即可，第三人之不知情是否出于过失，在所不问。不过，第三人不知情如出于重大过失，则应解为属于恶意。② 也有学者认为，"善意"应是一种客观善意，取决于动产抵押是否登记。③

3. 关于第三人的范围

《物权法》第188条所定第三人未加任何限制，依文义解释，应解为当事人之外对动产有权利要求的任何人。但如此理解，可能造成不合理、不妥当的结果。就第三人的范围，学者分歧较大。

第一种观点认为，第三人应指对同一标的物享有物权之人，债务人之一般债权人并不包括在内。动产抵押权等若已成立，则无论登记与否，其效力恒优先于债务人之一般债权人。④

第二种观点认为，第三人是指对于动产有权利要求的任何第三人，包括但不限于该动产的第三取得人，该动产的其他担保权人以及依照合同或者其他债的发生原因而得以对该动产主张权益的人。⑤

第三种观点认为，第三人是指不知道也不应当知道物权发生变动的物权关系相对人。⑥ 在动产抵押的情形下，如抵押权未登记，该抵押人不能以其抵押权对抗该抵押财产的善意受让人，以及在该抵押财产上设立时间

---

① 刘春堂：《动产担保交易法研究》，1992年作者自版，第41页。
② 刘春堂：《动产担保交易法研究》，1992年作者自版，第37页。
③ 庄加园：《动产抵押的登记对抗原理》，《法学研究》2018年第5期。
④ 王泽鉴：《民法学说与判例研究》（第1册），中国政法大学出版社1998年版，第243页。
⑤ 中国物权法研究课题组（负责人：梁慧星）：《中国物权法草案建议稿：条文、说明、理由及参考法例》，社会科学文献出版社2000年版，第615页。
⑥ 胡康生主编：《中华人民共和国物权法释义》，法律出版社2007年版，第69页。

虽晚但就其抵押权进行了登记的抵押权。[1]

第四种观点认为,第三人是指与抵押物有利害关系的人,如抵押物所有权的受让人、抵押物的承租人、其他担保权人、抵押人的普通债权人等。未办理登记的抵押权,只有债权的效力,不得对抗所有的第三人。[2]

对于不得对抗的债权人范围,学界逐渐采类型化方法进行分析:①对于扣押债权人、查封债权人、参与分配的债权人和破产债权人这种对特定物享有支配关系的债权人,必须通过登记加以对抗。[3] ②"为充分保护承租人的利益,保护对标的物的利用关系和租赁的信赖关系,未登记的物权也不能对抗租赁债权人。"[4] ③对于普通善意债权人,未登记抵押权不具有对抗效力,否则妨害交易效率和交易安全,破坏社会生活的正常预期。[5] 不同观点认为,只要未经登记的动产抵押是合法设立的,便能对抗普通债权人,此乃前者作为物权的当然效力。[6]

也有学者按是否属于"正常交易中买受人"进行类型区分,若属于,无论抵押权是否登记,买受人都可取得无抵押权负担的标的物的所有权;若不属于,抵押权未登记,且买受人善意,其才可无负担地取得标的物所有权。[7] 即一般动产抵押物的买受人也类推适用于浮动抵押中正常经营活

---

[1] 胡康生主编:《中华人民共和国物权法释义》,法律出版社2007年版,第412页。

[2] 李国光、奚晓明、金剑锋、曹士兵:《最高人民法院〈关于适用中华人民共和国担保法若干问题的解释〉理解与适用》,吉林人民出版社2000年版,第226页以下。

[3] 李文涛、龙翼飞:《"不登记不得对抗第三人"规则中"第三人"范围的界定》,《法学杂志》2012年第8期;龙俊:《中国物权法上的登记对抗主义》,《法学研究》2012年第5期;高圣平:《民法典动产担保权优先顺位规则的解释论》,《清华法学》2020年第3期;高圣平:《民法典动产担保权登记对抗规则的解释论》,《中外法学》2020年第4期。

[4] 李文涛、龙翼飞:《"不登记不得对抗第三人"规则中"第三人"范围的界定》,《法学杂志》2012年第8期。

[5] 李文涛、龙翼飞:《"不登记不得对抗第三人"规则中"第三人"范围的界定》,《法学杂志》2012年第8期。

[6] 杨善长:《民法典编纂背景下动产抵押登记对抗规则的解释和完善》,《山东社会科学》2020年第1期。

[7] 龙俊:《动产抵押对抗规则研究》,《法学家》2016年第3期。

动中的买受人规则。①

（三）简要总结

从立法史上看，我国法上动产抵押权来自美国，虽然采取登记对抗模式，不同于债权形式主义，但也不同于法国和日本的债权意思主义。我国在制定担保法之时，并未深入探究动产抵押权这一具有体系异质性的制度可能带来的问题，直接把它放在抵押权之下，作为担保物权的一种形态，在物权法中这一状况并未改变。结果带来了一个巨大的理论障碍，未经登记的抵押权不能对抗第三人，那它还是物权吗？通说认为，未登记的动产抵押权是不完全的物权、不完整的物权、效力较弱的物权。在这种基本的逻辑之下，我们大致可以得出如下结论。

"物债两分原则"在未经登记的动产抵押权中体现的并不明显。虽然物权强调对物的支配，但学者间也有观点认为有些债权也体现着对物的支配，尤其是担保物权，解释上是认为它仅仅只是对交换价值的支配，所谓的物权支配性在这里体现得并不明显，也就往往只有说明价值。在实践中，债权人基于生效裁判启动执行程序，已就债务人的特定或全部责任财产采取查封、扣押措施，此时，债权人对物的支配并不弱于未经登记的动产抵押权人对物的交换价值的支配，这实际上与未经登记的动产抵押权这一物权没有太大区别了。正是基于这一点，采取登记对抗模式的国家或者地区，大都认可未经登记的动产抵押权不能对抗胜诉债权人的查封扣押债权，并将这一法理扩大到破产清算程序。因为破产案件受理之后，破产管理人实际上代表破产债权人已经控制了破产债务人的所有责任财产，这一点与上述查封扣押并无多大差异。进入破产程序之后，破产财产的处分就受到了极大限制，破产管理人实际上对破产人的责任财产具有了支配的意义。因此，未登记的动产抵押权同样不能对抗破产管理人。

三 民法典编纂中的立法论

《民法典》第403条规定："以动产抵押的，抵押权自抵押合同生效时设立；未经登记，不得对抗善意第三人。"该条沿用《物权法》的对应

---

① 龙俊：《动产抵押对抗规则研究》，《法学家》2016年第3期。

规则，其理解与适用无须从立法论上加以解决。如前述，相关法条适用问题，如未经登记不得对抗的债权人范围，可以在今后的裁判实践中加以明确，属法条解释问题。

《民法典》第 404 条规定："以动产抵押的，不得对抗正常经营活动中已经支付合理价款并取得抵押财产的买受人。"该条将浮动抵押中保护正常经营活动中买受人的条款延伸到一般动产当中。反对观点认为，该条将适用范围扩大到所有动产，为买受人的利益否定动产抵押权的追及效力，损害担保物权信用，动摇抵押担保制度的存在基础。[①] 支持观点认为，该规则具有较低交易成本，且符合各方当事人的预期，属于动产善意取得制度的必然逻辑延伸。[②] 该条在第 416 条中也适用，如抵押物买受人（抵押人）转让给正常经营活动中的买受人时，后者也不受抵押权的追及，即取得无抵押权负担的所有权。根据《民法典》第 395 条第 1 款第 4 项和第 396 条的规定，"原材料、半成品、产品"既可以设立动产（固定）抵押权，也可以设定浮动抵押权，而这些财产在性质上属于"存货"，且常见于"正常经营活动"之中，如"正常经营活动中的第三人"仅能对抗浮动抵押权人，不能对抗固定抵押权人，就意味着正常经营活动中的所有第三人在交易之前均有查阅担保登记簿的义务。果若如此，将损害交易效率，增加交易成本，也不合交易习惯和市场交易主体的合理商业预期。因此，不应区分固定抵押与浮动抵押，只要是"正常经营活动中的买受人"均适用相同的规则。[③] "如果当事人不再信赖转让人对财产的占有，并且还必须调查相关财产上是否存在着已登记的担保物权或保留所有权交易，则会对日常商业构成重大障碍。"[④]《民法典》第 404 条与现代动产担保交易法的发展趋势相吻合：不关注当事人采取的法律构造，只要

[①] 邹海林：《论〈民法典各分编（草案）〉"担保物权"的制度完善》，《比较法研究》2019 年第 2 期。

[②] 纪海龙、张玉涛：《〈民法典物权编（草案）〉中的"正常经营买受人规则"》，《云南社会科学》2019 年第 5 期。

[③] 龙俊：《动产抵押对抗规则研究》，《法学家》2016 年第 3 期。

[④] Study Group on a European Civil Code and Research Group on EC Private Law (Acquis Group), *Principles, Definitions and Model Rules of European Private Law: Draft Common Frame of Reference*, Volume 6. Munich: Sellier. European Law Publishers GmbH, 2007, pp. 5604-5605.

在事实上起到相同的功能就适用相同的法律。①《联合国动产担保立法指南》就正常经营活动中的买受人规则的建议，并不限定于浮动抵押；《欧洲示范民法典草案》亦无不然。② 但是正常经营活动、已支付合理价款和取得抵押财产如何进行界定，有待进一步解释。有学者认为，此处的善意与我国无权处分情形下的物权变动所要考虑的善意不同，应将后者所指的内容涵摄到"正常经营"概念中。③ 有学者则认为，《民法典》第 404 条并不以买受人主观善意为适用前提，而以"已支付合理价款"作为平衡正常经营活动中的买受人与其他债权人之间利益的工具，与美国法上不要求支付合理对价，但要求买受人主观善意的考量因素不同，自不得做相同理解。④

第二节　浮动抵押权

浮动抵押（floating charge）起源于英国，发端于 19 世纪中叶以后的平衡法，后来为大陆法系国家所仿效。是指担保人以其现有的和嗣后取得的全部财产或部分财产为其债务提供担保，担保人仍得占有、使用并在正常经营活动中处分其担保物并免受担保权之追及，在债务人不履行到期债务或发生当事人约定的实现担保权的情形时，担保权人有权就实现担保权时的动产优先受偿的一种担保制度。浮动抵押与固定抵押（fixed charge）相对而称，两者之间的主要区别在于浮动抵押权人可以在其正常经营活动中处分其担保物，受让人只要已支付合理对价并已取得该担保物即免受担保权之追及。由于它满足了商事实践中的需要，债务人可得利用

---

① 高圣平：《美国动产担保交易法与我国动产担保物权立法》，《法学家》2006 年第 5 期。

② Study Group on a European Civil Code and Research Group on EC Private Law (Acquis Group), *Principles, Definitions and Model Rules of European Private Law: Draft Common Frame of Reference*, Volume 6. Munich: Sellier. European Law Publishers GmbH, 2007, pp. 5604-5605.

③ 李莉：《浮动抵押权人优先受偿范围限制规则研究》，《西南政法大学学报》2014 年第 3 期。

④ 高圣平：《民法典动产担保权登记对抗规则的解释论》，《中外法学》2020 年第 4 期。

嗣后取得的财产作为融资工具,而成为各国纷纷效尤的对象。但由于法系之间概念和调整方法的差异,各国均呈不同的发展路径,尤其是在法制改革进程中不便彻底引进北美式动产担保交易法的国家,浮动抵押制度是颇值得研究和引进的一大融资工具。

一　立法论

(一) 主要争议问题

我国已有浮动担保制度的法律雏形。在立法论上,浮动抵押的争议不多,主要集中在应否设定浮动抵押、浮动抵押的主体资格和浮动抵押的标的物三个问题上,具体为:应否规定浮动抵押,将来取得之财产是否可以设定担保权;浮动抵押的主体资格范围应扩大还是缩小;浮动抵押的标的物范围应否扩大。

(二) 各种观点

1. 应否规定浮动抵押

《物权法》应否规定浮动抵押,立法过程中意见并不统一。反对的学者认为,我国的市场环境正处于变动期,社会信誉水平相对较低,且在学术界对浮动抵押缺乏理论研究、司法实务界对实行浮动抵押缺乏心理准备的条件下,规定浮动抵押不利于保护债权人的利益,是轻率且危险的。支持的学者认为,浮动抵押在实践中已经开始运用,符合相当多国家的通行做法。可以补充传统担保的不足,更为灵活,能够极大地增强企业的融资能力,进而促进经济发展。

传统观点认为,担保权作为物权之一种,具有排他性,由此决定了担保权只能及于特定物之上(这里的特定物非仅限于与种类物相对而称的特定物,特定化的种类物亦无不可)。因此,担保标的物应为特定的财产。如果不能特定,担保权人无从确定和直接支配标的物的交换价值,不能就标的物的变价优先受偿其债权。①

一种观点认为,将来取得的不动产权利人可以设定抵押。"梁稿"第305条第4款规定:"对本条第1款第1项规定的财产('抵押人所有的或者依法有权处分的房屋或者其他定着物'),抵押人尚未取得而将来可以

---

① 高圣平:《担保法新问题与判解研究》,人民法院出版社2001年版,第350页。

取得的，可以设定抵押权。但对将来可以取得的财产设定的抵押权，在抵押物实际存在时方才生效。"其立法理由是："近现代民法对于未来物设定抵押权，有许可和不许可两种立法主义。考虑到就将来的不动产设定抵押权，有利于将来之不动产所具有的融通资金的担保功能的实现，本条允许未来不动产的权利人设定抵押权。因抵押权为存在于特定物上的权利，将来的不动产尚未实际存在，抵押权不具有支配抵押物的实际效果，因此，本条规定就将来的不动产设定的抵押权，应当在该不动产实际存在时，发生效力。"① 此规定将将来取得的财产限定为不动产。法工委征求意见稿并进而规定了将来取得财产上设定担保负担的预告登记。该稿第 255 条规定："当事人协议以将要建造或者正在建造的建筑物以及其他价值较大的财产设定抵押的，应当依照本法规定办理预告登记。预告登记的该建筑物以及其他价值较大的财产在建造后的合理期限内，应当办理正式登记。"但该稿又将标的物范围限定为不动产。

另一种观点认为，对将来取得的财产不作限定，较为可取。"王稿"第 385 条第 2 款规定："以将来可取得的财产抵押的，在抵押物实际取得时，抵押才为有效。但以依法获准尚未建造或者正在建造中的房屋或者其他建筑物抵押的，抵押可有效。"

还有一种观点认为，在我国现有的土地管理制度之下，浮动抵押的客体不应将土地使用权等不动产包括在内，即不能在土地使用权和房屋等不动产上设立浮动抵押权。②

笔者认为，担保物的特定性并不能作为否定将来取得之财产上设定担保权的理由。担保权为支配担保物交换价值之权，而其支配权利的具体行使是在担保权实行之时。若担保物在担保权实行时是特定的，担保权仍可行使。由此，担保物的特定性表现为担保权可得实行时的特定性，只要在担保权实行时，担保物为特定即可，将来取得的财产之上仍可设定担保权。

2. 浮动抵押的主体资格应扩大还是缩小

抵押人的主体资格在各国有不同的限制，多是为保障抵押权人债权或

---

① 中国物权法研究课题组（负责人：梁慧星）：《中国物权法草案建议稿》，社会科学文献出版社 2000 年版，第 604 页。
② 申卫星：《我国物权法中论争焦点问题探讨》，《法学杂志》2006 年第 4 期。

信贷资金的安全,所以一般限定为实力雄厚、信用良好、便于监督的经济实体。我国《物权法》将浮动抵押人限定为企业、个体工商户、农业生产经营者,囊括了商组织和商个人在内的所有商事主体。

一种观点认为,浮动抵押的主体应当限定为股份有限公司,因为其规模较大、信誉较好,且有强制信息披露制度,作此限定有利于抵押权人对抵押人恶意处分抵押财产进行有效监控,从而减少风险,保护交易安全。

另一种观点认为,市场经济条件下,应由当事人自己作出选择,不宜由法律作出限制。要对主体进行限制也不应该从风险控制的角度,而只能从保护公共利益或者善意第三人的角度。因为立法者既然不比市场主体更有能力判断风险的高低,即应该将这种判断的权利交还给市场本身。

大部分学者认为《物权法》规定的浮动抵押主体范围过于宽泛。汤新祥认为:"一些社会团体和国家机关在国内外经济交往中也有需要融资的时候;学校、医疗卫生机构等事业单位融资的要求更多,更别说民营、私营的学校和医疗机构了,将这些主体别除在浮动抵押的主体之外显属不妥。至于其中的部分禁止性或限制性抵押内容在其他条款中加以规定就可以了。"[①] 梁慧星指出:"最后,这些财产没有了,企业不见了,个体工商户的财产卖掉了,人也跑掉了、蒸发了,银行这个贷款人,这个浮动抵押权人,其权利就等于零。因为抵押标的没有了,权利也就没有了。"而《物权法》颁行以来,争论也没有停止。很多学者认为将浮动抵押主体限定为公司较为妥当;[②] 也有的认为应将各种从事家庭承包经营的农户排除在外。[③]

3. 浮动抵押的标的物范围应否扩大

我国《物权法》将浮动抵押权的标的物限定为生产设备、原材料、半成品、产品,对此以外的动产不得设立浮动抵押,对不动产也不得设立浮动抵押。这与发达国家通行的浮动抵押制度有着根本区别,也就是将不

[①] 汤新祥:《我国浮动抵押制度的立法完善》,《江西社会科学》2008年第1期。

[②] 周泽新:《浮动抵押的历史渊源与制度构造》,《河北法学》2010年第11期。

[③] 梁慧星:《特别动产集合抵押——物权法第181条解读》,《人民法院报》2007年9月13日。

动产、知识产权和债权等财产都排除在浮动抵押的标的物范围之外。之所以这样规定，是基于我国《物权法》规定不动产等抵押权的生效是始于登记，而浮动抵押其中一项特征就是不需要对浮动抵押财产进行登记，所以不动产不能作为浮动抵押的标的物。另外，根据物权法定主义，知识产权在物权法或担保法中均没有被规定为抵押权之标的，故也不能成为浮动抵押的财产，因此为了适用法律的统一，我国的物权法只能将浮动抵押权的标的物限定为现有的以及将有的生产设备、原材料、半成品和产品的动产。

学界普遍认为，浮动抵押适用范围规定得确实较窄，在实践中难以充分发挥浮动抵押制度的作用。一方面，抵押物的类型化将增大抵押人通过物的形态转换逃废抵押权的法律风险，这将使浮动抵押权人的优先权被虚置；① 另一方面，出于担保利益的安全考虑，抵押权人会尽可能多地设定固定抵押而将浮动抵押束之高阁。浮动抵押的标的物本应是抵押人现在所有和将来所有的全部财产，其范围很宽，包括企业的动产、不动产、知识产权、债权等。否则，能否真正发挥浮动抵押制度的作用而具有实践价值，确实令人怀疑。② 有学者主张："为了鼓励广大中小企业、城乡自然人，促进经济发展，我国浮动抵押的标的物理应包括抵押人应收账款、知识产权、对第三人债权等权利利益内容。"③

（三）简要总结

在立法论上国内学者多将研究点着眼于是否应该在《物权法》中规定浮动抵押制度，以及浮动抵押制度的主体范围和客体范围。

学界普遍认为，在《物权法》中设立动产的浮动抵押制度具有其合理性。由于它满足了商事实践中的需要，债务人可得利用嗣后取得的财产作为融资工具，而成为各国纷纷效尤的对象。但由于不同法系之间概念和调整方法的差异，各国均呈不同的发展路径，尤其是在法制改革进程中不便彻底引进北美式动产担保交易法的国家，浮动抵押制度是颇值得研究和

---

① 周泽新：《浮动抵押的历史渊源与制度构造》，《河北法学》2010 年第 11 期。
② 邹海林、常敏：《论我国物权法上的担保物权制度》，《清华法学》2007 年第 4 期。
③ 汤新祥：《我国浮动抵押制度的立法完善》，《江西社会科学》2008 年第 1 期。

引进的一大融资工具。

而对于《物权法》关于浮动抵押主体范围的规定，大部分学者认为现有规定中浮动抵押的主体范围过于宽泛，而宽泛的主体资格其弊端是显而易见的，因抵押人范围的扩大会大大增加债权人的受偿风险，"应严格限制浮动抵押适用的主体范围，加强市场主体诚信体系建设，具体而言，首先，建立健全企业信用制度，建立企业信用档案；其次，建立和完善企业财务信息披露和个人信用记录信息披露制度；最后，加强浮动抵押中介机构的功能"[①]。

相反地，学者普遍认为《物权法》中对于浮动抵押的客体范围规定得过于狭小，应当适当扩大标的物的种类。李定毅主张："考虑到我国的信用体系尚未完全建立起来，结合我国《物权法》的已有规定，借鉴英美等国家的浮动担保制度，建议在出台《物权法》司法解释时，将动产浮动抵押物的范围确定为生产设备、原材料、半成品、产品、交通运输工具、船舶、航空器等法律、行政法规未禁止抵押的其他动产，以及动产质权和应收账款、知识产权等权利；同时允许抵押人和抵押权人协议设立除上述抵押物范围之外的动产及权利，充分体现当事人的意思自治。"[②]

二 解释论

（一）主要争议问题

在解释论上，浮动抵押的内容争议不多，集中在浮动抵押的特征、浮动抵押权的登记、浮动抵押权的效力以及浮动抵押权的实现等问题上，归结起来主要为：浮动抵押物的集合性是否为浮动抵押的特征；浮动抵押登记与固定抵押登记是否应该有所区别；浮动抵押权与动产抵押权谁的效力优先；浮动抵押权的实现是否应引入代管人制度。

（二）各种观点

1. 浮动抵押物的集合性是否为浮动抵押的特征

有学者认为，浮动抵押标的物应当具有集合性。浮动抵押财产是企业全部或一类财产的集合体，即以抵押人现在或将来的全部或一类财产为担

---

① 徐晓玲：《论中国浮动抵押制度的完善》，《学理论》2012 年第 2 期。
② 李定毅：《动产浮动抵押担保的风险及其防范》，《法学杂志》2009 年第 3 期。

保标的物。浮动抵押标的物的集合性特征有重要意义。其一，"一企业之土地、厂房、机器或者其他生财设备，乃一有机体之结合，唯相互结合方能提高其经济价值，若设定担保物权之际，必须分别为之，不仅降低其价值，使企业主体难得较高之融资，且一旦实施担保物权，势因分就各个标的物实行之一结果，而将其有机结合破坏无余，此措施不仅使担保物权人难获较高之受偿，更有害社会经济之发展"①。集合物之整体价值大于构成集合物之每一特定物之价值，可以充分发挥集合物作为一个有机体所具有的担保价值，从而可以筹措到更大数额的资金，而且可以弥补企业欠缺提供固定担保能力之不足。其二，抵押物的集合性是抵押物流动性及浮动性的前提和保障，如果抵押物要求为特定一物，则流动性是无从谈起的。只有在设定抵押财产为众财产的集合时，在对财产集合体的经营过程中，财产呈现流进和流出的两种相反方向的有序运动，浮动抵押才能成为可能。②

笔者以为，抵押物的集合性是对传统物权法上一物一权原则的突破。传统民法理论认为，一个物权的主体原则上应为一物，在一物上只能存在一个所有权，并不能同时设定两个内容相互抵触的其他物权。"一个物权要求标的物为一个物，反过来说，数个物不能只成立一个物权，这就叫做一物一权主义。这是为了落实好标的物的指定性和独立性，便于公示。"③但担保物权的特殊性决定了其对标的物交换价值的支配甚过对其使用价值的支配。当集合物的交换价值成为现实性的东西时，其统一性存在法的世界就成为现实性的可能。④ 将集合物一体作为担保物，便于降低交易成本，充分体现集合物的交换价值。

此外，"观念—物论"认为，在现实生活中及法律实践上，"一物"是指"在法律观念上"具有特定性和独立性的一种，而不限于客观的独

---

① 王泽鉴：《民法学说与判例研究》（第 3 册），中国政法大学出版社 1998 年版，第 88 页。

② 齐恩平、王明河：《论我国浮动抵押制度的理解与适用》，中国法院网，http://www.civillaw.com.cn/artide/default.asp?id=34812，2012 年 7 月 3 日。

③ ［日］田山辉明：《物权法》（增订本），陆庆胜译，法律出版社 2001 年版，第 12 页。

④ ［日］川岛武宜：《所有权法的理论》，转引自王利明《物权法论》，中国政法大学出版社 1998 年版，第 125 页。

立一物。① 虽然各个物的集合原则上不能成为一个物权的客体，而只能成为各个物权或者多个所有权的客体，但是，在法律有特别规定的情况下，集合物也可以成为物权的客体。② 由此可见，抵押物的集合性只是具有"物"的特殊性，在法律有特别规定的情况下，集合物可以充任抵押物。在《物权法》之下，允许集合物作为抵押权的客体的，有两处规定，一是第180条第2款"抵押人可以将前款所列财产一并抵押"，二是第181条所规定的浮动抵押，而第180条第2款是关于集合物固定抵押的规定。由此可见，作为观念上的一物，集合物既可以作为固定抵押的客体，也可以作为浮动抵押的客体，因此，抵押物的集合性并不是浮动抵押区别于固定抵押的特征。应当注意的是，以"生产设备、原材料、半成品、成品"等集合物设定固定抵押，"因禁止处分'生产设备、原材料、半成品、成品'，致不能从事正常的生产经营活动"，因此，以集合物设定固定抵押，"形同不能充饥地画饼，仍难于发挥其'生产设备、原材料、半成品、成品'的担保功能以满足正常生产经营活动中的资金需求"。③

2. 浮动抵押登记与固定抵押登记是否应该有所区别

有学者通过比较中英两国的规定后指出，两国在此方面的登记制度至少存在8处差异，如登记期间、法定的登记细目、合同备案、登记时间与优先权关系、瑕疵登记之法院裁定补正和迟延登记之法院许可制度，等等。④ 浮动抵押权具有浮动抵押标的物的流动性、浮动抵押人对抵押财产享有自由处分权等特点，浮动抵押权的登记内容、事项以及登记方法和程序与固定抵押权应当有所区别。

《动产抵押登记办法》并未对浮动抵押权的登记作出特别规定，登记实践中各地的把握标准不一。通说认为，浮动抵押权设立登记时只需对抵押财产进行概括性描述，无须详列抵押财产清单；在抵押财产发生变更时，无须办理浮动抵押权变更登记；在确定事由出现后，应当办理，确定

---

① 刘保玉：《物权法》，中国法制出版社2007年版，第47页。
② 王利明：《物权法研究》（修订版上卷），中国人民大学出版社2007年版，第183—184页。
③ 梁慧星：《特别动产集合抵押——物权法第一百八十一条解读》，《人民法院报》2007年9月13日。
④ 徐冬根：《浮动担保法律问题比较研究》，上海交通大学出版社2007年版，第104—107页。

登记，将浮动抵押登记转为固定抵押登记，列明浮动抵押权确定时抵押权所及的标的物的范围。①

学者李定毅主张："要解决担保动产登记中的问题，必须建立统一完善的担保动产登记制度。建议制定全国统一的《动产担保登记条例》，由国家工商总局负责登记工作。《动产担保登记条例》应对下列事项作出明确合理的规定：登记面向所有可能用于担保的动产和动产权益，按照国际公约要求进行所有权登记的动产（特定的飞行器、船舶、车辆等），也要在工商部门登记或者与工商部门实行信息共享。明确规定动产担保登记实行登记对抗主义；统一登记内容、程序、收费标准；实行全国登记信息联网，允许公众在线查询；登记机关登记时实行形式审查，仅对由于自身的过错造成的损失承担责任。"②

3. 浮动抵押权与动产抵押权谁的效力优先

从《物权法》第 189 条第 2 款的规定来看，正常经营活动是指购买人正常经营活动还是出售人正常经营活动不甚明了。学者认为，应当是指出售人的正常经营活动，且此"出售人"须是"从事那一种物品销售的出售人"，《物权法》第 189 条第 2 款将出售第 181 条中的"生产设备"也列入"正常经营活动"之中，是不恰当的，不能适用正常经营活动中的购买人不受追及规则。此外购买人不受拘束的浮动抵押权须由出售人而不是其他人设定。"正常经营活动仅限于买卖以及性质与买卖相同的互易、以物抵债等以所有权直接转移为目的的交易行为，而不包括设定担保行为。"③ 也有观点认为应对"正常经营"作概括性解释，包括设定担保行为，④ 因而基于正常经营活动设立的抵押权、质权等都优先于浮动抵押权。⑤

出于对交易安全的关照，购买人作为信息有限的交易第三人，始终受

---

① 高圣平、孔嘉：《浮动抵押权登记制度研究》，《中国工商管理研究》2009 年第 3 期。

② 李定毅：《动产浮动抵押担保的风险及其防范》，《法学杂志》2009 年第 3 期。

③ 杨善长：《民法典编纂背景下动产抵押登记对抗规则的解释和完善》，《山东社会科学》2020 年第 1 期。

④ 木拉提、李军：《域外法律制度对完善我国浮动抵押制度的启示》，《社会科学家》2018 年第 3 期。

⑤ 侯国跃：《浮动抵押逸出担保物权体系的理论证成》，《现代法学》2020 年第 1 期。

到民事法律的特别保护，购买人不受追及规则对交易安全的保护更进一步，其非但不要求购买人负担查询动产担保权属信息的义务，而且即使购买人知悉所购买动产上负担有浮动抵押权，也不受该浮动抵押权的拘束。

学者认为，物权法的未来适用应当明确区分"购买人明知浮动抵押权的存在"与"购买人明知购买行为会损及浮动抵押权"。购买人明知浮动抵押权的存在并不一定会损害该浮动抵押权，因而其没有主观上的可责难性；而购买人明知购买行为会损及浮动抵押权时，则会因其主观上的恶意而不受保护——在先浮动抵押权的效力及于购买人的购买物。① 正常经营活动规则中买受人的善意只需不知其购买行为侵害抵押权人的权益，即便知晓抵押权存在。②

此外，如果"流入"浮动抵押财产的"特定物"在其流入前设定有抵押权，在其流入后自动负担浮动抵押权，就会产生同一物上两个抵押权之间的受偿次序问题。我国物权法规定了浮动抵押以及与浮动抵押密切相关的购买人不受追及规则。但从比较法来看，物权法没有考虑到购买价金担保权这一经济社会之融资方式，因而也没有就购买价金担保权与浮动抵押权之间的受偿次序作出安排。学者认为，按照登记在先原则，浮动抵押权因其登记在先而应优先于购买价金担保权而受偿。

但此种适用效果定会使购买人难以从任何人那里获得任何贷款，将严重阻碍融资活动的有效开展并可能使浮动抵押人陷入经济困境。因此，应为登记在先原则设定例外，赋予后设定（登记）之购买价金担保权优先于先登记之浮动抵押权的效力。③ 李定毅认为："借鉴西方国家的通行规则，赋予购置款担保物权超级优先权，其效力高于先前设立的担保物权。规定法定担保物权（如留置权）优先于固定抵押，固定抵押效力高于优先债权，而优先债权效力又高于浮动抵押。但浮动抵押一旦结晶，则效力高于在结晶后设立的担保物权。"④

---

① 董学立：《浮动抵押的财产变动与效力限制》，《法学研究》2010 年第 1 期。
② 龙俊：《动产抵押对抗规则研究》，《法学家》2016 年第 3 期。
③ 董学立：《浮动抵押的财产变动与效力限制》，《法学研究》2010 年第 1 期。
④ 李定毅：《动产浮动抵押担保的风险及其防范》，《法学杂志》2009 年第 3 期。

就固定抵押权与浮动抵押权的顺位,目前主流观点为依登记先后确定。[1]"在我国物权法上,在浮动抵押确定前,其已经产生了物权效力,故在效力规则上不应采取英国法的规则,而应根据设定时间的先后决定优先顺位。"[2] 少数观点认为浮动抵押因财产确定转化为固定抵押权前,固定抵押优先于浮动抵押。其主要论证理由是,将正常经营活动买受人规则中的正常经营行为扩大解释为包括担保设立行为,[3] 包括抵押人在抵押物上再次设立浮动抵押或一般抵押。[4] 准此,浮动期间设立的固定抵押无论是否登记,都优先于浮动抵押受偿。[5]《民商事审判会议纪要》第64条规定:"企业将其现有的以及将有的生产设备、原材料、半成品及产品等财产设定浮动抵押后,又将其中的生产设备等部分财产设定了动产抵押,并都办理了抵押登记的,根据《物权法》第199条的规定,登记在先的浮动抵押优先于登记在后的动产抵押。"该条确定了浮动抵押与固定抵押竞存时浮动抵押优先的顺位规则。

4. 浮动抵押权的实现是否应引入代管人制度

我国《物权法》第181条规定:债务人不履行到期债务或者发生当事人约定的实现抵押权的情形,债权人有权就实现抵押权时的动产优先受偿。可见,我国法律对于浮动抵押实现的规定异常模糊,"有权"二字在实践中如何操作并不明确。此时浮动抵押的实现要遵从一般抵押权的实现方式,以抵押财产折价或者拍卖、变卖来清偿。这种规定在浮动抵押权的实行上存在许多不足,不利于发挥浮动抵押制度的功效,也无法防止抵押人在浮动抵押固化后恶意处分抵押财产。[6]

---

[1] 龙俊:《动产抵押对抗规则研究》,《法学家》2016年第3期;李莉:《浮动抵押权人优先受偿范围限制规则研究》,《西南政法大学学报》2014年第3期;钟维:《民法典编纂背景下我国浮动抵押制度的释评与完善》,《广东社会科学》2018年第4期。

[2] 王洪亮:《动产抵押登记效力规则的独立性解析》,《法学》2009年第11期。

[3] 孙鹏、王勤劳、范雪飞:《担保物权法原理》,中国人民大学出版社2009年版,第238页。

[4] 王仰光:《动产浮动抵押权制度研究》,法律出版社2012年版,第189页。

[5] 孙鹏、王勤劳、范雪飞:《担保物权法原理》,中国人民大学出版社2009年版,第242页。

[6] 张义华:《论我国浮动抵押接管人制度的构建》,《河南财经政法大学学报》2012年第4期。

学者认为，从比较法上分析，浮动抵押优点之一就在于其代管人制度，抵押权实现时，抵押权人将实现抵押权时的财产作为一个整体受偿，避免将企业资产拆分零碎贱价处理，有利于发挥企业的整体价值，且经过代管人的专业化管理，企业甚至可能起死回生。① 我国破产管理人制度的实施为接管人制度的引进奠定了一定基础，但仍需完善浮动抵押及其配套制度，才能收到良好的效果。

另有观点认为，现行物权法浮动抵押的客体范围并不及于商事企业的全部财产，因此，盲目置入接管人制度，对我国并不是一种上乘的制度建构。但是，设定浮动抵押的财产却又是商事公司生产经营的主要基础，完全适用一般抵押权的实现方式似乎并不能实现抵押人和抵押权人的利益双赢。考虑到"整体并非部分的简单之和"的价值理论，可以移植我国《破产法》中已有的和解制度。法律可以允许或者鼓励在浮动抵押财产实现之时，鼓励抵押权人和抵押人进行和解，延长抵押担保期限等。

（三）简要总结

综合国内学者近几年研究，对于浮动抵押制度的解释论主要集中在以下几个问题：浮动抵押的特征、浮动抵押的登记、浮动抵押的效力以及浮动抵押的代管人制度。现有研究结果大多认为集合性并不能作为区分浮动抵押和固定抵押的特征，因为作为观念上的一物，集合物既可以作为固定抵押的客体，也可以作为浮动抵押的客体。而多数学者认为，对于浮动抵押应确立一套区别于固定抵押的登记制度。通说认为，浮动抵押权设立登记时只需对抵押财产进行概括性描述，无须详列抵押财产清单；在抵押财产发生变更时，无须办理浮动抵押权变更登记；在确定事由出现后，应当办理确定登记，将浮动抵押登记转为固定抵押登记，列明浮动抵押权确定时抵押权所及的标的物的范围。②

关于浮动抵押和固定抵押的效力问题，多数学者同意应保证固定抵押的优先效力，"总体上看，浮动担保的效力较弱，动产担保财产在结晶之前一直处于变动之中，浮动担保债权的效力并不能对抗抵押人正常经营中

---

① 徐洁：《抵押权论》，法律出版社 2003 年版，第 277 页。
② 高圣平、孔嘉：《浮动抵押权登记制度研究》，《中国工商管理研究》2009 年第 3 期。

处分动产的权利,也不能优先于固定抵押和一些法定的优先权"①。

对于在浮动抵押中实行代管人制度,多数学者持支持态度。浮动抵押实行的程序,债权可以自己实行,但"结合我国现实情况的基础上,应适当地发挥律师事务所、会计师事务所等中介机构的专业作用,通过在立法上允许这些中介机构担任代管人的方式使浮动抵押制度的运行更有保障,避免因抵押人或抵押权人专业知识不强而对此制度的运行带来障碍"②。

三 民法典编纂中的立法论

就购买价金担保问题,《民法典》第416条对其进行了规定,只要满足"标的物交付后十日内办理抵押登记"的条件,便可优先于抵押物买受人(抵押人)的其他担保物权人受偿。即便在这十日内,该抵押权属于未登记抵押权,一经登记,便取得具有溯及力的优先效力。有学者支持对购买价金担保进行规定。③ 也有学者认为:"以一个担保货物出卖人收取价金之权利以维持融资交易的理由……引入'超级优先权'是相当危险的,具有动摇动产担保交易的信用基础的制度性风险。"④ 但涉及购买价金担保与其他权利竞存时,"标的物交付后十日内办理抵押登记"如何证明,未满足该要件时的权利竞存如何处理,都需要在实践和学说发展中通过解释来解决。

就浮动担保人范围,有学者主张涵盖非公益性的一切法人、非法人组织、个体工商户和农业生产经营者,⑤ 即经营性主体、商主体。⑥ 就浮动抵押财产范围,应扩大到除不动产之外的所有动产,且效力应及于抵押物

---

① 李定毅:《动产浮动抵押担保的风险及其防范》,《法学杂志》2009年第3期。
② 徐晓玲:《论中国浮动抵押制度的完善》,《学理论》2012年第2期。
③ 龙俊:《动产抵押对抗规则研究》,《法学家》2016年第3期;李莉:《浮动抵押权人优先受偿范围限制规则研究》,《西南政法大学学报》2014年第3期。
④ 邹海林:《论〈民法典各分编(草案)〉"担保物权"的制度完善》,《比较法研究》2019年第2期。
⑤ 李敏:《论我国浮动担保制度的系统性完善》,《法学》2020年第1期。
⑥ 钟维:《民法典编纂背景下我国浮动抵押制度的释评与完善》,《广东社会科学》2018年第4期。

的收益，同时取消对质押财产权利的处分限制。① 过去浮动抵押财产因登记机构不统一而被限制在能够一并登记的生产设备、原材料、半成品、产品。② "除不动产之外，所有动产、无形资产和权利凭证均应成为浮动抵押客体。"③ 就浮动抵押与其他担保权利的顺位关系，除所有权保留、融资租赁等价金担保物权优先于浮动抵押外，其他担保物权与浮动抵押竞存时应按登记先后确定顺位。④

也有观点认为，浮动抵押重在融资，与担保物权首先保护债权人利益的初衷相悖，将来财产属于担保财产与物权特定原则相悖，浮动抵押登记侧重于抵押人与担保物权登记侧重于担保财产不同，故浮动抵押虽具有担保功能，但非担保物权，应于物权编中剔除，而设定在合同编中。⑤

第三节　动产质权

质权是比较古老的担保物权，它以质权人占有质押财产，间接强制债务人履行债务，以达到担保的作用。《物权法》上的质权有动产质权与权利质权之分。质押，是指债务人或第三人将出质的财产或权利交债权人占有，作为债权的担保，在债务人不履行债务或者发生当事人约定的实现质权的情形时，债权人有权以该财产或权利折价或拍卖、变卖，并就所得价款受偿。质押起源于古罗马法。古罗马法上的质押（pignus）起初仅具有留置的效力，而不具有变价受偿的效力，质权人只能依照质押财产的占有，间接强制债务人履行债务。但后来裁判官法（罗马法的渊源之一）逐步承认质权的变价受偿效力，在债务人不履行债务时，质权人可以变价质押财产或者取得质押财产的所有权，遂被近代各国民法所继受。质押制度在中国有着悠久的历史。在中国古代，不论动产、不动产或人

---

① 李敏：《论我国浮动担保制度的系统性完善》，《法学》2020 年第 1 期。
② 钟维：《民法典编纂背景下我国浮动抵押制度的释评与完善》，《广东社会科学》2018 年第 4 期。
③ 木拉提、李军：《域外法律制度对完善我国浮动抵押制度的启示》，《社会科学家》2018 年第 3 期。
④ 李敏：《论我国浮动担保制度的系统性完善》，《法学》2020 年第 1 期。
⑤ 侯国跃：《浮动抵押逸出担保物权体系的理论证成》，《现代法学》2020 年第 1 期。

身，如交付占有以做担保，均称为质。国民政府时期制定的"中国民法"仿效德国和日本的立法例，规定了具有现代特征的动产质权和权利质权制度。[①]《民法通则》规定了保证、抵押、定金和留置作为债的担保方式，质押被包含于抵押之中。但是，质押与抵押在法律性质和实际应用中有着很大的区别。因此，《担保法》将质押与抵押分开单独规定，又规定了质押的两种形式：动产质押与权利质押。《物权法》从权利的视角于第十七章专设质权一章，下分两节分别规定动产质权与权利质权。而在动产担保这一部分，本书将主要介绍动产质权。

动产质权，是指债务人或者第三人将其动产移交债权人占有，将该动产作为债权的担保。债务人不履行债务时，债权人依法以该动产折价或者以拍卖、变卖该动产的价款优先受偿的权利。动产质押多由质权人和出质人协商设定，其当事人为质权人和出质人。动产质权的标的物为出质人移转给质权人占有供作债权担保的质押财产。动产充作质押财产须特定化、可让与、具有交换价值，且法律、行政法规禁止转让的动产不得出质。

一 立法论

（一）主要问题

本部分涉及的问题不多，主要争议在于是否应当规定责任转质，同时关于责任转质的性质存在争议。另一争议问题在于动产质权可否善意取得。

（二）各种观点

1. 责任转质的性质

对于责任转质的性质，有四种学说：质权出质说、质权债权共同入质说、附解除条件的质权让与说、质物再度出质说。其中，学界通说是质物再度出质说（新质权设定说）。该说认为，转质是质权人以自己的责任，在质物之上设定新质权。因此，责任转质是一种处分质押物而非处分质押权的行为。质权人之所以能够转质，不是因为质权中包含着转质的权利，而是法律为了更充分发挥质物的担保价值，促进资金流通而作出的特别规

[①] 中国物权法研究课题组（负责人：梁慧星）：《中国物权法草案建议稿》，社会科学文献出版社 2000 年版，第 695—696 页。

定而已，也正是这种特别规定使质权人获得了法律授权，转质行为取得了合法根据而不再是无权处分。①

2. 动产质权的善意取得

动产质权的善意取得，作为动产的善意取得制度的一种，为大多数国家所肯定。动产质权是否可以善意取得，学术界有截然不同的两种看法。

一种观点认为，出质人以自己无处分权的财产设质的，质权合同无效，质权人也不能取得质权。另一观点认为动产质权以移转标的物的占有为要件。动产善意取得制度同样适用于动产质权的取得。如果出质人为标的物的合法占有人，其以该物设定质权，而债权人又是善意的，则所设定的质权是有效的，债权人得取得质权，因此而给质押财产的真正所有人造成的损失，应由出质人负赔偿责任。《物权法》和《担保法解释》对此采肯定态度。其中《担保法解释》第84条规定："出质人以其不具有所有权但合法占有的动产出质的，不知出质人无处分权的质权人行使质权后，因此给动产所有人造成损失的，由出质人承担赔偿责任。"动产质权以占有为公示方法。对于动产，其所有人为何人，第三者一般只能根据物的占有来判断。占有发生移转，便"推定适法权利"移转，也即不论动产的所有人是何人，如果善意第三人可以信赖占有人享有权利，即应推定第三人享有权利。因此，从占有公信力的角度，善意债权人应取得质权，同时，基于确保交易安全的目的，也应承认在无权处分人处分他人财产的情况下，善意第三人应当取得质权。"在实务上承认质权的善意取得，有助于维护动产占有的公信力，并有助于实现质权鼓励交易、保障交易安全的社会功能。"②

（三）简要总结

笔者以为，责任转质有合法根据并构成无权处分，同时动产善意取得制度同样适用于动产质权的取得。如果出质人为标的物的合法占有人，其以该物设定质权，而债权人又是善意的，则所设定的质权是有效的，债权人得取得质权，因此而给质押财产的真正所有人造成的损失，应由出质人

---

① 李凤伟：《论动产责任转质及其在我国的确立》，《商业时代》2012年第31期。

② 中国物权法研究课题组（负责人：梁慧星）：《中国物权法草案建议稿》，社会科学文献出版社2000年版，第719页。

负赔偿责任。

二 解释论

（一）主要问题

本部分涉及的主要问题是《物权法》第217条是否规定责任转质。同时，动产质权的设定以移转占有为公示手段，那么间接占有是否可以作为质权存在的方式？

（二）各种观点

1. 责任转质

质权人为担保自己或者他人的债务，有权以质押财产设定新的质权，称为转质。《担保法》对转质未作规定，在《物权法》立法过程中，对于是否允许转质以及应予规定的转质类型一直存在争议。最后《物权法》采取了不提倡转质，也没有禁止转质的态度。对于该条是否承认责任转质的问题，学界仍然存在不同的看法。

第一种观点认为，基于"物尽其用"的立法理念，该条认可了责任转质和承诺转质，其"不仅规定了责任转质，而且明确承认责任转质的效力，并规定了责任转质场合质权人对出质人所承担的损害赔偿责任"[1]。其规则是，"在责任转质中，即未经出质人同意而转质，造成质押财产的毁损、灭失的，质权人应当承担民事责任。在承诺转质中，出质人同意转质的，转质成立，应当按照约定处理"[2]。考察《物权法》第217条的文义，该条恰恰是对责任转质的规定，而且并未否定责任转质的效力。该条规定的"未经出质人同意转质"即属于责任转质，与承诺转质的核心区别在于承担责任方面，责任转质"造成质押财产毁损、灭失的，应当（由质权人）向出质人承担赔偿责任"，通说包括因不可抗力造成的损失；而承诺转质"造成质押财产毁损、灭失的"，依合同法风险随占有转移的原因，由转质人承担赔偿责任，通说不包括因不可抗力造成的损失。立法者既已承认《物权法》"没有禁止转质"的意思，则责任转质也当然包括在内，第217条又恰恰规定了责任转质，

---

[1] 黄松有主编：《〈中华人民共和国物权法〉条文理解与适用》，人民法院出版社2007年版，第641页。

[2] 杨立新、梁清：《物权法规则适用》，吉林人民出版社2007年版，第248页。

因此认为《物权法》有"未经出质人同意不允许转质"的意思，不免有失牵强。①

第二种观点指出，"为了保护出质人的利益，本条规定的原则是，未经出质人同意不允许转质，质权人转质的要承担赔偿责任"②。这种观点认为，《物权法》承认承诺转质，但是不承认责任转质。

2. 间接占有能否作为动产质权存在的手段

有学者认为，在动产质权中移转占有，必须是一种现实的占有，不能通过占有改定的方式来完成。在动产质押中，质权人必须直接占有出质人所交付的质物，从而产生动产质权。因此，按照该观点，间接占有和占有改定不能完成动产质权的公示；也有学者认为"动产质权人不继续占有质物的话，就不能以质权对抗第三人。质权是因将质物转移给债权人而成立的，根据这一点一旦质权成立，即使失去占有，质权也不消灭，只是失去对抗要件而已"。在公示对抗主义制度中，似乎更加容易理解转质制度。但也有学者认为，无论是否采用出资人直接占有标的物的占有改定，只要出资人不是独力控制质物即可。③ 相对此前不能采出资人直接占有标的物的占有改定，有所缓和。甚至有学者认为，可以占有改定方式对登记的动产设立质权，其为出质人创设了间接占有而非代为占有，为质权人创设了直接占有。④ 允许以占有改定方式设立质权，有助于为当事人提供更多选择。⑤

尽管德国民法典和法国民法典并未明文规定责任转质制度，但学说普遍认可责任转质。因此，动产质权中的公示方法"占有"，不仅包括直接占有，亦包括间接占有，但排除占有改定的适用。如果不承认质权人的间接占有，当质权人将质物设定质权移交给第三人占有时，此时按照公示要件主义的要求，质权人的质权归于消灭。此际，在出质人、质权人和第三

---

① 曹士兵：《中国担保制度与担保方法》，中国法制出版社2007年版，第311—312页。

② 胡康生主编：《中华人民共和国物权法释义》，法律出版社2007年版，第467页。

③ 常鹏翱：《论存货质押设立的法理》，《中外法学》2019年第6期。

④ 隋彭生：《论以占有改定设立动产质权》，《法学杂志》2009年第12期。

⑤ 夏江皓：《以占有改定设立动产质权的可行性探析》，《商业研究》2018年第11期。

人三方当事人中仅存在一项质权，即第三人对质权人的质权，这将从根本上否定转质制度的存在。①

（三）简要总结

笔者以为，从《物权法》第 217 条来看，无法得出我国禁止责任转质的结论，而责任转质本身也对促进交易有重要作用。同时学界普遍认为动产质权的占有不仅包括直接占有，同样包括间接占有，而非仅以交付方式的类型化角度来考量质权是否设立。

三　民法典编纂中的立法论

有学者主张动产担保一元化，对概念、合同、设立、公示、效力、次序、实现、消灭等制度进行类项合并统一，将动产质权纳入其中，仅在公示方法上作出区别。② 就可设立质权的财产范围，应采用反面排除方法，法律、行政法规未禁止转让或出质的财产都可以设立质权。责任转质与承诺转质都应进行规定，取消对转质不必要的限制。③ 责任转质能够弥补承诺转质中须取得出质人同意的不足，促进物尽其用，具有正当性。④

动态质押是交易实践中出现的新融资模式。相比浮动抵押和动产质押，存货动态质押具有其独特特点。

其一，与担保人或担保权人占有标的物不同，其占有标的物形态转化为质权人间接占有+物流公司直接占有或质权人与质押人等共同占有方式，以兼顾质权人对标的物的控制权与质押人的自主经营权。质权人对动态存货与他人共同占有、间接占有，都应做到出质人不能独力控制质押物，以完成动态质押的公示要件。⑤ 即便监管合同约定的质物存放在出质人的场所，只要满足质权人能够控制质物的进出库，则货物的管控权已实

---

① 李凤伟：《论动产责任转质及其在我国的确立》，《商业时代》2012 年第 31 期。
② 董学立：《抵押权概念的演变及其法体系效应》，《法商研究》2017 年第 5 期。
③ 刘保玉：《完善我国质权制度的建议》，《现代法学》2017 年第 6 期。
④ 唐旭、赵申豪：《责任转质之证立及制度重构》，《南方金融》2017 年第 8 期。
⑤ 常鹏翱：《论存货质押设立的法理》，《中外法学》2019 年第 6 期。

际发生移转。① 持反对观点的学者认为，"质物存放于出质人仓库，出质人以自己所有并直接占有的质物出质，质物未现实移转交付给质权人……监管人的存在并没有改变出质人直接占有标的物的事实"②。还有学者认为，对于共同占有型动态质押，监管人没有通过租赁等媒介关系直接占有质物的，应认定为属于占有改定，相反，若监管人能够直接占有质物的，则可有效设立质权。③

至于登记，有学者认为，"实践中的存货质押登记不是法定的公示方式，而是业界为了满足实际交易需要所创设的信息公开机制，在法律认可之前，它不能跨入存货质押公示方式的行列"④。改交付而采登记降低公示性程度，且质权人不实际占有标的物，出质人仍可处分标的物，且动产的流动性会导致不断地变更登记和注销登记，增加登记负担。⑤ 也有学者建议，占有作为质权的设立要件，公示要件统一采取登记对抗主义。⑥ 甚至有学者主张整个动产担保领域实行登记对抗主义，占有仅作为例外的公示方法。⑦

其二，担保物权特定化不限于特定在具体标的物上，还可以是在种类标的物中，担保物价值特定，但无须特定某几个特定标的物。⑧ 只要其上的质权能被公示，足以表明特定，⑨ 只是"通过质物流动，在盘活库存同

---

① 孙超、景光强：《动产质押中监管人的义务及责任》，《人民司法》2014年第10期。

② 代瑞：《金融质押担保创新对传统质权制度的挑战和立法应对》，《北方法学》2019年第1期。

③ 陈本寒：《企业存货动态质押的裁判分歧与规范建构》，《政治与法律》2019年第9期。

④ 常鹏翱：《论存货质押设立的法理》，《中外法学》2019年第6期。

⑤ 陈本寒：《企业存货动态质押的裁判分歧与规范建构》，《政治与法律》2019年第9期。

⑥ 代瑞：《金融质押担保创新对传统质权制度的挑战和立法应对》，《北方法学》2019年第1期。

⑦ 邹海林：《论〈民法典各分编（草案）〉"担保物权"的制度完善》，《比较法研究》2019年第2期。

⑧ 孙鹏、邓达江：《动产动态质押的生成逻辑与立法表达》，《社会科学研究》2019年第5期。

⑨ 常鹏翱：《论存货质押设立的法理》，《中外法学》2019年第6期。

时不断成立新质权而消灭旧质权"①。动态质押通过仓库独立性、货物区隔化或者控制最低价值或数量方式实现了实体特定与价值特定,且认定为原质权一直存续。②

其三,动产质权以占有标的物为设立要件,因而难以再次设立质权,但动态存货质押中,质权设立后,出质人仍可再设立动态质押。③

存货动态质押弥补非占有型担保的不足,因而有学者建议在动产质押基础上,允许质权人在控制质押财产价值处于最低价值控制线之上时,可以增加、置换、提取质押财产,且质权不受影响。④ 也有学者认为,既有动产质押规范足以规制动态存货质押,无须设定专门规范。⑤ 还有学者主张增加动态质押条款,并将主体限定为企业、个体工商户、农业生产经营者,以防止滥用或规避法律的情况发生。⑥

相应产生的一个重要问题是,动态存货质押货物监管不到位,质权实现而质物不够时,当事人之间的责任分配。有学者认为,动态质押监管合同属于委托合同,监管人的赔偿责任为补充责任,即以债务人不能依约清偿债务为前提,监管人仅承担有限责任,即以监管人过错导致的不能清偿债权数额为限。⑦ 也有学者认为,监管合同属于同时具备有偿保管合同、仓储合同和委托合同等多重性质的混合合同、无名合同,因而监管人的责任应类型化,根据其在动态质押中具体身份和违反的义务,来认定其责任。⑧

《民商事审判会议纪要》第 63 条第 1 款规定:"在流动质押中,经常

---

① 陆晓燕:《动产"动态质押+第三人监管"模式下权利冲突的解决路径》,《人民司法》2016 年第 1 期。
② 陈本寒:《企业存货动态质押的裁判分歧与规范建构》,《政治与法律》2019 年第 9 期。
③ 常鹏翱:《论存货质押设立的法理》,《中外法学》2019 年第 6 期。
④ 孙鹏、邓达江:《动产动态质押的生成逻辑与立法表达》,《社会科学研究》2019 年第 5 期。
⑤ 常鹏翱:《论存货质押设立的法理》,《中外法学》2019 年第 6 期。
⑥ 刘保玉:《完善我国质权制度的建议》,《现代法学》2017 年第 6 期。
⑦ 孙超、景光强:《动产质押中监管人的义务及责任》,《人民司法》2014 年第 10 期。
⑧ 陈本寒:《企业存货动态质押的裁判分歧与规范建构》,《政治与法律》2019 年第 9 期。

由债权人、出质人与监管人订立三方监管协议，此时应当查明监管人究竟是受债权人的委托还是受出质人的委托监管质物，确定质物是否已经交付债权人，从而判断质权是否有效设立。如果监管人系受债权人的委托监管质物，则其是债权人的直接占有人，应当认定完成了质物交付，质权有效设立。监管人违反监管协议约定，违规向出质人放货，因保管不善导致质物毁损灭失，债权人请求监管人承担违约责任的，人民法院依法予以支持。"第2款规定："如果监管人系受出质人委托监管质物，表明质物并未交付债权人，应当认定质权未有效设立。尽管监管协议约定监管人系受债权人的委托监管质物，但有证据证明其并未履行监管职责，质物实际上仍由出质人管领控制的，也应当认定质物并未实际交付，质权未有效设立。此时，债权人可以基于质押合同的约定请求质押人承担违约责任，但其范围不得超过质权有效设立时质押人所应当承担的责任。监管人未履行监管职责的，债权人也可以请求监管人承担违约责任。"可见，该条总结的裁判观点是，从质权人与监管人的关系，以及监管人是否能够实际控制质物，来判断质权人能否至少间接占有质物，而不论质物是否出于出质人的场所。监管人所应当承担的违约责任也是依照违反其应当承担的义务来判断。至于涉及出质人、质权人过错时，监管人承担的违约责任应具体赔偿多少损失，从该条不可得出。

《民法典》第929条第1款规定："有偿的委托合同，因受托人的过错造成委托人损失的，委托人可以请求赔偿损失。无偿的委托合同，因受托人的故意或者重大过失造成委托人损失的，委托人可以请求赔偿损失。"该条适用到监管场合，监管人的赔偿责任仅限于承担过错责任，以委托人即质权人向债务人和出质人主张清偿后不能得到清偿的债权数额为限。因而，监管人是否有过错，质权人与出质人是否也存在过错，当事人之间责任关系如何确定，在裁判实践中也是一个争议点。

第四节　留置权

留置权，是指债权人在债务人不履行债务时，对其占有的债务人的动产予以留置，并以该动产折价或者以拍卖、变卖该动产的价款优先受偿的权利。① 不同于抵押权与质权的较强的融资功能，留置权更多地保留着古老的特性，只在日常的民事生活中发挥作用，处在担保物权领域一个不太引人注意的角落，较少有人问津。② 但其对担保物权体系构建的不可或缺性毋庸置疑。

现代社会中，担保物权的强势功能已为人所共知，但相比抵押权和质权而言，留置权没有融通资金的功能，仅有担保债权实现的功能，属于保全型担保物权，因此，留置权的地位相对较弱。但在我国目前的信用环境下，具有私力救济性质的留置权仍然是民事生活中一种重要的债的担保方式。在我国保全型担保物权仍居主流的情况下，尤为如此。留置权大多基于债权人在留置财产上附加了一定的劳动而产生，属于"费用性担保物权"。债权人对标的物施以劳务、技术或供给材料，为保全标的物的价值或增加标的物的价值作出了贡献。对于劳动债权的优先保护，已是世界各国的通例，体现了世界各国公共政策考量的趋同性。除了规定法定的留置权制度以确保劳动债权的优先受偿之外，各国破产法中劳动债权的优先保护亦为著例。③ 法律直接规定债权人的留置权，给债权人以确定的行为预期，避免了债权人"劳而无获"的风险，有效地抑制了债务人的道德风险，从而达到鼓励价值创造的目的。同时应当看到，留置权的行使是一种法律允许的私力救济手段。从一般意义上讲，私力救济由于容易滋生暴力事件，且当事人仅凭一己之判断去强制他人，难免感情用事，有失公允，文明社会原则上应禁止。但其毕竟是一种迅捷及时的、最简单的、花费最少的对争议的解决方式，不能否认即使在人类步入社会管理高度现代化的今天，私力救济中的某些方法仍然在起作用，因此，有些国家例外地认可其适用于特定情事。④ 留置权的行使即属国家例外地允许私力救济的情形。债务人不履行到期债务时，债权人行使留置权，对债权人较为有

---

① 梁慧星主编：《中国物权法草案建议稿——条文、说明、理由及参考文献立法例》，社会科学文献出版社 2000 年版，第 753 页；王利明主编：《中国物权法草案建议稿及说明》，中国法制出版社 2001 年版，第 130 页。

② 梅夏英、方春晖：《对留置权概念的立法比较及对其实质的思考》，《法学评论》2004 年第 2 期。

③ 《企业破产法》第 113 条即属此例。

④ 张俊浩主编：《民法学原理》（修订第 3 版），中国政法大学出版社 2000 年版，第 87 页。

利，一方面避免了烦琐的司法程序和不必要的诉讼费用支出，亦可避免债权人在诉讼中的地方保护主义的倾向；另一方面行使留置权更为快捷，避免了因诉讼延迟而可能对标的物造成的损坏。笔者以为，留置权的制度设计着重于确保劳动债权的实现，提高交易效率，并在程序上关注债务人和第三人利益的保护，达到了债权人与债务人间利益的平衡。

一 立法论

（一）主要问题

在立法论上，留置权部分内容争议不多，集中于以下几点：是否应该扩大留置权适用范围；是否应该扩大留置物范围；是否应该设立紧急留置权；留置权是否可以善意取得。

（二）各种观点

1. 留置权的适用范围

根据《民法通则》《担保法》及《合同法》的规定，留置权仅适用于运输、加工承揽、保管及行纪等四类合同产生的债权，而关于留置权的一般理论认为，留置权适用的基础条件是债权已经届清偿期且债权人占有债务人的财产，因此实无必要对其担保债权的产生原因予以限制，限制其担保债权的种类，只会限制留置权的担保功能。债权的发生有合同、侵权、不当得利、无因管理、单方允诺、缔约过失等多种原因，除单方允诺、缔约过失之债一般不发生留置权外，其他债权均有可能适用留置权制度。比如机动车辆将某人房屋撞坏，产生侵权之债，受害人（债权人）在得到赔偿之前，可以将该肇事车辆予以留置，并享有留置权；无因管理情形下，适用留置权制度的空间更大。因此，中国对留置权适用范围的限制，明显不利于保护债权人的债权，难以满足现实经济生活需要。所以，中国在立法上实有必要扩大留置权的适用范围，即不对债权发生的原因予以限制，只要符合留置权的成立要件都应在留置权的适用范围内。至于扩大留置权适用范围，"会导致留置权主体间利益失衡，危害到债务人的权益"[1] 的担心，学者认为是没有必要的，因为留置权人行使留置权的根本目的在于促使债务人履行债务，实现自己的债权，而非通过变价留

---

[1] 董学立：《论我国留置权的适用范围》，《山东大学学报》（哲学社会科学版）2004年第4期。

置物实现留置权。①

2. 留置物的范围

我国《担保法》第 82 条明确规定留置权的标的物只能是动产，属于对留置物的范围作出明确规定的立法例，但规定的留置物的范围相比其他适用该立法例的国家更窄，而与采用对留置物范围不作明确规定立法例的国家相比，范围则更小，从而也限制了留置权这一担保形式适用的空间。有学者认为，理想的担保法应当是"可利用的担保财产得到充分的利用"②，所以，我国留置权制度应当扩大留置物的范围，扩张留置权制度适用的空间，这也是物权法"物尽其用"基本理念的必然要求。

3. 关于紧急留置权的空白

在债务人无支付能力时，若因债务人的债务未到履行期，而否认债权人对已占有的债务人的财产成立留置权的权利，则有失公平，不足以保护债权人利益；倘若成立紧急留置权，不仅有利于维护债权人的利益，而且对保障交易安全也极具现实意义。

4. 关于留置权善意取得

依据我国《担保法》，债权人不得在债务人无处分权的动产上成立留置权，纵使其合法占有该动产时不知道或者不应当知道债务人无处分权。此规定表明，中国现行法排除了留置权的善意取得。可喜的是，最高人民法院在司法实践中，发现此缺陷严重影响了留置制度的运行，2000 年 9 月通过司法解释形式，承认留置权的善意取得，弥补了立法缺陷。《最高人民法院关于适用〈中华人民共和国担保法〉若干问题的解释》（以下简称《担保法》解释）第 108 条规定："债权人合法占有债务人交付的动产，不知债务人无处分该动产的权利，债权人可以按照担保法第 82 条的规定行使留置权。"笔者认为，通过最高人民法院的司法解释来弥补这一立法缺陷，扩大留置的适用范围，对更充分地发挥留置的担保功能具有很强的实践意义。但最高法院这个解释，其实是对《担保法》第 82 条的扩

---

① 张忠民、蒋慧、邹永昌：《中国留置权的立法缺陷与完善》，《广西民族大学学报》（哲学社会科学版）2006 年第 5 期。

② 许明月、林全玲：《我国担保法制度设计应当重视的几个基本问题》，《现代法学》2005 年第 5 期。

大解释。尽管最高人民法院的解释是有权解释，但这种解释毕竟已经超越了法律的原义，从法律解释学角度看，其效力值得商榷。因此，有学者认为：为了物权法律体系的协调，更为了法律及其解释的协调以及弥补现行立法缺陷的需要，应当将留置权的善意取得直接规定于法律中。①

（三）简要总结

笔者以为，扩大留置权的适用范围当属必要，同时，并无所谓留置权的善意取得的适用余地。

二　解释论

（一）主要问题

《民法通则》首次正式将留置权制度作为债的担保制度予以明确规定。之后的《最高人民法院关于贯彻〈民法通则〉若干问题的意见（试行）》《担保法》及其司法解释对留置权制度的规定不断地发展。《物权法》对留置权制度的规定出现了变化，但仍有值得讨论的问题。② 这些问题主要有：债权人占有的动产是否须为债务人所有；"同一法律关系"的要件应如何理解；"企业之间留置的除外"之规定是否允当。

（二）各种观点

1. 债权人占有的动产是否须为债务人所有

债权人已经合法占有的"债务人的动产"，是否限于债务人本人所有的动产？对此问题，学说和立法例上有肯定说、否定说和折衷说等不同的主张，③ 值得讨论。目前我国多数学者主张有限制的否定说，即认为"债务人的动产"原则上限于债务人本人所有的或有处分权的动产，但如果标的物非为债务人所有而债权人不知情的，可以"善意取得"留置权，④国外立法例上也有类似规定（《瑞士民法典》第 895 条第 3 项）。《担保法》解释第 108 条规定显然系采纳了留置权可以善意取得的观点，并且

---

① 张忠民、蒋慧、邰永昌：《中国留置权的立法缺陷与完善》，《广西民族大学学报》（哲学社会科学版）2006 年第 5 期。
② 刘保玉：《留置权成立要件规定中的三个争议问题解析》，《法学》2009 年第 5 期。
③ 高圣平：《担保法论》，法律出版社 2009 年版，第 568 页。
④ 蒋新苗等：《留置权制度比较研究》，知识产权出版社 2007 年版，第 64—69 页；高圣平：《担保法论》，法律出版社 2009 年版，第 569—570 页。

已得到学界和实务界的广泛认同;《物权法》第 106 条第 3 款中关于"当事人善意取得其他物权的,参照前两款的规定"的表述,则是对留置权"善意取得"的进一步肯定。对于债务人的动产适用一般留置规则,对于第三人所有的动产则适用留置权善意取得规则,后者在构成要件上要求债权人主观善意,即相信债务人对标的物享有所有权或处分权。① 债权人对第三人的动产能否取得留置权不可依一般留置权的规则进行判断,而应适用留置权善意取得规则,且商事留置权因不要求占有的动产与债权属于同一法律关系而应限缩其适用善意取得。②

但有学者认为,债权人只要是因正常的业务活动而占有与其债权有牵连关系的他人之动产,即可产生留置权,根本无须也不应该限定留置权人必须为不知情的"善意"债权人。③ 还有学者认为商事留置权不适用善意取得,因为商事交易注重多次交易往来,强调交易的迅捷性。④ 但也有学者支持商事留置权的善意取得。⑤ 在可能发生留置权的法律关系中,要求债权人事先审查债务人送交的动产是否属于债务人所有或有无处分权,明显不合常理;债权人一旦知晓债务人对其送交的动产无处分权,就只能拒绝成立合同关系或要求必须由所有人亲自送交,显然违反基本的商业规则。例如,借用、租赁他人车辆而损坏,借用人、承租人送至修车厂修理,无论修车厂是否知道送修人非为车的主人,于其修理费未清偿前,均得留置该车;承运人、保管人的运费、保管费未受清偿,即可留置标的物,其根本无须关心标的物究竟为谁所有,也不存在其如果知道送交托运、保管的人非为标的物所有人就不得留置之理。在日常民事生活中,一个修伞匠对顾客送修的雨伞,修好了只管收取合理的修理费,其根本无须关心、无须过问送修人对该雨伞有何权利。可见,闭门造车的"留置权善意取得"之规则设计脱离了实际,也与其他相关规则产生了龃龉;理论上似乎顺理成章且已成共识的规则,在遇到简单的实际问题时,即显得

---

① 常鹏翱:《留置权善意取得的解释论》,《法商研究》2014 年第 6 期。
② 徐银波:《〈物权法〉留置权规则的解释适用与立法反思》,《法律科学》2017 年第 2 期。
③ 刘保玉:《论担保物权的竞存》,《中国法学》1999 年第 2 期;参见胡康生主编《中华人民共和国物权法释义》,人民法院出版社 2007 年版,第 509 页。
④ 熊丙万:《论商事留置权》,《法学家》2011 年第 4 期。
⑤ 孙毅:《论商事留置权的特性与规则》,《苏州大学学报》2012 年第 5 期。

难以维持！

2. "同一法律关系"的要件应如何理解

留置权是为担保特定债权的实现而依法产生的担保物权，其适用范围应有必要的限制。否则，若允许债权人任意留置债务人的与债权无关的任何财产，则必将导致法律关系和法律秩序的混乱。因此，各国立法通常都以留置物与所担保之债权间存在一定的"牵连关系"为留置权成立的必要条件。但关于"牵连关系"应如何认定，各国立法上的态度及理论上的观点有相当的分歧，可大别为两类：一类是德国、法国等法律上所采用债权与债权有牵联关系说，即主张债权人占有的相对人的物上能否成立留置权，取决于债权人的债权与相对人的物之返还请求权之间是否存在牵连关系，唯两方之债权请求权产生于同一法律关系者，方有牵连关系。另一类是瑞士、日本及我国台湾"民法"中所采用的债权与物之间有牵连关系说，即主张债权与债权人占有的标的物之间有牵连关系时，才可成立留置权。而理论上对于如何界定留置权人的债权与占有的物之间有牵连关系，尚有主张关于占有物为债权发生的原因应采用"统一的、单一的标准"的"一元论说"和主张包括直接关联与间接关联两者在内的"二元论说"。"一元论说"中对于何为发生原因，又有直接原因说、间接原因说、相当因果关系说和社会标准说等不同学说；"二元论说"中对于哪些情况是引起债权发生的"间接原因"，亦存在多种不同看法。① 由此足见理论上对"牵连性"问题所做的解释颇为烦琐和复杂，不利于法律适用中的统一性要求。

关于债权的发生与所占有动产之间的牵连关系，我国多数学者认为包括三种情形：一是债权系由占有的动产本身而生；二是债权与该动产的返还义务系基于同一法律关系；三是债权与该动产的返还义务系基于同一事实关系。② 依我国《担保法》规定的精神，债权人只有按照特定的合同（保管、运输、承揽、行纪）关系占有债务人的动产时才能发生留置权，

---

① 郭明瑞等：《民商法原理》（二），中国人民大学出版社1999年版，第353—354页；梁慧星、陈华彬：《物权法》（第四版），法律出版社2007年版，第372—373页；胡康生主编：《中华人民共和国物权法释义》，人民法院出版社2007年版，第499页。

② 梁慧星、陈华彬：《物权法》（第四版），法律出版社2007年版，第373页；邹海林、常敏：《债权担保的方式和应用》，法律出版社1998年版，第332页。

也就是说，只有在债权、债务和债权人对标的物的占有之取得均基于同一原因事实（同一个合同）而发生的情况下，才有牵连关系，才能成立留置权。《担保法司法解释》第 109 条规定："债权人的债权已届清偿期，债权人对动产的占有与其债权的发生有牵连关系，债权人可以留置其所占有的动产。"这一解释所采用的是债权与所占有的动产之间的牵连关系说，而且限于直接关联关系。但也有学者认为，将"同一法律关系"仅解释为物与债权属于同一法律关系或债权人对物的占有与债权属于同一法律关系，不能满足实践需求，应包括前述两种情形。①

3. "企业之间留置的除外"之规定是否允当

《物权法》第 231 条中在对一般留置权中"债权人留置的动产，应当与债权属于同一法律关系"作出规定的同时，又设但书规定："但企业之间留置的除外"。据立法机关的解释，此系考虑到在商业实践中，企业之间交易频繁，追求交易效率，讲究商业信用，如果严格要求留置财产必须与债权的发生具有同一法律关系，则有悖交易迅捷和交易安全原则，因此对此书做了除外规定。② 但对于此一除外规定究竟应如何理解和是否允当，不无疑问。依国内学界和实务界多数人的认识，某些特殊的留置权或商事留置权的成立，原则上只要求留置财产与被担保债权之间有一般的关联性即可，而不要求两者间有直接的牵连关系或属于同一法律关系。③ 在一些国际交易惯例和国外立法所规定的商事留置权中，也有类似规定。④ 我国物权法草案的两个学者建议稿中，都曾主张在坚持"牵连关系"一般要件的同时，明确"因营业关系而占有"的除外情况。⑤ 但学者建议稿的方案均未为被立法机关所直接采用。

商事留置权得到学界广泛关注。有学者认为，"企业之间留置除外"

---

① 徐银波：《〈物权法〉留置权规则的解释适用与立法反思》，《法律科学》2017 年第 2 期。

② 胡康生主编：《中华人民共和国物权法释义》，人民法院出版社 2007 年版，第 499 页。

③ 黄松有主编：《中华人民共和国物权法条文理解与适用》，人民法院出版社 2007 年版，第 678 页。

④ 蒋新苗等：《留置权制度比较研究》，知识产权出版社 2007 年版，第 246 页。

⑤ 中国物权法研究课题组（负责人：梁慧星）：《中国物权法草案建议稿》第 392 条；王利明主编：《中国物权法草案建议稿》第 512 条。

的规定扩大了债务人财产被留置适用空间,存在滥用风险,应限缩解释为债权人基于正常经营行为享有债权、占有动产的才具有同一法律关系。①商事留置虽不要求同一法律关系,但须基于营业关系,而非不需任何牵连关系。② 比如,水路货物运输合同的实际承运人与不存在直接合同关系的托运人的货物之间,也存在经营关系,因而可享有留置权。③

(三) 简要总结

笔者以为,对于债权人占有的动产是否应为债务人所有,我国多数学者主张有限制的否定说,即认为债权人留置的动产原则上限于债务人本人所有的或有处分权的动产,但如果标的物非为债务人所有而债权人不知情的,可以"善意取得"留置权。④ 对于如何理解"同一法律关系",笔者认为《物权法》中关于"同一法律关系"的限定,既有其明确、严格的一面,也有其灵活、宽泛的一面。据此规定,留置权的适用范围整体来看较之以往有所拓展。此一改进,是值得肯定的。在"企业间留置"问题上,笔者认为,将"企业之间留置的"情况一概排除于"留置物应与债权属于同一法律关系"的限定之外,过于宽泛,极有可能导致留置权被无限扩张和滥用的情况发生。为使留置权能够依法准确地适用并与物权法定原则相衔接,此一但书表述为"但法律另有规定的除外"更为妥帖。

三 民法典编纂中的立法论

劳动债权领域能否适用留置权,持肯定观点的学者认为,可将留置权认定为债权人实现权利的一种私力救济,避免要求劳动债权与劳动者留置

---

① 徐银波:《〈物权法〉留置权规则的解释适用与立法反思》,《法律科学》2017 年第 2 期。

② 刘凯湘:《比较法视角下的商事留置权制度》,《暨南学报》(哲学社会科学版) 2015 年第 8 期;赵申豪:《不足与完善:评我国商事留置权制度》,《求实》2015 年第 7 期;孙毅:《论商事留置权的特性与规则》,《苏州大学学报》2012 年第 5 期;曾大鹏:《商事留置权的法律构造》,《法学》2010 年第 2 期。

③ 李庆、高俊华:《水路货物运输实际承运人留置权问题研究》,《法律适用》2013 年第 1 期。

④ 蒋新苗等:《留置权制度比较研究》,知识产权出版社 2007 年版,第 64—69 页;高圣平:《担保法论》,法律出版社 2009 年版,第 569—570 页。

的财产之间存在"同一法律关系"①。持反对观点的学者认为,劳动合同关系中,用人单位与劳动者应是管理与被管理的关系,赋予劳动者留置权破坏了劳动管理秩序和劳动合同的内部结构。②

就留置权的消灭,有学者认为,若留置权人未尽到妥善保管义务或者擅自使用、出租、处分留置物但未给留置物所有人造成损害的,应允许债务人请求消灭留置权,此外还需明确同一动产上抵押权与留置权并存时,留置权始终优先。③ 还有学者认为,债务人提供相当的担保后,留置权亦应消灭。④

就商事留置,有学者认为,以"企业之间"的主体立法思路来区别商事留置权与民事留置权会引发不平等问题,应采行为立法思路,即商事留置权的核心在于只要债权人基于正常经营行为占有动产,无论相对人是否为商人。⑤ 此外,商事活动无法用"企业""商人"概念来界分,且限定为动产也不符合商业实践需求。⑥ 商事主体应不限于企业,还包括个体工商户等非企业商事主体,客体为债务人所有或占有的动产。⑦ 或有人认为,商事留置主体除企业,还包括符合一定标准的农村承包经营户、个体工商户、经营性事业单位等主体。⑧ 还有的认为,"除企业外,还应包括符合商主体条件的事业单位、社会团体以及经过商事登记的个体工商户、以商行为为业的自然人及个人合伙、销售自产农产品的承包经营户"⑨。但也有学者主张,"严格限定其主体为营利法人的企业而非商人,并排除

---

① 沃耘:《民法典视角下劳动者留置权制度的司法困境与重构》,《江汉论坛》2018年第4期。
② 姜丽丽:《留置权在劳动债权中的适用探讨》,《法律适用》2017年第17期。
③ 程啸:《民法典物权编担保物权制度的完善》,《比较法研究》2018年第2期。
④ 孙鹏:《完善我国留置权制度的建议》,《现代法学》2017年第6期。
⑤ 徐银波:《〈物权法〉留置权规则的解释适用与立法反思》,《法律科学》2017年第2期。
⑥ 刘凯湘:《比较法视角下的商事留置权制度》,《暨南学报》(哲学社会科学版)2015年第8期。
⑦ 赵申豪:《不足与完善:评我国商事留置权制度》,《求实》2015年第7期。
⑧ 熊丙万:《论商事留置权》,《法学家》2011年第4期;曾大鹏:《商事留置权的法律构造》,《法学》2010年第2期。
⑨ 孙毅:《论商事留置权的特性与规则》,《苏州大学学报》2012年第5期。

其在个体工商户、农村承包经营户等主体上的适用"[1]。另外，除前述采行为判断方式，还有主张具体列举方式的。[2]

对商事留置权的牵连关系，有人认为商事留置权中的牵连关系应体现效益优先理念，充分考虑企业的营利性，也应受限制，因而应改消极要件为积极要件，正面列举留置物与被担保债权间应具有的某种牵连关系。[3] 但该学者未进一步明确牵连关系应界定为何种。也有学者认为商事留置权必须以发生持续性经营活动为要件，而不论主体性质。[4] 还有的主张债权的发生和标的物的占有都应基于营业关系。[5]

对于留置权善意取得规则，有学者对债务人占有的第三人之动产能否适用进行区分，因履行对第三人之义务而将其占有之动产交付债权人的，债权人可直接行使留置权；非因债务人履行对第三人之义务的，则适用善意取得。但商事留置权不得对第三人动产适用，即不构成留置权善意取得。[6]

---

[1] 曹兴权、胡永龙：《民法典编纂背景下商事留置权牵连关系的重构》，《西南政法大学学报》2018年第3期。

[2] 魏冉：《我国商事留置权的制度实践与完善进路》，《江淮论坛》2019年第3期。

[3] 曹兴权、胡永龙：《民法典编纂背景下商事留置权牵连关系的重构》，《西南政法大学学报》2018年第3期。

[4] 孙鹏：《完善我国留置权制度的建议》，《现代法学》2017年第6期。

[5] 魏冉：《我国商事留置权的制度实践与完善进路》，《江淮论坛》2019年第3期。

[6] 孙鹏：《完善我国留置权制度的建议》，《现代法学》2017年第6期。

第九章

权利担保物权

第一节 权利担保物权概述

权利担保物权是根据担保标的物的物理性质将担保物权进行分类的结果。权利担保物权是新兴的一类担保物权，是指以权利为标的而成立的担保物权。按照我国担保物权体系，权利担保物权与权利质权是同一概念。

一 立法论

（一）主要问题

本部分主要涉及权利质权的性质和权利质权的立法模式、适合作为权利质权标的的权利应当具备的条件以及权利质权标的的具体范围。立法论上较有争议的是权利质权的性质以及权利质权的具体立法模式，以及是否要类推适用动产质权的相关规定。

（二）各种观点

权利质权，是指以所有权以外的可让与财产权为标的而设定的质权。权利质权这种物权担保形式虽然早在罗马查士丁尼时期就已经产生，但权利质权概念却直到近代才被学者抽象出来。各国立法对权利质权概念的回避态度显示出权利质权理论上的复杂性。[①]

权利质权的性质争议较大，迄今为止，共形成了两种主流观点，即

[①] 《德国民法典》《日本民法典》《瑞士民法典》均规定了权利质权，但并未对其明确定义。

"权利让与说"与"权利标的说"。"权利让与说"认为质权的标的物应为有体物,权利之上不得再生质权,所谓的权利质权不过是以担保为目的而为的权利让与。①"权利标的说"主张权利质与物上质并无本质上的差异,所不同之处仅仅是标的物而已。也就是说,这种质权是在权利上设定的,这种权利实际上仍为出质人享有。因其具有让与性与交换价值,因而可以成为交易的标的物。② 目前权利标的说已经成为通说,并以之为基础建立起了整个权利质权的体系。有学者评论:"从罗马法时代到今天,以标的为衡量权利质押的适用范围与发展程度的标志,是一个比较明显且客观的事实","否认权利标的说观点的合理性几乎是徒劳的"。③

而至于权利质权的立法模式,长期以来,无论是"权利让与说"还是"权利标的说",都以动产质权的相应规范作为权利质权制度的范例,建立了类推适用动产质权相应规范的制度,即"准用动产质押"模式。④ 权利质权与动产质权虽有上述区别,但两者均为质权的一种形态,共同构成质权制度,两者的共同点还是占多数。因此,《物权法》延续了《担保法》的立法模式,第229条规定:"权利质权除适用本节规定外,适用本章第一节动产质权的规定。"亦即,权利质权法律关系的调整,除权利质权节的特别规定外,还应适用动产质权节的规定,如关于质权效力的规定等。但同时,学者认为,"准用动产质权"模式简单、易懂,在我国质押制度从抵押中分离出来特别设立的初期,的确起到了创造性的历史进步作用。但是,现实权利质押的具体操作与实践反映出的问题几乎证实这种法律规定似乎仅止于理论追求。⑤ 对此,有学者提出了"权利担保"模式,认为法律的活力在于创新,可以抛弃"权利质权"的传统归类(不再将其列入职权体系之中),将其与"权利抵押权"合并,并称为"权利担保"制度,实质上构建一种与动产担保、不动产担保相并列的、性质全新的担保制度。⑥ 其理由包括以下几点。

---

① 胡开忠:《权利质权制度的困惑与出路》,《法商研究》2003年第1期。
② 倪江表:《民法物论》,转引自胡开忠《权利质权制度的困惑与出路》,《法商研究》2003年第1期。
③ 侯水平、黄果天:《物权法争点详析》,法律出版社2007年版,第423页。
④ 侯水平、黄果天:《物权法争点详析》,法律出版社2007年版,第420页。
⑤ 侯水平、黄果天:《物权法争点详析》,法律出版社2007年版,第423页。
⑥ 胡开忠:《权利质权制度的困惑与出路》,《法商研究》2003年第1期。

第一，传统民法将权利质权定位为与动产质权相并列的一类质权是导致该制度在当今司法中陷入种种困境的根本原因。动产质权的设立以交付为生效要件，但债权证书的交付作为债权质权移转占有的规则难以自圆其说。在知识产权领域，学者们对于知识产权质权的设定是否需要交付证书的问题长期以来总是争论不休。史尚宽认为，专利权证书与债权证书不同，债权证书表示债权的存在，而专利权证书并非表示权利，理论上不应以证书的交付或移转占有等要物行为为必要。① 对此，多数学者表示赞同，认为知识产权权利证书并非为流通证券，出质人向质权人交付知识产权证书，并无多少意义。② 也有学者认为，为了防止出质人在设定质押后擅自转让知识产权，应当要求出质人向质权人交付知识产权证书，如商标注册证、专利证书等。③ 实际上这些解释不能令人满意，因为专利权证书是国家颁布的用以表明权利存在的一种证书，在证明功能上与债权证书并无二致，因此交付专利权证书与交付债权证书具有类似的功能，它的交付会对专利权人行使专利权造成一定的障碍，但它在遗失后同样可以补办，因此是否交付专利权证书对质权的存在的确影响不大。所以，如果认为证书的移转就代表财产权的占有移转，不免牵强附会。特别是在以著作权中的财产权出质的场合，著作权人并无可供质押的权利证书，当然无交付的可能。另外，商标权在出质后，出质人即商标权人负有保全该权利的义务，仍应继续在商品或服务上使用其注册商标，否则该注册商标将在一定期限后被撤销，而商标注册证的持有又是行使该权利的必要条件，所以即使在商标权出质后也只能由商标权人持有权利证书，因此以证书的交付作为财产权移转占有的表征并不恰当。在知识产权质权问题上，即便将知识产权质权的设质登记作为质权的生效要件，问题仍然存在。因为设质登记仅仅是表明该财产权已处于出质状态，出质人不能对它随意处分，而不意味着出质人已将该权利交由质权人行使或对其进行自由支配，质权人对这些权利的控制力极为有限，当然不能解释说该财产权已经移转占有。

第二，"权利担保"制度合理性体现在以下几点：放弃"权利质权"的传统归类，可以在理论上和立法上摈弃那种机械照搬动产质权的

---

① 史尚宽：《物权法论》，中国政法大学出版社2000年版，第417页。
② 梁慧星、陈华彬：《物权法》，法律出版社1997年版，第374页。
③ 王利明：《物权法论》，中国政法大学出版社1998年版，第770页。

做法，可以更好地张扬该制度的个性特点，便于人们认识该制度的特殊性。将"权利质权"制度与"权利抵押权"制度合并，能够形成一种完整的权利担保制度，便于立法体系上的协调。构筑以"权利质权"和"权利抵押权"为核心的权利担保制度，能够解决权利质权制度所遇到的种种困惑。

(三) 简要总结

我国目前就权利担保物权的体系结构安排值得重新检讨。

第一，传统大陆法上抵押权与质权的区分以是否移转担保物的占有为标准。[1] 就发挥担保作用的机理而言，虽然两者就担保物均具优先受偿效力，但质权更是以留置效力足其担保作用：担保物上设定质权之后，担保人即丧失对担保物的利用权，"由质权人留置标的物，剥夺债务人之占有，造成债务人心理上之痛苦或生活上之不便，以压迫其从速清偿债务"[2]。与此相反，担保物上设定抵押权时，担保人并不丧失对担保物的利用权。以此分析目前我国《物权法》上权利质权的相关安排，其中体系定位颇值商榷。就《物权法》第223条第（1）项"汇票、支票、本票"、第（2）项"债券、存款单"、第（3）项"仓单、提单"而言，这些证券债权[3]的凭证的移转占有（记名证券尚需背书），即意味着凭证所表彰的债权由出质人转移与质权人，此类权利作为担保物权的客体时，与动产作为质权的客体无异，适用动产质权的相关规则，亦无疑问。[4] 我国《物权法》第224条亦因此规定以证券债权出质的，质权自权利凭证交付质权人时设立。此时，在效力上，交付权利凭证即与移转有体物的占有相当，出质人已不得行使证券债权，与动产出质人丧失对担保物的利用权同其意义，"其留置的作用，在于出质人权利行使之防止及其标的债权或其

---

[1] 谢在全：《民法物权论》（中），中国政法大学出版社2011年版，第615页；[日] 我妻荣：《新订担保物权法》，申政武、封涛、郑芙蓉译，中国法制出版社2008年版，第13页；王利明：《物权法研究》，中国人民大学出版社2013年版，第1114—1115页；梁慧星、陈华彬：《物权法》，法律出版社2010年版，第296页。

[2] 谢在全：《民法物权论》（下），中国政法大学出版社2011年版，第946页。

[3] 郭明端：《担保法》，法律出版社2010年版，第189页。

[4] 学说上就"仓单、提单"的性质，多界定为物权凭证，"仓单、提单"的占有即意味着其所表彰的货物的占有。此时，物权凭证的交付即足以达到移转标的物占有的作用。

他权利之保存与价值之取得"①。但以《物权法》第（4）项至第（6）项所称财产权利出质的，情况并非如此。如以股权出质时，质权自出质登记之时设定，移转股权凭证在质权设定上没有意义。出质后，出质人仍然行使着股权，包括共益权（如投票权、选举权等）和自益权（如红利分配请求权等），并不若动产出质人那样丧失对担保物的利用权。即使出质后，出质人转让股权受到限制，②但此规则本属担保物权设定后担保物处分限制的共通规则，在抵押权和质权之间并无差异。③由此可见，"在设立此类质权时，其原有的留置功能几乎完全丧失"④。"此类财产权没有以物理形式来使用的价值，它对任何人只具有客观上的交换价值。换言之，由于它对权利人不具有特别的主观价值，即使在其上设定了质权，禁止设立人处分，对于权利人也不会产生心理上的压力。因此，在设立此类质权时，其经济功能只在于依赖标的物的交换价值优先受偿。"⑤ 此时，"其担保的作用反近于抵押权，谓之介于一般质权与抵押权之中间区域，亦无不可"⑥，仍将此类权利担保物权定位于权利质权，过于牵强。

第二，"准占有"的既有规则和学说表明，准占有的构成以"事实上行使其权利"为前提，所谓"事实上行使权利"与占有之所谓"事实上的管领"，在观念上相当，通常只须依一般交易或社会观念，有使人认识其事实上支配该财产权利的客观事实存在即为已足。⑦ 至于"事实上支配该财产权利的主观事实"的认定，首要的应是像对有体物的占有一样，要求此等权利应有一个外在清楚可以辨识的表征，足以使外界认知该权利

---

① 史尚宽：《权利质权之研究》，载郑玉波主编《民法物权论文选辑》，台湾：五南图书出版公司1984年版，第865—866页。

② 《物权法》第226条第2款中规定："基金份额、股权出质后，不得转让，但经出质人与质权人协商同意的除外。"

③ 《物权法》第191条第2款规定："抵押期间，抵押人未经抵押权人同意，不得转让抵押财产，但受让人代为清偿债务消灭抵押权的除外。"

④ ［日］我妻荣：《新订担保物权法》，申政武、封涛、郑芙蓉译，中国法制出版社2008年版，第104页。

⑤ ［日］我妻荣：《新订担保物权法》，申政武、封涛、郑芙蓉译，中国法制出版社2008年版，第104页。

⑥ 史尚宽：《物权法论》，中国政法大学出版社2000年版，第288页。

⑦ 谢在全：《民法物权论》（下），中国政法大学出版社2011年版，第1242页。

的存在。① 就证券债权质权而言，质权人持有证券债权凭证的表征，足以使人认知是质权人在行使凭证所表彰的证券债权，此际构成准占有，证券债权质权的体系地位即取得了正当性。但就其他权利质权而言，如专利权质权，质权设定后，专利权人（出质人）仍然行使着专利权，只不过，其以转让或许可他人使用的方式处分其专利权受到了限制。② 质权人在事实上并未行使专利权，实难将准占有适用于专利权质权，③ 质权人无法借由质权的留置效力来督促债务人履行债务。如此，知识产权质权无法借由"准占有"来公示知识产权之上的权利负担，仅得以登记作为公示方法。④ 学者间有将对权利事实上"管领之力"理解为"至少具有对权利之处分权，如以商标专用权、专利权、著作权中财产权出质的，法律规定，除订立书面合同并进行出质登记之外，还严格规定出质人不得对上述权利转让或许可他人使用，这对于维护质权人的利益起到了稳固安全的良好效果"⑤。笔者对此不敢苟同。正如前述，对权利事实上的管领，意指行使该权利，并非仅指享有该权利的处分权或限制担保人处分其权利。"在知识产权上设定的质权，留置效力体现为对标的权利的行使或收益。"⑥ 知识产权设定担保后，除了当事人另有约定外，担保人仍然继续行使着权利，并不因设定担保而丧失其使用权，担保权人也不当然取得担保物之使用权。⑦ "从功能的角度来看，毋宁说它们近似于抵押权。"⑧ 尤其是此类

---

① 刘昭辰：《占有》，台湾：三民书局出版有限公司 2008 年版，第 122 页。

② 《物权法》第 227 条。

③ 关于准占有与知识产权之间的关系，参见彭诚信《智力成果、知识产权对占有制度的适用》，载江平主编《中美物权法的现状与发展》，清华大学出版社 2003 年版，第 626 页以下；李鹃《知识产权担保制度研究》，法律出版社 2012 年版，第 107 页以下。

④ 《物权法》第 227 条即规定，知识产权质权自有关主管部门办理出质登记时设立。

⑤ 陈小君：《质权的若干问题及其适用》，载王利明主编《物权法专题研究》，吉林人民出版社 2001 年版，第 1291 页。

⑥ ［日］我妻荣：《新订担保物权法》，申政武、封涛、郑芙蓉译，中国法制出版社 2008 年版，第 108 页。

⑦ 谢在全：《民法物权论》（下），中国政法大学出版社 2011 年版，第 1037 页。

⑧ ［日］我妻荣：《新订担保物权法》，申政武、封涛、郑芙蓉译，中国法制出版社 2008 年版，第 193 页。

质权人并无行使入质权利的权利,"设立质权与设立抵押权没有什么区别"①。由此,包括专利权在内的知识产权担保物权,不应定位于质权。

第三,作为物权客体的"物",通常被区分为"动产"与"不动产",物权也被类型化为"动产物权"与"不动产物权",分别适用不同的规则。② 及至权利作为担保物权的客体时,除了不动产物权作为客体可以无争议地归入不动产物权之外,其他权利担保物权如何定位即成问题。"基于新立财产的权利属性,也基于这些权利或权利凭证的可移动性,更基于动产的开放性体系"③,多数大陆法系国家或地区将之纳入动产物权(动产质权)之中,但这种归类方法颇值得怀疑。首先,以权利作为担保物权客体不能完全等同于动产作为担保物权客体的情况,不同的权利,其行使或控制模式均不相同,无法统一以"准占有"的方式来公示其上的权利负担;其次,以动产作为担保物权客体时,权利类型化上本已依公示方法的不同区分为动产抵押权和动产质权,权利担保物权归入动产物权,为何独独归入动产质权,而不归入动产抵押权?此点,在立法上尚不承认动产抵押权的国家和地区,可能不存在疑问,但我国在制定《担保法》之时,即在继受大陆法系传统担保物权体系的基础上,大胆引入了具有体系异质性的动产抵押权,④ 由此打破了"动产—质权""不动产—抵押权"的传统担保物权二元化格局,形成了依公示方法的担保物权类型化方法,弱化了标的物的类别在担保物权类型化上的意义。自此,我国担保物权的体系构建是围绕着意定担保物权+法定担保物权而展开,而意定担保物权依公示方法不同又区分为抵押权和质权。此时,就权利担保物权而言,亦应依公示方法的不同而加以重新定位,但遗憾的是,我国《担保法》仅将不动产用益物权作为担保物时的担保物权(以登记为公示方法)定位于抵押权,将以登记为公示方法的其他权利担保物权如基金份额或股权担保物权、知识产权担保物权、应收账款担保物权,仍然定位于

---

① [日]我妻荣:《新订担保物权法》,申政武、封涛、郑芙蓉译,中国法制出版社 2008 年版,第 100 页。
② 王利明:《物权法研究》,中国人民大学出版社 2013 年版,第 66—67 页。
③ 李鹏:《知识产权担保制度研究》,法律出版社 2012 年版,第 103 页。
④ 江平:《制定民法典的几点宏观思考》,载《江平文集》,中国法制出版社 2000 年版,第 364 页;高圣平:《动产担保交易制度比较研究》,中国人民大学出版社 2008 年版,第 6 页。

质权。这样,一方面仍然坚守大陆法上抵押权与质权之间的区分,另一方面模糊了这种区分,在质权中亦有不移转占有的情形,直接导致抵押权与质权之间的界限日益模糊。①"在设计质押制度时,立法者仍然将动产质押作为质押制度的原型,而没有从一个全新的角度去考察权利质权在现实经济生活中的优先地位"②,值得检讨。

第四,为立法的简约,因权利质权定位于质权,在立法方法上多适用或准用动产质权的规则。我国《物权法》第229条规定:"权利质权除适用本节规定外,适用本章第一节动产质权的规定。"但权利质权适用动产质权规则时存在难以克服的障碍和困境。③例如,因动产质权的设定尚需移转担保物的占有,因此,学说上认为担保物无法重复设质,④如权利质权适用动产质权规则,也就无法重复担保,无疑降低了设质财产权利的交换价值,影响了财产权利的金融化。例如,评估价值为1000万元的财产权利仅担保了100万元的主债权,在质权规则之下,该财产权利的剩余价值因无法设立第二顺位的担保权而无法被充分利用,无疑成为沉淀的资产,无法充分发挥其金融价值。反观抵押权规则,因担保物权人无须占有担保物,而改以登记作为公示其在担保物上的抵押权的方法,使担保物的重复担保成为可能,各担保物权人依其登记先后定其优先顺位,担保物的金融价值被充分发掘。⑤再如,《物权法》第215条规定了质权人妥善保管质物的义务,抵押权人则无此项义务,这一区分明显与抵押权与质权的

---

① 羊焕发:《质押若干问题研究》,载王利明主编《物权法专题研究》(下),吉林人民出版社2002年版,第1303—1304页。

② 朱岩:《物权法草案中"权利质权"规定内容评析》,《中外法学》2006年第2期。

③ 李鹃:《知识产权担保制度研究》,法律出版社2012年版,第111—113页。

④ 虽然因担保物的间接占有,即存在动产质权的善意取得的情形,此际会出现同一担保物上出现两个动产质权的情形,但善意取得即原始取得,会产生消灭标的物上的此前权利的后果。此外,此种情形亦与发挥担保物的剩余交换价值的重复担保制度有异。

⑤ 学说上有观点认为,我国《担保法》禁止重复抵押,而《物权法》上又未明文规定允许重复抵押,则《担保法》中担保物权的规定几乎全部废止,参见孙宪忠《中国物权法总论》,法律出版社2014年版,第163页。但《物权法》第199条规定了竞存抵押权之间的优先顺位,第194条规定了抵押权人的顺位权的放弃和协议变更,在解释上即是承认了重复抵押。

公示方法不同有关。就以登记作为公示方法的权利质权而言，质权人并不占有或准占有入质权利，保管义务更是无从谈起。如此，权利质权准用抵押权的规则更具有可行性。

综上，权利担保物权的体系定位尚无法得出统一的结论。如果仍然维系依公示方法不同的体系化方法，权利担保物权自应依登记和准占有的公示方法的区分，而分别定位于权利抵押权和权利质权。有观点认为，权利担保物权应当单独分类，使之与不动产担保物权、动产担保物权相并列而称，[①] 但权利担保物权内部仍得依公示方法的不同再次类型化为权利抵押权和权利质权。同时，动产担保物权依公示方法不同还得再分为动产抵押权和动产质权，相互之间的规则重复和冲突，无法在体系内部化解。与其这样，还不如维系以公示方法的不同所做的体系化区分——抵押权和质权，分别在抵押权和质权内部依客体的不同再以类型化归纳，在规则设计上，可分别在抵押权和质权之下首先抽象出各自共同的规则，再在各自的亚类型中就其特殊的问题作出专门的规定。当然，民法典中的体系安排并不排斥学说上依客体不同的类型化。

二 解释论

（一）主要问题

因我国《物权法》第 223 条规定了出质权利的范围，而所列举的权利又与其他部门法相关，因此解释论上的问题主要包括如何将所列举的权利在现行法框架内实现质押而不发生现行法之间的抵牾。以下就著作权和专利权设质做相关阐述。

（二）各种观点

1. 著作权出质

关于著作邻接权是否可以出质，一种观点认为，《物权法》第 223 条第 7 项规定，"法律、行政法规规定可以出质的其他财产权利"可以出质，在我国《著作权法》并未明定邻接权可以出质的情况下，如其在解释上不属于第 5 项 "著作权" 或 "知识产权"，依物权法定主义，邻接权即不能用于出质。"由于邻权的权利主体都具有特定的资格和条件，不具备这些资格和

[①] ［日］近江幸治：《担保物权法》，祝娅、王卫军、房兆融译，法律出版社 2000 年版，第 64 页。

条件的权利主体不能享有或行使这些权利，并且邻接权的行使还要受著作权人的制约，具有极强的人身性特点，缺乏让与性，因此它不能成为质押标的物。"① 还有学者认为，依《物权法》第 227 条第 1 款之规定无论采取广义还是狭义的著作权观念，邻接权中的财产权均能出质。② 邻接权质权也是"自有关主管部门办理出质登记时设立"，这里的"有关主管部门"也是"国务院著作权行政管理部门"——国家版权局。《著作权质押合同登记办法》对邻接权质权问题未置明文规定，可以直接对之加以规定，而无须规定"参照著作权质押进行登记"等准用性条款。③

关于著作权是否可以重复出质，所谓重复出质，是指出质人将其同一著作权中的同一项或多项财产权出质给两个以上的债权人。我国《物权法》虽然对重复出质问题未置明文规定，但交付（占有）为动产质权的公示方法，动产质权自出质人交付质押财产时设立，而就同一质押财产，出质人不可能为两项以上的"交付"，因此，动产的重复出质不可能发生，法律上自无规定之必要。但就著作权质权而言，"登记"为其公示方法，动产公示规则及其导致的结果无法准用于此。因此有学者认为著作权可以重复出质。④

2. 专利权出质

关于专利权出质的公示方法，学界存在争议。专利权质权在性质上被界定为物权，⑤ 在物权公示原则之下，自有公示之必要。在交付（占有）和登记两种公示方法之间，因《物权法》第 6 条的规定，⑥ 形成了"交付（占有）——动产物权""登记——不动产物权"的二元格局。专利权属权利之一种，如何依一定公示方法而设定质权？一种观点认为，从理论上讲，权利非物（普遍指有体物），原不得为占有的标的物，但法无

---

① 王菊英：《知识产权质押刍议》，《淮北煤炭师范学院》2001 年第 10 期。
② 《物权法》第 227 条第 1 款规定："以注册商标专用权、专利权、著作权等知识产权中的财产权出质的，当事人应当订立书面合同。质权自有关主管部门办理出质登记时设立。"
③ 高圣平：《著作权出质登记制度若干问题》，《法学》2010 年第 6 期。
④ 高圣平：《著作权出质登记制度若干问题》，《法学》2010 年第 6 期。
⑤ 包括专利权质权在内的担保物权在性质上是否属于物权，在学界尚有不同意见。
⑥ 《物权法》第 6 条规定："不动产物权的设立、变更、转让和消灭，应当依照法律规定登记。动产物权的设立和转让，应当依照法律规定交付。"

明文,可以理解为"权利的现实行使与物的事实上管领,就权利人而言,其情形恰好相同,法律对于物的事实上管领,为维持社会秩序及交易安全,即予以保护,基于同一理由,对于权利之现实行使,法律亦应予以保护"①。这就是说,当权利从一方转至另一方控制力之下,与事实上"管领之力"并无必要做硬性区分。"权利质权证券之交付,质权设定之通知或其他方法,使发生占有转移或其类似之效力。"② 因此,对于权利质权的占有,完全可以站在对占有之"管领力"这个实质要点的把握上来领会。③ 但另有学者认为,权利质权的设定远非权利的现实行使,准此以解,仅有依证券表彰的权利,如票据、仓单、提单等,才可依交付(占有)公示其上的权利负担。对于无证券表彰的专利权(专利证书并非专利权的"证券化",占有专利证书,并不能取得该专利权的实际控制力和管领力),其上设定质权并不能依专利证书的交付(占有)来公示。由此可见,公示专利权质权仅能依登记而完成。④

关于专利权出质登记与专利权权利证书之间的交付关系,一种观点认为,既然专利权质权属于"质权"的一种,在登记之外,自然还应以移转专利证书的占有为其要件。⑤ 但也有学者认为,不需以交付为生效要件,理由包括,第一,权利质权在《物权法》中的体系地位尚不足以说明专利权质权的设定还要以转移专利证书的占有为要件;第二,《专利法》上专利证书、登记、公告之间的关系并不足以表明专利证书的转移能起到公示的作用。⑥

关于专利申请权是否可以出质,一种观点认为,专利申请权可以出质,其主要理由是:第一,专利申请权"是一种期待的财产权,具有与

---

① 辛学祥:《民法物权论》,商务印书馆1980年版,第371页。
② 郑玉波:《民法物权论文选辑》(下),台湾:五南图书出版公司1984年版,第865页。
③ 陈小君、曹诗权:《质权的若干问题及其适用》,《法商研究》1996年第5期。
④ 刘璐、高圣平:《专利权质权设定制度若干问题研究》,《上海财经大学学报》2009年第4期。
⑤ 策玥:《专利权质押中质权人的利益保障》,《知识产权》1998年第3期;黄玉烨:《知识产权质押若干问题探讨》,《律师世界》1998年第1期。
⑥ 刘璐、高圣平:《专利权质权设定制度若干问题研究》,《上海财经大学学报》2009年第4期。

专利权相似的财产性";第二,专利申请权的财产内容可以转让。① 另有观点认为,由于专利申请提出后,需要通过审查机关对发明创造的新颖性、创造性和实用性审查,能否最终被授予专利权,具有很大的变数和不确定性,以专利申请权设立质权,质权人将承受巨大的风险,所以,很难想象债权人会接受以专利申请权出质,在实践中几乎没有以专利申请权设质的例子。②

(三) 简要总结

就上述问题而言,笔者以为,首先,关于专利权出质,以登记作为公示方法更合理,同时,对于专利申请权,性质决定了其不适于出质,同时物权法定原则之下,解释论上也难以证成。其次,关于著作权出质,以前述的观点为佳,在此不再赘述。

三 民法典编纂中的立法论

金融担保创新和新类型担保中出现的新权利质押类型,其能否在民法典担保物权编中找到一席之地,一直是学界关注的问题。《物权法》第223条中的第(7)项规定:"法律、行政法规规定可以出质的其他财产权利。"这意味着新出现的权利质权类型,应当有法律、行政法规认可可以出质的依据。这也与抵押财产范围规定持开放态度形成对比。在物权法定原则下,若法律、行政法规并不能及时规定实践中新出现的新类型权利质权,则阻碍金融创新的发展,因而应采出质财产开放模式。③ 此外,还有学者认为,当事人特别约定不得转让的财产权利、企业商业秘密,作为企业污染物排放的行政许可授权之排污权,不得成为权利质权的客体,而限制流通的财产权利在限制的法定事由未消除前不得为质押的客体。④ 也有学者主张商业秘密可以出质,⑤ 公示方式为登记,即向工商行政部门提交

---

① 苏号鹏:《担保法及其司法解释的应用与例解》,中国民主法制出版社2001年版,第310页。

② 谢黎伟:《论专利质押的法律效力》,《福建金融管理干部学院学报》2010年第5期。

③ 高圣平:《民法典担保物权法编纂:问题与展望》,《清华法学》2018年第2期;刘保玉:《完善我国质权制度的建议》,《现代法学》2017年第6期。

④ 陈本寒:《再论权利质权客体范围的确定》,《法学》2016年第7期。

⑤ 沈强:《论知识产权质押贷款的法律问题》,《法律适用》2011年第4期。

商业秘密质押的"融资担保声明书"申请登记。①

知识产权质押融资中，实践中出现诸多新的交易模式或融资需求，比如单一版权质押融资模式、应收账款质押融资模式、未来收益权质押融资模式或其结合的版权质押。② 为缓解电影企业融资难，有学者主张加大电影版权质押融资在电影企业融资中的比重和额度，允许电影期待版权预告质押融资。③ 体系定位上，有学者认为商标质押实为抵押，④ 甚至认为知识产权质押名为权利质权，实为权利抵押，⑤ 为更好地发挥知识产权应有的价值，应以知识产权担保的名称涵摄知识产权质押、抵押及留置，并回归到知识产权法律制度进行调整。⑥ 专利权的经济价值在于实施、转让和许可，应允许出质人对出质专利权享有转让、许可实施的权利，以提高专利权价值，利于质权的实现。⑦ 著作权质押应按权利抵押进行改造，并改采登记对抗主义。⑧ 对于专利权，学界也存在类似观点。⑨ 为实现效率与交易安全价值目标，知识产权质押不宜采登记生效主义，而应采登记对抗主义。⑩ 可见，学界一致认为，知识产权担保更适合采权利抵押模式，公示方法更适合采用登记对抗主义。

就知识产权中存在的问题，在其他权利质权中也存在，原因可能在于担保权利的体系定位不当。有学者主张，对需登记的权利质权，应采用登

---

① 尚清锋、鲁宽：《从价值到规范：商业秘密质押法律问题研究》，《知识产权》2013年第12期。
② 郭娅丽：《版权质押融资的实践困境及制度破解》，《知识产权》2017年第1期。
③ 郑万青、熊斌斌：《电影期待版权预告质押制度研究》，《知识产权》2013年第9期。
④ 尚清锋：《商标权质押设定制度探析》，《知识产权》2010年第5期。
⑤ 李娟：《知识产权担保权实现的障碍及其克服》，《河北法学》2014年第7期。
⑥ 丘志乔：《对知识产权质押的澄清》，《河北法学》2014年第5期。
⑦ 胡良荣、顾长洲：《我国专利权质押的困惑与出路》，《知识产权》2010年第4期。
⑧ 谢黎伟：《著作权质押的困境和出路》，《现代法学》2010年第6期。
⑨ 张晓云、冯涛：《专利权担保融资的法定限度与合约扩充》，《知识产权》2012年第3期。
⑩ 苏喆：《知识产权质权的债权化研究》，《法学杂志》2013年第7期。

记对抗主义,并纳入统一动产融资登记系统的范畴。① 权利质权设立后,应允许出质人对权利进行处分,承认质权的追及效力。② 但是《民法典》相应的规定并未作出调整,为法条的解释适用留出余地。

第二节 应收账款质权

应收账款是指权利人因提供一定的货物、服务或者设施而获得的要求义务人付款的权利,不包括因票据或者其他有价证券而产生的付款请求权。③ 由此可见,应收账款在性质上属于一般债权,包括尚未发生的将来债权,但仅限于金钱债权。

一 立法论

(一) 主要问题

本部分主要涉及应收账款的概念,应收账款在立法论上是否应当允许出质,其与一般债权出质的关系。如果允许其出质,那么应收账款出质的公示方法应选择何种,是否还需要要式合同。

(二) 各种观点

1. 应收账款可否出质

对于是否允许应收账款出质,存在不同意见。有的学者认为,不应允许应收账款出质。其理由是:①应收账款出质缺乏有效的公示手段,允许其出质有可能损害交易安全,质权人的利益难以保障。②收费权实质是一种变动性比较大的期待权,体现在:一是赖以收费的设施能否建成是未知的;二是该设施建成后,能否收到预期的费用是未知的;三是收费权是特许的,受行政干预过多,有可能被行政机关取消而具备不稳定性。因此,收费权作为债权的担保风险较大。③国外规定应收账款出质,是以良好的社会信用和完善的金融机制作为基础的。目前我国的社

---

① 高圣平:《民法典担保物权法编纂:问题与展望》,《清华法学》2018年第2期。
② 刘保玉:《完善我国质权制度的建议》,《现代法学》2017年第6期。
③ 胡康生主编:《中华人民共和国物权法释义》,法律出版社2007年版,第481页。

会信用体系不完善，金融机制不健全，银行呆坏账较多，法律允许收费权和应收账款出质，可能会制造更多的呆坏账，增加金融风险。另有学者认为，应当允许应收账款出质。其理由是：①实践有需要。一些基础设施建设项目如公路建设、电网建设，所需资金量大，大部分都靠融资解决，收费权的收益比较稳定，以其出质风险不大，银行愿意接受。关于应收账款，据统计，我国企业现有应收账款的沉淀资本数额巨大，由于法律限制，这部分资本发挥的作用比较小。而且对于高科技企业和中小企业来说，没有多少不动产或者动产，但这些企业一般都有应收账款。允许应收账款出质既能盘活这些沉淀资本，又能解决高科技企业和中小企业担保难的问题。②有理论基础。应收账款实质上都是一般债权，法律允许一般债权转让，就没有理由禁止一般债权做担保。③符合国际通行规则。无论是大陆法系国家还是英美法系国家，大部分都立法允许应收账款出质，没有产生大的问题。④风险可控。以应收账款出质确实可能会产生法律风险和商业风险，但国内外的实践经验表明，这些风险是可以控制和解决的。对法律风险，一般通过承认其合法性、建立规范的登记制度和明确清偿顺位等方法加以解决。对商业风险，当事人可以自己评估，通过合同约定和采取监控措施等来降低风险。《物权法》采纳了后一种意见，明确规定应收账款可以出质。[①]

2. 应收账款出质的公示方法

应收账款出质的关键问题是如何使其对第三人产生效力，以妥善保护质权人、出质人和第三人的利益，明确其公示方法是解决这一问题的最好途径。应收账款出质的公示方法一般有三种：一是书面合同加债权证书的交付；二是书面合同加通知应收账款债务人或书面合同加通知加债权证书的交付；三是书面合同加登记。[②]《物权法》采纳了第三种方法，主要是考虑到登记的公示效果最强，有利于第三人迅速、便捷、清楚地了解应收账款上存在的权利质权，更能保护质权人和其他第三人的利益。[③]

[①] 胡康生主编：《中华人民共和国物权法释义》，法律出版社2007年版，第482—483页。

[②] 刘保玉、孙超：《物权法中的应收账款质押制度解析》，《甘肃政法学院学报》2007年第4期。

[③] 胡康生主编：《中华人民共和国物权法释义》，法律出版社2007年版，第489页。

对于登记机构的选择，也存在不同意见。有的意见为，应当根据应收账款的种类，在不同的登记机构进行登记。有的意见为，应当统一登记机构。对于统一到哪一个登记机构，也有不同意见。有的认为，应当到工商行政管理部门登记；有的认为，应当到国债登记结算机构登记；有的认为，应当到信贷征信机构登记。考虑到现在市场交易追求交易安全、便捷、迅速的特点，统一应收账款出质的登记机构势在必行。同时，这个登记机构必须具备一个现代的、集中化的和基于互联网的技术系统，能够做到信息准确、快速及时、查询便捷、操作简单、成本低廉和使用安全。我国的信贷征信机构在全国已经建立了信贷征信系统，该系统是目前全国联网最大的电子化信息系统，覆盖面广，已经覆盖国内所有金融机构、所有县及有信用社的乡镇，信息量大，信息处理快捷，能够满足应收账款登记和查询的需要。基于上述原因，《物权法》规定了信贷征信机构为应收账款出质的登记机构。①

3. 应收账款质权的设立形式

应收账款质权设定协议是质权设定的基础，但关于该协议的形式，各国规定不尽相同，有的要求出质双方以书面形式达成协议，而有的则不作此要求。② 很多国家之所以对一般债权质权的设定采要式规定，其目的是出于慎重，因与证券债权相比，一般债权入质的公示性较差，对此，法律要予以弥补。《物权法》第228条第1款规定的"以应收账款出质的，当事人应当订立书面合同"同属此理。

（三）简要总结

笔者以为，物权法规定应收账款债权出质是合理的，同时对于应收账款债权出质的登记系统在许多方面还有待完善。此外，还应从以下两个方

---

① 胡康生主编：《中华人民共和国物权法释义》，法律出版社2007年版，第490—491页。

② 例如，《日本民法典》第363条规定，以债权为质权标的物，如有债权证书时，质权的设定，因证书的交付而发生效力。至于当事人所达成的协议是采取书面形式还是其他形式，法律并未强行规定。持同样立场的还有《德国民法典》第1280条的规定。而我国台湾地区"民法"第904条规定："以债权为标的物之质权，其设定应以书面为之。"《瑞士民法典》第900条："无契约证书或仅有债务证书的债权，须以书面形式订立质权契约，始得出质。"持同样立场的还有《意大利民法典》第2800条和《法国民法典》第2074条。

面把握应收账款债权出质。第一，应收账款是因合同而生的债权债务关系，排除不当得利、无因管理、侵权责任等法定之债。第二，应收账款是非被证券化的金钱给付之债。非金钱给付之债往往无法用货币价值进行评估，且具有更大的不确定性，与质权担保债权实现的本旨多有不符，不宜作为质权的标的。

二　解释论

（一）主要问题

解释论上主要涉及收费权作为目前法律规定的应收账款债权出质的一种，应如何解释其地位；应收账款质押是否以通知债务人为要件；应收账款质押的实现问题。

（二）各种观点

1. 收费权

根据《应收账款质押登记办法》第 4 条规定，应收账款包括以下几类：①销售产生的债权，包括销售货物，供应水、电、气、暖，知识产权的许可使用等；②出租产生的债权，包括出租动产或不动产；③提供服务产生的债权；④公路、桥梁、隧道、渡口等不动产收费权；⑤提供贷款或其他信用产生的债权。其中收费权是否可以出质，在学界存有争议。在实践中，收费权质权在金融机构信贷业务中并不鲜见。[1] 我国关于收费质权多见于行政规范性文件。《物权法草案》（第六次审议稿）中曾将"公路、桥梁、隧道、渡口等不动产收费权"与"应收账款"并列作为可以质押的权利种类。[2] 而最终公布的《物权法》并没有单列"公路、桥梁、隧道、渡口等不动产收费权"作为权利质权的标的之一。主要理由在于：第一，收费权可以归入应收账款范畴；第二，收费权类型复杂，可以出质

---

[1] 如在国家南水北调工程中，经国务院南水北调工程建设委员会办公室协调，由国家开发银行牵头，中国工商银行、中国农业银行、中国建设银行、中信实业银行、上海浦东发展银行等银行参与，7 家银行组成银团，采用国际通行做法，向南水北调工程 4 个项目法人提供 488 亿元的贷款，作为贷款合同的担保，借贷双方采用工程建成后供水的水费收费权作为权利质押担保，签订了水费权质押合同。

[2] 《物权法草案》（第六次审议稿）第 228 条规定："债务人或者第三人有权处分的下列权利可以出质：……（六）公路、桥梁等收费权；（七）应收账款；（八）法律、行政法规规定可以出质的其他财产权利。"

的收费权范围尚待研究。

有学者指出，收费权不是指应收账款的收费，因为应收账款是因提供了一定的货物、服务等，而享有了一种要求特定义务人付款的权利。[①] 对公路、桥梁、隧道、渡口等的收费行为具有提供服务与支付现金同步发生的特点。一般而言，公路、桥梁、隧道、渡口等不动产经营者不向顾客提供赊销服务，都为实时结算，即顾客接受服务完毕则服务费用也支付完毕。因此，公路、桥梁、隧道、渡口等不动产收费可以产生金钱财产权，但一般不产生金钱债权。应收账款指合同已履行或交易已发生、销售的商品已发出或劳务已提供而向购货人或顾客应收而未收取的款项。如果款项已收取，则此款项就成为金钱实物财产，属财产所有权而非债权。既然公路、桥梁、隧道、渡口等不动产收费一般不产生债权，也就更不会产生应收账款。即使公路、桥梁、隧道、渡口等不动产收费产生的财产权可以用来出质，其性质也不应属于应收账款质押。若收费得来的金钱以押金、保证金的形式出质，将金钱特定化，属于动产质押。[②]

2. 应收账款质权的设立是否以通知应收账款债务人为要件

许多国家均以通知第三人作为一般债权质权的生效要件或对抗要件，如德国、法国、瑞士、日本等。此乃基于一般债权质权的物权性以及物权公示的基本原理所作出的必然选择。在我国物权立法过程，就应收账款质权的公示问题也曾有过激烈的争论。"通知"对于应收账款质权的设立有意义，对于应收账款质权的实现是否有意义？有学者认为，"通知"不应是应收账款质权生效的条件，而只应为应收账款质权对应收账款债务人发生效力的条件，防止应收账款债务人双重给付。是否通知、何时通知以及由谁通知等，由当事人自行约定。但通知最迟应在债务人不履行义务而债权人欲对应收账款债务人行使直接收款权以实现质权时发出，否则通知便失去了意义。这样既可以和《合同法》第80条关于债权转让"未经通知，对债务人不生效力"的规定相协调，也可防止债务人因不知情偿还

[①] 王利明：《担保物权制度的新发展》，《山西大学学报》（哲学社会科学版）2006年第4期。

[②] 葛力伟、段维明、张芳、吴中明：《析应收账款质押登记制度的立法缺陷》，《金融论坛》2008年第2期。

债务而导致应收账款消灭，或实行抵销权而全部或部分消灭应收账款。① 在登记公示下，通知对应收账款质押的设立和公示没有意义，② 其实现意义也不大。③ 但少数观点认为，未通知质押债权的债务人，质权人无权直接向质押债权的债务人主张债权的给付请求权，即质权不成立。④

3. 应收账款质权的实现

入质债权与质权所担保债权均到清偿期。此时，质权人可直接向应收账款债务人主张债权以实现质权。应收账款质权的实现与一般质权的实现不同，一般质权的实现均以质押财产的变价优先受偿为方法，但应收账款质权的标的物本身就是金钱给付请求权，质权人无须变价，即可就之优先受偿。因此质权人可以直接收取应收账款。至于学界关于直接收取权是物权抑或债权的争论，⑤ 大抵没有太大意义。通过以上分析可见，直接收取权，只是质权人实现其应收账款质权的方法之一，就应收账款的优先受偿本是质权的物权性使然，与质权标的——应收账款的性质没有多大关系。此时，如允许应收账款债务人向质权人清偿，由于出质人（主债务人）享有期限利益，质权人还没有实现质权的权利，质权人接受清偿对出质人不利；如允许应收账款债务人向出质人清偿，质权将因入质债权的消灭而消灭，质权人的权利得不到有效保障；如果不允许应收账款债务人清偿债务，则对质权人和出质人均不利。

而入质债权的清偿期先于质权所担保债权的清偿期到期，如何平衡各方利益，成为各国立法设计之重点。综合德国、日本及我国台湾地区的立法，在此场合有如下方法：一是第三债务人向质权人和出质人为共同的清偿，第三债务人因此清偿而免责。即"对于一人，以其有他人之代理权之授予，始得为清偿"⑥。二是提存，如出质人不同意提前清偿的，可以要求将入质债权的标的物提存，以免除第三债务人的责任。如果出质人同

---

① 黄晓雯：《论应收账款质押》，《法律与社会》2007年第9期。
② 高圣平：《应收账款质权登记的法理》，《当代法学》2015年第6期。
③ 王乐兵：《"物权编"与"合同编"体系化视角下的应收账款质押制度重构》，《法学家》2019年第3期。
④ 陈本寒：《我国〈物权法〉上权利质权公示方法之检讨》，《法学》2014年第8期。
⑤ 史尚宽：《物权法论》，中国政法大学出版社2000年版，第407页。
⑥ 史尚宽：《物权法论》，中国政法大学出版社2000年版，第88页。

意应收账款债务人向质权人履行，质权人提前实现质权；如果质权人同意应收账款债务人向出质人履行，可以视为质权人放弃债权质权；如果不能取得另一方的同意，应收账款债务人可以通过提存的方式履行债务。"质权人有权与出质人共同接受第三债务人的清偿，并与出质人协商以收取的应收款项提前清偿债务人的债务，出质人不同意提前清偿的，应将收取的第三债务人的给付予以提存。"①

入质债权的清偿期晚于质权所担保债权的清偿期到期，此种情况下，质权人能否即时要求应收账款债务人清偿？有的学者认为，只要质权人自己之债权已届清偿期，则作为质权标的的债权即使尚未到期，质权人也可向应收账款债务人索取。否则，不仅使质权人的质权不能行使，也使出质人借此免除如期清偿之债，显失公平。但多数学者认为，质权人并不能直接请求第三债务人向其履行，② 理由是：标的债权关系为一独立债权关系，不因债权人将其入质而丧失其全部独立性，第三债务人仅负有债务届期而偿还的义务，其期限利益应予保护。质权人不得免除或更改第三债务人的债务，债务人有权进行抗辩。③

除前述质权人在条件满足情形下直接收取应收款项外，也允许就入质债权拍卖或变卖，更允许于质权实行之时就入质债权折价、④ 请求让与、⑤ 此为质权人实现应收账款质权的自由。但也有学者在此基础上建议规定协议折价损害其他债权人利益时的撤销权。⑥

（三）简要总结

笔者以为虽然收费权在性质上不属于应收账款，但在目前状况下，将之作为应收账款的一种形态纳入融资担保体系，实属无奈之举。通知应收账款债务人只是应收账款质权人保全其质权的一种方法。应收账款的出质是出质人和质权人之间的法律行为，且该质权的设立不需要经过应收账款债务人的同意，因此应收账款债务人享有的期限利益不应该受到他人行为

---

① 郭明瑞：《关于应收账款质权的三个问题》，《江淮论坛》2011年第6期。
② 郭明瑞、杨立新：《担保法新论》，吉林人民出版社1996年版，第244页。
③ 郭明瑞：《关于应收账款质权的三个问题》，《江淮论坛》2011年第6期。
④ 崔建远：《关于债权质的思考》，《法学杂志》2019年第7期。
⑤ 李宇：《民法典中债权让与和债权质押规范的统合》，《法学研究》2019年第1期。
⑥ 刘保玉：《完善我国质权制度的建议》，《现代法学》2017年第6期。

的影响；此外，质权人明知入质债权的清偿期在所担保债权的清偿期之后，而仍愿意接受该质权，就应当自负其责。

三 民法典编纂中的立法论

有学者主张应明确应收账款的内涵与外延，明确其为以部分法律行为所产生的付款请求权，从而封闭其不确定空间。① 其中，将来债权欲作为被质押的应收账款，应可得特定，即存在将来发生债权的法律基础或事实基础。② 若当事人愿意接受将来会发生但并非必定发生的债权设立质权的，应认可其效力。③ 收费权具有政府许可特点，质押时还未发生债权债务，因而区别于一般应收账款，不应将其完全概括在应收账款质押内。④ 基于特许经营产生的收费权与基于合同产生的一般应收账款有所差别，应单独进行规定。⑤ 因为基于特许经营产生，收费权具有义务人不特定，具有一定对世性、绝对权的特点，是特许经营权效力的表现。⑥ 不应限制以公益为目的的事业单位及社会团体以自己享有的应收账款融资的行为，以助于公益事业的发展。⑦ 附条件债权不得质押，诉讼时效届满的债权也不得质押，但债务人书面放弃时效利益的除外。⑧

就应收账款质押与应收账款转让的关系，有学者认为，"承认应收账款质押的担保性债权让与之法律性质，才能在民法典物权编和合同编中对两者进行统一的同质化处理，对二者进行适用统一的构成要件、公示要求

---

① 邹海林：《论〈民法典各分编（草案）〉"担保物权"的制度完善》，《比较法研究》2019年第2期。
② 程啸：《民法典物权编担保物权制度的完善》，《比较法研究》2018年第2期；崔建远：《关于债权质的思考》，《法学杂志》2019年第7期。
③ 郭明瑞：《关于应收账款质权的三个问题》，《江淮论坛》2011年第6期。
④ 王利明：《我国民法典物权编中担保物权制度的发展与完善》，《法学评论》2017年第3期。
⑤ 高圣平：《民法典担保物权制度修正研究》，《江西社会科学》2018年第10期；刘平：《去存法典化：应收账款质权之路径反思与制度重塑》，《交大法学》2018年第4期。
⑥ 崔建远：《关于债权质的思考》，《法学杂志》2019年第7期。
⑦ 姚杰：《应收账款质押标的问题研究》，《法律适用》2018年第3期。
⑧ 陈本寒：《再论权利质权客体范围的确定》，《法学》2016年第7期。

和权利实现机制"①。基于登记实践，公示应采登记对抗主义，② 登记无法改变当事人的权利义务关系，旨在进行风险提示和顺位确定。③ 但有学者认为，权利担保没有采登记对抗主义的刚需，且不影响法律的最终适用效果。④ 应收账款质押不能准用移转占有的方法，交付在事实上和法律上均无可能，因而采登记生效主义。⑤ 甚至还有观点认为，"应当废除《物权法》关于应收账款质押登记的规定，将应收账款债权归入合同债权的范畴，采用与普通合同债权质押相同的公示方法"⑥。

原则上出质债权不得抵销，仅在第三债务人于受质权设立通知前已经取得对于出质人的债权，才可主张抵销。⑦ 但也有学者认为，债务人有权向质权人主张基础合同中对出质人的抗辩权，但应收账款债务人与出质人恶意串通损害质权人利益的除外。⑧

---

① 王乐兵：《"物权编"与"合同编"体系化视角下的应收账款质押制度重构》，《法学家》2019年第3期。

② 王乐兵：《"物权编"与"合同编"体系化视角下的应收账款质押制度重构》，《法学家》2019年第3期；纪海龙：《世行营商环境调查背景下的中国动产担保交易法》，《法学杂志》2020年第2期。

③ 王乐兵：《法典化背景下的应收账款质押：现实困境与未来改革》，《法学杂志》2016年第4期。

④ 龙俊：《物权变动模式的理想方案与现实选择》，《法学杂志》2019年第7期。

⑤ 刘平：《去存法典化：应收账款质权之路径反思与制度重塑》，《交大法学》2018年第4期。

⑥ 陈本寒：《我国〈物权法〉上权利质权公示方法之检讨》，《法学》2014年第8期。

⑦ 崔建远：《关于债权质的思考》，《法学杂志》2019年第7期。

⑧ 刘保玉：《完善我国质权制度的建议》，《现代法学》2017年第6期。

第十章

占　有

第一节　占有的概述

占有制度是大陆法系民法中的重要制度之一,"其于整个物权法、民法乃至全体私法上占据关键地位"[1]。1911年完成的《大清民律草案》在第三编"物权"第七章中规定了占有,共55个条文（第1261条到第1316条）。《民律第二次草案》于第三编第九章规定了占有,共计40条（第271条到第310条）。1929年南京国民政府的《中华民国民法典》"物权"编规定了占有（第十章）,至今仍为我国台湾地区"民法"所沿用。中华人民共和国成立后,废除了国民党的《六法全书》,占有制度也随之被取消。[2]

中华人民共和国成立后,1986年发布的《民法通则》再次提到了"占有",是将其作为所有权的一项权能作出的规定,并不能视为规定了单独的占有制度。2007年颁布实施的《物权法》单设第五编规定了占有制度,共5个条文（第241条到第245条）,初步建立了我国民法上的占有制度。国内多数学者对于《物权法》如此简略地规定占有制度多有批评,但有日本学者对此作出了积极评价。该学者提出:"这种做法对于日本民法改正来说,在把占有的规定从这种功能性的角度进行分解和重新设

---

[1] 陈华彬:《我国民法典物权编占有规则立法研究》,《现代法学》2018年第1期。

[2] 王利明:《物权法研究》（修订版下卷）,中国人民大学出版社2013年版,第1451页。

置方面有很大的参考价值。"①

一 立法论

（一）主要争议问题

在《物权法》立法的过程中，学者们对于占有制度的相关规定争议颇大，几乎涵盖了占有制度的方方面面。这些争议不仅涉及占有的概念、构成、分类等内容，也涉及占有制度在整个物权法乃至民法体系中的立法定位问题。同时，在立法技术层面，还涉及将占有制度安放于《物权法》何处的问题。

（二）各种观点

1. 占有的性质

近代民法上的占有是罗马法和日耳曼法彼此影响的结晶。有关占有的性质等基本问题的争论历经数千年而不休，且各个时期对占有性质的不同理解明显地反映在当时的立法之中，对民法理论也有重大的影响。②

由于在民事立法上缺乏相关制度规定，我国学界对于占有制度的研究并不十分重视，对于占有性质的研究也鲜有深入。有学者认为不论理论上将占有定性如何，对于占有在法律上受到的保护与其他制度并无不同。③ 这一观点显然有失偏颇，因为对占有性质的界定不同，以此为基础构建的法律体系，即占有在民法体系中的位置，也理所当然地呈现出差异。如果将占有界定为一种权利尤其是将且界定为一种物权，那么就没有必要构建独立的占有保护制度。但如果将占有界定为一种法律事实，则需要在物权保护制度之外构建独立的占有保护制度。个中差异，泾渭分明。因此，关于占有的性质究竟为何？区分意义何在？学界存在一定的争论。主要观点如下。

事实说。我国学者多通过翻译大陆法系国家学者的著作，而在学界形成这样一种主流解释，认为罗马法上的占有只是一种事实状态，即"一

---

① ［日］松冈久和：《占有制度与物权保护——对张广兴教授报告的点评》，载渠涛主编《中日民商法研究》（第七卷），法律出版社2009年版，第242—243页。
② 关于占有性质争论的历史过程，可参见刘智慧《占有制度原理》，中国人民大学出版社2007年版，第80—83页。
③ 梁慧星：《中国物权法建议稿草案——条文、说明、理由与参考立法例》，社会科学文献出版社2007年版，第686页。

种使人可以充分处分物的、同物的事实关系，它同时要求具备作为主人处分的实际意图"。而占有这一词的含义是真正的掌握，一种对物的事实上的控制。① 法律意义上的"占有"与"占有权"是两个不同的概念，前者是指主体实际掌握财产的事实状态，后者则是主体得占有特定财产的法律上资格。就某一财产而言，占有人未必为占有权人，反之亦然。② 占有仅体现为人对物的支配管领关系，而并不反映某权利关系。无论是合法行为，还是违法行为，均可基于管领物的事实而成立占有，即非法占有亦为法律上所承认的占有。将占有定性为事实，旨在表示法律对物的事实支配状态的保护，而不问占有人是否具有法律上的正当权利。③

将占有定性为法律事实，是大多数学者著作所采纳的观点，④ 为学界通说。虽然《物权法》在具体条文上并未对占有的性质作出明确规定，但从法律体系上可以看出，但"《物权法》将占有单列一编，与所有权、用益物权和担保物权各编并列，显然未把它作为物权，应为事实"⑤。王利明也认为，《物权法》采纳了将占有定性为法律事实的观点，理由是一方面，《物权法》第 241 条保护的是合法占有，但第 242 条和第 243 条，又规定了恶意占有，实际上包括了非法占有；另一方面，《物权法》第 244 条、第 245 条的规定对占有的保护不仅包括对有权占有的保护，也包括对无权占有的保护。⑥ 将占有定性为法律事实，一方面是法律形式理性的需要，另一方面是从社会和平的角度扩大对财产的保护范围，预留民法这一利益衡平器的空间。⑦

---

① ［意］彼德罗·彭梵得：《罗马法教科书》，黄风译，中国政法大学出版社 1992 年版。
② 温世扬：《占有制度与中国民法》，《法学评论》1997 年第 5 期。
③ 房绍坤、马兰：《论占有的几个问题》，《法制与社会发展》1999 年第 5 期。
④ 梁慧星主编：《中国物权法研究》，法律出版社 1998 年版，第 1091 页；王利明：《物权法研究》（下），中国人民大学出版社 2013 年版，第 1449 页；温世扬：《占有制度与中国民法》，《法学评论》1997 年第 5 期；崔建远：《物权法》，中国人民大学出版社 2010 年版，第 132 页；陈华彬：《我国民法典物权编占有规则立法研究》，《现代法学》2018 年第 1 期。
⑤ 崔建远：《物权：规范与学说》（上），清华大学出版社 2007 年版，第 330 页。
⑥ 王利明：《物权法研究》（下），中国人民大学出版社 2012 年版，第 1451 页。
⑦ 季境：《论民法上的占有》，博士学位论文，中国政法大学，2007 年。

权利说。此种观点认为，从理论上讲，一切权利系由法律保护的一定事实关系而发生。占有本身虽系一种事实，但法律既予以保护而赋予一定的效力，使占有人得享有由占有所发生的利益，即不得不谓之权利。而且这种权利直接行使于物上，与所有权及其他物权均属相同。并进一步指出，占有（权）是指行为人依法享有的对他人的财产或财产权利所行使的管理、控制、支配、收益之权。① 占有权利说支持者大体遵循的其实是一种十分简单的逻辑：既然占有是一种受法律保护的状态，而且占有人也拥有诉权，那么占有难道不是一种权利吗？这显然属于一种"权利——救济"的思维模式，既然有救济，就说明有作为救济对象的权利存在。学者更进一步认为这与我国私权尚未得到充分重视，在立法、司法甚至是学理层面出现的"权利实证主义"倾向有关。②

学者对此批评指出，若认为占有是一种权利，就容易混淆占有行为本身和占有产生的法律后果，也混淆了事实上的占有和物权。《物权法》对所有权定义中包含了占有，若认定占有为一项权利，则是权利之中又包含了权利，混淆了权利与权能的区别，造成解释上的困难。此外，将占有确定为权利，将占有局限在合法占有的范畴之内，大大缩小了占有制度的适用范围。最后，从对占有进行保护的原因来看，在相当程度上是出于对所有权的保护。因为占有保护被视为所有权保护的"前沿阵地"和"桥头堡"。若将占有视为一项权利，将过分夸大占有保护的独立性价值和意义。③ 还有学者从占有保护的角度对权利说提出批评，认为如果占有是一种权利，则按照权利的取得必须合法的原则，凡非以合法手段或者途径取得的占有，法律当然不能予以承认和保护。如此，当占有人的占有被他人侵夺或者妨害时，占有人请求法律保护，就必须证明自己享有合法的占有权利，否则法律能否给予保护，不能不发生疑问。如果认为占有为一种事实，法律就将对一切占有加以保护，而不论占有人是否享有占有权，除非他人能够证明自己享有比占有人更高

---

① 方令：《民法占有制度研究》，重庆出版社1996年版，第150页。
② 刘家安：《含糊不清的占有——〈物权法〉草案占有概念之评析》，《中外法学》2006年第2期。
③ 王利明：《物权法研究》（下），中国人民大学出版社2013年版，第1149—1450页。

的权利。①

崔建远还历数了占有作为事实,不同于权利的 10 点理由:①凡是具有权利能力的人,均为权利主体,却不一定成为占有的主体;②物的成分,原则上不得成为权利的标的物,却可以作为占有的客体;③权利有主权利和从权利之分,占有则无主占有和从占有之别;④权利有禁止转让或继承的情形,占有则无此情形;⑤权利无直接和间接之分,占有却有直接占有和间接占有之别;⑥有些权利可作为担保权的标的物,但占有不会作为担保权的标的物;⑦权利和权利有时会发生混同,占有和占有则无此现象,因为占有之上不可能再设立占有;⑧即使是独立之物,有的也不得成为权利的标的物,却都能成为占有的客体;⑨权利的继受人,不得仅就其取得权利后的有利事实而为主张,但占有则不受此类限制;⑩数人共有一物时,一个共有人若遇有其他共有人侵害其权利时,可以对该侵害人主张物权请求权;但数人共同占有一物时,各占有人就其占有物使用的范围,不得互相请求占有的保护。②

权能说。此观点认为,占有是所有权的一项权能,是指主体对物的实际控制。③ 我国民法受苏联民法的影响,对所有权内容的论述是通过占有、使用、收益和处分的权能加以揭示。所有权不仅包括权利人事实方面以一定的方式在物质上管控物的可能性,而且也更包括在法律层面享有的排除他人对物的干涉权利。在苏联和东欧国家的民事立法中,"占有被规定在所有权中,作为所有权的一项权能,或称一项内容,同时又承认所有权以外还有占有的存在,又另章规定对占有的保护"④。

分析这一观点,应首先理解"权能"一词。一般来说,"权能"的含义可以从两方面理解:一方面指所有权的外在表现形式,某人得以对某物占有、使用、收益和处分,一般可认为其具有该物的所有权;另一方面指所有人得以行使权利的手段,即所有人基于所有权,

---

① 张广兴:《中国物权法中的占有制度与物权保护》,载《中日民商法研究》(第七卷),法律出版社 2009 年版,第 234 页。

② 崔建远:《物权:规范与学说》(上),清华大学出版社 2011 年版,第 330 页;参见谢在全《民法物权论》(下),台湾:三民书局 2003 年版,第 515—516 页。

③ 佟柔主编:《中国民法》,法律出版社 1990 年版,第 232 页。

④ 刘智慧:《占有制度原理》,中国人民大学出版社 2007 年版,第 90 页。

可对所有物行占有、使用、收益和处分。① 将占有认定为所有权所分离出的一项权能，则占有制度所保护的占有的效力不得超出占有权能的范围，当然不能包括使用、收益、处分权，显然与占有制度中的占有含义相矛盾。②

该观点将占有限缩为所有权的一项权能，虽然在一定程度上说明了占有对于所有权的重要意义，但是不仅忽略了他物权人也可以占有标的物的情形，更加将其他非物权人如保管人等占有标的物的通常社会现象排除在占有制度之外，且完全忽略了无权占有普遍存在的现实，实质上否定了占有制度存在的独立价值，过于狭隘。

非所有人占有说。持此观点的学者认为，占有是非所有人实际掌握他人财产的事实状态。这一学说立足于以下几点：①占有是一种事实状态；②占有和所有权在客观上并没有必然联系；③传统的以财产归属为中心的占有与强调财产利用的现代民法发展不相适应；④我国的社会主义公有制条件下，财产归属已不是社会主义经济生活的最终目的；⑤应当站在财产利用的立场上重新看待占有。

持此观点的学者主张以占有人对他人财产的利用作为根本出发点，以非所有人利用他人财产而产生的法律关系为内容，以反映和解决中国社会财产利用的实际问题为目的，对占有的概念重新加以定义：占有是一种事实而不是权利；占有的主体为非所有人；占有可以导致占有权的产生、变更和消灭；占有是确定相关民事义务和民事权利的事实依据。③ 主张占有是一切财产利用关系的支点，并以此为立论基础提出作自物权和他物权制度的区分，重构所谓物权法"占有—所有"二元结构体系，虽不失一种创见，但由于重构成本过高在立法上缺乏可操作性。

法益说。认为占有是一种事实固然不错，但这只是反映了占有的客观状态，并未对占有的本质进行价值评价。作为事物的固有属性有多种外在表现，占有表现为法律事实只是其性质表现方式之一，且这一表现方式仅

---

① 梁慧星主编：《中国物权法研究》（下），法律出版社1998年版，第1092—1093页。

② 刘智慧：《占有制度原理》，中国人民大学出版社2007年版，第73页。

③ 孟勤国：《占有概念的历史发展与中国占有制度》，《中国社会科学》1993年第4期。

仅揭示了占有作为权利、义务产生根据的一面。因此，如果将占有仅仅定性为法律事实，只是满足了法律形式理性的需要，而不能够说明占有之所以能够导致一定的法律后果的内在规定性。

当发生占有与权利、占有与其他利益之间的冲突时，占有因在物上出现了更高利益而消灭（比如，占有因与本权人的本权发生冲突，在占有上就是出现了更高权利，占有因不具有支配性而消灭）；当占有作为一种状态（长时间持续）或发生多种连环冲突（占有人进行处分，第三人善意取得时），占有往往成为一定利益的载体（占有的外形），法律则在利益冲突中对这一"载体"进行解释，或包装成新的"权利"，或解释为高于权利的整体利益。换句话说，法律不对占有积极评价，而是竭力在民法权利保护制度的框架内对其衡平调整以达到保护的目的。因此，法律不是积极地保护占有，而是在利益冲突发生时消极地承认并给予保护，对占有如此特性，以法益称之更为妥当。[1]

2. 占有的概念

《物权法》起草过程中，学界基于对占有性质的不同理解而对占有的概念进行讨论。由于"事实说"为学界通说，故大多数学者虽在具体表述上略有不同，但多基于"事实说"对占有下定义，将占有定义为"主体对物的实际上的管领与控制"[2]。如梁慧星主持起草的《中国物权法草案建议稿》（本章以下简称"梁稿"）第417条对占有作出了定义性规定，将占有定义为"对物事实上的控制与支配"[3]。王利明主持起草的《中国物权法草案建议稿》（本章以下简称"王稿"）第555条将占有定义为"占有人对占有物事实上管领的事实"[4]。《物权法草案》（三审

---

[1] 季境：《论民法上的占有》，博士学位论文，中国政法大学，2007年。

[2] 钱明星：《物权法原理》，北京大学出版社1994年版，第385页；马俊驹、余延满：《民法原论》，法律出版社2007年版，第478页；梁慧星、陈华彬：《物权法》，法律出版社2003年版；江平主编：《中华人民共和国物权法精解》，中国政法出版社2007年版；王利明：《物权法研究》（下），中国人民大学出版社2013年版，第1450页；刘保玉：《物权法学》，中国法制出版社2007年版，第402页。陈华彬：《民法物权论》，中国法制出版社2010年版，第537页。

[3] 梁慧星主编：《中国物权法草案建议案稿附理由》，社会科学文献出版社2007年版，第686页。

[4] 王利明主编：《中国物权法草案建议稿及说明》，中国法制出版社2001年版，第142页。

稿）曾在"附则"部分，将占有定义为"占有人对动产或不动产的实际控制"①。但遗憾的是该定义最终未出现在最终通过的《物权法》中。崔建远虽然将占有定义为"对物可以支配并排除他人干涉的法律之力"，但其又强调所谓的"法律之力"是"人对物实际上的接触，或物理上的控制"②，实际上也采纳了事实说的观点。总体而言，关于占有的定义，学界分歧并不大。

在研究占有定义的同时，学界也对占有与相关概念之间的区别给予了必要的关注。有学者关注占有与持有的区别。王利明认为，持有是指对于物的一种事实上的控制状态，持有仅有体素没有心素。占有与持有的主要区别有：是否具有占有的意思；是否区分直接占有与间接占有，而构成双重占有制度；是否可以转移。如果结论为肯定，则为占有；否则，则为持有。③ 冉克平提出占有与持有的四点区别：①占有可基于不同的主观状态而成立不同的占有形态，而持有仅且永远以直接读一物关系为判断依据；②占有人于占有物上持有的权利，推定其适法有此权利，持有则无相类似的推定；③占有可为转移、继承，持有则不能适用类似的规则；④赃物、绝对的违禁物不能为占有之物，而仅得为持有之物。④

有学者关注占有与占有权的区别。如王利明认为，占有权是指"占有人基于法律、合同的规定而占有某项财产的权利"⑤。相当于占有之本权。王利明认为，占有与占有权在法律性质、适用法律、与所有权的关系、主体资格的要求及权利规则五个方面存在不同。⑥ 但刘智慧认为，占有权是法律赋予占有人根据占有事实所享有的法律上的权利，或者说是法律赋予占有事实以法律效力的产物，并强调占有权与本权不同。⑦

---

① 全国人大常委会法制工作委员会民法室编：《物权法（草案）参考》，法制出版社 2005 年版。
② 崔建远：《物权：规范与学说》（上），清华大学出版社 2011 年版，第 327—328 页。
③ 王利明：《物权法研究》（下），中国人民大学出版社 2013 年版，第 1455—1456 页。
④ 冉克平：《物权法总论》，法律出版社 2015 年版，第 542 页。
⑤ 王利明：《物权法研究》（下），中国人民大学出版社 2013 年版，第 1458 页。
⑥ 王利明：《物权法研究》（下），中国人民大学出版社 2013 年版，第 1459—1560 页。
⑦ 刘智慧：《占有制度原理》，中国人民大学出版社 2007 年版，第 71—72 页。

有学者还对占有与占有权能之间的区别与联系做了研究。刘智慧认为，占有作为所有权的一项权能时，是所有权的一种具体表现形态。占有权能本身不是一种独立的权利义务关系。有占有权方能产生占有权能，占有权产生的基础是占有事实，但仅有占有事实未必能产生占有权。只有有权占有才能产生占有权，即只有这种占有才能产生占有权能。换言之，占有本身并不一定导致占有权能。① 冉克平认为，占有与占有权能存在如下差别：①根据不同。占有是人以一定的意思对物进行管领的事实，而占有权能产生于本权；②内容不同。占有的内容因占有的原因不同而有所不同，但占有权能仅表现为对物的实际掌握与控制；③受法律保护不同。占有本身受法律保护，但法律不单独保护占有权能，而是保护占有权能的本权。②

还有学者提出，立法或理论对占有的定义产生分歧的焦点在于是否对占有概念予以扩大或是限制以及在多大程度上予以扩大或限制，这些扩大或限制都是为了满足人对财物的利用这一需要，甚至为了适应推定占有这个特定目的的需要。③

3. 占有的构成

学界对于占有构成的讨论往往从主客观两个方面展开。所谓主观方面，又称占有的"心素"，即"占有的意思"。对于占有概念的限制也主要是通过占有"心素"来约束。学界对"心素"的理解，存在着主观说、客观说和纯粹客观说的分歧，且该争议由来已久。④ 其区别在于占有的构成是否必须有"据为己有"的意思。其中以客观说为通说。梁慧星认为，占有人应当对物具有管领的意思才能成立占有，而且这种管领应当是有意识的，至于他是为自己的利益，抑或为他人的利益加以管领，则在所不问。⑤ 采纳客观说的王利明认为，客观说更为合理，即具有占有的意图即可。占有的意图并不要求占有人必须有据为己有的意思，也不要求占有人具有为自己的利益占有的意图。理由是：一方面，

---

① 刘智慧：《占有制度原理》，中国人民大学出版社2007年版，第73页。
② 冉克平：《物权法总论》，法律出版社2015年版，第542—543页。
③ 季境：《论民法上的占有》，博士学位论文，中国政法大学，2007年。
④ 相关争议的由来，可参见刘智慧《占有制度原理》，中国人民大学出版社2007年版，第203—208页。
⑤ 梁慧星主编：《中国物权法研究》（下），法律出版社1998年版，第1103页。

在占有人基于法律或合同的规定占有他人财物的情况下,由于财产仍然归他人所有,占有人不能将该财产据为己有;另一方面,某人采取暴力方式非法剥夺他人财产并据为己有,尽管该人具有所谓的"心素",但也不能认为该占有应受到法律的确认和保护。[1] 但纯粹基于他人的指示而为的对物的管领或控制,并非占有,而应认定为占有辅助。需特别说明的是,占有的意思仅为一种自然的意思,而非法律行为的意思,故占有人有无行为能力无关紧要。[2]

所谓的客观方面,又称占有的"体素",即占有在客观上要求占有人事实上控制或者管领了某物。学界一般认为,对于物的管领或控制,应依据社会的一般观念来判断。[3] 占有概念的扩大是指对占有"体素"的扩大。对体素的界定通说认为有两个方面:一是体素具有可回复性或者继续性。即占有人对标的物的占有不需要表现为对物的时时直接支配状态,按照主体的心素可以再次对物为控制的,即使占有人现时没有实际管领该物,仍然可以视其为占有人,当占有体素依照占有人的意愿消失时,占有也就随之丧失。二是体素具有事实性,并不需要法律上的权限或者本权,也并不需要占有人的意思。

对于占有体素的考察,学界一般从三个方面展开。[4] ①从空间关系方面考察。所谓空间关系,是指人和物在场合上须有一定的结合关系,足以认定该物处于某人在事实上可以支配并排除他人干涉的势力范围。②从时间关系方面考察。所谓时间关系,是指人和物在时间上须有相当的继续性,足以认定该物处于某人在事实上可以支配并排除他人干涉的

---

[1] 王利明:《物权法研究》(下),中国人民大学出版社2013年版,第1452页。

[2] 崔建远:《物权:规范与学说》(上),清华大学出版社2011年版,第329页;梁慧星主编:《中国物权法研究》,法律出版社1998年版,第1098页;陈华彬:《民法物权论》,中国法制出版社2010年版,第540页。

[3] 王利明:《物权法研究》(下),中国人民大学出版社2013年版,第1454页;崔建远:《物权:规范与学说》(上),清华大学出版社2011年版,第328页;陈华彬:《民法物权论》,中国法制出版社2010年版,第538页。

[4] 崔建远:《物权:规范与学说》(上),清华大学出版社2011年版,第328页;王利明:《物权法研究》(下),中国人民大学出版社2013年版,第1454—1455页;陈华彬:《民法物权论》,中国法制出版社2010年版,第538—539页;梁慧星主编:《中国物权法研究》(下),法律出版社1998年版,第1100—1101页。

势力范围。③从法律和秩序方面考察。人和物虽无时间或空间上的关系，由于占有已由直接的实力支配逐渐扩大至观念的支配，人对于物的支配已无须亲自为之，于是，基于法律和秩序的要求应当成立占有的，应予肯定。

4. 占有的立法定位

在民法典中单独规定占有制度在较早之前已获学界肯认，但究其原因，可从两个方面予以回答。一为现实，二为体系。在现实方面，在物权法中规定占有制度是适应当今世界物质财富的发展水平与世界各国的立法取向需要，是维护交易安全、经济秩序与社会安定的需要，① 能够促进物尽其用。② 在体系方面，确立占有制度，是健全物权体系，完善物权立法的需要。在物权法中，有许多重要的制度都需要占有制度的支撑和协调。如先占、时效取得、善意取得等。③

从中国社会的现实生活看，存在着一系列与占有制度相关的问题，如所有人是否可以向善意第三人要求返还原物、保管人是否可以向侵权人提起返还财产之诉、诉讼时效届满后依据什么继续占有他人财产等，这些均需要在立法中予以系统、明确，作合理的解释。④ 而回答以上问题，均需以明确占有制度在物权体系中的定位为前提。

刘智慧认为，在我国物权法上定位占有制度，应考虑三个方面的因素。①应主要着眼于非所有人因利用所有人的财产而产生的与所有人之间的关系。②应主要致力于反映和解决我国社会财产利用的实际问题。③应与我国物权制度总体设计相结合。⑤

学界对于占有与物权的关系定位主要有三种学说：辅助地位说、平等地位说和基础地位说。

持辅助地位说的学者认为，占有制度体现了现代法律最基本的价值取向，具有强烈的法律价值宣示功能，我国物权制度的设立，没有必要也不应该突破传统物权体系中占有制度的框架。占有制度应作为

---

① 温世扬：《占有制度与中国民法》，《法学评论》1997年第5期。
② 刘智慧：《占有制度原理》，中国人民大学出版社2007年版，第129页。
③ 刘智慧：《占有制度原理》，中国人民大学出版社2007年版，第130页。
④ 刘智慧：《占有制度论》，博士学位论文，中国政法大学，1999年。
⑤ 刘智慧：《占有制度原理》，中国人民大学出版社2007年版，第121—122页。

物权的辅助制度。①

持平等地位说的学者认为，所有权并不以实际握有财产为前提，实际握有的事实是财产利用的先决条件，而占有是对实际握有事实的定性和解释，因此，与占有无法分离的不是财产归属，而是财产利用。传统物权法将占有问题纳入财产归属从本质上说是一种错位，中国民法应该使占有问题回到其应有的位置上，以占有、占有权表述财产利用，以所有、所有权表述财产归属，即形成所有权和占有权的物权。②

基础说认为：占有是物权的起点，在不具有任何法权因素的纯粹占有中，包含了物权法的全部最为基本的特征：意志性、支配性和排他性。虽然物权法以理性的权利设计，取代了占有的事实要求，而成为支配方式的核心，但是占有在物权法中的重要角色并未因此丧失。相反，占有构成物权实现其支配性和排他性的基础二元结构。③

5. 占有的体系定位

《物权法草案》将占有制度归于最后一部分加以规定，学者提出尖锐批评，指出对于占有制度上所呈现的理论问题，起草者一直未能予以应有的重视。而且放眼于整个民法体系，则占有的意义显然又不仅限于物权法，实为整个民法体系的一项核心制度。如此而论，《物权法草案》将占有制度置于"末编末章"，实有污其在整个民法体系中的厚重地位。④ 对占有制度也仅仅一句"草案还对……占有等作出了规定"。这显然并非意味着《物权法草案》所规定的占有制度已经无须改进。现行《物权法》甚至比草案的7个条文更为精简到5个条文，显然不能将占有制度中的重要内容囊括进去。

占有制度是否应置于末编末章？占有制度置于物权编之末章，虽有瑞士民法、意大利民法、我国台湾地区"民法"等法例可循，但学

---

① 张晓军：《论占有制度在物权法上的定位》，《中国人民大学学报》1998年第4期。

② 孟勤国：《物权二元结构论——中国物权制度的理论重构》，人民法院出版社2004年版，第77页。

③ 张翔：《从占有到物权——论占有在物权法中的基础地位》，《法律科学》2001年第4期。

④ 张双根：《占有的基本问题——评〈物权法草案〉第二十章》，《中外法学》2006年第1期。

者认为仿效德国民法,将占有置于物权编之首,体例更佳。盖物权者乃物归属于物权主体之权利关系,而物与主体间的关系,首先体现的是事实层面的关系,也就是占有关系,只有先解决好事实层面的关系,才可进一步建构抽象层面的权利关系。只有做如此合乎逻辑的安排,才能建立起占有制度与物权法上制度间的关联,如占有移转与动产物权变动间、无权占有人与物上请求权间、占有保护与本权保护间的关联等,从而给法律适用者"找法"时法条相互参引的便利,不像物权法草案设计给人以占有与"所有"(物权)为互不牵扯的两张皮的感觉。①

6. 民法典制定过程中的相关讨论

根据 2019 年 12 月底公布的民法典草案物权编,对于占有制度的规定,草案完全因袭了《物权法》的相关规定,只字未改。学界对于占有制度立法论上的讨论也并不多。

陈华彬认为,占有是民法上的基础规则与制度,在民法典物权编(法)上具有关键地位。虽然在立法例上,将占有制度规定安排在物权编分则之首和之末均有成例,但从立法和实务的稳定性和连续性的角度出发,物权编应继续坚持《物权法》的做法,将占有制度安排在物权编之末。鉴于占有制度的基础性地位及重要作用,陈华彬从九个方面,提出了完整的完善物权编占有制度的立法建议:①明确占有和占有人的定义,将占有人定义为对物有事实上的管领、控制力的人;②明定占有权利的推定与占有样态(占有事实)的推定;③厘定直接占有人、间接占有人及占有辅助人的含义与判定;④构建占有的变更、移转及合并与分离的规则;⑤明确、建构及补充完善善意占有人的权利推定、责任、必要费用偿还请求权及有益费用偿还请求权规则;⑥明确、补充、建构及厘定恶意占有人的责任、恶意占有人的必要费用偿还请求权及恶意占有人的孳息返还义务规则;⑦建构、厘定、廓清或释明占有人(含占有辅助人)的自力救济(权)与物上请求权规则的法理基础(支撑);⑧明定共同占有及建构共同占有物的权利行使规则;⑨明确厘定

---

① 张双根:《占有的基本问题——评〈物权法草案〉第二十章》,《中外法学》2006 年第 1 期。

占有的消灭与准占有的规则。①

王洪亮认为,占有法在物权法中具有总则地位,物作为权利地位或者权利过程客体的地方,都需要占有制度作为前提。因此,建议在物权编总则部分规定占有制度。如此安排有利于法律适用,法律援引关系明晰。在占有的具体制度设计方面,王洪亮建议,统一占有的概念,将占有明确界定为事实;增设间接占有制度、占有辅助制度、共同占有制度和占有的取得和丧失制度;增设占有的权利推定和事实推定制度。同时,他还建议删除《物权法》第241条的规定,原因在于本条目区分了占有与占有本权,但占有的本权不限于合同一种,该规定不完全,而且也没有必要在法律上规定占有与占有本权的区分。关于占有本权的合同关系效果,不属于物权制度,不应纳入物权法编。②

(三) 简要总结

关于占有的性质及定义,笔者认为将其定义为一种事实状态更为妥帖。将占有定位为一种事实状态一方面是学界共识,另一方面也符合我国既往的立法、司法传统。如果将占有的性质由一种事实状态变更为一种物权(本权),对整个物权法的既有体系冲击过大,制度改造成本过高。关于占有的构成,笔者认为,占有必须同时具有心素和体素两个方面才能构成,所谓占有之心素是指占有人有为自己占有的意图,所谓体素是指占有人能够实际上管领控制占有物。

关于占有的制度定位问题,笔者认为,占有制度是以保护所有权为核心的制度,同时也是他物权制度的支撑基础。占有制度的作用,并不仅仅及于对其他物权权能的宣示,而是有其独立的制度价值,并且在物权法律体系中发挥着基础性作用。因此笔者认为基础说较为准确地反映了占有制度在物权法律体系中的地位。平等说虽然对占有制度给予了足够的重视,但其立论基础与传统的物权法律体系存在较大龃龉,无法很好地嵌入当前的民法体系,因此并不足取。辅助说缺陷较为明显,因为其没有准确地认识到占有制度的功能,对其重要性存在不合理的低估。

---

① 陈华彬:《我国民法典物权编占有规则立法研究》,《现代法学》2018年第1期。

② 王洪亮:《占有法律制度重构》,《国家检察官学院学报》2017年第4期。

关于占有的立法体例安排问题，笔者认为，占有制度在立法体例上的具体安排并不影响其制度功能的发挥，是否将占有制度作为物权法律制度的首要制度来规定，要以物权制度的整体体系的逻辑性及体系协调性出发。一方面，虽然占有制度构成诸多物权法律制度的基础，但其重要性远不及所有权制度、用益物权制度及担保物权制度；另一方面，占有制度的内容相对单薄，内容抽象，将其规定在物权法其他制度之前，会在一定程度上影响物权法的结构美感。

二 解释论

（一）主要争议问题

由于《物权法》对占有制度的规定较为简略，因此关于占有制度基本问题的解释论争议并不多。其中值得关注的问题是占有的制度功能定位问题。

（二）各种观点

关于占有的制度功能定位，存在着基础论和辅助论的争议。持基础论的观点认为，占有制度是众多物权法律制度基础，在物权法乃至整个民法体系中具有基础性地位。如王洪亮认为："物作为权利地位或者权利过程客体的地方，都需要占有制度作为前提。"[①] 因此，占有在物权法体系中具有基础性地位。陈华彬更是毫不讳言地指出，占有"其于整个物权法、民法乃至全体私法上占据关键地位"[②]。崔建远虽然没有明确的观点对占有制度作出定位，但在其撰写的《物权：规范与学说》一书中，将占有制度安排在物权法总论的最后一部分，体现了其对占有制度地位的重视。刘智慧认为，占有制度是其他物权制度支撑的基础。占有制度服务的对象不限于所有权，而是已经扩及整个物权。直接占有与间接占有制度的继承与光大，使得占有的保护方法及于叙说他物权。自主占有与他主占有的分类使占有的保护与所有权的保护衔接起来。占有的推定效力使得物权获得更充分的保护。同时，在比较法上占有还是取得时效、动产善意取得制度的基础

---

① 王洪亮：《占有法律制度重构》，《国家检察官学院学报》2017年第4期。
② 陈华彬：《我国民法典物权编占有规则立法研究》，《现代法学》2018年第1期。

和前提。① 持辅助论的观点认为，占有制度仅为物权法中的辅助性制度，其制度功能在于辅助物权人权利的行使，并不具有核心地位。②

(三) 简要总结

笔者认为，占有不仅是众多物权的权利内容之一，是物权人实现对物之支配的重要手段，也是以用益（占有、使用、收益）为内容的众多债权（如承租权）的权利内容之一。占有之于物权法体系乃至整个私法体系，是核心中枢之一。

第二节 占有的分类

一 立法论

(一) 主要争议问题

在《物权法》立法过程中，关于占有的分类争议较为集中，其中争议最大的问题即于是否有必要承认间接占有制度，其次为善意占有与恶意占有的法律效果问题。

(二) 各种观点

1. 关于间接占有承认与否的立法争议

直接占有是指占有人事实上占有其物，强调事实上的管领力。间接占有，是指占有人并不直接对物进行事实上的管领和支配，但基于一定的法律关系而对于事实上占有其物的人有返还请求权，因而间接地对占有物有管领力而形成的占有。

间接占有扩大了占有制度的适用范围，尽管学界普遍认同在学理上区分直接占有与间接占有，且该区分对于全面理解占有的概念、强化占有保护等均颇具意义。但对于应否在《物权法》中规定间接占有学界仍有不同看法。

反对者的理由主要有："其一，间接占有通常情况下是由物的所有权

---

① 刘智慧：《占有制度原理》，中国人民大学出版社 2007 年版，第 118—119 页。

② 全国人大法工委民法室编：《物权法（草案）参考》，中国民主法制出版社 2005 年版，第 468 页。

人将物的直接占有通过保管、借用、租赁等合同关系移转给他人而形成，此时即便没有间接占有制度的介入，亦可通过直接占有人的占有保护机制或者由所有人通过行使所有物返还请求权的方式，达到对所有权的保护目的，不设立间接占有制度既有利于简化占有制度，同时也不影响对间接占有人的保护；其二，占有的合并原理可以替代间接占有在时效取得当中的作用，不会对占有人持续的占有状态造成中断，时效取得也得以继续进行。"① "不设'间接占有'的规定，似乎既可简化占有制度，同时也不影响对于'间接占有人'保护。"② 王利明也认为，"不规定占有制度的概念，具有一定的合理性。"理由是：第一，不通过间接占有制度也可以有效保护所有权。第二，间接占有人大多为所有人，非所有人通过占有媒介关系确定占有关系，不是间接占有，而是非法占有，因此是否承认间接占有制度，并不影响时效取得。第三，对于非所有人的继续占有，可以通过占有合并制度来解决，不必假借间接占有制度。③ 鉴于梁慧星和王利明两位均反对在物权法上确立间接占有制度，因此两个学者建议稿中均未体现间接占有制度的内容。但王利明也指出"尽管《物权法》中没有规定间接占有的概念，但区分直接占有和间接占有，对于全面理解占有的概念，强化对占有的保护，仍然具有一定的意义"④。

而支持间接占有立法的学者，对于反对者的理由进行了有针对地反驳。

第一，间接占有在性质上仍可视为一种事实，而应区别于其背后的本权关系，故而，间接占有人对物是否享有所有权，并非间接占有构成上所关心的内容。即便间接占有人是物的所有权人为间接占有表现的常态，亦不能由此而推论不存在间接占有人非物之所有权人的间接占有形态。

第二，占有合并原理要求前后两个占有人之占有的存在，且各占有间

---

① 中国物权法研究课题组（负责人：梁慧星）：《中国物权法草案建议稿：条文、说明、理由及参考法例》，社会科学文献出版社 2007 年版，第 685 页。

② 张广兴：《中国物权法中的占有制度和物权保护》，载渠涛主编《中日民商法研究》（第七卷），法律出版社 2009 年版，第 236 页。

③ 王利明：《物权法研究》（下），中国人民大学出版社 2013 年版，第 1475—1476 页。

④ 王利明：《物权法研究》（下），中国人民大学出版社 2013 年版，第 1475—1476 页。

具备继受关系,从而各占有在品质上,也就相应地具有同质性。在不承认间接占有制度的前提下,以物上的租赁关系为例,此时租赁物上的占有,只能存在一项,也就是承租人对租赁物的(直接)占有,而出租人对租赁物,因不再享有实际控制力,自然也就不享有任何形式的占有。这样两主体就对物之占有关系,呈现出一无一有的状态,而这一无一有之间,显然无法在品质上讨论其同质性问题;即使退一步讲,允许出租人以其"无占有"状态来主张合并占有,也只能允许主张合并其占有前手的占有,而承租人的占有通常情形下取自出租人,也就是说发生于出租人占有之后,出租人自无主张合并其占有后手之占有的道理,否则"继受"二字就不知该当何解了。由此可见,在不承认间接占有制度时,占有合并问题,无从谈起。①

第三,"间接占有规范了现实生活中大量的间接占有事实,便利了间接占有人的取得时效计算,保护了交易安全快捷,稳定了社会秩序,也有利于从根本上贯彻物权行为与债权行为分离的科学法律行为逻辑体系。同时利于如所有权的保留、让与担保等新型物权的建立,促使我国物权法体系日臻完善。在实务上有助于明确占有概念的外延和占有制度的调整范围,也便于对二者采取相同或者不同的调整方法。我国物权法既然仿效德国法系之立法例,则应该在占有一章中予以规定"②。

民法典制定期间,陈华彬建议,民法典应对间接占有的含义予以明确。③ 王洪亮建议应增设间接占有制度,理由在于,首先,间接占有并非直接对物的管领和控制,而是一种观念化的占有或事实上管领力的拟制。间接占有人把自己当作占有人来对待的利益,是值得保护的。其次,间接占有制度不仅是占有保护制度的基础,也是占有改定、简易交付、返还请求权的让与等制度的基础。而且,间接占有也是解释动产担保让与制度的基础。最后,时效取得以占有他人之物为基本构成要件,而这里的占有,不仅有直接占有,也有间接占有。④

---

① 张双根:《间接占有制度的功能》,《华东政法大学学报》2006 年第 2 期。
② 温世扬、廖焕国:《论间接占有制度之存废》,《北京市政法管理干部学院学报》2001 年第 9 期。
③ 陈华彬:《我国民法典物权编占有规则立法研究》,《现代法学》2018 年第 1 期。
④ 王洪亮:《占有法律制度重构》,《国家检察官学院学报》2017 年第 4 期。

有日本学者也提出,不规定间接占有制度将不利于直接占有人的保护。"在无权处分人把其误信为自己所有的物进行出租的期间,占有被第三人所侵害,这时作为直接占有人的租借人可以根据占有保护请求权而得到救济,可是由于没有间接占有的规定,则出租人既没有所有权又没有占有权,所以得不到任何保护。"[1]

然而,我国现行《物权法》并未承认间接占有制度,仅在《物权法》第241条规定:"基于合同关系等产生的占有,有关不动产或者动产的使用、收益、违约责任等,按照合同约定;合同没有约定或者约定不明确的,依照有关法律规定。"从这一规定可以看出,《物权法》回避了间接占有制度,对于能够产生间接占有的法律关系,则将其委之于产生该法律关系(占有媒介关系)的相关法律制度来处理。对于占有层面需解决的问题未置一语,从而未承认多重占有制度的复杂结构。但在未来的民法典中,是否将间接占有纳入物权编及后续的制度设计,则仍存有讨论的空间。

2. 善意占有与恶意占有的法律效果

占有按照占有人是否具有占有之本权而将其区分为有权占有与无权占有。有占有之本权的占有即为有权占有,占有之本权不以物权为限,以占有为权利内容之一的债权(如租赁权)也可成为占有之本权。无占有之本权的占有,即为无权占有。无权占有又可根据占有人是否知晓其无占有之本权,将其进一步区分为善意占有与恶意占有。但对于善意占有人与恶意占有人与"权利人"之间的权利义务关系,在立法过程中则存在一定的争议。

第一,传统民法理论认为,善意占有人与恶意占有人在是否有权收取占有物孳息的问题上存在不同。善意占有人在占有期间可收取占有孳息,并不必负返还义务,但不得向权利人请求返还其为维护占有物而支出的必要费用。[2]"梁稿"第424条规定了善意占有人收取孳息的权利,理由是"善意占有人,既推定其于占有物上所行使的权利合法享有,自应使其有

---

[1] [日]松冈久和:《占有制度和物权保护——对张广兴教授报告的点评》,郑芙蓉译,载渠涛主编《中日民商法研究》(第七卷),法律出版社2009年版,第243页。

[2] 《瑞士民法典》第938条,《日本民法典》第189条,我国台湾地区"民法"第952条。

权使用及收益占有物,其取得的收益也无向物的权利人归还的义务"①。但对于恶意占有人而言,其"没有收取和保持占有物孳息的权利。其所收取的孳息,构成不当得利,应当全部返还于物的权利人"②。"王稿"第565条亦规定善意占有人有收取孳息的权利。③ 但我国《物权法》第243条未区分善意占有与恶意占有,统一规定占有人须向"权利人"返还原物和孳息。据此,有观点认为应依字面解释,一概不允许占有人收取占有物的孳息。认为我国物权法实际上比大陆法系其他国家采取了更为严格的返还责任,即使是善意占有人,也必须返还占有期间所收取的孳息,即善意占有人不能享有收益权。④

全国人大法工委民法室认为,该条系参考《德国民法典》第994条,并未区分善意占有与恶意占有,所有人的偿还义务依无因管理的规定确定之。如此规定,使得法律关系更为简化,便于操作。⑤ 参与立法的全国人大法工委胡康生也认为:"原物和孳息返还给权利人,但为维护占有物而支出的必要费用可以请求权利人返还的法律结果,与孳息保留但必要的费用不得求偿的法律后果,区别实际不大。"⑥

但崔建远对此提出了质疑,认为:①孳息与必要费用两者的数额不一致的情况不在少数。所以称"两种处理方式的法律后果相差不大",显然武断。②占有人之于占有物的行为,与无因管理之间的关系较为复杂:其一,在占有人有为权利人(本人)谋利益的意思(管理意思)时,才构成无因管理。即使如此,必要费用的返还和孳息的返还也是分开的,而非合并的,尽管主张抵销时可能不再相互返还。其二,在占有人欠缺管理意思时,如占有人以所有的意思占有特定之物,或占有

---

① 梁慧星主编:《中国物权法草案建议稿附理由》,社会科学文献出版社2007年版,第700页。

② 张广兴:《中国物权法中的占有制度和物权保护》,载渠涛主编《中日民商法研究》(第七卷),法律出版社2009年版,第226页。

③ 王利明主编:《中国物权法草案建议稿及说明》,中国法制出版社2001年版,第143页。

④ 王利明:《物权法研究》(下),中国人民大学出版社2007年版。

⑤ 全国人大法工委民法室编:《中华人民共和国物权法条文说明、立法理由及相关规定》,北京大学出版社2007年版,第430—431页。

⑥ 胡康生主编:《中华人民共和国物权法释义》,法律出版社2007年版,第516页。

人故意悖逆占有物的性能而利用等，不构成无因管理，所以笼统地称我国《物权法》第 243 条的规定与《民法通则》第 93 条的规定一致，不符合事实。①

另有观点认为，就先前所收取的孳息进行烦琐举证，这必然给善意占有人带来沉重负担。② 应对该条作出限制解释，使善意占有人享有收取孳息的权利，而恶意占有人负有返还孳息的义务。且恶意占有人出于过错致使孳息毁损灭失时，还应偿还该孳息的价金。③

第二，善意占有人与恶意占有人在是否承担赔偿责任及其范围问题上存在不同。传统民法认为，善意占有人在占有期间造成物之毁损灭失的，并非绝对地不承担任何责任，而是在因占有物之毁损灭失利益受损的范围内对权利人承担一定的赔偿责任。"梁稿"第 425 条规定，占有物毁损灭失时，善意占有人仅在其所受利益的范围内，负赔偿责任。理由是虽然善意占有人对占有物使用和收益，推定其有合法权利，但毕竟在法律上占有物不属于占有人所有，如果造成占有物毁损灭失，即应对物的权利人予以赔偿，但法律适当减轻善意占有人的责任，以贯彻对占有人的保护。④"王稿"第 566 条亦有相似规定，其认为，善意占有人已相信物为己有，也当然不可能预见自己应负什么责任，这时如果让善意占有人对占有物的全部损害负赔偿责任，未免失之苛刻。⑤

但对于恶意占有人，因可归责于自己的原因导致占有物毁损灭失的，其应负全部赔偿责任。"梁稿"第 427 条、"王稿"第 577 条均有相关规定。"梁稿"认为其理由在于，"恶意占有人明知自己无权占有他人之物，其占有不仅缺乏法律上的根据，而且也缺乏道德正当性，在法律上并无予以保护的必要"⑥。而"王稿"则认为，之所以对恶意占有人科以较重之

---

① 崔建远：《物权：规范与学说》（上），清华大学出版社 2011 年版，第 355 页。
② 石佳友：《物权法占有制度的理解与适用》，《政治与法律》2008 年第 10 期。
③ 宁红丽：《物权法占有编》，中国人民大学出版社 2007 年版，第 90 页。
④ 梁慧星主编：《中国物权法草案建议稿附理由》，社会科学文献出版社 2007 年版，第 701—702 页。
⑤ 王利明主编：《中国物权法草案建议稿及说明》，中国法制出版社 2001 年版，第 541—542 页；钱明星：《物权法原理》，北大出版社 1994 年版，第 394 页。
⑥ 梁慧星主编：《中国物权法草案建议稿附理由》，社会科学文献出版社 2007 年版，第 705—706 页。

责任,理由在于"恶意占有人明知自己无权占有,而却因自己的原因使占有物毁损灭失,法律自应加重其责任"①。存有争议的是,占有物因不可归责于恶意占有人的事由而毁损灭失的,该恶意占有人是否也承担赔偿损害责任?与多数国家或地区的立法例不同的是,物权法草案多个版本均对此区别对待,然在现行《物权法》第 244 条中,并未进行区分。因此,有观点认为应做肯定解释,目的是强化对恶意占有的规制。然而主流观点仍认为应对此条作出限制解释,即恶意占有人仅对可归责于其的事由致使占有物毁损灭失时,向物的权利人赔偿全部损失。②

我国《物权法》第 242 条,明文规定"占有人因使用占有的不动产或者动产致使该不动产或者动产受到损害的,恶意占有人应当承担赔偿责任"。本条与制定过程中数个草案的规定相较,未明确规定善意占有人是否承担责任的问题,③ 也未明确恶意占有人承担赔偿责任的归责原则。但是,无论是否从反对解释的角度来看,应认为此处即排除了善意占有人的赔偿责任。

第三,善意占有人与恶意占有人的费用偿还请求权范围不同。善意占有人有权请求返还占有期间对占有物支出的必要费用和有益费用已被学界普遍承认,对于非必要费用,"应视为占有人为自己的利益支出的费用,不得请求物的权利人偿还"④。对于善意占有人请求权利人返还有益费用的范围问题,传统的民法理论认为应以现存利益为限。⑤ 但《物权法》并未对此予以规定。

但对于恶意占有人,则返还请求权受到限制,仅有请求返还必要费用的权利。"梁稿"和"王稿"均按照以上学说区分了善意占有人("梁稿"第 426 条、"王稿"第 567 条)和恶意占有人("梁稿"第 428 条、

---

① 王利明主编:《中国物权法草案建议稿及说明》,中国法制出版社 2001 年版,第 542 页。

② 张广兴:《中国物权法中的占有制度和物权保护》,载渠涛主编《中日民商法研究》(第七卷),法律出版社 2009 年版,第 228 页。

③ 如《物权法草案》(2005 年 10 月 8 日修改稿)第 262 条:"占有人因使用占有的不动产或者动产,致使该不动产或者动产受到损害的,善意占有人不承担损害赔偿责任;恶意占有人应当承担损害赔偿责任。"

④ 张广兴:《中国物权法中的占有制度和物权保护》,载渠涛主编《中日民商法研究》(第七卷),法律出版社 2009 年版,第 227 页。

⑤ 张广兴:《中国物权法中的占有制度和物权保护》,载渠涛主编《中日民商法研究》(第七卷),法律出版社 2009 年版,第 227 页。

"王稿"第569条)的费用偿还请求权范围。① 最终的《物权法》第243条仅规定权利人请求返还占有物时,"应当支付善意占有人因维护该不动产或者动产支付的必要费用"。对于善意占有人的有益费用偿还请求权及恶意占有人之费用偿还请求权未作规定。

3. 民法典制定期间的相关讨论

本次民法典制定过程中,关于善意占有与恶意占有的讨论,学界主要集中在善意占有人和恶意占有人的费用偿还请求权问题上。陈华彬认为,《物权法》对恶意占有人的责任、必要费用偿还请求权及恶意占有人的孳息返还义务等的厘定也较为笼统、原则、未尽清晰,甚至存在较大的缺漏、空白。因此建议:首先,物权编应规定恶意占有人或他主占有人,对可归责于己的占有物的毁损或灭失,其对于回复请求人(如所有权人等)应负赔偿责任。其次,恶意占有人支出的必要费用,可依无因管理制度要求回复请求人偿还。最后,恶意占有人负有孳息返还义务。②

还有学者认为,民法典在规定善意占有人的必要费用和有益费用的偿还请求权及恶意占有人的必要费用偿还请求权的基础上,应进一步明确无因管理和不当得利为无权占有人费用偿还请求权的基础。同时,对"费用"概念予以界定,并采用必要费用、有益费用、奢侈费用和其他费用的四分法。③

但遗憾的是,2019年12月发布的民法典草案物权编并未采纳以上立法建议,仍旧因袭了《物权法》的原有规定。

(三) 简要总结

笔者认为,间接占有制度是构成物之利用的前提,非所有人对所有人之物的利用均须假借一定的基础法律关系,即占有媒介关系来实现。如租赁、使用借贷、用益物权设定等,都与间接占有制度有着密切的关系。承认间接占有制度,能够较好地实现相关制度的衔接,为所有权人

---

① 梁慧星主编:《中国物权法草案建议稿附理由》,社会科学文献出版社2007年版,第702、708页;王利明主编:《中国物权法草案建议稿及说明》,中国法制出版社2001年版,第541页。

② 陈华彬:《我国民法典物权编占有规则立法研究》,《现代法学》2018年第1期。

③ 辜江南:《我国无权占有人费用偿还制度的立法完善》,《河北法学》2019年第9期。

提供更多的保护路径。关于占有人的孳息收取权问题，笔者认为未来制定民法典物权编时，应遵循传统民法理论，区分善意占有人与恶意占有人不同的孳息收取权。关于无权占有人与权利人之间的权利义务关系问题，《物权法》虽未明确规定善意占有人有限的赔偿责任，但笔者认为，可以通过不当得利返还制度，要求善意占有人在因占有物毁损灭失而导致利益受损的范围内，对权利人负不当得利返还义务。未来制定民法典物权编时，应对此予以完善，明确规定善意占有人对权利人有限的（以占有物现存利益为限）赔偿责任。关于占有人的费用偿还请求权，《物权法》仅规定了善意占有人的必要费用偿还请求权，对于善意占有人的有益费用偿还请求权、恶意占有人的费用偿还请求权则构成了立法空白。未来制定民法典物权编时应在与不当得利制度、无因管理制度相协调的基础上予以完善。

二 解释论

（一）主要争议问题

因《物权法》并未承认间接占有制度，故在立法过程中存在重大争议的间接占有承认与否的问题，在立法完成后几近平息。但对于善意占有是否为无权占有的问题，学界产生了争议。另外，关于无权占有人是否享有费用偿还请求权及其证成路径，也存在不同的看法。

（二）各种观点

1. 善意占有是否为有权占有

传统民法理论认为，无权占有按照占有人是否有占有之本权，可区分为善意占有和恶意占有。① 但李锡鹤却提出了质疑。李锡鹤认为，善意占有均为有权占有。理由是："民法区分善恶意，是为了根据行为人的心理状态即是否欠缺必要注意来决定行为性质，区分法律后果。'善意'行为均为有权行为。通说主张善意即'不知'或'不应知'。作为善意之根据，'不应知'包含'不知'。当事人'不知'或'不应知'者非自己行为之性质，乃相对人行为之性质。不存在行为人不应知其是否合法之本人

---

① 史尚宽：《物权法论》，中国政法大学出版社2000年版，第539页；王泽鉴：《民法物权》，北京大学出版社2010年版，第429页；谢在全：《民法物权论》（下），中国政法大学出版社2011年版，第1149页。

行为。所谓'不应知无权占有'是矛盾表述。"①

2. 恶意占有人的费用偿还请求权

《物权法》第243条仅规定权利人请求返还占有物时,"应当支付善意占有人因维护该不动产或者动产支付的必要费用"。即仅规定善意占有人的必要费用偿还请求权,对于恶意占有人之费用偿还请求权未作规定,故而解释上存在分歧,司法裁判观点也并不统一。

多数学者对恶意占有有益费用求偿权大多持否定态度。② 归纳而言,主要有以下理由:其一,因有益费用支出并非为保存、维护占有物所必需,忌惮占有人滥施费用,对本权人造成"强迫得利",损害本权人利益。"占有人仅在为自己的利益时才会支出该有益费用,对此没有必要加以保护。"③ 恶意占有人既然明知自己无权占有,若允许其有权求偿有益费用,会引发占有人滥施费用的可能。④ 其二,有益费用支出可能有悖于本权人的内心意思。"此种费用的支出是否符合物的权利人的意思与利益,往往难以判断。"⑤ 其三,担心恶意占有人借助此项求偿权阻碍本权人对占有物回复。恶意占有人有可能滥支有益费用,增加本权人的负担与困扰,导致本权人难以回复占有物。⑥ 另外,有些学者仅表明所持的否定态度,并未阐释具体的缘由。⑦

但也有学者认为,恶意占有人得以不当得利之规定请求偿还必要费用,主观的善恶不应对利益的偿还有所影响,但有益费用偿还请求权非恶意占有人所享有。⑧ 也有观点指出,费用偿还请求权之基础为占有物的保管和增益事实,并不涉及无权占有人的主观状态。肯定恶意占有人依不当得利请求有益费用之偿还更有利于平衡当事人双方的利益,但仅能在占有

---

① 李锡鹤:《善意占有为有权占有》,《法学》2012年第1期。
② 石佳友:《〈物权法〉占有制度的理解与适用》,《政治与法律》2008年第10期;崔建远:《物权:规范与学说》(上册),清华大学出版社2011年版,第353—354页;陈华彬:《民法物权论》,中国法制出版社,第558页;冉克平:《论〈物权法〉上的占有恢复关系》,《法学》2015年第1期。
③ 宁红丽:《物权法占有编》,中国人民大学出版社2007年版,第94页。
④ 王泽鉴:《民法物权》,北京大学出版社2010年版,第513页。
⑤ 宁红丽:《物权法占有编》,中国人民大学出版社2007年版,第94页。
⑥ 谢在全:《民法物权论》(下),中国政法大学出版社2011年版,第1210页。
⑦ 石佳友:《〈物权法〉占有制度的理解与适用》,《政治与法律》2008年第10期。
⑧ 刘智慧:《占有制度原理》,中国人民大学出版社2007年版,第306页。

物现存的限度内请求偿还。① 还有学者提出，恶意占有人应享有必要费用求偿权，激励占有人积极维护占有物的良好状态，借占有人之手护本权人之利。恶意占有人可否享有有益费用求偿权不应一概而论：构成无因管理时自应享有；"强迫得利"情形下则难成立；不构成无因管理，亦非"强迫得利"时，应赋予本权人选择权。②

（三）简要总结

关于善意占有是否为有权占有的问题，笔者认为通说观点更为可取，理由是善意占有人所信赖其有"本权"的状态仅为误信，不影响其不具有占有本权的客观事实。关于无权占有人尤其是恶意占有人的费用偿还请求权问题，笔者认为应赋予恶意占有人一定的费用偿还请求权，但应予以必要限制。相关限制应与侵权行为制度、无因管理制度及不当得利制度相协调，防止出现本权人被"强迫得利"的情形，充分平衡恶意占有人与本权人之间的法律关系。

第三节　占有的状态推定

一　主要争议问题

占有的事实推定又称作状态推定，是指法律对各种影响占有效力的客观情况作出推定，若无相反证据，则发生法律推定的事实发生效力的后果。学界对此争议并不多见。占有状态的推定，属于法律上的事实推定而非权利推定。③ 占有状态具有多样性和复杂性，若由占有人承担对于占有事实和状态的全部举证责任非但不易，且与法律为维持现状而设占有制度之宗旨也相违背。鉴于此，各个国家或地区民法典多对占有的事实状态设计了推定制度。④ 占有状态推定的内容包括：占有人对某物的占有推定为

---

① 李兆唐：《论恶意占有人费用偿还请求权——兼评我国〈物权法〉第243条》，《绵阳师范学院学报》2011年第3期。

② 单平基：《无权占有费用求偿权之证成——〈中华人民共和国物权法〉第243条检讨》，《法商研究》2014年第1期。

③ 张双根：《占有的基本问题——评〈物权法草案〉第二十章》，《中外法学》2006年第1期。

④ 如《法国民法典》第2230条、第2234条、第2268条、第2269条；《德国民法典》第938条；《日本民法典》第186条；我国台湾地区"民法"第944条。

以所有的意思占有，自主占有、善意占有、公然占有、和平占有、继续占有和无过失的占有。① 因此，对于占有人而言，占有的状态推定给予其在证据法上充分的有利地位，使其能够有效防御他人对占有物的无理主张，以充分维护占有之和平状态。在立法过程，就此问题主要存在以下争议：是否规定占有的状态推定规则？占有的状态推定内涵为何？

二 主要观点

在立法过程中，就是否规定占有的状态推定规则存在一定争议。"梁稿"第691条、"王稿"第563条均对占有的状态推定作出规定。即占有人的占有，推定为所有的意思，是善意、和平与公开占有。② 其目的是强化对占有人的保护，消除占有人的举证困难。《物权法草案》曾于第261条规定了占有人的善意占有推定规则，对于其他占有状态的推定并未作出规定。有学者揣测《物权法草案》的立法意图认为："《草案》仅限于善意推定，其原因或是因为《草案》未规定时效取得等制度，从而其他占有状态之推定，于《草案》中失其意义。"③

关于占有的状态推定的制度内涵，有学者指出：第一，占有状态的推定，属于法律上的事实推定，不涉及背后的权利关系，故而即便如其他立法例有占有人"所有"意思的推定，也仅是对自主占有之推定，而非对占有人所有权之推定。第二，占有状态推定之效用，如同占有上权利之推定，发生于对占有状态不能确认之争执或诉讼中，便于法官断案，故而该推定在性质上为可推翻的推定。第三，占有状态善意推定之时点，应为占有人取得其占有之时，亦即推定占有人于取得占有时，善意地相信其有占有之权利，且对此无怀疑。第四，前述对诉讼占有人之"以诉状送达推

---

① 崔建远：《物权：规范与学说》（下册），清华大学出版社2011年版，第342—343页；王利明：《物权法研究》（下卷），中国人民大学出版社2007年版，第739—740页；刘智慧：《占有制度原理》，中国人民大学出版社2007年版，第160—162页。

② 梁慧星主编：《中国物权法草案建议稿附理由》，社会科学文献出版社2007年版，第691页；王利明主编：《中国物权法草案建议稿及说明》，中国法制出版社2001年版，第539页。

③ 张双根：《占有的基本问题——评〈物权法草案〉第二十章》，《中外法学》2006年第1期。

定恶意"制度，与善意占有推定有别，盖前者为不可推翻的推定，或推定式的拟制，被诉之占有人此时唯一的解救机会，并非举证证明其仍为善意，而是期盼在诉讼中获胜诉判决，然一旦获胜诉判决，其占有又可确定为有权占有，从而与善意与否无涉。[1]

但最终颁布的《物权法》删除了这一内容，导致《物权法》对于占有状态推定规则未置一语，不无遗憾。由于《物权法》并未规定占有的状态推定规则，故在《物权法》颁布后，相关方面的解释论研究成果较少。有日本学者对此担忧："由于中国物权法规定了特有的不动产善意取得制度，此时占有推定力和登记推定力的优劣以及调整的问题将会产生，因此在善意、恶意的举证责任方面，会比日本民法更加复杂。"[2]

本次民法典制定过程中，陈华彬和王洪亮均建议，物权编应规定占有事实推定制度。[3] 但2019年12月发布的民法典草案物权编并未采纳这一立法建议。

三 简要总结

笔者认为，占有的状态推定规则是保护占有人占有的重要制度，如果没有该制度，将导致占有人的占有处于事实状态不明的处境，不仅不利于保护占有人，也有可能间接侵害到本权人利益。占有的状态推定制度是占有制度发挥维护社会秩序和平有序作用的制度基础之一。

第四节 占有的权利推定

一 主要争议问题

关于占有的效力，相关方面的争议主要集中在是否应规定占有的权利

---

[1] 张双根：《占有的基本问题——评〈物权法草案〉第二十章》，《中外法学》2006年第1期。

[2] [日] 松冈久和：《占有制度与物权保护——对张广兴教授报告的点评》，郑芙蓉译，载渠涛主编《中日民商法研究》（第七卷），法律出版社2009年版，第244页。

[3] 陈华彬：《我国民法典物权编占有规则立法研究》，《现代法学》2018年第1期；王洪亮：《占有法律制度重构》，《国家检察官学院学报》2017年第4期。

推定规则及该规则的适用范围问题。由于占有的权利推定效力在《物权法》中并无明文规定，关于此方面的讨论主要集中在立法论方面，解释论方面的成果较少。

二 各种观点

占有的权利推定效力，是指基于占有之背后真实权利存在的盖然性，为保护占有人的权益，实现占有制度的立法宗旨，法律所做的占有人基于其占有而产生的各种权利外象具有真实的权利基础的推定。也就是说，占有人于占有物上行使之权利，推定其适法有此权利。①

"梁稿"第419条、"王稿"第562条均规定了占有人的权利推定制度。② 我国的《物权法》在起草过程中曾设计有占有权利推定效力的条文，如2005年7月公布的《物权法（草案）》第4条规定："动产的占有人是该动产的权利人，但有相反证据证明的除外。"但在第六次审议稿后，删除了相关条文，2007年颁布的《物权法》亦是如此。我国立法机关对此并未提供说明。但学者所著的物权法教科书中均对此问题有所阐释。

为何在《物权法》中规定占有的权利推定规则，有学者指出意义有四：第一，有利于维护财产秩序，促进社会的和谐；第二，有利于维护私有财产权，鼓励社会财富的创造；第三，有利于维护交易秩序的安全与快捷；第四，有利于促进物尽其用、提高效率。③ 也有学者认为最重要的在于：第一，为法院最终解决关于物的归属的纠纷提供了判断的准则。占有权利的推定规则的主要功能是在诉讼程序中发挥出来的，也就是说当某物的占有人与另一方当事人就该物的归属发生纠纷，而双方都不能提出足够的证据证明该物的归属，法院将依据占有的权利推定规则确定该物属于占有人所有，使提出异议的人承受败诉的风险。第二，确立了善意取得制度产生的前提。占有权利的推定规则免除了那些与占有人就占有物进行交易

---

① 梅夏英、高圣平：《物权法教程》，中国人民大学出版社2010年版，第483页。

② 梁慧星主编：《中国物权法草案建议稿附理由》，社会科学文献出版社2007年版，第689页；王利明主编：《中国物权法草案建议稿及说明》，中国法制出版社2001年版，第538页。

③ 王利明：《试述占有的权利推定规则》，《浙江社会科学》2005年第3期。

的受让人（第三人）对占有人的处分权加以详细调查核实的过重的法律义务，进而导致善意取得中受让人的善意是被推定成立的。①

对占有的权利推定未能得到立法的肯定，支持者是从以下几方面考量：第一，在占有推定制度下，依据"占有"即可直接推定占有人为财产权利人，虽在法律层面上当事人只需提供相反证据就可推翻该推定，但是在实践中，占有推定极有可能异化为"占有确定"，不利于所有权人的保护。第二，虽然占有推定制度并不简单等同于"占有就合法"，但考虑到我国民众对占有制度及其相关概念了解甚少，容易造成误解，从而诱发通过不法手段获取不义之财的心理，更可能使一些不良分子利用占有推定制度来使其不法财产合法化，使占有推定制度毫无意义甚至被认为是"恶法"。第三，理论上看似完善的制度要在实践中充分发挥其效果，必须要有相应的基础。在我国当前，与财产权利的归属有关的制度远未完善，财产流转过程中的秩序规范也并不成熟，市场主体的信用程度也较低，在此情况下，直接用占有推定制度来确定绝大多数的财产占有是合法的，确实存在很大的风险。②

关于占有的权利推定制度，除应否在物权法中规定的争议，尚有如下两大争议。一为占有权利推定效力适用物的范围，二为占有权利推定规则中被推定的权利范围。

1. 占有权利推定效力适用物的范围

对占有权利推定效力的适用范围，早在立法初期便存有争议。从2005年7月公布的《物权法（草案）》第4条第2句后段来看，占有的权利推定规则仅仅适用于动产，而从第260条看来，则既适用于动产也适用于不动产。③ 但因第260条文的表述与其他国家或地区占有权利推定的立法表述略有不同，因此该条是否为关于权利推定的规范，尚存争议。有学者结合《草案》全文指出："不动产中，以法律行为方式的不动产物权变动，依《草案》的设计（第4条、第9条第1款、第14条），其效力

---

① 程啸、尹飞：《论物权法中占有的权利推定规则》，《法律科学》2006年第6期。

② 张柳青主编：《物权法审判实务疑难释解》，中国法制出版社2007年版，第401—402页。

③ 第4条第2句规定："动产的占有人是该动产的权利人"，第260条规定："不动产或者动产的占有，除有相反证据证明外，推定有权占有。"

的发生原则上以不动产登记为要件，占有在其中并不具有构成意义，故而以占有来推定不动产上的物权，显然与上述物权推定原理相悖。"①

如何理解占有的权利推定的适用范围，有学者认为：第一，动产原则上应当适用占有的权利推定规则，对于动产中比较特殊的"准不动产"，即船舶、飞行器以及机动车，由于其价值较大且便于登记，物权法规定以登记作为其物权变动的对抗要件。在发生占有的权利推定与登记的权利推定之间的冲突时，应优先适用登记的权利推定；第二，对于不动产而言，登记是其发生物权变动的生效要件，由于其公正性、权威性与全面性，在登记的对订立与占有的权利推定不一致时，前者优于后者；第三，考虑到我国的特殊国情，对于一些不以登记为物权变动生效条件的不动产，②以及那些虽以登记为物权变动生效要件但因故尚未能办理登记的不动产，也可以适用占有的权利推定规则。③ 排除不动产权利于占有权利推定范围以外将损害占有制度价值的实现，从利益衡量上也没有支持的依据，并且，从与登记的关系和立法例分析来言，此举也并不妥当。④

2. 占有权利推定规则中被推定的权利范围

有学者指出："任何人只要占有某项财产，在法律上就应当推定其是享有权利的，被推定的权利包括可能发生有权占有的各种本权，除了占有权之外，有可能包括所有权、其他物权，甚至债权。"⑤ 此为学界通说，亦为通行立法例。⑥ "梁稿""王稿"在对占有权利推定条文作出说明时，也均认为包括依占有所表现的一切权利。⑦ 崔建远虽未直接论述占有权利

---

① 张双根：《占有的基本问题——评〈物权法草案〉第二十章》，《中外法学》2006年第1期。

② 如土地承包经营权的互换、流转采取的就是登记对抗要件。

③ 程啸、尹飞：《论物权法中占有的权利推定规则》，《法律科学》2006年第6期。

④ 姜战军：《论占有权利推定对不动产上占有的适用——评〈中国物权法草案建议稿〉第419条》，《法律科学》2001年第4期。

⑤ 王利明：《试述占有的权利推定规则》，《浙江社会科学》2005年第3期。

⑥ 《瑞士民法典》第930条、第931条，《日本民法典》第188条及我国台湾地区"民法"第934条。

⑦ 梁慧星主编：《中国物权法草案建议稿附理由》，社会科学文献出版社2007年版，第689页；王利明主编：《中国物权法草案建议稿及说明》，中国法制出版社2001年版，第538页。

推定规则中被推定的权利范围,但其认为租赁权可适用于占有权利推定,似采相同观点。① 引发争议较多的是如此是否使占有的权利推定过于膨胀,是否应对其进行严格的限定。

对于动产所有权,学界均无异议。而动产他物权中,应注意该动产之设立,应以取得占有为要件。对于债权,有学者提出相反意见,认为:首先,无论何种债权性权利,包括债权性占有权,均不能脱离债权关系而运作或观察,即便推定一项债权性占有权如租赁权的存在,其内容如何还必须回到其背后的租赁合同关系这一债权关系,其结果已不单单是对一项债权性占有权的推定,还必导致对其背后的债权关系及其内容的推定,这显然有违占有上权利推定制度设计的目的;反之在动产他物权上,其成立虽必有债权性的基础关系,然而依物权法定原则,该动产他物权的内容,即使脱离基础关系仍能大体得以确认,从而单独推定该动产他物权的存在,在逻辑上并无障碍。其次,依前述物权推定的原理,在动产物权推定情形,此等动产物权不仅包含占有标的物之权能,而且该等物权之成立自身即要求以占有之取得为要件,从而权利本身之构造与推定间有暗合之处;反之,在债权性占有权,占有之移转或物之交付并非是其生效或成立要件,则在逻辑上,自然也不能由占有之事实,反推其债权性占有权之存在,否则与推定原理不符。同理,其他占有权利,如基于亲权关系、监护关系、夫妻关系等的占有权,亦不得成为可被推定之权利。② 有学者从善意取得制度之视角出发,阐述认为占有推定之权利范围不应包括债权,更易理解。③

另外,如上文所述,占有的权利推定范围在某些情况下及于不动产,则被推定的权利范围也相应地扩张到包含不动产所有权,以及国有土地使用权、宅基地使用权、土地承包经营权等独立性的用益物权。④ 值得注意的是,在本次民法典制定过程中,陈华彬和王洪亮均建议,物权编应规定

---

① 崔建远:《物权:规范与学说》(上),清华大学出版社 2011 年版,第 350 页。

② 张双根:《占有的基本问题——评〈物权法草案〉第二十章》,《中外法学》2006 年第 1 期。

③ 孙维飞:《占有推定之运作机理》,《华东政法大学学报》2011 年第 4 期。

④ 程啸、尹飞:《论物权法中占有的权利推定规则》,《法律科学》2006 年第 6 期。

占有事实推定制度。① 但 2019 年 12 月发布的民法典草案物权编并未采纳这一立法建议。

三 简要总结

关于应否在《物权法》中规定占有的权利推定效力，笔者认为，占有权利推定制度是发挥占有制度功能的基础性制度之一，因为占有制度的立法就是为了维护和平的社会财产秩序。如果否定占有的权利推定制度，那么占有人的占有将随时面临着被他人轻易否定的危险。同时，鉴于所有权的证明素有"魔鬼证明"之称，如果不规定占有的权利推定制度，所有人的所有权也将面临责难，此诚非良法。因此，权利推定制度有利于保护物上权利，避免争议，减少诉讼，促进物尽其用。因此笔者建议，未来制定民法典时，应明确规定占有的权利推定制度。

关于占有的权利推定适用范围问题，笔者认为：占有权利推定适用的客体应以动产为限。对于不动产，不适用占有权利推定，尤其是在不动产登记制度逐步完善的背景下更应如此，以强化登记效力，激励当事人积极进行不动产的登记。关于占有权利推定权利范围，笔者赞成学界通说，即对占有权利推定的范围不做限制，理由是如此能够最大程度地发挥占有制度的功能，减少不必要的纠纷。关于有学者质疑占有权利推定包含债权的观点，笔者认为：占有权利推定，仅推定占有人在物上行使权利为适法，并无推定其背后的债权债务关系（占有媒介关系、基础关系）的功能。即所谓占有推定包含债权，仅为允许占有人在占有物上行使外观上与债权（如租赁权、使用借贷中的用益权）相同的权利，以此来降低占有人的证明负担，促进物尽其用。以此质疑占有权利推定的范围，似未真正理解占有权利推定的内涵。

第五节 占有的保护

占有不仅体现了一定的财产秩序，而且也体现了占有人的利益。而对占有研究的最终目的是更好地保护占有人，实现对其法益的保护。占有的

---

① 陈华彬：《我国民法典物权编占有规则立法研究》，《现代法学》2018 年第 1 期；王洪亮：《占有法律制度重构》，《国家检察官学院学报》2017 年第 4 期。

保护可分为物权的保护与债权的保护。前者包括占有人的自力救济权和占有人的物上请求权，后者包括侵权行为损害赔偿请求权和不当得利请求权。① 学界普遍认同这一观点。

一　立法论

（一）主要争议问题

在《物权法》制定之前，我国并未完整地承认占有制度，故对于占有的保护更无从谈起。占有制度的重要功能之一是对物的事实上的支配，无论有无支配的本权，都认为适法而一律予以保护。② 对于占有的保护，一般从物权法上的保护和债权法上的保护两个方面展开，并以此为基础配置相关制度规则。但在《物权法》制定的过程中，对于具体如何配置占有保护的规则体系存在一定的争议。争议点有三：一为是否需规定占有人的自力救济权？二为占有保护请求权是否可直接准用于物权请求权？三为是否规定占有人的损害赔偿请求权？

（二）各种观点

1. 自力救济权

关于占有人的自力救济权，主要包括自力防御权与自力取回权两个方面。《物权法》起草过程中，对占有人的自力救济权学界通说持肯定态度。"梁稿"第429条规定了占有人的自力救济权，规定占有人可行使包括自力防御、自力取回在内的两种自力救济权。③ "王稿"第570条亦有类似规定。④ 虽然两个学者建议稿都建议规定占有人的自力救济权，但《物权法草案》及此后颁布实施的《物权法》都未予规定。全国人大法工委民法室在对《物权法》第245条进行说明时提出：对于第三方的侵夺占有或者妨害占有的行为，可当然依据该条规定行使占有的保护，⑤ 似乎

---

① 陈华彬：《民法物权论》，法律出版社2010年版，第561页。
② 崔建远：《物权：规范与学说》，清华大学出版社2011年版，第359页。
③ 中国物权法研究课题组（负责人：梁慧星）：《中国物权法草案建议稿：条文、说明、理由及参考法例》，社会科学文献出版社2000年版，第816页。
④ 王利明：《中国物权法草案建议稿及说明》，中国法制出版社2001年版，第144页。
⑤ 全国人大法工委民法室：《中华人民共和国物权法：条文说明、立法理由及相关规定》，北京大学出版社2007年版，第434页。

排除了占有人的自力救济权。但有日本学者认为,《物权法》不规定占有人的自力救济权并无不妥,认为:"自力救济是一个不仅关系到占有的恢复,而且关系到一般权利关系的问题,如果要进行规定的话,在民法通则或者民法总则中进行规定会更好一些。"①

2. 占有保护请求权

关于占有人的占有保护请求权,"梁稿"第 430 条第 1 款规定了占有保护请求权,规定:占有人在占有被侵夺时有权行使占有物返还请求权,在占有被他人妨害时可请求排除妨碍,在占有有被妨害的危险时可请求消除危险。②"王稿"第 571 条则运用立法上的转致技术,规定占有保护请求权直接准用于物权请求权,③ 似乎认为立法上并无独立规定占有保护请求权的必要。"王稿"在立法草案说明中认为:"根据物权请求权的规定,占有保护请求权包括占有物返还请求权,占有妨害除去请求权和占有妨害防止请求权。"④《物权法草案》及最终颁布的《物权法》采纳了"梁稿"的建议,单独规定了占有人的占有保护请求权。

3. 损害赔偿请求权

关于占有人的损害赔偿请求权,"梁稿"于第 430 条第 2 款做了规定。⑤ 但"王稿"却并未规定占有人的该项权利,⑥ 在其立法理由及说明部分也未对此说明理由。⑦ 该项权利在《物权法》立法过程中并无太大争议。《物权法》第 245 条第 1 款规定了占有人的损害赔偿请求权。

---

① [日]松冈久和:《占有制度与物权保护——对张广兴教授报告的点评》,郑芙蓉译,载渠涛主编《中日民商法研究》(第七卷),法律出版社 2009 年版,第 244 页。

② 中国物权法研究课题组(负责人:梁慧星):《中国物权法草案建议稿:条文、说明、理由及参考法例》,社会科学文献出版社 2000 年版,第 819 页。

③ 王利明:《中国物权法草案建议稿及说明》,中国法制出版社 2001 年版,第 144 页。

④ 王利明:《中国物权法草案建议稿及说明》,中国法制出版社 2001 年版,第 544 页。

⑤ 中国物权法研究课题组(负责人:梁慧星):《中国物权法草案建议稿:条文、说明、理由及参考法例》,社会科学文献出版社 2000 年版,第 819 页。

⑥ 王利明:《中国物权法草案建议稿及说明》,中国法制出版社 2001 年版,第 144 页。

⑦ 王利明:《中国物权法草案建议稿及说明》,中国法制出版社 2001 年版,第 544—546 页。

4. 民法典制定过程中的相关讨论

陈华彬建议，《物权法》仅对占有人的物上请求权设有规定（第245条），而对于占有人的自力救济（权）则系阙如，属于立法上的明显漏洞或空白。故此，编纂民法典物权编而建构占有规则系统时，理应依当代域外法的共通经验与占有法法理作出明定。① 但王洪亮认为，应禁止私力救济。②

关于占有保护请求权的主体，王洪亮认为，不论是直接占有人还是间接占有人，自主占有人还是他主占有人，都有占有保护请求权。直接占有人对间接占有人有完全的占有保护请求权，但反之不能成立；间接占有人对第三人享有占有保护请求权。在侵夺占有情况下，间接占有人只能请求向直接占有人返还占有，只有在直接占有人不想收回占有的情况下，才能请求向自己返还占有。

（三）简要总结

关于是否应当规定占有人的自力救济权，笔者认为规定占有人的自力救济权能够较为经济地实现对占有的保护，且占有人行使自力救济权如果超出必要的限度，也可以通过侵权行为等相关制度予以矫正，并无全然禁止之必要。故未来制定民法典物权编时，应采纳学者建议，规定占有人的自力救济权。关于是否应当在物权请求权之外单独规定占有保护请求权，笔者认为，虽然占有保护请求权和物权请求权同属物上请求权，二者在权利行使阶段往往也构成权利竞合，但二者在权利主体、功能、证明责任、期间等方面存在一定的差异，并非能够完全将占有保护请求权准用于物权请求权。

二 解释论

（一）主要争议问题

《物权法》关于占有保护的规定是第245条，该条规定："占有的不动产或者动产被侵占的，占有人有权请求返还原物；对妨害占有的行为，占有人有权请求排除妨害或者消除危险；因侵占或者妨害造成损害的，占

---

① 陈华彬：《我国民法典物权编占有规则立法研究》，《现代法学》2018年第1期。

② 王洪亮：《占有法律制度重构》，《国家检察官学院学报》2017年第4期。

有人有权请求损害赔偿。占有人返还原物的请求权,自侵占发生之日起一年内未行使的,该请求权消灭。"学界对于本条的理解与适用的争议,主要有以下几个方面:占有保护请求权的性质为何?无权占有人是否享有占有保护请求权?间接占有人是否享有占有保护请求权?《物权法》第245条第2款规定的一年保护期间的性质为何?占有是否受侵权责任法保护?

(二) 各种观点

1. 关于占有保护请求权的性质

关于占有保护请求权的性质,有学者认为,占有保护请求权以占有的侵害排除为目的,因而属于一种物权的请求权。① 还有学者认为,物权人享有的物权请求权和占有人享有的占有保护请求权,共同构成广义上的物权请求权。② 但有学者对此提出了不同意见。刘凯湘认为:以上观点混淆了物权请求权与物上请求权,将二者简单等同。物权请求权,指物的圆满状态受到妨碍或有被妨碍之虞时,物权人为回复其物权的圆满状态,得请求妨害人,为一定行为或不为一定行为的权利。基于所有权抑或基于他物权,享有物权是行使物权请求权的前提。③ 其概念的范围小于物上请求权。而根据占有的性质,占有人只能享有基于物上的利益而生的物上请求权。崔建远进一步区分了物权请求权与占有保护请求权在内容上的区别。第一,主体不同,物权请求权的主体一般应为物权人;占有保护请求权的主体为占有人,并不以物权人为限。第二,占有物返还请求权以占有被侵夺为构成要件,而物权人的物权请求权以他人无权占有为成立要件。第三,占有人返还原物请求权受一年期限的限制,而物权请求权不受期间限制。④ 王利明认为,物权请求权和占有保护请求权,除在权利主体、权利期间等方面存在不同外,在权利功能、举证责任方面也存在不同。物权请求权是为了保护物权人对物权支配的圆满状态,而占有保护请求权是为了保护占有秩序;行使物权请求权往往要负担较行使占有保护请求权更重

---

① 梁慧星主编:《中国物权法草案建议稿附理由》,社会科学文献出版社2007年版,第712页。
② 王利明:《物权法研究》(下),中国人民大学出版社2007年版,第747页。
③ 刘凯湘:《论基于所有权的物权请求权》,《法学研究》2003年第1期。
④ 崔建远:《物权:规范与学说》(上),清华大学出版社2011年版,第363页。

的举证责任。① 但在众多情况下，物权人可同时选择行使物权请求权和占有保护请求权，二者可构成权利上的竞合。② 可合并行使，也可单独先后行使。

2. 关于无权占有人是否享有占有保护请求权

关于占有的保护是否以有权占有为限，学界存在分歧。王利明认为，无权占有应受保护。理由是为了保护占有形成的事实秩序，也是为了维护正当程序。我国《物权法》关于占有保护的规定，并没有限于有权占有人，从体系解释的角度来看，无权占有人也可以行使此项权利。③ 全国人大法工委胡康生亦认为，占有人无论是有权占有还是无权占有，其占有受他人侵害，即可行使法律赋予的占有保护请求权。④ 此为学界通说。但隋彭生认为，"《物权法》第245条第1款的'有权请求返还'规定，不仅偏离了法律的正常轨道，而且束缚了法官的手脚甚至扰乱了人们的思维。因为侵夺等原因产生的无权占有被侵夺后还有权请求返还，并不符合社会的一般观念"⑤。"对无权占有给予请求回复占有的保护，仅应在维护占有之本权的前提下予以考虑。"⑥ 李锡鹤反对保护无权占有，认为"法律是对行为的评价，占有制度是对占有行为的评价。所谓非法占有，表示法律否定了该占有行为，占有人不得为该占有行为。因此，非法占有人不享有占有保护请求权"⑦。

3. 关于间接占有人是否享有占有保护请求权

支持者认为，占有保护请求权既可以由直接占有人享有，也可以由间

---

① 王利明：《物权法研究》（上），中国人民大学出版社2007年版，第752页。

② 崔建远：《物权：规范与学说》（上），清华大学出版社2011年版，第363页；王利明：《物权法研究》（上），中国人民大学出版社2007年版，第751—752页。

③ 王利明：《物权法研究》（下），中国人民大学出版社2007年版，第750—751页。

④ 胡康生主编：《中华人民共和国物权法释义》，法律出版社2007年版，第520页。

⑤ 隋彭生：《论占有之本权》，《法商研究》2011年第2期。

⑥ 隋彭生：《论占有之本权》，《法商研究》2011年第2期。同样的观点可参见廖新仲《关于〈物权法〉第245条占有保护适用范围的理解——以我国所谓"小偷的占有保护"之不成立为中心》，《法律适用》2011年第9期。

⑦ 李锡鹤：《物的概念和占有的概念》，《华东政法大学学报》2008年第4期。

接占有人享有。① 间接占有人应予保护,尤其是间接占有人并非均享有本权,赋予间接占有人基于占有的保护性权利,恰可体现占有保护不问占有本权的制度精髓。② 反对者则认为,《物权法》并未承认间接占有概念,间接占有并非对物的事实支配,而是一种虚设的占有。③ 间接占有人为所有权人的,可以通过所有权保护途径寻求救济,即使直接占有人不行使占有保护请求权,所有权人也可以对第三人行使物权请求权。④ 对此,有学者批评指出,"占有保护不同于权利保护,即使间接占有人同时是所有权人,所有权保护也不能取代间接占有保护。因为主张基于所有权的物上请求权,必须首先证明所有权的存在,但一般而言证明所有权比证明间接占有更为困难,如此反而加重了间接占有人寻求救济的成本"⑤。

但关于间接占有是否享有占有物返还请求权,应以直接占有人为基础。如直接占有人之占有未被侵夺,则间接占有人不得主张占有物返还请求权。⑥ 即间接占有的侵夺,应解释为"侵夺人通过除形成多阶层间接占有以外的方法排除间接占有人的观念的事实上管领力"⑦。即如果直接占有人(如承租人、使用借贷人等)将占有物再行移转占有(如出租、使用出借)于他人的,不构成对间接占有人(原权利人)占有的侵夺,因此自无占有物返还请求权适用之余地。同时,在占有媒介关系存续期间,间接占有人行使占有物返还请求权只得请求侵夺人将占有物返还于直接占有人,而不得直接请求侵夺人将侵夺之物直接返还于间接占有人,以维护

---

① 崔建远:《物权:规范与学说》,清华大学出版社2011年版,第363—367页。

② 张双根:《占有的基本问题——评〈物权法草案〉第二十章》,《中外法学》2006年第1期;张双根:《间接占有制度的功能》,《华东政法学院学报》2006年第21期;申卫星:《物权法原理》,中国人民大学出版社2008年版,第194—197页。

③ 李锡鹤:《物的概念和占有的概念》,《华东政法大学学报》2008年第4期;石佳友:《〈物权法〉占有制度的理解与适用》,《政治与法律》2008年第10期;薛启明:《〈物权法〉占有制度三题》,《研究生法学》2007年第3期。

④ 王利明:《论占有》,载《民商法研究》(第四辑),法律出版社2001年版,第445—447页。

⑤ 吴香香:《〈物权法〉第245条评注》,《法学》2016年第4期。

⑥ 王泽鉴:《民法物权》,北京大学出版社2010年版,第537页。

⑦ 周晔:《占有保护请求权在间接占有中的法律适用》,《东南大学学报》(哲学社会科学版)第S2期。

占有媒介关系之存续。占有媒介关系中的直接占有人拒不受领占有物的,间接占有人可代位行使。

4. 关于占有物返还请求权一年行使期间的性质

根据《物权法》第245条第2款规定,占有人返还原物请求权的行使期间为一年,否则该请求权消灭。本条立法系参考《德国民法典》第864条第1款、我国台湾地区"民法"第963条,在立法过程中并无太大争议。但就该款规定的一年期间的性质,学界存在着诉讼时效说、除斥期间说和权利失效期间说的分歧。

梁慧星、陈华彬认为,该一年期间为除斥期间而非诉讼时效。理由在于:诉讼时效可因事实而中断或中止,而且它以受害人知道或者应当知道受侵害之时开始起算,如果按照诉讼时效来规定,此项期间可能远比一年长,那么将使权利处于长期不稳定的状态。并且,通常情况下,占有物返还请求权因除斥期间经过而未行使的,占有人如果对物享有其他实体权利(如所有权),自然可以依照其实体权利提出返还请求,因此也没有必要规定更长的期间进行保护。[①] 王利明则认为,该一年期间为诉讼时效。理由在于:第一,从比较法上看,多数国家理解该期间为诉讼时效而非除斥期间;第二,除斥期间适用于形成权,诉讼时效适用于请求权。占有物返还请求权为请求权,故该期间应诉讼时效。第三,如果不允许该期间中止、中断或延长,将导致占有人请求返还占有物的期间过短,不利于对占有人的保护。[②] 但崔建远则认为,该期间既非除斥期间,也非诉讼时效,而是权利失效期间。理由是"其对象为请求权,而非形成权"[③]。对于何为权利失效期间,崔建远解释道:权利失效系指"权利本体消灭"[④]。

5. 关于占有是否受侵权责任法保护

占有是否能够成为《侵权责任法》保护的对象?早期学者反对的主要理由立足于民法将占有认定为一种事实而非权利,那么就不能成为侵权

[①] 梁慧星、陈华彬:《物权法》,法律出版社2010年版,第410页。同旨可参见黄松有主编《〈中华人民共和国物权法〉条文理解与适用》,人民法院出版社2007年版,第711页。

[②] 王利明:《物权法研究》(下),中国人民大学出版社2007年版,第758页。

[③] 崔建远:《物权:规范与学说》(上),清华大学出版社2011年版,第365页。

[④] 崔建远:《关于制定〈民法总则〉的建议》,《财经法学》2015年第4期。

行为的对象。① 在侵权责任法颁布之前，越来越多的学者持支持观点。② 主要基于以下两个方面的理由：其一，任何受法律保护的利益均可构成权利，一旦占有受到保护，便可形成财产权，从而形成侵权行为的客体；其二，占有虽不是权利，但因民法特设对占有事实状态的保护规定，故而得成为侵权行为的客体。③ 有学者主张，占有的性质体现为法益，是侵权行为之客体，在侵权行为法的救济中居特殊地位。占有人在占有法益受到侵害时享有救济权的请求损害赔偿权。在立法上应当通过重构侵权行为法一般条款来实现对占有法益之救济。④ 现行《侵权责任法》第2条规定，"侵害民事权益，应当依照本法承担侵权责任"，从而将保护范围由权利扩张到民事权益，占有受其保护已逐渐成为学界通说。

有观点认为在具体的适用过程中：首先，在这种救济模式中，占有的损害赔偿请求权与占有的物上请求权统一于侵权责任法中，不分离不竞合。对占有的侵权责任包括侵夺占有、妨害占有和损害占有。其次，占有人的请求权的提起到底适用一般侵权还是特殊侵权取决于不同的请求权性质。对于要求返还原物与排除妨害的侵权责任构成应适用无过错责任原则的特殊侵权的构成，而对于损害赔偿的侵权责任的构成原则上应该适用一般侵权的过错责任构成。⑤

(三) 简要总结

笔者认为，占有为法律所承认和保护的一种事实，对于占有的保护是为了维护已成立的事实状态。除本权人在法律规定的情况下行使自力救济权外，一旦占有人取得占有，纵使占有之取得存在一定瑕疵，也禁止以私力改变现有之秩序。如果对于无权占有不提供必要的法律保护，与法律所维护和追求的和平秩序有违。关于间接占有人是否享有占有保护请求权尤其是占有物返还请求权的问题，笔者认为，间接占有人享有占有保护请求

---

① 胡长清：《中国民法债编总论》，北京：商务印书馆1935年版，第128页。
② 梁慧星主编：《中国物权法草案建议稿附理由》，社会科学文献出版社2007年版，第713页；王利明：《物权法研究》（上），中国人民大学出版社2013年版，第1507页。
③ 汪渊智、杨继锋：《论侵害占有的侵权责任》，《法律适用》2008年第7期。
④ 吴文嫔：《占有法益之侵权行为法救济途径——兼论侵权行为法一般条款之重构》，《四川大学学报》（哲学社会科学版）2004年第6期。
⑤ 张喻忻：《论侵权责任法对占有的保护》，《法学杂志》2010年第2期。

权，但其权利行使应以直接占有人的占有是否被侵害为判断前提，且在占有媒介关系存续期间应维护直接占有人与间接占有人的权利义务关系。关于占有物返还请求权一年行使期间性质的问题，笔者认为该期间系除斥期间，理由在于除斥期间为某类权利的存续期间，其适用对象并不以形成权为限，[①] 其法律效果是消灭权利本体。《物权法》第 245 条第 2 款规定的一年期间符合以上特征。关于占有是否受《侵权责任法》保护，笔者认为并无将占有排除在《侵权责任法》保护之外的必要，且从我国《侵权责任法》第 2 条的语义来看，作为一种"利益"的占有并未被排除"权益"之外。

---

① 耿林：《论除斥期间》，《中外法学》2016 年第 5 期。

参考文献

一 著作

卞耀武主编：《中华人民共和国海域使用管理法释义》，法律出版社 2001 年版。
曹士兵：《中国担保制度与担保方法》，中国法制出版社 2006 年版。
常鹏翱：《物权法的展开与反思》，法律出版社 2017 年版。
陈华彬：《建筑物区分所有权研究》，法律出版社 2006 年版。
陈华彬：《物权法研究》，法律出版社 2008 年版。
陈华彬：《民法物权论》，法律出版社 2009 年版。
陈华彬：《物权法》，法律出版社 2015 年版。
陈华彬：《建筑物区分所有权法》，中国政法大学出版社 2017 年版。
陈华彬：《物权法论》，中国政法大学出版社 2018 年版。
陈祥健：《担保物权研究》，中国检察出版社 2003 年版。
程啸：《中国抵押权制度的理论与实践》，法律出版社 2002 年版。
程啸：《担保物权研究》，中国人民大学出版社 2016 年版。
费安玲、刘智慧、高富平：《物权法》，高等教育出版社 2010 年版。
傅穹、彭诚信：《物权法专题初论》，吉林大学出版社 2001 年版。
高飞：《集体土地所有权主体制度研究》，法律出版社 2012 年版。
高富平：《物权法》，清华大学出版社 2007 年版。
高圣平：《担保法论》，法律出版社 2008 年版。
高圣平、王天雁、吴昭军：《〈中华人民共和国农村土地承包法〉条文理解与适用》，人民法院出版社 2018 年版。

高圣平：《担保法前沿问题与判解研究》，人民法院出版社 2018 年版。

辜明安：《物权请求权制度研究》，法律出版社 2009 年版。

郭明端：《担保法》，法律出版社 2009 年版。

郭明瑞：《物权法通义》，商务印书馆 2019 年版。

国家法官学院案例开发研究中心：《中国法院 2017 年度案例：物权纠纷》，中国法制出版社 2017 年版。

韩松、姜战军、张翔：《物权法所有权编》，中国人民大学出版社 2007 年版。

韩松等编：《民法分论》（第三版），中国政法大学出版社 2013 年版。

韩松等编：《物权法》，法律出版社 2014 年版。

侯水平、黄果天：《物权法争点详析》，法律出版社 2007 年版。

胡康生主编：《中华人民共和国物权法释义》，法律出版社 2007 年版。

黄茂荣：《法学方法与现代民法》（第五版），法律出版社 2007 年版。

黄松有主编：《〈中华人民共和国物权法〉条文理解与适用》，人民法院出版社 2007 年版。

江平：《江平文集》，中国法制出版社 2000 年版。

江平主编：《民法学》，中国政法大学出版社 2000 年版。

江平：《法治必胜》，法律出版社 2016 年版。

江平主编：《物权法教程》，中国政法大学出版社 2017 年版。

金俭等：《中国不动产物权法》，法律出版社 2007 年版。

金启洲：《民法相邻关系制度》，法律出版社 2009 年版。

李剑阁：《中国新农村建设调查》，上海远东出版社 2007 年版。

李锡鹤：《物权法论稿》，中国政法大学出版社 2016 年版。

梁慧星：《为中国民法典而斗争》，法律出版社 2003 年版。

梁慧星主编：《中国物权法草案建议稿附理由》，社会科学文献出版社 2007 年版。

梁慧星：《为了中国民法》，中国社会科学出版社 2013 年版。

梁慧星主编：《中国民法典草案建议稿》（1—9 卷），法律出版社 2013 年版。

梁慧星等：《民法典编纂论》，商务印书馆 2016 年版。

梁慧星：《梁慧星谈民法》，人民法院出版社 2017 年版。

刘保玉编著：《物权法》，上海人民出版社 2002 年版。

刘保玉：《物权体系论》，人民法院出版社 2003 年版。

刘保玉：《担保纠纷裁判依据新释新解》，人民法院出版社 2016 年版。

刘智慧：《〈物权法〉立法观念与疑难制度评注》，江苏人民出版社 2007 年版。

刘智慧：《占有制度原理》，中国人民大学出版社 2007 年版。

柳经纬主编：《共和国六十年法学论证实录民商法卷》，厦门大学出版社 2009 年版。

马俊驹、陈本寒主编：《物权法》（第二版），复旦大学出版社 2013 年版。

马特：《物权变动》，中国法制出版社 2007 年版。

梅夏英、高圣平：《物权法教程》（第二版），中国人民大学出版社 2010 年版。

孟勤国、张里安主编：《物权法》，湖南大学出版社 2005 年版。

孟勤国：《物权二元结构论——中国物权制度的理论构建》，人民法院出版社 2004 年版。

宁红丽：《物权法占有编》，中国人民大学出版社 2007 年版。

渠涛：《中国民法典编纂中习惯法应有的位置》，载《中日民商法研究》（第一卷），法律出版社 2003 年版。

渠涛主编：《中日民商法研究》（第七卷），法律出版社 2009 年版。

冉克平：《物权法总论》，法律出版社 2015 年版。

史尚宽：《物权法论》，中国政法大学出版社 2000 年版。

孙宪忠：《争议与思考——物权立法笔记》，中国人民大学出版社 2006 年版。

孙宪忠：《中国物权法总论》（第二版），法律出版社 2009 年版。

孙宪忠：《物权法》，社会科学文献出版社 2011 年版。

田土城、刘保玉、李明发主编：《民商法评论》（第 1 卷），郑州大学出版社 2009 年版。

王崇敏、李建华：《物权法立法专题研究》，法律出版社 2011 年版。

王闯：《让与担保法律制度研究》，法律出版社 2000 年版。

王利民：《物权本论》，法律出版社 2005 年版。

王利明主编：《物权法专题研究》，吉林人民出版社 2002 年版。

王利明：《物权法论》（修订版），中国政法大学出版 2003 年版。

王利明：《中国民法典草案建议稿及说明》，中国法制出版社 2004 年版。

王利明等：《中国民法典学者建议稿及立法理由（物权编）》，法律出版社 2005 年版。

王利明：《物权法研究》（上、下），中国人民大学出版社 2007 年版。

王胜明主编：《中华人民共和国物权法解读》，中国法制出版社 2007 年版。

王利明：《王利明民法学研究系列》，中国人民大学出版社 2018 年版。

王仰光：《动产浮动抵押权制度研究》，法律出版社 2012 年版。

王轶：《民法原理与民法学方法》，法律出版社 2009 年版。

王泽鉴：《民法物权》，北京大学出版社 2010 年版。

王泽鉴：《民法物权（第 1 册）：通则·所有权》，中国政法大学出版社 2001 年版。

魏振瀛：《民法》，北京大学出版社、高等教育出版社 2010 年版。

温世扬：《物权法通论》，人民法院出版社 2005 年版。

谢鸿飞主编：《迈向民法典之路》，社会科学文献出版社 2019 年版。

谢在全：《民法物权论》（上、中、下），中国政法大学出版社 2011 年版。

徐国栋：《中国民法典争鸣》，厦门大学出版社 2018 年版。

杨立新：《物权法》（第二版），中国人民大学出版社 2007 年版。

杨立新：《中国物权法研究》，中国人民大学出版社 2018 年版。

杨立新：《物权法》，中国人民大学出版社 2019 年版。

叶金强：《担保法原理》，科学出版社 2002 年版。

尹田：《物权法理论评析与思考》，中国人民大学出版社 2004 年版。

余能斌：《物权法专论》，法律出版社 2002 年版。

张柳青主编：《物权法审判实务疑难释解》，中国法制出版社 2007 年版。

中国政法大学民商法教研室主编：《民商法纵论：江平教授七十华诞祝贺文集》，中国法制出版社 2000 年版。

邹海林主编：《金融担保法的理论与实践》，社会科学文献出版社 2004 年版。

邹海林、常敏：《债权担保的理论与实务》，社会科学文献出版社 2005 年版。

二 期刊

蔡立东、姜楠：《农地三权分置的法实现》，《中国社会科学》2017年第5期。

曹诗权、朱广新：《论农地承包经营权立法目标模式的建构》，《中国法学》2001年第3期。

曹诗权、朱广新：《农地承包经营权物权化建构的基础与思路》，《法商研究》2001年第3期。

常鹏翱：《留置权善意取得的解释论》，《法商研究》2014年第6期。

常鹏翱：《论存货质押设立的法理》，《中外法学》2019年第6期。

陈华彬：《业主的建筑物区分所有权——评〈物权法草案〉第六章》，《中外法学》2006年第1期。

陈华彬：《论区分所有建筑物的管理规约》，《现代法学》2011年第4期。

陈华彬：《区分所有建筑物的重建》，《法学研究》2011年第3期。

陈华彬：《论所有人抵押权》，《现代法学》2014年第5期。

陈华彬：《区分所有建筑物修缮的法律问题》，《中国法学》2014年第4期。

陈华彬：《人役权制度的构建——兼议我国〈民法典物权编（草案）〉的居住权规定》，《比较法研究》2019年第2期。

陈小君：《农村集体土地征收的法理反思与制度重构》，《中国法学》2012年第1期。

程啸：《混合共同担保中担保人的追偿权与代位权——对〈物权法〉第176条的理解》，《政治与法律》2014年第6期。

崔凤友：《海域使用权的物权性分析》，《政法论丛》2001年第2期。

崔建远：《关于渔业权的探讨》，《吉林大学社会科学学报》2003年第3期。

崔建远：《海域使用权制度及其反思》，《政法论坛》2004年第6期。

崔建远：《水权——连接多门法律的纽结》，《郑州大学学报》（哲学社会科学版）2004年第3期。

崔建远：《土地承包经营权的修改意见》，《浙江社会科学》2005年第6期。

崔建远：《对业主的建筑物区分所有权之共有部分的具体考察》，《法律科学》2008 年第 3 期。

崔建远：《地役权的解释论》，《法学杂志》2009 年第 2 期。

崔建远：《再论地役权的从属性》，《河北法学》2010 年第 12 期。

崔建远：《自然资源国家所有权的定位及完善》，《法学研究》2013 年第 4 期。

董学立：《抵押权概念的演变及其法体系效应》，《法商研究》2017 年第 5 期。

房绍坤：《论征收中"公共利益"界定的程序机制》，《法学家》2010 年第 6 期。

费安玲：《对不动产征收的私法思考》，《政法论坛》2003 年第 1 期。

费安玲：《不动产相邻关系与地役权若干问题的思考》，《江苏行政学院学报》2004 年第 1 期。

高圣平：《美国动产担保交易法与中国动产担保物权立法》，《法学家》2006 年第 5 期。

高圣平、刘守英：《宅基地使用权初始取得制度研究》，《中国土地科学》2007 年第 2 期。

高圣平、严之：《海域使用权抵押权的体系定位与制度完善》，《当代法学》2009 年第 4 期。

高圣平：《担保物权的行使期间研究——以〈物权法〉第 202 条为分析对象》，《华东政法大学学报》2009 年第 1 期。

高圣平：《农村金融制度中的信贷担保物：困境与出路》，《金融研究》2009 年第 2 期。

高圣平、杨旋：《建设用地使用权期限届满后的法律后果》，《法学》2011 年第 10 期。

高圣平：《应收账款质权登记的法理》，《当代法学》2015 年第 6 期。

高圣平：《混合共同担保的法律规则：裁判分歧与制度完善》，《清华法学》2017 年第 5 期。

高圣平：《承包地三权分置的法律表达》，《中国法学》2018 年第 4 期。

高圣平：《论集体建设用地使用权的法律构造》，《法学杂志》2019 年第 4 期。

高圣平：《农村宅基地制度：从管制、赋权到盘活》，《农业经济问题》

2019 年第 6 期。

郭明瑞：《关于宅基地使用权的立法建议》，《法学论坛》2007 年第 1 期。

郭明瑞：《关于农村土地权利的几个问题》，《法学论坛》2010 年第 1 期。

郭明瑞：《关于应收账款质权的三个问题》，《江淮论坛》2011 年第 6 期。

郭明瑞：《也谈农村土地承包经营权的继承问题——兼与刘保玉教授商榷》，《北方法学》2014 年第 2 期。

韩松：《论集体所有权的主体形式》，《法制与社会发展》2000 年第 5 期。

韩松：《论成员集体与集体成员——集体所有权的主体》，《法学》2005 年第 8 期。

韩松：《集体建设用地市场配置的法律问题研究》，《中国法学》2008 年第 3 期。

韩松：《新农村建设中土地流转的现实问题及其对策》，《中国法学》2012 年第 1 期。

韩松：《坚持农村土地集体所有权》，《法学家》2014 年第 2 期。

韩松：《农民集体土地所有权的权能》，《法学研究》2014 年第 6 期。

胡增祥、马英杰、解新英：《论中国物权法中的渔业权制度》，《中国海洋大学学报》（社会科学版）2003 年第 2 期。

江必新、梁凤云：《物权法中的若干行政法问题》，《中国法学》2007 年第 3 期。

江平：《矿产资源与土地资源之权利辨析》，《中国国土资源经济》2018 年第 1 期。

金可可：《渔业权基础理论研究》，《环境资源法论丛》2004 年第 1 期。

梁慧星：《制定中国物权法的若干问题》，《法学研究》2000 年第 4 期。

梁慧星：《物权法的立法思考》，《江西财经大学学报》2001 年第 1 期。

梁慧星：《特别动产集合抵押——物权法第 181 条解读》，《人民法院报》2007 年 9 月 13 日。

刘保玉：《空间利用权的含义界定及其在我国物权法上的规范模式选择》，《杭州师范学院学报》2006 年第 2 期。

刘保玉、孙超：《论业主委员会的法律地位——从实体法与程序法的双重视角》，《政治与法律》2009 年第 2 期。

刘保玉：《留置权成立要件规定中的三个争议问题解析》，《法学》2009 年第 5 期。

刘家安：《含糊不清的占有——〈物权法〉草案占有概念之评析》，《中外法学》2006 年第 2 期。

刘凯湘：《论农村土地承包经营权的可继承性》，《北方法学》2014 年第 2 期。

马俊驹、宋刚：《合作制与集体所有权》，《法学研究》2001 年第 6 期。

马俊驹：《国家所有权的基本理论和立法结构探讨》，《中国法学》2011 年第 4 期。

马新彦、李国强：《土地承包经营权流转的物权法思考》，《法商研究》2005 年第 5 期。

马新彦：《居住权立法与继承编的制度创新》，《清华法学》2018 年第 2 期。

梅夏英：《土地分层地上权的解析——关于〈物权法〉第 136 条的理解与适用》，《政治与法律》2008 年第 10 期。

彭诚信、臧彦：《空间权若干问题在物权立法中的体现》，《吉林大学学报》（哲学社会科学版）2002 年第 5 期。

钱明星：《关于在我国物权法中设置居住权的几个问题》，《中国法学》2001 年第 5 期。

屈茂辉、戴谋富：《按揭与让与担保之比较》，《财经理论与实践》2001 年第 110 期。

屈茂辉：《用益权的源流及其在我国民法上的借鉴意义》，《法律科学》2002 年第 3 期。

屈茂辉、周志芳：《论业主的法律界定——兼评〈建筑物区分所有权司法解释（征求意见稿）〉第 1 条》，《政治与法律》2009 年第 2 期。

渠涛：《农户承包集体土地合同上的财产关系》，《北方法学》2014 年第 2 期。

渠涛：《关于住宅建设用地使用权"自动续期"的思考》，《法学家》2017 年第 2 期。

申卫星：《地役权制度的立法价值与模式选择》，《现代法学》2004 年第 5 期。

申卫星：《从"居住有其屋"到"住有所居"——我国民法典分则创设居住权制度的立法构想》，《现代法学》2018 年第 2 期。

孙宪忠：《我国物权法中所有权体系的应然结构》，《法商研究》2002 年第 5 期。

孙宪忠：《"政府投资"企业的物权分析》，《中国法学》2011 年第 3 期。

谭柏平：《自然资源物权质疑》，《首都师范大学学报》（社会科学版）2009 年第 3 期。

王利明：《抵押权若干问题的探讨》，《法学》2000 年第 11 期。

王利明：《建立取得时效制度的必要性探讨》，《甘肃政法学院学报》2002 年第 1 期。

王利明：《经济全球化对物权法的影响》，《社会科学》2006 年第 2 期。

王利明：《不动产善意取得的构成要件研究》，《政治与法律》2008 年第 10 期。

王利明：《试论〈物权法〉中海域使用权的性质和特点》，《社会科学研究》2008 年第 4 期。

王利明：《住宅建设用地使用权自动续期规则》，《清华法学》2017 年第 2 期。

王利明：《论民法典物权编中居住权的若干问题》，《学术月刊》2019 年第 7 期。

王利明：《物权编设立典权的必要性》，《法治研究》2019 年第 6 期。

王全弟、盛宏观：《抵押权顺位升进主义与固定主义之选择》，《法学》2008 年第 4 期。

王胜明：《我国的物权法律制度》，《国家行政学院学报》2005 年第 5 期。

王卫国、王坤：《让与担保在我国物权法中的地位》，《现代法学》2004 年第 5 期。

王晓明：《空间建设用地使用权的理论问题研究——以〈物权法〉第 136 条为中心》，《中州学刊》2011 年第 2 期。

王旭东：《采矿权法律制度初探》，《河南政法管理干部学院学报》2004 年第 3 期。

温世扬、廖焕国：《论间接占有制度之存废》，《北京市政法管理干部学院学报》2001 年第 9 期。

徐涤宇：《所有权的类型及其立法结构——〈物权法草案〉所有权立法之批评》，《中外法学》2006 年第 1 期。

杨立新：《论我国土地承包经营权的缺陷及其对策——兼论建立地上权和永佃权的必要性和紧迫性》，《河北法学》2000 年第 1 期。

杨立新：《后让与担保：一个正在形成的习惯法担保物权》，《中国法学》2013 年第 3 期。

杨立新：《70 年期满自动续期后的住宅建设用地使用权》，《东方法学》2016 年第 4 期。

尹田：《论国家财产的物权法地位》，《法学杂志》2006 年第 2 期。

朱广新：《地役权概念的体系性解读》，《法学研究》2007 年第 4 期。

朱广新：《论建设用地使用权的提前收回》，《华东政法大学学报》2011 年第 4 期。

朱广新：《论住宅建设用地使用权自动续期及其体系效应》，《法商研究》2012 年第 2 期。

邹海林：《论抵押权的追及效力及其缓和——兼论〈物权法〉第 191 条的制度逻辑和修正》，《法学家》2018 年第 1 期。

三　中译著作

［德］萨维尼：《论占有》，朱虎、刘智慧译，法律出版社 2007 年版。

［日］近江幸治：《担保物权法》，祝娅等译，法律出版社 2001 年版。

［日］近江幸治：《民法讲义 II——物权法》，王茵译，北京大学出版社 2006 年版。

［日］田山辉明：《物权法》（增订本），陆庆胜译，法律出版社 2001 年版。

［日］我妻荣：《新订担保物权法》，申政武、封涛、郑芙蓉译，中国法制出版社 2008 年版。

欧洲民法典研究组、欧盟现行私法研究组编：《欧洲示范民法典草案：欧洲私法的原则、定义和示范规则》，高圣平等译，法律出版社 2014 年版。

欧洲民法典研究组、欧盟现行私法研究组编：《欧洲私法的原则、定义与示范规则》（全译本 1、2、3 卷），高圣平译，人民法院出版社 2011 年版。

后　　记

　　本书展示的研究内容自立项至与读者见面历时近十年时间,但这十年磨砺出来的并不是可以令笔者满意的"一剑"。个中自然有主客观各种因素影响,也有笔者——主要是统稿人的懈怠,这些在本书前言中已有交代,不再赘述。

　　在中国,物权法的研究和立法的历史较短,加之政治和社会体制与传统民法生成的土壤多有不同,故此,物权法本身在中国得以认知和成立的过程中遇到了诸多困难。其中,既有源于意识形态方面的困惑,也有基于意识形态引发的民事立法技术层面上调整的困难。然而,即便如此,中国还是制定出了富有本国特色,且体系完整、制度健全的《物权法》乃至《民法典》。它显示了中国人在民事立法上的智慧,值得骄傲!而这骄傲的背后又必须看到民法学人付出的心血。这本书要展示的也正是民法学人在物权法方面的辛勤付出。

　　反观中国民法学整体的研究,具体到物权法领域的研究,尽管在今天已经取得了可喜可贺的成就,但因为研究历史的积淀比较薄弱,所以还有很多问题有待展开更为深入的研究。笔者不揣疏漏,就当下关键的课题提出一些思考,以求教于民法学界各位学者。

　　第一,物权法与公法的关系。

　　一个国家法治的实现,首先需要一个完整的法律体系。法律体系的构建是综合性的工程。从上位分类上看,"实体法"与"程序法"和"公法"与"私法"等形成的是相互配合、相互补充、相互依存的关系,任何一个部门法都不可能独善其身。就物权法的制度设计以及实施中的解释而言,首先,必须与宪法保持一致。我国宪法对公有制以及对土地所有权的限制等规定是物权法必须遵从的上位法。这一点似乎没有更多的研究空间，但是，只要做进一步思考就会发现其中还有需要深入研究的问题。诸如，所有权与使用权之间在宪法之下的定位于传统民法制度和法理之间的连接；如何在社会主义市场经济体制下细化私人的财产权等。此外，物权法制度设计与解释与《土地管理法》《房地产管理法》《税法》等行政法及其法规有着非常紧密的联系。民法学者要研究好物权制度的立法以及实施中的解释，需要具备一定的相关知识，并应该积极与这些部门法的学者以及实务界人士多交流。否则，不仅会被法学界斥之为"民法帝国主义""民法霸权主义"，而且，还可能会将物权法研究的立法论和解释论引入歧途。关于这一点，2016年中旬在社会上受到热议的所谓"70年大限"讨论中出现的问题就是最好的例证。

第二，物权法与习惯法的关系。

从民法总体上看，既有需要求同的领域，更有要求存异的领域。概而言之，于财产法领域需要求同的程度比较高；而于家族继承领域要求存异的程度比较高。但是，即便在财产法领域，债权法与物权法之间在求同于存异的程度上也存在很大差异，债权为前者，物权为后者。这一点，无论就各国间的民商事交易而言，抑或就国内的民商事交易而言，都是共通的法理。从财产权的一般分类说，物权与债权的不同在于，物权的绝对性与债权的相对性；物权的对世性与债权的对人性；物权的归属性与债权的交易性；物权法定与债权自治（合同自由）；而"物权法定"这一原则所揭示的最为重要的内容就是该类权利在受法律保护上具有的特殊地位。正因如此，如何合理设置作为物权的权利种类及其形态，非常有必要将特定地域中、历史上形成并应该作为物权予以保护的习惯以及习惯法上的权利形态归纳到《物权法》之中。中国幅员辽阔，民族众多，各地区和各民族之间的差异甚大，特别是改革开放摆脱了计划经济的桎梏，建立社会主义市场经济体制以后，民间的传统交易习惯和财产归属规则等自然而然地重新出现。其中，腐朽落后，甚至有失公允的习惯和习惯法自然应该摒弃，但能够充分彰显中华文化的一些传统民事权利自然应该得到实体法——具体到物权法的保护。

然而，从物权法的立法的整体过程以及民法学界的整体研究成果上看，应该可以说，对于中国传统上与物权法相通或应该得到物权法保护的习惯以及习惯法的重视程度还远远不够。这一点，从广义土地上的"农"

"牧""渔",以及"森林""水域"的相关物权角度对照《物权法》的规定,即可一目了然。

习惯法没有在物权法立法及其研究中得到重视的原因应该有很多。但是,从法学角度可以想到的直接原因是:其一,中华人民共和国成立后,由于公权力的强大存在,习惯和习惯法自然遭到否定;其二,计划经济体制下,经济活动的等同划一自然也没有交易上的习惯和习惯法存在的空间,财物归属的法规则自然也随之荡然无存;其三,改革开放后,为了让社会主义市场经济体制下的民商事法律同世界接轨,需要在学习外国民商事法律方面补课,而正是为了弥补以往对外国民商事法律研究的缺失,以致在学习和研究外国法律上花费了更多的精力,习惯和习惯法在物权法乃至民法中应有的重要地位没有受到中国民法学界以及立法机关应有的重视。

应该说,传统习惯和习惯法在物权法和民事法领域中的重要地位是毋庸置疑的。但是,首先,在实定法上如何吸纳传统习惯和习惯法,换言之,物权法应该以什么样的标准接纳习惯法,则需要根据国情和时代有不尽相同的选择;其次,在实定法之外,必须给习惯法留有一定的空间,而这种空间的范围,也要根据时代的不同,通过司法等手段做弹性处理。由此,目前中国在物权法乃至民法典立法过程中究竟应该以何种姿态对待习惯法便是一个值得讨论的问题。

第三,对土地物权研究的全面性。

物权法对象之"物"是不动产和动产,虽然两者之间孰轻孰重会因时代不同有变化,但不动产在物权法中的主导地位是不容置疑的。仅就不动产中最为重要的土地而言,尽管中国实行土地公有制,但以所有权衍生的使用权的民事法律关系着实有深入研究的必要性。进言之,在广义土地下,可划分出陆地上的土地、淡水和海水水域(江河湖海、水塘湿地、甚至沼泽)、草原、森地和林地等。当然,这些细化后的物权性权利可以通过《物权法》的下位法规或特别法予以规范,但是,民法学界当下在这些方面的研究似乎还有待深入(尽管有在"他物权"概念下的研究成果)。例如,土地承包经营权制度的射程所及范围,即适合"土地承包制"的范围问题。具体地说:很早以前就在草原上实施的草原承包经营,究竟对牧业带来的是利还是弊?目前实施的海域以及湖泊的渔业权和养殖权是否合理?林权证制度的实施是否有利于林业发展等,都需要实证研究。

综上所述，《民法典》的颁行只是民法全面服务于社会的开始，对于民法学人而言，包括物权法在内的民法理论和制度研究是永久的课题，任重而道远。

渠 涛

2021 年 4 月吉日